DICTIONARY

OF

The Holy Qur'ân

ARABIC WORDS - ENGLISH MEANINGS

(With Notes)

(Classical Arabic Dictionaries Combined)

وَهَٰذَا لِسَانٌ عَرَبِيٌّ مُّبِينٌ ﴿١٠٣﴾

The language of this (Qur'ân)
is chaste Arabic, plain and clear
(16:103)

By

'Abdul Mannân 'Omar
Translator, The Holy Qur'ân - (Arabic to English)
Editor, Encyclopedia of Islam
مدير - دائرة معارفِ اسلاميّة

ISBN: 09632067-9-6

Noor Foundation - International Inc.
is a 'non-profit', 'non-secterian', organisation
working for the promotion of peace among all the religions.

Funds generated from the dissemination of this 'Dictionary'
will be reinvested in it's reprinting.

ن والقلم وما يسطرون

1st Edition May 24, 2003
2nd Print July 19, 2004
3rd Edition January 28, 2005

United States Office
NOOR Foundation - International Inc.
P. O. Box 758, Hockessin, DE 19707
Tel: 888-937-2665
E-mail: alnoorfoundation@hotmail.com

German Office
18 Stelleacker, Rheinfelden 79618, Germany
Tel: 7623-2209

Printed in the Republic of Korea

Table of Contents

PART I

Page

Foreword iii

How to Use This Dictionary 1-A
Help for the Beginners 3-A
Abbreviations Used in the Dictionary 5-A
Books of Reference 9-A
Quick Guide 12-A

PART II

Alphabetical Index # 1 .... 1-B - 282-B
The Qur'ânic Words in Alphabetical Order
with Cross-reference to the Basic Quranic Root-word

Alphabetical Index # 2 .... 1-C - 28-C
The Basic Qur'ânic Root-words in Alphabetical Order

An Overview of the Dictionary .... 1-D - 50-D
Languages-Not the Invention of Human Mind 1-D
Languages Change with Time 2-D
Necessity of a New Revelation 3-D
The Holy Qur'ân - Its Style, Diction and Language 6-D
The Lasting Scripture 9-D
Understanding the Meanings of the Holy Qur'ân 10-D
Arabic - A Living Language 15-D
Arabic - Immune to Changes 15-D
Arabic - The Vehicle of the Last Message 15-D
Arabic -The Eloquent Language 18-D
Phonology of Arabic Alphabets 19-D

Words and Roots in Arabic 19-D
The Spellings of Arabic 20-D
The Science of Derivation 21-D
Philosophy in Arabic Words 25-D
The Science of Substitution 28-D
Philosophy in Qur'ânic Words 29-D
Abbreviations in Arabic 32-D
Abbreviations in The Holy Qur'ân 33-D
Richness of the Meanings 34-D
Arabic Grammar 35-D
Dictionaries of Arabic - An Overview 37-D
Grammarians of the 3rd. Century A.H. 38-D
Grammarians of the 4th. A.H. Century 39-D
Grammarians of the 5th. A.H. Century 42-D
Grammarians of the 7th. & 8th A.H. Century 43-D
The Lexicons of the Holy Qur'ân 46-D
Sources of this Dictionary 47-D

PART III

The Dictionary of the Holy Qur'ân 1-628

PART IV

Appendix 1 629-632
System of Punctuation

Appendix 2 633-639
System of Transliteration of the Arabic Words

بسم الله الرحمن الرحيم

FOREWORD

This dictionary presents the complete vocabulary and the phraseology of the Holy Qur'ân. All root-words of the Holy Qur'ân with their derivatives have been included in it.

This dictionary will help the reader to ascertain the real, classical, and root meanings of all the Arabic words used in the Holy Qur'ân. Moreover, efforts have been made to highlight various shades of meaning.

I have drawn most of the content of this dictionary from the best classical works ever published in this line of learning. Some of the classical dictionaries and Lexicons used are:

i. ***Al-Mufradât fî Gharîb al-Qur'ân***
المفردات فى غريب القران
by Abdul Qâsim al-Husain al-Râghib.

ii. ***Lisân al-'Arab*** **لسان العرب**
by Jamâl al-Dîn Abû al-Fadzl Muhmmad bin Mukarram bin Manzûr

iii. ***Tâj al-'Arûs min Jawâhir al 'Qâmûs***
تاج العروس من جواهرالقاموس.
by Muhammad al Murtadzâ Husaini

iv. ***The Arabic English Lexicon*** by Edward W. Lane

I have avoided the use of modern Arabic dictionaries such as ***Aqrab al-Muwârid*** and ***Al-Munjad*** etc. as these are not the dictionaries of the classical Arabic. I have included nothing in this dictionary without indicating at least two of the most celebrated lexicological works.

Another objective is to help the student of the Holy Qur'ân to EASILY FIND and ascertain the indepth meaning of all the Qur'ânic words. Alphabetical Index of all the Quranic words is being provided towards this end. Thus, making this dictionary handy and easy to use.

The etymology, the function, and wherever applicable the abbreviations are also given from the most authentic sources, with explanatory notes, grammatical comments, and examples in phrase and poetry. Towards this end, authentic scholarly works in the sciences of *Hadîth*, *Tafsîr*, and Islamic History have been included. The result is a reliable and authentic knowledge and explanation of the etymology and meanings of the Qur'ânic words. *(The list of references is being provided.)*

The material for this dictionary has been gathered in multiple stages from several carefully selected books of reference. All these books were available to me through the private library of my father 'Allâmah Nooruddîn. This library was *"one of the best personal Islamic libraries of the world"* (Oriental College Magazine, Punjab University, India).

Before concluding this foreword I must not omit to mention my learned wife Amatul Rahmân 'Omar. She was the 'First Muslim Woman' to translate the Holy Qur'ân in English. She spent most of her life in teaching English and Arabic. She died after a companionship of half a century on July 15, 1990 - a life devoted to the service of the Holy Qur'ân.

Soon thereafter, I was approached by my children that I should compile a dictionary of the Holy Qur'ân. I was fully aware of the responsibility of such an undertaking, specially because now I was alone and deprived of my wife's valuable assistance, advice, knowledge and great command on the English language. May Allâh be pleased with her.

For the purity of its style and elegance of its diction, the Holy Qur'ân has come to be considered as the standard of Arabic language, even by those who have no belief in it to be of Divine origin. Beauties, there are many, and ideas clothed in rich and appropriate language, which not unfrequently rises to a sublimity far beyond the reach of any translation.

It would be idle to pretend that the work is an exhaustive dictionary or that it leaves no room for further improvements. It must not for a moment be imagined that all the meanings and characteristic expressions of the Holy Qur'ân have been included in this Dictionary.

My heartfelt thanks and appreciation is due to all those who have assisted me in the production of this dictionary. May Allâh - the Almighty accept our humble services. *(Amîn!)*

If any mistake is found in this publication, I pray for Allah's protection and forgiveness. I also request you to contact the publisher with the mistake/opinion so that appropriate improvements can be made.

Our heart-felt desire and our prayer to Allâh is that He pours in the hearts of the people a love for the Holy Qur'ân. And also creates in them a passionate longing for understanding the meanings of the word of Allâh. Amîn!

Abdul Mannân Omar
Translator, The Holy Qur'ân - (Arabic to English)
Editor, Encyclopedia of Islam
مدير - دائرة معارفِ اسلاميّة
January, 2003

HOW TO USE THIS DICTIONARY

TWO SEPERATE LIST OF 'INDEXES' HAVE BEEN PROVIDED:

Index # 1 - The Qur'ânic Words.

Each Qur'ânic word is <u>**ALPHABETICALLY**</u> arranged *(according to the Arabic alphabets)*, with the cross reference to the basic 'root-words'. (This Index # 1 is helpful for the beginners) (see page 1-B to 282-B).

Index # 2 - BASIC QUR'ÂNIC ROOT-WORDS

All the Qur'ânic basic 'root-words' arranged alphabetically *(according to the Arabic alphabets). (see page 1-C to 28-C)*

THE ARRANGEMENT

A. The arrangement plan adopted for this work is somewhat the same as followed by other modern lexicographers. All the classical Arabic dictionaries are arranged according to their root-words.

Each Qur'ânic word will be found under its root-word. In this way the words retain their etymological relationship and their indispensable organic structure. Separation of words from their roots will be non logical and unfit.

In order not to disturb the conventional arrangement and scientific descriptive arrangement of the Arabic dictionaries, we have inserted in the Index # 2 "the roots of the Qur'ânic words according to their alphabetical order in Arabic". Care has been taken not to exclude any Qur'ânic root-word.

B. The Arabic root word is printed in Arabic script with its transliteration in English as ضَرَبَ *<u>Dz</u>araba* , كَرُمَ *Karuma* . The reader will find some root words with more than one form through the changes in vowel signs (*Fat<u>h</u>a, Kasrah* or *<u>Dz</u>ammah*) between the consonants as *Badana* بَدَنَ and *Baduna* بَدُنَ or *Bad'a* بَدَعَ and *Badawa* بَدَوَ .

C. Under a given root the sequence of entries is as follows: The verb in the perfect of the base stem (Mâdzî ماضي) comes first, it is followed by the imperfect (Madzâri' مضارع), sometimes the verbal nouns (Maṣâdir مصادر) wherever appropriate are also added. Some roots may have more then one form in perfect or imperfect e.g. *Yaf'ilu* يفعِل and *Yaf'ulu* يفعُل. This is followed by the English meanings of the infinitive or more truly, the abstract noun or noun of action, as there is no true infinitive in Arabic. This is followed by derived stems indicated by Roman numbers II through XV. All Arabic words have been given in their transliteration and italics.

D. After given the root meanings all the derivatives of the roots used in the Holy Qur'ân have been given in Arabic, their transliterature in italics along with their meanings. Their grammatical identities (person, noun, verb, adjective gender, number, tense, mood, adverb, comparative, superlative, transitive, intransitive, verbal noun etc.) are presented in brackets and in italics. All verbal nouns, active and passive participles follow at the end.

E. In the third and last paragraph it has been mentioned that how many time (approximate) the root with its above form has been used in the Holy Qur'ân. If it occurs once, the reference from the Holy Qur'ân is given. In the end reference of the authority is given.

Help for the Beginners

Index # 1 is helpful for the beginners - to identify the **basic root-word** and thus look at its meanings

(see page 1-B - 282-B)

Those who are not acquainted with the Arabic language or who are the beginners, find it difficult to find a particular Arabic word in the dictionary. For them it is often difficult to know under what root-word one should look for the derived word, as the derivatives are given mostly under the root-verb in authentic dictionaries.

How many students of Arabic know for example that the root of Arabic word of *Qarna* قرن is *Waqara* وَقَرَ, *Mudhamatân* مدهٰمتان is from *Dahama* دَهَمَ, *Mumterîn* ممترين is from *Maraya* مَرَيَ. The words like *Yadzribu* يَضرب, *Nadzribu* نَضرب, *Dzariba* ضَرِبَ etc. are to be found under the root *Dzaraba* ضَرَبَ.

Yes, there is no difficulty for him who knows the roots of all Arabic words. It has been one of the chief aims of the compiler to remedy this difficulty and to make the use of the dictionary as simple as it has hitherto been complex.

It is important to note that the reader will find some root-words with more than one form through the changes in **vowel signs (*Fatha*, *Kasrah* or *Dzammah*).**

i. As for example:
اِضرب *(Idzrib)* will be found under اِضرب *(Idzrib)* in the Alphabetical Index # 1. Once, you find the word اِضرب *(Idzrib)* in the Alphabetical Index # 1 , it will lead you to the Arabic root-word with its page number. *(e.g. اِضرب (Idzrib) see ضَرَبَ Dzaraba page 329).*
Note: The word اِضرب must be looked in letter إ - *Alif* with Kasrah and NOT أ *Alif* with Fatha or أُ *Alif* with Dzammah.

ii. As for example,
يَضربون *(Yadzribûna)* will be found under يَضربون (Yadzribûna) in

the Alphabetical Index # 1. Once, you find the word يَضربون *(Ya<u>dz</u>ribûna)* in the Alphabetical Index # 1 , it will lead you to the Arabic root-word with its page number.
(e.g. يَضربون (Ya<u>dz</u>ribûna) see ضَرَبَ <u>Dz</u>araba page 329).
Note: The word يَضربون must be looked in letter ي *Ya* with Fat<u>h</u>a and **NOT** يِ *Ya* with Kasrah or يُ *Ya* with <u>Dz</u>ammah.

iii. As for example,
تَضرب *(Ta<u>dz</u>ribu)* will be found under تَضرب (Ta<u>dz</u>ribu) in the Alphabetical Index # 1. Once, you find the word تَضرب *(Ta<u>dz</u>ribu)* in the Alphabetical Index # 1 , it will lead you to the Arabic root-word with its page number.
(e.g. تَضرب (Ta<u>dz</u>ribu) see ضَرَبَ <u>Dz</u>araba page 329).
Note: The word تَضرب must be looked in letter تَ *Ta* with Fat<u>h</u>a and **NOT** تِ *Ta* with Kasrah or تُ *Ta* with <u>Dz</u>ammah.

Thus the students will be able to look up any word of the Holy Qur'ân as if they were using an English dictionary arranged in Arabic alphabetical order.

The contents of this book, we hope, will inform, instruct and inspire the readers in understanding the Holy Book, and this presentation will greatly enhance their need and ability of learning Arabic, and overcoming their difficulties in this respect.

ABBREVIATIONS
Used In This Dictionary

acc. Accusative case اسم منصوب in which a noun receives an additional *Alif* ا marked with *Tanwîn* e.g. *Kitâbun* كتابٌ becomes *Kitâban* كتابًا, or just a *Fat<u>h</u>a* ´ in case the noun is prefixed by an article Al ال. Also a verb of imperfect المضارع is marked with *Fat<u>h</u>a which is a sign of subjunctive case.* Thus *Yaf'alu* يفعلُ becomes *Yaf'ala* يَفعَلَ to indicate that a particle is preceeding it, such as, *An* أن, I<u>dh</u>n إذَن, *Lan* لن, *Kai* كَي, *I<u>dh</u>an* إذَن.

act. pic. Active participle فعل معروف combining function of adjective and verb صفت فعليه, or its extended form and word combinging function of adjective and verb on the measure of *Fâ'il* فَاعِلٌ or its extended form indicating feminine, dual and plural i.e. numbers and genders.

act. 2. pic. Active participle on the measure of *Fa'îl* فَعِيلٌ that denotes the stable meaning of the root, e.g. *Karìm* كريم one who possesses the description of *Karam* كَرَم (generosity) as permanent and inseparable nature of his personality and expresses a constant repetition and manifestation of the attribute. Sometimes this measure gives the meaning of assive Participle as *Shahîdun* شَهيدٌ instead of *Mashud* مشهود.

adj. Adjective صفت. A part of speech, a noun from active participle صفت فاعلى or from passive participle صفت مفعولى used as adjective.

ap-der. Active participle from one of the derived stems such as *Mukrimun* مُكرِم from *Mukarramun* مُكَرَّمٌ.

assim. Assimilation. The verb consist of duplicated radical as *Shadda* شَدّ instead of *Shadada* شَدَدَ.

comp. Compound word. They are compounds of noun and a verb followed by a pronominal such as Abî أبِي (my father) which is a compound of Ab أب and î ي. or Attaqûnî أتّقُونِي (be fearful to me) which is a compound of Attaqû أتّقُوا and nî نِي. Sometimes nî نِي (first person pronoun) is shortened to *ni* نِ by dropping the final *î* ي.

elative The elative form أفعلُ التَفضِيل e.g. *A<u>h</u>dâ* أهْدَى (more righteous than). Elative form of wonder, surprise and excess as *Mâ A<u>h</u>sanahû* ما احْسَنَهُ. elative with *lâm* لِ:

emp. Emphatic: There is a duplicated *nûn* نّ suffixed to emphasize the meaning of the root e.g. *Ya<u>dz</u>habanna* يَذهَبَنّ (he surely will go). There is a duplicated *nûn* نّ suffixed and a *lâm* ل prefixed to show the surety of the action denoted by the root form e.g. *LaYaqtulanna* لَيَقتُلَنّ (he surely shall kill). Emphatic with *lâm* لِ: There is a prefixed *lâm* ل to the imperfect subjunctive that means: "in order to" as لِيذهَبَ بِهِ. When it is placed before a passive imperfect لِيَذهَب it means "let do" as "let him go" or "he may go".

f. Feminine: In Arabic where feminine is singular, the verb precedes the subject of the sentence. It does not necessarily mean that the subject is a feminine. Often a plural receives the initiative verb of feminine singular as *Dakhalat Ummatun* دَخَلَتْ أُمّةٌ
(A community has entered and *Qâlat alA'râb* قالتِ الأعرابُ (the bedouin told).

Final *Nûn* ن dropped: The final nûn ن of dual and plural is dropped to indicate that the verb has been proceeded by conditional particle such as *An* أن, *In* إن, *Lan* لن, or cause stating *Kay* كَي etc. as Yaf'alân يَفعلانِ becomes يَفعَلا and Yaf'alûn يَفعلونَ become Yaf'alû يَفعَلُوا.

gen. Genitive case: The word has occurred in genitive, that a noun is a modifire of another noun, often to express possession, measure, origin, and characteristicetc. اسم مجرور.

imp. Imperfect tense *Almuzâri'* المضارع

inf. Infinitive, a verb or a clause containing an infinitive as its main or only verb form and functions as noun or auxillary verbs and which names the action or state without specifying the subject.

ints. Intensive form indicating increased emphasis or force *Ism al- Mubâligha* إسمُ المبالغة as e.g. *'Allâm* علّام (well known person) from *'Âlim* عالم (knowing) .

Intrans. Intransitive فعل لازم.

juss. Jussive: Imperfect tense having *sukûn* on the final letter due to negative *Lam* لم or being a part of conditional phrase or due to dropping the final letter that happens in a weak letter. Also in case of a weak verb the final radical *Alif* ا *Wâw* و *Yâ* ى is dropped. There is a Jussive mood, mood, case, construction or word.

l.c. The Lâm ل of conditional phrase جواب شرط.

m. Masculine.

neg. Negative

n. Noun, noun plural, noun of place or time إسم الالة و الزمان والمكان

nom. Nominative case. This sign used only where an accusative has occured to indicate contrasting form as مسلمون in comparison to مسلمين which is in acusative case.

opp. opposite as Light النُور and Darkness ظلمت

p. Person as 1st. p., 2nd. p. 3rd. p.

pact.-pic	Passive participle *al-Maf'ûl* المفعُول on the measure of *Maktûb* مَكتوبٌ (written).
perate	Imperative: Stands for command or order الأمر.
perf.	Perfect tense الماضي as قال (he said).
pip.	Passive imperfect tense المضارع المجهول
pp.	Passive Perfect الماضي المجهول
pis. pic.	Passive participle from one of the derived stems e.g. *Muhammad* مُحمّد (praised one) or *Mukarramun* مُكرّم (respected one)
quadrilateral	Having four radicals *Alrubâ'î* الرباعي
sing.	Singular الواحد
trans.	Transitive الفعل المتعدي
v.d.	A vowel of the radical is dropped as يكن from يَكونُ
v.n.	Verbal noun إسم المصدر

Books of References

WITH ABBREVIATIONS

AD	Sunan of Abû Dâûd Sulaimân.
Abû Abbâs	Companion of the Holy Prophet PBUH
Abû Dâûd	Sunan of Abû Dâwûd Sulaimân.
Abû Hayyân	Bahr al-Muhît by Abû Hayyân al-Andulusî.
Abû Ishaq	Grammarian
Ahmad	Musnad of Ahmad ibn Hanbal.
Akhfash	Grammarian - Abû al-Hasan 'Ali ibn Sulaiman
Aqrab	Aqrab al-Muwârid by al-Khaurî al-Shartûtî.
Asâs	Asâs al-Balâghah by Zamakhsharî.
B	Sahîh of Al-Bukhârî.
Bahr	Bahr al-Muhît by Abû Hayyân al-Andulusî.
Baidzâwî	Tafsîr by Qâdzî Abd Allâh ibn 'Omar al-Baidzâwî.
Baqâ'	Kulliyyât Abul Baqâ'.
Dârqutnî	Abul Hasan 'Alî (305-385 A.H.).
Dârmî	Al-Musnad by Abû Muhammad Abd Allâh al-Dârmî (181-255 A.H.).
Dhahhaq	Poet - Abû 'Ali al-Hussain ibn Yâsir Basri
Ibn Hajar	Fath al-Bârî fî Sharh Sahîh al-Bukhârî.
Hajjâj	Sahih Muslim by Imâm Abû al-Hussain ibn al-Hajjâj
Ibn Jauzî	Fath al-Mughîth.
Ibn Hishâm	Sirât al-Rasûl.
Ibn Jarîr	Jâmi' al-Biyân fî Tafsîr al-Qur'ân by Ibn Jarîr Tabarî.
IJ	Jâmi' al-Biyân fî Tafsîr al-Qur'ân by Ibn Jarîr Tabarî.
Ibn Kathîr	Tafsîr Ibn Kathîr by Ismaîl ibn 'Omar ibn Kathîr.
Im	Sunan by Muhammad ibn Yazîd ibn Mâjah Qazwînî.
Is	Tabaqât al-Kabîr by Muhammad ibn S'ad.

Itqân	Itqân fî 'Ulûm al-Qur'ân by Jalâl al-Dîn Sayûtî.
Jauharî	Sihâh by Ismâîl Jauharî.
Kf	Tafsîr Kashshâf by Zamakhsharî.
Kashshaf	Commenary by Abu al-Qasim Mahmud ibn Umar al-Zamakhsharî
L	Lisân al-'Arab by Ibn Manzûr.
LL	*The Arabic English Lexicon* by Edward W. Lane
M.	Sahîh by Muslim ibn Hajjâj.
Ma	Mûwattâ' by Imâm Mâlik.
Ma'ani	Ruh al-Ma'ani, commentary by Abû al-Fadzal Shahab al-Dîn al Sayyid Mahmûd al-Alusi
Masûdî	Murûj al-Dhahab.
Mi	Miqyâs al-Lughat.
MI.	Maqâlât al-Islâmiyya by Ismâîl al Ash'arî.
MH	Mustadrak of Hâkim.
Mq	Muqaddimah by Ibn Khaldûn.
Mubarrid	al-Kamil fî al-Lughat by Muhammad bin Yazîd al-Mubbbarid
Muhit	al-Muhit fî al-Lughat by Ismaîl ibn al- Ibâdh al- Sahib
Muhkam	al-Muhkam by Safî al-Dîn Muhammad
Mughnî	Mughnî al-Labîb by al-Shaikh Jamâl al-Dîn ibn Hisham al-Ansârî
Muir	Life of Muhammad by W. Muir.
N.	Sunan by Ahmad bin 'Alî Nasa'î.
Qâdir	Fath al-Qâdir by Shaukânî
Qâmûs	Qâmûs al-Muhît by Nasar al-Hurainî.
Qs.	Irshâd al-Sârî Muhammad al-Khatîb al-Qastallânî.
R.	Mufradât fî Gharâib al-Qur'ân by Abdul Qâsîm Al-Husain al-Râghib.
Rd.	Radd al-Muhtâr by Ibn 'Âbidîn.
Râzî.	Tafsîr Kabîr by Râzî Fakhr al-Dîn.
RM.	Rûh al-Ma'ânî by Mahmûd al-Âlûsî.
SH.	Sharah Dîwân Hamesa by Tabrîzî.
Sihâh.	Sihâh by Ismâîl Jauharî.
T.	Tâj al-'Arûs by Murtdzâ Husaînî.

Tabrizi	Exposition of Diqân Hamasah (Poetry), by Yahya 'Ali Tabrizi
Tahdzib	by Jalâl al-Dîn Sayutî
Tir.	Jâmi' Tirmidhî (209-279 A.H.).
Ubâb	al-Lâmi' al-Mu'lam al-'Ujab al-Jâmi' bain al-Muhkam wa al 'Ubâb by Abû Tahir Muhammad bin Ya'qûb
Z.	Zurqânî: Sharh.
ZM.	Zâd al-Ma'âd by ibn Qayyim.
Zajjâj	Khalq al-Insân and Kitîb al-Ishtiqâq by Abû Ishâq Ibrahîm Zajjâj
Zamakhsharî	Asâs al-Balâghah by Zamakhsharî.

References without the name of a book are from the Holy Qur'ân. Two numbers follow such references; the first number indicates the chapter of the Holy Qur'ân and the second number is the verse of that chapter.

In references to collections of traditions, similar numbers follow the abbreviated names of the books. The first number represents the name of the book *(kitâb)*, and the second number is the name of the sub-title *(bâb)*.

QUICK GUIDE

ARABIC ALPHABET WITH VOWEL SOUNDS ALONG WITH THE PAGE NUMBER

أ A (a)

أَ .... a 1-B
إِ .... i 29-B
أُ .... u 44-B

ب B (b)

بَ .... Ba 50-B
بِ .... Bi 56-B
بُ .... Bu 56-B

ت T (t)

تَ .... Ta 57-B
تِ .... Ti 80B
تُ .... Tu 80B

ث Th (th)

ثَ .... Tha 89B
ثِ .... Thi 90B
ثُ .... Thu 90B

ج J (j)

جَ .... Ja 91B
جِ .... Ji 94B
جُ .... Ju 95B

ح H (h)

حَ .... Ha 96B
حِ .... Hi 101B
حُ .... Hu 102B

خ Kh (kh)

خَ .... Kha- 103B
خِ .... Khi 108B
خُ .... Khu 109B

د D (d)

دَ .... Da 109B
دِ .... Di 112B
دُ .... Du 112B

ذ Dh (dh)

ذَ .... Dha 113B
ذِ .... Dhi 114B
ذُ .... Dhu 115B

ر R (r)

رَ .... Ra 115B
رِ .... Ri 120B
رُ .... Ru 121B

ز Z (z)

زَ .... Za 122B
زِ .... Zi 124B
زُ .... Zu 124B

س S (s)

سَ .... Sa 125B
سِ .... Si 131B
سُ .... Su 132B

ش Sh (sh)

شَ .... Sha 134B
شِ .... Shi 138B
شُ .... Shu 139B

ص S (s)

صَ .... Sa 139B
صِ .... Si 144B
صُ .... Su 144B

ضَ Dz (dz)

ضَ .... Dza 145B
ضِ .... Dzi 145B
ضُ .... Dzu 146B

ط T (t)

طَ .... Ta 147B
طِ .... Ti 149B
طُ .... Tu 150B

ظ Z (z)

ظَ .... Za 150B
ظِ .... Zi 151B
ظُ .... Zu 152B

ع ‘

عَ .... ‘a 152B
عِ .... ‘i 159B
عُ .... ‘u 160B

غ Gh (gh)

غَ .... Gha 162B
غِ .... Ghi 165B
غُ .... Ghu 165B

ف F (f)

فَ .... Fa 166B
فِ .... Fi 170B
فُ .... Fu 171B

ق Q (q)

قَ .... Qa 172B
قِ .... Qi 177B
قُ .... Qu 178B

ك K (k)

كَ .... Ka 180B
كِ .... Ki 185B
كُ .... Ku 186B

ل L (l)

لَ .... La 188B
لِ .... Li 190B
لُ .... Lu 192B

م M (m)

مَ .... Ma 193B
مِ .... Mi 205B
مُ .... Mu 207B

ن N (n)

نَ .... Na 221B
نِ .... Ni 232B
نُ .... Nu 232B

ه H (h)

هَ .... Ha 237B
هِ؛ هِ .... Hi 239B
هُ .... Hu 239B

و W (w)

وَ .... Wa 240B
وِ .... Wi 244B
وُ .... Wu 245B

ي Y (y)

يَ .... Ya 245B
يِ .... Yi .... B
يُ .... Yu 269B

INDEX 1

The Qur'ânic Words

(Alphabetical Order)

with Cross-Reference to Basic Root-Word

(A-)أ

ا ء (A-')

A'immatun ائمّةٌ
Imâm .... امام 32

اب (A-b)

Abâbîl أبابيل
Abâbîl ...... أبابيل 6

Abârîq أباريق
Bariqa ...... بَرِقَ 49

Abun أب
Aba .... أبا 6

Abban أبا
Abb .... أبّ 5

Abati أبتِ
Aba .... أبا 6

Abtar أبتر
Batara ...... بَتَرَ 41

Abta<u>gh</u>î أبتغي
Ba<u>gh</u>â ...... بَغَىٰ 58

Ab<u>h</u>ur أبحُر
Ba<u>h</u>ara ..... بَحَرَ 42

Abra<u>h</u>a أبرحَ
Bara<u>h</u>a ..... بَرَحَ 47

Abra<u>h</u>u أبرحُ
Bara<u>h</u>a ..... بَرَحَ 47

***Abadan* ابداً**
Abada ...... اَبَدَ 5

Abramû أبرَمُوْا
Barama .... بَرِم 50

Abrâr أبرار
Barra .... براّ 47

Abra<u>s</u> أبرص
Bari<u>s</u>a ...... برص 49

Abshirû أبشرو
Bashara .... بَشَرَ 52

Ab<u>s</u>ar أبصِرْ
Ba<u>s</u>ura ..... بصُرَ 53

Ab<u>s</u>ara أبصَرَ
Ba<u>s</u>ura ..... بصُرَ 53

Ab<u>s</u>âr أبصار
Ba<u>s</u>ura ..... بصُرَ 53

Ab<u>s</u>arnâ أبصرنا
Ba<u>s</u>ura ..... بصُرَ 53

Ab<u>gh</u>î أبغي
Ba<u>gh</u>â ...... بَغَىٰ 58

Abaqa أبق
Abaqa ...... أبَق 6

Abaqâ أبقا
Baqiya ..... بَقِيَ 60

Abqâ أبقىٰ
Baqiya ..... بَقِيَ 60

Abqâ'an أبقاءً
Baqiya ..... بَقِيَ 60

Abkâ أبكىٰ
Bakâ .... بَكَى 61

Abkam أبكم

Bakima .... بَكِمَ 61

Abkâr أبكار
Bakara ..... بَكَرَ 60

Abkârun أبكارٌ
Bakara ..... بَكَرَ 60

Ablaghtu أبلغتُ
Balagha ... بَلَغَ 63

Ablaghû أبلغوا
Balagha ... بَلَغَ 63

Abligh أبلغ
Balagha ... بَلَغَ 63

Ablughu أبلغُ
Balagha ... بَلَغَ 63

Abaw أبَو
Abâ .... أبىٰ 7

Abû أبو
Aba .... أبو 6

Abawâ أبوى
Aba .... أبو 6

Abwâb أبواب
Bâba .... باب 68

Abaway أبويى
Aba .... أبا 6

Abî أبي
Aba .... أبو 6

Abyadz أبيض
Bâdza ...... باض 70

Abayna أبَين
Abâ .... أبىٰ 7

أت (A-t)

Âti آت
Ata .... أتى 8

Atâ أتا
Ata .... أتى 8

Attabi'u أتّبعُ
Tabi'a ..... تَبِعَ 73

Ataba'nâ أتبعنا
Tabi'a ..... تَبِعَ 73

Atba'û أتبعواْ
Tabi'a ..... تَبِعَ 73

Atat أ تت
Ata .... أتى 8

Âtat آتت
Ata .... أتى 8

Atrafnâ أ ترفنا
Tarifa ...... تَرِفَ 74

Atqana أتقن
Taqana .... تَقَنَ 76

Atqâ أتقى
Waqaya ... وَقَى 618

Atamma أ تمّ
Tamma .... تَمّ 77

Atmamta أ تممتَ
Tamma .... تَمّ 77

Atmamtu أتممتُ
Tamma .... تَمّ 77

Atmim أ تمِم
Tamma .... تَمّ 77

Atmamnâ أ تممنَ
Tamma .... تَمّ 77

Atimmû أ تِمّوا
Tamma .... تَمّ 77

Âtin آت
Ata .... أتى 8

Atu أتو
Ata .... أتى 8

Atawakka'u أتوكّؤ
Waka'a .... وكأ 619

Âtû أتوْ
Ata .... أتى 8

Atûbu أتوبُ
Tâba .... تَابَ 77

Atayâ أتيا
Ata .... أتى 8

Atayna أتين
Ata .... أتى 8

Ataynâ أتينا
Ata .... أتى 8

Âtayta آتيتَ
Ata .... أتى 8

Atayta أتيت
Ata .... أتى 8

Âtaytanâ آتيتنا
Ata .... أتى 8

Âtaitu آتيتُ
Ata .... أتى 8

Âtaytum آتيتم
Ata .... أتى 8

Âtaytumûhunna آتيتموهنّ
Ata .... أتى 8

Âtî آتي
Ata .... أتى 8

Âtîna آتين
Ata .... أتى 8

Âtiyanna آتينّ
Ata .... أتى 8

Âtiyatun آتيةٌ
Ata .... أتى 8

أث (A-th)

Athâba أثاب
Thâba ...... ثابَ 88

Athâthan أثاثاً
Aththa ...... أثّ 10

Athâr أثار
Athara ..... أثرَ 10

Athâratan أ ثارةً
Athara ..... أثرَ 10

Athârû أثاروا
Thâra .... ثارَ 88

Âthâm آثام
Athima ..... أثم 10

Athkhantum أثخنتم
Thakhuna ثَخُنَ 81

Âthara آثرَ
Athara ..... أثرَ 10

Atharun أثرٌ
Athara ..... أثرَ 10

Atharna أثرنَ
Thâria ...... ثارَ 88

Athqâl أثقال
Thaqula ... ثَقلَ 83

Athqala أثقلَ
Thaqula ... ثَقلَ 83

Athlin أثلٍ
Athala ...... أثلَ 10

Âthimun آثم
Athima ..... أثم 10

Athmara أثمر
Thamara .. ثمَرَ 84

Âthimîn أثمين
Athima ..... أثم 11

Athîmun أثيم
Athima ..... أثم 11

أج (A-j)

Ajâ'a أجاء
Jâ'a .... جاء 110

Ajabtum أجبتم
Jâba .... جابَ 108

Ajdâth أجداث
Jadath ..... جدث 93

Ajdaru أجدَرُ
Jadara ..... جَدَرَ 93

Ajidanna أجِدن
Wajada .... وَجَدَ 601

Ajidu أجد
Wajada .... وَجَدَ 601

Ajir أجِر
Jâra .... جارَ 109

Ajrun أجرٌ
Ajara .... أجر 11

Ajramnâ أجرمنا
Jarama .... جَرَمَ 96

Ajramû أجرمُوْا
Jarama .... جَرَمَ 96

Aj'alu أجعلُ
Ja'ala .... جَعَلَ 98

Ajjalta أجّلتَ
Ajila .... أجل 12

Ajal أجل
Ajila .... أجل 12

Ajlun أجلٌ
Ajila .... أجل 12

Ajlib أجلب
Jalaba ...... جَلَبَ 99

Ajalain أجلين
Ajila .... أجل 12

Ajma'û أجمعوا
Jama'a ..... جَمَعَ 101

Ajmi'û أجمِعوا
Jama'a .... جَمَعَ 101

Ajinnatun أجِنّةٌ
Janna ...... جَنَّ 104

Ajnihatun أجنحةٌ
Janaha .... جَنَحَ 103

Ajîbû أجيبوْا
Jâba .... جابَ 108

أح (A-h)

Ahâdîth أحاديث
Hadatha .. حَدَثَ 115

Ahâta أحاط
Hâta .... حاطَ 141

Ahâtat أحاطت
Hâta .... حاطَ 141

Ahabbu أحَبّ
Habba ...... حَبَّ 111

Ahbâr أحبار
Habara ..... حَبَرَ 112

Ahbabta أحببتَ
Habba ...... حبّ 111

Ahbabtu أحببتُ
Habba ...... حَبَّ 111

Ahbata أحبَطَ
Habata .... حَبَطَ 112

Ahtanikanna أحْتَنِكَنَّ
Hanaka حَنَكَ 139

Ahad أحد
Ahad .... احد 12
Wahada ... وَحد 603

Ahrasa أحرصَ
Harasa ..... حَرَصَ 118

Ahzâb أحزاب
Hazaba حَزَبَ 121

Ahassa أَحَسَّ
Hassa ...... حَسَّ 123

Ahassû أَحَسُّواْ
Hassa ...... حَسَّ 123

Ahsana أحسنَ
Hasuna .... حَسُنَ 124

Ahsantum أحسنتم
Hasuna حَسُنَ 124

Ahsin أحسِن
Hasuna حَسُنَ 124

Ahsanû أحسنواْ
Hasuna حَسُنَ 124

Ahsinû أحسِنواْ
Hasuna حَسُنَ 124

Ahsanat أحصنت
Hasana .... حَصَنَ 126

Ahsû أحصواْ
Hasa حصىَ 127

Ahsâ أحصىٰ
Hasa .... حصىَ 127

Ahsaynâ أحصينا
Hasa .... حصىَ 127

Ahatatu أحطت
Hâta ..... حاط 141

Ahatnâ أحطنا
Hâta .... حاطَ 141

Ahaqqu أحقّ
Haqqa ...... حَقّ 131

Ahqâb أحقاب
Haqiba ..... حَقِبَ 130

Ahkam أحكم
Hakama ... حَكَمَ 131

Ahkumu أحكُمُ
Hakama ... حَكَمَ 131

Ahlâm أحلام
Halama .... حَلَمَ 134

Ahalla أَحَلَّ
Halla .... حَلّ 133

Ahallû أحلّواْ
Halla .... حَلّ 133

Ahmad أحمد
Hamida .... حَمِدَ 135

Ahmilu أَحْمِلُ
Hamala .... حَمَلَ 136

Ahwâ أحْوىٰ
Hawiya حوي 142

Ahyâ أحيا
Hayya حيّ 144

Ahyainâ أحيينا
Hayya حيّ 144

Ahyaita أحييتَ
Hayya حيّ 144

Ahyâun أحياءٌ
Hayya حيّ 144

أخ (A-kh)

Akh أخ
Akh .... أخ 15

Akhâ أخا
Akh .... أخ 15

Akhâfu اخافُ
Khâfa ...... خافَ 167

Akhbâr اخبار
Khabara .. خَبَرَ 146

Akhbatû أخبَتُواْ
Khabata ... خَبَتَ 146

Akhadha أخذ
Akhadha .. أخذ 13

Akhadhat أخذت
Akhadha .. أخذ 13

Akhadhna أخذنَ
Akhadha .. أخذ 13

Akhadhtu أخذتُ
Akhadha .. أخذ 13

Akhadhnâ أخذنا
Akhadha .. أخذ 13

Akhadhtum أخذتم
Akhadha .. أخذ 13

Akhadhtun أخذةٌ
Akhadha .. أخذ 13

Akhdhu أخذ
Akhadha .. أخذ 13

Âkhidhîna آخذين
Akhadha .. اخذ 13

Akhidhun أخذ
Akhadha .. أخذَ 13

Âkharain آخرين
Akhkhara اخّر 14

Âkharân آخران
Akhara..... اخر 14

Âkharu آخرُ
Akhara اخر 14

Akhiratun آخرةٌ
Akhara..... اخر 14

Âkhirîn آخرينْ
Akhara..... اخر 14

Âkhiru آخِرُ
Akhara..... اخر 14

Akhirûn آخرون
Akhara اخر 14

Akhara أخّر
Akhara اخر 14

Akharat أخّرت
Akhara اخر 14

Akharnâ أخّرنا
Akhara اخر 14

Akharta أخّرتَ
Akhara اخر 14

Akhartani أخّرتنِ
Akhara اخر 14

Akhraja أخْرَجَ
Kharaja.... خَرَجَ 150

Akhrajat أخْرجت
Kharaja.... خَرَجَ 150

Akhrij أخْرج
Kharaja.... خَرَجَ 150

Akhrijû أخْرجُواْ
Kharaja.... خَرَجَ 150

Akhzâ أخزىٰ
Khaziya ... خَزِيَ 152

Akhsarîna أخسرين
Khasira .... خَسِرَ 153

Akhsarûna أخسرونَ
Khasira .... خَسِرَ 153

Akhdzar أخضر
Khadzira .. خَضِرَ 156

Akht'ana أخطأنا
Khati'a ..... خطِئَ 157

Akhta'tum أخطَأتم
Khati'a ..... خطِئَ 157

Akhfaitum أخفيتم
Khafiya .... خَفِيَ 159

Akhlada أخلدَ
Khalada ... خَلدَ 159

Akhillâ' أخِلاَّء
Khalla ...... خلّ 165

Akhlafnâ أخلفنا
Khalafa .... خَلَفَ 162

Akhlaftum أخلفتم
Khalafa .... خَلَفَ 162

Akhlafû أخلفوا
Khalafa .... خَلَفَ 162

Akhlasnâ أخلصنا
Khalasa ... خَلَص.......... 161

Akhlasû أخلصوا
Khalasa ... خَلَص.......... 161

Akhluqu أخلُق
Khalaqa ... خَلَقَ 163

Akhun أخٌ
Khâna ...... خانَ 169

Akhû أخو
Akh .... أخ 15

Akhawât اخوات
Akh .... اخ 15

Akhwâl أخوال
Khâla .... خالَ 168

Akhawân اخوان
Akh .... اخ 15

Akhwai أخَوى
Akh .... اخ 15

Akhawain اخوين
Akh .... اخ 15

Akhî أخي
Akh .... أخ 15

Akhhyâr أخيار
Khâra ...... خار 169

أد (A-d)

Adâun أداءٌ
Adâ' .... أدئ 18

Adbâr ادبار
Dabara .... دَبَرَ.......... 172

Adbara أَدْبَرَ
Dabara .... دَبَرَ.......... 172

Adkhalnâ أدخَلنا
Dakhala ... دَخَلَ 174

Adkhil ادخِل
Dakhala ... دَخَلَ 174

Adrâ أدرا
Darâ .... درَى 177

Adri ادرِ
Darâ .... درَى.......... 177

Adraka أدرك
Daraka .... دَرَكَ.......... 177

Adrî أدري
Darâ .... درَى 177

Ad'iyâ' أدعياء
Da'â .... دَعا.......... 178

Adullu أدُلّ
Dalla .... دَلَى.......... 180

Adlâ أدلىٰ
Dalâ .... دَلا 181

Adam آدَم
Adama ..... أدم.......... 15

Adnâ أدنىٰ
Danâ .... دنا 182

Adhâ أدهىٰ
Daha .... دَهَى 183

Addû أدّوا
Ada' .... أدئ.......... 18

أ ذ (A-dh)

Âdhânun آذانً
Adhina ..... أذِنَ 18

Adhânun أذآنٌ
Adhina ..... أذِنَ 18

Adhâqa أذاقَ
Dhâqa ...... ذاق 194

Adhbahanna أذبَحنّ
Dhabaha . ذَبَحَ 187

Adhbahu أذبحُ
Dhabaha ذَبَح 187

Adhaqnâ أذقنا
Dhâqa ...... ذاق 194

Adhqân أذقان
Dhaqana . ذَقَنَ 189

Adhkuru أذكرُ
Dhakara .. ذَكَرَ 189

Adhallîn أذلّين
Dhalla ...... ذلّ 191

Adhallu أذلّوا
Dhalla ...... ذلّ 191

Adhilltatun أذِلّة
Dhalla ...... ذَلّ 191

Adhanu أذنُ
Adhina ..... أذِنَ 18

Âdhannâ آذنّا
Adhina ..... اذِنَ 18

Adhantu أذنتُ
Adhina ..... أذِنَ 18

Adhdhana أذّن
Adhina ..... أذِنَ 18

Adhdhin أذّن
Adhina ..... أذِنَ 18

Adhina أذِنَ
Adhina ..... أذِنَ 18

Adhinat أذنت
Adhina ..... أذِنَ 18

Adhinta أذِنتَ
Adhina ..... أذِنَ 18

Adhhaba أذهَبَ
Dhahaba . ذهَبَ 192

Adhhabtum أذهبتم
Dhahaba . ذهَبَ 192

Âdhû آذوا
Adha .... أذى 19

Adhan أذىً
Adha .... أذى 19

Âdhaytum أذيتم
Adha .... أذى 19

أ ر (A-r)

Arâik ارائك
Araka .... ارك 20

Arâda أرادَ
Râda .... رَادَ 225

Arâdâ أرادا
Râda رَادَ 225

Arâdhil أراذِل
Radhila .... رَذِلَ 209

Arâdû أرادُوا
Râda .... رَاد 225

Arbâ أربىٰ
Rabâ .... ربا 200

Arbâb أرباب
Rabba ..... ربّ 197

Arba'în أربعين
Raba'a ..... رَبَعَ 200

Arba'tun أربعةٌ

Raba'a ..... رَبَعَ 200

Arba'un أربَع
Raba'a ..... رَبَعَ 200

Arjâ أرجاء
Rajâ' .... رجأ 204

Arjumanna أرجُمَنّ
Rajama .... رَجَمَ 204

Ar<u>h</u>am أرْحَم
Ra<u>h</u>ima .... رَحِمَ 205

Ar<u>h</u>âm أرحام
Ra<u>h</u>ima .... رَحِمَ 205

Aradna أردْنَ
Râda .... رَادَ 225

Aradnâ أردْنا
Râda .... رَادَ 225

Aradtum أردْتم
Râda .... رَادَ 226

Ardâ أردىٰ
Radiya ... رَدِيَ 208

Ar<u>dh</u>al أرْذَل
Ra<u>dh</u>ila .... رَذِلَ 209

Ar<u>dh</u>alûn أرْذلوْن
Ra<u>dh</u>ila .... رَذِلَ 209

Arsâ ارسىٰ
Rasâ .... رسا 211

Arsala ارسَلَ
Rasila ...... رِسلَ 210

Arsalat أرسَلتْ
Rasila ...... رِسلَ 210

Arsalnâ أرسلنا
Rasila ...... رِسلَ 210

Arsalû ارسَلُوْا
Rasila ...... رِسلَ 210

Arsil أرسِلْ
Rasila ...... رِسلَ 210

Arsilûni أرسِلُوْنِ
Rasila ...... رِسلَ 210

Ara<u>dz</u>a اَرَض
Ara<u>dz</u>a ..... أرض 19

Ar<u>dz</u>a'at ارضَعتْ
Ra<u>dz</u>a'a ... رَضَعَ 212

Ar<u>dz</u>a'na ارضَعْن
Ra<u>dz</u>a'a ... رَضَعَ 212

Ar<u>dz</u>i'î أرضعي
Ra<u>dz</u>a'a ... رَضَعَ 212

Arkasa أركسَ
Rakasa .... رَكسَ 221

Ara أرى
Ra'a .... رأى 196

Arâ أرىٰ
Ra'a .... رأى 196

A'ra'ayta أرءيت
Ra'a .... رأى 196

Araynâ أرينا
Ra'a .... رأى 196

أز (A-z)

Azâ<u>gh</u>a أزَاغا
Zâ<u>gh</u>a ...... زاغ 240

Âzar آزر
Azara ...... أزر 20

Azara أزَرَ
Azara ...... أزر 20

Azran أزْراً
Azara ...... أزر 20

Azza أزّا
Azza .... أزّ 20

Âzifah أزفة
Azifa ....ازف 21

Azifat أزفت
Azifa .... أزف 21

Azkâ أزكىٰ
Zakâ .... زكى 233

Azalla أزلّ
Zalla .... زلّ 234

Azlafnâ أزلفنا
Zalafa ...... زلَفَ 234

Azlâm أزلام
Zalama .... زلَمَ 235

Azwâj أزواج
Zâja .... زاجَ 237

Azîdu ازيد
Zâda زادَ 238

Azîdanna ازيدَنّ
Zâda زادَ 238

أس (A-s)

Âsâ اسىٰ
Asiya .... اسيَ 23

Asâ'a أساء
Sâ'a .... ساء 275

As'alu اسئلُ
Sa'ala ...... سألَ 242

Asâṯîr أساطير
Saṯara ...... سطر 258

Asa'tum أسأتم
Sâ'a .... ساء 275

Asâ'û اساؤوا
Sâ'a .... ساء 275

Asâwira اساوِرة
Sâra .... سارَ 277

Asbâb اسباب
Sabbaba .. سبّب 244

Asba<u>gh</u>a أسبغ
Saba<u>gh</u>a .. سَبَغ 246

Asbâṯan أسباطًا
Sabiṯa ...... سَبِط 245

Asbâṯu أسباطِ
Sabiṯa ...... سَبط 245

Asta<u>gh</u>firanna أستغفِرنّ
<u>Gh</u>afara ... غفرَ 405

Astajib أستجب
Jâba .... جابَ 108

Asta<u>kh</u>li<u>s</u>u أستخلصُ
<u>Kh</u>ala<u>s</u>a ... خَلص 161

Asjuda أسجد
Sajada سَجَدَ 248

As<u>h</u>âr أسحار
Sa<u>h</u>ara .... سَحر 250

As<u>kh</u>aṯa أسخطِ
Sa<u>kh</u>iṯa .... سِخط 253

Asirrû أسّروا
Sarra .... سرّ 255

Asarra أسّر
Sarra .... سرّ 255

Asarrû أسّروا
Sarra .... سرّ 255

Asrâ أسرىٰ
Sara .... سَرَى 257

Asrafa أسرف
Sarafa ..... سَرَف 256

Asrafû أسرفوا
Sarafa ..... سَرَف 256

Asran أسرى
Asara .... اسَرَ 22

Asrartu أسررت
Sarra .... سرّ 255

Asra'u أسرع
Saru'a ...... سَرُعَ 256

Asri أسرى
Sara .... سَرَى 257

Asrun اسراً
Asara .... أسَرَ 22

Assasa أسّس
Assa .... أسّ 22

Asfala أسفل
Safala ...... سَفَلَ 260

Asfalîn أسفلين
Safala ...... سَفَلَ 260

Asfâr أسفار
Safara ...... سَفَرَ 260

Asfara أسفر
Safara ...... سَفَرَ 260

Asqaina أسقين
Saqa .... سَقّى 262

Asqit أسقط
Saqata ..... سَقَطَ 261

Askanna أسكنّ
Sakana سكَنَ 264

Askantu أسكنت
Sakana سكَنَ 264

Askinû أسكنوا
Sakana .... سكَنَ 264

Aslihatun أسلحة
Salaha ..... سَلَحَ 265

Asalnâ أسلنا
Sâla .... سالَ 282

Aslafat أسلفت
Salafa ...... سَلَفَ 266

Aslaftum اَسلفتُم
Salafa ...... سَلَفَ 266

Aslama اسلمَ
Salima ..... سَلِمَ 267

Aslamâ أسلما
Salima ..... سَلِمَ 267

Aslamnâ أسلمنا
Salima ..... سَلِمَ 267

Aslamtu اَسلمتُ
Salima ..... سَلِمَ 267

Aslamtum اسلمتم
Salima ..... سَلِمَ 267

Aslamû اَسلمُوا
Salima سَلِمَ 267

Asmâ' أسماء
Samâ .... سَما 272

Asma'a اَسمعَ
Sami'a ..... سمعَ 270

Asma'u اسمَعُ
Sami'a ..... سمعَ 270

Asmi' اَسمعْ
Sami'a ..... سمعَ 270

Âsin أسن
Asana ...... اسَنَ 23

Aswad اسود
Sâda .... سادَ 276

Aswâq أسواق
Sâqa .... ساقَ 279

Aswiratun أسورةٌ
Sâra سارَ 277

Asîr أسير
Asara ...... اسَرَ 22

أ ش (A-sh)

Ashârat أشارت
Shâra ... شار 301

Ashâ'u أشاءُ
Shâ'a .... شاءَ 302

Ashtâtan أشتاتًا
Shatta ...... شَتّ 283

Ashihhatan أشِحّةً
Shahha .... شحّ 284

Ashuddu أشُدّ
Shadda .... شَدّ 285

Ashiddâ'u أشِدّاء
Shadda .... شَدّ 285

Ashir أشِر
Ashara ..... اشَر 23

Ashraqat أشرقت
Sharaqa .. شَرَق 287

Ashrâknâ أشركنا
Sharika .... شَرِكَ 288

Ashrakta أشركتَ
Sharika .... شَرِكَ 288

Ashraktum أشركتم
Sharika .... شَرِكَ 288

Ashrakû أشركُوا
Sharika .... شَرِكَ 288

Ashrâr أشرار
Sharra ..... شَرّ 287

Ashrât أشراط
Sharata .... شَرَطَ 287

Ashrik أشرك
Sharika .... شَرِكَ 288

Ashraka أشرَكَ
Sharika .... شَرِكَ 288

Ash'âr أشعار
Sha'ara شَعَرَ 291

Ashfaqna أشفقنَ
Shafiqa .... شَفَقَ 294

Ashfaqtum أشْفقتم
Shafiqa .... شَفَقَ 294

Ashuqqa أشُقّ
Shaqqa .... شَقّ 295

Ashqâ أشقىٰ
Shaqiya ... شَقِيَ 296

Ashkû اشكُوا
Shakâ ...... شَكَا 297

Ashkuru أشْكُرُ
Shakara ... شَكَرَ 296

Ashhâd أشهاد
Shahida ... شَهِدَ 299

Ashhada أشهَدَ
Shahida ... شَهِدَ 299

Ashhadtu أشهدتُ
Shahida ... شَهِدَ 299

Ashhadu أشهَدُ
Shahida ... شَهِدَ 299

Ashhidû أشهِدُوا
Shahida ... شَهِدَ 299

Ashhurun أشهُرٌ
Shahara .. شَهَرَ 300

Ashyâ' أشياء
Shâ'a .... شاءَ 302

Ashyâ' أشياع
Shâ'a .... شاعَ 303

أ ص (A-s)

Asâba أصابَ
Sâba صابَ 323

Asâbat أصابت
Sâba صابَ 323

Asâbi' أصابع
Saba'a صَبَعَ 306

Âsâl آصال
Asula .... اصل 23

Asabna أصبْنَ
Sâba .... صابَ 323

Asabtum أصبتُم
Sâba .... صابَ 323

Asbaha أصبَحَ
Sabaha .... صَبَحَ 304

Asbahat أصبحت
Sabaha .... صَبَحَ 304

Asbahtum أصبحْتم
Sabaha .... صَبَحَ 304

Asbahû أصبحُوا
Sabaha .... صَبَحَ 304

Asbara أصبرَ
Sabara ..... صَبَرَ 304

Asbu أصْبُ
Sabâ .... صبا 307

Ashâb أصحاب
Sahiba ..... صَحِبَ 307

Asdaqu أصدَقُ
Sadaqa .... صَدَقَ 310

Assaddaqa أصّدّقَ
Sadaqa .... صَدَقَ 310

Asarrû أصَرّوا
Sarra .... صَرَّ 313

Asrifu أصرفُ
Sarafa ...... صَرَفَ 314

Asghar أصْغَر
Saghira .... صَغِرَ 315

Asfâ أصْفى
Safâ .... صَفى 317

Asfâd أصفاد
Safada ..... صَفَدَ 316

Aslâb أصلاب
Salaba ..... صَلَبَ 318

Aslaha أصلحَ
Salaha ..... صَلَحَ 318

Aslahâ أصلحا
Salaha ..... صَلَحَ 318

Aslahnâ أصلحنا
Salaha ..... صَلَحَ 318

Aslahû أصلحُوا
Salaha ..... صَلَحَ 318

Aslî أصلي
Salâ .... صَلى 320

Aslun أصلٌ
Asula .... اصل 23

Asamma أصَمّ
Samma .... صَمّ 322

Asummû أصَمّوا
Samma .... صَمّ 322

Asnâmin أصنامٍ
Sanama ... صَنَمَ 323

Asnâman أصنامًا
Sanama ... صَنَمَ 323

Aswât أصوات
Sâta .... صاتَ 324

Aswâf أصواف
Sâfa .... صافَ 325

Asîlan أصيلاً
Asula .... اصل 23

أ ض (A-dz)

Adzâ'a اضاء
Dzâ'a .... ضَاءَ 334

Adzâ'at أضاءت
Dzâ'a .... ضَاءَ 334

Adzâ'û أضاعُوا
Dzâ'a ضَاعَ 335

Adzhaka أضحَكَ
Dzahika ... ضَحِكَ 327

Adztarru اضطرّ
Dzarra ..... ضَرّ 329

Adz'af أضعَفُ
Dza'afa .... ضَعفَ 331

Adz'âfan أضعفًا
Dza'afa .... ضَعفَ 331

Adzghân اضغان
Dzaghina . ضَغِنَ 332

Adzghâth أضغاث
Dzaghatha .. ضَغَثَ 332

Adzalla اضل
Dzalla ...... ضَلّ 333

Adzallu اضَلّ
Dzalla ...... ضَلّ 333

Adzallû أضَلّوا
Dzalla ...... ضَلّ 333

Adzillu أضِلّ
Dzalla ...... ضَلّ 333

Adzlalnâ أضللنا
Dzalla ...... ضَلّ 333

Adzlaltum اضْللتُم
Dzalla ...... ضَلّ 333

أط (A-t)

Atâ'a أطاع
Tâ'a .... طاعَ 345

Atâ'û أطاعُوا
Tâ'a .... طاعَ 345

Atrâf أطراف
Tarafa ...... طَرَفَ 337

At'ama اَطعَمَ
Ta'ima ..... طَعِمَ 338

Ata'na أطعنَ
Tâ'a .... طاعَ 345

Ata'nâ أطَعنا
Tâ'a .... طاعَ 345

Ata'tum اطَعتم
Tâ'a .... طاعَ 345

At'imû أطعِمُوا
Ta'ima ..... طَعِمَ 338

Ati'na اطِعنَ
Tâ'a .... طاعَ 345

Atghâ أطغٰى
Taghâ ...... طغىٰ 339

Atghaitu أطغَيتُ
Taghâ ...... طغىٰ 339

Atfa'a اطفأء
Tafiya ...... طَفِيَ 340

Atfâl أطفال
Tafula ...... طَفُلَ 340

Attali'u أطّلع
Tal'a .... طَلع 341

A'Attali'u أأطّلعُ
Tala'a ...... طَلعَ 341

Atma'u اطمَعُ
Tami'a ...... طمِعَ 343

Atmis أطمِس
Tamasa.... طَمَسَ 342

Athar أطْهَرَ
Tahara..... طَهرَ 344

Atwâran أطوارًا
Târa........ طارَ........... 345

Atayyarnâ أطيّرنا
Târa........ طارَ........... 349

Atî'û أطِيعُوا
Tâ'a........ طاعَ 345

Atî'uni أطِيعُونِ
Tâ'a........ طاعَ 345

أ ظ (A-z)

Azfara أظفَرَ
Zafara...... ظَفَرَ 350

Azlama أظلَمَ
Zalima..... ظَلِمَ.......... 352

Azlamu أظلم
Zalama.... ظَلَمَ.......... 351

Azunnu أظُنّ
Zanna ... ظَن 352

أع (A-')

A'âna أعان
'Âna........ عانَ........... 395

A'budu أعبُدُ
'Abada..... عَبَد 355

A'tadat أعتَدَت
'Atuda...... عَتُدَ.......... 357

A'tadnâ أعتدنا
'Atuda...... عَتُدَ.......... 357

A'tazilu أعتزل
'Azala ..... عزلَ.......... 371

A'tharnâ أعثرنا
'Athara..... عَثَرَ 358

A'jaba أعَجَبَ
'Ajiba ...... عَجِبَ 358

A'jabat أعجَبَت
'Ajiba ...... عَجِبَ 359

A'jamîna أعجمين
'Ajama ..... عجم 361

A'jamiyyun أعجَمِيّ
'Ajama ..... عجم 361

A'jaztu أعجَزتُ
'Ajaza ...... عَجَزَ 359

A'jâzun أعجازٌ
'Ajaza ...... عَجَزَ 359

A'adda أعد
'Adda ...... عَدّ.......... 361

A'addû أعَدّوا
'Adda ...... عَدّ.......... 361

A'iddû أعِدوا
'Adda عَدّ 361

A'ddûna أعددون
'Adda ...... عَدّ.......... 361

A'adhdhibu أعَذّب
'Adhuba ... عَذُبَ.......... 363

A'râb أعراب
'Aruba...... عَرُبَ 364

A'radz أعرض
'Aradza .... عَرض 366

A'radztum أعرَضتم
'Aradza .... عَرض 366

A'râf أعراف
'Arafa...... عَرَفَ.......... 367

A'rafû اعرفوا
'Arafa...... عَرَفَ.......... 367

A'raja أعرج
'Arija ....عَرِجَ 365

A'ridz أعرض
'Aradza .... عَرَضَ 366

A'ridzû أعرضوا
'Aradza ....عَرَضَ 366

A'azzu أعزّ
'Azza ....عَزَّ.............. 371

A'izzatan أعزّة
'Azza ....عَزَّ.............. 371

A'tâ أعطاً
'Atâ .... عَطا 378

A'taynâ أعطينا
'Atâ .... عَطا 378

A'izu أعظ
Wa'aza .... وَعَظَ 613

A'zamû أعظموا
'Azama ....عَظَمَ 378

A'sî أعصي
'Asâ.........عصَى.......... 376

A'siru أعصر
'Asar .... عَصَرَ............ 375

A'qâb أعقاب
'Aqaba ..... عَقَبَ............ 380

A'qaba أعقّب
'Aqaba ..... عَقَبَ............ 380

A'lantu أعلنتُ
'Alana ......علن............ 385

A'lantum أعلنتم
'Alana ......علن 385

A'lâ أعَلى
'Alâ .... علا 385

A'mâ أعمٰى
'Amiya .....عَمِىَ............ 389

A'mâl أعمال
'Amila ......عَمِلَ............ 388

A'mala أعَمل
'Amila ......عَمِلَ............ 388

A'malu إعَمل
'Amila ......عَمِلَ............ 388

A'mal أعمل
'Amila ......عَمِلَ............ 388

A'mâm أعمام
'Ammun ... عمّ 388

A'nâb أعناب
'Anaba .....عَنَبَ 390

A'nata أعنَتَ
'Anita .... عَنِتَ............ 390

A'nâq أعناق
'Aniqa ...... عَنق............ 391

A'had أعهْد
'Ahida ......عهد............ 392

A'ûdhu أعوذُ
'Âdh .... عاذ............ 394

A'îdûna أعيدون
'Âda عاد 394

A'yun أعين
'Âna ....عانَ............ 398

A'înû أعينوا
'Âna ....عانَ............ 395

أغ (A-gh)

Aghraynâ أغرينا
Gharâ ...... غَرا 402

Aghraqnâ أغرقنا
Ghariqa ... غرق............ 401

Aghshaynâ أغشَينا
Ghashiya . غِشَى............ 403

Aghtasha أغطش
Ghatasha . غَطَش 405

Aghfalnâ أغفلنا
Ghafala ... غَفَل 406

Aghlâl أغلال
Ghalla ...... غلّ 408

Aghlibanna أغلبنّ
Ghalaba .. غَلَب 407

Aghna أغْنَى
Ghaniya ... غَنِىَ 410

Aghnat أغنت
Ghaniya ... غَنِىَ 410

Aghnî أغِني
Ghaniya ... غَنِىَ 410

Aghniyâ أغنياء
Ghaniya غَنِىَ 411

Aghwayna أغوين
Ghawa ..... غوَى 412

Aghwayta أغويَت
Ghawa ..... غوَى 412

أف (A-f)

Af'datun أفئدة
Fa'ada ..... فأد 414

Afâ'a أفاء
Fâ'a .... فآءَ 438

Afâdza أفاض
Fâdza ...... فاض 438

Âfâq أفاق
Afaqa .... أفق 24

Afâqa أفاق
Faqa .... فاق 437

Afti أفت
Fatiya ...... فَتىَ 417

Aftû أفتوا
Fatiya ...... فَتىَ 417

Afrigh أفرغ
Faragha ... فَرَغ 423

Afsadû أفسَدوا
Fasada .... فَسَدَ 426

Afsahu أفصح
Fasuha .... فَصحَ 428

Afadztum أفضتم
Fâdza ...... فاض 438

Afdza أفضىٰ
Fadziya ... فَضيَ 430

Affâk أفّاك
Afaka .... أفَكَ 24

Afala أفل
Afala ..... أفل 24

Afalat أفلت
Afala .... أفل 24

Âfilîn آفلين
Afala .... افل 24

Aflaha أفلح
Falaha ..... فَلحَ 433

Afnân أفنان
Fanna ...... فنّ 435

Afûzu أفوز
Fâza .... فاز 437

Afwâhun أفواه
Fâha .... فاه 437

Afwaja أفواج
Fâja .... فاج 436

Afîdzû أفيُضوا
Fâdza ...... فاض 438

أ ق (A-q)

Aqâma أقامة
Qâma ...... قاَم 471

Aqâmû أقاموا
Qâma ...... قاَم 471

Aqâwîl أَقاويل
Qâla .... قال 469

Aqbala أقبل
Qabila ...... قَبِل 440

Aqbalat أقبلت
Qabila ...... قَبِل 440

Aqbalnâ أقبلنا
Qabila ...... قَبِل 440

Aqbalû أقبلوا
Qabila ...... قَبِل 440

Aqbara أقبَر
Qabara .... قَبُر 439

Aqbil أقْبِل
Qabila ...... قَبِل 440

Aqtul أقتل
Qatala ...... قَتَلَ 442

Aqtulanna أقتلّن
Qatala ...... قَتَلَ 442

Aqdâm أقدام
Qadama .. قَدم 446

Aqdamûna اَقدمون
Qadama .. قَدم 446

Aqrabu أقربُ
Qariba ..... قرِب 449

Aqrabûna أقربون
Qariba ..... قرِب 449

Aqrabîna أقربين
Qariba ..... قرِب 449

Aqradztum أقرضتم
Qaradza .. قَرَضَ 451

Aqradzû أقرض
Qaradza .. قَرَضَ 451

Aqrarnâ أقررنا
Qarra .... قَرّ 450

Aqridzû أقرِضوا
Qaradza .. قَرَضَ 451

Aqsamtum أقسَمتم
Qasama .. قَسَمَ 454

Aqsamû أقسَموا
Qasama .. قَسَمَ 454

Aqsatu أقسُط
Qasata .... قَسَطَ 454

Aqsitû أقِسطوا
Qasata .... قَسَطَ 454

Aqsâ أقصىٰ
Qasa .... قَصا 457

Aqta'anna أقطعنّ
Qata'a ..... قَطَعَ 459

Aqtâr أقطار
Qatara ..... قَطَرَ 458

Aq'udanna أقعُدنّ
Qa'ada .... قَعَدَ 462

Aqfâl أقفال
Qafala ..... قَفَلَ 463

Aqalla أقل
Qalla .... قَلّ 465

Aqallat أقلّت
Qalla .... قَلّ 465

Aqlâm أقلام
Qalama ... قلم 466

Aqli'î أقلعي
Qala'a ..... قلعَ 465

Aqim إِقم
Qâma ...... قاَم 471

Aqimna أقمنا
Qâma ...... قاَم............ 471

Aqamta أقْمت
Qâma ...... قاَم 471

Aqamtum أقمتم
Qâma ...... قاَم............ 471

Aqnâ أقنٰى
Qanâ .... قَنى............ 468

Aqwamu أقوَم
Qâma ...... قاَم............ 471

Aqwât أقوات
Qâta .... قات 469

Aqîmû أقيموا
Qâma ...... قاَم............ 471

أ ك (A-k)

Akâbir أكابر
Kabura..... كَبُر 476

Akâdu أكاد
Kâda........ كادَ............ 499

Akbarna أكبرن
Kabura..... كَبُر............ 476

Akbaru أكبر
Kabura..... كَبُر 476

Aktubu أكتب
Kataba..... كَتَبَ 478

Ak<u>th</u>arta أكثرَت
Ka<u>th</u>ara ... كَثَرَ............ 479

Ak<u>th</u>arû أكثروا
Ka<u>th</u>ara .... كَثَرَ 479

Ak<u>th</u>aru أكثر
Ka<u>th</u>ara .... كَثَرَ............ 479

Akdâ أكدٰى
Kadâ .... كَدٰى 480

Akrahta أكرهتَ
Karaha..... كَرِهَ 484

Akram أكرم
Karama ... كَرَمَ............ 483

Akrama أكرَم
Karama ... كَرَمَ............ 483

Akramani أكرمن
Karama ... كَرَمَ 483

Akrimî أكرمى
Karama ... كَرَمَ............ 483

Akfuru أكفر
Kafara ..... كفَرَ............ 489

Akkâlûna أكّالون
Akala .... أكَلَ............ 24

Akala أكل
Akala .... أكَلَ............ 24

Aklun أكلٌ
Akala .... أكَلَ............ 24

Aklan أكلاً
Akala .... أكَلَ 24

Akalû أكلوا
Akala .... أكَلَ............ 24

Âkilîna آكلين
Akala .... أكَلَ............ 24

Akmaha أكمَهَ
Kamiha .... كَمِهَ............ 497

Akmaltu أكملتُ
Kamala .... كَمَلَ 496

Akmâm أكمام
Kamma .... كَمّ 497

Aknânan أكنان
Kanna ...... كَنّ............ 498

Aknantum أكننتم
Kanna ...... كَنّ 498

Akun أكن
Kâna .... كانَ 500

Akinnatun أكنّة
Kanna ...... كَنّ 498

Akwâb أكواب
Kâba .... كابَ 499

Akûna أكون
Kâna .... كانَ 500

Akîdu أكيد
Kâida .... كيد 502

Akîdanna أكيدنّ
Kâida .... كيد 502

أل (A-l)

Al ال
Al .... ال 25

Âl آل
Awala ...... اول 37

Al-Ukhdûd الأخدود
Khadda .... خَدّ 148

Al Barru البّر
Barra .... برّا 47

Al-Albâb الالباب
Labba ...... لبّ 506

Al-Ahqâf الاحقاف
Haqafa ..... حَقَفَ 130

Al-Bârî الباري
Bara'a ...... برء 46

Al-Basîr البصير
Basura ..... بصُرَ 53

Al-Jabbâr الجبّار
Jabara ..... جَبَرَ 90

Al-Hâjj الحاج
Hajja .... حجّ 113

Al-Hajj الحج
Hajja .... حجّ 113

Al-Hamdu الحمدُ
Hamida .... حَمِدَ 135

Al-Haqqu الحقّ
Haqqa ..... حَقّ 131

Al-Harûr الحرور
Harra ...... حَرّ 118

Al-Hayy الحيّ
Hayya ...... حيّ 144

Al-Hût الحوْت
Hâta .... حاتَ 140

Al-Khab'un الخبْء
Khaba'a ... خَبَءَ 146

Al-Dahru الدهْر
Dahara دَهَر 182

Al-Rass الرس
Rassa ...... رَسّ 210

Al-Ra'ûf الرؤوف
Ra'afa ...... رأفَ 195

Al-Samî' السميع
Sami'a ..... سمِعَ 271

Al-Sâriqatu السارقة
Saraqa .... سَرَقَ 257

Al-Sâriqu السارق
Saraqa .... سَرَقَ 257

Al-Samad الصمد
Samada ... صَمَدَ 321

Al-Taulu الطّول
Tâla .... طالَ 347

Al-Zâhir الظاهِر
Zahara ..... ظَهَرَ 353

Al-A'lâ الاعلى
'Alâ .... علا 385

Al-'Âlîm العليم
'Alama ..... عَلَم 383

Al-'Âqibatu العاقب
'Aqaba ..... عَقَب 380

Al-Azîm العظيم
'Azama .... عَظم 378

Al-'Azîzun العزيز
'Azza .... عز 371

Al-'Arim ألعرم
'Arama ..... عرم 369

Al'an ألعَن
La'ana ..... لعن 512

Al-Ghanî الغني
Ghaniya ... غَنِىَ 410

Al-Ghayy الغي
Ghawa ..... غوَى 412

Al-Fâtiha الفاتحه
Fataha ..... فَتَح 415

Al-Fattâh الفتّاح
Fataha ..... فَتَح 415

Al-Qâhir القاهر
Qahara .... قَهَر 468

Al-Qahhâr القهّار
Qahara .... قَهَر 468

Al-Qayyûm القيّوم
Qâma ...... قَام 471

Al-Qur'ân القرآن
Qara'a ..... قَرَأ 448

Al-Ka'bah الكعبه
Ka'aba ..... كَعَبَ 487

Al-Lât اَللت
Lâta .... لاَت 520

Al-Latîf اللطيف
Latufa ..... لَطَفَ 511

Al-Madînah المدينة
Madana ... مَدَنَ 528

Al-Marwah المروة
Marwun ... مَرو 531

Al-Muddaththir المدثّر
Daththara دَثَّرَ 173

Al-Nâs الناس
Anasa ...... انس 35

Al-Ni'mat النعمَت
Na'ama .... نَعَمَ 569

Al-Wâsi'un الواسع
Wasi'a ..... وَسِع 608

Al-Wadûd الودُود
Wadd .... ودّ 604

Al-Wahhâb الوهّاب
Wahaba ... وَهَب 622

Alâ' ألى
Ilyun .... الى 26

Al-Yasa'a اليَسَعَ
Al-Yasa'a . اليَسَع 626

Âlâf آلاف
Alifa .... أَلِفَ 25

Alatnâ ألتنا
Alata .... ألت 25

Allâtî التي
Alladhî ..... الذي 28

Alhaqnâ ألحقنا
Lahiqa ..... لِحق 508

Alhaqtun ألحقتم
Lahiqa ..... لِحق 508

Alhiqnî ألحقني
Lahiqa ..... لِحق 508

Aladdu أَلدّ
Ladda ...... لدّ 509

Alladhî الّذي
Alladhî ..... الّذي 28

Alladhîna الّذين
Alladhî ..... الّذي 28

Alzama الزَم
Lazima..... لزمَ 510

Alzamnâ اَلزِمنا
Lazima..... لزمَ 510

Alsinatun ألسنة
Lasana .... لسَنَ 510

Alghau ألغَو
Laghiya ... لِغيَ 512

Alfâfan ألفافًا
Laffa .... لفّ 513

Alfayn ألفين
Alifa .... ألِفَ 25

Alfaynâ ألفَينا
Lafâ .... لفا 519

Alfân ألفان
Alifa .... ألِفَ 25

Alfayâ ألفيا
Lafâ .... لفا 514

Alfû ألفَوا
Lafâ .... لفا 514

Alqâ ألقى
Laqiya...... لقيَ 516

Alqâb ألقاب
Laqaba .... لقَبَ 514

Alqaynâ ألقينا
Laqiya...... لقيَ 516

Alqaytu ألقَيت
Laqiya...... لقيَ 516

Alqat اَلقت
Laqiya ..... لقيَ 516

Alqaw اَلقو
Laqiya .... لقيَ 516

Alqi ألقِ
Laqiya .... لقيَ 517

Alqû ألقوا
Laqiya ..... لقيَ 517

Alla الاّ
Alla الاّ 26

Allâh الله
Allâh .... الله 28

Allafa الّف
Alifa .... الِفَ 25

Alannâ ألنّا
Lâna .... لانَ 523

Âliha آله
Ilaha .... اله 28

Alhâ ألها
Lahâ لها 519

Alhama ألهَمَ
Lahima .... لهمَ 519

Allâhumma الّلهمّ
Allâhumma الّلهمّ 29

Alwâh ألواح
Lâha .... لاحَ 520

Alwân ألوان
Lawnun ... لونَ 522

Alîm أليم
Alima .... ألم 28

Alyasa'a أليَسَع
Yas'a ...... يسع 626

أم **(A-m)**

Am ام
Am.......... ام 29

Amma أمّ
Amma...... أمّ.............. 31

Amâ اما
Amâ .... اما............. 29

Amâta أمات
Mâta .... مات............ 546

Ammâratun امّارةٌ
Amara...... أمَرَ.............. 30

Amâma أمامة
Amma...... أمّ.............. 33

Amânât أمانات
Amina ...... أمن 33

Amânatun أمانةٌ
Amina ...... أمن 33

Amâniya أمانية
Mana .... مَنَى............ 543

Amatta أمتّ
Mâta .... مات............ 545

Amatun أمة
Amatun .... أمة............. 34

Amatan أمتاً
Amata...... امَتَ.............. 30

Amti'atikim أمتِعتِكم
Mata'a ..... مَتَعَ........... 524

Amthâl أمثال
Mathala ... مَثَلَ 525

Amdadnâ امددنا
Madda ..... مدّ 528

Amadda أمدّ
Madda ..... مدّ 528

Amadun أمدٌ
Amida ...... إمدٌ 30

Âmuru آمر
Amara...... امَرَ.............. 31

Amara أَمَرَ
Amara...... أمَرَ.............. 30

Amrun أمرٌ
Amara...... امَرَ.............. 30

Amarnâ أمَرنا
Amara...... أمَرَ.............. 30

Amarta أمرتَ
Amara...... أمَرَ 30

Amarû أمروْا
Amara...... أمَرَ.............. 30

Âmirûn آمرون
Amara...... أمَرَ.............. 30

Âmuranna آمرنّ
Amara...... أمر.............. 30

Amsi أمْسِ
Amsi .... أمْسِ.............. 31

Amsik أمسِك
Masaka ... مَسَكَ........... 534

Amsakna أمسَكن
Masaka ... مَسَكَ........... 534

Amsaknâ أمسَكنا
Masaka ... مَسَكَ........... 534

Amsaktum أمسكتم
Masaka ... مَسَكَ........... 534

Amsikû أمسكو
Masaka ... مَسَكَ........... 534

Amshâj أمشاج
Mashaja .. مَشَجَ 535

Amdziya إمضيَ
Madzâ ..... مَضَى 536

Amtarnâ أمطرنا
Matara ..... مطِرَ........... 536

Am'â امعاء
Ma'yun .... مَعي 537

Amkana أمكن
Makuna .... مكُنَ.......... 539

Amal امْل
Amala ...... امل 31

Amlâ املا
Mala .... مَلا 541

Amalan املاً
Amala ...... امل 31

Amliku امِلك
Malaka.....مَلكَ 540

Amlî امِلي
Mala .... مَلا 541

Amlaytu امليتُ
Mala .... مَلا 541

Amana أمَنَ
Amina ...... امن 33

Amina امِنَ
Amina ...... امن 33

Âminun آمنٌ
Amina ...... امن 33

Âmannâ آمنا
Amina ...... امن 33

Âmanat آمنت
Amina ...... امن 33

Âmanatun آمنةٌ
Amina ...... امن 33

Âmantu آمنتُ
Amina ...... امن 33

Âmantum آمنتم
Amina ...... امن 33

Âmanû آمنوا
Amina ...... امن 33

Âminatu آمنةٌ
Amina ...... امن 33

Amintu امنتُ
Amina ...... امن 33

Amintum امنتم
Amina ...... امن 33

Aminû امنوُا
Amina ...... امن 33

Aminûna أمنُون
Amina ...... امن 33

Amhil امهل
Mahala ...... مَهلَ 544

Amwâl اموال
Mâla .... مال............ 547

Amwâtun اموات
Mâta .... مات 545

Amûtu اموت
Mâta .... مات........... 545

Âmîn آمين
Amina ...... امن 33

Âmmîna آمّين
Âmma ...... آمّ............... 31

Amînun امين
Amina ...... امن 33

أن (A-n)

An أن
An .... ان 34

Ânin آنٍ
Ânin .... آنٍ 36

Anna أن
Nâ........... نا 549

Anna أنّ
Anna .... انّ 34

Anâ أنا
Anâ .... انا 35

Ânâ' آناء
Ana .... انى 36

Anâba أناب
Nâba .... نَاب 581

Anâbû أنابوا
Nâba .... نَاب 581

Anâm انام
Anâm .... انام 36

Anâmila أنامل
Namala .... نَمَلَ 578

Anabnâ أنبنا
Nâba .... نَاب 581

Anbâ'a أنبأ
Naba'a ..... نَبأ 549

Anba'a أنبأ
Naba'a ..... نَبأ 549

Anbatat أنبتت
Nabata ..... نَبَتَ 550

Anbati أنبت
Nabata ..... نَبَتَ 550

Anbatna أنبتنا
Nabata ..... نَبَتَ 550

Anbi'u أنبؤ
Naba'a ..... نَبأ 549

Anbi'û أنبؤوا
Naba'a ..... نَبأ 549

Anbi' أنبي
Naba'a ..... نَبأ 549

Anbiyâ أنبياء
Naba'a ..... نَبأ 549

Anta أَنتَ
Anâ .... انا 35

Anti أنتِ
Anâ .... انا 35

Antum أنتم
Anâ .... انا 35

Antuma أنتما
Anâ .... انا 35

Antunna أنتنّ
Anâ .... انا 35

Anjâ أنجاء
Najâ .... نَجا 554

Anjayta انجيَت
Najâ .... نَجا 554

Anjayna أنجينا
Najâ .... نَجا 554

Anhar أنحر
Nahara .... نَحَرَ 555

Andâd أنداد
Nadda ..... نَدّ 556

Andhara أنذر
Nadhara .. نَذَر 557

Andhir أنذر
Nadhara .. نَذَر 557

Andharnâ أنذرنا
Nadhara .. نَذَر 557

Andharta انذرتَ
Nadhara .. نَذَر 557

Andhartu انذرتُ
Nadhara .. نَذَر 557

Anzala أنزل
Nazala ..... نَزَلَ 559

Anzil أنزل
Nazala ..... نَزَلَ 559

Anzaltu أنزلتُ
Nazala ..... نَزَلَ 559

Anzaltum أنزلتم
Nazala ..... نَزَلَ 559

Anzalnâ أنزلنا
Nazala ..... نَزَلَ 559

Ânasa آنس
Anisa .... انِسَ 35

Ansâ أنسىٰ
Nasiya ..... نَسَيَ 562

Ansâb أنساب
Nasaba .... نَسَبَ 561

Ansaw أنسَو
Nasiya ..... نَسَيَ 562

Ansha'a أنشاء
Nasha'a ... نَشَأَ 563

Ansh'atum أنشأتم
Nasha'a ... نَشَأَ 563

Ansh'anâ أنشأنا
Nasha'a ... نَشَأَ 563

Anshara أنشر
Nashara .. نَشَرَ 563

Ansharnâ أنشَرنا
Nashara .. نَشَرَ 563

Ansâb أنصاب
Nasaba .... نَصَبَ 564

Ansâr أنصار
Nasara ..... نَصَرَ 565

Ansitû أنصتوا
Nasata ..... نَصَتَ 565

Ansahu أنصَحُوا
Nasaha .... نَصَحَ 565

Ansur انصُر
Nasara ..... نَصَرَ 565

Ansurû أنصُرو
Nasara ..... نَصَرَ 565

Antaqa أنطق
Nataqa ..... نَطَقَ 567

Anzir أنظِر
Nazara ..... نَظَرَ 568

Anzur أنظر
Nazara .... نَظَرَ 568

Anzurû أنظُروا
Nazara .... نَظَرَ 568

An'âm أنعَام
Na'ama .... نَعَمَ 569

An'ama أنعَمَ
Na'ama .... نَعَمَ 569

An'amata أنعَمتَ
Na'ama .... نَعَمَ 569

An'amnâ أنعَمنا
Na'ama .... نَعَمَ 569

An'umun انعم
Na'ama .... نَعَمَ 569

Anf أنف
Anafa .... أنف 36

Anfâl أنفال
Nafala ...... نَفَلَ 574

Anfaqta أنفقت
Nafaqa .... نَفَقَ 573

Anfaqtum أنفقتُم
Nafaqa .... نَفَقَ 573

Anfaqû أنفقوا
Nafaqa .... نَفَقَ 573

Anfiqû أنفقُوا
Nafaqa .... نَفَقَ 573

Anfukhu انفخ
Nafakha ... نَفَخَ 571

Anfusa أنفس
Nafasa ..... نَفَسَ 572

Anfaqa أنفق
Nafaqa .... نَفَقَ 573

Ânifan انفاً
Ânifan ...... انفاً 36

Anqadha أنقذ
Naqadha . نَقَذَ 575

Anqadza انَقض
Naqadza .. َنقَض........... 575

Ankâlan أنكالا
Nakala ..... نَكَل............ 578

Ankara أنَكر
Nakira ......َنكر............ 577

Ankâthan أنكاثا
Nakatha ... َنكَث 576

Ankiha أنَكح
Nakaha ....نكَح 577

Anulzimukumû أنلزِمُكموا
Lazima .....لزمَ 510

Annanâ أننا
Nâ .... نا 549

Anhâ أنهٰى
Nahâ ....نهٰى 580

Anha أنهَى
Nahâ ....نهٰى 580

Anhâr أنهار
Nahara .... نَهَرَ............ 580

Anhara أنَهر
Hâra ....هار.............. 596

Annâ أنّى
Ana ....انى............. 36

Anîbû أنيبوا
Nâba ....نَاب............ 581

Âniyatun آنيةً
Ânin .... آنٍ 36

أ ه (A-h)

Ahâna أهاَن
Hâna .... هاَن 597

Ahabu أهب
Wahaba ... وَهَب 622

Ahda أهد
Hada........ هَدَى 588

Ahdi أهد
Hada........ هَدَى 588

Ahdî أهدي
Hada........ هَدَى 588

Ahushshu أهُشّ
Hashsha .. هَشّ............. 591

Ahl أهل
Ahala ....أهل............. 36

Ahillatu أهلّة
Halla ....هلّ 592

Ahlaka اهلَك
Halaka .....هَلك 592

Ahlakat أهلكت
Halaka .....هَلك 592

Ahlaknâ أهلكنا
Halaka .....هَلك 592

Ahlakta أهلكتَ
Halaka .....هَلك 592

Ahlaktu أهلكتُ
Halaka .....هَلك 592

Ahammt اهمّت
Hamma.... هَمّ 593

Ahwâ اهواء
Hawâ ....َهوَى............ 597

Ahwan أهون
Hâna ....هاَن............. 597

Ahwâun أهواء
Hawâ .... َهوَى 597

أو (A-w/A-u)

Au أو
Au .... أو 37

Aubâr أوبار
Wabara ... وَبَرَ 599

Autâd أوتاد
Watada .... وَتَدَ 600

Au<u>th</u>ân أوثان
Wa<u>th</u>ana .. وَثَنَ 601

Au<u>th</u>ânan أوثاناً
Wa<u>th</u>ana .. وَثَنَ 601

Aujasa أوجس
Wajasa .... وَجَسَ 602

Aujaftum أوجفتم
Wajafa ..... وَجَفَ 602

Au<u>h</u>â أوحٰى
Wa<u>h</u>â .... وَحَى 603

Au<u>h</u>aytu أوحيت
Wa<u>h</u>â .... وَحَى 603

Au<u>h</u>aynâ أوحَينا
Wa<u>h</u>â .... وَحَى 603

Audiyatun أودية
Wada .... وَدَى 605

Aurada أورد
Warada ... وَرَدَ 606

Aura<u>th</u>a أورث
Wari<u>th</u>a .... وَرِثَ 606

Aura<u>th</u>nâ أورثنا
Wari<u>th</u>a .... وَرِثَ 606

Auzâr أوزار
Wazara .... وَزَرَ 607

Auz'i أوزع
Waza'a .... وَزَعَ 608

Ausa<u>t</u> أوسط
Wasa<u>t</u>a .... وَسَطَ 608

Au<u>s</u>â أوصٰى
Wa<u>s</u>a .... وَصَى 611

Au<u>dz</u>'au أوضع
Wa<u>dz</u>a'a .. وَضَعَ 612

Au'zata أوظعت
Wa'aza وَعظ 613

Au'â أوعٰى
Wa'a .... وَعَى 614

Au'iyatun أوعية
Wa'a .... وَعَى 614

Aufi أوف
Wafa .... وَفَى 615

Aufû أوفوا
Wafa .... وَفَى 615

Aufâ أوفٰى
Wafa .... وَفَى 615

Auqadû أوقدوا
Waqada ... وَقَدَ 617

Auqid أوقد
Waqada ... وَقَدَ 617

Aulâ أولٰى
Waliya ..... ولى 621

Aulâd أولاد
Walada .... وَلَدَ 620

Auliyân أوليان
Waliya ..... ولى 621

Auliyâ'u أولياء
Waliya ..... ولى 621

Auhana أوهن
Wahana ... وَهَنَ 623

Awau اوو
Âwâ .... آوىٰ 38

Âwâu آواو
Âwâ .... آوئ 38

Awwâb اوّاب
Âba .... آب 37

Awwâbîn آوّابين
Âba .... آب 37

Awwâhun أواهْ
Âha .... اهْ 37

Awwal آوَل
Awala ...... اول 37

Awwal اوّل
Awala ......اول............. 37

Awwala اوّل
Awala ...... اول 37

Awwalûn اوّلون
Awala ......اول............. 37

Awwibî اوّبي
Âba ....آب 37

Âwâ آوىٰ
Âwâ .... آوئ 38

Âwaynâ آوينا
Âwâ ....آوئ............ 38

أ ي (A-y)

Âyât آيات
Âyatun .....آية.............. 38

Âyatun آية
Ayatun ..... آية 38

Ayid أيد
Ayyada .... ايّد 38

Ayidî اَيدٖ
Yada....... يَدَى............ 626

Aykah أيكة
Aykah ......الأيكة........... 39

Aimana أيمن
Yamana ... يَمَن............ 628

Aymânun أيمان
Yamana ... يَمَن............ 628

Ayâmâ أيٰمىٰ
Âma .... آمَ............... 39

Ayna أينَ
Aina ....اينَ 39

Ayya ايّ
Ayya........ايّ............... 40

Ayyada ايّد
Ayyada ايّد 38

Ayyadtu ايدّتُ
Ayyada ايّد 38

Ayyadnâ ايّدنا
Ayyada ايّد 38

Ayyâmun أيام
Yawima يوم 628

Ayyûb اَيّوب
Ayyûb ايّوب 40

I- (إ)

إ ب (I-b)

Ibtighâ' ابتغاء
Baghâ ...... بَغَى............ 58

Ibtaghau ابتغو
Baghâ ...... بَغَى............ 58

Ibtaghû ابتغوا
Baghâ ...... بَغَى............ 58

Ibtaghâ ابتغىٰ
Baghâ ...... بَغَى............ 58

Ibtaghayta ابتغيت
Baghâ ...... بَغَى............ 58

Ibtalû ابتلو
Balâ' .... بلاء 64

Ibtalâ ابتلىٰ
Balâ' .... بلاء 64

Ibrâhîm ابراهيم
Ibrâhîm .... ابراهيم 5

Ib'ath إبعث
Ba'atha .... بَعَثَ 56

Ibil إبل
Abila اِبِلَ 6

Ibli'î اِبلعي
Bali'a .... بَلِعَ 63

Ibn ابن
Ibnun .... اِبنٌ 65

Ibnatayya ابنتيّ
Ibnun .... اِبنٌ 65

Ibnatain ابنتين
Ibnun .... اِبنٌ 65

Ibnatun ابنةٌ
Ibnun .... اِبنٌ 65

Ibni ابن
Banâ .... بنىٰ 66

Ibnû ابنوا
Banâ بنىٰ 66

Ibyadzdzat ابيضّت
Bâdza ...... باض 69

Iblîs ابليس
Balasa ..... بَلَسَ 62

إ ت (I-t)

I'ti إ ئتِ
Ata .... اتٰى 8

I'tû ائتوا
Ata .... اتٰى 8

I'tiyâ إ ئتيا
Ata .... اتٰى 8

Ittaba'atu اتّبعتُ
Tabi'a ...... تَبِعَ 73

Ittaba'nâ اتّبعنا
Tabi'a ...... تَبِعَ 73

Ittaba'ta اتّبعتَ
Tabi'a ...... تَبِعَ 73

Ittabaû اتّبعواْ
Tabi'a ...... تَبِعَ 73

Ittabia'tum اتّبعتم
Tabi'a ...... تَبِعَ 73

Ittabi'û اتّبواْ
Tabi'a ...... تَبِعَ 73

Ittakhadha اتّخذ
Akhadha .. اخذ 13

Ittakhadhnâ اتّخذنا
Akhadha .. اخذ 13

Ittakhadhta اتّخذتَ
Akhadha .. اخذ 13

Ittakhadhtu اتّخذتُ
Akhadha .. اخذ 13

Ittakhadhû اتّخذوا
Akhadha .. اخذ 13

Ittakhddhî اتّخذي
Akhadha .. اخذ 13

Ittakhdhat اتّخذت
Akhadha .. اخذ 13

Ittakhidh اتّخذ
Akhadha .. اخذ 14

Ittakhidhû اتّخذوا
Akhadha .. اخذ 14

Ittaqâ إتّقٰى
Waqa .... وقَى 619

Ittaqaina إتّقين
Waqa .... وَقَى 618

Ittaqaitunna إتّقيتنّ
Waqa .... وَقَى 618

Ittaqi إتّق
Waqa .... وَقَى 618

Ittaqû إتّقوا
Waqa .... وَقَى 618

Ittaqûni إتّقون
Waqa .... وَقَى 618

Ittasaqa إتّسَقَ
Wasaqa ... وَسَقَ 608

Ittibâ'un اتّباعٌ
Tabi'a .... تَبِعَ 73

Ittikhâdh اتّخاذ
Akhadha .. اخذ 13

إث (I-th)

Iththâqaltum اثّاقلتم
Thaqula ... ثَقُلَ 83

Ithmun اثمٌ
Athima ..... اثم 10

Ithnâ'ashara اثناعشر
Thana ...... ثنى 87

Ithnâni اِثنانِ
Thana ...... ثنى 87

Ithnain اثنين
Thana ...... ثنى 87

Ithnatâ 'asharata اثنتاعشرة
Thana ...... ثنى 87

إج (I-j)

Ijtabâ اِجتبىٰ
Jabâ .... جبا 92

Ijtabainâ اجتبينا
Jabâ .... جبا 92

Ijtabaita اجتبيت
Jabâ .... جبا 92

Ijtama'at اجتمعت
Jama'a .... جَمَعَ 101

Ijtam'û اجتمعوا
Jama'a .... جَمَعَ 101

Ijtanabû اِجتنبوْا
Janaba .... جَنَبَ 103

Ijtanibû اجتنبوْا
Janaba .... جَنَبَ 103

Ijtarahû اجترحوا
Jaraha ..... جَرَحَ 95

Ijrâmun اِجرامٌ
Jarama .... جَرَمَ 96

Ij'al اجعل
Ja'ala .... جَعَلَ 98

Ij'alû اجعلوْا
Ja'ala .... جَعَلَ 98

Ijlidû اِجلِدوْا
Jalada ..... جَلَدَ 100

Ijnub اِجنب
Janaba .... جَنَبَ 102

Ijnah اجنح
Janaha .... جَنَحَ 103

Ijharû اجهروْا
Jahara ..... جَهَرَ 107

إح(I-h)

Ihtamalû اِحتَمَلوْا
Hamala .... حَمَلَ 136

Ihtraqat احترقت
Haraqa .... حَرَقَ 119

Ihdhar احذر
Hadhira ... حَذِرَ 116

Ihdharû احذروْا
Hadhira ... حَذِرَ 116

Ihsân احسان
Hasuna .... حَسُنَ 124

Ihsharû احشروْا
Hashara ... حَشَرَ 124

Ihsurû اِحصروْا
Hasira ...... حَصِرَ 125

Ihfazû احفظوْا
Hafiza ...... حَفِظَ 129

Ihkum اِحكم
Hakama ... حَكَمَ 131

إخ (I-kh)

Ikhtalafa اختلفَ
Khalafa .... خَلَفَ 162

Ikhtalaftun اختلفتم
Khalafa .... خَلَفَ 162

Ikhtalafû اختلفوا
Khalafa .... خَلَفَ 162

Ikhtalata اختلط
Khalata .... خَلَطَ 161

Ikhtâra اختار
Khâra .... خارَ 170

Ikhtarnâ اخترنا
Khâra .... خارَ 170

Ikhtartu اخترتُ
Khâra .... خارَ 170

Ikhtasamû اختصموا
Khasama . خَصَمَ 156

Ikhtilâf اختلاف
Khalafa .... خَلَفَ 162

Ikhtilâq اختلاق
Khalaqa ... خَلَقَ 163

Ikhrâjun اِخراجٌ
Kharaja .... خَرَجَ 150

Ikhsaû اخسؤا
Khasa'a ... خسأَ 153

Ikhshau اخشوا
Khashiya . خَشِيَ 155

Ikhfidz اخفِض
Khafadza . خَفَضَ 159

Ikhla' اخلع
Khala'a .... خَلَعَ 161

Ikhwân اِخوان
Akh .... اخَ 15

Ikhwatun اخوةٌ
Akh .... اخ 15

إد (I-d)

Idbâr اِدبار
Dabara .... دبَرَ 172

Iddan اداّ
Adda .... ادّ 15

Iddârak اِدّارك
Daraka .... دَرَكَ 177

Iddârakû اِدّاركوْا
Daraka..... دَرَكَ 177

Iddara'tum اِدّرتم
Dara'a ..... دَرَءَ 175

Ida'raû ادرؤْا
Dara'a...... دَرَءَ 175

Idrîs ادريس

Darasa..... دَرَسَ 176

Idfa' اِدفع
Dafa'a...... دَفَعَ 180

Idfa'û اِدفعوْا
Dafa'a...... دَفَعَ 180

إذ (I-dh)

I'dhan إئذا
Adhina ..... اذِنَ 18

I'dhanû إئذنوا
Adhina ..... اذِنَ 18

Idhâ اِذا
Idh اذ 18

Idhdhakara إذّكر
Dhakara ... ذَكَرَ 189

Idhn إذن
Idh .... إذ 18

Idhznun إذنٌ
Adhina ..... اذِنَ 18

Idhhab إذهب
Dhahaba . ذَهَبَ 192

Idhhabâ إذهبا
Dhahaba . ذَهَبَ 192

Idhhabû إذهبوا
Dhahaba . ذَهَبَ 192

إر (I-r)

Irbatun إربة
Araba .... ارب 19

Irji' إرجع
Raja'a ...... رَجَعَ 202

Irji'î إرجعي
Raja'a ...... رَجَعَ 202

Irji'û إرجعوا
Raja'a ...... رَجَعَ 202

Irham إرحم
Rahima .... رَحِمَ 205

rtâba اِرتابَ
Râba........ رابَ 227

Irtâbat اِرتابت
Râba........ رابَ 227

Irtabtun اِرتبتم
Râba........ رابَ 227

Irtâbû اِرتابُوا
Râba........ رابَ 227

Irtaddâ اِرتدّا
Radda...... رَدّ 207

Irtadda اِرتدّ
Radda...... رَدّ 207

Irtaddû اِرتدّوْا
Radda...... رَدّ 207

Irtadzâ ارتضىٰ
Radziya ... رَضِيَ 213

Irtaqib اِرتقب
Raqaba .... رَقَبَ 218

Irtaqibû اِرتقبُوا
Raqaba .... رَقَبَ 218

Irzaqû اِرزقُوْا
Razaqa .... رَزَقَ 209

Irsâd إرصاد
Rasada .... رَصَدَ 212

Ir'au اِرعَو
Ra'â .... رَعى 214

Irghab اِرغب
Raghiba ... رَغِبَ 215

Irkab اِركبْ
Rakiba ..... رَكِبَ 220

Irkabû اِركبُوا

Rakiba ..... رَكِبَ 220

Irka'û إركَعُوا
Raka'a ..... رَكَعَ 221

Irki'î إركعِي
Raka'a ..... رَكَعَ 221

Iram اِرَم
Arama ...... ارَمَ 20

Irhabûni اِرهبُونِ
Rahiba ..... رَهِبَ 223

إز (I-z)

Izdujira اِزدُجِرَ
Zajara ...... زَجَرَ 229

Izdâdû ازدادُوا
Zâda .... زادَ 238

Izzayyanat ازّيّنت
Zâna .... زَانَ 241

إس (I-s)

Is'al اِسْئل
Sa'ala ...... سأل 242

Is'alû اِسئلُوا
Sa'ala ...... سأل 242

Istabaqâ إستبقا
Sabaqa .... سَبَقَ 246

Istabaqû إستبقوا
Sabaqa .... سَبَقَ 246

Istabiqû إستبقوا
Sabaqa .... سَبَقَ 246

Istabraq إستبرق
Bariqa ..... بَرِقَ 49

Istabshirû إستبشِرو
Bashara ... بَشَرَ 52

Ista'dhanû إستأذنوا
Adhina ..... اذِنَ 18

Istaftahû إستفتحوا
Fataha ..... فَتَحَ 415

Istafti إستفْتِ
Fatiya ...... فَتِىَ 417

Istafziz إستفزز
Fazza ...... فَزَّ 426

Istaghâtha إستغاث
Ghâtha .... غاث 411

Istaghfara إستغفر
Ghafara .. غَفَرَ 405

Istaghfarta إستغفرت
Ghafara ... غَفَرَ 405

Istaghfarû إستغفروا
Ghafara ... غَفَرَ 405

Istaghfiru إستغفر
Ghafara .. غَفَرَ 405

Istaghfir إستغفر
Ghafara .. غَفَرَ 405

Istaghfirî إستغفري
Ghafara ... غَفَرَ 405

Istaghfirû إستغفروا
Ghafara ... غَفَرَ 405

Istaghlaza إستغلَظ
Ghalaza ... غلظَ 407

Istaghnâ إستغنى
Ghaniya ... غَنِىَ 410

Istaghshau اِستغشو
Ghashiya . غشِىَ 403

Istahabbû اِستحبّوا
Habba ...... حَبَّ 111

Istahaqqâ إستحقّا
Haqqa ...... حَقّ 131

Istahaqqa اِستحقّ
Haqqa ... حَقّ 131

Istahwadha إستحوذَ
Hâdha ......حاذَ............ 140

Istahwat إستهوت
Hawâ ....هَوَى........... 597

Istahyau إستحيَوا
Hayya ......حيّ............ 144

Istahzi'û إستَهزءوا
Haza'a .....هَزَءَ............ 590

Istaiqana إستَيقن
Yaqina ..... يقِن.......... 627

Ista'isa إستئس
Ya' isa......يئسَ.......... 624

Istaisara إستيسر
Yasara يَسَرَ.............. 626

Ista'isû إستئسوا
Ya' isa...... يَئسَ.......... 624

Istajâba إستجابَ
Jâba .... جابَ.......... 108

Istajabnâ إستجبنا
Jâba .... جابَ.......... 108

Istajabtum إستجبتم
Jâba ....جابَ.......... 108

Istajâbû إستجابوْا
Jâba .... جابَ.......... 108

Ista'înû إستعينوا
'Âna ....عانَ.......... 396

Ista'jaltum إستعجلتم
'Ajila........ عَجِلَ.......... 360

Istajâra إستجارَ
Jâra .... جارَ.......... 109

Istajarta استأجرتَ
Ajara ....اجر.......... 11

Istajîbû إستجيبوْا
Jâba .... جابَ.......... 108

Ista'jîr إستاجِر
Ajara........ اجر 11

Istakabrû إستكبِروا
Kabura.....كَبُرَ............ 476

Istakânû إستكانوا
Kâna........كانَ............ 503

Istakbara إستكبر
Kabura..... كَبُرَ............ 476

Istakbarta إستكبرتَ
Kabura.....كَبُرَ............ 476

Istakbartum إستكبرتم
Kabura.....كَبُرَ............ 476

Istakhaffa إستخف
Khaffa ...... خفّ 159

Istakhlafa إستخلف
Khalafa ....خَلَفَ........... 162

Istakthartu إستكثرت
Kathara.... كَثَرَ........... 479

Istakthartum إستكثرتم
Kathara....كَثَرَ........... 479

Ista'lâ إستعلا
'Alâ ....علاَ........... 385

Istama'a اِستَمِعَ
Sami'a ..... سمِعَ 270

Ista'mara إستعمر
'Amara.....عَمَرَ........... 387

Istamta'a إستمتع
Mata'a .....مَتَعَ........... 525

Istamta'û إستمتعوا
Mata'a ..... مَتعَ........... 525

Istama'û اِستَمَعُوا
Sami'a ..... سمِعَ 270

Istami' اِستمِعْ
Sami'a .....سمِعَ 270

Istami'û إِستَمِعُوا
Sami'a ..... سَمِعَ 270

Istamsik إِستَمسِك
Masaka..... مَسَكَ........... 534

Istamta'tum إستمتعتم
Mata'a ..... مَتَعَ........... 524

Istankafû إِستَنكَفُوا
Nakafa..... نَكَفَ 578

Istan<u>s</u>ara إِستَنصَرَ
Na<u>s</u>ara..... نَصَرَ........... 565

Istan<u>s</u>arû إِستَنصَرُوا
Na<u>s</u>ara نَصَرَ 565

Istaqâmû إِستقاموا
Qâma ......قَامَ 471

Istaqarra إِستقرّ
Qarra ّ ..... قَرَّ............ 450

Istaqim إِستقم
Qâma ...... قَامَ............ 471

Istaqîmâ إِستقيما
Qâma ...... قَامَ............ 471

Istaqîmû إِستقيموا
Qâma ......قَامَ............ 471

Istaraqa إِسترق
Saraqa..... سَرَقَ 257

Istarhabû إِسترهبوا
Rahiba..... رَهِبَ 223

Ista'<u>s</u>am إِستعصم
'A<u>s</u>ama .....عَصَمَ 375

Ista<u>sh</u>hadû استشهدُوا
<u>Sh</u>ahida ... شَهِدَ 290

Istasqâ إِستسقٰى
Saqa .... سَقَى 262

Istata̱'a استطاع
Tâ'a .... طَاعَ 345

Istaṯ'amâ استَطعما
Ṯa'ima طَعِم 338

Istata̱'nâ إِستطعنا
Ṯâ'a .... طَاعَ............ 345

Istata̱'ta إِستطعتَ
Ṯâ'a .... طَاعَ............ 345

Istata̱'tu إِستطعتُ
Ṯâ'a .... طَاعَ............ 345

Istata̱'û إِستطَاعُوا
Ṯâ'a .... طَاعَ 345

Istau'qada إِستؤقد
Waqada ... وَقَدَ 617

Istawâ إِستوىٰ
Sawiya..... سَوِىَ 280

Istawaita استويتَ
Sawiya..... سَوِىَ 280

Istawaitum إِستويتم
Sawiya..... سَوِىَ 280

Istazalla إِستزلّ
Zalla .... زَلَّ............ 234

Istibdâl استبدال
Badala ..... بَدَلَ 45

Isti<u>gh</u>fâr استغفار
<u>Gh</u>afara ... غَفَرَ........... 405

Isti<u>h</u>yâ إِستحياءً
<u>H</u>ayya ّ ... حيّ 144

Isti'jâl إِستعجال
'Ajila........ عَجِلَ........... 360

Istikbâran إِستكبارًا
Kabura .... كَبُرَ 477

Istu<u>dz</u>'ifû إِستضعفُوا
<u>Dz</u>a'afa .... ضَعَفَ........... 331

Istu<u>h</u>fizû استحفظوْا
<u>H</u>afiza ... حَفِظَ........... 129

Istuhzi'a إستُهزء
Haza'a ..... هَزَءَ 590

Istwat إستوتْ
Sawiya..... سَوِىَ 280

Ishâq اسحق
Ishâq .... اسحق 22

Isrâf إسراف
Sarafa...... سَرَفَ 256

Isrâ'îl اسراءيل
Isrâîl .... اسراءيل.......... 22

Isrâran إسرار
Sarra .... سَرّ 255

Islam اسلام
Salima ..... سَلِمَ 267

Ismun اِسمٌ
Samâ .... سَمَا 272

Isma' اِسمع
Sami'a ..... سَمِعَ 270

Ismâîl اسمعيل
Ismâîl....... اسمعيل 22

Isma'û اِسمَعُوا
Sami'a ..... سَمِعَ 270

Iswaddat إسودّت
Sâda .... سَادَ 276

إش (I-sh)

Ishrâq إشراق
Sharaqa... شَرَقَ 287

Ishta'ala إشتعل
Sha'ala .... شَعَلَ 292

Ishtaddat اِشتدّت
Shadda شَدّ 285

Ishtahat اشتهت
Shahâ...... شَهَا 300

Ishtamalat اِشتملت
Shamala .. شَمَلَ 298

Ishtarau اشتروَ
Shara .... شَرِيَ 289

Ishtrâ اشترَىَ
Shara ...... شَرِى 289

Ishrih اِشرح
Sharaha .. شَرَحَ 286

Ishrabû إشربُوا
Shariba.... شَرِبَ........... 285

Ishma'azzat اِشمأزّت
Shamaza . شَمَزَ........... 298

Ishhad اشهد
Shahida ... شَهِدَ 299

Ishhadû اشهدُوا
Shahida ... شَهِدَ 299

إص (I-s)

Isbâh إصباح
Sabaha .... صَبَحَ 304

Isbir إصبر
Sabara..... صَبَرَ........... 305

Isbirû إصبرُوا
Sabara .... صَبَرَ........... 306

Isda' اِصدع
Sada'a ..... صَدَعَ 309

Isr اِصر
Asara ...... اصر 23

Isrif اَصرف
Sarafa...... صَرَفَ 314

Istabir إصطبر
Sabara..... صَبَرَ........... 305

Istâdû إصطادُو
Sâda .... صَادَ 326

Istafâ إصطفىٰ
Safâ .... صَفىَ 317

Istafaina إصطفَينا
Safâ .... صَفىَ 317

Istafaitu إصطفَيتُ
Safâ .... صَفىَ 317

Istana'tu اِصطنَعتُ
Sana'a ..... صَنَعَ 322

Isfah اِصفَح
Safaha ..... صَفَحَ 316

Isfahû إصفُحوا
Safaha ..... صَفَحَ 316

Islâhin إصلاحٍ
Salaha ..... صَلَحَ 318

Islâhun إصلاحٌ
Salaha ..... صَلَحَ 318

Islâhan إصلاحًا
Salaha ..... صَلَحَ 318

Islau إصلوا
Salâ .... صَلى 320

Isna' اِصنَع
Sana'a ..... صَنَعَ 322

(I- dz) إض

Idzrib اضرب
Dzaraba ضَرَبَ 328

Idzribû اضرِبُوا
Dzaraba ضَرَبَ 328

Idztrirtum اِضطررتم
Dzarra ضَرَّ 330

Idzmum اِضمُم
Dzamma ضَمَّ 334

(I ') إع

I'bud إعبُد
'Abada ..... عَبَدَ 355

I'budu إعبدُ
'Abada ..... عَبَدَ 355

I'tabirû إعتبِرُوا
'Abara ...... عَبَرَ 356

I'tadâ إعتداء
'Ada .... عَدا 362

I'tadaina إعتدين
'Ada .... عَدَا 362

I'tadan إعتدا
'Ada .... عَدا 362

I'tamara إعتمَر
'Amara ..... عَمَرَ 387

I'tamirû ائتمروا
Amara ...... امَرَ 30

It'âmun إطعامٌ
Ta'ima ..... طَعِمَ 338

I'tarâ إعترا
'Arâ .... عَرا 369

I'tarafnâ إعترفنا
'Arafa ...... عَرَفَ 367

I'tarafû إعترفوا
'Arafa ...... عَرَفَ 367

I'tasimû إعتصموا
'Asama .... عَصَمَ 375

I'tasimu إعتصم
'Asama .... عَصَمَ 375

I'tazala إعتزلَ
'Azala ...... عَزَلَ 371

I'tazaltumû إعتزلتموا
'Azala ...... عَزَلَ 371

I'tazalû إعتزلوا
'Azala ...... عَزَلَ 371

I'tazilû إعتزلوا
'Azala ...... عَزل 371

I'tazilûni إعتزلون
'Azala ...... عَزل 371

I'dilû إعدلوا
'Adala ...... عدل 362

I'râdzun إعراض
'Aradza .... عَرض 366

I'râdzan إعراضًا
'Aradza .... عَرض 366

I'sâr إعصار
'Asar .... عَصر 375

I'fu إعف
'Afâ .... عفا 379

I'mal إعمل
'Amila ...... عَمِل 388

I'malû إعملوا
'Amila ...... عَمِل 388

I'hini عِهْن
'Ahana ..... عَهَن 392

إغ (I-gh)

Ightarafa إغترف
Gharafa ... غَرَف 401

Ighsilû إغسلوا
Ghasala ... غسل 402

Ighdû إغدوا
Ghada ..... غَدا 400

Ighfir إغفر
Ghafara ... غَفَر 405

إط (I-t)

Itrahû إطرَحوا
Taraha ..... طرَحَ 337

Itma'anna إطمأنَّ
Ta'mana .. طَئَمَنَ 343

Itma'annû إطمئنّوا
Tamana ... طمَنَ 343

Itman'antum إطمَئنتم
Ta'mana .. طَئَمَنَ 343

Ittala'a إطّلع
Tala'a ...... طلعَ 341

Ittala'ata اطّلعَتَ
Tala'a ...... طَلعَ 341

Ittahharû اِطّهّروا
Tahara ..... طَهرَ 344

إف (I-f)

Iftadâ إفتدىٰ
Fada .... فَدى 419

Iftadat إفتدت
Fada .... فَدى 419

Iftadau إفتَدوا
Fada .... فَدى 419

Iftah إفتح
Fataha ..... فَتَح 415

Iftarâ إفترىٰ
Fariya ...... فَرَى 425

Iftaraynâ إفترينا
Fariya ...... فَرَى 425

Iftaraytu إفتريت
Fariya ...... فَرَى 425

Ifsahû إفسَحوا
Fasaha ..... فَسَحَ 426

If'al إفعَل
Fa'ala ...... فعل 431

If'alû إفعَلوا

Fa'ala ...... فَعل 431

Ifkun إفكٌ
Afaka .... افَكَ 24

إق (I-q)

Iqâma إقَام
Qâma قَام 471

Iqâmatun إقامة
Qâma ...... قَام 471

Iqtadi إقتد
Qada .... قَدَ 447

Iqtahama إقتَحَم
Qahama .. قَحَمَ 443

Iqtaraba اقترب
Qariba ..... قرَب 449

Iqtarabat اقتَربت
Qariba ..... قرَب 449

Iqtaraftum إقترفتم
Qarafa ..... قَرَفَ 452

Iqtarib إقتَرب
Qariba ..... قرَب 449

Iqtatala إقتتل
Qatala ...... قَتَلَ 442

Iqtatalû إقتتلوا
Qatala ...... قَتَلَ 442

Iqtulû إقتلوا
Qatala ...... قَتَل 442

Iqdhifû إقذِفُوا
Qadhafa .. قَذَفَ 448

Iqra' إقرأ
Qara'a ..... قرأَ 448

Iqra'û إقرءوا
Qara'a ..... قرأَ 448

Iqsid إقصد
Qasada .... قَصَدَ 455

Iqsus إقصص
Qassa ...... قَصّ 458

Iqta'û إقطعوا
Qata'a ...... قَطعَ 459

Iqdzi إقض
Qadzâ ...... قَضىٰ 458

Iqdzû إقضُوا
Qadzâ ...... قَضىٰ 458

Iq'udû اقعدوا
Qa'ada ..... قَعَدَ 462

Iqnutî إقنتي
Qanata .... قَنَت 467

إك (I-k)

Iktâlû إكتالوا
Kâla .... كالَ 503

Iktasaba إكتسب
Kasaba .... كَسَبَ 485

Iktasabna إكتسبن
Kasaba .... كَسَبَ 485

Iktasabû إكتسبوا
Kasaba .... كَسَبَ 485

Iktataba إكتَتَبَ
Kataba ..... كَتَبَ 478

Iktub إكتب
Kataba ..... كَتَبَ 478

Ikrâh إكراه
Karaha ..... كَرِهَ 484

Ikrâm إكرام
Karama ... كَرَم 484

Iksû إكسوا
Kasa .... كَسَى 486

Ikshif إكْشف
Kashafa ... كَشَفَ 486

Ikfil إكفل
Kafala ...... كَفَلَ 492

Ikfilnîhâ إكفلنيها
Kafala ...... كَفَلَ 492

إل (I-l)

Illa الاّ
Illa ...... الا 27

Illân إلاً
Illâ .... إلاّ 27

Iltaffat إلتفّت
Laffa .... لفّ 513

Iltamisû إلتمسوا
Lamasa ... لَمس 518

Iltaqâ إلتقى
Laqiya ...... لقيَ 516

Iltaqama إلتقم
Laqama ... لَقَمَ 515

Iltaqata إلتقط
Laqata ..... لقطَ 514

Iltaqatâ إلتقتا
Laqiya لقيَ 516

Il<u>h</u>âdun إلحاد
La<u>h</u>ada .... لحَدَ 508

Il<u>h</u>âfan إلحافاً
La<u>h</u>afa ..... لحَفَ 508

Ilaqaytum إلقيتم
Laqiya ...... لقيَ 516

Ilâh إله
Ilaha .... اله 28

Ilâhan إلها
Ilaha .... اله 28

Ilâhain الٰهين
Ilaha .... اله 28

Ilâ الى
Ilâ .... الى 27

Ilyâs إلياس
Ilyâs الياس 29

Ilyâsîn إل ياسين
Ilyâs الياس 29

إ م (I-m)

Imâun إ ماءٌ
Amatun .... أمة 34

Immâ إمّا
Immâ ...... إمّا 32

Imta<u>h</u>ana إمتحَن
Ma<u>h</u>ana ... محَن 527

Imta<u>h</u>inû إمتحنوا
Ma<u>h</u>ana ... محَن 527

Imta'lati إمتلئت
Mala'a ...... ملاء 539

Imtâzû إمتازوا
Mâza .... مازَ 548

Imra'atâni إمرأ تان
Mara'a ..... مَرأ 529

Imra'tain إمرأتين
Mara'a ..... مَرأ 529

Imra'atum إمرأة
Mara'a ..... مَرأ 529

Imrun إمرٌ
Amara ...... امَرَ 31

Imsa<u>h</u>û إمسَحوا
Masa<u>h</u>a ... مَسَحَ 533

Imsâk إمساك
Masaka .... مَسَكَ 534

Imsaka إمسك
Masaka .... مَسَكَ 534

Imshû إمشُوا
Mashâ ..... مَشٰى 535

Im<u>dz</u>û إمضوا
Ma<u>dz</u>â ..... مَضٰى 536

Imku<u>th</u>û إمكثوا
Maka<u>th</u>a .. مَكَثَ 537

Imlâq إملاق
Malaqa .... مَلَق 540

إ ن (I-n)

In إن
In .... إن 35

Inna إنّ
Nâ .... نا 549

Innâ إنّا
Nâ .... نا 549

Inâ إناء
Ana .... انى 36

Inâ<u>th</u> إناث
Ana<u>th</u>a ..... انث 35

In adrî ان إدري
Darâ .... درَى 177

Inbajasat إنبجست
Bajasa ..... بَجَسَ 42

Inba'a<u>th</u>a إنبعث
Ba'a<u>th</u>a .... بَعَثَ 56

Inbi'â<u>th</u> إنبعاث
Ba'a<u>th</u>a .... بَعَثَ 56

Inbi<u>dh</u> إنُبذ
Naba<u>dh</u>a .. نَبَذَ 551

Intaba<u>dh</u>at إنتبذت
Naba<u>dh</u>a .. نَبَذَ 551

Inta<u>s</u>ir إنتَصر
Na<u>s</u>ara ..... نَصَرَ 565

Inta<u>z</u>ir إنتظر
Na<u>z</u>ara .... نَظَرَ 568

Inta<u>z</u>irû إنتظروا
Na<u>z</u>ara .... نظرَ 568

Intiqâm إنتقام
Naqama .. نَقَمَ 576

Intaqamnâ إنتَقَمنا
Naqama .. نَقَمَ 576

Intahau إنتهو
Nahâ .... نهٰى 580

Intahû إنتهوا
Nahâ .... نهٰى 580

Intahâ إنتهٰى
Nahâ .... نهٰى 580

Intashirû إنتَشِرُوا
Nashara .. نَشَرَ 563

Inta<u>s</u>ara إنتَصَرَ
Na<u>s</u>ara ..... نَصَرَ 565

Inta<u>s</u>arû إنتَصَرُوا
Na<u>s</u>ara ..... نصَرَ 565

Injîl إنجيل
Najal .... نَجَلَ 552

Insun إنسٌ
Anisa ...... انِس 35

Insân إنسان
Anisa ...... انِسَ 35

Insala<u>kh</u> إنسلخ
Sala<u>kh</u>a ... سَلَخَ 265

Insyyun إِنسِيٌّ
Anisa .... اِنسَ 35

Inshâ'un إِنشَاءُ
Nasha'a ... نَشَأَ 563

Inshuzû إِنشزوا
Nashaza .. نَشَزَ 564

Inshaqqat انشَقَّت
Shaqqa .... شَقَّ 295

In<u>s</u>ab إِنصَبْ
Na<u>s</u>aba .... نَصَبَ 564

In<u>s</u>arafû انصَرَفُوا
<u>S</u>arafa ...... صَرَفَ 314

Infa<u>dzdz</u>û إِنفضّوا
Fa<u>dzdz</u>a .. فَضَّ 429

In<u>t</u>alaqa إِنطَلَقَ
<u>T</u>alaqa ...... طَلَقَ 341

In<u>t</u>alaqâ انطلقا
<u>T</u>alaqa ...... طَلَقَ 341

In<u>t</u>alaqû انطلَقُوا
<u>T</u>alaqa ...... طَلَقَ 341

In<u>t</u>aliqû انطَلِقُوا
<u>T</u>alaqa ...... طَلَقَ 341

Infajarat إِنفجرت
Fajara ...... فَجرَ 418

Infâq إِنفاق
Nafaqa ..... نَفَقَ 573

Infu<u>dh</u>û إِنفذوا
Nafa<u>dh</u>a .. نَفَذَ 571

Infirû إِنفروا
Nafara ..... نَفَرَ 571

Infi<u>s</u>âm إِنفصام
Fa<u>s</u>ama ... فَصَمَ 428

Infalaqa إِنفلقَ
Falaqa ..... فَلَقَ 434

Inqu<u>s</u> إِنقُص
Naqa<u>s</u>a .... نَقَصَ 575

Inqalaba إِنقلب
Qalaba .... قَلَبَ 464

Inqalabtum إِنقلبتم
Qalaba .... قَلَبَ 464

Inqalabû إِنقَلبوا
Qalaba .... قَلَبَ 464

Inkadarat إِنكدرت
Kadara .... كَدَرَ 480

Inki<u>h</u>û إِنكحُوا
Naka<u>h</u>a .... نَكَحَ 577

Innamâ انّما
Innamâ .... انّما 35

Innanâ إننا
Nâ .... نا 549

Inhâ إِنهٰى
Nahâ .... نهٰى 580

إه (I-h)

Ihbi<u>t</u> إِهبط
<u>H</u>aba<u>t</u>a .... هَبَطَ 585

Ihbi<u>t</u>â إِهبطا
Haba<u>t</u>a .... هَبَطَ 585

Ihbi<u>t</u>û إِهبطوا
Haba<u>t</u>a .... هَبَطَ 585

Ihtadau إِهتَدو
Hada .... هَدَىٰ 588

Ihtadaitu إِهتديت
Hada .... هَدَىٰ 588

Ihtadaitum إِهتَديتم
Hada .... هَدَىٰ 589

Ihtadâ إِهتدٰى
Hada .... هَدَىٰ 588

Ihtazzat إهتَزّت
Hazza ...... هَزّ 590

Ihjur إهجر
Hajara...... هَجَرَ............ 586

Ihjurû إهجروا
Hajara...... هَجَرَ............ 586

Ihdi اهدِ
Hada........ هَدَى 588

Ihdû إهدو
Hada........ هَدَى 588

إ ي (I-î)

Iî إي
Iî............. إي............ 38

Îlâ اِيلاء
Îlâ'........... اِيلاء 26

Îlâf ايلاف
Alifa .... اِلفَ............ 25

Îmân ايمان
Amina ...... آمن 33

Iyâb اياب
Âba .... آب 37

U (أ)

أ ب (U-b)

Ubtuliya أبتلِيَ
Balâ' .... بلاء............ 64

Ubsilû أبسلو
Basala ..... بَسَل 51

Uballighu أبَلّغ
Balagha ... بَلَغَ............ 63

Ubayyina أبيِّن
Bâna........ بَان............ 70

أ ت (U-t)

Utbi'û أتبعوْا
Tabi'a ...... تَبِعَ............ 73

Utriftum أترِفتم
Tarifa ...... تَرِفَ............ 74

Utrifû اترفوْا
Tarifa ...... تَرِفَ............ 74

Utruk أترك
Taraka ..... تَرَكَ............ 74

U'tû اعطوا
'Atâ .... عَطا............378

Utlu أتلُ
Tala .... تلا............ 76

Utlû اتلوا
Tala .... تلا............ 77

أ ث (U-th)

Uthbutû أثبتوْا
Thabata ... ثَبتَ............ 80

أ ج (U-j)

Ujâj اجاج
Ajja .... اجّ 11

Ujibtu اجبتُ
Jâba .... جابَ............108

Ujibtum أجبتم
Jâba .... جابَ............108

Ujtuththat أجُتثّت
Jaththa .... جثّ............92

Ujjilat أجِّلتْ
Ajila .... اجل............12

Ujûrun اجورٌ
Ajara .... اجر 11

Ujîbu اجيبُ

Jâba .... جابَ 108

Ujîbat أُجيبت
Jâba .... جابَ 108

أح (U-h)

Uhibbu أُحِبّ
Habba ...... حَبّ 111

Uhditha أُحدثَ
Hadatha ... حَدَثَ 115

Uhsinna احصنَ
Hasana .... حَصَنَ 126

Uhsirtum أُحصِرتم
Hasira ...... حَصِرَ 125

Uhsirû احصِروا
Hasira ...... حَصِرَ 125

Uhdzarat احضرت
Hadzara .. حَضَرَ 127

Uhdzirat أُحضِرتْ
Hadzara .. حَضَرَ 127

Uhilla أُحِلّ
Halla .... حَلّ 133

Uhillat احلّت
Halla .... حَلّ 133

Uhkimat أُحكمت
Hakama ... حَكَمَ 131

Uhlul احلُل
Halla .... حَلّ 133

Uhîtu أُحيطُ
Hâta .... حاطَ 141

Uhyî أُحيي
Hayya ...... حيّ 144

أخ (U-kh)

Ukhâlifu اخالفُ
Khalafa .... خَلَفَ 162

Ukhtain اختين
Akh .... اخ 15

Ukhtulifa اختلف
Khalafa .... خَلَفَ 162

Ukhtun اختٌ
Akh .... اخ 15

Ukhdûd أُخدُوْد
Khadda .. خَدّ 148

Ukhidha اخذ
Akhadha .. اخذ 13

Ukharu أُخرُ
Akhara ..... اخّر 14

Ukhrâ أُخرٰى
Akhkhara . اخّر 14

Ukhrijat أُخرجت
Kharaja .... خَرَجَ 150

Ukhrijnâ أُخرِجنَ
Kharaja .... خَرَجَ 150

Ukhrijtum أُخرِجتُم
Kharaja .... خَرَجَ 150

Ukhrijû أُخْرِجُوْا
Kharaja .... خَرَجَ 150

Ukhruj أُخرُج
Kharaja .... خَرَجَ 150

Ukhrujû اخرجوا
Kharaja .... خَرَجَ 150

Ukhfî اخفي
Khafiya .... خَفِيَ 159

Ukhluf اخلف
Khalafa .... خَلَفَ 162

أد (U-d)

Udkhila أُدخِلَ
Dakhala ... دَخَلَ 174

Udkhilanna أُدخلنّا
Dakhala ... دَخَلَ 174

Udkhilû أُدخِلُوْا
Dakhala ... دَخَلَ 174

Udkhul أُدْخُل
Dakhala ... دَخَلَ 174

Udkhulâ أُدخُلا
Dakhala ... دَخَلَ 174

Udkhulî أُدخُلِي
Dakhala ... دَخَلَ 174

Ud'u أُدعُ
Da'â ..... دَعا 178

Ud'û أُدعوْا
Da'â دَعا 178

أ ذ (U-dh)

Udhkur أُذكر
Dhakara ... ذَكَرَ 189

Udhkurna أُذكرن
Dhakara ... ذَكَرَ 189

Udhkurû أُذكروا
Dhakara ... ذَكَرَ 189

Udhina أُذِنَ
Adhina ..... اذِنَ 18

Udhunun أُذنٌ
Adhina ..... اذِنَ 18

Udhunai أُذنى
Adhina ..... اذِنَ 18

أ ر (U-r)

Urzuq أُرزُقْ
Razaqa .... رَزَقَ 209

Ursila أُرسِلَ
Rasila ...... رِسَلَ 211

Ursilnâ أُرسِلنَا
Rasila .... رِسَلَ 211

Ursiltu أُرسِلتُ
Rasila ...... رِسَلَ 211

Ursiltum أُرسِلتم
Rasila رِسَلَ 211

Ursilû أُرسِلُوْا
Rasila ...... رِسَلَ 211

Urkisû أُركسُوا
Rakasa .... ركَس 221

Urkudz أُركض
Rakadza .. رَكَضَ 221

Urhiqu أُرهِقُ
Rahiqa ..... رَهِقَ 224

Urî أُرِي
Ra'a .... رأى 196

Uri أُرى
Ra'a .... رأى 196

Urîdu أُريد
Râda .... رَادَ 225

أ ز (U-z)

Uzlifat ازلِفَتْ
Zalafa ...... زَلَفَ 234

Uzayyinanna ازيّننّ
Zâna .... زَانَ 241

أس (U-s)

Usârâ' اسآرٰى
Asara اسرَ 22

Ustujîba استجيبَ
Jâba .... جابَ 108

Usjud أُسجد
Sajada سَجَدَ 248

Usjudî أُسجدي
Sajada سَجَدَ 248

Usjudû أسجدوا
Sajada ..... سَجَد 248

Usarrih أسرّح
Saraha سَرَح 255

Ussisa أ سّس
Assa .... اسّ 22

Uskun أسكن
Sakana .... سكَن 264

Uskunû أسكنوا
Sakana .... سكَن 264

Uslima اسلِمَ
Salima ..... سَلِمَ 264

Usluk أسلك
Salaka ..... سَلَكَ 266

Uslukî أسلكِي
Salaka سَلَكَ 266

Uslukû أسلكُوا
Salaka ..... سَلَكَ 266

Uswatun أسوةٌ
Asâ .... اسَى 23

أ ش (U-sh)

Ushdud أشدد
Shadda شَدّ 285

Ushribû أشربُوا
Shariba شَرِبَ 285

Ushrika اشرِكَ
Sharika شَرِكَ 288

Ushriku أشرك
Sharika شَرِكَ 288

Ushkur أشكُرْ
Shakara شَكَرَ 296

Ushkurû أشكرُوا
Shakara شَكَرَ 296

أ ص (U-s)

Usallibanna أُصلّبَنّ
Salaba ..... صَلَبَ 318

Usûl اصول
Asula ...... اصل 23

Usîbu أصِيبُ
Sâba .... صابَ 323

اض (U-dz)

Udzturra أضطُرّ
Dzarra ضَرّ 329

Udzî'u أضِيع
Dzâ'a .... ضاعَ 335

أ ع (U ')

U'iddat أعِدت
'Adda .... عَدّ 361

U'idh أعذ
'Âdh .... عاذ 394

U'adhdhibanna أعَذّبنّ
'Adhuba ... عَذُبَ 363

U'îbu أعيب
'Âba .... عاب 396

U'îdû أعِيدوا
'Âda .... عادَ 392

أ غ (U-gh)

Ughriqû أغرقوا
Ghariqa ... غرِق 401

Ughshiyat أغشية
Ghashiya . غشَى 403

Ughdzudz أغضض
Ghadzdza غضّ 404

Ughluz اغلظ
Ghalaza ... غلَظَ 407

Ughwiyanna اغويَن
Ghawa غوَى 412

أ ف (U-f)

Ufi اف
Wafa .... وَفَى 615

Uffun افّ
Uffun........ افّ 24

Ufrighu اُفرغ
Faragha ... فَرَغ 423

Ufruq افرق
Faraqa .....فَرَق............. 423

Ufuq افق
Afaqa .... افق 24

Ufika اُفك
Afaka .... افَكَ 24

Ufawwidzu افوّض
Fâdza ......فَاضَ............ 437

أ ق (U-q)

Uqqitat أُقّتت
Waqata .... وَقَتَ 617

Uqtadi اُقتد
Qada ....قَدَ............... 447

Uqsimu اُقسم
Qasama ... قَسَمَ............ 454

أ ك (U-k)

Uktubû اكتبوا
Kataba ..... كَتَبَ 478

Ukaffiranna اُكفّرنّ
Kafara ......كَفَرَ 489

Ukfur اُكفُر
Kafara......كَفَرَ 489

Ukfurû اُكفروا
Kafara ...... كَفَرَ 489

Ukriha اكره
Karaha ..... كَرِهَ 484

Ukulun اُكُلٌ
Akala .... اكَلَ 24

أ ل (U-l)

Ulâika اُلائك
Ulâika ...... اُلائك............ 27

Ulî اُلي
Âla .... آل 37

Ulqiya اِلقِي
Laqiya ..... لَقيَ 516

Ulqiyâ اُلقِيا
Laqiyâ...... لَقيَ 516

Ulqû اُلقوا
Laqiya......لَقيَ.............. 516

Ulûf الوف
Alifa الِفَ 25

أ م (U-m)

Umatti'u امتّع
Mata'a مَتعَ 524

Umirnâ امِرنا
Amara امَرَ.................. 30

Umirtu اُمِرتُ
Amara امَرَ.................. 30

Umirû اُمِروا
Amara امَرَ.................. 30

Umṯir امطر
Maṯara مَطرَ................ 536

Umṯirat أمطرت
Maṯara مَطرَ................ 536

Umm اُمّ
Ummun اُمّ................... 31

Ummatun امّة

Ummatum..... اُمّة 32

Ummah اُمّه
Ummatun......... اُمّة 32

Umniyyatun أمنيّة
Mana .... مَنَى 543

Ummahât امّهاتِ
Ummun اُمّ 31

Umûr امور
Amara ...... امَرَ 30

Ummî أمّى
Ummun اُمّ 32

Ummiyûn أمّيون
Ummun اُمّ 32

Umîtu اميتُ
Mâta مات 545

أ ن (U-n)

Unâs اناس
Anisa .... انِسَ............. 35

Unabbi'u أنبّؤ
Naba'a ..... نَبأ 549

Unthâ انثىٰ
Ana<u>tha</u> ..... انث 35

Un<u>th</u>ayain انثيين
Ana<u>tha</u> ..... انث 35

Un<u>dh</u>irû اِنذِروا
Na<u>dh</u>ara .. نَذَرَ 557

Unzila اُنزل
Nazala ..... نَزَلَ 559

Unzilat انزلت
Nazala ..... نَزَلَ 559

Unzilu انزل
Nazala ..... نَزَلَ 559

Unzur انظُر
Nazara..... نَظرَ 568

Unzurî انظري
Nazara .... نَظرَ 568

أ ه (U-h)

Uhilla اُهِلّ
Halla .... هَلّ 592

Uhlikû اهلكوا
Halaka ..... هَلَك............ 592

أو (U-w)

Uulâika اولٰئك
Tilka .... تلك 76

Uwârî اواري
Wara .... وَرَى............ 607

U'mur أؤمر
Amara امَرَ 30

U'tumina أؤتمن
Amina ...... اَمن 33

Ûti أوت
Ata .... اتى 8

Ûtînâ اوتينا
Ata .... اتى 8

U'tîta أؤتيت
Ata .... اتى 8

Ûtîtu أوتيتُ
Ata .... اتى 8

Ûtîtum اوتيتم
Ata .... اتى 8

Ûtiya أوتيَ
Ata .... اتى 8

Ûtiyanna أوتينّ
Ata .... اتى 8

Ûtiyat أوْتيت
Ata .... اتى 8

Ûtû أوتوا
Ata .... اتى 8

U<u>h</u>iya اوحي
Wa<u>h</u>â .... وَحَى 603

Û<u>dh</u>înâ أوذينا
A<u>dh</u>a .... اذى 19

Û<u>dh</u>iya اوذى
A<u>dh</u>a .... اذى 19

Û<u>dh</u>û اوذوا
A<u>dh</u>a .... اذى 19

Uri<u>th</u>tum اورثتم
Wari<u>th</u>a .... وَرِثَ 606

Uri<u>th</u>û اورثوا
Wari<u>th</u>a .... وَرِثَ 606

Ufî أوفي
Wafa .... وِفي 615

Ûlâi اولئ
Ulâika ...... اُلائك 27

Ûlâika اولٰئك
Âla .... آل 37

Ûlû اولوا
Ûlû .... اولوا 27

Ûla اولاء
Âla .... آل 37

Ulât اولات
Ûlû .... اولوا 27

Ûlât اولات
Âla .... آل 37

Ûlî اولى
Âla .... آل 37

Ba بَ

بأ (Ba-')

Bâ'a بآء
Bâ'a .... بَآءَ 67

Bâb باب
Bâba .... باب 68

Bâbil بابل
Babil .... بابل 41

Bâ<u>kh</u>i'un باخعٌ
Ba<u>kh</u>a'a ... بَخَعَ 43

Bâd باد
Badaya .... بَدَيَ 46

Bâ'sâ' بأساء
Ba'isa ...... بَئِسَ 41

Bâ'is بائس
Ba'isa ...... بَئِسَ 41

Ba'sun بَئسٌ
Ba'isa ...... بَئِسَ 41

Bâ'û بآءوا
Bâ'a .... بَآءَ 67

Bâdi بادى
Badawa ... بَدَوَ 45

Bâdûna بادون
Badaya .... بَدَيَ 46

Bâraka بارَكَ
Baraka ..... بَرَكَ 49

Bârizatun بارزةٌ
Baraza ..... برز 48

Bârizûna بارزونَ
Baraza ..... برز 48

Bâridun باردٌ
Barada ..... بَرَدَ 47

Bârî بارئ
Bara'a ...... برء 46

Bâzighan بازغاً
Bazagha .. بَزَغَ 50

Bâzighatun بازغةٌ
Bazagha .. بَزَغَ 50

Bâsiratun باسِرةٌ
Basara ..... بَسَرَ 50

Bâsiqât باسقٰت
Basaqa .... بَسَقَ 51

Bâsit باسط
Basata ..... بَسَطَ 51

Bâsitû باسطوا
Basata ..... بَسَطَ 51

Bâshirû باشرو
Bashara ... بَشَرَ 53

Bâtilun باطل
Batala ...... بَطَلَ 55

Bâtin باطن
Batana ..... بَطَنَ 55

Bâtinatun باطنةً
Batana ..... بَطَنَ 55

Bâ'id باعد
Ba'uda ..... بَعُدَ 57

Bâghin باغٍ
Baghâ ...... بَغىٰ 58

Bâqin باقٍ
Baqiya ..... بَقِيَ 60

Bâqîna باقينَ
Baqiya ..... بَقِيَ 60

Bâqiyât باقيات
Baqiya ..... بَقِيَ 60

Bâqiyatun باقيةٌ
Baqiya ..... بَقِيَ 60

Bâlun بالٌ
Bâlun .... بالٌ 68

Bâlighun بالغٌ
Balagha ... بَلَغَ 63

Bâlighatun بالغةٌ
Balagha ... بَلَغَ 63

Bawwa'a بوّأَ
Bâ'a .... بَآءَ 67

Bâya'tun بايعةٌ
Bâ'a .... باعَ 70

Ba'îs بئيس
Ba'isa ...... بَئِسَ 41

بث (Ba-th)

Baththa بثّ
Baththa .... بثّ 42

بح (Ba-h)

Bahr بَحَر
Bahara ..... بَحَرَ 42

Bahrayn بَحرين
Bahara ..... بَحَرَ 42

Bahrân بَحران
Bahara ..... بَحَرَ 42

Bahîratun بَحِيرةٌ
Bahara ..... بَحَرَ 42

بَخ (Ba-kh)

Bakhsun بَخسٌ
Bakhasa .. بَخَسَ 43

Bakhila بَخِلَ
Bakhila .... بَخِلَ 43

Bakhilû بَخِلوا
Bakhila .... بَخِلَ 43

بَد (Ba-d)

Badâ بدا
Badawa ... بَدَوَ 45

Bada'a بَدأَ
Bada'a ..... بَدَأَ............ 44

Bada'nâ بدأنا
Bada'a ..... بَدَأَ............ 44

Badat بدت
Badawa ... بَدَوَ 45

Baddala بدّلَ
Badala ..... بَدَلَ............45

Baddalnâ بدّلنا
Badala ..... بَدَلَ 45

Baddalû بدّلوا
Badala ..... بَدَلَ 45

Badr بدر
Badara..... بَدَرَ 44

Bada'a بَدَعَ
Bada'a ..... بَدَعَ............ 44

Badal بَدل
Badala ..... بَدَلَ............ 45

Badan بدن
Badana .... بَدَنَ 45

Baduw بدو
Badaya .... بَدَيَ............ 46

Bada'û بَدَؤاْ
Bada'a ..... بَدَأَ............ 44

Badî' بديع
Bada'a ..... بَدَعَ 44

بَر (Ba-r)

Barra'a بَرّأَ
Bari'a ....بَرِئَ............ 46

Barran براً
Barra .... بَرّ 47

Barâ'atun براءةٌ
Bari'a .... بَرِئَ............ 46

Baradin بردٍ
Barada .... بَرَدَ............ 47

Bararatun بررةٌ
Barra .... برّا............ 47

Bardan برداً
Barada .... بَرَدَ 47

Baraza بَرَزَ
Baraza..... برز 48

Barzakh برزخ
Barzakh ... برزخ 48

Barazû برزوا
Baraza..... برز 48

Barq برق
Bariqa......بَرِقَ............ 49

Bariqa بَرِقَ
Bariqa......بَرِقَ............ 49

Barkatun بركةٌ
Baraka .....بَرَكَ............ 49

Barakâtun بركاتٌ
Baraka ..... بَرَكَ............ 49

Barîu'n بريءٌ
Bari'a .... بَرِئَ............ 46

Bariyyatun بريّة
Bara'a......برء............ 47

بَس (Ba- s)

Bassan بسّا
Bassa ...... بسّ 51

Basara بَسَرَ
Basara.....بَسَرَ............ 50

Basaṯa بَسَطَ
Basaṯa ..... بَسَطَ 51

Basatta بسطّ
Basaṯa ..... بَسَطَ 51

Basṯun بسطٌ
Basaṯa ..... بَسَطَ 51

Basṯatun بسطةٌ
Basaṯa ..... بَسَطَ 51

بَش (Ba-sh)

Basharun بَشَرٌ
Bashara ... بَشَرَ 52

Bashshir بَشِّر
Bashara ... بَشَرَ 52

Bashshartûm بشّرتم
Bashara ... بَشَرَ 52

Bashsharû بَشَّرواْ
Bashara ... بَشَرَ 52

Basharain بَشرين
Bashara ... بَشَرَ 52

Bashîr بَشير
Bashara ... بَشَرَ 52

بَص (Ba-s̲)

Bas̲âiru بَصائِر
Bas̲ura بصُرَ 53

Bas̲arun بَصرٌ
Bas̲ura ..... بَصُرَ 53

Bas̲urtu بصرتُ
Bas̲ura ..... بَصُرَ 53

Bas̲alun بَصَلٌ
Bas̲ala ..... بَصلَ 54

Bas̲îr بَصير
Bas̲ura ..... بَصُرَ 53

Bas̲îratun بصيرةٌ
Bas̲ura ..... بصرَ 53

بَط (Ba-ṯ)

Baṯâin بطائن
Baṯana ..... بَطَنَ 55

Baṯirat بَطِرت
Baṯara ...... بَطرَ 54

Baṯshan بطشٌ
Baṯasha ... بَطشَ 55

Baṯshatûn بَطشةٌ
Baṯasha ... بَطشَ 55

Baṯashtum بطشتم
Baṯasha ... بَطشَ 55

Baṯala بَطَلَ
Baṯala ...... بَطلَ 55

Baṯana بَطَنَ
Baṯana ..... بَطنَ 55

بَع (Ba-')

Ba'th بعث
Ba'atha .... بَعَثَ 56

Ba'atha بعث
Ba'atha .... بَعَثَ 56

Ba'athnâ بعثنا
Ba'atha .... بَعَثَ 56

Ba'udat بعدت
Ba'uda ..... بَعُدَ 57

Ba'du بَعدُ
Ba'uda ..... بَعُدَ 57

Ba'idat بعدت
Ba'uda ..... بَعُدَ 57

Ba'dz بَعض
Ba'adza ... بَعضَ 57

Ba'l بَعل
Ba'ala ...... بعل 58

Ba'lî بعلي
Ba'ala ...... بعل 58

Ba'ûdzatun بَعوضة
Ba'adza ... بَعَضَ 57

Ba'ûl بَعول
Ba'ala ...... بَعَل 58

Ba'îdun بعيد
Ba'uda ..... بَعُدَ 57

Ba'îr بعير
Ba'ira .... بعر 57

بَغ (Ba-gh)

Baghat بغت
Baghâ ...... بَغَىٰ 58

Baghdzâ' بغضاء
Baghadza بَغَضَ 58

Baghtatan بغتةً
Baghata ... بغتَ 58

Baghû بغو
Baghâ ...... بَغَىٰ 58

Bagha بغىَ
Baghâ ...... بَغَىٰ 58

Baghiyyan بَغيًّ
Baghâ ...... بَغَىٰ 58

Baghyan بغيًا
Baghâ ...... بَغَىٰ 58

بَق (Ba-q)

Baqarun بَقَرٌ
Baqara ..... بَقَرَ 59

Baqarât بَقرات
Baqara ..... بَقَرَ 59

Baqaratun بقرةٌ
Baqara ..... بَقَرَ 59

Baqla بَقل
Baqla .... بقل 60

Baqiya بَقِيَ
Baqiya ..... بَقِيَ 60

Baqiyyatûn بقيّةٌ
Baqiya ..... بَقِيَ 60

بَك (Ba-k)

Bakat بَكت
Bakâ .... بَكَى 62

Bakkata بَكّةَ
Bakkah .... بكّة 61

بَل (Ba-l)

Bal بَلْ
Bal .... بَلْ 62

Balâghun بلاغٌ
Balagha ... بَلَغَ 63

Balâun بَلاءٌ
Balâ' .... بَلاء 64

Balagha بَلَغَ
Balagha ... بَلَغَ 63

Balaghâ بَلغا
Balagha ... بَلَغَ 63

Balaghanî بَلغني
Balagha ... بَلَغَ 63

Balaghat بَلغت
Balagha ... بَلَغَ 63

Balaghta بَلغتَ
Balagha ... بَلَغَ 63

Balaghnâ بَلغْنا
Balagha ... بَلَغَ 63

Balaghtu بلغتُ
Balagha ... بَلَغ 63

Balaghû بَلغوا
Balagha ... بَلَغ 63

Ballaghta بَلّغتَ
Balagha ... بَلَغ 63

Balligh بَلّغ
Balagha ... بَلَغ 63

Baldan بلداً
Balada ..... بَلَدَ 62

Baldatun بلدةٌ
Balada ..... بَلَدَ 62

Balaunâ بلونا
Balâ' .... بلاء 64

Balâ بَلىٰ
Balâ .... بَلىٰ 65

Baliya بَلِيَ
Balâ' .... بلاء 64

Balîghun بليغٌ
Balagha ... بَلَغ 63

بَن (Ba-n)

Banâu بَناءٌ
Bana .... بَنىٰ.............. 66

Banâtun بَناتٌ
Ibn .... ابن.............. 65

Banân بَنان
Banna ...... بنّ 65

Banû بنوا
Ibnun .... بنو.............. 65

Banûn بنون
Ibnun .... ابن............... 65

Banâ بَنىٰ
Banâ .... بَنىٰ.............. 66

Banî بني
Ibnun .... ابن.............. 65

Banainâ بَنينا
Banâ .... بنو.............. 66

Banîn بنين
Ibnun .... ابن 65

Baniyya بنيّ
Ibnun .... ابن 65

بَه (Ba-h)

Bahjatun بهجةٌ
Bahaja ..... بَهَجَ............. 66

Bahîj بهيج
Bahaja ..... بَهَجَ 66

Bahîmatun بهيمة
Bahîmatun بهيمة.......... 67

بَو (Ba-w)

Bawâr بَوار
Bâra......... بار............. 68

Bawwa'nâ بوّأنا
Bâ'a .... بَاءَ............. 67

بَي (Ba-y)

Bayânun بيانٌ
Bâna .... بَان............. 71

Bayt بيت
Bâta .... باتَ............. 68

Bayyata بيّتَ
Bâta .... باتَ............. 68

Baydzâ بيضاء
Bâdza ...... باض 69

Baydzun بيضٌ
Bâdza ...... باض 69

Bay'un بيعٌ
Bâ'a .... بَاعَ 70

Bayna بينَ
Bâna .... بَان 70

Bayyanna بيّنّا
Bâna .... بَان 70

Bayyanû بَيّنوا
Bâna .... بَان 70

Bayyinatun بيّنةٌ
Bâna .... بَان 70

Bayyinâtun بيّناتٌ
Bâna .... بَان 70

Bayyinun بيّنٌ
Bâna .... بَان 70

(Bi) بِ

بِ (Bi-/)

Bi بِ
Bâ .... ب 40

Bi'r بئر
Ba'ara ...... بَأر 41

Bi'sa بئسَ
Ba'isa ...... بَئس 41

Bi<u>h</u>âr بحار
Ba<u>h</u>ara ..... بَحَرَ 42

Bidâr بدار
Badara ..... بَدَرَ 44

Bid'an بِدعً
Bada'a ..... بَدَعَ 44

Birrun بِرٌّ
Barra .... برّ 47

Bisâ<u>t</u> بساط
Basa<u>t</u>a ..... بَسَطَ 51

Bismillah بسمِ الله
Ism .... اسِم 273

Bi<u>t</u>ânatun بطانة
Ba<u>t</u>ana ..... بَطنَ 55

Bi<u>dz</u>â'atun بضعةٌ
Ba<u>dz</u>a'a ... بَضَعَ 54

Bi<u>dz</u>'un بضعٌ
Ba<u>dz</u>a'a ... بَضَعَ 54

Bi<u>gh</u>âl بغال
Ba<u>gh</u>ala ... بَغَلَ 58

Bi<u>gh</u>â'un بغاءٌ
Ba<u>gh</u>â ...... بَغَىٰ 58

Bikrun بِكرٌ
Bakara ..... بَكرَ 60

Bilad بلاد
Balada ..... بَلَد 62

Binâun بناءٌ
Banâ .... بنىٰ 66

Bintun بنتٌ
Ibnun .... ابن 65

Bay'un بيعٌ
Bâ'a .... بَاعَ 70

Biya'un بِيَعٌ
Bâ'a .... بَاعَ 70

Bî<u>dz</u>un بيضٌ
Bâ<u>dz</u>a ...... بَاض 69

(Bu-) بُ

بُ (Bu-/)

Bu<u>kh</u>lun بخلٌ
Ba<u>kh</u>ila .... بَخِلَ 43

Budun بُدن
Badana .... بَدَنَ 45

Burâ'u براءُ
Bari'a ......بَرئَ............. 46

Burhân برهان
Bariha ...... بره.............. 50

Burhânân برهانان
Bariha ...... بره.............. 50

Burrizat بُرِّزت
Baraza ..... برز............. 48

Burûjun بروجٌ
Barija .... بَرج 47

Bussat بُسّت
Bassa ...... بسّ 51

Bushrâ بشرَى
Bashara ... بَشَرَ 52

Bushran بُشرًا
Bashara ...بَشَرَ........... 52

Bushshira بُشِّرَ
Bashara ... بَشَرَ 52

Buṯûn بطون
Baṯana ..... بطَنَ............ 55

Bu'thira بُعثِرَ
Ba'thara ... بَعثَرَ 56

Bu'thirat بُعثِرت
Ba'thara ... بَعثَرَ 56

Bu'dan بعداً
Ba'uda ..... بَعُدَ............ 57

Bughiya بُغِيَ
Baghâ ...... بَغَى............ 58

Buq'atun بقعة
Baqi'a ...... بقع 60

Bukiyyan بكياً
Bakâ .... بَكَى 61

Bukratun بكرة
Bakara ..... بَكَرَ 60

Bukmun بُكمٌ
Bakima .... بَكِمَ 61

Bunayya بُنيّ
Ibnun .... ابنٌ 65

Bunyân بُنيان
Banâ .... بنىٰ............. 66

Buhita بُهتَ
Bahata ..... بَهَتَ 66

Buhtân بهتان
Bahata ..... بَهَتَ 66

Bûrika بورِكَ
Baraka ..... بَرَكَ........... 49

Bûrun بورٌ
Bâra........ بار.......... 68

Buyût بُيوت
Bâta .... باتَ 68

(Ta-) تَ

تأ (Ta'-)

Ta'ba تأبَ
Abâ ابىٰ 7

Tâ'ibâtun تائِباةٌ
Tâba تَابَ 77

Tâ'ibûna تائِبونَ
Tâba .... تَابَ........... 77

Tâ'adhdhana تأذّن
Adhina ..... اذِنَ 18

Ta'iasû تئسوا
Ya' isa ...... يَئِسَ 624

Tâba تابَ
Tâba .... تَابَ........... 77

Tâbâ تابا
Tâba .... تَابَ 77

Tâb'îna تابعينَ
Tabi'a ...... تَبِعَ 73

Tâbi'un تابعٌ
Tabi'a ...... تَبِعَ 73

Tâbût تابوت
Tâbût ....تابوت 72

Ta'ti تأتِ
Ata .... اتٰی 8

Ta'tunna تأتنّ
Ata .... اتٰی 8

Ta'tunnanî تأتنني
Ata .... اتٰی 8

Ta'tûna تأتونْ
Ata .... اتٰی 8

Ta'tî تأتي
Ata .... اتٰی 8

Ta'tîna تأتين
Ata اتٰی 8

Ta'tû تأتوا
Ata .... اتٰی 8

Ta'tiyanna تأتينّ
Ata اتٰی 8

Ta'thîm تأثيم
Athima ..... اثم 10

Ta'jura تأجر
Ajara .... اجر 11

Ta'khudhu تأخذ
AKhadha . اخذ 13

Ta'khkhra تأخّر
Akhkhara . اخّر 14

Ta'khudhûna تأخذون
Akhadha .. اخذ 13

Târatan تارةً
Târa ....تارَ 78

Târikû تاركوْا
Taraka .... تَرَكَ 75

Târikî تاركي
Taraka ..... تَرَكَ 75

Târikun تاركٌ
Taraka ..... تَرَكَ 75

Ta'sa تأس
Asiya ...... اسيَ 23

Ta'sau تأسوْا
Asiya ......اسيَ 23

Ta'sirûna تأسِرون
Asara ...... اسَرَ 22

Ta'fika تأفِكَ
Afaka ...... افَكَ 24

Ta'kulu تأكلُ
Akala ...... اكَلَ 24

Ta'kulûna تأكلون
Akala ...... اكَلَ 24

Ta'manu تأمنُ
Amina ...... امن 33

Ta'murîna تأمرِين
Amara..... امَرَ 30

Ta'murûna تأمرون
Amara..... امَرَ............30

Ta'wîl تاويل
Awala ......اول............37

Tâ'wî تأوي
Âwâ ....آوىٰ............38

تب (Ta-b)

Tabâb تباب
Tabba ...... تبّ 72

Tabâran تباراً
Tabara ..... تَبَرَ 72

Tabâya'tûm تبايعتم
Bâ'a .... بَاعَ 70

Tabba تبّ
Tabba ...... تبّ 72

Tabbat تبّت
Tabba ...... تبّ 72

Tabattal تبتّل
Battala ..... بتّلَ 42

Tabta<u>gh</u>ûna تبتغون
Ba<u>gh</u>â ...... بَغَى 58

Tabta'is تبتئس
Ba'isa ...... بَئِسَ 41

Tab<u>kh</u>alûna تبخلونَ
Ba<u>kh</u>ila .... بَخِلَ 43

Tab<u>kh</u>asû تبخسوا
Ba<u>kh</u>asa بَخَسَ 43

Tabdîlun تبديلاً
Badala ..... بَدَلَ 45

Tabbarnâ تبّرنا
Tabara ..... تَبَرَ 72

Tabarra'a تبرّأ
Bari'a .... برئ 46

Tabarrajna تبرّجنَ
Barija .... برج 47

Tabarruj تَبرّج
Barija .... بَرج 47

Tabarra'nâ تبرّأنا
Bari'a .... برئَ 46

Tabarra'û تبرّوا
Bari'a .... برئَ 46

Tabarrûna تبرّونِ
Barra .... بر 47

Tab<u>dh</u>îr تبذير
Ba<u>dh</u>ara .. بَذرَ 46

Tabassama تبسّم
Basama ... بَسَمَ 52

Tabsu<u>t</u> تبسُط
Basa<u>t</u>a ..... بَسَطَ 51

Tabsu<u>t</u>u تبسُطُ
Basa<u>t</u>a ..... بَسَطَ 51

Tab<u>s</u>iratun تبصِرةٌ
Ba<u>s</u>ura ..... بصُرَ 53

Tab<u>t</u>ilû تبطلوا
Ba<u>t</u>ala ...... بَطلَ 55

Tab'un تَبعٌ
Tabi'a ...... تَبِعَ 73

Tabi'a تَبِعَ
Tabi'a ...... تَبِعَ 73

Tabi'û تبعوا
Tabi'a ...... تَبِعَ 73

Tab<u>gh</u>i تبغ
Ba<u>gh</u>â ...... بَغَىٰ 59

Tab<u>gh</u>î تبغي
Ba<u>gh</u>â ...... بَغَىٰ 58

Tab<u>gh</u>û تبغوا
Ba<u>gh</u>â ...... بَغَىٰ 58

Tab<u>gh</u>ûna تبغونَ
Ba<u>gh</u>â ...... بَغَىٰ 58

Tabkûna تبكون
Bakâ .... بَكَى 61

Tablû تبلوا
Balâ' .... بلاء 64

Tablu<u>gh</u>a تبلغَ
Bala<u>gh</u>a ... بَلغَ 63

Tablu<u>gh</u>u تبلغُ
Bala<u>gh</u>a ... بَلغَ 63

Tablughûna تبلغوا
Balagha ... بَلَغَ 63

Tabnûna تبنون
Banâ .... بنىٰ 66

Tabû'a تبوء
Bâ'a ....بَآءَ............. 67

Tabûra تبورَ
Bâra .... بار.............. 68

Tabhatu تبهتُ
Bahata ..... بَهَتَ............ 66

Tabawwa'â تبوءا
Bâ'a .... بَآءَ............ 67

Tabawwa'û تبوّؤا
Bâ'a .... بَآءَ............ 67

Tabayyana تبيّنَ
Bâna .... بَان.............. 70

Tabayyanat تبيّنت
Bâna .... بَان.............. 70

Tabayyanû تبيّنوا
Bâna .... بَان.............. 70

Tabîdu تبيد
Bâda .... باد 69

Tabî'un تبيعٌ
Tabi'a .... تَبِعَ 73

Tabyadzdzu تبيضّ
Bâdza ......باض.............. 69

تَت (Ta-t)

Tatabaddalû تتبدلوا
Badala ..... بَدَلَ 45

Tattabi' تتّبع
Tabi'a .... تَبِعَ............ 73

Tattabi'âni تتّبعانِ
Tabi'a .... تَبِعَ............ 73

Tattabi'ni تتّبعن
Tabi'a ...... تبع 73

Tattabi'ûa تتّبعِوْا
Tabi'a ...... تَبِع.............. 73

Tattabi'ni تتّبعنِ
Tabi'a ...... تبَع 73

Tattabi'ûna تتّبعون
Tabi'a ...... تبَع 73

Tattakhidhu تتّخذ
Akhadha .. اخذ 13

Tattakhidhûna تتّخذون
Akhadha .. اخذ.............. 13

Tatadhakkarûna تتذكّرون
Dhakara ... ذَكَرَ 189

Tatafakkarû تتفكّروا
Fakara ..... فَكَّرَ........... 432

Tatafakkarûna تتفكّرون
Fakara ..... فَكَرَ 432

Tatajafâ تتجافىٰ
Jafâ .... جَفَا............ 99

Tatakabbara تتكبّر
Kabura ..... كَبُرَ 476

Tatalaqqa تتلقّى
Laqiya...... لقيَ.............. 516

Tatamannauna تتمنّون
Mana .... مَنَى 543

Tatamâra تتمارٰى
Mara .... مَرَى.............. 531

Tatanazzalu تتنزّل
Nazala ..... نَزَلَ 559

Tataqallabu تتقلّب
Qalaba..... قَلَبَ............ 464

Tatawaffâ تتوفّى
Wafa .... وَفَى 615

Tatawallau تتولّوْ
Waliya ..... ولى 621

Tatba'u تتبعُ
Tabi'a ...... تَبِعَ 73

Tatbîb تتبيب
Tabba ...... تبّ 72

Tatbîran تتبِيرًا
Tabara ..... تَبَرَ 72

Tatlûna تتلون
Tala .... تلا 76

Tatamâ تتمارَى
Mara .... مرى 531

Tatra تَتْرَ
Watara ..... وَتَرَ 600

Taraktu تركتُ
Taraka ..... تَرَكَ 75

Tattaqû تتّقوا
Waqa .... وَقَى 618

Tattaqûna تتّقون
Waqa .... وَقَى 618

Tatûbâ تتوبا
Tâba .... تَابَ 77

Tatûbâni تتوبان
Tâba .... تَابَ 77

ثَث (Ta-th)

Tathqafanna تثقفنّ
Thaqifa .... ثَقِفَ 82

Tathrîb تثْريب
Tharaba ... ثرب 82

تَج (Ta-j)

Tajallâ تجلّى
Jalla .... جلّ 100

Taj'alu تجعلُ
Ja'ala .... جَعَلَ 98

Taj'alûna تجعلوْنَ
Ja'ala .... جَعَلَ 98

Taj'arû تجأروا
Ja'ra .... جأرَ 89

Taj'arûna تجأرون
Ja'ra .... جأرَ 89

Tajassasû تجسّسوا
Jassa .... جسّ 98

Tajhalûn تجهلون
Jahila ...... جَهِلَ 107

Tajida تجد
Wajada .... وَجَدَ 601

Tajidû تجِدُوا
Wajada .... وَجَدَ 601

Tajidu تجِد
Wajada .... وَجَدَ 601

Tajidûna تجِدون
Wajada .... وَجَدَ 601

Tajrî تجري
Jarâ .... جَرىٰ 96

Tajriyâni تجريان
Jarâ .... جَرى 96

Tajtanibûna تجتنبواْ
Janaba .... جَنَبَ 103

Tajû'a تجُوع
Jâ'a......... جاعَ 109

Tajudanna تجدنّ
Wajada .... وَجَدَ 601

Tajzî تجزي
Jazaya ..... جَزَيَ 97

تَح (Ta-h)

Tahbata تَحبَطَ
Habata حَبَطَ 112

Tahbisûna تَحبِسونَ
Habasa .... حَبَسَ 112

Taht تَحت
Taht .... تَحت 74

Tahdharûna تَحذرونَ
Hadhira ... حَذِرَ 116

Taharrû تَحرّوا
Hara .... حرى 121

Tahrîrun تَحرير
Harra .... حَرَّ 118

Tahris تَحرِص
Harasa..... حَرَصَ 118

Tahruthûna تَحرثونَ
Haratha ... حَرَثَ 117

Tahzan تَحزن
Hazana .... حَزَنَ 121

Tahzanî تَحزني
Hazana .... حَزَنَ 121

Tahzanû تَحزنوا
Hazana .... حَزَنَ 121

Tahzanûna تَحزنونَ
Hazana .... حَزَنَ 121

Tahassasû تَحسّسوا
Hassa ...... حَسَّ 123

Tahsabanna تَحسبَنَّ
Hasiba ..... حَسِبَ 122

Tahsabû تَحسبوا
Hasiba ..... حَسِبَ 122

Tahsibûna تَحسبونَ
Hasiba ..... حَسِبَ 122

Tahsudûna تَحسدونَ
Hasada .... حَسَدَ 123

Tahassunun تَحصّنٌ
Hasana .... حَصَنَ 126

Tahadzdzûna تَحضّونَ
Hadzdza .. حَضَّ 128

Tahkumu تَحكُمُ
Hakama ... حَكَمَ 131

Tahkumû تَحكُموا
Hakama ... حَكَمَ 131

Tahkumûna تَحكمونَ
Hakama ... حَكَمَ 131

Tahullu تَحلّ
Halla .... حَلَّ 133

Tahillu تَحِلّ
Halla .... حَلَّ 133

Tahillatun تَحلّة
Halla .... حَلَّ 133

Tahmil تَحْمِل
Hamala .... حَمَلَ 136

Tahmilu تَحْمِلُ
Hamala .... حَمَلَ 136

Tahmilûna تَحْمِلُونَ
Hamala .... حَمَلَ 136

Tahnath تَحنث
Hanitha .... حَنِثَ 138

Tahussûna تَحسّونَ
Hassa ...... حَسَّ 123

Tahwîlun تَحويلاً
Hâla .... حال 142

Tahîdu تَحيدُ
Hâda .... حادَ 143

Tahiyyatun تَحيّة
Hayya ...... حيّ 144

Tahyauna تَحيونَ
Hayya ...... حيّ 144

تخ (Ta-kh)

Takhâfâ تخافا
Khâfa .... خافَ 167

Takhâfanna تخافنّ
Khâfa .... خافَ 167

Takhâfî تخافي
Khâfa .... خافَ 167

Takhânûna تخانون
Khâna .... خانَ 169

Takhâsumu تخاصم
Khasama . خصَمَ 156

Takhtlalifûna تختلفون
Khalafa .... خلَفَ 162

Takhtasimûna تختصمون
Khasama . خصَمَ 156

Takhriqa تَخْرِقَ
Kharaqa .. خرَقَ 152

Takhrusûn تَخْرُصُوْنَ
Kharasa ... خرَصَ 151

Takhsîr تخسير
Khasira .... خسِرَ 153

Takhshâ تخشىٰ
Khashiya . خشِيَ 155

Takhsha'a تخشع
Khasha'a . خشَعَ 154

Takhshau تخشوْا
Khashiya . خشِيَ 154

Takhshau تخشؤ
Khashiya . خشِيَ 154

Takhshauna تخشون
Khashiya . خشِيَ 154

Takhtafu تخطف
Khatifa ..... خطِفَ 158

Takhuttu تخطّ
Khatta ...... خطّ 158

Takhdza'na تخضعن
Khadza'a . خضَعَ 157

Takhaf تخف
Khâfa .... خافَ 167

Takhfîf تخفيف
Khaffa ...... خفّ 159

Takhfâ تخفى
Khafiya .... خفِيَ 159

Takhludûna تخلدون
Khalada ... خلَدَ 160

Takhluqu تخلق
Khalaqa ... خلَقَ 163

Takhallat تخلت
Khalâ ...... خلا 165

Takhwîf تخويف
Khâfa .... خافَ 167

Takhawwuf تخوّف
Khâfa خافَ 167

Takhûnû تخونوا
Khâna ...... خانَ 169

Takhayyarûna تخيّرون
Khâra ...... خارَ 170

تد (Ta-d)

Tadâraka تدارك
Daraka ..... دَرَكَ 177

Tadâyantum تداينتم
Dâna .... دان 185

Tadrî تدرى
Darâ .... درى 177

Tadrûna تدروْنَ
Darâ .... درى 177

Tadrusûna تدرسُوْنَ
Darasa..... دَرَسَ 176

Tad'û تدعوْا
Da'â .... دَعا 178

Tad'ûna تدعوْن
Da'â .... دَعا 178

Tad'ûna تدعوْا
Da'â .... دَعا 178

Tadda'ûna تدّعونَ
Da'â .... دَعا 178

Tadalla تَدلّىٰ
Dalâ .... دَلا 181

Tadmîr تدمير
Damara ... دَمَرَ 181

Tadûru تدُور
Dâra دَارَ 184

تذ (Ta-dh)

Tadhbahû تذبحُوا
Dhabaha ذَبَحَ 187

Tadhbahûna تذبحون
Dhabaha . ذَبَحَ 187

Tadhdhakhirûn تذّخرُون
Dhakhara ذخَرَ 187

Tadhar تَذَرْ
Wadhara . وَذَرَ 605

Tadhara تَذرَ
Wadhara .. وَذَرَ 605

Tadharu تَذرُ
Wadhara .. وَذَرَ 605

Tadhrû تذرو
Dhara'...... ذَرَا 188

Tadharû تَذَروا
Wadhara .. وَذَرَ 605

Tadharûna تَذَرون
Wadhara .. وَذَرَ 605

Tadharunna تَذَرُنّ
Wadhara . وَذَرَ 605

Tadhakkara تَذكّرَ
Dhakara ... ذَكَرَ 189

Tadhakkarûna تَذكّرون
Dhakara ... ذَكَرَ 189

Tadhkîr تذكير
Dhakara ... ذَكَرَ 189

Tadhkiratun تذكرة
Dhakara ... ذَكَرَ 189

Tadhkuru تذكر
Dhakara .. ذَكَرَ 189

Tadhlîlan تذليلاً
Dhalla ...... ذلّ 191

Tadhhabu تذهب
Dhahaba .. ذَهَبَ 192

Tadhhabû تذهبوا
Dhahaba .. ذَهَبَ 192

Tadhhabûna تذهبون
Dhahaba . ذَهَبَ 192

Tadhhalu تذهل
Dhahala ... ذَهَلَ 193

Tadhûdâni تذُودان
Dhâda ...... ذادَ 194

تر (Ta-r)

Tara'â ترءٰى
Ra'a .... رأى 196

Tara'at تراءت
Ra'a .... رأى 196

Tarâdzau تراضَو
Radziya ... رَضِيَ 213

Tarâdzin تراضٍ
Radziya ... رَضِيَ 213

Tarâqî تراقي
Raqiya ..... رَقِيَ 219

Tarabbastum تربّصتم
Rabasa .... رَبَصَ 199

Tarabbasû تربّصوا
Rabasa .... رَبَصَ 199

Tarabbasûna تربّصون
Rabasa .... رَبَصَ 199

Tartâbû ترتابُوا
Râba .... راب 227

Tartîlan ترتيلاً
Ratala ...... رَتَلَ 201

Tartuddû ترتدّوْا
Radda ...... ردّ 207

Tarithû ترثوا
Waritha .... وَرِثَ 606

Tarjufu ترجُفُ
Rajafa ...... رَجَفَ 203

Tarjumûni ترجمونِ
Rajama .... رَجَمَ 204

Tarjûni ترجُوْن
Rajâ' .... رجا 204

Tarhamu ترحَمُ
Rahima .... رَحِمَ 205

Taradda تردّى
Radiya ..... رَدِيَ 208

Tardâ تردٰى
Radiya ..... رَدِيَ 208

Tarzuqu ترزُقُ
Razaqa .... رَزَقَ 209

Tardzaytum ترضَيتم
Radziya ... رَضِيَ 213

Tardza ترضَى
Radziya ... رَضِيَ 213

Tardzâ ترضٰى
Radziya ... رَضِيَ 213

Tardzau ترضَو
Radziya ... رَضِيَ 213

Tardzauna ترضَون
Radziya ... رَضِيَ 213

Targhabûna ترغبُون
Raghiba ... رَغِبَ 215

Tarfa'û ترفعُوا
Rafa'a ...... رَفَعَ 217

Tarqâ ترقٰى
Raqiya ..... رَقِيَ 219

Tarqub ترقب
Raqaba .... رَقَبَ 218

Taraka تَرَكَ
Taraka ..... تَرَكَ 75

Tarakna تَركنَ
Taraka ..... تَرَكَ 75

Taraknâ تركنا
Taraka ..... تَرَكَ 75

Taraktu تركتُ
Taraka ..... تَرَكَ 75

Tarakû تركوا
Taraka ..... تَرَكَ 75

Tarkabûna تركبُون
Rakiba ..... رَكِبَ 220

Tarkabunna تركبُنّ
Rakiba ..... رَكِبَ 220

Tarkanû تركنُوا
Rakana .... رَكَنَ 222

Tarkanu ترِكَنُ
Rakana .... رَكَنَ 222

Tarkudzû تَرْكُضُوا
Rakadza .. رَكَضَ 221

Tarmî ترمِى
Ramâ....... رَمىٰ 223

Tarhaqu ترهَق
Rahiqa..... رَهِقَ 224

Tara ترَى
Ra'a .... رأى 196

Tarayinna ترَينّ
Ra'a .... رأى 196

تز (Ta-z)

Tazâlu تزالُ
Zâla .... زالَ 240

Tazâwaru تزاوَرُ
Zâra .... زارَ 238

Tazid تزد
Zâda .... زادَ 238

Tazdâdu تزدادُ
Zâda .... زادَ 238

Tazdarî تزْدرِي
Zara .... زرَى 231

Taziru تزر
Wazara.... وزَرَ 607

Tazra'ûna تزرعُون
Zara'a ...... زرَعَ 230

Taz'umûna تزعْمُون
Za'ama .... زَعَمَ 231

Tazakkâ تزكّىٰ
Zakâ .... زكى 233

Tazillu تزلّ
Zalla .... زلّ 234

Tazallû تزلوا
Zâla .... زالَ 240

Tazhaqa تزْهَق
Zahaqa .... زَهَقَ 237

Tazawwadû تزوّدُوا
Zâda .... زادَ 238

Tazîdûna تزيدُون
Zâda .... زادَ 238

Tazûla تزولَ
Zâla .... زالَ 238

Tazûlâ تزُولا
Zâla .... زالَ 238

تس (Ta-s)

Tasâ'alûna تسائلُون
Sa'ala ...... سألَ 242

Tas'alu تسئَلُ
Sa'ala ...... سألَ 242

Tas'alûna تسئلُون
Sa'ala ...... سألَ 242

Tas'amû تسئمُوا
Sa'ima ..... سَئِمَ 243

Tasbîh تسبيح
Sabaha .... سَبَحَ 244

Tasbiqu تسبق
Sabaqa .... سَبَقَ 246

Tasubbû تسبوا
Sabba ...... سَبّ 243

Tastabîna تستبين
Bâna .... بان 70

Tastafti تستفت
Fatiya ...... فَتيَ 417

Tastaftiyâni تستفتيان
Fatiya ...... فَتىَ 417

Tastaghfir تستغفر
Ghafara .. غَفَرَ 405

Tastaghfirûna تَستغفرون
Ghafara ... غَفَرَ 405

Tastaghîthûna تَستَغِيثون
Ghâtha .... غاث 411

Tastahzi'ûna تَستَهزءون
Haza'a ..... هَزَءَ 590

Tastajîbûna تَستجيبونَ
Jâba .... جابَ 108

Tasta'jil تستعجِل
'Ajila .... عَجِلَ 360

Tasta'jilû تستعجِلُوا
'Ajila .... عَجِلَ 360

Tasta'jilûna تَستعجِلُون
'Ajila .... عَجِلَ 360

Tastakbirûna تَستكبرون
Kabura ..... كَبُر 477

Tastakhiffûna تستخفّون
Khaffa ...... خفّ 159

Tasta'khirûna تستأخرون
Akhkhara . اخّر 14

Tastakhrijûna تستخرِجُونَ
Kharaja .... خَرَجَ 150

Tastakthir تستكثِر
Kathara .... كَثُرَ 479

Tastami'ûna تَستَمِعُون
Sami'a ..... سمِعَ 270

Tastaqdimûna تستقدمون
Qadama .. قَدم 446

Tastaqsimû تَستَقسِموا
Qasama ... قَسَمَ 454

Tastardzi'ûna تسترضعون
Radza'a'.. رَضَعَ 213

Tastardzi'û تسترضعوا
Radza'a ... رَضَعَ 213

Tastatirûna تستترون
Satara ..... سَتَرَ 248

Tastatî'u تَستَطِيع
Tâ'a .... طاعَ 345

Tastatî'û تَستطِيعُوا
Tâ'a .... طاعَ 345

Tastatîûna تَستطِيعُون
Tâ'a .... طاعَ 345

Tastawû تستوُوا
Sawiya ..... سَوِيَ 280

Tasti' تَستطِع
Tâ'a .... طاعَ 345

Tasjuda تسجد
Sajada ..... سَجَدَ 248

Tasharu تَسحَرَ
Sahara ..... سَحر 250

Taskharu تسخر
Sakhira .. سَخِر 252

Tasrahûna تسرحون
Saraha .... سَرَح 255

Tasrîhun تسرِيح
Saraha .... سَرَح 255

Tas'â تسعى
Sa'a .... سَعَى 259

Tasfikûna تسفِكون
Safaka ..... سَفَكَ 260

Tasqî تسقِي
Saqa .... سَقَى 262

Tasqutu تَسقط
Saqata ..... سَقط 261

Taskunû تسكنون
Sakana .... سكَن 264

Taslîman تَسليما
Salima ..... سَلِمَ 267

Tasma'u تَسمَع
Sami'a ..... سمِعَ 270

Tasma'ûna تسمَعُون
Sami'a ..... سمِعَ 270

Tasma'unna تسمعُنّ
Sami'a ..... سمِعَ 270

Tasmiyatun تسمِيةٌ
Samâ .... سَما 272

Tasnîm تسنيم
Sanima .... سنم 274

Tasû' تسُوء
Sâ'a .... ساء 275

Tasurru تسّر
Sarra .... سّر 255

Taswaddu تسودّ
Sâda .... سادَ 276

Tasawwarû تَسوّروا
Sâra .... سارَ 277

Tasîru تسِيرُ
Sâra .... سار 281

تَش (Ta-sh)

Tashâbaha تشابه
Shabaha .. شَبَهَ 283

Tashâbahat تشابهت
Shabaha . شَبَهَ 283

Tashâ'u تشاءُ
Shâ'a .... شاءَ 302

Tashâ'ûna تشاءُون
Shâ'a .... شاءَ 302

Tashâwurun تشاورٌ
Shâra .... شارَ 301

Tashtahî تشتهي
Shahâ ...... شَها 300

Tashtakî تشتكِي
Shakâ ...... شَكا 297

Tashtrû تَشتَرُوا
Shara .... شَرى 289

Tashkhasu تشخَصُ
Shakhasa شَخَصَ 284

Tashrabûna تشربُون
Shariba .... شَرِبَ 285

Tashrikû تشركُوا
Sharika .... شَرِكَ 288

Tashrikûna تشركُونَ
Sharika .... شَرِكَ 288

Tash'urûna تشعرُون
Sha'ara .... شَعَرَ 291

Tashqâ تشقىٰ
Shaqiya ... شَقَيَ 296

Tashkurû تشكُرُوا
Shakara ... شَكَرَ 296

Tashkurûna تشكرُون
Shakara ... شَكَرَ 296

Tashhad تشهد
Shahida ... شَهِدَ 399

Tashhadu تشهَدَ
Shahida ... شَهِدَ 299

Tashhadûna تشهدُون
Shahida ... شَهِدَ 399

Tashî'u تشِيع
Shâ'a ...... شاعَ 303

تَص (Ta-s)

Tasbiru تصبرُ
Sabara ..... صَبَرَ 305

Tasbirûna تصبرُون
Sabara ..... صَبر 305

Tasbirû تصبرُوا
Sabara ..... صَبَرَ 305

Tasaddâ تَصَدّى
Sada .... صَدى 312

Tasaddaq تَصَدّق
Sadaqa .... صَدَق 310

Tasaddaqa تَصدّقَ
Sadaqa .... صَدَق 310

Tasaddaqû تَصَدّقُوا
Sadaqa .... صَدَق 310

Tasuddû تَصُدّوا
Sadda ...... صَدّ 308

Tasdîqun تَصدِيق
Sadaqa .... صَدَق 310

Tasdiyatun تصدِيَة
Sada .... صَدى 312

Tasrîf تَصريف
Sarafa...... صَرَفَ 314

Tastalûna تصطلُون
Salâ .... صَلى 320

Tasifu تَصِف
Wasafa .. وَصَف 610

Tasfahû تصفَحُوا
Safaha ..... صَفَحَ 316

Tasifûna تَصفُون
Wasafa .... وَصَفَ 610

Tasilu تِصل
Wasal ...... وَصَلَ 610

Taslâ تصلى
Salâ .... صَلى 321

Tasliyatu تصلِيَة
Salâ .... صَلى 320

Tasna'ûna تَصنعُون
Sana'a ..... صَنَعَ 322

Tasûmû تصُومُوا
Sâma .... صام 325

Tasîru تَصِيرُ
Sâra .... صارِ 326

تَض (Ta-dz)

Tadzhâ تَضحىٰ
Dzahiya ... ضَحِيَ 328

Tadzhakûna تضحكُون
Dzahika ... ضَحِكَ 327

Tadzarra'û تضرَعُوا
Dzara'a .... ضَرَعَ 330

Tadzarru'an تضرّعًا
Dzara'a .... ضَرَعَ 330

Tadzribû تضرِبُوا
Dzaraba... ضَرَبَ 328

Tadzurrû تضُرّوا
Dzarra ..... ضَرّ 329

Tadzurrûna تضُرّونِ
Dzarra ..... ضَرّ 329

Tadz'au تَضَع
Wadza'a .. وَضَعَ 611

Tadza'û تَضَعوا
Wadza'a .. وَضَعَ 611

Tadz'ûna تَضعون
Wadza'a .. وَضَعَ 611

Tadzillu تَضِلّ
Dzalla ...... ضَلّ 333

تَط (Ta-t)

Tatâwala تطاوَل
Tâla .... طالَ 347

Tatrud تطرُدْ
Tarada ..... طَرَدَ 337

Tatlu'u تَطلَعُ
Tala'a .... طَلَعَ 341

Tatma'ûna تطمَعُونِ
Tami'a ..... طَمِعَ 343

Tatghau تطْغَو
Taghâ ...... طَغىٰ 339

Tathiran تطهراً
Tahara ..... طَهَرَ 344

Tatahharna تطَهّرن
Tahara ..... طَهرَ 344

Tatlu'u تَطلعُ
Tala'a ...... طَلَعَ 341

Tattali'u تَطلِعُ
Tala'a ...... طَلَعَ 341

Tatma'ûna تطمَعُونِ
Tami'a ..... طَمِعَ 343

Tatahharna تطَهّرن
Tahara ..... طَهرَ 344

Tata'u تطَؤ
Wati'a ...... وَطِئَ 612

Tata'û تطؤُوا
Wati'a ...... وَطِئَ 612

Tatawwa'a تطوّعَ
Tâ'a .... طاعَ 345

Tatayyarnâ تطيّرنا
Târa .... طارَ 349

تَظ (T-z)

Tazâhara تظاهَرَ
Zahara ... ظَهَرَ 353

Tazâharûna تظاهرُون
Zahara ..... ظَهَرَ 353

Tazlim تظلِم
Zalama .... ظَلَمَ 351

Tazlimû تَظلِمُوا
Zalama .... ظَلَمَ 351

Tazlimûna تَظلِمُونَ
Zalama .... ظَلَمَ 351

Tazma'u تظمؤُ
Zami'a ..... ظَمِأَ 352

Tazunnu تظُنّ
Zanna ...... ظَنّ 352

Tazunnûna تظُنّوُن
Zanna ...... ظَنّ 352

تَع (Ta-')

Ta'âlâ تعالىٰ
'Alâ .... علا 385

Ta'âlain تعالَين
'Alâ .... علا 385

Ta'âlau تعالو
'Alâ .... علا 385

Ta'ârafû تعارفوا
'Arafa .... عَرَفَ 367

Ta'âsartum تعاسرتم
'Asura ...... عَسرَ 372

Ta'âwanû تَعاونوا
'Âna عانَ 395

Ta'budû تعبدُوا
'Abada ..... عَبَدَ 355

Ta'bathûna تعبَثُون
Abitha ...... عَبَثَ 354

Ta'budûna تَعبدُون
'Abada ..... عَبَدَ 355

Ta'burûna تَعبرُون
'Abara ...... عَبرَ 356

Ta'tadhirû تعتذروا
'Adhara .... عَذرَ 364

Ta'tadû تعتدوا
'Ada .... عَدا 362

Ta'thau تعثَو
'Athâ .... عثا 358

Ta'jal تعجل
'Ajila .... عَجِلَ 360

Ta'jala تعجل
'Ajila .... عَجِلَ 360

Ta'jjala تعجّل
'Ajila .... عجل 360

Ta'jab تَعجَب
'Ajiba .... عَجِبَ 358

Ta'jabîna تَعجبِين
'Ajiba .... عَجِبَ 358

Ta'jabûna تَعجبُون
'Ajiba .... عَجِبَ 358

Ta'du تعدُ
'Ada .... عَدا 362

Ta'dû تعدوا
'Ada .... عَدا 362

Ta'taddûna تَعتَدّون
'Adda .... عَدّ 361

Ta'uddû تعدوا
'Adda .... عَدّ 361

Ta'uddûna تعدون
'Adda .... عَدّ 361

Ta'dil تعدل
'Adala ...... عدل 362

Ta'dilû تعدلُوْا
'Adala ...... عدل 362

Ta'rifu تعرف
'Arafa .... عَرَفَ 367

Ta'rifûna تعرفون
'Arafa .... عَرَفَ 367

Ta'ruju تعرج
'Arajan ..... عَرَج 365

Ta'zimû تَعزموا
'Azama .... عَزم 372

Ta'san تَعسًا
Ta'isa .... تَعِسَ 76

Ta'âtâ تَعاطىٰ
'Atâ .... عَطا 378

Ta'izûna تِعظون
Wa'aza .... وَعظ 613

Ta'affuf تعّفف
'Affa .... عف 379

Ta'fû تعفوا
'Afâ .... عفا 379

Ta'lam تعلم
'Alama ..... عَلم 383

Ta'lama تعلمَ
'Alama ..... عَلم 383

Ta'lamû تعلموا
'Alama ..... عَلم 383

Ta'lamunna تعلمّن
'Alama ..... عَلم 383

Ta'lau تَعلو
'Alâ .... علا 385

Ta'lunna تَعلّن
'Alâ .... علا 385

Ta'mâ تعمَى
'Amiya ..... عِمَى 389

Ta'malûna تعمِلون
'Amila ...... عَمِل 388

Ta'malu تعمل
'Amila ...... عَمِل 388

Ta'ûdûna تعودون
'Âda .... عاد 392

Ta'ûdunna تعودن
'Âda .... عاَد 392

Ta'ûlû تَعولوا
'Âla .... عال 395

Ta'iya تَعِيَ
Wa'a .... وَعَى 614

تَغ (Ta-gh)

Taghâbun تَغابن
Ghabana . غَبَنَ 399

Taghtasilû تغتَسِلوا
Ghasala ... غسل 402

Taghrubu تغرُب
Gharaba .. غَرَبَ 400

Taghshâ تغشٰى
Ghashiya . غِشَى 403

Taghashshâ تغشٰي
Ghashiya . غِشَى 403

Taghfir تَغفِر
Ghafara ... غفَر 405

Taghfirû تَغفِروا
Ghafara ... غفَر 405

Taghfulûna تَغفلون
Ghafala .... غفَل 405

Taghlibûna تغلبون
Ghalaba ... غَلَب 406

Taghlû تَغلوا
Ghalâ .... غلا 409

Taghna تَغنَى
Ghaniya ... غَنِى 410

Taghayyazan تغيّظًا
Ghâza ...... غاظ 413

Taghîdzu تغيض
Ghâdza .... غاَض 413

تَف (Ta-f)

Tafâkhur تَفاخر
Fakhara ... فَخَر 419

Tafâwut تفاوت
Fâta .... فاَت 436

Taftarûna تفترون
Fariya ...... فرِى 425

Tafta'u تفتؤ
Fati'a .... فَتِي 415

Taftinî تَفتِني
Fatana ..... فتنَ 416

Tafathun تَفَثٌ
Tafatha .... تَفَثَ 76

Tafjura تَفجُر
Fajara ...... فجَر 418

Tafarraqa تفرّق
Faraqa ..... فَرَق 423

Tafarraqû تَفرّقوا
Faraqa ..... فَرَق 423

Tafrah تَفرح
Fariha ...... فرح 420

Tafrahû تفرحوا
Fariha ...... فرح 420

Tafridzû تَفرضوا
Faradz ..... فَرَض 422

Tafrîqan تَفريقا
Faraqa ..... فَرَقَ 423

Tafassahû تَفسّحوا
Fasaha .... فَسَحَ 426

Tafsîran تَفسيراً
Fasara ..... فَسَرَ 427

Tafsuqûna تفسقون
Fasaqa .... فَسَق 427

Tafshalâ تفشلا
Fashila..... فَشل 428

Tafshalû تفشلوا
Fashila.....فَشل.......... 428

Tafsîlan تفصيلاً
Fasala ..... فَصَلَ..........428

Tafdzahûni تَفضَحون
Fadzaha . فَضَحَ..........429

Tafdzîlan تفضِيلا
Fadzala ... فَضل 429

Taf'al تَفعَل
Fa'ala ...... فَعل..........431

Taf'alû تَفعَلوا
Fa'ala ......فَعل 431

Taf'alûna تَفعَلون
Fa'ala ...... فَعل..........431

Tafirrûna تِفرّون
Farra........فرّ..........421

Tafaqqada تفقّد
Faqada .... فَقَدَ..........431

Tafqahûna تَفقهون
Faqiha ..... فَقهَ 432

Tafqidûna تَفقدون
Faqada .... فَقَدَ 431

Tafakkahûna تفكّهون
Fakiha ..... فَكَهَ..........433

Tafûru تَفُور
Fâra فار 436

Tafîdzu تفِيضُ
Fâdza ......فاَضَ..........437

تَق (Ta-q)

Taqi تَق
Waqa....... وَقَى..........618

Taqâtun تقاة
Waqa .... وَقَى.......... 618

Taqâsamû تَقاسَموا
Qasama...قَسَمَ 454

Taqbalû تَقبَلوا
Qabila...... قَبل.......... 440

Taqabbal تقبّل
Qabila ...... قَبل.......... 440

Taqabbala تقبّل
Qabila......قَبل.......... 440

Taqtîlan تقتيلا
Qatala......قَتَلَ 442

Taqtulû تقتلوا
Qatala .....قَتَلَ 442

Taqtulûna تقتلون
Qatala ..... قَتَلَ.......... 442

Taqdirû تقدِروا
Qadara ....قَدَرَ.......... 444

Taqaddama تقدّم
Qadama ..قَدم.......... 446

Taqarra تَقرّ
Qarra ....قَرّ 450

Taqrabâ تقربا
Qariba ..... قرَب 449

Taqrabû تقربوا
Qariba ..... قَرب 449

Taqrabûni تَقربون
Qariba ..... قَرب 449

Taqridzu تَقرض
Qaradza .. قَرَضَ.......... 451

Taqsha'irru تَقشَعر
Qash'ara . قَشعَر 455

Taqsurû تقصروا

Qasara .... قَصَرَ 456

Taqsus تقصص
Qassa ...... قَصّ 456

Taqdzî تَقضى
Qadzâ ...... قضى 457

Taqatta'a تَقطّع
Qata'a ...... قَطعَ 459

Taqatt'at تَقطّعت
Qata'a ...... قَطعَ 459

Taqatta'a تَقطّع
Qata'a ...... قَطعَ 459

Taqatta'û تَقطّعوا
Qata'a ...... قَطعَ 459

Taqta'ûna تقطعون
Qata'a ...... قَطعَ 459

Taqa'u تقعُ
Waqa'a .... وَقع 617

Taq'ud تقعُد
Qa'ada ..... قَعَدَ 462

Taq'uda تَقعُد
Qa'ada ..... قَعَدَ 462

Taq'adû تَقعدوا
Qa'ada ..... قَعَدَ 462

Taqfu تَقف
Qafâ .... قَفا 463

Taqul تُقل
Qâla .... قالَ 469

Taqalluba تَقلّب
Qalaba ..... قَلبَ 464

Taqum تُقم
Qâma ...... قامَ 471

Taqnatû تقنطوا
Qanata .... قَنَطَ 467

Taqhar تَقهر
Qahara .... قَهَرَ 468

Taqûla تَقول
Qâla .... قالَ 469

Taqûlanna تقولنّ
Qâla .... قالَ 469

Taqûlu تَقول
Qâla .... قالَ 469

Taqûlû تقولوا
Qâla .... قالَ 469

Taqûlûna تقولون
Qâla .... قال 469

Taqawwala تقول
Qâla .... قال 469

Taqûmu تقوم
Qâma ...... قام 471

Taqûmû تقوموا
Qâma ...... قام 471

Taqûmu تقوم
Qâma ...... قام 471

Taqûma تقومَ
Qâma ...... قام 471

Taqwâ تقوى
Waqa .... وَقَى 619

Taqwîmun تقويم
Qâma ...... قام 471

Taqî تِقي
Waqa .... وَقَى 618

Taqiyyann تقيًّا
Waqa .... وَقَى 619

تك (Ta-k)

Takun تكُ
Kâna .... كانَ 500

Taku تَكُ

Kâna .... كانَ 500

Takâdu تكادُ
Kâda .... كادَ 499

Takâthurun تكاثر
Kathara .... كَثَرَ 479

Takbîran تكبِيراً
Kabura ..... كَبُرَ 476

Taktubû تَكتبوا
Kataba ..... كَتَبَ 478

Taktumû تكتموا
Katama .... كَتَمَ 479

Taktumuna تكتمن
Katama .... كَتَمَ 479

Takdhîbun تكذيب
Kadhaba .. كَذَبَ 481

Takdhibûna تكذبون
Kadhaba .. كَذَبَ 481

Takrahû تِكرهوا
Karaha .... كَرِهَ 484

Taksibu تَكسب
Kasaba ... كَسَبَ 485

Taksibûna تكسبون
Kasaba .... كَسَبَ 485

Takfur تكفر
Kafara ...... كَفَرَ 489

Takfurû تكفروا
Kafara ...... كَفَرَ 489

Takfurûna تكفرون
Kafara ...... كَفَرَ 489

Takfurûni تكفرونِ
Kafara ...... كَفَرَ 489

Takallamu تكلّم
Kalama .... كلم 495

Taklîman تكليماً
Kalama .... كلم 495

Taknizûna تكنزون
Kanaza .... كَنَزَ 497

Takûna تكون
Kâna .... كانَ 500

Takûnâ تكونَا
Kâna .... كانَ 500

Takûnanna تكوننّ
Kâna .... كانَ 500

Takûnu تكونُ
Kâna .... كانَ 500

Takûnû تكونوا
Kâna .... كانَ 500

Takûnûna تكونون
Kâna .... كانَ 500

تَل (Ta-l)

Talâq تلاق
Laqiya ...... لَقيَ 516

Talabbathû تلبّثُ
Labitha .... لَبثَ 507

Taladhdhu تَلذّ
Ladhdha .. لذّ 510

Talazzâ تلظّى
Laziya ...... لظى 511

Talfahu تَلفح
Lafaha ..... لَفَح 513

Talfita تَلفت
Lafata ...... لَفَتَ 513

Talaqqâ تلقّى
Laqiya ...... لَقيَ 516

Talaqqauna تلقّون
Laqiya...... لقيَ 516

Talqafu تلقّف
Laqifa ...... لقِفَ 515

Talqau تلقَو
Laqiya...... لقيَ 516

Talla تَلّ
Talla .... تَلّ 76

Talmizû تلمزوا
Lamaza ... لمَزَ 518

Talahhâ تلهّا
Lahâ .... لَها 519

Talwû تلوُوا
Lawâ........لوىٰ........... 522

Talautu تلوت
Tala .... تلا 76

Talûmû تلُومُوا
Lâma ....لامَ............. 521

Talwûna تلوُون
Lawâ........ لوىٰ........... 522

Talâ تلى
Tala .... تلا 76

Talînu تَلين
Lâna .... لآن........... 523

Tâliyât تاليات
Tala.......... تلا 76

Taliyat تليَت
Tala.......... تلا 76

تم (Ta-m)

Tamâmun تمامٌ
Tamma تَمّ 77

Tamârau تمارو
Mara .... مَرَى........... 531

Tamâthîl تماثيل
Mathala ... مَثلَ.......... 525

Tamut تمت
Mâta .... ماَت 545

Tammat تمّت
Tamma .... تَمّ.............. 77

Tamatta'a تمتّع
Mata'a متعَ 524

Tamatta'û تمتّعوا
Mata'a ..... مَتعَ........... 524

Tamatta'ûna تمتّعون
Mata'a ..... مَتعَ........... 524

Tamtarunna تمترنّ
Mara .... مرَى........... 531

Tamtarûna تمترّون
Mara .... مرَى 531

Tamaththala تمثّل
Mathala ... مَثلَ.......... 525

Tamuddanna تمدّنّ
Madda ..... مدّ........... 528

Tamurru تمُرّ
Marra .... مَرّ.......... 530

Tamurrûna تمرّون
Marra .... مرّ.......... 530

Tamrahûna تمرَحون
Mariha ..... مرِحَ 529

Tamassu تمسّ
Massa...... مسّ 534

Tamshî تمشي
Mashâ ..... مَشىٰ.......... 535

Tamshûna تمشُون
Mashâ ..... مَشىٰ.......... 535

Tamliku تملِكُ
Malaka..... مَلكَ.......... 540

Tamlik تملك
Malaka..... مَلَكَ........... 540

Tamlikûna تَملِكون
Malaka..... مَلَكَ........... 540

Tamma تمّ
Tamma .... تَمَّ 77

Tamunnu تمنّ
Manna ..... مَنَّ............ 543

Tamuna تمُن
Mana ...... مَنَى........... 543

Tamanna تمنّا
Mana ...... مَنَى........... 543

Tamannau تمنّو
Mana ...... مَنَى........... 543

Tamunnû تمنّوا
Manna ..... مَنَّ............ 543

Tamannauna تمنّون
Mana ...... مَنَى........... 543

Tamna'u تمنع
Mana'a .... مَنَعَ........... 542

Tamnun تمنن
Manna' .... مَنَّ............ 543

Tamûru تمُور
Mâra .... مَار........... 546

Tamûta تمُوت
Mâta .... مَات 545

Tamûtûna تموتون
Mâta .... مَات 545

Tamûtunna تموُتنّ
Mâta .... مَات........... 545

Tamîda تميد
Mâda .... مَاد 548

Tamîlu تميلو
Mâla .... مَال........... 548

تن (Ta-n)

Tanâbazû تنابزُوا
Nabaza .... نَبَزَ............ 551

Tanâdi تناد
Nâda .... نادَى 556

Tanâdau تنادو
Nâda .... نادَى 556

Tanâjau تناجوَ
Najâ .... نَجا............ 554

Tanâjaitum تناجيتم
Najâ .... نَجا............ 554

Tanâlu تنال
Nâla .... نَال............ 584

Tanâlû تنالوا
Nâla .... نَال............ 584

Tanâsarûna تناصرُون
Nasara..... نَصَر........... 565

Tanâwush تناوش
Nâsha ...... نَاشَ........... 583

Tanâz'atun تَنازعتم
Naza'a ..... نَزَعَ............ 558

Tanâza'û تَنازعوا
Naza'a ..... نَزَعَ............ 558

Tanabbi'u تنبِّؤ
Naba'a ..... نَبأ 549

Tanbadhû تنبذوا
Nabadha . نَبَذَ 551

Tanbutu تنبُتُ
Nabata ..... نَبَتَ 550

Tantahi تَنتَهي
Nahâ........ نَهٰى 580

Tantahû تنتهوا
Nahâ........ نَهٰى 580

Tantashirûna تَنتَشِرُون
Nashara ... نَشَرَ 563

Tantasirân تَنتَصِران
Nasara ..... نَصَرَ 565

Tanhitûna تَنحِتون
Nahata ..... نَحَتَ 555

Tanazzalat تَنزّلت
Nazala ..... نَزَلَ 559

Tanazzalu تَنَزّل
Nazala ..... نَزَلَ 559

Tanzilun تَنزيل
Nazala ..... نَزَلَ 559

Tanzîlan تَنزيلا
Nazala ..... نَزَلَ 559

Tanzi'u تَنزع
Naza'a ..... نَزَعَ 558

Tansâ تَنسىٰ
Nasiya ..... نَسَي 562

Tansau تَنسَوَ
Nasiya ..... نَسَي 562

Tansauna تَنسون
Nasiya ..... نَسَي 562

Tanshaqqu تَنشَقّ
Shaqqa ..... شَقّ 295

Tansurû تَنصُروا
Nasara ..... نَصَرَ 565

Tantiqûn تَنطقون
Nataqa ..... نَطَقَ 567

Tanzur تَنظر
Nazara ..... نَظَرَ 568

Tanzurûna تَنظرون
Nazara ..... نَظَرَ 568

Tanfukhu تَنفخ
Nafakha ... نَفَخَ 571

Tanfada تَنفَدَ
Nafida ..... نَفِدَ 571

Tanfudhû تَنفذوا
Nafadha .. نَفَذَ 571

Tanfudhûna تَنفذون
Nafadha .. نَفَذَ 571

Tanfirû تنفروا
Nafara ..... نَفَرَ 571

Tanfirûna تنفرون
Nafara ..... نَفَرَ 571

Tanaffasa تَنَفّس
Nafasa ..... نَفَسَ 572

Tanfa'u تَنفَع
Nafa'a ..... نَفَعَ 573

Tanqalibû تَنقلبوا
Qalaba ..... قَلَبَ 464

Tanqimu تَنِقمُ
Naqama .. نَقَمَ 576

Tanqimûna تَنِقمُون
Naqama .. نَقَمَ 576

Tanqusu تَنقُصُ
Naqasa .... نَقص 575

Tanqusû تَنقُصُوا
Naqasa .... نَقص 575

Tanqudzû تَنقُضوا
Naqadza .. نَقَضَ 575

Tankîlan تَنكيلاً
Nakala ..... نَكَلَ 578

Tankisûna تَنكِصُون
Nakasa ..... نَكَص 578

Tanhâ تَنهىٰ
Nahâ .... نهىٰ 580

Tanhar تَنهَرَ
Nahara ..... نَهَرَ 580

Tanhauna تَنهَون
Nahâ .... نهٰى 580

Tanû'u تنؤ
Nâ'a .... نآء 581

Tannûr تنّور
Tannûr ..... تنّور 77

Taniyâ تَنيا
Wana .... وَنَى 622

تهَ (Ta-h)

Tahtadî تهتدي
Hada .... هَدَى 588

Tahtazzu تَهتَزّ
Hazza ...... هَزّ 590

Tahjurûna تَهجِرون
Hajara ...... هَجَر 586

Tahdî تَهدي
Hada .... هَدَى 588

Tahdû تَهدوا
Hada .... هَدَى 588

Tahluka تَهلك
Halaka ..... هَلَك 592

Tahinû تهنوا
Wahana ... وَهَن 623

Tahwî تَهوي
Hawâ ...... هَوَى 597

Tahwa تَهوَى
Hawâ .... هَوَى 597

تَو (Ta-w)

Tawâ'adtum تَواعدتم
Wa'ada .... وَعَدَ 613

Tawâ'adû تواعدوا
Wa'ada .... وعَدَ 613

Tawâsau ..... تواصوا
Wasa .... وَصَى 611

Tawârat ...... توارت
Wara .... وَرَى 607

Tawbun تَوبٌ
Tâba .... تَابَ 77

Tawjal توجل
Wajala ..... وَجِلَ 602

Tawrât تورات
Tawrât ..... تورات 79

Tawajjaha توجّه
Wajaha ..... وَجَهَ 602

Tawaddu تودّ
Wadd .... ودّ 604

Tawaddûna تودّون
Wadd .... ودّ 604

Tawuzzu تَوزّ
Azza .... ازّ 21

Tawsiyatan تَوصِية
Wasa .... وصَى 611

Tawaffat توفّت
Wafa .... وَفَى 615

Tawaffanî توفّني
Wafa .... وَفَى 615

Tawaffâ توفّى
Wafa .... وَفَى 615

Tawfîqan تَوفيقًا
Wafiqa ..... وفِقَ 614

Tawaffaitanî توفّيتني
Wafa .... وفَى 615

Tawakkal توكّل
Wakala ..... وكل 620

Tawakkalnâ توكّلنا
Wakala ..... وكل 620

Tawakkaltu توكّلتِ
Wakala .... وكل 620

Tawakkalû توكّلوا
Wakala .... وكل 620

Tawalla تولّ
Waliya ..... ولى 621

Tawalla تولّى
Waliya ..... ولى 621

Tawallaitum تولّيتم
Waliya ..... ولى 621

Tawallau تولّوْ
Waliya ..... ولى 621

Tawwâb توّاب
Tâba .... تَابَ 78

Tawwâbîn توّابِين
Tâba .... تَابَ 78

تي (Ta-y)

Tayammumû تيمّموا
Yumma .... يُمّ 627

Tayassara تيسّر
Yasara ..... يَسَرَ 626

(Ti-) تِ

تِ (Ti-/)

Tibyânan تبياناً
Bana .... بان 71

Tijârat تجارة
Tajara ...... تَجَرَ 74

Tilâwatun تلاوةٌ
Tala .... تلا 77

Tilka تلك
Tilka .... تلك 76

Tilkum تلكُم
Tilka .... تلك 76

Tilkumâ تلكما
Tilka .... تلك 76

Tis'ata تسعة
Tasa'a ..... تَسَعَ 75

Tis'atun تسعةٌ
Tasa'a ..... تَسَعَ 75

Tis'un تِسعٌ
Tasa'a ..... تَسَعَ 75

Tis'ûna تسعون
Tasa'a ..... تَسَعَ 75

Tîn تين
Tîn .... تين 80

(Tu-) تُ

تُ أ؛ تؤ (Tu-')

Tu'â<u>kh</u>i<u>dh</u> تؤآخذ
A<u>kh</u>a<u>dh</u>a .. اخذ 13

Tû'tû تؤتو
Ata .... اتى 8

Tu'tûna تُؤتُون
Ata .... اتى 8

Tu'tî تُؤتِى
Ata .... اتى 8

Tu'tau تؤتَ
Ata .... اتى 8

Tu'addû تؤدّوا
Adâ' .... ادئ 18

Tu'<u>dh</u>û تؤذوا
A<u>dh</u>a .... اذى 19

Tu'fikûna تؤفكون
Afaka افَكَ 24

Tu'kîd تؤكيد
Wakada ... وكَد 619

Tû'qinûna تؤقنون
Yaqina ..... يَقن 627

Tû'mar تؤمر
Amara...... امَرَ............. 30

Tû'marûna تُؤمرون
Amara امَرَ................ 30

Tû'minanna تُؤمننّ
Amina آمن 33

Tû'minû تُؤمنوا
Amina آمن 33

Tû'minûna تُؤمنون
Amina آمن 33

تُب (Tu-b)

Tubâshirû تباشرو
Bashara ... بَشَرَ............. 52

Tub تُبْ
Tâba .... تَاب............ 77

Tubtu تُبتُ
Tâba .... تَابَ 77

Tubtum تُبتم
Tâba تَابَ 77

Tubda تُبد
Badawa ... بَدَوَ 45

Tubdî تُبدي
Badawa ... بَدَوَ 45

Tubdû تُبدوا
Badawa ... بَدَوَ 45

Tubdûna تُبدونَ
Badawa ... بَدَوَ 45

Tuba<u>dhdh</u>ir تُبذّر
Ba<u>dh</u>ara ... بَذَرَ 46

Tubsala تُبْسَلَ
Basala ..... بَسَلَ 51

Tubashshiru تُبشّرُ
Bashara ... بَشَرَ............ 52

Tubashshirûna تُبشّرون
Bashara ... بَشَرَ............ 52

Tub<u>t</u>ilûna تُبطلونَ
Ba<u>t</u>ala ...... بَطَلَ............ 55

Tub'a<u>th</u>u تُبعثُ
Ba'a<u>th</u>a .... بَعَثَ 56

Tub'a<u>th</u>ûna تُبعثونَ
Ba'a<u>th</u>a .... بَعَثَ 56

Tub'a<u>th</u>unna تُبعثُنّ
Ba'a<u>th</u>a .... بَعَثَ 56

Tubba' تُبّع
Tabi'a .... تَبِعَ 73

Tublâ تُبلىٰ
Balâ' .... بلاء 64

Tublawunna تُبلونّ
Balâ' .... بلاء 64

Tubqî تُبقي
Baqiya ..... بَقِيَ............ 60

Tubawwi'u تُبوِئُ
Bâ'a .... بَاءَ............ 67

تُت (Tu-t)

Tutlâ تُتلى
Tala .... تلا 76

Tutrakûna تُتركونَ
Taraka ..... تَرَكَ 75

تُث (Tu-<u>th</u>)

Tu<u>th</u>îru تُثيرُ
<u>Th</u>âra .... ثَارَ 88

تُج (Tu-j)

Tujâdilu تُجادلُ
Jadala...... جَدَلَ 94

Tujâdilû تُجادلوٓا
Jadala...... جَدَلَ 94

Tujâdilûna تُجادلونَ
Jadala...... جَدَلَ 94

Tujrimûna تُجرمونَ
Jarama .... جرَمَ 96

Tujzâ تُجزىٰ
Jazaya..... جَزَيَ 97

Tujzauna تُجزونَ
Jazaya ..... جَزَيَ 97

تُح (Tu-h)

Tuhajjûna تُحآجونَ
Hajja .... حج 113

Tuhibbûna تُحِبّونَ
Habba...... حَبّ 111

Tuhaddithu تُحدّثُ
Hadatha .. حَدَثَ 115

Tuhaddithûna تُحدّثونَ
Hadatha .. حَدَثَ 115

Tuharrik تُحرِك
Haruka..... حَرُكَ 119

Tuharrimu تُحرِّمُ
Harama ... حَرَمَ 120

Tuharrimûna تُحرّمونَ
Harama ... حَرَمَ 120

Tuhbarûna تُحبرونَ
Habara .... حَبَرَ 112

Tuhissu تُحِسّ
Hassa ...... حَسّ 123

Tuhsinû تُحسِنوٓا
Hasuna .... حَسُنَ 124

Tuhsharûna تُحشرونَ
Hashara ... حَشَرَ 124

Tuhsina تُحصِنَ
Hasana .... حَصَنَ 126

Tuhsinûna تُحصنونَ
Hasana .... حَصَنَ 126

Tuhsû تُحصوٓا
Hasa .... حصىَ 127

Tuhsû تُحصو
Hasa .... حصىَ 127

Tuhillû تُحلّوٓا
Halla .... حَلّ 133

Tuhammil تُحَمِّل
Hamala .... حَمَلَ 136

Tuhyî تُحي
Hayya ...... حيّ 144

Tuhîtu تُحيطُ
Hâta .... حاطَ 141

تُخ (Tu-kh)

Tukhâfit تخافِت
Khafata .... خَفَتَ 158

Tukhalitû تُخالطوا
Khalata .... خَلَطَ 161

Tukhâtib تخاطب
Khataba ... خَطَبَ 157

Tukhbita تُخبِت
Khabata ... خَبَتَ 146

Tukhrajûn تُخرَجُونَ
Kharaja .... خَرَجَ 150

Tukhrijû تُخْرِجوا
Kharaja .... خَرَجَ 150

Tukhriju تُخْرِجُ
Kharaja .... خَرَجَ 150

Tukhrijûna تُخْرِجوْنَ
Kharaja .... خَرَجَ 150

Tukhzi تُخزِ
Khaziya ... خَزِيَ 152

Tukhzinâ تُخزِنا
Khaziya ... خَزِيَ 152

Tukhzinî تُخزِنِي
Khaziya ... خَزِيَ 152

Tukhzû تُخزواْ
Khaziya ... خَزِيَ 152

Tukhzûni تُخزونِ
Khaziya ... خَزِيَ 152

Tukhsirû تخسروا
Khasira .... خَسِرَ 153

Tukhfî تُخفي
Khafiya .... خَفِيَ 159

Tukhfû تخفوا
Khafiya .... خَفِيَ 159

Tukhfûna تخفون
Khafiya .... خَفِيَ 159

Tukhlifu تخلِفُ
Khalafa .... خَلَفَ 162

تُد (Tu-d)

Tudammiru تدمِّرُ
Damara ... دَمَرَ 181

Tudhinu تدهِنَ
Dahana .... دهَنَ 183

Tudîrûna تديرون
Dâra .... دَارَ 184

Tudriku تُدرِكَ
Daraka .... دَرَكَ 177

Tud'û تُدعوا
Da'â .... دَعَا 178

Tud'â تُدعى
Da'â .... دَعَا 178

Tud'una تُدعَونَ
Da'a .... دَعَا 178

Tudlû تُدلواْ
Dalâ .... دَلاَ[٢] 181

تُذ (Tu-dh)

Tudhillu تُذل
Dhalla ...... ذلّ 191

تُر (Tu-r)

Turâb تُراب
Tariba ...... تَرِبَ 74

Turâwidu تراوِدُ
Râda .... رَادَ 225

Turja'u ترجعُ
Raja'a ...... رَجَعَ 202

Turja'ûna ترجعونَ
Raja'a ...... رَجَعَ 202

Turjî تُرجِي
Rajâ .... رجأ 204

Turhamûna تُرحَمُوْنَ
Rahima .... رَحِمَ 205

Turaddûna تُرَدّوْنَ
Radda ...... رَدَّ 207

Turdîni تُردِينِ
Radiya ..... رَدِيَ 208

Turzaqâni تُرزقانِ
Razaqa .... رَزَقَ 209

Turdhi'u تُرضِعُ
Radza'a ... رَضَعَ 212

Turfa'a ترفع
Rafa'a ...... رَفَعَ 217

Turhibûna تُرهِبون
Rahiba ..... رَهِبَ 223

Turhiq تُرهِق
Rahiqa ..... رَهِقَ 224

Turî تُري
Ra'a .... رأى 196

Turî<u>h</u>ûna تريحُون
Râ<u>h</u>a .... رَاحَ 225

تُز (Tu-z)

Tuzi<u>gh</u> تُزغ
Zâ<u>gh</u>a ...... زاغَ 240

Tuzakkî تُزكّي
Zakâ .... زكى 233

Tuzakkû تزكّوا
Zakâ .... زكى 233

تُس (Tu-s)

Tus'alu تُسئَل
Sa'ala ...... سألَ 242

Tus'alunna تُسئلُنّ
Sa'ala ...... سألَ 242

Tusâllimû تُسالموا
Salima ..... سَلِمَ 268

Tusâqi<u>t</u> تساقط
Saqa<u>t</u>a ..... سَقط 261

Tusabbi<u>h</u>u تُسبّح
Saba<u>h</u>a .... سبح 244

Tusabbi<u>h</u>û تُسبّحوا
Saba<u>h</u>a .... سَبَح 244

Tusabbi<u>h</u>ûna تسبّحون
Saba<u>h</u>a .... سَبَح 244

Tusharûna تُسحرون
Sa<u>h</u>ara ..... سَحِرَ 250

Tusirrûna تسِرّون
Sarra .... سرّ 255

Tusrifû تُسرفوا
Sarafa ...... سَرَف 256

Tusqâ تسقٰى
Saqa .... سَقًى 262

Tusqi<u>t</u>a تُسقِط
Saqa<u>t</u>a ..... سَقط 261

Tuskan تسكن
Sakana .... سكَن 264

Tuslimûna تُسلِمُون
Salima ..... سَلِمَ 267

Tusmi'u تُسمِعُ
Sami'a ..... سمِعَ 270

Tusmi' تُسمِعْ
Sami'a ..... سمعَ 27

Tusammâ تسَمّى
Samâ .... سَما 272

Tusawwâ تَسَوّى
Sawiya ..... سَوِى 280

Tusîmûna تسِيمون
Sâma .... سامَ 279

تُش (Tu-sh)

Tushâqqûna تُشاقُّون
Shaqqa .... شقّ 288

Tushrik تُشرك
Sharika .... شرِكَ 288

Tushrika تُشرِكَ
Sharika .... شَرِكَ 288

Tushrikûna تُشرِكُون
Sharika .... شَرِكَ 289

Tushtit تُشطط
Shatta ...... شَطّ 290

Tushaqqaqu تُشَقَّقُ
Shaqqa .... شَقّ 295

Tushmit تُشمِتْ
Shamita ... شَمِتَ 298

تُص (Tu-s)

Tusâhib تُصاحِب
Sahiba ..... صَحِبَ 307

Tusib تُصِب
Sâba .... صابَ 323

Tusbihu تُصبِحُ
Sabaha .... صَبَحَ 304

Tusbiha تُصبِحَ
Sabaha .... صَبَحَ 304

Tusbihû تُصبِحُوا
Sabaha .... صَبَحَ 304

Tusbihûna تُصبِحُونَ
Sabaha .... صَبَحَ 304

Tusaddiqûna تُصدِّقُون
Sadaqa .... صَدَقَ 310

Tusrafûna تُصرفُون
Sarafa ...... صَرَفَ 314

Tusa''ir تُصَعِّر
Sa'ira .... صَعِرَ 315

Tus'adûna تُصعدُونَ
Saida .... صَعِدَ 315

Tusalli تُصَلّى
Salâ .... صلا 320

Tuslihû تُصلحُوا
Salaha ..... صَلَحَ 318

Tusna'a تُصنع
Sana'a ..... صَنَعَ 322

Tûsûna تُوصون
Wasa .... وَصَى 611

Tusîbanna تُصِيبَنّ
Sâba .... صابَ 323

Tusîbu تُصِيبُ
Sâba .... صابَ 323

Tusîba تُصِيبَ
Sâba .... صابَ 323

Tusîbû تُصِيبُوا
Sâba .... صابَ 323

تُض (Tu-dz)

Tudzarra تُضَرّ
Dzarra ..... ضَرّ 329

تُط (Tu-t)

Tutahhiru تُطَهِّر
Tahara ..... طهر 344

Tuti' تُطِع
Tâ'a .... طاعَ 345

Tut'imûna تُطعمُونَ
Ta'ima ..... طَعِمَ 338

Tutî'û تُطِيعوا
Tâ'a .... طاعَ 345

تُظ (Tu-z)

Tuzlamu تُظلَم
Zalama .... ظلَمَ 351

Tuzlamunâ تُظلمنا
Zalama .... ظلَمَ 351

Tuzâhurûna تُظاهُرون
Zahara ظَهَرَ 353

Tuzhirûna تُظهِرُون
Zahara ظَهَرَ 353

تُع (Tu-‘)

Tu‘jib تُعجِبْ
‘Ajiba .... عَجِبَ 358

Tu‘jibu تُعجِبُ
‘Ajiba .... عَجِبَ 358

Tu‘adûna تُعدون
Wa‘ada .... وَعَدَ 613

Tu‘adhdhibu تُعذّبُ
‘Adhuba ... عَذُبَ 363

Tu‘radzûna تُعرضون
‘Aradza .... عَرَض 366

Tu‘azzirû تُعزّروا
‘Azar .... عزرَ 370

Tu‘izzu تُعزّ
‘Azza .... عَزَ 371

Tu‘allimani تُعلّمن
‘Alama ..... عَلَم 383

Tu‘allimûna تُعلّمون
‘Alama ..... عَلَم 383

تُغ (Tu-gh)

Tughriqa تُغرق
Ghariqa ... غرِقَ 401

Tughlabûna تُغلبون
Ghalaba .. غَلَب 407

Tughmidzû تُغمضوا
Ghamadza .. غَمَض 409

Tughniya تُغنِي
Ghaniya ... غَنِى 410

تُف (Tu-f)

Tufâdû تُفادوا
Fada .... فَدى 419

Tufattahu تُفتّحُ
Fataha فَتَح 415

Tuftanûna تُفتنون
Fatana فتَنَ 416

Tufajjira تُفجّر
Fajara ..... فَجَرَ 418

Tufsidû تُفسدوا
Fasada فَسَدَ 426

Tuflihû تُفلحوا
Falaha فَلحَ 433

Tuflihûna تُفلحون
Falaha فَلحَ 433

Tufannidûni تُفنّدون
Fanida فَندَ 435

Tufîdzûna تُفِيضُون
Fâdza فَاض 438

تُق (Tu-q)

Tuqâtilu تُقاتِل
Qatala قَتَلَ 442

Tuqâtilû تُقاتلوا
Qatala ..... قَتَلَ 442

Tuqâtilûna تُقاتلون
Qatala ..... قَتَلَ 442

Tuqbala تُقبَل
Qabila ..... قبِل 440

Tuqbbal تُقبّل
Qabila ..... قَبِل 440

Tuqubbila تُقبّل
Qabila ..... قَبِل 440

Tuqaddimû تُقدّموا
Qadama قدم 446

Tuqarribu تُقرّب
Qariba قرَبَ 449

Tuqridzû تُقرضوا

Qaradza .. قَرَضَ 451

Tuqsimû تُقسِموا
Qasama ... قَسَمَ 454

Tuqsitû تُقسطوا
Qasata..... قَسَطَ 454

Tuqallabu تُقلّب
Qalaba قَلَبَ 464

Tuqlabûna تُقلبون
Qalaba..... قَلَبَ 464

Tuqidûna توقدون
Waqada ... وَقَدَ 617

Tuqîmû تُقيموا
Qâma ...... قَامَ 471

تك (Tu-k)

Tukabbirû تُكبّروا
Kabura..... كَبُرَ 476

Tuktabu تُكتَبُ
Kataba..... كَتَبَ 478

Tukadhdhibâni تُكذّبان
Kadhaba كَذَبَ 481

Tukrihû تُكرِهوا
Karaha..... كَرِهَ 484

Tukrihu تُكره
Karaha..... كَرِهَ 484

Tukrimuna تُكرمنا
Karama..... كَرَمَ 483

Tukallafu تُكلَف
Kalifa .... كَلِفَ 494

Tukallima تُكلّم
Kalama .... كَلَمَ 495

Tukallimûni تُكلّمون
Kalama .... كَلَمَ 495

Tukinnu تُكنّ
Kanna ...... كَنَّ 498

Tukmilu تُكمِلُ
Kamala .. كَمَلَ 496

Tukwâ تُكوٰى
Kawâ .... كوىٰ 502

تل (Tu-l)

Tulqâ تُلقّٰى
Laqiya...... لَقيَ 516

Tulqiya تُلقيَ
Laqiya...... لَقيَ 516

Tulqû تُلقوا
Laqiya...... لَقيَ 516

Tulqûna تُلقّون
Laqiya...... لَقيَ 516

Tulhi تُله
Lahâ .... لَها 519

Tulhî تُلهي
Lahâ .... لَها 519

تم (Tu-m)

Tumâri تمارِ
Mara .... مَرَى 531

Tumârûna تمارون
Mara .... مَرَى 531

Tumsikû تُمسكوا
Masaka.... مَسَكَ 534

Tumsûna تُمسُون
Masa .... مَسَى 535

Tumnâ تُمنىٰ
Mana .... مَنَى 543

Tumnûna تمنون
Mana .... مَنَى 543

Tumiyyizu تميّز
Mâza .... مازَ 548

تُن (Tu-n)

Tunabbi'ûna تُنبّؤن
Naba'a ..... نبأ 549

Tunabbi'unna تُنبّأنّ
Naba'a ..... نبأ 549

Tunbitû تُنبتُوا
Nabata ..... نَبتَ 550

Tunbitu تُنبتُ
Nabata ..... نَبتَ 550

Tundhir تُنذر
Nadhara .. نَذرَ 557

Tunazzila تُنَزّلَ
Nazala ..... نَزَلَ 559

Tunjî تُنجي
Najâ .... نجا 554

Tunsarûna تُنصَرون
Nasara ..... نَصَرَ 565

Tunzirûni تُنظِرون
Nazara ..... نظَرَ 568

Tunqidhu تُنقذ
Naqadha . نَقَذَ 575

Tunkihû تُنكحوا
Nakaha ..... نكح 577

Tunfiqû تُنفقُوا
Nafaqa ..... نَفقَ 573

Tunfiqûna تُنفقُون
Nafaqa ..... نَفقَ 573

Tunhauna تُنهون
Nahâ .... نهى 580

تُه (Tu-h)

Tuhâjirû تُهاجِروا
Hajara ..... هَجَرَ 586

Tuhâjiru تُهاجر
Hajara ..... هَجَرَ 586

Tuhajjad تُهجّد
Hajada ..... هَجَدَ 585

Tuhlik تُهلك
Halaka ..... هَلَكَ 592

تُو (Tu-w)

Tûbû توبوْا
Tâba .... تَابَ 77

Tûthirûna تُوثرون
Aththa ..... اثّ 10

Turâth تراث
Waritha .... وَرثَ 606

Tuwaswisu تُوَسوس
Waswasa . وَسوَسَ 609

Tû'adûna تُوعَدون
Wa'ada .... وَعَدَ 613

Tuwaffâ تُوفّى
Wafa .... وَفَى 615

Tuwaffauna تُوفّون
Wafa .... وَفَى 615

Tuwaqqirû تُوقّروا
Waqara .... وَقَرَ 617

Tûliju تُولج
Walaja ..... وَلجَ 620

Tuwallû تولّوا
Waliya ..... ولى 621

(Tha) ثَ

ثا (Tha-')

Thâbit ثابت
Thabata ... ثَبَتَ 80

Thâbitun ثابتٌ
Thabata ... ثَبَتَ 80

Thâlithatun ثالثةٌ
Thalatha .. ثَلَثَ 83

Thâlithun ثالثٌ
Thalatha .. ثَلَثَ 83

Thâminun ثامنٌ
Thamana . ثَمَنَ 86

Thânî ثاني
Thana ...... ثنى 87

Thâqib ثاقب
Thaqaba .. ثَقَبَ 82

ثب (Tha-b)

Thabbit ثبّت
Thabata ... ثَبَتَ 80

Thabbatnâ ثبّتنا
Thabata ... ثَبَتَ 80

Thabbitû ثبّتوا
Thabata ... ثَبَتَ 80

Thabbaṭa ثبّط
Thabaṭa ... ثَبَطَ 81

ثج (Tha-j)

Thajjâjan ثجّاجاً
Thajja ...... ثجّ 81

ثر (Tha-r)

Tharâ ثرىٰ
Tharia ...... ثَرِىَ 82

ثق (Tha-q)

Thaqalân ثقلان
Thaqula ... ثَقُلَ 83

Thaqiftum ثقفتم
Thaqifa .... ثَقِفَ 82

Thaqifû ثقفوا
Thaqifa .... ثَقِفَ 82

Thaqîl ثقيل
Thaqula ... ثَقُلَ 83

Thaqulat ثقلت
Thaqula ... ثَقُلَ 83

ثل (Tha-l)

Thalâthatun ثلاثةٌ
Thalatha .. ثَلَثَ 83

Thalâthûna ثلاثونَ
Thalatha .. ثَلَثَ 83

Thalâthîna ثلاثينَ
Thalatha .. ثَلَثَ 83

ثم (Tha-m)

Thamanin ثمن
Thamana . ثَمَنَ 86

Thamanan ثمناً
Thamana . ثَمَنَ 86

Thamânîn ثمانين
Thamana . ثَمَنَ 86

Thamâniya ثمانى
Thamana . ثَمَنَ 86

Thamâniyah ثمانية

Thamana . ثَمَنَ 86

Thamarât ثمرات
Thamara . ثَمَرَ 84

Thamaratun ثمرةٌ
Thamara .. ثَمَرَ 84

Thamarun ثَمَرٌ
Thamara .. ثَمَرَ 84

Thamma ثَمّ
Thamma .. ثَمّ.............. 84

Thamûd ثمود
Thamûd ... ثمود 84

ثو (Tha-w)

Thawâb ثواب
Thâba ...... ثابَ 88

Thawiyan ثَوِياً
Thawâ .....ثوى............. 89

ثي (Tha-y)

Thayyibât ثيّبٰت
Thayyab .. ثيّبَ 89

(Thi) ثِ

ثِ (Thi-)

Thiqâl ثقال
Thaqula ... ثَقُلَ 83

Thiyâbun ثيابٌ
Thâba ...... ثابَ 88

(Thu) ثُ

ثُب (Thu-b)

Thubât ثُبات
Thabaya .. ثبى 81

Thubûr ثبور
Thabira ....ثَبرَ.............. 81

Thubût ثبوت
Thabata ... ثَبَتَ 80

ثع (Thu-')

Thu'bân ثعبان
Tha'aba ... ثَعَبَ............82

ثُل (Thu-l)

Thulâthun ثلاثٌ
Thalatha .. ثَلَثَ 83

Thullatun ثلّة
Thalla ......ثلّ 84

Thuluth ثُلث
Thalatha .. ثَلَثَ 83

Thuluthâ ثُلثا
Thalatha .. ثَلَثَ 83

Thuluthai ثلثى
Thalatha .. ثَلَثَ 83

Thuluthân ثُلثان
Thalatha .. ثَلَثَ 83

ثُم (Thu-m)

Thumma ثُمّ
Thamma .. ثَمّ............ 84

Thumun ثمن
Thamana . ثَمَنَ 86

ثو (Thu-w)

Thuwwiba ثُوّبَ
Thâba ...... ثابَ 88

(Ja-) ج

جاء (Ja-')

Jâ'a جاء
Jâ'a.........جاء............110

Jâ'at جأت
Jâ'a......... جاء 110

Jâ'ir جائر
Jâra ....جارَ.............109

Jâ'irun جائرٌ
Jâra ....جارَ.............109

Jâ'û جاءُوا
Jâ'a......... جاء 110

Jâbû جابوا
Jâba ....جابَ.............108

Jânibun جانبٌ
Janaba .... جَنَبَ 102

Jâhada جاهِد
Jahada .... جَهَدَ...........105

Jâhid جاهد
Jahada .... جَهَدَ...........105

Jâhadâ جاهدا
Jahada .... جَهَدَ...........105

Jâhidû جاهدوْا
Jahada .... جَهَدَ...........105

Jâhilîn جاهلين
Jahila .... جَهِلَ...........107

Jâhiliyyatun جاهليةٌ
Jahila ....جَهِلَ...........107

Jâhilûn جاهلون
Jahila ....جَهِلَ...........107

Jâhilun جاهلٌ
Jahila ....جَهِلَ...........107

Jâwazâ جاوزا
Jâza.........جازَ............109

Jâwaza جاوَزَ
Jâza......... جازَ 109

Jâwaznâ جاوزنا
Jâza.........جازَ............109

جَب (Ja-b)

Jabbâr جبّار
Jabara ..... جَبَرَ 90

Jabbârîn جبّارين
Jabara ..... جَبَرَ............90

Jabal جَبَل
Jabala......جَبَلَ 91

Jabîn جبين
Jabaha ....جَبَهَ............. 92

جَث (Ja-th)

Jâthimîn جاثمين
Jathama .. جثم.............92

Jâthiyatun جاثية
Jathâ ...... جَثا............92

جَح (Ja-h)

Jahadû جحدوا
Jahada جَحَدَ...............93

Jahîm جحيم
Jahama جَحَمَ...............93

جَد (Ja-d)

Jâdil جادل
Jadala...... جَدَلَ 94

Jâdalta جادلتَ
Jadala...... جَدَلَ 94
Jâdaltum جادلتم
Jadala...... جَدَلَ 94
Jâdalû جادلوْا
Jadala...... جَدَلَ 94
Jaddun جدٌّ
Jadda ...... جدّ............. 93
Jadalun جدلٌ
Jadala...... جَدَلَ 94
Jadîdun جديدٌ
Jadda ...... جدّ............. 93

جَذ (Ja-dh)

Jadhwatun جَذوةٌ
Jadha ...... جَذَ............. 95

جَر (Ja-r)

Jârun جارٌ
Jâra .... جارَ............ 109
Jâriyâtun جارياةٌ
Jarâ .... جَرىٰ 96
Jariyatun جاريةٌ
Jarâ .... جَرىٰ........... 96
Jarâdun جَرادٌ
Jarada ..... جرد 95
Jarahtum جَرحتم
Jaraha ..... جَرَحَ........... 95
Jarama جَرَمَ
Jarama .... جَرَمَ 96
Jaraina جرينَ
Jarâ .... جَرىٰ 96

جَز (Ja-z)

Jâzin جازٍ
Jazaya جَزَيَ 96
Jazâ'un جزاءٌ
Jazaya ..... جَزَيَ 97
Jazi'nâ جزعنا
Jazi'a ...... جزع.............. 97
Jazû'an جزوعًا
Jazi'a ...... جزع 97
Jazâ جزىٰ
Jazaya ..... جَزَيَ 97
Jazaynâ جزينا
Jazaya ..... جَزَيَ........... 97
Jazaytu جزيتُ
Jazaya ..... جَزَيَ 97

جَس (Ja-s)

Jâsû جاسُوا
Jâsa........جاس........... 109
Jasad جَسَد
Jasida ...... جَسِدَ........... 98

جَع (Ja-')

Jâi'lun جاعلٌ
Ja'ala ...... جَعَلَ 98
Jâ'ilûna جاعلونَ
Ja'ala ...... جَعَلَ 98
Ja'ala جَعَلَ
Ja'ala ...... جَعَلَ 98
Ja'alâ جعلا
Ja'ala ...... جَعَلَ 98
Ja'alnâ جعلنا
Ja'ala ...... جَعَلَ 98
Ja'altu جعلتُ
Ja'ala ...... جَعَلَ 98
Ja'altum جعلتم
Ja'ala ...... جَعَلَ 98

Ja'alû جعلوْا
Ja'ala .... جَعَل 98

جَل (Ja-l)

Jalâ' جلاء
Jalâ......... جَلا 101

Jalâ'an جلآءً
Jalâ......... جَلا 101

Jalâbib جلابيب
Jalaba...... جَلَبَ 99

Jalâl جلال
Jalla......... جلّ 100

Jaldatan جلدةً
Jalada...... جَلَدَ 100

Jallâ جلّى
Jalla......... جلّ 100

Jâlût جالُوت
Jâla......... جال 110

جَم (Ja-m)

Jâmidatun جامدةً
Jamada . جَمَدَ 101

Jâmi'u جامعٌ
Jama'a..... جَمَعَ 101

Jamâlun جمالٌ
Jamala..... جَمَلَ 102

Jamman جمّاً
Jamma .... جَمّا 102

Jam'un جمعٌ
Jama'a..... جَمَعَ 101

Jama'a جَمَعَ
Jama'a..... جَمَعَ 101

Jam'ân جمعان
Jama'a..... جَمَعَ 101

Jama'nâ جمعنا
Jama'a..... جَمَعَ 101

Jama'û جمعوا
Jama'a..... جَمَعَ 101

Jamalun جملٌ
Jamala..... جَمَلَ 102

Jamîlun جميلٌ
Jamala..... جَمَلَ 102

جَن (Ja-n)

Janâhun جناح
Janaha .... جَنَحَ 103

Janâhayn جناحِين
Janaha .... جَنَحَ 103

Janna جَنّ
Janna ...... جَنّ 104

Janabun جنبٌ
Janaba .... جَنَبَ 102

Jannatayn جَنّتين
Janna ...... جَنّ 104

Jannatân جَنّتان
Janna ...... جَنّ 104

Jannatun جَنّةٌ
Janna ...... جَنّ 104

Jannâtun جَنّاةٌ
Janna ...... جَنّ 104

Janahû جنحوْا
Janaha .... جَنَحَ 103

Janafan جَنَفًا
Janafa ..... جَنَفَ 104

Janiyun جَنيًا
Jana .... جنى 105

جه (Ja-h)

Jâhadâ جاهد
Jahada .... جَهَدَ 105

Jahâlat جهالت
Jahila .... جَهِلَ 107

Jahâz جهاز
Jahaza..... جَهَزَ 107

Jahdun جَهدٌ
Jahada .... جَهَدَ 105

Jahara جَهَرَ
Jahara ..... جَهَرَ 107

Jahran جَهراً
Jahara ..... جَهَرَ 107

Jahratan جهرةً
Jahara ..... جَهَرَ 107

Jahrun جهرٌ
Jahara ..... جَهَرَ 107

Jahhaza جهّزَ
Jahaza..... جهزَ 107

Jahannam جهنّم
Jahama ... جهم 107

Jahûl جهول
Jahila .... جَهِلَ 107

جَو (Ja-w)

Jawâb جواب
Jâba .... جابَ 108

Jawâr جوار
Jarâ .... جرىٰ 96

Jawârih جوارح
Jaraha ..... جَرَحَ 95

Jaww جَوّ
Jaww .... جَوّ 110

Jawabun جَوَبٌ
Jâba .... جابَ 108

Jawf جَوف
Jâfa .... جاف 110

جَي (Ja-y)

Jaib جَيب
Jâba .... جاب 110

ج (Ji-/)

جِئ (Ji-')

Ji'nâ جِئنا
Jâ'a......... جاء 110

Ji'ta جِئتَ
Jâ'a......... جاء 110

Ji'ti جِئتِ
Jâ'a......... جاء 110

Ji'tu جِئتُ
Jâ'a......... جاء 110

Ji'tum جِئتم
Jâ'a......... جاء 110

Ji'tumû جِئتمُونا
Jâ'a......... جاء 110

Jî'a جِيئ
Jâ'a......... جاء 110

جِب (Ji-b)

Jibâl جِبال
Jabala...... جبَلَ 91

Jibalan جِبِلاً
Jabala...... جبَلَ 91

Jibâhuhum جِباهِهِم
Jabaha .... جَبَهَ 92

Jibt جِبت
Jibt.......... جِبت 90

Jibrîl جبريل
Jibrîl......... جبريل 90

Jibillan جِبِلّاً
Jabala...... جَبَلَ............ 91

Jibillatun جِبِلّةٌ
Jabala...... (جَبَلَ) 91

جِث (Ji-th)

Jithiyyan جِثِيّاً
Jathâ .... جَثَا 92

جِد (Ji-d)

Jidâr جِدار
Jadara ..... جَدَرَ............ 93

Jidâlun جدالٌ
Jadala...... جَدَلَ 94

Jîd جِيد
Jâda .... جاد 111

جِذ (Ji-dh)

Jidh'un جِذعٌ
Jadha'a ... جَذَعَ............ 94

جِز (Ji-z)

Jizyatun جِزيةٌ
Jazaya..... جَزَيَ.......... 97

جِس (Ji-s)

Jism جسم
Jasuma.... جَسُمَ 98

جِف (Ji-f)

Jifân جفان
Jafana .....جَفَنَ............ 99

جِم (Ji-m)

Jimâlatun جمالة
Jamala.....جَمَلَ........... 102

جِن (Ji-n)

Jinn جن
Janna ...... جَنّ 104

Jinnatun جِنّةٌ
Janna ...... جَنّ............ 104

جِه (Ji-h)

Jihâdun جهادٌ
Jahada .. جَهَدَ 105

Jihârun جِهارٌ
Jahara .....جَهَرَ 107

جِي (Ji-y)

Jiyâd جياد
Jâda ....جادَ............ 108

(Ju-) جُ

جُ؛جُ (Ju-/)

Jubbi جُبّ
Jabba ...... جبّ............89

Judadun جُدَدٌ
Jadda ...... جد 93

Judur جُدُر
Jadara ..... جَدَرَ............93

Judhâdhan جُذَاذاً
Jadhdha .. جذّ 94

Judhû'an جذوعاً
Jadha'a ... جَذَعَ 97

Jurufin جُرُفٍ
Jarafa ...... جَرَفَ 96

Jurûh جُروح
Jaraha ..... جَرَحَ 95

Juruzan جرزًا
Jaraza ..... جَرَزَ 95

Juz'an جزءًا
Jaza'a ...... جزَءَ 97

Ju'ila جُعِلَ
Ja'ala .... جَعَلَ 98

Jufâ'an جفْآء
Jafa'a....... جفَأ 99

Julûdan جلودًا
Jalada ...... جَلَدَ 100

Jumi'a جمع
Jama'a..... جَمَعَ 101

Jumlatun جُملةً
Jamala..... جَمَلَ 101

Jumu'atun جمعة
Jama'a..... جَمَعَ 103

Junâhun جناح
Janaha .... جَنَحَ 103

Jundun جُندٌ
Jannada .. جَنّد 103

Junnatun جُنَّةٌ
Janna ...... جَنَّ 104

Junûb جنوب
Janaba .... جَنَبَ 102

Junubun جُنُبٌ
Janaba .... جَنَبَ 102

Junûdun جنودٌ
Jannada .. جَنّد 103

Juhdun جهد
Jahada .... جَهَدَ 105

Jû' جُوع
Jâ'a......... جاعَ 109

Jûdî جودي
Jâda .... جادَ 108

(Ha-) ح

حَا (Ha-)

Hâjja حآجَ
Hajja .... حجّ 113

Hâjajtum حاججتم
Hajja .... حجّ 113

Hâjatun حاجَةٌ
Hâja .... حاجَ 140

Hâjizîn حاجِزين
Hajaza ..... حَجَزَ 113

Hâjizan حاجزًا
Hajaza ..... حَجَزَ 115

Hâjjû حآجو
Hajja .... حجّ 114

Hâdda حاد
Hadda ...... حَدّ 116

Hâdhirûna حآذرونَ
Hadhira حَذِرَ 116

Hâraba حاَربَ
Haraba .... حَرَبَ 117

Hâsidun حاسدٌ
Hasada .... حَسَدَ 123

Hâsha حاش
Hâsha ...... حاشَ........... 141

Hâshirîna حاشرِينَ
Hashara ... حَشَرَ 124

Hâsibun حاصبٌ
Hasaba .... حَصَبَ 125
Hâdzirîn حاضرين
Hadzara .. حَضَرَ 127
Hâdzirun حاضرٌ
Hadzara .. حَضَرَ 127
Hâffîna حافين
Haffa .... حَفَّ 129
Hâfiratun حافرةٌ
Hafara ..... حَفَرَ 129
Hâfizâtun حافظاتٌ
Hafiza ...... حَفِظَ 129
Hâfizîn حافظين
Hafiza ...... حَفِظَ 129
Hâfizûn حافظون
Hafiza ...... حَفِظَ 129
Hâfizû حافظواْ
Hafiza ...... حَفِظَ 129
Hâfizun حافظٌ
Hafiza ... حَفِظَ 129
Hâkimîn حاكمين
Hakama ... حَكَمَ 131
Hâqqatun حآقةٌ
Haqqa ...... حَقَّ 131
Hâla حالَ
Hâla .... حال 142
Hâqa حَاقَ
Hâqa .... حَاقَ 144
Hâmin حامٍ
Hama .... حمىَ 138
Hâmidûn حامدون
Hamida .... حَمِدَ 135
Hâmilât حاملات
Hamala .... حَمَلَ 136
Hâmilîna حاملين
Hamala .... حَمَلَ 136
Hâmiyatun حاميةٌ
Hama .... حمىَ 138

حَب (Ha-b)

Habbaba حَبَّبَ
Habba ...... حَبَّ 111
Habbatun حَبَّةٌ
Habba ...... حَبَّ 111
Habbun حَبٌّ
Habba ...... حَبَّ 111
Habita حَبِطَ
Habata ..... حَبَط 112
Habitat حَبِطت
Habata ..... حَبَط 112
Hablun حبلٌ
Habala ..... حَبَلَ 112

حَت (Ha-t)

Hatman حتمًا
Hatama .... حَتَمَ 113
Hattâ حتّىٰ
Hattâ .... حتّىٰ 113

حَث (Ha-th)

Hathîthan حثيثًا
Haththa ... حَثَّ 113

حَج (Ha-j)

Hajar حَجَرَ
Hajara ...... حَجَرَ 114
Hajja حَجَّ
Hajja .... حجّ 113

حَد (Ha-d)

Hadâiq حدآئق
Hadaqa .... حَدَقَ 116

Hadabun حدبٌ
Hadiba ..... حَدِبَ 115

Haddith حدِّث
Hadatha .. حَدَثَ 115

Hadîthun حديثٌ
Hadatha ... حَدَثَ 115

Hadîthan حديثاً
Hadatha ... حَدَثَ 115

Hadîd حديد
Hadda ...... حَدَّ 116

حَذ (Ha-dh)

Hadharun حَذَرٌ
Hadhira حَذِرَ 116

حَر (Ha-r)

Harâmun حرامٌ
Harama ... حَرَمَ 120

Harbun حربٌ
Haraba .... حَرَبَ 117

Harthun حرثٌ
Haratha ... حَرَثَ 117

Harajun حَرَجٌ
Harija .... حَرِجَ 117

Hardun حَرْدٌ
Harada .... حَرَدَ 117

Harra حَرٌّ
Harra .... حَرَّ 118

Harsun حرسًا
Harasa ..... حَرَسَ 118

Harasta حَرِصتَ
Harasa ..... حَرَصَ 118

Harastum حرصتم
Harasa ..... حَرَصَ 118

Harridz حرِّض
Haradza ... حَرَضَ 118

Haradzan حَرَضاً
Haradza ... حَرَضَ 118

Harfin حرف
Harafa ..... حَرَفَ 119

Harriqû حرِّقوْا
Haraqa .... حَرَقَ 119

Haramun حَرَمٌ
Harama ... حَرَمَ 120

Harrama حرَّمَ
Harama ... حَرَمَ 120

Harramnâ حَرَّمنا
Harama ... حَرَمَ 120

Harramû حَرَموا
Harama ... حَرَمَ 120

Harîq حريق
Haraqa .... حَرَقَ 119

Harîr حرير
Harra .... حَر 118

Harîsun حريصٌ
Harasa ..... حَرَصَ 118

حَز (Ha-z)

Hazanan حَزَناً
Hazana .... حَزَنَ 121

حَس (Ha-s)

Hasbu حَسبُ
Hasiba ..... حَسِبَ 122

Hasiba حَسِبَ
Hasiba ..... حَسِبَ 122

Hasabnâ حسبنا
Hasiba ..... حَسِبَ 122

Hasibat حَسبت
Hasiba ..... حَسِبَ 122

Hâsibîna حاسبِينَ
Hasiba ..... حَسِبَ 122

Hasibta حَسِبتَ
Hasiba ..... حَسِبَ 122

Hasibtu حَسِبتُ
Hasiba ..... حَسِبَ 122

Hasibtum حَسِبتم
Hasiba ..... حَسِبَ 122

Hasibû حَسِبواْ
Hasiba ..... حَسِبَ 122

Hasad حسد
Hasada .... حَسَدَ 123

Hasadun حَسَدٌ
Hasada .... حَسَدَ 123

Hasarât حسرات
Hasira ...... حَسِرَ 123

Hasratun حسرةٌ
Hasira ...... حَسِرَ 123

Hasanan حَسَناً
Hasuna .... حَسُنَ 124

Hasunat حَسُنت
Hasuna .... حَسُنَ 124

Hasanât حسنات
Hasuna .... حَسُنَ 124

Hasanatun حسنةٌ
Hasuna .... حَسُنَ 124

Hasîr حسير
Hasira ...... حَسِرَ 123

Hasîs حسيس
Hassa ...... حَسّ 123

Hasîban حسيباً
Hasiba ..... حَسِبَ 122

حَش (Ha-sh)

Hashara حَشَرَ
Hashara ... حَشَرَ 124

Hasharnâ حشرنا
Hashara ... حَشَرَ 124

Hasharta حشرتَ
Hashara .. حَشَرَ 124

Hashrun حشر
Hashara ... حَشَرَ 124

حَص (Ha-s)

Hasâdun حصادٌ
Hasada .... حَصَدَ 125

Hasabun حَصَبٌ
Hasaba .... حَصَبَ 125

Hasadtum حَصدتم
Hasada .... حَصَدَ 125

Hashasa حصحصَ
Hassa ...... حصّ 125

Hasirat حَصِرت
Hasira ...... حَصِرَ 125

Hasûr حصور
Hasira ...... حَصِرَ 125

Hasîd حصيد
Hasada .... حَصَدَ 125

Hasîr حصير
Hasira ...... حَصِرَ 125

حَض (Ha-dz)

Hadzara حَضَرَ
Hadzara .. حَضَرَ 127

Hadzarû حَضَرواْ
Hadzara ... حَضَرَ 127

حَط (Ha-t)

Hatab حطب
Hatab .... حَطَبَ 128

Hataban حَطباً
Hataba ..... حَطَبَ 128

حَظ (Ha-z)

Hazz حَظ

Hazza ...... حَظّ 129

حَف (Ha-f)

Hafadatun حَفَدَةٌ
Hafada ..... حَفَدَ 129

Hafiza حَفِظَ
Hafiza ... حَفِظَ 129

Hafazatun حَفَظَةٌ
Hafiza ...... حَفِظَ 129

Hafiznâ حَفِظنا
Hafiza ...... حَفِظَ 129

Hafafnâ حففنا
Haffa .... حَفّ 129

Hafiyyun حَفِيٌّ
Hafiya ...... حَفِي 130

Hafiyan حَفيًا
Hafiya ...... حَفِي 130

Hafîzun حفيظٌ
Hafiza ...... حَفِظَ 129

حَق (Ha-q)

Haqqa حَقَّ
Haqqa ...... حَقّ 131

Haqqat حقت
Haqqa ...... حَقّ 131

Haqîqun حقيقٌ
Haqqa ...... حَقّ 131

حَك (Ha-k)

Hakama حَكَمَ
Hakama ... حَكَمَ 131

Hakamta حكمتَ
Hakama ... حَكَمَ 131

Hakamtum حكمتم
Hakama ... حَكَمَ 131

Hakamun حَكَمٌ
Hakama ... حَكَمَ 131

Hakîm حكيم
Hakama ... حَكَمَ 1321

حَل (Ha-l)

Halaftum حَلَفتم
Halafa ...... حَلَفَ 132

Halaltum حللتم
Halla .... حَلّ 133

Halâlun حلالٌ
Halla .... حَلّ 132

Halîm حليم
Halama .... حَلَمَ 134

Hallâf حلاّف
Halafa ...... حَلَفَ 132

حَم (Ha-m)

Hama'un حَمَاءٌ
Hama' ...... حمأ 134

Hami'atin حَمِئَةٍ
Hama' ...... حمأ 134

Hamdun حَمدٌ
Hamida .... حَمِدَ 135

Hamala حَمَلَ
Hamala .... حَمَلَ 136

Hamalat حَمَلَتْ
Hamala .... حَمَلَ 136

Hamalnâ حملنا
Hamala .... حَمَلَ 136

Hamalta حَمَلْتَ
Hamala .... حَمَلَ 136

Hamalû حَملوْا
Hamala .... حَمَلَ 136

Hamlun حَمْلٌ
Hamala .... حَمَلَ 136

Hammâlatu حَمَّالَةُ
Hamala .... حَمَلَ 136

Hamûlatun حَمُولَةٌ
Hamala .... حَمَلَ 136

Hamîd حميد

Hamida .... حَمِدَ 135

Hamiyatun حَمِيَّةٌ
Hama .... حَمِىَ 138

Hamîr حَمِير
Hamara ... حَمَرَ 136

Hamîm حَمِيم
Hamma .... حَمّ 138

حَن (Ha-n)

Hanâjir حناجِر
Hanjara .... حَنجَرَ 138

Hanânan حَنانا
Hanna ...... حنّ 140

Hanîdh حَنِيذ
Hanadha . حَنَذَ 139

Hanîf حَنيف
Hanafa ..... حَنَفَ 139

حَو (Ha-w)

Hawâriyyûn حَوارِيّوْنَ
Hâra حارَ 140

Hawâriyyîn حَوارِيِّينَ
Hâra حارَ 140

Hawâyâ حَوايا
Hawiya حوِيَ 142

Hawla حَولَ
Hâla حال 142

Hawiyatun حَوِيةٌ
Hawiya حوي 142

حي (Ha-y)

Hayâtun حَياةٌ
Hayya حيّ 144

Haythu حَيثُ
Haithu حَيثُ 143

Hayrân حَيران
Hâra حَارَ 143

Hayawân حَيَوان
Hayya حيّ 144

Hayya حيّ
Hayya حيّ 144

Hayyan حيّاً
Hayya حيّ 144

Hayyatun حَيّةٌ
Hayya ..... حي 144

Hayyû حَيّوْا
Hayya حي 144

Hayyun حيٌّ
Hayya حي 144

ح (Hi-)

حِ ؛ ح (Hi-/)

Hibâl حِبال
Habala حَبَلَ 112

Hijâb حجاب
Hajaba حَجَبَ 113

Hijâratun حِجارةٌ
Hajara حَجَرَ 114

Hijajun حِجَجٌ
Hajja حجّ 113

Hijjun حِجٌّ
Hajja حجّ 113

Hijrun حِجرٌ
Hajara حَجَرَ 114

Hidâd حِداد
Hadda حَدّ 116

Hidhrun حِذرٌ
Hadhira حَذِرَ 116

Hizb حِزب
Hazaba حَزَبَ 121

Hisbain حِزبِين
Hazaba حَزَبَ 121

Hisâbiyah حسابيةِ
Hasiba حَسِبَ 122

Hisâbun حسابٌ
Hasiba حَسِبَ 122

Hisân حسان
Hasuna حَسُنَ 124

Hittatun حِطّةٌ
Hatta حَطّ 128

Hifzun حفظٌ
Hafiza حَفِظَ 129

Hikmatun حِكمةٌ
Hakama حَكَمَ 131

Hillun حِلّ
Halla حَلّ 133

Hilyatun حِليةٌ
Haliya حَلِيَ 134

Himal حِملْ
Hamala حَمَلَ 136

Himâr حِمار
Hamara حَمَرَ 136

Hinth حنث
Hanitha حَنِثَ 138

Hiwalun حِولٌ
Hâla حال 142

Hîtân حِيتان
Hâta حاتَ 140

Hîla حِيلَ
Hâla حالَ 142

Hîlatun حِيلةٌ
Hâla حال 142

Hînaidhin حينَئذٍ
Hâna حانَ 144

Hînun حِينٌ
Hâna حانَ 144

(Hu) ح

حُ ؛ ح (Hu-)

Hûban حوبا
Hâba .... حابَ 140

Hubbun حُبّ
Habba ...... حَبّ 111

Hubuk حُبُك
Habaka .... حَبَكَ 112

Hujjatun حُجّةٌ
Hajja .... حجّ 113

Hujûr حجور
Hajara ...... حَجَرَ 114

Hujurât حجرات
Hajara ...... حَجَرَ 114

Hudûd حدود
Hadda ...... حَدّ 116

Hurrima حُرِّمَ
Harama ... حَرَمَ 120

Hurrimat حُرِّمت
Harama ... حَرَمَ 120

Hurumun حُرُمٌ
Harama ... حَرَم 120

Husbân حُسبان
Hasiba ..... حَسِبَ 122

Hushira حُشِرَ
Hashara ... حَشَرَ 124

Hushirat حُشِرت
Hashara ... حَشَرَ 124

Huznun حُزنٌ
Hazana .... حَزَنَ 121

Husnâ حُسنىٰ
Hasuna .... حَسُنَ 124

Husnayain حُسنَيين
Hasuna .... حَسُنَ 124

Husnan حُسناً

Hasuna .... حَسُنَ 124

Husûman حسوماً
Hasama ... حَسَمَ 124

Hussila حُصّلَ
Hasala ..... حَصَلَ 126

Husûn حُصون
Hasana .... حَصَنَ 126

Hutâm حُطام
Hatama .... حَطَمَ 128

Hutamatun حطمةٌ
Hatama .... حَطَمَ 128

Hufratun حفرةٌ
Hafara ..... حَفَرَ 129

Huqqat حقت
Haqqa ...... حَقّ 131

Huqubun حُقبٌ
Haqiba ..... حَقِبَ 130

Hukkâm حُكّام
Hakama ... حَكَمَ 131

Hukmun حُكمٌ
Hakama ... حَكَمَ 131

Hulm حُلم
Halama .... حَلَمَ 134

Hulqûma حُلقومَ
Hallaqa .... حلق 133

Hullû حُلّوْا
Haliya ...... حَلِيَ 134

Huliyyun حُليٌّ
Haliya ...... حَلِيَ 134

Hummila حُمِّلَ
Hamala .... حَمَلَ 136

Hummilnâ حُمّلنا
Hamala .... حَمَلَ 136

Hummiltum حُمِّلتم

Hamala .... حَمَلَ 136

Hummilû حُمِّلُوْا
Hamala .... حَمَلَ 136

Humrun حُمرٌ
Hamara ... حَمَرَ 136

Humur حُمر
Hamara ... حَمَرَ 136

Hunafâ حُنَفَا
Hanafa .... حَنَفَ 139

Hunain حُنين
Hanna ...... حنّ 140

Hûtun حُوْتٌ
Hâta .... حاتَ 140

Hawlayn حولَين
Hâla .... حال 142

Hûr حُوْر
Hâra .... حارَ 140

Huyyîtum حُيِّيتم
Hayya ...... حي 144

(Kha-) خ

خَا ؛ ئ (Kha-')

Khâibîn خائبين
Khâba ...... خابَ 170

Khâifan خائفاً
Khâfa .... خافَ 167

Khâifîna خائفين
Khâfa .... خافَ 167

Khâinatun خائنة
Khâna ...... خانَ 169

Khâinîna خائنين
Khâna ...... خانَ 169

Khâba خابَ

Khâba ...... خابَ 170

Khâtam خاتَم
Khatama .. خَتَمَ 148

Khâdiun خادِعٌ
Khadh'a ... خَدَعَ 149

Khârijîna خارِجين
Kharaja .... خَرَجَ 150

Khârijun خارِجٌ
Kharaja .... خَرَجَ 150

Khâzinîn خازِنين
Khazana .. خَزَنَ 152

Khâsian خاسِأً
Khasa'a ... خسأَ 153

Khâsiîn خاسِئين
Khasa'a ... خسأَ 153

Khâsirîna خاسِرين
Khasira .... خَسِرَ 153

Khâsirrtun خاسِرةٌ
Khasira .... خَسِرَ 153

Khâsirûna خاسِرون
Khasira .... خَسِرَ 153

Khâshi'an خاشِعًا
Khasha'a . خَشَعَ 154

Khâshi'ât خاشِعات
Khasha'a . خَشَعَ 154

Khâshi'atun خاشِعةٌ
Khasha'a . خَشَعَ 154

Khâshi'în خاشِعين
Khasha'a . خَشَعَ 154

Khâshi'ûn خاشِعون
Khasha'a . خَشَعَ 154

Khâssatun خاصّةٌ
Khassa .... خصّ 155

Khâdziîn خاضعين
Khadza'a . خَضَعَ 157

Khâdzû خاضوا
Khâdza .... خاضَ 167

Khâtaba خاطب
Khataba ... خَطَبَ 157

Khâti'atun خاطِئتٌ
Khati'a ..... خطئ 157

Khâti'ûn خاطِئون
Khati'a ..... خطئ 157

Khâti'în خاطئين
Khati'a ..... خطِئ 157

Khâfa خافَ
Khâfa .... خافَ 167

Khâfidzatun خافضة
Khafadza . خَفَضَ 159

Khâfiyatun خافية
Khafiya .... خَفِيَ 159

Khâfû خافوا
Khâfa .... خافَ 167

Khâlid خالد
Khalada ... خَلَدَ 160

Khâlidûn خالدون
Khalada .. خَلَد 160

Khâlidîn خالدين
Khalada .. خَلَد 160

Khalîfatun خليفةٌ
Khalafa .... خَلَفَ 162

Khâlifîna خالفين
Khalafa .... خَلَفَ 162

Khâliqîn خالقين
Khalaqa ... خَلَقَ 163

Khâliqûn خالقون
Khalaqa ... خَلَقَ 163

Khâliqun خالِق

Khalaqa ... خَلَقَ 163

Khâlisan خالصًا
Khalasa ... خَلص 161

Khâlisatun خالصة
Khalasa ... خَلص 161

Khâlun خالٌ
Khâla .... خالَ 168

Khâlât خالات
Khâla .... خالَ 168

Khâliyatu خالية
Khalâ .... خَلا 165

Khâmidîn خامدين
Khamada . خَمَدَ 165

Khâmidûn خامدون
Khamada خَمَدَ 165

Khânatâ خانتا
Khâna ...... خانَ 169

Khânû خانوا
Khâna ...... خانَ 169

Khâwiyatun خاوية
Khawâ ..... خوىٰ 169

خَب (Kha-b)

Khabâith خبائث
Khabutha . خَبُثَ 146

Khabâl خبال
Khabala ... خَبَلَ 147

Khabutha خَبُثَ
Khabutha .... خَبُثَ 146

Khabat خَبَتْ
Khabâ ...... خبا 147

Khabarun خَبرٌ
Khabara ... خَبرَ 147

Khabîth خبيث
Khabutha . خَبُثَ 146

Khabîthât خبيثات
Khabutha . خَبُثَ 146

Khabîthatun خبيثةٌ
Khabutha . خَبُثَ 146

Khabîthîn خبيثِين
Khabutha . خَبُثَ 146

Khabîthûn خبيثوْن
Khabutha . خَبُثَ 146

Khabîrun خَبيرٌ
Khabara .. خَبرَ 147

خَت (Kha-t)

Khatama خَتَمَ
Khatama .. خَتَمَ 148

Khattâr خَتّار
Khatara ... خَتَرَ 147

خَد (Kha-d)

Khaddun خَد
Khadda .. خَدَّ 148

خَذ (Kha-dh)

Khadhûlun خَذُوْلٌ
Khadhala . خَذَلَ 149

خَر (Kha-r)

Kharâbun خرابٌ
Khariba .... خَرِبَ 149

Kharâjun خراجٌ
Kharaja .... خَرَجَ 150

Kharaja خَرَجَ
Kharaja .... خَرَجَ 150

Kharajna خَرَجْنَ
Kharaja .... خَرَجَ 150

Kharajnâ خرجنا
Kharaja .... خَرَجَ 150

Kharajta خَرَجتَ
Kharaja .... خَرَجَ 150

Kharajtum خَرَجْتُم
Kharaja .... خَرَجَ 150

Kharajû خَرَجُوْا
Kharaja .... خَرَجَ 150

Khardalun خَرْدَلٌ
Khardala .. خَرْدَلَ 151

Kharjun خَرْجٌ
Kharaja .... خَرَجَ 150

Kharra خَرَّ
Kharra ..... خَرَّ 151

Kharrâsûn خَرّاصُوْنَ
Kharasa .... خَرَصَ 151

Kharrû خَرّوا
Kharra ..... خَرَّ 151

Kharaqa خَرَقَ
Kharaqa .. خَرَقَ 152

Kharaqta خَرقتَ
Kharaqa .. خَرَقَ 152

Kharaqû خَرقُوْا
Kharaqa .. خَرَقَ 152

خز (Kha-z)

Khazâinu خَزآئِنُ
Khazana .. خَزَنَ 152

Khazanatun خزنة
Khazana .. خَزَنَ 152

خس (Kha-s)

Khasâran خساراً
Khasira .... خَسِرَ 153

Khasaratun خسرةٌ
Khasira .... خَسِرَ 153

Khasirû خسروا
Khasira .... خَسِرَ 153

Khasira خسِر
Khasira .... خَسِرَ 153

Khasafa خَسَفَ
Khasafa ... خَسَفَ 154

Khasafnâ خسفنا
Khasafa ... خَسَفَ 154

خش (Kha-sh)

Khashiya خشِيَ
Khashiya . خَشِى 155

Khashîtu خشِيَتُ
Khashiya . خَشِى 155

Khashyatun خشيةٌ
Khashiya . خَشِى 155

Khashînâ خشينا
Khashiya . خَشِى 155

خص (Kha-s)

Khasâsatun خصاصةٌ
Khassa .... خصَّ 155

Khasmun خصمٌ
Khasama . خصَمَ 156

Khasmâni خصمان
Khasama . خصَمَ 156

Khasîmun خصيمٍ
Khasama . خصَمَ 156

خض (Kha-dz)

Khadziran خَضِراً
Khadzira .. خَضِرَ 156

Khadzran خضراً
Khadzira .. خَضِرَ 156

خط (Kha-t)

Khat'un خطأً
Khati'a ..... خطِئَ 157

Khatâya خطايا

Khati'a ..... خَطِئ 157

Khatbun خَطبٌ
Khataba ... خَطبَ 157

Khatifa خَطِفَ
Khatifa ..... خَطِفَ 157

Khatfatun خَطفَةٌ
Khatifa ..... خَطِفَ 158

Khatî'atun خِطيئة
Khati'a ..... خطئ 157

Khatî'âtun خطِيَأت
Khati'a ..... خطِئ 157

خَف (Kha-f)

Khaffafa خفّف
Khaffa ...... خفّ 159

Khaffat خفّت
Khaffa ...... خفّ 159

Khafîfun خفيف
Khaffa ...... خفّ 159

Khafiyyun خفِيٌّ
Khafiya .... خفِي 159

خَل (Kha-l)

Khalâ خلا
Khalâ .... خَلا 165

Khalâif خلائف
Khalafa .... خَلفَ 162

Khalâq خلاق
Khalaqa ... خَلقَ 163

Khalat خلت
Khalâ .... خَلا 165

Khalafa خَلفَ
Khalafa .... خَلفَ 162

Khalfun خلفٌ
Khalafa .... خَلفَ 162

Khalaftumûnî خَلَفتُموني
Khalafa .... خَلفَ 162

Khalaqa خَلَقَ
Khalaqa ... خَلقَ 163

Khalaqnâ خلقنا
Khalaqa ... خَلقَ 163

Khalaqta خلقتَ
Khalaqa ... خَلقَ 163

Khalaqtu خلقتُ
Khalaqa ... خَلقَ 163

Khalaqû خلقوا
Khalaqa ... خَلقَ 163

Khalasû خلصوا
Khalasa ... خَلص 161

Khalatû خلطوا
Khalata .... خَلطَ 161

Khalqun
Khalaqa ... خَلقَ 163

Khallâq خلاّق
Khalaqa ... خَلقَ 163

Khallû خلّوا
Khalâ .... خَلا 165

Khalau خلَوا
Khalâ .... خَلا 165

Khalîl خليل
Khalla ...... خلّ 164

Khalît خَليط
Khalata .... خَلطَ 161

خَم (Kha-m)

Khamar خَمر
Khamara .. خَمَرَ 165

Khamsatun خمسة
Khamasa خَمَسَ 166

Khamsîn خمسين
Khamasa خَمَسَ 166

Khamtun خَمْطٌ
Khamita ... خَمِطَ 166

خَن (Kha-n)

Khanâzîr خنازير
Khaniza ... خَنِزَ 166

Khannâs خنّاس
Khanasa .. خَنَسَ 166

خَو (Kha-w)

Khawâlif خوالِف
Khalafa .... خَلَفَ 162

Khawdzun خوضٍ
Khâdza .... خاضَ 167

Khawwala خوّلَ
Khâla .... خالَ 168

Khawwalnâ خوّلنا
Khâla .... خالَ 168

Khawwân خوّانَ
Khâna ...... خانَ 169

خي (Kha-y)

Khayrun خيرٌ
Khârâ .... خارا 170

Khayrât خيرات
Khârâ .... خارا 170

Khayratun خيرةٌ
Khârâ .... خارا 170

Khayt خيط
Khâta .... خاط 171

Khayl خيل
Khâla .... خَالَ 171

(Kha) خ

خ (Khi-)

Khitâm خِتام
Khatama خَتَمَ 148

Khizyun خِزْيٌ
Khaziya خَزِيَ 152

Khisâm خصام
Khasama خَصَمَ 156

Khit'un خِطأً
Khati'a خَطِئَ 157

Khitâb خطَاب
Khataba خَطَبَ 157

Khitbatun خطبةٌ
Khataba خَطَبَ 157

Khifâfun خفاف
Khaffa خفّ 159

Khifti خِفْتِ
Khâfa خافَ 167

Khiftu خِفتُ
Khâfa خافَ 167

Khilâfun خلاف
Khalafa خَلَفَ 162

Khilâl خلال
Khalla خلّ 164

Khilfatun خلفة
Khalafa خَلَفَ 162

Khinzîr خنزير
Khaniza خَنِزَ 166

Khiyâm خيام
Khâma خامَ 171

Khiyânatun خيانة
Khâna خانَ 169

Khiyât خياط
Khâta خاط 171

Khîfatun خيفة
Khâfa خاف 168

(Khu-) خ

خُ (Khu-/)

Khubran خُبراً
Khabara ... خَبَرَ 146

Khubzun خُبزٌ
Khabaza .. خَبَزَ 147

Khudh خُذ
Akhadha .. اخذ 13

Khudhû خُذوا
Akhadha .. اخذ 13

Khurtûm خُرطوم
Khartama خَرطَمَ 152

Khurûjun .... خُروجٌ
Kharaja .... خَرَجَ 150

Khusrânun خُسرانٍ
Khasira .... خَسِرَ 153

Khusrun
Khasira .... خَسِرَ 153

Khushsh'an خُشّعاً
Khasha'a . خَشَعَ 155

Khushû' خُشوع
Khasha'a ...... خَشَعَ 155

Khushubun خُشُبٌ
Khashaba خَشَبَ 154

Khudzrun خُضرٌ
Khadzira .. خَضِرَ 156

Khudztum خضتم
Khâdza .... خاضَ.......... 167

Khutuwât خطوات
Khata .... خطَا 158

Khufyatun خفية
Khafiya .... خَفِيَ 159

Khulafâ' خلفاء
Khalafa .... خَلَفَ 162

Khulatâ' خلطاء
Khalata .... خَلَطَ 161

Khuld خُلد
Khalada ... خَلَدَ............ 160

Khullifû خلّفوا
Khalafa .... خَلَفَ 162

Khuliqa خُلِقَ
Khalaqa ... خَلَقَ........... 163

Khuliqat خُلِقت
Khalaqa ... خَلَقَ........... 163

Khuliqû خُلِقوا
Khalaqa ... خَلَقَ........... 163

Khullatun خلّة
Khalla ...... خلّ 164

Khulûd خلود
Khalada ... خَلَدَ........... 160

Khuluqun خلق
Khalaqa ... خَلَقَ........... 163

Khumur خُمُر
Khamara .. خَمَرَ.......... 165

Khumusa خُمسَ
Khamasa . خَمَسَ 166

Khunnas خُنّس
Khanasa .. خَنَسَ........... 166

Khuwâr خُوار
Khâra .... خارَ 167

(Da-) دَ

دَ أ (Da-'a)

Da'bi دأب
Da'aba ..... دَأبَ 172

Da'bi دَأْبِ
Da'aba .... دَأَبَ 171
Dâ'ibain دائبَينِ
Da'aba .... دَأَبَ 171
Dâimûna دائمون
Dâma .... دامَ 184
Dâ'imun دائم
Dâma .... دامَ 184
Dâ'imûna دائمون
Dâma .... دامَ 184
Dâ'iratun دائرةٌ
Dâra .... دارَ 184
Dâ'ûd داؤود
Dâ'ûd .... داؤود 183
Dâbirun دابِرٌ
Dabara .... دَبَرَ 172
Dâbbatun دآبةٌ
Dabba ...... دَبَّ 172
Dâ<u>hidz</u>atun داحِضةٌ
Da<u>h</u>a<u>dz</u>a .. دَحَضَ 173
Dâ<u>kh</u>irûn داخِرونْ
Da<u>kh</u>ara ... دَخَرَ 174
Dâ<u>kh</u>irîn داخرين
Da<u>kh</u>ara ... دَخَرَ 174
Dâ<u>kh</u>ilûn داخِلونْ
Da<u>kh</u>ala ... دَخَلَ 174
Dâ<u>kh</u>ilîn داخلِين
Da<u>kh</u>ala ... دَخَلَ 1754
Dâ'in داعٍ
Da'â .... دَعاَ 178
Dâî داعيِ
Da'â .... دَعاَ 178
Dâmat دامت
Dâma .... دامَ 184
Dâmû دامُوا
Dâma .... دامَ 184
Dâna دان
Dâna .... دان 185
Dânin دانٍ
Danâ .... دنا 182

دَح (Da-<u>h</u>)

Da<u>h</u>â دحا
Da<u>h</u>â دَحا 174

دَخ (Da-<u>kh</u>)

Da<u>kh</u>ala دَخَلَ
Da<u>kh</u>ala دَخَلَ 174
Da<u>kh</u>alat دَخَلت
Da<u>kh</u>ala دَخَلَ 174
Da<u>kh</u>alta دَخَلتَ
Da<u>kh</u>ala دَخَلَ 174
Da<u>kh</u>altu دَخَلتُ
Da<u>kh</u>ala دَخَلَ 174
Da<u>kh</u>alû دَخَلوْا
Da<u>kh</u>ala دَخَلَ 174
Da<u>kh</u>alun دَخَلٌ
Da<u>kh</u>ala دَخَلَ 175

دَر (Da-r)

Darâhima دَراهِم
Darhama . درهَمَ 177
Darajat درجات
Daraja ...... دَرَجَ 175
Darajatun درجةٌ
Daraja ...... دَرَجَ 175
Darasta درست
Darasa ..... دَرَس 176
Darasû درسوْا
Darasa ..... دَرَسَ 176

Dark درك
Daraka ..... دَرَكَ 177

Darkan دركاً
Daraka ..... دَرَكَ 177

دَع (Da-‘)

Da‘ دَعَ
Wada‘a .... وَدَعَ 605

Da‘â دَعا
Da‘â .... دَعا 178

Da‘û دعواْ
Da‘â .... دَعا 178

Da‘utu دعتُ
Da‘â .... دَعا 178

Da‘ûtum دَعُوْتم
Da‘â .... دَعا 178

Da‘wâhum دعواهم
Da‘â .... دَعا 188

Da‘watun دعوةٌ
Da‘â .... دَعا 178

دَف (Da-f)

Dâfiqun دافقٍ
Dafaqa ..... دَفَقَ 180

Dafa‘tum دَفعتم
Dafa‘a ...... دَفَعَ 180

Dâfi‘ دافع
Dafa‘a ...... دَفَعَ 180

دَك (Da-k)

Dakkâ’ دكّاء
Dakka ...... دَكّ 180

Dakkan دكا
Dakka ...... دَكّ 180

Dakkatun دكّةٌ
Dakka ...... دَكّ 180

دَل (Da-l)

Dallâ دلّى
Dalla ..... دَل 188

Dalwa دلو
Dalâ ...... دَلا 181

Dallâ دلّى
Dalâ .... دَلا 181

Dalîlan دليلاً
Dalla .... دَلّ 180

دَم (Da-m)

Damâ’un دماء
Damiya .... دَمِيَ 182

Damdama دَمدم
Damdama ..... دَمدمَ 181

Dammara دَمّر
Damara . دَمَر 181

Dammarnâ دمّرنا
Damara ... دَمَرَ 181

Dam‘un دمعٌ
Dami‘a ..... دَمِعَ 181

دَن (Da-n)

Danâ دنا
Danâ .... دنا 182

دَو (Da-w)

Dawâbbun دوآبٌ
Dabba ...... دَبّ 172

Dawâir دوائر
Dâra .... دَارَ 184

دَي (Da-y)

Daynun دَينٌ

Dâna ....دَان 185

Dayyâr دَيَّار
Dâra .... دَارَ 184

(Di-) دِ

دِ (Di-/)

Dirâsatun دراسة
Darasa .... دَرَسَ 176

Dif'un دِفءٌ
Dafi'a ....دَفِءَ 179

Dihân دِهان
Dahana ....دهَنَ 183

Dihâqan دهاقًا
Dahaqa .... دَهَقَ 182

Dîn دين
Dâna ....دَان 185

Dinâr دِينار
Danara ..... دَنَرَ 182

Diyatun دِيَةٌ
Wada ....وَدَى 605

(Du-) دُ

دُ (Du-/)

Duburun دُبر
Dabara ..... دَبَرَ 172

Duhûr دُحورٌ
Dahara .....دَحَرَ............. 173

Dukhân دُخان
Dakhana ..دَخَنَ 175

Durriyyun دُرِّيٌّ
Darra ....دَرَّ 176

Dusur دُسُر
Dasara ....دَسَرَ 178

Du'û دُعواْ
Da'â ....دَعَا 178

Du'â دُعا
Da'â ....دَعَا 178

Du'â'un دَعَاء
Da'â .... دَعَا 178

Du'âi دُعاي
Da'â .... دَعَا 178

Du'îtum دُعِيتم
Da'â ....دَعَا 178

Du'iya دُعِيَ
Da'â ....دَعَا 178

Dukkat دُكّت
Dakka ...... دَكَّ 180

Dukkatâ دُكتا
Dakka ...... دَكَّ 180

Dulûk دُلُوْك
Dalaka .....دَلَكَ 180

Dumta دُمتَ
Dâma .... دامَ............. 184

Dumtu دُمتُ
Dâma .... دامَ............. 184

Dumtum دُمتم
Dâma .... دامَ............. 184

Dunyâ دُنيا
Danâ .... دنا 182

Duhn دُهن
Dahana .... دهَنَ 183

Dûlatun دولةٌ
Dâla ....دالَ 184

Dûna دُون
Dûna .... دُون............ 185

(Dha) ذَ

ذَا (Dha-)

Dhâ ذا
Dhâ .... ذا 186

Dhâ'iqatun ذائقةٌ
Dhâqa ...... ذاق 194

Dhâ'iqû ذائقون
Dhâqa ...... ذاق 194

Dhâta ذاتَ
Dhû .... ذُو 193

Dhâriyât ذٰريٰت
Dhara' ...... ذَرَا 188

Dhâlika ذٰلك.
Dhânika ... ذانك 194

Dhâlika ذٰلك
Tilka .... تلك 76

Dhânika ذانك
Dhânika ... ذانك 194

Dhâqâ ذاقا
Dhâqa ...... ذاق 194

Dhâqat ذاقت
Dhâqa ...... ذاق 194

Dhâqû ذاقُوا
Dhâqa ...... ذاق 194

Dhâkirât ذاكرات
Dhakara ... ذَكَرَ 189

Dhâkirîn ذاكرين
Dhakara ... ذَكَرَ 189

Dhâhibun ذاهبٌ
Dhahaba .. ذَهَبَ 192

ذَب (Dha-b)

Dhabahû ذَبَحُوا
Dhabaha .. ذَبَحَ 187

ذَر (Dha-r)

Dhar ذَر
Wadhara . وَذَرَ 607

Dhara'a ذَرأَ
Dhara'a .... ذرأ 187

Dhara'nâ ذَرأنا
Dhara'a .... ذرأ 187

Dhâriyât ذٰريٰت
Dhara' ...... ذَرَا 188

Dharratun ذَرَّةٌ
Dharra ..... ذرّ 188

Dharû ذَرُوا
Wadhara .. وَذَرَ 607

Dhar'un ذَرعٌ
Dhara'a .... ذَرَعَ 188

Dharwan ذَرواً
Dhara' ...... ذَرَا 188

ذَ ك (Dha-k)

Dhakara ذَكَرَ
Dhakara ... ذَكَرَ 189

Dhakarain ذكرين
Dhakara ... ذَكَرَ 189

Dhakarta ذكرت
Dhakara ... ذَكَرَ 189

Dhakarû ذَكَرُوا
Dhakara ... ذَكَرَ 189

Dhakarun ذَكَر
Dhakara ... ذَكَرَ 190

Dhakkaitum ذَكَّيتم
Dhakâ ...... ذكا 190

Dhakkir ذكّر
Dhakara ... ذكَرَ 189

ذ ل (Dha-l)

Dhallalnâ ذللنا
Dhalla ...... ذلّ 191

Dhallûlun ذَلُولٌ
Dhalla ...... ذلّ 191

ذ ن (Dha-l)

Dhanb ذَنب
Dhanaba .. ذَنَبَ 192

ذ ه (Dha-h)

Dhahab ذَهبْ
Dhahaba .. ذهَبَ 192

Dhahâb ذَهاب
Dhahaba .. ذهَبَ 192

Dhahaba ذَهَب
Dhahaba .. ذهَبَ 192

Dhahabnâ ذَهبنا
Dhahaba .. ذهَبَ 192

Dhahbû ذَهَبوا
Dhahaba .. ذهَبَ 192

Dhahbun ذَهبٌ
Dhahaba .. ذهَبَ 192

ذ و (Dha-w)

Dhaway ذَوى
Dhû .... ذُو 193

Dhawâta ذَوات
Dhû .... ذُو 193

Dhawâtay ذَواتي
Dhû .... ذُو 193

Dhawatâni ذَواتان
Dhû .... ذُو 193

Dhawî ذَوي
Dhû .... ذُو 193

(Dhi-) ذِ

ذِ (Dhi-/)

Dhi'bun ذئب
Dha'ba ..... ذأبَ 186

Dhibhun ذِبحٌ
Dhabaha .. ذَبَح 187

Dhirâ'ai ذراعي
Dhara'a .... ذَرَعَ 188

Dhirâ'in ذراعن
Dhara'a .... ذَرَعَ 188

Dhirâ'un ذراعٌ
Dhara'a .... ذَرَعَ 188

Dhikrun ذكرٌ
Dhakara ... ذكَرَ 189

Dhikran ذِكراً
Dhakara ... ذكَرَ 189

Dhillatun ذلّة
Dhalla ...... ذلّ 191

Dhimmatun ذِمّة
Dhamma .. ذمّ 191

Dhî ذِي
Dhû .... ذو 193

(Dhu) ذُ

ذُ (Dhu-/)

Dhû ذُو
Dhû .... ذُو 193

Dhul Qarnain ذوالقرنين
Qarana .... قَرَنَ 452

Dhû al-Kifl ذوالكفل
Kafala ...... كَفَلَ 492

Dhubâb ذباب
Dhabba .... ذَبَّ 187

Dhubiha ذُبِحَ
Dhabaha .. ذَبَحَ 187

Dhurriyyât ذرّيات
Dharra ..... ذرّ 188

Dhurriyyatun ذرّيةٌ
Dharra ..... ذرّ 188

Dhukkira ذُكِّرَ
Dhakara ... ذَكَرَ 189

Dhukkirtum ذُكّرتم
Dhakara ... ذَكَرَ 189

Dhukrân ذكران
Dhakara ... ذَكَرَ 189

Dhûal-Nûn ذوالنون
Nûn .... ن 553

Dhullalan ذُللاً
Dhalla ...... ذلّ 191

Dhullilat ذُلِّلت
Dhalla ...... ذلّ 191

Dhullun ذُلّ
Dhalla ...... ذلّ 191

Dhunûb ذنوب
Dhanaba .. ذَنَبَ 192

Dhuq ذُق
Dhâqa ...... ذاق 194

Dhûqû ذُوقُوا
Dhâqa ...... ذاق 194

(Ra-) رَ

رَ أ (Ra-')

Ra'â رأي
Ra'a .... رأى 196

Ra'aina رئينَ
Ra'a .... رأى 196

Ra'aita رئيتَ
Ra'a .... رأى 196

Ra'aitu رئيتُ
Ra'a .... رأى 196

Ra'aitum رئيتم
Ra'a .... رأى 196

Ra'at رأت
Ra'a .... رأى 196

Ra'au رأوا
Ra'a .... رأى 196

Ra'fatun رأفةٌ
Ra'afa ...... رأفَ 195

Ra'sun رأ س
Ra'asa ..... رأسَ 195

Ra'ûs رؤوس
Ra'asa ..... رأسَ 195

Ra'yun رأيٌ
Ra'a .... رأى 196

Râbitû رابطوا
Rabata ..... رَبَطَ 199

Râbi'un رابعٌ
Raba'a ..... رَبَعَ 200

Râbiyan رَابياً
Rabâ .... رَبا 200

Râbiyatan رَابية
Rabâ .... ربا 200

Râji'ûn راجِعونْ
Raja'a ...... رَجَعَ 202

Râjifatun راجِفةٌ
Rajafa ...... رَجَفَ 203

Râ<u>h</u>imîn راحمين
Ra<u>h</u>ima .... رَحِمَ 205

Râddî رادِّي
Radda ...... رَدَّ 207

Râddun رادٌّ
Radda ...... رَدَّ 207

Râddûna رادّوْنَ
Radda ...... رَدَّ 207

Râziqîn رازِقِين
Razaqa .... رَزَقَ 209

Râsi<u>kh</u>ûn راسِخُوْن
Rasa<u>kh</u>a .. رَسَخَ 209

Râsiyâtun راسيات
Rasâ .... رسا 211

Râshidûn راشِدُوْن
Rashada .. رَشَدَ 211

Râ'inâ راعنا
Ra'â .... رعى 214

Râ'ûn راعُون
Ra'â .... رَعى 214

Râ<u>gh</u>a راغَ
Râ<u>gh</u>a ...... رَاغَ 227

Râ<u>gh</u>ibûn راغِبُون
Ra<u>gh</u>iba ... رَغِبَ 215

Râ<u>gh</u>ibun راغبٌ
Ra<u>gh</u>iba ... رَغِبَ 215

Râfi'atun رافعةٌ
Rafa'a ...... رَفَعَ 217

Râfi'un رافِعٌ
Rafa'a ...... رَفَعَ 217

Râqin راقٍ
Raqiya ..... رَقِيَ 219

Râki'an راكعًا
Raka'a ..... رَكَعَ 221

Râki'îna راكِعِين
Raka'a ..... رَكَعَ 221

Râkiûna راكعُون
Raka'a ..... رَكَعَ 221

Râwadtunna راودتنّ
Râda .... رَادَ 225

Râwadû راوَدُوا
Râda .... رَادَ 225

رَ ب (Ra-b)

Rabb ربّ
Rabba ...... ربّ 197

Rabâib ربائب
Rabba ...... رَبَّ 197

Rabbâniyyûn ربّانيّون
Rabba ...... ربّ 197

Rabbâniyyîn رَبّانيِّين
Rabba ...... رَبَّ 197

Rabata ربَتَ
Rabâ .... رَبا 200

Rabbayâ ربّيا
Rabâ .... رَبا 200

Rabbayânî ربّياني
Rabba ...... رَبَّ 197

Rabi<u>h</u>at رَبِحت
Rabi<u>h</u>a ..... رَبِحَ 199

Rabatnâ رَبطنا
Rabata ..... رَبَطَ 199

Rabwatin ربوة
Rabâ .... رَبا 200

رَت (Ra-t)

Ratqan رتقاً
Rataqa ..... رَتَقَ 201

Rattil رَتِّل
Ratala ...... رَتَلَ 201

Rattalnâ رَتَّلنا
Ratala ...... رَتَلَ 201

رَج (Ra-j)

Rajjan رجّاً
Rajja .... رجّ 202

Raja'a رَجَعَ
Raja'a ...... رَجَعَ...........202

Raj'un رجعٌ
Raja'a ...... رَجَعَ...........202

Raja'nâ رجعنا
Raja'a ...... رَجَعَ...........202

Raja'tum رجعتم
Raja'a ...... رَجَعَ...........202

Raja'û رجعوا
Raja'a ...... رَجَعَ...........202

Rajfatun رجفةٌ
Rajafa ...... رَجَفَ...........203

Rajulain رَجُلَين
Rajala ...... رَجَلَ...........203

Rajulân رَجُلان
Rajala ...... رَجَلَ.......... 203

Rajulun رَجُلٌ
Rajala ...... رَجَلَ.......... 203

Rajman رجماً
Rajama .... رَجَمَ 204

Rajamna رَجمنا
Rajama .... رَجَمَ 204

Rajîm رَجِيم
Rajama .... رَجَمَ 204

رَح (Ra-h)

Rahubat رَحُبَتْ
Rahiba ..... رَحِبَ 205

Rahlun رَحْلٌ
Rahala ..... رَحَلَ.......... 205

Rahima رَحِمَ
Rahima .... رَحِمَ 205

Rahimnâ رَحِمنا
Rahima .... رَحِمَ 205

Rahimta رَحِمْتَ
Rahima .... رَحِمَ 205

Rahmân رحمٰن
Rahima .... رَحِمَ 205

Rahmatun رَحمةٌ
Rahima .... رَحِمَ 205

Rahîq رحِيق
Rahîq .... رَحِيق 205

Rahîm رَحِيمٌ
Rahima .... رَحِمَ 205

رَد (Ra-d)

Radadna رَدَدْنَ
Radda ...... رَدَّ 207

Radda رَدَّ
Radda ...... رَدَّ 207

Raddû رَدّوْا
Radda ...... رَدَّ 207

Raddun رَدّ
Radda...... رَدّ 207

Radifa رَدِفَ
Radafa رَدَفَ 208

Radifatun رَدِفَةٌ
Radafa رَدَفَ 208

Radman رَدْماً
Radama رَدَمَ 208

رَ ز (Ra-z)

Razzâq رَزّاق
Razaqa .... رَزَقَ 210

Rasûl رسول
Rasila ...... رَسِلَ 211

Razaqa رَزَقَ
Razaqa .... رَزَقَ 209

Razaqnâ رَزَقنا
Razaqa .... رَزَقَ 209

رَش (Ra-sh)

Rashâd رشاد
Rashada .. رَشَدَ 211

Rashadan رُشْدً
Rashada .. رَشَدَ 211

Rashîd رشِيد
Rashada .. رَشَدَ 211

رَص (Ra-s)

Rasadan رَصَداً
Rasada .... رَصَدَ 212

رَض (Ra-dz)

Radzû رضو
Radziya ... رَضِيَ 213

Radzyan رضياً
Radziya ... رَضِيَ 213

Radziya رَضِيَ
Radziya ... رَضِيَ 213

Radzîtum رضيتم
Radziya ... رَضِيَ 213

Radzîtu رضيتُ
Radziya ... رَضِيَ 213

Râdziyatun راضيةٌ
Radziya .... رَضِيَ 213

Radziyyun رَضِيٌّ
Radziya .... رَضِيَ 213

رَط (Ra-t)

Ratbun رَطْبٌ
Rataba ..... رَطَبَ 214

رَع (Ra-')

Ra'dun رعدٌ
Ra'ada ..... رَعَدَ 214

Ra'au رعو
Ra'â .... رَعى 215

رَغ (Ra-gh)

Raghbun رَغْبٌ
Raghiba ... رَغِبَ 215

Raghban رَغْباً
Raghiba ... رَغِبَ 214

Raghadan رغداً
Raghida ... رَغِدَ 216

رَف (Ra-f)

Rafatha رَفَثَ
Rafatha .... رَفَثَ 216

Rafrafin رَفْرَفٍ
Raffa ....رفّ 216

Rafa'a رَفَعَ
Rafa'a ......رَفَعَ 217

Rafa'nâ رفعْنا
Rafa'a ...... رَفَعَ 217

Rafî'un رفِيع
Rafa'a ...... رَفَعَ 218

Rafîq رفِيق
Rafaqa ..... رَفَقَ 218

رَق (Ra-q)

Raqabatun رقبة
Raqaba .... رَقَبَ 218

Raqqun رَقّ
Raqqa ......رقّ 219

Raqîbun رَقِيبٌ
Raqaba .... رَقَبَ 218

Raqîm رقِيم
Raqama ... رقَمَ 219

رَك (Ra-k)

Rakbun رَكْبٌ
Rakiba .....رَكِبَ 220

Rakibâ رَكِبا
Rakiba ..... رَكِبَ 220

Rakibû رَكِبُوا
Rakiba ..... رَكِبَ 220

Rakkaba رَكَّبَ
Rakiba .....رَكِبَ 220

Rakûb رَكُوب
Rakiba ..... رَكِبَ 220

رَم (Ra-m)

Ramâd رماد
Ramada ... رَمَدَ 222

Ramzan رَمْزاً
Ramaza ... رَمَزَ 222

Ramadzân رَمضان
Ramidza .. رَمِضَ 222

Ramâ رمىٰ
Ramâ .... رَمىٰ 223

Ramaita رَمَيتَ
Ramâ .... رَمىٰ 223

Ramîm رمِيم
Ramma ... رمّ 223

رَن (Ra-n)

Râna رانَ
Râna .... رَ انَ 228

رَو (Ra-w)

Rawâhun رواح
Râha .... رَاحَ 225

Rawâkida رواكِدَ
Rakada .... رَكَدَ 220

Rawâsiya رَواسِيَ
Rasâ ....رَسا 211

Rawhun رَوْح
Râha .... رَاحَ 225

Râwdatt رَ اودتّ
Râda .... رَادَ 225

Rawadtina رَاودتُن
Râdzâ ...... رَادَ 225

Rawdzâtun رَوضاة
Râdzâ ...... رَادَ 225

Rawdzatun رَوضَةٌ
Râdzâ ...... رَاضَ 226

رَه (Ra-h)

Rahb رهب
Rahiba ..... رَهِبَ 223

Rahban رهْباً
Rahiba ..... رَهِبَ 223

Rahbâniyyatun رهبانيةٌ
Rahiba ..... رَهِبَ 223

Rahbatan رهبة
Rahiba ..... رَهِبَ 223

Raht رهط
Rahata ..... رهط 223

Rahqun رهْقٌ
Rahiqa ..... رَهِقَ 224

Rahwan رهْواً
Raha .... رَها 224

Rahînatun رَهِينة
Rahana .... رَهَنَ 224

Rahînun رَهِين
Rahana .... رَهَنَ 224

رَي (Ra-y)

Rayb رَيب
Râba .... راب 227

Rayhân رَيحان
Râha .... رَاحَ 225

(Ri-) رِ

رِ (Ri-/)

Ri'yâ'an رِئياً
Ra'a .... رأى 196

Ribâ ربا
Rabâ .... ربا 200

Ribât رِباط
Rabata ..... رَبَطَ 199

Riban رِباً
Ribâ .... ربا 200

Ribbiyyûn رِبِيّون
Rabba ...... ربَّ 197

Rijâl رِجال
Rajala ...... رَجَلَ 203

Rijs رِجس
Rajisa ...... رَجِسَ 202

Rijzun رِجزٌ
Rajaza ..... رَجَزَ 202

Rihâlun رِحالٌ
Rahala ..... رَحَلَ 205

Rihlat رحلة
Rahala ..... رَحَلَ 205

Rid'an رِداً
Rada'a ..... رَدَأَ 207

Rizqun رِزقٌ
Razaqa .... رَزَقَ 209

Risâlat رِسالةٌ
Rasila ...... رِسِلَ 210

Risalât رِسالات
Rasila ...... رِسِلَ 210

Ridzâ'at رِضاعت
Radza'a ... رَضَعَ 213

Ridzwân رِضوان
Radziya .... رَضِيَ 213

Ri'â' رِعاء
Ra'â .... رَعى 214

Ri'âyatan رعايةٌ
Ra'â .... رَعى 214

Rifd رِفد
Rafada ..... رَفَدَ 216

Riqâb رقاب
Raqaba .... رَقَبَ 218

Rikâb ركاب
Rakiba ..... رَكِبَ 220

Rikzan رِكزاً
Rakaza .... رَكَزَ 220

Rimâh رماح
Ramaha ... رَمَحَ 222

Rihân رِهان
Rahana .... رَهَنَ 224

Riyâh رياح
Râha .... رَاحَ 225

Riyâ'un رِياءٌ
Ra'a .... رأى 196

Rîhun رِيحٌ
Râha .... رَاحَ 225

Rîsh رِيش
Râsha ...... راشَ 228

Rîy'in رِيع
Ra'â .... رَعٰى 228

(Ru-) رُ

رُ- (Ru- /)

Ru'yâ رُؤيا
Ra'a .... رأى 196

Rub'un رُباعٌ
Raba'a ..... رَبَعَ 200

Rubâ'un رُبعة
Raba'a ..... رَبَعَ 200

Ruj'â رُجعا
Raja'a ...... رَجَعَ 202

Ruji'tu رُجعتُ
Raja'a ...... رَجَعَ 202

Rubamâ رُبّما
Rabba ...... ربَّ 197

Rujjat رُجّت
Rajja .... رجَّ 202

Rujûm رُجُوْم
Rajama .... رَجَمَ 204

Rujz رُجز
Rajaza ..... رَجَزَ 202

Ruhmun رُحمٌ
Rahima .... رَحِمَ 205

Rukhâ'an رُخاءً
Rakhiya ... رَخِيَ 207

Ruddat رُدّت
Radda ...... رَدّ 207

Ruddû رُدّوْا
Radda ...... رَدّ 207

Ruditdtu رُدِّتُ
Radda ...... رَدّ 207

Ruziqnâ رُزِقنا
Razaqa .... رَزَقَ 209

Ruziqû رُزِقُوْا
Razaqa .... رَزَقَ 209

Rushd رُشْدٌ
Rashada .. رَشَدَ 212

Rutabun رُطَبٌ
Rataba .... رَطَبَ 214

Ru'b رُعب
Ra'aba ..... رَعَبَ 214

Rufâtan رُفَتًا
Rafata ...... رَفَتَ 216

Ruqiyyun رُقِيٌّ
Raqiya ..... رَقِيَ 219

Ruqûd رقُود
Raqada .... رَقَدَ 219

Rukâman ركاما
Rakama ... ركَم 221

Rukbân رُكبان
Rakiba ..... رَكِبَ 220

Rukka'an رُكعاً
Raka'a ..... رَكَعَ 221

Ruknun رُكْن
Rakana .... رَكَنَ 222

Rummân رُمّان
Rummân . رُمّان 223

Ruhbân رُهبان
Rahiba ..... رَهِبَ 223

Rûh رُوح
Râha........ رَاحَ 225

Rûhun رُوحٌ
Râha........ رَاحَ 225

Rûm روم
Rûm......... روم 227

Ruwaydan رُوَيداً
Râda........ رَادَ............ 225

Ruw'un رَوعٌ
Râ'a .... رَاعَ 227

(Za-) ز

زَ أ (Za-a)

Zâjirât زَاجِرات
Zajara ...... زَجَرَ 229

Zâda زادَ
Zâda .... زادَ........... 238

Zâdat زادتْ
Zâda .... زادَ........... 238

Zâdû زادُوا
Zâda .... زادَ........... 238

Zâgha زاغَ
Zâgha ...... زاغَ 240

Zâghat زاغَت
Zâgha ...... زاغَ 240

Zâghû زاغُوا
Zâgha ...... زاغَ 240

Zâlat زالتْ
Zâla .... زالَ........... 240

Zâlatâ زالتا
Zâla .... زالَ........... 238

Zânî زانِي
Zana .... زَنىَ 236

Zâniyatun زانِيَة
Zana .... زَنى 236

Zâhidîn زاهِدِين
Zahada .... زَهَدَ 236

Zâhiqun زاهِقٌ
Zahaqa .... زَهَقَ 237

زَب (Za-b)

Zabâniyah زَبانِية
Zabana .... زَبَنَ 229

Zabad زَ بد
Zabada .... زَبَدَ 228

زَج (Za-j)

Zajran زَجْراً
Zajara ...... زَجَرَ........... 229

Zajratun زَجْرَةٌ
Zajara ...... زَجَرَ........... 229

زَح (Za-h)

Zahfan زَحْفاً
Zahafa ..... زَحفَ........... 230

زَر (Za-r)

Zarâbiyya زَرابِيّ
Zarabiyya .... زرابِي 230

Zar'un زَرْعٌ

Zara‘a ...... زَرَعَ 230

زَع (Za-‘)

Za‘ama **زَعَمَ**
Za‘ama .... زَعَمَ 231

Za‘mun **زَعْمٌ**
Za‘ama .... زَعَمَ 231

Za‘amta **زَعَمتَ**
Za‘ama .... زَعَمَ 231

Za‘amtum **زَعمتُم**
Za‘ama .... زَعَمَ 231

Za‘îmun **زَعِيم**
Za‘ama .... زَعَمَ 231

زَف (Za-f)

Zafîr **زَفِير**
Zafara ...... زَفَرَ 231

زَق (Za-q)

Zaqqûm **زَقُّوم**
Zaqama ... زَقَمَ 232

زَك (Za-k)

Zakâ **زَكَىٰ**
Zakâ .... زَكَى 233

Zakariyyâ **زَكَرِيَّا**
Zakariyyâ زَكَرِيَّا 232

Zakât **زَكَوٰة**
Zakâ .... زَكَى 233

Zakiyyatan **زَكِيَّةً**
Zakâ .... زَكَى 233

Zakkâ **زَكَّىٰ**
Zakâ .... زَكَى 233

زَل (Za-l)

Zalzalatun **زَلزَلَةٌ**
Zalzala ..... زَلزَلَ 234

Zalaltum **زَلَلتُم**
Zalla .... زَلَّ 234

زَم (Za-m)

Zamharîr **زَمهَرِير**
Zamhara . زَمهَرَ 236

زَن (Za-n)

Zanjabil **زَنجَبِيل**
Zanjabil ... زَنجَبِيل 236

Zanîm **زَنِيم**
Zanîm ...... زَنِيم 236

زَو (Za-w)

Zawjain **زَوجَين**
Zâja .... زَاجَ 237

Zawjân **زَوجَان**
Zâja .... زَاجَ 237

Zawjun **زَوج**
Zâja .... زَاجَ 237

Zawâl **زَوَال**
Zâla .... زَالَ 238

Zawwajnâ **زَوَّجنَا**
Zâja .... زَاجَ 237

زَه (Za-h)

Zahaqa **زَهَقَ**
Zahaqa .... زَهَقَ 237

Zahûqan **زَهُوقاً**
Zahaqa .... زَهَقَ 237

زَي (Za-y)

Zayt **زَيت**
Zâta .... زَاتَ 238

Zaytûn زَيْتُون
Zâta .... زاتَ........... 238

Zaytûnatun زَيْتُونة
Zâta .... زاتَ........... 238

Zaid زَيد
Zâda .... زادَ 238

Zaygh زَيغ
Zâgha ...... زاغَ 240

Zayyalnâ زَيَّلنا
Zâla .... زالَ........... 240

Zayyana زَيَّن
Zâna .... زانَ........... 241

Zayyannâ زَيَّنّا
Zâna .... زانَ 241

(Zi) زِ

زِ (Zi-/)

Zid زِدْ
Zâda .... زادَ 238

Zidnâ زِدنا
Zâda .... زادَ........... 238

Ziltum زِلتم
Zâla .... زالَ........... 241

Zilzâl زِلزال
Zalzala ..... زلزلَ 233

Zînat زِينت
Zâna .... زانَ........... 241

Ziyâdhtun زِيادةٌ
Zâda .... زادَ 238

(Zu-) زُ

زُ (Zu-/)

Zubûr زَبُور
Zabara ..... زَبَرَ........... 228

Zubur زُبُر
Zabara ..... زَبَرَ 228

Zuhziha زُحزِح
Zahha ...... زحّ 230

Zujâjatun زجاجة
Zujâjatun . زجاجة 229

Zukhruf زُخْرُف
Zakhrafa .. زَخْرفَ 230

Zurqan زُرقاً
Zariqa ...... زَرِقَ 231

Zurrâ'un زُرّاعٌ
Zara'a ...... زَرَعَ........... 230

Zurtum زُرتُم
Zâra .... زارَ 238

Zurû'in زُرُوع
Zara'a ...... زَرَعَ........... 230

Zulafan زلفاً
Zalafa ...... زَلَفَ 234

Zulfâ زلفىٰ
Zalafa ...... زَلَفَ 234

Zulfatan زلفةً
Zalafa ...... زَلَفَ 234

Zulzilat زُلْزِلت
Zalzala ..... زلزلَ 233

Zulzilû زُلزِلوا
Zalzala ..... زلزلَ.......... 233

Zumaran زُمراً
Zumara .... زُمَرَ........... 235

Zuwwijat زَوِّجت
Zâja .... زاجَ 237

Zûra زُورَ
Zâra .... زارَ........... 238

Zûru زُورُ
Zâra .... زارَ 238

Zuyyina زُيِّنَ
Zâna .... زَانَ 241

(Sa-) سَ

ساء (Sa-'a)

Sâ'a ساء
Sâ'a .... ساء 275

Sa'ala سَئَلَ
Sa'ala ...... سأَلَ 242

Sa'alta سَئلتَ
Sa'ala ...... سأَلَ 242

Sa'altu سئلتُ
Sa'ala ...... سأَلَ 242

Sa'altum سَئلتم
Sa'ala ...... سأَلَ 242

Sa'alû سئلوا
Sa'ala ...... سأَلَ 242

Sâ'at ساءت
Sâ'a .... ساء 275

Sâibatin سائبةٍ
Sâba .... سابَ 281

Sâi<u>gh</u>un سائغٌ
Sâ<u>gh</u>a ...... ساغ 278

Sâi<u>gh</u>an سائغاً
Sâ<u>gh</u>a ...... ساغ 278

Sâi<u>h</u>âtun سٰئحاتٌ
Sâ<u>h</u>a .... سَاح 281

Sâi<u>h</u>ûna سٰئحون
Sâha .... سَاح 281

Sâilîna سائلِين
Sa'ala ...... سأَلَ 242

Sâ'ilun سائلٌ
Sa'ala ...... سأَلَ 242

Sâbi<u>h</u>ât سٰبحات
Saba<u>h</u>a .... سَبَح 244

Sâbiqât سابقات
Sabaqa .... سَبَق 246

Sâbiqû سابقوا
Sabaqa .... سَبَق 246

Sâbiqun سابقٌ
Sabaqa .... سَبَق 246

Sâbiqûna سابقون
Sabaqa .... سَبَق 246

Sâbiqîna سابقين
Sabaqa .... سَبَق 246

Sâbi<u>gh</u>ât سابغات
Saba<u>gh</u>a .. سَبَغ 246

Sâjidun ساجد
Sajada ..... سَجَد 248

Sâjidûn ساجدون
Sajada ..... سَجَد 248

Sâjidîn ساجدين
Sajada ..... سَجَد 248

Sâ<u>h</u>atun ساحةٌ
Sâ<u>h</u>a .... ساحَ 276

Sâ<u>h</u>il ساحل
Sa<u>h</u>ala ..... سَحَل 252

Sâ<u>h</u>irâni سٰحران
Sa<u>h</u>ara ..... سَحَر 250

Sâ<u>h</u>irun سٰحر
Sa<u>h</u>ara ..... سَحَر 250

Sâ<u>h</u>irûna ساحرون
Sa<u>h</u>ara ..... سَحَر 250

Sâ<u>kh</u>irîn ساخرين
Sa<u>kh</u>ira .... سَخِر 252

Sâdatun سادة
Sâda .... سادَ 276

Sâdis سادس
Sadasa .... سَدَسَ 254

Sâra سارَ
Sâra .... سار 281

Sâribun سارب
Saraba ..... سَرَبَ 254

Sâriqûn سارقون
Saraqa ..... سَرَقَ 257

Sâriqîn سارقين
Saraqa ..... سَرَقَ 257

Sâri'û سارعوا
Saru'a ...... سَرُعَ 256

Sâfilîn سافلين
Safala ...... سَفَلَ 260

Sâfilun سافلٌ
Safala ...... سَفَلَ 260

Sâq ساق
Sâqa .... ساقَ 279

Sâqi<u>t</u>an ساقطًا
Saqa<u>t</u>a ..... سَقَطَ 261

Sâkinan ساكناً
Sakana .... سكَنَ 264

Sâlat سالت
Sâla سالَ 282

Sâlimûn سالمُون
Salima ..... سَلِمَ 267

Sâmidûn سامدُون
Samada ... سَمَدَ 269

Sâmiriyyun سامِريّ
Samara سَمَرَ 270

Sâmiran سامِراً
Samara سَمَرَ 270

Sâhûn ساهُون
Sahâ .... سَهَا 275

Sâhama ساهَمَ
Sahama ... سَهَمَ 275

Sâhiratun ساهِرة
Sahira ...... سَهِرَ 275

Sâwî سَاوى
Sawiya .... سَوِيَ 280

Sâwî ساوِي
Âwâ .... آوىٰ 38

سَبَ (Sa-b)

Sabâ' سبأ
Sabâ' ...... سبأ 243

Sababun سَبَب
Sabbaba .. سَبّب 244

Sabt سبت
Sabata ..... سَبَتَ 244

Sabata سبتَ
Sabata ..... سَبَتَ 244

Sabba<u>h</u>a سبّح
Saba<u>h</u>a .... سَبَحَ 244

Sabba<u>h</u>û سبّحوا
Saba<u>h</u>a .... سَبَحَ 244

Sabbi<u>h</u> سبّح
Sabaha .... سَبَحَ 244

Sabbi<u>h</u>û سبّحوا
Saba<u>h</u>a .... سَبَحَ 245

Sab<u>h</u>un سَبحٌ
Saba<u>h</u>a .... سَبَحَ 244

Sab<u>h</u>an سَبحًا
Saba<u>h</u>a .... سَبَحَ 244

Sab'un سَبَعٌ
Saba'a ..... سَبَعَ 245

Sabu'u سبّع
Saba'a ..... سَبَع 245

Sab'an سبعًا
Saba'a ..... سَبَع 245

Sab'atun سبعة
Saba'a ..... سَبَع 245

Sabaqa سبق
Sabaqa .... سَبَق 246

Sabaqat سبقت
Sabaqa .... سَبَق 246

Sabaqû سبقوا
Sabaqa .... سَبَق 246

Sabîlan سبيلاً
Sabîl .... سبيل.......247

Sabîlun سبيل
Sabîl .... سبيل.......247

سَج (Sa-j)

Sajâ سَجٰى
Saja .... سَجَى 250

Sajada سَجَد
Sajada ..... سَجَد 248

Sajadû سَجَدوا
Sajada ..... سَجَد 248

سَح (Sa-h)

Sahâbun سحابٌ
Sahaba .... سَحَب 250

Sahaban سحابًا
Sahaba .... سَحَب 250

Saharatun سحرة
Sahara ..... سَحَر 250

Saharû سحروا
Sahara ..... سَحَر 250

Saharun سَحر
Sahara ..... سَحَر 250

Sahhâr سحّار
Sahara ..... سَحَر 250

Sahîqun سحيق
Sahiqa ..... سَحِق 251

سَخ (Sa-kh)

Sakhira سخِرَ
Sakhira .... سخِر 252

Sakhirû سخروا
Sakhira .... سَخِر 252

Sakhkhara سَخر
Sakhkhara سَخر 252

Sakhkharnâ سَخرنا
Sakhkhara سَخر 252

Sakhita سخطَ
Sakhita .... سخط 253

Sakhtun سَخطٌ
Sakhita .... سَخط 253

سَد (Sa-d)

Saddan سدًّا
Sadda ...... سّد 253

Sadîdan سديدًا
Sadida ..... سَدد 253

Saddain سدّين
Sadda ...... سدّ 253

سَر (Sa-r)

Sarâban سرابًا
Saraba ..... سَرَب 254

Sarâbîl سرابيل
Sarbala .... سَربَل 254

Sarâbin سراب
Saraba ..... سَرَب 254

Sarâhan سَراحًا
Sara<u>h</u>a ..... سَرَح 255

Sarâir سرائر
Sarra .... سَرّ 255

Saraban سَربًا
Saraba ..... سَرَب 254

Sard سَرد
Sarada ..... سرد 255

Sari<u>h</u>û سَرِحوا
Sara<u>h</u>a ..... سَرَح 255

Sarrâ' سَرّاء
Sarra .... سَرّ 255

Sarî'un سريع
Saru'a ...... سَرُع 256

Saraqa سرق
Saraqa ..... سَرَق 257

Sarmadan سرمداً
Sarmad ... سرمد 257

Sariyyan سَرِيًّا
Sara .... سَرَى 257

سَع (Sa-')

Sa'â سعٰى
Sa'a .... سَعَى 259

Sa'an سعًا
Sa'a .... سَعَى 259

Sâ'atun ساعةٌ
Sâ'a .... ساعَ 278

Sa'atun سَعة
Wasi'a ..... وَسِعَ 608

Sa'yan سعيًا
Sa'a .... سَعَى 259

Sa'îdun سعيد
Sa'ada ..... سَعَد 258

Sa'îr سَعير
Sa'ara ...... سَعَر 259

Sia'îr سِعير
Sa'ara ...... سَعَر 259

Sa'îran سِعيراً
Sa'ara ...... سَعَر 259

سَف (Sa-f)

Safaratun سفرة
Safara ...... سَفَر 260

Safarun سفر
Safara ...... سَفَر 260

Safiha سِفه
Safiha ...... سَفِه 261

Safahan سَفهًا
Safiha ...... سَفِه 261

Safîhun سَفه
Safiha ...... سَفِه 261

Safâhatun سفهأة
Safiha ...... سَفِه 261

Safînatun سفينة
Safana ..... سَفَن 261

سَق (Sa-q)

Saqar سقر
Saqara ..... سَقَر 261

Saqa<u>t</u>û سَقطوا
Saqa<u>t</u>a ..... سَقط 261

Saqfu سَقف
Saqafa ..... سَقَف 262

Saqfan سقفًا
Saqafa ..... سَقَف 262

Saqâ سقٰى
Saqa .... سَقًى 262

Saqai سَاقَى
Sâqa .... ساقَ 279

Saqaita سَقَيْت
Saqa .... سَقًى 262

Saqîm سَقِيم
Saquma ... سُقم 262

سك (Sa-k)

Sakata سَكَت
Sakata ..... سَكَت 263

Sakaran سكراً
Sakara ..... سَكَر 263

Sakratun سكرة
Sakara ..... سَكَر 263

Sakana سكن
Sakana .... سَكَن 264

Sakanun سَكَنٌ
Sakana .... سَكَن 264

Sakantun سكنة
Sakana .... سَكَن 264

Sakînatun سكينة
Sakana .... سَكَن 264

سَل (Sa-l)

Sal سَلْ
Sa'ala ...... سَألَ 242

Salâman سلاماً
Salima ..... سَلِمَ 267

Salamun سلامٌ
Salima ..... سَلِمَ 267

Salâsila سَلاسل
Salsala .... سَلْسَل 265

Salsabil سلسبيل
Salsabil ... سلسبيل 265

Sallaṯa سلّط
Saluṯa ...... سُلط 265

Salafa سَلَفَ
Salafa ...... سَلَفَ 266

Salafan سلفاً
Salafa ...... سَلَفَ 266

Salaqû سَلَقُوا
Salaqa ..... سَلَقَ 266

Salaka سَلَكَ
Salaka ..... سَلَكَ 266

Salakna سلكْنا
Salaka ..... سَلَكَ 266

Salm سَلم
Salima ..... سَلِمَ 269

Sallama سَلّمَ
Salima ..... سَلِمَ 267

Sallamtum سلّمتم
Salima ..... سَلِمَ 267

Sallimû سَلِّموا
Salima ..... سَلِمَ 267

Salwâ سَلوىَ
Salâ .... سَلا 269

Salîm سلِيم
Salima ..... سَلِمَ 267

سَم (Sa-m)

Samâ'un سماءٌ
Samâ .... سَما 272

Samâwât سمٰوٰت
Samâ .... سَما 272

Sam'un سمْعٌ
Sami'a ..... سمع 270

Sami'a سَمِعَ
Sami'a ..... سَمِعَ 270

Sami'at سَمِعت
Sami'a ..... سمِعَ 270

Sami'nâ سَمِعنا
Sami'a ..... سمِعَ 271

Sami'tum سَمِعتم
Sami'a ..... سَمِعَ 271

Sami'û سَمِعُوا
Sami'a ..... سَمِعَ 271

Samak سمك
Samaka ... سَمَكَ 271

Sammun سَمّ
Samma ... سَمّ 272

Samma'ûna سمّاعُون
Sami'a ..... سمِعَ 270

Sammû سَمّوا
Samâ ...... سَما 272

Sammâ سَمّى
Samâ ...... سَما 272

Samî'an سَميعاً
Sami'a ..... سمِعَ 271

Samî'un سمِيعٌ
Sami'a ..... سمِع 271

Samiyyan سَمِيّاً
Samâ ...... سَما 272

Sammaitu سَمّيتُ
Samâ ...... سَما 272

Sammaitum سَمّيتم
Samâ ...... سَما 272

Samînun سَمِينٌ
Samina سَمِن 272

سَن (Sa-n)

Sanâ سنا
Sanâ .... سنا 274

Sanâbil سنابِل
Sanbala ... سَنبَلَ 274

Sanatan سنةً
Sanâ .... سنا 274

سَو (Sa-w)

Saw'ât سوءات
Sâ'a .... ساء 275

Saw'atun سَوءةٌ
Sâ'a .... ساء 275

Saw'un سَوءٌ
Sâ'a .... ساء 275

Sawâun سواء
Sawiya .... سَوِيَ 280

Sawṯ سَوْط
Sâṯa .... ساطَ 277

Sawfa سَوْفَ
Sâfa .... سافَ 278

Saw'alun سؤلٌ
Sa'ala ...... سألَ 242

Sawwala سَوّل
Sawwal .... سَوّل 279

Sawwalat سَوّلت
Sawwal .... سَوّل 279

Sawî سَوِى
Sawiya .... سَوِيَ 280

Sawiyyan سَوِيّاً
Sawiya .... سَوِيَ 280

Sawwâ سَوّى
Sawiya .... سَوِيَ 280

Sawwaitu سَوّيتُ
Sawiya .... سَوِى 280

سَى (Sa-y)

Sayyi'an سَيِّئاً
Sâ'a .... ساء 275

Sayyiât سيئات
Sâ'a .... ساء 275

Sayyi'atun سيئةٌ
Sâ'a .... ساء 275

Sayr سَير
Sâra .... سار 281

Saylun سَيل
Sâla .... سالَ 282

Saynâ'a سَيناءَ
Sainâ'a .... سَيناءَ 282

Sayû'tînâ سَيؤتِينا
Ata .... اتى 8

Sayyidan سَيّداً
Sâda .... سادَ 276

Sayyâratun سَيارةٌ
Sâra .... سار 281

(Si-) سِ

سِيء (Si-'a)

Sî'a سِيء
Sâ'a .... ساء 275

Sî'at سِيئت
Sâ'a .... ساء 275

سِت (Si-t)

Sittun سِتّ
Sittun .... سِتّ 247

Sittatun سِتّة
Sittatun .... ستّة 247

Sitrun سِترٌ
Satara ..... سَتَر 248

Sittîn سِتين
Sittatun .... ستّة 247

سِج (Si-j)

Sijill سجل
Sajala ...... سَجَل 249

Sijnun سجن
Sajana ..... سَجَن 249

Sijjîl سِجّيل
Sajala ...... سَجَل 249

Sijjîn سِجّين
Sajana ..... سَجَن 250

سِح (Si-h)

Sihrun سحر
Sahara ..... سَحر 250

Sihrân سِحران
Sahara ..... سَحر 250

Sîhû سِيحُوا
Sâha .... ساح 281

سِخ (Si-kh)

Sikhriyyan سخرياً
Sakhira .... سَخِر 252

سِد (Si-d)

Sidrun سدر
Sadira ...... سِدر 253

Sidratun سدرة
Sadira ...... سِدر 253

(Si-r) سِر

Sirâ'an سراعاً
Saru'a ...... سَرُع 256

Sirâjan سراجاً
Sarija .... سَرج 254

Sirran سِرّا
Sarra .... سّر 255

Sirru سِرّ
Sarra .... سّر 255

Siratun سِيرة
Sâra .... سار 281

Sîrû سِيرُوا
Sâra .... سار 281

(Si-q) سِق

Siqâyah سقاية
Saqa .... سَقَى 262

Sîqa سِيقَ
Sâqa .... ساقَ 279

(Si-k) سِك

Sikkînun سكين
Sakana .... سكَن 264

Skînatun سكينة
Sakana .... سكَن 264

(Si-l) سِل

Silsilatin سلسلة
Salsala .... سَلسَل 265

Silm سِلم
Salima ..... سَلِمَ 267

(Si-m) سِم

Simânun سِمانٌ
Samina .... سَمِنَ 272

Sîmâ سِيما
Sâma ...... سامَ 279

(Si-n) سِن

Sîn س
Saufa .... سَوفَ 241

Sinnun سِنّ
Sanna ...... سنّ 274

Sinatun سنة
Wasana ... وَسَنَ 609

Sinîna سِنِينَ
Sanâ .... سنا 274

Sînîna سِينِينَ
Sainâ'a .... سَيناء 282

(Su) سُ

(Su-') سُءٰ

Su'ila سُئِلَ
Sa'ala ...... سألَ 242

Su'ilat سُئِلت
Sa'ala ...... سألَ 242

Su'ilû سُئِلوا
Sa'ala ...... سألَ 242

(Su-b) سُب

Subâtun سُبات
Sabata ..... سَبَت 244

Subhâna سبحان
Sabaha .... سَبَح 244

Subqan سبقًا
Sabaqa .... سَبَق 246

Subulan سُبلا
Sabîl .... سبِيل 247

سُج (Su-j)

Sujjadan سُجداً
Sajada ..... سَجَدَ 248

Sujjirat سُجِّرت
Sajara ...... سَجَرَ 249

Sujûd سُجود
Sajada ..... سَجَدَ 248

سُح (Su-h)

Suhqan سُحقًا
Sahiqa ..... سَحِق 251

Suht سُحت
Sahata ..... سَحَتَ 250

سُد (Su-d)

Sudus سُدس
Sadasa .... سَدَس 254

Sudan سُدًى
Sada .... سدى 254

سُر (Su-r)

Surâdiq سُرادق
Sardaqa ... سَردَق 255

Surûran سُروراً
Sarra .... سَرّ 255

Sururun سُرُرٌ
Sarra .... سَرّ 255

سُط (Su-t)

Sutihat سُطحت
Sataha ..... سَطَحَ 258

سُع (Su-')

Su'ur سُعر
Sa'ara ...... سَعَرَ 259

Su'idû سُعِدوا
Sa'ada ..... سَعَدَ 258

Su''irat سُعِّرت
Sa'ara ...... سَعَرَ 259

سُف (Su-f)

Sufahâ' سُفهاء
Safiha ...... سَفِه 261

Suflâ سُفلى
Safala ...... سَفَل 260

سُق (Su-q)

Suqita سُقط
Saqata ..... سَقَط 261

Suqnâ سُقنا
Sâqa .... ساقَ 279

Suqû سُقوا
Saqa .... سَقَى 262

Suqufan سُقُفًا
Saqafa ..... سَقَفَ 262

Suqyan سُقيًا
Saqa .... سَقَى 262

سُك (Su-k)

Sukârâ سُكارىٰ
Sakara ..... سَكِرَ 263

Sukkarat سُكِّرت
Sakara ..... سَكِرَ 263

سُل (Su-l)

Sulâlatun سُلالةٌ
Salla .... سَلّ 267

Sullaman سُلّماً
Salima ..... سَلِمَ 267

Sullamun سُلّم
Salima ..... سَلِمَ 267

Sultân سُلطان
Saluta ...... سَلطَ 265

Sulaimân سُليمان
Salima ..... سَلِمَ 267

سُم (Su-m)

Sumûmun سُمُومٌ
Samma ... سَمّ 272

سُن (Su-n)

Sumbul سنبل
Sanbala ... سَنبَلَ 273

Sumbulât سنبلات
Sanbala ... سَنبَلَ 273

Sumbulatun سنبلةٌ
Sanbala ... سَنبَلَ 273

Sunanun سُنَنْ
Sanna ...... سَنّ 274

Sundusin سُندُسٍ
Sanada .... سَنَدَ 273

Sunnatun سُنّة
Sanna ...... سَنّ 274

سُه (Su-h)

Suhûl سُهُول
Sahula ..... سَهُلَ 275

سُو (Su-w)

Sûw'â سُوأى
Sâ'a .... ساء 275

Suwâ'un سُواعًا
Suwâ'un .. سواعٌ 278

Suw'âl سؤال
Sa'ala ...... سأَلَ 242

Sû'un سُوءٌ
Sâ'a .... ساء 275

Sûdun سُودٌ
Sâda .... سادَ 276

Sûratun سُورة
Sâra .... سارَ 277

Sûrun سُورٌ
Sâra .... سارَ 277

Suwarun سُوَرٌ
Sâra .... سارَ 277

Suwan سُوىً
Sawiya .... سَوِىَ 280

سُي (Su-y)

Suyyirat سُيِّرت
Sâra .... سار 281

ش (Sha-)

شاءَ (Sha-')

Shâ'a شاءَ
Shâ'a شاءَ 302

Sha'nin شأن
Sha'ana ... شأنَ 283

Sha'nun شأنٌ
Sha'ana ... شأنَ 283

Shâni'uka شانئك
Sha'ana ... شَأنَ 283

Shâniun شانئٌ
Shana'a ... شَنَأ 298

Shâkhisatun شاخصةٌ
Shakhasa شَخَصَ 284

Shâribûna شاربُون
Shariba شَرِبَ 285

Shâribîna شاربِين
Shariba شَرِبَ 285

Shârik شارك
Sharika شَرِكَ 288

Shâwir شاوِرْ
Shâra .... شارَ 301

Shâ'irun شاعِرٌ
Sha'ara .... شَعَرَ 291

Shâfi'în شافِعِين
Shafa'a .... شَفَعَ 293

Shâqqû شاقّوا
Shaqqa .... شَقّ 295

Shâkirun شاكِرٌ
Shakara ... شَكَرَ 296

Shâkiran شاكِرًا
Shakara ... شَكَرَ 296

Shâkirûn شاكِرُون
Shakara ... شَكَرَ 296

Shâkirîn شاكِرِين
Shakara ... شَكَرَ 296

Shâwir شاوِرْ
Shâra .... شارَ 299

Shâhidun شاهِدٌ
Shahida ... شَهِدَ 300

Shâhidan شاهِدًا
Shahida ... شَهِدَ 299

Shâhidûn شاهِدُون
Shahida ... شَهِدَ 299

Shâhidîn شاهِدِين
Shahida ... شَهِدَ 299

شَت (Sha-t)

Shattan شَتًّا
Shatta شَتّ 283

شَج (Sha-j)

Shajara شَجَرَ
Shajara شَجَرَ 284

Shajarun شَجَرٌ
Shajara شَجَرَ 284

Shajaratan شَجَرَةً
Shajara شَجَرَ 284

Shajaratin شَجَرَةٍ
Shajara شَجَرَ 284

Shajaratun شَجَرَةٌ
Shajara شَجَرَ 284

شَد (Sha-d)

Shadadnâ شددنا
Shadda شَدّ 285

Shadidun شَدِيدٌ
Shadda شَدّ 285

شَر (Sha-r)

Shararun شَرارًا
Sharra شَرّ 287

Shariba شَرِبَ
Shariba شَرِبَ 285

Sharibû شَرِبُوا
Shariba شَرِبَ 285

Sharah شَرَحَ
Sharaha شَرَحَ 286

Shara'a شَرَعَ
Shara'a شَرَعَ 287

Shara'û شَرَعُوا
Shara'a شَرَعَ 287

Sharrida شَرِّد
Sharada ... شَرَدَ 286

Sharrun شَرٌّ
Sharra ..... شَرّ 287

<u>Sh</u>arran شَرًّا

Sharra...... شَرّ 287

Sharqiyyan شرقِيّاً
Sharaqa شَرَق 287

Sharqiyyatun شرقِيّةٌ
Sharaqa شَرَق 287

Sharau شرؤا
Shara شَرى 288

Sharîatun شريعةٌ
Shara'a شَرَعَ.............. 287

Sharîkun شريك
Sharika شَرِكَ 289

شَط (Sha-t)

Shat'un شطأ
Shata'a.... شطأ 290

Shatra شَطر
Shatara ... شَطَرَ 290

Shatatan شططًا
Shatta ..... شَطّ 290

Shâtiun شَطِئ
Shata'a.... شطأ 290

شَع (Sha-')

Sha'âir شعائر
Sha'ara.... شَعَرَ 291

شَغ (Sha-gh)

Shaghafa شَغَفَ
Shaghafa . شَغَفَ 293

Shaghalat شَغلتْ
Shaghala . شَغَلَ 293

شَف (Sha-f)

Shafâ شفا
Shafa .... شَفا............ 295

Shafâ'atun شفاعةٌ
Shafa'a .... شَفَعَ 293

Shafatain شفتَين
Shafaha ... شَفَهَ............. 295

Shaf'i شفْعِ
Shafa'a .... شَفَعَ 293

Shafaq شفق
Shafiqa .... شَفِقَ 294

Shafî'un شفِيع
Shafa'a .... شَفَعَ 293

شَق (Sha-q)

Shaqqan شَقّاً
Shaqqa .... شَقّ 295

Shaqaqnâ شَققنا
Shaqqa .... شَقّ 295

Shaqû شَقُوا
Shaqiya ... شَقِيَ 296

Shaqiyyun شقِيٌّ
Shaqiya ... شَقِيَ............ 296

شَك (Sha-k)

Shakara شَكَرَ
Shakara ... شَكَرَ 296

Shakartum شَكرتْم
Shakara . . شَكَرَ 296

Shakilatun شكلةٌ
Shakala ... شَكَلَ 297

Shakkun شَك
Shakka.... شَكّ 297

Shaklin شكلٍ
Shakala ... شَكَلَ........... 297

Shakûrun شكُور
Shakara ... شَكَرَ 296

Shakûran شكُوراً
Shakara ... شَكَرَ 296

شَم (Sha-m)

Shamâ'il شمائل
Shamala .. شَمَلَ 298

Shamikhâtun شامخات
Shamakha شَمَخَ 298

Shams شمس
Shamasa شَمَسَ 298

شَن (Sha-n)

Shana'ânun شنأنٌ
Shana'a ... شَنَأَ 298

شَو (Sha-w)

Shawb شَوب
Shâba ...... شابَ 301

Shawkat شَوكة
Shâka ...... شاكَ 301

Shawan شَوًى
Shawâ ..... شَوَى 302

شَه (Sha-h)

Shahâdatun شهادةٌ
Shahida ... شَهِدَ 299

Shahida شَهِدَ
Shahida ... شَهِدَ 299

Shahidtum شهدتم
Shahida ... شَهِدَ 299

Shahidnâ شهدنا
Shahida ... شَهِدَ 299

Shahidû شَهِدُوا
Shahida ... شَهِدَ 299

Shahrain شَهرَين
Shahara ... شَهَرَ 300

Shahrun شَهْرٌ
Shahara ... شَهَرَ 300

Shahwât شَهْوات
Shahâ ...... شَها 300

Shahwat شَهوت
Shahâ ...... شَها 300

Shahîdain شهِيدَين
Shahida ... شَهِدَ 299

Shahîdan شهِيداً
Shahida ... شَهِدَ 299

Shahîqan شهِيقًا
Shahaqa .. شَهَقَ 300

Shahîqun شهِيقٌ
Shahaqa .. شَهَقَ 300

شَي (Sha-y)

Shay'un شَيءٌ
Shâ'a شاءَ 302

Shay'an شَيئًا
Shâ'a شاءَ 302

Shayban شَيبًا
Shâba ...... شابَ 302

Shaybatan شَيبةً
Shâba ...... شابَ 302

Shaykhun شَيخٌ
Shâkha .... شاخَ 302

Shaykhan شَيخًا
Shâkha .... شاخَ 302

Shaytân شَيطان
Shatana ... شَطَنَ 290

Shayâtîn شيٰطِين
Shatana ... شَطَنَ 290

(Shi-) شِ

شِئ (Shi-’)

Shi’ta شِئْتَ
Shâ‘a ....شاءَ............302

Shi’tum شِئْتُم
Shâ‘a .... شاءَ...........302

Shi’tuma شِئتما
Shâ‘a .... شاءَ...........302

Shi’nâ شِئنا
Shâ‘a .... شاءَ...........302

شِت (Shi-t)

Shitâ شِتاء
Shatâ ....شَتأ........... 283

شِد (Shi-d)

Shidâd شِداد
Shadda .... شَدّ 285

Shidâdan شِدادًا
Shadda .... شَدّ............285

شِر (Shi-r)

Shirbun شِرْبٌ
Shariba .... شَرب.......... 285

Shirdhimatun شرذمة
Shirdhimatun شِرذمة 286

Shir‘atun شِرعةٌ
Shara‘a .... شَرَعَ............287

شع (Shi-‘)

Shi‘r شِعر
Sha‘ara .... شَعَرَ.......... 291

Shi‘râ شِعرىٰ
Sha‘ara .... شَعَرَ.......... 291

Shi‘yan شِعيًا
Shâ‘a .... شاعَ 303

شِر (Shi-r)

Shirkun شِركٌ
Sharika .... شَرِكَ.......... 288

شِف (Shi-f)

Shifâ‘un شفاءٌ
Shafâ .... شَفَى 295

شِق (Shi-q)

Shiqâqun شقاقٌ
Shaqqa .... شَقّ 295

Shiqqin شِقٍّ
Shaqqa .... شَقّ............295

Shiqwatun شِقوةٌ
Shaqiya ... شَقِيَ 295

شِم (Shi-m)

Shimâl شمال
Shamala .. شَمَلَ 298

شِه (Shi-h)

Shihâb شِهاب
Shahaba .. شَهَبَ........... 299

شِي (Shi-y)

Shîban شِيبًا
Shâba ...... شابَ 302

Shiyatun شية
Washa ..... وَشَى........... 610

Shî‘atun شِيعةٌ
Shâ‘a .... شاعَ.......... 303

(Shu) شُ

شُ (Shu-/)

Shubbiha شُبِّهَ
Shabaha .. شَبَهَ 283

Shuhhun شُحٌّ
Shahha .... شَحَّ 284

Shuhûm شُحُوم
Shahama . شَحم 284

Shuddû شَدّوا
Shadda .... شَدَّ 285

Shurakâ' شُرَكاء
Sharika .... شَرِكَ 288

Shurba شُرْبَ
Shariba .... شَرِبَ 285

Shurra'an شُرَّعًا
Shara'a . شَرَعَ 287

Shu'abin شُعَبٍ
Sha'aba ... شَعَبَ 291

Shu'aib شُعَيب
Sha'aba ... شَعَبَ 291

Shu'arâ شعراء
Sha'ara .... شَعَرَ 291

Shu'ûban شُعُوب
Sha'aba ... شَعَبَ 291

Shughulun شُغُلٌ
Shaghala . شَغَلَ 293

Shufa'â' شفعاء
Shafa'a .... شَفَعَ 293

Shuqqatun شُقَّةٌ
Shaqqa .... شَقَّ 295

Shukran شُكرًا
Shakara ... شَكَرَ 296

Shuhub شُهُب
Shahaba .. شَهَبَ 299

Shuhadâ' شهداء
Shahida ... شَهِدَ 299

Shuhûr شُهُور
Shahara ... شَهَرَ 300

Shûrâ شُورٰى
Shâra .... شارَ 301

Shuwâzun شُواظٌ
Shaza ...... شاظَ 301

Shuyûkhan شُيُوخ
Shâkha .... شاخَ 302

(Sa) صَ

صأ (Sa-')

Sâd ص
Sâdiq .... صادق 303

Sâ'imât صائمات
Sâma ...... صام 325

Sâ'imîna صائمِين
Sâma ...... صام 325

Sa'iqan صائقًا
Sa'iqa ...... صَعِقَ 315

Sâbirât صابرات
Sabara .... صَبَرَ 305

Sâbiratun صابِرَةٌ
Sabara .... صَبَرَ 305

Sâbirû صابرُوا
Sabara .... صَبَرَ 305

Sâbirûn صابِرُون
Sabara .... صَبَرَ 305

Sâbirîn صابرين
Sabara .... صَبَرَ 305

Sâbi'ûn صابئُون
Saba'a ..... صَبأ 303

Sâbi'în صابئِين
Saba'a ..... صَبأ 305

Sâhibatun صاحبةٌ
Sahiba ..... صَحِبَ 307

Sâhib صاحِب
Sahiba ..... صَحِبَ 307

Sâhibun صاحبٌ
Sahiba ..... صَحِبَ 307

Sâhibay صاحِبَي
Sahiba ..... صَحِبَ 307

Sâkhkhatun صاخّة
Sakhkha .. صَخّ 308

Sâdiqan صادقًا
Sadaqa .... صَدَقَ 310

Sâdiqûn صادِقون
Sadaqa .... صَدَقَ 310

Sâdiqîn صادقِين
Sadaqa .... صَدَقَ 310

Sâdiqât صادقات
Sadaqa .... صَدَقَ 310

Sâdiqun صادِقٌ
Sadaqa .... صَدَقَ 310

Sârimin صارِمٍ
Sarama .... صَرَمَ 314

Sâghirûna صاغِرُونَ
Saghira .... صَغِرَ 315

Sâghirîna صاغِرين
Saghira .... صَغِرَ 315

Sâffûna صافّون
Saffa .... صَفّ 317

Sâfinât صٰفِنٰت
Safana ..... صَفَنَ 317

Sâlu صَالُ
Salâ .... صَلى 320

Sâlih صالح
Salaha ..... صَلَحَ 318

Sâlihain صالحَين
Salaha ..... صَلَحَ 318

Sâlihât صالحات
Salaha ..... صَلَحَ 318

Sâlihun صالحٌ
Salaha ..... صَلَحَ 318

Sâlihan صالحًا
Salaha ..... صَلَحَ 318

Sâlihûna صالحون
Salaha ..... صَلَحَ 318

Sâlihîna صالحِين
Salaha ..... صَلَحَ 318

Sâlû صالُوا
Salâ .... صَلى 320

Sâmitûna صامتُون
Samata .... صَمَتَ 321

صَب (Sa-b)

Sabba صَبّ
Sabb .... صَبّ 304

Sababna صَببنا
Sabb .... صَبّ 304

Sabban صَبًّا
Sabb .... صَبّ 304

Sabbâr صبّار
Sabara .... صَبَرَ 305

Sabbah صَبّح
Sabaha .... صَبَحَ 304

Sabâh صباح
Sabaha .... صَبَحَ 304

Sabar صبر
Sabara ..... صَبَرَ 305

Sabrun صبْر
Sabara .... صَبَرَ 305

Sabran صَبْرًا
Sabara .... صَبَرَ 305

Sabarnâ صبرنا
Sabara صَبَرَ 305

Sabartum صبرتم
Sabara صَبَرَ 305

Sabarû صبرُوا
Sabara ..... صَبَرَ 305

Sabiyyan صبِيًّا
Sabâ .... صبأ 307

صَخ (Sa-kh)

Sakhrun صَخرٌ
Sakhara ... صَخَرَ 308

Sakhratun صخْرة
Sakhara ... صَخَرَ 308

صَد (Sa-d)

Sadda صَدَّ
Sadda ...... صَدَّ 308

Saddun صداًّ
Sadda ...... صَدَّ 308

Sadadnâ صَددنا
Sadda ...... صَدَّ 308

Sadrun صدرٌ
Sadara ..... صَدَرَ 309

Sad'un صَدْعٌ
Sada'a ..... صَدَعَ 309

Sadafa صَدَفَ
Sadafa ..... صَدَفَ 310

Sadafayn صَدفَين
Sadafa ..... صَدَفَ 310

Sadaqa صَدَقَ
Sadaqa .... صَدَق 310

Sadaqat صَدقت
Sadaqa .... صَدَق 310

Sadaqât صدقات
Sadaqa .... صَدَق 310

Sadaqatin صدقةٍ
Sadaqa .... صَدَق 310

Sadaqatan صدقتًا
Sadaqa .... صَدَق 310

Sadaqta صَدقتَ
Sadaqa .... صَدَق 310

Sadaqû صَدقُوا
Sadaqa .... صَدَق 310

Saddaqa صَدّقَ
Sadaqa .... صَدَق 310

Saddaqat صَدّقت
Sadaqa .... صَدَق 310

Saddaqta صَدّقتَ
Sadaqa .... صَدَق 310

Saduqât صدُقات
Sadaqa .... صَدَق 310

Saddû صَدّوا
Sadda ...... صَدّ 308

Sadîdun صديدٌ
Sadda ...... صَدّ 308

صَر (Sa-r)

Sarhun صَرح
Saraha ..... صَرَحَ 312

Sarhan صرحًا
Saraha ..... صَرَحَ 312

Sar'â صَرْعا
Sara'a ...... صَرعَ 314

Sarratin صَرّة
Sarra .... صَرّ 313

Sarsaran صَرْصرًا
Sarsara ... صَرْصَرَ 313

Sarsarin صَرْصَرٍ
Sarsara ... صَرْصَرَ 313

Sarafa صَرَفَ
Sarafa ...... صَرَفَ 314

Sarafnâ صرفنا
Sarafa ...... صَرَفَ 314

Sarfan صرفًا
Sarafa ...... صَرَفَ 314

Sarrafnâ صَرّفنا
Sarafa ...... صَرَفَ 314

Sarîkhun صريخ
Sarakha ... صَرَخَ 312

Sarîm صريم
Sarama صَرَمَ 314

صَع (Sa-ʻ)

Sa'adan صعدًا
Sa'ida ...... صَعِدَ 315

Sa'iqa صَعِقَ
Sa'iqa ...... صَعِقَ 315

Sâ'qatun صَعْقَة
Sa'iqa ...... صَعِقَ 315

Sa'ûdan صَعُودًا
Sa'ida ...... صَعِدَ 315

Sa'îdan صَعِيدًا
Sa'ida صَعِدَ 315

صَغ (Sa-gh)

Saghârun صغارًا
Saghira .... صَغِرَ 315

Saghat صَغَتْ
Saghiya ... صَغِيَ 316

Saghîran صَغِيرًا
Saghira .... صَغِرَ 315

Saghîrin صَغِيرٍ
Saghira .... صَغِرَ 315

Saghîratan صَغِيرَةً
Saghira .... صَغِرَ 315

صَف (Sa-f)

Safâ صفا
Safâ .... صَفَىَ 317

Saffan صَفًّا
Saffa .... صَفّ 317

Saffât صفّات
Saffa .... صَفّ 317

Safha صَفْحَ
Safaha ..... صَفَحَ 316

Safhan صَفحًا
Safaha ..... صَفَحَ 316

Safrâ'u صَفراءُ
Safara ...... صَفَرَ 317

Safsafan صَفصَفًا
Safsafan صَفصَفًا 317

Sâfinât صافِنٰت
Safana ..... صَفَنَ 317

Safwân صَفوان
Safâ .... صَفَىَ 317

صَك (Sa-k)

Sakkat صَكَّتْ
Sakka ...... صَكّ 318

صَل (Sa-l)

Salli صَلِّ
Salâ .... صلا 320

Salât صلاة
Salâ .... صلا 320

Salabû صَلَبُوا
Salaba ..... صَلَبَ 318

Salah صَلَح
Salaha ..... صَلَحَ 318

Saldan صلداً
Salada ..... صَلَدَ 320

Salsâl صَلصال
Salla ....صَلّ............. 320

Salawâtun صلواتٌ
Salâ .... صلا 320

Salawâtin صلوات
Salâ .... صلا 320

Sallû صلّوا
Salâ ....صَلَى............ 320

Sallû صلّوا
Salâ .... صلا 320

Sallâ صلّى
Salâ .... صلا 320

صَم (Sa-m)

Sammû صَمّوا
Samma ... صَمَّ 322

صَن (Sa-n)

Sana'û صَنَعُوا
Sana'a ..... صَنَعَ 322

San'atun صنعةٌ
Sana'a .....صَنَعَ.......... 322

صَو (Sa-w)

Sawt صَوت
Sâta .... صاتَ 324

Sawâban صواباً
Sâba .... صاب 323

Sawâffa صوافّ
Saffa .... صَفّ 317

Sawâ'iq صوائق
Sa'iqa ...... صَعِقَ........... 315

Sawâmi' صوامع
Sama'a .... صَمَعَ........... 322

Sawwarna صَوّرنا
Sawwara .صَوّر 325

صَي (Sa-y)

Sayasî صياصِي
Sâsa .... صاص........... 326

Sayyibun صَيّبٌ
Sâba ....صابَ 323

Sayhatin صَيحةٍ
Sâha .... صاحَ 326

Sayhtu صَيحةٌ
Sâha صاحَ 326

Sayhata صَيحةً
Sâha ....صاحَ........... 326

Saydi صَيدِ
Sâda .... صادَ 326

Saydun صَيد
Sâda .... صادَ 326

Sayda صَيدَ
Sâda .... صادَ 326

Sayf صَيف
Sâfa .... صَفَى........... 326

(Si-) صِ

صِ (Si-/)

Sibghatan صِبْغَةً
Sabagha .. صَبَغ 306

Sibghun صِبْغٌ
Sabagha .. صَبَغ 306

Sihâf صِحاف
Sahafa ..... صَحَفَ 308

Siddîqun صديق
Sadaqa .... صَدَق 310

Siddîqîna صدِيقِينَ
Sadaqa .... صَدَق 310

Siddîqûna صدِيقونَ
Sadaqa .... صَدَق 310

Sidqun صِدقٌ
Sadaqa .... صَدَق 310

Sidqan صِدقًا
Sadaqa .... صَدَق 310

Sirâtun صِراط
Sirât .... صِراط 313

Sirâtan صراطًا
Sirât .... صِراط 313

Sirrun صِرٌ
Sarra .... صَرّ 313

Siliyyan صلِيًا
Salâ .... صَلى 320

Sinwânun صِنوانٌ
Sanwun ... صَنوٌ 323

Sihran صِهراً
Sahara ..... صَهَرَ 323

Siyâmin صيامٍ
Sâma .... صام 325

Siyâmun صيامٌ
Sâma .... صام 325

Siyâman صيامًا
Sâma .... صام 325

(Su-) صُ

صُ (Su-/)

Subhu صُبْحُ
Sabaha .... صَبحَ 304

Subbû صبّوا
Sabb .... صَبّ 304

Suhufun صُحفٌ
Sahafa ..... صَحَفَ 307

Sudda صُدّ
Sadda ...... صَدّ 308

Sudûdun صُدُودٌ
Sadda ...... صَدّ 308

Sur صُر
Sara .... صارَ 324

Surifat صُرِفت
Sarafa ...... صَرَفَ 314

Sufrun صُفرٌ
Safara ...... صَفَرَ 317

Sulb صُلب
Salaba ..... صَلَبَ 318

Sulhun صُلحٌ
Salaha ..... صَلَحَ 318

Sulhan صلحًا
Salaha ..... صَلَحَ 318

Summun صُمٌّ
Samma ... صَمّ 322

Summan صُمّاً
Samma ... صَمّ 322

Sun'a صُنْع
Sana'a ..... صَنَعَ 322

Suwâ'a صواعَ
Sâ'a .... صاع 325

Sûrun صُوراً
Sawwara . صَوّر 325

(Dza) ضَ

ضأ (Dza-/)

Dza'an ضَئَن
Dza'ana ... ضئنَ 327

Dzâ'iqun ضائقٌ
Dzâqa ...... ضاقَ 336

Dzâhikun ضاحكٌ
Dzahika ... ضَحكَ 328

Dzâhikan ضاحكًا
Dzahika ... ضَحكَ 328

Dzâhikatun ضاحكةٌ
Dzahika ... ضَحكَ 328

Dzârrun ضارٌ
Dzarra ..... ضَرّ 330

Dzârrîna ضارين
Dzarra ..... ضَرّ 330

Dzâqa ضاقَ
Dzâqa ...... ضاقَ 336

Dzâqat ضاقت
Dzâqa ...... ضاقَ 336

Dzâllûn ضالُّون
Dzalla ...... ضَلّ 333

Dzallîn ضالِين
Dzalla ...... ضَلّ 333

Dzâllan ضَالاً
Dzalla ...... ضَلّ 333

Dzâmir ضامِر
Dzamara . ضَمرَ 334

ضَب (Dza-b)

Dzabhan ضَبحًا
Dzabaha .. ضَبَحَ 327

ضَح (Dza-h)

Dzahikat ضَحكت
Dzahika ... ضَحكَ 327

ضَف (Dza-f)

Dzafâdi'un ضفادع
Dzafda'a .. ضَفْدَعَ 332

ضَر (Dza-r)

Dzaraba ضَرَبَ
Dzaraba ... ضَرَبَ 328

Dzarban ضَربًا
Dzaraba ... ضَرَبَ 328

Dzarbun ضَربٌ
Dzaraba ... ضَرَبَ 328

Dzarabnâ ضَربنا
Dzaraba ... ضَرَبَ 328

Dzarabtum ضَربتُم
Dzaraba ... ضَرَبَ 328

Dzarabû ضَرَبُوا
Dzaraba ... ضَرَبَ 328

Dzararun ضَرَرٌ
Dzarra ...... ضَرّ 329

Dzarrun ضَرٌّ
Dzarra ...... ضَرَّ 329

Dzarrâ'u ضَرَّاءُ
Dzarra ...... ضَرَّ 329

ضَع (Dza-')

Dza'ufa ضَعُفَ
Dza'afa .... ضَعَفَ 331

Dza'ufû ضَعُفُوا
Dza'afa .... ضَعَفَ 331

Dza'îfan ضَعِيفًا
Dza'afa .... ضَعَفَ 331

ضَل (Dza-l)

Dzalla ضَلَّ
Dzalla ...... ضَلَّ 333

Dzalâlun ضَلَالٌ
Dzalla ...... ضَلَّ 333

Dzalâlatun ضَلَالَةٌ
Dzalla ...... ضَلَّ 333

Dzalalnâ ضَلَلنَا
Dzalla ...... ضَلَّ 333

Dzalaltu ضَلَلتُ
Dzalla ...... ضَلَّ 333

Dzallû ضَلُّوا
Dzalla ...... ضَلَّ 333

ضَن (Dza-n)

Dzanînun ضَنِينٌ
Dzanna .... ضَنَّ 334

Dzankan ضَنكًا
Dzanaka .. ضَنَكَ 334

ضَي (Dza-y)

Dzayr ضَير
Dzâra .... ضَارَ 335

Dzayfun ضَيفٌ
Dzâfa .... ضَافَ 335

Dzaiqun ضَيقٌ
Dzâqa ...... ضَاقَ 335

Dzayyiqan ضَيِّقًا
Dzâqa ...... ضَاقَ 335

(Dzi-) ضِ

ضِ (Dzi-/)

Dziddan ضِدًّا
Dzadda .... ضَدَّ 328

Dzi'âfan ضِعافًا
Dza'afa .... ضَعَفَ 331

Dzi'fain ضِعفَين
Dza'afa .... ضَعَفَ 331

Dzi'fun ضِعْفٌ
Dza'afa .... ضَعَفَ 331

Dzighthan ضِغْثًا
Dzaghatha ضَغَثَ 331

Dziyâ'un ضِيَاءٌ
Dzâ'a .... ضَاءَ 334

Dzizâ ضِيزا
Dzâza .... ضَازَ 335

(Dzu) ضُ

ضُ (Dzu-/)

Dzuhan ضُحًا
Dzahiya ... ضَحِيَ 328

Dz̲û̲h̲aha ضحٰها
Dz̲a̲h̲iya ... ضَحِيَ 328

Dz̲uriba ضُرِبَ
Dz̲araba ... ضَرَبَ 328

Dz̲uribat ضُرِبَت
Dz̲araba ... ضَرَبَ 328

Dz̲u'afâ'u ضُعفاءُ
Dz̲a'afa .... ضَعفَ 331

Dz̲u'fun ضُعْفٌ
Dz̲a'afa .... ضَعفَ 331

(T̲a) طَ

طأ (T̲a-')

T̲â'ifataini طائفتَين
T̲âfa طافَ 346

T̲â'ifatun طائفةٌ
T̲âfa طافَ 346

T̲â'ifîna طائفِين
T̲âfa طافَ 346

T̲â'ifun طائفٌ
T̲âfa طافَ 346

T̲â'ifatâni طائفتان
T̲âfa طافَ 346

T̲â'i'îna طائعِين
T̲â'a طاعَ 345

T̲â'irun طائرٌ
T̲âra طارَ 349

T̲âba طابَ
T̲âba .... طابَ 348

T̲arfun طرْفٌ
T̲arafa ...... طرَفَ 337

T̲âridin طاردِ
T̲arada ..... طرَدَ 337

T̲âriq طارق
T̲araqa ..... طرَقَ 338

T̲âriqun طارق
T̲araqa ..... طرَقَ 338

T̲â'atan طاعتًا
T̲â'a .... طاعَ 345

T̲â'imun طاعِمٌ
T̲a'ima ...... طعِم 338

T̲â'âman طاعِمًا
T̲a'ima ...... طعِم 338

T̲âg̲h̲iyatu طاغِيَتُ
T̲ag̲h̲â .... طغیٰ 339

T̲âg̲h̲ûn طاغُون
T̲ag̲h̲â طغیٰ 339

T̲âg̲h̲îna طاغِين
T̲ag̲h̲â ...... طغیٰ 339

T̲âg̲h̲ût طاغُوت
T̲ag̲h̲â .... طغیٰ 339

T̲âfa طافَ
T̲âfa .... طافَ 346

T̲âqatun طاقةٌ
T̲âqa .... طاقَ 347

T̲âla طال
T̲âla .... طالَ 347

T̲âlib طالب
T̲alaba ...... طلَبَ 340

T̲âlût طالوت
T̲âla .... طالَ 347

T̲âmmatu طآمّةُ
T̲amma .... طمَّ 343

طَب (T̲a-b)

T̲aba'a طَبَعَ
T̲ab'a .... طبَعَ 336

T̲abaqun طَبَقٌ
T̲abaqa ..... طَبَق 337

T̲abaqan طبقًا
T̲abaqa ..... طَبَق 337

طر (T̲a-r)

T̲arâ'iqun طرائقٌ
T̲araqa ..... طَرَق 338

T̲aradtu طَرَدْتُ
T̲arada ..... طَرَد 337

T̲arafay طرفي
T̲arafa .... طَرَف 337

T̲arafan طرفًا
T̲arafa طَرَف 337

T̲ariqan طرقًا
T̲araqa ..... طَرَق 338

T̲arîqatun طريقةٌ
T̲araqa ..... طَرَق 338

T̲ariyyan طريًا
T̲aruwa ..... طَرُوَ 338

طع (T̲a-')

T̲a'âmun طَعامٌ
T̲a'ima ...... طَعِم 338

T̲a'mun طَعْمٌ
T̲a'ima ...... طَعِم 338

T̲a'imtum طعمتُم
T̲a'ima ...... طَعِم 338

T̲a'imû طِعموا
T̲a'ima ...... طَعِم 338

T̲a'anû طَعَنُوا
T̲a'ana ...... طَعَن 339

طغ (T̲a-gh̲)

T̲agh̲au طَغو
T̲agh̲â .... طغىٰ 339

T̲agh̲â طغىٰ
T̲agh̲â .... طغىٰ 339

طف (T̲a-f)

T̲afiqa طَفِقَ
T̲afiqa .... طَفِقَ 340

T̲afiqâ طَفِقا
T̲afiqa .... طَفِقَ 340

طل (T̲a-l)

T̲allun طَلٌّ
T̲alla .... طل 342

T̲alaban طَلبٌ
T̲alaba ...... طلبَ 340

T̲alh̲un طَلحٌ
T̲alah̲a ...... طلحَ 340

T̲al'un طَلعٌ
T̲ala'a ...... طلعَ 341

T̲ala'at طَلعتْ
T̲ala'a ...... طلعَ 341

T̲allaqa طَلّقَ
T̲alaqa ...... طلقَ 341

T̲allaqahunna طَلّقهُنّ
T̲alaqa ...... طلقَ 341

T̲allaqtum طَلّقتُم
T̲alaqa ...... طلقَ 341

T̲alliqû طَلِّقوا
T̲alaqa ...... طلقَ 341

T̲allaqtumûhunna طَلّقتُمُوهُنّ
T̲alaqa ...... طلقَ 341

طم (T̲a-m)

T̲am'an طمعًا
T̲ami'a ...... طمعَ 343

Tamasnâ طمسنا
Tamasa ... طَمَسَ 342

طو (Ta-w)

Tawdun طودٌ
Tâda .... طادَ 345

Taw'an طوعًا
Tâ'a .... طاعَ 345

Tawwa'at طوّعت
Tâ'a .... طاعَ 345

Tawwâfûna طوّافُون
Tâfa .... طافَ 346

Tawîlan طويلاً
Tâla .... طالَ 347

طه (Ta-h)

Tâ hâ طه
Tâ hâ .... طه 343

Tahâ طها
Tahâ .... طها 337

Tahhara طهّرَ
Tahara ..... طهرَ 344

Tahhir طهّر
Tahara ..... طهرَ 344

Tahhirâ طهّرا
Tahara ..... طهرَ 344

Tahûr طهُور
Tahara ..... طهرَ 345

طي (Ta-y)

Tayyun طيٌّ
Tawa .... طوىَ 348

Tayyibin طيّب
Tâba .... طابَ 348

Tayyiban طيّبًا
Tâba .... طابَ 348

Tayyibât طيّبات
Tâba .... طابَ 348

Tayyibatun طيّبةٌ
Tâba .... طابَ 348

Tayyibûna طيّبُون
Tâba .... طابَ 348

Tayyibîn طيّبين
Tâba .... طابَ 348

(Ti -) طِ

طِ (Ti-/)

Tibâqan طباقًا
Tabaqa ..... طبَقَ 337

Tibtum طِبتُم
Tâba .... طابَ 348

Tibna طِبنَ
Tâba .... طابَ 348

Tiflan طِفلاً
Tafula .... طفُلَ 340

Tiflun طِفلٌ
Tafula .... طفُلَ 340

Tînun طِينٌ
Tâna .... طانَ 349

Tînan طِينًا
Tâna .... طانَ 349

(T̲u-) طُ

طو (T̲u-/)

T̲ûbâ طوبا
T̲âba .... طابَ 348

T̲ubi'a طُبِعَ
T̲ab'a .... طبعَ 336

T̲ughyânan طُغيانًا
T̲aghâ .... طغىٰ 339

T̲umisat طُمِسَتْ
T̲amasa ... طمَسَ 342

T̲ûrun طورٌ
T̲âra .... طارَ 345

T̲ûlan طولاً
T̲âla ...... طالَ 347

T̲ûfân طوفان
T̲âfa .... طافَ 346

T̲uwan طُوًى
T̲awa .... طوىَ 348

T̲uwa طُوىَ
T̲awa .... طوىَ 348

(Z̲a-) ظَ

ظأ (Z̲a-')

Z̲âlimatun ظالمةٌ
Z̲alama .... ظلَمَ 351

Z̲âlimî ظالِمِي
Z̲alama .... ظلَمَ 351

Z̲âlimun ظالِمٌ
Z̲alama .... ظلَمَ 351

Z̲âlimûn ظالِمون
Z̲alama .... ظلَمَ 351

Z̲âlimîna ظالِمِين
Z̲alama .... ظلَمَ 351

Z̲ânnîna ظانِين
Z̲anna ...... ظنَّ 352

Z̲âhiratan ظاهِرةً
Z̲ahara ..... ظهَرَ 353

Z̲âharû ظاهرُوا
Z̲ahara ..... ظهَرَ 353

Z̲âhirîna ظاهِرين
Z̲ahara ..... ظهَرَ 353

ظعَ (Z̲a-')

Z̲a'ni ظَعن
Z̲a'ana ..... ظعَنَ 350

ظَل (Z̲a-l)

Z̲alla ظَلَّ
Z̲alla .... ظلّ 350

Z̲allâmun ظَلّامٌ
Z̲alama .... ظلَمَ 351

Z̲alta ظَلتَ
Z̲alla .... ظلّ 350

Z̲allat ظَلّت
Z̲alla .... ظلّ 350

Z̲alaltum ظللتم
Z̲alla .... ظلّ 350

Z̲allanâ ظللنا
Z̲alla .... ظلّ 350

Z̲alama ظَلمَ
Z̲alama .... ظلَمَ 351

Z̲alamnâ ظَلمنا
Z̲alama .... ظلَمَ 351

Z̲alamtu ظَلَمتُ
Z̲alama .... ظَلَمَ 351

Z̲alamtum ظَلمتم
Z̲alama .... ظَلَمَ 351

Z̲alamû ظَلَمُوا
Z̲alama .... ظَلَمَ 351

Z̲allû ظَلّوا
Z̲alla .... ظَلّ 350

Z̲alûmun ظَلُومٌ
Z̲alama .... ظَلَمَ 351

Z̲alûman ظَلُومًا
Z̲alama .... ظَلَمَ 351

Z̲alîlan ظَلِيلاً
Zalla .... ظَلّ 350

Z̲alîlun ظَلِيلٌ.
Zalla .... ظَلّ 350

ظَم (Z̲a-m)

Z̲am'ân ظمأن
Z̲ami'a ..... ظَمِأَ 352

Z̲amâ'un ظمأٌ
Z̲ami'a ظَمِأَ 352

ظَن (Z̲a-n)

Z̲anna ظَنّ
Z̲anna ...... ظَنّ 352

Z̲annun ظَنٌّ
Z̲anna ...... ظَنّ 352

Z̲annâ ظَنَّا
Z̲anna ...... ظَنّ 352

Z̲ananna ظَنَنَّا
Z̲anna ...... ظَن 352

Z̲anantu ظَنَنتُ
Z̲anna ...... ظَنّ 352

Z̲anantum ظننتم
Z̲anna ...... ظَنّ 352

Z̲annû ظَنّوا
Z̲anna ...... ظَنّ 352

ظَه (Z̲a-h)

Z̲ahar ظَهر
Zahara ... ظَهَرَ 353

Z̲ahrun ظَهر
Z̲ahara ..... ظَهَرَ 353

Z̲ahran ظَهرًا
Z̲ahara ..... ظَهَرَ 353

Z̲âhiratun ظَاهِرة
Z̲ahara ..... ظَهَرَ 353

Z̲ahîrun ظَهِيرٌ
Z̲ahara ظَهَرَ 353

Z̲ahîratun ظَهِيرة
Z̲ahara ..... ظَهَرَ 353

(Z̲i-) ظِ

ظِ (Z̲i-/)

Z̲ilâl ظِلال
Z̲alla .... ظَلّ 350

Z̲illun ظِللٌ
Z̲alla .... ظَلّ 0

Z̲ihriyyan ظِهريًا
Z̲ahara ... ظَهَرَ 353

(Zu-) ظُ

ظُ (Zu-/)

Zullatun ظِلّ
Zalla .... ظلّ 350

Zulalun ظُلَلٌ
Zalla .... ظلّ 351

Zulima ظُلِمَ
Zalama .... ظلَمَ 351

Zulimû ظُلِمُوا
Zalama .... ظلَمَ 351

Zulmun ظُلْمٌ
Zalama .... ظلَمَ 351

Zulman ظُلْمًا
Zalama .... ظلَمَ 351

Zulumât ظُلُمات
Zalima ..... ظلِمَ 351

Zunûna ظُنُون
Zanna ...... ظنّ 352

Zuhûrun ظُهُورٌ
Zahara ..... ظهَرَ 353

('Ain) ع

عأ ('a-')

'Â'ilan عائلاً
'Ala .... عال 395

'Â'ilatan عائلة
'Ala .... عال 395

'Âbidât عابِدات
'Abada ..... عَبَدَ 355

'Âbidûn عابِدُون
'Abada ..... عَبَدَ 355

'Âbidîn عابدِين
'Abada ..... عَبَدَ 355

'Âbirî عابري
'Abara ...... عَبَرَ 356

'Âbirîna عابِرين
'Abara ...... عَبَر 356

'Âtiyatin عاتِيةٍ
'Ataya ...... عَتَي 358

Âjilatun عاجلةٌ
'Ajila .... عَجِلَ 360

'Âd عاد
'Ada .... عَدا 362

'Âda عاَد
'Âda .... عاَد 392

'Âdalytum عاديتم
'Ada .... عَدا 362

'Âdû عادوا
'Ada .... عاَد 392

'Âdûna عادون
'Ada .... عَدا 362

'Âshirû عاشِروا
'Ashara .... عَشَرَ 373

'Âsifun عاصف
'Asafa ...... عصف 375

'Âsifât عاصفات
'Asafa ...... عصف 375

'Âsifatun عاصفة
'Asafa ...... عَصف 375

'Âsimun عاصم
'Asama .... عَصَم 375

'Âfîna عافِين
'Afâ .... عفا 379

'Âqaba عاقب
'Aqaba ..... عَقَبَ 380

'Âqibû عاقبوا
'Aqaba ..... عَقَبَ 380

'Âqirun عاقر
'Aqara ...... عقر 382

'Âqiran عاقرا
'Aqara ...... عقر 382

'Âqabtum عاقبتم
'Aqaba ..... عَقَبَ 380

'Âkif عاكف
'Akafa عكف 382

'Âkifûna عاكفُون
'Akafa ...... عكف 382

'Âkifîna عاكفين
'Akafa ...... عكف 382

'Âlamîn عالمين
'Alama ..... عَلَم 383

'Âlimun عالِم
'Alama ..... عَلَم 383

'Âlimûna عالمون
'Alama ..... عَلَم 383

'Âlimîna عالمين
'Alama ..... عَلَم 383

'Âlin عال
'Alâ .... علا 385

'Âlîn عالين
'Alâ .... علا 385

'Âliya عالِي
'Alâ .... علا 385

'Âliyan عالياً
'Alâ .... علا 385

'Âliyatun عالية
'Alâ .... علا 385

'Âmun عامٌ
'Âma .... عام 395

'Âmilatun عاملة
'Amila ...... عَمِلَ 388

'Âmilun عامِلٌ
'Amila ...... عَمِلَ 388

'Âmilûn عاملون
'Amila ...... عَمِلَ 388

'Âmilîn عاملين
'Amila ...... عَمِلَ 389

'Âmaini عامين
'Ama .... عام 395

'Âhadtum عاهدتم
'Ahida ...... عَهِدَ 392

'Âhadû عاهدوا
'Ahida ...... عَهِدَ 392

عَب ('a-b)

Ta'ba<u>th</u>ûna تعبثُون
'Abi<u>th</u>a ..... عَبِثَ 354

'Aba<u>th</u>an عبثًا
'Abi<u>th</u>a ..... عَبِثَ 354

'Abada عَبدَ
'Abada ..... عَبدَ 355

'Abadnâ عَبدنا
'Abada ..... عَبدَ 355

'Abadtum عَبدتم
'Abada ..... عَبدَ 355

'Abdin عَبد
'Abada ..... عَبدَ 355

'Abdun عَبدٌ
'Abada ..... عَبدَ 355

'Abdan عبداً
'Abada ..... عَبدَ 355

'Abbadta عبدْتَ
'Abada ..... عَبَدَ 355

'Abdaini عبدَين
'Abada ..... عَبَدَ 355

'Abasa عَبَسَ
'Abasa ..... عَبَسَ 356

'Abûsan عَبَسَ
'Abasa ..... عَبوسا 356

'Abqariyyun عَبقريٌ
'Abqariyyun عَبقري 356

عَت ('a-t)

'Atat عَتت
'Ataya ...... عَتيَ 358

'Atau عتَو
'Ataya ...... عَتيَ 358

'Atîdun عتِيدٌ
'Atuda ...... عَتُدَ 357

'Atîq عتِيق
'Ataqa ...... عَتَقَ 357

عَج ('a-j)

'Ajabun عَجَبٌ
'Ajiba .... عَجِبَ 358

'Ajaban عَجبًا
'Ajiba .... عَجِبَ 358

'Ajibta عجِبتَ
'Ajiba .... عَجِبَ 358

'Ajibtum عجِبتم
'Ajiba .... عَجِبَ 358

'Ajibû عجِبُوا
'Ajiba .... عَجِبَ 358

'Ajil عَجِل
'Ajila .... عَجِلَ 360

'Ajiltu عجِلتُ
'Ajila .... عَجِلَ 360

'Ajiltum عجِلتم
'Ajila .... عَجِلَ 360

'Ajjala عَجّل
'Ajila .... عَجِلَ 360

'Ajjalnâ عَجلنا
'Ajila .... عَجِلَ 360

'Ajûzun عجُوزٌ
'Ajaza ...... عَجَزَ 359

'Ajûlan عجُولاً
'Ajila .... عَجِلَ 360

'Ajîbun عجِيبٌ
'Ajiba ...... عَجِبَ 359

عَد ('a-d)

'Adâwatun عَداوت
'Ada .... عَدا 362

'Adadun عدد
'Adda ...... عَدّ 361

'Adasun عدس
'Adasa ..... عدس 361

'Adda عدّ
'Adda ...... عَدّ 361

'Addada عدّد
'Adda ...... عَدّ 361

'Addûna عددون
'Adda ...... عَدّ 361

'Adiyât عديٰت
'Ada .... عَدا 362

'Adala عدل
'Adala ...... عدل 362

'Adlun عدْلٌ
'Adala ...... عدل 362

'Adnin عدنٍ

'Adana ..... عَدَنَ 362

'Aduwwun عدوّ
'Ada .... عَدا 362

'Aduwwan عدوا
'Ada .... عَدا 362

عَذ ('a-dh)

'Adhâbun عذاب
'Adhuba ... عَذُبَ 363

'Adhaba عَذَبَ
'Adhuba ... عَذُبَ 363

'Adhabnâ عذبنا
'Adhuba ... عَذُبَ 363

'Adhbun عَذْبٌ
'Adhuba ... عَذُبَ 363

عَر ('a-r)

'Arabiyyan عَرَبِيًّا
'Aruba ...... عُرَبَ 364

'Arabiyyun عَرَبِيّ
'Aruba ...... عُرَبَ 364

'Arshun عرش
'Arasha .... عَرَشَ 366

'Aradza عَرَض
'Aradza .... عَرَض 366

'Aradznâ عرضنا
'Aradza .... عَرَض 366

'Aradzun عَرَض
'Aradza عَرَض 366

'Aradzan عرضًا
'Aradza .... عَرَض 366

'Ardzan عَرْض
'Aradza .... عَرَض 366

'Ardzun
'Aradza .... عَرَض 366

'Aridzan عرضًا
'Aradza .... عَرَض 366

'Aridzun عرض
'Aradza .... عَرَضَ 366

'Arradztum عَرّضتم
'Aradza .... عَرَض 366

'Arafa عرف
'Arafa .... عَرَف 367

'Arafât عرفات
'Arafa .... عَرَف 367

'Arafta عرفت
'Arafa .... عَرَف 367

'Arrafa عرّف
'Arafa .... عَرَف 367

'Arûbatun عروبة
'Aruba ...... عُرَبَ 364

'Arûbun عروبًا
'Aruba ...... عُرَبَ 364

'Arâ عَرى
'Ariya .... عَرَى 379

Arîdzun عريض
'Aradza .... عَرَضَ 367

عَز ('a-z)

Azza عَزّ
'Azza ...... عَز 371

'Azzarû عزّروا
'Azar .... عزر 370

'Azzaznâ عززنا
'Azza ...... عَز 371

'Azzertumû عزّرتموا
'Azar .... عزر 370

'Azalta عَزَلت
'Azala ...... عَزَلَ 371

'Azama عَزم
'Azama .... عزم 372

'Azamta عَزمت
'Azama .... عَزم 372

'Azamû عَزموا
'Azama .... عَزم 372

'Azmun عزمٌ
'Azama عَزم 372

('a-s) عَس

'As'asa عَسعس
'Assa .... عَسّ 373

'Asalun عَسلٌ
'Asala ...... عَسل 373

'Asâ عَسٰى
'Asâ .... عَسٰى 373

'Asaitum عَسيتم
'Asâ .... عَسٰى 373

'Asîrun عَسير
'Asura ...... عَسُرَ 372

'Asîran عسيراً
'Asura ...... عَسُرَ 372

('a-sh) عَش

'Asharatun عشرة
'Ashara .... عَشَرَ 373

'Ashîratun عشيرة
'Ashara .... عَشَرَ 373

'Ashiyyan عَشياً
'Ashiya .... عَشَى 374

'Ashiyyatun عشية
'Ashiya .... عَشَى 374

('a-s) عَص

'Asâ عَصا
'Asâ .... عصا 376

'Asfan عصفاً
'Asafa ...... عَصف 375

'Asfun عَصّفٌ
'Asafa ...... عَصف 375

'Asr عصر
'Asar .... عَصر 375

'Asau عصو
'Asâ .... عصٰى 376

Asâ عَصٰى
'Asâ .... عصٰى 376

Asayta عصيتَ
'Asâ .... عصٰى 376

'Asaytu عَصيت
'Asâ .... عَصٰى 376

'Asaynâ عصينا
'Asâ .... عصٰى 376

('a-dz) عَض

'Adzudun عضد
'Adzada ... عضد 377

'Adzdzû عضّوا
'Adzdza ... عَضّ 377

('a-t) عَط

A'tâ'un عطاءٌ
'Atâ .... عَطا 378

('A-z) عَظ

'Azam عَظم
'Azama .... عَظَم 378

'Azîmun عظيم
'Azama .... عَظم 378

'Azîman عظيماً
'Azama .... عَظم 378

عَف ('a-f)

'Afâ عفا
'Afâ .... عفا 379

'Afau عفو
'Afâ .... عفا 379

'Afuwwun عفوٌّ
'Afâ عفا 379

'Afuwwan عفوًّا
'Afâ .... عفا 379

'Afwa عفو
'Afâ .... عفا 379

عَق ('a-q)

'Aqibun عقبٌ
'Aqaba ..... عَقَب 380

'Aqabatu عقبة
'Aqaba ..... عَقَب 380

'Aqibai عقْبي
'Aqaba ..... عَقَب 380

'Aqibatun عقبة
'Aqaba ..... عَقَب 380

'Aqdun عَقد
'Aqada ..... عَقَد 380

'Aqadat عقدت
'Aqada ..... عَقَد 381

'Aqadtum عقدتم
'Aqada ..... عَقَد 381

'Aqara عَقَر
'Aqara ...... عقر 382

'Aqarû عقروا
'Aqara ...... عقر 382

'Aqalû عَقلوا
'Aqala ...... عَقَل 382

'Aqîmun عقيم
'Aqama .... عقم 382

'Aqîman عقيماً
'Aqama .... عقم 382

عَل ('a-l)

'Alâ علا
'Alâ .... على 387

'Allâm علام
'Alama ..... عَلَم 383

'Alâniyatan علانية
'Alana ...... علن 385

'Alaqun عَلَق
'Aliqa ...... عَلق 383

'Alaqatun عَلقة
'Aliqa ...... عَلق 383

'Alima عِلم
'Alama ..... عَلَم 383

'Allama علّم
'Alama ..... عَلَم 383

'Alimatum علمتم
'Alama ..... عَلَم 383

'Alimnâ علمنا
'Alama ..... عَلَم 383

'Alimta علمت
'Alama ..... عَلَم 383

'Alimtumû علمتموا
'Alama ..... عَلَم 383

'Alimû علموا
'Alama ..... عَلَم 383

'Allamnâ علّمنا
'Alama ..... عَلَم 383

'Allamta علّمت
'Alama ..... عَلَم 383

'Allamtu عَلّمت
'Alama ..... عَلَم 383

'Allamtum علّمتم
'Alama ..... عَلَم 383

'Alau عَلو
'Alâ .... علا 385

'Alâ على
'Alâ .... على 387

'Alîyyun علىّ
'Alâ .... علا 387

'Alîm عليم
'Alama ..... عَلم 383

عَم ('a-m)

'Ammun عمّ
'Ammun... عمّ 389

'Ammâtun عمّة
'Ammun... عمّ 389

'Amadun عمّد
'Amada .... عَمد 387

'Amrun عَمَر
'Amara ..... عَمَر 387

'Amarû عمروا
'Amara ..... عَمَر 387

A'mala عَمل
'Amila ...... عَمِل 388

'Amalun عَملٌ
'Amila ...... عَمِل 388

'Amalan عملا
'Amila ...... عَمِل 388

'Amila عِمل
'Amila ...... عَمِل 388

'Amilat عملت
'Amila ...... عَمِل 388

'Amiltum عِملتم
'Amila ...... عَمِل 388

'Amilû عملوا
'Amila ...... عَمِل 388

'Amûna عمون
'Amiya ..... عِمَى 389

'Amû عموا
'Amiya ..... عِمَى 389

'Amâ عَمٰى
'Amiya ..... عِمَى 389

'Amiya عِمَى
'Amiya ..... عِمَى 389

'Amiyat عميت
'Amiya ..... عِمَى 389

'Amîq عميق
'Amuqa .... عَمق 389

'Amîna عمين
'Amiya ..... عِمَى 389

عَن ('a-n)

'An عَن
'An عَن 390

'Anat عَنت
'Ana عَنا 392

'Anata عَنَتَ
'Anita .... عَنِت 390

'Anitum عَنِتم
'Anita .... عَنِت 390

'Ankabût عَنكبوت
'Ankabun عَنكب 392

'Anîd عَنيد
'Anada ..... عَنَد 391

عَو ('a-w)

'Awrât عَورات

'Åra .... عار 394

'Awratun عَورة
'Åra .... عار 394

'Awânun عَوان
'Åna ....عان............ 398

عَه ('a-h)

'Ahad عَهْد
'Ahida ...... عهد 392

'Ahdun عَهد
'Ahida ...... عَهِد 392

'Ahida عهد
'Ahida ...... عهد 392

'Ahidnâ عَهدنا
'Ahida ...... عَهِد 392

عَي ('a-y)

'Ayînâ عَيينا
'Ayya........ عَيَّ 398

'Aynâni عينان
'Åna ....عان............ 398

'Aynun عَينٌ
'Åna .... عان 398

ع ('i-)

عِ ('i-/)

'Ibâdat عبادت
'Abada..... عَبَدَ 355

'Ibratun عِبرةٌ
'Abara...... عَبَرَ 356

'Itiyyan عِتِيًّا
'Ataya ...... عَتي 358

'Ijâfun عجافٌ
'Ajifa .... عَجِفَ 360

'Ijlun عِجلٌ
'Ajila .... عَجِلَ 360

'Idan عِداً
'Åda .... عاد 392

'Iddatun عدّت
'Adda .... عَدَّ 361

'Izîn عِزين
'Azâ .... عَزى 372

'Izzan عِزًّا
'Azza .... عَز 371

'Izzatun عِزّة
'Azza .... عَز 371

'Ishâr عشار
'Ashara .... عَشَرَ 373

'Ishâun عِشاء
'Ashiya .... عَشِيَ 374

'Ishrûn عِشرون
'Ashara .... عَشَرَ 373

'I<u>s</u>ama عصم
'A<u>s</u>ama .... عَصَمَ 375

'I<u>s</u>iyyan عصيّاً
'A<u>s</u>â .... عصٰى 376

'I<u>s</u>iyyun عصىٌّ
'A<u>s</u>â .... عصٰى 376

'I<u>s</u>yânun عصيان
'A<u>s</u>â .... عصٰى 376

'I<u>dz</u>în عضين
'A<u>dz</u>â .... عضا 377

'I<u>t</u>fun عِطفٌ
'A<u>t</u>afa .... عَطف 377

'I<u>z</u> عظ
Wa'a<u>z</u>a .... وَعظ 613

‘I<u>z</u>âm عظام
‘A<u>z</u>ama .... عَظَم 378

‘I<u>z</u>û عظوا
Wa‘a<u>z</u>a .... وَعَظ 613

‘Ifrîtun عفريت
‘Afara .... عَفَرَ 379

‘Iqâbun عقاب
‘Aqaba عقَبَ 380

‘Illiyûna عليّون
‘Alâ .... علاَ 385

‘Illiyyîna علّيين
‘Alâ .... علا 385

‘Ilman علم
‘Alama ..... عَلَم 383

‘Imâd عماد
‘Amada .... عَمَدَ 387

‘Imâratun عمارة
‘Amara ..... عَمَرَ 387

‘Imrân عمران
‘Amara . . . عَمَرَ 387

‘Inaban عِنَبًا
‘Anaba ..... عَنَب 390

‘Inabun عنَب
‘Anaba ..... عَنَب 390

‘Inda عِند
‘Inda .... عِندَ 391

‘Iwajun عِوج
‘Awija .... عِوَج 392

‘Iwajan عِوجًا
‘Awija .... عِوَج 392

‘Îsa عِيسىٰ
‘Isa .... عِيسىٰ 396

‘Îshatan عيشة
Âsha .... عاش 398

‘Îrun عِيرٌ
‘Âra .... عار 396

‘Înun عين
‘Âna .... عأن 398

(‘u-) عُ

عُ (‘u-/)

‘Utuwwan عُتُوًّا
‘Ataya ...... عَتي 358

‘Uttuwwin عُتوِ
‘Ataya ...... عَتي 358

‘U<u>th</u>ira عُثِرَ
‘A<u>th</u>ara ..... عَثَرَ 358

‘Ujâbun عجابٌ
‘Ajiba .... عَجِبَ 358

‘Udnâ عُدنا
‘Âda .... عاد 393

‘Udtum عدتم
‘Âda .... عادَ 393

‘Udwânun عدوان
‘Ada .... عَدَا 363

‘Udwatun عدوت
‘Ada .... عَدَا 362

‘U<u>dh</u>ran عُذراً
‘A<u>dh</u>uba ... عَذُبَ 363

‘U<u>dh</u>tu عذت
‘Â<u>dh</u> .... عاذ 394

‘Uruban عُربًا
‘Aruba ...... عُرَب 364

‘Urjûn عُرجُون
‘Arjana ..... عرجَن 366

'Urûsh عروش
'Arasha ..... عَرَش 366

'Ur<u>dz</u>atun عُرضة
'Ara<u>dz</u>a ..... عَرَض 366

'Urfan عُرفاً
'Arafa .... عَرَف 367

'Urfun عُرف
'Arafa .... عَرَف 367

'Uri<u>dz</u>a عُرِض
'Ara<u>dz</u>a ..... عَرَض 366

'Uri<u>dz</u>û عُرِضوا
'Ara<u>dz</u>a ..... عَرَض 366

'Urwatun عروة
'Arâ .... عَرا 369

'Uzairun عزير
'Azar .... عزر 370

'Uzzâ عزّاً
'Azza .... عَز 371

'Usratun عُسرة
'Asura ...... عَسُر 372

'Usrun عُسرٌ
'Asura ...... عَسُر 372

'U<u>s</u>batun عُصبة
'A<u>s</u>aba ..... عَصَب 374

'U<u>tt</u>ilat عطّلت
'A<u>t</u>ila .... عطِل 378

'Ufiya عفي
'Afâ .... عفا 379

'Uqbun عقْب
'Aqaba ..... عَقَب 380

'Uqban عُقبا
'Aqaba ..... عَقَب 380

'Uqdatun عقدة
'Aqada ..... عَقَد 381

'Uqiba عُقِبَ
'Aqaba ..... عَقَب 380

'Uqibtum عُقبتم
'Aqaba ..... عَقَب 380

'Uqûd عقود
'Aqada ..... عقَد 380

'Ulamâ عُلماء
'Alama ..... عَلَم 383

'Ullimna عُلّمنا
'Alama ..... عَلَم 383

'Ullimta علّمت
'Alama ..... عَلَم 383

'Ullimtum علّمتم
'Alama ..... عَلَم 383

'Uluwwan علّواً
'Alâ .... علا 385

'Ulyâ عُليا
'Alâ .... علا 385

'Ummiyat عُمّيت
'Amiya ..... عِمَى 389

'Umrah عُمرة
'Amara ..... عَمَر 387

'Umuran عمراً
'Amara ..... عَمَر 387

'Umurun عُمرٌ
'Amara ..... عَمَر 387

'Umyun عُمىٌ
'Amiya ..... عِمَى 389

'Umyan عميا
'Amiya ..... عِمَى 389

'Umyânan عمياناً
'Amiya ..... عِمَى 389

'Unuq عُنق
'Aniqa ..... عَنِق 391

U'yûnun عيون
'Âna .... عانَ 398

(Gha-) غ

غأ (Gha-')

Gha'ibatin غائبة
Ghâba ...... غاب 412

Gha'ibîn غائبين
Ghâba ...... غاب 412

Gha'ibun غائب
Ghâba ...... غاب 412

Ghâ'it غائط
Ghâta .... غاطَ 411

Ghâ'zûn غائظون
Ghâza ...... غاظ 413

Ghâbirîna غابرين
Ghabara .. غَبَرَ 399

Ghârun غارٌ
Ghâra ...... غار 411

Ghârimîna غارمين
Gharima .. غرم 402

Ghâsiqin غاسق
Ghasaqa .. غَسق 402

Ghâshiyatun غاشية
Ghashiya . غَشِى 403

Ghafirîn غافرين
Ghafara .... غفَرَ 405

Ghâfirun غافِر
Ghafara .. غفَرَ 405

Ghâfilât غافلات
Ghafala .... غَفَل 406

Ghâfilîna غافلين
Ghafala .... غَفَل 406

Ghâfilun غافل
Ghafala .... غَفَل 406

Ghâfilan غافلاً
Ghafala .... غَفَل 406

Ghâfilûna غافلون
Ghafala .... غَفَل 406

Ghâlibun غالب
Ghalaba ... غَلَب 407

Ghâlibûn غالبون
Ghalaba ... غَلَب 407

Ghâlibîn غالبين
Ghalaba ... غَلَب 407

Ghâwîn غاوين
Ghawa ..... غوَى 412

Ghâwûna غاوون
Ghawa ..... غوَى 412

غَب (Gha-b)

Ghabaratun غَبرة
Ghabara .. غَبَرَ 399

غَد (Gha-d)

Ghadin غد
Ghada ..... غَدَا 400

Ghadan غَداً
Ghada ..... غَدَا 400

Ghadât غَداة
Ghada ..... غَدَا 400

Ghadaqan غدقا
Ghadiqa ... غَدق 400

Ghadau غَدَوَ
Ghada ...... غدا 400

Ghadawta غَدوت
Ghada ...... غدا 400

Ghadaun غَدو
Ghada...... غَدا 400

غَر (Gha-r)

Gharra غَرّ
Gharra ... غر 401

Gharâbîb غرابيب
Gharaba .. غَرَبِ 400

Gharâman غراما
Gharima .. غرم 402

Gharabat غربت
Gharaba .. غَرَب 400

Gharbiyyatun غربية
Gharaba .. غَرَب 400

Gharbiyyun غربّي
Gharaba .. غَرب 400

Gharrat غَرّت
Gharra ..... غر 401

Gharaq غرق
Ghariqa ... غرق 401

Gharqan غرقًا
Ghariqa ... غرق 401

Gharûr غَرور
Gharra ..... غرّ 402

غَز (Gha-z)

Ghazlun غَزلٌ
Ghazala ... غَزل 402

غَس (Gha-s)

Ghassâqan غسّاقا
Ghasaqa .. غَسق 402

Ghasaqa غَسق
Ghasaqa .. غَسق 402

غَش (Gha-sh)

Ghashiya غِشَى
Ghashiya . غِشَى 403

Ghashsha غَشى
Ghashiya . غِشَى 403

غَص (Gha-s)

Ghasban غصبًا
Ghasaba . غَصَب 404

غَض (Gha-dz)

Ghadzbun غَضب
Ghadziba غَضب 404

Ghadziba غَضبَ
Ghadziba غَضب 404

Ghadzbân غَضبان
Ghadziba غَضب 404

Ghadzibû غَضبوا
Ghadziba . غَضب 404

غَف (Gha-f)

Ghafara غَفَر
Ghafara ... غفَر 405

Ghaffâr غفّار
Ghafara .... غفر 405

Ghafarnâ غَفرنا
Ghafara ... غفَر 405

Ghaflatun غَفلة
Ghafala .... غَفَل 406

Ghafûrun غُفور
Ghafara .... غفَر 405

Ghafûran غَفورًا
Ghafara .... غفَر 405

غَل (Gha-l)

Ghall غلّ
Ghalla ...... غلّ 408

Ghalâz غلاظ
Ghalaza ... غَلَظَ 407

Ghalabun غلب
Ghalaba ... غَلَبَ 407

Ghalabat غَلبت
Ghalaba ... غَلَبَ 407

Ghalabû غلبوا
Ghalaba ... غَلَبَ 407

Ghalaqat غَلقت
Ghalaqa ... غلق 408

Ghalizan غِلظًا
Ghalaza ... غَلَظَ 407

Ghalizun غِلَظ
Ghalaza ... غَلَظَ 407

Ghalyun غليٌ
Ghala ...... غَلى 409

غم (Gha-m)

Ghamân غمام
Ghamma .. غمّ 409

Ghamman غمّا
Ghamma .. غمّ 409

Ghamma غمّ
Ghamma .. غمّ 409

Ghammatun غمّة
Ghamma .. غمّ 409

Ghamarât غمرات
Ghamara . غَمَرَ 409

Ghamratun غمرة
Ghamara غَمَرَ 409

غَن (Gha-f)

Ghanamin غَنَم
Ghanima . غَنِمَ 410

Ghanimtum غَنمة
Ghanima . غَنِمَ 410

Ghanîyyun غنّي
Ghaniya ... غَنِى 410

غَو (Gha-w)

Ghawâshun غواشٌ
Ghashiya . غَشَى 403

Ghawrun غور
Ghâra ...... غار 411

Ghawwâs غَواص
Ghâsa ..... غاصَ 411

Ghawlun غَول
Ghâla ...... غال 412

Ghawâ غَوَى
Ghawa ..... غوَى 412

Ghawaina غَوين
Ghawa ..... غوَى 412

Ghawiyyun غَويٌّ
Ghawa ..... غوَى 412

غَي (Gha-y)

Ghayyan غيًا
Ghawa ..... غوَى 412

Ghaythun غيثٌ
Ghâtha ... غاث 413

Ghayrun غير
Ghâra ...... غار 413

Ghayzun غَيظ
Ghâza ...... غاظ 413

(Ghi-) غِ

غِ (Ghi-/)

Ghislîn غسلين
Ghasala ... غسَلَ 402

Ghishawatun غِشوة
Ghashiya غشَى 403

Ghitâ غِطاء
Ghata ...... غطا 405

Ghilzatun غِلظة
Ghalaza ... غَلظَ 407

Ghillan غِلاّ
Ghalla ...... غلّ 408

Ghilmân غلمان
Ghulâmun . غلام 408

Ghiyâbatun غيابة
Ghâba ...... غاب 412

Ghîdza غِيض
Ghâdza ... غاض 413

(Ghu-) غُ

غُ (Ghu-/)

Ghuthâ'an غُثاء
Ghaththa . غثّ 399

Ghuduwwan غُدوّاً
Ghada ..... غدا 400

Ghuduwwun غُدوّ
Ghada ..... غدا 400

Ghurâban غُرابًا
Gharaba .. غَرَب 400

Ghurûb غُروب
Gharaba .. غَرَب 400

Ghurufât غُرُفات
Gharafa ... غَرَف 401

Ghurufun غُرُف
Gharafa ... غَرَف 401

Ghurûr غُرور
Gharra ..... غرّ 401

Ghuzzan غزّاً
Ghazâ ..... غَزا 402

Ghussatun غصّة
Ghassa ... غصّ 404

Ghufrân غُفران
Ghafara .... غفَر 405

Ghulâmain غلامين
Ghulâmun . غلام 408

Ghulâman غلاما
Ghulâmun . غلام 408

Ghulâmun غلام
Ghulâmun . غلام 408

Ghulban غُلبًا
Ghalaba ... غَلب 407

Ghulfun غلف
Ghalafa .... غَلفَ 408

Ghulibat غُلِبت
Ghalaba ... غَلَب 407

Ghulibû غُلِبوا
Ghalaba ... غَلب 407

Ghullat غُلّت
Ghalla ...... غلّ 408

Ghullû غُلّوا
Ghalla ...... غلّ 408

Ghuyûb غيُوب
Ghâba ...... غاب 412

(Fa-) فَ

فاءَ (Fa-')

Fâ'at فاءت
Fâ'a .... فآءَ 438

Fâ'izûna فائزون
Fâza .... فاَز 437

Fâ'û فاوُا
Fâ'a .... فآءَ 438

Fâta فاَت
Fâta .... فات 436

Fâti<u>h</u>în فاتحِين
Fata<u>h</u>a ..... فَتَح 415

Fâtinîna فاتنين
Fatana ..... فتنَ 416

Fâjir فاجر
Fajara .... فجَر 418

Fâ<u>h</u>ishatun فاحشة
Fa<u>h</u>usha ... فحش 418

Fâra فاَر
Fâra .... فار 436

Fâridzun فارض
Faradz ..... فرَض 422

Fârighan فارغًا
Faragha ... فرَغ 423

Fârihîna فارهين
Fariha .... فره 425

Fâriqât فارقات
Faraqa ..... فرَق 423

Fâriqû فارقُوا
Faraqa ..... فرَق 423

Fâzâ فاَز
Fâza .... فاز 436

Fâsiqun فاسق
Fasaqa .... فسَق 427

Fâsiqan فاسقًا
Fasaqa .... فسَق 427

Fâsiqûna فاسقون
Fasaqa .... فسَق 427

Fasiqîna فاسقين
Fasaqa .... فسَق 428

Fâ<u>s</u>ilîn فاصلين
Fa<u>s</u>ala ..... فصَلَ 428

Fâ<u>t</u>ir فاطر
Fa<u>t</u>ara ...... فطرَ 430

Fâ'ilun فاعِل
Fa'ala ...... فعل 431

Fâ'ilîna فاعِلين
Fa'ala ...... فعل 431

Fâ'ilûna فاعِلون
Fa'ala ...... فعلَ 431

Fâqiratun فاقرة
Faqura ..... فقرَ 432

Fâqi'un فاقع
Faqa'a ..... فقَعَ 432

Fâkihatun فاكهة
Fakiha ..... فكَهَ 433

Fâkihîna فاكهين
Fakiha ..... فكَهَ 433

Fâliqun فالق
Falaqa ..... فلقَ 434

Fânin فانٍ
Faniya ..... فنى 435

Fâhu فاه
Fâha .... فاه 438

فتَ (Fa-t)

Fataha فَتَح
Fataha ..... فَتَح 415

Fatahnâ فَتحنا
Fataha ... فَتَح 415

Fatahû فَتحوا
Fataha ..... فَتَح 415

Fatantun فتنتٍ
Fatana ..... فَتَنَ 416

Futinû فتنوا
Fatana ..... فَتَنَ 416

Fataqnâ فَتَقنا
Fataqa ..... فَتَق 416

Fatayân فَتَيان
Fatiya ..... فَتىَ 417

Fatratun فَترة
Fatara ..... فَتر 415

Fattannâ فَتَنّا
Fatana ..... فَتَنَ 416

Fatan فَتًى
Fatiya ..... فَتىَ 417

Fatayât فَتَيات
Fatiya ..... فَتىَ 417

Fatîlan فتيلاً
Fatala .... فَتَل 416

فج (Fa-j)

Fajjin فجّ
Fajja .... فجّ 418

Fajr فَجَر
Fajara ...... فجَر 418

Fajjarnâ فجّرنا
Fajara ...... فجَر 418

Fajwatun فَجْوة
Fajâ .... فجا 418

فح (Fa-h)

Fahshâ فحشأ
Fahusha ... فَحش 418

فخ (Fa-kh)

Fakhkhâr فخّار
Fakhara ... فَخَر 419

Fakhûrun فَخور
Fakhara ... فَخَر 419

Fakhûran فَخُوراً
Fakhara ... فَخَر 419

فَد (fa-d)

Fadaynâ فَدينا
Fada .... فَدى 419

فَر (Fa-r)

Farâsh فَراش
Farasha ... فَرَش 421

Farrat فرّت
Farra .... فرّ 421

Farthun فرث
Faratha .... فَرَث 420

Farjun فَرج
Faraja ..... فرج 420

Fariha فَرح
Fariha ..... فَرِح 420

Farihun فَرح
Fariha ..... فَرِح 420

Farihû فَرحوا
Fariha ..... فَرِح 420

Farihûna فَرحون
Fariha ..... فَرِح 420

Farihîna فَرحين
Fariha ..... فَرِح 420

Farartu فررت
Farra .... فرّ 421

Farartum فررتم
Farra .... فرّ 421

Farshun فَرش
Farasha ... فَرش 421

Farshan فرشًا
Farasha ... فَرش 421

Farashna فَرشنا
Farasha ... فَرش 421

Fardan فرداً
Farada ..... فَرَد 421

Fara<u>dz</u>a فَرَض
Fara<u>dz</u>a ... فَرَض 422

Fara<u>dz</u>nâ فرضنا
Fara<u>dz</u>a ... فَرَض 422

Farra<u>t</u>nâ فرّطنا
Fara<u>t</u>a ...... فَرط 422

Farra<u>t</u>tu فرّطت
Fara<u>t</u>a ...... فَرط 422

Farra<u>t</u>tum فرّطتم
Fara<u>t</u>a ...... فَرط 422

Far'un فرْع
Fara'a ...... فَرع 423

Fara<u>gh</u>ta فَرغتَ
Fara<u>gh</u>a ... فَرَغ 423

Farqan فَرقًا
Faraqa ..... فَرَق 423

Farraqta فَرّقت
Faraqa ..... فَرَق 424

Faraqnâ فَرقنا
Faraqa ..... فَرَق 424

Fariqû فرقوا
Faraqa ..... فَرَق 424

Farraqû فَرّقوا
Faraqa ..... فَرَق 423

Farîdzatun فريضة
Faradz ..... فَرَض 422

Farîqun فريق
Faraqa ..... فَرَق 423

Farîqan فريقًا
Faraqa ..... فَرَق 423

Farîqâni فريقان
Faraqa ..... فَرَق 423

Farîqain فريقين
Faraqa ..... فَرَق 423

Fariyyan فريًا
Fariya ...... فرَى 425

فز (Fa-z)

Fazi'a فَزع
Fazi'a ...... فزِع 426

Faz'un فَزع
Fazi'a ...... فزِع 426

Fazi'û فزعوا
Fazi'a ...... فزِع 426

فس (Fa-s)

Fasâdun فساد
Fasada .... فَسَدَ 426

Fasâdan فسادًا
Fasada .... فَسَدَ 426

Fasadat فَسَدَت
Fasada .... فَسَدَ 426

Fasadatâ فَسَدتا
Fasada .... فَسَدَ 426

Fasaqa فَسَق
Fasaqa .... فَسَق 427

Fasaqû فَسَقوا
Fasaqa .... فَسَق 427

فَش (Fa-sh)

Fashiltum فَشِلتم
Fashila ... فَشِل 428

فَص (Fa-s)

Fasala فصَل
Fasala ..... فَصَلَ 428

Fassala فصّل
Fasala ..... فَصَلَ 428

Fasalat فصلت
Fasala ..... فَصَلَ 428

Fassalnâ فصّلنا
Fasala ..... فَصَلَ 428

Fasîlatun فصيلة
Fasala ..... فَصَلَ 428

فَض (Fa-dz)

Fadzlun فَضل
Fadzala ... فَضل 429

Fadzdzala فَضّل
Fadzala ... فَضل 429

Fadzdzalnâ فَضّلنا
Fadzala ... فَضل 429

Fadzdzaltu فَضّلت
Fadzala ... فَضل 429

فَط (Fa-')

Fatara فَطر
Fatara ..... فَطرَ 430

فَظ (Fa-z)

Fazzan فَظًا
Fazza ...... فَظّ 430

فَع (Fa-')

Fa'âlun فعال
Fa'ala ...... فَعل 431

Fa'ala فَعَل
Fa'ala ...... فَعل 431

Fa'alna فعلن
Fa'ala ...... فَعل 431

Fa'alnâ فَعَلنا
Fa'ala ...... فَعل 431

Fa'alta فَعَلت
Fa'ala ...... فَعل 431

Fa'altum فَعَلتم
Fa'ala ...... فَعل 431

Fa'latun فَعلَة
Fa'ala ...... فَعل 431

Fa'alû فَعلوا
Fa'ala ...... فَعل 431

فَق (Fa-q)

Faqîrun فَقير
Faqura ..... فَقرَ 432

Faqîran فقيراً
Faqura ..... فَقرَ 432

Faqr فَقر
Faqura ..... فَقرَ 432

فَك (Fa-k)

Fakku فَكّ
Fakka ...... فَكّ 433

Fakkara فكّر
Fakara ..... فَكّرَ 432

Fakihûna فكهون
Fakiha ..... فَكَهَ 433

Fakihîna فكهين
Fakiha ..... فَكَهَ 433

فَل (Fa-l)

Falaq فَلَق
Falaqa ..... فَلَقَ 434

Falak فَلَك
Falaka ..... فَلَكَ 434

فَه (Fa-h)

Fahhamnâ فَهَّمنا
Fahima .... فَهِمَ 435

فَو (Fa-w)

Fawâhish فَواحش
Fahusha ... فَحش 418

Fawâq فَواق
Faqa .... فاَق 437

Fawâkihu فَواكه
Fakiha ..... فَكَهَ 433

Fauta فَوت
Fâta .... فات 436

Faujun فَوج
Fâja .... فاج 436

Faur فَور
Fâra .... فار 436

Fauzun فَوز
Fâza .... فاز 436

Fauzan فَوزاً
Fâza .... فاز 436

Fauq فَوق
Faqa .... فاَق 437

فِ (Fi-)

فِ (Fi-/)

Fî فِي
Fî .... فِي 438

Fi'atayni فِئَتين
Fi'atun ..... فئة 414

Fi'atun فِئة
Fi'atun ..... فِئة 414

Fitnatun فِتنة
Fatana ..... فتَنَ 416

Fityatun فِتيَة
Fatiya ...... فَتيَ 417

Fityân فِتيان
Fatiya ...... فَتيَ 417

Fijâjan فِجاجًا
Fajja .... فَجّ 418

Fidâun فِداءٌ
Fada .... فَدي 419

Fidyatun فِدية
Fada .... فَدي 419

Firâran فِراراً
Farra .... فَرّ 421

Firâshun فِراش
Farasha ... فَرش 421

Firâshan فِراشًا
Farasha ... فَرش 421

Firâq فِراق
Faraqa ..... فَرَق 423

Fir'aun فِرعَون
Fara'a ...... فَرع 423

Firdaus فِردَوس
Fardasa ... فَردَس 421

Firqun فِرق
Faraqa ..... فَرَق 423

Firqatun فِرقة
Faraqa ..... فَرَق 423

Firrû فِرّوا
Farra .... فرّ 421

Fisqun فِسق
Fasaqa .... فَسَقَ 427

Fitratun فِطرة
Fatara ...... فَطَرَ 430

Fidzdzatun فضّة
Fadzdzadza فَضّض 429

Fisâl فصال
Fasala ..... فَصَلَ 428

Fi'lun فِعل
Fa'ala ...... فَعل 431

Fîl فِيل
Fâla .... فَالَ 439

(Fu-) فُ

(Fu-/) فُ

Fu'âdun فُواد
Fa'ada ..... فأد 414

Futihat فُتحت
Fataha ..... فَتَح 415

Futintum فُتنتم
Fatana ..... فَتَنَ 416

Futinû فُتِنُوا
Fatana ..... فَتَنَ 416

Futûnan فُتونًا
Fatana ..... فَتَنَ 416

Futuntum فُتنتم
Fatana ..... فَتَنَ 416

Fujjâr فُجّار
Fajara ...... فَجَرَ 418

Fujjirat فُجّرت
Fajara .... فَجَرَ 418

Fujûr فُجور
Fajara .... فَجَرَ 418

Furâdâ فُرادا
Farada ..... فَرَدَ 421

Furâtan فُراتا
Faruta ...... فُرت 419

Furâtun فُرات
Faruta ...... فُرت........... 419

Furijat فُرجت
Faraja ...... فرج 420

Furqân فُرقان
Faraqa ..... فَرَق 423

Furqânan فُرقانا
Faraqa ..... فَرَق 423

Furûj فُروج
Faraja ...... فرج 420

Furushun فُرش
Farasha ... فَرش 421

Fuzzi'a فُزِّعَ
Fazi'a ...... فزِع 426

Fusûq فُسوق
Fasaqa .... فَسَقَ 427

Fussilat فُصّلت
Fasala ..... فَصَلَ 428

Futûr فُطور
Fatara ...... فَطَرَ............ 430

Fu'ila فُعل
Fa'ala ...... فَعل 431

Fulânan فُلا نا
Fulânun ... فُلان 435

Fulk فُلك
Falaka ..... فَلَكَ 435

Fûman فُومًا
Fâma .... فَامَ 437

Fuqarâ' فُقراء
Faqura ..... فَقرَ 432

(Qa-) ق

قا (Qa-')

Qâf ق
Qâf ق 439

Qâ' ilûna قائلون
Qâla .... قالى 474

Qâ' imatun قائمة
Qâma ...... قام 471

Qâ'imûna قائمون
Qâma ...... قام 471

Qâ'imîna قائمين
Qâma ...... قام 471

Qâi'lîna قائلين
Qâla .... قال 469

Qâ'ilun قائل
Qâla .... قالَ 469

Qâ'imun قائم
Qâma ...... قام 471

Qâ'iman قائماً
Qâma ...... قام 471

Qâba قاب
Qâba .... قاب 468

Qâbilun قابل
Qabila ...... قَبِل 440

Qâtala قاتل
Qatala ...... قَتَلَ 442

Qâtil قاتل
Qatala ...... قَتَلَ 442

Qâtilâ قاتلا
Qatala ... قَتَلَ 442

Qâtalû قاتلوا
Qatala ..... قَتَلَ 442

Qâdirun قادرٍ
Qadara .. قَدَرَ 444

Qâdir قادر
Qadara .... قَدَرَ 444

Qâdurûna قادرون
Qadara .... قَدَرَ 444

Qârûn قارون
Qarana .... قَرَنَ 452

Qâri'atun قارعة
Qara'a ..... قَرَعَ 452

Qâsama قاسمَ
Qasama قَسَمَ 454

Qâsitûna قاسطُونَ
Qasata قَسَطَ 454

Qâsiyatun قاسية
Qasâ قَسا 455

Qâsidan قاصداً
Qasada قَصَدَ 455

Qâsifan قاصفاً
Qasafa قَصَفَ 457

Qâsirât قاصرات
Qasara قَصرَ 456

Qâdzin قاض
Qadzâ قضٰى 457

Qâdziyatu قاضية
Qadzâ قضٰى 457

Qâti'atun قاطعة
Qata'a قَطعَ 459

Qâ'an قاعاً
Qâ'a قاعَ 469

Qâ'idan قاعداً
Qa'ada .... قَعَدَ 462

Qâ'îdun قاعد
Qa'ada .... قَعَدَ 462

Qâ'idûna قاعدون
Qa'ada .. قَعَد 462

Qâidîna قاعدين
Qa'ada .... قَعَد 462

Qâla قَال
Qâla .... قَال 469

Qâlâ قالا
Qâla .... قَال 469

Qâlat قَالت
Qâla .... قَال 469

Qâlatâ قالتا
Qâla .... قَال 469

Qâlîn قالين
Qalâ .... قلى 466

Qâlû قالوا
Qâla .... قَال 469

Qâma قام
Qâma ...... قَام 471

Qâmû قاموا
Qâma ...... قَام 471

Qânitun قانة
Qanata .... قَنَت 467

Qânitâtun قانتات
Qanata .... قَنَت 467

Qânitan قانتًا
Qanata .... قَنَت 467

Qânitûna قانتون
Qanata .... قَنَت 467

Qânitîna قانتين
Qanata .... قَنَت 467

Qâni' قانع
Qana'a ..... قَنَع 468

Qâniṯîna قانطين
Qanaṯa .... قَنَط 467

Qâhir قَاهِر
Qahara .... قَهَر 468

Qâhirûn قاهرون
Qahara .... قَهَر 468

قَب (Qa-b)

Qabail قبائل
Qabila ...... قَبِل 440

Qabrun قبرٌ
Qabura .... قَبُر 439

Qabasun قَبسٌ
Qabasa ... قَبَس 439

Qabdzan قَبضًا
Qabadza . قَبَض 440

Qabadztu قَبضتَ
Qabadza . قَبَض 440

Qabdzatan قَبضَة
Qabadza . قَبَض 440

Qabadznâ قَبضنا
Qabadza . قَبَض 440

Qablu قَبلُ
Qabila ...... قَبِل 440

Qabûlan قَبولاً
Qabila ...... قَبِل 440

Qabîlun قَبيل
Qabila ...... قَبِل 440

Qabilan قَبيلاً
Qabila ...... قَبِل 440

قَت (Qa-t)

Qatarun قترٌ
Qatara ..... قَتَر 441

Qataratun قَترة
Qatara ..... قَتَر 441

Qatlun قتل
Qatala ......قَتَلَ 442

Qatala قتل
Qatala .....قَتَلَ............ 442

Qatalta قتلت
Qatala .....قَتَلَ............ 442

Qataltu قتلتُ
Qatala .....قَتَلَ............ 442

Qataltum قتلتم
Qatala ..... قَتَلَ 442

Qataltumûhum قتلتموهم
Qatala ..... قَتَلَ 442

Qatalnâ قتلنا
Qatala .....قَتَلَ............ 442

Qatalû قتلوا
Qatala .....قَتَلَ............ 442

قَد (Qa-d)

Qad قَد
Qad .... قَد 444

Qaddat قدّت
Qadda ..... قدّ 444

Qadhan قدحًا
Qadaha ... قَدَحَ 444

Qadara قَدَرَ
Qadara ....قَدَرَ............ 444

Qadarun قدرٌ
Qadara ....قَدَرَ............ 444

Qaddir قدّر
Qadara .... قَدَرَ 444

Qaddara قدّر
Qadara ....قَدَرَ............ 444

Qadarna قدرنا
Qadara .... قَدَرَ 444

Qaddarnâ قدّرنا
Qadara .... قَدَرَ 444

Qaddama قدّم
Qadama .. قَدم............ 446

Qadamun قدم
Qadama .. قَدم............ 446

Qaddamat قدّمت
Qadama .. قَدم 446

Qaddamtu قدّمتُ
Qadama .. قَدم 446

Qadamtum قدمتم
Qadama .. قَدم 446

Qadamtumû قدّمتموا
Qadama .. قَدم 446

Qadimnâ قدِمنا
Qadama .. قَدمَ 446

Qadimû قدِموا
Qadama .. قَدم 446

Qaddamû قدّموا
Qadama ..قَدم............ 446

Qaddarû قدّروا
Qadara ....قَدَرَ............ 444

Qadarû قدروا
Qadara ....قَدَرَ............ 444

Qadîmun قديم
Qadama ..قَدم............ 446

Qadîrun قدير
Qadara ....قَدَرَ............ 444

قَذ (Qa-dh)

Qadhafa قَذَفَ
Qadhafa ... قَذَفَ 448

Qadhafnâ قذفنا
Qadhafa ... قَذَفَ 448

قَر (Qa-r)

Qara'a قرأ
Qara'a ..... قرأ 448

Qarraba قرّب
Qariba ..... قرب 449

Qarrabâ قرّبا
Qariba ..... قرب 449

Qarrabnâ قرّبنا
Qariba ..... قرب 449

Qarâ'ta قرأت
Qara'a ..... قرأ 448

Qarârun قرارٌ
Qarra ..... قرّ 450

Qarâran قرارًا
Qarra .... قرّ 450

Qarâtîs قراطيس
Qartasa ... قرطس 452

Qarhun قرح
Qaraha ... قرح 450

Qardzan قرضًا
Qaradza .. قرض 451

Qarna قرن
Qarra .... قرّ 450

Qarnin قرن
Qarana .... قرن 453

Qarnan قرنًا
Qarana .... قرن 453

Qarrî قرّي
Qarra .... قرّ 450

Qarîbun قريب
Qariba ..... قرب 449

Qarîban قريبا
Qariba ..... قرب 449

Qaryatun قرية
Qara .... قرى 453

Qarinun قرين
Qarana ... قرن 452

Qarînan قرينًا
Qarana .... قرن 452

Qaryatain قريتين
Qara .... قرى 453

قس (Qa-s)

Qasat قست
Qasâ قسا 455

Qasamun قسم
Qasama قسم 454

Qasamnâ قسمنا
Qasama قسم 454

Qaswatun قسوة
Qasâ قسا 455

Qaswaratun قسورة
Qasara قسر 454

قص (Qa-s)

Qassa قصّ
Qassa قصّ 456

Qasdun قصد
Qasada قصد 455

Qasas قصص
Qassa قصّ 456

Qasasnâ قصصنا
Qassa قصّ 456

Qasamnâ قصمنا
Qasama قصم 457

Qasiyyan قصيًّا
Qasa قصا 457

قَض (Qa-dz)

Qadzban قَضبًا
Qadzaba . قَضَبَ 457

Qadzau قَضو
Qadzâ ..... قَضٰى 458

Qadzâ قَضٰى
Qadzâ ..... قَضٰى 458

Qadzaita قضيت
Qadzâ ..... قَضٰى 458

Qadzaitu قَضيتُ
Qadzâ ..... قَضٰى 458

Qadzainâ قَضينا
Qadzâ ..... قَضٰى 458

قَط (Qa-t)

Qatta'a قطّعَ
Qata'a قَطعَ 459

Qat'atum قَطعتم
Qata'a قَطعَ 459

Qatta'na قطّعن
Qata'a قَطعَ 459

Qatta'nâ قطّعنا
Qata'a قَطعَ 459

قَع (Qa-')

Qa'ada قَعَدَ
Qa'ada قَعَدَ................ 462

Qa'adû قَعدوا
Qa'ada قَعَدَ................ 462

Qa'û قعوا
Waqa'a .... وَقع............ 618

قَف (Qa-f)

Qaffayna قَفينا
Qafâ .... قَفا 463

قَل (Qa-l)

Qalla قلّ
Qalla .... قلّ 465

Qalâid قلائد
Qalada ..... قَلد............ 465

Qalbun قلب
Qalaba ..... قَلبَ 464

Qalbain قلبين
Qalaba ..... قَلبَ............ 464

Qalamun قَلم
Qalama .... قَلم 464

Qallabû قلبوا
Qalaba ..... قَلبَ 464

Qalîlun قليل
Qalla .... قَلّ 465

Qalîlan قليلاً
Qalla .... قَلّ 465

Qalîlatan قليلة
Qalla .... قَلّ 465

Qalîlûna قليلون
Qalla .... قَلّ 465

قَم (Qa-m)

Qamar قَمَر
Qamira .... قَمِر............ 466

Qamtarîran قَمطريرًا
Qamtara .. قَمطر 466

Qamîs قميص
Qamasa .. قَمَص............ 466

قن (Qa-n)

Qanâtîr قناطير
Qantara ... قَنطر............ 467

Qanût قنوط
Qanata .... قَنَطَ 467

Qanatû قنطوا
Qanata .... قَنَطَ 467

قو(Qa-w)

Qawâ'idu قواعد
Qa'ada .... قَعَدَ 462

Qawwamîna قوّامين
Qâma ...... قام............. 471

Qawwâmûna قوامون
Qâma ......قام 471

Qausain قوسين
Qâsa .... قاس 469

Qaulun قول
Qâla .... قالَ 469

Qaulan قولاً
Qâla .... قالَ 469

Qaumi قومي
Qâma ...... قام............. 471

Qaumun قوم
Qâma ...... قام............. 471

Qawiyyun قويّ
Qawiya ....قَوِيَ........... 474

Qawiyyan قويّا
Qawiya .... قَوِيَ 474

قي(Qa-y)

Qayyadzna قيّضنا
Qâdza .....قاضَ 474

Qayyimah قيّمة
Qâma ...... قام............. 471

Qayyimu قيّم
Qâma ......قام 471

Qayyimun قيّم
Qâma ......قام 471

Qayyiman قيّما
Qâma ...... قام............ 471

Qayyûm قيّوم
Qâma ...... قام............ 471

(Qi-) قِ

Qi قِ
Waqa .... وَقَى 618

قِب (Qi-b)

Qibalun قِبَل
Qabila ......قَبِل............ 440

Qiblatun قبلة
Qabila ......قَبِل............ 440

قِت (Qi-t)

Qitâl قِتال
Qatala......قَتَلَ 442

Qitâlan قِتالاً
Qatala......قَتَلَ 442

قِث (Qi-th)

Qiththâ' قثّاء
Qatha'a ... قثأ 443

قِد (Qi-d)

Qidadan قددًا
Qadda ... قَدّ 444

قِر (Qi-r)

Qiradatan قِردَة

Qarada .... قَرَدَ 450

Qirtâs قرطاس
Qartasa ... قَرطَس 452

قِس (Qi-s)

Qist قِسط
Qasata .... قَسَطَ 454

Qistâs قِسطاس
Qasata .... قَسَطَ 454

Qismatun قِسمةٌ
Qasama ... قَسَمَ 454

Qissîsîn قِسّيسين
Qassa ..... قَسّ 454

قِص (Qi-s)

Qisâs قِصاص
Qassa ...... قَصَّ 456

قِط (Qi-t)

Qittun قِطٌّ
Qatta .... قَطّ 458

Qitrun قِطرٌ
Qatara ..... قَطَرَ 458

Qitrân قِطران
Qatara ..... قَطَرَ 458

Qit'un قِطع
Qata'a...... قَطَعَ 459

Qit'an قِطعًا
Qata'a...... قَطَعَ 459

Qitmîr قِطمير
Qitmîr ...... قِطمير 462

قِف (Qi-f)

Qîfû قِفوا
Waqafa .... وَقَف 618

قِن (Qi-n)

Qintâra قِنطار
Qantara قَنطَر 467

Qinwân قِنوان
Qanâ قَنا 468

قِي (Qi-y)

Qiyâmun قِيام
Qâma قامَ 471

Qiyâman قِيامًا
Qâma قامَ 471

Qiyâmat قِيامة
Qâma ......قامَ 471

Qîy'atun قِيعة
Qâ'a قاعَ 469

Qîla قِيل
Qâla .... قالَ 469

قُ (Qu-)

قُب (Qu-b)

Qubulan قُبلاً
Qabila قَبِلَ 440

Qubûr قُبور
Qabura قَبُرَ 439

قُت (Qu-t)

Quturun قُترٌ
Qatara ..... قَتَرَ 441

Quturan قُترًا
Qatara ..... قَتَرَ 441

Qutila قُتِلَ
Qatala قَتَلَ 442

Qutilat قُتِلت

Qatala ...... قَتَلَ 442

Qutilnâ قُتِلنا
Qatala .....قَتَلَ............ 442

Qutiltum قُتِلتم
Qatala ..... قَتَلَ 442

Qutilû قُتِلوا
Qatala ..... قَتَلَ 442

Qutlâ قُتلى
Qatala .....قَتَلَ............ 443

Quttilû قُتِّلو
Qatala...... قَتَلَ 442

Qûtiltum قُوتلتم
Qatala......قَتَلَ............ 442

Qutilû قُوتلوا
Qatala...... قَتَلَ............ 442

قُد (Qu-d)

Qudda قدّ
Qadda ..... قدّ 444

Qudira قدر
Qadhra ....قَدَرَ............ 444

Qudus قُدس
Qadusa ...قَدس 446

Quddûs قُدّوس
Qadusa.... قَدس 446

Qudûrun قدورٌ
Qadara ....قَدَرَ.............444

قُر (Qu-r)

Quri'a قُرَءَ
Qara'a ..... قَرأ............ 448

Qur'ânun قُرآن
Qara'a .....قَرأ 448

Qur'ânan قرآنًا
Qara'a .....قَرأ 448

Qurbâ قربٰى
Qariba .....قرَب........... 449

Qurubât قربات
Qariba .....قرَب........... 449

Qurbânun قربان
Qariba ..... قرَب 449

Qurbânan قربانًا
Qariba ..... قرَب 449

Qurbatun قُربة
Qariba ..... قرَب 449

Qurratan قُرّة
Qarra ....قرّ........... 450

Quranâ' قُرناء
Qarana ....قَرَنَ........... 453

Qurû' قُروء
Qara'a ..... قَرأ........... 448

Qurûnun قرون
Qarana ....قَرَنَ.......... 452

Qurâ قُرى
Qara ....قَرى 453

Quraishin قُريش
Qarasha .. قَرَشَ.......... 451

قُص (Qu-s)

Qusrun قُصرٌ
Qasara ....قَصَرَ............ 456

Qusûrun قُصور
Qasara ....قَصَرَ............ 456

Quswâ قصوٰى
Qasa .... قَصا 457

Qussî قُصّي
Qassa...... قَصّ............ 456

قُض (Qu-dz)

Qudziya قُضِیَ
Qadzâ ..... قَضٰی 458

Qudziyat قُضیت
Qadzâ ..... قَضٰی 458

Qudzaitum قضیتُم
Qadzâ ..... قَضٰی 458

قُط (Qu-t)

Quti'a قُطِع
Qata'a ...... قَطعَ 459

Qutti'at قطّعت
Qata'a ...... قَطعَ 459

Qutûf قطوف
Qatafa ..... قَطفَ 462

قُع (Qu-')

Qu'ûdun قعود
Qa'ada .... قَعَدَ 462

قُل (Qu-l)

Qul قُل
Qâla .... قَالَ 469

Qulta قُلت
Qâla .... قَالَ 469

Qultu قلتُ
Qâla .... قَالَ 469

Qultum قُلتم
Qâla .... قَالَ 469

Qulnâ قُلنا
Qâla .... قَالَ 469

Qulûbun قلوب
Qalaba ..... قَلبَ 464

Qum قُم
Qâma ...... قَام 471

Qummalun قُمّل
Qumila ..... قُملَ 467

قُو (Qu-w)

Qû قُوا
Waqa .... وَقَی 618

Quwwatun قُوّة
Qawiya .... قَوِيَ 474

Qûlû قُولوا
Qâla ...... قَالَ 469

Qûlâ قُولا
Qâla .... قَالَ 469

Qûlî قولي
Qâla .... قَالَ 469

Qûmû قُوموا
Qâma ...... قَام 471

Quwâ قُوٰی
Qawiya .... قَوِي 474

(Ka-) كَ

كا (Ka-a)

Ka كَ
Ka .... كَ 475

Ka'ayyin كأيّن
Ka'ayyin .. كأيّن 475

Ka'sun كأس
Ka'sun ..... كأس 475

Kâtibû كاتبوا
Kataba ..... كَتَبَ 478

Kâtibun كاتب
Kataba ..... كَتَبَ 478

Kâtiban كاتبًا
Kataba ..... كَتَبَ 478

Kâtibûna كاتبون
Kataba ..... كَتَبَ 478

Kâtibîna كاتبين
Kataba ..... كَتَبَ 478

Kâda كاد
Kâdah كادَ 499

Kâdat كادت
Kâdh كادَ 499

Kâdihun كادح
Kadaha كَدَحَ 480

Kâdû كادُوا
Kâda كادَ 499

Kâdhibîna كاذبين
Kadhaba كَذَبَ 481

Kâdhibun كاذبٌ
Kadhaba كَذَبَ 481

Kadhiban كاذبًا
Kadhaba كَذَبَ 481

Kârihûna كارهون
Karaha كَرِهَ 484

Kâshifatun كاشفة
Kashafa كَشَفَ 486

Kâshifâtun كاشفات
Kashafa كَشَفَ 486

Kâshifun كاشفٌ
Kashafa كَشَفَ 486

Kâzimîn كاظمين
Kazama كَظَمَ 487

Kâfin كافٍ
Kafâ .... كَفَى 493

Kâffatun كافّة
Kaffa .... كَفَّ 491

Kâfirun كافر
Kafara كَفَرَ 489

Kâfiratun كافِرة
Kafara كَفَرَ 489

Kâfirûna كافرون
Kafara كَفَرَ 489

Kâfirîna كافرين
Kafara ...... كَفَرَ 489

Kâfûr كافور
Kafara ...... كَفَرَ 489

Kâlû كالوا
Kâla .... كالَ 503

Kâmilain كاملين
Kamala .... كَمَلَ 496

Kâmilatun كاملة
Kamala .... كَمَلَ 496

Kâna كانَ
Kâna .... كانَ 500

Kânâ كانا
Kâna .... كانَ 500

Kânat كانت
Kâna .... كانَ 500

Kânatâ كانتا
Kâna .... كانَ 500

Kânû كانوا
Kâna .... كانَ 500

Kâhinun كاهِن
Kahuna .... كَهُنَ 498

کب (Ka-b)

Kabâir كبائر
Kabura ..... كَبُرَ 476

Kabadin كبَد
Kabad ...... كَبَدَ 476

Kabbir كبّر
Kabura..... كَبُرَ 476

Kabura كبُر
Kabura..... كَبُرَ 476

Kaburat كبُرت
Kabura..... كَبُرَ 476

Kabîrun كبير
Kabura..... كَبُرَ 476

Kabîratun كبيرة
Kabura..... كَبُرَ 476

كت (Ka-t)

Kataba كتَب
Kataba..... كَتَبَ 478

Katabat كتَبَت
Kataba..... كَتَبَ 478

Katabta كتَبتَ
Kataba..... كَتَبَ 478

Katabnâ كتبنا
Kataba..... كَتَبَ 478

Katama كتَم
Katama ... كَتَمَ 479

كث (Ka-th)

Kaththura كثّر
Kathara كَثَرَ 479

Kathura كثُر
Kathara كَثَرَ 479

Kathurat كثُرت
Kathara كَثَرَ 479

Kathratun كثرة
Kathara كَثَرَ 479

Kathîban كثيبًا
Kathaba ... كَثَبَ 479

Kathîrun كثير
Kathara كَثَرَ 479

كد (Ka-d)

Kadan كداً
Kâda كاد 499

Kadhan كدحًا
Kadaha كَدَحَ 480

كذ (Ka-dh)

KaDhâlika كذالك
Ka كَ 475

Kadhdhâbun كذّاب
Kadhaba كَذَبَ 481

Kadhaba كذَب
Kadhaba كَذَبَ 481

Kadhdhaba كذّب
Kadhaba كَذَبَ 481

Kadhabû كذبوا
Kadhaba كَذَبَ 481

Kadhibatun كذبة
Kadhaba كَذَبَ 481

Kadhdhabat كذّبت
Kadhaba كَذَبَ 481

Kadhdhabna كذّبنا
Kadhaba كَذَبَ 481

Kadhdhabta كذّبتا
Kadhaba كَذَبَ 481

Kadhdhbû كذّبو
Kadhaba كَذَبَ 481

Kadhdhibûni كذّبون
Kadhaba كَذَبَ 481

گر (Ka-r)

Karbun گرب
Karab كَرَبَ 482

Karratun كرّة
Karra كرّ 482

Karratayni كرّتين
Karra كرّ 482

Karramta كرّمت
Karama كرَمَ 483

Karramnâ كرّمنا
Karama كرَمَ 483

Kariha كرِهَ
Karaha كرِهَ 484

Karraha كرّه
Karaha كرِهَ 484

Karhan كرهاً
Karaha كرِهَ 485

Karihtumû كرهتموا
Karaha كرِهَ 484

Karihû كرِهوا
Karaha كرِهَ 484

Karîmun كريم
Karama كرَمَ 483

Karîman كريما
Karama كرَمَ 483

گس (Ka-s)

Kasâdhn كسادا
Kasadh كسد 485

Kasaba كسَبَ
Kasaba كسَبَ 485

Kasabâ كسبا
Kasaba كسَبَ 485

Kasabat كسبت
Kasaba كسَبَ 485

Kasabtum كسبتم
Kasaba كسَبَ 485

Kasabû كسبوا
Kasaba كسَبَ 485

Kasaunâ كسَونا
Kasa كسَى 486

كش (Ka-sh)

Kashfa كشف
Kashafa كشَفَ 486

Kashafa كشَفَ
Kashafa كشَفَ 486

Kashafat كشفت
Kashafa كشَفَ 486

Kashafta كشفتَ
Kashafa كشَفَ 486

Kashafnâ كشفنا
Kashafa كشَفَ 486

كظ (Ka-z̲)

Kaz̲îm كظيم
Kaz̲ama كظَمَ 487

كع (Ka-')

Ka'bain كعبين
Ka'aba..... كعَبَ 487

كف (Ka-f)

Kaffa كفّ
Kaffa ....كفّ 491

Kaffârun كفّار
Kafara...... كفَرَ 489

Kaffâran كفّاراً
Kafara...... كفَرَ 489

Kaffâratun كفّارة
Kafara ...... كَفَرَ 489

Kafara كفر
Kafara كَفَرَ 489

Kaffir كفّر
Kafara ...... كَفَرَ 489

Kaffara كفّر
Kafara ...... كَفَرَ 489

Kafarat كفرت
Kafara كَفَرَ 489

Kafarta كفرت
Kafara كَفَرَ 489

Kafartu كفرتُ
Kafara كَفَرَ 489

Kafartum كفرتم
Kafara ...... كَفَرَ 489

Kafarnâ كفرنا
Kafara ...... كَفَرَ 489

Kafarû كفروا
Kafara ...... كَفَرَ 489

Kaffaihi كفّيه
Kaffa .... كَفَّ 491

Kaffarnâ كفّرنا
Kafara ... كَفَرَ 489

Kaffaftu كفّفت
Kaffa .... كَفَّ 491

Kafâ كفٰى
Kafâ كَفٰى 493

Kafîlan كفيلا
Kafala ..... كَفَلَ 492

Kafaynâ كفينا
Kafâ كَفٰى 493

كل (Ka-l)

Kalâlatun كلالة
Kalla .... كَلَّ 494

Kalâmun كلام
Kalama .... كَلَمَ 495

Kalb كلب
Kaliba ...... كَلِبَ 493

Kâli<u>h</u>ûna كالحون
Kala<u>h</u>a ..... كَلَحَ 493

Kalimatun كلمة
Kalama .... كَلَمَ 495

Kalimâtun كلمات
Kalama .... كَلَمَ 495

Kallâ كلاّ
Kallâ .... كلاّ 495

Kallama كلّم
Kalama .... كَلَمَ 495

Kallun كلّ
Kalla .... كَلَّ 494

كم (Ka-m)

Kam كَم
Kam .... كَم 496

Kamâ كما
Kamâ ...... كما 496

كن (Ka-n)

Kanaztum كنزتُم
Kanaza .... كَنَزَ 497

Kanûdun كنود
Kanada .... كَنَدَ 497

Kanzun كنز
Kanaza .... كَنَزَ 497

كھ (Ka-h)

Kahf كهف
Kahafa ..... كَهَفَ 498

Kahlan كَهلاً
Kahala ..... كَهَلَ 498

(Ka-w) كو

Kawâfir كَوافِير
Kafara ...... كَفَرَ 489

Kawâ'iba كَواعِبَ
Ka'aba ..... كَعَبَ 487

Kawâkib كَواكِب
Kaukaba .. كَوكَبَ 500

Kauther كَوثَر
Kathara .... كَثَرَ 479

Kaukab كَوكَب
Kaukaba .. كَوكَبَ 500

(Ka-y) كَيْ

Kay كَيْ
Kai .... كَيْ 502

Kayfa كَيفَ
Kâfa .... كَافَ 503

Kaylun كَيلٌ
Kâla .... كَالَ 503

Kayla كَيلا
Kai .... كَيْ 502

(Ki-/) كِ

(Ki-) كِ

Ki كِ
Ka كَ 475

(Ki-b) كِب

Kibar كِبر
Kabura ..... كَبُرَ 476

Kibrun كِبر
Kabura ..... كَبُرَ 476

Kibriyâ' كِبرياء
Kabura ..... كَبُرَ 476

(Ki-t) كِت

Kitâb كِتاب
Kataba ..... كَتَبَ 478

Kitâbiyah كِتابِيَة
Kataba ..... كَتَبَ 478

(Ki-d) كِد

Kidta كِدت
Kâda .... كَادَ 499

Kidnâ كِدنا
Kaida .... كَيد 502

(Ki-dh) كذ

Kidhbun كِذب
Kadhaba .. كَذَبَ 481

Kidhdhâbun كِذّاب
Kadhaba .. كَذَبَ 481

(Ki-r) كر

Kirâman كِراماً
Karama ... كَرُمَ 483

(Ki-s) كس

Kisafan كِسَفاً
Kasafa ..... كَسَفَ 485

Kisfan كِسفاً
Kasafa ..... كَسَفَ 485

Kiswatan كِسوة
Kasa .... كَسِيَ 486

كِف (Ki-f)

Kifâtan كفاتًا
Kafata ...... كَفَتَ 489

Kiflin كِفل
Kafala ...... كَفَلَ 492

Kiflain كفلين
Kafala ......كَفَلَ 492

كِل (Ki-l)

Kilâ كِلا
Kullun ...... كُلّ............ 494

Kiltâ كِلتا
Kiltâ .... كلتا 496

Kiltâ كِلَت
Kullun ...... كُلّ............ 494

Kiltum كِلتم
Kâla .... كالَ 503

كِي (Ki-l)

Kîdûni كِيدون
Kaida .... كيد 502

Kîdûnî كِيدوني
Kaida....... كيد 502

(Ku-/) كُ

كُب (Ku-b)

Kubbâran كبّاراً
Kabura ..... كَبُر 476

Kubbat كُبّت
Kabba ...... كَبّ 475

Kubita كُبت
Kabata ...... كَبَت 476

Kubitû كُبتوا
Kabata..... كَبَت 476

Kubarâ كُبرا
Kabura ..... كَبُر 476

Kubarâ كبرٰى
Kabura ... كَبُرَ 476

Kubkibû كبكبوا
Kabba...... كَبّ 477

كُت (Ku-t)

Kutiba كتب
Kataba..... كَتَبَ 478

Kutub كُتب
Kataba..... كَتَبَ 478

كُذ (Ku-dh)

Kudhdhiba كُذّب
Kadhaba..كَذَبَ........... 481

Kudhdhibat كذّبت
Kadhaba..كَذَبَ........... 481

Kudhibû كذبوا
Kadhaba.. كَذَبَ 481

كُر (Ku-r)

Kursiyyun كُرسيّ
Karasa..... كَرَس 482

Kurhun كُره
Karaha..... كَرِه 484

Kurhan كُرهًا
Karaha..... كَرِه 484

كُس (Ku-s)

Kusâlâ كُسالىٰ
Kasila ......كَسِلَ.......... 486

كُش (Ku-sh)

Kushitat كُشطت
Kashata... كَشَطَ 486

كُف (Ku-f)

Kuffârun كُفّار
Kafara ...... كَفَرَ 489

Kuffâran كُفّاراً
Kafara ...... كَفَرَ 489

Kufira كُفِر
Kafara ...... كَفَرَ 489

Kufrân كُفران
Kafara ...... كَفَرَ 489

Kufran كُفْراً
Kafara ...... كَفَرَ 489

Kufrun كُفر
Kafara ...... كَفَرَ 489

Kufûran كُفوراً
Kafara ...... كَفَرَ 489

Kufuran كُفراً
Kafara ...... كَفَرَ 489

Kufuwan كُفواً
Kafa'a ...... كَفأ 489

كُل (Ku-l)

Kulâ كلا
Akala .... اكَلَ 24

Kullan كُلاّ
Kullun ...... كُلّ 494

Kull كُلّ
Kullun ...... كُلّ 494

Kullin كُلِّ
Kullun ...... كُلّ 494

Kullun كُلّ
Kullun ...... كُلّ 494

Kullamâ كُلّما
Kullun ...... كُلّ 494

Kullaman كُلّمًا
Kullun .... كُلّ 494

Kullima كلّم
Kalama .. كَلَم 495

Kulluhâ كُلّها
Kullun ...... كُلّ 495

Kulluhû كُلّه
Kullun ...... كُلّ 495

Kulluhum كُلّهم
Kullun ...... كُلّ 495

Kulû كلوا
Akala اكَلَ 24

Kulî كلِي
Akala .... اكَلَ 24

كُم (Ku-m)

Kum كُم
Kum .... كُم 496

Kumâ كُما
Kumâ ...... كُما 496

كُن (Ku-n)

Kun كُن
Kâna .... كانَ 500

Kunna كُنّ
Kâna .... كانَ 500

Kunnâ كُنّا
Kâna .... كانَ 500

Kunta كُنت
Kâna .... كانَ 500

Kunti كُنْتِ
Kâna .... كانَ 500

Kuntu كُنت
Kâna .... كانَ 500

Kuntum كنتم
Kâna .... كَانَ 500

Kuntunna كُنتنّ
Kâna .... كَانَ 500

Kunnas كُنّس
Kanasa .... كَنَس 497

Kûnû كونوا
Kâna .... كَانَ 500

Kûnî كوني
Kâna .... كَانَ 500

كُو (Ku-w)

Kuwwirat كُوّرت
Kâra .... كَاَر 499

(La-) ل

لا (La-')

La ل
La .... ل 504

Lâ لا
Lâ .... لا 505

Lâ'imun لائم
Lâma .... لاَمَ 521

Lâbi<u>th</u>îna لابثين
Labi<u>th</u>a .... لبث 507

Lâ<u>t</u>a لاط
Lâ<u>t</u>a .... لاط 521

Lâzib لازب
Laziba ..... لَزبَ 510

Lâ'ibun لاعب
La'iba لِعبَ 511

Lâ'inûn لاعنون
La'ana ..... لعن 512

Lâkin لاكن
Lâkin .... لاكن 517

Lâqiyatun لاقِية
Laqiya ..... لقيِ 516

Lâhiyatun لاهِية
Lahâ .... لها 519

لَب (La-b)

Labi<u>th</u>a لَبثَ
Labi<u>th</u>a .... لَبثَ 507

Labi<u>th</u>ta لَبثتَ
Labi<u>th</u>a .... لَبثَ 507

Labi<u>th</u>tum لَبثتُم
Labi<u>th</u>a .... لَبثَ 508

Labi<u>th</u>û لبثُوا
Labi<u>th</u>a .... لَبث 508

Labasnâ لَبسنا
Labisa ..... لبس 507

Labanin لَبن
Labana .... لَبنَ 508

Labanan لبنا
Labana .... لَبنَ 508

لَج (La-j)

Lajjû لجّوا
Lajja .... لجّ 508

لَح (La-<u>h</u>)

La<u>h</u>man لحمًا
La<u>h</u>ama ... لَحَمَ 509

La<u>h</u>ni لحن
La<u>h</u>ana .... لَحَنَ 509

لد (La-d)

Ladun لَدن
Ladda ...... لدّ 509

Laday لَدي
Ladai .... لَدي 509

لَذ (La-dh)

Ladhdhatun لَذّة
Ladhdha .. لذّ 510

لَس (La-s)

Lasta لَستَ
Laisa .... لَيسَ 522

Lastu لَستُ
Laisa .... لَيسَ 522

Lastum لستم
Laisa .... لَيسَ 522

Lastunna لَستن
Laisa .... لَيسَ 522

Lasna لَسنا
Laysa .... لَيسَ 522

لَظ (La-z)

Lazâ لظى
Laziya ..... لِظى 511

لَع (La-')

La'alla لعَلّ
La'alla ...... لعَلّ 511

La'ana لعَن
La'ana ..... لعن 512

La'anâ لعَنا
La'ana ..... لعن 512

La'anat لعَنت
La'ana ..... لعن 512

Lâ'ibîna لاعبين
La'iba .... لَعِبَ 511

La'nan لعنا
La'ana ..... لعن 512

La'natun لعنة
La'ana ..... لعن 512

لَغ (La-gh)

Lâghiyatun لاغية
Laghiya .... لَغِيَ 512

Laghwu لَغو
Laghiya .... لَغِيَ 512

Laghwan لغواً
Laghiya .... لَغِيَ 512

لَف (La-f)

Lafîfan لفيفًا
Laffa .... لفّ 513

لَم (La-m)

Lam لَم
Lam .... لَم 517

Lammâ لَمّا
Lamma .... لمّ 518

Lamman لَمّاً
Lamma .... لمّ 518

Lamam لَمَم
Lamma .... لمّ 518

Lamhun لمح
Lamaha ... لَمَحَ 517

Lâmastum لامستم
Lamasa ... لمَس 518

Lamasnâ لَمسنا
Lamasa ... لَمَس 518

Lamasû لَمسوا
Lamasa ... لَمَس 518

لَن (La-n)

Lan لن
Lan .... لن 519

لَق (La-q)

Laqû لقُوا
Laqiya .....لَقيَ............ 516

Laqqâ لقّى
Laqiya .....لَقيَ............ 516

Laqiyâ لَقيا
Laqiya ..... لَقيَ........... 516

Laqîtum لقِيتم
Laqiya ..... لَقيَ........... 516

Laqîna لِقينا
Laqiya ..... لَقيَ 516

لَو (La-w)

Law لَو
Law.......... لَو 520

Lawâqi<u>h</u>a لِواقِح
Laqa<u>h</u>a .... لَقَح 514

Lawwa<u>h</u>atun لوّاحة
Lâ<u>h</u>a .... لاح 520

Lawwâmatun لوّامة
Lâma .... لامَ 521

Lau<u>h</u>un لوح
Lâ<u>h</u>a .... لاَح 520

Lawmatun لَومة
Lâma .... لامَ.............. 520

Lawn لَون
Lawnun .... لَون............. 522

Lawwau لوّو
Lawâ........ لوىٰ............ 522

لَه (La-h)

Lahab لَهَب
Lahiba ..... لَهَبَ 519

لَي (La-y)

Layta لَيتَ
Layta .... لَيتَ............ 522

Laysa لَيسَ
Laysa ...... لَيسَ 522

Laysat ليست
Laysa ...... لَيسَ 522

Laysû ليسوا
Laysa ...... لَيسَ 522

Laylun لَيل
Laylun ...... لَيلَ 522

Laylan ليلاً
Laylun ......لَيلَ............ 522

Laylatun لَيلة
Laylun ...... لَيلَ 522

Layyan لَيًّا
Lawâ .... لوىٰ........... 522

Layyina لَيّن
Lâna .... لاَن............ 523

(Li-/) لِ

لِب (Li-b)

Libadan لُبدا
Labada .... لَبَد 507

لِت (Li-t)

Li Tastabîna لِتستبين
Bâna........ بَان............ 71

Li Taqra'a لِتقرأ
Qara'a ..... قَرأ........... 448

Li Taf'alû لِتَفعَلوا
Fa'ala ...... فَعل 431

Li Taftariya لِتفترِي
Fariya ...... فرَى 425

Li Taftarû لتفتروا
Fariya ...... فرَى 425

Li Ta'jala لِتَعجَل
'Ajila .... عَجِلَ 360

Li Tarkabû لتركبُوا
Rakiba ... ركبَ 220

Li Tasghâ لِتَصغٰى
Saghiya ... صغِي 316

Li Ta'tadû لتعتدوا
'Adâ .... عَدا 363

Li Tatma'inna لِتطمئِنّ
Ta'mana ... طَمَنَ 343

Li Tubayyinunna لِتبيّننّ
Bâna .... بَان 71

Li Tudzayyiqû لتُضيّقُوا
Dzâqa ...... ضاقَ 336

لح (Li-h)

Lihyatî لحيَتي
Lihyatun .. لحيَةٌ 509

لِد (Li-d)

Lidâ لدٰى
Lidâ .... لدٰى 509

لِس (Li-s)

Lisân لسان
Lasana .... لَسَنَ 510

لع (Li-')

Li 'Adila لِعَدل
'Adala ...... عدل 362

لِق (Li-q)

Liqâ'un لقآء
Laqiya ..... لَقيَ 516

لِم (Li-m)

Lima لِمَ
Lima .... لِمَ 517

لِن (Li-n)

Linta لِنتَ
Lâna .... لأن 523

Li Naftina لِنَفتن
Fatana ..... فتنَ 416

Li Nufsida لنفسد
Fasada .... فَسدَ 426

لِو (Li-w)

Liwâdhan لِواذًا
Lâdha ...... لاذ 520

لِي (Li-y)

Li Yabluwa ليبلوَ
Balâ' .... بلاء 64

Li Yutabbirû ليتبّروا
Tabara ..... تَبرَ 72

Li Yatasâ'alû ليتسائلون
Sa'ala ...... سألَ 242

Li Yatafaqqahû ليَتفقّهوا
Faqiha ..... فَقهَ 432

Li Yutimma ليتِمّ
Tamma .... تم 77

Li Tundhira لتُنذر
Nadhara ... نَذَرَ 557

Li Yuthbitû ليُثبِتُوا

Thabata .... ثَبَتَ 80

Li Yu'jiza لِيُعجِزَ
'Ajaza ...... عَجَزَ 359

Li Yad'u ليدعُ
Da'â........ دَعا 178

Li Yadhûqa لِيَذُوق
Dhâqa ...... ذاق 194

Li Yadhûqû لِيذُوقوا
Dhâqa ...... ذاق 194

Li Yartaqû ليرتقوا
Raqiya ..... رَقِيَ 219

Li Yas'alû ليسئلوا
Sa'ala ...... سَأَلَ 242

Li Yaskanû ليسكنوا
Sakana .... سكَنَ 264

Li Yasta'fif ليستعفف
'Affa .... عف 379

Li Yastayqinu ليستيقن
Yaqina ..... يقن 627

Li Yashtarû ليشتروا
Shara .... شرى 289

Li Yashhadû لِيشهدُوا
Shahida ... شَهِدَ 299

Li Yasum لِيَصم
Sâma .... صام 325

Li Yadzhakû ليضحكوا
Dzahika ... ضَحَكَ 327

Li Yudzillû لِيَضِلّوا
Dzalla ...... ضَلّ 333

Li Yatma'inna لِيَطمئِنّ
Ta'mana ... طَئمَنَ 343

Li Yutli'a لِيُطلع
Tala'a .... طَلَعَ 341

Li Yutahhira لِيُطهِّرَ
Tahara ..... طهر 344

Li Yattawwafû لِيَطوّفُوا
Tâfa ..... طاف 346

Li Yazlima لِيَظلمَ
Zalama .... ظَلَمَ 351

Li Ya'budûni لِيَعبدُون
'Abada ..... عَبَدَ........... 355

Li Yu'adhdhiba لِيُعذّب
'Adhuba ... عَذُبَ 363

Li Ya'fû ليعفوا
'Afâ .... عفا 379

Li Yufsidû ليفسدوا
Fasada .... فَسَدَ 426

Li Yaf'alû لِيَفعَلوا
Fa'ala ...... فَعلَ........... 431

Li Yaqdzi ليقضى
Qadzâ ..... قَضٰى 458

Li Yuqdzâ لِيقضٰى
Qadzâ ..... قَضٰى 458

Li Yundharû لِيُنذروا
Nadhara ... نَذَرَ 557

Li Yundhira لِيُنذر
Nadhara ... نَذَرَ 557

Lînatun لينة
Lâna .... لأن 523

(Lu-/) ل

لؤ (Lu-')

Lu'lu'an لؤلؤا
La'la'a ...... لألأ 506

لب (Lu-b)

Lubadan لبدا
Labada .... لَبَد 507

لج (Lu-j)

Lujjatan لُجّة
Lajja .... لجّ 508

Lujjiyyin لجّيّ
Lajja .... لجّ 508

Lujjatan لجّة
Lajja .... لجّ 508

لح (Lu-h)

Luhûmun لحوم
Lahama ... لحَمَ 509

لد (Lu-d)

Luddan لدّاً
Ladda .... لدّ 509

لع (Lu-')

Lui'na لُعِن
La'ana ..... لعن 512

Lu'inû لُعنوا
La'ana ..... لعن 512

لغ (Lu-gh)

Lughûbun لغُوب
Laghaba .. لغَبَ 512

لق (Lu-q)

Luqmân لقمان
Luqmân ... لقمان 515

لَم (Lu-m)

Lumazatun لُمزة
Lamaza ... لمَزَ 518

Lumtunna لُمتُن
Lâma .... لامَ 521

لو (Lu-w)

Lût لُوط
Lâta .... لاَط 521

Lûmû لُومُوا
Lâma .... لامَ 521

(Ma-) مَ

مأ (Ma-')

Mâ ما
Mâ .... ما 523

Ma'âb مآب
Âba .... آب 37

Ma'âl مآل
Awala ...... اول 37

Ma'ârib مآرب
Araba .... ارب 19

Mâ'idatun مائدة
Mâda .... ماد 548

Mâ'un ماء
Mâha .... ماه 547

Ma'wâ مأوىٰ
Âwâ .... آوىٰ 38

Mâta مات
Mâta .... مات 545

Mâtû ماتوا
Mâta .... مات 545

Mâridun مارِدٌ
Marada .... مَرَدَ 530

Mârij مارج
Maraja ..... مَرَجَ 529

Mârût ماروت
Marata ..... مَرِتَ 529

Mâ'ûn ماعون
Ma'ana .... مَعَنَ 537

Mâkirîn ماكرين
Makara .... مَكَرَ 538

Mâki<u>th</u>ûn ماكثون
Maka<u>tha</u> ... مَكَثَ 537

Maki<u>th</u>în ماكثين
Maka<u>tha</u> ... مَكَثَ 537

Ma'kûl مأكول
Akala .... اكَلَ 24

Mâlâ مالا
Mâla .... مالَ 547

Mâlik مالك
Malaka ..... مَلَكَ........... 540

Mâlikûn مالكون
Malaka ..... مَلَكَ........... 540

Mâliyah ماليه
Mâla .... مالَ 547

Mâ'manun مأمن
Amina ...... آمن 33

Mâ'mûnun مأمونٌ
Amina ...... آمن 33

Mâni'atun مانعة
Mana'a .... مَنَعَ 542

Mâhidûna ماهدون
Mahada ... مَهَدَ 544

مَب (Ma-b)

Mab<u>th</u>û<u>th</u> مَبثوث
Ba<u>th</u>tha ... بثّ 42

Mab<u>th</u>û<u>th</u>atun مَبثوثة
Ba<u>th</u>tha ... بثّ 42

Mabsû<u>t</u>atân مَبسوطتان
Basa<u>t</u>a ..... بَسَطَ 51

Mab'û<u>th</u>ûna مَبعوثون
Ba'a<u>th</u>a .... بَعَثَ 56

Mabla<u>gh</u>un مَبلغٌ
Bala<u>gh</u>a ... بَلَغَ 63

Mabniyyatun مَبنيّةٌ
Banâ .... بنىٰ 66

Mabayyinatûn مُبيّنةٌ
Bâna .... بَانَ 70

مَت (Ma-t)

Matâb مَتاب
Tâba .... تَابَ 77

Matrabah مَتربة
Tariba .... تَرِبَ 74

Mata'a مَتَعَ
Mata'a ..... مَتَعَ 524

Matta'na متّعنا
Mata'a ..... مَتَعَ 524

Matta'ta متّعتَ
Mata'a ..... مَتَعَ 524

Matta'tu متّعتُ
Mata'a ..... مَتَعَ 524

Matti'û متعوا
Mata'a ..... مَتَعَ 524

Matîn مَتين
Matuna مَتُنَ 525

Ma'tiyyan مأتيّاً
Ata .... اتىٰ 8

مَث (Ma-th)

Mathâbatun مَثابةٌ
Thâba ...... ثابَ 88

Mathânî مَثاني
Thana ...... ثنى 87

Mathbûr مَثبور
Thabira .... ثبرَ 81

Mathalun مَثَلٌ
Mathala .... مَثل 525

Mathnâ مثنىَ
Thana ...... ثنى 87

Mathaubatun مَثوبةٌ
Thâba ...... ثابَ 88

Mathwan مثوًى
Thawâ ...... ثوى 89

مَج (Ma-j)

Majâlis مجالس
Jalasa ...... جَلَسَ 100

Majdhûdh مجذوذ
Jadhdha ... جذّ 94

Majrâ مجري
Jarâ .... جَرىٰ 96

Majma'un مجمَعٌ
Jama'a .... جَمَعَ 101

Majmû'un مجموعٍ
Jama'a .... جَمع 101

Majmû'ûna مجموعونَ
Jama'a .... جَمع 101

Majnûn مجنون
Janna .... جَنّ 104

Majûs مجوس
Majusa مَجس 526

Majîd مجيد
Majada .... مَجَدَ 526

مَح (Ma-h)

Mahabbat محبّت
Habba حَبّ 111

Mahjûbûn محجوبون
Hajaba ..... حَجَبَ 113

Mahjûr محجورا
Hajara ...... حَجَرَ 114

Mahdhûrun محذورٌ
Hadhira .... حَذِرَ 116

Mahrûm محروم
Harama ... حَرَمَ 120

Mahrûmûn محرومون
Harama ... حَرَمَ 120

Mahsûra محسورَ
Hasira ...... حَسِرَ 123

Mahshûratun محشورةٌ
Hashara ... حَشَرَ 124

Mahzûrun محظورٌ
Hazara حَظَرَ 127

Mahfûz محفوظ
Hafiza ...... حَفِظَ 129

Mahillun مَحِلّ
Halla .... حَلّ 133

Mahmûd محمود
Hamida .... حَمِدَ 135

Mahjûran مَهجوراً
Hajara ...... هَجَرَ 586

Mahunâ مَحُونا
Mahâ .... محَا 527

Mahyâ مَحياء
Hayya حيّ 144

Mahîs مَحيص
Hâsa .... حاصَ 143

Mahîdz مَحِيض
Hâdzat ..... حاضَت 143

مَخ (Ma-kh)

Makhâdz مخاض
Makhadza مخَض 527

Makhtûm مختوم
Khatama . خَتَمَ 148

Makhdhûl مَخْذُوْل
Khadhala . خَذَلَ 149

Makhrajun مُخرَجٌ
Kharaja .... خَرَجَ 150

Makhmasatun مخمصة
Khamasa . خَمَصَ 166

Makhdzûd مخضود
Khadzada خَضَدَ 156

مَد (Ma-d)

Madda مَدّ
Madda ..... مدّ 528

Madhûran مدحوراً
Dahara ..... دَحَرَ 173

Madadan مددا
Madda ..... مدّ 528

Madadna مددنا
Madda ..... مدّ 528

Madyan مَديَن
Madana ... مَدَنَ 528

Madînûn مدينون
Dâna .... دَانَ 185

Madînah مدينة
Madana ... مَدَنَ 528

Madâin مداعن
Madana ... مَدَنَ 528

Madînîn مدينين
Dâna .... دَانَ 185

مَذ (Ma-dh)

Madhbûhun مذبوح
Dhabaha .. ذَبحَ 187

Madhkûr مذكور
Dhakara ... ذَكَرَ 189

Madhmûm مذموم
Dhamma .. ذَمّ 191

Madh'ûm مَذؤُم
Dha'ama .. ذأم 186

مَر (Ma-r)

Mar'un مَرء
Mara'a ..... مَرأ 529

Marra مَرّ
Marra .... مرّ 530

Marran مَرّاً
Marra مَرّ 530

Marrâ مَرّا
Marra .... مَرّ 530

Marrât مرّات
Marra مَرّ 530

Marâfiq مرافق
Rafaqa ..... رَفَقَ 218

Marâdzi'u مراضع
Radza'a ... رَضَعَ 212

Marratan مرّةً
Marra .... مَرّ 530

Marratân مرّتان
Marra مَرّ 530

Marratin مرّةٍ
Marra .... مَرّ 530

Marratân مرّتان
Marra مرّ 530

Marratain مرّتين
Marra .... مَرّ 530

Maraja مَرَج
Maraja ..... مَرَج 529

Marjân مرجان
Maraja ..... مَرَج 529

Marja'un مَرْجِعٌ
Raja'a ...... رَجَعَ 203

Marjauna مَرجَوْنَ
Rajâ' .... رجا 205

Marjûmîn مرجومِين
Rajama .... رجم 204

Marjuwwun مَرجوٌّ
Rajâ' .... رجأ 205

Marahan مرحا
Mariha ..... مَرِحَ 529

Marhabâ مرحبا
Rahiba ..... رَحِبَ 205

Marhamah مَرحَمَة
Rahima .... رَحِمَ 205

Maraddun مَرَدٌّ
Radda ...... رَدَّ 207

Maradû مردُوا
Marada .... مَرَدَ 530

Mardûdun مَرْدُوْدٌ
Radda ...... رَدّ 207

Mardûdûn مَرْدُوْدُوْن
Radda ...... رَدّ 207

Marsadun مَرْصَدٌ
Rasada .... رَصَدَ 212

Marsûs مَرْصُوْص
Rassa ...... رَصّ 212

Maradz مَرَض
Maridza ... مَرِضَ 530

Maradzun مَرَضٌ
Maridza ... مَرِضَ 530

Maradzan مَرَضًا
Maridza ... مَرِضَ 530

Maridztu مَرِضْتُ
Maridza ... مَرِضَ 530

Mardzâ مرضٰى
Maridza ... مَرِضَ 530

Mardziyyun مرضِيٌّ
Radziya ... رَضِيَ 213

Mardziyyatun مرضيّةٌ
Radziya ... رَضِيَ 213

Mar'â مرعىٰ
Ra'â .... رَعىٰ 214

Marfûd مرفُود
Rafada ..... رَفَدَ 216

Marf'ûn مرفُوْعٌ
Rafa'a ...... رَفَعَ 217

Marfû'atun مرفُوعةٌ
Rafa'a ...... رَفَعَ 217

Markûm مركُوم
Rakama ... ركم 221

Marqad مرقد
Raqada .... رَقَدَ 219

Marqûm مرقوم
Raqama ... رَقَمَ 219

Mari'an مريأ
Mara'a ..... مَرأ 529

Marîj مريج
Maraja ..... مَرَج 529

Marîd مريد
Marada .... مَرَدَ 530

Marîdzun مَرِيض
Maridza مَرِضَ 530

Maryam مَريَم
Maryam ... مَريَم 532

مَز (Ma-z)

Mazzaqnâ مَزّقنا
Mazaqa ... مَزَقَ 532

Mazîdun مزيدٌ
Zâda .... زادَ 238

مَس (Ma-s)

Massa مسّ
Massa ..... مَسَّ 534

Mas'ûlun مَسئُولٌ
Sa'ala ...... سَأَلَ 242

Masâjid مساجد
Sajada ..... سَجَدَ.......... 248

Masakîn مساكين
Sakana .... سَكَنَ........... 264

Masâkin مساكن
Sakana .... سَكَنَ 264

Masbuqîn مسبوقين
Sabaqa .... سَبَقَ 246

Massat مسّت
Massa ..... مَسَّ 534

Mastûrun مستور
Satara ..... سَتَرَ........... 248

Masjid مسجد
Sajada ..... سَجَدَ 248

Masjidun مسجد
Sajada ..... سَجَدَ 248

Masjûnîn مَسجونين
Sajana ..... سَجَنَ.......... 249

Masjûr مسجور
Sajara ...... سَجَرَ 249

Mas<u>h</u>an مَسحًا
Masa<u>h</u>a ... مَسَحَ 532

Mas<u>h</u>ûr مسحور
Sa<u>h</u>ara ..... سَحَرَ 250

Mas<u>h</u>urûna مسحورون
Sa<u>h</u>ara ..... سَحَرَ 250

Mas<u>hh</u>arîna مُسَحَّرِين
Sa<u>h</u>ara ..... سَحَرَ 250

Masa<u>kh</u>nâ مسخنا
Masa<u>kh</u>a .. مَسَخَ 533

Masad مَسَد
Masada ... مَسَدَ 534

Masrûran مسرورًا
Sarra .... سَرَّ 255

Mas<u>t</u>ûran مسطورًا
Sa<u>t</u>ara ..... سَطَرَ 258

Mas<u>t</u>ûrun مسطور
Sa<u>t</u>ara ..... سَطَرَ 258

Mas<u>gh</u>abatun مَسغَبة
Sa<u>gh</u>aba .. سَغَبَ........... 259

Masfû<u>h</u>an مسفوحًا
Safa<u>h</u>a ..... سَفَحَ 259

Maskanatun مسكنة
Sakana .... سَكَنَ 264

Maskanun مسكن
Sakana .... سَكَنَ 264

Maskûbin مَسكوب
Sakaba .... سَكَبَ 263

Maskûnatun مسكونة
Sakana .... سَكَنَ 264

Masnûn مسنون
Sanna ...... سَنَّ 274

Masîh مَسيح
Masaha .... مَسَحَ 532

مَش (Ma-sh)

Mashshâun مشآء
Mashâ ..... مَشٰى 535

Mashârib مشارِب
Shariba .... شَرِبَ 285

Mashâriq مشارق
Sharaqa .. شَرَقَ 287

Mash'amatun مشْئمة
Sha'ama .. شأمَ 282

Mashhûn مشحُون
Shahana .. شَحَنَ 284

Mashrabun مَشربٌ
Shariba .... شَرِبَ 285

Mashriq مشرق
Sharaqa .. شَرَقَ 287

Mashriqain مشرقَين
Sharaqa .. شَرَقَ 287

Mashriqîn مشرِقِين
Sharaqa .. شَرَقَ 287

Mash'ar مشعر
Sha'ara .... شَعَرَ 291

Mashkûran مشكُوراً
Shakara ... شَكَرَ 296

Mashhadum مشهدٌ
Shahida ... شَهِدَ 299

Mashhûdun مشهُودٌ
Shahida ... شَهِدَ 300

Mashau مَشو
Mashâ ..... مَشٰى 535

Mashyun مشيٌ
Mashâ ..... مَشٰى 535

Mashîdun مشيدٌ
Shâda ...... شَادَ 303

مَص (Ma-s)

Masâbîh مَصابيح
Sabaha .... صَبَحَ 304

Masâni'a مَصانع
Sana'a ..... صَنَعَ 322

Masrifan مصرِفًا
Sarafa ...... صَرَفَ 314

Masrûfan مصرُوفًا
Sarafa ...... صَرَفَ 314

Masfûfatun مصفُوفةٌ
Saffa .... صَفَّ 317

Masfûfatin مصفُوفةٍ
Saffa .... صَفَّ 317

Masîra مصِيرَ
Sâra .... صارِ 326

Masîru مصِيرُ
Sâra .... صارِ 326

مَض (Ma-dz)

Madzâji' مضاجع
Dzaja'a .... ضَجَعَ 327

Madzat مَضَت
Madzâ ..... مَضٰى 536

Madzâ مَضٰى
Madzâ ..... مَضٰى 536

مَط (Ma-t)

Matarun مَطَر
Matara ..... مَطرَ 536

Mutaffifîn مُطفّفِين
Taffa .... طفَّ 340

Matlûb مطلوب
Talaba ...... طَلبَ 340

Matli'un مَطلعٌ
Tala'a .... طَلَعَ 341

Matwiyyâtun مطويّتٌ
Tawa .... طوىَ 348

مَظ (Ma-z)

Mazlûman مظلومٌ
Zalama .... ظَلَمَ 352

مَع (Ma-')

Ma'a مَعَ
Ma'a .... مَعَ 536

Ma'âdh معاذ
'Âdha .... عاذ........... 394

Ma'âdhun مَعاذ
'Âdha .... عاذ........... 394

Ma'âdhîr معاذير
'Adhuba ... عَذُبَ 363

Ma'ârij معارج
'Araja .... عَرج........... 365

Ma'âshan معاشاً
'Âsha .... عاش 398

Ma'âyisha معايش
'Âsha .... عاش........... 398

Ma'dûdâtun معدودت
'Adda .... عَدّ 361

Ma'dûdun معدود
'Adda .... عَدّ 361

Ma'dhiratan مِعذِرةً
'Adhara .... عَذُرَ 364

M'arratun معَرّةٌ
'Arra .... عَرّ 366

Ma'rûfatun معروفة
'Arafa .... عَرَف........... 367

Mar'ûfun معروف
'Arafa .... عَرَف........... 367

M'arûshât معروشات
'Arasha .... عَرَش 366

Ma'zun مَعزٌ
Ma'iza ..... مَعِز........... 537

Ma'zilun مِعزل
'Azala ...... عزل........... 371

Ma'zûlûna معزولون
'Azala ...... عزل........... 371

Ma'sharun معشرٌ
'Ashara .... عَشَرَ 373

Ma'siyyatun معصية
'Asâ .... عصىٰ 376

Ma'îshatun مِعيشة
'Âsha .... عاش 398

Ma'kûfan معكُوفاً
'Akafa ...... عكف 382

Ma'lûm معلوم
'Alama ..... عَلم 382

Ma'lûmât معلومات
'Alama ..... عَلم 383

Ma'mûr معمور
'Amara ..... عَمَرَ........... 387

Ma'în مَعين
Ma'ana .... مَعَنَ 537

Ma'înin مَعين
'Âna .... عانَ........... 398

مَغ (Ma-gh)

Maghârib مغارب
Gharaba .. غَرَبَ 400

Maghârâtin مغارات
Ghâra ...... غار........... 411

Maghânima مغانم
Ghanima . غَنِمَ 410

Maghribun مغرب
Gharaba .. غَرَبَ 400

Maghrabain مغربين
Gharaba .. غَرَبَ 400

Maghramin مغرم
Gharima .. غرم 402

Maghraman مغرماً
Gharima .. غرم 402

Maghshî مَغشِي
Ghashiya . غِشِى 403

Maghdzûb مَغضوب
Ghadziba . غَضب 404

Maghfiratun مَغفِرة
Ghafara .... غَفرَ 405

Maghlûbun مغلوب
Ghalaba غَلَبَ 407

Maghlûlatun مغلولة
Ghalla ...... غلّ 408

مَف (Ma-f)

Mafâtih مفاتح
Fataha ..... فَتَحَ 415

Mafâzan مفازاً
Fâza .... فاز 436

Mafâzatan مفازة
Fâza .... فاز 436

Maftûn مَفتون
Fatana ..... فتَنَ 416

Mafarr مفرّ
Farra .... فرّ 421

Mafrûdzan مفروضاً
Faradz ..... فَرَض 422

Maf'ûlan مفعُول
Fa'ala ...... فَعل 431

مَق (Ma-q)

Maqâbir مقابر
Qabura .... قَبُرَ 439

Maqâ'idun مَقاعد
Qa'ada .... قَعَدَ 462

Maqâlîd مقاليد
Qalada ..... قَلدَ 465

Maqâmun مقام
Qâma ...... قامَ 471

Maqâmi'un مَقامع
Qama'a ... قَمعَ 466

Maqbûhîn مَقبوحِين
Qabaha ... قَبحَ 439

Maqbûdzatun مَقْبوضة
Qabadza . قَبضَ 440

Maqtun مَقت
Maqata .... مَقَتَ 537

Maqdûrun مقدور
Qadara .... قَدرَ 444

Maqrabatun مقربة
Qariba ..... قرب 449

Maqsûm مَقسوم
Qasama ... قَسَمَ 454

Maqsûrâtun مقصورات
Qasara .... قَصَرَ 456

Maqdziyyan مقضياً
Qadzâ ..... قَضَى 458

Maqtû'an مقطوعاً
Qata'a ...... قَطَعَ 459

Maqtû'atun مقطوعة

Qaṯa'a ...... قَطَعَ 459

Maqîl مَقِيل
Qâla .... قالى 474

مَك (Ma-k)

Makânun مكانٌ
Kâna .... كانَ 500

Makânat مكانةٌ
Kâna .... كانَ 500

Makânatun مكانة
Kâna .... كانَ 500

Makkah مَكّة
Makkah ... مَكّة 538

Maktûb مَكتوب
Kataba ..... كَتَبَ 478

Maka<u>th</u>a مَكَث
Maka<u>th</u>a .. مَكَثَ 537

Mak<u>dh</u>ûbun مَكذوب
Ka<u>dh</u>aba . كَذَبَ 481

Makara مَكَرَ
Makara .... مَكَرَ 538

Makrun مَكرٌ
Makara .... مَكَرَ 538

Makartum مَكَرتم
Makara .... مَكَرَ 538

Makarnâ مَكَرنا
Makara .... مَكَرَ 538

Makarû مَكَروا
Makara .... مَكَرَ 538

Makrûhan مكروهًا
Karaha ..... كره 484

Makẕûm مَكظوم
Kaẕama ... كَظَمَ 487

Makkanna مَكّنّ
Makuna .... مَكُنَ 539

Makkannâ مَكّنّا
Makuna ... مَكُنَ 539

Maknûnun مكنون
Kanna ...... كَنّ 498

Makîdûna مكيدون
Kayda ...... كَيد 502

Makînun مكين
Makuna ... مَكُنَ 539

مَل (Ma-l)

Mala'un ملاء
Mala'a ...... ملاء 539

Malâika مَلائك
Malaka ..... مَلَكَ 540

Malâ'ikatun ملائكة
La'aka ..... لأكَ 505

Mali'ûna ملئون
Mala'a ...... ملاء 539

Malja'un ملجأ
Laja'a .... لَجأ 508

Mal'ûnatu ملعونة
La'ana ..... لعن 512

Mal'ûnîna ملعونين
La'ana ..... لعن 512

Malakun ملك
La'aka ..... لأكَ 505

Malik مَلك
Malaka ..... مَلَكَ 540

Malakun مَلك
Malaka ..... مَلَكَ 540

Malakain مَلَكين
Malaka ..... مَلَكَ 540

Malakaini مَلَكَين
La'aka ..... لأكَ 506

Malakat مَلَكَت
Malaka ..... مَلَكَ 540

Malaktum مَلَكتُم
Malaka ..... مَلَكَ 540

Malakût مَلَكوت
Malaka ..... مَلَكَ 540

Malûman ملوماً
Lâma .... لامَ 521

Malûmîna ملومين
Lâma .... لامَ 521

Malîk مَليك
Malaka ..... مَلَكَ 540

Maliyya مليّا
Mala .... مَلا 541

مَم (Ma-m)

Mamâtu □اتُ
Mâta .... مات 545

Mamdûdun □دود
Madda ..... مدّ 528

Mamlûkun □لوك
Malaka ..... ملكَ 540

Mamnû'atun □نوعة
Mana'a .... مَنعَ 542

Mamnûn □نون
Manna' .... مَنّ 543

مَن (Ma-n)

Man مَن
Man .... مَن 542

Manna مَنّ
Manna' .... مَنّ 543

Mannan منّا
Manna' .... مَنّ 543

Manât منات
Mana .... مَنَى 543

Manâzila مَنازل
Nazala ..... نَزَلَ 559

Manâsik مَناسِك
Nasaka .... نَسك 562

Manâs مَناص
Nâsa .... ناصَ 583

Mannâ'un مَنّاع
Mana'a .... مَنعَ 542

Manâfi'un منافِع
Nafa'a ..... نَفَعَ 573

Manâkib مناكب
Nakaba .... نكبَ 576

Manâm مَنام
Nâma .... نامَ 584

Mansakan مَنسِكًا
Nasaka .... نَسك 562

Mansiyyan مَنسيًّا
Nasiya ..... نَسيَ 562

Manshûran مَنشُورًا
Nashara ... نَشرَ 563

Manshûrun مَنشُور
Nashara ... نَشرَ 563

Mansûran منصُورا
Nasara ..... نَصرَ 565

Mansûrûna منصُورون
Nasara ..... نَصرَ 565

Mandzûdin مَنضود
Nadzada .. نَضَدَ 567

Mantiqun مَنطِق
Nataqa ..... نَطَقَ 567

Mana'a مَنَعَ
Mana'a .... مَنَعَ 542

Manfûsh مَنفوش
Nafasha ... نَفَشَ 573

Manqûs منقُوص
Naqasa .... نَقَصَ........... 575

Mananâ مَنَنا
Manna ..... مَنّ 543

Manû'un منوع
Mana'a مَنعَ 542

Manû'an مَنوعا
Mana'a .... مَنَعَ............ 542

Manûn مَنُون
Manna ..... مَنّ............ 543

Maniyyun منيٌّ
Mana .... مَنَى 543

مَه (Ma-h)

Mahad مَهَد
Mahada ... مَهَدَ 544

Mahhadtu مهّدت
Mahada ... مَهَدَ 544

Mahzûmim مهزوم
Hazama ... هَزَمَ............ 591

Mahhil مَهّل
Mahala .... مَهَلَ 544

Mahlika مُهلك
Halaka ..... هَلَكَ 592

Mahmâ مَهمَا
Mahma .... مَهمَا........... 544

Mahîlan مَهيلاً
Hâla .... هالَ........... 598

Mahîn مَهين
Mahuna ... مَهُنَ 545

مَو (Ma-w)

Mawâkhira مواخِر
Makhara .. مَخَرَ 527

Mawâzîn موازين
Wazana ... وَزَنَ 608

Mawâtina مواطن
Watana ... وطن 613

Mawâdz'iu' مواضع
Wadza'a .. وَضَعَ 611

Mawâqi'u مواقع
Waqa'a .... وَقَعَ 617

Mawâqît مواقيت
Waqata .... وَقَتَ 616

Mawâli موالي
Waliya ...... ولى........... 621

Mawbiqan مَوبِقًا
Wabaqa ... وبِقَ 599

Mawt مَوت
Mâta .... مات........... 545

Mawtâ مَوتا
Mâta .... مات........... 545

Mawthiqan مَوثِقًا
Wathaqa . وَثِقَ 601

Mauj مَوج
Mâja .... ماجَ........... 546

Mawaddtan مودّة
Wadd ...... ودّ 604

Mawran مَوراً
Mâra .... مار 546

Mawrûd مورود
Warada ... وَرَدَ 606

Mawdzû'atun موضوعة
Wadza'a .. وَضَعَ.......... 611

Mawdzûnatin موضونة
Wadzana . وَضَنَ 612

Mawti'an موطأء
Wati'a ......وَطِئَ........... 612

Maw'ûd موعود
Wa'ada .... وَعَدَ........... 613

Maw'idan موعداً
Wa'ada .... وَعَدَ........... 613

Mawfûran مَوفوراً
Wafara .....وَفَرَ........... 614

(Ma-y) مَي

Maitun مَيت
Mâta .... مَات 545

Mayyitun ميّت
Mâta .... مَات 546

Maytan ميتا
Mâta .... مَات 545

Maytatu مَيتةُ
Mâta .... مَات 545

Mayyitûna ميّتُون
Mâta .... مَات 545

Mayyitîn ميّتين
Mâta .... مَات 545

Maysir مَيسر
Yasara .....يَسَرَ........... 626

Maysaratun مَيسرةٍ
Yasara ..... يَسَرَ.......... 626

Maysûran ميسوراً
Yasara ..... يَسَرَ.......... 626

Maylun مَيل
Mâla .... مَالَ.......... 548

Maylatan مِيلة
Mâla .... مَالَ.......... 548

Maymanah ميمنة
Yamana ...يَمَنَ............ 628

(Mi-) مِ

(Mi-') مإ

Mi'atun مئة
Ma'aya .... مأىَ........... 524

Mi'atayn مئتين
Ma'aya .... مأى 524

(Mi-t) مِت

Mittu مِتُ
Mâta ....ماَت........... 545

Mitnâ مِتنا
Mâta .... مَات 545

Mittum مِتّم
Mâta .... مَات 545

(Mi-th) مِث

Mithqâlun مثقال
Thaqula ... ثَقلَ 83

Mithlai مثلي
Mathala .... مَثلَ........... 525

Mithlun مِثلٌ
Mathala ... مَثَلَ 525

Mîthâq ميثاق
Wathaqa .وَثَقَ............ 601

(Mi-h) مِح

Mihâl محال
Mahala .... مَحل 527

Mihrâb محراب

Haraba حَرَبَ 117

(Mi-d) مِد

Midâd مداد
Madda ..... مدّ 528

Midrâran مِدرَارًا
Darra .... دَرّ 176

(Mi-r) مِر

Mirâ'un مراء
Mara .... مَرَى 531

Mirâtun مرآت
Marra .... مَرّ 530

Mirsâd مِرصاد
Rasada .... رَصَدَ 212

Mirfaq مرفقًا
Rafaqa ..... رَفَقَ 218

Miryatun مرية
Mara .... مَرَى 531

Mîrâthun ميراث
Waritha ... وَرِثَ 606

(Mi-z) مِز

Mizâj مِزاج
Mazaja .... مَزَجَ 532

(Mi-s) مِس

Misâs مِساس
Massa ..... مَسَّ 534

Miskun مسك
Masaka .... مَسَكَ 534

Miskînun مسكين
Sakana .... سكَنَ 264

Miskînan مسكينًا
Sakana .... سكَنَ 264

(Mi-sh) مِش

Mishkât مشكوٰة
Shakâ ...... شَكَا 297

(Mi-s) مِص

Misbâh مصباح
Sabaha .... صَبَحَ 304

Misr مِصر
Masara .... مَصَرَ 535

(Mi-') مِع

Mi'shâr معشار
'Ashara .... عَشَرَ 373

(Mi-q) مِق

Miqdârun مَقدار
Qadhra .... قَدرَ 444

Mîqât ميقات
Waqata .... وَقَتَ 616

(Mi-k) مِك

Mikyâl مكيال
Kâla .... كالَ 503

Mîkâl ميكال
Mîkâl .... ميكالَ 539

(Mi-l) مِل

Mil'un مِلئُن
Mala'a...... مَلاء 539

Millatun ملّة
Malla .... مَلّ 541

Milhun مِلح
Malaha .... مَلَحَ 540

Milk ملك
Malaka ..... مَلَكَ 540

مِم (Mi-m)

Mimmâ مِمّا
Mimmâ .... مِمّا 542

Mimman مِمَّن
Mimman .. مِمَّن 542

مِن (Mi-n)

Min مِن
Min .... مِن 542

Minsa'tun منسأة
Nasa'a ..... نَسَاَء 560

Minhâjan منهاج
Nahaja ..... نَهَجَ 580

مِه (Mi-h)

Mihâd مهاد
Mahada ... مَهَدَ 544

مي (Mi-y)

Mîzân ميزان
Wazana ... وَزَن 608

Mî'âd ميعاد
Wa'adh .... وَعَدَ 613

(Mu-) مُ

مُأ (Mu-')

Mu'jjalun مُؤَجّل
Ajila .... اجل 12

Mua'dhdhinun مُؤَذِّن
Adhina ..... اذِنَ 18

Mu'allafatun مُؤَلفة
Alifa .... الِفَ 25

مُب (Mu-b)

Mubârakun مُبارَكٌ
Baraka ..... بَرَكَ 49

Mubârakatun مُبارَكةٌ
Baraka ..... بَرَكَ 49

Mubtalin مبتلٍ
Balâ' .... بلاء 65

Mubtalîna مبتلينَ
Balâ' .... بلاء 65

Mubaddal مُبدّل
Badala ..... بَدَلَ 45

Mubadhdhirîn مُبَذِّرين
Badhara ... بذر 46

Mubarra'un مُبرأ
Bari'a بَرِئ 46

Mubramûn مُبرِمون
Barama ... برم 50

Mubashshir مُبشّر
Bashara بَشَرَ 52

Mubashshirât مُبشّرات
Bashara ... بَشَرَ 52

Mubashshirîn مُبشّرِين
Bashara ... بَشَرَ 52

Mubsirun مُبصِر
Basura ..... بصُرَ 53

Mubsirûna مُبصِرون
Basura ..... بصُرَ 53

Mubtilûna مُبطِلونَ
Batala ...... بَطَلَ 55

Mub'adûna مُبعدون
Ba'uda ..... بَعُدَ 57

Mublasin مُبلسون
Balasa ..... بَلَسَ 62

Mublisûn مُبلسين

Balasa ..... بَلَسَ 62

Mubaww'a مُبوّأ
Bâ'a .... بَآءَ 67

Mubînun مُبينٌ
Bâna .... بَانَ 70

Mubayyitûn مُبيّتون
Bâta .... باتَ 68

Mubayyinâtun مُبيّناتٌ
Bâna .... بَان 70

مُت (Mu-t)

Mutabbarun مُتبّرٌ
Tabara ..... تَبَرَ 72

Mutabarrijâtun مُتبرّجاةٌ
Barija .... بَرَجَ 47

Muttabi'ûna متبّعون
Tabi'a .... تبعَ 73

Mutatâbi'un مُتَتابعٌ
Tabi'a .... تبعَ 73

Mutajânifun مُتجانفً
Janafa ...... جَنَفَ 104

Mutajârwirât مُتجاورات
Jâra .... جارَ 109

Mutaharrifan مُتحرفًا
Harafa ...... حَرَفَ 119

Mutahayyizan مُتَحيّزاً
Hâza .... حازَ 143

Muttakhidhâtun متّخذاتٌ
Akhadha .. اخذ 13

Muttakhidhî متّخذي
Akhadha .. اخذ 13

Mutarâkibun متراكبٌ
Rakiba ..... رَكِبَ 220

Mutarabbisûn متربّصون
Rabasa .... رَبَصَ 199

Mutarabbisîn متربّصين
Rabasa .... رَبَصَ 199

Mutaradiyatu متردّية
Radiya ..... رَدِيَ 208

Mutrafû مترفوْا
Tarifa .... تَرِفَ 75

Mutrafî مترفي
Tarifa .... تَرِفَ 75

Mutrifîn مترفين
Tarifa .... تَرِفَ 75

Mutashâbihin متشابه
Shabaha .. شَبَهَ 283

Mutashâbihan متشابهًا
Shabaha .. شَبَهَ 283

Mutashabihât متشابهات
Shabaha .. شَبَهَ 283

Mutashâkisûna متشاكسُون
Shakisa ... شَكِسَ 297

Mutasaddi'an متصدِّعًا
Sada'a ..... صَدَعَ 309

Mutasaddiqât متصدِّقات
Sadaqa .... صَدَقَ 310

Mutasaddiqîna متصدّقين
Sadaqa .... صَدَقَ 310

Mutatahhirîna متطهّرين
Tahara ... طهرَ 344

Muta'âl مُتعال
'Alâ .... علا 385

Muta'ammidhan مُتعمدًا
'Amada .... عَمَدَ 387

Mutafarriqatun مُتفرّقة
Faraqa ..... فَرَقَ 423

Mutafarriqâtun مُتفرّقات
Faraqa ..... فَرَق 423

Mutafarriqûn مُتفرّقون
Faraqa ..... فَرَق 423

Mutaqâbilîna متقابلين
Qabila ...... قَبل 441

Muttaqûn متّقون
Waqaya ... وَقَى 618

Muttaqîn متّقين
Waqaya ... وَقَى 618

Mutaqallabun متقلّب
Qalaba ..... قَلَبَ 464

Mutakabbir مُتكبّر
Kabura ..... كَبُر 476

Muttaki'un متّكأ
Waka'a .... وكأ 619

Muttaki'ûna متّكؤون
Waka'a وكأ 619

Muttaki'îna متّكئين
Waka'a .... وكأ 619

Mutakabbirîna مُتكبّرين
Kabura ..... كَبُر 476

Mutakallifîna متكلّفين
Kalifa .... كَلِف 494

Mutalaqqiyâni متلقّيانِ
Laqiya ...... لقيَ 516

Mutimmun متمّ
Tamma .... تَمّ 77

Mutanâfisûn مُتنافسون
Nafasa ..... نَفَس 572

Mutawassimîn مُتوسّمين
Wasama . وَسَمَ 609

Mutawaffîka مُتوفّيك
Wafa .... وَفَى 615

Mutawakkilûna متوكّلونِ
Wakala .... وكل 620

مُث (Mu-th)

Muthqalatun مُثقَلةٌ
Thaqula ... ثَقلَ 83

Muthqalûna مثقَلونَ
Thaqula ... ثَقلَ 83

Muthulât مُثِلات
Mathala .... مَثلَ 525

Muthlâ مُثلى
Mathala .... مَثلَ 525

مُج (Mu-j)

Mujrimun مجرمٌ
Jarama .... جَرم 96

Mujrimûna مجرمونَ
Jarama .... جرم 96

Mujrimîna مجرمِينَ
Jarama .... جرم 96

Mujâhidîn مجاهدينَ
Jahada .... جَهَدَ 105

Mujâhidûn مجاهدون
Jahada .... جَهَدَ 105

Mujîbun مجيبٌ
Jâba .... جابَ 108

Mujîbûna مجيبونَ
Jâba .... جابَ 108

مُح (Mu-h)

Muhtadzarun مُحتضرٌ
Hadzara ... حضَرَ 127

Muhtazir مُحتظر
Hazara ..... حَظرَ 128

Muhdathun مُحدثٌ
Hadatha ... حَدَثَ 115

Muharramun محرّمٌ
Harama.... حَرَمَ 120

Muharramatun محرّمةٌ
Harama.... حَرَمَ 120

Muhalliqîna مُحلقينَ
Halaqa ..... حَلقَ............ 132

Muhullî مُحلّي
Halla .... حَلّ 133

Muhammad محمّد
Hamida .... حَمِدَ 135

Muhsin محسن
Hasuna .... حَسُنَ 124

Muhsinûn محسِنُون
Hasuna .... حَسُنَ 124

Muhsinîn محسِنِين
Hasuna .... حَسُنَ 124

Muhsinât محصنٰت
Hasana .... حَصَنَ 126

Muhassanâtun محصّنٰتٌ
Hasana .... حَصَنَ 126

Muhsinîna محصنينَ
Hasana .... حَصَنَ 126

Muhdzarun مُحضرٌ
Hadzara ... حَضَرَ 127

Muhdzarûna مُحضرونَ
Hadzara ... حَضَرَ 128

Muhdzarîna مُحضرينِ
Hadzara ... حَضَرَ 128

Muhkamât مُحكمات
Hakama ... حَكَمَ 131

Muhyî مُحْيِ
Hayya ...... حيّ 144

Muhît محيطٌ
Hâta .... حاطَ 141

Muhîtun محيطٌ
Hâta .... حاطَ 141

Muhîtatun محيطةٌ
Hâta .... حاطَ 141

Muhkamatun محكمةٌ
Hakama ... حَكَمَ 131

مُخ (Mu-kh)

Mukhbitîna مُخبِتِينَ
Khabata ... خَبَتَ 146

Mukhtâl مُختال
Khâla .... خَالَ 171

Mukhtalifîna مختلفين
Khalafa .... خَلَفَ 162

Mukhtalifûna مختلفونَ
Khalafa .... خَلَفَ 162

Mukhtalifun مختلفٌ
Khalafa .... خَلَفَ 162

Mukhrajun مُخرَجٌ
Kharaja .... خَرَجَ 150

Mukhrijîna مُخرِجينَ
Kharaja .... خَرَجَ 150

Mukhrijûna مُخرِجونَ
Kharaja .... خَرَجَ 150

Mukhrijun مُخْرِجٌ
Kharaja .... خَرَجَ 150

Mukhzî مُخْزِي
Khaziya ... خَزِيَ 152

Mukhsirîn مخسرِين
Khasira .... خَسِرَ 153

Mukhdzarratun مخضرّة
Khadzira .. خَضِرَ 156

Mukhalladûna مخلّدون
Khalada ... خَلَدَ 160

Mukhallafûna مخلّفون
Khalafa .... خَلَفَ 162

Mukhallafîna مخلّفين
Khalafa .... خَلَفَ 162

Mukhallaqatun مخلّقة
Khalaqa ... خَلَقَ 163

Mukhlas مخلَص
Khalasa ... خَلَص 161

Mukhlis مخلصٌ
Khalasa .. خَلَص 161

Mukhlisûn مخلصون
Khalasa ... خَلَص 161

Mukhlasîn مخلصين
Khalasa ... خَلَص 161

Mukhlifa مخلفَ
Khalafa .... خَلَفَ 162

مُد (Mu-d)

Mudbir مُدبِر
Dabara .... دَبَرَ 172

Mudabbirât مُدبِّرات
Dabara .... دَبَرَ 172

Mudbirîn مُدبِرِين
Dabara .... دَبَرَ 172

Muddat مُدّت
Madda ..... مدّ 528

Mudhidzîna مُدحِضِين
Dahadza .. دَحَض 173

Mudakhkhal مدّخل
Dakhala دَخَلَ 174

Mudkhal مُدخل
Dakhala ... دَخَلَ 174

Mudrakûna مدركونَ
Daraka .... دَرَكَ 177

Mudakkir مدكر
Dhakara ... ذَكَرَ 189

Mudhâmmatân مدهامتان
Dahama ... دهم 183

Mudhinûn مُدهنون
Dahana .... دَهَنَ 183

مُذ (Mu-dh)

Mudhabdhabîn مُذبْذبين
Dhabba .... ذَبَّ 187

Mudz'inîn مذعنين
Dza'na ..... ذَعَنَ 189

Mudhakkir مذكر
Dhakara ... ذَكَرَ 189

مُر (Mu-r)

Murâghaman مُراغمًا
Raghima .. رَغِمَ 216

Murtâb مُرتاب
Râba .... رابَ 227

Murtafiqa مُرتفقاً
Rafaqa ..... رَفَقَ 218

Murtaqibûna مرتقبُون
Raqaba ... رَقَبَ 218

Murjifûn مُرجِفون
Rajafa ...... رَجَفَ 203

Murdifîn مُردِفِين
Radfa .... رَدفَ 208

Mursalan مِرسلاً
Rasila ...... رِسلَ 210

Mursâ مُرسىٰ
Rasâ .... رسا 211

Mursilatun مُرسِلَةٌ
Rasila ...... رِسلَ 210

Mursalîn مُرسلين
Rasila ...... رِسلَ 210

Mursilîn مُرسِلِين
Rasila ...... رِسلَ 210

Mursilîn مُرسلين
Rasila ...... رِسلَ 210

Mursalûn مُرسِلون
Rasila ...... رِسلَ 210

Mursilû مُرسِلوُا
Rasila ...... رِسلَ 210

Mursilûna مُرسِلونَ
Rasila ...... رِسلَ 210

Murshidun مُرشِدٌ
Rashada .. رَشَدَ 211

Murîb مُريب
Râba .... رابَ 227

مُز (Mu-z)

Muzjâtin مُزجٰةٍ
Zaja .... زجى 229

Muzahzihun مُزَحْزِحٍ
Zahha ...... زح 230

Muzdhjarun مُزدجَرٌ
Zajara ...... زَجَرَ 229

Muzziqa مُزّق
Mazaqa ... مَزَقَ 532

Muzzammil مُزَمِّل
Zamala .... زَمَلَ 235

Muzn مُزن
Mazana ... مَزَنَ 532

مُس (Mu-s)

Musâfihât مسافحات
Safaha ..... سَفَحَ 259

Musâfihîna مسافحين
Safaha ..... سَفَحَ 259

Mus'ûlûna مسئُولُون
Sa'ala ..... سألَ 242

Musabbihûna مسبّحون
Sabaha .... سَبَح 244

Musabbihîna مسبّحين
Sabaha .... سَبَح 244

Mustabîn مستبين
Bâna .... بَان 70

Mustabshiratun مستبشرةٌ
Bashara ... بَشَرَ 52

Mustabsirîna مستبصرين
Basura ..... بَصرَ 53

Mustadz'afûna مستضعَفُون
Dza'afa .... ضَعفَ 331

Mustadz'afîna مستضعَفِين
Dza'afa .... ضَعفَ 331

Mustaghfirîna مستغفرين
Ghafara ... غَفرَ 405

Mustahzi'în مُستَهزِئِين
Haza'a ..... هَزءَ 590

Mustahzi'ûna مُستَهزءون
Haza'a ..... هَزَءَ 590

Musta'ânu مستعان
'Âna .... عانَ 395

Mustaiqinîna مستيقنين
Yaqina ..... يَقن 627

Mustakbirîna مستكبرين
Kabura ... كَبُرَ 476

Mustakbirûna مُستكبرون
Kabura ..... كَبُرَ 476

Mustakhfin مستخف

Khafiya .... خَفِيَ 160

Mustâ'khirîna مستأخرين
Akhkhara . اخّرَ 14

Mustakhlafîna مستخلفين
Khalafa .... خَلَفَ 162

Mustamir مُستمر
Marra .... مَرَّ 530

Mustami'un مُستَمِع
Sami'a ..... سَمِعَ 270

Mustami'ûna مُستَمِعُون
Sami'a ..... سَمِعَ 270

Mustanfuratun مُستنفُرة
Nafara ...... نَفَرَ 571

Musta'nisîn مستانسين
Anisa اَنِسَ 35

Mustaqar مُستقر
Qarra .... قَرَّ 450

Mustaqbilun مستقبل
Qabila ...... قَبِلَ 440

Mustaqdimîn مستقدمين
Qadama .. قَدِمَ 446

Mustaqîm مُستقيم
Qâma ...... قامَ 471

Mustaqirrun مُستقرّ
Qarra ...... قَرَّ 450

Mustaslimûna مستسلمُون
Salima ..... سَلِمَ 267

Mustatir مستطر
Satara ..... سطَرَ 258

Mustatîran مُستطِيراً
Târa .... طَارَ 349

Mustauda'un مُستودع
Wada'a .... وَدَعَ 605

Musahharin مسحّر
Sahara ..... سَحَرَ 250

Musakhkhar مسخّر
Sakhkhara سَخَّرَ 252

Musakhkharât مسخّرات
Sakhkhara سَخَّرَ 252

Musrif مسرف
Sarafa ...... سَرَفَ 258

Musrifîn مسرفين
Sarafa ...... سَرَفَ 257

Musfiratun مُسفرة
Safar .... سَفَرَ 267

Muslimun مسلم
Salima ..... سَلِمَ 267

Muslimât مسلمات
Salima ..... سَلِمَ 267

Muslimatun مسلمةٌ
Salima ..... سَلِمَ 267

Musallamatun مُسلّمَة
Salima ..... سَلِمَ 267

Muslimûn مسلمون
Salima ..... سَلِمَ 267

Muslimain مسلمَين
Salima ..... سَلِمَ 267

Musma'in مُسمع
Sami'a ..... سمِعَ 270

Musamman مسمّىً
Samâ ...... سَمَا 272

Musannadatun مسنّدةٌ
Sanadah .. سَنَدَ 273

Musawwamatun مسوّمة
Sâma .... سامَ 279

Musawwimîn مسوّمين
Sâma .... سامَ 279

Musî'u مُسِئ

Sâ'a .... ساء 275

Musaitir مَسيطِر
Sata̱ra ..... سطر 258

Musaitirûn مسيطرون
Sata̱ra ... سطر 258

مُش (Mu-sh)

Mushayyadatun مشيّدةٌ
Shâda ...... شادَ 303

Mushfiqîn مشفقين
Shafiqa .... شَفَقَ 294

Mushfiqûn مُشفِقُون
Shafiqa .... شَفَقَ 294

Mushrik مُشرِك
Sharika .... شَرِكَ 288

Mushrikât مشركات
Sharika .... شَرِكَ 288

Mushrikatun مُشركة
Sharika .... شَرِكَ 288

Mushrikîna مشركين
Sharika .... شَرِكَ 288

Mushrikûna مُشركُون
Sharika .... شَرِكَ 288

Mushtabihan مُشتبِها
Shabaha .. شَبَهَ 283

Mushtarikûna مُشتركُون
Sharika .... شَرِكَ 288

مُص (Mu-s̱)

Mus̱addiqât مُصدِّقات
S̱adaqa .... صَدَقَ 310

Mus̱addiqîn مُصَدِّقِين
S̱adaqa .... صَدَقَ 310

Mus̱addiqun مُصدِّق
S̱adaqa ... صَدَقَ 310

Mus̱addiqan مصدِّقًا
S̱adaqa ... صَدَقَ 310

Mus̱adtun مُؤصدة
Wasa̱d وَصَدَ 609

Mus̱affan مصفّىً
S̱afâ ...... صَفى 317

Mus̱allâ مصَلّىً
S̱alâ .... صلا 320

Mus̱allîna مصلّين
S̱alâ .... صلا 320

Mus̱awwir مصَوِّر
S̱awwara . صَوَّر 325

Mus̱biẖîna مصبحِين
S̱abaẖa .... صَبَحَ 304

Mus̱farran مُصفرًّا
S̱afara ...... صَفَرَ 317

Mus̱îbtun مصِيبةٌ
S̱âba .... صابَ 323

Mus̱îbun مُصِيبٌ
S̱âba .... صابَ 323

Mûs̱in مُوص
Wasa̱ .... وَصَى 611

Mu'sa̱rât مُعصرات
'Asa̱r .... عَصر 375

Mus̱liẖûna مُصلِحُون
S̱alaẖa ..... صَلَحَ 318

Mus̱liẖîna مُصلِحِين
S̱alaẖa ..... صَلَحَ 318

Mus̱rikẖin مُصرِخ
S̱arakẖa ... صَرَخَ 312

Mus̱tafaina مُصطفَين
S̱afâ .... صَفى 317

مُض (Mu-dz)

Mudza'afatan مضاعفةً
Dza'afa .... ضَعفَ 331

Mudzarrîn مُضرِّين
Dzarra ...... ضَرَّ 329

Mudztarru مُضطرٌّ
Dzarra ...... ضَرَّ 329

Mudz'ifûna مُضعِفُون
Dza'afa .... ضَعُفَ 331

Mudzghatun مُضغة
Madzagha مَضَغَ 536

Mudzillun مُضِلٌّ
Dzalla ...... ضَلَّ 333

Mudzillîna مضلّين
Dzalla ...... ضَلَّ 333

Mudziyyan مضيّا
Madzâ ..... مَضَى 536

مُط (Mu-t)

Mutahharatun مطهّرة
Tahara ... طهر 344

Mutahharûna مُطهّرون
Tahara ...... طَهرَ 344

Mutahhirîn مُطَهِّرين
Tahara ..... طَهرَ 344

Mutma'innatun مطمئِنةٌ
Tam'ana ... طَمَئنَ 343

Mutma'innîna مطمئِنِين
Tam'ana ... طَمَئنَ 343

Mutma'innun مُطمئِنٌّ
Tam'ana ... طَمَئنَ 343

Mutalliqât مُطلّقات
Talaqa ...... طَلَقَ 341

Mutâ'un مطاعٌ
Tâ'a .... طاعَ 345

Mutawwi'îna مطوّعين
Tâ'a .... طَاعَ 345

Muttahharun مُطهّرون
Tahara ..... طَهرَ 344

مُظ (Mu-z)

Muzliman مُظلمًا
Zalima ..... ظَلِمَ 352

Muzlimûna مُظلِمُون
Zalima ..... ظَلِمَ 352

مُع (Mu-')

Mu'âjizîna معاجزِين
'Ajaza ...... عَجزَ 359

Mu'tabîna مُعتبِين
'Ataba ...... عَتَبَ 357

Mu'tadun مُعتد
'Ada .... عَدَا 362

Mu'tadûn مُعتدون
'Ada .... عَدَا 362

Mu'tadîn مُعتدِين
'Ada .... عَدَا 362

Mu'adhdhabîna مُعذّبين
'Adhuba ... عَذُبَ 363

Mu'adhdhibû مُعذّبوا
'Adhuba ... عَذُبَ 363

Mu'adhdhibun مُعذّبٌ
'Adhuba ... عَذُبَ 363

Mu'ridzûna معرضون
'Aradza .... عَرِض 366

Mu'ridzîna معرضين
'Aradza .... عَرِض 366

Mu'allaqatun معلقة
'Aliqa .... عَلق 383

Mu'ammar معّمر
'Amara ..... عَمَرَ 387

Mu'aqqibât معقّبات
'Aqaba ..... عَقَبَ 380

Mu'aqqibun معقّب
'Aqaba ..... عَقَبَ 380

Mu'attalatin معطّلة
'Atila .... عطل 370

Mu'tarrun مُعتّر
'Arra .... عرّ 366

Mu'dhdhibûna مُعذّبون
'Adhuba ... عَذُبَ 364

Mu'jizîna مُعجِزين
'Ajaza ...... عَجَزَ 353

Mu'jizî مُعجِزي
'Ajaza ...... عَجَزَ 359

Mu'jizun مُعجِزٌ
'Ajaza ...... عَجَزَ 359

Mu'wwiqîn معوّقين
'Åqâ عاق 395

مُغ (Mu-gh)

Mughâdhiban مغاضبًا
Ghadziba . غَضب 404

Mughayyirun مغيّر
Ghâra ...... غار 413

Mughîrât مغيرات
Ghâra ...... غار 413

Mughnûna مغنون
Ghaniya ... غَنِىَ 410

Mughramûna مغرمون
Gharima غرم 402

Mughraqûna مُغرقون
Ghariqa .... غرق 401

Mughraqîna مُغرقين
Ghariqa ... غرِق 401

Mughtasalun مُغتسل
Ghasala ... غسل 402

مُف (Mu-f)

Mufsid مُفسد
Fasada .... فَسَدَ 426

Mufsidûn مُفسدون
Fasada فَسَدَ 426

Mufsidîn مُفسدين
Fasada .... فَسَدَ 426

Mufassalan مُفصّلاً
Fasala ..... فَصَلَ 428

Mufassalât مُفصّلات
Fasala ..... فَصَلَ 428

Mufattahtun مُفتّح
Fataha ..... فتح 415

Muflihîna مُفلحين
Falaha ..... فَلَحَ 434

Muflihûna مُفلحون
Falaha ..... فَلَحَ 434

Mufratûn مُفرطون
Farata ...... فرط 422

Muftarâ مُفترىٰ
Fariya ..... فرَى 425

Muftarayâtun مفتريات
Fariya ..... فرَى 425

Muftarin مُفترٍ
Fariya ..... فرَى 425

Muftarîn مُفترين
Fariya ..... فرَى 425

Muftarin مُفترٍ
Fariya ..... فرَى 425

Muftarûna مُفترون
Fariya ...... فرَى........... 425

مُق (Mu-q)

Muqâmun مقام
Qâma ...... قام............ 471

Muqaddas مُقدّس
Qadusa ... قَدس 446

Muqaddhsatu مُقدّسة
Qadusa ... قَدس 446

Muqâmatun مُقامة
Qâma ...... قام............ 471

Muqantara مُقنطر
Qantara ... قَنطر.......... 467

Muqarrabûna مُقرّبون
Qariba ..... قرَب 449

Muqarrabîna مُقرّبين
Qariba ..... قرَب 449

Muqarranîna مُقرّنين
Qarana .... قرَنَ.......... 452

Muqassimât مُقسّمات
Qasama ... قسَمَ........... 454

Muqa<u>ss</u>irîna مُقصّرين
Qa<u>s</u>ara .... قصَرَ.......... 456

Muqîmîna مُقيمين
Qâma ......قام 471

Muqîmun مُقيم
Qâma ......قام 471

Muqîmî مُقيمي
Qâma ......قام 471

Mûqinîn مُوقنين
Yaqina يقن 627

Mûqinûn موقنون
Yaqina يقن 627

Muqîtan مُقيت

Qâta ....قاَت........... 469

Muqmah<u>h</u>ûn مُقمحون
Qama<u>h</u>a .. قَمَح........... 466

Muqni'î مُقنعي
Qana'a..... قَنَعَ 468

Muqrinîna مُقرنين
Qarana .... قَرَنَ........... 452

Muqsi<u>t</u>îna مُقسطين
Qasa<u>t</u>a .... قَسَط 454

Muqtadir مُقتدر
Qa<u>dh</u>ra .... قَدَرَ.......... 444

Muqtadirûna مُقتدرون
Qadara قَدَرَ.............444

Muqtadûna مُقتدون
Qada .... قَدَ........... 447

Muqta<u>h</u>imun مُقتَحم
Qa<u>h</u>ama .. قَحَمَ 443

Muqtarifûna مُقترفون
Qarafa ..... قَرَفَ.......... 452

Muqtarinîna مُقترنين
Qarana .... قَرَنَ.......... 452

Muqta<u>s</u>adun مُقتصّد
Qa<u>s</u>ada ... قَصَدَ 455

Muqta<u>s</u>idtum مُقتِصدتم
Qa<u>s</u>ada ... قَصَدَ.......... 455

Muqtasimîn مُقتسمين
Qasama... قَسَمَ........... 454

Muqtir مقتر
Qatara .....قَتَر............ 441

Muqwîna مَقوين
Qawiya .... قَوي 474

مُك (Mu-k)

Mukâ'an مُكاء

Makâ .... مكا 539

Mukadhdhibûna مُكذّبون
Kadhaba .. كَذَبَ 481

Mukadhdhibîna مُكذّبين
Kadhaba .. كَذَبَ 481

Mukallibîna مُكلّبين
Kaliba ...... كِلَبَ 493

Mukarramatun مُكرّمة
Karama.... كَرَمَ 483

Mukibban مُكِبّاً
Kabba ...... كَبَّ 475

Mukrimin مُكرِم
Karama .... كرَم 483

Mukramûna مُكرمون
Karama .... كَرَمَ 483

Mukramîna مُكرَمين
Karama .... كَرَم 483

Mukthin مُكث
Makatha .. مَكَثَ 537

Mukthun مُكثٌ
Makatha .. مَكَثَ 537

مُل (Mu-l)

Mulâqî مُلاقِي
Laqiya ...... لقيَ 516

Mulâqin مُلاق
Laqiya ...... لقيَ 516

Mulâqû مُلاقوا
Laqiya ...... لقيَ 516

Muli'at مُلِئت
Mala'a ...... ملاء 539

Mulîman مُليماً
Lâma .... لامَ 521

Mulqîna مُلقِين
Laqiya ...... لقيَ 516

Mulqiyât مُلقيات
Laqiya ...... لقيَ 516

Mulqûna مُلقون
Laqiya ...... لقيَ 516

Multahada مُلتحد
Lahada .... لَحَدَ 508

Mulûk ملوك
Malaka ..... مَلَكَ 54

مُم (Mu-m)

Mumaddadatan مُمدّة
Madda ..... مدّ 528

Mumarridun مُمرّد
Marada .... مَرَدَ 530

Mumazzaqin مُمزّقين
Mazaqa ... مَزَقَ 532

Mumiddu مُمِد
Madda ..... مدّ 528

Mumsikîn مُمسكِين
Masaka ... مسَكَ 534

Mumtarîn مُمترين
Mara .... مَرَى 531

Mumtirun مُمطر
Matara ..... مَطَرَ 536

مُن (Mu-n)

Munadi مُنادِ
Nâda .... نادَى 556

Munâdî مُنادِي
Nâda .... نادَى 556

Munâdiyan مُنادِيًا
Nâda .... نادَى 556

Munâfiqât مُنافقات
Nafaqa ..... نَفَقَ 573

Munâfiqîn مُنافقين
Nafaqa ..... نَفَقَ 573

Munâfiqûn مُنافقون
Nafaqa ..... نَفَقَ 573

Munazzalun منزّل
Nazala ..... نَزَلَ 559

Munazzilîna منزّلين
Nazala ..... نَزَلَ 559

Munazzilu منزّل
Nazala ..... نَزَلَ 559

Munbaththan منبثًّا
Baththa ... بثّ 42

Mundharîn منذرين
Nadhara ... نَذَرَ 557

Mundhirîn منذرين
Nadhara ... نَذَرَ 557

Mundhirun مُنذر
Nadhara ... نَذَرَ 557

Munfakkîna منفكّين
Fakka ...... فكّ 433

Munfatirun منفطر
Fatara ...... فطر 430

Munfiqîna مُنفقين
Nafaqa ..... نَفَقَ 573

Munhamirun منهمر
Hamara ... همر 593

Muni'a مُنِعَ
Mana'a .... مَنعَ 542

Munîbîna مِنيبين
Nâba .... نابَ 581

Munîbun منيب
Nâba .... نابَ 581

Munkar مُنكر
Nakira ...... نَكرَ 577

Munkaran مُنكرًا
Nakira ...... نَكرَ 577

Munkirûna مُنكِرون
Nakira ...... نَكرَ 577

Munkhaniqatu منخنقة
Khanaqa .. خَنَقَ 167

Munkiratun مُنكرة
Nakira ...... نَكرَ 577

Munkirûna مُنكِرون
Nakira ...... نَكرَ 577

Munqa'ir مُنقعِر
Qa'ara .. قَعَرَ 463

Munqalaban مُنقلبًا
Qalaba ..... قَلَبَ 464

Munqalabin مُنقلب
Qalaba ..... قَلَبَ 464

Munqalibûna مُنقلبون
Qalaba ..... قَلَبَ 464

Muntashirun مُنتشِر
Nashara ... نَشَرَ 563

Munsha'ât منشأة
Nasha'a ... نَشَأ 563

Munsharatun مُنشرة
Nashara ... نَشَرَ 563

Munsharîna مُنشرين
Nashara ... نَشَرَ 563

Munshi'u مُنشئ
Nasha'a ... نَشأ 563

Munshi'ûn مُنشعون
Nasha'a ... نَشأ 563

Muntahâ منتهىٰ
Nahâ .... نهىٰ 580

Muntahûna منتهون
Nahâ .... نهىٰ 580

Muntaqumûna مُنتَقِمون
Naqama ... نَقَمَ 576

Muntashirun مُنتشِرٌ
Nashara ... نَشَرَ 563

Munta<u>s</u>irîn مُنتصِرين
Na<u>s</u>ara ... نَصَرَ 565

Munta<u>s</u>irun مُنتَصِرٌ
Na<u>s</u>ara ..... نَصَرَ 565

Munta<u>z</u>irîna مُنتظِرين
Nazara ..... نَظَرَ 568

Munta<u>z</u>irûna مُنتظِرون
Nazara ..... نَظَرَ 568

Munzalan منزلاً
Nazala ..... نَزَلَ 559

Munzalîn منزلين
Nazala ..... نَزَلَ 559

Mun<u>z</u>arîn مُنظَرين
Nazara ..... نَظَرَ 568

Mun<u>z</u>arûna مُنظَرون
Na<u>z</u>ara ..... نَظَرَ 568

Munzilûna منزلون
Nazala ..... نَزَلَ 559

(Mu-h) مَه

Muhayminan مَهيمِن
Haymana . هيمَنَ 594

Muhâjirât مهاجِرات
Hajara ...... هَجَرَ 586

Muhâjirîn مهاجِرين
Hajara ...... هَجَرَ 586

Muhâjirun مهاجِر
Hajara ...... هَجَرَ 586

Muhânun مُهانٍ
Hâna .... هانَ 597

Muhînan مُهيناً
Hâna .... هانَ 597

Mûhinu موهِن
Wahana ... وَهَنَ 623

Muhînun مُهين
Hâna .... هانَ 597

Muhlakîn مهلِكين
Halaka ..... هَلَكَ 592

Muhlika مهلِك
Halaka ..... هَلَكَ 592

Muhlikî مِهلكي
Halaka ..... هَلَكَ 592

Muhlikû مُهلِكوا
Halaka ..... هَلَكَ 592

Muhlun مُهل
Mahala .... مَهَلَ 544

Muhtadi مهتدِ
Hada .... هَدَىٰ 588

Muhtadîna مهتدين
Hada .... هَدَىٰ 588

Muhtadûna مهتدون
Hada .... هَدَىٰ 588

Muh<u>t</u>i'îna مُهطِئين
Ha<u>t</u>a'a ...... هطع 591

(Mu-w) مُو

Mu'uilan مؤئلا
Wa'al .... وأل 599

Mu'tafikât مُؤتفكات
Afaka .... أفَكَ 24

Mu'tafikatu مُؤتفكةُ
Afaka .... افَكَ 24

Mu'uadatu مُؤودَةٌ
Wa'ada .... وأد 599

Mu'u'i<u>z</u>atun مؤعظة
Wa'a<u>z</u>a .... وَعظ 613

Mu'ulûdun مؤلود
Walada .... ولد 620

Mu'ulâ مؤلىٰ
Waliya ...... ولى 621

Mu'uqût مؤقوت
Waqata .... وَقت 616

Mua'uqû<u>dz</u>atu مؤقوذة
Waqa<u>dz</u>a . وَقذ 616

Mu'uqûfûna مؤقوفون
Waqafa .... وَقَف 618

Mu'min مؤمن
Amina ...... آمن 33

Mu'minatun مؤمنةٌ
Amina ...... آمن 33

Mu'minâtun مؤمنات
Amina ...... آمن 33

Mu'minûna مؤمنون
Amina ...... آمن 33

Muwâqi'û مُواقعوا
Waqa'a .... وَقع 618

Mûtû مُوتُوا
Mâta .... مات 545

Mû'tûna مُوتون
Ata .... اتى 8

Mûriyât مُوريات
Wara .... وَرَى 607

Mûs'i مُوسع
Wasi'a ..... وَسِعَ 608

Mûsi'ûn مُوسعون
Wasi'a ..... وَسِعَ 608

Mûsa مُوسىٰ
Mûsa .... مُوسىٰ 546

Mûfûna مُوفون
Wafa .... وَفَى 615

Mûqadatu مُوقدة
Waqada ... وَقَد 617

Muwallî مُولّي
Waliya ..... ولى 621

Muwallîhâ مُولّيها
Waliya ...... ولى 621

(Na-) نَ

Nûn ن
Nûn .... ن 549

Nâ نا
Nâ .... نا 549

نأ (Na-')

Nâ'imûn نائم
Nâma .... نام 584

Na'kulu نأكل
Akala اكَلَ 24

Na'a نأى
Na'a .... نأى 549

Nâ'ti نأت
Ata .... اتى 8

Nâ'tiyanna نأتينّ
Ata .... اتى 8

Nâjaytum ناجيتم
Najâ .... نجا 554

Nâjin ناج
Najâ .... نَجا 554

Nâdâ نادا
Nâda .... نادَى 556

Nâdat نادت
Nâda .... نادَى 556

Nâdimîn نادمين
Nadima .... نَدِمَ 556

Nâdû نادوا
Nâda .... نادَى 556

Nâdî نادِي
Nâda .... نادَى 556

Nâda نادَى
Nâda .... نادَى 556

Nâdaynâ نادَينا
Nâda .... نادَى 556

Nâdaitum نادَيتم
Nâda .... نادَى 556

Nâziât نزعٰت
Naza'a ..... نَزَعَ 558

Nâsikû ناسِكو
Nasaka .... نَسَكَ 562

Nâsikûna ناسِكُونَ
Nasaka .... نَسَكَ 562

Nâsun ناسٌ
Anisa .... انِسَ 36

Nâshi'atun ناشئة
Nasha'a .... نَشَأَ 563

Nâshirât ناشرات
Nashara .... نَشَرَ 563

Nâshitât ناشطات
Nashata .... نَشَطَ 564

Nâ<u>s</u>ibatun ناصبةٌ
Na<u>s</u>aba .... نَصَبَ 564

Nâsi<u>h</u>un ناصِح
Nasa<u>h</u>a .... نَصَحَ 565

Nâ<u>s</u>ihûna ناصحُون
Nasa<u>h</u>a .... نَصَحَ 565

Nasi<u>h</u>îna ناصِحين
Nasa<u>h</u>a .... نَصَحَ 565

Nâ<u>s</u>irun ناصِر
Na<u>s</u>ara ..... نَصَرَ 565

Nâ<u>s</u>iran ناصراً
Na<u>s</u>ara ..... نَصَرَ 565

Nâ<u>s</u>irîn ناصِرين
Na<u>s</u>ara ..... نَصَرَ 565

Nâ<u>s</u>iyatun ناصية
Na<u>s</u>â .... نَصَا 566

Nâ<u>dz</u>iratun ناضِرة
Na<u>dz</u>ara ... نَضَرَ 567

Nâ<u>z</u>iratun ناظِرة
Na<u>z</u>ara ..... نظَرَ 568

Nâ'imatun ناعمة
Na'ama .... نَعَمَ 569

Nâfaqa نافَق
Nafaqa ..... نَفَقَ 573

Nâfaqû نافقوا
Nafaqa ..... نَفَقَ 573

Nâfilatun نافِلة
Nafala ..... نَفَلَ 574

Nâqatun ناقة
Nâqa .... ناق 583

Nâqûr ناقور
Naqara ..... نَقَرَ 575

Nâkibûna ناكبون
Nakaba .... نكَبَ 576

Nâkisû ناكسُوا
Nakasa .... نَكَسَ 578

Nâhûna نا هون
Nahâ .... نهٰى 580

نَب (Na-b)

Naba'a نَبأ
Naba'a ..... نَبأ 549

Nabba'a نَبّأ
Naba'a ..... نَبأ 549

Nabba'at نبّأت
Naba'a ..... نَبأ 549

Nabâtun نبات
Nabata ..... نَبَتَ 550

Nabba'tu نبّأت
Naba'a ..... نَبأ 549

Nabâtan نباتًا
Nabata ..... نَبَتَ 550

Nabtaghî نبتغي
Baghâ ..... بَغَىٰ 58

Nabtahil نبتهل
Bahala ..... بَهَلَ 67

Nabtalî نبتلي
Balâ' .... بلاء 64

Nabrah نبرح
Baraha ..... بَرَحَ 47

Nabadhnâ نَبذنا
Nabadha .. نَبَذَ 551

Nabadhtu نَبذت
Nabadha .. نَبَذَ 551

Nabadhû نبذُوا
Nabadha .. نَبَذَ 551

Nabra'a نبرأ
Bara'a ..... برء 46

Nabtishu نبطشُ
Batasha ... بَطَشَ 55

Nab'athu نبعثُ
Ba'atha .... بَعَثَ 56

Nabghî نبغي
Baghâ ...... بَغَىٰ 58

Nablû نبلوا
Balâ' .... بلاء 64

Nabluwanna نبلونّ
Balâ' .... بلاء 64

Nabuwwat نبوّت
Naba'a ..... نَبأ 549

Nabbi' نبّي
Naba'a ..... نَبأ 549

Nabbi'u نبّيٌّ
Naba'a ..... نَبأ 549

Nabiyun نبّيٌّ
Naba'a ..... نَبأ 549

Nabiyyûn نبيّون
Naba'a ..... نَبأ 549

Nabiyyîn نبيّين
Naba'a ..... نَبأ 549

Nabiyyin نبّي
Naba'a ..... نَبأ 549

نَت (Na-t)

Natabarra'u نتبرّأ
Bari'a .... برئ 46

Nattabi'u نتّبِعُ
Tabi'a .... تبع 73

Natabawwa'u نتبوّأ
Bâ'a .... بآءَ 67

Natajâwazu نتجاوز
Jâza .... جازَ 109

Nattakhidhu نتّخذ
Akhadha .. اخذ 13

Natarabbasu نتربّص

Rabasa .... رَبَص 199

Natruku نترُكُ
Taraka ..... تَرَكَ 75

Nataqabbalu نتقبّل
Qabila ...... قَبل 440

Nataqnâ نَتَقنا
Nataqa ..... نَتَق 551

Natakallamu نتكلّم
Kalama .... كلم 495

Natlû نتلوْا
Tala .... تلا 76

Natawakkalu نتوكّل
Wakala .... وكل 620

نَج (Na-j)

Najâ نَجا
Najâ .... نَجا 554

Najjâ نجّا
Najâ .... نَجا 554

Najât نَجات
Najâ .... نَجا 554

Najzî نَجزي
Jazaya ..... جَزَيَ 97

Najziyanna نَجزينّ
Jazaya ..... جَزَيَ 97

Najasun نَجس
Najisa ...... نَجسَ 552

Na'jatun نَعجَة
Na'aja ...... نَعَجَ 569

Naj'alu نجعلُ
Ja'ala .... جَعَلَ 98

Najmun نَجم
Najama .... نَجَمَ 554

Najma'u نَجمع
Jama'a .... جَمَعَ 101

Najauta نَجَوتَ
Najâ .... نَجا 554

Najwâ نَجوىٰ
Najâ .... نَجا 554

Najji نَجّي
Najâ .... نَجا 554

Najiyyan نَجيًّا
Najâ .... نَجا 554

Najjaina نَجّينا
Najâ .... نَجا 554

Najdayn نَجدَين
Najada ..... نَجَدَ 552

نَح (Na-h)

Nahbahû نَحبَه
Nahaba .... نَحَب 555

Nahsin نَحس
Nahasa .... نَحَسَ 555

Nahisât نَحسات
Nahasa .... نَحَسَ 555

Nahshuru نَحشُرُ
Hashara ... حَشَرَ 124

Nahshuranna نَحشُرنّ
Hashara ... حَشَرَ 125

Nahfazu نَحفَظُ
Hafiza ...... حَفِظَ 129

Nahl نَحل
Nahala ..... نَحَلَ 555

Nahmilu نَحمِلُ
Hamala .... حَمَلَ 136

Nahnu نَحنُ
Anâ .... أنا 35

نخ (Na-kh)

Nakhtimu نَختِمُ
Khatama . خَتَمَ 148

Nakhiratun نَخرة
Nakhira .... □ر 556

Nakhsifu □سِفُ
Khasafa ... خَسَفَ 156

Nakhshâ □شىٰ
Khashiya . خَشِيَ 155

Nakhla نَخل
Nakhala ... □ل 556

Nakhlan □لا
Nakhala ... □ل 556

Nakhlatun نَخلة
Nakhala ... □ل 556

Nakhluqu □لق
Khalaqa ... خَلَقَ 163

Nakhûdz □وض
Khâdza .... خاضَ 167

Nakhîl نَخِيل
Nakhala ... نَخل 556

Nakhzâ نَخزىٰ
Khaziya ... خَزِيَ 152

ند (Na-d)

Nadrî ندري
Darâ .... درىٰ 177

Nad'u ندعُ
Da'â .... دَعا 178

Nad'û ندعوا
Da'â .... دَعا 178

Nadullu نَدُلّ
Dalla .... دَلّ 180

Nadiyyan نديًّا
Nâda .... نادَى 556

نذ (Na-dh)

Nadharu نَذَر
Wadhara . وَذَرَ 605

Nadhrun نَذرٌ
Nadhara ... نَذَر 557

Nadhartu نَذَرت
Nadhara ... نَذَر 557

Nadhartum نَذَرتم
Nadhara ... نَذَر 557

Nadhkuru نذكر
Dhakara ... ذَكَرَ 189

Nadhillu نَذِلّ
Dhalla ...... ذلّ 191

Nadhhabanna نذهبنّ
Dhahaba .. ذَهَبَ 192

Nadhîr نَذير
Nadhara ... نَذَر 557

نز (Na-z)

Nazid نَزد
Zâda .... زادَ 238

Nazdâdu نزدادُ
Zâda .... زادَ 238

Naza'a نَزَعَ
Naza'a نَزَعَ 558

Nazza'atun نَزّعةٌ
Naza'a ..... نَزَعَ 558

Naza'nâ نَزَعنا
Naza'a ..... نَزَعَ 558

Nazagh نَزغ
Nazagha نَزَغَ 558

Nazghun نَزْغٌ
Nazagha .. نَزَغَ 558

Nazala نَزَلَ
Nazala ..... نَزَلَ 559

Nazzala نَزّلَ
Nazala ..... نَزَلَ 559

Nazaltun نَزلَة
Nazala ... نَزَلَ 559

Nazzalna نَزّلنا
Nazala ..... نَزَلَ 559

Nazîdu نزيدُ
Zâda .... زادَ 238

نَس (Na-s)

Nas'alu نسئلُ
Sa'ala ...... سألَ 242

Nas'alanna نسئلنّ
Sa'ala ...... سألَ 242

Nastabiqu نستَبق
Sabaqa .... سَبَق 246

Nastadriju نستَدرج
Daraja ...... دَرَجَ 175

Nastahwidhu نَستَحْوذُ
Hâdha ...... حاذَ 140

Nastahyî نَستَحيْ
Hayya ...... حي 144

Nasta'înû نَستعين
'Âna .... عانَ 395

Nastansikh نستنسخ
Nasakha .. نَسخَ 561

Nasjudu نَسجدُ
Sajada سَجَدَ 248

Nasakha نسخ
Nasakha .. نَسَخَ 561

Naskhar نسخر
Sakhira .... سَخِرَ 252

Nasran نَسراً
Nasara ..... نَسَرَ 561

Nasfan نَسفاً
Nasafa ..... نَسَفَ 562

Nasfa'an نَسَفَعاً
Safa'a ...... سَفَعَ 260

Nasqî نسقي
Saqa .... سَقّى 262

Nasl نسل
Nasala ..... نَسَلَ 562

Naslakhu نَسلخ
Salakha ... سلخَ 265

Nasluku نَسلُك
Salaka ..... سَلَكَ 266

Nasimu نَسِم
Wasama . وَسَمَ 609

Nasma'u نَسمَعُ
Sami'a ..... سمِعَ 270

Nasû نَسوا
Nasiya ..... نَسيَ 562

Nasûqu نسُوقُ
Sâqa .... ساقَ 279

Nasî'u نَسِيء
Nasa'a ..... نَسَاءَ 560

Nasiya نَسي
Nasiya ..... نَسَيَ 562

Nasiyyan نسيّاً
Nasiya ..... نَسَيَ 562

Nasiyâ نسيا
Nasiya ..... نَسي 562

Nasyan نَسياً
Nasiya ..... نَسَيَ 562

Nasîta نسيتَ
Nasiya ..... نَسَي 562

Nasîtu نَسيتُ
Nasiya ..... نَسَي 562

Nasîtum نَسيتُم
Nasiya ..... نَسَي 562

Nasînâ نَسينا
Nasiya ..... نَسَي 562

نَش (Na-sh)

Nashâ'u نشاءُ
Shâ'a .... شاءَ 302

Nasha'tun نشأة
Nasha'a ... نَشأَ 563

Nashtarî نَشتري
Shara .... شَرى 289

Nashran نَشراً
Nashara ... نَشَرَ 563

Nashrah نشرح
Sharaha ... شَرَحَ 286

Nashuddu نَشُدُّ
Shadda .... شَدَّ 285

Nashtan نَشطًا
Nashata ... نَشَطَ 564

Nashhadu نشهدُ
Shahida ... شَهِدَ 299

نَص (Na-s)

Nasabun نَصَبٌ
Nasaba .... نَصَبَ 564

Nusbun نُصبٌ
Nasaba .... نَصَبَ 564

Nasaban نصباً
Nasaba .... نَصَبَ 564

Nasbira نصبر
Sabara .... صَبَرَ 305

Nasbiranna نصبِرَنّ
Sabara .... صَبَرَ 305

Nasahtu نَصحتُ
Nasaba .... نَصَبَ 564

Nasahû نَصحوا
Nasaba .... نَصَبَ 564

Nasâra نَصارى
Nasara ..... نَصَرَ 565

Nasara نَصَرَ
Nasara ..... نَصَرَ 565

Nasrun نَصرٌ
Nasara ..... نَصَرَ 566

Nasran نَصرا
Nasara ..... نَصَرَ 566

Nasrâniyyan نَصرانيّا
Nasara ..... نَصَرَ 566

Nasrifa نصرفَ
Sarafa ...... صَرَفَ 314

Nasarnâ نَصرنا
Nasara ..... نَصَرَ 565

Nasarû نَصرُوا
Nasara ..... نَصَرَ 565

Nassaddaqanna نصّدّقنّ
Sadaqa ... صَدَقَ 310

Nasûhan نَصُوحًا
Nasaha .... نَصَحَ 565

Nasîbun نِصيب
Nasaba .... نَصَبَ 564

Nasîrun نَصير
Nasara ..... نَصَرَ 564

نَض (Na-dz)

Nadzdzâkhatân نضّاختان
Nadzakha نَضَخَ 567

Nadzijat نَضِجَتْ
Nadzija .... نَضِجَ 567

Nadzribu نَضْرِبُ
Dzaraba ... ضَرَبَ 328

Nadzratun نَضْرةٌ
Nadzara ... نَضَرَ 567

Nadztarru نضطرّ
Dzarra ...... ضَرّ 329

Nadzu' نَضَع
Wadza'a .. وَضَعَ 611

Nadzîd نَضِيد
Nadzada .. نَضَدَ 567

نَط (Na-t)

Natba'u نَطبَع
Tab'a .... طَبَعَ 336

Natmisa نَطمِسَ
Tamasa ... طمَسَ 342

Natma'u نَطمَع
Tami'a ...... طَمِعَ 343

Natwî نطوي
Tawa .... طوى 348

Natîhatu نِطيحَة
Nataha ..... نَطَحَ 567

نَظ (Na-z)

Nazar نَظَر
Nazara ..... نَظَرَ 568

Nazara نَظَر
Nazara ..... نَظَرَ 568

Naziratun نَظِرة
Nazara ..... نَظَرَ 568

Nazratun نَظْرَة
Nazara ..... نَظَرَ 568

Nazallu نظَلّ
Zalla .... ظَلّ 350

Nazunnu نظنّ
Zanna ...... ظنّ 353

نَع (Na-')

Na'budu نَعبُدُ
'Abada ..... عَبَدَ 355

Na'ud نعُد
'Âda .... عاد 394

Na'uddu نعُدّ
'Adda .... عدّ 361

Na'fu نعفُ
'Afâ .... عفا 379

Na'qilu نَعقل
'Aqala ...... عَقَل 382

Na'lamu نعلم
'Alama ..... عَلِم 383

Na'laika نعليك
Na'ala ...... نَعَلَ 569

Na'imun نِعم
Na'ama .... نَعَمَ 569

Na'am نَعَم
Na'ama .... نَعَمَ 569

Na'ama نَعَم
Na'ama .... نَعَمَ 569

Na'immâ نَعمّا
Na'ama .... نَعَمَ 569

Na'mâ نَعما
Na'ama .... نَعَمَ 569

Na'matun نَعمَة
Na'ama .... نَعَمَ 569

Na'mal نعمل
'Amila ...... عَمِلَ 388

Na'mala نعملَ
'Amila ...... عَمِلَ 388

Na'malu نعمل
'Amila ...... عَمِلَ 388

Na'ûdu نعود
'Âda .... عادَ 392

Na'îm نعيمَ
Na'ama .... نَعَمَ 569

نغ (Na-gh)

Naghfir نَغفِر
Ghafara .... غَفَرَ 405

نف (Na-f)

Naffâthât نَفّاثات
Nafatha .... نَفَثَ 570

Nafâdun نَفاد
Nafida ...... نَفِدَ 571

Nafhatun نَفحة
Nafaha ..... نَفَحَ 571

Nafakha نَفَخَ
Nafakha ... نَفَخَ 571

Nafakhnâ نَفَخنا
Nafakha ... نَفَخَ 571

Nafakhtu نَفَختُ
Nafakha نَفَخَ 571

Nafkhatun نَفخَة
Nafakha ... نَفَخَ 571

Nafida نَفِدَ
Nafida ...... نَفِدَ 571

Nafidat نَفِدَت
Nafida ...... نَفِدَ 571

Nafara نَفَرَ
Nafara ...... نَفَرَ 571

Nafarun نَفَرٌ
Nafara ...... نَفَرَ 571

Nafrughu نَفرُغ
Faragha ... فَرَغَ 423

Nafsun نَفس
Nafasa ..... نَفَسَ 572

Nafas نَفَس
Nafasa ..... نَفَسَ 572

Nafashat نَفَشَت
Nafasha ... نَفَشَ 573

Nafa'un نَفع
Nafa'a ...... نَفَعَ 573

Nafa'a نَفَعَ
Nafa'a ...... نَفَعَ 573

Nafa'at نَفَعَت
Nafa'a ...... نَفَعَ 573

Naf'alu نَفعَل
Fa'ala ...... فَعَلَ 431

Nafaqan نَفقًا
Nafaqa ..... نَفَقَ 573

Nafaqatun نَفَقَة
Nafaqa ..... نَفَقَ 573

Nafqidu نفقد
Faqada .... فَقَدَ 431

Nafqahu نفقه
Faqiha ..... فَقِهَ 432

Nafûsun نَفوس
Nafasa ..... نَفَسَ 572

Nafîran نَفيرًا
Nafara ...... نَفَرَ 571

نَق (Na-q)

Naqaban نقبا
Naqaba.... نَقَب 574

Naqqabû نقّبُوا
Naqaba.... نَقَبَ 574

Naqtabis نَقتَبس
Qabasa.... قَبَس 439

Naqdiru نَقدِر
Qadara .... قَدَرَ 444

Naqdhifu نَقذف
Qadhafa ... قَذَفَ........... 448

Naqra'u نَقرأ
Qara'a ..... قَرأ 448

Naqsun نقص
Naqasa .... نَقَص 575

Naqussu نقصّ
Qassa ...... قصّ 456

Naqsus نقصص
Qassa ...... قصّ 456

Naqussanna نَقصّنّ
Qassa ...... قصّ 456

Naqdzun نَقض
Naqadza .. نَقَض 575

Naqadzat نَقضت
Naqadza .. نَقَض 575

Naq'an نَقعاً
Naqa'a ..... نَقَع 576

Naq'udu نَقعَد
Qa'ada ..... قَعَدَ 462

Naqamû نَقموا
Naqama ... نَقَمَ........... 576

Naqîban نقيبا
Naqaba.... نَقَبَ 574

Naqîr نقير
Naqara..... نَقَرَ........... 575

نَك (Na-k)

Naku نَكُ
Kâna .... كانَ 500

Nakâlun نَكال
Nakala ..... نَكَلَ........... 578

Nakâlan نَكالا
Nakala ..... نَكَلَ........... 578

Naktubu نكتب
Kataba..... كَتَبَ 478

Naktal نَكتل
Kâla .... كالَ........... 503

Naktumu نكتُم
Katama ... كَتَمَ 479

Nakatha نَكَث
Nakatha ... نَكَثَ........... 576

Nakathû نَكَثوا
Nakatha ... نَكَثَ........... 576

Nakaha نَكَحَ
Nakaha .... نكح........... 577

Nakahtum نَكَحتم
Nakaha .... نكح 577

Nakida نَكِدَ
Nakida ..... نَكد........... 577

Nakasa نَكص
Nakasa .... نَكص 578

Nakfuru نَكفُر
Kafara...... كَفَرَ 489

Nakira نَكِر
Nakira...... نَكر........... 577

Nakun نكُن
Kâna .... كانَ........... 502

Nakûnanna نكوننّ
Kâna .... كانَ 500

Nakîri نَكير
Nakira ......نَكرَ............. 577

Nakîrun نَكير
Nakira ......نكرَ 577

نَل (Na-l)

Nal'abu نلعَب
La'iba .... لعِبَ 511

Nal'anu نلعَن
La'ana .....لعن............. 512

نَم (Na-m)

Namlun نمَل
Namala .... نَملَ........... 578

Namlatun نملة
Namala .... نَملَ........... 578

Namuddu نمدّ
Madda ..... مدّ............. 528

Namunnu نمنّ
Manna ..... مَنّ............. 543

Namna'u نمنع
Mana'a ....مَنعَ............. 542

Namûtu نموت
Mâta ....ماتَ........... 545

Namîru نمير
Mâra .... مارَ 548

Namîm نميم
Namma ... نَمّ 579

نَن (Na-n)

Nanjî ننجي
Najâ .... نَجا........... 554

Nanzi'anna ننزعنّ
Naza'a ..... نَزَعَ 558

Nansâ نَنسىٰ
Nasiya ..... نَسيَ 562

Nansifanna ننسفنّ
Nasafa ..... نَسَفَ 561

Nanqusu نَنقُصُ
Naqasa ....نَقَصَ........... 575

Nanhâ نَنهىٰ
Nahâ .... نهىٰ 580

Nanha ننهى
Nahâ .... نهىٰ........... 580

نَه (Na-h)

Nahâr نهار
Nahara..... نَهَرَ 580

Nahtadiya نهتدىَ
Hada .... هَدَى........... 588

Nahdî نَهدي
Hada .... هَدَى........... 588

Nahdiyanna نَهدينّ
Hada ....هَدَى........... 588

Nahrun نَهَر
Nahara..... نَهَرَ 580

Nahau نهو
Nahâ ....نهىٰ........... 580

Nahâ نَهىٰ
Nahâ .... نهىٰ........... 580

نو (Na-w)

Nawâ نَوىٰ
Nawâ .... نَوَى........... 584

Nawâsî نواصي
Nasâ .... نَصَا 566

Nawm نوم
Nâma....... نامَ 584

نَي (Na-y)

Naylan نيلا
Nâla .... نَال............ 584

(Ni-) نِ

نِح (Ni-h)

Nihlatun نحلة
Nahala ..... نَحَلَ 555

Nidâ'aun نداء
Nâda........ نادَى 556

Nisâun نساءُ
Niswatun . نسوَة 562

نِس (Ni-s)

Niswatun نِسوَة
Niswatun . نِسوَة.......... 562

نِص (Ni-s)

Nisfun نصف
Nasafa ..... نَصَفَ.......... 566

نع (Ni-')

Ni'âj نعاج
Na'aja ...... نَعَجَ............ 569

Ni'amun نِعمٌ
Na'ama .... نَعَمَ 569

Ni'ma نعمَ
Na'ama .... نَعَمَ 569

Ni'matun نعمَة
Na'ama .... نَعَمَ 570

نِف (Ni-f)

Nifâq نفاق
Nafaqa ..... نَفَقَ 573

Nifâqan نفاقا
Nafaqa ..... نَفَقَ 573

نِك (Ni-k)

Nikâh نكاح
Nakaha .... نَكَحَ........... 577

Nikâhan نكاحا
Nakaha .... نَكَحَ........... 577

(Nu-) نُ

نُوَ (Nu-')

Nu'akhkharu نُؤخّر
Akhkhara . اخّر 14

Nu'tâ نُوتَ
Ata .... اتٰى 8

Nu'tîhi نؤتيه
Ata .... اتٰى 8

Nu'tihî نؤته
Ata .... اتٰى 8

Nu'minanna نؤمننّ
Amina أمن 33

Nu'minu نؤمنُ
Amina أمن................ 33

Nu'ayyidu نُؤيّد
Ayyada .... ايّد 38

نُب (Nu-b)

Nubidha نُبذ
Nabadha .. نبذَ 551

Nubashshiru نُبشّرُ

Bashara ... بَشَرَ 52

Nubawwi'anna نُبوءنّ
Bâ'a .... بَآءَ 67

Nubayyitanna نُبيّتنّ
Bâta .... باتَ 68

Nubayyin نُبيّن
Bâna .... بَان 70

Nubayyinu نُبيّنُ
Bâna .... بَان 70

نُت (Nu-t)

Nutakhattfu نُتخطف
Khatifa ..... خَطِفَ 158

Nutbi'u نُتبعُ
Tabi'a .... تَبعَ 73

نُث (Nu-th)

Nuthabbitu نثبّتُ
Thabata ... ثَبتَ 80

نُج (Nu-j)

Nujâzî نجازي
Jazaya ..... جَزَيَ 97

Nujîb نجب
Jâba .... جابَ 108

Nu'jiza نُجِزَ
'Ajaza ...... عَجَزَ 359

Nujûm نجُوم
Najama نَجَمَ 554

Nujjiya نجّي
Najâ نَجا 554

نُح (Nu-h)

Nuhâs نحاس
Nahasa .... نحَسَ 555

Nuharriqanna نحرّقنّا
Haraqa حَرَقَ 119

Nuhdhiranna نُحضرنّا
Hadzara ... حَضَرَ 127

Nuhyî نُحْي
Hayya ...... حيّ 144

Nuhyiyanna نُحيينّ
Hayya ...... حيّ 144

نُخ (Nu-kh)

Nukhriju نُخرجُ
Kharaja .... خَرَجَ 150

Nukhfî نُخْفي
Khafiya .... خَفِيَ 159

Nukhlif لف□
Khalafa .... خَلَفَ 162

نُد (Nu-d)

Nudâwilu نُداول
Dâla .... دالَ 184

Nudkhil نُدخِل
Dakhala ... دَخَلَ 174

نُذ (Nu-dh)

Nudhur نُذر
Nadhara ... نَذَرَ 557

Nudhran نَذرا
Nadhara ... نَذَرَ 557

Nudhurî نُذري
Nadhara ... نَذَرَ 557

Nudhûr نُذور
Nadhara ... نَذَرَ 557

Nudhîqu نُذيق
Dhâqa ...... ذاقَ 194

Nudhîqanna نُذيقنّ

Dhâqa...... ذاق 194

نُر (Nu-r)

Nurabbi نُربِّ
Rabâ........ ربا 200

Nurabbî نربّي
Rabâ........ ربا 200

Nursilu نُرسِلُ
Rasila...... رَسِلَ 210

Nursilanna نُرسِلِن
Rasila...... رَسِلَ 211

Nurî نري
Ra'a........ رأى 196

Nurîdu نريدُ
Râda........ رَادَ........... 226

نُز (Nu-z)

Nuzulun نُزلٌ
Nazala...... نَزَلَ 559

Nuzzila نزّل
Nazala...... نَزَلَ 559

Nuzulan نزلا
Nazala...... نَزَلَ 559

Nuzzilat نُزِّلَت
Nazala...... نَزَلَ 559

نُس (Nu-s)

Nus'alu نَسئَلُ
Sa'ala...... سأل 242

Nusâri'u نسارع
Saru'a...... سَرع 256

Nusabbi<u>h</u>u نسبِّح
Saba<u>h</u>a.... سبح 244

Nus<u>kh</u>atun نُسخة
Nasa<u>kh</u>a.. نَسَخ 561

Nusifat نسفت
Nasafa..... نَسَفَ 561

Nusqi<u>t</u>a نِسقط
Saqa<u>t</u>a..... سَقط........... 261

Nusqî نسقي
Saqa........ سَقًى 262

Nusuk نُسُك
Nasaka.... نَسك 562

Nuskinanna نسكنن
Sakana.... سكَن 264

Nuslima نُسلِمَ
Salima..... سَلِمَ 267

Nusuwwî نسُوّي
Sawiya..... سَوِى 281

Nusayyiru نسيّر
Sâra........ سار 282

نُش (Nu-sh)

Nushirat نُشرت
Nashara.... نَشَرَ 563

Nushûz نشوز
Nashaza.. نَشَزَ 564

نُص (Nu-<u>s</u>)

Nu<u>s</u>bun نُصب
Na<u>s</u>aba.... نَصَبَ 564

Nu<u>s</u>ubu نُصبُ
Na<u>s</u>aba.... نَصَبَ 564

Nu<u>s</u>ibat نصِبَت
Na<u>s</u>aba.... نَصَبَ 564

Nu<u>s</u>arrifu نصَرِّف
<u>S</u>arafa...... صَرَفَ 314

Nu<u>s</u>li نُصْلِ
<u>S</u>alâ......... صلى 320

Nuslî نصلِي
Salâ .... صَلى 320

Nusîbu نصِيبُ
Sâba .... صابَ 323

نُض (Nu-dz)

Nudzî'u نُضِيع
Dzâ'a .... ضاعَ 335

نُط (Nu-t)

Nut'imu نُطعِم
Ta'ima ...... طعِم 338

Nutfatun نُطفة
Natafa ...... نَطفَ 567

Nutî'u نُطِيع
Tâ'a .... طاعَ 345

نُع (Nu-')

Nu'âsu نعاس
Na'asa ..... نَعَسَ 569

Nu'âsan نعاساً
Na'asa ..... نَعَسَ 569

Nu'adhdhibu نعذّبُ
'Adhuba ... عَذُبَ 363

Nu'allimu نعلّمُ
'Alama ..... عَلَم 383

Nu'linu نعلن
'Alana علن 385

Nu'îdu نِعيد
'Âda .... عادَ 392

نُغ (Nu-gh)

Nughâdir نغادر
Ghadara .. غَدَرَ 399

Nughriyanna نغرينّ
Gharâ ...... غَرا 402

نُف (Nu-f)

Nufikha نُفِخَ
Nafakha ... نَفَخَ 571

Nufuran نفراً
Nafara ...... نَفَرَ 571

Nufrriqu نفرّق
Faraqa ..... فَرَق 423

Nufassilu نفصّل
Fasala ..... فَصَلَ 428

Nufadzdzilu نَفضّل
Fadzala ... فَضل 429

Nufûrun نفوراً
Nafara ...... نَفَرَ 571

نُق (Nu-q)

Nuqattilu نقّتل
Qatala ...... قَتَلَ 442

Nuqaddisu نُقدّس
Qadusa ... قدس 446

Nuqira نُقر
Naqara ..... نَقَرَ 575

Nuqirru نُقِر
Qarra .... قَرّ 450

Nuqri'u نقرء
Qara'a ..... قَرأ 448

Nuqallibu نُقلّب
Qalaba ..... قَلبَ 464

Nuqayyidzu نقيّض
Qâdza ..... قاضَ 474

Nuqîmu نقيم
Qâma ...... قامَ 471

نُك (Nu-k)

Nuka<u>dh</u><u>dh</u>ibu نكذّب
Ka<u>dh</u>aba .. كَذَبَ 481

Nukran نُكرا
Nakira ......نَكرَ............. 577

Nukisû نُكسُوا
Nakasa .... نَكسَ.......... 578

Nukaffir نكفّر
Kafara ......كفَرَ 489

Nukaffiranna نُكفّرنّ
Kafara ...... كفَرَ 489

Nukallifu نكلّف
Kalifa .... كِلف 494

Nukallimu نكلّم
Kalama كلم 495

نُل (Nu-l)

Nulzimu نُلزم
Lazima .... لزِمَ............ 510

Nulqî نُلقِي
Laqiya ......لقيَ............ 516

نُم (Nu-m)

Numatti'u نمتّع
Mata'a .....مَتعَ............ 524

Numiddu نمدّ
Madda ..... مدّ 528

Numlî نُملِي
Mala .... مَلا 541

Numîtu نميتُ
Mâta ....ماتَ............ 545

نُن (Nu-n)

Nunabbi'anna ننبّأنّ
Naba'a نَبأَ 549

Nunabbi'u نُنبّؤ
Naba'a ..... نَبأ 549

Nunajjî نُنجّي
Najâ .... نَجا............ 554

Nunajjû نُنجّوا
Najâ .... نَجا............ 554

Nunajjiyanna ننجّينّ
Najâ .... نَجا............ 554

Nunazzilu نُنزّل
Nazala ..... نَزَلَ 559

Nunsâ نُنسىٰ
Nasiya ..... نَسيَ 562

Nunshizu نُنشِز
Nashaza .. نَشَزَ........... 564

Nunsî نُنسِي
Nasiya ..... نَسيَ 562

Nunakkis نُنكس
Nakasa .... نَكسَ.......... 578

نُه (Nu-h)

Nuhlik نُهلك
Halaka ..... هَلَك 592

Nuhû نُهوا
Nahâ .... نهٰى 580

Nuhîtu نُهيت
Nahâ .... نهٰى 580

نُو (Nu-w)

Nû<u>th</u>iru نوثِرُ
A<u>th</u>ra ...... اثر 10

Nû<u>h</u> نُوح
Nâ<u>h</u>a ناحَ 582

Nu<u>h</u>î نوحي
Wa<u>h</u>â ...... وَحَى 603

Nûdû نُودوا

Nâda .... نادَى 556

Nûdiya نودي
Nâda .... نادَى 556

Nûr نُور
Nâra .... نَار 582

Nûri<u>th</u>u نورث
Wari<u>th</u>a وَرِثَ 606

نُي (Nu-y)

Nuyassiru نيسّر
Yasara ..... يَسَرَ 626

(Ha-) هَ

ها (Ha-')

Hâ'antum هأنتم
Hâ .... ها 584

Hâtû هاتوا
Hâ .... ها 584

Hâtayni هاتين
Hâ .... ها 584

Hâjarna هاجرنا
Hajara ...... هَجَرَ 586

Hâjaru هاجروا
Hajara ...... هَجَرَ 586

Hâdi هاد
Hada .... هَدَى 588

Hâdû هادُوا
Hâda .... هاد 596

Hâdî هادي
Hada .... هَدَى 588

Hâdiyan هاديًا
Hada .... هَدَى 588

Hâ<u>dh</u>âni هٰذان
Hâ .... ها 584

Hârin هارٍ
Hâra .... هاَر 596

Hârûn هارُون
Hârûn .... هارُون 590

Hârût هاروت
Harata ...... هَرَتَ 589

Hâka<u>dh</u>â هٰكذا
Hâ .... ها 584

Hâlikun هالك
Halaka ..... هَلَك 592

Hâlikîn هالكين
Halaka ..... هَلَك 592

Hâmân هامان
Hamana ... هَمَنَ 594

Hâmidatun هامدة
Hamada ... هَمَدَ 593

Hâhunâ هٰهنا
Hâ .... ها 584

Hâ'wlâi هٰؤلاء
Hâ'ulâi ..... هٰؤلاء 596

Hâwlâika هٰولائك
Âla آل 37

Hâ'um هاؤُم
Hâ .... ها 584

Hâwiyah هاوية
Hawâ .... هَوَى 597

هَب (Ha-b)

Hab هب
Wahaba ... وَهَب 622

Habâun هباءً
Haba .... هَبا 584

هَج (Ha-j)

Hajara هَجر
Hajara ...... هَجَرَ 586

Hajran هَجراً
Hajara ...... هَجَرَ 586

هَد (Ha-d)

Haddan هَدّاً
Hadda ...... هَدّ 588

Hadan هَدى
Hada .... هَدَى 588

Hadyun هديٌ
Hada .... هَدَى 588

Hadayta هَدَيتَ
Hada .... هَدَى 588

Hadiyyatun هديّة
Hada .... هَدَى 588

Hadaynâ هَدَينا
Hada .... هَدَى 588

هَر (Ha-r)

Haraban هَرباً
Haraba ..... هَرَبَ 589

هَز (Ha-z)

Hazamû هَزمُوا
Hazama ... هَزَمَ 591

Hazl هزل
Hazala ..... هَزَلَ 591

هَش (Ha-sh)

Hashîm هَشيم
Hashama . هَشَمَ 591

Hashîman هَشيما
Hashama . هَشَمَ 591

هَض (Ha-dz)

Hadzman هَضما
Hadzama . هَضَمَ 591

Hadzîmun هَضيم
Hadzama . هَضَمَ 591

هَل (Ha-l)

Hal هَل
Hal .... هَل 591

Halak هَلَك
Halaka ..... هَلَك 592

Halumma هَلُمّ
Halumma . هَلُمّ 593

Halû'an هلوعاً
Hali'a .... هلعَ 592

هَم (Ha-m)

Hammâz همّاز
Hamaza ... هَمَزَ 593

Hamma هَمَّ
Hamma ... هَمَّ 593

Hammat هَمّت
Hamma ... هَمَّ 594

Hamazât هَمزات
Hamaza ... هَمَزَ 593

Hamsan هَمساً
Hamasa ... هَمَسَ 593

Hammû همّوا
Hamma ... هَمَّ 594

هَن (Ha-n)

Hanî'an هَنيأً
Hana'a ..... هنأ 595

هوَ (Ha-w)

Hawâun هَواء
Hawâ .... هَوَى 597

Hawnan هَونا
Hâna .... هَان 597

Hawa هَوَى
Hawâ .... هَوَى 597

هيَ (Ha-y)

Hay'at هَيئة
Hâ'a .... هاء 597

Hayhâta هَيهاتَ
Haihâta .... هَيهاتَ 598

Hayta هَيتَ
Hayta .... هَيتَ 598

Hayyin هيِّنٍ
Hâna .... هَان 597

Hayyîun هَيِّءٌ
Hâ'a .... هاء 597

(Hi-) هِ ؛ ه

هِ (Hi- /)

Him هِم
Him .... هِم and هُم 593

Hiya هِيَ
Hiya .... هِيَ 597

Hîm هيم
Hâma .... هَامَ 598

Hîha هِيهَ
Hîha .... هِيهَ 598

(Hu-) هُ

هُ (Hu- /)

Hudâ هُدًى
Hada .... هَدَى 588

Huddimat هُدِّمت
Hadama ... هَدَمَ 587

Hudnâ هُدنا
Hâda .... هاد 596

Hudud هُدهُد
Hadada ... هدهَد 587

Hudû هُدوا
Hada .... هَدَى 588

Hudiya هُدِيَ
Hada .... هَدَى 588

Huzuwan هُزواً
Haza'a ..... هَزَءَ 590

Huzzî هُزّي
Hazza ...... هَزّ 590

Hum هُم
Hum .... هُم and هِم 593

Humazatin هُمزة
Hamaza ... هَمَزَ 593

Hunâ هُنا
Huna .... هُنا 594

Hunâka هُناكَ
Huna هُنا 594

Hunâlika هُنالك
Huna .... هُنا 594

Huwa هُوَ
Huwa .... هُوَ 596

Hûd هُود

Hûd .... هود 596

Huwa هُوى
Hawâ ......هَوَى........... 597

(Wa-) وَ

وَ أ (Wa-a)

Wa وَ
Wa..........وَ.............. 599

Wâbilun وابل
Wabala ....وَبَلَ............ 599

Wâthaqa واثق
Wathaqa .وَثَقَ............ 601

Wâjifatun واجفة
Wajafa ..... وَجَفَ.......... 602

Wâdin وادى
Wada ......وَدَى 604

Wâdiyan واديا
Wada ......وَدَى 604

Wârith وارث
Waritha ... وَرِثَ.......... 606

Wârithûna وارثون
Waritha ... وَرِثَ.......... 606

Wârthîna وارثين
Waritha ... وَرِثَ.......... 606

Wâziratun وازرة
Wazara ...وَزَرَ............ 607

Wâsi'un واسع
Wasi'a ..... وَسِعَ 608

Wasi'atun واسعة
Wasi'a ..... وَسِعَ 608

Wâsibun واصب
Wasaba ...وَصَبَ 610

Wâsiban واصبا
Wasaba ...وَصَبَ.......... 610

Wâ'adna واعدنا
Wa'ada .... وَعَدَ 613

Wâ'iyatun واعية
Wa'a .... وَعَى.......... 614

Wâ'izîna واعظين
Wa'aza وَعَظَ 613

Wâqun واقن
Waqa ...... وَقَى........... 618

Wâqi'un واقع
Waqa'a ....وَقَعَ............ 617

Wâqi'atu واقعة
Waqa'a .... وَقَعَ 617

Wâlin وال
Waliya ......ولى............ 621

Wâlidai والدَي
Walada .... ولد 620

Wâlidân والدان
Walada .... ولد 620

Wâlidain والدين
Walada .... وَلَدَ 620

Wâlidatun والدة
Walada .... ولد 620

Wâlidun والد
Walada .... ولد 620

Wâhiyatun واهية
Waha ......وَهَى 622

وَ ب (Wa-b)

Wabâl وَبال
Wabala ....وَبَلَ............ 599

Wabîl وبيل
Wabala ....وَبَلَ............ 599

وَت (Wa-t)

Watîn وَتين
Watana ... وَتَن 601

وَث (Wa-th)

Wathâq وثاق
Wathaqa وثَق 601

وَج (Wa-j)

Wajabat وَجَبَت
Wajaba .... وَجَب 601

Wajad وجَد
Wajada .... وَجَد........... 601

Wajadâ وجدا
Wajada .... وَجَد 601

Wajadnâ وجدنا
Wajada .... وَجَد........... 601

Wajadtu وَجَدت
Wajada .... وَجَد 601

Wajadtum وَجَدتم
Wajada .... وَجَد........... 601

Wajadtumûhum وَجَدتموهم
Wajada .... وَجَد........... 601

Wajadû وجدوا
Wajada .... وَجَد 601

Wajilat وجلت
Wajala ..... وَجَل 602

Wajilatun وجلة
Wajala ..... وَجَل 602

Wajilûna وجلون
Wajala ..... وَجَل 602

Wajhun وَجه
Wajaha .... وَجَه........... 602

Wajjahtu وجّهتُ
Wajaha .... وَجَه........... 602

Wajîhan وَجيه
Wajaha .... وَجَه 602

وَح (Wa-h)

Wâhid واحد
Wahada ... وَحد 603

Wâhidan واحداً
Wahada ... وَحد 603

Wâhidatun واحدة
Wahada ... وَحد 603

Wahyun وَحْىٌ
Wahâ....... وَحَى 604

Wahîdan وحيداً
Wahada ... وَحد 603

وَد (Wa-d)

Wadd ودّ
Wadd....... ودّ 604

Wadda ودّا
Wadd....... ودّ 604

Waddat ودّت
Wadd....... ودّ 604

Wadda'a ودّع
Wada'a .... وَدَع........... 605

Wadaq ودق
Wadaqa ... وَدَق 605

Waddû ودّوا
Wadd....... ودّ 604

Wadûd ودُود
Wadd .... ودّ 604

وَر (Wa-r)

Warâ'a وراء
Wara .... وَرَى 607

Warada ورد
Warada ... وَرَدَ 606
Wardatun وردة
Warada ... وَرَدَ 606
Waradû وَرَدو
Warada ... وَرَدَ 606
Waraqatun ورقة
Waraqa ... وَرَقَ 607
Waraqun ورق
Waraqa ... وَرَقَ 607
Wariqun وَرق
Waraqa ... وَرَقَ 607
Waritha وَرثَ
Waritha ... وَرِثَ 606
Warithû وَرِثوا
Waritha ... وَرِثَ 606
Warîd وريد
Warada ... وَرَدَ 606

وَز (Wa-z)

Wazar وَزَر
Wazara ... وَزَرَ 607
Wazan وَزَنَ
Wazana ... وَزَنَ 608
Waznan وَزنًا
Wazana ... وَزَنَ 608
Wazanû وزنوا
Wazana ... وَزَنَ 608
Wazinû وزنوا
Wazana ... وَزَنَ 608
Wazîr وزير
Wazara ... وَزَرَ 607

وَس (Wa-s)

Wastan وَسطا
Wasata ... وَسَط 608
Wasatan وَسَطا
Wasata ... وَسَط 608
Wasatna وَسَطن
Wasata ... وَسَط 608
Wasi'a وسِع
Wasi'a ..... وَسِعَ 608
Wasi'at وسِعْت
Wasi'a ..... وَسِعَ 608
Wasi'ta وسعت
Wasi'a ..... وَسِعَ 608
Wasaqa وَسَقَ
Wasaqa ... وَسَقَ 609
Waswâs وَسواس
Waswasa . وَسوَسَ 609
Waswasa وَسوَسَ
Waswasa وَسوَسَ 609
Wasîlatun وَسيلة
Wasala .... وَسَلَ 609

وَص (Wa-s)

Wasfan وَصفا
Wasafa .... وَصَفَ 610
Wassalnâ وَصّلنا
Wasala .... وَصَلَ 610
Wassâ وصّىٰ
Wasa وَصَى 611
Wasîd وصيد
Wasad ..... وَصَدَ 609
Wasîlatun وَصيلة
Wasal ...... وَصَلَ 610
Wasîyyatun وصِيّة
Wasa ...... وَصَى 611
Wassainâ وصّينا

Wasa .... وَصَى 611

وَض (Wa-dz)

Wadza'a وضَعَ
Wadza'a .. وَضَعَ 611

Wadza'at وَضَعَت
Wadza'a .. وَضَعَ 611

Wadza'ta وَضَعتَ
Wadza'a .. وَضَعَ 611

Wadza'nâ وَضَعنا
Wadza'a .. وَضَعَ 611

وَط (Wa-t)

Wat'an وطأً
Wati'a ...... وَطِئَ 612

Wataran وَطَراً
Watar ...... وَطَر 612

وَع (Wa-')

Wa'ada وَعَدَ
Wa'ada وَعَدَ 613

Wa'adta وَعَدتَ
Wa'ada .... وَعَدَ 613

Wa'adtu وَعَدتُ
Wa'ada .... وَعَدَ 613

Wa'adna وَعَدنا
Wa'ada .... وَعَدَ 613

Wa'adû وَعدوا
Wa'ada .... وَعَدَ 613

Wa'îd وعيد
Wa'ada وَعَدَ 613

وَف (Wa-f)

Wafdan وَفداً
Wafada .... وَفَدَ 614

Waffâ وفّى
Wafa .... وَفَى 615

وَق (Wa-q)

Waqâran وقاراً
Waqara ... وَقَرَ 617

Waqab وَقَب
Waqaba ... وَقَبَ 616

Waqt وقت
Waqata .... وَقَتَ 616

Waqa'a وقَعَ
Waqa'a .... وَقَعَ 617

Waqa'at وَقَعَتْ
Waqa'a .... وَقَعَ 617

Waqa'tun وقعة
Waqa'a .... وَقَعَ 618

Waqran وقراً
Waqara ... وَقَرَ 617

Waqûd وقود
Waqada ... وَقَدَ 617

Waqâ وَقَى
Waqa .... وَقَى 617

وَك (Wa-k)

Wakaza وكَزَ
Wakaza ... وَكَزَ 619

Wakkalnâ وكّلنا
Wakala .... وكَلَ 620

Wakîl وكيل
Wakala .... وكَلَ 620

وَل (Wa-l)

Walli وَلِّ
Waliya ...... وَلِيَ 621

Walada ولد
Walada .... ولَد 620

Waladun ولدٌ
Walada .... ولَد 620

Waladna ولِدْن
Walada .... ولَد 620

Wallû ولّوا
Waliya ..... ولى 621

Walî ولي
Walîya ..... ولى 621

Wallâ ولّى
Waliya ...... ولى 621

Waliyyin ولىٍّ
Waliya ...... ولى 621

Wallaita ولّيتَ
Waliya ......ولى 621

Walâyat ولَايت
Waliya ......ولى 621

Walyatalattaf وليتلطّف
Latufa ......لطَف 511

Wallaytum ولّيتم
Waliya ...... ولى 621

Walîjatan وليجةً
Walaja ..... ولَج 620

Walîdun وليد
Walada .... ولَد 620

وَ ه (Wa-h)

Wahhâjan وهاجًا
Wahaja ....وَهَج 622

Wahaba وَهَب
Wahaba ... وَهَب 622

Wahabat وهبت
Wahaba ...وَهَب........... 622

Wahabnâ وهبنا
Wahaba ... وَهَب 622

Wahana وَهَن
Wahana ... وَهَن 623

Wahnun وهُن
Wahana ... وَهَن 623

Wahnan وهنًا
Wahana ... وَهَن 623

Wahanû وهنوا
Wahana ... وَهَن 623

وَ ي (Wa-y)

Wayka'anna وَيكأن
Wayka'anna . وَيكأن 622

Waylun ويل
Wailun ......وَيل............ 623

Waylaka وَيلك
Wailun وَيل............... 623

Wailakum ويلكم
Wailun ......وَيل............ 623

Waylanâ ويلنا
Wailun ...... وَيل 623

Waylanî وَيلني
Wailun ......وَيل............ 623

وِ (Wi-/)

وِ (Wi-/)

Witrun وترٌ
Watara .... وتَرَ 600

Wijhatun وِجهة
Wajaha ....وجَهَ............ 602

Wird وِرد
Warada ... وَرَدَ 606

Wizrun وزرٌ
Wazara .وَزَرَ.. 607

Wi'âun وِعاء
Wa'a ....وعَى 613

Wifâqan وِفاقًا
Wafiqa .....وَفِقَ............ 614

Wiqran وِقرًا
Waqara ... وَقَرَ 617

Wildân وِلدان
Walada .... وَلَدَ 620

(Wu-) وُ

وُ(Wu-/)

Wuthqâ وُثقىٰ
Wathaqa .وَثِقَ............ 601

Wujdun وُجد
Wajada .... وَجَدَ 602

Wujida وُجِد
Wajada .... وَجَدَ 602

Wujûh وُجوه
Wajaha ....وَجَهَ............ 602

Wuhûsh وُحوش
Wahasha . وَحَشَ............ 603

Wus'un وُسع
Wasi'a .....وَسِعَ........... 608

Wusta وُسطىٰ
Wasata ...وَسَط 608

Wudzi'a وُضِع
Wadza'a .. وَضَعَ 611

Wu'ida وُعِد
Wa'ada ....وَعَدَ........... 613

Wuffiyat وُفيت
Wafa .... وَفَى........... 615

Wuqifû وُقفوا
Waqafa ....وَقَفَ........... 618

Wukkila وُكِّل
Wakala ....وكَل 620

Wulida وُلِد
Walada .... وَلَد............ 621

Wulidtu وُلِدت
Walada .... وَلَد............ 621

Wûriya وُورِى
Wariya .....وَرِىَ 607

(Ya-) يَ

يأ (Ya-')

Ya' isa يئس
Ya' isa ..... يَئِسَ........... 624

Ya'isna يئسن
Ya' isa يَئِسَ............... 624

Ya'isû يئسوا
Ya' isa يَئِسَ............... 624

Ya'ûdu يَئود
Âda .... آد 37

Ya'ûsun يَئوس
Ya' isa ......يَئِسَ........... 624

Yai'su يايئسُ
Ya' isa ......يَئِسَ........... 624

Yâ يا
Yâ .... يا 624

Ya'bâ يأبىٰ
Abâ .... ابىٰ 7

Yâ'bisât يابسات
Yabasa .... يَبِسَ 625

Yâ'bisun يَابِس
Yabasa .... يَبس 625

Ya'ti يأت
Ata .... اتٰی 8

Ya'tî يأتي
Ata .... اتٰی 8

Ya'tûna يأتونْ
Ata .... اتٰی 8

Yâjûj يأجوج
Yâjûj .... يأجوج 625

Ya'khudhu يأخذ
Akhadha .. اخذ 13

Ya'khudhû يأخذوا
Akhadha .. اخذ 13

Ya'khudhûna يأخذون
Akhadha .. اخذ 13

Ya'dhanu يأذنُ
Adhina ..... اذِنَ 18

Ya'fikûna يأفكون
Afaka .... افَكَ 24

Ya'kulâni يأكلان
Akala .... اكَلَ 24

Ya'kulna يأكلنا
Akala .... اكَلَ 24

Ya'kulu يأكل
Akala .... اكَلَ 24

Ya'kulûna يأكلون
Akala .... اكَلَ 24

Ya'lamûna يألمون
Alima .... ألم 28

Ya'muru يأمرُ
Amara ..... امَرَ 30

Ya'murûna يأمرونَ
Amara ..... امَرَ 30

Ya'nî يأني
Ana ...... انى 36

يَب (Ya-b)

Yabasa يَبَسَ
Yabasa .... يَبَسَ 625

Yabasan يَبساً
Yabasa .... يَبَسَ 625

Yabtaghi يَبتَغ
Baghâ ...... بَغَى 58

Yabtaghî يَبتغِي
Baghâ ...... بَغَى 58

Yabtaghûna يَبتغونَ
Baghâ ...... بَغَى 58

Yabtalî يَبتلي
Balâ' .... بلاء 64

Yabuththu يَبُثّ
Baththa .... بثّ 42

Yabhuthu يَبحثُ
Bahatha ... بَحَثَ 42

Yabkhalu يَبخلُ
Bakhila .... بَخِلَ 43

Yabkhasu يَبخسُ
Bakhasa .. بَخَسَ 43

Yabkhasûna يبخسونَ
Bakhasa .. بَخَسَ 43

Yabda'u يبدؤُ
Bada'a ..... بَدَأَ 44

Yabsutu يبسُط
Basata ..... بَسَطَ 51

Yabsutû يبسطوْ
Basata ..... بَسَطَ 51

Yabsurû يبصروا
Basura ..... بصَرَ 53

Yabsurûna: يبصرونِ
Basura ..... بصَرَ 53

Yabtishu يبطشُ
Batasha ... بَطَشَ 55

Yabtishûna يَبطشونَ
Batasha ... بَطَشَ 55

Yab'athanna يَبعثنّ
Ba'atha .... بَعَثَ 56

Yab'athu يَبعثُ
Ba'atha بَعَثَ 56

Yabghî يَبغي
Baghâ...... بَغَىٰ 58

Yabghiyân يَبغيانِ
Baghâ ...... بَغَىٰ 58

Yabghûna يَبغونَ
Baghâ ...... بَغَىٰ 58

Yabqâ يَبقىٰ
Baqiya ...... بَقِيَ 60

Yabkûna يَبكونَ
Bakâ .... بَكَى 61

Yablâ يَبلىٰ
Balâ' .... بلاء 64

Yablughâ يَبلغا
Balagha . بَلَغَ 63

Yablughanna يَبلغنّ
Balagha ... بَلَغَ 63

Yablughu يَبلغُ
Balagha بَلَغَ 63

Yablughû يَبلغوا
Balagha ... بَلَغَ 63

Yabûru يَبورُ
Bâra......... بار 68

Yabîtûn يَبيتون
Bâta .... باتَ 68

يَت (Ya-t)

Ya'tali يأتل
Alâ .... الا 26

Ya'tamirûna يأتمرون
Amara...... امَرَ 30

Yatâmâ يَتامىٰ
Yatama .... يَتم 625

Yatabaddilu يَتبدّل
Badala ..... بَدّلَ 45

Yatba'u يَتبعُ
Tabi'a ...... تَبِعَ 73

Yatabawwa'u يَتبوأ
Bâ'a .... بَآءَ 67

Yattakhidhûna يتّخذون
Akhadha .. اخذ 13

Yattabi'u يتّبعُ
Tabi'a ...... تَبِعَ 73

Yattabi'ûn يتّبعون
Tabi'a ...... تَبِعَ 73

Yattaqi يتّق
Waqa .... وَقَى 618

Yattaqî يتّقي
Waqa .... وَقَى 618

Yattaqû يتّقوا
Waqa .... وَقَى 618

Yatajannabu يتجنّبُ
Janaba .... جَنَبَ 102

Yatajarra'u يَتجرّعُ
Jara'a ...... جرع 96

Yatahâkamu يتحاكمُ
Hakama ... حَكَمَ 131

Yatahâkamûna يتحاكمون
Hakama ... حَكَمَ 131

Yatahâjjûna يتحآجونَ
Hajja .... حج 113

Yatakhabbatu يَتَخَبّطُ
Khabata .. خَبَطَ 147

Yatakhâfatûna يتخافتون

Khafata .... خَفَتَ 158

Yatakhallafûna يتخلفون
Khalafa .... خَلَفَ 162

Yatakhayyarûna يتخيّرون
Khâra .... خارَ 170

Yatadabbarû يَتدبّروا
Dabara دَبَرَ 172

Yatadabbarûna يَتدبّرُوْنَ
Dabara ..... دَبَرَ 172

Yatadhakkaru يتذكّر
Dhakara ... ذَكَرَ 189

Yatadhakkarûna يتذكّرون
Dhakara .. ذَكَرَ 189

Yatarabbas يتربّص
Rabasa .... رَبَصَ 199

Yatarabbasna يتربّصن
Rabasa .... رَبَصَ 199

Yatarabbasûna يتربّصون
Rabasa .... رَبَصَ 199

Yatazakkâ يتزكّىٰ
Zakâ .... زكى 233

Yataraddadûna يَتَردّدُوْنَ
Radda ...... رَدَّ 207

Yatarâja'â يتراجعا
Raja'a ...... رجَعَ 202

Yatarqqabu يترقّبوا
Raqaba .... رَقَبَ 218

Yatira يتر
Watara .... وَتَرَ 600

Yatasallalûnan يتسلّلون
Salla .... سَلَّ 267

Yatasâ'lûna يتسائلون
Sa'ala ...... سألَ 242

Yatasannah يتسنّه
Saniha ..... سَنِهَ 274

Yatadzarra'ûna يتضرّعُون
Dzara'a .... ضَرَعَ 330

Yatatahharû يَتطهّروا
Tahara ..... طَهرَ 344

Yata'ârafûna يَتعارفون
'Arafa .... عَرَفَ 367

Yat'adda يَتعدّ
'Ada .... عَدَا 362

Yataghâmazûna يتغامزُون
Ghamaza غَمَزَ 409

Yataghayyar يتغيّر
Ghâra ...... غَارَ 413

Yatafadzdzala يَتَفضّل
Fadzala .. فضل 429

Yatafajjaru يَتفجّر
Fajara ...... فجَر 418

Yatafakkarû يَتفكّروا
Fakara ..... فَكّرَ 432

Yatafakkarûna يَتفكّرون
Fakara ..... فَكّرَ 432

Yatafarraqû يَتفرّقوا
Faraqa ..... فَرَقَ 423

Yatafarraqûna يتفرّقون
Faraqa ..... فَرَق 423

Yatafattarna يَتفطّرن
Fatara ...... فَطرَ 430

Yatafayya'u يتفيّئ
Fâ'a .... فَآءَ 438

Yataqabbala يتقبّل
Qabila ...... قَبل 440

Yataqabbalu يَتقبّلُ
Qabila ...... قَبلَ 440

Yataqaddamu يَتقدّموا
Qadama .. قَدم 446

Yatakabbarûna يتكبّرون

Kabura ..... كَبُر 476

Yatakallimu يتكلّم
Kalama ....كلَم 495

Yatalaqqa يَتلقّى
Laqiya...... لَقيَ 516

Yatalâwamûna يتلاومُون
Lâma .... لامَ 521

Yatlûna يتلونَ
Tala .... تلا 76

Yatamannauna يتمنّون
Mana .... مَنَى 543

Yatamâssan يَتماسّاً
Massa ..... مَسَّ 534

Yatamatt'ûn يَتمتّعون
Mata'a ..... مَتَعَ 524

Yatanâfasa يَتَنافسِ
Nafasa .....نَفَسَ 572

Yatanâjauna يتناجون
Najâ .... نَجا............ 554

Yatanâza'ûna يَتنازعون
Naza'a ..... نَزَعَ 558

Yatanazzalu يَتَنَزّلُ
Nazala .....نَزَلَ 559

Yatanhauna يَتَنهَون
Nahâ .... نَهى 580

Yatawaffâ يَتوفّى
Wafa .... وَفى 616

Yatawakkal يَتوكّل
Wakala .... وكَل............ 612

Yatawalla يَتولّ
Waliya ..... ولى 621

Yatawallauna يَتولّوْن
Waliya ...... ولى............ 621

Yatawallû يَتولّوا
Waliya ...... ولى............ 621

Yatawârâ يَتوارٰى
Wara .... ورَى 607

Yatûbu يَتوبُ
Tâba .... تَابَ 77

Yatûbûna يَتوبوا
Tâba .... تَابَ............ 77

Yatîmain يَتيمَين
Yatama .... يَتمَ 625

Yatîmum يَتيم
Yatama ....يَتمَ............ 625

Yatîman يَتيماً
Yatama .... يَتمَ............ 625

Yatîhûna يتيهون
Tâha .... تاهَ............ 80

يَث (Ya-th)

Yathrib يثرب
Tharaba ... ثرب 82

Yathnûn يَثنون
Thana ...... ثنى 87

Yathqafûna يثقفوا
Thaqifa ..... ثَقِفَ 82

يَج (Ya-j)

Yaj'arûna يجأرون
Ja'ra .... جأرَ 89

Yajtabî يجتبي
Jabâ .... جبا 92

Yajtanibûna يجتنبُونَ
Janaba .... جَنَبَ 102

Yajid يجد
Wajada .... وَجَدَ 601

Yajidû يجدوا
Wajada .... وَجَدَ........... 601

Yajidûna يجدون
Wajada .... وَجَدَ 601

Yajrî يجري
Jarâ .... جَرىٰ 96

Yajrimanna يجرمنّ
Jarama .... جرم 96

Yajurru يجُرّ
Jarra .... جر 95

Yajzî يجزي
Jazaya ..... جَزَيَ 97

Yaj'ala يجعلَ
Ja'ala .... جَعَلَ 98

Yaj'alûna يجعلونَ
Ja'ala .... جَعَلَ 98

Yajma'anna يجمعنّ
Jama'a ..... جَمَعَ 101

Yajmahûna يجمحونَ
Jamaha ... جَمَحَ 101

Yajma'u يجمعُ
Jama'a ..... جَمَعَ 101

Yajma'ûn يجمعون
Jama'a ..... جَمَعَ 101

Yajhadu يجهد
Jahada ..... جَحَدَ 93

Yajhadûna يجهدونَ
Jahada ..... جَحَدَ 93

Yajhalûn يَجْهلون
Jahila .... جَهِلَ 107

يح (Ya-h)

Yahbatanna يَحبَطنّ
Habata ..... حَبَطَ 112

Yahbisu يحبِسُ
Habasa .... حَبَسَ 112

Yahtasibû يحتسبواْ
Hasiba ..... حَسِبَ 122

Yahtasibu يحتسبُ
Hasiba ..... حَسِبَ 122

Yahtasibûna يحتسبونَ
Hasiba ..... حَسِبَ 122

Yahdharu يحذرُ
Hadhira .... حَذِرَ 116

Yahdharûna يحذرونَ
Hadhira .... حَذِرَ 116

Yahzanna يحزنّ
Hazana .... حَزَنَ 121

Yahzunu يحزُنُ
Hazana .... حَزَنَ 121

Yahzanûna يحزنون
Hazana .... حَزَنَ 121

Yahsabanna يحسبنّ
Hasiba ..... حَسِبَ 122

Yahsabu يحسبُ
Hasiba ..... حَسِبَ 122

Yahsabûna يحسبونَ
Hasiba ..... حَسِبَ 122

Yahsudûna يحسُدونَ
Hasada .... حَسَدَ 123

Yahshuru يحشُرُ
Hashara ... حَشَرَ 124

Yahdzurûni يحضُرون
Hadzara ... حَضَرَ 127

Yahidzna يَحِضنَ
Hâdzat ..... حاضَتْ 144

Yahudzdzu يحُضُّ
Hadzdza .. حَضّ 128

Yahtimanna يحطمنّ
Hatama ... حَطَمَ 128

Yahfazna يحفظنَ
Hafiza ...... حَفِظَ 129

Yahfazûna يحفظونَ
Hafiza ...... حَفِظَ 129

Yahiqqu يَحِقّ
Haqqa ...... حَقّ 131

Yahkumâni يحكُمانِ
Hakama ... حَكَمَ 131

Yahkumu يحكُمُ
Hakama ... حَكَمَ 131

Yahkumûna يحكُمونَ
Hakama ... حَكَمَ 131

Yahlifûna يحلِفونَ
Halafa ...... حَلَفَ 132

Yahlifunna يحلِفُنّ
Halafa ...... حَلَفَ 132

Yahlil يحلل
Halla .... حَلّ 133

Yahillauna يَحِلّوْنَ
Halla .... حَلّ 133

Yahmalû يحملوا
Hamala .... حَمَلَ 136

Yahmilanna يَحْمِلَنّ
Hamala .... حَمَلَ 136

Yahmilna يحملنا
Hamala .... حَمَلَ 136

Yahmilûna يَحْمِلُوْنَ
Hamala .... حَمَلَ 136

Yahmilûna يَحْمِلُوا
Hamala .... حَمَلَ 136

Yahûlu يَحُوْلُ
Hâla .... حال 142

Yahûr يَحُوْر
Hâra .... حارَ 140

Yahyâ يحيٰ
Hayya ...... حيّ 144

Yahîqu يَحِيقُ
Hâqa .... حاقَ 144

Yahîfu يحيف
Hâfa .... حَافَ 144

يَخ (Ya-kh)

Yakhâfâ يخافا
Khâfa ..... خاف 167

Yakhâfâni يخافانِ
Khâfa .... خافَ 167

Yakhâfu يخاف
Khâfa .... خافَ 167

Yakhtalifûna يختلفون
Khalafa .... خَلَفَ 162

Yakhtânûna يختانون
Khâna ...... خانَ 169

Yakhtâru يختار
Khâra ..... خارَ 170

Yakhtasimûna يختصمون
Khasama . خَصَمَ 156

Yakhtassu يختصّ
Khassa .... خصّ 155

Yakhtimu يَختِمُ
Khatama . خَتَمَ 148

Yakhda'ûna يخدعُوْا
Khada'a ... خَدَعَ 149

Yakhdhulu يَخْذُلُ
Khadhala . خَذَلَ 149

Yakhirrû يَخِرّوا
Kharra ..... خَرّ 151

Yakhrun يَخِرّون
Kharra ..... خَرّ 151

Yakhrujanna يَخْرُجنّ
Kharaja .... خَرَجَ 150

Yakhruju يَخْرُجُ
Kharaja .... خَرَجَ 150

Yakhrujûna يَخْرُجُوْا
Kharaja .... خَرَجَ 150

Yakhrusûn يَخْرُصُوْنَ
Kharasa ... خَرِصَ 151

Yakhsaru يخسرُ
Khasira .... خَسِرَ 153

Yakhsifu يخسِفُ
Khasafa ... خَسَفَ 154

Yakhash يَخش
Khashiya . خَشِيَ 155

Yakhshâ يخشاء
Khashiya . خَشِيَ 155

Yakhsha يَخشَى
Khashiya . خَشِيَ 155

Yakhshau يخشو
Khashiya . خَشِيَ 155

Yakhshauna يخشون
Khashiya . خَشِيَ 155

Yakhissimûna يخصّمون
Khasama . خَصَمَ 156

Yakhsifâni يخصفان
Khasafa ... خَصَفَ 156

Yakhtafu يخطف
Khatifa ..... خَطِفَ 158

Yakhafû يخفوا
Khâfa .... خافَ 167

Yakhfâ يخفىٰ
Khafiya .... خَفِيَ 159

Yakhfauna يخفون
Khafiya .... خَفِيَ 159

Yakhlu يخلُ
Khalâ .... خَلا 165

Yakhlud يخلُد
Khalada ... خَلَدَ 160

Yakhlufûna يخلّفون
Khalafa .... خَلَفَ 162

Yakhluqu يخلُق
Khalaqa ... خَلَقَ 163

Yakhûdzû يخوضوا
Khâdza .... خاضَ 167

Yakhûnû يخونوا
Khâna ...... خانَ 169

يَد (Ya-d)

Yadâ يدا
Yada .... يَدَىٰ 625

Yadabbarû يَدبّرواْ
Dabara ..... دَبَرَ 172

Yadkhula يَدخُلَ
Dakhala ... دَخَلَ 174

Yadkhulûna يَدخُلوْنَ
Dakhala ... دَخَلَ 174

Yadra'û يدرءُواْ
Dhra'a ...... دَرَءَ 175

Yadra'u يَدْرَؤُوا
Dhra'a ...... دَرَءَ 175

Yadrusûna يدرسونَ
Darasa ..... دَرَسَ 176

Yadussu يَدُسّ
Dassa دَسّ 178

Yad'u يدعُ
Da'â دَعا 178

Yad'û يدعواْ
Da'â .... دَعا 178

Yad'ûna يدعونَ
Da'â دَعا 178

Yadu''u يدعّ
Da''a دَعّ 178

Yadu''ûna يدعّوْنَ
Da''a دَعّ 178

Yadmaghu يدمَغ
Dhmagha دَمَغ 181

Yadînûna يدينون
Dâna .... دَان 185

Yadai يَدي
Yada .... يَدَى 625

يَذ (Ya-dh)

Yadhabbihûna يذبّحون
Dhabaha ذَبَح 187

Yadhar يَذَر
Wadhara وَذَر 607

Yadhara يَذَر
Wadhara وَذَر 607

Yadharu يَذَرُ
Wadhara .. وَذَرَ 607

Yadharûna يَذَرون
Wadhara .. وَذَرَ 607

Yadhra'u يذرؤ
Dhara'a .... ذرأ 187

Yadhdhakkarû يذّكروا
Dhakara ... ذَكَرَ 189

Yadhdhakkaru يذّكر
Dhakara ... ذَكَرَ 189

Yadhdhakkarûn يذّكرون
Dhakara ... ذَكَرَ 189

Yadhkuru يذكر
Dhakara ... ذَكَرَ 189

Yadhkurûna يذكروا
Dhakara ... ذَكَرَ 189

Yadhûqûna يذُوقون
Dhâqa ...... ذاق 194

Yadhhabu يذهَبُ
Dhahaba .. ذَهَبَ 192

Yadhhabûna يذهبوا
Dhahaba .. ذَهَبَ 192

يَر (Ya-r)

Yarâ يرَى
Ra'a .... رأى 196

Yarbû يربوا
Rabâ .... ربا 200

Yartâbû يرتَابُوا
Râba .... رَابَ 227

Yartâbu يرتَابُ
Râba .... رَابَ 227

Yarta'u يَرتَع
Rata'a ...... رتَعَ 200

Yartuddu يَرتَدّ
Radda ...... رَدّ 207

Yarithu يَرث
Waritha ... وَرثَ 606

Yarji'u يرجِعُ
Raja'a ...... رَجَعَ 202

Yarji'ûn يرجِعون
Raja'a ...... رَجَعَ 202

Yarjû يَرجواْ
Rajâ' .... رجا 204

Yarjumûna يَرجَموْنَ
Rajama .... رَجَمَ 204

Yarjûna يَرجُوْنَ
Rajâ' .... رجا 204

Yarhamu يَرحَمُ
Rahima .... رَحِم 205

Yaruddûna يَرَدّوْنَ
Radda ...... رَدّ 207

Yarzuqu يَرزُقُ
Razaqa .... رَزَقَ 209

Yarshudûn يَرشُدُوْن
Rashada .. رَشَدَ 211

Yardzâ يرضىٰ
Radziya ... رَضِيَ 213

Yardzauna يرضون
Radziya ... رَضِيَ 213

Ya'rifû يعرفوا
'Arafa .... عَرَفَ 367

Ya'rifûna يعرفون
'Arafa .... عَرَفَ 367

Ya'rishûna يعرشون
'Arasha .... عَرَشَ 366

Yarghabû يرغبُوا
Raghiba ... رَغِبَ 215

Yarghabu يرغَبُ
Raghiba ... رَغِبَ 215

Yarghabûna يرغبُون
Raghiba ... رَغِبَ 215

Yarfa'u يَرفعُ
Rafa'a ...... رَفَعَ 217

Yarqubû يرقبُوا
Raqaba .... رَقَبَ 218

Yarqubûna يرقُبُون
Raqaba .... رَقَبَ 218

Yarkabûna يركبُون
Rakiba ..... رَكِبَ 220

Yarka'ûna يَركعُون
Raka'a ..... رَكَعَ 221

Yarkudzûna يَركُضون
Rakadza .. رَكَضَ 221

Yarkumu يَركُمُ
Rakama ... ركم 221

Yarmi يرم
Ramâ .... رَمىٰ 223

Yarmûna يرمُون
Ramâ .... رَمىٰ 223

Yarhabûna يَرهبُونَ
Rahiba ..... رَهِبَ 223

Yarhaqu يَرهَقُ
Rahiqa ..... رَهِقَ 224

يَز (Ya-z)

Yazâlu يَزال
Zâla .... زالَ 240

Yazâlûna يَزالُون
Zâla .... زالَ 240

Yazdâdû يَزدادُوا
Zâda .... زادَ 238

Yazid يَزِدْ
Zâda .... زادَ 238

Yazîdûna يَزيدون
Zâda .... زادَ 238

Yazirûna يَزِرون
Wazara ... وَزَرَ 607

Yaz'umûna يَزعمُون
Za'ama .... زَعَمَ 231

Yazigh يَزِغ
Zâgha ...... زاغَ 240

Yaziffûna يَزِفُّون
Zaffa .... زَفَّ 232

Yazzakka يزّكّى
Zakâ .... زكى 233

Yaznîna يَزنِين
Zana .... زَنى 236

Yaznûna يَزنُون
Zana .... زَنى 236

Yazîdanna يَزيدن
Zâda .... زادَ 238

Yazîdu يَزيدُ
Zâda .... زاد 238

Yazîghu يَزيغُ
Zâgha ...... زاغَ 240

يَس (Ya-s)

Yas'alu يسئلُ
Sa'ala ...... سألَ 242

Yas'alû لِيسئلوا
Sa'ala...... سَألَ........... 242

Yas'alûna يَسئلون
Sa'ala ...... سألَ........... 242

Yasamma'ûna يسمّعُون
Sami'a ..... سمِعَ........... 270

Yas'amu يَسئَمُ
Sa'ima ..... سَئمَ........... 243

Yas'amûna يسئَمُون
Sa'ima ..... سَئمَ........... 243

YâSîn يٰس
YâSîn ...... يٰس........... 626

Yasbahûn يسبحون
Sabaha .... سَبَح........... 244

Yasbitûna يسبتون
Sabata..... سَبَت........... 244

Yasubbû يسُبوا
Sabba سَبّ 243

Yastabshirûna يستبشرونَ
Bashara... بَشَرَ............ 52

Yasta'dhinu يستأذن
Adhina ..... اذِنَ............ 18

Yasta'dhinû يستأذنوا
Adhina ..... اذِنَ 18

Yastadz'ifu يستضعفُ
Dza'afa .... ضَعفَ........... 331

Yasta'fifna يستعففنا
'Affa .... عف........... 379

Yastafizzu يَستَفزّ
Fazza ...... فزّ 426

Yastafizzûna يَستَفزّون
Fazza ...... فزّ 426

Yastaftihûna يستفتحون
Fataha ..... فَتَحَ 415

Yastaftûn يستفتون
Fatiya ..... فَتىَ............ 417

Yastaghfir يَستغفر
Ghafara .. غفَرَ........... 405

Yastaghfirû يستغفُروا
Ghafara ... غفَرَ........... 405

Yastaghfirûna يستغفُرون
Ghafara ... غفَرَ........... 405

Yastaghîthû يَستغيثوا
Ghâtha .... غاث 411

Yastaghithu يستغث
Ghâtha .... غاث........... 413

Yastaghshauna يَستَغشَون
Ghashiya . غشَى........... 403

Yastahibbûna يستحِبّونَ
Habba ...... حَبّ........... 111

Yastahsirûn يستحسرون
Hasira ...... حَسِرَ........... 123

Yastahyauna يَستحْيونَ
Hayya ...... حيّ........... 144

Yastahyî يَستحِيي
Hayya ...... حيّ........... 144

Yastahzi'u يَستهزءُ
Haza'a ..... هَزء........... 590

Yastahzi'ûna يَستَهزءون
Haza'a ..... هَزء........... 590

Yastajîbu يستجيبُ
Jâba........ جابَ........... 108

Yastajîbû يَستجيبوْا
Jâba........ جاب........... 108

Yastajûbuna يَستجيبون
Jâba........ جابَ........... 108

Yasta'jilûna يَستَعجِلون

'Ajila عَجِلَ 360

Yastakbir يَستكبر
Kabura ..... كَبُرَ 476

Yastakbirûna يَستكبرون
Kabura ..... كَبُرَ 476

Yasta'kharu يستأخر
Akhkhara . اخّر 14

Yastakhfû يستخفوا
Khafiya .... خَفِيَ........... 159

Yastakhfûna يَستخفون
Khafiya .... خَفِيَ........... 159

Yastakhiffanna يَستخِفّنّ
Khaffa ...... خفّ 159

Yasta'khirûna يَستأخرون
Akhkhara . اخّر 14

Yastakhlifanna يَستخلفنّ
Khalafa ....خَلَفَ........... 162

Yastakhlifu يَستخلف
Khalafa ....خَلَفَ........... 162

Yastabdil يَستبدل
Badala ..... بَدَلَ............. 45

Yastakhrijâni يَستَخرجان
Kharaja .... خَرَجَ 150

Yastakhraja يَستَخرِجا
Kharaja .... خَرَجَ 150

Yastami'u يَستَمِعُ
Sami'a ..... سمِعَ............ 270

Yastami'ûna يستَمِعُون
Sami'a ..... سمِعَ............ 270

Yastanbitûn يَستَنبطُون
Nabata..... نَبَطَ 551

Yastanbi'ûna يستنبِّؤن
Naba'a..... نَبأ 549

Yastankifu يَستَنكفُ
Nakafa ..... نَكَفَ 578

Yastankihu يستنكِح
Nakaha .... نكح 577

Yastanqidhû يستنقذوا
Naqadha . نَقَذَ 575

Yastaqdimûna يستقدمون
Qadama .. قَدم 446

Yastaqîmu يستقيم
Qâma ...... قَامَ............ 471

Yastaskhirûn يستسخِرون
Sakhira .... سخِرَ............ 252

Yastasrikhu يسَتصرِخُ
Sarakha... صرخَ 313

Yastathnûna يستثنون
Thana ...... ثنى 87

Yastati' يستَطِع
Tâ'a طَاعَ.................. 345

Yastatî'a يستطِيع
Tâ'a .... طَاعَ............ 345

Yasta'tibû يَستَعتِبُوا
'Ataba...... عَتَبَ........... 357

Yastatî'u يَستطِيعُ
Tâ'a .... طَاعَ 345

Yastatîûna يَستطِيعُون
Tâ'a .... طَاعَ 345

Yastaufûna يستوُفون
Wafa .... وَفَى 615

Yastawî يَستوي
Sawiya .... سَوِىَ 280

Yastawiyâni يستويان
Sawiya .... سَوِىَ 280

Yastaghithân يَستَغيثان
Ghâtha .... غاث 411

Yasjuda يَسجُد
Sajada ..... سَجَدَ 248

Yasjudân يَسجدان

Sajada ..... سَجَدَ 248

Yasjudû يَسجدوا
Sajada ..... سَجَدَ 248

Yasjununna يَسجنُنّ
Sajana ..... سَجَنَ 249

Yas<u>h</u>abûn يَسحبون
Sa<u>h</u>aba .... سَحَبَ 250

Yas<u>kh</u>ar يَسخر
Sa<u>kh</u>ira .. سَخِرَ 252

Yas<u>kh</u>arûna يَسخرون
Sa<u>kh</u>ira .... سَخِرَ 252

Yas<u>kh</u>a<u>t</u>ûna يَسخطون
Sa<u>kh</u>i<u>t</u>a .... سَخِطَ 253

Yasri يَسرى
Sara .... سَرَى 258

Yasriqna يسرقن
Saraqa ..... سَرَقَ 257

Yasriqu يسرق
Saraqa ..... سَرَقَ 257

Yassara يَسّر
Yasara ..... يَسَرَ 626

Yassarnâ يسّرنا
Yasara ..... يَسَرَ 626

Yas<u>t</u>ûna يسطون
Sa<u>t</u>âa ...... سطا 258

Yas<u>t</u>urûn يسطرون
Sa<u>t</u>ara سطر 258

Yas'â يَسعىٰ
Sa'a .... سَعَى 259

Yas'auna يسعَوْن
Sa'a .... سَعَى 259

Yasfiku يسفِك
Safaka ..... سَفَكَ 260

Yasqî يسقي
Saqa .... سَقَى 262

Yasqîni يسقين
Saqa .... سَقَى 262

Yasqûna يسقون
Saqa .... سَقَى 262

Yaskuna يسكن
Sakana .... سَكَنَ 264

Yaslub يَسلب
Salaba ..... سَلَبَ 265

Yasluku يسلُكُ
Salaka ..... سَلَكَ 266

Yasma'u يَسمَعُ
Sami'a ..... سمِعَ 271

Yasma'ûna يسمَعُون
Sami'a ..... سمِعَ 271

Yasûmmu يسُوم
Sâma .... سامَ 279

Yasûmûna يسُومون
Sâma .... سامَ 279

Yasû'û يسُوؤا
Sâ'a ساء 275

Yasî<u>gh</u>u يَسِيغ
Sâ<u>gh</u>a ...... ساغَ 278

Yasîrû يسِيرُوا
Sâra .... سار 281

Yasîrun يسير
Yasara ..... يَسَرَ 626

Yasîran يسيرًا
Yasara ..... يَسَرَ 626

يَش (Ya-sh)

Yashâ'u يشاءُ
Shâ'a ...... شاءَ 302

Yashtarî يشتري
Shara ...... شَرى 289

Yashtarûna يشترُون
Shara ...... شَرى 289

Yashrabu يشرَب
Shariba.... شَرِبَ 285

Yashrabûna يشربُون
Shariba.... شَرِبَ 285

Yashrah يشرح
Sharaha ... شَرَحَ 286

Yashrî يشري
Shara .... شَرى 289

Yashrûna يشرُون
Shara .... شَرى 289

Yashfa'u يشفعُ
Shafa'a .... شَفَعَ 293

Yashfa'û يشفعُوا
Shafa'a .... شَفَعَ 293

Yashfa'ûna يشفعُون
Shafa'a .... شَفَعَ 293

Yashfî يشفِي
Shafa شَفَى 295

Yashfi يشف
Shafa'a شَفَعَ 293

Yashqâ يشقىٰ
Shaqiya ... شَقِيَ 296

Yashkuru يشْكُر
Shakara ... شَكَرَ 296

Yashkurûna يشكُرُون
Shakara ... شَكَرَ 296

Yash'urûna يشعرُون
Sha'ara .... شَعَرَ 291

Yashhadu يشهد
Shahida ... شَهِدَ 299

Yashhadûna يشهدُون
Shahida ... شَهِدَ 299

Yashwî يَشوي
Shawâ ..... شَوَى 302

يَص (Ya-s)

Yasbir يصبِر
Sabara ..... صَبَرَ 305

Yasdifûna يَصدِفُون
Sadafa ..... صَدَفَ 310

Yasduru يصْدُر
Sadara ..... صَدَرَ 309

Yassada'ûn يَصَدَّعُون
Sada'a ..... صَدَعَ 309

Yasuddanna يصُدُّنّ
Sadda ...... صَدَّ 308

Yasuddû يصُدُّون
Sadda ...... صَدَّ 308

Yasiddûn يَصِدُّون
Sadda ...... صَدَّ 308

Yasramunna يَصرِمُنّ
Sarama ... صَرَمَ 314

Yasrifu يصرفُ
Sarafa ..... صَرَفَ 314

Yastafî يصطفِي
Safâ .... صَفَى 317

Yastarikhûna يصطرِخُون
Sarakha ... صَرَخَ 312

Yas'adu يصعَدُ
Sa'ida ...... صَعِدَ 315

Yas''adu يُصعّد
Sa'ida ...... صَعِدَ 315

Yasfahû يَصفَحُوا
Safaha ..... صَفَحَ 316

Yasifûn يَصفون
Wasafa .... وَصَفَ 610

Yasilu يَصِل
Wasal ...... وَصَلَ 610

Yaslâ يَصلىٰ
Salâ .... صَلى 320

Yaslauna يصلونَ
Salâ .... صَلى 320

Yaslûna يصلون
Wasal ...... وَصلَ 610

Yasna'u يَصنَعُ
Sana'a ..... صَنَعَ 322

Yasna'ûna يَصنعُونَ
Sana'a ..... صَنَعَ 322

يَض (Ya-dz)

Yadzhakûna يضحَكُونَ
Dzahika ... ضَحِكَ 327

Yadzdzarra'ûna يضرّعُونَ
Dzara'a .... ضَرَعَ 330

Yadzribna يَضرِبنَ
Dzaraba ... ضَرَبَ 328

Yadzribu يضرِبُ
Dzaraba ... ضَرَبَ 328

Yadzribûna يضرِبُونَ
Dzaraba ... ضَرَبَ 328

Yadzurrû يَضُرُّوا
Dzarra ...... ضَرَّ 329

Yadzuru يَضُرُّ
Dzarra ...... ضَرَّ 329

Yadz'ana يَضعنا
Wadza'a .. وَضَعَ 612

Yadz'au يَضع
Wadza'a .. وَضَعَ 611

Yadzillu يُضِلّ
Dzalla ...... ضَلَّ 333

Yadzayyifû يضيِّفوا
Dzâfa .... ضَافَ 335

Yadzîqu يضيقُ
Dzâqa ...... ضَاقَ 336335

يَط (Ya-t)

Yata'auna يطؤنَ
Wati'a ...... وَطِئَ 612

Yatba'u يَطبَعُ
Tab'a .... طَبَعَ 336

Yat'am يطعَم
Ta'ima ...... طَعِمَ 338

Yat'amu يَطعَمُ
Ta'ima ...... طَعِمَ 338

Yatghâ يَطغَى
Taghâ .... طَغَى 339

Yatlubu يطلُبُ
Talaba طَلَبَ 340

Yatma'u يَطمَعُ
Tami'a ...... طَمِعَ 343

Yatma'ûna يَطمَعُونَ
Tami'a ...... طَمِعَ 343

Yatmith يطمِث
Tamatha .. طَمَثَ 342

Yatmithu يَطمِثُ
Tamatha .. طَمَثَ 342

Yatahharûna يَطَهّرونَ
Tahara ..... طَهرَ 344

Yatûfa يطوفَ
Tâfa .... طافَ 346

Yatûfu يطوفُ
Tâfa .... طافَ 346

Yathurna يَطهُرنَ
Tahara ..... طَهرَ 344

Yatayyarû يَطيّروا
Târa .... طارَ 349

Yatîru يَطير
Târa .... طارَ 349

يَظ (Ya-z)

Yazlalnâ يظللنا
Zalla .... ظَلّ 350

Yazlimu يَظلِم
Zalama .... ظَلَمَ 351

Yazlimûna يَظلِمُون
Zalama .... ظَلَمَ 351

Yazunnu يظُنّ
Zanna ...... ظَنّ 353

Yazunnûna يَظنّون
Zanna ...... ظَنّ 353

Yazharû يظهَرُوا
Zahara ..... ظَهَر............ 353

Yazharûna يَظهرُون
Zahara ..... ظَهَر............ 353

يَع (Ya-')

Ya'ba' يَعبأ
'Aba'a ...... عبأ 354

Ya'budu يَعبُد
'Abada ..... عَبَدَ............ 355

Ya'budû يَعبدُوا
'Abada ..... عَبَدَ 355

Ya'budûna يَعبدُون
'Abada ..... عَبَدَ 355

Ya'tazilû يَعتزلوا
'Azala ...... عَزل............ 371

Ya'tadûna يَعتدون
'Ada .... عَدا 362

Ya'tsim يَعتصم
'Asama .... عَصَمَ............ 375

Ya'dilûna يَعدلون
'Adala ...... عدل 362

Ya'idu يَعد
Wa'ada .... وَعَدَ............ 613

Ya'dûna يعدون
'Ada عَدا.................. 362

Ya'ruju يعرج
'Araja ...... عَرَجَ............ 365

Ya'rujûna يعرجون
'Araja ...... عَرج............ 365

Ya'zubu يَعزُب
'Azaba ..... عَزَبَ............ 370

Ya'shu يَعشُ
'Ashiya .... عَشَى 374

Ya'sirûna يعصرون
'Asar .... عَصر............ 375

Ya'sauna يعصون
'Asâ .... عصٰى............ 376

Ya'sîna يعصين
'Asâ .... عصٰى............ 376

Ya'simu يعصم
'Asama .... عَصَمَ............ 375

Ya'si يعصِ
'Asâ .... عصٰى 376

Ya'udzdzu يَعُضّ
'Adzdza ... عَضّ 377

Ya'tî يعطي
'Atâ.......... عَطا 378

Ya'izû يعظوا
Wa'aza .... وَعَظ 613

Ya'fu يعف
'Afâ .... عفا 379

Ya'fû يعفوا
'Afâ .... عفا 379

Ya'fuwa يعفُو
'Afâ .... عفا............ 379

Ya'fûna يعفون
'Afâ .... عفا 379

Ya'qilu يَعقل

'Aqala .... عَقَل 382

Ya'qilûna يَعقِلُون
'Aqala ...... عَقَل 382

Ya'qûb يَعقوب
Ya'qûb...... يَعقوب......... 626

Ya'kufûna يعكفُون
'Akafa ......عكف.......... 382

Ya'lamanna يعلمنّ
'Alama .....عَلم........... 383

Ya'lamu يعلم
'Alama .....عَلم........... 383

Ya'lamû يعلموا
'Alama .....عَلم........... 383

Ya'lamûna يعلمون
'Alama .....عَلم........... 383

Ya'murû يعمروا
'Amara ... عَمَر............ 387

Ya'muru يعمر
'Amara.....عَمَر 387

Ya'mahûn يَعمَهون
'Amiha ..... عمِه............ 389

Ya'mal يعمل
'Amila ......عَمِل.......... 388

Y'amala يعمل
'Amila ......عَمِل.......... 388

Ya'malu يعملُ
'Amila ...... عَمِل 388

Ya'malûna يعمِلون
'Amila ......عَمِل.......... 388

Ya'ûdû يعودوا
'Âda .... عاد 392

Ya'û<u>dh</u>ûna يَعُوذون
'Â<u>dh</u>a .... عاذ 392

Ya'ûq يَعوق
Ya'ûq .... يَعوق.......... 627

Ya'yâ يعَي
'Ayya........ عَيِّي 398

يَغ (Ya-<u>gh</u>)

Ya<u>gh</u>tab يَغتب
<u>Gh</u>âba......غاب............ 412

Ya<u>gh</u>rur يَغرُر
<u>Gh</u>arra ..... غرّ............ 401

Ya<u>gh</u>urran يَغرّن
<u>Gh</u>arra ..... غرّ 401

Ya<u>gh</u>shâ يَغشٰى
<u>Gh</u>ashiya. غشى 403

Ya<u>gh</u><u>dz</u>u<u>dz</u>na يغضضنَ
<u>Gh</u>a<u>dz</u>dza غضّ 404

Ya<u>gh</u>u<u>dzdz</u>û يُغضّوا
<u>Gh</u>a<u>dz</u>dza غضّ........... 404

Ya<u>gh</u>u<u>dzdz</u>ûna يَغضّون
<u>Gh</u>a<u>dz</u>dza غضّ 404

Ya<u>gh</u>fir يَغفِر
<u>Gh</u>afara ... غفَرَ........... 405

Ya<u>gh</u>firû يغفِروا
<u>Gh</u>afara ... غفَرَ 405

Ya<u>gh</u>firu يغفِر
<u>Gh</u>afara ... غفَرَ........... 405

Ya<u>gh</u>firûna يَغفِرون
<u>Gh</u>afara ... غفَرَ 405

Ya<u>gh</u>lî يغلِي
<u>Gh</u>alâ....... غلى 409

Ya<u>gh</u>lib يغلِب
<u>Gh</u>alaba... غَلَب........... 407

Ya<u>gh</u>libû يَغلبوا
<u>Gh</u>alaba ... غَلَب 407

Ya<u>gh</u>libûna يَغلبون
<u>Gh</u>alaba... غَلَب........... 407

Ya<u>gh</u>lul يغلُل
<u>Gh</u>alla...... غلّ 408

Yaghni يَغنى
Ghaniya ... غَنِىَ 410

Yaghûsûna يَغوصونَ
Ghâsa ..... غاصَ 411

Yaghûth يَغوث
Yaghûth ... يَغوث 626

يَف (Ya-f)

Yaftarîna يفترين
Fariya ...... فرَى 425

Yaftarûn يَفترون
Fatara ...... فَتر 415

Yaftarûna يفترون
Fariya ...... فرَى 425

Yaftinû يَفتنوا
Fatana ..... فتَنَ 416

Yaftinûna يَفتنون
Fatana ..... فتَنَ 416

Yaftadî يَفتدي
Fada فَدى 419

Yaftadû يَفتدوا
Fada .... فَدى 419

Yaftahu يفتح
Fataha ..... فَتَح 415

Yaftananna يَفتَننّ
Fatana ..... فتَنَ 416

Yaftarî يفتري
Fariya ...... فرَى 425

Yafjura يفجر
Fajara ...... فَجَرَ 418

Yafirru يفِرّ
Farra .... فرّ 421

Yafrahu يَفرحُ
Fariha ...... فرِح 420

Yafrahû يَفرحوا
Fariha ...... فرِح 420

Yafrahûna يَفرحون
Fariha ..... فرِح 420

Yafraqûna يَفرقون
Faraqa ..... فَرَق 423

Yafrutu يَفرُط
Farata ...... فَرط 422

Yafsahi يَفسح
Fasaha .... فَسَحَ 426

Yafsiqûna يَفسقُون
Fasaqa .... فَسَق 427

Yafsilu يَفِصل
Fasala ..... فَصلَ 428

Yaf'al يَفعَل
Fa'ala ...... فَعل 431

Yaf'alu يَفعَلُ
Fa'ala فَعل 431

Yaf'alûna يَفعَلون
Fa'ala فَعل 431

Yafqahû يَفقهوا
Faqiha فَقهَ 432

Yafqahûna يَفقهون
Faqiha فَقهَ 432

يَق (Ya-q)

Yâqût ياقوت
Yâqût ...... ياقوت 627

Yaqbalu يَقبلُ
Qabila ...... قَبِل 440

Yaqbidzna يَقبِضنا
Qabadza . قَبضَ 440

Yaqbidzû يَقبضوا
Qabadza . قَبَضَ 440

Yaqbidzûna يَقبضون
Qabadza . قَبضَ 440

Yaqtarifu يَقترف
Qarafa ..... قَرَفَ 452

Yaqtarifû يَقترفوا
Qarafa ..... قَرَفَ 452
Yaqtarifûna يَقترفون
Qarafa ..... قَرَفَ 452
Yaqtatilani يَقتتلان
Qatala ...... قَتَلَ 442
Yaqtul يَقتُل
Qatala ..... قَتَلَ 442
Yaqtula يَقْتُل
Qatala ..... قَتَلَ 442
Yaqtulna يقتلنَ
Qatala قَتَلَ 442
Yaqtulûn يقتلون
Qatala قَتَلَ 442
Yaqturû يَقتروا
Qatara ..... قَتَرَ 441
Yaqdiru يَقدر
Qadara .... قَدَرَ 444
Yaqdirûna يَقدرون
Qadara .... قَدَرَ 444
Yaqdumu يَقدم
Qadama .. قدم 446
Yaqdhifu يقذف
Qadhafa ... قَذَفَ 448
Yaqdhifûna يَقذفون
Qadhafa ... قَذَفَ 448
Yaqrabû يَقربوا
Qariba ..... قرَبَ 449
Yaqra'ûna يَقرَءُون
Qara'a ..... قرأ 448
Yaqsimûna يَقسمون
Qasama ... قسَمَ 454
Yaqussu يقصّ
Qassa ...... قصّ 456
Yaqussûna يَقصّون
Qassa ...... قَصّ 456
Yaqdzi يقض
Qadzâ ..... قَضٰى 458
Yaqdzî يقضى
Qadzâ ..... قَضٰى 458
Yaqdzûna يَقضُون
Qadzâ ..... قَضٰى 458
Yaqt'a يَقطع
Qata'a...... قَطعَ 459
Yaqta'a يَقطع
Qata'a...... قَطعَ 459
Yaqta'ûna يَقطعون
Qata'a...... قَطعَ 459
Yaqtîn يَقطين
Yaqtîn ...... يَقطين 627
Yaqul يَقل
Qâla قال 469
Yaqnatu يَقنط
Qanata .... قَنَطَ 467
Yaqnatûna يَقنطون
Qanata .... قَنَطَ 467
Yaqnut يَقنُت
Qanata قَنَتَ 467
Yaqûla يقولَ
Qâla قال 469
Yaqûlâ يقولا
Qâla........ قالَ 469
Yaqûlanna يقولنّ
Qâla........ قال 469
Yaqûlu يُقولُ
Qâla........ قالَ 469
Yaqûmâni يقومان
Qâma قام 471
Yaqûmu يقوم
Qâma قام 471

Yaqûman يقومًا
Qâma قام 471

Yaqîmûna يقيمون
Qâma قام 471

Yaqîn يقين
Yaqina .....يقِن............ 627

Yaqînan يقينًا
Yaqina ..... يقِن........... 627

Yaqînun يقين
Yaqina .....يقِن............ 627

يَك (Ya-k)

Yaku يَكُ
Kâna ....كانَ............ 500

Yakad يكد
Kâda كادَ 499

Yakâdu يَكادُ
Kâda كادَ 499

Yakâdûna يَكادُون
Kâda كادَ 499

Yakbarû يكبروا
Kabura ..... كَبُرَ 476

Yakbit يَكبت
Kabata ..... كبَت 476

Yakburu يكبُر
Kabura ..... كَبُرَ 476

Yaktabu يَكتب
Kataba .....كَتَبَ............ 478

Yaktub يَكتُب
Kataba ..... كَتَبَ 478

Yaktubûna يَكتبون
Kataba ..... كَتَبَ 478

Yaktumna يَكتمن
Katama ... كَتَمَ 479

Yaktumu يَكتم
Katama .... كَتَمَ 479

Yaktumûna يَكتمون
Katama ... كَتَمَ 479

Yak<u>dh</u>ibûna يكذبون
Ka<u>dh</u>aba .. كَذَبَ 481

Yakrahûna يَكرهون
Karaha ..... كَرِهَ 484

Yaksibu يَكسب
Kasaba .... كَسَبَ 485

Yaksibûna يَكسبون
Kasaba .... كَسَبَ 485

Yakshifu يَكشف
Kashafa ... كَشَفَ 486

Yakfi يَكفي
Kafâ .... كَفٰى 493

Yakfulu يكفل
Kafala ...... كَفَلَ 492

Yakfulûna يكفلون
Kafala ...... كَفَلَ 492

Yakfuru يكفر
Kafara ...... كَفَرَ 489

Yakfurûna يكفرون
Kafara ...... كَفَرَ 489

Yakuffu يكُفّ
Kaffa .... كَفّ 491

Yakuffûna يكُفّون
Kaffa .... كَفّ 491

Yakla'u يَكلؤ
Kala'a ...... كَلأَ 493

Yaknizûna يَكنزون
Kanaza .... كَنَزَ 497

Yakun يَكن
Kâna كانَ 500

Yakûna يكون
Kâna كانَ 500

Yakûnâ يكونَا
Kâna كَانَ 500

Yakûnan يكونا
Kâna كَانَ 500

Yakûnu يكُونَ
Kâna كَانَ 500

Yakûnû يكونوا
Kâna كَانَ 500

Yakûnûna يكونون
Kâna كَانَ 500

Yakûnunna يكونن
Kâna كَانَ 500

Yakîdûna يكيدون
Kâda .... كاد 499

يَل (Ya-l)

Ya'lûna يألون
Alâ .... الا 26

Yalbasûna يَلبسون
Labisa ..... لبس 507

Yalbathû يَلبثُو
Labitha .... لبث.......... 507

Yalbathûna يَلبثُونَ
Labitha .... لبث.......... 507

Yalbisu يلبسُ
Labisa ..... لبس 507

Yalit يلت
Lâta .... لاَت........... 520
Walata .....ولت 620

Yaltafit يلتفت
Lafata ...... لَفَتَ........... 513

Yaltaqitu يَلتقط
Laqata .....لَقَطَ 514

Yaltaqiyân يَلتقيان
Laqiya...... لقيَ 516

Yaliju يلج
Walaja...... ولَج 620

Yalhaqû يَلحَقوا
Lahiqa .....لَحق 508

Yalid يلد
Walada .... ولَد 620

Yalidû يلدوا
Walada.... ولَد 620

Yal'ab يَلعَب
La'iba....... لَعبَ 511

Yal'abû يَلعَبوا
La'iba ...... لعبَ........... 511

Yal'abûna يَلعَبُون
La'iba ...... لعبَ........... 511

Yala'nu يَلعَن
La'ana .....لعن............. 512

Yalfizu يَلفظ
Lafaza ..... لَفَظَ........... 513

Yalqa يَلق
Laqiya......لَقيَ........... 516

Yalqâ يلقّٰى
Laqiya ..... لَقيَ 516

Yalqauna يلقون
Laqiya ..... لَقيَ........... 516

Yalmizu يَلمز
Lamaza ... لَمَزَ 518

Yalmizûna يَلمزون
Lamaza ... لَمَزَ 518

Yalûna يَلون
Waliya..... ولى........... 621

Yalwûna يلوون
Lawâ........ لوىٰ........... 522

Yalhath يَلهث
Lahatha ... لَهَثَ 519

Yalhi يَله
Lahâ .... لَها 519

يَم (Ya-m)

Ya'manu يأمن
Amina ...... أمن 33

Ya'manû يأمنوا
Amina ...... أمن 33

Yamut يمُت
Mâta .... مات 545

Yamtarûn يَمتَرون
Mara .... مَرى 531

Yamassan يمسًّا
Massa ..... مَسّ 534

Yamassu يمسّ
Massa ..... مسّ 534

Yamdud يمدُد
Madda ..... مدّ 528

Yamuddu يَمُدّ
Madda ..... مدّ 528

Yamuddûna يمُدّون
Madda ..... مدّ 528

Yamhaqu يمحَق
Ma<u>h</u>aqa ... مَحَق 527

Yam<u>h</u>u يمح
Ma<u>h</u>â .... محا 527

Yam<u>h</u>û يَمحوا
Ma<u>h</u>â .... محا 527

Yamurrûna يَمُرّون
Marra .... مرّ 530

Yamsas يمسس
Massa ..... مّس 534

Yamshî يمشي
Mashâ ..... مَشٰى 535

Yamshûna يَمشُون
Mashâ ...... مَشٰى 535

Yamkurû يمكروا
Makara .... مَكَر 538

Yamkuru يمكُر
Makara .... مَكَر 538

Yamku<u>th</u>u يَمكث
Maka<u>th</u>a .. مَكَث 537

Yamliku يَملكُ
Malaka ..... مَلك 540

Yamlikûna يَملِكُون
Malaka ..... مَلك 540

Yamm يَمّ
Yumma ..... يُمّ 627

Yamunnu يَمنّ
Manna ..... مَنّ 543

Yamunnûna يَمنّون
Manna ..... مَنّ 543

Yamûju يَمُوج
Mâja .... ماج 546

Yamûtû يموتوا
Mâta .... مات 545

Yamûtu يموُت
Mâta .... مات 545

Yamutûna يموتون
Mâta .... مات 545

Yamhadûna يَمهَدون
Mahada ... مَهَدَ 544

Yamîlûna يميلون
Mâla .... مَال 548

Yamînun يمين
Yamana ... يَمَن 628

Yamîza يميز
Mâza .... مازَ 548

يَن (Ya-n)

Yanâbî' يَنابِيع
Naba'a ..... نَبع 551

Yanâlu ينال
Nâla .... نَال 583

Yanâlû ينالوا
Nâla .... نال 583

Yanalûna ينالون
Nâla .... نال 583

Yanauna يَنؤن
Na'a .... نأى 549

Yanbaghî ينبغي
Baghâ ...... بَغٰى 58

Yanbû'an يَنبُوعًا
Naba'a ..... نَبع.................. 551

Yantahi ينتَهي
Nahâ ....نهٰى 580

Yantahûna ينتهون
Nahâ ....نهٰى............ 580

Yantaqumu يَنتَقِمُ
Naqama ... نَقَمَ............ 576

Yantasirûna يَنتَصِرُون
Nasara ..... نصَر............ 565

Yantaziru ينتظر
Nazara ..... نظَرَ 568

Yanhatûna يَنحتون
Nahata ..... نحَتَ 555

Yanzaghanna يَنزغن
Nazagha . نَزَغَ 558

Yanzaghu يَنزغ
Nazagha .. نَزَغ............ 558

Yanzilu يَنزل
Nazala ..... نَزَلَ 559

Yanzi'u يَنزع
Naza'a ..... نَزَعَ 558

Yansâ يَنسىٰ
Nasiya ..... نَسيَ 562

Yansakhu يَنسخ
Nasakha .. نَسخَ 561

Yanshuru يَنشُرُ
Nashara ... نَشَرَ 563

Yansifu ينسف
Nasafa ..... نَسَفَ 561

Yansilûna يَنسلون
Nasala ..... نَسَلَ.......... 562

Yansur يَنصُر
Nasara ..... نَصَرَ 565

Yansuru يَنصُرُ
Nasara ..... نَصَرَ.......... 565

Yansuranna يَنصُرن
Nasara ..... نَصَرَ.......... 565

Yansuru يَنصرُ
Nasara ..... نَصَرَ.......... 565

Yansurûn يَنصُرون
Nasara ..... نَصَرَ.......... 565

Yantaliqu يَنطلِقُ
Talaqa ...... طَلَقَ............ 341

Yantiqu يَنطق
Nataqa ..... نَطَقَ.......... 567

Yantiqûna يَنطقون
Nataqa ..... نَطَقَ.......... 567

Yanzuru يَنظُر
Nazara ..... نَظَرَ.......... 568

Yanzurû يَنظروا
Nazara ..... نَظَرَ.......... 568

Yanzurûna يَنظرون
Nazara ..... نَظَرَ 568

Yana'a يَنع
Yana'a ..... يَنع 627

Yanfadu يَنفَد
Nafida ...... نَفِدَ 571

Yanfadzdzû يَنفضّوا
Fadzdza .. فَضّ 429

Yanfa'u يَنفع
Nafa'a ...... نَفَعَ 573

Yanfa'ûna يَنفَعون
Nafa'a ...... نَفَعَ 573

Yanfirû يَنفِروا
Nafara ...... نَفَرَ 571

Yanqusû يَنقُصُوا
Naqasa .... نَقَص 575

Yanqusûna ينقُصُون
Naqasa .... نَقَص 575

Yanqadzdza يَنقضّ
Qadzdza . قَضّ 457

Yanqalib يَنقلب
Qalaba ..... قَلَبَ 464

Yanqalibû يَنقلبوا
Qalaba ..... قَلَبَ 464

Yanqalibu يَنقلِب
Qalaba ..... قَلَبَ 464

Yanqalibûna يَنقلبون
Qalaba ..... قَلَبَ 464

Yanqudzûna يَنقُضون
Naqadza .. نَقَضَ 575

Yankuthu يَنكُثُ
Naka<u>th</u>a ... نَكَثَ 576

Yankuthûna يَنكثون
Naka<u>th</u>a ... نَكَثَ 576

Yankih ينكِح
Nakaha .... نَكَحَ 577

Yankihu يَنكح
Nakaha .... نَكَحَ 577

Yankihna يَنكِحن
Nakaha .. نَكَحَ 577

يَه (Ya-h)

Yahabu يَهب
Wahaba ... وَهَب 622

Yahbitu يَهبطُ
Habata ..... هَبط 585

Yahtadî يَهتدي
Hada .... هَدَى 588

Yahtadû يهتدوا
Hada .... هَدَى 588

Yahtadûna يهتدون
Hada .... هَدَى 588

Yahdi يهد
Hada .... هَدَى 588

Yahdûna يَهدون
Hada .... هَدَى 588

Yahdî يَهدِي
Hada .... هَدَى 588

Yahiddî يهدّي
Hada .... هَدَى 588

Yahj'aûna يَهجعون
Haja'a ...... هَجَع 586

Yahlika يَهلك
Halaka ..... هَلَك 592

Yahûdî يهُودي
Hâda .... هاد 596

Yahûdiyyan يهوديًا
Hâda .... هاد 596

Yahîju يَهيج
Hâja .... هاج 598

Yahîmûn يَهيمون
Hâma .... هام 598

يو (Ya-w)

Yawmayn يَومين
Yawima ... يوم 628

Yawman يَومًا
Yawima ... يَوم 628

Yawaddû يَودّوا
Wadd ...... ودّ 604

Yawaddu يَودّ
Wadd ...... ودّ 604

Yai'asu يايئَسُ
Yaisa .... يئَس 624

(Yu-) يُ

يُب (Yu-b)

Yubâyi'una يُبايعنِ
Bâ'a .... باعَ 70
Yubâyi'ûna يُبايعون
Bâ'a .... باع 70
Yubattikanna يُبتّكنّ
Bataka ..... بتك 42
Yubaddilu يُبدّل
Badala ..... بَدَلَ 45
Yubash-shiru يُبشّرُ
Bashara ... بَشَرَ 52
Yub'athûna يُبعثونَ
Ba'a<u>th</u>a .... بَعَثَ 56
Yubdi يُبد
Badawa ... بَدَوَ 45
Yubdilu يُبدِلُ
Badala ..... بَدَلَ 45
Yubdîna يُبدِينَ
Badawa ... بدو 45
Yubdi'u يُبدئ
Bada'a ..... بَدَأَ 44
Yubdiyu يبدِي
Badawa ... بدو 45
Yubdûna يُبدونَ
Badawa ... بَدَوَ 45
Yub<u>s</u>iru يُبصِرُ
Ba<u>s</u>ura ..... بَصر 53
Yub<u>s</u>irûna يُبصِرونَ
Ba<u>s</u>ura ..... بصر 53
Yuba<u>ss</u>arûna يبصّرون
Ba<u>s</u>ura ..... بَصُرَ 53
Yub<u>t</u>ilu يبطِلُ
Ba<u>t</u>ala ...... بَطَلَ 55
Yuba<u>tt</u>i'anna يُبطئنّ
Ba<u>t</u>u'a ...... بطؤ 54
Yuballi<u>gh</u>ûna يبلّغون
Bala<u>gh</u>a ... بَلَغَ 63
Yublisu يُبلِسُ
Balasa ..... بَلَسَ 62
Yubliya يبلِيَ
Balâ' .... بلاء 64
Yubayyinu يبيّنُ
Bâna .... بَانَ 70
Yubayyinunna يُبيّننّ
Bâna .... بَان 70
Yubînu يُبينُ
Bâna .... بَان 70

يُت (Yu-t)

Yutbi'ûna يُتبِعونَ
Tabi'a .... تَبِعَ 73
Yutajannabu يُتجنّبُ
Janaba ..... جَنَبَ 102
Yuta<u>kh</u>a<u>tt</u>afu يُتخطّف
<u>Kh</u>a<u>t</u>ifa ..... خَطِفَ 158
Yutraku يُترك
Taraka ..... تَرَكَ 75
Yutrakû يُتركوا
Taraka ..... تَرَكَ 75
Yutaqabbal يُتقبّل
Qabila ..... قَبِلَ 441
Yutlâ يتلى
Tala .... تلا 76
Yutimmu يتمّ
Tamma ..... تَمّ 77

Yutawaffâ يُتوفّٰى
Wafa .... وفَى 615

Yutawaffawna يُتوفَّوْنَ
Wafa .... وفَى 615

Yutawakkal يُتوكّل
Wakala .... وكل 620

Yutawallû يُتولّوا
Waliya ...... ولى 621

يُث (Yu-th)

Yuthabbitu يُثبّتُ
Thabata ... ثَبتَ 80

Yuthbitu يُثبِتُ
Thabata ... ثَبتَ 80

Yuthkhina يثخن
Thakhuna . ثَخنَ 81

Yû'thirûna يوءثرون
Athara ..... اثرّ 10

Yûthiqu يوثِق
Wathaqa . وثَق 601

يُج (Yu-j)

Yujâdilu يُجادلُ
Jadala ...... جَدَلَ 94

Yujâdilû يجادلوْا
Jadala ...... جَدَلَ 94

Yujâhidu يجاهدُ
Jahada ..... جَهَدَ 106

Yujâru يجارُ
Jâra .... جارَ 109

Yujâwirûna يجاورون
Jâra ..... جار 109

Yujib يُجب
Jâba .... جابَ 108

Yujba يُجبىٰ
Jabâ .... جبا 92

Yujtannibu يجتنبُ
Janaba .... جَنَبَ 102

Yujir يُجر
Jâra .... جارَ 109

Yujzauna يجزونَ
Jazaya ..... جَزَيَ 97

Yujallî يجلّي
Jalla .... جلّ 100

Yujîbu يجيبُ
Jâba .... جابَ 108

Yujîru يُجيرُ
Jâra .... جارَ 109

يُح (Yu-h)

Yuhâddu يحادُّ
Hadda ...... حَدّ 116

Yuhâddûna يحادونَ
Hadda ...... حَدّ 116

Yuhâfizûna يحافظونَ
Hafiza ...... حَفِظَ 129

Yuhâjjûna يُحآجونَ
Hajja .... حجّ 113

Yuhâsabu يُحاسَبُ
Hasiba ..... حَسِبَ 122

Yuhâsibu يُحاسبُ
Hasiba ..... حَسِبَ 122

Yuhâtu يُحاطُ
Hâta .... حاطَ 141

Yuhâwiru يُحاوِرُ
Hâra .... حارَ 140

Yuhbarûna يحبرونَ
Habara ..... حبر 112

Yuhbib يُحبب
Habba ...... حَبّ 111

Yuhibbu يحبّ
Habba ...... حَبَّ 111

Yuhibbûn يُحبّونَ
Habba ...... حَبَّ 111

Yuhbitu يُحبِطُ
Habata ..... حَبَطَ 112

Yuhdithu يحدثُ
Hadatha ... حَدَثَ 115

Yuhadhdhiru يَحذّرُ
Hadhira .... حَذِرَ 116

Yuharrifûn يُحرّفونَ
Harafa ...... حَرَفَ 119

Yuharrimûna يُحرّمونَ
Harama .... حَرَمَ 120

Yuhsinûna يحسنونَ
Hasuna .... حَسُنَ 124

Yuhsharû يحشروا
Hashara ... حَشَرَ 124

Yuhsharu يحشرُ
Hashara ... حَشَرَ 124

Yuhsharûna يحشرونَ
Hashara ... حَشَرَ 124

Yuhfi يُحفى
Hafiya ...... حَفِيَ 130

Yuhakkimûna يُحكّمون
Hakama ... حَكَمَ........... 131

Yuhillu يُحِلّ
Halla .... حَلَّ........... 133

Yuhillû يُحِلّوا
Halla .... حَلَّ 133

Yuhillûna يحللوا
Halla .... حَلَّ 133

Yuhallauna يُحلّونَ
Haliya .... حَلِيَ 134

Yuhmâ يُحْمىٰ
Hama .... حمىَ 138

Yuhmadûna يُحمدوا
Hamida .... حَمِدَ 135

Yuhmalu يُحْملُ
Hamala .... حَمَلَ 136

Yuhyî يُحي
Hayya ...... حيّ 144

Yuhîtûna يحيطُ
Hâta .... حاطَ 141

يُخ (Yu-kh)

Yukhâdi'ûna يخادعون
Khada'a ... خَدَعَ 149

Yukhâlifûna يخالفون
Khalafa .... خَلَفَ 162

Yukhrajûna يُخْرَجُونَ
Kharaja .... خَرَجَ 150

Yukhribûna يُخرِبُونَ
Khariba .... خَرِبَ 149

Yukhrijanna يُخرِجَنّ
Kharaja .... خَرَجَ 150

Yukhriju يُخْرِجُ
Kharaja .... خَرَجَ 150

Yukhrijûna يُخرِجُونَ
Kharaja .... خَرَجَ 150

Yukhzî يُخْزِي
Khaziya ... خَزِيَ 152

Yukhsurûna يخسرون
Khasira .... خَسِرَ 153

Yukhaffafu يخفّف
Khaffa ...... خفّ 159

Yukhaffifu يخفّف
Khaffa ...... خفّ 159

Yukhfîna يخفين
Khafiya .... خَفِيَ 159

Yukhlifa يَخلِفَ
Khalafa .... خَلَفَ 162

Yukhlifu يُخلِفُ
Khalafa .... خَلَفَ 162

Yukhlaq يَخلق
Khalaqa ... خَلَقَ 163

Yukhlaqûna يَخلقون
Khalaqa ... خَلَقَ 163

Yukhawwifu يَخوِّف
Khâfa .... خافَ 167

Yakhûnû يَخونوا
Khâna ...... خانَ 169

Yukhayyalu يُخيَّل
Khâla .... خالَ 171

يُد (Yu-d)

Yudâfi'u يُدافعُ
Dafa'a ...... دَفَعَ 180

Yudabbiru يُدبِّرُ
Dabara ..... دبر 172

Yudhidzû يُدحِضوا
Dahadza .. دَحَضَ 173

Yudkhalu يُدخَلُ
Dakhala ... دَخَلَ 174

Yudkhilu يُدخِلُ
Dahkhala . دَخَلَ 174

Yudrîka يُدريكَ
Darâ .... درى 177

Yudriku يُدرِكَ
Daraka ..... دَرَكَ 177

Yud'â يُدعى
Da'â .... دَعا 178

Yud'auna يُدعونَ
Da'â .... دَعا 178

Yudnîna يُدنين
Danâ .... دنا 182

Yudhinûna يدهنون
Dahana .... دهَنَ 183

يُذ (Yu-dh)

Yudhabbihu يذبّح
Dhabaha .. ذبح 187

Yudhabbihûna يذبحون
Dhabaha .. ذَبَحَ 187

Yudhakru يُذكرُ
Dhakara ... ذَكَرَ 189

Yudhîqu يذيق
Dhâqa ...... ذاق 194

Yudhhiba يُذهِبَ
Dhahaba .. ذَهَبَ 192

Yudhhibanna يذهبنّ
Dhahaba .. ذَهَبَ 192

Yudhhibna يُذهِبنِ
Dhahaba .. ذَهَبَ 192

يُر (Yu-r)

Yurâdu يرادُ
Râda .... رادَ 226

Yurâ'ûna يُراؤون
Ra'a .... راى 196

Yurbî يربي
Rabâ .... ربا 200

Yurja'u يرجعُ
Raja'a رجع 202

Yurja'ûn يرجعونَ
Raja'a رَجَعَ 202

Yurid يُرد
Râda .... رادَ 225

Yuridna يُردْنَ
Râda رادَ 225

Yuridni يُردْنِ
Râda رادَ 225

Yurdû يردوْا
Radiya ..... رَدِيَ 208

Yuraddûna يُرَدّوْنِ
Radda ...... رَدّ 207

Yursalu يُرسَلُ
Rasila ...... رَسِلَ 210

Yursilu يرسل
Rasila ...... رَسِلَ 210

Yursilu يُرسِلُ
Rasila ...... رَسِلَ 210

Yurdzi'na يرضِعن
Radza'a ... رَضَعَ 213

Yurdzûna يُرضُونَ
Radziya ... رَضِيَ 213

Yurzaqûna يُرزَقُوْنَ
Razaqa .... رَزَقَ 209

Yurau يُرَوْ
Ra'a .... رأى 196

Yurhiqu يُرهِقُ
Rahiqa ..... رَهِقَ 224

Yuriya يُرِىَ
Ra'a .... رأى 196

Yurî يُرِيَ
Ra'a .... رأى 196

Yurîdâ يُريدا
Râda .... رَادَ 225

Yurîdâni يُريدانِ
Râda .... رَادَ 225

Yurîdu يُرِيدُ
Râda رَادَ 225

Yurîdûna يُرِيدُون
Râda رَادَ 226

يُز (Yu-z)

Yuzjî يُزجِي
Zaja .... زجى 229

Yuzliqûna يزلقون
Zalaqa ..... زَلَقَ 234

Yuzakkî يُزكّي
Zakâ .... زكى 233

Yuzakkûna يزكّون
Zakâ .... زكى 233

Yuzawwiju يُزوّجُ
Zâja .... زَاجَ 237

يُس (Yu-s)

Yus'alu يُسئلُ
Sa'ala ...... سألَ 242

Yus'alûna يسئلُونَ
Sa'ala ...... سألَ 242

Yus'alunna يُسئلنّ
Sa'ala ...... سألَ 242

Yusâqûna يساقُون
Sâqa .... ساقَ 279

Yusâri'ûn يسارِعون
Saru'a ...... سَرُعَ 256

Yusabbihna يسبحنِ
Sabaha .... سَبَحَ 244

Yusabbihûna يسبّحونَ
Sabaha .... سَبَحَ 244

Yusabihu يسبّح
Sabaha .... سَبَحَ 244

Yustadz'afûna يستضعفُون
Dza'afa ضَعَفَ 331

Yusta'tabûna يستعتبُون
'Ataba عَتَبَ 357

Yusjana يُسجَنَ
Sajana ...... سَجَنَ 249

Yusjananna يسجَننّ
Sajana ...... سَجَنَ 249

Yusjarûna يسجرون
Sajara ...... سَجَرَ 249

Yushitu يسحت
Sahata ..... سَحَتَ 250

Yusr يسر
Yasara ..... يَسَرَ 626

Yusrâ يسرىٰ
Yasara ..... يَسَرَ 626

Yusirrûna يسِرّون
Sarra .... سَرَّ 255

Yusrif يسرف
Sarafa ...... سَرَفَ 256

Yusrifû يسرفوا
Sarafa ...... سَرَفَ 256

Yusallimû يُسَلِّموا
Salima ..... سَلِمَ 267

Yusallitu يُسَلِّطُ
Saluta ...... سَلَطَ 265

Yuslimû يسلِمُوا
Salima ..... سَلِمَ 267

Yuslimûna يسلمُون
Salima ..... سَلِمَ 267

Yusminu يسمِنُ
Samina .... سَمِنَ 272

Yusma'u يَسمَعُ
Sami'a ..... سمعَ 270

Yusammûna يسمّون
Samâ .... سَما 272

Yusqauna يسقَوْن
Saqa .... سَقَى 262

Yuskinu يُسكِن
Sakana .... سَكَن 264

Yustahza'u يستَهزءُ
Haza'a هَزَءَ 590

Yusayyiru يسيّر
Sâra .... سار 281

يُش (Yu-sh)

Yushâqiqu يُشاقِقُ
Shaqqa .... شَقَّ 295

Yushrak يُشرك
Sharika .... شَرِكَ 288

Yushraka يَشرِكَ
Sharika .... شَرِكَ 288

Yushrikna يُشرِكن
Sharika .... شَرِكَ 288

Yushrikûna يُشرِكُون
Sharika .... شَرِكَ 288

Yush'ir يَشعِر
Sha'ara ... شَعَرَ 291

Yush'iranna يشعِرنّ
Sha'ara ... شَعَرَ 291

Yushaqqaqu يشقّقُ
Shaqqa .... شَقّ 295

Yushhidu يشهِدُ
Shahida ... شَهِدَ 299

يُص (Yu-s)

Yusabbu يُصبّ
Sabb .... صَبّ 304

Yusib يُصِب
Sâba .... صابَ 323

Yusbiha يصبِحَ
Sabaha صَبَحَ 304

Yusbihû يصبِحُوا
Sabaha صَبَحَ 304

Yusbihunna يصبحنّ
Sabaha صَبَحَ 304

Yushabûna يصحبُون
Sahiba ..... صَحِبَ 307

Yusaddiqu يُصدِّقُ
Sadaqa ... صدَقَ 310

Yusaddiqûna يَصدِّقون
Sadaqa .... صَدَقَ 310

Yusadda'ûn يُصَدِّعُون
Sada'a ..... صَدَعَ 309

Yusdiru يُصدِر
Sadara ..... صَدَرَ 309

Yusirru يصِرّ
Sarra .... صَرّ 313

Yusirrûna يُصِرّون
Sarra .... صر 313

Yusraf يُصرَف
Sarafa ...... صَرَفَ 314

Yusrafûna يُصرفُون
Sarafa ...... صَرَفَ 314

Yus'aqûna يصْعَقُون
Sa'iqa ...... صَعِقَ 315

Yusallabû يُصلّبُوا
Salaba ..... صَلَبَ 318

Yusallî يصلِّي
Salâ .... صلا 320

Yusallû يصلّوا
Salâ .... صلا 320

Yusallûna يصلّون
Salâ .... صلا 320

Yuslihâ يصلِحَا
Salaha ..... صَلَحَ 318

Yuslihu يصلِحُ
Salaha ..... صَلَحَ 318

Yuslihûna يصلحُون
Salaha ..... صَلَحَ 318

Yuslabu يُصلبُ
Salaba ..... صَلَبَ 318

Yusawwiru يُصَوِّر
Sawwara . صوّر 325

Yusharu يُصهَرُ
Sahara ..... صَهَرَ 323

Yusîbu يُصِيبُ
Sâba .... صابَ 323

Yusîba يصِيبَ
Sâba .... صابَ 323

يُض (Yu-dz)

Yudzâ'afu يضٰعفُ
Dza'afa .... ضَعفَ 331

Yudzâhiûna يُضاهِيُونَ
Dzahiya ... ضَهِيَ 334

Yudzâ'ifu يُضٰعِفُ
Dza'afa .... ضَعفَ 331

Yudzârra يضارّ
Dzarra ...... ضَرّ 329

Yudzillu يُضِلّ
Dzalla ...... ضَلّ 333

Yudzillûna يُضِلّون
Dzalla ...... ضَلّ 333

Yudzlil يُضلِل
Dzalla ...... ضَلّ 333

Yudzî'u يضِيع
Dzâ'a .... ضاعَ 335

Yudzî'u يُضِيؤُ
Dzâ'a .... ضاءَ 334

يُط (Yu-t)

Yutâ'u يُطاعُ
Tâ'a .... طاعَ 345

Yutâfu يطافُ
Tâfa .... طافَ 346

Yuti' يُطع
Tâ'a .... طاعَ 345

Yut'imu يُطعِم
Ta'ima ...... طعِم 338

Yut'imûna يُطعِمُونَ
Ta'ima ...... طَعِمَ 338

Yut'imûni يُطعِمُونِ
Ta'ima ...... طَعِمَ 338

Yutfi'û يُطفئوا
Tafiya .... طَفِيَ 340

Yutawwafu يطَوّفُ
Tâfa .... طافَ 346

Yutawwaqûna يُطوّقُونَ
Tâqa .... طاقَ 347

Yutîqûna يطيقُون
Tâqa .... طَاقَ 347

Yutî'u يُطِيعُ
Tâ'a .... طاعَ 345

Yutî'ûna يُطيعُون
Tâ'a ...... طَاعَ 345

يُظ (Yu-z)

Yuzâhirû يُظاهِرُوا
Zahara ..... ظَهَرَ 353

Yuzâhirûna يظاهِرُون
Zahara ..... ظَهَرَ 353

Yu'zim يعظم
'Azama .... عَظم 378

Yuzlamûna يُظلَمُون
Zalama .... ظَلَمَ 351

Yuzlamunâ يُظلَمُنا
Zalama .... ظلَمَ 351

Yuzhiru يُظهِرُ
Zahara ..... ظهَرَ 353

يُع (Yu-')

Yu'badûna يعبدُونِ
'Abada ..... عبَدَ 355

Yu'jibu يُعجِبُ
'Ajiba .... عَجِبَ 358

Yu'jizûna يُعجِزُون
'Ajaza ...... عَجزَ 359

Yu'adhdhaba يُعذّبَ
'Adhuba ... عَذُبَ 363

Yu'adhdhib يُعذّبِ
'Adhuba ... عَذُبَ 363

Yu'ridzu يعرض
'Aradza .... عَرَضَ 366

Yu'radzu يعرض
'Aradza .. عَرَضَ 366

Yu'radzûna يعرضون
'Aradza .... عَرَضَ 366

Yu'rafna يعرفن
'Arafa ...... عَرَفَ 367

Yu'tau يُعطَو
'Atâ .... عطا 378

Yu'tû يُعطوا
'Atâ .... عَطا 378

Yu'azzim يعظّم
'Azama .... عَظم 378

Yu'aqqib يُعقّب
'Aqaba ..... عَقَبَ 380

Yu'lama يُعلم
'Alama ..... عَلم 383

Yu'allimu يُعلّم
'Alama ..... عَلم 383

Yu'allimûna يُعلّمون
'Alama ..... عَلم 383

Yu'linûna يعلنون
'Alana ...... علن 385

Yu'ammar يعمّر
'Amara ..... عَمَرَ 387

Yu'ûdûna يُعودون
'Âda .... عادَ 392

Yu'îdû يُعِيدُو
'Åda .... عاَد 392

Yu'îdu يعيدُ
'Åda .... عاَد 392

يُغ (Yu-gh)

Yughâtha يغاث
Ghâtha .... غاث 413

Yughâthû يُغاثُوا
Ghâtha .... غاث 413

Yughâthu يُغَاثُوا
Ghâtha .... غاث 411

Yughâdiru يغادر
Ghadara .. غَدَر 399

Yughriqu يُغرق
Ghariqa ... غرق 401

Yughshâ يغشٰى
Ghashiya . غَشَى 403

Yughshî يُغِشي
Ghashiya . غشى 403

Yughfaru يُغَفر
Ghafara .... غفر 405

Yughlabûna يُغلبون
Ghalaba ... غَلَب 407

Yughulla يُغلّ
Ghalla ...... غلّ 408

Yughnî يُغني
Ghaniya ... غَنِى 410

Yughniya يُغنِيَ
Ghaniya ... غَنِى 410

Yughni يُغنى
Ghaniya ... غَنِىَ 410

Yughnû يغنوا
Ghaniya ... غَنِىَ 410

Yughwî يغِوي
Ghawa ..... غوَى 412

Yughayyirû يغيّروا
Ghâra ...... غاَر 413

Yughayyiru يغيّر
Ghâra ...... غاَر 413

Yughayyirûna يغيّرون
Ghâra ...... غاَر 413

Yughîzu يغيظ
Ghâza ...... غاظ 413

يُف (Yu-f)

Yufattrun يُفتر
Fatara ...... فتر 415

Yuftanûna يُفتَنون
Fatana ..... فتنَ 416

Yuftara يفترى
Fariya ...... فرَى 425

Yuftî يُفتى
Fatiya ...... فَتىَ 417

Yufajjirûna يفجّرون
Fajara ...... فجَر 418

Yufarriqû يفرّقوا
Faraqa ..... فَرَق 423

Yufarriqûna يفرّقون
Faraqa ..... فَرَق 423

Yufarritûna يفرّطون
Farata ...... فرط 422

Yufraqu يفرق
Faraqa ..... فَرَق 423

Yufsidu يفسد
Fasada .... فَسَدَ 426

Yufsidûna يفسدون
Fasada .... فَسَدَ 426

Yufassilu يفصّل
Fasala ..... فصَلَ 428

Yuf'alu يفعَل
Fa'ala ...... فَعل 431

Yuflihu يفلح
Falaha ..... فَلَحَ 433

Yuflihûna يفلحون
Falaha ..... فَلَحَ 433

يُق (Yu-q)

Yuqâtalûna يُقاتلون
Qatala قَتَلَ 442

Yuqâtilu يُقاتل
Qatala قَتَلَ 442

Yuqâtilû يقاتلوا
Qatala ...... قَتَلَ 442

Yuqâtilûna يُقاتلون
Qatala ...... قَتَلَ 442

Yuqbalu يقبَل
Qabila ...... قَبلَ 440

Yuqattilû يقَتّلوا
Qatala ...... قَتَلَ 442

Yuqattilûna يقتّلون
Qatala ...... قَتَلَ 442

Yuqtalu يُقتلُ
Qatala ...... قَتَلَ 442

Yuqtal يُقتل
Qatala ..... قَتَلَ 442

Yuqtalûna يقتلون
Qatala ..... قَتَلَ 442

Yuqaddiru يقدّر
Qadara .... قَدرَ 444

Yuqdhafûna يقذفون
Qadhafa ... قَذَفَ 448

Yuqarribû يُقرِّبوا
Qariba ..... قرب 449

Yuqridzu يُقرض
Qaradza ... قَرَضَ 451

Yuqsimu يقِسم
Qasama ... قَسَمَ 454

Yuqsirûna يُقصرون
Qasara .... قَصَرَ 456

Yuqalliba يُقلّب
Qalaba ..... قَلبَ 464

Yuqallu يقِلّلُ
Qalla .... قَلّ 465

Yuqîmâ يقيما
Qâma ...... قام 471

Yuqîmû يقيموا
Qâma ...... قام 471

Yuqîmûna يُقيمون
Qâma ...... قام 471

يُك (Yu-k)

Yukadhdhibû يكذّبوا
Kadhaba .. كَذَبَ 481

Yukadhdhibu يكذّب
Kadhaba .. كَذَبَ 481

Yukadhdhibûna يكذّبون
Kadhaba .. كَذَبَ 481

Yukshafu يكشَف
Kashafa ... كَشَفَ 487

Yukaffir يُكفّر
Kafara ...... كَفَرَ 489

Yukallifu يكلّف
Kalifa .... كَلِف 494

Yukallimu يُكلّم
Kalama .... كَلم 495

Yukfarû يكفروا
Kafara ...... كَفَرَ 489

Yukfaru يُكفر
Kafara ...... كَفَرَ 489

Yukrih يُكرِه
Karaha ..... كَرِهَ 484

Yukawwiru يَكوِّر
Kâra .... كَارَ 499

(Yu-l) يُل

Yulhidûna يُلحدونَ
Lahada .... لَحَدَ 508

Yulqa يُلقَ
Laqiya ...... لَقِيَ 516

Yulqî يُلقِي
Laqiya ...... لَقِيَ 516

Yulaqqa يُلقّٰى
Laqiya ..... لَقِيَ 516

Yulaqqauna يلقّون
Laqiya ..... لَقِيَ 516

Yulâqû يلاقُوا
Laqiya ..... لَقِيَ 516

Yulqû يُلقوا
Laqiya ...... لَقِيَ 516

Yulqûna يلقون
Laqiya ...... لَقِيَ 516

(Yu-m) يُم

Yumârûna يمارون
Mara .... مَرَى 531

Yumatta'ûna يمتّعون
Mata'a ..... مَتَعَ 524

Yumatti'u يمتّع
Mata'a ..... مَتَعَ 524

Yumahhisa يُمَحِّصَ
Mahasa .... مَحَصَ 526

Yumdid يُمدد
Madda ..... مَدَّ 528

Yumidda يُمِدَّ
Madda ..... مَدَّ 528

Yumsiku يَمسك
Masaka ... مَسَكَ 534

Yumassikûna يمسّكون
Masaka ... مَسَكَ 534

Yumakkinanna يُمكّننّ
Makuna ... مَكُنَ 539

Yumillu يُمِلّ
Malla .... مَلَّ 541

Yumlil يملل
Malla .... مَلَّ 541

Yumannî يُمنّي
Mana .... مَنَى 543

Yumnâ يُمنٰى
Mana .... مَنَى 543

Yumanniyanna يمنّينّ
Mana .... مَنَى 543

Yumîtu يميتُ
Mâta .... مَاتَ 545

(Yu-n) يُن

Yunâdî يُنادي
Nâda ...... نَادَى 556

Yunâdûna يُنادون
Nâda .... نَادَى 556

Yunâzi'unna يُنازِعنّ
Naza'a ..... نَزَعَ 558

Yunabba' يُنبّأُ
Naba'a ..... نَبَأَ 549

Yunabb'au يُنبّؤ
Naba'a ..... نَبَأَ 549

Yunabbi'u يُنبّئ
Naba'a ..... نَبَأَ 549

Yunbadhanna ينبذنّ
Nabadha .. نَبَذَ 551

Yunbitu يُنبتُ
Nabata ..... نَبَتَ 550

Yunajjî يُنجّي
Najâ .... نَجا 554

Yunjî يُنجي
Najâ .... نَجا 554

Yun<u>dh</u>arûna ينذرون
Na<u>dh</u>ara ... نَذَرَ 557

Yun<u>dh</u>iru يُنذِرُ
Na<u>dh</u>ara ... نَذَرَ 557

Yun<u>dh</u>irûna ينذرون
Na<u>dh</u>ara ... نَذَرَ 558

Yunzafûn يُنزَفون
Nazafa ..... نَزَفَ 559

Yunazzala يُنزّل
Nazala ..... نَزَلَ 559

Yunazzalu يُنَزَّلُ
Nazala ..... نَزَلَ 559

Yunazzil يُنزّل
Nazala ..... نَزَلَ 559

Yunazzila يُنزّلَ
Nazala ..... نَزَلَ 559

Yunazzilu يُنزّلُ
Nazala ..... نَزَلَ 559

Yunsiyanna يُنسيَنّ
Nasiya ..... نَسي 562

Yunash-sha'u يَنشأ
Nasha'a ... نَشَأ 563

Yunshirûna يُنشرُون
Nashara ... نَشَرَ 563

Yunshi'u يُنشئُ
Nasha'a ... نَشَأ 563

Yun<u>s</u>arûna يُنصَرُون
Na<u>s</u>ara ..... نَصَرَ 565

Yun<u>z</u>arûna يُنظَرون
Na<u>z</u>ara ..... نظرَ 568

Yun<u>gh</u>i<u>dz</u>ûna يُنغضُون
Na<u>gh</u>a<u>dz</u>a نَغَضَ 570

Yunfa<u>kh</u>u يُنفخ
Nafa<u>kh</u>a ... نَفَخَ 571

Yunfau يُنفَو
Nafâ .... نَفَى 574

Yunfiqu يُنفِق
Nafaqa ..... نفق 573

Yunqa<u>dh</u>ûna يُنقذون
Naqa<u>dh</u>a .. نَقَذَ 575

Yunqi<u>dh</u>ûna يُنقذُون
Naqa<u>dh</u>a .. نَقَذَ 575

Yunqu<u>s</u>u يُنقُصُ
Naqa<u>s</u>a .... نَقَص 575

Yunîbu يُنيب
Nâba .... نَابَ 581

يُه (Yu-h)

Yuhâjir يُهاجر
Hajara ...... هَجَرَ 586

Yuhayyiu يُهيّئ
Hâ'a .... هاءَ 597

Yuhdâ يُهدىٰ
Hada .... هَدَى 588

Yuhra'ûna يهرَعون
Hara'a ...... هَرعَ 590

Yuhzamu يُهزم
Hazama ... هَزمَ 591

Yuhlak يهلك
Halaka ..... هَلَك 592

Yuhlikûna يهلكون
Halaka ..... هَلَك 592

Yuhin يُهن
Hâna .... هانَ 597

يُو؛ يُؤ (Yu-w)

Yuwârî يواري

Wara .... وَرَى 607

Yuwâti'û يواطِّوٌ
Wati'a ...... وَطِئَ 612

Yû'biqu يُؤبِق
Wabaqa .. وبَق 599

Yû'ta يُؤت
Ata .... اتى 8

Yû'tî يُؤتِي
Ata .... اتى 8

Yû'tauna يُؤتون
Ata .... اتى 8

Yû'tîna يُؤتين
Ata .... اتى 8

Yu'tiyanî يُؤتيني
Ata .... اتى 8

Yû'tharu يُؤثر
Athara ..... اثرّ 10

Yû'khadhu يؤخذ
Akhadha .. اخذ 13

Yû'akhidhû يُؤخذواْ
Akhadha .. اخذ 13

Yû'akhkharu يُؤخّرُ
Akhkhara . اخّر 14

Yûakhkhiru يُؤخّرُ
Akhkhara . اخّر 14

Yû'addu يُؤدّ
Adâ' .... ادىٔ 18

Yû'dhain يُؤذين
Adha .... اذى 19

Yû'dhanu يُؤذن
Adhina ..... اذِنَ 18

Yû'dhî يُؤذى
Adha .... اذى 19

Yû'dhûna يُؤذون
Adha .... اذى 19

Yû'ûna يُؤعون
Wa'a .... وَعَى 614

Yû'faku يُؤفكو
Afaka .... افكَ 24

Yû'fakûna يُؤفكون
Afaka .... افكَ 24

Yu'allifu يُؤلّف
Alifa .... الِفَ 25

Yau'ma'idhin يومئذ
Yauima ..... يَوم 628

Yu'maru يؤمر
Amara ...... امَرَ 30

Yu'marûna يُؤمرون
Amara ...... امَرَ 30

Yû'minu يُؤمنُ
Amina ...... آمن 33

Yû'minanna يُؤمننّ
Amina ...... آمن 33

Yû'minûna يُؤمنون
Amina ...... آمن 33

Yu'ayyidu يُؤيدّ
Ayyada .... ايّد 38

Yuwajjih يُوجّه
Wajaha .... وجّه 602

Yuwaddûna يُودّون
Wadd .... ودّ 604

Yuwaswisu يوَسوِس
Waswasa . وَسوس 609

Yuwaffâ يُوفّى
Wafa .... وَفَى 615

Yuwaffi يُوفّي
Wafa .... وَفَى 615

Yuwaffiqu يُوفّق
Wafiqa ..... وفقَ 614

Yuwaffiyanna يوفّينّ

Wafa .... وَفَى 615

Yuwallauna يولّؤن
Waliya ..... ولى 621

Yuwalli يولّي
Waliya ..... ولى 621

Yuwallû يولّوا
Waliya ..... ولى 621

Yuwallûna يولّون
Waliya ..... ولى 621

Yum يوم
Yum .... يوم 628

Yu'mani يومَين
Yum .... يوم 628

Yûtû يُوتوا
Ata .... اتى 8

Yûtî يُوتي
Ata .... اتى 8

Yû<u>h</u>a يوحَى
Wa<u>h</u>â .... وَحَى 603

Yû<u>h</u>â يوحىٰ
Wa<u>h</u>â .... وَحَى 603

Yû<u>h</u>î يوحي
Wa<u>h</u>â .... وَحَى 603

Yû<u>h</u>ûna يوحون
Wa<u>h</u>â .... وَحَى 603

Yûra<u>th</u>u يُورث
Wari<u>th</u>a ... ورثَ 606

Yûri<u>th</u>u يورث
Wari<u>th</u>a ... وَرثَ 606

Yûza'ûna يوزعون
Waza'a ..... وَزَعَ 608

Yûsuf يوسف
Yûsuf يوسف 628

Yû<u>s</u>â يوصىٰ
Wa<u>s</u>a .... وَصَى 611

Yû<u>s</u>îna يوصين
Wa<u>s</u>a .... وَصَى 611

Yû<u>s</u>î يوصي
Wa<u>s</u>a .... وَصَى 611

Yûsalu يوصل
Wasal ...... وَصَلَ 610

Yû'a<u>z</u>u يوعظ
Wa'a<u>z</u>a .... وَعَظَ 613

Yû'a<u>z</u>ûna يوعظون
Wa'a<u>z</u>a .... وَعظ 613

Yû'adûna يوعدون
Wa'ada .... وعَدَ 613

Yûfû يوفوا
Wafa .... وَفَى 615

Yûfûna يوفون
Wafa .... وَفَى 615

Yûfi<u>dz</u>ûna يوفضون
Wafa<u>dz</u>a .. وَفضَ 614

Yûqa يُوق
Waqa .... وَقَى 618

Yûqadu يُوقد
Waqada ... وَقَد 617

Yûqidûna يوقدون
Waqada ... وَقَد 617

Yûqi'a يوقع
Waqa'a .... وَقَعَ 617

Yûqinûna يوقنون
Yaqina ..... يَقِن 627

Yûlad يولد
Walada .... وَلَد 620

Yûliju يُولج
Walaja ..... وَلَج 620

Yûnus يونس
Yûnus ...... يونس 628

Yaiasu يَايئَسُ
Yaisa .... يئس 624

INDEX 2
Qur'ânic Root-Words*
(*Past Tense, Singular, Masculine)
(Alphabetical Order)

Alif الف

Alif Lâm Mîm الم 5
Abb --------- ابّ 5
Abada ------- اَبَدَ 5
Ibrâhîm - ابراهيم 5
Abaqa ------- أَبِقَ 6
Abila ------- إِبِلَ 6
Abâbîl ---- أبابيل 6
Aba ---------- ابا 6
Abâ --------- ابىٰ 7
Atâ --------- اتىٰ 8
Aththa ------- اثّ 10
Athara ------ اثر 10
Athala ------- اثَلَ 10
Athima ------ اثم 10
Ajja ---------- اجّ 11
Ajara ------- اجر 11
Ajila --------- اجل 12
Ahad ------- احد 12
Akhadha --- اخذ 13
Akhara ------ اخّر 14
Akh ---------- اخ 15
Adda --------- ادّ 15
Adama ------ ادم 15
Ada' -------- ادئ 18
Idh ----------- اذ 18
Idhâ --------- اذا 18
Adhina ------ اذِنَ 18
Adha ------- اذى 19
Araba ------ ارب 19
Aradza ---- ارض 19
Araka ------ ارك 20
Arama ----- ارَمَ 20
Azara ------- ازر 20
Azza -------- ازّ 21
Azifa ------- ازف 21
Ishâq ----- اسحق 22
Asara ------ اسَرَ 22
Israîl ---- اسراءيل 22
Assa -------- اسّ 22
Ussa -------- أسّ 22
Asifa ------- اسف 22
Ismâ'îl -- اسمعيل 22
Asana ------ اسَنَ 23
Asâ -------- اسِى 23
Asiya ------ اسي 23
Ashara ---- اشَر 23
Asara ------ اصر 23
Asula ---- اصل 23
Uffun ------ افّ 24
Afaqa ----- افق 24
Afaka ----- افَكَ 24
Afala ------ افل 24
Akala ----- اكَلَ 24

Alata------- الت......... 25
Alifa ------ الفَ......... 25
Al----------- الَ......... 25
Alâ -------- الا......... 26
Îlâ' ------- ايلاء......... 26
Ilyun ------- اَلى......... 26
Ilan -------- الى......... 26
Alla -------- الاّ......... 26
Ûlû ------- اولوا......... 27
Ulâika --- الائك......... 27
Ilâ -------- الى......... 27
Illa -------- الاّ......... 27
Illâ -------- إلاّ......... 27
Alladhî -- الّذي......... 28
Alima ------ ألم......... 28
Ilaha -------- اله......... 28
Allâh------- الله......... 28
Allâhumma الّهمّ......... 29
Ilyâs ---- الياس......... 29
Am --------- ام......... 29
Amâ ------- امّا......... 29
Amata ---- امَتَ......... 30
Amida ---- ا مدّ......... 30
Amara --- امَرَ......... 30
'Amsi ----- أمْسِ......... 31
Amala ---- امل......... 31
Âmma ------ آمّ......... 31
Amma ------ اَمّ......... 31
Ummun ----- اُمّ......... 31
Immâ ------ اِمّا......... 32
Ummatun - اُمّة......... 32
Imâm ------- امام......... 32
'Amma ------ أمّ......... 33
Amina ------ آمن......... 33
'Amatun --- أمة......... 34
An----------- آن......... 34
Anna -------- انّ......... 34
In ------------ إن......... 35
Innamâ ---- انّما......... 35
Anâ ---------- آنا......... 35
Anatha ----- انث......... 35
Anisa ------ انِسَ......... 35
'Anafa ----- أنَف......... 36
Ânifan ------ انفاً......... 36
Anâm ------ انام......... 36
Ana ---------- آنى......... 36
Ânin --------- آن......... 36
Ahala ------ أهل......... 36
Âba ---------- آب......... 37
Âda ---------- آد......... 37
Âla ----------- آل............. 37
Awala ------ اول......... 37
Au ------------ او......... 37
Awwâhun - اوّاهْ......... 37
Âwâ -------- آوىٰ......... 38
Iî ------------ إي......... 38
Âyatun ------ أية......... 38
Ayyada ----- ايّد......... 38
Ayka ------- ايكة......... 39
Âma --------- آمَ......... 39
Ayna -------- اينَ......... 39
Ayya --------- ايّ......... 39
Ayyûb ----- ايّوب......... 40

Bâ ب

Bâ ------------ ب......... 40
Ba'ara ------- بَأرَ......... 41
Ba'isa ---- بَئِسَ......... 41
Batara ------ بَتَرَ......... 41
Babil -------- بابل......... 41
Bataka ----- بتك......... 42
Battala ----- بتّلَ......... 42

Baththa ----- بث......... 42
Bajasa --- بَجَسَ......... 42
Bahatha -- بَحَثَ......... 42
Bahara ----- بَحَرَ......... 42
Bakhasa - بَخَسَ......... 43
Bakha'a --- بَخَعَ......... 43
Bakhila---- بَخِلَ......... 43
Bada'a ------ بَدَأَ......... 44
Badara ----- بَدَرَ......... 44
Bada'a ---- بَدَعَ......... 44
Badala ----- بَدَلَ......... 45
Badana ---- بَدَنَ......... 45
Badona ---- بَدُنَ......... 45
Bada'a ------ بَدَأَ......... 45
Badawa---- بَدَوَ......... 45
Badaya --- بَدَيَ......... 46
Badhara --- بَذَرَ......... 46
Bara'a ------- برء......... 46
Bari'a ------- بَرِئَ......... 46
Barija ------- بَرِجَ......... 47
Baraha ---- بَرِحَ......... 47
Barada ------ بَرَدَ......... 47
Baruda ------ بَرُدَ......... 47
Barra -------- برّا......... 47
Baraza ------ برز......... 48
Barzakh -- برزخ......... 48
Barisa ----- برص......... 49
Bariqa ------ بَرِقَ......... 49
Baraqa ----- بَرَقَ......... 49
Baraka ----- بَرَكَ......... 49
Barama ----- بَرَمَ......... 50
Bariha ------- بره......... 50
Bazagha--- بَزَغَ......... 50
Basara ----- بَسَرَ......... 50
Bassa ------ بسّ......... 51
Basata --- بَسَطَ......... 51
Basaqa --- بَسَقَ......... 51
Basala ---- بَسَلَ......... 51
Basama -- بَسَمَ......... 52
Bashara --- بَشَرَ......... 52
Basura ----- بَصُرَ......... 53
Basira ------ بَصِرَ......... 53
Basala --- بَصَلَ......... 54
Badza'a -- بَضَعَ......... 54
Batu'a ------ بطُؤَ......... 54
Batara------ بطِرَ......... 54
Batasha - بَطَشَ......... 55
Batala ------ بَطَلَ......... 55
Batana ----- بَطَنَ......... 55
Ba'atha --- بَعَثَ......... 56
Ba'thara -- بَعثَرَ......... 56
Ba'uda ----- بَعُدَ......... 57
Ba'ida ------ بَعِدَ......... 57
Ba'ira ------- بعَرَ......... 57
Ba'adza --بَعَضَ......... 57
Ba'ala ------ بعل......... 57
Baghata -- بَغتَ......... 58
Baghadza بَغَضَ......... 58
Baghidza - بَغِضَ......... 58
Baghodza بغض......... 58
Baghala -- بَغَلَ......... 58
Baghâ ------ بَغَىٰ......... 58
Baqara ------ بَقَرَ......... 59
Baqi'a ------- بقع......... 60
Baqla------- بقل......... 60
Baqiya ---- بَقِيَ......... 60
Baqaya --- بَقَيِ......... 60
Bakara ---- بَكَرَ......... 60
Bakkah -- بَكّة......... 61
Bakima ---- بَكِمَ......... 61
Bakuma --- بَكُمَ......... 61
Bakâ ------ بَكَى......... 61

Bal ---------- بَلْ 62
Balada ------ بَلَدَ 62
Balida ------- بَلِدَ 62
Balasa ---- بَلَسَ 62
Ablasa --- ابلسَ 62
Bali'a ------- بَلِعَ 63
Balagha ---- بَلَغَ 63
Balâ' -------- بلاء 64
Balâ -------- بلىٰ 65
Ibnun -------- ابنٌ 65
Banna -------- بنّ 65
Banâ ------- بنىٰ 66
Bahata ---- بَهَتَ 66
Bahita ----- بَهِتَ 66
Bahaja ----- بَهِجَ 66
Bahija ------ بهج 66
Bahala ----- بَهَلَ 67
Bahîmatun بهيمة 67
Bâ'a -------- بَاءَ 67
Bawa'a----- بَوءَ 67
Bâba ------ باب 68
Bâra -------- بار 68
Bâlun ------- بالٌ 68
Bâta ------ باتَ 68
Bâda -------- باد 69
Bâdza ----- باض 69
Bâ'a ------- باعَ 70
Bâna -------- بَانَ 70

Tâ ت

Tâ ---------- ت 71
Tâbût----- تابوت 72
Tabba ------ تبّ 72
Tabara ----- تَبَرَ 72
Tabira ------ تَبِرَ 72
Tabi'a ------ تَبِعَ 73
Tajara ------ تَجَرَ 74
Taht -------- تحت 74
Tariba ------ تَرِبَ 74
Tarifa ------- تَرِفَ 74
Taraka ----- تَرَكَ 75
Tasa'a ------ تَسَعَ 75
Ta'isa ------ تَعِسَ 76
Tafatha ---- تَفَثَ 76
Taqana----- تَقَنَ 76
Tilka ------- تلك 76
Talla -------- تَلّ 76
Tala --------- تلا 76
Tamma------- تَمّ 77
Tannûr ----- تنّور 77
Tâba ------ تَابَ 77
Târa -------- تَارَ 78
Taurât --- تورات 79
Tîn ---------- تين 80
Tâha -------- تاه 80

Thâ ث

Thabata --- ثَبَتَ 80
Thabira ----- ثَبِرَ 81
Thabaṭa --- ثَبَطَ 81
Thabaya--- ثبى 81
Thajja ------ ثجّ 81
Thakhuna - ثَخُنَ 81
Tharaba --- ثَرِبَ 82
Tharia ------ ثَرِىَ 82
Tha'aba--- ثَعَبَ 82
Thaqaba-- ثَقَبَ 82
Thaqifa --- ثَقِفَ 82
Thaqofa --- ثَقُفَ 82
Thaqula---- ثَقُلَ 83
Thalatha-- ثَلَثَ 83
Thalla ------ ثَلّ 84
Thamara - ثَمَرَ 84

Thamma --- ثَمّ 84
Thamûd -- ثمود 84
Thamana -- ثَمَن 86
Thana ------ ثنى 87
Thâba ----- ثابَ 88
Thâra -------- ثارَ 88
Thawâ ----- ثوى 89
Thayyab --- ثيّب 89

Jîm ج

Ja'ra ------- جارَ 89
Jabba ----- جبّ 89
Jibt ------- جِبت 90
Jabara ----- جَبَرَ 90
Jibrîl ------ جبريل 90
Jabala ----- جَبَل 91
Jabaha ----- جَبَهَ 92
Jabâ -------- جبا 92
Jaththa ---- جثّ 92
Jathama -- جثم 92
Jathâ ------- جَثا 92
Jahada ---- جَحَدَ 93
Jahama --- جَحَمَ 93
Jadatha -- جدث 93
Jadda ------- جدّ 93
Jadara ----- جَدَرَ 93
Jadala ---- جَدَلَ 94
Jadhdha ---- جذ 94
Jadha'a --- جَذَعَ 94
Jadha ------- جَذ 95
Jaraha ----- جَرَحَ 95
Jarada ----- جرد 95
Jarra -------- جر 95
Jaraza ----- جَرَزَ 95
Jara'a ----- جَرَعَ 96
Jarafa ---- جَرَفَ 96
Jarama ---- جَرَمَ 96
Jarâ ------- جَرىٰ 96
Jaza'a ------ جزءَ 97
Jazi'a ------- جزِع 97
Jazaya ---- جزي 97
Jasida ----- جَسَدَ 98
Jassa ----- جسّ 98
Jasuma --- جَسُمَ 98
Ja'ala ----- جَعَلَ 98
Jafa'a ------ جفأ 99
Jafana ---- جَفَنَ 99
Jafâ --------- جَفَا 99
Jalaba ---- جَلَبَ 99
Jalada ----- جَلَدَ 100
Jalasa ----- جَلَسَ 100
Jalla -------- جلّ 100
Jalâ --------- جلا 101
Jamaha -- جَمَحَ 101
Jamada --- جَمَدَ 101
Jamoda --- جَمُدَ 101
Jama'a ----- جَمَعَ 101
Jamala --- جَمَلَ 102
Jamma ----- جَمّا 102
Janaba ---- جَنَبَ 102
Janaha --- جَنَحَ 103
Jannada --- جَنّدَ 104
Janafa ---- جَنَفَ 104
Janna ------ جَنّ 104
Jana -------- جنى 105
Jahada ---- جَهَدَ 105
Jahara ----- جَهَرَ 107
Jahaza ----- جَهَزَ 107
Jahila ----- جَهِلَ 107
Jahama ---- جَهَمَ 107
Jahima --- جَهِمَ 107

Jâba ------- جابَ........ 108
Jâda -------- جادَ........ 108
Jâra -------- جارَ........ 109
Jâza -------- جازَ........ 109
Jâsa ------- جاسَ........ 109
Jâ'a --------- جاعَ........ 109
Jâfa -------- جافَ........ 110
Jâ'a --------- جاءَ........ 110
Jâla -------- جالَ........ 110
Jaww ------- جَوّ........ 110
Jâba ------- جابَ........ 110
Jâda -------- جاد........ 110

Hâ ح

Habba ----- حَبَّ........ 111
Habara---- حَبَرَ........ 112
Habasa -- حَبَسَ........ 112
Habita ---- حَبِطَ........ 112
Habata ---- حَبُطَ........ 112
Habaka --- حَبَكَ........ 112
Habala ---- حَبَلَ........ 112
Hatama --- حَتَمَ........ 113
Hattâ ----- حَتّٰى........ 113
Haththa --- حَثَّ........ 113
Hajaba --- حَجَبَ........ 113
Hajja -------- حجَّ........ 113
Hajara --- حَجَرَ........ 114
Hajaza --- حَجَزَ........ 115
Hadiba --- حَدِبَ........ 115
Hadatha - حَدَثَ........ 115
Hadutha - حَدُثَ........ 115
Hadda ------ حَدَّ........ 116
Hadaqa -- حَدَقَ........ 116
Hadhira ---- حَذِرَ........ 116
Haraba---- حَرَبَ........ 117
Haratha --- حَرَثَ........ 117
Harija ------ حَرِجَ........ 117
Harada ---- حَرَدَ........ 117
Harra -------- حَرَّ........ 118
Harasa --- حَرَسَ........ 118
Harasa -- حَرَصَ........ 118
Harisa --- حَرِصَ........ 118
Haradza - حَرَضَ........ 118
Haridza - حَرِضَ........ 118
Harafa --- حَرَفَ........ 119
Haraqa --- حَرَقَ........ 119
Haruka --- حَرُكَ........ 119
Harama --- حَرَمَ........ 120
Hara ------- حَرِىَ........ 121
Hazaba -- حَزَبَ........ 121
Hazana ---- حَزَنَ........ 121
Hasiba --- حَسِبَ........ 122
Hasada --- حَسَدَ........ 123
Hasira ---- حَسِرَ........ 123
Hassa ----- حَسَّ........ 123
Hasama - حَسَمَ........ 124
Hasuna -- حَسُنَ........ 124
Hasana -- حَسَنَ........ 124
Hashara - حَشَرَ........ 124
Hasaba - حَصَبَ........ 125
Hassa ---- حصَّ........ 125
Hasada -- حَصَدَ........ 125
Hasira---- حَصِرَ........ 125
Hasara--- حَصَرَ........ 125
Hasala -- حَصَلَ........ 126
Hasana - حَصَنَ........ 126
Hasuna - حَصُنَ........ 126
Hasa ----- حصىَ........ 127
Hadzara -- حَضَرَ........ 127
Hadzdza حَضَّ........ 128
Hataba --- حَطَبَ........ 128
Hatta ------ حَطَّ........ 128
Hatama --- حَطَمَ........ 128

Hazara ---- حَظَرَ 128
Hazza ------ حَظَّ 129
Hafada ---- حَفَدَ 129
Hafara ---- حَفَرَ 129
Hafiza ---- حَفِظَ 129
Haffa ------ حَفَّ 129
Hafiya ----- حَفِيَ 130
Haqiba --- حَقِبَ 130
Haqafa --- حَقَّفَ 130
Haqqa ----- حَقَّ 131
Hakama - حَكَمَ 131
Halafa ---- حَلَفَ 132
Halaqa ---- حَلَقَ 132
Hallaqa ---- حَلَّقَ 133
Halla ------- حَلَّ 133
Halama --- حَلَمَ 134
Haliya ----- حَلِيَ 134
Hama' ------ حَمَأَ 134
Hamida --- حَمِدَ 135
Hamara --- حَمَرَ 136
Hamala -- حَمَلَ 136
Hamma ---- حَمَّ 138
Hama ----- حَمِيَ 138
Hanitha -- حَنِثَ 138
Hanjara -- حَنْجَرَ 138
Hanadha - حَنَذَ 139
Hanafa ---- حَنَفَ 139
Hanaka -- حَنَكَ 139
Hanna ----- حَنَّ 140
Hâba ------ حَابَ 140
Hâta ------- حَاتَ 140
Hâja -------- حَاجَ 140
Hâdha ---- حَاذَ 140
Hâra -------- حَارَ 140
Hâsha ----- حَاشَ 141
Hâta ------- حَاطَ 141
Hâla -------- حَال 142
Hawiya --- حوي 142
Haithu ----- حَيْثُ 143
Hâda ------- حَادَ 143
Hâra -------- حَارَ 143
Hayira ------ حَيِرَ 143
Hâza ------- حَازَ 143
Hâsa ----- حَاصَ 143
Hâdzata حَاضَتْ 143
Hâfa ------- حَافَ 144
Hâqa ------- حَاقَ 144
Hâna ------- حَانَ 144
Hayya ------ حَيّ 144

Khâ خ

Khaba'a -- خَبَءَ 146
Khabata - خَبَتَ 146
Khabutha - خَبُثَ 146
Khabara --- خَبَرَ 146
Khabaza --- خَبَزَ 147
Khabata -- خَبَطَ 147
Khabala --- خَبَلَ 147
Khabâ ------- خَبَا 147
Khatara ---- خَتَرَ 147
Khatama - خَتَمَ 148
Khadda ----- خَدَّ 148
Khada'a -- خَدَعَ 149
Akhdân -- أخدان 149
Khadhala - خَذَلَ 149
Khariba --- خَرِبَ 149
Kharaba -- خَرَبَ 149
Kharaja ---- خَرَجَ 150
Khardala - خَرْدَلَ 151
Kharra ------ خَرَّ 151
Kharasa - خَرَصَ 151
Khartama خَرْطَمَ 152

Kharaqa --- خَرَقَ 152
Khazana--- خَزَنَ 152
Khaziya --- خَزِيَ 152
Khasa'a--- خَسَأَ 153
Khasira --- خَسِرَ 153
Khasafa - خَسَفَ 154
Khashaba خَشَبَ 154
Khasha'a - خَشَعَ 154
Khashiya خَشِيَ 155
Khassa --- خَصَّ 155
Khasafa خَصَفَ 156
Khasama - خَصَمَ 156
Khadzada خَضَدَ 156
Khadzira- خَضِرَ 156
Khadza'a خَضَعَ 157
Khati'a ---- خَطِئَ 157
Khataba - خَطَبَ 157
Khatta ------ خَطَّ 158
Khatifa --- خَطِفَ 158
Khata------- خَطَا 158
Khafata --- خَفَتَ 158
Khafadza خَفَضَ 159
Khaffa------ خَفَّ 159
Khafiya --- خَفِيَ 159
Khalada --- خَلَدَ 160
Khalasa-- خَلَصَ 161
Khalata --- خَلَطَ 161
Khala'a ---- خَلَعَ 161
Khalafa --- خَلَفَ 162
Khalaqa --- خَلَقَ 163
Khalla ------- خَلَّ 164
Khalâ------- خَلَا 165
Khamida-- خَمِدَ 165
Khamada- خَمَدَ 165
Khamira --- خَمِرَ 165
Khamara -- خَمَرَ 165
Khamasa خَمَسَ 166
Khamasa خَمَصَ 166
Khamita -- خَمَطَ 166
Khaniza --- خَنِزَ 166
Khanasa-- خَنَسَ 166
Khanaqa -- خَنَقَ 167
Khâra ------ خَارَ 167
Khâdza -- خَاضَ 167
Khâfa ----- خَافَ 167
Khâla------- خَالَ 168
Khâna------ خَانَ 169
Khawâ ---- خَوىٰ 169
Khâba----- خَابَ 170
Khâra ------ خار 170
Khârâ ------ خارا 170
Khâta ----- خاط 171
Khâla------ خَالَ 171
Khâma ----- خَامَ 171

Dâl د

Da'aba --- دَأَبَ 171
Dabba ----- دَبَّ 172
Dabara ----- دَبَرَ 172
Dathara----- دَثَرَ 173
Dahara ---- دَحَرَ 173
Dahadza دَحَضَ 173
Dahâ ------- دَحَا 174
Dakhara --- دَخَرَ 174
Dakhira ---- دَخِرَ 174
Dakhala -- دَخَلَ 174
Dakhana - دَخَنَ 175
Dara'a ----- دَرَءَ 175
Daraja ----- دَرَجَ 175
Darra -------- دَرَّ 176
Darasa---- دَرَسَ 176
Daraka---- دَرَكَ 177
Darhama - دَرهَمَ 177

Darâ --------درَى........ 177
Dasara -----دَسَرَ........ 178
Dassa ----- دَسّ........ 178
Da"a -------- دَعّ........ 178
Da'â -------- دَعَا........ 178
Dafi'a ------ دَفِءَ........ 179
Dafu'a -------دفُأَ........ 179
Dafa'a ------ دَفَعَ........ 180
Dafaqa ----- دَفَقَ........ 180
Dakara ----- دَكَرَ........ 180
Dakka -------دَكّ........ 180
Dalaka ---- دَلَكَ........ 180
Dalla -------- دَلّ........ 180
Dalâ -------- دَلاَ........ 181
Damdama دَمدمَ........ 181
Damara --- دَمَرَ........ 181
Dami'a ----- دَمِعَ........ 181
Dama'a --- دَمَعَ........ 181
Damagha - دَمَغَ........ 181
Damiya --- دَمِيَ........ 182
Danara------ دَنَرَ........ 182
Danâ -------- دنا........ 182
Dahara----- دَهَرَ........ 182
Dahaqa ---- دَهَقَ........ 182
Dahama --- دهم........ 183
Dahima ---- دَهِمَ........ 183
Dahana --- دَهَنَ........ 183
Dahina ----- دَهِنَ........ 183
Daha ------ دَهَى........ 183
Dâ'ûd ---- داؤود........ 183
Dâra --------- دَارَ........ 184
Dâla --------- دَالَ........ 184
Dâma ------ دَامَ........ 184
Dâna -------- دَانَ........ 185
Dûna ------- دُون........ 185
Dâna -------- دَانَ........ 185

Dhâl ذ

Dhâ ---------- ذا........ 186
Dha'ba ---- ذَأبَ........ 186
Dha'ama --- ذأمِ........ 186
Dhabba ---- ذَبّ........ 187
Dhabaha - ذَبَحَ........ 187
Dhakhara - ذَخَرَ........ 187
Dhara'a ----- ذرأ........ 187
Dharra ------- ذرّ........ 188
Dhara'a --- ذَرَعَ........ 188
Dhara' ----- ذَرَأ........ 188
Dharaya --- ذرى........ 188
Dha'na ---- ذَعَنَ........ 189
Dhaqana - ذَقَنَ........ 189
Dhakara --- ذَكَرَ........ 189
Dhakâ ------ ذكا........ 190
Dhalla ------- ذلّ........ 191
Dhamma --- ذمّ........ 191
Dhanaba -- ذَنَبَ........ 192
Dhahaba - ذَهَبَ........ 192
Dhahala -- ذَهَلَ........ 193
Dhû --------- ذُو........ 193
Dhâda ------ ذادَ........ 194
Dhâqa ----- ذاق........ 194
Dhânika -- ذانك........ 194
Dhâ'a ----- ذاعَ........ 195

Râ ر

Ra'asa ---- رأسَ........ 195
Ra'afa ------ رأفَ........ 195
Ra'a ------ رأى........ 196
Rabba ----- ربّ........ 197
Rabiha ---- رَبِحَ........ 199
Rabasa --- رَبَصَ........ 199
Rabata ---- رَبَطَ........ 199

Raba'a ------رَبَع........ 200
Rabâ -------- ربا........ 200
Rata'a -------رتَع........ 200
Rataqa ----- رَتَق........ 201
Ratila ------- رَتِلَ........ 201
Ratala ----- رَتَّلَ........ 201
Rajja ------- رجّ........ 202
Rajaza ----- رَجَزَ........ 202
Rajisa ---- رَجِسَ........ 202
Raja'a ----- رَجَعَ........ 202
Rajafa ---- رَجَفَ........ 203
Rajila ------ رَجِلَ........ 203
Rajala ----- رَجَلَ........ 203
Rajama ---- رَجَمَ........ 204
Rajâ' -------- رجا........ 204
Rahuba --- رَحُبَ........ 205
Rahiba ---- رَحِبَ........ 205
Rahîq ---- رَحِيق........ 205
Rahala ---- رَحَلَ........ 205
Rahima ---- رَحِمَ........ 205
Rakhiya --- رَخِيَ........ 207
Rada'a ------ رَدَأَ........ 207
Radda ------ رَدّ........ 207
Radifa ----- رَدِفَ........ 208
Radafa --- رَدَفَ........ 208
Radama --- رَدَمَ........ 208
Radiya ----- رَدِيَ........ 208
Radhula --- رَذُلَ........ 209
Radhila ---- رَذِلَ........ 209
Razaqa ---- رَزَقَ........ 209
Rasakha- رَسَخَ........ 209
Rassa ------ رَسّ........ 210
Rasila ---- رَسِلَ........ 210
Rasâ ------- رسا........ 211
Rashada - رَشَدَ........ 211
Rashida -- رَشِدَ........ 211
Rasada --- رَصَدَ........ 212
Rassa ----- رَصّ........ 212
Radza'a - رَضَعَ........ 212
Radzi'a -- رَضِعَ........ 212
Radziya -- رَضِيَ........ 213
Rataba --- رَطَبَ........ 214
Ra'aba --- رَعَبَ........ 214
Ra'ada ----- رَعَدَ........ 214
Ra'â ------- رَعى........ 214
Raghiba -- رَغِبَ........ 215
Raghida --- رَغِدَ........ 216
Raghuda -- رَغُدَ........ 216
Raghima -- رَغِمَ........ 216
Raghama - رَغَمَ........ 216
Raghuma - رَغُمَ........ 216
Rafata ----- رَفَتَ........ 216
Rafatha --- رَفَثَ........ 216
Rafitha --- رفث........ 216
Rafada ---- رَفَدَ........ 216
Raffa ------- رفّ........ 216
Rafa'a ----- رَفَعَ........ 217
Rafaqa ----- رَفَقَ........ 218
Raqaba --- رَقَبَ........ 218
Raqada ---- رَقَدَ........ 219
Raqqa ----- رَقّ........ 219
Raqama --- رَقَمَ........ 219
Raqiya ---- رَقِيَ........ 219
Rakiba ---- رَكِبَ........ 220
Rakada --- رَكَدَ........ 220
Rakaza ---- رَكَزَ........ 220
Rakasa -- رَكَسَ........ 221
Rakadza- رَكَضَ........ 221
Raka'a ----- رَكَعَ........ 221
Rakama --- رَكَمَ........ 221
Rakina ----- رَكِنَ........ 222
Rakana --- رَكَنَ........ 222
Ramaha --- رَمَحَ........ 222

Ramada --- رَمَدَ........ 222
Ramaza --- رَمَزَ........ 222
Rami<u>dz</u>a - رَمِضَ........ 222
Ramma ----- رَمَّ........ 223
Rummân - رُمّان........ 223
Ramâ ----- رَمى........ 223
Rahiba --- رَهِبَ........ 223
Raha<u>t</u>a ---- رهط........ 223
Rahiqa ----- رَهِقَ........ 224
Rahana ---- رَهَنَ........... 224
Raha ------- رَها........ 224
Râ<u>h</u>a ------- رَاحَ........ 225
Râda -------- رَاد........ 225
Râ<u>dz</u>â ----- رَاضَ........ 226
Râ'a -------- رَاعَ........ 227
Râ<u>gh</u>a ------ رَاغَ........ 227
Rûm -------- روم........ 227
Râba ------ رابَ........ 227
Râsha ----- راشَ........ 228
Ra'â ------- رَعى........ 228
Râna -------- ران........ 228

Za ز

Zabada ---- زَبَدَ........ 228
Zabara ------ زَبَرَ........ 228
Zabana ---- زَبَنَ........ 229
Zujâjatun زجاجة........ 229
Zajara ----- زَجَرَ........ 229
Zaja ------ زجى........ 229
Za<u>hh</u>a ------ زَحّ........ 230
Za<u>h</u>afa --- زَحَفَ........ 230
Za<u>kh</u>rafa زَخْرفَ........ 230
Zarabiyya زَرابِيّ........ 230
Zara'a ------ زَرَعَ........ 230
Zariqa ----- زَرِقَ........ 231
Zara -------- زَرى........ 231
Za'ama --- زَعَمَ........ 231
Zafara ------- زَفَرَ........ 231
Zaffa -------- زَفَّ........ 232
Zaqama --- زَقَمَ........ 232
Zaqqama - زقّم........ 232
Zakariyyâ زَكريا........ 232
Zakâ ------- زكى........ 233
Zalzala ---- زلْزَلَ........ 233
Zalafa ----- زَلَفَ........ 234
Zalaqa ----- زَلَقَ........ 234
Zalla --------- زَلَّ........ 234
Zalama ----- زَلَمَ........ 234
Zumara --- زُمَر........ 235
Zamala ---- زَمَلَ........ 235
Zamhara زَمهرَ........ 236
Zanjabil - زنجبيل........ 236
Zanîm ----- زَنيم........ 236
Zana ------ زَنى........ 236
Zahada ---- زَهَدَ........ 236
Zahida ----- زهِد........ 236
Zahara ----- زَهَرَ........ 237
Zahaqa --- زَهَقَ........ 237
Zâja -------- زاجَ........ 237
Zâda -------- زَادَ........ 237
Zâra -------- زارَ........ 238
Zâla --------- زالَ........ 238
Zâta ------- زاتَ........ 238
Zâda ------- زادَ........ 238
Zâ<u>gh</u>a ------ زاغَ........ 240
Zâla -------- زالَ........ 240
Zâna ------- زَانَ........ 241

Sîn س

Sa'ala ------ سألَ........ 242
Sa'ima ---- سَئِمَ........ 243
Sabâ' ------- سبأ........ 243

Sabba ------ سَبّ 243
Sabbaba سَبّب 244
Sabata ---- سَبَت 244
Sabah̲a ---- سَبَح 244
Sabit̲a ---- سَبِط 245
Sabot̲a ---- سَبُط 245
Saba'a ----- سَبَع 245
Sabag̲h̲a -- سَبَغ 246
Sabaqa ---- سَبَق 246
Sabîl ----- سبيل 247
Sittatun ---- سِتّة 247
Sittun ------- سِتّ 247
Satara ------ سَتَر 248
Sajada --- سَجَد 248
Sajara ----- سَجَر 249
Sajala ---- سَجَل 249
Sajana --- سَجَن 249
Saja ------ سَجَى 250
Sah̲aba -- سَحَب 250
Sah̲ata --- سَحَت 250
Sah̲ara ---- سَحَر 250
Suh̲ura ---- سُحر 250
Sah̲ira ---- سَحَر 250
Sah̲iqa ---- سَحِق 251
Sah̲ala --- سَحل 252
Sak̲h̲ira --- سَخِر 252
Sak̲h̲ara -- سَخِر 252
Sak̲h̲it̲a -- سخط 253
Sadda ------- سَدّ 253
Sadida ---- سَدد 253
Sadira ---- سَدر 253
Sadasa -- سَدَس 254
Sada ------ سدى 254
Saraba ---- سَرَب 254
Sarbala -- سَربَل 254
Sarija ------ سَرِج 254
Sarah̲a ---- سَرَح 255
Sarada ----- سرد 255
Sardaqa - سَردَق 255
Sarra -------- سِرّ 255
Saru'a ----- سَرُع 256
Sarafa ---- سَرَف 256
Saraqa ---- سَرَق 257
Sarmad -- سرمد 257
Sara ------- سَرَى 257
Sat̲ah̲a --- سَطَح 258
Sat̲ara ---- سَطَر 258
St̲âa ------- سطا 258
Sa'ada ---- سَعَد 258
Sa'ara ------ سَعَر 259
Sa'a ------ سَعَى 259
Sag̲h̲aba سَغَب 259
Safah̲a ---- سَفَح 259
Safara ----- سَفَر 260
Safa'a ------ سَفَع 260
Safaka ---- سَفَك 260
Safala ----- سَفَل 260
Safana ---- سَفَن 261
Safina ----- سَفِن 261
Safiha ------ سَفِه 261
Safoha ----- سَفُه 261
Saqara ----- سَقَر 261
Saqat̲a ---- سَقَط 261
Saqafa ---- سَقَف 262
Saquma -- سُقم 262
Saqa ----- سَقَى 262
Sakaba -- سَكَب 263
Sakata --- سَكَت 263
Sakara ---- سَكَر 263
Sakana --- سَكَن 264
Salaba ---- سَلَب 265
Salah̲a ----- سَلَح 265
Salak̲h̲a -- سَلَخ 265

Salsabil سلسبيل 265
Salsala - سَلْسَلَ........ 265
Saluta ----- سَلطَ........ 265
Salafa ----- سَلَفَ........ 266
Salaqa ----- سَلَقَ........ 266
Salaka --- سَلَكَ........ 266
Salla -------- سَلَّ........ 267
Salima ---- سَلِمَ........ 267
Salâ ------- سَلاَ........ 269
Samada -- سَمَدَ........ 269
Samara --- سَمَرَ........ 270
Sami'a ---- سَمِعَ........ 270
Samaka -- سَمَكَ........ 271
Samma ---- سَمَّ........ 272
Samina -- سَمِنَ........ 272
Samâ ------ سَمَا........ 272
Sanbala - سَنبَلَ........ 273
Sanada ---- سَنَدَ........ 273
Sanima --- سنم........ 274
Sanna ------- سَنَّ........ 274
Saniha ---- سَنَهَ........ 274
Sanâ ------- سَنَا........ 274
Sahira ------ سَهِرَ........ 275
Sahula --- سَهُلَ........ 275
Sahama --- سَهَمَ........ 275
Sahoma --- سَهُمَ........ 275
Sahâ ------- سَهَا........ 275
Sâ'a ------- ساء........ 275
Sâha ------ ساحَ........ 276
Sâda ------ سادَ........ 276
Sâra -------- سارَ........ 277
Sâta ------- ساطَ........ 277
Sâ'a -------- ساعَ........ 278
Suwâ'un - سواعٌ........ 278
Sâgha ----- ساغَ........ 278
Sâfa ------ سافَ........ 278
Sâqa ------ ساقَ........ 279
Sawwal --- سَوَّلَ........ 279
Sâma ----- سامَ........ 279
Sawiya --- سَوِىَ........ 280
Sâba ----- سابَ........ 281
Sâha ------- ساحَ........ 281
Sâra -------- سارَ........ 281
Sâla -------- سالَ........ 282
Sainâ'a - سَيناءَ........ 282

Shîn ش

Sha'ama -- شأمَ........ 282
Sha'ana --- شأنَ........ 283
Shabaha -- شَبَهَ........ 283
Shabbaha - شَبَّه........ 283
Shatta ----- شَتَّ........ 283
Shatâ ------ شَتَأ........ 283
Shajara --- شَجَرَ........ 284
Shahha --- شَحَّ........ 284
Shahama شَحِمَ........ 284
Shahana شَحَنَ........ 284
Shakhasa شَخَصَ........ 284
Shadda ----- شَدَّ........ 285
Shariba -- شَرِبَ........ 285
Sharaha -- شَرَحَ........ 286
Sharada --- شَرَدَ........ 286
Shirdhimatun شِرذمة........ 286
Sharra ----- شَرَّ........ 287
Sharata -- شَرَطَ........ 287
Shara'a --- شَرَعَ........ 287
Sharaqa -- شَرَقَ........ 287
Sharika -- شَرِكَ........ 288
Shara ----- شَرِي........ 289
Shata'a --- شَطأ........ 290
Shatara --- شَطَرَ........ 290

Shatta ----- شَطّ........ 290
Shatana -- شَطَنَ........ 290
Sha'aba - شَعَبَ........ 291
Sha'ara --- شَعَرَ........ 291
Sha'ala --- شَعَلَ........ 292
Shaghafa شَغَفَ........ 293
Shaghala - شَغَلَ........ 293
Shafa'a ---- شَفَعَ........ 293
Shafiqa --- شَفَقَ........ 294
Shafaha --- شَفَهَ........ 295
Shafa ------ شَفا........ 295
Shafâ ----- شَفَى........ 295
Shaqqa ---- شَقّ........ 295
Shaqiya-- شَقِيَ........ 296
Shakara - شَكَرَ........ 296
Shakisa - شَكِسَ........ 297
Shakka ---- شَكّ........ 297
Shakala-- شَكَلَ........ 297
Shakâ ----- شَكا........ 297
Shamita - شَمِت........ 298
Shamakha شَمَخَ........ 298
Shamaza - شَمَزَ........ 298
Shamasa شَمَسَ........ 298
Shamala - شَمَلَ........ 298
Shamila--- شَمِلَ........ 298
Shana'a --- شَنَأَ........ 298
Shani'a --- شَنِئَ........ 298
Shahaba شَهَبَ........ 299
Shahida - شَهِدَ........ 299
Shahara --- شَهَرَ........ 300
Shahaqa - شَهَقَ........ 300
Shahâ ------ شَها........ 300
Shâba ---- شابَ........ 301
Shâra ------ شارَ........ 301
Shaza ----- شاظَ........ 301
Shâka ----- شاكَ........ 301
Shawâ --- شَوَى........ 302
Shâ'a ------- شاءَ........ 302
Shâba ---- شابَ........ 302
Shâkha --- شاخَ........ 302
Shâda ----- شادَ........ 303
Shâ'a ------ شاعَ........ 303

Sâd ص

Saba'a ---- صَبأَ........ 303
Sabb ----- صَبّ........ 304
Sabaha -- صَبَحَ........ 304
Sabara ---- صَبَرَ........ 305
Saba'a ---- صَبَعَ........ 306
Sabagha - صَبَغَ........ 306
Sabâ ------- صَبا........ 307
Sahiba -- صَحِبَ........ 307
Sahafa -- صَحَفَ........ 308
Sakhkha -- صَخّ........ 308
Sakhara -- صَخَرَ........ 308
Sadda ----- صَدّ........ 308
Sadara --- صَدَرَ........ 309
Sada'a --- صَدَعَ........ 309
Sadafa --- صَدَفَ........ 310
Sadaqa -- صَدَق........ 310
Sada ---- صَدى........ 312
Saraha --- صَرَحَ........ 312
Sarakha - صَرَخَ........ 312
Sarra -------- صَرّ........ 313
Sarsara صَرْصَرَ........ 313
Sirât ----- صراط........ 313
Sara'a ----- صَرِعَ........ 314
Sarafa -- صَرَفَ........ 314
Sarama --- صَرَمَ........ 314
Saida ----- صَعِدَ........ 315
Sa'ira ------ صَعِرَ........ 315
Sa'iqa ---- صَعِقَ........ 315
Saghura -- صَغُرَ........ 315

Saghira --- صَغِرَ........ 315
Saghâ ----- صَغَا........ 316
Saghiya- صَغِيَ........ 316
Safaha --- صَفَحَ........ 316
Safada --- صَفَدَ........ 316
Safara ---- صَفَرَ........ 317
Safsafan صَفصَفًا 317
Saffa ------ صَفّ........ 317
Safana --- صَفَنَ........ 317
Safâ ------ صَفيَ........ 317
Sakka ----- صَكّ........ 318
Salaba --- صَلَبَ........ 318
Saliba ---- صلب........ 318
Salaha --- صَلَحَ........ 318
Saluha --- صَلُحَ........ 318
Salada --- صَلَدَ........ 319
Salla------- صلّ........ 320
Salâ ------- صلا........ 320
Salâ ------ صَلى........ 320
Samata - صَمَتَ........ 321
Samada - صَمَدَ........ 321
Sama'a -- صَمَعَ........ 322
Samma --- صَمّ........ 322
Sana'a ---- صَنَعَ........ 322
Sanima --- صَنِمَ........ 323
Sanama – صَنَمَ........ 323
Sanwun--- صنو........ 323
Sahara---- صَهَرَ........ 323
Sâba ----- صابَ........ 323
Sâta ------ صاتَ........ 324
Sara ------- صارَ........ 324
Sawwara صَوّرَ........ 325
Sâ'a ------- صاعَ........ 325
Sâfa ------ صافَ........ 325
Sâma ------ صامَ........ 325
Sâha ----- صاحَ........ 326
Sâda ------ صادَ........ 326
Sâra ------- صارِ........ 326
Sâsa ---- صاصَ........ 326
Sâfa ------ صَفَى........ 326

Dzâd ض

Dza'ana - ضَئنَ........ 327
Dzabaha ضَبَحَ........ 327
Dzaja'a -- ضَجَعَ........ 327
Dzahika ضَحِكَ........ 327
Dzahiya - ضَحِيَ........ 328
Dzadda --- ضَدّ........ 328
Dzaraba ضَرَبَ........ 328
Dzarra ----- ضَرّ........ 329
Dzara'a -- ضَرَعَ........ 330
Dza'ufa -- ضَعُفَ........ 331
Dza'afa - ضَعَفَ........ 331
Dzaghatha ضَغَثَ........ 332
Dzaghina ضَغِنَ........ 332
Dzafda'a ضَفْدَعَ........ 332
Dzalla ----- ضَلّ........ 333
Dzamara - ضَمَرَ........ 334
Dzamma -- ضَمّ........ 334
Dzanaka- ضَنَكَ........ 334
Dzanna --- ضَنّ........ 334
Dzahiya ضَهِيَ........ 334
Dzâ'a ------- ضاءَ........ 334
Dzâra ----- ضارَ........ 335
Dzâza ----- ضازَ........ 335
Dzâ'a ------ ضاعَ........ 335
Dzâfa ---- ضافَ........ 335
Dzâqa ---- ضاقَ........ 335

Tâ ط

Tab'a ------- طَبَعَ........ 336
Tabaqa --- طَبَقَ........ 337

Tahâ -------- طها........ 337
Taraha ---- طَرَحَ........ 337
Tariha ----- طَرِحَ........ 337
Tarada ---- طَرَدَ........ 337
Tarafa ---- طَرَفَ........ 337
Taraqa ---- طَرَقَ........ 338
Tariya ---- طَرِيَ........ 338
Taruwa----- طَرُوَ........ 338
Ta'ima----- طَعِمَ........ 338
Ta'ana ---- طَعَنَ........ 339
Taghâ ----- طَغىٰ........ 339
Tafiya ----- طَفِيَ........ 340
Taffa ------- طَفَّ........ 340
Tafiqa ----- طَفِقَ........ 340
Tafula ----- طَفُلَ........ 340
Talaba --- طَلَبَ........ 340
Talaha ---- طَلَحَ........ 340
Tala'a ----- طَلَعَ........ 341
Talaqa ---- طَلَقَ........ 341
Talla -------- طَلَّ........ 342
Tamatha - طَمَثَ........ 342
Tamitha -- طَمِثَ........ 342
Tamasa - طَمَسَ........ 342
Tami'a----- طَمِعَ........ 343
Tamma----- طَمَّ........ 343
Tamana --- طمن........ 343
Tâ hâ------- طٰه........ 343
Tahura ---- طَهُرَ........ 344
Tahara -----طَهَرَ........ 344
Tâda ------- طادَ........ 345
Târa -------- طارَ........ 345
Tâ'a ------- طاعَ........ 345
Tâfa ------ طافَ........ 346
Tâqa ------ طاقَ........ 347
Tâla ------- طالَ........ 347
Tawa ----- طَوىَ........ 348
Tâba ----- طابَ........ 348
Târa -------- طارَ........ 349
Tâna ------ طانَ........ 349

Zâ ظ

Za'ana --- ظَعَنَ........ 350
Zafara----- ظَفَرَ........ 350
Zalla -------- ظَلَّ........ 350
Zalama --- ظَلَمَ........ 351
Zalima ---- ظَلِمَ........ 352
Zami'a ---- ظَمِأَ........ 352
Zanna ------ ظَنَّ........ 352
Zahara ----- ظَهَرَ........ 353

'Ain ع

'Aba'a ------ عبأ........ 354
'Abitha --- عَبِثَ........ 354
'Abada ---- عَبَدَ........ 355
'Abara------ عَبَرَ........ 356
'Abasa — عَبَسَ........ 356
'Abqariyun عَبقَرِي........ 356
'Ataba ---- عَتَبَ........ 357
'Atuda ------عَتُدَ........ 357
'Ataqa ----- عَتَقَ........ 357
'Ataya ---- عَتيَ........ 358
'Atawa ---- عَتَوَ........ 358
'Athara---- عَثَرَ........ 358
'Athâ ------- عثا........ 358
'Ajiba ---- عَجِبَ........ 358
'Ajaza ---- عَجَزَ........ 359
'Ajiza ----- عَجِزَ........ 359
'Ajufa ---- عَجُفَ........ 360
'Ajifa ------ عَجِفَ........ 360
'Ajila ------ عَجِلَ........ 360
'Ajama --- عجم........ 361

'Adda ------- عَدّ 361
'Adasa -- عدس 361
'Adala ----- عدل 362
'Adana --- عَدَنَ 362
'Ada -------- عَدا 362
'Adhuba - عَذُب 363
'Adhara ---- عَذر 364
'Aruba ---- عُرَب 364
'Araja ------ عَرج 365
'Arija -------- عَرج 365
'Arjana --- عَرجَن 365
'Arra --------- عرّ 366
'Arasha -- عَرش 366
'Aradza -- عَرض 366
'Aridza -- عَرض 366
'Arafa ----- عَرَف 367
'Arama ---- عَرم 369
'Arâ --------- عَرا 369
'Ariya ------ عَرَى 369
'Azaba --- عَزَب 370
'Azar ------- عَزر 370
'Azza -------- عَز 371
'Azala ------ عَزل 371
'Azama --- عَزم 372
'Azâ ------- عَزى 372
'Asura ----- عَسُر 372
'Assa ------- عَسّ 373
'Asala ---- عَسل 373
'Asâ ------ عسىٰ 373
'Ashara -- عَشر 373
'Ashâ ------ عَشا 374
'Ashiya --- عَشَى 374
'Asaba -- عَصَب 374
'Asar ----- عَصر 375
'Asafa --- عَصف 375
'Asama -- عَصَم 375
'Asâ ------- عصا 376
'Asâ ------ عصىٰ 376
'Adzada - عضد 377
'Adzdza -- عَضّ 377
'Adzala - عضل 377
'Adzâ ------ عضا 377
'Atafa ----- عَطِف 377
'Atala ------ عَطِل 378
'Atila ------- عطَل 378
'Atâ --------- عَطا 378
'Azuma --- عَظُم 378
'Azama --- عِظم 378
'Azama --- عَظم 378
'Afara ------ عَفر 379
'Affa -------- عف 379
'Afâ --------- عفا 379
'Aqaba ---- عَقَب 380
'Aqada ----- عَقَد 381
'Aqara ------ عقر 382
'Aqala ----- عَقَل 382
'Aqama ---- عقم 382
'Akafa --- عكف 382
'Aliqa ------- عَلق 383
'Alama ----- عَلَم 383
'Alana ----- عَلن 385
'Aluna ------ عَلُن 385
'Alâ --------- علا 385
'Alâ -------- على 387
'Amada -- عَمد 387
'Amara ---- عَمَر 387
'Amuqa -- عَمَق 388
'Amila ---- عَمِل 388
'Ammun --- عَمّ 389
'Amiha ---- عمه 389
'Amiya --- عَمِى 389
'An ---------- عن 390
'Anaba --- عَنَب 390

‘Anita ------ عَنَت........ 390
‘Anada ---- عَنَد........ 391
‘Anuda ----- عَنُد........ 391
‘Anida ------ عَنِد........ 391
‘Inda -------- عِندَ........ 391
‘Aniqa ----- عَنق........ 391
‘Ankabun عَنكب....... 392
‘Ana -------- عَنا........ 392
‘Ahida ----- عهد........ 392
‘Ahana ---- عَهَن........ 392
‘Awija------ عوج........ 392
‘Âda -------- عَاد........ 392
‘Âdha------- عاذ........ 394
‘Âra --------- عار........ 394
’Âqa --------عاق........ 395
’Âla --------- عال........ 395
‘Âma ------- عام........ 395
‘Âna --------عانَ........ 395
‘Âba ------- عاب........ 396
‘Âra --------- عار........ 396
‘Isa------- عيسىٰ........ 396
‘Âsha ------عَاش........ 398
‘Âna --------عاَن........ 398
‘Âyya ------ عَيّي........ 398

Ghain غ

Ghabara-- غَبَر........ 399
Ghabana -- غَبَن........ 399
Ghaththa - غثّ........ 399
Ghadara---غَدَر........ 399
Ghadiqa -- غَدق........ 400
Ghada ----- غَدا........ 400
Gharaba- غَرَب........ 400
Gharra ----- غرّ........ 401
Gharafa--- غَرَف........ 401
Ghariqa --- غرق........ 401
Gharima -- غرم........ 402
Gharâ ------ غَرا........ 402
Ghazala --- غزل........ 402
Ghazâ ------غزا........ 402
Ghasaqa -غَسِق........ 402
Ghasala - غسل........ 402
Ghashiya غشَى........ 403
Ghasab --غَصَب........ 404
Ghassa -- غصّ........ 404
Ghadziba غَضب 404
Ghadzdza غَضّ 404
Ghatasha غَطَش 405
Ghata ------غطا........ 405
Ghafara -- غَفَر........ 405
Ghafala --- غَفَل........ 406
Ghalaba - غَلَب........ 407
Ghalaza -- غلظ........ 407
Ghalafa -- غَلَفَ........ 408
Ghalaqa --- غَلَق........ 408
Ghalla------ غلّ........ 408
Ghulâmun غلام........ 408
Ghalâ ------ غَلا........ 409
Ghala ------غَلى........ 409
Ghamara - غَمَر........ 409
Ghamaza - غَمَز........ 409
Ghamadza غَمَض 409
Ghamma -- غمّ........ 409
Ghanima - غَنمَ........ 410
Ghaniya -- غَنِي........ 410
Ghâtha -- غاث........ 411
Ghâra ------ غار........ 411
Ghâsa -- غاصَ........ 411
Ghâta ---- غاط........ 411
Ghâla ----- غال........ 412
Ghawa --- غوَى........ 412
Ghâba ---- غاب........ 412

Ghâtha ---- غاث 413
Ghâra ------ غاَر 413
Ghâdza -- غاض 413
Ghâza ---- غاظ 413

Fa فَ

Fa'ada ----- فأد 414
Fi'atun ----- فئة 414
Fati'a ------- فَتي 415
Fataha ---- فَتَح 415
Fatara ------- فَتر 415
Fataqa ----- فَتَق 416
Fatala ----- فَتل 416
Fatana ----- فَتَن 416
Fatiya ------ فَتىَ 417
Fajja -------- فَجّ 418
Fajara ------ فجر 418
Fajâ -------- فجا 418
Fahusha - فَحش 418
Fakhara --- فَخر 419
Fada ------ فَدى 419
Faruta ----- فُرت 419
Faratha --- فَرَث 420
Farutha --- فَرُث 420
Faraja ------ فرج 420
Fariha ------ فرح 420
Farada ----- فَرَد 421
Farida ------ فَرد 421
Fardasa - فُردَس 421
Farra -------- فرّ 421
Farasha -- فَرش 421
Faradza -- فَرَض 422
Farata ------ فرط 422
Fara'a ------ فَرع 423
Faragha --- فَرَغ 423
Faraqa ----- فَرَق 423
Fariqa ------ فَرق 423
Fariha ------- فَره 425
Farâ -------- فَرى 425
Fariya ------ فَرَى 425
Fazza -------- فَزّ 426
Fazi'a ----- فزع 426
Fasaha --- فَسَحَ 426
Fasuha -- فَسحَ 426
Fasada -- فَسَدَ 426
Fasuda --- فَسدَ 426
Fasara ----- فَسَرَ 427
Fasaqa -- فَسَق 427
Fashila --- فَشل 428
Fasuha - فَصحَ 428
Fasala --- فَصَلَ 428
Fasama --- فَصَمَ 428
Fadzaha - فَضَحَ 429
Fadzdza -- فَض 429
Fadzdzadza فَضّض 429
Fadzala --- فَضل 429
Fadzila --- فَضل 429
Fadziya -- فَضَيَ 430
Fatara ----- فَطَرَ 430
Fazza ------ فَظّ 430
Fa'ala ----- فَعل 431
Faqada --- فَقَدَ 431
Faqura ----- فَقرَ 432
Faqa'a ----- فَقَعَ 432
Faqiha ------ فَقه 432
Fakara ----- فَكَّرَ 432
Fakka ------- فكّ 433
Fakiha ----- فَكهَ 433
Falaha ---- فَلَحَ 433
Falaqa ----- فَلَق 434
Falaka ----- فَلَكَ 435
Fulânun -- فلان 435

Fanida ----- فَندَ........ 435
Fanna ------ فنّ........ 435
Faniya ---- فَنِيَ........ 435
Fahima --- فَهِمَ........ 435
Fâta --------فاتَ........ 436
Fâja -------- فاجَ........ 436
Fâra ---------فارَ........ 436
Fâza ---------فازَ........ 436
Fâdza -----فاضَ........ 437
Faqa ------- فاقَ........ 437
Fâma --------فَامَ........ 437
Fâha --------فاهَ........ 437
Fî------------ فِي........ 438
Fâ'a -------- فاءَ........ 438
Fâdza ---- فاضَ........ 438
Fâla -------- فالَ........ 439

Qâf ق

Qabaha --- قَبَحَ........ 439
Qabuha ---- قَبُحَ........ 439
Qabura ----- قَبُرَ........ 439
Qabara -----قَبَرَ........ 439
Qabasa -- قَبَسَ........ 439
Qabadza - قَبَضَ........ 440
Qabila ------ قَبِلَ........ 440
Qatara ----- قَتَرَ........ 441
Qatala------قَتَلَ........ 442
Qatha'a ----- قثأ........ 443
Qahama -- قَحَمَ........ 443
Qad---------- قَد........ 444
Qadaha ----قَدَحَ........ 444
Qadda ----- قدّ........ 444
Qadara --- قَدَرَ........ 444
Qadira ---- قَدِرَ........ 444
Qadusa -- قَدُسَ........ 446
Qadama -- قَدَمَ........ 446
Qadima ---- قَدِمَ........ 446
Qada -------- قَدَ........ 447
Qadhafa - قَذَفَ........ 448
Qara'a ------ قَرأَ........ 448
Qariba ---- قَرِبَ........ 449
Qaruba --- قَرُبَ........ 449
Qaraha ---- قَرِحَ........ 450
Qarada ---- قَرَدَ........ 450
Qarra -------- قَرّ........ 450
Qarasha - قَرَشَ........ 451
Qaradza - قَرَضَ........ 451
Qartasa قَرطَسَ........ 452
Qara'a ---- قَرَعَ........ 452
Qarafa ---- قَرَفَ........ 452
Qarana --- قَرَنَ........ 452
Qara ------- قَرَى........ 453
Qasara --- قَسَرَ........ 454
Qassa----- قَسّ........ 454
Qasata --- قَسَطَ........ 454
Qasuta --- قَسُطَ........ 454
Qasama -- قَسَمَ........ 454
Qasâ ------ قَسا........ 455
Qash'ara قَشعَرَ........ 455
Qasada -- قَصَدَ........ 455
Qasara -- قَصَرَ........ 456
Qassa ----- قَصّ........ 456
Qasafa -- قَصَفَ........ 457
Qasama - قَصَمَ........ 457
Qasa ------ قَصا........ 457
Qadzaba قَضَبَ........ 457
Qadzdza - قَضّ........ 457
Qadzâ --- قَضَى........ 458
Qatara ----- قَطَرَ........ 458
Qatta ------- قَطّ........ 458
Qata'a----- قَطَعَ........ 459
Qatafa --- قَطَفَ........ 462

Qitmîr -- قطمير........ 462
Qa'ada ---- قَعَدَ........ 462
Qa'ara ---- قَعَرَ........ 463
Qafala ---- قَفَلَ........ 463
Qafâ --------- قَفا........ 463
Qalaba ----- قَلَبَ........ 464
Qalada ----- قَلَدَ........ 465
Qala'a ------ قَلَعَ........ 465
Qalla ------- قَلَّ........ 465
Qalama ---- قلم........ 466
Qalâ ------- قلى........ 466
Qamaha -- قَمَحَ........ 466
Qamira ---- قَمِرَ........ 466
Qamasa - قَمَصَ........ 466
Qamtara - قَمطَرَ........ 466
Qama'a ---- قَمَعَ........ 466
Qumila ---- قُمِلَ........ 467
Qanata ---- قَنَتَ........ 467
Qanata ---- قَنَطَ........ 467
Qanita ------ قَنِطَ........ 467
Qantara -- قَنطَرَ........ 467
Qana'a ------ قَنَعَ........ 468
Qani'a ------ قَنِعَ........ 468
Qanâ -------- قَنَا........ 468
Qanâ ------- قَنَى........ 468
Qahara --- قَهَرَ........ 468
Qâba ------- قاب........ 468
Qâta ------- قات........ 469
Qâsa ----- قاس........ 469
Qâ'a -------- قاع........ 469
Qâla --------- قال........ 469
Qâma ------ قام........ 471
Qawiya ---- قَوِيَ........ 474
Qâdza ----- قاضَ........ 474
Qâla -------- قالى........ 474

Ka كَ

Ka/Ki ----- كَ/كِ........ 475
Ka'sun ---- كأس........ 475
Ka'ayyin - كأيِّن........ 475
Kabba ------ كَبَّ........ 475
Kabata ---- كَبَتَ........ 476
Kabada ---- كَبَدَ........ 476
Kabida ----- كَبِدَ........ 476
Kabura ------ كَبُرَ........ 476
Kabira ------ كَبِرَ........ 476
Kabba ------ كَبَّ........ 477
Kataba --- كَتَبَ........ 478
Katama --- كَتَمَ........ 479
Kathaba - كَثَبَ........ 479
Kathara ---- كَثَرَ........ 479
Kathura --- كَثُرَ........ 479
Kadaha -- كَدَحَ........ 480
Kadara ---- كَدَرَ........ 480
Kadâ ----- كَدىٰ........ 480
Kadhaba كَذَبَ........ 481
Karab ---- كَرَبَ........ 482
Karra -------- كَرَّ........ 482
Karasa --- كَرِسَ........ 482
Karuma ---- كَرُمَ........ 483
Karama ---- كَرَمَ........ 483
Karaha ----- كَرِهَ........ 484
Kasaba -- كَسَبَ........ 485
Kasada --- كَسَدَ........ 485
Kasuda --- كَسُدَ........ 485
Kasafa -- كَسَفَ........ 485
Kasila ---- كَسِلَ........ 486
Kasa ---- كَسَى........ 486
Kashata كَشَطَ........ 486
Kashafa كَشَفَ........ 486
Kazama --- كَظَمَ........ 487
Ka'aba ---- كَعَبَ........ 487

Kafa'a ------ كَفأَ 489
Kafata ----- كَفَتَ 489
Kafara ----- كَفَرَ 489
Kaffa ------ كَفَّ 491
Kafala ----- كَفَلَ 492
Kafâ ------- كَفَي 493
Kala'a ------ كَلأَ 493
Kaliba ----- كَلِبَ 493
Kala<u>h</u>a ---- كَلَحَ 493
Kalifa ------ كَلِفَ 494
Kalla -------- كَلَّ 494
Kullun ------ كُلّ 494
Kallâ ------- كَلّا 495
Kalama ---- كَلَم 495
Kiltâ -------- كلتا 496
Kilâ --------- كِلا 496
Kam --------- كَم 496
Kum --------- كُم 496
Kumâ ------ كُما 496
Kamâ ------ كَما 496
Kamala --- كَمَلَ 496
Kamula --- كَمُلَ 496
Kamila ---- كَمِلَ 496
Kamma ---- كَمَّ 497
Kamiha --- كَمِهَ 497
Kanada ---- كَنَدَ 497
Kanaza ----- كَنَزَ 497
Kanasa -- كَنَس 497
Kanna ------ كَنَّ 498
Kahafa --- كَهَفَ 498
Kahala ---- كَهَلَ 498
Kahuna --- كَهُنَ 498
Kâf-Hâ -Yâ -'Ain- <u>S</u>âd ......
—— كٰهٰيعص 499
Kâba ------ كَأَبَ 499
Kâda ------ كَادَ 499
Kâra ------- كَارَ 499
Kaukaba - كوكب 500
Kâna ------ كَانَ 500
Kawâ ----- كوىٰ 502
Kai --------- كَيْ 502
Kaida ------ كَيد 502
Kâfa ------ كَافَ 503
Kâla ------- كَالَ 503
Kâna كَانَ (يكن) 503

Läm ل

La ------------- ل 504
Lâ ------------ لا 505
La'aka ----- لأك 505
La'la'a ------ لألأ 506
Labba ------ لبّ 506
Labi<u>th</u>a --- لَبِثَ 507
Labada ---- لَبَدَ 507
Labisa ----- لَبِس 507
Labasa ---- لَبَس 507
Labana ----- لَبَنَ 508
Labina ----- لَبِنَ 508
Laja'a ------ لَجأَ 508
Lajja --------- لَجَّ 508
La<u>h</u>ada --- لَحَدَ 508
La<u>h</u>afa --- لَحَفَ 508
La<u>h</u>iqa ---- لَحِقَ 508
La<u>h</u>ama --- لَحَمَ 509
La<u>h</u>ana ---- لَحَنَ 509
Li<u>h</u>yatun - لحيَة 509
Ladda ------- لَدَّ 509
Ladun ----- لدن 509
Ladai ------ لدي 509
Lidâ -------- لدٰى 509
La<u>dhdh</u>a ---- لَذَّ 510
Laziba ---- لَزِبَ 510

Lazima ----- لزِمَ........ 510
Lasana--- لَسِنَ........ 510
La<u>t</u>ufa --- لطفَ........ 511
La<u>z</u>iya----- لظِي........ 511
La'iba ----- لَعِبَ........ 511
La'alla----- لَعلّ........ 511
La'ana ---- لعن........ 512
La<u>gh</u>aba-- لَغَبَ........ 512
La<u>gh</u>iya ---- لَغيَ........ 512
La<u>gh</u>aya --- لَغَى........ 512
Lafata ----- لفَتَ........ 513
Lafa<u>h</u>a ----- لفَح........ 513
Lafa<u>z</u>a ----- لفظَ........ 513
Lafi<u>z</u>a ----- لفظَ........ 513
Laffa-------- لَفّ........ 513
Lafâ -------- لفا........ 514
Laqaba --- لَقَبَ........ 514
Laqa<u>h</u>a --- لَقَحَ........ 514
Laqa<u>t</u>a ---- لقطَ........ 514
Laqifa ----- لقفَ........ 515
Laqama---- لَقَمَ........ 515
Luqmân-- لقمان........ 515
Laqiya ---- لقيَ........ 515
Lâkin ------ لاكن........ 517
Lam --------- لم........ 517
Lima -------- لِمَ........ 517
Lama<u>h</u>a--- لَمَحَ........ 517
Lamaza---- لمَزَ........ 518
Lamasa-- لمَس........ 518
Lamma ----- لمّ........ 518
Lan --------- لن........ 519
Lahiba ---- لهَبَ........ 519
Laha<u>th</u>a--- لَهَثَ........ 519
Lahima----- لهمَ........ 519
Lahâ -------- لها........ 519
Lau --------- لو........ 520
Lâta-------- لات........ 520
Lâ<u>h</u>a --------- لاح........ 520
Lâdha ------- لاذ........ 520
Lâ<u>t</u>a -------- لاط........ 521
Lâma -------- لامَ........ 521
Launun ---- لون........ 522
Lawâ ------ لوىٰ........ 522
Lâta -------- لات........ 522
Laita -------- ليت........ 522
Laisa ------ ليسَ........ 522
Lailun ------ ليلَ........ 522
Lailatun ---- ليلة........ 522
Lâna --------- لان........ 523

Mîm م

Mâ ------------ مأ........ 523
Ma'aya----- مأى........ 524
Mata'a ----- مَتعَ........ 524
Matuna --- مَتُنَ........ 525
Matâ------- مَتِى........ 525
Ma<u>th</u>ala---- مَثلَ........ 525
Majada ---- مجَدَ........ 526
Majusa-- مَجسَ........ 526
Ma<u>h</u>a<u>s</u>a- مَحصَ........ 526
Ma<u>h</u>aqa--- محِقَ........ 527
Ma<u>h</u>ala --- مَحل........ 527
Ma<u>h</u>ana-- مَحَن........ 527
Ma<u>h</u>â -------- محَا........ 527
Ma<u>kh</u>ara--- مَخرَ........ 527
Ma<u>kh</u>a<u>dz</u>a مخَض........ 527
Madda ------ مدّ........ 528
Madana--- مَدَن........ 528
Mara'a ----- مَرأ........ 529
Marata --- مَرت........ 529
Maraja ---- مَرَجَ........ 529
Mari<u>h</u>a ---- مَرحَ........ 529

Marada --- مَرَدَ........ 530
Marra ------- مَرّ........ 530
Maridza -- مَرض........ 530
Marwun --- مَرو........ 531
Mara ------ مَرَى........ 531
Maryam --- مريم........ 532
Mazaja ---- مَزَجَ........ 532
Mazaqa --- مَزَقَ........ 532
Mazana --- مزنَ........ 532
Masaha -- مَسَحَ........ 532
Masakha - مَسَخَ........ 533
Masada --- مَسَدَ........ 534
Massa ---- مَسّ........ 534
Masaka -- مَسَكَ........ 534
Masa ------ مَسَى........ 535
Mashaja -- مَشَجَ........ 535
Mashâ ---- مَشَى........ 535
Masara --- مَصَرَ........ 535
Madzagha مَضَغَ........... 536
Madzâ --- مَضَى........ 536
Matara ----- مطَرَ........ 536
Ma'a --------- مَعَ........ 536
Ma'iza ------ معز........ 537
Ma'ana ---- مَعَنَ........ 537
Ma'yun ---- مَعي........ 537
Maqata --- مَقَتَ........ 537
Makatha - مَكَثَ........ 537
Makara ---- مَكَرَ........ 538
Makkah --- مَكّة........ 538
Mîkâl ---- ميكال........ 539
Makuna --- مَكُنَ........ 539
Makâ ------- مكا........ 539
Mala'a ----- ملاء........ 539
Malaha ---- مَلَحَ........ 540
Malaqa ----- مَلِقَ........ 540
Malaka ---- مَلكَ........ 540
Malla ------- مَلّ........ 541
Mala --------- مَلا........ 541
Mimmâ --- ممّا........ 542
Mimman -- ممّن........ 542
Man -------- مَن........ 542
Min ---------- مِن........ 542
Mana'a ---- مَنَعَ........ 542
Manna' ---- مَنّ........ 542
Mana ------ مَنَى........ 543
Mahada --- مَهَدَ........ 544
Mahala --- مَهَلَ........ 544
Mahma --- مهمَا........ 544
Mahuna ---- مَهُنَ........ 545
Mâta ------- مَات........ 545
Mâja -------- مَاجَ........ 546
Mâra ------- مَارَ........ 546
Mûsa ----- مُوسٰى........ 546
Mâla -------- مِال........ 547
Mâha -------- ماه........ 547
Mâda ------- مَادَ........ 548
Mâra ------- مَارَ........ 548
Mâza ------- مَازَ........ 548
Mâla -------- مَال........ 548

Nûn ن

N -------------- ن........ 549
Nâ ------------ نا........ 549
Na'a -------- نأي........ 549
Naba'a ------ نَبأ........ 549
Nabata ---- نَبَتَ........ 550
Nabadha --- نَبَذَ........ 551
Nabaza ---- نَبَزَ........ 551
Nabata ---- نَبَطَ........ 551
Naba'a ----- نبَعَ........ 551
Nataqa ---- نَتَقَ........ 551
Najada ----- نَجَدَ........ 552
Najisa ---- نَجِسَ........ 552

Najal ------ نَجَل 552
Najama --- نَجَمَ 554
Najâ -------- نَجا 554
Nahaba -- نَحَبَ 555
Nahata ---- نَحَتَ 555
Nahara ----- نَحَرَ 555
Nahisa --- نَحِسَ 555
Nahala ---- نَحَلَ 555
Nahnu ----- نَحن 555
Nakhira --- نَخِرَ 555
Nakhala -- نَخَل 556
Nadda ------- نَدّ 556
Nadima ---- نَدِمَ 556
Nâda ----- نَادَى 556
Nadhara --- نَذَرَ 557
Naza‘a ----- نَزَعَ 558
Nazagha -- نَزَغَ 558
Nazafa ----- نَزَفَ 559
Nazala ------ نَزَلَ 559
Nasa’a --- نَسَاءَ 560
Nasaba -- نَسَبَ 561
Nasakha -- نَسَخَ 561
Nasara ---- نَسَرَ 561
Nasafa --- نَسِفَ 561
Nasaka --- نَسَك 561
Nasala --- نَسَلَ 562
Niswatun نِسوَة 562
Nasiya --- نَسِيَ 562
Nasha’a -- نَشَأَ 562
Nashara -- نَشَرَ 563
Nashaza --- نَشَزَ 564
Nashata - نَشَطَ 564
Nasaba -- نَصَبَ 564
Nasata --- نَصَتَ 565
Nasaha – نَصَحَ 565
Nasara ----- نَصَرَ 565
Nasafa --- نَصَفَ 566
Nasâ ------- نَصَا 566
Nadzija -- نَضَجَ 567
Nadzakha نَضَخَ 567
Nadzada نَضَدَ 567
Nadzira ---- نَضِرَ 567
Nadzara -- نَضَرَ 567
Nadzura --- نَضُرَ 567
Nataha ---- نَطَحَ 567
Natafa ---- نَطَفَ 567
Nataqa ---- نَطَقَ 567
Nazara ----- نَظَرَ 568
Na‘aja ------ نَعَجَ 569
Na‘asa --- نَعَسَ 569
Na‘aqa ----- نَعَقَ 569
Na‘ala ------ نَعَلَ 569
Na‘ama ----- نَعَمَ 569
Naghadza نَغَضَ 570
Nafatha --- نَفَثَ 570
Nafaha ----- نَفَحَ 571
Nafakha --- نَفَخَ 571
Nafida ------ نَفِدَ 571
Nafadha --- نَفَذَ 571
Nafara ------ نَفَرَ 571
Nafasa --- نَفِسَ 572
Nafasha - نَفَشَ 573
Nafa‘a ------- نَفَعَ 573
Nafaqa ----- نَفِقَ 573
Nafala ----- نَفل 574
Nafâ -------- نَفَى 574
Naqaba --- نَقَبَ 574
Naqadha -- نَقَذَ 575
Naqara ---- نَقَرَ 575
Naqasa -- نَقَص 575
Naqadza نَقَضَ 575
Naqa‘a ----- نَقَعَ 576
Naqama ---- نَقَمَ 576

Naqima ----- نَقِم 576
Nakaba -- نَكَب 576
Nakatha -- نَكَثَ 576
Nakaha ---- نكح 577
Nakida ----- نَكِدَ 577
Nakira ------ نَكِرَ 577
Nakasa -- نَكَسَ 578
Nakasa -- نكص 578
Nakafa --- نَكَفَ 578
Nakala ---- نَكَلَ 578
Namâriqa نمارق 578
Namala --- نَمَلَ 578
Namila ----- نَمِلَ 578
Namma ----- نَمّ 579
Nahaja ---- نَهَجَ 579
Nahara ------ نَهَر 580
Nahâ ------ نَهٰى 580
Nâ'a -------- نَاءَ 581
Nâba ------- نَابَ 581
Nâha ------- نَاحَ 582
Nâra -------- نَار 582
Nâsa ------- نَاسِ 583
Nâsha ----- نَاشَ 583
Nâsa ------ نَاصَ 583
Nâqa ------- نَاق 583
Nâma ------ نَام 584
Nawâ ------- نَوَى 584
Nâla -------- نال 584

Hâ ه

Hâ ----------- ها 584
Habata ---- هَبط 585
Haba ------- هَبا 585
Hajada ---- هَجَدَ 585
Hajara ----- هَجَرَ 586
Haja'a ----- هَجَعَ 586
Hadda ------ هَدّ 586
Hadama - هَدَمَ 587
Hadhada هَدهَد 587
Hada ------ هَدَى 588
Haraba -- هَرَبَ 589
Harata --- هَرَتَ 589
Hari'a ----- هَرِعَ 590
Hara'a ---- هَرَعَ 590
Hârûn --- هارون 590
Haza'a ----- هَزَء 590
Hazi'a ------ هزِء 590
Hazza ------- هَزّ 590
Hazala ---- هَزَل 591
Hazama -- هَزَمَ 591
Hashsha -- هَشّ 591
Hashama - هَشَم 591
Hadzama - هَضَم 591
Hata'a ----- هِطَع 591
Hal --------- هل 591
Hali'a ------- هَلِعَ 592
Halaka ----- هَلَك 592
Halika ------ هَلك 592
Halla ------- هَلّ 592
Halumma -- هَلُمّ 593
Hamada -- هَمَدَ 593
Hamara --- هَمَرَ 593
Hamaza -- هَمَزَ 593
Hamasa هَمَسَ 593
Hum -------- هُم 593
Him --------- هِم 593
Hamma ----- هَمّ 593
Huna ------- هنا 594
Hamana -- هَمَنَ 594
Haimana هَيمَنَ 594
Hunâlika هنالك 595
Hana'a ---- هناء 595

Hâhunâ -- هٰهُنا........ 595
Huwa ------- هُوَ........ 596
Hâda ------- هاد........ 596
Hûd --------- هود........ 596
Hâra -------- هارَ........ 596
Hâ'ulâi --- هٰؤلاء........ 596
Hâna ------- هانَ........ 597
Hawâ ----- هَوىَ........ 597
Hiya -------- هِيَ........ 597
Hâ'a --------- هَاءَ........ 597
Haita ------ هَيتَ........ 598
Hâja -------- هاجَ........ 598
Hâla -------- هالَ........ 598
Hâma ------ هامَ........ 598
Hâtu ------- هاتوا........ 598
Hîha -------- هيهَ........ 598
Haihâta هَيهاتَ........ 598

Wâw و

Wa'ada ----- وأد........ 599
Wa'al -------- وأل........ 599
Wabara ---- وبَرَ........ 599
Wabaqa --- وبق........ 599
Wabiqa ---- وَبِق........ 599
Wabala --- وَبَلَ........ 599
Watada --- وَتَدَ........ 600
Watara ------ وَتَرَ........ 600
Watana -- وَ تَنَ........ 601
Wathaqa -- وَثِقَ........ 601
Wathana - وَثَنَ........ 601
Wajaba --- وَجَبَ........ 601
Wajada ---- وَجَدَ........ 601
Wajasa - وَجَسَ........ 602
Wajafa --- وَجَفَ........ 602
Wajala ---- وَجِلَ........ 602
Wajaha --- وَجَهَ........ 602
Wahada --- وَحد........ 603
Wahasha وَحَشَ........ 604
Wahâ ------ وَحَى........ 604
Wadd -------- ودّ........ 604
Wada'a --- وَدَعَ........ 605
Wadaqa -- وَدَقَ........ 605
Wada ------ وَدَى........ 605
Wadhara - وَذَرَ........ 605
Waritha -- وَرِثَ........ 606
Warada --- وَرَدَ........ 606
Waraqa ---- وَرَقَ........ 607
Wara ------ وَرَى........ 607
Wazara --- وَزَرَ........ 607
Waza'a ---- وَزَعَ........ 608
Wazana --- وَزَنَ........ 608
Wasata --- وَسطَ........ 608
Wasi'a ----- وَسِعَ........ 608
Wasaqa - وَسَقَ........ 609
Wasala -- وَسَلَ........ 609
Wasama -- وَسَمَ........ 609
Wasana - وَسَنَ........ 609
Waswasa وَسوَسَ........ 609
Washa ---- وَشَى........ 610
Wasaba - وَصَبَ........ 610
Wasada -- وَصَدَ........ 610
Wasafa -- وَصَفَ........ 610
Wasala --- وَصَلَ........ 610
Wasa ----- وَصَى........ 611
Wadza'a -- وَضَعَ........ 611
Wadzana وَضَنَ........ 612
Wati'a ---- وَطِئَ........ 612
Watar ------ وَطَرَ........ 612
Watana --- وطَنَ........ 613
Wa'ada --- وَعَدَ........ 613
Wa'aza -- وَعظ........ 613
Wa'a ------- وَعَى........ 614

Wafada ---- وفَد........ 614
Wafara ----- وفَرَ........ 614
Wafa<u>dz</u>a - وفَضَ........ 614
Wafiqa ---- وفِقَ........ 614
Wafa ------- وفى........ 615
Waqaba - وَقَب........ 616
Waqata -- وَقَت........ 616
Waqada --- وَقَد........ 616
Waqadza -- وَقذ........ 617
Waqara ---- وَقَر........ 617
Waqa'a ---- وَقَع........ 617
Waqafa --- وَقف........ 618
Waqa ------- وَقي........ 618
Waka'a ---- وكأ........ 619
Wakada — وكد........ 619
Wakaza---- وكِز........ 619
Wakala --- وكل........ 620
Walata -----ولت........ 620
Walaja ----- ولج........ 620
Walada ---- ولد........ 620
Waliya ---- ولى........ 621
Wana------ وَنى........ 622
Wahaba - وَهَب........ 622
Wahaja ----وَهَج........ 622
Wahana -- وَهَن........ 623
Waha------ وَهَى........ 623
Waika'anna وَيكأن...... 623
Wailun ----- وَيل........ 623

Ya ي

Yâ------------ يأ........ 624
Ya' isa---- يَئِسَ........ 624
Yabisa ---- يَبِسَ........ 625
Yabasa --- يَبَسَ........ 625
Yatama -----يَتَمَ........ 625
Yâjûj---- يأجوج........ 625
Yada-------يدَى........ 625
YâSîn ----- يٰسِ........ 626
Yasara ----- يسر........ 626
Al-Yasa'a اليَسَعَ........ 626
Ya'qûb --يعقوب........ 626
Ya'ûq ----- يَعوق........ 627
Ya<u>gh</u>û<u>th</u> - يَغوث........ 627
Yâqût --- ياقوت........ 627
Yaq<u>t</u>în ---- يَقطين........ 627
Yaqina ----- يِقن........ 627
Yumma ----- يمّ........ 627
Yamana --- يمن........ 628
Yamina ---- يمِن........ 628
Yana'a ----- يَنَع........ 628
Yûsuf---- يوسف........ 628
Yawima -----يوم........ 628
Yûnus ---- يَونس........ 628

An Overview of The Dictionary

Language
Not the Invention of Human Mind

When we reflect on what a human being is, it becomes obvious that he is like an animal who is distinguishable from other animals by virtue of his faculty of speech. Animals can learn a pattern of behaviour or react to a sound, but they can never learn a language, no matter how much effort and time we put in. It is wrong to think that the faculty of speech or language is the product and creation of the human mind and logical thinking. The originator and creator of language is Allâh (God) the Almighty. We are told in the Holy Qur'ân:

خَلَقَ الْإِنسَٰنَ ۝٣ عَلَّمَهُ الْبَيَانَ ۝٤

He created human being taught him the (the art of) intelligence and distinct speech (55:3-4).

Ibn 'Abbâs and many other companions of the Holy Prophet ﷺ and their successors such as Mujâhid, Sa'îd bin Jubair, Qatâdah, and 'Alâ and then after them Ash'arî, Ibn Fâris, Sayûṯî etc., *(may Allâh be pleased with all of them)* all expressed the opinion that language is acquainted, inspired and taught by Allâh; it is a *Waẖî* وحي, a revelation and a gift from Allâh to human beings. They quote in support of this the following *Ayât* (verses) of the Holy Qur'ân:

وَعَلَّمَ ءَادَمَ الْأَسْمَاءَ

And He taught Adam the names (asmâ') ... (2:31).

In Arabic *ism* اسم means a thing, a word fixed for a thing or an attribute for the purpose of distinction; a mark or sign of a thing; a word with its meaning and combinations (Mufradât). Thus it may be used for nouns, verbs, letters and a language. The verse quoted above thus means that Allâh taught Adam the language.

Languages Change with Time

The languages of the world suffer from the vicissitudes of time. Words change in form and meaning as human beings' evolve from generation to generation. The language of a writer, however capable and eloquent in expressing his mind and thought to the people of his own era, will become, with the passing of time, archaic in form, in meaning or both. Words undergo change and after a few centuries, assume what seems to be a new meanings and form. Take any language of the world and in its literature, you will find that the language and diction of any era/period has not remained popular language after some centuries. The language, for example, of Chaucer is as archaic and unintelligible to the average English speaking person today as it is to an English speaking foreigner. If Anglo-Saxon was the language of England fourteen hundred years ago, it has transformed into something quite different today; and such has been the fate of every other language. Old books, therefore, not being in the current popular language are shelved, and gradually fade into oblivion.

The same fate awaits translations. Given a few centuries, the translation itself must be translated because the language of the original translation has become out dated and unintelligible. On the other hand, where the original language may have been preserved, its significance today is hidden beyond all hope. The translations, however conscientious, can never be the faithful representative of the original work.

This phenoumenon explains the disappearance of the original texts of many sacred Scriptures and the human adulteration that has crept into their respective translations and retranslations. Such being the state no one professing to these religions today, can well claim to be in true possession of the Divine Intent, as their message reached us in an adulterated condition. The Vedas, the books of The Old and The New Testaments have now been declared even by ecclesiastical authorities to be inauthentic in many places. Solomon never wrote the book known by his name, nor was Moses the author of the Pentateuch. The same is the case, more or less, with every other book in the Bible. It is said that these books are partially genuine. How to sift right from wrong is difficut. The Church possesses no real means or touch stones of doing it. All ingenuity and labour till now has been a mere waste.

Similarly, a word or construction of words used in old Scriptures to convey a certain meaning will not convey today what was originally intended. It is due to this tendency of shifts in languages that we owe the loss of much that would have given the strength and guidance to understand old Scriptures and the religion it taught. Lost are the genuine records of the prophets whose life history could have shown the way to salvation. Their teachings would have guided us in the darkness had we possessed the genuine records of their life and their book. But the fact is that the lives of these great men have become shrouded in oblivion because of the havoc wrought by the passing centuries.

The words of other Scriptures chosen centuries ago to reveal the Will of God to humanity have in the course of ages, become corrupted and lost. The Divine Will is no longer revealed through them, and thus it become necessary to give to the world one final word in a language which is immune to time and change.

Necessity of a New Revelation

How inconsistent is the human mind with preference given to things in the natural form where eating and drinking are concerned. One would not like to satisfy his thirst with the water taken from a jar in which some one else has washed his hand. He is thus scrupulous in his physical diet, but lacks the same prudence in matters affecting his spiritual sustenance.

If a document even partially admitted to be forged is not acceptable as evidence in a court of justice, why should any book command respect as the Word of God if any portion of it is unauthenticated, lost or changed. Why books which were sent for spiritual and moral nourishment, but have now lost their purity and become impaired in the usefulness should not be replaced by a new supply? Prophets were sent to all nations of the world (40:78), but as time passed, their followers instead of following their teaching preferred evil ways (2:101). They changed their Scripture and distorted them and fallen in differences, divided themselves into sects and sub sects, each one claiming to be on the right path, and in possession of the absolute truth. This being the case, God sent down the Holy Qur'ân to settle these differences. To wit, it says:

وَ مَآ أَنْزَلْنَا عَلَيْكَ
الْكِتٰبَ إِلَّا لِتُبَيِّنَ لَهُمُ الَّذِي اخْتَلَفُوْا
فِيْهِ وَهُدًى وَّرَحْمَةً لِّقَوْمٍ يُّؤْمِنُوْنَ ﴿٦٤﴾

We have sent to you this perfect Book (for no other purpose)but that you may explain to the people things over which they differ (among themselves), and (that it may serve as) a guidance and a mercy for a people who would believe (in it) (16:64).

We cannot drink polluted water and at the same time we cannot live without water. If fresh water means life to us, it loses its utility when spoiled with earthly matter. Fresh supply of pure water comes from heaven to give life to the whole earth. The Divine Revelation is a life giving water for our souls. Thus argues the Holy Qur'ân when it shows the necessity of its revelation to this world.

وَاللّٰهُ أَنْزَلَ مِنَ السَّمَآءِ مَآءً فَأَحْيَا بِهِ
الْأَرْضَ بَعْدَ مَوْتِهَا إِنَّ فِيْ ذٰلِكَ لَاٰيَةً
لِّقَوْمٍ يَّسْمَعُوْنَ ﴿٦٥﴾

And Allâh has sent down water (and Divine Revelation) from above and with it He has given life to the (whole of) earth after its death. Surely, there is a sign in this for a people who would listen (to the truth) (16:65).

Even if other Scriptures had reached us in their original purity we could hardly give to their words the precise meaning which attached to them in the days of their revelation. Their wisdom is sealed by a changed language. They are written in a language which has ceased to be a popular tongue. Their water of life has sunk deep into the recesses of the earth, far from our reach. But the Qur'ân is a living Book in a living language, given to humanity at a time when past revelations had become corrupt and of little use for the purpose for which they were sent.

God the Almighty revealed this perfect Book to His servant without any crookedness. He has made it rightly directing that it may warn of a severe calamity coming from Him and that it may give good tidings to the believers who do deeds of righteousness that there awaits them a place of goodly rewards wherein they shall abide forever (18:1-3). This is the only perfect Book wanting in naught, containing nothing doubtful, harmful or destructive, there is no false charge in it. It is a guidance for those who guard against evil and perform their duty (2:2). It is full of wisdom (3:58). It is a source of eminence and glory for all mankind (12:104). It teaches the same religious law and requires obedience to God as revealed to every nation before (3:84). It contains all those truths which were given to the ancient Books and restores them in their original purity (42:13).

The Holy Qur'ân is the exponent of the Divine system that is impressed on the human being's nature, and is the religion of every human child, and it is the mirror of the laws of nature (30:30). It appeals to all mankind, irrespective of descent, race, colour or cultural environment. It appeals exclusively to reason and hence does not postulate any dogma that could be accepted on the basis of blind faith (4:174). Reason is a gift from God and it must be utilized to the full. One is not supposed to accept anything at the expense of better judgment. Faith should not be, as the Holy Qur'ân says, a burden that we cannot intelligently bear (2:286). Because of the fact that it is neither dogmatic nor assertive, when the Holy Qur'ân states any principle or contradicts any doctrine it puts forth logical reasons to substantiate its assertions and sets forth its tenets in a way that appeals most readily to intelligence. It repels with bright reason all evils that afflict doctrines, actions, works, and words. The Reason or the Manifest Proof *(-al-Burhân)* is one of the names which the Holy Qur'ân takes for itself (4:174). Thus, there is a categorical prohibition of coercion in any form that pertains to the contents of religious laws, to our attitude towards the object of our worship and everything that pertains to Faith (2:256).

The Holy Qur'ân
Its Style, Diction and Language

The Holy Qur'ân is the most widely read Book in the world. As a living Book it is unparalleled in the history of human experience on earth. It is the only Book in the hands of humankind today which is the original, unchanged, untranslated Word of Allâh - the Almighty - to read, to recite, and to follow. The Holy Qur'ân adopts a certain method and style to convey its message to mankind. These can be divided into nine aspects:

1. The existence of God and arguments in support of it, and such Divine attributes, names and actions, ways, and habits as are special to the Being of Allâh and to His perfect praise regarding His glory, beauty and greatness are set out.
2. The Unity of Allâh and arguments in support of it.
3 The qualities, actions, conduct, habits and spiritual and physical conditions that are manifested by creatures in the presence of Allâh in accord with His pleasure or contrary to it.
4. The complete guidance from Allâh concerning admonitions and the teaching of moral qualities and doctrines, and the rights of God and the rights of His creatures, wise knowledge and limits, commandments, direction, prohibition, verities and insights.
5. The aspect that expounds what true salvation is, the true means of achieving it, and the signs and conditions

of the believers and of those close to Allâh who have achieved salvation.

6. The aspect that sets out - What is Islam? What is disbelief? What is *Shirk* (شرك Polytheism)? Also, presenting arguments in support of Islam, and answer the objections put against Islam.

7. A system which refutes all false doctrines of the opponents of Islam.

8. Warnings and good news, promises, sanctions, a description of the next world, miracles, parables, prophecies that foster faith, and refer to such stories which serve to admonish or warn or convey good news.

9. The life history and high qualities of the Holy Prophet ﷺ of Islam and his excellent example, and arguments in support of his prophethood.

It was through Allah's wisdom that He chose Arabic as the language to send the greatest message ever given to human being. The language of the Holy Qur'ân is universally acknowledged to be the most perfect form of Arabic. It is noble and forcible and speaks with a living voice. Its vivid words paints before the mind the scene they describe. The sublime simplicity, pouring force, enchanting beauty, melody of its verses, and its spiritual aspects are inimitable. Friends and foe alike pay ungrudging tribute to the linguistic style of this Book, in its beauty and majesty, the nobility of its call, the magnitude of its message. The language, style, and diction of the Holy Qur'ân have been universally praised by friends and foes alike.

Devenport writes in his "Apology for Mohammad and the Koran" about The Holy Qur'ân that,

> ".... It is generally vigorous and sublime so as to justify the observation of the celebrated Goethe that the Koran is a work with whose dullness the reader is at first disgusted, afterwards attracted by its charms, and finally irresistibly ravished by its many beauties" (pg. 64).

"It is the general code of the Muslims. As a religious, social, civil, commercial, military, judicial, penal code, it regulates everything, from the ceremonies of religions to those of daily life, from the salvation of the soul to the health of the body, from rights of all to those of each individual, from the interest of man to those of society, from the morality to crime, from punishment here to that in the life to come. The Koran, consequently differs materially from the Bible, which according to Combe, contains no system of theology but is composed chiefly of narrations, description, sublime effusions of devotional emotion, and no sound morality, bound together by no striking logical connections (Ibid pg. 70)."

"Among many excellencies of which the Koran may justly boast are two eminently conspicuous, the one being the tone of awe and reverence which it always observes when speaking of or referring to the Deity to whom it never attributes human frailties and passions, the other, total absence throughout it of all impure, immoral and indecent ideas, expressions, narratives and blemishes which, it is much to be regretted, are of too frequent occurrences in the Jewish Scriptures. So exempt, indeed is the Koran from those undeniable defects, that it needs not the slightest castration, and maybe read, from beginning to end without causing a blush to suffuse the cheeks of modesty itself (Ibid. pg. 78)."

A. Guillame also writes about The Holy Qur'ân:

"The Koran is one of the worlds classics which cannot be translated without grave loss. It has a rhythm of peculiar beauty and a cadence that charms the ear. Many Christian Arabs speaks of its style with warm admiration, and most Arabists acknowledge its excellence. When it is read aloud or recited it has an almost hypnotic effect (Islam, pg. 73)."

W.W. Cash says:

"The most outstanding feature of it is that it is a thoroughly human book. It throbs with the aim, ideals, hopes, passions and faults of a very human man. It is because of this that the Koran when recited never fails to touch a chord in other human hearts (The Expansion of Islam. pg. 80)."

E. Dermenghem writes about the Qur'ân:

"Its literary beauty, its irradiation, an enigma even today, have the power of putting those who recite it into a state of fervour, even if they are the least pious (The life of Muhammad, pg. 249)."

R.V.C. Bodley writes:

"It was undoubtedly this book which helped these men to conquer a world greater than that of the Persians or Romans in as many tens of years as their predecessors had taken centuries. ... whereas the Jews had also gone abroad but as fugitives or captives, these Arabs, with their book came to Africa and then to Europe as Kings (pg. 201)."

The Lasting Scripture

Today the Holy Qur'ân is the only Book in the hands of mankind which is the original, unchanged, word of Allâh, the Almighty to read, to recite and to follow. It is because of the everlasting character of the Holy Qur'ân the God the Almighty gave His word:

إِنَّا نَحْنُ نَزَّلْنَا الذِّكْرَ وَإِنَّا
لَهُ لَحٰفِظُونَ

Verily, it was We, We Ourself, Who have revealed this Reminder, (-the Qur'ân); and it is We Who are, most certainly, its Guardian (15:9).

This book is not meant for a limited period. It will not change and the religion it teaches is the lasting religion. It is because of this everlasting characteristic of this Book that the above promise was made that Qur'ân will, for all times, will remain safe against all attempts to destroy or corrupt. It is for this reason that Arabic, which is a living language, immune to the changes of time, was selected as the vehicle for this eternal Book.

R.V.C. Bodley writes:

> "The Qur'ân is the only work which has survived for over 1,200 years with an un-adulterated text. Neither in the Jewish religion nor in the Christian is there anything which faintly compares to this (The Messenger, P. 199).

It is certainly the most widely read Book in the world. As a living Book it is unparalleled in the history of human experience on the earth.

Understanding the Meanings of The Holy Qur'ân

هُوَ الَّذِيٓ أَنْزَلَ عَلَيْكَ الْكِتٰبَ مِنْهُ
اٰيٰتٌ مُّحْكَمٰتٌ هُنَّ أُمُّ الْكِتٰبِ وَأُخَرُ
مُتَشٰبِهٰتٌ ۖ فَأَمَّا الَّذِيْنَ فِيْ قُلُوْبِهِمْ زَيْغٌ
فَيَتَّبِعُوْنَ مَا تَشٰبَهَ مِنْهُ ابْتِغَآءَ الْفِتْنَةِ
وَابْتِغَآءَ تَأْوِيْلِهٖ ۚ وَمَا يَعْلَمُ تَأْوِيْلَهٗٓ إِلَّا
اللّٰهُ ۘ وَالرّٰسِخُوْنَ فِي الْعِلْمِ يَقُوْلُوْنَ اٰمَنَّا
بِهٖ ۙ كُلٌّ مِّنْ عِنْدِ رَبِّنَا ۚ وَمَا يَذَّكَّرُ إِلَّآ
أُولُوا الْأَلْبٰبِ ﴿٧﴾

He it is Who has revealed this perfect Book, some of it verses are definite and decisive. They are the basic root (conveying the established meanings) of the Book (Ummul Kitâb) and other verses are susceptible to various interpretations. As for those in whose hearts is perversity follow (verses) that are susceptible to different interpretation, seeking (to cause) dissension and seeking an interpretation (of their own choice). But no one knows its true interpretation except Allâh, and those who are firmly grounded in knowledge. They say, 'We believe in it, it is all (-the basic and decisive verses as well as the allegorical ones) from our Lord.' And none takes heed except those endowed with pure and clear understanding. (3:7).

A pre-requisite to the understanding of the Holy Qur'ân is a firm knowledge of its language. Therefore sound knowledge of its language, of the life of the Holy Prophet ﷺ and his companions, his sayings (احاديث *Ah̲âdîth*) and his *Sunnah* سنّة, and righteousness and piety are the essentials to understand and interpret the Holy Qur'ân.

There are some rules and guidelines which are to be followed when a meaning of a word or a verse is presented to us. These rules are derived from the Holy Qur'ân:

1. The first and fundamental rule in understanding the meanings of the Holy Qur'ân is the testimony of the Holy Qur'ân itself. When an interpretation of a word or a verse of the Book is needed one must determine if the Holy Qur'ân itself contains any other testimony in support of the meaning that has been adopted. If such a testimony is not available and the adopted meaning contradicts the meanings of other verses then such meaning is incorrect as there is no contradiction in the Holy Qur'ân.

أَفَلَا يَتَدَبَّرُونَ الْقُرْآنَ ۚ وَلَوْ كَانَ
مِنْ عِنْدِ غَيْرِ اللّٰهِ لَوَجَدُوا فِيهِ اخْتِلَافًا
كَثِيرًا ﴿٨٢﴾

Why do they not ponder over the Qur'ân? Had it been from anyone other than Allâh, they would surely have found a good deal of inconsistency therein (4:82).

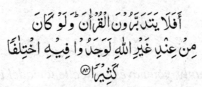

The verses and the words of The Holy Qur'ân have an intimate bearing on other verses and words. They clarify and amplify one another. It is said that one part of the Holy Qur'ân explains the other part. It contains its own system of checks and balances. If a person finds a Qur'ânic word to be vague or hazy in its limits or applications another verse will clarify it.

كِتَٰبٌ أُحْكِمَتْ ءَايَٰتُهُۥ ثُمَّ فُصِّلَتْ مِن
لَّدُنْ حَكِيمٍ خَبِيرٍ ①

(This is) a Book, whose verses have been characterized by wisdom and they have been explained in detail. It is from One Al-Wise, All-Aware (God) (11:1).

وَلَا يَأْتُونَكَ بِمَثَلٍ إِلَّا جِئْنَٰكَ بِٱلْحَقِّ
وَأَحْسَنَ تَفْسِيرًا ۳۳

And they bring you no parable (by way of objection) but We provide you with the true fact and perfect interpretation (of it, in answer to the objection beforehand) (25:33).

2. The second standard for the correct interpretation of the words of the Holy Qur'ân is the *Sunnah* or actions of the Holy Prophet ﷺ. He translated the Qur'ânic words through his actions and deeds. His life is in itself the best commentary and correct explanation of the Holy Qur'ân, a fact to which the Holy Qur'ân has testified:

لَقَدْ كَانَ
لَكُمْ فِى رَسُولِ ٱللَّهِ أُسْوَةٌ حَسَنَةٌ

Certainly, you have an excellent model in the Messenger of Allâh (to follow) (33:21).

Every virtue recommended or vice forbidden in the Holy Qur'ân finds its illustration in his action. Take for example, the word Salât

الصلاة, it means prayer and the Muslims Pray according the model of the Holy Prophet ﷺ. So when explaining the word *Aqîmu al Salât* اقيموالصلاة it will be according to his Sunnah. Only the *Sunnah* makes us practical followers of The Qur'ân, as we read:

وَمَآ أَنْزَلْنَا عَلَيْكَ
الْكِتٰبَ إِلَّا لِتُبَيِّنَ لَهُمُ الَّذِي اخْتَلَفُوا
فِيهِ وَهُدًى وَّرَحْمَةً لِّقَوْمٍ يُّؤْمِنُونَ ﴿٦٤﴾

We have sent to you this perfect Book (for no other purpose) but that you may explain to thr people things over which they differ (among themselves), and (that it may serve as) a guidance and a mercy for a people who would believe (in it). (16:64).

3. Hadîth, or the true record of the sayings of the Holy Prophet ﷺ, is the third standard for the explanation of the words of the Holy Qur'ân after the testimony of the Holy Qur'ân and the *Sunnah* سنّة of the Holy Prophet ﷺ. One have to look, ponder and reflect on the sayings of the Holy Prophet ﷺ.

وَأَنْزَلْنَآ إِلَيْكَ الذِّكْرَ لِتُبَيِّنَ لِلنَّاسِ مَا
نُزِّلَ إِلَيْهِمْ وَلَعَلَّهُمْ يَتَفَكَّرُونَ ﴿٤٤﴾

And We have revealed to you (O Prophet!) The Reminder that you may explain to mankind (the commandments) that have been sent down to them so that they may ponder and reflect (over it) (16:44).

The sayings *(-Ahâdîth)* of the Holy Prophet ﷺ further explain the Holy Qur'ân. None of his sayings can be in any way contrary to the verses of the Holy Qur'ân. If it is so, its origin is doubtful. The Holy Prophet ﷺ himself said, "My sayings do not abrogate the Word of Allâh but the Word of Allâh can abrogate my sayings. The Holy Prophet ﷺ himself encouraged his followers to keep and transmit his sayings. He is reported to have said, "May Allâh bless him who hears my words and treasures them and understands them and spreads them".

The term *Sunnah* and *Hadîth* must be kept distinct from one another. *Sunnah* properly designates the mode of action, practice and practical explanation of the Qur'ân, whereas *Hadîth* designates the narrative account and record of such sayings and actions collected after the death of the Holy Prophet ﷺ. The science of *Hadîth* is considered the noblest and the most excellent after that of the Qur'ân and *Sunnah*.

4) The fourth standard is the interpretation by the companions of the Holy Prophet ﷺ. They were the first heirs of the light of the Holy Qur'ân. They not only professed but practised it. Ibn Omar a well-known companion of the Holy Prophet ﷺ once said, the method of our reading of the Holy Qur'ân was that we would not proceed until we had understood the meaning of the verse.

5) The fifth standard of understanding a meaning of an Arabic word or idiom in the Holy Qur'ân is the classical Arabic poetry - *Diwân al'Arab* ديوان العرب. In the words of Ibn 'Abbâs رض, "When you are asked about the meanings of the word of the Holy Qur'ân , consult its meanings in the Arabic poetry as the Arabic poetry is *Diwân al'Arab*, this will explain it truly."

It is vital to explain the meanings of the Qur'ânic words as they were used in the era of the revelation of the Holy Qur'ân. All modern dictionaries must be discarded, as they will not explain words in their classical meanings and ma y not be the meaning used in the days of the revelation of the Holy Qur'ân. It is because of this fact that the use of such more modern dictionaries as *Aqrab al-Mawârid* اقرب الموارد, *Almunjad* المنجد etc. have been avoided in this work.

6. The sixth and the most important criteria of understanding and interpreting the Holy Qur'ân is the piety and the righteousness of the person who is attempting to interpret a verse. This criteria is laid down once again by the Holy Qur'ân:

لَّا يَمَسُّهُۥٓ إِلَّا ٱلْمُطَهَّرُونَ ﴿٧٩﴾
تَنزِيلٌ مِّن رَّبِّ ٱلْعَٰلَمِينَ ﴿٨٠﴾

No one can achieve true insight into it (the Holy Qur'ân) except those who are purified (by leading righteous lives) (56:79).

ARABIC - A LIVING LANGUAGE

The Holy Qur'ân was revealed in Arabic which is, unlike Latin, old Greek, and Sanskrit, a living language, spoken, written and understood by millions people in Arabia and the Muslim world. Moreover it is the language of the Prayer *(-Salât)* as prescribed by Islam and the religious language of the Muslim world. Arabic is written in its own distinctive alphabet which has also spread with Islam and is used for writing other languages including Urdu, Persian, Panjâbî, Sindhî, and Pashtu. Thus in terms of the number of speakers and extent of the influence, Arabic is by far the most important language of today.

ARABIC IMMUNE TO CHANGES

It can safely be said that no other language of the world, but Arabic that of The Holy Qur'ân is written or spoken today in the form in which it existed at the time of the revelation of the Qur'ân about fifteen hundred years ago. Moreover, as the lexicons of this language were written by the generations immediately following the revelation of the Holy Qur'ân, we are in possessions of the meaning of every word and construction used in The Holy Qur'ân. The meanings of its words at the time of revelation are known today. This language is a living language and has remained unchanged and is unchangeable. It is capable and the most fitted to become the last medium of the unchangeable Word and the message of Allâh.

ARABIC - THE VEHICLE OF THE LAST MESSAGE

The language of the Holy Qur'ân is the most conservative of all languages and has always remained resistant to change and corruption, and has preserved its original purity both in form and meaning throughout the ages. It was a Divine wisdom that Arabic was chosen as the language to convey the greatest message ever given to human being.

Now that the Almighty and Wise God has selected Arabic as the language to deliver His comprehensive and universal message, the perfect code of life and His Words, the question is, why was this language was selected above all others? The question is indeed very justified. The Holy Qur'ân itself has dealt with the question at several places and gives the following answer:

إِنَّآ أَنْزَلْنٰهُ قُرْءٰنًا عَرَبِيًّا لَّعَلَّكُمْ تَعْقِلُوْنَ ۝٢

We have, indeed, revealed this Qur'ân (in a language) which explains its object eloquently well so that you may understand (12:2).

and again:

وَ الْكِتٰبِ الْمُبِيْنِ ۝٢ إِنَّا جَعَلْنٰهُ قُرْءٰنًا عَرَبِيًّا لَّعَلَّكُمْ تَعْقِلُوْنَ ۝٣

This perfect Book that makes (the truth) perspicously clear bears witness. Verily We have made it a Qur'ân, such (a Scripture) as brings (the nations) together, and (a Scripture) eloquently expressive so that you may make use of your understanding (43:2-3).

The word *'Arabiyan* عربيّاً is derived from the root *'Ariba* عَرِب which conveys the sense of fullness, abundance and clearness. The expression *'Arab al-Rajulu* عرب الرجل means the man spoke clearly, plainly and distinctively and that what he spoke was lively and brisk. Again, it is recorded in the Holy Qur'ân:

وَإِنَّهٗ لَتَنْزِيْلُ رَبِّ الْعٰلَمِيْنَ ۝١٩٢ نَزَلَ بِهِ الرُّوْحُ الْأَمِيْنُ ۝١٩٣ عَلٰى

قَلْبِكَ لِتَكُونَ مِنَ الْمُنْذِرِينَ ﴿١٩٤﴾ بِلِسَانٍ عَرَبِيٍّ
مُّبِينٍ ﴿١٩٥﴾ وَإِنَّهُ لَفِي زُبُرِ الْأَوَّلِينَ ﴿١٩٦﴾

The Spirit, Faithful to the Trust (- Gabriel) has descended with it. (Revealing it) to your heart with the result that you became of the Warners (-a Prophet of Allâh); (the Qur'ân has been revealed) in plain and clear Arabic language (26:193-195).

The Holy Qur'ân calls the Arabic language by the name of *'Arabî Mubîn* (16:103; 26:195) which means an all embracing and clearly expressive and precise language. It is a language that is self-sufficient and does not stand in need of borrowing from other language to express itself. This borrowing from other languages to express an idea or an object is a kind of a weakness of that particular language. Various languages carry such weaknesses and can inflict upon others on their part such a weakness, which in turn have a great impact on the thinking process. But the language of the Holy Qur'ân is in this regard perfect, doubtless, and free from contamination and influence of other languages. The purity of the language of the Holy Qur'ân, the clarity of its expression, and the lucidity of its ideas and the force of its spirituality is one of its miraculous beauty. Its grammar, vocabulary, idiom, pronunciation, and script have remained unchanged till today. In addition, it claims that it is the basis and the source of all other languages. It is the first as well as the last medium of Divine revelation. It is the word of God which was with God.

"We have sent to you the perfect book for no other purpose but that you may explain to the people things over which they differ." says the Holy Qur'ân. Now if the purpose of the Holy Qur'ân was to explain to the people things over which they differ, then this has to be in a language not only eloquent in its meaning but also free from the changes of time. What language can make such a claim? The language in which the perfect Scripture was to be revealed, could not possibly be expressed in a language of human creation. A finite mind could not make words sufficiently wide and deep in this accommodations to convey an infinite mind. The Arabic language was definitely the proper vehicle to convey the Message and the teachings of the Almighty.

Arabic - The Eloquent Language

(Al-Lughat al-Fushâ اللغة الفصحى)

The Arabic which is written and spoken today is essentially the Arabic of the Holy Qur'ân and is called *al-Lughat al-Fushâ* اللغة الفصحى (–the eloquent language). It is uniform throughout the world and has preserved all its essential features.

It was the Holy Qur'ân which fixed and preserved forever the Arabic tongue in all its purity, the simple grandeur of its diction, the chaste elegance of its style. As already said, the very word *'Arabîyun* means eloquent, clear and expressive. This language has innumerable roots and each one possess a clear meaning. It has words and phrases to express fully variouis ideas and distinguished between shades of meaning. Even the letters of the Arabic language possess clear and definite meanings. It is extraordinarily rich in those inherent qualities which meet all our needs.

No other book or scripture in the world can be credited with keeping a language immune to change for centuries. The Holy Qur'ân has performed this miracle. It is not certain which language was spoken by Jesus Christ. His last words on the cross indicate that it may have been some Hebrew dialect. In any case, whatever language he may have used to teach the children of Israel it could not convey his actual mind to us today, as his language is no longer spoken. No language which was used by any prophet is in existence today, but the Arabic of the Holy Qur'ân is the one and only exception to this otherwise general rule of change. Moreover, as the lexicons of Arabic were written by the generation immediately following that of the Holy Prophet ﷺ, we are in possession of the meanings of every word used in the Holy Qur'ân.

Phonology of Arabic Alphabets

Arabic has 28 alphabets as follows:

> Alif ا (Hamza), Bâ ب, Tâ ت, Thâ ث, Jîm ج, Hâ ح, Khâ خ, Dâl د, Dhâl ذ, Râ ر, Zâ ز, Sîn س, Shîn ش, Sâd ص, Dzâd ض, Tâ ط, Zâ ظ, 'Ain ع, Ghain غ, Fâ ف, Qâf ق, Kâf ك, Lâm ل, Mîm م, Nûn ن, Ha ه, Wâw و, Yâ ي.

Some of them have equivalents in English and others are particularly difficult for English speakers to pronounce. There are some guttural letters (- *Harûf al-Halqiyah* حروف الحلقية) like kh خ, gh غ, h ح and h ه, they have sounds coming deep from the throat, some are the gingival letters (- *Harûf al-Thaubiyah* حروف الثوبية) and others the labial letters (- *Harûf al-Shaftiyah* حرف الشفتية). There are a series of emphatic consonants such as t ط, dz ذ, s ص, dh ض and za ز k ك, they influence strongly the pronunciations of the surrounding vowels. There are three short vowels namely (a, i, u), _ , _ , _ , and three long vowels (â, î, û) and _ , _ , _ .

Each letter of the Arabic alphabet has been assigned a numerical value - *Hisâb Jummal* حساب الجمّل. For example Alif has the value of 1, Kâf ك is 20, Qâf ق 100, Shîn ش 300, Ghain غ 1000 etc.

Words and Roots in Arabic

Arabic words always start with a single consonant followed by a vowel. Long vowels are rarely followed by more than a single consonant and there are never more than two consonants together. The overwhelming majority of Arabic words have a root, which is generally three consonants interlinked with vowels. This root provides the basic lexical meaning of the word. A triliteral is a very economical word. It is a golden means between a long and a short word and is easy to pronounce, hear, write and conjugate. These triliterals are the foundation of quadriliterals and the combination of the words. A trio of letters in any order is capable of giving a root word, this makes their number innumerable. An attempt was undertaken by Khalîl bin Ahmad (d. 175 A.H /791 A.D.) to compile an Arabic Lexicon on the basis of permutation and combination of 28 letters of Arabic alphabet. This work is known under the name of *Kitâb al-'Ain* كتاب العين. As the number of words thus formed ran into hundreds of thousands, Khalîl and his helpers were unable to complete the work.

The Arabic roots furnish a perfect meaning for the expression of the most subtle human thoughts and reflections. They are capable of transmitting human thinking into words in such a manner that when a person desires to make a detailed exposition, for instance, of the Being and the Unity of the Creator, polytheism, the obligation due to Him, the rights and obligations of human beings, doctrines of the faith and the reason of supporting it, love and other human attractions, ecstasies, feelings and senses, hatred, the refutation of false religions, biographies, commandments and prohibitions, dictates of common sense, agriculture, employment, astrology, astronomy, medicine, logic, physics and other sciences, the roots are capable of helping him in all these affairs. He has at his disposal a word or root for every idea or complex diversity of ideas that may arise in his mind, and he is not dependent on a foreign language or on building a new word by combining two or three words together.

THE SPELLINGS OF ARABIC

Like the number and order of letters, the accent and the spelling of an Arabic word are rigidly fixed. Vowel signs - *I'râb* اعراب play an important role in assigning pronunciation, accent and the meaning to a word. With its system of *I'râb* one can distinguish the logical categories of speech with great clarity. For example *Murîd* مُرید means a person who is obedient but *Marîd* مَرید is a rebellious person. The slightest change of accent will yield a different root and meaning. *Bâ'a* باء means to come back but *Bâ'â* باع to trade. This is a marked contrast with other languages which have been reforming their way of spelling.

The spellings of the Arabic language are based on very firm footing. One cannot interfere with them without interfering with the meaning of the word. For instance, in English sometimes the letters C give the sound of K as in cat or cable, but sometime its sounds like S as in 'cell' or 'celibacy'. Look at the three different sounds of letter S as in 'caustic' in 'cause' and in 'sugar'. Look at the sound of the letter G in 'gage' and in 'gain'. To produce the sound of F sometime the letter F is used as in 'father' but at another time Ph is used as in 'elephant'. Compare this aspect of English spelling with the following sarcasm of Bernard Shaw. As an example of the English spelling he constructed the word 'Ghoti' which should be pronounced 'Fish'. He pointed out the *gh* combination was to be pronounced like the *f* in coug*h*, the vowel *o* like short *i* as in w*o*man, and the *ti* combination like *sh* in nations. Such is not the case with Arabic.

It is said that it was Abû Aswad Dually (69 A.H. / 688 A.D.) who first collected, registered, and made compilation of the rules and regulation of Arabic spellings under the instruction of Omar bin Khattâb. It is said that some people brought a non-Arab who was reciting the verse *"Allâh and His Messenger owe no obligation to these polytheists." (9:3)* to Omar bin Khattâb. The last word is written and pronouced *Rasûlahû* رسولُهُ but when written with *kasrah* (underscore below *lâm* and *ha*) as *Rasûlihî* رسولِهِ the whole meaning changes and the verse will then be translated: *"God forbid, Allâh owes no obligation to those polytheists and his Messenger"*. Due to instance that Omar decided to instruct for the registration and collection of the rules of *I'râb* (vowel signs) in the Holy Qur'ân.

The Science of Derivation
('Ilm al Ishtiqâq علم الاشتقاق)

Arabic has a regular system of derivation, etymology, conjugation and scheme of verbal inflexion and also of connecting letters for making nouns, verbs, subjects, objects, adjectives, pronouns, adverb etc. from its roots. This science is called *'Ilm al Ishtiqâq*علم الاشتقاق. This is done by adding some letters to the root word or by changing the vowel signs - the *I'râb*. Similarly, Arabic has regular ways of making different words from the root word to signify tense, number, gender, and paradigms.

The simple root form of the verb is called *al-Fi'l al-Mujarrad* (الفعل المجرّد the stripped verb), on which other words are derived. The derived forms are *Madzîd fîhi* (مزيد فيهِ- the added or deflected). They are made by changing vowel points, adding letters or by adding letters before or between the radicals. The *Abwâb* ابواب (sing. *bâb* باب meaning kind or sort) are a class or a group of derived words from the basic common root. For example, take the three consonants *ka* ك, *ta* ت and *ba* ب. This combination is associated to do with writing. Following are some derivation and their patterns derived from adding different vowels and alphabets between the consonants:

Kataba كَتَبَ	he wrote	a - a - a
Katabû كَتَبُوا	they wrote	a - a - û
Katabat كَتَبَتْ	she wrote	a - a - a - t
Katabnâ كَتَبْنَا	we wrote	a - a -nâ
Yaktubu يَكْتُبُ	he writes	y - a - u -u
Yaktabunâ يَكْتَبُونَ	they write	y - a - a - û- nâ
Taktubu تَكْتُبُ	you write	t - a - u - u
Naktubu نَكْتُبُ	we write	n - a - u - u
Kitâb كتاب	book	i - â
Maktab مَكْتَب	school	m - a - a
Maktûb مَكْتُوب	letter	m - a - û
'Uktub أكْتُب	write	u - u

A number of prefixes and suffixes such as *bâ* ب, *fâ* ف, *lâm* ل, *'an* عن, can be added to the root words to make prepositions, definite articles, subject of verb (you, we etc.), feminine, plurals and even dual numbers. Many languages suffer from the defect that they are compelled to employ compounds in place of elementary words, but Arabic is free from this deficiency. Classical Arabic has a fairly small number of prefixes and suffixes and prepositions such as *bâ* ب, *fî* في, *'an* عن and *lâm* ل, but they are very important in assigning the meaning of the word. Compound words like 'workshop', or 'bookstore, found in English are non existent in Arabic.

Derivational and inflexional forms make the Arabic language extensive. This complexity is matched by the regularity and symmetry of the form and is very logical and regular. There are almost no irregular forms in the language. In addition to two tenses, perfect and imperfect, there are imperative forms, active and passive, and energetic forms. Take the example of the root *Fa'ala* فَعَلَ (he did) which can be inflected for the person, number, two genders, perfect tense, active and passive paradigms etc. as follows:

Paradigm of triliteral verbs

Preterites	Aorist	Participle active	Participle passive
Fa'ala فَعَلَ	Yaf'ilu يَفعِلُ	Fâ'ilun فاعِلٌ	Maf'ûlun مَفعُولٌ
Fa'ila فَعِلَ	Yaf'ulu يَفعُلُ	Fâ'ilun فاعِلٌ	Maf'ûlun مفعُول
Fa'ula فَعُلَ	Yaf'alu يَفعَلُ	Fâ'ilun فاعِل	Maf'ûlun مفعُول

Paradigm of triliteral active participles

	Singular	Dual	Plural
m. 3rd. pers	Fa'ala فَعَلَ	Fa'alâ فَعَلاَ	Fa'alû فَعَلُوا
f. 3rd. pers	Fa'alat فَعَلَت	Fa'altâ فَعَلَتا	Fa'lna فَعَلْنَ
m. 2nd. pers	Fa'lta فَعَلْتَ	Fa'altum فَعَلْتُما	Fa'altum فَعَلْتُم
f. 2nd. pers	Fa'lti فَعَلْتِ	Fa'altumâ فَعَلْتُما	Fa'altunna فَعَلْتُنّ
1st. pers. m./f.	Fa'altu فَعَلْتُ	Fa'alnâ فَعَلْنَا	Fa'alna فعلنا

Paradigm of triliteral active aorists

	Singular	Dual	Plural
m. 3rd. pers	Yaf'alu يَفعَلُ	Yaf'alân يَفعلان	Yaf'alûn يَفعَلُون
f. 3rd. pers	Taf'alu تَفعَلُ	Taf'alâni تَفعَلانِ	Taf'alna تَفعَلْنَ
m. 2nd. pers	Taf'alu تَفعَلُ	Taf'alân تَفعَلان	Taf'alûna تَفعَلُونَ

Derivative Verbs of a Triliteral

These verbs are known as *bâb* and are twelve in number. They follow the pattern:Preterite, Aorist, Noun of Action, Participle, (Active, Passive)

Preterite	Aorist	Noun of Action	Participle (Active Passive)
1. Fa"ala فَعّلَ	Yuf"ala يُفعّلَ	Taf"îlanتَفعِيلا	(Mufa"lunمُفَعّلٌ ; Mufi"lun مفَعّلٌ
2. Fâ'ala فاعَلَ	Yufâ'ilu يُفاعِلُ	Mufâ'alatan مُفَاعلَةً	(Mufâ'ilun مُفاعِلٌ; Mufâ'ilun مُفاعِلٌ
3. Af'ala اَفعَلَ	Yuf'ilu يُفعِل	If'âlanافعالاً	(Muf'ilun مُفعِلٌ: Muf'alun مُفعَلٌ)
4. Taf"ala تَفَعّلَ	Yataf"alu يَتَفعّلُ	Taf"ulan تُفَعّلاً	(Mutaf"ilun مُتَفَعّلٌ ; Mutaf"ilun مُتَفَعّل)
5. Tafâ'ala تَفاعَلَ	Yatafâ'lu يَتَفَعّلُ	Tafâ'ulan تَفاعُلاً	(Mutafâ'ilun مُتافاعِلٌ ; Mutafâ'alun مُتافاعِل)
6. Anfa'ala اَنفَعَلَ	Yanfa'allu يَنفَعَلّ	Infi'âlan اِنفِعالاً	(Munfa'ilun مُنفَعِلٌ; Munfa'alun مُنفَعَلٌ)
7. Ifta'ala اِفتَعَلَ	Yafata'illu يَفتَعِلٌ	Ifta'âlanاِفتَعالاً	(Mufta'illun مُفتَعِلٌ ; Mufta'allun مُفتَعَلٌ)
8. Af'alla اَفعَلّ	Yaf'allu يَفعَلّ ;	Ifa'lâlan اِفعَلالاً	(Muf"lun مُفَعّلٌ)
9. Istaf'ala اِستَفعَلَ	Yastaf'alu يَستَفعَلُ	Istaf'âllan اِستَفعالاً	(Mustaf'ilun مُستَفعِلٌ; Musft'alun مُستَفعَلٌ)
10. If'âllanاِفعالّ	Yaf'âllu يُفعالّ ;	Af'îlâlanاَفعِيلالا	(Muf'âlun مُفْعالٌ)
11. Af'û'la اِفعُوعَلَ	Yaf'û'ilu يَفْعُوعِلُ	Af'î'alan اِفعِيعَلاً	(Maf'au'lun مَفعَوعِلٌ; Maf'au'lun مَفعُوعَلٌ)
12. Ifa'awwala اِفعَوّلَ	Yaf'awwala يَفعَوّل	If'awwâlan اِفعَوّالاً(	Muf'awwilun مُفعَوِّلٌ ;Muf'awwalun مُفعَوّلٌ)

Quadliteral Verb and its Derivations

Preterite	Aorist	Noun of Action	Participle (Active Passive)
1. Fa'lala فَعَلَل	Yuf'allilu يُفعَلِلّ	Fi'lâlan فِعلالاً	(Mufa'lilun مُفَعلِلٌ Mufa'lalun مُفَعلَلٌ)
2. Faf"ala فَفَعّلَ	Yataf"alu يَتَفعّلُ	Taf'ulalan تَفعُللاً	(Mutafa'lilun مُتَفَعلِلٌMutafa'lalun مُتَفَعلَلٌ)
3. If'anlala اِفعَنلَلَ	Yaf'anlilu يَفعَنلِلُ	If'inlâlan اِفعِنلالاً	(Muf'anlilun مُفعَنلِلٌ ; Muf'anlalun مُفعَنلَلٌ)
4. If'allala اِفعَلّلَ	Yaf'allilu يَفعَلِلُ ; If'llâlan اِفعلالاً		(Muf'allilu مُفعَلِلُ; Muf'allalun مُفعَلّلُ)

f. 2nd. pers	Taf'alîn	تَفعَلِيْنَ	Taf'alân	تَفعَلاَن	Taf'alna	تَفعلنا
1st. pers. m./f.	Af'al	اَفْعَل	Naf'alu	نَفْعَل	Naf'alu	نَفعَل

Thus, more than two hundred words can be built and arrayed in a fixed and standard pattern from the root word of three consonants. By knowing the meaning of the base one can know the meaning of the derivative. This system of paradigms and derivatives is unique to Arabic.

All these derivatives are pregnant with a vast variety of meanings. In Arabic, says Titus Burkhardt, the tree of derivation from certain roots is quite inexhaustible. It can always bring forth leaves, new expressions to represent hither to dominant variations of the basic idea or action. This explains why this Bedouine tongue was able to become the linguistic vehicle of an entire civilization, intellectually very rich and differentiated (Art of Islam, Language and Meaning, p. 43)

One can imagine the vastness of the Arabic language by the fact that it has many different words for sword, many different words for lion and many different words for snakes. For the young of every animal there is a different word, as for the young of a human being.

Philosophy in Arabic words

Arabic words are extraordinarily eloquent and rich in significance, and their meanings are self evident. Look at the word *kitâb* كتاب, for example, as the word for book. It is the noun from infinitive *kataba* كَتَبَ which means to write, to collect, to sew, to close, to decree, to ordain, to inscribe, to teach calligraphy. So if one had no notion of what the word *kitâb* كتاب meant, yet the underlying meaning of the root word will indicate that *kitâb* كتاب has to do with something which is written, collected, stitched and bound. In other languages the equivalent words have nothing of the peculiar and comprehensive idea. Again, *bait* بَيت is an Arabic word for house. The root word *bâtâ* بَاتَ means to spend the night, to marry, to brood over a design, to be busy about a thing during the night, to build, to prepare provision for night, to have a family. One may pass the daytime wherever one likes, in gardens, in parks, on roads, but one is at home for the night. Moreover, marriage and food also need a house. Take the Arabic word for earth *'Ardz* ارض, it literally means to revolve something, to whirl a thing, to revolve a wheel, to make revolution (Lisân, Tâj). It is due to this fact that the Muslims discovered that the earth is revolving.

Not only the richness of roots but also the presence of certain consonants, especially the pharyngeal H ح and *'Ain* ع , the alternation of consonants and vowels, and the emphatic features of pronunciation give highly characteristic meanings. Through the use of definite article *al* and vowel points and sequence, extensive meanings and exclusive connotations are conferred. To achieve the same purpose other languages need to employ several phrases and sentences.

Another excellence of the Arabic language is that even the combination of its letters possess meanings which are generally common to all the words that are derived from this root. For instance the letters *Lâm* ل , *Mîm* م , and *Kâf* ك in any combination express the idea of power and strength, as *Malaka* مَلَكَ means to posses a thing, to become owner of, to conquer, to have control, to rule, to take, to acquire, to make any one to reign over, to give support, to act as a sovereign, to become a landlord, to get the right of property. *Malak* مَلَك is an Angel, king, or sovereign. *Malakût* مَلَكوت means empire. The adoption of the word *Mâlik* مالك for God is to show that Allâh is not guilty of injustice if He forgives his servants as He is not a mere King or a mere judge but more properly a Master. The verb *Kalima* كَلِمَ means to wound, to offend, birds of prey, calamity, to be rough, brutal, make a strong path, strong earth, rugged ground, commandment, orator. *Kamala* كَمَلَ means perfect, complete, whole. *Mukkummilât* مُكَمّلات is supererogative work. *Kâmil* كامِل is that which is complete and perfect. *Lakame* لكم to box, punch, etc. *Makalat al-bi'r* مكلت البئر to hold much water (in a well), to have much water in a well.

Similarly words containing a combination of *Jîm* ج and *Nûn* ن

such *Jinn* جن, *Ajinna* اجِنّ indicate the meaning of concealing and veiling. *Junnatun* جُنّت is a coat of mail, women's skirt, covering, something hidden or a veil. *Junnatun* جُنّتً to be hidden, *Ajinna* اجِنّ to veil. *Jinn* جن is something hidden. *Jannat* جَنّت is a garden with many thick trees that cover the earth. *Janûn* جنون is madness that conceals the senses. *Junân* جنان is the darkness of the night. *Majin* مِجَنّ is shield. *Jinnîn* جنين is fetus (which is hidden). *Najja* نجّ is to hasten and go out of sight. Similarly combinations of the consonant *Sîn* س, *Lâm* ل *Mîm* م as in *Salama* سَلَمَ give the meaning of tenderness and softness.

If *hamzah* ء comes with b͟â ب it gives the meaning of remoteness, aversion and going away from. Some examples include: *Abatha* ابَثَ: to speak ill of, to slander. *Abada* ابَدَ: to become wild, to take fright, to irritate. *Abasa* ابس: to reprove, to despise, to humiliate. *Abaqa* ابق: to run away, to flee. *Abina* ابِنَ: hatred, enmity, *Ta'abaha 'an*: تابه عن to turn aside with scorn from. *Abâ* ابىٰ: to refuse, to disdain, to scorn. *Abita al-Yaum* ابِت اليوم: because of intense heat the people left work. *Abaza al-Z͟abyo* ابزالظبي: to dart forth and rush away. *Abina Zadun Bakran* ابِنَ زيدٌ بكرا: Zaid accused Bakr and charged Bakr with a fault so he left Zaid. *Abiha 'an al-S͟hai* ابِه عن الشَي: To turn aside with scorn from a thing.

If h͟a ح and *jîm* ج are combined it gives the meaning to hinder anyone from access, as H͟ijâb حجاب means screen or veil, H͟ajab حَجَبَ to hinder, *Istah͟jab* استحجب to appoint chamberlain. H͟âjib حاجب is eyebrow which protects the eye, mahjûb the blind man. If H͟a ح is combined with *Râ* ر it gives the meaning to be painful, as H͟arru حَرّ means to be hot day, to fight, to be enraged against, to restrain, to twist, to rancour. *Harratun* حَرّة: to be thirsty.

Thus almost all Arabic words may be said to speak for themselves. It may be called the sense of logical development. Such is not the case with non-Arabic languages. Words in them are dumb things possessing for the most part no meaning beyond that which the society chooses to give them. It is because of this fact that the language is called the eloquent language (عربيٌ مبين- *Arabiyyun Mubîn*) and all other languages are called *Ajamî* عجمي which means dumb. The words of other languages are not so rich in their significance. The words have received the meanings they bear, but in themselves have nothing to show as to why they were chosen to bear it. For more word and other examples one can consult the books of Abû al-Fat<u>h</u>â, Ibn Jinnî and Abû Alî al-Fârsî.

The Science of Substitution
('Ilm al-Abdâl علم الابدال)

'Ilm al-Abdâl علم الابدال is the Science of Substitution of one letter for another. In Arabic some letters of a word can be changed (بدل *badal*) without the loss of their meaning. For example substitution of *lâm* ل in place of *nûn* ن as in *Hatalat al-Samâ'u* السماء هتَلت and *Hatanat al-Samâ'u* هتَنت السماء: to pour the cloud, a continuous rain; *mîm* م as substitute of *nûn* ن as in *Dahmaja* دهمج and *Dahnaja* دهنج: to totter; *bâ* ب for *mîm* م as *Ma<u>kh</u>ara* مخر and *Ba<u>kh</u>ara* بخر: to clean the water; *sîn* س instead of *<u>s</u>âd* ص as *Yabsu<u>t</u>u* يبسط and *Yabsu<u>t</u>u* يبصط: He amplifies or *Musaitirun* مسَيتر instead of *Mu<u>s</u>ai<u>t</u>irun* مصَيطر: A keeper, stern and hard.

Other sciences include the Science of Derivation (*'Ilm al Ishtiqâq* علم الاشتقاق) and the Science of Etymology and accents and part of grammar dealing with variable forms of words according to their appearance and shape (*'Ilm al-<u>S</u>arf* علم الصرف). Some books on this subject are *<u>S</u>irr al-Liyâl Fi al-Qalb wa al-Abdâl* سرالليال في القلب والابدال by A<u>h</u>mad Fâris known as *Shadyâq* شدياق, *<u>S</u>afînah* سفينه by Mu<u>h</u>ammad Râ<u>gh</u>ib Pâshâ, *Al-'Alam al <u>Kh</u>affâq min 'Ilm al-Ishtiqâq* العلم الخفّاق من علم الاشتقاق by <u>S</u>iddîq <u>H</u>asan of <u>Bh</u>upal (India), *Fiqh al-Lu<u>gh</u>at* فقه اللغّة by Ibn al- Fâris, *Al-Tanwîr* التنوير by Ibn <u>Dh</u>iyab. Arabic scholars such as A<u>s</u>ma'î, Qu<u>t</u>rab, A<u>kh</u>fash, Abû Na<u>s</u> al-Bahilî, Mufu<u>dz</u>dzal bin Salâmat, Mubarrad, Zajjâj, Ibn <u>Kh</u>âlawaih, <u>S</u>ayû<u>t</u>i and Shoukânî have written many pages on these subject.

Philosophy in The Qur'ânic Words

Every word contains in it a reason and philosophy for which it has been selected to convey a particular idea. Every Qur'ânic doctrine becomes clear when the original and basic meanings used for it in the Arabic text are studied. In the case of other scriptures one must sit at the feet of the learned, Church fathers, Rabbis and Hindu pundits and their theologians who give their own biased, filetered conception of the various things taught in their respective books.This is not the case with Arabic.

Every religion speaks of certain varieties but the words used to signify these do not properly express the correct message intended to be conveyed. Good and Evil, for example, are the chief themes in all religions. Every religion gives a particular significance to them. But do the words used for Good and Evil express the whole idea behind them? Do these words tell what is good and what is evil? The Arabic words for them are eloquent enough to convey the underlying idea. The Holy Qur'ân uses the word *Khair* خير for good which literally means things elected, and the word *Sharr* شر for evil which means anything which is to be rejected. There are many other words used in the Holy Qur'ân to differentiate different types of vice and evil as *Junâh* جناح, *Ithm* اثم, *Udwân*ادوان, *Dhanb* ذنب, *Fuhûsh* فحش, *Baghî* بغي, *'Isyân*عصيان , *Sû* سوء, *Fisq* فسق, *Fujur* فجر, *Khit'an* خطاءً, *Fasâd* فساد, they all convey the idea of sin. Sin, according to the philosophy of Qur'ânic words means leaving one's original position. Righteousness, as it were, has appointed a certain place to stay and if one leaves this place one commits sin. But when one returns to it, one repents. This is called *Taubah* توبة or repentance, which literally means to return. No repentance is acceptable unless one returns to righteousness or the original position. According to the Holy Qur'ân the human being is created free of sin, and only when he leaves his assigned place, he enters the sphere of sins. That is why we read:

وَ التِّينِ وَ الزَّيْتُونِ ﴿١﴾ وَطُورِ سِينِينَ ﴿٢﴾
وَ هٰذَا الْبَلَدِ الْأَمِينِ ﴿٣﴾ لَقَدْ خَلَقْنَا
الْإِنْسٰنَ فِي أَحْسَنِ تَقْوِيمٍ ﴿٤﴾ ثُمَّ رَدَدْنٰهُ
أَسْفَلَ سٰفِلِينَ ﴿٥﴾ إِلَّا الَّذِينَ أٰمَنُوا
وَعَمِلُوا الصّٰلِحٰتِ فَلَهُمْ أَجْرٌ غَيْرُ
مَمْنُونٍ ﴿٦﴾

I call to witness (four period of human evolution including) the Fig (symbolic of the era of Adam when the foundations of the human civilization were laid), and the Olive (that of Noah, the founder of Sharî 'at), And Mount Sinai (that of Moses when the details of the Sharîi 'at were revealed), and this town of security (of Makkah where with the advent of the Prophet Muhammad, the Divine law was perfected and finalized).
We have surely created the human being in the finest make and the best proportions (with enormous capabilities for an all round advancement through the process of evolution).
Then (according to Our law of cause and effect) We degrade him to as the lowest of the low (if he does evil deeds). Different, however, is the case of those who believe and do deeds of righteousness. There awaits them a never ending reward (95:1-6).

Humanity from the beginning travelling on the path of evolution and in traveling has to pass through various worlds of progress and it is *Ithm* اثم or sin that hinders progress. The real remedy is not the atonement or accursed death of a person on the cross, but to remove that hindrance and by coming back to the pure and undefiled life which is *Taubah* توبة. *Taubah* توبة is thus leaving the path of sin, starting the journey again from the point where the wrong course was adopted and departed from the right path. This treading on the "straight right and exact path" is called by the

Holy Qur'ân the *Sirâṯ al-Mustaqîm* صراط المستقيم. The word *Taubah* توبة traces origin to the region of *Tazkiyah* تزكيه- the righteousness, which is the light shed in the hour of darkness and forgetting right path. In order to get *Tazkiyah* تزكيه one must overpower the *Nafs al-Ammârah* نفس الامّارة - inner self that incites sin. The Holy Qur'ân says human nature is surely prone to enjoin evil (12:53). The over powering of *Nafs al-Ammârah* نفس الامّارة leads to the development of the source of the moral condition which is called in the terminology of the Holy Qur'ân, *Nafs al-Lawwâmah* نفس اللوّامة - the self accusing soul (72:2). This is the spring from which flows a highly moral life and on reaching this stage a human being is freed from bestiality, the change from the disobedience to the self accusing soul being a sure sign of its improvement. The Qur'ânic word *Lawwâmah* لوّامة literally means one who reproves severely. The *Nafs al-Lawwâmah* نفس اللوّامة -self-accusing soul - has been so called because it upbraids a person for doing of evil deeds and strongly hates unbridled passions and bestial appetites. Its tendency on the other hand is to generate noble qualities and virtuous disposition. This self accusation transforms life so as to bring its whole course and conduct to entire moderation, and to restrain the carnal passions and sensual desires within due bound.

Although the *Nafs al-Lawwâmah* نفس اللوّامة - the self accusing soul upbraids itself for its faults and frailties yet it is not the master of its passions nor is it powerful enough for *Taubah* توبة - to return completely and practice virtue exclusively. The weakness of the flesh sometime gets the upperhand and then it stumbles and falls down, yet it does not persist in its fault. Every failure brings a fresh reproach at this stage. The soul is anxious to attain moral excellence and revolts against evil which is the characteristics of the spirit prone to evil *Nafs al-Ammârah* نفس الامّارة. Not withstanding its desire and yearning for virtue sometimes it deviates from the right path.

The last stage on the onward journey of the spiritual and moral uplift is called in the Holy Qur'ân, *Nafs al-Muṯmainnah* نفس المطمئنّة, or the soul at peace and rest (89:27). This is the real stage of *Taubah*. This is the highest stage of the spiritual journey to which a human being can aspire in this world, that he should rest contented with Allâh and should find his tranquility, his happiness, and his delight in the Almighty Allâh.

Abbreviations in Arabic

(Muqa<u>tt</u>a'ât مُقطّعات)

Like many other languages Arabic also makes the use of abbreviations. The language operates like the delicate-minded wise person who can express his meaning in diverse ways. An intelligent, capable, competent person can sometimes accomplish with the movement of an eyebrow, nose or hand, that which would normally require verbal expression. He can convey his idea and meaning through delicate nuances, variances and differences in tone. This is a way also employed by the Arabic language. Sometimes the use of the definite article or an arbite it conveys a meaning that would need several words in other languages. Vowel signs often serve a purpose which would require long phrases in other languages. Sometimes the situation requires that the next point be conveyed very swifty after a noun such as *Ibrâhim* ابرهم instead of *Ibrâhîm* ابراهيم, or *Alif Lâm Mîm* الم for *Anâ Allâh 'Alam* اعلم انااللّٰه - I am Allâh the All knowing or simply *<u>S</u>âd* ص for *<u>S</u>all-Allâh alaihi wa <u>S</u>allam* صلّى الله عليه وسلّم - Peace of blessing of Allâh be upon him, *<u>H</u>amdal* حمدل for *Al<u>h</u>amdu li-Allâhi Rabb al-Alamîn* رب العالمين الحمد للّٰه - all types of perfect and true praise belongs to Allâh alone the Lord of the world, or *<u>H</u>auqala* حَوقل for *Lâ Haula wa lâ Quwwat illâ bi-Allâh* لاحول ولاقوّة الاباللّٰه- there is no strength to turn away from what is evil nor power to adapt the course of good unless Allâh gives such strength, or *Hai'Ala* هيئل for *Lâ Ilâha illa Allâh* لااله الااللّٰه- There is no other, cannot be, and will never be, one worthy of worship but Allâh, or *Ara<u>dz</u>tu* ارضتُ - I have visited Makkah and Madinah and the environments or *Tahfaltu* تهفلت - I am accustomed to eat wholemeal bread and have decided not to eat any other kind. These are some examples of the shortened forms of words and phrases. They are certainly not mystic symbols as some people tend to think due to lack of knowledge of Arabic. In the past when all writing was done by hands such abbreviations saved time and space. Today, they serve the purpose in many fields. Such abbreviations have become a sort of language within a language. Such few words, letters or vowels convey extensive connotatins. They possess such roots and idioms perfect to express and the most subtle human thoughts and reflections.

ABBREVIATIONS IN THE HOLY QUR'ÂN

(Muqatta'ât fi al-Qur'ân مُقطّعات في القران)

The Holy Qur'ân makes use of abbreviations. The second chapter begins with an abbreviation and in many other chapters abbreviations are found. They are not mystical words as some people, due to ignorance of the Arabic language tend to think, but are shortened forms of words. It is also wrong to think that the Holy Prophet ﷺ or his companions رض did not know the meanings of these shortened forms of the words. These abbreviations are not pronounced as a single word but as letters. For example the abbreviation الم will be pronounced *Alif Lâm Mîm* and not *Alm* These are a part of the text of the Holy Qur'ân, so it is wrong to leave them untranslated. The letters of these abbreviations stand for words as *Alif Lâm Mîm* prefixed to chapters 2, 3, 29, 30, 31, and 32 stand for *Anâ Allâh A'lamu* انا الله اعلم- I am the All-Knowing Allâh and *Sâd* for *Al-Sâdiq* - the Truthful. These abbreviations occur in the beginning of twenty eight chapters in the Holy Qur'ân and are made up of between one and five letters of the Arabic alphabet. They are Alif ا, Hâ ح, Râ ر, Sîn س, Sâd ص, Tâ ط, 'Ain ع, Qâf ق, Lâm ل, Mîm م, Yâ ى. They have not been placed randomly at the beginning of the chapters nor are their letters combined arbitrarily. There always exits a deep and far reaching connection between them and the text of the chapter which follows them. 'Alî, Ibn 'Abbâs, Ibn Mas'ûd, Mujâhid, Ibn Jubair, Qâtâdah, Ikramah, Suddî, Sha'bî and Akhfâsh, *(may Allâh be pleased with all of them)* all agreed in interpreting these abbreviations.

Richness of the Meanings

In Arabic one can sometime read a volume in a single chapter, chapter in a verse and in a single word perceive a veritable treasure of knowledge. Just take the case of the very first attribute of Allâh mentioned in the Holy Qur'ân - *Rabb* ربّ. *Rabb* is not Lord, nor derived from *Abb* - father, not a tribal deity, nor the national God of any specially favoured race or people, nor any narrow 'Lord of the hosts' or the anthropomorphic 'our Father in Heaven'. *Rabb al Shai'a* ربّ الشئ - means he gathered together the things, he owns the thing. *Rabb al-Qaum* القوم ربّ - means he ruled over the people and administered their affairs. *Rabb al-Ni'mata* النعمة ربّ - means he increased and developed the favour. *Rabb al-Amr* ربّ الامر means he improved and completed the matter. *Rabb al-Sabiyya* ربّ الصبيّ - means he sustained and looked after the child till he was of age. The word *Rabb* ربّ as an attribute of God means Master, Chief, Determiner, Provider, Sustainer, Perfecter, Rewarder, Ruler, Creator, Maintainer, Reposer of properties in things of nature, Developer, Framer of rules and laws of the growth of things, Regulariser, Foster of things in such a manner as to make it attain one condition after another until it reaches its goal of completion and perfection. Thus, the word *Rabb* conveys not only the idea of fostering, bringing up, or nourishing but also that of regulating, completing, accomplishing, cherishing, sustaining and bringing to maturity the evolution from the earliest state to that of the highest perfection. *Rabb* ربّ also means the originator of things and their combiner to create new forms. He is the Lord who puts things on the way to perfection. The word signifies many processes which every entity passes through on its course of creation and evolution before it reaches its final development. The word also points to the fact that a human being has been created for unlimited progress under a law of evolution in the physical and spiritual world. The real principle of evolution is not at all inconsistent with belief in God. But we must warn the readers that the process of evolution referred to here is not identical to the theory of Darwin.

These meanings of the word *Rabb* have not been forced and thrust upon this word. The lexicons of the Arabic language, as Khalîl, Mawardî, Abû al-Baqâ, Râghib, Ibn Mukarram, Zamakhsharî, Muhammad Murtadza Zabîdî, Jauharî, Fayumî, E.W. Lane and others speak of these illustrations when they give the detailed meanings of the root *Rabb* ربّ. It must be admited that all other languages lack an equivalent of the word as they have no equivalent of other attributes of God such as *Rahmân* رحمٰن, *Rahîm* رحيم and words like *Hamd* حمد, *Sirât* صراط among others.

Arabic Grammar

Sîbwaih (180 A.H. / 796 A.D.) was the first to write the rules of Arabic grammar. Other well known Arab grammarians were Asma'î (180 A.H./796 A.D.); Kisâî (189 A.H./805A.D.) Qutrub (202 A.H./817 A.D.) Farrâ' (207 A.H./822 A.D.), Akhfash (210 A.H./825 A.D.), Ibn Duraid (223 A.H./838 A.D.), Mubarrad (282 A.H./895 A.D.) and Tha'lab (291 A.H./904 A.D.).

The grammar of Arabic language is very complete, thorough, systematic, and intact in every detail. Grammarians have not invented or discovered anything new nor have they framed any new rules to which other people must conform having studied this natural language they found that it was illustrative of a complete system of rules and they proceeded to formulate those rule in order to facilitate the study of the language.

There is a complete order of verbs and nouns where similar verbs are mutually related with similar nouns in a logical way. By using simple signs like Al ال or *Tanwîn,* or by changing the order of words it conveys an idea which some languages may express in many sentences.

Classical Arabic, or *Lughat ul Fushâ* لغة الفصحىٰ as they call it, by reason of its incomparable excellence was the language of the Holy Qur'ân and that of the Holy Prophet ﷺ. The Holy Qur'ân was the source of Muslim moral, civil, political, and spiritual code. Hence a vast collection of Lexicons and lexicological work were composed by the Mulsims in this language. Utmost care and research have been employed to embody everything that should be preserved of the classical Arabic language, with the result that a vast collection of such authority, exactness, and copiousness, as we do not find to have been approached in the case of any other language of the world, has been in existence.

A line was drawn between classical and post-classical Arabic. It was decided by common consent that no poet, nor any other writer should be taken as an authority with respect to the words, the roots and signification, or the grammar of the classical language, unless he was one of those who had died before the rise of Islam - the first century of the *Hijrah* - or who had lived partly before and partly after that. The poets or person of the post classical periods were called *Muwallid* مولّد and their Arabic is called *Jâhliyah* جاهلية or *Makhdzarmin* مخضرم. The commencement of the period of the *Muwallids* must have preceded the middle of the second century of the *Hijrah*.

A distinction must be made between the classical and post-classical Arabic. The former language was that of the Holy Qur'ân and of the sayings of the Holy Prophet ﷺ (- *Hadîth*), both are the sources of Islam. The period of classical literature begins with the proverbs and poetry of the nomadic northern Arabs preserved by oral transmission, and some written records of the 7th and 8th centuries. The classical written literature begins with the first written compilation of the Holy Qur'ân in the 7th Century. The origin of the Arabic poetry can only be guessed and the 7th and 8th century collections indicate that 6th century poets showed a fully developed poetic art. This poetry became the standard language of classical Arabic literature. Some of the most important pre-Islamic poets are Imrâ al-Qais, Zubair, A'shâ and Tarafah. A part of the poetry has survived in *Sab'a Mu'allaqât* سبع معلّقات, *Ta'bbat al-Shar* تعبت الشر and *Hamâsah* حماسه compiled in 9th. century A.D., in *Mufadzdzaliyât* مفضّليات by Abû Tammâm, *Kitâb al-Aghânî* الاغانى كتاب by Abu al-Faraj Isfahânî (356 A.H./967 A.D.), *Kitâb al Sh'ir al Shu'arâ* كتاب الشعروالشعراء by Ibn Qutaiba (286 A.H./899 A.D.) and *'Iqd al-Farîd* عقدالفريد by Ibn 'Abd Rabbihî. The classical poetry is predominately objective, sensuous, and passionate with little imagination and much less artificial than most of the later poetry. In the classical poetry the description of native of the desert, the night journeying and day-journeying with the various incidents of hunting and stalking and lurking for game, lending camels, gathering of wild honey and similar occupation are most admired. The classical age ended with the first century A.H. when very few people born before Islam were still alive.

Dictionaries of Arabic - An Overview

There are thousands of books written as dictionaries of Arabic language. This is a very interesting and informative subject in itself. Some examples are:

Kitâb al-'Ain كتاب العين by **Khalîl** bin Ahmad (d 169 A.H. / 786 A.D.) He was the first person to start the composing of an Arabic Dictionary. The very name of book indicates that he started his work with the Arabic word *'Ain.* He gave the alphabets the following order:

'Ain ع, Hâ ح, Ha ه, Khâ خ, Ghain غ, Qâf ق, Kâf ك,
Jîm ج, Shîn ش, Dzâd ض, Sâd ص, Sîn س, Dha ذ, Tâ ت,
Dâl د, Zâ ذ Tâ ط, Râ ر, Thâ ث, Lâm ل, Nûn ن, Fâ ف,
Bâ ب, Mîm م, Yâ ي, Hamza ء, Wâw و.

In the beginning were the guttural letters (- *Harûf al-Halqiyah* حروف الحلقية), in the middle the gingival letters (- *Harûf al-Thaubiyah* حروف الثوبية) and in the end the labial letters (- *Harûf al-Shaftiyah* حروف الشفتية). Khalîl could not complete his book. His pupil **Laith bin Nasir bin Sayyâr Khurâsânî** had the honour of enhancing the project. Later books were written to classify, qualify and rectify the mistakes and remedy the errors of the dictionary of Khalîl. These books were known as *Istidrâks* استدراك of Khalîl. Some of these *Istidrâks* and other books based on *Kitâb al-'Ain* are:

1. *Al-Madkhal* المدخل by Abû **al-Hasan Nasr** bin Shurmail (203 A.H. / 818 A.D.)
2. **Ghulâm Tha'lab** Abû 'Omar Muhammad al-Zâhid (345 A.H. / 956 A.D.).
3. **Ahmad bin Muhammad** (348 A.H. / 959 A.D.).
4. **Abû Tâlib Qurtubî** (436 A.H. / 1044 A.D.).
5. *Fath al-'Ain* فتح العين by **Abû Bakr Tammâm** bin Ghâlib Zâhidî (436 A.H./1044 A.D.).
6. *Mukhtasar al-'Ain* مختصر العين a summary of *Kitâb al-'Ain* كتاب العين by **Muhammad bin Hasan Zâhidî**.
7. *Al-Jauharah* الجوهرة an abbreviation of *Kitâb al-'Ain* by **Sâhib** bin Abbâd (385 A.H. / 995 A.D.).
8. *Takmilah* تكملة of *Kitâb al-'Ain* (- Appendix of *Kitâb al-'Ain*) by **Ahmad bin Muhammad Khâdharanjî** (348 A.H. / 959 A.D.).
9. *Ghalat al 'Ain* غلط العين to indicate some mistakes in *Kitâb al-'Ain* by **Muhammad bin Abd Allâh Askânî** .

After Khalîl came other grammarians and lexicologists of the classical Arabic. Some of the best are mentioned below according to their period.

A. Grammarians and Lexicologists of the 3rd. Century A.H.

1. Abû al-Hasan Nasr bin Shumail (203 A.H. / 818 A.D.): *Masâdir al-Qur'ân* مصادرالقران.
2. Abû 'Ali Muhammad bin Mustnîr al-Qutrub (203 A.H. / 819 A.D.): *Muthallathâth fi al-Lughat* مثلّثات فى اللّغة. Sadîd al-Dîn Abû al Qâsim and Abd al-Wahhâb al-Warrâq wrote a commentary of it.
3. Yahyâ bin Ziyâd al-Farrâ (207 A.H. / 822 A.D.) *Ma'ânî al-Qur'ân* معاني القران and *Al-Nawâdir wa al-Lughât* النوادرواللغات.
4. Abû 'Amar Ishâq bin Marâr Shaibânî (213 A.H. / 731 A.D.): *Kitâb al-Nawâdir* كتاب النوادر and *Kitâb al-Jîm* كتابالجيم.

5. Abu 'Ubaidah Ma'mar bin Muthanna (209 A.H. / 824 A.D.): *Khalq al-Insân* خلق الانسان, a book on the limbs of human being.

6. Abû Sa'îd Abd al-Mâlik **Asma'î** (212 A.H. / 827 A.D.): *Kitâb al-Adzdâd* كتاب الاضداد and *Kitâb al-Ishtaqâq* كتاب الاشتقاق, also known as *Akhfash al-Ausât* اخفش الاوسط.

7. Abû Zaid (216 A.H. /831 A.D.) *Kitâb al-Nawâdir* كتاب النوادر.

8. Abû Ubbâd (224A.H./ 838 A.D.): *Gharîb al Musannif* غريب المصنّف.

9. Ibn al 'Arabî (233 A.H/ 845 A.D.) *Kitâb al-Nawâdir* كتاب النوادر.

10. Abû al-Hâtim Sahl bin Muhammad (250 A.H. / 864 A.D.): *Kitâb al-Adzdâd* كتاب الاضداد .

11. Ibn Qutaibah (267 A.H. / 880 A.D.): *Tafsîr Gharîb al-Qur'ân* تفسير غريب القران or *Ta'wîl Mushkil al-Qur'ân* تاويل مشكل القران and خلق الانسان *Khalq al-Insân* on the limbs of human being.

12. Abû al-'Abbâs Muhammad bin Yazîd **al-Mubarrid** (282 A.H. / 898 A.D.): *Kitâb al Ishtiqâq* كتاب الاشتقاق and *Al-Kâmil fî al-Lughat* الكامل فى اللّغة. Muhammad bin Yusuf **Mâzinî** (538 A.H. / 1143 A.D.) wrote a commentary of the later.

13. Abu al-'Abbâs Ahmad **Tha'lab**: *Al-Fasîh fî al-Lughat* الفصيح فى اللّغة. The following masters of Arabic language wrote commentaries on his book. (1) **Al-Mubarrid**; (2) **Ibn Darustwaih Abd Allâh bin Ja'far** (347 A.H. / 958 A.D.); (3) **Ibn Jinnî** (392 A.H. / 1002 A.D.); (4) **Yûsuf bin Abd Allâh Zujâjî** (415 A.H. / 1024 A.D.); (5) **Abû Sahl Muhammad bin 'Alî al-Harawî** (421 A.H. / 1030 A.D.), (5) **Al-Fihrî** (691 A.H. / 1292 A.D.) and many others.

B. Grammarians and Lexicologists of the 4th. Century A.H.

1. Abu Ishâq Ibrahîm **Zajjâj** (310 A.H. / 922 A.D.): *Khalq al-Insân* كتاب الانسان and *Kitâb al-Ishtiqâq* كتاب الاشتقاق

2. Abu Bakr Muhammad bin Hasan **Ibn Duraid** (311 A.H.

/ 923 A.D.): *Al-Jamharah fî al-Lughat* الجمهرة فى اللّغة.
3. Abû Bakr Mu<u>h</u>ammad bin **Sirâj** (316 A.H. / 929 A.D.): *Kitâb al-Ishtiqâq* كتاب الاشتقاق.
4. Ibrahim **al-Yazîdî** (325 A.H./938 A.D.): *Masâdir al-Qur'ân* مصادرالقران.
5. Abu Bakr Mu<u>h</u>ammad **Ibn Anbârî** (328 A.H. / 940 A.D.): *Shar<u>h</u> al-Mu'allaqât* شرح المعلّقات.
6. A<u>h</u>mad bin Abhân **al-Undulusî** (332 A.H. / 944 A.D.): *Al Mu'allam wa al-Lu<u>gh</u>at* المعلّم واللّغة. He compiled his dictionary on materials and stuff, and started from heaven (- *Falk* فلك) and finished it with atoms (- *Zarrah* ذرّة).
7. Abû Ja'far A<u>h</u>mad Mu<u>h</u>ammad **al-Nuhhas** (338 A.H. / 949 A.D.): *Kitâb al-Ishtiqâq* كتاب الاشتقاق.
8. Abû 'Umar Mu<u>h</u>ammad bin Abd al-Wâ<u>h</u>id **al-Mutarraz** (345 A.H. / 951 A.D.): *Al-Yawaqît al-Lu<u>gh</u>at* اليواقيت اللّغة.
9. Abû Mu<u>h</u>ammad **'Abd Allâh bin Ja'far** known as Ibn Durstwaih (346 A.H. / 957 A.D.): *Kitâb al-A<u>dz</u>dâd* كتاب الاضداد.
10. Abû Bakr Mu<u>h</u>ammad bin <u>H</u>asan **Naqqâsh** (351 A.H. / 962 A.D.): *Al-Ishârah fî <u>Gh</u>arîb al-Qur'ân* الاشاره فى غريب القران.
11. Abû <u>T</u>ayyib Abd al-Wâ<u>h</u>id bin 'Alî (367 A.H. / 977 A.D.): *Al-Abdâl fi al-Lu<u>gh</u>at* الابدال فى اللّغة.
12. Ibn Qutaibah (367 A.H. / 977 A.D.): *Tafsîr <u>Gh</u>arîb al-Qurân* تفسير غريب القران.
13. Abû al-<u>H</u>asan A<u>h</u>mad known as **Ibn Fâris Qazwînî** (315 A.H. / 985 A.D.): *Fiqh al-Lu<u>gh</u>at* فقه اللّغة , its other name is *Al-<u>S</u>â<u>h</u>ibî* الصاحبي and *Al-Mujmal al-Lu<u>gh</u>at* المجمل اللّغة and *Miqyâs al-Lu<u>gh</u>at* مقياس اللّغة
14. Ismaîl Ibn al-Ibâ<u>dh</u> **al-<u>S</u>â<u>h</u>ib** (385 A.H. / 995 A.H.): *Al-Mu<u>h</u>ît fi al-Lu<u>gh</u>at* المحيط فى اللّغة.
15. Abû Na<u>s</u>r Ismâîl bin <u>H</u>ammâd **al-Jauharî** (393 A.H. / 1003 A.D.): *<u>S</u>i<u>h</u>â<u>h</u> fî al-Lu<u>gh</u>at* صحاح فى اللّغة.

Following authors wrote notes on *<u>S</u>i<u>h</u>â<u>h</u>* صحاح of Abû Na<u>s</u>r were:

1. Ibn Barrî (582 A.H. / 1186 A.D.) *Al-Tanbîh wa al-Î<u>dz</u>â<u>h</u> 'ammâ waqa'a min al-Wahm fî Kitâb al-*

والایضاح عمّا وقع من الوهم فی کتاب الصحاح *S*i*h*â*h* التنبیه. He could not complete this task and **Abd Allâh bin Mu*h*ammad al-Bastî al-Undulsî** completed it. **Abû al-Qâsim Fazal bin Mu*h*ammad** (444 A.H. / 1052 A.D.)

2. Ibn Qa*t*a' 'Alî bin Ja'far (515 A.H. / 1121 A.D.)

3. Abû al-'Abbâs A*h*mad bin Mu*h*ammad known as Ibn al-*H*âjj **al-Shiblî** (651 A.H. / 1253 A.D.),

4. Ra*dz*î al-Dîn Mu*h*ammad bin 'Alî **al-Shâtabî** (684 A.H. / 1285 A.H.) wrote marginal notes on it.

5. Abû al-*H*asan 'Alî bin Yusuf **Qiftî** wrote marginal notes on it.

6. Shams al-Dîn Mu*h*ammad bin *H*asan known as **Ibn al-Sâi*gh* Damashqî** (720 A.H. / 1320 A.D.) abridged it.

7. Ra*dz*î al-Dîn *H*asan bin Mu*h*ammad (650 A.H. /1252 A.D.) wrote an appendix on *S*i*h*â*h* known as *Al-Takmilah al-S*i*h*â*h*. التکلمة الصحاح

8. Mu*h*ammad bin Abû Bakr Abd al-Qâdir **al-Râ*dz*î** wrote a compendium on *S*î*h*â*h* by the name *Mu*kh*târ al-S*i*h*â*h* مختار الصحاح and added more material in it. Shams al-Dîn Mu*h*ammad bin *H*asan known as al-Sânî' of Damashqî (720 A.H. / 1320 A.D.) and abridged it.

9. Ma*h*mûd bin A*h*mad al-**Zanjânî**: *Tarwîh al-Arwâh fî Tah*dh*îb al-S*i*h*â*h* ترويح الارواح فی تهذيب الصحاح An abridgement of *S*i*h*â*h*.

10. *Kh*alîl bin Aibak **Safadî** (764 A.H. 1369 A.D.): *Nafû*dh* al-Saham fîmâ Waqa'a al-Jauharî min al Wahm* نفوذ السهم فيما وقع الجوهري من الوهم. An abridgment with some corrections.

11. Tâj al-Dîn Ma*h*mûd bin al-**Huwârî** : *Dzâlat al-Adîb al-Jama' bain al-S*i*h*â*h* wa al-Tah*dh*îb* ضالة الاديب الجمع بين الصحاح و التهذيب.

12. Abû al-Hilal *H*asan bin Abd Allâh al-**'Askarî** (395 A.H./1005 A.D.): *Takmilat al-S*i*h*â*h* تكملة الصحاح

13. Ibn-Sayyal: *Al-Jâmi' al-S*i*h*â*h* الجامع الصحاح

14. Abû Zaid Abd al-Ra*h*mân bin Abd al-'Azîz: *Al-*

Wishâh wa Tathqîf al-Rimâh fi Raddi Tauhîm al-Majd al Sihâh الوشاح وتثقيف الرماح فى ردّتوهيم المجد الصحاح
15. Sayûtî: *Al-Ifsâh fi Zawaid al-Qâmûs 'alâ al-Sihâh* الافصاح فى زوائد القاموس على الصحاح
16. Saghânî: 'Ubâb an appendix on *Sihâh*.
17. Al-Uwais bin Muhammad known as **Waisî** (1037 A.H./1628 A.D.): *Maraj al-Bahrain* البحرين مرج. In it the author has refuted the objection made against *Sihâh*.

Another abridgment of *Sihâh* was made by **Qaisi** (1015 A.H. / 1607 A.D.). *Takhrîj al-Sihâh* تخريج الصحاح. The references of the sayings of the Holy Prophet which was quoted in *Sihâh* were mentioned by **Sayûtî** by the name *Falaq al-Asbâh fî Takhrîj al-Ahâdîth al-Sihâh* فى تخريج الاحاديث الصحاح فلق الاصباح.

C. Grammarians and Lexicologists of the 5th. A.H. Century

In the fifth and sixth century of the Muslim calendar the following outstanding books were compiled.

1. *Gharîbain* غريبين (- the dictionary of The Holy Qur'ân and the sayings of the Holy Prophet) by **Abû Ubaid** Ahmad bin Muhammad **al-Harawî** (401 A.H. / 1010 A.D.). **Abû al-Makarrim** (561 A.H. / 1166 A.D.) abridged it. Muhammad bin 'Alî Ghassânî known as **Ibn 'Asâkar** (636 A.H. / 1238 A.D.) made some addition in the original book. The name of his book is Al-*Mushri' al-Rawî fî al-Ziyadate 'alal al-Gharibain lil Harawî* المشرع الروي فى الزيادة على الغريبين للهروى. **Hafiz Muhammad 'Umar** of Isfahân (581 A.H. / 1185 A.D.) wrote a supplement and appendix to the original book.
2. *Mubâdî al-Lughat* مبادي اللّغة by **Muhammad bin 'Abdu Allâh al-Khatîb** (421 A.H. / 1057 A.D.) .
3. *Al-Mau'ab* الموعب by **Abû Ghâlib bin Tammâm Quraizî** (436 A.H. / 1094 A.D.): In this work he combined the ma-

terial of *Jamharah* جمهره and *Kitâb al 'Ain*كتاب العين.
4. Abu al-'Alâ al-Ma'arrî (449 A.H./1057 A.D.).
5. *Al-Anmûdhaj fî al-Lughat* الانموذج فى اللّغة by **Ibn Rashîq** (456 A.H. / 1064 A.D.).
6. *Al-Muhkam wa al-Muhît al- A'zam* المحكم والمحيط الاعظم and *Al-Mukhassas fî al-Lughat* المخصّص فى اللغة by **Abû al-Hasan 'Alî bin Ismâîl Undulusî** known as Ibn Sîdah (458 A.H. / 1066 A.D.).
7. *Al-Muhkam* المحكم by **Safi al-Dîn Muhammûd bin Muhammad** (723 A.H. / 1323 A.D.
8. *Usûl al-Lughat* اصول اللّغة by **Abd al-Wâhid bin 'Alî** (463 A.H. / 1071 A.D.).
9. *Qânûn fî al-Lughat* قانون فى اللّغة by **Salmân bin 'Abd Allâh Huzwânî** (494 A.H. / 1101 A.D.).
10. *Al-Mufradât fî Gharîb al-Qur'ân* المفردات فى غريب القران by **Abû al-Qasim al-Hussain bin Muhammad** known as **al-Râghib al-Isfahânî** (502 A.H. / 1109 A.D.).
11. *Al-Muthallath* المثلّث by **Abû Muhammad 'Abd Allâh bin Muhammad** (521 A.H./1127 A.D.).
12. *Al-Fâiq fî Gharîb al-Hadîth* الفائق فى غريب الحديث Asâs اساس and *Jawâhir al-Lughat* جواهر اللّغة by **Jârî Allâh Abû al-Qâsim Mahmûd bin 'Umar** known as **al-Zamakhsharî** (538 A.H. / 1143 A.D.).
13. *Gharaîb al-Qur'ân* غرائب القران and *Gharaîb al-Lughat* غرائب اللغة by **Sa'îd bin Ahmad al-Maidânî** (539 A.H. / 1144 A.D.).
14. *Al-Muhît bi al-Lughât al-Qur'ân* محيط بلغات القران , *Yanâbî al-Lughat* ينابيع اللّغة and *Tâj al-Masâdir* تاج المصادر by **Abû Ja'far Ahmad bin 'Alî** (549 A.H. / 1154 A.D.).
15. *Al-Muthallath* المثلّث by **Abû al-Hafs 'Omar bin Muhammad Qudzâ'î** (570 A.H. / 1174 / A.D.).

D. Grammarians and Lexicologists of the 7th & 8th A. H. Centuries

1. *Al-Nihâyah fî Gharîb al-Hadîth* النهاية فى غريب الحديث by Abû al-Sa'âdât Mubârak bin Abû al-Mukarram Muhammad known as **Ibn al-Athîr Jazrî** (606 A.H. / 1209

A.D.). Mahmûd bin Abû Bakr (723 A.H. /1323 A.D.) wrote an appendix of it. **'Isâ bin Muhammad Safwî** (953 A.H. / 1546 A.D.) abridged the *Nihâyah*. **Sayûtî** also abridged the *Nihâyah* and gave it the name of *al-Durrar al-Nathîr* الدررالنثير.

2. *Al-Mughrib fî al-Lughat* المغرب فى اللّغة by Abû 'Alî al-Fatha Nâsir bin 'Abd al-Sayyid **al-Mutarizî** (610 A.H. / 1213 a.D.).

3. *Imlâ ma Manna Bahî al-Rahmân* املاء ما منّ به الرحمٰن by Abû al-Baqâ **al-Ubkarî** (616 A.H. / 1219 A.D.).

4. *Tuhfaht al-Arîb fî mâ fil al-Qur'ân min al-Gharîb* الغريب تحفة الاريب فى القران من by **Abû Hayyân** Muhammad bin Yûsuf **al-Undulusî** (645 A.H. / 1247 A.D.).

5. *Majma al-Bahrain* مجمع البحرين*; (2) Kitâb al Adzdâd* كتاب الاضداد; (3) *Shawârid fî al-Lughat* الشواردفى اللّغة; (4) *Al-'Uhâb al-Dhâkhir wa al-Lubâb al-Fâkhir* الفاخر العباب الذاخرواللباب by Abû al-Fadzâil Dziyâ al-Dîn Hasan bin Muhammad Omrî **al-Saghânî** (650 A.H. / 1252 A.D.): . The last mentioned book he could not finish. He reached at the Arabic word *bukum* بكم when he died. He was born in Lahore (Pakistan).

6. *Al-Muthallith* المثلّث by **Jamâl al-Dîn Muhammad** bin 'Abd Allâh bin Mâlik (672 A.H./ 1273 A.D.).

7. Muhyî al-Dîn Yahya bin Sharaf al-Nawawî (676 A.H. / 1277 A.D.). *Tahdhîb al-Asmâ wa al-Lughât* تهذيب الاسماء واللّغات Akmal al-Dîn Muhammad bin Mahmûd (787 A.H. /1384 A.D.) changed its arrangement. So did 'Abd al-Rahmân bin Muhammad **Bistâmî** and gave it the name of *al-Fuwâid al-Saniyyah* الفوائد السنية **Sayûtî** abridged it and ave it the name *Tahdhîb* تهذيب. Similarly Muhyî al-Dîn Abul Kâdir, son of Muhammad (775 A.H./1373 A.D.) abridged it and changed its arrangement.

Following Compilers of Arabic Dictionaries are Credible Dictionaries

1. Jamâl al-Dîn Abû al-Fadzl Muhmmad bin **Mukarram bin Manzûr** (716 A.H. /1316 A.D.): *Lisân al-'Arab* لسان العرب.

2. Abû al-Thanâ Mohammed bin Abû Bakr **al-Tannukhî** (723 A.H./1323 A.D.): *Tahdhîb al-Tahdhîb* تهذيب التهذيب. The author was the teacher of al-Hâfiz Dhahabî.

3. Yahya bin Abû Bakr (724 A.H. / 1324 A.D.): *Masâdir* مصادر.

4. Abû Ja'far Ahmad bin Hasan Mâliqî (728 A.H. / 1328 A.D.): *Qâ'idat al-Biyân wa Dzâbitat al-Lisân* .وضابطة اللسان قائدة البيان

5. Abû Hayyân (745 A.H. 1344 A.D.): *Ithâf al-Arîb limâ Fî al-Qur'ân min al Gharîb* الاريب لما فى القران من الغريب اتحاف.

6. Tâj al-Dîn Abû Muhammad Ahmad bin **Mukarram** (749 A.H. / 1348 A.D.): *Al-Jam'u bain al 'Ubâb wa al-Muhkam* الجمع بين العباب و المحكم. In it he combined the books of al-Saghâni. He also compiled and abbreviated his book.

7. Ahmad bin Muhammad **al-Fayûmî** (770 A.H./1368 A.D.): *Al-Misbâh al-Munîr fî Gharîb al-Sharha al-Kabîr* الكبير المصباح المنير فى غريب الشرح. In it he combined the *Gharîb al-Sharha al-Wajîz* غريب شرح الوجيز by **al-Râfi'î** and of his own research.

8. Allâmah Jalâl al-Din **Sayûtî** (911 A. H. / 1505 A.D.): *Al-Muzhir* المظهر: *Lam'at al-Ishrâq fî al-Ishtiqâq* لمعة الاشراق فى الاشتقاق *and Shadhrat al-'Uruf fî Ithbât al Ma'na fî al Haraf* شذرة العرف فى اثبات المعنى فى الحرف.

9. Abû al-Hasan Ahmad bin Fâris Qazwînî (985 A.H. / 1577 A.D.): *Mujmal al-Lughat* مجمل اللّغة.

10. Muhammad Tâhir Fatnî (986 A.H./1578 A.D.): *Majma' al-Bihâr fî Gharaib al-Tanzîl wa Latâif al-Akhbâr* مجمع البحارفى غرائب والتنزيل و لطائف الاخبار. He himself wrote an appendix and some details of it.

11. 'Izz al-Dîn Muhammad bin Abû Bakr bin Jama't (991 A.H. / 1583 A.D.): *Al-Muthallath* المثلّث

12. Abû al-Faidz Muhammad al-**Murtadzâ Balgrâmî and al-Zabîdî** (1205 A.H. /1791 A.D.): *Tâj al-'Arûs min Jawâhir al 'Qâmûs* تاج العروس من جواهرالقاموس. More than hundred thousand copies of the book are printed.

We cannot close the chapter without mention of *Al-Qâmûs* القاموس

by **Majd al-Dîn Abû Tâhir Muhammad bin Ya'qûb** of Firuzâbâd (817 A.H. / 1417 A.D.). The title of his work was: *Al-Qâmûs al-Muhît wa al-Qâbûs al-Wasît al-Jami' li ma Dhahaba min Kalâm al-'Arab min al-Shamâtît* القاموس المحيط و قابوس الوسيط الجامع لما ذهب من كلام العرب شماطيط. This book is based on *al Lâmi' al-Mu'lam al-'Ujâb al-Jâmi' bain al Muhkam wa al 'Ubâb* اللامع المعلم العجاب الجامع بين المحكم والعباب and his own research and inquiries and that of **al-Jauharî**. He finished his book while he was residing on the hillock of Safâ at Makkah facing the Ka'bah in 813 A.H. / 1410 A.D. **Muhammad Mustafâ** known as **Dâûd Zâdah** (1017 A.H. / 1608 A.D.) wrote a book *Al-Darr al-Laqît fî Aghlât al-Qâmûs al-Muhît* الدر اللقيط فى اغلاط القاموس المحيط which was later translated into Turkish under the name of *Al-Bâbûs* البابوس. **Sayûtî** wrote a book by the name al-*Ifsâh fî Zawâid al Qâmûs 'Alâ al-Sihâh* الافصاح فى زوائد القاموس على الصحاح. **Abd al-Bâsit bin Khalîl** (910 A.H. / 1504 A.D.) wrote marginal notes and named it *al-Qaul al-Mânûs Shrk Mughlaq al-Qâmûs* القول المانوس شرح مغلق القاموس. **Noor al-Dîn 'Alî bin Ghânim al-Maqdisî** (1004 A.H. / 1596 A.D.) also wrote some marginal notes on *Al-Qâmûs* القاموس which were later edited by his son. This work is known under the title of *Tarat al-Qâmûs* طرة القاموس. **Muhammad bin Abd al-Raûf al-Manâwî** (1031 A.H. /1622 A.D.) wrote a commentary on al-Qâmûs and called it *Al Qual al-Mânûs bi Sharhi Mughliq al Qâmûs*. **Ibrâhîm bin Muhammad al Halabî** (956 A.H. /1549 A.D.) wrote an abridged form of *al-Qâmûs* called *Talkhîs al-Qâmûs* تلخيص القاموس. **Muftî Sa'ad Allâh Hindî** wrote *Al Qual al-Mânûs fî Sifât al-Qâmûs* القول المانوس فى صفات القاموس. **Ahmad Fâris** known as Shadyâq wrote *Jâsûs 'alâ al-Qâmûs* جاسوس على القاموس.

Many other people worked on *Al-Qâmûs* القاموس such as Mulla 'Alî al-Qârî, Qarâfî, al Fâsî, Ahmad bin Muhammad Shairwanî and Ahmad al Dîn Balgarâmî.

The Lexicons of the Holy Qur'ân

Following books are the lexicons of the Holy Qurâ'n and the sayings of the Holy Prophet, peace be upon him.

1. *Ma'ânî al-Qur'ân* معاني القران by **Yahya bin Ziyâd.**
2. *Masâdir al-Qur'ân* مصادرالقران by **Ibrâhîm al-Yazidî.**
3. *Al Ishârah fî Gharîb al-Qur'ân* الاشارة فى غريب القران by **al-Naqqâsh.**
4. *Al-Gharîbain* الغريبين by **Abû 'Ubaid al-Harawî**
5. *Al-Mishri' al-Rawî fî al-Dziyâdat 'alâ al-Gharîbain* المشرع الروى فى الزيادة على الغريبين by **Ibn Asâkir.**
6. *Al-Mufradât fî Gharîb al-Qur'ân* المفردات فى غريب القران by **Râghib.**
7. *Al Fâiq fî Gharîb al-Hadîth* الفائق فى غريب الحديث by **Zamakhsharî.**
8. *Gharâib al-Qur'ân* غرائب القران by **al-Maidânî.**
9. *Al-Muhît bi Lughât al-Qur'ân* المحيط بلغاة القران by **Ja'farak.**
10. *Al-Nihâyat fî Gharîb al-Hadîth* النهاية فى غريب الحديث by **Ibn al-Athîr.**
11. *Tuhfât al-Arîb fîmâ fî al-Qur'ân min al-Gharîb* تحفة الاريب فيما فى القران من الغرائب by **Hayyân.**
12. *Majâj al-Qur'ân* مجازالقران by **Abû 'Ubaid.**

For the life of these authors please consult the following books.

1. *Baghîat al-Wu'ât* بغية الوعاة (Sayûtî).
2. *Târîkh Hukamâ al-Islam* تاريخ حكماء الاسلام (Bahaqî).
3. *Nuzhat al-Arwâh* نزهت الارواح (Shahrzûrî).
4. *Al-'Alâm* الاعلام (Zariklî).
5. *Bulahat* البلحة (Firûdhabâdî)
6. *Sîrul 'Alâm al-Nubala* سيراعلام النبلاء (Dhahabî)
7. *Wafî* وافى (Safdî)

Sources of this Dictionary

The great works of *Mufradât* مفردات by Râghib (d 502 A.H. /1110 A.D.), *Lisân al-'Arab* لسان العرب by Jamâl al-Dîn Ibn al Mukarram (d 723 A.H. /1323 A.D.), *Tâj al-'Arûs* تاج العروس by Muhammad al Murtadzâ (d 1205 A.H. / 1791 A.D.) and the Arabic English Lexicon by Edward William Lane are the basic books from which

most of the contents of the Dictionary are drawn. They are by far the best works ever published in this line of learning. Nothing in this dictionary is inserted without indicating at least one if not more of the most celebrated lexicological works. Sources of *Lisân al 'Arab* and *Mufradât* are:
Ibn Fâris; Ibn al-Sikkît; Abû 'Alî al-Fârsî; Farrâ; Ibn Duraid; Zajjaj.; Khalîl; Abû 'Ubaid (*Ma'âni al Qur'ân; Majâz al-Qur'ân* معاني القران;مجاز القران *Al-Amthâl* الامثال); Akhfâsh; Ibn Qutaibah (*Tafsîr Gharîb al Qur'ân*تفسير غريب القران); Sibwaih; Kisâî; Abû Zaid; and Asmaî.

Lisân Al-'Arab لسان العرب is one the best and the most celebrated lexicological work on Arabic language. It benefited from the critical researches of the predecessors and thus avoided and corrected errors committed by earlier authors. The commentaries on the sayings of the Holy Prophet ﷺ have contributed largely to this lexicon. It is one of the most trustworthy books. The edition used was prepared under the supervision of Abd Allâh, 'Ali al-Kabîr, Muhammad Ahmad Hasb Allâh and Hâshim Muhammad al-Shadhlî, printed in 1374 A.H. / 1955 A.D. in Cairo. The book was first printed in 1300 A.H. / 1882 A.D. It was composed mentioning each word according to the place of the last letter of the root. For example the word Kitâb is to be found not under the letter K but under the letter B. The book is one of the wonders of the age and extremely valuable work of great utility. It comprises a very large collection of classical words. The author has not omitted anything that is of value.

Tâj al-'Arûs تاج العروس was compiled in Cairo soon after the middle of the eighteenth century by Sayyid Murtadzâ al Zabîdî al Bilgrâmî. He was born in 1144 A.H. / 1732 A.D and came to Cairo in 1166 A. H. / 1753 A.D. It took him fourteen years to finish the compilation of Taj. He completed his work in 1182/1768 A.D. and died in 1205 A.H./1791 A.D. It is a compilation from the best and most copious and authentic of the preceding Arabic dictionaries and other lexicological works in the form of an interwoven commentary on the Qamûs القاموس, exhibiting fully and clearly from original sources, innumerable explanations, meanings and corrections of mistakes in *Qâmûs* القاموس and other lexicons and examples in prose and verse and a very large collection of additional words and signification under the roots in which they belong. Of the books from which it is compiled more than a hundred are enumerated by the author in his preface of Tâj. In it he has exhibited fully and clearly from the original sources many explanations which are so abridged as to be unintelligible with copious illustrations of the meanings, corrections of mistakes in the *Qâmûs* and other lexicons and examples in prose and verse.

Arabic-English Lexicon by Edward William Lane: This work contains all the classical words, their derivative and their usages, ample grammatical and critical prose and verse. It is offered in eight volumes and took the author more than 30 years to complete this work, in its fullness and richness, deep research, correctness, and its simplicity transcends the dictionary of any language. It was composed by means of its munificence of Duke of Northumberland under the British government in the year 1892 A.D. The Lord Prudhoe enabled him to undertake the work with the help of Sheikh Ibrâhîm Abd al-Ghaffâr al-Dasûkî. He had the good fortune to acquire a large folio-volume of the great work *Tâj al-'Arûs* and refers to several of the most important of the works from which it was compiled.

Apart from such dictionaries a use has also been made from *Ahâdîth* and *Tafâsîr*, such as *Sihâh*, *Musnad* of Ahmad bin Hanbal and *Muwatta*, some encyclopedias, glossaries, technical dictionaries and specialized classical literature on the most diverse subjects, and books of Islamic jurisprudence (*Fiqah*) in order to ascertain the correct information. The collections were however, not simply accepted and incorporated enblock into this dictionary but used only to sharpen the meanings of words after actually checking the classical source material. In the post war years several lexicographical works dealing with modern Arabic became available to the compiler such as Aqrab al-Mawârid and Munjad but they were not incorporated. Oxford and Websters New International Dictionary were used as a standard references for spelling of English words.

The dictionary also includes short biographical and geographical entries of proper names of persons and places that one would encounter while reading the Holy Qur'ân. There is however one feature of antique usage which we have deliberately retained. It was necessary, if confusion is to be avoided, to make distinction between the second person singular and the second person plural.

The explanations of the particles are defection in many of the Arabic lexicons, but it is a very important class of words, generally more difficult to explain than any other class. The help of Mughî al-Labîb was taken to explain this category of words.

DICTIONARY

OF

The Holy Qur'ân

(ARABIC - ENGLISH)

Alif - الف
ا

Alif الف is the first letter of the Arabic alphabet. Each letter of the Arabic alphabet, according to <u>H</u>isâb al-Jummal (mode of reckoning numbers by the letters of the alphabet) has a definite numerical value. According to this system of reckoning the value of *alif* is 1.

Alif ا

Alif الف is derived from *Allafa* الف which means to bring, unite and join together, thus the basic function of *Alif* الف is to join and unite different letters. As a letter of the alphabet it is abbreviated and written as ا. There are two kinds of *Alif*, namely the soft or quiescent *Alif* (*Alif Layyinah* الف لیّنة) and the *Alif* of movent (*Alif* mu<u>h</u>arrikah الف متحرکة). The later is also called *Hamzah* (ء) همزه. *Hamzah* is one of the six guttural letters as it is pronounced from the back of the throat. The sound emanates from the inside of the throat and moves towards the front of the mouth. There are many categories of *Hamzah* such as of *Maj<u>h</u>ûrah*, *Shadîdah*, *Mustafilah*, *Munfailah*, *Mu<u>s</u>matah*, *Maddah* and *Qamarîyah*. It was this concept that made some grammarians regard the glottal stop of *Hamzah* as the twenty-ninth letter, adding one more letter to the usual twenty-eight letters of the Arabic alphabet. But this concept, as Ibn Hishâm said, is of later grammarians.

There are several ways of writing the *Hamzah*. The *Hamzah* coming at the beginning of a word is always written by putting the sign (ء) on or under an *Alif* as أ or إ. The *Alif* in the beginning of a word without a sign (ء) can also stand for *Hamzah*. In the middle of a word the *Hamzah* may be written over *Alif* or a *Wâw* و or it may be written independently or on a hook as ء over a letter. At the end of a word it may be written independently as ء or over *Yâ* ئ (without dots). Another kind of *Hamzah* is called *Hamzah al-Qa<u>t</u>*' همزة القطع the cutting glottal stop or *Hamzah* pronounced separately or *Alif* of disjunction or disjunctive *Alif* as ا in *A<u>h</u>mad* احمد. Every *Alif* that is permanent in the connection of words is of this type. When a *Jazm*

Alif | الف

جزم or *Sakûn* سكون is placed on *Alif* it does not remain a letter of prolongation but is pronounced with a jerk in the voice. This glottal stop is apparently an obstacle to smooth reading, hence the idea of *Hamzah al-Waṣl* همزة الوصل - the liaison *Alif*. Thus *Hamzah* (ء) is also conjunctive letter, added to the last movent letter. *Waṣl* وصل means to unite, connect, to be continuous, uninterrupted, adjoining to conjective, as *Alif* in *Ism* اسم. This *Hamzah* of connection is sometimes marked with an initial *Ṣâd al-Waṣlah* صاد الوصلة on top, then there is a danger of reading ا as *Dhammah* ضمّة. This rule of *Waṣlah* is strictly observed in the Holy Qur'ân so much so that the opening chapter *al-Fâtiḥah* begins with it, for the simple reason that it is preceded by the formula:

بسم الله الرحمن الرحيم

Bismillah al-Raḥmân al-Raḥîm
With the name of *Allâh* the Most Gracious, the Ever Merciful.

This *Hamzah al-Waṣl* is dropped when join to other word as in بسم. It is in reality is باسم. This goes to prove that the said formula is an essential part of the chapter, otherwise the chapter would have started with *Hamzah al-Qaṭ'* - the cutting glottal stop, instead of the *Hamzah al-Waṣl*, the liaison *Alif*, as is the case. This liaison *Alif* helps one to run two or more letters together as in *Bismillah* and avoid the hesitant pauses caused by *Hamzah al-Qaṭ'* همزة القطع.

Alif and *Hamzah* are used for many objects and purposes in Arabic grammar such as:

1. *Alif al-Mamdûdah* الف المدودة or *Alif* of prolongation, or *Alif* as a carrier of *madd* آ (- prolongation). The *madd* is inserted over *Alif* to give fullness of sound to *Fatḥah*. An *Alif* of this species is also called *Alif al-Ishbâ'* الف الاشباع - the *Alif* added to prolong, it give fullness to a sound and helps to express force, effect, grandeur, perfection, increase, copiousness and saturation. Just as the addition of an extra *Alif* helps to express force, etc. its omission helps to express speed and ease with which the action is taking place and influencing the doer. The difference between the *Alif al-Ishbâ'* الف الاشباع and *Alif al-Waṣl* discussed before is that the later is in the beginning of nouns and verbs and the former is in the end. The *Alif al-Ishbâ'* is also called *Alif al Iṭlâq* الف الاطلاق or the *Alif* of unbinding because the vowel ending rhyme presents its being *Muqayyad* مقيّد or bound by the preceding consonant.

2. *Alif al-Fâṣilah* الف الفاصلة

or the separating *Alif*: It is added after the *Wâw* of the plural to make a separation between that *Wâw* and what follows it, as in ظنونا and قواريرا. But when a pronoun is affixed to the verb then *Alif* becomes needless. *Alif al-Fâsilah* الف الفاصلة is therefore an *Alif* which makes a separation between the *Nûn* ن which is a sign of the *feminine* gender and the heavy or doubled *Nûn* in the corrorated form of the aorist and imperative, because a triple combination on *Nûn* is disliked..

3. *Alif al-Nûn al-Khafifah* الف النون الخفيفة or the *Alif* of the light or single *Nûn* in the contracted corroborated form of the aorist tense and imperative, as in *La-Nasfa'an* لنسفعاً. Here the pause is made with *Alif*. This *Alif* being a substitute for the light or single *Nûn* which is originally the heavy or double *Nûn*, as in

قفا نبك من ذكري حبيب ومنزل

"Do you pause that we may weep by the reason of remembrance of an object of love and a place of abode."

Here this poet Imra' al-Qais means by *Qifâ Qufan*, but substitutes *Alif* for the letter *Nûn*. Here *Qifâ* is a dual addressed to the poet's two companions.

4. *Alif al-'Iwdz* الف العوض or *Alif* of exchange. This is an *Alif* which is substituted for the narration of the *acc.* case or *Tanwîn* when one pauses upon it.

5. *Alif al-Istinkâr* الف الاستنكار or *Alif* of disapproval e.g. أانتَ قلتَ (No you have not said).

6. *Alif al-Nudbah* الف الندبة or *Alif* of lamentation.

7. *Alif al-Tab'î* الف التبعي or *Alif* of inability to express what one desires to say. It is also called *Alif al-Taghâlat* الف التغاله or *Alif* of feigning, negligence or heedlessness.

8. *Alif al-Munqalibah an Yâ al-Idzâfat* الف المنقلبة عن يا الاضافة or the *Alif* that is converted from the affixed pronoun *Yâ*, as *Yâ Waylata* ياويلتى instead of *Yâ Wailatî* ياويلتي.

9. *Alif al-Muhawwalah* الف المحولة or the transmitted *Alif*. This is every *Alif* that is originally *Wâw* or *Yâ* movent as in *Qâla* قال which is originally *Qawala* قوَل and *Bâ'a* باع which is originally *Baya'a* بيع.

10. *Alif al - Tathniyah* الف التثنية or *Alif* for making dual, as *Yajlisâni* يجلسان. It is also indicative of the accusative case, as رئيت فاه *Ra'aytu fâhu* (I saw his mouth).

11. *Alif al-Jama'a* الف الجمع or the *Alif* for making plural as in *Masâjid* مساجد.

12. *Alif al-Tânîth* الف التانيث or *Alif* for making the

feminine gender as in *Hublâ* in which it is *Alif al-Mamdûdah* or lengthened *Alif*, and as *Hamrâ'* in which it is *Alif al-Maqsûrah* or shortened *Alif*.

13. *Alif al-Ilhâq* الف الالحاق or *Alif* for adjunction or coordination.

14. *Alif al-Takthîr* الف التكثير or *Alif* for multiplication.

15. *Alif* that occurs in verbs of the measure of *Af'âl* افعال as *Akrâm* اكرام in which case it is sometimes for *Salb*, that is privative (like Greek alpha), as in *Aqsat* (he did away with injustice) or *Ikhfâ* اخفاء (he manifested).

16. *Alif al-Tafdzîl wa al-Taqsîr* الف التفضيل والتقصير or *Alif* denoting excess (a form of elative) or deficiency, denoting the superlative degree as *Huwa Afdzalu min ka* هوافضل منك (he is more distinguished than you (*alif* in *afzalu*). This form also denotes wonder and surprise.

17. *Alif al-Ibârah* الف الا باره or the *Alif* of signification to mean because or though.

18. *Alif al-Istifhâm* or the *Alif* of interrogation الف الاستفهام. It is used as a particle introducing direct or indirect questions where the answer can be either 'no' (*Lâ* لا) or 'yes' (*Na'am* نعم).

In the Holy Qur'ân in addition to the forms mentioned above *Alif* is also used as follows:

a) To make a person acknowledge or confesses a thing or to establish it, as ءَانت in 5:116 or أَلَمْ in 94:1.

(b) *Alif* for reproving as أتعبدون in 37:95 and أصطفى in 37:153.

(c) *Alif* to express a nullifying or denial as أفأ in 17:40.

(d) *Alif* to denote irony, as أصلوتك in 11:87.

(e) *Alif* to denote wonder, as أَلَمْ تر in 25:45.

(f) *Alif* to denote the deeming a thing slow or tardy, as ألم يأن للذين in 57:16.

(g) *Alif* to denote a command as ءَأسلمتم in 3:20.

(h) *Alif* to denote equality occurring after *Sawâun* سوآء or *Mâ Adrî* ما أدري or the like as 21:109

(i) *Alif al-Nidâ'* الف النداء or the *Alif* of Calling or Vocative *Alif*, used in the calling him who is near and *Alif* with *Madd* (prolongation) calling to him who is distant. This interrogative article is placed before a verb as أجعلتم in 9:19, or before a preposition as أفي الله in 14:10, or before a pronoun as ءانت in 5:116, or before another particle or a letter of the conjunction such as *Lâm* ل; *Inna* أَنّ; *Wâw* و; *Fa* ف as أَلَمْ ترَ in 105:1 أوأرادني in 39:38 or to introduce an alternative question, the second alternative starts with *Am* as أم in 25:15 or to denote a duplicative sense. It means "whether"; "is it"?

Alif sometimes does not only give the meaning of interrogation, it is also used to make the word infinitive as أنذرتم in 2:6. Here the clause beginning with it would be taken to mean, whether you warn them or do not warn them. Thus it is a parenthetical clause which gives to qualify the words, "Those who are bent upon denying the truth, and gives the reason of their *kufr* كفر or denying." (L; T; Mughnî; Baqâ; Asâs, Zamakhsharî; Sîbwaih; Mubarrad; LL).

Alif-Lâm-Mîm ا لم

Abbreviation for *Anâ Allâh 'Alam*: Alî, Ibn 'Abbâs, Ibn Mas'ûd and Ubbayy bin Ka'b, and his pupil Mujâhid, Ibn Jubair, Qatâdah, Ikramah, Hasan, Suddî, Sha'bî, Akhfash and Zajjâj all agree in interpreting the abbreviated letters. See also *Muqatta'ât* under *Qata'a*)

Alif-Lâm-Mîm ا لم: I am Allâh, the All-Knowing.

Abb ابّ

أبّاً ؛ يَأبّ ، يُؤبّ

To desire, prepare, move. *Abban* أبّاً : That which the earth produces as food; Meadow; Grazing; Grass. Abû Zaid was wrong when he said that this word is used only in the Holy Qur'ân and not in pre-Islamic days. A pre-Islamic poet says:

جِذمناقيس ونجد دارنا
ولناالاب به والمكرع

Qais is our tribe and Najd our motherland; here is our *Abb* ابّ - meadow and water reservoir.

Abban أبّاً (*m. acc*): The Herbage. (80:31). (L; T; R; Kashshâf; Jamharah; LL.)

Abada أَبَدَ

ابداً ؛ يأبد

To last, settle, abide in a place. The combination of letters *Alif, Bâ, Dâl* اب د means a long time without any break, perpetuity. The word is also used to stress and emphasize for the future, as the word *Qad* is used to stress for the past: *Lan Yatamannauhu abada* لن يّتمنّوه ابداً : "Never shall they invoke it", to indicate ever, never (2:95). *Ta abada*: He spent a long time. *Abad* ابد: Time, age, period, era, long time which is not divisible. Time which is divisible in years or hours is called *Zamân* زمان.

Abadan ابداً (*adj.*): For a long time. (L; T; R ;Miqyâs; Mughnî) This word has been used about 28 times in the Holy Qur'ân.

Ibrâhîm

ابراهيم

The name Ibrâhîm literally means the father of the nations. Jauharî in his Sihâh and Ibn Manzûr in Lisân al-'Arab mentioned *Ibrahîm* under the root *brhm* ب ره م. This suggest that they consider this word of an Arabic origin. *Ibrâhîm* ابراهيم: Abraham - He was a native of Ur (Mesopotemia) and a great prophet mentioned in the Holy Bible and the Holy Qur'ân. The people of Ur worshiped the stars and other heavenly bodies, and their king was Nimrod (ca. 2200 B.C.; Gen.10:8,9). Ibrâhîm preached them monotheism. He emigrated from Ur to Harrân and from there to Cann'ân, accompanied by Lot, his nephew. He is considered to be the progenitor of Arabs and Jews. He settled Ismâîl, his son, with his mother Hâjirah (Hagar) in the valley of Bakkah near Makkah and rebuilt the Ka'bah as a place of worship. According to the Holy Qur'ân he prayed for a secure city, which is to become the spiritual center of the world and for a great messenger to be raised from it. He was the forefather of the Holy Prophet and thus father of the Muslim community. (L; T; Sihâh; LL)

Ibrâhîm ابراهيم Proper name; Abraham.

This name has occurred about 69 times in the Holy Qur'ân.

Abaqa أَبِقَ

اِبَاقا ؛ يأبقُ ، يأبِق

To escape, flee, run away, take flight (as a slave).

Abaqa أبق (*1st. p. m. sing. prf.*): He escaped (37:140). (L; T; R; LL.)

Abila أبِلَ

أبلاً ؛ يَأبل

Camel; Camels; Sheep; Herd of camels; Clouds that bear the water for rain.

Ibil إبل (*n.*): Camel (6:144; 88:17). (L; T; R; LL)

Abâbîl أبابيل

Flocks (of birds or camels); Swarms; Bevies; Flock after flock; Company in a state of disposition or dispersed; Flocks following one another; Birds in companies from this or that quarter. *Jâ'at ibilika abâbîla* جات إبلك ابابيلة: Your camels came in distinct or separate companies. According to some grammarians the word is said to have no singular but according to other its singular is *Abûl* ابول.

Abâbil أبابيل (*n.*): Flocks of birds and camels (105:3). (L; T; R; LL)

Aba ابا

اباوة ، ابّوّ ؛ يأبو

To be a father. According to

Ibn Fâris if there is a combination of *Alif Bâ Wâw* ا ب و, it gives the meaning of breeding, rearing, training and bringing up. *Abantu:* I gave him nourishment, food, diet. *Fulânun ya' bû al-yatîma* فلان يأبواليتيم That person provides the nourishment for the orphan; Old and respectable person. *Abî* ابي *(gen. comp. of Ab + yâ)*: My father. *Abati* ابتِ *(comp. of Ab + ti:)* My dear father; My dear sire. *Abâ* ابا *(acc.)*: Father; Uncle; Ancestor; Master; Husband; Teacher; Owner; Sire; Patron; Anyone who is the cause of creating a thing; Inventor. *Abû* ابو *(nom)*. *Abawayn* ابوين , *Abway* ابوی: Dual form of *Ab*. *Abawayhi* ابويه is really *Abawaynah* ابوينه, the letter *nûn* ن being dropped owning to gen. case so *Abwayhû* is *Abawayhihi*: Two fathers; Father and uncle; Father and mother. *Âbâ'* اباء; *Abwâ* ابوا; *Abawân* ابوان n.plu. It is reported that the Holy Prophet ﷺ said to Alî:

اناوانت ابواهذه الامّة

Anâ wa anta Abawâ hâdhihil Ummate

"You and I are the patrons and teachers of this nation."

Abû al-Adzyâf ابوالاضياف: Host. *Abû al-Harab* ابوالحرب: War-veteran. Zamakhsharî observes that Abraham was forefather of the Holy Prophet ﷺ, thus he became father of his community or *Ummah*, as the Prophets' community is as good for him as his descendents.

Abun اب (*n.*):***Abâ*** ابیٰ ***Abî*** ابي (*gen.* comp. of *Ab* + *yâ*): My father, sire. ***Abati*** ابتِ (comp. of *Ab* + *ti*;): My dear sire. ***Abû*** ابو (*nom.*). ***Abaway/Abwayn*** ابوين/ ابوی (*n.* dual form of *Âbâ'* اباء *acc.*). ***Abwâ/Abawân*** ابوا/ابوان (*n. plu.*). (L; T; R; Kf; LL) This root with its above forms has occurred about 117 times in the Holy Qur'ân.

Abâ ابیٰ

اِبا ؛ يأبِی، يأبیٰ

To refuse, reject, refuse stubbornly, dislike, disdain, receive with ingratitude, scorn, become haughty, to be averse from.

Abâ ابیٰ *(prf. 3rd. p. m. sing.)*: *He refused;* ***Abaw*** اَبو *(prf. 3rd. p. m. plu.)*; They *m.* refused ***Abayna*** اَبَين *(prf. 3rd. p. f. plu.)*: They *f.* refused. ***Ya'bâ*** يأبیٰ *(imp. 3rd. p. m. sing.)*; He ***Tâ'ba*** تأب *(imp. 3rd. p. f. sing.)*: She refuses. (L; T; R; LL)
This root with its five forms has occurred about 13 times in the Holy Qur'ân.

Ata اتٰی

اِتْیانا ؛ یَأتِي

To come, to bring, bring to, come to, come to pass, come upon, do, commit, come easily, arrive, bring, give, reach, happen, overtake, draw near, go, hit, meet, join, come personally or through command or operation and enforcement of orders, be engaged or occupied, commit (offense), perpetrate (crime), undertake (enterprise). The combination of *Alif, Tâ, yâ* ا ت ی indicates the meaning of coming, obedience, association and company.

ا تیتُ فلان علی امره

Ataitu fulânan alâ amrihî

I obeyed his orders very nicely respectfully and willingly with fineness. *Ta'atta*: Ease; Facility; Act gently; and easily. There is a difference between *Ītâ'* إيتا and *I'tâ'* إئتا . The word *Ītâ'* إيتا indicates that what was given also reached the person to whom it was given, and he had accepted it, but in *I'tâ* إئتا it is not necessary. In *I'tâ* إئتا the person who gives is superior than the person to whom something is given. In the Holy Qur'ân the word *Itâ'* إئتا is used against *Naza'a*: To take out from, litigate upon, snatch. *Mat'iyyan* مَتيّا: Sure to come to pass; Ever sure of fulfillment; Must come to pass. *Âtin* آتن f. *Âtiyatun* آتيةٌ: Who comes to pass. *Mu'tin* مؤتِن (*plu.Mu'tûna* مؤتون): One who gives.

Ata أَت (*prf.3rd.p.m.sing IV*): ***At'u*** أتو (*prf. 3rd. p. m. plu.*): They have brought. ***Atâ*** أتا (*prf. 3rd. p. m.*.): He came. ***Âtâ*** آتا (*prf. 3rd. p. m. sing.*): He gave away. ***Atat*** أتت (*prf. 3rd. p. f. sing.*): She came. ***Atau*** أتو (*prf. 3rd. p. m. plu.*): They have done. ***Atayâ*** أتيا (*prf. 3rd. p.f. dual*): They twain came. ***Ataita*** أتيت : (*prf. 2nd p. m. sing.*): You bring. ***Ataina*** أتين (*prf. 3rd. p. f. plu.*): They (*f.*) came. They (*f.*) commit. ***Atainâ*** أتينا (*prf. 1st p. plu.*): ***Âtî*** آتي (*imp. 1st. p. sing IV.*): I will bring. ***Âtiyanna*** اتينّ (*imp. 1st p. sing. IV. imp.*): I ***A'tâ*** اتا (*prf. 3rd. p. m. plu. IV*): He gave, brought. ***Â'tat*** آتت (*prf. 3rd. p. f. sing.*): It gave, brought. ***Âtaita*** اتيتَ (*prf. 2nd p. m. sing.*): You gave. ***Ataitu*** آتيتُ (*prf. 1st p. sing.*): I have given. ***Âtaitum*** اتيتم (*prf. 3rd. p. plu.*): You have agreed to pay; You have given. ***Âtaitumûhunna*** اتيتموهنّ (*prf. 3rd. p. m. plu.* comp. of *Ataitumû* + *hunna*): You have given + them (f.). ***Âtaitanâ*** آتيتنا (*prf. 2nd p. m. sing.* comp. of *Âtaita* + *nâ*): Thou have given + us. ***Atainâ*** اتينا (*prf. 1st p. plu.* comp. of *Atai* + *nâ*): We + gave. ***Âti*** آت (*prf. 3rd. p. m. sing. IV*): Thou give, grant, pay. ***Âtû*** آتوْ (*prf. 3rd. p. m. plu. IV*): You give, present, pay. ***Âtîna*** آتين (*prf. 3rd. p. f. plu. IV*): They (*f.*) present. ***Âtin***

Atâ اتى

آتن (*act. pic. sing. m.*): It will come to pass. ***Âtiyatun*** آتيةٌ (*act, pic, sing. f.*): It will come to pass. ***Ûti*** أوت (*pip. 1st. p. sing. IV*): I am giving. ***U'tîta*** أؤتيت (*pp. 2nd p. m. sing. IV)*: Thou was سصوذ ***Ûtîtum*** اوتيتم (*pp. 2nd. p. m. plu. IV)*: You were given. ***Ûtiyat*** أوتيت (*pp. 3rd. p. f. sing. IV)*: She was given. ***Ûtîtu*** أوتيتُ (pp. 1st p. sing. IV): I was given. ***Ûtînâ*** اوُتينا (*pp. 1st. p. plu. IV*): أوتينّ سصوذ شص د ج ***Ûtiyanna*** (*pip. 1st. p. sing. emp. IV*): ***Ûtû*** اوُتوا (*pp. 3rd. p. m. plu. IV*): *They were given.* ***Ûtiya*** أوتيَ (*pip. 3rd. p. m. sing. IV*): He was given, I shall indeed be given. ***Ûtû*** أوتوا (*pp. m. plu. IV.*): They سصوذ شص ***Ûtâ*** أوتى (*pip. 1st. p. sing.)*: I am given. ***Îtâ'*** ايتاء (*n. IV*): Giving. ***I'ti*** ائت (*prt. m. sing.*): Come; Bring. ***Î'tiyâ*** أتيا (*prt. m.* زخخ): You twain come. ***I'tû*** إتوا (*prt. m. plu.*): You all come. ***Ta'tî*** تأتي (*acc.*)/ ***Ta'ti*** تات (*imp. 2nd p. m. sing.*): Thou come. ***Ta'tunna*** تأتن (*imp. 2nd p. m. plu. emp.*): You will certainly bring back. ***Ta'tû*** تأتوا (*imp. 2nd p. m. plu. nûn* dropped at the end): You enter; You come ***Ta'tûna*** تأتوْن (*acc.*) ***Ta'tîna*** تأتين (*imp. 2nd p. m. plu.)*: You come. ***Ta'tunnanî*** تاتنني (*imp. 2nd p. m. plu. emp. com.; Ta'tunnan + î*): You will certainly bring back to me. ***Ta'tî*** تأتي (*imp. 3rd. p. f. sing.*): It will د سخ. ***Ta'tiyanna*** تأتينّ (*imp. 3rd. p. plu. emp.*): It will certainly د سخ. ***Lam Tu'tau*** لم تؤتَ (*pip. 3rd. p. m. plu. IV*): You are not given. ***Tu'tû*** توُتوا (*imp. 2nd. p. m. plu.*): You make over. ***Tû'tû*** توُتوا (*imp. 2nd. p. m. plu.*): You give over, make over,. ***Tu'tûni/Tu'tûnî*** توُتوني / توُتون (*imp. 2nd. p. m.* صنن): You give me. ***Tû'tî*** توُتي (*2nd. p. m. sing.*): You grant. ***Na'ti*** نات (*imp. 1st. p. plu.* with R. pron. *Bâ*): We will bring. ***Na'tiyanna*** نأتينّ (*imp. 1st. p. plu. emp.*): We will certainly bring. ***Nu'tî*** نُؤتي (*imp. 1st. p. plu.*) We grant. ***Nu'tihî*** نؤته (*imp. 1st. p. plu.* comp. of *Nuti + hî*): We grant + him; We give + him. ***Nutîhi*** نؤتيه (*imp. 1st. p. plu.* comp. of *Nuti + hî*): We shall grant + him. ***Nu'tâ*** نؤتَ (*pip. 1st. p. plu. IV*): We ourselves are given. ***Ma'tiyyan*** مَتيّاً (*pis. pic. m. sing.*): Sure to come. Used for ap- خخخ شدخ ***Mû'tûna*** موتون (*ap- der. m. plu. IV*): Givers; Those نشسش شسس نسص. ***Ya'ti*** يات (*imp. 3rd. p. m. sing. acc.*): He comes. ***Ya'tiyân*** يأتيان (*imp. 3rd. p. m. dual*): Two commit. ***Ya'tîna*** يأتين ***Ya'tîna*** (*imp. 3rd. p. f. plu.*): Those who (f.) commit. ***Ya'tînâ*** يأتينا (*imp. 3rd. p. m. sing.*): He brings us. ***Ya'tiyanna*** يأتينّ (*imp. 3rd. p. emp.*) They will come. ***Ya'tî*** يأتي (*imp. 3rd. p. m. sing.*): He comes. ***Yu'ti/Yu'tî*** يؤت / يؤْتي (*imp. 3rd. p. m. sing. IV*): He shall grant; He gives. ***Yu'tûn*** يؤُتوا (*imp. 3rd. p. m. plu.*): They will give. ***Yu'tûna*** يؤتوْن (*imp. 3rd. p. m. plu. IV./Yu'tû:*): They give. ***Yu'tîna*** يؤتين (*imp. 3rd. p. f. plu.*): They (*f.*) give. ***Yu'tiyanî*** يؤتيني (*imp. 3rd. p. m. sing.* comp. *Yutiya + nî*): He gives me. ***Sayû'tinâ*** سيؤتنا (*imp. 3rd. p. m.*

sing. comp. Sa+yû'ti+nâ): Surely + He will grant + us. ***Yu'ta*** يؤت (*pip. 3rd. p. m. sing. IV*): He will be given; ***Yûtû*** يوْتوا (*pip 3rd p. pl. IV*): They will be given. ***Yutî*** يوتي (*imp 3rd p plu IV*): He gave. ***Yu'tauna*** يؤتون (*pip. 3rd. p. m. plu. IV*): They are given; They will be given. (L; T; R; LL)
The root with its above forms has been used in the Holy Qur'ân about 555 times.

A<u>th</u>tha اثّ

أثوثاً، اثاثا ؛ يأثُ ، يؤثُ ، يأثُ

To be luxuriated, close, become much in quantity; Abundant; Numerous; Great; Thick or large.

A<u>th</u>â<u>th</u>an اثاثاً (*n. acc.*): Goods; Utensils; Household furniture; Moveable goods; All property consisting of camels, sheep, goats; Abandoned property (16:80; 19:74). (L; T; R; LL)

A<u>th</u>ara اثِر

آثارةً ، أثرا ؛ يَأثِر ، يأثُر

To relate, narrate, recite, choose, propose, transmit, raise, prefer, effect, excite. *Â<u>th</u>arun* اثرٌ; (*plu.*) *Â<u>th</u>âr* آثار: Trace; Tradition; Teaching; Remains; Relics of Knowledge transmitted; Footprint; *Sunnah*; Vestige; Mark; Print; Memorial of antiquity.

A<u>th</u>arna اثرن (*prf. 3rd. p.f. plu.*): They (*f.*) raised. ***Â<u>th</u>ara*** أثَر (*prf. 3rd. p. m. sing. IV*): Preferred. ***Yû'<u>th</u>irûna*** يوثرون (*imp. 3rd. p.m.plu.IV*): They prefer. ***Tû<u>th</u>irûna*** توثرون (*imp. 2nd p. m. plu. IV*): You prefer. ***Nû<u>th</u>iru*** نوثرُ (*imp. 1st p. plu.*): We prefer. ***Yu'<u>th</u>aru*** يوثر (*pip. 3rd. p.m. sing.*): Transmitted. ***A<u>th</u>arun*** اثرٌ (*n.*): Footstep; Tradition; Teaching; Effect; Trace. ***A<u>th</u>âr*** اثار (*n. plu.*): Evidences; Effects; Traces, After. ***A<u>th</u>âratan*** اثارةً (*n.f. sing.*): Vestige of knowledge. (L; T; R; Râzî; LL)
This root with its above forms has occurred about 21 times in the Holy Qur'ân.

A<u>th</u>ala إثَل

أثولا ؛ يأثِل

To take root, be firmly rooted, walk at a quick space. *A<u>th</u>lin* اثلٍ: Tamarisk.

A<u>th</u>lin اثلٍ (*gen. n.*): (34:16). (L; T; R; LL)

A<u>th</u>ima اثِم

مأثما ، اِثما ، آثام ، أثم ، تأثيم ؛ يَأثم

To commit a sin or crime or to lie. *I<u>th</u>mun* اثمٌ: Sin; Guilt; Crime; Iniquity; Lie; Anything that hinders from good deeds; Harmful; Anything which renders a person deserving of punishment; Anything that pricks the mind as something evil; Unlawful. There are sinful words as in 5:63, and sinful deeds. *<u>Dh</u>anb* ذنب is said to differ from *I<u>th</u>m* in being either intentional or committed through inadvertence, whereas *I<u>th</u>m* is particularly intentional. It will then be seen that *<u>Dh</u>anb* is a word which carries a wide significance and is applicable to all short comings resulting from inattention, incapacity or perversity and even to defects and imperfection of which the result may be disagreeable. <u>Dh</u>anb is originally the taking the tail of a thing and it is applied to every act of which the consequence is unwholesome and is applied to human weaknesses which might stand in the way of the realization of great objects. It does not possess the sinister significance which *Junâ<u>h</u>* جناح, *Jurm* جرم and *I<u>th</u>m*, which possess almost similar connotations. *A<u>th</u>âm* اثام : Punishment of wickedness The requital or recompense of sin. *Â<u>th</u>im* آثم: Evil doer; One who sins. *A<u>th</u>îm* اثيم Wicked person. *Tâ'<u>th</u>îm* تأثيم: Accusation of crime.

I<u>th</u>mun اثمٌ *(n.)*: *sin.* of ***Â<u>th</u>âm*** آثام *(n.)*: The requital or recompense of sin. ***Â<u>th</u>imun*** آثم (*act. pic. m. plu.*): Punishment of sin. ***Â<u>th</u>imîn*** اثمين (*act. 2 pic. m. plu. acc.*): Sinful persons ***A<u>th</u>îmun*** اثيم (*act. 2 pic.*): Sinful person. ***Ta'<u>th</u>îm*** تأثيم (*v.n. II*): Sin; Lie. (L; T: R, LL)

This root with its above forms has occurred about 48 times in the Holy Qur'ân.

Ajja اجّ

اِجيجا ؛ يئُج ، يَؤُج

To burn, blaze (fire), run, be hastened or quick, brackish, bitter (water). *Yâjûj/Mâjûj* ياجوج/ماجوج: Gog and Magog. Both words are derived from the above root. They refer to the Scythians of the farthest east and all nations inhabiting the north of Asia and in Europe, they also refer to two powerful nations mentioned in the Bible (Ezekiel, 38:2-6; 39:6), and the Qur'ân (see Ency. Brit.; Jewish Encycl. under Gog and Magog; Historians history of the world).

Ujâj اجاج (*n. adj*): Bitter; Brackish; Saltish. (25:53; 35:12). ***Yâjûj/ Mâjûj*** ياجوج ماجوج (*n.*): Gog and Magog(18:94;21:96). (L; T; R; LL)

Ajara اجر

اِجار، اُجورًا ، اَجرٌ ؛ يَأجر

To reward, pay wages, hire. *Ajrun* اجرٌ: Reward; Dowry plu. *Ujûr* اجور. *Ista'jara* استأجرَ: To hire, employ.

Ta'jura تأجر (*imp. 2nd. p. m. sing.*): ***Istajarta*** استأجرتَ (*prf. 2nd. p. m. sing. X.*): ***Istajir*** استأجِر (*prt. 1st. p. m. sing. X*): To hire. ***Ajrun*** اجر (*n. sing.*): Reward. ***Ujûrun*** اجور (*n.plu.*): Dowries. (L; T; R; LL)

This root with it's above five forms has occurred about 108 times in the Holy Qur'ân.

Ajila اجل

اجلاً؛ يأجل

To be delayed, postponed, fix a term. *Ajlun* اجلٌ: Reason; Cause; Sake; Because. *Ajalan* اجلاً: A fixed term; Determined period; Respite; Doom, Appointed term. *Ajjala* اجّل: To appoint a fixed term. *Mu'ajjalun* مؤجل: Fixed term. *Ajilatun* اجلة: The future life; the life to come. *Âjilan ou Ajilan* آجلا آجلا او : Sooner or later.

Ajlun اجلٌ (*par.*): Reason. ***Ajal*** اجل (*n.*): An appointed term. ***Ajalain*** اجلين (*dual.*): Two terms. ***Ajjalta*** اجّلتَ (*prf. 2nd. p. m. sing.*): Thou has appointed. ***Ujjilat*** أجِّلتْ (*pp. 3rd. p.f. sing.*): Has been fixed (term). ***Mu'jjalun*** مؤجّل (*pis-pic.*): Fixed term. (L; T; R; LL)

This root with its above six forms has occurred about 56 times in the Holy Qur'ân.

Ahad احد

One; Alone. *Ihdâhunna* احداهن: One of the women. *Ihdai* احدي: One of the two. *Ihdâ* احدا: (f.) One. ***Ahad*** احد: One; Alone. This word is applied to Allâh alone and signifies The One, The Sole, who has been and will ever be and Alone, who has no second to share in his lordship nor in His Essence. The Holy Qur'ân has used two different words to express the Unity of God, احد *Ahad* and واحد *Wâhid*. The former denotes the absolute Unity of God without relation to any other being, while the latter means the first or the starting point followed by a second and a third. Thus the Divine attribute of *Wâhid* (One) is intended to show that God is the only source from which all creation springs. Although none of his creatures is similar to him, and he is independent of all, yet everything does point to him, just as a second or a third thing necessarily points to the first. Whereas *Ahad* signifies Oneness of God in His person, the idea of a second being inconceivable, *Wâhid* واحد signifies uniqueness of God in his attributes. Thus the expressions *Allâhu Wahidun* الله واحد "A would mean that Allâh is that Supreme Being Who is the Source of law, from Whom all creation had emanated and *Allâhu Ahad* الله احد means that Allâh is that Being Who is One and Alone in the sense that when we think of Him the very idea that there is any other being or thing is absent altogether from our minds. He is One and Alone in every sense. Nothing is like Him, nor is He like anything else.

Ahad احد: One; Alone. (L; T; R; LL)

The word *Ahad* has been used in the Holy Qur'ân 82 times.

Akhadha اخذ

اَخَذَ ؛ يَأخُذ

To take, receive, accept,; take away, punish, afflict, make a compact, seize upon, seize, take in hand and arrange. *Akhdhun* اخذٌ: The act of taking; Punishment. *Akhdhatan* اخذةً (*noun of unity*): Punishment. *Âkhidhun* اخذٌ: One who takes. *Akhadhtahû bi kadha* اخذته بكذا :You incited him to do that and made him stick to it. *Akhadhathu al-izzatu bill ithmi* اخذته العزة بالاثم: Pride encompasses him with sin; Pride seizes him owing to his sin.

Akhadha اخذ (*prf. 3rd. p. m. sing.*): He took, put. ***Akhadhat*** اخذت (*prf. 3rd. p.f. sing.*): She took; put. ***Akhadhna*** اخذنَ (*prf. 3rd. p.f. plu.*): They (*f.*) took. ***Akhadhtum*** اخذتم (*prf. 2nd. p. m. plu.*): You took. ***Akhadhnâ*** اخذنا (*prf. 1st. p. plu.*): We took. ***Ya'khudhu*** يأخذ (*imp. 3rd. p. m. sing.*): You will take. ***Ta'khudhu*** تأخذ (*imp. 2nd. p. m. sing.*): Thou shall take. ***Ya'khudhûna*** يأخذون (*imp. 3rd. p. m. plu.*): They will take. ***Ya'khudhû*** يأخذوا (*imp. 3rd. p. m. plu. acc.*): They take or may they take. ***Ta'khudhâ/ Ta'khudhûna*** تأخذا/تأخذون(*imp. 3rd. p. m. plu.*): You will take. ***Khudh*** خذ (*prt. m. sing.*): Thou take. ***Khudhû*** خذوا (*prt. m. plu.*): You take. ***Ukhidha*** اخذ (*pp. 3rd. p. m. sing.*): It is taken. ***Yûkhadhu*** يؤخذ (*pip. 3rd. p. m. sing.*): He shall be taken. ***Yu'akhidhu*** يؤخذواْ (*imp. 3rd. p. m. sing. III*): They will be called to account. ***Lâ*** Tu'â***khidh*** لاتؤآخذ (*prt. neg. 2nd. p. m. III*): Reckon not. Punish not. ***Ittakhadha*** اتّخذ (*prf. 3rd. p. m. sing. VIII)*: He has taken. He has adopted. Râghib has mentioned this word under root اخذ. ***Ittakhadhû*** اتّخذوا (*prf. 3rd. p. m. plu. VIII*): They have taken. ***Ittakhdhat*** اتّخذت (*prf. 2nd. p. m. sing. VIII*): She has taken. ***Ittakhadhtu*** اتّخذتُ (*prf. 1st. p. sing. VIII*): I have taken. ***Ittakhadhta*** اتّخذتَ (*prf. 2nd. p. m. plu. VIII*): You have taken. ***Ittakhadhnâ*** اتّخذنا (*prf. 1st. p. m. plu. VIII*): We have taken. ***Yattakhidhu*** يتّخذ (*imp. 3rd. p. m. sing. VIII*): He takes, He sets up. ***Tattakhidhu*** تتّخذ (*imp. 2nd. p. m. sing. VIII*): Thou take. ***Yattakhidhû / Yattakhidhûna*** يتّخذوا /يتّخذون (*imp. 3rd. p. m. plu. VIII.*): They take. ***Tattakhidhû'/ Tattakhidhûna*** تتّخذوا/تتّخذون (*imp. 2nd. p. m.*

plu. VIII): You take. ***Nattakhidhu*** نتّخذ (*imp. 1st. p. plu. VIII*): We take; We adopt. ***Ittakhidh*** اتّخذ (*prt. m. sing. VIII*): Thou take. ***Ittakhddhî*** اتّخذي (*prt. f. sing. VIII*): Thou (f.) take. ***Ittakhidhû*** اتّخذوا (*prt. 3 p.m. plu. VIII*): They have. ***Akhdhun*** اخذ (*v.n.*): Overtaking; Taking, Punishing, Grasp, Grip. ***Akhdhatum*** اخذتم (*n.*): Grip. ***Akhidhun*** اخِذن (*act. pic. m. sing.*): One who holds with grip. ***Âkhidhîna*** آخذينَ (*act. pic. m. plu. acc.*): Those who receive and hold. ***Âkhidhî /Âkhidhîna*** آخذي / آخذ ين Over-takers. ***Ittikhâdh*** اتّخاذ (*v.n. VIII*): Taking. ***Muttakhidhî*** متّخذي (*VIII*): One who takes someone as possessor. ***Muttakhidhî*** متّخذِي (*apder; m. plu.; Nûn* dropped.): Take someone in certain object. ***Muttakhidhâtun*** متّخذاتٌ (*f. plu. VIII*): Those women who take. (L; T; R; LL; Muhît; Fath.) The root with its above forms has been used in the Holy Qur'ân about 272 times.

Akhara اخر
تَأخيرا ؛ يُأخر

To put back, put behind, postpone. *Akhirat* اخرت : Hereafter; Last abode; Next life. It is the feminine of *Âkhir* آخر: Last one; Latter. Opposite of *Âkhir* آخر is *Awwal* اوّل and oposite of *Âkhar* آخر is *Wâhid* واحد .

Âkharu آخرُ: Another. ***Âkharân*** آخران (*duel*): Other two. ***Akharain*** آخرين (*acc.*) ***Akhirîn*** آخرِينْ (*acc.*) ***Akhirûn*** آخرون (*nom. n. plu.*): Others. ***Ukhrâ*** أخرىٰ (*n. f.*): Another. ***Ukharu*** أخرُ (*n. plu. f.*) ***Âkhiru*** آخِرُ (*n.*): Last; Final; That is to come later; After. ***Akhiratun*** آخرةٌ : Last; Coming after; Hereafter; Next life. ***Akhkhara*** اخّر (*prf. 3rd. p. m. sing. II*): Put behind; Delayed; Postponed; Did a thing after another; Did anything last; Deferred; Left undone; Put off; Gave respite. ***Akhkharat*** اخّرت (*prf. 3rd. p. f. sing. III*): She puts behind. ***Akhkharnâ*** اخّرنا (*prf. 1st. p. plu. II*): We put behind. ***Akhkharta*** اخّرتَ (*prf. 2nd. p. m. sing. II*): Thou has put behind. ***Akhkhartani*** اخّرتنِ (*prf. 2nd. p. m. sing. Com. II*): *Akhkharta* + *ni*: Thou has delayed + me. ***Yu'akhkharu*** يؤخّر (*imp. 3rd. p. m. plu. II*): He delays. **Yuakhira** يؤخر (*imp. 3rd. per. m. sing. II*): Grant reprieve. ***Nu'akhkharu*** نؤخّر (*imp. 1st. p. plu. II*): We put behind. ***Yu'akhkharu*** يؤخّروا (*pip. 3rd. p. m. sing. II*): Will be delayed. ***Ta'khkhra*** تأخّر (*prf. 3rd. p. m. sing. V*): Delayed; That comes later. ***Yast'akharu*** يستأخر (*imp. 3rd. p. m. sing. V*): He lays behind. ***Yasta'khirûna*** يستأخرون (*imp. 3rd. p. m. plu.*): They remained behind. ***Tasta'khirûna*** تستأخرون (*imp. 2nd. p. m. plu. X*):

You remain behind. *Mustâ'khirîna* مستأخرين (*ap-der. m. plu. acc.*): Who are delayed behind. Who carry behind. (L; T; R; LL)
This root with its above forms has been used in the Holy Qur'ân about 250 times.

Akh اخ
أخُوّة ؛ يأخو

When in connection with a complement *nom. Akhû* اخو; *gen. Akhî* اخي ; *acc. Akhâ* اخا: Male person having the same parents as another or a male having only one parent in common; Person of the same descent, land, creed or faith with other or others; Brother; Friend; Companion; Match; Fellow of a pair; Kinsman; Intimately acquainted.

Akhawain اخوين (*n. dual. acc. gen. oblique.*): ***Akhawân*** اخوان (*n. dual. nom.*): Two brothers. ***Ikhwân*** إخوان (*n. plu.*): Brothers. ***Ikhwatun*** إخَوةٌ (*n. plu.*): Brothers. ***Ukhtun*** اختٌ (*n. f.*): Sister. ***Ukhtain*** اختين (*n. f. oblique*): Two sisters. ***Akhawât*** اخوات (*n. plu. f.*): Sisters. ***Akh*** اخ; ***Akhâ*** اخا; ***Akhû*** اخوا (n. sing.): Brother. ***Akhî*** اخي (comb. of *Akh* + *î*): My brother. ***Akhwai*** اخوى (*n. plu.*): Brothers. (L; T; R; LL)
This root with its above twelve forms has been used in the Holy Qur'ân 97 times.

Adda ادّ
تادية ، ادّا ؛ يَئِدّ، يؤدّا

To fall on, oppress, overwhelm, behave resolutely.

Iddan ادّا (*n. acc.*): Exceedingly abominable and hideous; Impious; Disastrous, Very evil and severe; Evil thing against which human nature revolts, which causes an uproar on account of its abomination. (19:89). (L; T; R; LL)

Adama ادم

To reconcile, be brown. *Adam* أدَم: Human skin; Human being; Man; Person; Intelligent person; Brown man; Brave man; Human race; Mankind; Civilized person; A chief; Honest person; Kind and polite person; Person who is created from different substances; Person in possession of different powers; One who enjoys the comforts of life; One who is by nature social and hard; One who has heirs.

Adam, who lived about 6000 years ago, is generally taken to be the proper name for the first human being. But the Holy Qur'ân does not affirm that he was the first man, or that there was no creation before him. The word *Khalîfah* خليفة used for Adam in the Holy Qur'ân (2:30) is a reference to the fact that he was a remnant or successor of an old race and was selected to bring into being a new moral revolution. The word *Khalîfah* is also used for one who comes after and stands in the place of someone who precedes him. Ibn 'Abbas says there were races known as *Ginn, Himm* and *Dinn* that lived before Adam, may be he was referring to Neanderthals and similar other races. Great Muslim scholars were of the view that there were hundreds of thousands of Adams before this Adam whose reference is made in the Holy Qur'ân. (Ma'ânî). The world has passed through different cycles of creation and civilizations and this Adam is only the first link in the present cycle and civilization and not the very first human being in God's creation. The Holy Qur'ân does not follow the Bible in holding that the world began with the birth of the Adam, neither the Holy Qur'ân claim, that all mankind, who are now found in different parts of the world, are the progeny of the selfsame Adam, or that all the races which lived before this Adam were entirely swept away before he was born. Adam was not the first man. Mankind existed even before him, he was a Khalifah خليفة (2:30), a successor who followed someone.

Muhyuddîn ibn 'Arabî, the great Muslim mystic says that he saw a tablet of a building which showed that the building was erected hundreds and thousands of years ago. Again he says that once he saw himself in a vision performing Pilgrimage with some other people. "I inquired one of them who are you? He said, 'Of your old ancestors.' 'How long is it since they died?' I asked him. The man replied, 'More than forty thousand years.' 'But this period is much more than that what separates us from Adam', said I. The man replied, 'Of which Adam are you speaking? About that Adam who is nearest to you or of some other?' Then I recollected the saying of the Holy Prophet ﷺ, to the effect that God had brought into being no less than a hundred thousand Adams and between each and every Adam there is a period of seventeen thousand years. And I said to myself, 'Perhaps these people who are said to be the ancestors of mine were of the previous Adams.' " (*Fatûhât al-Makkiyyah, 3:607*).

Again, the shedding of blood,

as referred to in 2:30 could not be the work of one person. The reference is to the shedding of the blood of man by man. In 7:10, 11, addressing the people God says, "We have indeed established you in the earth (giving you power therein) and provided for you therein (various) means of subsistence. How little thanks you give. We did determine you, then we gave you shape, then said to the angels, 'Make submission to the **children of Adam**,' so they all submitted. But *Iblîs* did not, he would not be of those who submit." These verses also point to the same conclusion that human beings were already living on this earth and it was after the creation of human beings and not just Adam when angels received this order.

The garden which Adam was bidden to leave (7:24) was not the Heaven or Paradise of the Hereafter. Because the Paradise is a place from which nobody is ever turned out (15:48).

The word Adam stands also for the children of Adam (L; T), and for the human being who is the object, the crown and the acme of all creation (17:70), and whose creation became complete after a long process of gradual development and evolution by *Rabb* رب who fosters, brings up and regulate the things from the crudest state to that of the highest perfection, in such a manner as to make it attain one condition after an other until it reaches its goal of completion. *Rabb* is the author of all existence, who has not only given to the whole creation its means of nourishment, but has also before hand ordained for each a sphere of capacity and within that sphere provided the means by which it continues to attain gradually to its goal of perfection. By the use of the word *Rabb* رب the Holy Qur'ân hints at the law of evolution which is working in the universe. There is no single word in English carrying the significance of the word رب *Rabb*.

Irâq is considered by archaeologist to be the place where our Adam lived. The Holy Prophet, peace be upon him, is reported to have described the Euphrate as the river of the garden, referring to the place where Adam lived (Muslim, Chapter on Jannat; (L; T; LL).

The word *Adam* has been used in the Holy Qur'ân about 25 times.

Ada' ادی
تَأدِیة ؛ یُؤّدی

To pay, deliver, surrender, transmit.

Adâun اداءٌ(*v.n.*): Payment. (2:178). ***Yua'ddu*** یؤدّ (*imp. 3rd. p. m. sing. II*): Will surrender, pay back (2:283; 3:75). ***Tu'addû*** تؤدّوا (*imp. 2nd. p. m. plu. acc. II*): Make over; Pay back (4:58). ***Addû*** ادّوا (*prt. m. plu.*): Hand over (44:18). (L; T; R; LL)

The root has been used with the above four forms 7 times.

Idh اذ / Idhâ اذا

When; If; Behold; Then; At that time; As; While; Since; On or all of a sudden. These words are regarded by the Arab grammarians as indeclinable nouns and are constantly employed in the Holy Qur'ân to commence a sentence without any antecedent. They are time reference and are used as corroborative particles meant to draw the readers attention to a turn in the discourse and can be translated as "remember the time". *Idhan* اذن: In that case; Then; For that reason; Thus; At that time (past or future). It is used in conditional phrases usually at the beginning or end of a sentence. It is also used to call attention or to express a warning, or make a protest. If there is an *imp*. after it, it make its last letter *Mansûb* منصوب (with *Fatha*). If it is at the end of the phrase it is without any سسشخ *Idh* اذ is used for *prf.* خجخ *Idhâ* اذا for *imp*. **Idhn** اذِن (L; T; R; Mughnî, LL)

Adhina اذِنَ
اِذنا ؛ یَأذن

To give ear, grant permission, permit, hearken, allow, bear, perceive, respond, listen.

Adhina اذِنَ (*prf. 3rd. p. m. sing.*): Allowed. ***Adhinat*** اذنت (*pr. 3rd. p. f. sing.*): Perceived; Heard; Listened. ***Adhinta*** اذِنتَ (*prf. 2nd. p. m. sing.*): Thou permitted. ***Ya'dhanu*** یأذنُ(*imp. 3rd. p. m.* نسْ.): Permits ***Âdhanu*** اذنُ (*imp. 1st. p. sing.*): I give permission. ***Udhina*** أذِنَ (*pp. 3rd. p. m. sing.*): He is allowed; Permission is given. ***Yu'dhanu*** یؤذن (*pip. 3rd. p. m. sing.*): Leave be given. ***I'dhan*** ائذن (*prt. m. sing.*) Grant leave. ***I'dhanû*** إئذنوا (*prt. m. plu.*): You *permit*. ***Adhdhana*** اذّن (*prf. 3rd. p. m. sing. II*): Announced. ***Adhdhin*** اذّن: Announce; Make known to everybody; Call. ***Mua'dhdhinun*** مؤذّن (*ap-der. m. sing. II*): Announcer; Heralder; Crier. ***Âdhantu*** اذنتُ (*prf. 1st. p. sing. IV*): I warned, have given you clear warning. ***Âdhannâ*** آذنّا (*prf. 1st. p. plu. IV*): **We declared.** ***Ta'adhdhana*** تأذّن

(*prf. 3rd. p. m. sing. V*): Proclaimed. ***Ista'dhanû*** استأذنوا (*prf. 3rd. p. m. plu.*): They asked leave. ***Yasta'dhinu*** يستأذن (*imp. 3rd. p. m. plu.*): He asks leave. ***Yasta'dhinû*** يستأذنوا (*imp. 3rd. p. m. plu.*): They ask leave. ***Adhânun*** اذاناً (*v.n.*): Announcement; Proclamation. ***Idhnun*** اذنٌ (*n.*): Leave; Permit. ***Udhunun*** أذنٌ (*n.*): Ear; All ear; (*metaphorically*) Who gives ear to all. ***Adhânun*** اذآنٌ (*n. plu.*): Ears. ***Udhunai*** أذنى (*n. dual.*) Two ears. (L; T; R; LL)

This root with its above forms has been used in the Holy Qur'ân about 102 times.

Adha اذى

إيذاء ؛ يؤذى

To be hurt, suffer, damage, injure, harm. The word *Adhan* signifies a slight evil, slighter than what is termed *Dzarar* ضرر or anything causing a slight harm.

Âdhû آذوا (*prf. 3rd. p. m. plu. IV*): They hurt, injured, vexed, annoyed, offended, afflicted, harmed, caused bodily pain, wounded the feeling. ***Âdhaitum*** اذيتم (*prf. 2nd. p. m. plu. IV*): You hurt, annoyed. ***Yu'dhî*** يؤذى (*imp. 3rd. p. m. sing. IV*): Annoys; Gives trouble. ***Yu'dhûna*** يؤذون (*imp. 3rd. p. m. plu. IV*): They annoy. ***Tu'adhûna/Tu'dhû*** تؤذون/تؤذوا You annoy, give trouble. ***Ûdhiya*** اوذى Has been given trouble. ***Ûdhû*** اوذوا (*pp. 3rd.* صنس): Persecuted. ***Ûdhînâ*** أوذينا (*pp. 1st. p. plu.*): We were persecuted. ***Yu'dhain*** يؤذين (*pip. 3rd. p. f. plu.*): They (*f.*) should be given trouble. ***Adhan*** اذىً (*n.*): Injury; Ailment; Harm; Annoyance. (L; T; R; LL)

This root with its above forms has been used in the Holy Qur'ân about 24 times.

Araba اربَ

اربًا ؛ يأرب

To be skillful, be genius, achieve, better a thing, render anyone intelligent, sharp, cut a thing, become cunning, be intelligent, be sagacious, be excellent in judgment, tight (a knot). *Ariba* أرِبَ: To want, sought, desire.

Irbatun اربة (*n.*) Want; Necessity; Desire; Sexual desire; Intellect (24:31). ***Maârib*** مآرب (*n. plu.* of *Ma'ribatun*): Necessities; Necessary uses (20:18). (L; T; R; LL)

Aradza ارضِ

ارضا ؛ يأرُض

To rotate, bring forth herbs صثسخحصخخ *Ardza* ارض: That which rotates; Earth; Land; City; Country; Ground; Terrestrial globe.

Aradza أرَض : (L; T; R; LL)
The word has been used in the Holy Qur'ân 462 times.

Araka ارك
أرُوكاً ؛ يأرُك ، يأرِك

To stay, stay at a place in which there are trees of Irâk.

Arâik ارائك (*n. plu.* of *Arîkatun*): Thrones, Raised couches. (L; T; R; LL)
The word has been used in the Holy Qur'ân 5 times.

Arama أرَمِ
أرما ؛ َيأرم

To bite, eat all (the food), destroy the crops, reduce to misery and wretchedness. Mâ *bihâ Aram* ما بها ارم: There is no one.

Iram إرَم: Stone set up in the desert; Name of the city of the tribe of 'Âd عاد. Name of the great father of 'Âd, from whom the tribe took its name. A mark made of stones. (al-Qur'ân 89:7) (L; T; R; LL)

Azara اِزرِ
أزرا ؛ َيأزر

To strengthen, assist, help, sympathize, grow thick and strong.

Âzar أزر (*proper name*): Name of an idol, derived from the Chaldean name of the planet Mars. Literally it means he helped his people in establishing idol worship. Some commentators consider *Âzar* as not a proper name, but an appellation meaning *Mukhtî*, i.e., Erring. Name of the sire of Abraham. The Bible mentions his name as Terah (Gen, 11:26) or *Thara* (Luke, 3:34), the change is not only in the first consonant but also in the vowel that follows. The Talmud also gives the name of the Abraham's father as Thara. Eusebius gives Athar. This shows that even among the Jews and Christians there exists no unanimity as to the name of Abraham's father. The correct form appears to be Athar, which later became changed unto Thara or Terah. The form adopted by Eusebius, following neither Gen. nor Luke shows that he had strong reasons to differ from these two well-known sources. Now the form adopted by Eusebius is almost, if not exactly, the same as given by the Holy Qur'ân. If there is any difference, it is only of pronunciation, otherwise both forms i.e., Azar and Athar are identical. It may also be noted that Abraham's father is also called Zarah in the Talmud, and Zarah is approximately the same as Azar. In the Holy Qur'ân Azar is called as *Ab* of Abraham, a word applies not only to real father *Wâlid* والد but also to uncle and sire, who stand in the position of a father. From the Holy Qur'ân it appears that Âzar, though called in 6:74 the *Ab* of Abraham was not his real father or *Wâlid*. In 14:41 we are told that Abraham's father (-*Wâlid*) was a believer, while in 6:74 his *Ab* Âzar is spoken of as having stuck to idolatry till his death (14:41). Again in 9:113 we are told that Abraham had made a promise to his *Ab* Âzar to pray to Allâh for his forgiveness, but when he came to know that he was an enemy to Allâh, he abstained from praying for him and was actually forbidden to do so, see also 26:86. Here again Âzar is spoken as the *Ab* of Abraham. Elsewhere the Holy Qur'ân itself records a prayer of Abraham which he offered in the last days of his life, after he had built the K'abah in company with his son Ismâîl. In this prayer, Abraham prays for his father *Wâlid* والد and is not forbidden to pray for him. But here Abraham does not use for him the word *Ab* but *Wâlid* (14:41). In short, the word may be used for a person other than the real father, but the word *Wâlid* which means the begetter is applied to none but the actual and real father. This shows that *Âzar* who has been called the *Ab* of Abraham was a different person from the *Wâlid* of Abraham. The bible also supports this conclusion. We are told that Abraham married Sarah the daughter of Terah (Gen. 20:12). This shows that Terah or Âzar was not his real father, otherwise he could not marry his own sister but could marry his uncle's daughter. (6:74) (L;T; R; Qadîr, Eusebius; Talmud)

Azrun ازْراً: Strength; Back; Middle part of the body; Weakness; Loin. (20:31). ***Azara*** اَزَرَ: Made strong (48:29). ***Âzar*** آزر: Name of the Abraham's sire or uncle.

Azza ازّ

ازا، ازازاً ؛ يؤزّ

To incite, make a loud crash, produce a noise.

Tawuzzu تؤزّ (*imp. 3rd. p. sing.*): They incite. The verb consists of a duplicate radical. (19:83). ***Azza*** ازّا (*n.*): Incitement (19:83). It is more than *Hazza* هزّا . (L; T; R; LL)

Azifa ازف

ازوفاً، ازفا؛ يأزف

To get nigh, arrive suddenly, approach, draw near.

Azifat أزفت (*prf. 3rd. p. f. sing.*): It got nigh; It has drawn nigh (53:57). ***Âzifah*** أزفة (*act. pic. f.*): That is coming very soon. (53:57). (L; T; R; LL)

Is_h_âq اسحق

Isaac. The second son of Abrahâm, by his wife Sârah. He was the first son of Sârah and father of Jacob, Elias Israel, the great progenitor of Israelites. He is known as the second Patriarch. Basically its root is *Sa_h_aqa* سحق meaning to crush or sweep or _Dzhaka_ ضحك: To make fun. (L; T; R; LL)

Ishâq اسحق: (*name*) Isaac. The word has been used in the Holy Qur'ân about 17 times.

Asara اسَرَ

اِسارةً، اسرًا؛ يأسرُ

To bind, make prisoner, tie, take captive.

Ta'sirûna تأسرون *(imp. 2nd. p. m. plu.)*: You imprison. ***Asrun*** اسر (*n.*) Frame; Structure; Joints. ***Asîr*** اسير (*act. 2 pic.*): Captive; Prisoner. ***Asran/Usârâ'*** اسرىً / اسآرىٰ (*n. plu.*): Captives; Prisoners. (L; T; R, LL)

This root with its above five forms has been used in the Holy Qur'ân about 6 times.

Israîl اسرا ءيل

Isr + îl: Soldier of Allâh. It is the appellation of Jacob, son of Abraham.

The word has been used in the Holy Qur'ân about 43 times.

Assa اسّ / Ussa اُسّ

اسًّا ؛ يُؤسّ

To lay foundation.

Assasa أسّس (*prf. 3rd. p. m. sing. V*): He laid the foundation (9:109). ***Ussisa*** اُسّس (*pp. 3rd. p. m. sing.*): That was founded (9:108). (L; T; R; LL)

Asifa اسِفَ

اَسفًا ؛ يَأسف

To be sad, grieved about, afflicted with.

Âsafû آسفوا (*prf. 3rd. p. m. plu. III*): They made (us) angry (43:55). ***Asafan*** اسفًا (*v.n. acc.*): Sorrow; Anger; Sorrowing (18:6). ***Âsifan*** آسفاً (*n. acc.*): In sorrow and anger. ***Yâ Asafâ*** يٰأسفى (*interject.*): O my sorrow! How great is my grief! (12:84). (L; T; R; LL)

Ismâîl اسمٰعيل

Combination of *Sami'a Allâh* سمع الله: Allâh heard the prayer. He was the eldest son of Abraham through his Egyptian wife Hagar who was the daughter of the king of Egypt and not a slave girl. Ismâ'îl was born as a result of a prayer of Abraham when he was eighty six years of age. Abraham offered him to sacrifice in fulfillment of his dream. Twelve sons were born to Ismâ'îl, the best known of whom is Kadâr, the great ancestor of the Arab nation. (L; T; LL)

Ismâ'îl اسمٰعيل: Proper name. The name has been used in the Holy Qur'ân 12 times.

Asana اَسَنَ
أسنًا ؛ يأسُن، يأسِن

To be corrupted, be putrid and stinking (water).

Âsin أٰسن (*pact. pic.*): Corrupt (47:15). (L; T; R; LL)

Asâ اسٰى
اُسوةً ؛ يأسو

To imitate any one.

Uswatun أسوةٌ: Model; Imitation; Relief; Consolation; Pattern; Example worthy of imitation. (33:21; 60:4,6). (L; T; R; LL)

Asiya اسِيَ
اسًي ، اسواً ؛ يَأسو

To be sad; solicitous; afflicted (with *'Alâ*).

Âsâ اٰسٰى (*imp. 1st. p. sing.*): I lament (7:93). ***Lâ Ta'sa*** لا تأس (*prt. m. sing. negative.*): You grieve not (5:26, 68). ***Ta'sau*** تأسوْا (*imp. 2nd. p. m. plu. acc.*): You sorrow (57:23). (L; T; R, LL)

Ashara اشِرَ
اَشرا ؛ يَأشِر

To cut, sharpen, saw. It is more than *Batara* which is more than *Fara<u>h</u>a*. *Fara<u>h</u>a* is usually used in bad sense (28:76), but sometimes it is used in good sense (30:4; 10:58). *Fara<u>h</u>a* is always under wisdom, but *Ashr* is under passion and fondness.

Ashir اشر: Self-conceited; Impudent; Insolent; Rash (54: 25, 26). (L; T; R; LL).

A<u>s</u>ara اصر
اصرًا ؛ يأصر

To burden, commit a sin, have responsibility, break a thing, confine or debar, detain, hold in custody.

I<u>s</u>r اِصر (*n.*): Burden; Compact; Crime; Responsibility; Banishment; Burden of a sin. (2; 286; 7:157; 3:81). (L; T; R; LL)

A<u>s</u>ula اصل
اصالة ؛ يأصل

To be rooted.

A<u>s</u>lun اصلٌ (*n.*): Root. ***U<u>s</u>ûl*** اصول (*n. plu.*): Roots. ***A<u>s</u>îlan*** اصيلاً (*n.*): Evening; Time before sunset. Its plu. is ***Âsâl*** آصال. (L; T; R, LL) The root with its above four forms has been used in the Holy Qur'ân 4 times.

Uffun اُفّ

Fie!; Fay!; Oh!. Word of contempt and expression of disgust. According to Qâmûs there are forty different ways of spelling this word.

Uffun اُفّ: (17:23; 21:67; 46:17). (L; T; R; LL)

Afaqa افِق

اَفْقًا ؛ يَأفِق

To go in country, horizon.

Ufuq افق (*n. sing.*): Horizon; Country. (53:7; 81:23). ***Âfâq*** آفاق (*n. plu.*): Horizons; Remote sides; Farthest parts; Borders; Wide world. (41:53). (L, T; R, LL)

Afaka افَكَ

افوكا، افكاً؛ يأفك

To tell a lie, turn away from, change a purpose or state, make false show, seduce.

Ya'fikûna يأفكون (*imp. 3rd. p. m. plu.*): They feign, make a false show. ***Ta'fiku*** تأفِك (*imp. 2nd. p. m. plu.*): Thou turn away, seduce. ***Tu'fikûna*** تؤفكون (*pip. 2nd. p. plu.*): You are turned away. ***Ufika*** أفك (*pp. 3rd. p. m. sing.*): He was turned away, was deluded away. ***Yu'faku*** يؤفكو (*pip. 3rd. p. m. sing.*): He is turned away. ***Yu'fakûna*** يؤفكون (*pip. 3rd. p. m. plu.*): They are turned away. ***Ifkun*** افكٌ (*n.*): Lie; Slander. ***Affâk*** افّاك (*n.*): Big slanderer. ***Mu'tafikatu*** مؤتفكت (*ap-der. f. sing. VIII*): Subverted; Overturned; Pulled down (city). ***Mu'tafikât*** مؤتفكات (*ap-der. f. plu. VIII*): Subverted (cities of Sodom and Gomorrah). (L; T; R; LL)
The root with its above forms has been used about 30 times.

Afala افل

اُفُولاً؛ يَأفُل ، يَأفِل

To set (the star).

Afala افل (*prf. 3rd. p. m. sing.*): It set. (6:76, 77). ***Afalat*** افلت (*prf. 3rd. f. sing.*): It (*f.*) set (6:78). ***Âfilîn*** آفلين (*act. pic. m. plu. acc.*): Setting ones (6:76). (L; M; LL)

Akala اكَلَ

اَكلا ؛ يَأكل

To eat, gnaw.

Akala اكل (*prf. 3rd. p. m. sing.*): He ate. *Aklâ* اكلا (*prf. 3rd. p. m. dual.*): They twain ate. ***Akalû*** اكلوا (*prf. 3rd. p. m. plu.*): They ate. ***Ya'kulu*** يأكل (*imp. 3rd. p. m. sing.*): He eats. ***Ya'kulâni*** يأكلان (*imp. 3rd. p. m. dual.*): They twain eat. ***Ya'kulûna***

يأكلون (*3rd. p. m. plu.*): They eat. ***Ya'kulna*** يأكلنا (*imp. 3rd. p. f. plu.*): They *f.* eat. ***Ta'kulu*** تأكلُ (*imp. 2nd. p. f. sing.*): She eats. ***Ta'kulûna*** تاكلون (*imp. 2nd. p. m. plu.*): You eat. ***Na'kulu*** نأكل (*imp. 1st. p. plu.*): We eat. ***Kulî*** كلي (*prt. f. sing.*): Eat! *f.* ***Kulâ*** كلاَ (prt. *m. f. dual.*): Eat! You twain. ***Kulû*** كلوا (*prt. m. plu.*): Eat! You. ***Aklun*** اكلٌ (*n.*): Eating. ***Aklan*** اكلاً (*acc.*): State of eating. ***Ukulun*** أكُلٌ (*n.*): Food; Flavor; Fruit. ***Âkilîna*** آكلين (*act. pic. m. plu. acc. n.*): Eaters. ***Akkâlûna*** اكّالون (*n. intr. plu.*): Greedy. ***Ma'kûl*** مأكول (*pact. pic.*): Eaten up; Devoured. (L; T; R; LL)

The root with its above forms has been used in the Holy Qur'ân about 109 times.

Alata الَتَ

اَلْتاً؛يأَلِتُ

To deprive, diminish, defraud, decrease.

Alatnâ التنا (*prf. 1st. p. plu.*): We have deprived. (52:21). (L; T; R; LL)

Alifa الفَ

اَلْفًا ؛ َيألف

To be accustomed, join together, unite, reconcile, become tame, bring together.

Îlâf ايلاف: Unity; Compact; Alliance; Covenant for the purpose of trade; Obligation involving responsibility for safety and protection; Attachment. ***Alaf*** الف: Thousand. ***Alfân*** الفان (oblique *Alfain* الفين): Two thousand. ***Ulûf*** الوف (plu. *Âlâf* آلاف): Many thousand. ***Ulûf*** الوف is plural either of *alaf*, as is expressed above, meaning thousands or of *Alif* meaning a congregation or in a state of union. ***Mu'allafatun*** مؤلفة (*pis. pic. f. sing. II.*): Who are required to be consoled. ***Allafa*** الّف (*prf. 3rd. p. m. sing. II*): He joined, united. ***Yu'allifu*** يؤلِّف (*imp. 3rd. p.m. sing.*): He unites together. (L; T; R; LL)

The root with its above forms has been used in the Holy Qur'ân about 22 times.

Al ال

The definite article. It is equivalen to 'the' in English. In Arabic it is used to give the meaning of Most, All, Complete, Maximum, Whole and to denote comprehensiveness, that is to say all aspects or categories of a subject, or to denote perfection and includes all degrees and grades. It is also used to indicate something which has already been mentioned or a concept of which is present in the mind of the writer or reader. (L, T; KF. LL; Baqâ)

Alâ الا
اَلْواً ؛ يألوُ

To fall short, refuse, be remiss. *Ya'tali* يأتل: He became remiss. It is a form of *Yafta'ilu* يفتعل, according to Râghib it is a form of *Alautu* الوْت, but according to others it is from *Âlaitu* اليت : He swore. Both forms are attributable to the verb *Alâ* الى which appears in the 24:22 in the form of *ya'tal* يأتل.

Ya'lûna يألون (*imp. 3rd. p. m. plu.*): They will fall short; will remiss (3:118). Râghib says it is from *ilâ* الاّ. This particle indicates the farthest point of the six sides.

Ya'tali يأتل (*imp. 3rd. p. m. sing.*): He became remiss; He swore (24:22). (L; T; R; LL)

Îlâ' اِيلاء

It is from the root *Âla* آلَى meaning he fell short, he fell short of doing what he ought to have done, he was remiss; or it is from the root *Âlâ* آلى meaning he swore *Âlâ min zaujihî* آلى من زوجه : He swore he would not go near his wife, not to go in unto her. *Îlâ* اِيلاء: To swear to be off from wife; to keep away from the wife. In the days before Islâm the pagan Arabs used to take such oaths, and as the period of separation was not limited, the wife was compelled sometimes to pass her whole life in such a bondage, having neither the position of a wife nor that of a divorced woman. The Holy Qur'ân allows at the most four months to a person who swears not to approach his wife. During this period he must either get reconciled to his wife and restore conjugal relations or to give divorce. In no case infinite separation without divorce is permitted, leaving the woman suspended. The verse 2:226 abolishes this custom of *Îlâ'* which was prevalent among the Arabs before the advent of Islam. The verse also tells that God loves to see reconciliation between husband and wife.

Îlâ اِيلاء: (2:226). (L; T; R; LL)

Ilyun اِلىً/Ilan اِلىٌ

Bounty; Favour. Its plural is *Âlâ* آلاء .

Âlâ' الى (*n. plu.*). (L; T; R; LL) The word has been used in the Holy Qur'ân 34 times.

Alla الاّ

Compound of *An+la* ان+لا Lest...that he... not. (Mughnî ;L; T; LL)

Ûlû اولوا

Possessors; Owners of.

Ûlû اولوا (*particle m. acc.*) Possessors; Owners of: ***Ulât*** اولات (*acc. f. plu.*): Possessors. (Mughnî; L; R)

Ulâika الائك

Demonstrative: Those; These. ***Ûlâi*** اولىٓ : plu. of *Dhâ* ذا: (R; L; Mughnî; LL)

Ilâ الى

To; Till; With, the end of the six sides; Adding to. It is separable proposition which denotes the end as opposed to *min* من which denotes the start. In some respect it agrees with *hattâ* حتّى which denotes the end of space or time and in the esense of *ma'* مَع to indicate the end of distance. (Mughnî; L; R; LL)

Illa الاّ

If not; Unless; Except; some; Otherwise; Less; But; And; Also. (For these meanings see Akhfash; Farrâ; and Abû Ubaid) This word is used to signify the sense of exception. This exception is of two kinds. (1) Exception in which the thing excepted belongs to the same class or species to which the things from which an exception is sought to be made belongs, as they say *Jâ'al-qaumu illa Zaidan* جاء القومً الأزيد: All the people came except Zaid (who was one of them). Here the person Zaid belongs to the same class (of human beings). It is called *Istithnâ' al-muttasil* استثناء المتصل. (2) Exception in which the excepted thing belongs to a different class or species, as they say, *Jâ al-qaumu illa himâran* جاءالقوم الاحمارا all the people came but donkey did not. In the verse 2:34 the word *Illâ*, الاّ denotes the latter kind of exception. Iblîs not being one of the angels. Though not an angel yet he was ordered to submit to Adam (7:12). This kind of exception is called *Istithnâ' al-munfasil* استثناءالمنفصل . It commonly governs the accusative. It also means not even. (Qâmûs; Mughnî; L; LL)

Illâ إلآ

إلاَّ ؛ يَئُلّ

To hurry, be restless, be clear and bright (colour), strike with a spear, pierce with a bright javelin. *Illal farsu*: إلّ إلفرس: The horse went quickly (making itself prominent). *Illun* إلّ and *Illâtun* إلآة: Relationship; Nearness with respect to kindred; Good origin; Compact or coonvenient; Promise or an assurance of safety or security; Neighbour; Visible state of relationship or of compact; Bond. (L; T; R, Qâmûs; LL)

Illân إلاّ (*n.*): Bond (9:8,10).

Alladhî الّذي

He; Him; Whose; Whom; Which. f. *Allatî* الّتي dual *Alladhâni/alladhaini* اللّذين/ اللّذان plu. *Alladhîna*, الّذين f. plu. *Allâtî* الّتي and *Allâî* الائي (L; T; R; LL)

Alima ألم
ألما ؛ يألم

To suffer, be in pain.

Ta'lamûna تألمون (*imp. 2nd. p. m. plu.*): You are suffering. ***Ya'lamûna*** يألمون (*imp. 3rd. p. m. plu.*): They are suffering. ***Alîm*** أليم: Woeful; Effective; Painful. (L; T; R; LL)

The root with its above three forms has been used in the Holy Qur'ân about 76 times.

Ilaha اله

To adore, worship, deify any one, call any one worth of worship.

Ilâh الٰه : God; Deity; Worthy of worship. ***Lâ Ilâha*** لاالٰه: There is no other, cannot be and will never be one worthy of worship. ***Ilâhain*** الٰهين (*dual*): Two gods. ***Âliha*** آلهة (*n. plu.*): Gods. (L; T; R; LL)

The word *ilâh* has been used in the Holy Qur'ân about 147 times.

Allâh الله

It is the proper noun applied to the Supreme Being, Who is the sole possessor of all perfect attributes, Who is free from all defects and Who exists necessarily by Himself. It is not a common noun. All Divine attributes mentioned in the Holy Qur'ân are qualities of the proper name Allâh. No other language has a distinctive name for the Divine Being. The names found in other languages are either attributive or descriptive and can be used in the plural form, but the word Allâh is never used for any other thing, being or deity. It is never used as a qualifying word. Sîbwaih and Khalîl say, Since *Al* in the beginning of the word Allâh is inseparable from it so it is a simple substantive, not derived from any other word. The word Allâh is not a contraction of *al-ilâh*, as some people tend to believe, but quite a different word. This being the proper name of the Supreme Being, and having no parallel or equivalent in any other language of the world the original name 'Allâh' should be retained in the translation. The English word God, which is the common Teutonic word for a personal object of religious worship applied to all superhuman beings of heathen mythologies who exercise power over nature and human being, can hardly be even an approximate substitute. *Yahova* means O That Person! While pronouncing the word Allâh the stress in accent is on the letters "L ل"; as "b" in Abbey. (L; T; R; LL)

Allâh اللّٰه: Proper name of the Almighty and Supreme Being. The word has been used in the Holy Qur'ân 2697 times.

Allâhumma اَللّٰهُمَّ

Comb. of *Yâ* +*Allah* يا اللّٰه : O Allâh! The letter *M* (م mîm) being added to compensate the omission of the particle *Yâ* (O). It is also said that it stands for يااللّٰه امنابخير *Yâ Allâh ummanâ be khairin*: O Allâh instruct us in righteousness. It is a form of invocation.

Allâhumma اَللّٰهُمَّ: (L; T; R; LL). It is used in the Holy Qur'ân about 5 times.

Ilyâs الياس

Elijah. He lived about 900 B.C. and was a native of Gilead, a country on the eastern bank of Jordan. *Ilyâsîn* is the plu. of *Ilyâs* and means Ilyâs and his followers. According to some it is another form of *Ilyâs*, and both words designate the same person, as *Sainâ'* and *Sînîn* are both names of Mount Senai.

Ilyâs الياس: Elijah (6:85; 37:123).
Ilyâsîn ال ياسين: People of Elijah; Elijah (37:130). (L; T; Kf; LL)
Al-Yasa'a اليَسَعَ (See p. 626).

Am ام

Conjunction used for two alternative propositions and may be rendered as whether. As it is a conjunction connected with what precedes it, so neither what precedes it nor what follows it is independent. It also denotes interrogation or is used in a case of interrogation corresponding to the integrative Hamzah (ء) and means: Which; Therefore. What follows *Am* and what precedes it compose one sentence and what follows it must correspond to what precedes it in the quality of noun and of verb. It also denotes *bal* بل (rather). (L; T; Kf; Mughnî; LL)

Amâ اما

Is (he, she, it) not; Is there not. (Mughnî; Kf; L; LL)

Amata اَمَتَ
امتًا ؛ يأمتُ

To measure; betake.

Amatan اِمتاً (infinitive noun from *Amata* اَمَتَ): Measure of distance; Doubt; Curvity; Crookedness; Unevenness; Ruggedness; One part being high or more prominent than other; Elevated place; Weakness. (20:107). (L; T; LL)

Amida اَمِدَ
اَمدًا ؛ يَامَدَ

To appoint a term, reach its utmost extent. Amadun اَمَدٌ: Distance; Time; Later term; Extreme point; Starting place; Limit; Term; Space; Goal; Terminus; Time considered with regard to its end; Utmost or extreme term; Period of life which one has reached; Each of the two terms of the life of a person, the time of his birth and the time of his death; Space of time of unknown limit. The difference between *Amad* and *Zamân* زمان is that where as the former is time considered with regard to its end the latter is time considered with regard to both its end and its beginning. The difference between *Amad* and *Abad* ابد is that the former means time limited in duration and the latter means time everlasting. It is said,

الدنيا امدٌ والاخرة ابدٌ

The present life is limited in duration but the Hereafter is everlasting. (L; T; R; LL)

Amadun اَمَدٌ : (57:16; 3:30; 18:12; 12:25).

Amara اَمَرَ
أمرًا ؛ يأمُرُ

To command, order, enjoin. Difference between *Khalq* خلق (creation) and *Amr* امر (command) is that while the former generally means the measuring out or evolving of a thing out of preexisting matter, the latter means bringing into being without matter, by uttering the command 'Be!'. The verse: His is all the creation (الخلق *al-Khalq*) and the command (الامر *al-Amr*) (7:54) means that Allâh has not only created the universe but also exercises the command and authority over it.

Amara اَمَرَ (*prf. 3rd. p. m. sing.*): He commanded. *Amarû* امروا (*prf. 3rd. p.m. plu.*): They commanded. *Amarta* امرتَ (*prf. 2nd. p.m. sing.*): Thou Commanded. *Amarnâ* امرنَا (*prf. 1st. p. plu.*) We commanded. One should note the difference between *Amarna* امرن *prf. 1st. p. plu.* and *Amaranâ* اَمَرَنَا *com. f. Amara + nâ*: He has commanded + us).

Ya'muru يأمُرُ (*imp. 3rd. p. m. sing.*): He commands. ***Ya'murûna*** يأمرون (*imp. 3rd. m. plu.*): They command. Ta'murîna تأمرين (*imp. 2nd. p. f. sing.*) Thou *f.* command. ***Ta'murûna*** تأمرون (*imp. 2nd. p. m. plu.*): You *m.* command. ***Âmuru*** آمر (*imp. 1st. p. sing.*): I command. ***Âmuranna*** آمرنّ (*imp. 1st. p. sing. emp.*): I surely will command. ***U'mur*** أؤمر (*prt. m. sing.*): Give command. ***Umirû*** أُمروا (*pp. 3rd. p. m. plu.*): They were given command. ***Umirtu*** أُمرتُ (*pp. 1st. p. sing*): I was commanded. ***Umirnâ*** امرنا (*pp. 1st. p. plu*): We were commanded. ***Yu'maru*** يؤمر (*pip. 3rd. p. m. sing.*): He is commanded. ***Yu'marûna*** يؤمرون (*pip. 3rd. m. plu.*): They are commanded. ***Tu'mar*** تؤمر (*pip. 2nd. p.m. sing.*): Thou art commanded. ***Tu'marûna*** تؤمرون (*pip. 2nd. p. m. plu.*): You are commanded. ***Ya'tamirûna*** يأتمرون (*imp. 3rd. p.m. plu. VIII*): They are taking counsel. ***I'tamirû*** ائتمروا (*prt. m. plu. VIII*): Take counsel. ***Amrun*** امرٌ (*n.*): Matter; Affair; News; Command; Authority. ***Umûr*** امور (*n. plu.*): Affairs; Matters; Commands. ***Imrun*** امرٌ (*n.*): Grievous. ***Âmirûn*** آمرون (*act. pic. m. plu.*): Those who command. ***Ammâratun*** امّارةٌ (*ints. f.*): Wont to command. (L; T; R; LL)

The root with its above forms has been used in the Holy Qur'ân about 248 times.

Amsi أمْسِ

Yesterday; Lately; Day before; Near past; Time not long past; Recently.

Amsi أمْسِ: (10:24; 28:18,19,82). (L; T; LL)

Amala امل

امل ، املاً ؛ يأمُل

To hope, trust in, expect; (False) hope; Hope (of vain delights), Hope good.

Amal امْل (*n.*): False hope (15:3). ***Amalan*** املاً: Good hope (18:46). (L; T; LL)

Âmma آمّ

امّا ؛ يؤمّ

To propose, direct one's steps towards a place, repair to, go towards.

Âmmîna آمّين (*pic. m. plu. V*): Those who are repairing (5:2). (L; T; LL)

Amma امّ

Particle. As for; But; As to; However. (Mughnî; L; LL; Zamakhsharî)

Ummun أُمّ

Umm امّ (*n.*): Mother; Source; Principle; Origin; Prototype.

Ummahât امّھات (*n.plu.*): Mothers. ***Ummal-Qurâ*** امّ القراء: Mother of the towns; Metropolis; Makkah. ***Ummî*** اُمّى (comb. of *Umm+ya*): My mother; Belonging to mother; Unlettered; Arab; Who have no revealed Scripture of his own. ***Ummiyûn*** اُمّيون (*n. plu.*): Belongings to mother; Who have no revealed Scriptures of their own. (L; T; R; LL)
The root with its above four forms has been used in the Holy Qur'ân about 35 times.

Immâ اِمّا

(particle, comb. of *in*+ *mâ*). Either... or. The particle *mâ* ما having been added to *in* ان which means if. The added particle *mâ* is technically called as *Zâidah* (redundant), but these so called redundant words are not without purpose. They are used to emphasize or to intensify the meaning of the word to which they are added. The change effected in sense of the particle *in* ان by the addition of the particle *mâ* ما is that whereas *in* ان alone expresses a mere contingency or possibility which is not necessarily accompany by hope, this addition is expression of hope. (Zamakhsharî; Mughnî; L; LL)

Ummatun اُمّة

Community; Nation; Group of living things having certain characteristics or circumstances in common. Any grouping of human or animal. It also signifies creation, generation. This word is derived from *Âmma* آمّ: meaning to repair to or direct one's course to a thing to seek with aim. *Ummah* is a way, course, manner or mode of acting. It also means faith, religion, nation, generation, time or a period of time, righteous person, or a person who is an object of imitation and who is known for goodness, and who combines all kinds of good qualities, a person who has no equal and one who combines within himself virtues.

Ummatun اُمّة (*n.*); ***Ummam*** اُمم (*n.plu.*). (L; T; R; LL)
The word with its *plu.* has been used in the Holy Qur'ân about 64 times.

Imâm امام

Leader; President; Any object that is followed, whether a human being or a book or a highway; Model; Example. Some writers say that the word *imâm* امام is double *Umm* اُم (i.e. mother), so he should be more anxious about his followers than a mother about her children.

A'immatun ائمّةٌ (*n. plu.*): Leaders. (L; T; R; LL)

The word has been used in the Holy Qur'ân 11 times.

Amma أمّ

أمامة ؛ يَؤم

To walk ahead. *I'tamma* ائتمّ: To follow any one as a leader.

'Amâma أمامة (*n.*): Before, In front of (75:5). (L; T; R; LL)

Amina أمِن

امانة، أمانا ، أمنا ، أمنا؛ يأمن

To trust, be secure, be in safety, confine in. *Aman* أمن Security; Place of security. *Amânatun* امانةٌ (*n.*):Trust; Security; Pledge; Covenant; Faith; Trust. According to Ibn Abbâs it also means duties, government and governed duties. *Îmân* ايمان: Faith; Belief. When the word *Islâm* (submission) is used along with the word *Îmân* ايمان then the word *Îmân* ايمان signifies sincerity and firmness of faith, while the former expresses only outward submission. In other words *Îmân* ايمان signifies outward or practical obedience. Thus the inner faith must be followed by a real outward change in the life of a person. For a true believer *Îmân* ايمان comes first and *Islam* afterwards. But in the case of those who are weak of faith *Îmân* ايمان takes precedence over *Islâm*.

Amina أمِنَ (*prf. 3rd. p.m. sing.*): Became safe; Considered one self safe; Trusted a person. ***Aminû*** امنوُا (*prf. 3rd. p.m. plu.*): They are in safety. ***Amintum*** امنتم (*prf. 2nd. p.m. plu.*) You are in safety. ***Amintu*** امنتُ (*prf. 1st. p. sing.*): I trusted. ***Ya'manu*** يأمن (*imp. 3rd. p.m. sing.*): He feels secure. ***Ya'manû*** يأمنوا (*imp. 3rd. p.m. plu.*): They trust. ***Ta'manu*** تأمنُ (*imp. 2nd. p.m. sing.*): Thou trusts. ***Âmanu*** امنُ (*imp. 1st. p. sing.*): I shall trust. ***Âmana*** امنَ (*prf. 3rd. p. m. sing. IV*): He believed, had a faith. ***Âmanat*** آمنت (*prf. 3rd. p. f. sing.*): She believed. ***Âmantu*** آمنتُ (*prf. 1st. p. sing. IV*): I believed. ***Âmanû*** امنوا (*prf. 3rd. p.m. plu.*): They believed. ***Âmantum*** آمنتم (*prf. 2nd. p.m. plu.*): You believed. ***Âmannâ*** آمنا (*prf. 1st. p. plu.*): We believed. ***Yu'mina*** يؤمنَ (*imp. 3rd. p.m. sing.*): He believes. ***Tu'minû*** تؤمنوا (*imp. 2nd. p. m. plu.*): You believe. ***Yu'minûna*** يؤمنون (*imp. 3rd. p. m. plu.*): They believe. ***Tû'minu / Tuminûna*** تؤمنُ / تؤمنون (*imp. 2nd. p. m. plu.*): You believe. ***Nu'minu*** نؤمنُ (*imp. 1st. p. plu.*): We believe. ***Yu'minanna*** يؤمننَ (*imp. 3rd. p. m. sing. emp.*): He certainly shall believe.

Tû'minanna تؤمننّ (*imp. 2nd. p. m. sing. emp.*): Thou shall have to believe. ***Nu'minanna*** نؤمننّ (*imp. 1st. p. plu. emp.*): We shall certainly be believing. ***Aman*** امن (*n.*): Security. Peace. ***Âminun*** آمنٍ (*act. pic. m. sing.*): ***Âminatu***: آمنةٌ (*act. pic. f. sing.)*: Peaceful. ***Âminîna/ Âminûna*** آمنِينَ/آمنُون (*acc./ act. pic. m. plu.*): Those who are safe, in peace, secure. ***Amînun*** امين (*act. 2nd. pic.*): Trustworthy; Faithful; Steadfast. ***Âmanatun*** آمنةٌ (*n.*): Security. ***Amânatun*** امانةٌ (*n.*):Trust; Security; Pledge; Covenant; Faith; Trust. Duties; Government; Duties; Government; Governed duties. ***Amânât*** امانات (*n. plu.*): Trusts. ***U'tumina*** أؤتمن (*n.*): Who is entrusted. ***Îmân*** ايمان (*n.*): Faith; Belief. ***Âmîn*** آمين: Amîn; Be it so; Yes. ***Mû'min*** مؤمن (*ap-der. m. sing. IV*): Believer. ***Mû'minîn/ Mû'minûna*** مؤمنين / مؤمنون (*acc./ ap-der. m. plu. IV*): Believers. ***Mû'minatun*** مؤمنةٌ (*ap-der. f. sing. IV*): Believer *f.* ***Mû'minâtun*** مؤمنات (*ap-der. f. plu. IV*): Believing women. ***Ma'manun*** مأمن (*n. for place*): Place of safety. ***Ma'mûnun*** مأمونٌ (*pact. pic.*): Secured. (L; T; R; LL)

The root with its above forms has been used in the Holy Qur'ân about 894 times.

Amatun أمة

Its root is *Ama'a* أماء for *Amawa* أمو : Maid

'Amatun أمة (*n.*): Bond woman; Maid (2:221). ***'Imâun*** إماءٌ (*n. plu.*): Maids; Bond women (24:32). (L; T; R; LL)

An ان

Cojunction: That; In order that; Lest; That not. When followed by a verb in the aorist such verb is generally put in the subjective. When put before a noun or pronoun it governs it in the accusative and is then written with the *Tashdîd*: (انّ *anna*). This conjunction is frequently used after *qâla* (قال he said) or some similar verb with an ellipse of the word 'saying'. When used in the sense of lest, for fear that, or in order that, it may not, it is generally necessary as a rule that the preceding proposition should contain some word which carries with it the idea of prohibition, hindrance; or obstacle, as in 18:57; 7:169. (L; T; LL; R)

Anna انّ

That; Since; Because. It is used with every kind of prefix and affix. (L; T; LL)

In إن

If; When; Indeed; Not; Because. It differs from *low* لو in as much as that the former is conditional whereas the latter supposes what is not the case as إن تدعوهم in 35:14. *In* إن gives a future signification in the preterit unless where *Kâna* كان is interposed. Some times it has a negative meaning as إن أجري in 11:5 and sometimes it signifies *Idh* اذ or when. It is a mistake to take it "at that time" as referring to the future. (L; T; Mughnî; LL; R)

Innamâ انّما

Particle of restriction called *Harf al-Hasr* حرف الحصر. It may be rendered as "only". The particle *mâ* ما is occasionally expletive and the word has then the force of *inna* انّ but it no longer governs the accusative. (L; T; Mughnî; LL; R)

Anâ انا

Personal pronoun.

Anâ انا (*1st. p. sing.*): I myself. ***Nahnu*** نحنُ : We. ***Anta*** انتَ (*m. sing.*): Thee. ***Anti*** انتِ (*f. sing.*) Thee *f.* ***Antuma*** انتما (*Dual. m. f.*): You two ***Antum*** انتم (*m. plu.*): You. ***Antunna*** انتنّ (*f. plu.*) You. (L; T; Mughnî; LL; R)

Anatha انث

اُنوثة ؛ يأنُث

To be soft, effeminate (person). It indicates the weakness and helplessness of a thing.

Unthâ انثى (*n.*): Female; Soft; Tender; Sweat; Affectuous; Inanimate or lifeless thing; Small star. ***Inâth*** إناث (*n. plu.*): ***Unthayain*** انثيين (*dual, oblique*). (L; T; LL) The word with its above three forms has been used in the Holy Qur'ân about 30 times.

Anisa اَنِس

اِنسا ، اَنسةً،اُنساً ؛يأنَس، يأنُس

To be familiar, polite, kind, social, have an intimate connection. *Ânasa* آنس :To see with feelings of warmth, of affection and love, be sociable, be friendly, be familiar with, delight any one by good manners, perceive a thing from a far. *Ista'nasa* استأنس: To act as a social person, get accustomed to social life, seek familiarity, ask permission, beg pardon; Kindness; Politeness; Familiar; *Musta'nisin* مستأنسن: One who is familiar; Who asks permission. Some derive this word from Nasiya نَسِي (- that which forgets)

Insun إنسٌ (collective noun): Mankind; Human being. ***Insân*** إنسان

(common gender): One having attachments; Fellowship; Love; Affection; Human being. Its *plu.* is ***Unâs*** اناس which is commonly contracted into *Nâsun* ناسٌ. ***Insyyun*** إنسيٌّ: Human being *plu.* *Ânâsî* اناسي and Unâs أناس. ***Ânasa*** آنس: To perceive with love. ***Musta'nisîn*** مستانسين (*m. plu. ap-der* from أنّس): Seekers of familiarity. Seeking to listen. (L; T; LL)

The root with its above seven forms has been used about 97 times in the Holy Qur'ân.

Anafa أنِف

أنفا ؛ يأنِف

To strike, hit, knock or hurt one's nose; Disliked; disdained; Scorned; Refused; Avoided; Hated; Kept far from. *'Anf* أنف: Nose; Fore part of anything; Extremity.

'Anf أنف (*n.*): (5:45). (L; T; LL)

Ânifan انفاً

Just now; Lately; In the first place; Above; Before; Afore.

Ânifan انفاً : (47:16). (L; T; LL)

Anâm انام

Collective noun with no verbal root. Creatures.

Anâm انام (55:10). (L; T; LL)

Ana أنِي

إنيٌ ؛ اناءًا ؛ يأنِي

To become mature, ripen.

Ya'nî يأني (*imp. 3rd.p.m.sing.*): He comes. ***Ânâ'*** آناء (*n. plu.*): Times, Hours; Space of time; Portion of time. Its sing. is *Ana* انا ء. ***Annâ*** انّى (*interjec.*): Whence; Where; When; How; In what way. ***Inâ*** اِناء: Time. (L; T; R; LL)

The root with its above four forms has been used in the Holy Qur'ân 33 times.

Ânin آنٍ

Boiling. It is from *Inyatun*.

Ânin آنٍ (*act. pic. m.*): *Boiling* (55:44). ***Âniyatun*** آنيةً (*n.*): Vessels. (76:15). (L; T; R; LL)

Ahala اهِل

اهولاً ، اهلا ؛ يهِل ، يَهُل

To marry. *Ahila* اهل: To get accustomed to (a place), welcome any one. *Ahhala* اهّل : To render anyone worthy of, able to, welcome anyone. *Âhala* آهل: To marry. *Ahl* اهل Family members. Its plu. is *ahlîn* اهلين (*acc.*) and *Ahlûn* اهلون (*nom.*).

Ahl اهل: Family; Family member; House; Household; People belonging to a community or locality. (L; T; LL)

The word has been used in the Holy Qur'ân about 127 times.

Âba آب

اَوبا ، اِيَابًا ؛ يَؤوب

To come back from, repent, set (stars), repeat, return (from disobedience to obedience), echo, alight at night.

Iyâb اياب (*v. n.*): Act of returning. ***Awwâb*** اوّاب (*ints.*): Sincere; penitent; One who frequently returns; One who turns seriously (to God). ***Awwâbîn*** اوّابين (*v.n. ints. plu.*): Those who are oft returning. ***Ma'âb*** مآب (*n.*): Place of return. ***Awwibî*** اوّبي (*f. prt.*): Repent. (L; T; R; LL)

In the Holy Qur'ân the above five forms has been used about 16 times.

Âda آد

اودًا ؛ يؤُود

To make tired, decline, incline towards its end.

Ya'ûdu يئود (*imp. 3rd. p.m. sing.*): Tires; Weigh; Oppress by its gravity; Bends (2:255). (L; T; R; LL)

Âla آل /Awala اول

To return, be before, come back to. *Awwala* اوّل: To interpret, explain.

Âl آل :Family; Race; Dynasty; People. ***Awwal*** اوّل First; Former; Prior; The first beginning. Its *f.* is *Ûlâ*. ***Awwalûn*** اوّلون: The ancients; Those of former days. ***Awwala*** اوّل: To bring back, Explain. ***Ta'wîl*** تأويل: Interpretation; Explanation; Determination. ***Awwal*** اوّل : Principle; First, Old; Preceding. ***Ma'âl*** مآل : End; Result; Return to a place; Retreat; Event; Meaning.

Ulî اولى : These; Those. *plu.* of dhâka and dhâlika ذاك؛ذالك ***Ûlâ*** اولاء oblique ***Ûlî*** الّي (*f.*), ***Ûlât*** اولات (*plu. adj* of dhû ذو): Possessed of; Endowed with: Gifted with. ***Ûlâika*** اولئك (*plu.* of dhaka ذك and dhâlika ذالك): That; Those. ***Hâulâika*** هولائك: Those. (L; T; LL)

Au او

A conjunction: Or; Either; Whether; Until; Unless. It does not denote doubt but simply indicates the presentation of an alternative similitude. It is also used in the meaning of *wâw* و (= and) and *bal* بل (= rather) to denote transition or separation or distance. (L; T; LL)

Awwâhun اوّاهٌ

Compassionate person; One who shows pity by frequently sighing; One who sighs and cries

Awwâhun أوّاهٌ: Soft of heart. (9:114; 11:75). (L; T; R; LL)

Âwâ آوىٰ

أوِيًا، إِيواء ؛ يُؤوِي

A verb with the addition of *hamza* and doubled in prefect. To betake oneself for shelter, refuge or rest, have recourse to retire, alight at, give hospitality to.

Sâwî ساوي(*imp. 1st. p. sing.* with the prefix *sîn* س): I shall betake myself for refuge. ***Âwâ*** آوىٰ (*prf. 3rd. p. m. sing.*): He sought refuge. ***Âwâu*** آواو (*prf. 3rd. p.m. plu.*): They sought refuge. ***Âwainâ*** أوينا (*prf. 1st. p. plu.*): We sought refuge. ***Âwâ*** آوىٰ (*prf. 3rd. p.m. sing. IV*): He gave shelter, betook lodge. ***Awau*** اوُو (*prf. 3rd. p.m. plu. IV*): They gave shelter. ***Tâ'wî*** تأوي (*imp. 3rd. p. m. plu. IV*): Thou give shelter. ***Ma'wâ*** ماوىٰ (*n.f. Place*): Shelter; Home; Abode; Refuge; Shelter. (L; T; R; LL)
The root with its above forms has been used in the Holy Qur'ân about 36 times.

Iî إي

Particle: Verily; Yes; Yea; Aye; Of course; Used in affirming by oath. (10:53). (L; T; LL)

Âyatun آية

Sign; Apparent sign; Mark; Indication; Message; Evidence; Proof, Miracle; Communication; Verse of the Holy Qur'ân (as each of which is a miracle); Previous revelation; Monument; Lofty building that should acquire renown as a sign of greatness. It properly signifies any apparent thing inseparable from a thing not equally apparent so that when one perceives the former, he perceives the other which he cannot perceive by itself, e.g. بآيتهم خرج القوم "The party came out with their whole company."

Âyatun آية *plu.* ***Âyât*** آيات. (L; T; R; LL)
The word with its plu. has been used in the Holy Qur'ân about 287 times.

Ayyada ايّد

تائيدًا ؛ يُؤيِّد

To support, strengthen, confirm.

Ayyada ايّد (*prf. 3rd. p. m. sing.*): He supported. ***Ayyadtu*** ايدّتُ (*prf. 1st. p. sing. II*): I supported. ***Ayyadnâ*** ايّدنا (*prf. 1st. p. plu.*): We supported. ***Nuayyidu*** نؤيّد (*imp. 3rd. p.m. plu. II*): We support. ***Aid*** ايد (*n.*): Might; Authority. ***Yu'ayyidu*** يؤيدّ (*imp. 3rd. p.m. sing.*): He supports. (L; T; R, LL)
The root with its above six forms has been used in the Holy Qur'ân about 11 times.

Aykah ايكة

Collection of numerous tangled or dense trees, particularly, though not necessarily of the kind called *sidr* سدر *(Lote)* and *Alak* الك (wild berries); Wood; Thicket. Its plu. is *Al-ayk* and is derived from the verb *Ayika* ايك. *Ashâb al Aykah* الأيكة اصحاب : The dwellers of the wooded vales. They were the people of the Prophet Shu'aib. He was sent both to *Ashâb al-Aikah* (26:176) and *Ashâb al Madyan* اصحاب المدين - The people of Midian see 11:84). It shows that both are the name of the same people or, rather, of two sections of the same tribe, who had adopted two different kinds of trade, one living on commerce and the other keeping herds of camels and sheep. Further evidence of the close relationship of the people of the Thicket with the people of Midian is that identical evils have been ascribed to both (7:85 and 26:181). They were destroyed by an earthquake or a volcanic eruption (7:85-93, 11:84-95). Midian was both the name of the tribe of and the town they lived in situated at the head of the gulf of Aqabah. They were descendents of Abraham through his third wife Katûrah. Midian was the name of a son of Katûrah. They carried out trade with India also.

Ashâb al Aykah اصحاب الأيكة: The dwellers of the wooded vales. (15:78; 26:176; 38:13; 50:14). See also Shu'aib.

Âma أَم

آيماً؛ ايوماً؛ ايَمَ، آيمة ؛يئيمُ

The real word is *a'aima* ايئم: To be unmarried.

Ayâmâ أيٰمى plu. of *Ayyim* ايّم: Unmarried man or woman; Single or widowed or divorced; One who lives in celibacy (24:32). (L; T; R; LL)

Ayna اينَ

Ayna اينَ: Where; Whither. *Aynamâ* اينما: Wherever, Wheresoever, Whithersoever. Used for the enquiring of place. (L; T; R; Mughnî; LL)

The root with its above two forms has been used in the Holy Qur'ân about 19 times.

Ayya اىّ

Conjunctive noun *Ism Mausûl* اسم موصول and vocative case: Who; Which; What; Whosoever; Whichsoever; Whatsoever. It is used to denote wonder, interrogation, condition or perfection, *Iyyâ* ايّا *adj.* Alone. The particle is suffixed to the objective case of pronouns e.g. *Iyyâka, Iyyâya, Iyyâhu, Iyyâna Iyyâkum, Iyyâhum. Ayyu. Ayyatu* particle prefixed to *Hâ* before the vocative.

Ayya ايّ Pronoun of Common gender. (L; T; Mughnî; LL)

This root has been used in the Holy Qur'ân with the above forms about 239 times.

Ayyûb ايّوب

Job. It is derived from the root *Ayaba* ايَبَ. He was the inhabitant of Ur in the north of Arabia where he lived there before the exodus of the Israelites from Egypt. He was not an Israelite. He was tried by Allâh in diverse ways but he proved most faithful and righteous and was patient and steadfast in the extreme situations. The toil and torment of which Job complains in 38:41 seem to relate to some journey of his in a desert, where he finds himself in an evil plight on account of the fatigue of the journey and the thirst which afflicts him. In the journey he became separated from his family and followers, who subsequently joined him. The mention of the distressing journey of Job is not a hint to the fairy tale and dramatic poem of the forty two chapter in the Bible known as Book of Job, This fairy tale of Bible is probably borrowed from Hindû literature. (L; T; LL; Jewish Encycl. under Job; Encl. of Islam under Ayyûb)

Ayyûb ايّوب Proper name; Job. The word is used four times in the Holy Qur'ân. (4:163; 6:84; 21:83; 38:41).

Bâ
ب

Bâ ب is the second letter of the Arabic alphabet, equivalent to English letter B. According to *Hisâb Jummal* (mode of reckoning numbers by the letters of the alphabet) the value of *bâ* is 2. It is of the category of *Hurûf al Majhûrah* حروف المجهوره.

Bâ ب

An inseparable preposition: With the help of; During; For; By; On account of; According to; In; From. It also denotes the object of a transitive verb and supports the subject that is termed *Zâidah* (additional). It is used as a corroborative to confirm and to make more certain as in the verse 2:8.

According to Arabic usage the words as *ashrau* (I begin), or *aqrau* (I recite) would be taken to be understood with this. Thus the phrase *Bismillah* بسم الله is in fact equivalent to saying 'I begin with the help and assistance of the name and attributes of Allâh and with establishing a communion with Him'. It is in accord with the commandment of 96:1 إقرأ باسم ربّك. The English word 'in' is not the equivalent and appropriate of this particle ب. It also denotes swear, comparison, in place of, for, from, over, on, a part of, at all, in rest of. (L; T; R; Kf; LL)

Ba'ara بَأر

بَأراً ؛ يَبْأرُ

To sink a well, conceal.

Bi'r بئر (*n. m.*): Well; Pit (22:45). (L; T; R; LL)

Ba'isa بَئِسَ

بأساً ؛ يَبْئَس

To be wretched, miserable, unhappy, destitute, bad, evil. *Bi'sa* بئسَ is one of those anomalous verbs named افعال المدح والذم or verb of praise and blame. *Bi's al-rajulu* بئس الرجلُ: What a bad man. *Ba'usa Ba'san*: To be strong, brave, crushed by destitute.

Bi'sa بئسَ (*3rd. p. m. sing.*): Evil; Bad; Very bad. ***Ba'sun*** بَئسٌ (*n.*): Terror; Punishment; Harm; Power; Violence; Adversity; Conflict; War. ***Bâ'sâ'*** بأساء (*n.*): Distress; Adversity; Sorrow; Tribulation; War; Violence; Mighty power; Kind of evil that relates to property, such as poverty. ***Bâ'is*** بائس (*act. pic. m. sing.*): Poor; Needy; Unhappy. ***Lâ Tabta'is*** لا تبتئس (*prt. neg. m. sing. VIII)*: Grieve not. ***Ba'îs*** بئيس (*act. 2 pic. m. sing., verbal adj.*): Dreadful; Mighty; Strong; Vehement; Severe. (L; T; R; LL) The root with its above six forms has been used in the Holy Qur'ân about 73 times.

Batara بَتَرَ

بَتراً ؛ يَبْتُر

To cut off the tail, curtail, bobtail.

Abtar ابتر: Childless; Bob; One without issue; One in want; Poor; Defective, Imperfect, One from whom all good is cut off (108:3). (L; T; R; LL)

Bâbil بابل

Babel; Babylon. City on the bank of Euphrates founded by Nimrûd

Bâbil بابل : Babylon (2:102).

Bataka بتك

َبتكًا :يَبتِك ؛ يَبتُكُ

To slit, cut, cut off, torn off, with the idea of repetition. The practice of slitting or cutting of the ears of certain animals was a prevalent form of polytheism, for such an animal was looked upon as devoted to certain idols of god and honour of them. This practice is condemned in 5:103.

Yubattikanna يُبتّكنّ: (*imp. 3rd. p.m. plu. epl. II*): Surly they will cut off. (4:119). (L; T; R; LL)

Batala بتَلَ

بَتلا،يَبتلُ ، يبتِلَ

To devote, cut off, separate, sever from another.

Tabattal تبتّل (*prt. m. sing. II*): Devote; Detach from worldly things and devote oneself to God and apply oneself to the service of God (73:8). ***Tabtîlun*** تبتيلٌ: Exclusive and sincere devotion (73:8). (L; T; R; LL)

Ba<u>th</u>tha بثّ

بَثًّا ؛يَبُثّ

To spread, disperse, scatter, divulge, disseminate.

Ba<u>th</u>tha بثّ (*prf. 3rd. p.m. sing. assim. V*): He has dispersed. ***Yabu<u>th</u>thu*** يبُثّ (*imp. 3rd. p.m. sing. assim. V*): He disperses. ***Ba<u>th</u>tha***بثّ(*v. n.*): Distress; Grief; Anguish; Sorrow. ***Mab<u>th</u>û<u>th</u>*** مبثوث (*pact. pic. m. sing.*): Scattered. ***Mab<u>th</u>û<u>th</u>atun*** مبثوثة (*pact. pie. f. sing.*): Spread. ***Munba<u>th</u><u>th</u>an*** منبثّاً (*pis. pic. VIII*): Scattered. (L; T; R; LL)

The root with its above six forms has been used in the Holy Qur'ân about 8 times.

Bajasa بَجَسَ

بَجسًا ؛ يبجِس، يبجُس

To gush out, out flow, spring, let water flow, burst forth, open.

Imbajasat انبجست (*prf. 3rd. p. f. sing. VII*): Gushed forth. (7:160). (L; T; R; LL)

Ba<u>h</u>a<u>th</u>a بَحَثَ

بْحسا؛ يَبْحس ، يَبْحس

To scratch the ground like a hen, scrap the earth, dig, search, inquire, investigate.

Yab<u>h</u>u<u>th</u>u يبحثُ (*imp. 3rd. p. m. sing.*): It is scratching (5:31). (L; T; R; LL)

Ba<u>h</u>ara بَحَرَ

بحرًا ؛ يبحر

To slit, cut long wise, open, till (the earth), cleave, make wide or spacious.

Bah̲r بَحر (n.): Sea; Land; Great river; Large body of water; Generous man; Man of extensive knowledge; Swift horse; Fruitful land. ***Bah̲rain*** بحرين (*acc.*) ***Bah̲rân*** بحران (*nom. n. dual*): Two bodies of water. ***Bih̲âr*** بحار / ***Abh̲ur*** ابحُر (*n. plu.*): Bodies of water; Seas. ***Bah̲îratun*** بحيرةٌ (*n.f.*) Name given by pagan Arabs to a she-camel, or she-goat or any other animal which had given birth to five or seven or ten young ones and having her ears slit and let loose for free pasture. The milk, back and meat of such animals was not used. (L; T; R; LL)

The root with its above six forms has been used in the Holy Qur'ân about 43 times.

Ba**kh**asa بَخَسَ

بَخْسًا ؛ يَبْخَسُ

To cheat, diminish, withhold what is due, cause damage, wrong anyone in one's rights, do mischief.

Yabkhasu يبخسُ (*imp. 3rd. p. m. sing.*): He diminishes. ***Lâ-Tabkhasû*** لاتبخسوا (*prt. neg. m. plu.*): You diminish not. ***Yabkhasûna*** يبخسونَ (*imp. 3rd. p. m. plu.*): They diminish. ***Bakhsun*** بخسٌ (*n.*): Diminution; Reduced priced; Miserliness; Paltry. (L; T; R; LL)

This root with its above four forms has been used in the Holy Qur'ân about 7 times.

Ba**kh**a'a بَخَعَ

بَخعًا ؛ يبخَعُ

To worry to death, kill, torment to death, grieve to death. It is used to denote the doing of anything to a great extent or with extraordinary effectiveness or energy.

Bâkhi'un باخعٌ (*act. pic. m. sing.*): One who worries himself to death. One who does a work most effectively (18:6; 26:3). (L; T; R; LL)

Ba**kh**ila بَخِلَ

بُخلاً ؛ يَبخَل

To behave niggardly in spending, withhold miserly, be covetous, avaricious, stint.

Bakhila بَخِلَ (*prf. 3rd. p.m. sing.*): He was niggardly, stinted. ***Bakhilû*** بَخِلوا (*prf. 3rd. p.m. plu.*): They stinted, were niggardly. ***Yabkhalu*** يبخلُ (*imp. 3rd. p. m. plu.*): They stint, are niggardly. ***Tabkhalû/ Tabkhalûna*** تبخلُوا/تبخلونَ (*acc./ imp. 2nd. p. m. plu.*): You are niggardly. ***Bukhlun*** بخلٌ (*n.*): Niggardliness. (L; T; R; LL)

The root with its above six forms has been used in the Holy Qur'ân about 12 times.

Bada'a بَدَأَ

بَدءاً؛يَبدأ

To begin, create, make a new product, find out a new thing, contrive a new thing, invent, do first, commence, start.

Bada'a بَدأ (*prf. 3rd. p. m. sing.*): He started, began, originated. ***Bada'û*** بَدَؤا (*prf. 2nd. p. m. plu.*): They began. ***Bada'nâ*** بدأنا (*prf. 1st. p. plu.*): We began. ***Yabda'u*** يبدؤ (*imp. 3rd. p. m. sing.*): He originates. ***Yubdi'u*** يُبدئ (*imp. 3rd. p. m. sing. IV*): Originates. ***Mâ Yubdi'u*** مايُبدِئ (*imp. 3rd. p.m. sing. neg. IV*): Never to sprout; Cannot bring anything new; Never to show (its face). (L; T; R, LL)

The root with its above five forms has been used in the Holy Qur'ân about 15 times.

Badara بَدَرَ

بَدراً ؛ يَبدُرُ

To make haste, fall unexpectedly upon any one, surprise any one, have a face like a full moon, ripe (fruit), hurry towards any one, hasten forward.

Badr بدر : Full moon; Disk; Name of a place on the route from Makkah to Madînah, about 50 kms southwest of Madînah. It is named after a spring which belonged to a man named Badr. The Battle of *Badr* referred to in 3:123 took place near this place, two years after Hijrah in the third week of *Ramadzân* (3:123). The full moon is called *Badr* because it hastens to rise before the sun sets and to set before the sun rises.

Bidâr بدار (*acc. v. n. III*): To run up to, lose no time in, hasten, do a thing hastily (4:6). ***Badr*** بدر Full moon; Name of a place on the route from Makkah to Madînah (3:123). (Ibn Hishâm; L; T; R; LL)

Bada'a بَدَعَ

بُدُوعاً،بَداعة،بَدعاً؛يَبدَعُ

To produce something new, begin a thing, find out a new thing; create a thing.

Badî' بديع (*act. 2nd. pic.*): Wonderful originator, without depending upon any matter or pattern or help; Wonderful originator; Wonderful thing; Thing which is not after the similitude of anything preexisting. ***Bada'a*** بَدَعَ (*prf. 3rd. p. m. sing.*): He originated. ***Bid'an*** بِدعاً (*n. acc.*): Innovator. (L; T; R; LL)

The root with its above three forms has been used in the Holy Qur'ân about 4 times.

Badala بَدَلَ

Badala بَدَلَ
بَدَلاً؛ يَبْدُلُ

To change, substitute one thing for another, change a thing for another, receive a thing in exchange of. *Istabdala* اِسْتَبْدَلَ: To receive, ask or wish a thing in exchange for another. *Tabdîl* تبديل: Changing; permutation; exchange.

Tabdîlan / Tabdîlun تبديلٌ/تبديلاً (*acc./v. n. II*): Changing; Permutation; Altering; Exchange. *Baddala* بَدَّلَ (*prf. 3rd. p. m. sing II*): He changed. *Baddalû* بَدَّلُوا (*prf. 3rd. p.m. plu. II*): They changed. *Baddalnâ* بَدَّلْنَا (*prf. 1st. p. plu. II*): We changed. *Yubaddilu* يُبَدِّلُ (*imp. 1st. p. sing. II*) I change. *Tabaddala* تَبَدَّلَ (*prf. 3rd. p. m. sing. V*): He got changed. *Yatabaddilu* يَتَبَدَّلُ (*imp. 3rd. p.m. sing. II*): He changes. *Lâ Tatabaddalû* لا تتبدلوا (*prt. neg. m. plu. V*): Exchange not. *Yubdilu* يُبْدِلُ (*imp. 3rd. p.m. sing. IV*): He changes. *Yastabdil* يستبدل (*imp. 3rd. p. m. sing. X*): Will choose somebody instead. *Yastabdilûna* يستبدلون (*imp. 3rd. p. plu. X*): You exchange. *Badal* بَدَل (v. n.): Exchange. *Tabdîlan/Tabdîlun* تبديلٌ / تبديلاً (*acc./ v. n. II*): Change. *Istibdâl* استبدال (*v. n.*): Replacement. *Mubaddal* مبدّل (*ap-der. II*): Changer.

The root with its above fifteen forms has been used in the Holy Qur'ân about 44 times.

Badawa بَدَوَ

Badana بَدَنَ/Badona بَدُنَ
بَدُوناً، بدانةً، بَدَأنا، بُدْناً؛ يَبْدُنُ

To be corpulent, grow big. *Badan* بدن: Body without spirit; Body. *Budun* بُدْن: Sleeveless corselet; Family lineage; Animal for sacrifice. Difference between *Badan* and *Jism* جسم is that the former is used in relation with age and the later in relation with colour and appearance.

Badan بدن (*n.*): Body (10:92). *Budun* بُدْن: Sacrificial animals (22:36). (L; T; LL)

Bada'a بَدَأَ /Badawa بَدَوَ
بَداوَةً، بُدّوا؛ يَبْدُوا

To be obvious, manifest, appear, become clear, seem good, fit, enter the mind.

Bâdiyarrâi بادى الرائ: At first thought; Having superficial views; Outward appearance; Apparently; Without proper consideration; Immature judgment. *Badâ* بدا (*prf. 3rd. p.m. sing.*): It appeared. *Badat* بدت (*prf. 3rd. p. f. sing.*): It f. appeared. *Yubdiyu* يبدي (*imp. 3rd. p.m. sing. IV*): Originates. *Li Yubdî* ليبدي : In order to make manifest. *Tubdî* تبدي (*imp. 3rd. p. f. sing. IV*): She makes manifest. *Yubdûna* يُبدون (*imp. 3rd. p.m. plu. IV*): They make manifest. *Yubdîna* يُبدين (*imp. 3rd. f. plu. IV*): They f. make

manifest. ***Tubdû*** تبدوا (*acc.*) ***Tubdûna*** تبدون (*imp. 2nd. p. plu.*): You make manifest. ***Lam Yubdi*** لم يبد (*imp. 3rd. p. m. sing. gen. Nûn* at the end dropped): He did not discover (revealed). ***Tubda*** تبد (*pip. 2nd. p. m. sing. IV*): He made disclosed. (L; T; R; LL)
This root with its above 12 forms has been used in the Holy Qur'ân about 27 times.

Badaya بَدَيً
بَدَيا ؛ يَبدُو

To live in the desert; lead a nomadic life.

Baduw بدو (*n.*): Desert of nomads. ***Bâd*** باد (*act. pic. m. sing.*): Dweller of desert; Visitor from outside. ***Bâdûna*** بادون (*act. pic. m. plu.*) Dwellers of the desert. (L; T; R; LL)
The root with its above three forms has been used in the Holy Qur'ân about 3 times.

Ba<u>dh</u>ara بَذَرَ
بّذْرا ؛ يَبْذُر

To scatter, squander, waste. It does not relate to the quantity, for which the Arabic word is *I<u>s</u>râf* اصراف, but rather to the wrong purpose of one's spending (Ibn 'Abbâs). Ibn Masûd defined *tab<u>dh</u>îr* تبذير as spending without a just and righteous cause and purpose, or in a frivolous cause. Mujâhid says that if a person were to spend even a small amount in frivolous cause it is *tab<u>dh</u>îr* تبذير. When a person spends more in quantity than is actually needed it is *I<u>s</u>râf* اصراف. Both imply an utter lack of gratitude for the gift of sustenance bestowed by God.

Lâ Tuba<u>dhdh</u>ir لا تبذّر (*prt. neg. II*): Squander not. ***Tab<u>dh</u>îr*** تبذير (*v. n. II.*): Squandering, Dissipation. ***Muba<u>dhdh</u>irîn*** مُبذّرين (*n. plu.*): Squanderers (17:26,27). (Jarîr; Rû<u>h</u>-al Ma'ânî; Zama<u>kh</u>sharî; L; T; R; LL)

Bara'a برء
بَرَاءَةً، بُرُوءً ، بَرءًا ؛ يَبرءُ

To create, form out of nothing.

Nabra'a نبرأ (*imp. 1st. p. plu.*): We create, bring into being. (57:22). ***Briyyatun*** بريّة: Creation (98:67). ***Bârî*** بارئ (*act. pic. m. sing.*): Creator. ***Al-Bârî*** البارى: One of the names of Allâh (59:24; 2:54). (L; T; R; LL)

Bari'a بَرِئَ
بَرَاءَتًا ، بُرْوأ ؛ يَبْرِي

To be safe, heal, make free, become clear (of doubt), absolve, declare free from the defect, attribute, acquit.

Barra'a بَرّأ (*prf. 3rd. p.m. sing.*): Declared innocent; Cleared from blame. ***Tabarra'a*** تبرّأ (*prf. 3rd. p. Sing. V*): Quitted. ***Tabarra'û*** تبرّوا (*prf. 3rd. p. m. plu. V*): They quitted. ***Tabarra'nâ*** تبرّأنا (*prf. 1st. p. plu.*): We declared our innocence. ***Natabarra'u*** نتبرّأ (*imp. 1st. p. plu.*): We quit. ***Barîun*** بريءٌ (*act. 2nd. pic.*): Innocent. ***Burâ'u*** براء (*n.*): Innocent. ***Barâ'atun*** براءةٌ (*n.*): Freedom from obligations. ***Mubarra'un*** مبرأ (*pis. pic.*): One who is free from obligations or blame or any kind of defect. (L; T; R; LL)
The root with its above forms has been used in the Holy Qur'ân about 25 times.

Barija بَرِج
بَرجاً؛يبرج

To have good fare, fare well.

Tabarruj تَبرّج (*v. n.*): To display one's beauty and decoration, deck one's self, show off, display one's finery. ***Lâ Tabarrajna*** لا تبرّجنَ (*prt. neg. f. plu. V*): You*f.* do not display your finery. ***Mutabarrijâtun*** متبرّجاةٌ (*ap-der. f. plu. V*): Decking their selves out. ***Burûjun*** بروجٌ (*n. plu.*): Castles; Motions of stars; Constellations; Towers. (L; T; R; LL)
The root with its above four forms has been used in the Holy Qur'ân about 7 times.

Bara<u>h</u>a بَرَحَ
بَراحاً؛ بَرَحاً؛يبرحُ

To leave a place, cease, quit. The word indicates a negative meaning when Lâ or Lan is added, the meaning becomes positive

Lan Abra<u>h</u>a لن ابرحَ: Never will I leave. ***Lâ Abra<u>h</u>u*** لا ابرحُ: I will not cease, stop. ***Lan Nabra<u>h</u>*** لن نبرح: Never will we give up to leave. (L; T; R; LL)
The root with its above three forms has been used in the Holy Qur'ân about 3 times.

Barada بَرَدَ / Baruda بَرُدَ
برودًا؛برداً؛يَبَرَدُ

To cool, chill, soothe, be cold, be devastated by hail.

Bardan برداً (*v. n.*): Coolness. Cold (21:69; 78:24). ***Bâridun*** باردٌ (*act. pic.*): Cold (38:42, 56:44). ***Baradin*** برد (*n.*): Hail (24:43). (L; T; R; LL)

Barra برّ
بَرّا، بُرُوْرًا : يبُرّ

To be pious, just, virtuous, act justly, be truthful, beneficence, bestow bountiful gifts, show kindness, keep (an oath), act well, be true, behave courteously, deal benevolently. *Abarra* ابرّ : To travel by land.

Al Barru البّر (*n.*): Benign. One of the names of Allâh. ***Tabarrû / Tabarrûna*** تبرّوا / تبرّون (*acc./ imp. 2nd. p.m. plu. assim. V*): You act piously, deal benevolently. ***Barran*** براً (*n.*): Dutious; Continent; Land. ***Birrun*** برٌ (*n.*): Piety; Virtue; Gift; Favour, Obedience; Righteousness; Thoughtfulness; Extensive goodness; Goodness of high order; Acting well towards relations and others. ***Abrâr*** ابرار (*n. plu.*): Pious ones who are highly righteous. ***Bararatun*** بررة (*n. plu.*): Virtuous ones; Highly righteous persons. (L; T; R; LL)
The root with its above forms has been used in the Holy Qur'ân about 32 times.

Baraza برز

بُرُوْزًا ، بَرَزًا ؛ يَبرُز

To appear, issue, go forth, show after concealment, pass out, be manifest.

Baraza بَرَزَ (*prf. 3rd. p.m. sing.*): He went forth. ***Barazû*** برزوا (*prf. 3rd. p.m. plu.*): They went out, confronted, appeared. ***Burrizat*** بُرّزت (*pp. 3rd. p. f. sing. II*): Brought up. ***Bârizûna*** بارزون (*act. pic. m. plu.*): Those who appear. ***Bârizatun*** بارزة (*act. pic. f. sing.*): Appeared. (L; T; R, LL)
The root with its above five forms has been used in the Holy Qur'ân about 9 times.

Barzakh برزخ

Barrier; Thing that intervenes between any two things; Partition or interstice; Obstacle. The word is technically applied to the period or state from the day of death to the day of Resurrection. According to the Holy Qur'ân there are three states of a human beings life, his life in this world, his life in *Barzakh*, and the great manifestation of all spiritual realities that will take place on the day of Resurrection. *Barzakh* is the intermediate state in which the soul lives after death till the Resurrection. No one who has passed into the state of *Barzakh* can go back to the previous state. *Barzakh* is an intermediate state of incomplete realization of Hell or Heaven. The Holy Qur'ân has compared it to the embryonic state and the Resurrection to the birth of the fully developed soul. This intermediate state is also known by the name of *Qabr*, which means grave (80:21,22). There is some kind of awakening in *Barzakh* which is evident from various Qur'ânic verses (40:45). The state of *Barzakh* is a state similar to semi consciousness, hence it is sometimes likened to a state of sleep (36:52). The 9th chapter of Sahîh Bukhârî has the following heading: 'The dead person is shown his abode morning and evening'. Under this heading Ibn 'Omar reported the Holy Prophet as saying: 'When a person dies his abode in the Hereafter is brought before him morning and evening in Paradise, if he is one of the inmates of Paradise, and of Fire if he is one of the inmates of Hell.' (Bukhârî, 90:23). The concept of time and space what we have for our material world cannot be applied to the *Barzakh* and the Resurrection, this cannot be conceived by us. (23:100; 55:20; 25:53). (L; T; R, LL)

Barzakh برزخ :(23:100; 55:20; 25:53).

Barisa برص

بَرْصًا ؛ يَبرص

To be leprous. Moon is sometimes called *Abras* ابرص because of its white face.

Abras ابرص: Leprous (3:49; 5:110). (L; T; R; LL)

Bariqa بَرَقَ/ Baraqa بَرِقَ

بَرَاقَة ، بَرقًا ، بُروقاً ؛ يَبْرُقُ

To be dazzled, confused, smitten with astonishment, astounded.

Barq برق (*n*): Lightning; Thunderbolt; Brightness; Light. ***Bariqa*** بَرِقَ (*prf. 3rd. p. m. sing.*): He got confused; was dazzled; was perplexed; Weakened. ***Istabraq*** استبرق (*n.*): Brocade; Silk of a thick texture; Silk embroidered with gold and silver; Rich and heavy brocade. ***Abârîq*** اباريق (*n.plu.* Its *sing.* is *Ibrîq* ابريق): Ewers; Water jugs; Shining beakers. (L; T; R; LL)

The root with its above four forms has been used in the Holy Qur'ân about 11 times.

Baraka بَرِكَ

تَبْراكا ، بُرُوكا ؛ يَبْرك

To kneel down like a camel, stand firm, dwell in, be honoured and respected. The word *Mubârak* مبارك signifies the continuance for ever of the blessings which a thing possesses and from which extensive good flows. It possesses the sense of firmness, continuity, steadiness, abundance of good, exaltation, collection and blessings. The verse 6:155 signifies that the Qur'ân is a revealed Book which contains all the imperishable teaching and eternal truth which were contained in the former Scriptures. *Tabâraka* تبارك: Highly exalted, far removed from every defect, impurity, imperfection and everything derogatory; Possessing abundant good; Honoured; Blessed. *Birkatun* بِركَةٌ: Pool; Tank; Pond in which water from all around gathers together.

Bâraka بارَكَ (*prf. 3rd. p.m. sing. III*): He blessed. ***Bûrika*** بورِكَ (*pp. 3rd. p. m. sing. III*): He is blessed. ***Tabâraka*** تبارَكَ(*prf. 3rd. p. m. sing. III*): Be blessed, exalted. ***Barakâtun*** بركاتٌ (*n.plu.*): ***Barkatun*** بركةٌ (*n. sing.*): Blessings. ***Mubârakun*** مبارَكٌ(*pis.pic. m. sing.*): Blessed one. ***Mubârakatun*** مباركةٌ (*pis. pic.f. sing.*): Blessed one. (L; T; R; LL) The root with its above forms has been used in the Holy Qur'ân about 32 times.

Barama بَرَمَ

برماً؛ يبرُمُ

To twist, plate, turn round, make firm, fix, settle (a plan), manage a thing well. *Mubram* مبرم: Confirmed; Twisted (thread); Ineluctable; Inevitable. *Mubrim* مُبرِم: One who fixes upon a plan;, who takes a decision, who settles a point, who determines a course, who settles an affair.

Abramû ابرَمُوْا (*prf. 3rd. p. m. plu. IV*): They determined (43:79). ***Mubramûn*** مبرمون (*ap-der. plu. IV*): Determining (43:79). (L; T; R; LL)

Bariha بره

بُرْهانًا ، بَرْها ؛ يَبْره

To prove, afford arguments, overcome a person by facts of dexterity, be convalescent. *Burhân* برهان: Proof; Evident proof; Argument; Manifest; Convincing proof. Its plural is *Barâhîn* براهين .

Burhân برهان (*n.*): Proof; Evident proof; Argument; Manifest; Convincing proof. ***Burhânân*** برهانان(*n. dual.*): Two arguments. (L; T; R, LL)
The root with its above two forms has been used in the Holy Qur'ân about 8 times.

Bazagha بَزَغَ

بُزوغاً، بَزْغا؛ يَبْزُغ

To rise with spreading light (sun, moon), rise in splendor.

Bâzighan بازغاً (*acc. act. pic. m. sing.*): (6:77). ***Bâzighatun*** بازغةً (*acc. act. pic. f. sing.*): Uprising (Sun) (6:78). (L; T; R; LL)

Basara بَسَرَ

بُسُورًا ، بَسرًا ؛ يَبسر

To scowl (in disdain), be of an austere countenance, be harsh and severe, make a thing out of season, become cross, wear a frowning look.

Basara بَسَرَ(*prf. 3rd. p. m. sing.*):

Scowled down; Frowned (74:22). ***Bâsiratun*** باسرةٌ (*act. pic. f. sing.*): Scowling; Austere; Harsh and severe; Dismal looking (75:24). (L; T; R; LL)

Bassa بسّ
بَسّاً؛ يبُسّ

To crumble, fall, shatter to dust, grind to powder.

Bussat بسّت (*pp. 3rd. p. f. sing. assim. V*): Was grounded to powder (56:5). ***Bassan*** بسّا (*acc. v. n.*): Grinding to powder; Completely shattered; Crumbled (56:5). (L; T; R; LL).

Basaṯa بَسَطَ
بسطاً؛يبسُطُ

To expand, extend, enlarge, stretch, grant in abundance, spread, widen, dilate, amplify, lay hand, draw (a sword). *Bâsiṯû* باسطوا: In the verse 6:93 is for *Bâsiṯûn* باسطون which loses its *nûn* ن as being antecedent to the next word *Aidiyahum* أيديهم. The *alif* in the end of باسطوا is added as an *alif* of precaution or *Alif al-Waqâyah* الفالوقاية. The purpose of this is to prevent the *Wâw* before *alif* from being taken as the conjunction *Wâw* (meaning "and").

Bâsiṯû باسطوا: Stretching forth; Laying down. ***Basṯatun*** بسطةٌ (*n.*): Fineness; Abundant; Excellence; Increase of stature. ***Bâsiṯ*** باسط (*act. pic. n. sing.*) One who expands, stretches out. ***Mabsûṯatân*** مبسوطتان (*pact. pic. f. dual.*): Twain stretched out. ***Basaṯa*** بَسَطَ (*prf. 3rd. p. m. sing.*): Extended. ***Basaṯta*** بسطتَ (*prf. 2nd. p. m. sing.*): Thou stretched out. ***Yabsuṯu*** يبسُطُ (*imp. 3rd. m. sing.*): Stretches; Amplifies. ***Yabsuṯû*** يبسطوْ (*imp. 3rd. p. m. plu.*): They stretch, amplify. ***Tabsuṯu*** تبسُطُ (*imp. 2nd. p. m. sing.*): Thou stretcheth. ***La Tabsuṯ*** لا تبسُط: (*prt. neg.*): Do not stretch forth. ***Basṯun*** بسطٌ (*v. n.*): Stretching. ***Bisâṯ*** بساط (*n.*): Expanse. (L; T; R; LL)

The root with its above forms has been used in the Holy Qur'ân about 25 times.

Basaqa بَسَق
بَسوقًا؛يَبسُق

To be lofty, tall, stately.

Bâsiqât باسقٰت (*plu. of Bâsiqatun, act. pic. f. plu.*): Tall (trees) having noble disposition (50:10). (L; T; R; LL)

Basala بَسَل
بَسُولاً، بَسلاً؛يَبسُل

To become sour, look fierce, assume a severe look. *Absala* ابسَلَ: To prohibit a thing, forbid, give in pledge or exchange, give one up to, deliver one over to, consign one to, destruction of punishment. *Istbsala nafsahû lilmauti* إستبسل نفسه للموت: He devoted himself to death, laid down his life.

Tubsala تُبْسَلَ (*pip. 3rd. p. f. sing. IV*): He has been consigned to perdition, delivered to ruin, been destroyed. (6:70). ***Ubsilû*** أبسلو (*prf. 3rd. p. m. sing.*): Destroyed; Delivered to ruin. (6:70). (L; T; R; LL)

Basama بَسَمَ

بَسمًا ؛يَبسِم

To smile with pleasure.

Tabassama تبسّم (*prf. 3rd. p. m. sing.*): He smiled with pleasure (27:19). (L; T; R, LL)

Bashara بَشَرَ

بَشرًا ؛يَبشِر، يَبشُر

To lay bare one's skin, take off the bark, rejoice. *Bishr* بِشر: Joyful continance. *Bushr* بُشر: Good news. *Bashârat* بشارت: Fine looking appearance. *Bishârat* بِشارت Good news. *Basharat* بشرة: Exterior shape; Fine feature; the outer and visible part of the skin. *Bashshara* بشّر: He gave or imparted such important urgent, pressing, grave, significant, stupendous news which changed the colour and features of the listener. The word has generally come to be used in connection with good or happy news, but it also used in connection with bad news. *Bashîr* بشير and مبشّر *Mubashshir:* One who announces good news; Bearer of good tidings. *Mustabshirah* مستبشرة: One who rejoices. *Bushrâ* بشرى: Good news. *Bushrâkum* بُشرٰكم: Glad tidings to you (57:12). Here *yâ* of *bushrâ* is replaced by *Alif* before the affixed pronoun. *Bâshara* باشرة: To go in to (a wife), know (a woman). *Basharun* بَشَرٌ : Human being (Human being is called *Bashar* because of his good body, image, figure and capacities)

Bashsharû بشّروا (*prf. 3rd. p. m. plu. II*): They gave good tidings. ***Bashshartûm*** بشّرتم (*prf. 2nd. p. m. plu. II.*): You gave good tidings. ***Bashsharnâ*** بشّرنا (*prf. 1st. p. plu. II*): We gave good tidings. ***Yubashshiru*** يُبشّرُ (*imp. 3rd. p. sing. II*): He gives good tidings. ***Tubashshiru*** تُبشّرُ (*imp. 2nd. p. m. sing. II*): You give good tidings. ***Tubashshirûna*** تبشّرون (*imp. 2nd. p. m. plu. II*): You give good tidings. ***Nubashshiru*** نبشّرُ (*imp. 1st. p. plu.*): We give good tidings. ***Bashshir*** بشّر (*prt. m. sing. II*): Give good tidings. ***Bushshira*** بُشّرة (*pp. 3rd. p.m. sing. II*): He has been given good tidings. ***Abshirû*** ابشرو (*prt. m. plu. IV*): Have you good tidings. ***Bâshirû*** باشرو (*prt. m. plu. III*): Touch or contact in sexual intercourse. ***Lâ Tubâshirû*** لاتباشرو (*prt. neg. m. plu. III*): Do not touch or contact (sex). ***Yastabshirûna*** يستبشرونَ (*imp. 3rd. p.m. plu.*): They are having good tidings. ***Istabshirû*** استبشِرو (*prt. m. plu.*): Have good tidings. ***Mustabshirâtun*** مستبشراةً (*ap-der. f. sing.*): She has the good tidings. ***Basharun*** بَشَرٌ (*n.*): Human being. ***Basharain*** بشرين (*n. dual*): Two human beings. ***Bushrun/Bushran*** بَشرٌ/بَشراً (*acc./ v.n.*): Bearing good news. ***Bushrâ*** بشرىٰ (*n.*): Good news. ***Bashîr*** بشير (*act. 2nd. pic. m. sing.*): Bearer of good tidings. ***Mubashshir*** مبشّر (*ap-der. m. sing. II*): Giver of good tidings. ***Mubashshirîn*** مبشّرين (*ap-der. m. plu. II*): Givers of good tidings. ***Mubashshirât*** مبشّرات (*ap-der. f. plu. II*): Givers of good tidings. (L; T; R; LL)

The root with its above forms has been used in the Holy Qur'ân about 123 times.

Basura بَصُرَ/Basira بَصِر

بَصَرًا،بصارة ؛ يَبصَرُ،يَبصُر

To see, look at, understand. *Basar* plu. *Absâr* ابصار: Sight; Eyesight; Sense of seeing. *Basîrat* بصيرت plu. *Basâir*: بصائر: Evidence, Evident argument or demonstration. *Tabsiratun* تبصرةً : Matter for contemplation. *Absara*: ابصَرَ To see, consider, cause to see. *Absir*: ابصِر How clear he sees. *Mubsir* مبصر : One who sees, who renders evident, who enables one to see; Visible; Manifest. *Mustabsir* مستبصر: Clever and far seeing person. *Absar* ابصِرْ: How clear is his sight. There is a pattern in Arabic for expressing wonder called *Af'âl al-Ta'ajjub* افعال التعجب (the verbs of wonder e.g. *Ahsinbihî* احسن به: How good he is).

Basîr بصير (*part. act.*): Seer; Beholder; One who sees things with the eyes; One who understand; One endowed with mental perception; One knowing. ***Al-Basîr*** البصير (*n.*): One who sees clearly. One of the names of Allah. ***Basurat*** بَصُرَتْ (*prf. 3rd. p. f. sing.*): She watched. ***Basurtu*** بصرتُ (*prf. 1st.p. sing.*) I watched. ***Lam Yabsurû*** لم يبصروا (*gen.*) ***Lam Yabsurûna*** لم يبصرون (*imp. 3rd. p. m. plu.*final Nûn dropped to indicate that the verb has been preceded by conditional particle *lam* لم): They did not see. ***Yubassarûna*** يبصّرون (*pip. 3rd. p. m. plu. II*): They shall be made to see. ***Absara*** ابصَرَ (*prf. 3rd. p. m. sing. IV*): He saw, watched.

Abṣarnâ ابصرنا (*prf. 1st. p. plu. IV*): We saw, watched. *Yubṣiru* يبصرُ (*imp. 3rd. p. sing. IV*): He watches. *Tubṣiru* تبصرُ (*imp. 2nd. p. sing. IV*): Thou watch. *Yubṣirûna* يبصرون (*imp. 3rd. p. m. plu. IV*): They watch. *Tubṣirûna* تبصرون (*imp. 2nd. p. m. plu.*): You watch. *Abṣar* ابصرْ (*elative*): How clear is his sight. *Abṣir* ابصرْ (*prt. m. sing.*): Look. *Baṣarun* بَصَرٌ (*n.*): Sight. *Abṣâr* ابصار (*n. plu.*): Sights; Eyes; Perspicuousness; Understandings. *Mubṣiran* مُبصرا (*ap-der. m. IV*): Clear. *Mubṣiratun* مُبصرةٌ (*ap-der. f. IV*): *Mubṣirûna* مُبصرون (*ap-der. n. plu.*): Those are seen very clearly, are enlightened. *Mustabṣirîna* مستبصرين (*ap-der. m. plu. X*): Clear Seers. *Baṣîratun* بصيرةٌ (*act. 2nd. pic. f. sing.*): Enlightenment; Insight. *Baṣâiru* بصائرُ (*n. plu.*): Enlightenments. *Tabṣiratan* تبصرةً (*v. n.*): Insight. (L; T; R; LL)

The root with its above forms has been used in the Holy Qur'ân about 148 times.

بَصلاً ؛ يَبصل

To strip a person of his clothes; strip a tree of its bark. *Baṣalun* بَصَلٌ: Onion. When used in a collective or generic sense onions.

Baṣalun بَصَلٌ (*n.*): (2:61). (L; T; R; LL)

Badẓa'a بَضَعَ
بَضعًا ؛ يَبضَعُ

To split, cut off apart, lance, carve. *Bidẓ'a* بِضْعَ: Piece; Bit; Small number from 3 to 9. *Bidẓâ'at* بضاعة: Portion of goods; Sum of money; Piece of merchandise; Goods, Wares.

Bidẓ'un بِضْعَ (*n.*): Few; Range between 3 and 9, both numbers included (12:42; 30:4). *Bidẓâ'atun* بضعةً (*n.*): Merchandise (12:19, 88, 65, 62). (L; T; R; LL)

Baṭu'a بَطُؤَ
بُطاءً، بطأً ؛ يَبطُؤُ

To move slowly, linger, tarry behind, hang back detain, delay, be late, be delayed.

Yubaṭṭi'anna يُبطئنّ (*imp. 3rd. p. n. sing. II. epl.*): He certainly will be late and delayed (4:72). (L; T; R; LL)

Baṭara بَطَرَ
بَطَرًا ؛ يَبطِر، يَبطُر

To boast, be proud, be exultant, be insolvent, be ungodly, behave with pride and boastfulness. *Baṭarun* بَطَرٌ:

Insolvence; Carelessness, Pride, Boastfulness; Sprightliness.

Baṯirat بَطِرت (*prf. 3rd.p.f. sing.*): It exulted excessively and behaved insolently. (28:58). ***Baṯaran*** بطرً Boastfully (8:47). (L; T; R; LL)

Baṯasha بَطَشَ

بَطشًا ؛ يَبطِش

To lay hold, overwhelm, take or seize by force, make an onslaught upon, lay hands, exert strong hand, snatch. *Baṯshatun* بطشةٌ: Force; Power; Severity; Strength; Courage; Violence.

Baṯashtum بطشتم (*prf. 2nd. p. m. plu.*): You seized by force. ***Yabṯishu*** يبطشُ (*imp. 3rd. p. m. sing.*): He seizes. ***Yabṯishûna*** يبطشونَ (*imp. 3rd.p. m. plu.*): They seize. ***Nabṯishu*** نبطشُ (*imp. 1st. p. plu.*): We seize. ***Baṯshun/ Baṯshan*** بطشٌ / بطشًا (*v. n.*): Seizing. ***Baṯshatûn*** بطشةً (*n.*): Seizure. (L; T; R; LL)

The root with its above forms has been used in the Holy Qur'ân about 10 times.

Baṯala بَطَلَ

بُطلانًا ،بُطلاً ؛ يَبطُل

To be in vain, corrupted, reduced to nothing, of no avail, idle, worthless, abolish, parish. *Bâṯil* باطل: That which is vain, false, idle, workless, corrupt; Vanity; Falsehood; Useless; Delusive; That which is opposite to *Haqq* حق (- truth). *Abṯala* ابطلَ: To cause to be in vain, frustrate, make ineffectual. *Mubṯilûn* مبطلون: One who deals in vanities; Perpetrators of falsehood; Who lied; Liar; One who says a thing in which there is no truth or reality.

Baṯala بَطَلَ (*prf. 3rd. p.m. sing.*): Was made vain. ***Yubṯilu*** يبطِلُ (*imp. 3rd. p.m. sing. IV*): Brings something to naught. ***Tabṯilû/Tubṯilûna*** تبطلوا/تُبطلونَ (*acc./imp. 2nd. p.m. plu. IV*): You repeal, abolish. ***Bâṯilun*** باطلٌ (*act. pic. m. sing.*): Falsehood. ***Mubṯilûna*** مبطلونَ (*ap-der. m. plu.*): Followers of falsehood. (L; T; R; LL)

The root with its above forms has been used in the Holy Qur'ân about 36 times.

Baṯana بَطَنَ

بطوناً ،بَطْناً ؛ يَبطُن

To enter into the inmost parts of anything, lie hidden, penetrate, choose any one as an intimate friend, to be inside. *Baṯn* بَطن plu. *Buṯûn* بطون Belly; Interior part; Hidden. *Bâṯin* باطن: That which is hidden; Inner part; Inside; Interior. *Bi<u>t</u>ânatun* بِطانةٌ : Intimate friend; Inner vest. *Ba<u>t</u>âin* بطائن :Inner linings.

Ba<u>t</u>ana بَطَنَ(*prf. 3rd.p.m.sing.*): It is hidden. ***Bâ<u>t</u>in*** باطن (*act. pic. m. sing.*): Hidden. ***Bâ<u>t</u>inatun*** باطنة (*act. pic. f. sing.*): Hidden. ***Ba<u>t</u>âin*** بطائن(*n.plu.*): Coverings. ***Bi<u>t</u>ânatun*** بطانة (*n.*): Intimate friends; Confidants of secrets; Inner vest. ***Ba<u>t</u>nun*** بَطن (*n.*): Heart of City; Valley; Womb; Belly; Inside. ***Bu<u>t</u>ûn*** بطون (*n. plu.*): Wombs, Bellies. (L; T; R; LL)

The root with its above forms has been used in the Holy Qur'ân about 24 times.

Ba'a<u>th</u>a بَعَثَ

بَعثًا ؛ يَبعثُ

To send, raise up, raise from sleep, or from the dead, delegate, consign. *Ba'<u>th</u>* بعث: Resurrection; Upraising, Sending. *Mab'û<u>th</u>* مبعوث: Sent; Raised. *Inba'ath* انبعث: To be sent; raised, flow, hasten.

Ba'a<u>th</u>a بعث (*prf. 3rd.p.m.sing.*): Sent; Raised. ***Ba'a<u>th</u>nâ*** بعثنا (*prf. 1st. p. plu.*): We raised, sent. ***Yab'a<u>th</u>u*** يبعثُ (*imp. 3rd. p. m. sing.*): Raises. ***Yab'a<u>th</u>anna*** يبعثنّ (*imp. 3rd. p.m. sing. epl.*): He surely will raise. ***Nab'a<u>th</u>u*** نبعثُ (*imp. 1st.p.plu.*): We raise. ***Ib'a<u>th</u>*** ابعث (*prt. m. sing.*): Thou raise; appoint. ***Yub'a<u>th</u>u*** يُبعثُ (*pip. 3rd. p.m. sing.*): He is raised. ***Yub'a<u>th</u>ûna*** يبعثونَ (*pip. 3rd. p. m. plu.*): They are raised. ***Tub'a<u>th</u>u*** تُبعثُ(*pip. 2nd.p.sing.*): Thou art raised. ***Tub'a<u>th</u>unna*** تبعثُنّ (*pip. 2nd. p. m. plu. epl.*): You certainly will be raised. ***Tub'a<u>th</u>ûna*** تُبعثونَ(*pip. 3rd.p.m. plu.*): You will be raised. ***Inba'a<u>th</u>a*** انبعث (*prf. 3rd. p.m. sing VII*): He rose up. ***Ba'<u>th</u>*** بعث (*n.*): Resurrection; Upraising. ***Inbi'â<u>th</u>*** انبعاث (*v. n. VII*): Raising up; Going forth. ***Mab'û<u>th</u>îna/ Mab'û<u>th</u>ûna*** مبعوثين / مبعوثون (*acc./nom.pct.pic.m.plu.*): Those who are sent or raised up. (L; T; R; LL)

The root with its above forms has been used in the Holy Qur'ân about 67 times.

Ba'<u>th</u>ara بَعثَرَ

بَعثَرةً ؛ يَبعَثرُ

To scatter, turn upside down, tearforth, upset, jumble. It is said that this root is basically a combination of *Bu'itha* بُعِث (raised) and *A<u>th</u>ira* اِثر (to impress, trace).

Bu'<u>th</u>ira بُعثِرَ (*pp. 3rd. p.m. sing.*): It is raised up, poured forth (100:9). ***Bu'<u>th</u>irat*** بُعثرت (*pp. 3rd. p. f. sing.*): It is poured forth; Will be laid open, poured forth (82:4). (L; T; R; LL)

Ba'uda بَعُدَ/Ba'ida بَعِدَ

بَعَدًا، بَعْدا ؛ يَبعُد، يَبعَد

To be far off, go a long way off, go away, die, perish. *Ba'du* بعدُ when used as an adverb is undeclinable: Afterwards; Again. When employed as a preposition it is used in the accusative *Ba'da* بعدَ or in the genitive if preceded by *min* من: After. *Bu'dun* بُعْدٌ: Distance; Remoteness. *Bu'dan* بُعداً: Away with; may perish; may be cursed. *Ba'îd* بعيد: Distant; Far off; Remote; Impossible; Far from possibility or imagination. *Bâ'ada* بأعد: To cause a distance to intervene. *Mub'ad* مُبعد: Far removed. *Bâ'id* باعد: Remote; Damned. *Ammâ Ba'ad* امابعد: Now after.

Ba'idat بعدت (*prf. 3rd. p. f. sing.*): It was removed afar. ***Ba'udat*** بعُدت (*prf. 3rd. p. f. sing.*): It seemed far away, far distant. ***Bu'dan*** بعداً (*v. n.*): Far removed. ***Ba'îdun*** بعيد (*act. 2nd. pic.*): Far, Wide. ***Bâ'id*** باعد (*prt. m. sing. III*): Make the distance longer. ***Ba'du*** بعدُ (*n.*): After; Latter; Follow up. ***Mub'adûna*** مبعدون (*pis. pic. m. plu. IV*): Who are kept far off. (L; T; R; LL)

The root with its above seven forms has been used in the Holy Qur'ân about 235 times.

Ba'ira بعر

بَعرًا ؛يَبعَر

To become full grown (a camel).

Ba'îr بعير (*common gender*) Full grown camel (12:65, 72). (L; T; R; LL)

Ba'adza بَعَضَ

بَعضًا ؛يَبعَض

To sting (mosquito). *Bu'idza* بُعِضَ To be stung by mosquito. *Ba'adza* بَعَضَ: To divide, share. *Ba'dz* بَعْض : Part; Portion; Share; Some; Any; Certain; Anyone (used for both masc. and fem. and for all numbers) *Ba'ûdzatun* بعوضةٌ: Gnat; Mosquito. The gnat is among the Arabs a proverbially week creature. The Arabs say, *Adz'afu min ba'ûdzatin* أضعف من بعوضة i.e. he is weaker than a gnat.

Ba'dz بعض (*n.*): Part; Share; Portion. ***Ba'ûdzatun*** بعوضة (*n.*) Small portion; Gnat (2:26). (L; T; R; LL)

The root with its above two forms has been used in the Holy Qur'ân about 130 times.

Ba'ala بعل

بَعولة،بَعالة ؛ يَبعُل

To be in a married state, marry.

Ba'l بَعل plu. *Bu'ûl*: بعول: Master; Husband; Consort; Name of an idol belonging to people of the prophet Elias. It also stands for sun-god worshipped by people of a town in Syria, now called Ba'l-Bakk. It is an honourific applied to every one of many male deities worshiped by the ancient Semitics. It is also a primitive title of divinities which are found in all branches of the Semitic race, hence the use of the name in the Holy Qur'ân with an indefinite article.

Ba'lî بعلي :My husband. ***Ba'ûl*** بعَول (*n. plu.*): Husbands. ***Ba'l*** بَعل: Name of an idol. (L; T; R; LL)

The root with its above three forms has been used in the Holy Qur'ân about 7 times.

Baghata بغت
بَغتًا ؛يبغُت

To come upon suddenly, happen unexpectedly, surprise, fall suddenly upon, break unexpectedly on.

Baghtatan بغتةً (*adv.*): Unexpectedly; Suddenly; Abruptly; On a sudden. (L; T; R; LL)

The word has been used in the Holy Qur'ân about 13 times.

Baghadza بَغَض / Baghidza بَغِض Baghodza بغُض
بَغاضة ؛ يَبغَض ، يَبغُضُ

To hate, execrate, feel or express hatred, curse, loath.

Baghdzâ' بغضاء (*n.*): Violent hatred; Vehement hatred; hatred; Rank hatred; Detestation. (L; T; R; LL)

This word has been used in the Holy Qur'ân about 5 times.

Baghala بَغَل
بَغلاً ؛ يَبغَل

To beget, degenerate children through a misalliance. *Baghl* بَغَل Mule, plu. *Bighâl* بغال: Mules. *Baghleh* بغله (she) Mule. plu. *Bighâl* بغال.

Bighâl بغال (*n.plu.*): (16.8). (L; T; R; LL)

Baghâ بَغَى
بَغيةً، بَغيًا ؛ يبغِي

To transgress, pass beyond bounds, act unjustly or insolently, lie, oppress anyone, treat unjustly, hate, seek, desire. *Yanbaghî* ينبغي : It must; It is convenient, fit. *Yanbaghî lauhû* ينبغي لهُ: He wants; He must. *Baghyun* بغيٌ: Trespass; Injustice; Indignity; Injury; Oppression. It comprehends all those vices and evils which not only are seen, felt, and denounced by other people but which do them positive harm. *Bighâ'* بغاء: Fornication; Adultery; Prostitution. *Ibitaghâ* ابتَغا: To desire, covert, seek. *Ibitighâ* ابتغاء :Seeking of; Desire of.

Bagha بغى (*prf. 3rd. p. m. sing.*): He was unjust, oppressed. ***Baghat*** بغت (*prf. 3rd. p. f. sing.*): She was unjust. ***Baghû*** بغو (*prf. 3rd. p.m. plu.*): They were unjust. ***Yabghî*** يبغي (*imp. 3rd. p.m. sing.*): Oppresses. ***Tabghî*** تبغي (*imp. 3rd. p. f. sing.*) Aggresseth. ***Yabghiyân*** يبغيان (*imp. 3rd. p.m. dual.*): They twain pass. ***Tabghi/Tabghî*** تبغ/تبغي (*acc./ imp. 2nd. p.m. sing.*): Thou seek, wish for. ***Nabghi/Nabghî*** نبغ / نبغي (*imp. 1st. p. plu.*): We wanted. ***Yabghûna*** يبغون (*imp. 3rd. p.m. plu.*): They seek. ***Tabghû/ Tabghûna*** تبغوا/ تبغونَ (*imp. 2nd. plu.*): You seek. ***Abghî*** ابغي (*imp. 1st. p. sing.*): I seek. ***Lâ Tabghi*** لاتبغ (*prt. neg. sing.*): Thou seek not. ***LâTabghû*** لاتبغوا (*prt. neg. plu.*): You seek not. ***Bughiya*** بُغِي (*pp. 3rd. p. n. sing.*): Has been oppressed. ***MâYanbaghî*** ماينبغي (*imp. 3rd. p.m. sing. VII*): It is not worthy. ***Ibtaghâ*** ابتغى (*prf. 3rd. p. m. sing. VIII*): Seeketh. ***Ibtaghaita*** ابتغيت (*prf. 2nd. p.m. sing. VIII*): Thou wished. ***Ibtaghû*** ابتغوا (*prt. m. sing.*): You seek. ***Ibtaghau*** ابتغو (*prf. 3rd. p. m. plu. VIII*): They sought. ***Yabtaghi*** يبتَغ (*imp. 3rd. p. m. sing. VIII*): He seeks. ***Yabtaghûna*** يبتغونَ (*imp. 3rd. p. m. plu. VIII*): They seek. ***Tabtaghûna*** تبتغونَ (*imp. 2nd. p.m. plu.*): You are seeking. ***Tabtaghû/Tabtaghûna*** تبتغون/ تبتغوا (acc./ imp. 2nd. p.m. plu.): That you seek. ***Abtaghi/Abtaghî*** ابتغ/ابتغي (*gen./ imp. 1st. p. sing.*): I wish. ***Nabtaghî*** نبتغي (*imp. 1st. p. plu. VIII*): We wish. ***Ibtighâ'*** ابتغاء (*v. n. VIII*): Seeking. ***Baghyan*** بغيًا (*v. n. acc.*): Oppressing. ***Bâghin*** باغٍ (*act. pic. m. sing.*): One who desires. ***Bighâ'un*** بغاءٌ : Prostitution. ***Baghiyyun /Baghiyyan*** بَغيًّ : Unchaste; Prostitute. (L; T; R; LL)

The root with its above forms has been used by the Holy Qur'ân about 96 times.

Baqara بَقَرَ

Cows, Oxens. *Baqaratun* بقرةٌ: Cow; Ox; Kine.

Baqaratun بقرةٌ (*comm. gend*): Cow. ***Baqarun*** بَقَرٌ (*collective noun.*): Kinds of cow. ***Baqarât*** بقرات (*n. plu.*): Cows.

The root with its above three forms has been used in the Holy Qur'ân about 9 times.

Baqi'a بقع

بَقعًا ؛ يَبقَعُ

To be spotted white and black; stained. هوحسن البقعة He has a good station.

Buq'atun بقعة (*n.*): Spot; Ground; Depressed land; Swamp: Corner of ground; Part; Piece; Part of land differing in appearance or colour or external state from that adjoining it. (28:30). (L; T; R; LL)

Baqla بقل

بَقلاً، بُقُولاً ؛ يَبقلُ

Vegetables; Herbs; Pot-herbs

Baqla بَقل (*generic noun*): (2:61). (L; T; R; LL)

Baqiya بَقِيَ/Baqaya بقي

بَقاوة ، بَقيًا ؛ يَبقىٰ

To remain, live, last, continue, preserve, be redundant. *Baqiyyah* بقيّة: Remainder, Legacy left; Relics left; Any thing or place left; That out lasts, Outlives; Permanent. The word as used in 11:86 signifies what is left after giving alms or what is preserved or what is lawful. In 11:116 it is used in the sense of those possessing excellence and sound judgment, intelligence and piety. In 2:248 it is used in the sense of legacy of good left behind. *Bâqin* باقٍ plu. *Bâqûn* باقون: Lasting; Surviving, Enduring; Remaining. *Biqiyât* بِقِيَاة *Abqâ* ابقىٰ: More or most lasting; Enduring; Permanent. *Abqâ* ابقىٰ: To put in store, preserve a thing, keep anyone alive, allow any one to live. *Bâqî* با قي: Everlasting, Remainder.

Baqiya بَقِيَ (*prf. 3rd. p. m. sing.*): Remained. ***Yabqâ*** يبقىٰ (*imp. 3rd. p.m. sing.*): Remaineth; Lasteth permanently; Will last permanently. ***Abqâ*** ابقىٰ (*n. elative*): Most lasting one. ***Abqâ'an*** ابقاءً :To leave. ***Abaqâ*** ابقا (*prf. 3rd. p. m. sing. IV*): He left. ***LâTubqî*** لا تبقي (*imp. 3rd. p.m. sing. IV.*): They leave not. ***Bâqin*** باقٍ (*act. pic. m. sing.* final *Yâ* is dropped): Lasting. ***Bâqîna*** باقِينَ (*act. pic. m. plu. acc.*): The last ones, remaining ones. ***Bâqiyatun*** باقيةٌ (*act. pic. f. sing.*): Remaining one. ***Bâqiyât*** باقيات (*act. pic. f. plu.*): The lasting ones. ***Baqiyyatûn*** بقيّةٌ (*n.*): Remainder; Residue; Wisdom; Legacy of good; Best of a thing; Excellence. (L; T; R; LL) The root with its above forms has been used in the Holy Qur'ân about 21 times.

Bakara بَكَرَ

بُكورًا ؛ يبكر

To rise up early in the morning, do a thing early in the

morning. *Bakkara* بكّرَ: To hasten to. *Bikr* بِكر plu *Abkâr* ابكار: First born; First fruits; Inviolate; Virgin. *Bukratun* بكرةٌ Daybreak; Morning.

Bikrun بِكرٌ (*n.*): Young, virgin.
Abkâr ابكار (*n. plu.*): Virgins.
Bukratun بكرة (*n.*): Morning.
Abkârun ابكارٌ (*n. plu.*): Mornings; Virgins. (L; T; R; LL)

The root with its above forms has been used in the Holy Qur'ân about 12 times.

Bakkah بكّة

The name given to the Valley of Makkah. The *mîm* م of Makkah being changed into *bâ* ب. The two letters are interchangeable in Arabic as in *lâzim* لازم and *lâzib* لازب. It is derived from *Tabakka* meaning the crowding together of people, or lacking water. There is a mention of a Valley of Bakka in the Bible (PS. 84:6). The old translators gave the word the meaning of weeping but in better sense, it seems to signify a valley lacking water. The Psalmists apparently had in mind a particular valley whose natural condition led them to adopt this name. *Bakkah* بكّة is from root meaning "Breaking of the neck". This name is given to it because whenever a tyrant forced his way to it his neck was broken. It is also the name of Ka'bah that is in Makkah. It is *Bet-el* or *Bait-ail* - house of Allah - of the Bible. The Holy Qur'ân calls it "Al-Bait" (2:127; 3:96; 22:26). The mention is of the first house appointed for the people for Divine worship and which existed from the remotest antiquity.

Bakkah بكّة (3:96). (L; T; R; Râzî; LL)

Bakima بَكِمَ/Bakuma بَكُمَ

بَكَامَة ، بَكماً ؛ يَبكم ، يَبكم

To be dumb, mute. *Abkam* ابكم: Dumb; Mute; Who is unable to speak properly because of intellectual weakness; Dull witted; Stupid.

Abkam ابكم (*adj*): Dumb.
Bukman/Bukmun بكمٌ / بُكما (*acc./ adj. plu.*): Those who are dumb and incapable of uttering truth. Those who kept silent intentionally. (L; T; R; LL)

The root with its above three forms has been used in the Holy Qur'ân about 5 times.

Bakâ بَكى

بُكاءً ؛ يَبكي

To weep, shed tears, lament on. *Abkâ* ابكىٰ: To move any one to tears. *Bukiyyan* بُكيًّ Shedding tears; Weeping bitterly.

Bakat بكت (*prf. 3rd. p. f. sing.*): Cried, Wept. ***Yabkûna*** يَبكون (*imp. 3rd. m. plu.*): That they are weeping. ***Li Yabkû*** ليبكو (*imp. 3rd. p. n. plu. gen.*): They should weep. ***Tabkûna*** تبكون (*imp. 2nd. p. m. plu.*): You weep. ***Abkâ*** ابكى (*prf. 3rd. p. m. sing. IV*): Made weeping; Caused to weep, cry. ***Bukiyyan*** بكيًا (*v.n.*): Weeping. (L; T; R; LL)

The root with its above forms has been used in the Holy Qur'ân about 7 times.

Bal بَلْ

A particle of digression signifying the correction or cancellation of what precedes as in 21:26 and transitions from one object of discourse to another as in 87:16. It is also used for confirmation, then it must be followed by a clause in the affirmative, no matter if the question which it follows is the negative or affirmative. It can be rendered as: But, On the contrary, Besides; Much more; No; May; Rather. (L; T; LL; Mughnî)

Balada بَلَدَ/Balida بَلِدَ

بُلودًا ، بَلَدًا ؛يبلَدُ ، يبلِدُ

To settle, remain in, occupy (a country).

Baladun/Baldan بلدٌ/بلدًا (*n.*): Land, City. ***Bilâd*** بلاد (*n. plu.*): Lands. ***Baldatun*** بلدة (*n.*): Land; Town. (L; LL)

The root with its above four forms has been used in the Holy Qur'ân about 19 times.

Balasa بَلَسَ/Ablasa ابلَسَ

Balasa بَلَسَ: Person of desperate character. There is no verbal root of this word in the first form. *Ablasa* ابلس: To be overcome with grief, be desperate, struck dumb with despair, remain disheartened and gloomy, stupefied, remain speechless. *Iblîs* ابليس: It is derived from *ablasa* ابلسَ which means: Who despaired; Good and virtue became less or decreased, who became broken in spirit, mournful, who was perplexed and was unable to see his way, who became silent on account of grief or despair, who was cut short or silenced in argument, who became unable to prosecute his journey, who was prevented from attaining his wish. The Greek word 'dislos' from which the English word 'devil' is derived is probably hellenized form of *Ibilîs*: It is a fact that the Greeks derived a good deal of their mythological concepts from the much earlier Arabian civilization. On the other hand there is no evidence that the pre-Islamic Arabs borrowed this or any other mythological term from the Greeks. *Iblîs* was not one of the angels. He was one of the *Jinn* and transgressed (18:5). In verse 2:36 he is called satan. *Iblîs* has been described in 2:34 as disobeying God, while the angels have been described as ever submissive and obedient. (16:49; 66:6) *Jinn* are from fire and angels from that of light. The fact of his rebellion is repeatedly stressed in the Holy Qur'ân. Hence *Iblîs* could not be an angel. The theory of "fallen angel" is contrary to the Qur'ânic teachings.

Yublisu يُبلِسُ (*imp. 3rd. p.m. sing IV*): He will despair. ***Mublisîn/Mublisûn*** مُبلسين / مبلسون (*acc./ nom. act. pic. m. plu.*): Who are silent with grief, Who are despairing. ***Iblîs*** ابليس: (L; T; Zamakhsharî; R; LL)

The root with its above four forms has been used in the Holy Qur'ân about 16 times.

Bali'a بَلِعَ

بَلعاً ؛يَلعُ

To swallow up, absorb a thing, swallow a thing.

Ibli'î اِبلعي (*prt.f. sing.*): Swallow back, swallow up. (11:44)

Balagha بَلَغَ

بُلوغًا، بَلاغًا ؛يَلغ

To arrive at, reach, attain one's object, obtain, ripen (fruit), grow of age, be near to reaching or attaining. *Balûgh* بلوغ: To be eloquent. *Ballagh* بلّغ : To forward a thing to anyone. *Balâgh* بلاغ: Important message; Message, *Bâligh* با لغ: Reaching; Attaining an aim. *Mablagh* مبلغ: Limit; Highest pitch; Farthest end attained. *Bâlighun* بالغٌ: Arriving at; Bringing to a conclusion; Attaining its end. Excellent; Consummate; Binding. *Balagha minî mâ qulta* بلغ منّي ما ُقلت: Your words moved me. *Ablagha* ابلغ: To convey, preach, inform, deliver, make, reach.

Balagha بَلَغ (*prf. 3rd. p. m. sing.*): He reached. ***Balaghat*** بلغت (*prf. 3rd. p. f. sing.*): She came up. ***Balaghta*** بلغتَ (*prf. 2nd. p. m. sing.*): Thou reached. ***Balaghtu*** بلغتُ (*prf. 1st. p. sing.*): I reached. ***Balaghâ*** بلغا (*prf. 3rd. p. m. dual.*): They twain reached. ***Balaghû*** بلغوا (*prf. 3rd. p. m. plu.*): They reached. ***Balaghna*** بَلغْنَ (*prf. 3rd. p. f. plu.*): They (*f.*) reached. ***Balaghnâ*** بلغْنا (*prf. 1st. p. plu.*): We reached. ***Balaghanî*** بلغني (comb. of *Balagha* بَلَغَ + *nî* ني):

Overtook me. *Yablughu* يبلغُ (*imp. 3rd. p. m. sing.*): He reaches. *Yablughanna* يبلُغنّ (*imp. 3rd. p. m. sing. emp.*): He attains (the age of). *Ablughu* ابلغُ (*imp. 1st. p. sing. acc.*): I may attain. *Tablughu* تبلغ (*imp. 2nd. p.m. sing. acc.*): Thou reach. *Lan Tablugha* لن تبلُغَ (*imp. 2nd. p. m. sing. neg.*): Thou shall not reach. *Yablugha/Yablughâni* يبلغا / يبلغانِ (*acc./ imp. 3rd. m. dual*): Twain reach. *Yablughû/ Yablughûna* يبلغون/يبلغوا (*acc. / imp. 3rd. p. plu.*): They reach. *Tablughû/Tablughûna* تبلغوا / تبلغونَ (*acc./imp.2nd.p.m. plu.*): You reach. *Ballaghta* بلّغتَ (*prf. 2nd. p. m. plu. II*): Thou have conveyed. *Yuballighûna* يبلّغون (*imp. 3rd. p. m. plu. II*): They convey. *Uballighu* أبَلّغ (*imp. 1 st. p.sing. II*): I preached. *Balligh* بَلّغ (*prt. m. sing. II*): Convey. *Ablaghû* ابلغوا (*prf. 3rd. p. m. plu. IV*): They conveyed. *Ablaghtu* ابلغتُ (*prf. 1st. p. sing. IV*): I delivered. *Abligh* أبلغ (*prt. m. sing. IV*): Make reach. *Bâlighun* بالغٌ (*act. pic. m. sing.*): The attainer (65:3); That is brought (5:95); That reaches (13:14). *Bâlighatun* بالغةٌ (*act. pic. f. sing.*): Consummate; Profound; Perfect; (54:5) Reaching (68:39). *Balîghun* بليغٌ (*act. 2nd. pic.*): Effectual; Clear; Eloquent. *Balâghun* بلاغٌ (*v.n.*): Preaching; Warning. *Mablaghun* مبلغٌ (*v.n.*): Limit. (L; T; R; LL)

The root with its above forms has been used in the Holy Qur'ân about 77 times.

Balâ' بلاء
بلواً، بَلاَءً ؛ يَبلوا

To test, try, prove, put to severe trial, afflict, prove, experiment, take care, esteem, honour, bestow favour, test whether resulting in praise or disgrace, try by experiment.

Balaunâ بلونا (*prf. 1st. p. plu.*): We tried. *Li Yabluwa* ليبلوَ (*imp. 2nd. p.m. sing. epl.*): So that he may reveal your worth. *Tablû* تبلوا (*imp. 3rd. p. f. sing.*): It shall find explicitly. *Yabluwanna* يبلونّ (*imp. 3rd. p.m. sing. emp.*): He certainly will try. *Nablû* نبلوا (*imp. 1st. p. plu.*): We shall prove. *Nabluwanna* نبلونّ (*imp. 1st. p. plu. epl.*): We surely will prove. *Tublawunna* تبلونّ (*pip. 2nd. p. m. plu. epl.*): You shall surely be tried. *Baliya* بَلِيَ: To be worn out, consumed, become old, decay, get polish removed and real face appeared. *Yablâ* يبلى (*imp. 3rd. p. m. sing.*): It decays. *Tublâ* تُبلى (*pip. 3rd. p. f. sing.*): Will turn to its reality; Will be exposed. *Yubliya* يبلِيَ (*imp. 3rd. p. m. sing. IV*): He proves, confers a bounteous favour. *Ibtalâ* ابتلى (*prf. 3rd. p.m. sing. VIII*): He put to test, proved, tried. *Yabtalî* يبتلي (*imp. 3rd. p. m. sing. VIII*): He tries.

Nabtalî نبتلي (*imp. 1st. p. plu. VIII*): We (might) prove, bestow our favour. *Ubtuliya* أبتليَ (*pp. 3rd. p.m. sing. VIII*): Was tried, proved, put to hard trial. *Ibtalû* ابتلو (*prt. m. plu. VIII*): Examine; Keep on testing. *Mubtalîna* مبتلينَ (*ap-der. m. plu. acc. VIII*): Revealer of the hidden truth; Provers. *Mubtalin* مبتلٍ (*ap-der. m. sing. VIII. n. d.*): Reveals the hidden truth; Prover. *Balâun* بلاءٌ (*n.*): Great ordeal; Trial; Test. (L; T; R; LL)

The root with its above forms have been used in the Holy Qur'ân about 38 times.

Balâ بلى

Yes; Yea; No doubt; Ay, So; Verily, Nay; But verily; On the contrary; Surely; This particle is used after a negative preposition (interrogative or otherwise) and affirms the contrary of such preposition to be the truth, hence it differ from *Na'am* نعم which asserts to the preceding preposition. (L; T; LL)

Ibnun اِبنٌ

Banawun بنوٌ: Son. *Binun* بنٌ Son. Here the initial Hamzah is dropped for purpose of assimilation.

Banûn بنون (*m. plu. nom.*): Sons. *Banîn* بنين (*n. plu. acc.*): Sons. *Banû* بنوا (*n. plu. n. d.*): Sons. *Banî* بني (*n. plu. n. d.*): Sons. *Baniyya* بنيّ (comb. of *Banîa* + *yâ*. The word *Banina* is plu. of *Ibnun*. When an inseparable pronominal *yâ* is suffixed it becomes *Baniyya*. The *nûn* of the plu. is dropped): My sons. *Bunayya* بُنيّ (comb. of *Bunaina* + *yâ*): My dear son (note the difference between *Baniyya* (بنيّ my son) and *Bunayya* (بُنَيّ my dear son). *Ibnatun* ابنةٌ (*n.*): Daughter. *Bintun* بنتٌ (*n.*): Daughter. *Banâtun* بناتٌ (*n. plu.*): Daughters. *Ibnatayya / Ibnatain* ابنتين / ابنتيّ (*dual yâ n. d.*): My two daughters. *Ibn al-Sabîl* ابن السبيل : Son of the road; One on journey, whose way has been cut short to him, who is stranded on the way, who travels much, who is far away from home, who is on a long journey; Wayfarer (L; T; R; LL)

The root with its above forms has been used in the Holy Qur'ân about 152 times.

Banna بنّ

بنّا، بنّانا ؛ يبُنّ

To stand fast, remain in a place. *Banân* بنان (collective noun). Tips of the fingers; Fingers; All the limbs. *Banân* بنان also represents a person's power and strength, as by means of his fingers he grasps an object and defends himself.

Banân بنان (8:12; 75:4). (L; T; R; LL)

Banâ بنیٰ

بَنيًا، بِناءً ؛ يَبنِي

To build, construct, erect. *Binâ'* بناء: (The final *Yâ* ي is changed to *Alif* الف if followed by a personal pronoun as *banâhâ* بناها). Edifice for protection; Sealed roof; Structure. Any production or piece of work consisting of parts joined together in some definite manner and order. *Bannâ'* بنّاء: Builder; Mason; Architect. *Bunyân* بنيان: Building; Structure; Fabric.

Mabniyyatun مُبنيّة (for *Mabnawiyyatun pact. pis. f. sing.*): That is built, constructed. ***Banâ*** بنیٰ (*prf. 3rd. p.f. sing.* In *Banâha* بناه the final *yâ* is changed to *Alif* as it is followed by a personal pronoun): He built (it). ***Banâu*** بناءُ (*prf. 3rd. p.m. plu.*): They built. ***Banaynâ*** بنينا (*prf. 1st. p. plu.*): We built. ***Tabnûna*** تبنون (*imp. prf. 2nd. p. m. plu.*): You built. ***Ibni*** ابن (*prt. m. sing.*): Thou built. ***Ibnû*** ابنوا (*prt. m. plu.*): You built. ***Binâun*** بِناءً (*v.n.*): Building ***Bunyân*** بُنيان (*n.*): Structure. (L; T; R; LL)

The root with its above forms has been used in the Holy Qur'ân about 22 times.

Bahata بَهَتَ/Bahita بَهِتَ

بَهتًا ؛يَبهَتُ ، يَبهُتُ

To confound, be astonished, remain speechless, surprise, slander anyone, lie. *Buhtân* بهتان: Calumny; Slander; Lie. *Bâhit* باهت: Dull; Dead; Faint colour.

Buhita بُهِتَ (*pp. 3rd. p.m. plu.*): Was confounded (2:258). ***Tabhatu*** تبهتُ (*imp. 3rd. p.f. sing.*): Will confound (21:40). ***Buhtân*** بهتان (*v.n.*): Lie; Calumny; Slander. (L; T; R; LL)

The root with its above three forms has been used in the Holy Qur'ân about 8 times.

Bahaja بَهَجَ/Bahija بَهِجَ

بَهجًا ؛ يَبهَجُ

To make joyful, cheer up, enliven any one. *Bahjatun*: Beauty; Delight; Bloom and loveliness. *Bahîj* بهيج: Beautiful; Beauteous; Lovely; Joyful; Cheerful; Fine-looking; Delicious.

Bahjatun بهجةٌ (*v.n.*): Joy; Beauty; Rejoicing (27:60). ***Bahîj*** بهيج (*act. 2nd. pic. n.*) : Joyful; Joyous; Beautiful (22:5; 50:7). (L; T; R; LL)

Bahala بَهَلَ

بَهلاً ؛ يَبهَلُ

To curse any one. *Ibtahala* ابتهل: To implore, beseech, supplicate, call upon God against, imprecate upon, humble and abase oneself, address himself with earnest and energetic supplication. *Mubâhalah* مباهلة: Imprecation; Prayer contest.

Nabtahil نبتهل (*imp. 1st. p. plu. VIII*): We humbly pray (3:61). (L; T; R; LL)

Bahîmatun بهيمة

Beast. Any quadruped, even if in the water. *Bahimat al-An'âm*: بهيمة الانعام : Quadrupeds which belong to the class of cattle or which resemble cattle or any beast which resembles domesticated cattle in so far as it feeds on plants and is not a beast of pray. The logical root is *Bahmun* بهم meaning Lambs or kids. Its plu. is *Bahâim*.

Bahîmatun بَهيمة (5:1; 22:28,34). (L; T; Râzî; LL)

Bâ'a بَآءَ/Bawa'a بَوَءَ

بَوءًا ؛ يَبُوءُ

To bring back, bring down, take upon one's self, draw upon one's self, incur, earn. *Bawwa'a* بوّءا: To prepare a dwelling for, locate any one. *Mubawwaa'* امبوّأ: Place for dwelling. *Tabawwi'u* تبوئ: To take possession of, occupy a dwelling, provide a dwelling for one's self. *Tabû'a* تبواء: To bear (the burden), draw. *Bâ'a* بآء is one of those verbs which are at the same time concave and hamzated.

Bâ'a بآء (*prf. 3rd. p. m. sing.*): Settled; Incurred; Earned. ***Bâ'û*** بآءوا (*prf. 3rd. p. m. plu.*): They incurred. ***Tabû'a*** تبوء (*acc. imp. 2nd. p.m. sing.*): Thou incur, bear. ***Bawwa'a*** بوّء (*prf. 3rd. p.m. sing. II*): He lodged, settled. ***Bawwa'nâ*** بوّانا (*prf. 1st. p. plu. II*): We assigned, settled. ***Tubawwi'u*** تبوئُ (*imp. 2nd. p.m. sing. II*): Thou settle, assign. ***Nubawwi'anna*** نُبوءنّ (*imp. 1st. p. plu. II. emp.*): We surely will settle. ***Tabawwa'û*** تبوّؤا (*prf. 3rd. p. m. plu. V*): They are settled. ***Yatabawwa'u*** يتبوأ (*imp. 3rd. p. m. sing. V*): Gets settled. ***Natabawwa'u*** نتبوّأ (*imp. 1st. p. plu. V*): We take place, inhabit. ***Tabawwa'â*** تبوءا (*prt. m. dual. V*): You twain inhabit. ***Mubaww'a*** مبوّأ (*v.n.*): Settlement. (L; T; R; LL)

The root with its above forms has been used in the Holy Qur'ân about 17 times.

Bâba باب
بَابَةٌ ؛ يَبُوبُ

To serve as a doorkeeper.

Bâb باب (*n.*): Door; Gate; Class; Portal; Right form to perform a thing. ***Abwâb*** ابواب (*n. plu.*): Doors. (L; T; R; LL)
The root with its above two forms has been used in the Holy Qur'ân about 27 times.

Bâra بار
بَوارًا، بَوراً؛يَبُورُ

To perish, be lost, be in vain, be void (died), remain uncultivated (ground). *Bûr* بور: One who is lost; Wicked; Who is ruined; Who is worthless; Who is devoid of all good. *Bawâr* بوار: Perdition. Ruin; Utter desolation.

Yabûru يبورُ (*imp. 3rd.p.m. sing.*): He shall perish. ***Lan Tabûra*** لن تبورَ (*imp. 3rd. p.f. sing. neg.*): She will not perish. ***Bûrun*** بورٌ (*v.n.*): Doom; Perdition. ***Bawâr*** بوار (*v.n.*): Doom; Perdition. (L; T; R; LL)
The root with its above four forms has been used in the Holy Qur'ân about 5 times.

Bâlun بالٌ

Heart; Mind; Thought; Intention; Condition; State; Attention; Welfare; Matter; Important serious affair; State of mind. Its root is Bawala بَوَلَ.

Bâlun بالٌ: (12:50; 20:51). (L; T; R; LL)

Bâta بَاتَ
مَبَاتًا، بَيتاً، بِيَاتًا؛يَبِيتُ

To pass the night, spend the night. *Bayyata* بيّتَ: To meditate by night, attack by night, be busy about a thing during the night, brood over (a design), spend the night scheming, devise in the dark of night. *Baytun* بيتٌ plu. *Buyût*: بيوت House; Abode; Dwelling; Room; Apartment; Household; Family. *Bayât* بيات: Night attack.

Yabîtûn يبيتون (*imp. 3rd. p. plu.*): They pass the night. ***Bayyata*** بيّتَ (*prf. 3rd. p.m. sing.*): He planned by night. ***Mubayyitûn*** مبيّتون (*imp. 3rd. p.m. plu. II*): They plan by night. ***Nubayyitanna*** نُبيّتنّ (*imp. 1st. p. plu. II*): We surely will attack by night. We surely make a raid by night. ***Bayatan*** بياتًا (*v.n.*): While sleeping at night. ***Bayt*** بيت (*n.*): House. ***Buyût*** بُيوت (*n. plu.*): Houses. (L; T; R; LL)
The root with its above forms has been used in the Holy Qur'ân about 73 times.

Bâda باد

يَبَادًا ، بَيدًا ؛ يَبِيدُ

To perish, vanish, go away, cease, finish, be lost.

Tabîdu تبيد (*imp. 3rd. p.f. sing.*): It will perish (18:35). (L; T; R; LL)

Bâdza باض

بَيضًا ؛ يَبيضُ

To lay eggs, exceed any one in whiteness, remain in (a place). *Bayyadza* بيّض: To tint, bleach a thing, copy fair. *Bayyadza allâhu Wajhahû* بيّض الله وجهه: May God cheer him. *Iblâdza* ابلاض: To put on an iron helmet, destroy. *Ibyadzdza* ابيضّ: To be lit up, be expressive of joy. Arab say a man is *Abyadz* ابيض when he is free from defects. When he does a deed for which he is reproached it is said of him *Iswadd Wajhuhû* اسود وجهه. The Holy Qur'ân has also explained the *Bayâdz* بياض and *Swâd* سواد as emblematic of happiness and sorrow respectively (75:22-24; 80:38-40). *Ibyadzdzat Wojûhuhum* ابيضت وجوههم: Whose faces shall be lit up; With faces shining. *Tabydzdzu Wujûhun* تبيض وجوههم: Some face shall be lit up by happiness; Some faces will shine with happiness; Some faces will be bright. *Bayâdz al Nahâr* بياض النهار: Day light. *Bayâdz at Wajh*: بياض الوجه: Good character. *Baydzatun* بيضةٌ: Egg; Heart; Middle part; Helmet of iron. *Baidzat al-Balad* بيضة البلد: The foremost man of a place. *Ayyam al-Bîdz* ايّام البيض: Happy days; Last three day of the full moon. *Al-Khait al-Abyadz* الخيط الابيض: First gleam of dawn. *Al-Mout al-Abyadz* الموت الابيض: Sudden death. *Al-Yad al-Baidzâ'* اليد البيضاء Beneficence; Power; Favour; Merit; Glory. Mabîdz مبيض: Overy. *Abyadz* ابيض (f.) *Baidzâ* بيضاء plu. Bîdz بيض (for *Baidzun* بيضٌ): White; Clear. *Ibyadzdzat 'ainâhu min al-huzni:* ابيضت عيناه من الحزن His eyes became white with grief; The world became dark for him; His eyes became filled with tears on account of grief. The interpretation of these words that his eyes became blind is evidently wrong. Arabic idiom does not bear it out. The becoming white of eyes never means their becoming blind. The expression is used for a person who is stricken with grief and to express a person's grief and sorrow. It is never used about a person's becoming blind through weeping.

Ibyadzdzat ابيضّت (*prf. 3rd. p. f.*

sing.): Litted. ***Tabyadzdzu*** تبيضّ (*imp. 3rd. p. f. sing. IX*): Shall be lit up by happiness. ***Abyadz*** أبيض (*n. m.*): White. ***Baidzâ*** بيضاء (*n. f.*): White. ***Baidzun*** بيضٌ (*n.plu.*): Eggs. ***Bîdzun*** بيضٌ (*n. plu.*): White. (L; T; R; LL; Bihâr; Sâghanî).

The root with its above forms has been used in the Holy Qur'ân about 12 times.

Bâ'a باع

مَبِيعًا، بَيعًا ؛ يَبِيعُ

To sell, trade, buy. *Bay'un* بَيعٌ Interchange; Selling; Merchandizing; Barter. *Tabâya'a* تبايع: To sell to one another, exchange. *Bâya'a* بايع: To make a contract, make a covenant, sell, acknowledge any one as (a chief), make a contract by striking hands. *Bay'lahû bil khilâfati* بُيعُ له: بالخلافة: He was recognized as Caliph. *Abâ'a* اباع: To exhibit, offer goods for sale. *Bay'un* بيعٌ: Sale or purchase. *Bîy'atun* بيعةٌ: Church; Jewish synagogues.

Bâya'tun بايعةٌ (*prf. 2nd. p.m. plu. III*): You made bargain. ***Yubâyi'ûna*** يُبايعون (*imp. 3rd. p. m. plu.* III): They swear allegiance. ***Yubâyi'una*** يبايعن (*imp. 3rd. p. f. plu. III*): They swear allegiance. ***Bâyi'*** بايع (prt. m. sing. III): Accept their (*f.*) allegiance. ***Tabâya'tûm*** تبايعتم (*prf. 2nd. p. m. plu. VI*): You bargain one with another. ***Bay'un*** بيعٌ (*v.n.*): Bargaining; Selling and buying. ***Biya'un*** بِيَعٌ (*n.plu.*) Synagogues. (L;T; R; LL)

The root with its above forms has been used in the Holy Qur'ân about 15 times.

Bâna بَان

بِيَانًا ؛بِينًا ؛يَبِينُ

To be distinct and separate, far away, remote from, divorced (women), clear, obvious, appear, explain. *Tabyyana* تبيّن: To be clear, easily understood, appear. *Baina yadaihi*: Before him; In his presence. *Bayân* بيان: Declaration; Explanation; Argument; Rhetoric; Clear meaning; Intelligent and distinct speech. It applies to both thought and speech, in as much as it comprises the faculty of making a thing or an idea apparent to the mind and conceptually distinct from other things or ideas as well as the power to express the cognition in spoken or written language. *Bayyinah* بيّنه *plu. Bayyinât* بيّنات: Evidence; Clear proof; Argument; Precise testimony; Clear. *Mubîn* مبين: Explaining clearly; Clear;

Beyond doubt; Obvious; Parting; Cutting. *Tabayyana* تَبيّن: To be or become manifest, clear. With *li* or *an* or with *le* and *an*: To be distinct. With *min*: To be made known. With *li*: To perceive. Although the word *Bainun* بينٌ generally rendered as 'between' is in reality a substantive meaning 'interval' or 'connection'.

Bayyanû بَيّنوا (*prf. 3rd. p.m. plu. II*): They expounded. ***Bayyanna*** بيّنّا (*prf. 1st. p. plu. II*): We have expounded. ***Yubayyinu*** يبيّنُ (*imp. 3rd. m. sing. II*): He expounds. ***Yubayyinunna*** يبيّننّ (*imp. 3rd. p. m. plu. II. emp.*): They shall surely expound. ***Li Tubayyinunna*** لتبيّننّ (*imp. 2nd. p.m. sing. II. el.*): That you may expound. ***Ubayyina*** أبيّن (*imp. 1st. p. sing. II*): I will expound. ***Nubayyin*** نبيّن (*imp. 1st. p. plu II*): We will expound. ***Nubayyinu*** نبيّنُ (*imp. 1st. p. plu. II*): We expound. ***Yubînu*** يبينُ (*imp. 3rd. p.m. sing. IV*): Maketh clear. ***Tabayyana*** تبيّنَ (*prf. 3rd. p. m. sing. V*): It became clear. ***Tabayyanat*** تبيّنت (*prf. 3rd. p. f. sing. V*): It became manifest. ***Tabayyanû*** تبيّنوا (*prt. m. plu. V*): You make clear. ***Yatabayyanu*** يتبيّنُ (*imp. 3rd. p.m. sing. V*): Becomes clear. ***LiTastabîna*** لتستبين (*imp. 3rd. p. f. sing. X. el.*): In order to be exposed. ***Bayyinun*** بيّنٌ (*act. 2nd pic.*): Clear. ***Bayyinatun*** بيّنةٌ (*n.*): Evidence. ***Bayyinâtun*** بيّنات (*n. plu.*): Clear evidences. ***Mabayyina-tûn*** مبيّنةٌ (*ap-der. f. plu.*): Manifest; Illuminating. ***Mubayyinâtun*** مبيّناتٌ (*ap-der. f. plu.*): Clear ones; Illuminating ones. ***Mubînun*** مبينٌ (*ap-der. IV. m. sing.*): Clear; Open to see; Self expressive; Severing. ***Bayânun*** بيانٌ (*n.*): Exposition; Intelligent and distinct speech; Explanation. ***Tibyânan*** تبيانًا (*v.n.*): Exposition. ***Mustabîn*** مستبين (*ap-der. X. m. sing.*): Luminous. ***Bayna*** بينَ (Particle), between; Before. (L; T; R; Zamakhsharî; LL)

The root with its above forms has been used in the Holy Qur'ân about 523 times.

Tâ
ت T

Tâ ت is the third letter of the Arabic alphabet pronounced as soft "T". According to <u>Hisâb</u> *Jummal* (mode of reckoning numbers by the letters of the alphabet) the value of *Tâ* is 400. It has no real equivalent in English. It is of the category of *Majhûrah* مجهوره.

Tâ ت

Preposition prefixed as a form of oath used with the name of Allâh. Pronoun post fixed to the verb at the first, second, as well as the third feminine person of the past, as *fa'altu* فَعَلْتُ, *fa'alta* فَعَلْتَ, *fa'alti* فَعَلْتِ. Particle prefixed to the verbs at the second person as well as the third feminine of the future, as *taf'alu* تفعلُ *taf'alân* تفعلان *taf'alûna* تفعلون. Particle post fixed to a verb in the 3rd. person of the perfect to denote the feminine as *fa'alat* فعلت. It denotes *f.* and turns to *hâ* sound at the end of a sentence and is written as ة (or *Tâ Mudawwa-rah* or the round *Tâ*). (L; T; Mughnî; LL)

Tâbût تابوت

Coffin; Wooden case; Chest; Box; Breast with what it contains - the heart; Heart which is the store house of knowledge, wisdom and peace. There is a proverb in Arabic: *Mâ Auda'tu Tâbûtî Shaian Faqadtuhû*

ماودعت تابوتي شيئافقدتهُ

I have not deposited in my bosom anything (of knowledge) that I have lost. Omar as speaking of Ibn Mas'ûd's heart said, a vessel filled up with knowledge.

Tâbût تابوت (2:248; 20:39). (L; T; R; Baidzâwî; Asâs; Nihâyah; LL)

Tabba تبّ

تَباباً؛تَبّاً؛يَتُبّ

To cut off, curtail, perish, be doomed, lost, suffer loss. *Tabâb* تباب: Loss. *Tatbîb* تتبيب: Loss; Detriment; Perdition; Destruction; Ruin.

Tabba تبّ (*prf. 3rd. p. m. sing. assim.*): He perished; remained in evil continually. ***Tabbat*** تبّت (*prf. 3rd. p. f. sing. f.*): (She) is perished. (111:1) ***Tabâb*** تباب (*v.n.*): Ruin. (40:37). ***Tatbîb*** تتبيب (*v.n.*): Ruin. (11:101) (L; T; R; LL)

Tabara تَبَرَ/Tabira تَبِرَ

تَبْراً، تَبَراً؛ يتبرر، يَتْبر

To break, destroy, ruin, perish, lose, smash, crumble. *Tabâr* تبار: Destruction. *Tabbara* تبّرَ: To break in pieces. *Tatbîr* تتبير: Utter destruction. *Mutabbarun* متبّر: Destroyed; Broken up.

Tabbarnâ تبّرنا (*prf. 1st. p. plu. II*): We have destroyed (25:39). ***LiYutabbirû*** ليتبّروا (*prf. 3rd. p.m. plu. acc. II*): They might destroy (17:7). ***Tatbîran*** تتبيراً (*v.n. II*): Destruction (7:7; 25:39). ***Mutabbarun*** مُتبّرٌ (*pis. pic.*): Destroyed. (7:139). ***Tabâran*** تباراً

(*v.n.*): Destruction (71:28). (L; T; R; LL)

Tabi'a تَبِعَ
تَبِعَ ؛يَتبَعُ، تبعًا، تَباعًا

To follow, come with, imitate, obey, be the follower of. *Taba'un* تَبَعٌ and *Tabi'un* تَبِعٌ: Follower; Helper; One who follows or attends upon any one. *Tabî'un* تبيعٌ: Helper; Protector. *Atba'a* اتبعَ: To follow, follow up, make to follow, pursue, prosecute. *Muttabi'un* متبّعٌ: Successive. *Ittibâ'un* اتّباعٌ: Following after. *Muttaba'un* مُتّبَعٌ: One who is pursued. Followers of the Companions of the Holy Prophet. Followers of the Holy Prophet are called Sa<u>h</u>âbah صحابه and the followers of the Sa<u>h</u>âbah صحابه are called *Tâbi'în* تابعين. *Taba'Tâbi'în* تبع تابعين are the followers of *Tâbi'în*.

Tabi'a تَبِعَ (*prf. 3rd.p.m. sing.*): He followed. ***Tabi'û*** تبعوا (*prf. 3rd. p.m. plu.*): They followed. ***Yatba'u*** يتبعُ (*imp. 3rd. p.m. sing.*): He follows. ***Tatba'u*** تتبعُ (*imp. 3rd. p. f. sing.*): She follows. ***Atba'a*** اتبعَ (*prf. 3rd. p. m. sing. IV*) He followed. ***Ataba'nâ*** اتبعنا (*prf. 1st. p. plu. IV*): We made somebody follow someone. ***Atba'û*** اتبعوْا (*prf. 3rd. p.m. plu. IV*): They followed. ***Yutbi'ûna*** يُتبعونَ (*imp. 3rd. p.m. plu. IV*): They make follow. ***Utbi'û*** أتبعوْا (*pp. 3rd. p.m. plu. IV*): They were followed, were overtaken by someone. ***Nutbi'u*** نُتبعُ (*imp. 1st. p. plu. IV*): We will cause to follow. ***Ittaba'a*** اتّبعَ (*prf. 3rd. p.m. sing. VIII*): Followed. ***Ittaba'ta*** اتّبعتَ (*prf. 2nd. p.m. sing. VIII*): Thou followed. ***Ittaba'atu*** اتّبعتُ (*prf. 1st. p. sing. VIII*): I followed. ***Ittabi'û*** اتّبعوْا (*prf. 3rd. p.m. plu. VIII*): They followed. ***Ittabia'tum*** اتّبعتم (*prf. 2nd. p.m. plu. VIII*): You followed. ***Ittaba'nâ*** اتّبعنا (*prf. 1st. p. plu. VIII*): We followed. ***Yattabi'u*** يتّبعُ (*imp. 3rd. p.m. sing. VIII*): He follows. ***Tattabi'u*** تتّبعُ (*imp. 2nd. p.m. sing. VIII*): Thou follow. ***Yattabi'ûn*** يتّبعون (*imp. 3rd. p.m. plu. VIII*): They follow. ***Tattabi'û/Tattabi'ûna*** تتّبعون/تتّبعوْا (*acc./imp. 2nd. p.m. plu. VIII*): You follow. ***Attabi'u*** اتّبعُ (*imp. 1st. p. sing. VIII*): I follow. ***Nattabi'u*** نتّبعُ (*imp. 1st. p. plu. VIII*): We follow. ***Ittabi'*** اتّبع (*prt. m. sing. VIII*): Thou follow. ***Ittabi'û*** اتّبوْا (*prt. m. plu. VIII*): You follow. ***La Tattabi'*** لاتتّبع (*prt. neg. m. sing.*): Thou follow not. ***La Tattabi'âni*** لاتتبعانِ (*prt. neg. m. dual.*): You twain follow not. ***Tattabi'ni*** تتّبعنِ (*imp. n. sing.*): *Following me.* ***Tab'un*** تَبعٌ (*n.*): Follower. ***Tâbi'un*** تابعٌ (*act. pic. m. plu. acc.*): Follower. ***Tâb'îna*** تابعينَ (*act. pic. m. plu. acc.*): Followers. ***Tabî'un*** تبيعٌ (*act. 2 pic. m. sing.*): Protector; Prosecutor. ***Ittibâ'un*** اتّباعٌ (*v.n.*): To follow. ***Mutatâbi'un*** مُتَتابعٌ (*ap-der. III*): One following another in succession. ***Muttabi'ûna*** متبّعون (*pis. pic. VIII*): They are overtaken. ***Tubba'*** تبّع (*n.*): Surname of the Ancient Kings of Yeman. (L; T; R; LL)

The root with its above forms has been used in the Holy Qur'ân about 175 times.

Tajara تَجَرَ

تِجارةً ، تجرًا ؛ يتجُرُ

To traffic, trade, be in business. *Tijârat* تجارة Trade; Mercantile affairs; Business; Bargain.

Tijârat تجارة (*v.n.*):

The word has been used in the Holy Qur'ân about 9 times.

Taht تحت

Particle: That which is below; The lower part; Beneath; Slope; Declivity of a mountain; Under. Opposite of *Fawq* فوق (above). (L; T; R; LL)

This particle has been used in the Holy Qur'ân about 51 times.

Tariba تَرِبَ

مَترِبًا، تَرِبًا ؛ يَتَرَبُ

To have much earth, be full of earth, have dust in the hands, be destitute. *Atrâb* اتراب sing. *Tirb* ترب: Contemporary friend; Companion; Match; Suiting the age and matching in all other respects; Peer; One having similar tastes, habits, views, etc. *Tarâ'ib* ترائب sing. *Tarîbah* تربيةَ: Breast; Breast bones; Ribs. *Matrabah* متربة: Poverty; Destitution; Misery. ترّب بعدمااترب: Poor man intimately acquainted with his mother Earth. He sank from the wealth.

Turâb تراب (*n.*): Dust; Earth. ***Atrâb*** اتراب (*n. plu.*): Girls of matching age. ***Tarâib*** ترائب (*n. plu.*): Breast bone; Upper part of girls chest. ***Matrabah*** متربة (*v.n.*): Reducing to dust; Poverty; Misery. (L; T; R; LL)

The root with its above four forms has been used in the Holy Qur'ân about 22 times.

Tarifa تَرِفَ

تَرَفًا ؛ يَترَفُ

To lead a delicate life, enjoy good things of life. *Atrafa* اترفَ: To bestow the good things of this life. *Mutraf* مُترف: Endowed with, and hence enjoying the good things of this life; Corrupted; Well to do; Ungrateful; One whom a life of softness and ease has caused to behave insolently; One whom the exclusive pursuit of pleasures of life has corrupted.

Atrafnâ اترفنا (*prf. 1st. p. plu. IV*): We have given ease and comfort. ***Utriftum*** أترِفتم (*pp. 2nd. p.m. plu. IV*): You are given ease and comfort. ***Utrifû*** اترفوْا (*pp. 3rd. p.m. plu. IV*): They are given ease and comfort. ***Mutrifîn*** مترفين (*ap-der. m. plu. IV. acc.*): Affluent ones. ***Mutrafî*** مترفي (*ap-der. m. plu. IV. acc.* final *Nûn* dropped): Affluent ones. ***Mutrafû*** مترفوْا (*ap-der. m. plu. IV. nom.* final *Nûn* dropped): Affluent ones. (L; T; R; LL)

The root with the above forms has been used in the Holy Qur'ân about 8 times.

Taraka تَرَكَ

تَركاً، تِركانًا ؛يَترُكُ

To leave off, leave alone, abandon, forsake, give up any thing, neglect, omit, bequeath anything to anyone. *Târik*: تارك: One who leaves.

Taraka تَرَكَ (*prf. 3rd. p.m. sing.*): He left. ***Taraktu*** تركتُ (*prf. 1st. p. sing.*): I left. ***Tarakû*** تركُوْا (*prf. 3rd. p.m. plu.*): They left. ***Tarakna*** تَركنَ (*prf. 3rd. p. f. plu.*): They (*f.*) left. ***Taraktum*** تركتم (*prf. 2nd. p.m. plu.*): You left. ***Taraknâ*** تركنا (*prf. 1st. p. plu.*): We left. ***Tatruku*** تترُكُ (*imp. 2nd. p.m. sing.*): Thou leave. ***Natruku*** نترُكُ (*imp. 1st. p.m. plu.*): We leave. ***Utruk*** أترك (*prt. m. sing.*): Leave. ***Yutraku*** يُترك (*pip. 3rd. p.m. sing.*): He is left. ***Yutrakû*** يُتركوْا (*pip. 3rd. p.m. plu. acc.*): They are left. ***Tutrakû/Tutrakûna*** تتركونَ / تُتركوْا (*acc./ pip. 2nd. p. m. plu.*): You are left. ***Târikun*** تاركٌ (*act. pic. m. sing.*): One who leaves someone. ***Târikû/Târikî*** تاركوْا / تاركي (*acc./ act. pic. m. sing.* final *Nûn* dropped): You are left. (L;T;R; LL)

The root with its above fourteen forms has been used in the Holy Qur'ân about 43 times.

Tasa'a تَسَعَ

تَسعًا ؛ يَتسعُ، يَتسَعَ

To be the ninth. *Tis'un* تِسعٌ (f.) *Tis'atun* تسعةٌ: Nine. *Tâsi'* تاسع: Ninth. *Tis'ûn* تسعون Ninety; Ninetieth. *Tis'un wa Tis'ûn* تسعٌ وتسعون Ninety nine. *Tis'ata 'Ashar* تسعة عشر Nineteen.

Tis'un تِسعٌ (*n. m.*): Cardinal number. Nine. ***Tis'atun*** تسعةٌ (*n.f.*): Nine. ***Tis'ata 'Ashara*** تسعة عشر: Nineteen. ***Tis'un wa Tis'ûna*** تسعٌ وتسعون: Ninety nine. (L; T; R; LL)

The root with its above four forms has been used in the Holy Qur'ân about 7 times.

Ta'isa تَعِسَ
تَعسًا ؛ يَتعَسُ

To perish, render unhappy, stumble, destroy.

Ta'san تَعسًا (v.n.): Destruction; Perdition; Evil; Unhappiness; Wretchedness (47:8). (L; T; R; LL)

Tafa<u>th</u>a تَفَثَ
تَفثاً ؛يَتفِثُ

To leave off the care of one's body and comforts, perform and complete the acts of worship in combat and imposed.

Tafa<u>th</u>un تَفَثٌ (*n.*): The state of selfdenial; Acts of worship; Needful rituals regarding the cleansing and care of one's body and comfort. (22:29) (L; T; Jarîr; LL)

Taqana تَقَنَ

To fatten (a land by watering it with muddy water). *Tiqnun* تِقنٌ: Nature; In born disposition; Mud. *Atqana* اتقَنَ: To improve a thing, set a thing in good order, do a thing skillfully and thoroughly, fasten a thing, bring to perfection, make perfect (in every way), make a thing in perfect consonance with the purpose to which it has been created, make a thing thoroughly, dispose a thing in perfect order.

Atqana أتقن (*prf. 3rd. p. sing. m. IV*): He did perfectly; made it firm, strong, solid, compact, sound, free from defect or imperfection, by the exercise of skill; He fashioned it, disposed it in the fit, proper and right manner (27:88). (L; T; LL)

Tilka تلك

This; That; f. of *<u>Dh</u>âlika* ذالك plu. *Uulâika* اولَيك Dual *Tilkumâ* تلكما plu. *Tilkum* تلكم. (L; T; Mug<u>h</u>nî; LL)

The word has been used in the Holy Qur'ân about 43 times.

Talla تَلَّ
تَلاً ؛ يَتُلُ

To lay down, let down, lay prostrate, lay one down upon one's kin, تَلِيل neck, cheek or breast.

Talla تَلَّ (*prf. 3rd. p. m. sing.*): He laid down (37:103). (L; T; R; LL; Mu<u>h</u>kam)

Tala تلا
تِلاَوَةً ، تُلوًا، تُلوّاً؛ يَتلوا

To follow, walk behind, imitate, pursue. *Tilâwatan* تلاوةً: To read, recite, rehearse, declare, meditate.

Talâ تلى (*prf. 3rd. p.m. sing.*): Followed (91:2). ***Talawtu*** تلوت (*prf. 1st. p. sing.*): I recited.

Yatlû/Yatlûna يتلوا / يتلونَ (*imp. 3rd. p.m. plu.* final *Nûn* dropped): They recite. ***Tatlû/ Tatlûna*** تتلوا / تتلون (*imp.1st. p. m. plu.* final *Nûn* dropped) You recite. ***Natlû*** نتلواْ (*imp. 1st. p. plu.*): We recite. ***Utlu*** أتلُ (*prt. m. sing.*): Thou recite. ***Utlû*** اتلوا (*prt. m. plu.*): You recite. ***Taliyat*** تليَت (*pp. 3rd. p. f. sing.*): Was recited. ***Yutlâ*** يتلى (*pip. 3rd. p. m. sing.*): It is recited. ***Tutlâ*** تتلى (*pip. 3rd. p. f. sing.*): Is recited. ***Tâliyât*** تاليات (*act. pic. f. plu.*): Those who recite; Those who follow. ***Tilâwatun*** تلاوةٌ (*n.*): Recitation. (L; T; R; LL)

The root with its above forms has been used in the Holy Qur'ân about 63 times.

Tamma تَمّ

تمّا ، تمّامًا ؛ يَتِم

To be entire, complete, perfect, fulfilled. *Atamma* اتمّ: To complete, perfect, accomplish, fulfill, perform. *Tamâm* تمام: Something complete, perfect. *Mutimm* متمّ: One who makes perfect.

Tamma تمّ (*prf. 3rd. p. m. sing. assim.*): It was completed. ***Tammat*** تمّت (*prf. 3rd. p. f. sing. assim.*): Was completed. ***Atamma*** اتمّ (*prf. 3rd. p. m. sing. IV*): Completed. ***Atmamta*** اتممتَ (*prf. 2nd. p.m. sing. IV*): Thou completed. ***Atmamtu*** اتممتُ (*prf. 1st. p. sing. IV*): I completed. ***Atmamnâ*** اتممنَا (*prf. 1st. p. plu. IV*): We completed. ***Yutimmu*** يتمّ (*imp. 3rd. p. m. sing. IV*): Completes. ***Li Yutimma*** ليتِمّ (*imp. 3rd. p.m. sing. IV. el.*): He may complete. ***LiUtimma*** لأتمَّ (*imp. 1st. p. sing IV*): I may complete. ***Atmim*** اتمم (*prt. m. sing. IV*): Thou complete. ***Atimmû*** اتمّوا (*prt. m. plu.*): You complete. ***Tamâmun*** تمامٌ (*n.*): Complete. ***Mutimmun*** متمّ (*ap-der. m. sing. IV*): Perfecter. Completer. (L; T; R; LL)

The root with its above forms has been used in the Holy Qur'ân about 22 times.

Tannûr تنّور

Spring; Ground; Face of the earth. Highest part the earth; Place where the water of a valley collects; A circular earthen oven (see also *Nâr*).

Tannûr تنّور : (11:40; 23:27). (L; T; Mughnî; Qâmûs; Râzî; Ibn Kathîr; Ibn 'Abbâs; Ikramah; Ibn Jarîr; Baghawî; LL)

Tâba تَابَ

تَابةً،مَتابًا ،توبةً،توباً ؛يَتوبُ

To return; repent; turn one's self in a repentant manner, (with *'ilâ* or without it), turn with mercy (with *'alâ*) *Tau'bun* تَوبٌ and *Tau'batun* توبةٌ:Repentance. *Tâ'ibun* تائبٌ part. act. One who repents. *Tawwâb* توّاب: Very repentant (man); Oft-returning with mercy and compassion (God). *Taubah* توبة of a human being is an act of sincere and whole hearted turning to Allâh after His protection has been sought against the evil effects of past sins and reforming a broken connection or tightening up a loose one with Allâh. It is repenting sincerely of past lapses with a firm resolve to shun all sins and do good deeds and to make amends for all wrongs done to people or to one's self. It consists in bringing about a complete change in one's life, turning one's back completely on one's evil past and returning to Allâh. When the word *Tâba* تابَ is used for Allâh it means turning of Allâh with mercy and bestowing favours upon a person and being Gracious to him.

Tâba تابَ (*prf. 3rd. m. sing.*): He repented. ***Tâbâ*** تابا (*prf. 3rd. p.m. dual.*): The twain repented. ***Tâbû*** تابوا (*prf. 3rd. p. m. plu.*): They repented. ***Tubtu*** تُبتُ (*prf. 1st. p. sing.*): I repented. ***Tubtum*** تُبتم (*prf. 2nd. p. m. plu.*): You repented. ***Yatûbu*** يتوبُ (*imp. 3rd. p.m. sing.*): He accepts repentance. ***Yatub*** يتُبْ (*imp. 3rd. p. m. sing. acc.*): He repents. ***Atûbu*** اتوبُ (*imp. 1st. p. sing.*): I repent. ***Tatûbâ/Tatûbâni*** تتوبا / تتوبان (*n.d.*): You twain repent. ***Yatûbû/ Yatûbûna*** يتوبوا / يتوبون (*acc./ imp. 3rd. p.m. plu.*): They repent. ***Tub*** تُبْ (*prt. prayer*): May thou accept repentance. ***Tûbû*** توبوْا (*prt. m. plu.*): You repent. ***Tawbun*** توبٌ (*v.n.*): Repentance. *Tawbatûn* توبةٌ (*v.n.*): Repentance. ***Matâb*** متاب (*v.n.*): Repentance. ***Tawwâb*** توّاب (*ints.*): Oft-returning with compassion. One of the attribute of Allah. ***Tâ'ibûna*** تائبونَ (*act. pic. plu.*): Those who turn in repentance. ***Tâ'ibâtun*** تائباةٌ (*act. pic. f. plu.*): Those (*f.*) who turn in repentance. ***Tawwâbîn*** توّابين (*ints. plu. acc.*): Repenting men. (L; T; R; LL)

The root with its above forms has been used in the Holy Qur'ân about 87 times.

Târa تَارَ
تَوراً؛ يَتُور

For *Dâra*, with the change of *tâ* ت with *dâl* د: To go round, flow, repeat (an action). According to Azharî the word is actually *Ta'ara*, where Hamza is omitted meaning space of time.

Târatan تارةً: Time (in regard to repetition); Sometimes; Now and then (17:69; 20:55). (L; T; R; LL)

Tawrât تورات

It is the name given to the Book of Moses. Its correct rendering is the Hebrew word *Torah* which is derived from *wâra* وارَ meaning he concealed. Torah in Hebrew literature signifies the revealed will of God. The Qurânic teaching is that Moses was an inspired man and Messenger of God and gave a Message, a *Sharî'at* and law. Taurât is so called because, in its pristine purity, reading it and acting upon its teachings kindled in the heart the fire of Divine love. As the Holy Qur'ân says, 'You must have surely received the narrative about Moses. When he saw a fire he said to his companions, 'Stay here for I perceive a fire creating feelings of love and affection. I hope I may bring you a fire brand from there. Rather I feel that I find guidance at the fire'. And when he came close to the fire he was called, 'O Moses, Verily, I alone am your Lord. So take off your shoes and stay and make your heart free from every care for you are in the sacred valley of *Tuwâ*. And I have chosen you, therefore listen to what is revealed to you.' (20:9-13). The Taurât mentioned in the Holy Qur'ân is not identical with what we know today as The Old Testament or the Pentateuch. The Old Testament is a Christian term. The Catholics and the Protestants are not agreed precisely as to the number of records to be included in the canon. Similarly is it correct to translate *Taurât* as the Pentateuch, a Greek word meaning the Five Books. These are the first five books of The Old Testament, containing a semi historical and legendary narrative of the history of the world beginning from Adam to the arrival of the Jews in the Promised Land, though a part of the Mosaic Law is embodied in it. The Books are ascribed to Moses, but it is certain that they were not written by Moses, and were an appreciable distance of the time from Moses. What we see today of The Old Testament came after Moses, most of it is distorted form from the original and many parts lost.

Tawrât تورات: The Divine Law and Scripture given to Moses. The word has been used in the Holy Qur'ân about 18 times.

Tîn تين

Fig tree; Name of a hillock. The fig is the symbol of the era of Adam, of Mosaic day and that of Jesus.

Tîn تين (*n.*): (95:1). (L; T; LL)

Tâha تاهَ
تِيهاً،تَيهانا،؛تَيهاً؛يَتِيهُ

To wander about distractingly, wander bewildered, go astray, be perplexed, lose the way in the waterless desert, become confounded, become disordered and confused intellect or mind, magnify oneself, behave proudly or insolently. *Tîh* تيه: Waterless desert; Wayless land.

Yatîhûna يتيهون (*imp. 3rd. p. m. plu.*): They will wander about in lands without direction (5:26). (L; T; LL)

Thâ
Th ث

Thâ ث is the fourth letter of the Arabic alphabet, somewhat equivalent to English letter "th". According to *Hisâb Jummal* (mode of reckoning numbers by the letters of the alphabet) the value of *thâ* is 500. It is of the category of *Mahmûsah* مهموسه and is termed *Lathawiyyah* لثويّة (gingival). Other similar letters are *dhâ* ظ, *za* ذ. This letter has no equivalent in English.

Thabata ثَبَتَ
ثَباتاً،ثُبوتاً؛يَثْبُتُ

To be firm, steadfast, constant, established, remain in (a place), persevere in doing. *Thabbata* ثبّتَ: To strengthen, consolidate, fasten. *Thubût* ثبوت: Steadfastness; Stability; Firmly planted. *Thâbit* ثابِت: Remaining firmly fixed; Firm; Steadfast. *Thabbata* ثبّتَ: To confirm; Steadfast; Establish. *Tathbît* تثبيت: Confirmation; Establishment. *Athbatâ* اثبتا: To confirm, keep in bonds, confine, restrain (from doing a deed).

Uthbutû أثبتوا (*prt. m. plu.*): Be firm. **Thabbatnâ** ثبّتنا (*prf. 1st. p.*

plu. II): We have confirmed. ***Yuthabbitu*** يُثَبِّتُ (*imp. 3rd. p.m. sing. II*): He establishes. ***Nuthabbitu*** نُثَبِّتُ (*imp. 1st. p. plu. II*): We establish. ***Thabbit*** ثَبِّت (*prt. m. sing.* prayer): May thou keep (us) firm, stable. ***Thabbitû*** ثَبِّتُوْا (*prt. m. sing.*): You keep firm. ***Yuthbitu*** يُثبِتُ (*imp. 3rd. p.m. sing.*): He establishes and confirms. ***LiYuthbitû*** لِيُثبِتوْا (*imp. 3rd. p. plu. el. IV*): They may confine. ***Thâbitun*** ثابتٌ (*act. pic. m. sing.*): Firmly fixed. ***Thubût*** ثبوت (*n.*): Fixture; Stability. ***Thâbit*** ثابت (*v.n. II*): Strengthening. (L; T; R; LL)
The root with its above forms has been used in the Holy Qur'ân about 18 times.

Thabira ثَبَرَ

ثُبُوْراً، ثَبراً ؛يَثبُرُ

To keep back, lose, perish, disappoint, expel, curse, destroy.

Thubûr ثبور (*v.n.*): Death; Destruction (25:13,14; 89:11). ***Mathbûr*** مثبور (*pact. pic. m. sing.*): One who is destroyed (17:102). (L; T; R; LL)

Thabata ثَبَطَ

ثَبطاً ؛يَثبُطُ

To keep back, prevent, hinder, divert, hold anyone without respite, lag behind, hold back, make slothful.

Thabbata ثبّط (*prf. 3rd. p.m. sing. II*): Held back (9:46). (L; T; R; LL)

Thabaya ثبى

ثَبيًا ؛ يَثبي

To collect, congregate, gather, put together, complete. Thubât ثُبات *acc. plu.* of Thubatun ثُبَةٌ which is the *f.* of Thuban ثباً or Thubayun ثوبيٌ : In separate companies; Groups; Detachments; Parties. Many nouns in the *f. sing.* as here, lose their third radical when it is *hâ, wâw or yâ.*

Thubât ثُبات (*n. plu.*): (4:71). (L; T; R; LL)

Thajja ثجّ

ثُجُوجاً ،ثَجّاً ؛يَثُجّ

To flow.

Thajjâjan ثجّاجاً (*n.v.*): Pouring forth abundantly; Dripping in torrent. (L; T; LL)
The root with its above form has been used in the Holy Qur'ân only once.

Thakhuna ثَخُنَ

ثُخُونا ،ثَخانةً ، ثخناً ؛يَثخُنُ

To be thick, become coarse, stiff, subdue thoroughly, have

a regular fighting, cause much slaughter, have a triumphant war. *Athkhana* اثخن: To do something great, make much slaughter, overcome, battle strenuously.

Athkhantum اثخنتم (*prf. 2nd. p.m. plu. IV*): You have overcome them (47:4). ***Yuthkhina*** يثخن (*imp. 3rd. p.m. plu. acc. IV*): Triumphed after a regular bloody fighting (8:67). (L; T; R; LL)

Tharaba ثرب

ثرباً ؛يَثرِبُ

To blame, find fault with.

Tathrîb تثْريب (*v.n. II*): Blame; Reproach; Reproof (12:92). ***Yathrib*** يثرب: Ancient name of Madînah before the *Hijrah* (33:13). (L; T; R; LL)

Tharia ثَرِىَ

اثْرى، ثرًى؛يَثرَى

To be moist (as the earth after rain), moisten, wet (the earth). *Thrâ* ثَرى: Earth; Moist earth. *Al-Tharâ* الثرىٰ (with the article *al*) and *Tharan* ثَرًا (for *Tharayun* ثرىً): The earth; Moist sub-soil; Soil; Sod; Ground.

Tharâ ثَرىٰ (*n.*): Moist sub-soil (20:6). (L; T; R; LL)

Tha'aba ثَعَبَ

ثعبًا ؛يَثعَبُ

To cause to flow; give bent to.

Thu'bân ثعبان (*n.*): Serpent; Long, thick, bulky and fabulous snake (7:107; 26:32). (L; T; R; LL)

Thaqaba ثَقَبَ

ثُقباً ؛يَثقُبُ

To shine, penetrate, perforate, pierce, spread (odour), soar aloft.

Thâqib ثاقب (*act. pic. m. sing.) Bright* shining; Piercing through darkness; Piercing brightness; Brightly shining. (37:10; 89:3). (L; T; R; LL)

Thaqifa ثَقِفَ/Thaqofa ثَقُفَ

ثقافةً، ثُقوفاً ،ثَقفاً ؛يَثقُفُ،يَثقَفُ

To get the better, come upon, find, catch, take, gain the mastery over, be intelligent, skilled, meet, overtake, find, overcome.

Thaqiftum ثَقِفتم (*prf. 3rd. p.m. plu.*): You got hold. ***Tathqafanna*** تثقفنّ (*imp. 2nd. p.m. sing. emp.*): Thou over take. ***Yathqafû/ Yathqafûna*** يثقفون/ يثقفوْا (*acc./ imp. 3rd. p. m. plu.*): They come upon. ***Thaqifû*** ثُقِفوْا (*pp. 3rd. p.m. plu.*): They are found. (L; T; R; LL)

The root with its above five forms

has been used in the Holy Qur'ân about 6 times.

Thaqula ثَقلَ
ثقالة،ثقلاً؛يَثقُلُ

To be heavy, weighty, slow, dull, sluggish, difficult, hard, grievous. *Thaqalân* ثَقلان (dual of *Thaqalan*) ثَقَلاً : Two big and weighty things. Two things of weight; Two armies. *Athqâl* اثقال (plural of *Thiql* ثِقل): Burden. *Thaqîl* ثقيل plu. *Thiqâl* ثقال: Heavy. *Mithqâl* مثقال: Weight; Weight of a balance. *Tathâqal* تثاقل :To be dull, sluggish. *Thaqala* ثَقَلَ: To grow heavy, oppress, weigh down. *Mathqalatun* مثقلة: Burdened; Heavily laden; Any cause of depriving a mother of her child. *Iththaqala* اثّقلَ (*for Tathâqala*): To be born down heavily, incline heavily downwards.

Thaqulat ثقلت (*prf. 3rd. p. f. sing.*): Became heavy; Momentous. ***Athqala*** اثقَلَ (*prf. 3rd. p. f. sing. IV*): Become heavy. ***Iththâqaltum*** اثّاقلتم (*prf. 2nd. p. m. plu. IV*): You bowed down with heaviness, inclined heavily. According to Al-Ukburî it belongs to stem sixth *Tafâ'ala* whereby an additional *Hamzah* is prefixed. ***Thaqîl*** ثقيل (*act. 2nd. pic. m. sing.*): Heavy; Weighty. ***Athqâl*** اثقال (*n. plu.*): Weights; Burdens. ***Thaqalân*** ثقلان (*n. dual.*): Two big and momentous groups. ***Thiqâl*** ثقال (*v. n.*): Heavy (well-equipped). ***Muthqalatun*** مُثقَلَة (*pis. pic. f. sing. IV*): One (*f.*) heavy laden. ***Muthqalûna*** مثقَلونَ (pis. pic. m. plu. IV): Those who are heavy laden. ***Mithqâlun*** مثقال (*n.*): Weight of. (L; T; R; LL) The root with its above forms has been used in the Holy Qur'ân about 28 times.

Thalatha ثَلثَ
ثَلثاً؛يَثلِثُ

To take a third part of a thing. *Thuluth* ثُلث: One-third part. *Thuluthân* ثلثان dual and in conjunction *Thuluthâ* ثلثا ، and *Thuluthay*: Two-thirds. *Thâlithun* ثالثٌ *Thâlithatun* ثالثة: Third. *Thulâth* ثلاث Three by three; In Threes; Three pairs; By threes; Three. *Al-Thâlithatu* الثّلثة: The third. *Thulthai* ثُلثى: Two third. *Thalâthîn* ثلاثين Thirty. *Thalâthun* ثلاثٌ: (Card number) three.

Thalâthatun ثلاثة (*f.*): Three. ***Thalâthûna/Thalâthîna*** ثلاثينَ / ثلاثونَ: Thirty. ***Thuluth*** ثُلث: One-third. ***Thuluthân*** ثُلثان: Two-third. ***Thuluthâ*** ثُلثا (*nom. n.d.*): Two-third. ***Thuluthai*** ثلثى (*acc. n.d.*): Two-third. ***Thâlithun*** ثالثٌ (*m.*): Third. ***Thâlithatun*** ثالثة (*f.*): Third. ***Thulâthun*** ثلاثٌ (*n.plu.*) Threes. (L; T; R; LL)

The root with its above forms has been used in the Holy Qur'ân about 32 times.

Thalla ثل
ثلاً؛يَثُلُ

To scatter people, rush upon, have plenty of wool.

Thullatun ثلّة: Flock of sheep; Wool; Multitude of persons; Large party. Good many people; Crowd (56:13, 39,40). (L; T; R; LL)

Thamara ثَمَرَ
ثُمُوراً، ثمراً؛يثمُرُ

To bear fruit, fructify, get rich, increase. *Thamar* ثمر: Fruit; Wealth; Possession; Profit; Income.

Athmara اثمر (*prf. 3rd.p.m. sing. IV*): He bore fruit. ***Thamarun*** ثَمَرٌ (*n.plu.*): Fruits. ***Thamaratun*** ثمرةٌ (*n. sing.*): Fruit. ***Thamarât*** ثمرات (*n. plu.*): Fruits. (L; R; LL)
The root with its above four forms has been used in the Holy Qur'ân about 24 times.

Thamma ثَمّ
ثَماً؛يَثُمّ

To pick up, collect, repair, heap up (things in a place). ***Thamma*** ثَمّ: Over there; Here; In that direction; There in; Thither.

Thumma ثُمّ: Then; Afterwards; Moreover; Mostly used as a conjunction indicating a sequence in line or order to be rendered as Then; Thereafter; Thereupon. Also used as a simple conjunction equivalent to And. In yet another usage, of which there are frequent instances in the Holy Qur'ân as well as in the sayings of the Holy Prophet ﷺ and in pre Islamic Arabian poetry, it has the significance of a repetitive stress, alluding to something that has already been stated and is now again emphasized, to be rendered as 'and once again'. In cases where it is used to link parallel statements it has often the function of the simple conjunctions *wâw* و (- and) (2:115; 26:64; 76:20; 81:21). (L; T; R; LL)

Thamûd ثمود

Name of an ancient tribe which lived in the western parts of Arabia. Thamûd is known after a grandson of Aram, the grandson of Noah. They lived shortly before the time of Ismâil. Their Prophet was Sâlih. The tribe flourished more then two hundred years after 'Âd and their territory extended from Adan in the south to Syria in the north. The Nabataean tribe of Thamûd also descended from the tribe of 'Âd and is, therefore, often referred to in pre Islamic poetry as the Second 'Âd. Al-Hijr, also known as Madâin Sâli<u>h</u> (a place between Madînah and Tabûk in a valley called Wâdî al-Qurâ) was probably the capital of these people. Some inscriptions of <u>Th</u>amûdian origin have been discovered at Madâin Sâli<u>h</u> in the Nabataean language and others in the Yemenite language. Some Muslims used to read the poetic inscriptions about the <u>Th</u>amûds during the reign of Amîr Mu'âwiyyah (661 A.D.). They were in the Himyarî, a language of south Arabia. Rock inscriptions still exist in the region west of Al-Hijr in northern Hijâz. They are carved out in the cliffs and embellished with sculptures of animals. These remains attest to the comparatively high degree of their civilization and power.

Apart from the Arabian sources other references are also available about these people. The Greek historians Didoras (80 B.C.), Pliny (79 B.C.) and Ptolemy (140 B.C.) make mention of the <u>Th</u>amudeni, Aqrâ or Hijr. Ptolemy also mention a place near Hijr known as Badanata (Fajj al-Nâqa).

Northern Arabia was invaded by an Asyrian king Sargon (722-705 B.C.) and the name <u>Th</u>amûd is found mentioned among the conquered tribes.

The Holy Qur'ân represents them as the immediate successors of the 'Âd. They ruled over plains and hills (7:74). Their country abounded in springs and gardens wherein grew date-palms of excellent quality and that they also cultivated lands and grew corn (26:147). Their decline began soon after the time of Sâli<u>h</u>. Shortly after Sâli<u>h</u> their name fails to find mention among the conquering and victorious nations. Before the revelation of the Holy Qur'ân their mention in the books of history had become almost extinct. Seven different words of expression have been used in the Holy Qur'ân to describe the punishment which overtook these people. *Rajfah* (earthquake; 7:78), *Sai<u>h</u>a* (thunderbolt; 11:67), *A<u>dh</u>âb* (punishment; 26:158), *Dammarnâ* (utter destruction so their houses are lying deserted over there; 27:51), *Sâiqâ* (thunderbolt; 51:44), *Al-Tâ<u>gh</u>iyah* (exceedingly violent and thunderous blast; 69:5) and *Damdama'alaihim* (destroyed them so much so that they were leveled to the ground; 91:14) are the expressions used in the Holy Qur'ân. Though these words and expressions are different in form yet they possess no discrepancy in their indication. The fact is that this nation was destroyed through natural catastrophes (27:52). In search of a life of peace and security they used to hew out houses in the mountains. One who have travelled in this part of Arabia can bear testimony after seeing the destroyed rock habitations to the fact.

Neither the Holy Qur'ân nor any reliable saying of the Holy Prophet lends any support to the legends regarding the miraculous appearance and prodigious size and state of a she-camel, which is called in the Holy Qur'ân Allah's She-Camel (*Nâqat Allâh*), a name given to the she-camel of S̲âlih̲. Its mention is a symbol that if the people of T̲h̲amûd would not accept the truth and would not cease persecuting S̲âlih̲ and his followers and "obstruct her from watering" (obstruct S̲âlih̲ from preaching) and "hamstrung her" then their Lord will destroy them. There is nothing strange that a creature of Allah should be appointed as a sign and symbol when even now we can see that a constructed house known as the Ka'bah is given as a sign that whoever tries to destroy it will be destroyed. The camel formed the chief means of conveyance in those parts and it was on his she-camel that the Prophet S̲âlih̲ used to travel to preach his message. Placing obstruction in the way of the free movements of it doing it harm was tantamount to obstructing the mission of S̲âlih̲.

The word T̲h̲amûd has been used in the Holy Qur'ân about 26 times. (L; T; R; LL Fut̲û̲h̲ al-s̲h̲âm by Abû Ismail. Historical geography of Arabia, Encyclopedia of Islam see H̲is̲n al-G̲h̲urâb, and T̲h̲amûd; Tamadduni 'Arab.)

T̲h̲amana ثَمَنَ

ثمنا ؛ يَثمُن

To take the eighth part of any ones goods.

T̲h̲aman ثمن: Value; Price. ***T̲h̲amâniya̲h̲*** ثمانية: Eight. ***T̲h̲amânîn*** ثمانين : Eighty. ***T̲h̲umun*** ثمن: One part out of eight. ***T̲h̲âminun*** ثامنٌ: The eighth. ***T̲h̲amânîn*** ثمانين (for *T̲h̲amâniyun* ثمانيون f. and *T̲h̲amâinyatun* ثمانيةٌ) : Eighteen. (L; T; R; LL)

The root with its above six forms has been used in the Holy Qur'ân about 19 times.

Thana ثِنى

ثَنيا ، ثَناءًا ؛يَثنِى

To bend, fold, double, turn one part of a thing upon the other, draw one of its two extremities to the other, join or adjoin one of the things to the other, turn anyone away or back from his course or from the object of his want, conceal enmity. *Thânin* ثانٍ (*for Thâniyun* ثاني) The second; Turning (part. act); One who turns (his side); Proud. *Thaniya Sadrahû* ثانىَصدره: He concealed enmity in his breast, fold his breast. *Ithnân* اثنان (m.) *Ithnatân* اثنتان (f.): and in the oblique cases *Ithnain* اثنين and *Ithnatain* اثنتين Two. *Ithna 'ashara* اثناعشر (m.) and *Ithnata'asharata* اثنتاعشرة (f.) and in the oblique cases *Ithnai'ashara* and *Ithnatai 'asharata*: Twelve. Those forms which admit only the above inflexions are considered as adverbial expressions. *Mathna* مثنى By twos; Two; In pairs; Two and two. *Mathân* مثان (and with the article *al-mathânî*): Oft-repeated. It is the plu. of *Mathnan* مثنا and *Mathnâtun* مثناةٌ which is derived from *Thanaya* ثَنَى. *Athnâ* اثناء :He praised, spoke well of anyone. *Thinan* ثِنً: Repetition of a thing; Doing it one time after another. *Al-Mathânî* المثانى : The oft-repeated. It is another name of the first chapter (*Al-Fâtihah)* of the Holy Qur'ân (15:87), because it is repeated in every *Rak'at* of Prayer and because it contains praise of God (*Bukhârî*, 65:1). Every Muslim repeats the seven verses of the chapter at least thirty times a day. No other portion of the Holy Qur'ân being repeated so often. *Mathânin* مثانن (for *Mathâniyu*: Without the nunnation; Singular. *Mathnâ* مثنَى is one of those irregular plurals which are of the second declination with the peculiarity that in the nominative and genitive they preserve the *Tanwîn* as *Mathâni* مثانيَ but reject it in the accusative as *Mathaniya* مثنية as in the verse 39:23 where it is rendered as "Wonderfully coherent Book the verses of which are mutually supplementing and repeated." The rule as given by the grammarian while speaking of irregular plu. which are of the second declination is: If the second of the two letters which follow *Alif* quiescent happen to be a *Yâ* it is suppressed in the nom. and gen. and the *tanwîn* is affixed, but in the acc. *Yâ* is retained without *tanwîn* as in *Lâ yastathnûn* يستثنون: They made no reservation.

Yathnûn يَثنون (*imp. 3rd. p. m. plu.*): They fold up. ***Lâ Yastathnûna*** يستثنون The made no exception. ***Thânî*** ثاني : The second. ***Ithnâni/Ithnain*** اثنين / اثنانِ Two. ***Ithnataini*** اثنتين Two. ***Ithnâ'ashara*** اثناعشر ***Ithnai'ashara*** (*m. acc.*): Twelve. ***Ithnatâ 'asharata*** اثنتاعشرة ***Ithnatai 'asharata*** (*f. acc.*): Twelve. ***Mathnâ*** مثنى Twos by twos. ***Mathânî*** مثاني: Oft-repeated. (L; T; R; LL)

The root with its above forms has been used in the Holy Qur'ân about 29 times.

Thâba ثابَ

ثوبًا ؛ يَثُوبُ

To return, gather, collect, turn back to, rise (dust), recover, requit, reward, call to prayer, repay, compensate. *Thawâb* ثواب: Reward. *Thiyâb* ثياب plu. of *Thoub* ثوب: Raiments; Garments; Morals; Behaviour; Heart; Dependents; Followers; Robes; Clothes. *Tâhir al Thiyâb* طاهرالثياب: Pure-hearted; Of good character. *Mathâbatan* مثابةً: Place of resort; Place where people assemble; Place to which a visit entitles one to *Thwâb* ثواب or reward. *Mathûbah* مثوبة:Reward; Recompense. *Thawwaba* ثوّبَ (with double acc.): To repay. *Athâba* اثابَ: To reward with; give as a recompense (with double acc.)

Thuwwiba ثُوّبَ (*pp. 3rd. p.m. sing. II*): He is paid, duly requited. ***Athâba*** اثاب (*prf. 3rd. p.m. sing. IV*): Recompensed; Rewarded. ***Thawâb*** ثواب (*n.*): Reward. ***Mathaubatun*** مثوبةٌ (*n.*): Reward. ***Mathâbatun*** مثابةٌ (*n.*): Frequent resort. ***Thiyâbun*** ثيابٌ (*n. plu.*): Garments; Heart. (L; T; R; LL)

The root with its above six forms has been used in the Holy Qur'ân about 28 times.

Thâra ثارَ

ثؤوراً ، ثورانٌ ، ثوراً ؛ يَثُور

To rise and spread in the air (dust), be stirred (quarrel), be kindled (war), rush on, assault anyone, till (the ground). *Athâra* اثار: To plough, break up (the earth). *Atharana* اثرنَ: Raising up (clouds of dust).

Athârû اثاروا: (*prf. 3rd. p.m. plu. IV*): They populated and broke up (the earth). ***Atharna*** اثرن (*prf. 3rd. p.f. plu. IV*): They raised. ***Tuthîru*** تُثِير (*imp.3rd. p.f. sing. IV*): They raise, plough. (L; T; R; LL)

The root with its above three forms have been used in the Holy Qur'ân about 5 times.

Thawâ ثوى
ثُوِيَا ; يَثْوِى

To abide in a place, halt, settle in a place, detain anyone (in a place), lodge. *Mathwa* مَثْوى: Dwelling; Abode; Lodging; Resort; Resting place; Stay. *Thâwin (for Thâwiyun)*: Dweller.
Thawiyan ثَوِياً (*act. pic. m. sing. acc.*): Dweller. *Mathwan* مَثْوىً (*n.* for place): Abode. (L; T; R; LL)
The root with its above two forms has been used in the Holy Qur'ân about 14 times.

Thayyab ثيّب
To have no connection, as a husband and wife (no first form). *Thayyib* ثَيِّب: Separated wives from their husbands through divorce or death; Non-virgins
Thayyibât ثَيِّبات (*n. plu.*): Non-virgins; Divorced; Separated women (66:5). (L; T; R; LL)

Jîm
ج J

Jîm ج is the fifth letter of the Arabic alphabet, equivalent to English letter J. According to *Hisâb Jummal* (mode of reckoning numbers by the letters of the alphabet) the value of *Jîm* is 3. It is of the family of *Majhûrah* مجهوره and of the letters termed *Qalqalah* قَلْقَلَة.

Ja'ra جأَرَ
جُؤُورا ، جَؤُراً، جَأْراً ; يَجْأَرُ

To low, beseech, supplicate with groaning, cry (for redress and help and succour).
Lâ Taj'arû لا تَجْأَرُوا (*prt. neg. m. plu.*): Cry not for succour (23:65). *Yaj'arûna* يَجْأَرُون (*imp. 3rd. p.m. plu.*): They cry for succour (23:64). *Taj'arûna* تَجْأَرُون (*imp. 2nd. p.m. plu.*): You cry for succour (16:53). (L; T; LL)

Jabba جبّ
جَبّاً ; يَجُبّ

To cut of a thing.
Jubbi جُبّ (*n.*): Well; Cistern; Dry well; Pit; Desert well simply cut through the earth and not cased with stone or bricks (12:10,15). (L; T; R; LL)

Jibt جِبت

Nonsense thing devoid of good. Something which is worthless in itself; Enchantment; Idol; False deity; All manner of superstitious divination and soothsaying; Fanciful surmises; Evil objects; Devils

Jibt جِبت (4:51). (L; T; Bukhârî; 65:4,10; Râzî, R; Qâmûs; Baidzâwi; Jarîr; Zamkhsharî; Abû Dâûd; LL)

Jabara جَبَرَ

جَبراً، جُبُوراً ؛ يَجُبُر

To set (a broken bone), restore any ones business, behave insolently and proudly, show pride and haughtiness. *Jabbâr* جبّار: Powerful; Proud; Pitiless; Tyrant, Haughty; Arrogant; Reformer by means of force; Who overawe; Compensator of losses. Its plu. is *Jabbârîn*جبّارين. *Jabrût*جبروت: Might; Power; Greatness.

Jabbâr جبّار (*ints. sing.*): Strong; Powerful; Tyrant; Rebellious; Giant setter. ***Al-Jabbâr*** الجبّار Compensator of Losses. One of the attribute of Allâh (59:23). ***Jabbârîn*** جبّارين: Pitiless; Tyrant; Powerful. (L; T; R; LL)

The root with its above three forms has been used in the Holy Qur'ân about 10 times.

Jibrîl جبريل

It is a compound word made up of *Jabr* and *îl*, and means a brave person of God or a servant of Allâh. *Jabr* in Hebrew is Gebar which means a servant and *îl* means Allâh, Mighty, Powerful. According to Ibn 'Abbâs the other name of *Jibrîl* is *Abd Allâh* (the servant of Allâh (Jarîr). The word *ail* or *îl* occurs in many combinations, as *Ismâ'îl*, which means God has heard. In Arabic the word *Jabar* means mending a broken thing, giving a poor man so liberally as to make him well off and a brave person. The word *ail* or *îl* is either derived from the Arabic word *Allâh* or from the root *âla* the act. part from which is *âil* meaning controller or ruler. Thus the angel Gabriel is so called because he is the servant of Allâh, he is the strong and brave servant of Allâh, he looks after the repairing or reformation of the universe, he bestows Allâh's bounties on the universe and is the liberal giver. Gabriel being the chief among the angels (Manthûr) and was therefore selected by Allâh to be the bearer of the Qur'ânic revelation. Another name of Gabriel is *Rûh al-Qudus* روح القدس (Spirit of the Holiness). The Holy Qur'ân says: The Spirit of Holiness has brought this Qur'ân down from your Lord to suit the requirement of truth and wisdom (16:102). The Spirit of the Holiness or Gabriel descends not only on Prophets but also on true believers (58:22). The Holy Prophet ﷺ said to the poet Ḥassân "O Ḥassân! Reply to the disbelievers on behalf of the Prophet of Allâh and Allâh will help You Ḥassân with *Rûh al-Qudus* روح القدس" (Bu<u>kh</u>ârî). Ḥassân also declares in a couplet that *Rûḥ al-Qudus* was with the Muslims. Says He:

وجبريل رسول الله فينا
وروح القدس ليس له كفاء

And Gabriel, the Messenger of God is among us and the Spirit of Holiness has no match. (Muslim).

God, out of His infinite wisdom, has appointed different angels to execute His will and manifest His attributes in the universe. The angels to whom the duty of bringing about purification in the universe and of reflecting Allâh's attributes of holiness has been assigned is called *Rûh al Qudus* روح القدس. This expression is also met with in The Old Testament (Ps. 51:11). Another name of Gabriel in *Rûh al-Amîn* روح الامين The Spirit faithful to the trust). We read in the Holy Qur'ân, "The Spirit faithful to the trust (Gabriel) has descended with this Qur'ân (26:193). Here the angel who brought the Qur'ânic revelation has been called *Rûh al-Amîn* روح الامين. The epithet *Rûh al-Qudus* روح القدس (Spirit of the Holiness) is used to point to the eternal and complete freedom from every error or blemish in the Holy Qur'ân and the use of *Rûh al-Amîn* روح الامين implies that it shall continue to enjoy Divine protection against all attempts to tamper with its text. This epithet has been used exclusively with regard to the revelation of the Qur'ân because the promise of everlasting Divine protection was held out to no other Divine Scripture and their texts in course of time came to be interfered and tampered with. (L; T; R; LL)

Jibrîl جبريل: Gabriel; *Rûh al-Qudus* روح القدس - Spirit of the Holiness; *Rûh al-Amîn* روح الامين - Spirit faithful to the trust (2:97,98; 66:4).

Jabala جَبَلَ
جَبْلاً؛ يَجْبِلُ، يَجْبُلُ

To form, create, mix (clay with water). *Jabillun / Jibillatun*: Crowd; Multitude; Number of people; Generation.

Jabal جَبل (*n.*) Mountain. ***Jibâl*** جبال(*n. plu.*): Mountains; Chiefs; Big or proud persons; Lords; Mighty persons. ***Jibillan*** جِبِلاً (*n.*): Number of people. ***Jibillatun*** جِبِلّةٌ (*n.*): Generations. (L; T; R; LL)
The root of its above four forms has been used in the Holy Qur'ân about 35 times.

Jabaha جَبَهَ
جبهًا ؛يَجبَهُ

To strike on the forehead. *Jabhatun*: Forehead.

Jabîn جبين (*n.*): Forehead; Side of the forehead; Temple (37:103). ***Jibâhuhum*** جباههم (*n. plu.*): Their foreheads (9:35). (L; T; R; LL).

Jabâ جبا
جَباوَة، جَبْوة ؛ يَجبى، يجبُوْا

To collect, gather together; bring, draw (for *Jaba'a*). *Ijtaba* اجتبا: To choose, find out, select.

Yujba يُجبىٰ (*pip. 3rd. m. sing.*): He is drawn, brought. ***Ijtabâ*** اِجتبىٰ (*prf. 3 p.m. sing. VIII*): He selected, has chosen. ***Ijtabaita*** اجتبيت (*prf. 2nd. p.m. sing. VIII*): Thou selected, chose. ***Ijtabainâ*** اجتبينا (*prf. 1st. p. plu. VIII*): We selected, chose. ***Yajtabî*** يجتبي (*imp. 3rd. p. m. sing. VIII*): He chooses. (L; T; R; LL)
The root with its above five forms has been used in the Holy Qur'ân about 11 times.

Jaththa جثّ
جَثًا ؛يَجُثّ

To cut off, uproot, pull out.

Ujtuththat أجتُثّت (*pp. 3rd. p. f. sing.*): Was uprooted, torn up (from its root), pulled out (14.26). (L; T; R; LL)

Jathama جثم
جُثُومًا ؛جَثماً ؛يجثِمُ

To lie with the breast on the ground motionless.

Jâthimîn جاثمين (*act. pic. m. plu. acc.*): Lying prostrate on the ground motionless. (7:78,91; 11:67, 94; 29:37). (L; T; R; LL)

Jathâ جَثا
جُثُوّاً ؛يجثو

To kneel, squat upon the toes, sit knee to knee with anyone. *Jâthiyatun* جاثية (*f.* of *Jâthin* جاث *part. act.*): Kneeling. Its *plu.* is *Jithiyyun* جثيٌ (for *Juthawiyun*)

Jithiyyan جثيّا (*v.n.*): Crouching on knees; Fallen on knees. (19:68,72). ***Jâthiyatun*** جاثية (*f. sing. act. pic.*) (45: 28). (L; T; R; LL)

Jahada جَحَدَ
جُحُوداً ؛ يَجْحَدُ

To deny (a right); refuse, reject, deny deliberately.
Jahadû جحدوا (*prf.* 3rd. p.m. plu.): They denied. **Yajhadu** يجحد (*imp.* 3rd. m. sing.): He denies. **Yajhadûna** يجحدون (*imp.* 3rd. p. m. plu.): They deny. (L; T; R; LL)
The root with its above three forms has been used in the Holy Qur'ân about 12 times.

Jahama جَحَمَ
جَحْماً ؛ يَجْحَمُ

To light and stir up (the fire), open (the eyes). *Jahîm* جحيم: Gehenna; Ardent fire; Flaming fire; Blazing fire; Intense fire; Fiercely burning fire; Intensely hot (place); Place of punishment which is dark and waterless and which makes the faces of its inmates ugly and contracted. One of the names of Hell.
Jahîm جحيم (*n.*): Gehenna. (L; T; R; LL)
The word has been used in the Holy Qur'ân about 26 times.

Jadath جدث
Grave; Sepulcher; Tomb. Its plu. is *Ajdâth*.
Ajdâth اجداث (*n. plu.*): (36:51; 54:7; 70:43). (L; T; R; LL)

Jadda جدّ
جَدّاً ؛ يَجِدّي

To be of great wealth or dignity, be respectable, be new, restore, renew, repeat. *Jaddun* جدّ : Majesty; Glory; Greatness. *Judad* جدد plu. of *Juddatun* جدّة: Stratas; Tracks; Ways; Streaks. Its sing. is *Juddatun* جدّة. *Jadîd* جديد: New; Unexpected; Newly made; Recent.

Jaddun جدّ (*v.n.*): Greatness; Majesty. **Jadîdun** جديد (*act. 2nd. pic. m. sing.*): New; Recent. **Judadun** جدد (*n. plu.*): Stratas; Streaks. (L; T; R; LL)
The root with its above three forms has been used in the Holy Qur'ân about 10 times.

Jadara جَدَرَ
جَدْراً ؛ يجدُرُ

To conceal one's self behind a wall, inclose a thing in walls, fence in. *Jidâr* جدار plu. *Judur* جُدُر : Wall; Enclosure; Fence. *Jadura* جدر: To become fit, suited for, able. *Ajdar* اجدر: Most fitting, worthy, Easier, prone, liable, suited, disposed, fitted, apt, worthy, (comparative and superlative form).

Jidâr جدار (*n.*): Wall (18:82,77). **Judur** جُدُر (*n. plu.*): Walls (59:14). **Ajdaru** اجدر (*elative*): Most concealed one; Most stubborn; More proper; Most fittest (9:97). (L; T; R; LL)

The root with its above three forms has been used in the Holy Qur'ân about 4 times.

Jadala جَدَلَ
جَدلاً؛يجَدِل،يجَدُل

To twist firmly, become strong, be quarrelsome, contentious. *Jâdala* جادَلَ: To dispute, contend with, wrangle, quarrel, plead, argue, discuss, dispute together. *Jidâl* جدال: Quarreling; Wrangling; Altercation; Contending in an altercation; Disputing; Litigating.

Jâdalû جادلوْا (*prf. 2nd. p.m. plu. III*): They disputed. ***Jâdalta*** جادلتَ (*prf. 2nd. p.m. sing. III*): Thou disputed. ***Jâdaltum*** جادلتم (*prf. 2nd. p. m. plu. III*): You disputed. ***Yujâdilu*** يُجادلُ (*imp. 3rd. p.m. sing. III*): He disputes. ***Yujâdilû*** يجادلوْا (*imp. 3rd. p. m. plu. III. acc.* final *Nûn* dropped): They dispute. ***Tujâdilu*** تجادلُ (*imp. 2nd. p.m. sing. III*): Thou dispute. ***Tujâdilûna*** تجادلون (*imp. 2nd. p. m. plu. III*): You dispute. ***Jâdil*** جادل (*prt. m. sing. III*): Contend; Argue. ***La Tujâdilû*** لا تُجادلوْا (*prt. neg. m. plu. III*): Do not argue. ***Jadalun*** جدلٌ (*v. n. III*): Disputation. ***Jidâlun*** جدالٌ (*v. n. III*): Dispute. (L; T; R; LL)

The root with its above eleven forms has been used in the Holy Qur'ân about 29 times.

Ja<u>dhdh</u>a جذّ
جَذّاً؛ يَجُذّ

To cut, break to pieces, extirpate, snatch; cut off at the root. *Maj<u>dh</u>û<u>dh</u>* مجذوذ: To be interrupted, cut off, break. *Ghaira maj<u>dh</u>û<u>dh</u>* غيرمجذوذ Uninterrupted; Never be cut off; Unceasing; Without break. *Ju<u>dh</u>â<u>dh</u>* جذاذ n. In fragments; In pieces.

Ju<u>dh</u>â<u>dh</u>an جُذّاذاً (*n.*): Broken in pieces (21:58). ***Maj<u>dh</u>û<u>dh</u>*** مجذوذ (*prt. pic. m. sing.*): Cut off (11:108). (L; T; R; LL)

Ja<u>dh</u>a'a جَذَعَ
جَذعًا ؛يجَذَعُ

To cut off (an animal's) food. *Ja<u>dh</u>'un* جذعٌ: Young; Novice. *Ji<u>dh</u>un* جِذعٌ: Palm-tree stock; Trunk or a branch of a tree, Young; Novice; Offspring. *Tujâ<u>dh</u>'i* تجاذع: When a person pretends to be a youth. جذع فلان في هذاالامر : Such a one is a novice or a recent beginner or commenced young. *Ja<u>dh</u>'atun* جَذعة: Young.

Ji<u>dh</u>'un جذعٌ (*n.*): Branch of a tree (19:23; 25). ***Ju<u>dh</u>û'*** جذوع (*n. plu.*): Trunks of a tree (20:71). (L; T; R; LL)

Ja<u>dh</u>a جَذَا
جُذُوّاً ، جَذواً ؛ يَجْذُو

To stand erect, firm. *Ja<u>dh</u>watun* جِذوةٌ: Burning coal; Fire-brand; Burning brand; Burning firebrand. Its plu. are *Ji<u>dh</u>an* جِذاً, *Ju<u>dh</u>an* جُذاً and *Ji<u>dh</u>â'an* جِذاءً.

Ja<u>dh</u>watun جذوةٌ (*n.v.*): (28:29). (L; T; R; LL)

Jara<u>h</u>a جَرَحَ
جِرحًا ؛يَجرَح

To wound, profit, offend anyone, injure, commit, gain, acquire for one's-self. *Jurû<u>h</u>* جروح plu. of *Jur<u>h</u>un* جُرح: wound, cut. *Jawâri<u>h</u>* جوارح plu. of *Jâri<u>h</u>ah* جارحة: Beast and bird of prey; Beast of chase; Hunting animals. *Ijtara<u>h</u>a* اجترح: To endeavor, acquire, procure, obtain a thing, perpetrate (a crime), seek to do, work, indulge in, do, commit, earn, seek after, acquire, wrought. *Jawâri<u>h</u>* جوارح: Productive members (as the hand, foot).

Jara<u>h</u>tum جرحتم (*prf. 2nd. p. m. plu.*): You have done; earned (6:60). ***Ijtara<u>h</u>û*** اجترحوا (*prf. 3rd. p. m. plu. VIII*): They committed (45:21). ***Jurû<u>h</u>*** جُروح (*n. plu.*): Wounds (5:45). ***Jawâri<u>h</u>*** جوارح (*n.plu.*): Beasts and birds of prey (5:4). (L; T; R; LL)

Jarada جرد
جَردًا ؛يَجرُد

To strike and tear off (a branch of its leave, a tree of its bark, a skin of its hair), induce anyone to give a thing against his will, make a land bare, unsheathe (a sword), peal, bark a thing. *Jarâd* جراد (comm. gend. noun of species): Locusts.

Jarâdun جرادٌ (*n.*): Locust (7:133; 54:7). (L; T; R; LL)

Jarra جرّ
جرّاً ؛ يَجُرّ

To draw, drag, pull.

Yajurru يَجُرُّ (*imp. 3rd. p. m. sing.*): He draws, pulls (7:150). (L; T; R; LL)

Jaraza جرَزَ
جرزا ؛ يَجرُزُ

To cut off, goad anyone. *Ajraza* اجرَزَ: To be barren (land, female), become lean (she-camel): *Jurûz* جروز: Barren (land); Dry (ground); Bare of heritage.

Juruzan جرزاً (*n.*): Barren; Land incapable of production (18:8). (L; T; R; LL)

Jara‘a جَرَعَ
جَرعًا ؛يجرَعُ

To sip, drink little by little, gulp.

Yatajarra‘u يَتجرّعُ (*imp. 3rd. p. m. sing. V*): He will try to sip (14:17). (L; T; R; LL)

Jarafa جَرَفَ
جَرفًا ؛يجرُف

To take the greatest part of, sweep away. *Jurufin* جُرُفٍ Hallowed water-worn (bank); Undermined sand-cliff; Tottering water-worn (bank): Bank of a valley hollowed out by torrents so that it remains unsound or weak with its upper part overhanging; Abrupt water-worn bank or ridge; Side of the bank of a river that has been eaten by the water so that parts of it continually fall down.

Jurufin جُرُفٍ(n.): Hollowed bank (9:109). (L; T; R; LL)

Jarama جَرَمَ
جَرمًا ؛يجرم

To cut, loop off, acquire a thing, commit a crime, drive one into crime. *Ijrâm* اجرام and *Jurm* جُرم: Crime; Sin; Fault. *Mujrim* مجرم: Sinner; Guilty; Culprit; Who cuts off his ties (with Allah). *Lâ jarama*: لاجرم Certainly; Indeed; Undoubtedly (an adverbal expression). There is no avoiding, cutting; It is absolutely necessary. It also sometimes gives the sense of 'nay'.

Ajramû اجرموْا (*prf. 3rd. m. plu. IV*): They committed sin, cut their ties (with Allah). ***Ajramnâ*** اجرمنا (*prf. 1st. p. plu. IV*): We committed sin. ***Tujrimûna*** تُجرمونَ (*imp. 2nd. p. m. plu. IV*): You commit a sin. ***Ijrâmun*** اجرامٌ (*v.n.*): Commitment of a sin. Penalty of the crime. ***Mujrimun*** مجرمٌ (*act. pic. m. sing. IV*): Sinner. ***Mujrimûna/Mujrimîna*** مجرمونَ / مجرمينَ (*acc./ act. pic. m. plu.*) Sinners. ***Lâ Yajrimanna*** لايجرمنّ (*imp. 3rd. p. m. sing. neg. emp.*): Should not incite, drag. ***Lâ Jarama*** لا جَرَمَ Undoubtedly. (L; T; LL)

The root with its above forms has been used in the Holy Qur'ân about 65 times.

Jarâ جَرىٰ
جِريَة ، جَريا ؛ يَجرِي

To flow, run, happen, hasten, be current. *Jâriyatun* جاريةٌ: (f. of a *jârin*): Flowing; Running; Continuous. *Jâriyât* جاريات plu. of *jâriyatun* جارية: Arks; Vessels; Ships; To speed along; To flow. *Majrî* or *Majrâ* مجري: Course; Run; Sailing; Moving. *Jawâr* جوار: Towering ships, ships; Those run their course, continue their forward course, rush ahead.

Jaraina جرين (*prf. 3rd. p. f. plu.*): They *f.* sail. ***Yajrî*** يجري (*imp. 3rd. p. m. sing.*): Pursues its course. ***Tajrî*** تجري (*imp. 3rd. p. f. sing.*): She runs; flows. ***Tajriyâni*** تجريان (*imp. 3rd. p. f. dual.*): The twain run, flow. ***Majrâ*** مجري (*v.n.*): Course. The word *Majrâ* مجرىٰ reads *Majrey* due to *imâlah*. *Imâlah* is a way of pronunciation of *alif* as weak *yâ*. e.g. *Taurât* as *Taureyt*). ***Jariyatun*** جارية (*act. pic. f. sing.*): Running. ***Jâriyâtun*** جاريات (*act. pic. f. plu.*): Running ones; Floating Ark. ***Jawâr*** جوار (*n. plu.*): Ships; Moving swiftly like ships. (L; T; R; LL)

The root with its above forms has been used in the Holy Qur'ân about 64 times.

Jaza'a جَزَءَ
جَزَءًا ; يَجْزَءُ

To take a part of anything, divide into lots. *Juz'* جُزْء plu. *Ajzâ* اجزاء: Each; Some; Part; Particle; Lot; Portion; Division of a thing (signify each member of it); Individuality. If a thing consists of and comprises a group, the word *Juz'* جُزْء (- part or division) would signify each member of it.

Juz'an جزءًا: (15:44; 2:260, 43:15). (L; T; R; LL)

Jazi'a جزع
جَزَعًا ; يَجْزَع

To grow impatient, show grief at, grow anxious. *Jazûan* جزوعًا: To loose heart and become fretful; Violent outburst of impatience; Grief; Full of lamentation; Full of self-pity.

Jazi'nâ جزعنا (*prf. 1st. plu.*): We show impatience; raged (14:21). ***Jazû'an*** جزوعًا (*m. sing. ints.*): Losing heart and becoming fretful; Bewailing (70:20). (L; T; R; LL)

Jazaya جَزَيَ
جَزَاءًا ; يَجْزِي

To reward, requit, serve as a substitute, pay (a debt), satisfy any one, recompense, give an equivalent. *Jâzin* جازٍ for *Jaziyun* جَزِيٌّ: One who makes satisfaction for another, availing for another. *Jazâun* جزاءٌ: Compensation; Recompense; Satisfaction; Equivalent; Retribution; Reward. *Jizyah* جزية Commutation tax; Exemption tax (in lieu of military service and *Zakât* and in compensation for the Covenant of Protection); Rendering something as a satisfaction or as a compensation in lieu of something else. The tax that is taken from the free non-Muslim subjects of the Muslim Government or according to *Bahr al-Muhît*: It is a compensation for the protection which is guaranteed them, the non-Muslim subjects being free from military service and *Zakât*. But if they pay the *Zakât* and military service, they are exempted from this tax. (Ibn Athîr; Misbâh, Qâmûs, Mughrib, Abû Hayyân).

Jazâ جزىٰ (*prf. 3rd. p. m. sing.*): He recompensed. ***Jazaytu*** جزيتُ (*prf. 1st. p. sing.*): I rewarded. ***Jazaynâ*** جزينآ (*prf. 1st. p. plu.*): We rewarded. ***Yajzî*** يجزي (*imp. 3rd. p. m. sing.*): He rewards. ***Tajzî*** تجزي (*imp. 2nd. p. m. sing.*): Thou reward. ***Najzî*** نجزي (*imp. 1st. p. plu.*): We reward. ***Najziyanna*** نجزينّ (*imp. 1st. p. emp. plu.*): We surely will give reward. ***Yujzauna*** يجزونَ (*pip. 3rd. p. m. plu.*): They will be rewarded. ***Tujzawna*** تجزونَ (*pip. 2nd. p. m. plu.*): You shall be given reward. ***Tujzâ*** تجزىٰ (*pip. 2nd. p. m. sing.*): Thou shall be given reward. ***Nujâzî*** نجازي (*imp. 1st. p. plu. III*): We recompense. ***Jazâ'un*** جزاءٌ (*v.n.*): Compensation. ***Jâzin*** جازٍ (*act. pic. m. sing.*): Given of a reward. ***Jizyatun*** جزيةٌ (*n.*): Compensation. (L; T; R; LL; Bahr)

The root with its above forms has been used in the Holy Qur'ân about 118 times.

Jasida جَسِدَ

جَسَداً ؛ يجسَد

To stick, coagulate to the body.

Jasad جَسَد (*n.*): Frame; Body; Red; Intensely yellow; Effigy (7:148; 20:88; 21:8; 38:34). (L; T; R; LL)

Jassa جسّ

جسّاً ؛ يجُسّ

To handle, scrutinize (hidden things), spy with the secrets of one another. Tajassus تجسّس To inquire curiously into.

Lâ Tajassasû لا تجسّسو (*prt. neg. m. plu. V*): Do not spy (49:12). (L; T; R; LL)

Jasuma جَسُمَ

جَسامَةً ؛ يَجسُم

To be stout, bulky. *Jism* جسم: Bulk; Body; Bodily strength; Physique; Bodily prowess. Its plu. is *Ajsâm* اجسام.

Jism جسم (*n.*): (2:247; 63:4). (L; T; R; LL)

Ja'ala جَعَلَ

جعْلاً ؛ يجعَلُ

To place, put, impose, make, create, appoint, constitute, ordain, attribute, establish, count, hold, regard, esteem, render, establish change, substitute, use a thing instead of, impose, begin. *Jâ'ilun* جاعلٌ: He who places, etc.

Ja'ala جَعَلَ (*prf. 3rd. p. m. sing.*): He placed, made. ***Ja'alnâ*** جعلنا (*prf. 1st. p. plu.*): We made. ***Ja'altum*** جعلتم (*prf. 2nd. p. m. plu.*): You counted. ***Yaj'alûna*** يجعلونَ (*prf. 3rd. p. plu.*): They set up. ***Jâi'lun*** جاعلٌ (*act. pic. m. sing.*): Going to appoint. ***Jâ'ilû/ Jâ'ilûna*** جاعلوا / جاعلونَ (*act. pic. m. plu.*): Those who adopt. ***Ja'alâ*** جعلا (*prf. 3rd. p. m. dual.*): They both ascribed. ***Ja'altu*** جعلتُ (*prf. 1st. p. sing.*): I placed. ***Ja'alû*** جعلوا (*prf. 3rd. p. plu.*): They placed. ***Aj'alu*** اجعلُ (*imp. 1st. p. sing.*): I will raise. I will made. ***Taj'alu*** تجعلُ (*imp. 2nd. p. sing.*): You will create. ***Lâ Taj'alû*** لاتجعلوا Do not set up. ***Taj'alûna*** تجعلونَ (*imp. 3rd. p. m. plu.*) You set up. ***Naj'alu*** نجعلُ (*imp. 1st. p. plu.*): We invoke. ***Yaj'ala*** يجعلَ (*prf. 2nd. p. m. sing.*): He made. ***Ij'al*** اجعل (*prt.* prayer *2nd. p. sing.*): Thou make. ***Ij'alû*** اجعلوا (*prt. 2nd. p. plu.*): You make. ***Ju'ila*** جُعِلَ (*pp. 2nd. p. m. plu.*): Was made. (L; T; R; LL)

The root with its above forms has been used in the Holy Qur'ân about 346 times.

Jafa'a جفأ

جَفاء؛يجفؤ

To cast scum, foam, dross (upon the bank of a river); throw, upset anything, remove the scum, sweep off the rubbish (brought down by a torrent), cast froth. *Jufâan* جفآء: Dross; Froth; Foam; Scum; Refuse; Worthless; Useless.

Jufâ'an جفآء (*n.*): Rubbish (13:17). (L; T; R; LL)

Jafana جَفَنَ

جفنا ؛يجفُن

To serve upon camel's flesh in a large deep dish. *Jifân* جفآن plu. of *Jafnah* جفنة: Large deep dish, basin, bowls, porringer.

Jifân جفان (*n. plu.*): Basins (34:13). (L; T; R; LL)

Jafâ جَفَا

جفوا ؛جفاء ؛يجفو

To treat harshly, be coarse, restless, slide from (the back horse-saddle), withdraw. *Tajâfâ* تجافى: To draw away, forsake, keep away, restlessly rise, remove from. Its root is ج ف و.

Tatajafâ تتجافى (*imp. 3rd. p. f. sing. VII*): *f.* Leave of (32:16). (L; T; R; LL)

Jalaba جَلَبَ

جَلبًا ؛جَلبا ؛يَجلبُ ؛ يَجلِب

To assemble, bring (anything) from one place to another. *Ajlib* اجلب: Bear upon; Make assault; Collect, Urge. ورجلك اجلب عليهم بخيلك: Rally your horsemen against them and your footmen) is a metaphor signifying, "with all your might." Those going quickly are likened to horsemen and those who walk slowly are likened to infantry. According to al-Shaikh Muîn al-Dîn ibn Safi al-Dîn, author of *Jâmi' al-Biyân fi Tafsîr al-Qur'ân*, it means fast rider and slow walker (in disobedience). *Jalâbîb* جلابيب: Pl. of *Jilbâb* جلباب: Loose outer covering; Over-garment; Woman's gown; Smock; Large outer covering worn by women; Outer cloak; Women's outer wrapping garment.

Ajlib اجلب (*prt. m. sing. IV*): Collect; Rally; Summon (17:63).
Jalâbib جلابيب (*n. plu.*): Over-garments (33:59). (L; T; R; LL)

Jalada جَلَدَ
جلدًا ؛ يجلد

To wound the skin, strike on the body in such a way as not to reach below the skin. *Julûd* جلود plu. of *Jild* جلد Skins; Hides; Leathers. *Jaldah* جلدة: Flogging; Blow not reaching below the skin.

Ijlidû اِجلِدوا (*prt. m. plu. IV*): You strike on the body. ***Jaldatan*** جلدةً (*n.*): Blow on the skin but not reaching below it. ***Julûdan*** جلوداً (*n. plu.*): Skins. (L; T; R; LL)
The root with the above three forms has been used in the Holy Qur'ân about 13 times.

Jalasa جَلَسَ
جُلوسًا ؛ يجلِس

To sit down, sit (assembly), sit in company with; In this respect it differs from *Qa'ada*. *Julûs* جلوس: Company of persons sitting together; Society; Company. *Jalîs* جليس: Companion; Friend. *Majâlis* مجالس: plu. of *Majlis* مجلس: Places of sitting; Assembly; Company; Council. According to Râzî it denotes the totality of people's social life.

Majâlis مجالس (*n. plu.*): Assemblies; Collective life of human beings (58:11). (L; T; R; Râzî; LL)

Jalla جِلّ
جَلالا ، جَلالة ؛ يجَلّ

To be glorious, high, great, imposing, illustrious, exalted (in attributes, as *Kabîr* كبير is great in its self and *Azîm* عظيم is great both in self and attributes). *Jalla 'an* جل عن: To be free from defect. *Tajalliyatun* تجلية ؛ *Yojallî* يُجلي: To make clear, bring to light.

Jalâl جلال (*v.n.*): Majesty; Glory

(55:27,78). ***Jallâ*** جلّى (*prf. 3rd. p. m. sing. II*): Made clear; Glorified (91:3). ***Yujallî*** يجلّي (*imp. 3rd. p. m. sing.*): Glorifies; Manifests (7:187). ***Tajallâ*** تجلّى (*prf. 3rd. p. m. sing. V*): Unveiled (glory). Become bright, clear, manifest; Appeared in glory (7:143; 92:2). (L; T; R; LL)

Jalâ جَلا

جلوًا ؛ جَلاء ؛ يجلو

To migrate, exile, depart.

Jalâ' جلا (*v.n.*): Exile; Banishment; Migration. ***Jalâ'an*** جلآء (*v.n.*): Exile; Depart (59:3). (L; T; R; LL)

Jama*h*a جَمَحَ

جمُوحًا ، جُمحًا ، جِماحًا ؛ يَجْمَحُ

To rush headlong, be refractory, race headlong, run away in all haste, turn straightway with an obstinate rush, rush in uncontrollable haste, have one's own way, be restive, impatient, stubborn, go at random without consideration or aim and not obeying a guide to the right course as not to be turned by any thing.

Yajma*h*ûna يجمحون (*imp. 3rd. p. m. plu.*): They ran away in all haste, rushing headlong (9:57). (L; T; R; LL)

Jamada جَمَدَ / Jamoda جَمُدَ

جمودًا ؛ جمدًا ؛ يجمد

To be firmly fixed.

Jâmidatun جامدةٌ (*act. pic. f. sing*): That which is firmly fixed (27:88). (L; T; R, LL)

Jama'a جَمَعَ

جَمْعًا ؛ يجمعُ

To collect, gather together, assemble, unite, have connection with, resolve, connect, comprise, store.

Jama'a جَمَعَ (*prf. 3rd. p. m. sing.*): He gathered. ***Jama'û*** جمعوا (*prf. 3rd. p. m. plu.*): They gathered. ***Jama'nâ*** جمعنا (*prf. 1st. p. plu.*): We gathered. ***Yajma'u*** يجمعُ (*imp. 3rd. p. m. sing.*): He gathers. ***Yajma'anna*** يجمعنّ (*imp. 3rd. p. m. sing. epl.*): He shall gather together. ***Yajma'ûn*** يجمعون (*imp. 3rd. p. m. plu.*): They gather together. ***Najma'u*** نجمع (*imp. 3rd. p. m. plu.*): We will gather together, assemble. ***Tajma'û*** تجمعوا (*imp. 2nd. p. m. plu.* final *Nûn* dropped): You gather. ***Jumi'a*** جمع (*pp. 3rd. p. m. sing.*): Was brought together. ***Ajma'û*** اجمعوا (*prf. 3rd. p. m. plu. IV*): They agreed. ***Ajmi'û*** اجمِعوا (*prt. m. plu. IV*): You devise, consolidate. ***Ijtama'at*** اجتمعت (*prf. 3rd. p. f. sing. VIII*): She got together. ***Ijtam'û*** اجتمعوا (*prf. 3rd. p. f.*

plu. VIII): They got together. ***Jam'un*** جمعٌ (*v.n.*): Multitude; Gathering. ***Jam'ân*** جمعان (*v.n. dual.*): Two gathered groups; Two armies or hosts. ***Jâmi'u*** جامعٌ (*act. pic. m. sing.*): Who assembles. ***Majma'un*** مجمعٌ (*n. for place and time*): Place of meeting; Junction. ***Jumu'atun*** جمعة (*n.*): Friday. ***Youm al-Jâm'i*** الجامع يوم: Day of assembly. ***Majmû'un*** مجموع (*pact. pic. m. sing.*): Assembled one. ***Majmû'ûna*** مجموعون (*prt. pic. m. plu.*): Assembled ones. (L; T; R, LL)

The root with its above twenty-one forms has been used in the Holy Qur'ân about 129 times.

Jamala جَمَلَ

جَملاً ؛ يجمُل

To collect, gather (things). *Jamula* جمُل and *Jamila* جمِل: To be elegant, beautiful, pleasing, kind, handsome. *Jamal* plu. *Jimâlatun* جما لة: Full grown camel, he camel; Camel; Cable; Ship; Palm tree; Large sea fish or whale; Twisted rope. *Jamâl* جمال: Provision of graceful beauty and a matter of pride and honour; Grace; Elegance; Credit. *Jamîl* جميل: Beautiful; Becoming; Decorous; Honourable; Gracious. *Jumlatun* جملةً: Aggregate; Something complete; All at once; In one piece; As one statement; One complete and perfect whole. Hisâb al-Jummal حساب الجمل: Use of the alphabetical letters accorrding to their numerical value.

Jamalun جملٌ (*n.*): Camel. ***Jimalatun*** جملة (*n. plu.*): Camels. ***Jimalâtun*** جمالة (*n. plu.*): Camels. ***Jumlatun*** جُملةً (*n.*): All; Complete one. ***Jamâlun*** جمالٌ (*n.*): Beauty. ***Jamîlun*** جميلٌ (*act. 2 pic. m. sing.*): Beautiful. (L; T; R, LL)

The root with its above six forms has been used in the Holy Qur'ân about 11 times.

Jamma جَمّا

جَمّاً ؛ يجُمّ، يجِمّ

To abound, be filled up well, heap (a measure), let collect, fill to excess.

Jammun/Jamman جمّاً (*acc./ n.*): Very much; In exceeding manner; Bondless (89:20). (L; T; R; LL)

Janaba جَنَبَ

جَنبًا ؛يجنُب؛يجنَب

To turn or put aside, cause to turn from or avoid, send any one away, discard, lead by side, shun, keep away, restrain. *Janb* جنب plu. *Junûb* جنوب: Side; Side of a person body; Region; Flank; *Junubun*

جُنُبٌ: Stranger; Coming from afar; One who is under an obligation to have a bath. It is derived from the verb *Janaba* and means he made a thing remote and signifies one's remoteness from Prayer because of immersion in sexual passion. It should not be translated as *Najs* نجس: polluted or impure or filthy or defiled. It is purely a technical term and means one who is in a state requiring total ablution or bathing. When once such person (Abû Hurairah) described himself in the presence of the Holy Prophet ﷺ as *Najs* while he was in a state of *Janâbat* جنابت, the Holy Prophet ﷺ corrected him saying that a believer is never *Najs* or defiled (Bukhârî, 5:23). The necessity to perform a bath arises in case of emission of seminal fluid due to sexual intercourse or polluted nocturne.

Ijnub اجنب (*prt. prayer. m. sing.*): Keep aside; Keep away; Save. ***Yujtannibu*** يجتنبُ (*imp. 3rd. p.m. sing. II*): Keeps away; Saves. ***Yutajannabu*** يُتجنّبُ (*pip. 3rd. p. m. sing. II*): Shall be kept away. ***Yatajannabu*** يتجنّبُ (*imp. 3rd. p. m. sing. V*): Keeps himself away; Avoids. ***Ijtanabû*** اِجتنبوْا (*prf. 3rd. p. m. plu. VIII*): They avoided. ***Yajtanibûna*** يجتنبُون (*imp. 3rd. p. m. plu. VIII*): They avoid. ***Tajtanibû / Tajtanibûna*** تجتنبوْا / تجتنبونَ (acc./imp. 2nd. p. m. plu.): (if) You avoid. ***Ijtanibû*** اجتنبوْا (*prt.m.plu. VIII*): Avoid. ***Janabun*** جنبٌ (*n.*): In respect of; About; Of; Side. ***Junûb*** جنوب (*n. plu.*): Sides. ***Junubun*** جُنُبٌ (*n.*): Distant; One who is under an obligation to perform a total ablution or bathing. ***Jânibun*** جانبٌ (*act. pic. m. sing.*): Side. (L; T; R; LL)

The root with its above forms has been used in the Holy Qur'ân about 33 times.

Jana<u>h</u>a جَنَحَ

جُنُوحًا ؛ يجنح، يجنُح، يجنَح

To incline, be at hand (night), bend, lean forward, stoop. *Janâ<u>h</u>* جَناح (com. gend.) plu. *Ajni<u>h</u>atun* اجنحةٌ: Wing; Power; Arm; Hand; Arm-pit; Wing of an army; Side; Assistant; Shelter; Protection. *Wa<u>kh</u>fi<u>dz</u> Janâ<u>h</u>aka* وأخفذ جناحك: To be kind, behave with humility. Literally it means lower your wing. It is an idiomatic metaphor for love, tenderness and humility, evocative of a bird that lovingly spreads its wings over its offspring in the nest. *Junâ<u>h</u>* جناح: Crime; Blame; Wrong.

Jana<u>h</u>û جنحوْا (*prf. 3rd. p. m. plu.*): They inclined, bend. ***Ijna<u>h</u>***

اجنح (*prt. m. sing.*): Incline. *Janâhun* جناح (*n.*): Wing. *Janâhayn* جناحين (*n.dual.*): Two wings. Both wings. *Ajnihatun* اجنحةٌ (*n. plu.*): Wings. *Junâhun* جناح (*n.*): Sin; Blame. (L; T; R; LL)

The root with its above forms has been used in the Holy Qur'ân about 34 times.

Jannada جنّد

جُنوداً ؛ يُجنّد

To levy troops. *Jundun* جُندٌ: Army; Troops; Forces; Host; Soldiers; Companion; Military force, legion, body of soldiers, collected body of men prepared for war, auxiliaries.

Junûdun جنودٌ (*n. plu.*): *Jundun* جُندٌ (*n.*): Army. (L; T; R; LL)

The root with its above two forms has been used in the Holy Qur'ân about 29 times.

Janafa جَنَفَ

جُنُوفاً، جنفاً ؛ يجنَف، يجنِف

To decline, deviate (from the truth), go astray from (the right way), act wrongfully (in a will), commit a mistake or partiality, show undue favour.

Janafan جَنَفًا (*n.*): Swerving from the right path (2:182). *Mutajânifun* مُتجانف (*ap-der. m. sing. VI*): Willingly inclining to sin or evil (5:3). (L; T; R; LL)

Janna جَنّ

جَناناً، جُنوناً، جَنّا ؛ يجُنّ

To be dark, cover, wrap, conceal, be mad; dark; covered (with plants), be mad (with joy or anger), be hidden to, be excited. It is used in transitive and intransitive sense. *Junnatun* جُنّة: Covering; Shield; Protective. *Janîn* جنين plu. *Ajinntun* اجنةٌ: Embryo; Fetus; Anything hidden. *Janûn* جنون: Madness; Insanity; Diabolical fury; Passion. *Majnûn* مجنون: Mad; Possessed; Luxuriant (plant). *Jannatun* جنّةٌ: Garden; Paradise. *Jinn* جِن : Genius; Any hidden thing; Intense or confusing darkness; Evil spirits which inspire evil thought; Germ; Insect; Imaginary beings whom the infidels worshipped; Peoples of different far flung countries living detached from other civilized peoples; People who inhabited the earth in prehistoric times, subjected to no laws or rules of conduct, before the birth of Adam who laid the foundation of the civilization and Sharî'at; Jews of Nasîbîn; Stalwarts whom Solomon had taken into custody and having subjected them and made them work as constructors of huge buildings and who were experts divers. Ibn Manzûr in his

Dictionary *Lisân al-'Arab* has quoted a verse of an ancient poet in which he calls his beloved by the word of *Jinnî*. Zuhair ibn Abî Sulmâ has used the word *Jinn* for people who are peerless, having no match or equal. Tabrîzî writes in his book *Sharh al-Hamâsah* that *Jinn* is a being who is highly potent, shrewd and possessed of great powers and abilities; Whatever hides or conceals or covers; Whatever remains hidden or becomes invisible; Such thing or beings that remain aloof from the people as if remaining concealed from eyes of the common folk, as Kings and other potentates generally do. It is in this sense that the word is used by Zuhair. The primary meaning of the word *Ma'shar* in the verses 6:128, 130; 55:33 also reinforce this interpretation. *Ash'arahû* means he lived in close communion with him and was on intimate terms. Thus by calling *Jinn* and *Nâs* (human beings) as a single community clears that here Jinn and human beings are not two different kinds of beings.

Janna جَنّ (*prf. 3rd. p. m. sing*): Overshadowed; Covered. ***Jinn*** جن (*n.*): Definite order of conscious being, intelligent, corporal. They eat and drink and propagate their species and are subjected to death. ***Jânnun*** جآنّ (*n.*): Jinn. ***Jinnatun*** جِنّةٌ (*n. plu.*): Madness. ***Majnûn*** مجنون (*pat. pic. m. sing.*): Mad one. ***Jannatun*** جَنّةٌ (*n.*): Enclosed garden. Paradise. ***Jannatân*** جَنّتان (*nom.*) ***Jannatayn*** جَنّتين (*acc/ n. dual*): Two gardens; Two paradises. ***Jannâtun*** جَنّاتٌ (*n. plu.*): Gardens; Paradises. ***Junnatun*** جُنّةٌ (*n.*): Shield; Shelter. ***Ajinnatun*** اجِنّةٌ (*n. plu.*): Embryos. (L; T; R; Jawharî; Tabrîzî; LL)

The root with its above forms has been used in the Holy Qur'ân about 201 times.

Jana جنى

جَنيًا ؛يجنِى

To gather (fruit), collect, pick up a thing, commit an offense, a crime. *Janâ* جنى for *Janayun*: Fruit.

Janiyan جَنيًا (*n. acc.*): Fresh and ripe (fruit) (55:54). ***Jani*** جنَى (*n. p.):* Ripe gathered (dates) (19:25). (L; T; LL).

Jahada جَهَدَ

جَهْدً ؛يجهَدُ

To toil, exert strenuously, overload (a camel), be diligent, struggle, strive after, meditate upon a thing, struggle against difficulties, strive with might. *Juhd* جهد: Power; Ability;

Hard earning; Energy; Fruit of labour. *Jahda aimânihim* جَهدَايمانهم: Their most binding and solemn oaths. *Jâhadâka an taf'alakâ*: The utmost of your ability is to do so. *Majhûd* مجهود: Zeal; Exertion. ***Jihâd*** جهاد: Exerting of one's utmost power in contending with an object of disapprobation. It is only in a secondary sense that the word signifies fighting or holy war. It is exerting one's self to the extent of one's ability and power whether it is by word (قول *qaul*) or deed (فعل *fi'l*). There is nothing in the word to indicate that this striving is to be effected by the sword (Râzî). According to Râghib *Jihâd* is a struggle against a visible enemy, a devil inciting to sin and against one's self which incites to evil. (Râghib). *Jihâd* is, therefore, far from being synonymous with war. Its meaning as war undertaken for the propagation of religion is unknown to the Arabic language and Islâm. Imâm Bukhârî in his Book of *Jihâd* has several chapters speaking of simple invitation to Islam (13.56,99, 100, 102, 143, 145, 178). This fact indicates that up to the time of Bukhârî (194-256 A.H.) the word *Jihâd* was used in the same sense as is used in the Holy Qur'ân. Other books of traditions contain similar references. Fighting in defence of faith received the name of *Jihâd* because under some circumstances it become necessary for the truth to live and prosper, if fighting had not been permitted, truth would have been uprooted. The greatest *Jihâd* which a Muslim must carry on is by means of the Holy Qur'ân, which can be carried out by every person under all conditions and circumstances (25:52).

Jâhada جاهد (*prf. 3rd. p. m. sing. III*): He strived, struggled, endeavored, exerted. ***Jâhadâ*** جاهدا (*prf. 3rd. p. m. dual. III*): The twain strived. ***Jahadû*** جهدوا (*prf. 3rd. p. m. plu. III*): They strived. ***Yujâhidu*** يجاهدُ (*imp. 3rd. p. m. sing. III*): He strives. ***Jâhid*** جاهد (*prt. m. sing.*): Thou strive. ***Jâhidû*** جاهدوْا (*prt. m. plu.*): You strive. ***Jihâdun*** جهادٌ (*v.n.*): Strive. ***Mujâhidûn*** مجاهدُون (*nom.*) ***Mujâhidîn*** مجاهدين (*acc./ap-der. m. plu. III*): Striverse. ***Juhdun*** جهد (*m.*): Endeavour; Hard earning; Service; Fruit of toil. ***Jahdun*** جَهدٌ (*n.*): Binding; Forcible; Most solemn. (L; T; R; Râzî; LL)

The root with its above forms has been used in the Holy Qur'ân about 41 times.

Jahara جَهَرَ

جَهاراً، جَهْرَةً، جَهْراً ؛ يَجْهَرُ

To be manifest, publish abroad, speak aloud, become known.

Jahara جَهَرَ (*prf. 3rd. p. m. sing.*): He (said) openly. *Jahrun* جَهْرٌ (*n.*): Open. *Jahran* جَهْراً (*adj.*): Openly. *Jahratan* جَهْرَةً (*v.n.*): Manifest. *Ijharû* اجْهَرُوا (*prt. m. plu.*): You say loudly. *Lâ Tajhar* لا تَجْهَر (*prt. neg. m. sing.*): Do not shout thou. *Jihârun* جِهارٌ (*v.n.*): Openly. (L; T; R; LL)

The root with its above seven forms has been used in the Holy Qur'ân about 16 times.

Jahaza جَهَزَ

جَهْزاً ؛ يَجْهَزُ

To furnish, provide, supply, equip, prepare, fit out, bury (the dead).

Jahhaza جَهَّزَ (*prf. 3rd. p. m. sing. II*): Furnished; Provided. *Jahâz* جَهاز (*n.*): Provision. (L; T; R; LL)

Jahila جَهِلَ

جَهالة ، جَهْلاً ؛ يَجْهَلُ

To be ignorant, unlearned, foolish, unaware of a thing, unacquainted, lack knowledge; Not to realize. *Jahâlat* جَهالت: Ignorance. According to Râghib *Jahâlat* is of three kinds: 1) Having no knowledge. 2) Unaquainted with the reality. 3) Ignoring to act upon the real knowledge.

Yajhalûn يَجْهَلُونَ (*imp. 3rd. p. m. plu. II*): They are ignorant. *Tajhalûn* تجهلون (*imp. 2nd. p. m. plu.*): You are ignorant. *Jâhilun* جاهلٌ (*act. pic. m. sing.*): Ignorant one. *Jahûl* جهول (*ints.* of *Jâhil*). *Jâhilûn* جاهلون (*nom.*) *Jâhilîn* جاهلين (*acc. act. pic. m. plu.*): Ignorant. *Jâhiliyyatun* جاهليةٌ (*n.*): State of ignorance; Unawareness. *Jahâlat* جَهالت (*infinitive*): Ignorance. (L; T; LL)

The root with its above eight forms has been used about 24 times in the Holy Qur'ân.

Jahama جَهَمَ / Jahima جَهِمَ

جَهماً ؛ يَجْهَمُ

To meet with a frowning face, have a stern look, look with a severe, morose and contracted face. *Jahmatun*: جَهمةٌ: The darkest part of the night. *Juham* جُهم: Waterless cloud. *Jahannam* جهنّم Gehenna; Hell; Place of punishment which is dark and waterless and which makes the faces of its inmates ugly and contracted. (L; T; R; LL; Muhît)

Jahannam جهنّم (*n.*): Gehenna. The word has been used in the Holy Qur'ân about 77 times.

Jâba جابَ

تجواباً، جوباً؛ يجُوبُ

To hew out, split, cleave, cut out, penetrate, pass through, cross, ramble in (country), bore (a rock) (89:9). *Ajâba* اجابَ;*Yujîbu* يجيبُ; *Ijâbatan* اجابَةً: To reply, answer, accept.

Jâbû جابوا (*prf. 3rd. p. m. plu.*): They hewed out. ***Ajabtum*** اجبتم (*prf. 2nd. p. m. plu. IV*): You replied. ***Yujîbu*** يجيبُ (*imp. 3rd. p. m. sing. IV*): Replies; Answers. ***Yujib*** يُجب (*imp. 3rd. p. m. sing. IV. acc.*): Accepts. ***Ujîbu*** اجيبُ (*imp. 1st. p. sing. IV*): I accept. ***Nujîb*** نجب (*imp. 1st. p. plu. IV*): We accept. ***Ajîbû*** اجيبوْا (*prt. m. plu. IV*): Accept; Reply; Respond. ***Ujîbat*** أجيبت (*pp. 3rd. p. f. sing. IV*): Accepted. ***Ujibtum*** أجبتم (*pp. 2nd. p. m. plu. IV*): You were replied. ***Ujibtu*** اجبتُ (*imp. 1st. p. sing. IV*): I accept, respond. ***Istajâba*** استجابَ (*prf. 3rd. p. m. sing. X*): He accepted. ***Istajâbû*** استجابوْا (*prf. 3rd. p. m. plu. X*): They accepted. ***Istajabtum*** استجبتم (*prf. 2nd. p. m. plu. X*): You accepted. ***Istajabnâ*** استجبنا (*prf. 1st. p. plu.*): We accepted. ***Ustujîba*** استجيبَ (*pp. 3rd. p. m. sing. X*): He was accepted. ***Yastajîbu*** يستجِيبُ (*imp. 3rd. p. m. sing. X*): He accepts. ***Yastajîbû/Yastajîbûna*** يَستجيبون/يَستجيبوْا (*acc./imp. 3rd. p. m. plu. X*): They accept; Respond. ***Tastajîbûna*** تَستجيبونَ (*imp. 2nd. p. m. plu. X*): You ask acceptance. ***Astajib*** استجب (*imp. 1st. p. m. sing. X*): I will accept, will answer. ***Istajîbû*** استجيبوْا (*prt. m. plu. X*): You respond. ***Mujîbun*** مجيبٌ (*ap-der. m. sing. IV*): One Who accepts prayer. ***Mujîbûna*** مجيبونَ (*act. pic. plu. IV*): Who accepts prayer. ***Jawabun*** جَوَبٌ (*v.n.*): Reply; Answer. ***Jawâb*** جواب (*n. plu.*): Watering troughs. Its singular is *Jâbiyatun* جابيةٌ. (L; T; R; LL)

The root with its above forms has been used in the Holy Qur'ân about 43 times.

Jâda جادَ

جُودةً ، جَودةً ؛ يجُودُ

To be good, be excellent, make a thing well, bestow a thing bountifully, render good, be swift (horse). *Jiyâd*: جياد plu. of *Jawâd* جواد: Swift of foot; Swift-footed; Steeds. *Jûdî* جودي: Mount Arârât. Its Greek name is Gordyoci. It is still regarded by the Kurds as the scene of the descent of the Ark of Noah. The Mountains of Arârât according to Yâqût al-Hamwî, is a long chain of mountains on the eastern side of the Tigris in the province of Mosul. We are also told that the Emperor Hercules went from the town of Thamânin up to the mountain Al-Jûdî, and saw the place of the Ark (Elmaciu, I, i.c.l.)

Jûdî **جودي**: Mount Ararât (11:44). ***Jiyâd*** **جياد**: Swift of foot; Swift-footed; Steeds. (38:31). (L; T; R; Yâqut; LL)

Jâra جارَ

جَوراً ؛ يجُور

To turn aside, go astray, act wrongfully. *Jarâ* جارَ: To live close, repair to (a place), protect, rescue, live near together.

Jâ'ir **جائر** (*act. pic. m. sing.*): Deviating way; Who swerves; Who turns aside. ***Jârun*** **جارٌ** (*act. pic. m. sing.*): Neighbour. ***Yujîru*** **يُجيرُ** (*imp. 3rd. p. m. sing. IV*): He protects, shelters. ***Yujir*** **يُجر** (*imp. 3rd. p. m. sing. IV. Yâ is dropped in a conditional phrase*): Protects ***Yujâru*** **يجارُ** (*pip. 3rd. p. m. sing. IV*): He is protected. ***Istajâra*** **استجارَ** (*prf. 3rd. p. m. sing. X*): He sought protection. ***Ajir*** **اجِر** (*prt. m. sing. IV*): Give protection. ***La Yujâwirûna*** **لايجاورون** (*imp. 3rd. p. m. plu. III*): They shall not be the neighbour. ***Jâ'irun*** **جائرٌ** (*act. pic. m. sing.*): Deviating. ***Mutajârwirât*** **متجاورات** (*ap-der. plu. VI*): Side by side. (L; T; R, LL)

The root with its above forms has been used in the Holy Qur'ân about 13 times.

Jâza جازَ

جوزًا ؛ جواز ؛ يجُوزُ

To cross, pass along (a place), pass over, overlook, pass by.

Jâwaza **جاوَزَ** (*prf. 3rd. p.m. sing. III*): He passed. ***Jâwazâ*** **جاوزا** (*prf. 3rd. p.m. dual III*): They both passed. ***Jâwaznâ*** **جاوزنا** (*prf. 1st. p. plu. III*): We caused to cross. ***Natajâwazu*** **نتجاوز** (*imp. 1st. p. plu. III*): We pass by, forgive. (L; T; R, LL)

The root with its above four forms has been used in the Holy Qur'ân about 5 times.

Jâsa جاس

جَوسًا ؛ يجُوس

To penetrate, search, explore, seek, seek after, go back and forth, enter, ravage, make havoc.

Jâsû **جاسُوا** (*prf. 3rd. p.m. plu.*): They make havoc, ravage (17:5) (L; T; R, LL)

Jâ'a جاعَ

مجَاعة ، جَوعًا ؛ يجَوع

To be or become hungry.

Jû' **جُوع** (n.): Hunger (2:155; 16:112; 88:7; 106:4). ***Tajû'a*** **تجُوع** (*imp. 2nd. p. m. sing. acc.*): Thou art hungry (20:118). (L; T; R, LL)

Jâfa جاف

جَوْفًا ؛ يَجِيفُ ، يَجُوفُ

To penetrate inwardly, pierce the abdomen, render anything hollow, make empty.

Jawf جَوْف (n.): Belly, Interior, Chest, Hallow, Thorax (33:4). (L; T; R, LL)

Jâ'a جاء

مَجِيئًا، جَيْأَة، جَيْئًا؛ يجِيءُ

To come, bring (with *bâ*), arrive, fall (rain), do a thing.

Jâ'a جاء (*prf. 3rd. p.m. sing.*): He came. *Jâ'at* جَاءَت (*prf. 3rd. p.f. sing.*): She came. *Jâ'û* جَاءُوا (*prf. 3rd. p. m. plu.*): They came. *Ji'ta* جِئْت (*prf. 2nd. p. m. sing.*): Thou came. *Ji'ti* جِئْتِ (*prf. 2nd. p.f. sing.*): Thou *f.* came. *Ji'tum* جِئْتُم (*prf. 2nd. p. m. plu.*): You came. *Ji'tumûna* جِئْتُمُونا (*perf. 2 p.m. plu.):* You came to us. *Ji'nâ* جِئْنا (*prf. 1st. p. plu.*): We came. *Jî'a* جِيءَ (*pp. 3rd. p.m. sing.*): He was brought. *Ajâ'a* أجاء (*prf. 3rd. p. m. sing. IV*): Drawn; Drove. (L; T; R, LL)

The root with its above forms has been used in the Holy Qur'ân about 276 times.

Jâla جال

جَوَلانًا، جَوْلة ً؛ يَجُولُ

To run across, ramble (over a country), turn away, wheel (a sword), wheel about (in a battle). *Jâlût* جالُوت Goliath. The Holy Qur'ân refers to Goliath under his attributive name. His chief characteristic was that he assailed and assaulted in the battle fields and behaved unruly and aggressively. According to Bible Goliath was a Midianite who pillaged and harassed the Israelites and destroyed their lands. (L; T; R, LL)

Jâlût جالُوت: Goliath (2:249-251).

Jaww جَوّ

Inside; Firmamnet; Atmosphere; Air. Its *plu.* is *Jiwâ* جِوا.

Jaww جَوّ (*n. plu.*): (16:79). (L; T; R, LL)

Jâba جاب

جَيْبًا؛ يَجِيب

To cut out a collar of a shirt, open at the neck of a the shirt).

Jaib جَيْب (*n. sing.*): Bosom of a shirt or vest;; Bosom (27:12; 28:32). (L; T; R, LL)

Jâda جاد

جِيدًا، جَيَدًا ؛ يجاد

To have a long and beautiful neck.

Jîd جِيد (*n.*): Beautiful neck; Neck (111:5) (L; T; R, LL)

Hâ
ح H

It is the 6th letter of arabic alphabet. According to *Hisâb Jummal* (mode of reckoning numbers by the letters of the alphabet) the value of *Hâ* is 8. It has no equivalent in English. It should be pronounced guttural H. The outlet for the sound of this letter is the last portion or the depth of the throat just like *'ain* ع. It is of the category of *Mahmûsah* مهموسه.

Habba حَبّ
حُبّاً،حِبّاً؛يُحِبّ

To love, like, wish. *Habbun* حَبٌّ: Grain; Corn; Seed. Its plu. is *Hubûb* حَبوب. *Habbatun* حَبَّةٌ: One grain. Its plu. is *Habbât* حبّات. *Hubbun* حُبّ: Love. *'Alâ Hubbihî* علىٰ حُبّه Out of love for Him. *Ahabbu* احبّ : (comparative *adj*. of the 2nd declination): More beloved; More pleasing; Preferable. *Ahibbâun* احِبّاءٌ and with the affixed pronoun *Ahibbâ'uhû* احباؤه the *Hamzah* being changed into *Wâw* with *dhammah* in the middle of a word. It is *plu*. of *Habîb* حبيب: Beloved. *Ma-habbat* محبّت: Love. *Habbaba* حَبّبَ: To render lovely. *Ahabba* احَبّا: To love, will, desire, like. *Istahabba*: استحبّ: To love, be pleased with.

Habbaba حَبّبَ (*prf. 3rd. p.m. sing. II*): He inspired with the love of. ***Ahbabta*** احببتَ (*prf. 2nd. p.m. sing. IV*): Thou loved. ***Ahbabtu*** احببتُ (*prf. 1st. p. sing. IV*): I loved. ***Yuhibbu*** يحبّ (*imp. 3rd. p.m. plu. IV*): He loves. ***Yuhbib*** يحببْ: (The assimilation of double *Ba* denotes its being in accord with a conditional phrase) He will love. ***Yuhibbûn*** يُحبّونَ (*imp. 3rd. p.m. plu. IV*): They love. ***Tuhibbû/ Tuhibbûna*** تُحبّوا/ تُحبّونَ (*imp. 2nd. p. m. plu. IV*): You love. ***Uhibbu*** أحبّ (*imp. 1st. p. sing. IV*): I love. ***Ahabbu*** أحَبّ (*elative*): More dearer than. ***Istahabbû*** استَحبّوا (*prf. 3rd. p. plu. X*): They preferred, loved much. ***Yastahibbûna*** يستحِبّونَ (*imp. 3rd. p.m. plu. X*): They prefer. ***Hubbun*** حُبّ (*n.*): Love. ***Ahibbâ'u*** احبّاء (*n. plu.*): Beloved ones. ***Mahabbat*** محَبّت (*n.*): Love. ***Habbun*** حَبّ (*n.*): Grain; Seed; Bead. ***Habbatun*** حَبّةٌ (*n.*): Grain. (L; T; R; LL)
The root with its above nineteen forms has been used in the Holy Qur'ân about 83 times.
The root with its two forms as *Habbun* حَبّ and *Habbatun* حَبّةٌ has been used in the Holy Qur'ân about 12 times.

Habara حَبَرَ

حَبُوراً، حَبرة، حَبرا ؛ يَحبُر، يحبَرُ

To make beautiful, delight, be joyful, cheer anyone. *Habbara* حبّر: To put ink. *Ahbâr* احبار plu. of *Habrun* حبر or *Hibrun* حِبر: Learned person (amongst the Jews); Joy; Favour; Pontiff; Bishop. *Yuhbarûn* يحبَرُون: They will be welcomed with all honour; They shall be made happy.

Yuhbarûna يحبرونَ (*pip. 3rd. p. m. plu.*): They shall be made happy. They shall be welcomed with all honours. ***Tuhbarûna*** تحبرونَ (*pip. 2nd. p. m. plu.*): You shall be made happy. ***Ahbâr*** احبار (*n. plu.*): Learned persons (among the Jews). (L; T; R; LL)

The root with its above three forms has been used in the Holy Qur'ân about 6 times.

Habasa حَبَسَ

مَحْبَساً، حَبْساً ؛ يحبِس

To detain, restrain, hinder, shut up, confine, prevent, hold in custody.

Yahbisu يحبِسُ (*imp. 3rd. p.m. sing.*): He detains; prevents, confines (11:8). ***Tahbisûna*** تحبسونَ (*imp. 2nd. p. m. plu.*): You detain (5:106). (L; T; R; LL)

Habita/Habata حَبِطَ/حَبَطَ

حَبطاً، حَبوطًا ؛ يحبَطُ، يحبِط

To go in vain, be fruitless, perish, be of no avail, be useless (work or action), come to naught, become ineffective. *Ahbata* (IV.) احبط To render vain, etc. *Yahbitu* يحبطُ: To make of no avail, etc.

Habita حَبِطَ (*prf. 3rd. p. m. sing.*): Gone in vain; Came to naught. ***Habitat*** حَبِطت (*prf. 3rd. p. f. sing.*): Gone in vain. ***Tahbata*** تحبَطَ (*imp. 3rd. p. f. sing. acc.*): It may go in vain. ***Yahbatanna*** يَحبطَنّ (*3rd. p.m. sing. imp.*): Surely shall go in vain entirely. ***Ahbata*** احبَطَ (*prf. 3rd. p. m. sing. IV*): He has rendered void. ***Yuhbitu*** يُحبِطُ (*imp. 3rd. p.m. sing. IV*): He will make ineffective. (L; T; R; LL)

The root with its above has been used in the Holy Qur'ân about 16 times.

Habaka حَبَكَ

حَبكاً ؛ يحبِكَ؛ يحبُكُ

To weave well (a stuff). *Hubuk* حُبُك plu. of *Hibâk* حباك: Ways or tracks (especially the paths of stars, orbits; Starry paths; Trails of stars. (L; T; R; LL)

Hubuk حُبُك (*n.*): (51:7).

Habala حَبَلَ

حَبلاً ؛ يحبُلُ

To ensnare, tie with a rope or cord, catch the game with a net.

Hablun حبلٌ (*n.*): Rope. ***Hibâl*** حبال (*n.*): Treaty; Compact; Covenant; Rope; Halter; Cord; Vein; Cause of union or link or connection; Bond of love and friendship; Obligation; Assurance of security or safety. (L; T; R; LL)
The root with its above two forms has been used in the Holy Qur'ân about 7 times.

Hatama حَتَمَ
حَتماً؛يحتِمُ

To inspire, render obligatory, decree, be unavoidable.

Hatman حتمًا (*n.*): Binding; Unavoidable (19:71). (L; T; R; LL)

Hattâ حتّٰى

(Particle): To; Till; Until; Included; Even; In order that; Even to; Up to; Down to; As far as; And. This particle is used in four different ways: 1) As a preposition to indicate a certain term and when thus employed governs the genitive case. 2) As a conjunction or adverb meaning: And; Even; Up to an extreme point inclusive; Thus it differs from *Ilâ* الٰى which signifies up to; as far as but not including. 3) As a conjunction serving to connect a preposition with that which precedes it. Then it means: Until and has grammatically no effect on the succeeding preposition. 4) It governs a verb in the subjunctive mood. When that verb has a future signification, it then means: Until; In order that. It may sometimes bear either interpretation. (L; T; R; Mughnî; LL; R)

Haththa حَثّ
حَثّا؛يحُثّ

To incite, instigate, urge.

Hathîthan حثيثًا (*v.n.*) Incessantly; In swift pursuit; In rapid succession; Quickly (7:54). (L; T; LL)

Hajaba حَجَبَ
حَجبا،حِجابًا؛ يحجُبُ

To cover, veil, hinder anyone from access, shut out. *Hijâb* حجاب: Veil, curtain, screen; Barrier. *Mahjûbûna* محجوبونَ: Veiled; Shut out; Blind.

Hijâb حجاب (*n.*): Barrier. ***Mahjûbûn*** محجوبون (*pct. pic. m. plu*): Blinds. (L; T; R; LL)
The root with its above two forms has been used in the Holy Qur'ân about 8 times.

Hajja حجّ
حَجّاً؛يَحُجّ

To intend to a certain target, aim at, repair, undertake, aim, argue, contend with, go on a pilgrimage, overcome in dispute, plead. *H̲ajj* حج:The pilgrimage to Makkah. *H̲ijjun* حجّ same as *H̲ajj*: *H̲ajjiun* حاجي: One who perform the pilgrimage. Used also for the group of pilgrims as a noun of kind. *H̲ijaj* حجج plu. of *H̲ijjatun* حجّة: Single pilgrim; A year. *Hujjatun* حُجّة: Argument; Cause of dispute; Disputing (n.). *H̲âjja* حآجَ: To dispute about (with *fî* في To dispute with (with acc.of person and *fî* or *inda*). *Tah̲âjjâ* تحآجا: To dispute with one another.

H̲ajja حَجّ (*prf. 3rd. p.m. sing. assim.*): Who performed the pilgrim. ***H̲ijjun*** حجّ (*n.*): Pilgrimage. ***Al-H̲ajj*** الحج (*n.*): The pilgrimage. ***Al-H̲âjj*** الحاج (*act. pic. m. sing.*): The Pilgrim. Group of Pilgrims. ***H̲ijajun*** حِجَجٌ (*n. plu.*): Years. ***H̲ujjatun*** حُجّة (*n.*): Argument. ***H̲âjja*** حآجَ (*prf. 3rd. p. sing. III*): He contended, controversed. ***H̲âjjû*** حآجو (*prf. 3rd. p.m. plu. III*): *They* contended. ***H̲âjajtum*** حاججتم (*prf. 2nd. p.m. plu. III*): You contended. ***Yuh̲âjjû/ Yuh̲âjjûna*** يُحآجوا / يُحآجونَ (*imp. 3rd. p.m. III*): They are contending. ***Tuh̲âjjûna*** تحآجونَ (*imp. 2nd. p. m. plu. III*): You are contending. ***Yatah̲âjjûna*** يتحآجونَ (*imp. 3rd. p.m. plu.*): They wrangle together. (L; T; R; LL)

The root with its above thirteen forms has been used in the Holy Qur'ân about 33 times.

H̲ajara حَجَرَ

حُجرانا ،حُجرا ،حِجرا ؛ يحْجُر

To deprive from, harden, hide, resist, forbid, prevent, hinder, prohibit access (to a place). *H̲ijrun* حِجْر: Anything forbidden, unlawful; Wall or dam; Intelligence; Understanding. *H̲ujûr* حجور: Bosoms; Guardianship; Care. *Al-H̲ijr* الحجر: Country inhabited by the tribe of Thamûd in the north of Arabia. *H̲ajar* حجر plu. *Ah̲jâr* احجار and *H̲ijarah* حجارة Stone (stone is called *h̲ajar* because of its resistance and pressure owing to its hardness); Rock; Big mass of stone; Metal; Very sagracious, hard of heart and crafty and political person. The word may also be used for idols. *H̲ujrah* حجرة plu. *H̲ujurât* حجُرات: Chamber; House; Enclosure; Cell; Side; Region; Private chamber. *Mah̲jûr* محجور: Strong barrier; Forbidden. *H̲ijran Mah̲jûrâ* حجراًمحجوراً: Insurmountable partition; Unbridgeable barrier; Strong barrier; Forbidding; Dam who is put behind a barrier. An Arab would use the words when he is faced with a thing he does not like, meaning 'let it remain away from me so that I should not suffer from it'.

Hijrun حِجرٌ (n.): Prohibited one; Barrier; Sense; Understanding; Name of a mountain, (according to Ptolemy and Pliny name of an oasis). ***Mahjûr*** مَحجورا (*pct. pic. m. sing.*): One who is put behind a barrier. ***Hajar*** حَجَر (*n.*): Stone; Metal; Idol. ***Hijâratun*** حجارةٌ (*n.*): Stone. ***Hujurât*** حجرات (*n. plu.*): Apartments. ***Hujûr*** حجور (*n. plu.*): Wards; Guardianship; Cares. (L; T; R; LL; Zamakhsharî)
The root with its above six forms has been used in the Holy Qur'ân about 21 times.

Hajaza حَجَزَ
حِجازة،حجزا؛يحجِز،يحجُز

To withhold, make a camel lie down, stop, restrain, prevent.

Hâjizan حاجزًا (*act. pic. m. sing.*): Barrier; Hindrance. (27:61). ***Hâjizîn*** حاجزين (*act. pic. m. plu.*): Withholders (69:47). (L; T; R; LL)

Hadiba حَدِبَ
حَدَباً؛يحدَب

To be protuberant; Convex; Humpbacked. *Hadab* حدب: Elevated place; Mound; Point of vantage, Height; Crest of wave; Raised ground. Idiomacibly *min kulli hadabin* من كلّ حدبٍ : An allusion to the irresistible nature of the social, political and cultural catastrophes, signifying from all directions, from every corner of the earth, every point of vantage and convenience.

Hadabun حدبٌ (*n.*): Mound; Elevated place (21:96). (L; T; R; LL; Zamakhsharî)

Hadatha حَدَثَ / Haditha حَدُثَ
حُدُثاً،حداثة؛يحدُث

To happen (event), be new, relate. *Hadîth* حديث: Event; Narrative; Discourse, Speech; History; Story; Something which has lately happened; Tale. Its plu. is *Ahâdîth* احاديث. *Haddatha* حدّثَ: To declare, narrate, acquaint. *Ahdatha* احدثَ: To cause to happen, bring about, produce. *Muhdath* محدث: That which is newly revealed or produced.

Tuhaddithu تحدّثُ (*imp. 3rd. f. sing. II*): It will tell, inform. ***Tuhaddithûna*** تحدّثونَ (*imp. 2nd. p.m. plu.*): You will inform, say. ***Haddith*** حدث (*prt. m. sing. II*): Tell. ***Yuhdithu*** يحدثُ (*imp. 3rd. p.m. sing. IV*): He will bring forth, generate,

create. ***Uhditha*** أحدث (*imp. 1st. p. sing. IV*): I initiate, begin. ***Muhdathun*** مُحدثٌ (*pis. pic. m. sing. IV*): Fresh; New. ***Hadîthun/ Hadîthan*** حديثا / حديثٌ (*act./pic. m. sing.*): Narrative; Discourse; Speech. ***Ahâdîth*** احاديث (*n. plu.*): Narratives; Bywords; Discourses. (L; T; R; LL)
The root with its above forms has been used in the Holy Qur'ân about 34 times.

Hadda حَدّ

حَدّاً ؛ يَحُد

To define a limit, determine (a thing), punish (a culprit), prevent, thrust back, throw back, sharpen. *Had* حد: Limit or a line where two things meet; Last limit; Extreme of a thing; highest punishment for an offense.

Hâdda حاد (*prf. 3rd. p. m. sing. III*): He opposed, acted with hostility. ***Yuhâddu*** يحادُ (*imp. 3rd. p.m. sing. III*): Opposes. ***Yuhâddûna*** يحادونَ (*imp. 3rd. p.m. plu. III*): They oppose. ***Hudûd*** حدود (*n. plu.*): Limits; Bounds; Commandments. ***Hadîd*** حديد (*n.*): Iron; Sharp. ***Hidâd*** حداد (*n. plu. adj.*): Sharp. (L; T; R; LL)
The root with its above six forms has been used in the Holy Qur'ân about 25 times.

Hadaqa حَدَقَ

حَدَقاً ؛ يَحدِق

To surround, encompass, look at. *Hadâiq* حدآئق (n. plu.) *Hadîqatun* حديقةٌ: Walled gardens; Fruit gardens; Gardens. (L; T; R; LL)

Hadâiq حدآئق: (27:60; 78:32; 80:30).

Hadhira حَذِرَ

حِذراً ، حَذراً ؛ يَحذَر

To beware, take heed of, caution one's self against. *Hidhrun* حِذرٌ: Precaution. *Hadhrun* حذرٌ: Fear. *Hâdhirun* حاذرٌ: One who is cautious, provident. *Mahdhûr* محذور: That which is to be feared. *Hadhdhara* حَذّرَ: To caution against (with double acc.)

Yahdharu يحذرُ (*imp. 3rd. p.m. sing.*): He fears. ***Yahdharûna*** يحذرونَ (*imp. 3rd. p. m. plu.*): They are cautious. ***Tahdharûna*** تحذرونَ (*imp. 2nd. p. m. plu.*): You are cautious. ***Ihdhar*** احذر (*prt. m. sing.*): Thou be cautious. ***Ihdharû*** احذرواْ (*prt. m. plu.*): You fear. ***Yuhadhdhiru*** يَحذّرُ (*imp. 3rd. p. m. sing. II*): He cautions. ***Hâdhirûna*** حآذرونَ (*act. pic. m. plu.*): Those who are in state of caution and preparation. ***Mahdhûrun*** محذورٌ (*pct. pic. m. sing.*): Thing to be feared

of, guarded against. ***Hidhrun*** حذرٌ (*n.*): Precaution. ***Hadharun*** حَذَرٌ (*v.n.*): Fear. (L; T; R; LL)
The root with its above ten forms has been used in the Holy Qur'ân about 21 times.

Haraba حَرَبَ
حَرباً؛ يَحرُبُ

To spoil one's goods, plunder, ask a thing importunately.

Harbun حربٌ (*n.*): Hostility; Battle; War; Fight. ***Mihrâb*** محراب plu. *Mahârîb*: Upper end of a house; First seat in a place; Palace; Private apartment; Synagogue; Fortress; Chamber; Niche in the wall of a mosque. ***Hâraba*** حارَبَ: To fight against, wage war with, battle with, become greatly angry or wrathful. (L;T; R; LL)
The root with its above five forms has been used in the Holy Qur'ân about 11 times.

Haratha حَرَثَ
حَرثاً؛ يَحرِث، يَحرُث

To till and sow, cultivate, cut a thing, acquire (goods), plough,; study a thing thoroughly. *Harth* حَرث: Land prepared for sowing; Tillage; Produce of field; Crop; Garden; Gain; Wife.
Tahruthûna تحرثونَ (*imp. 2nd p. m. plu.*): You sow. ***Harthun*** حرثٌ (*n.*): Tilth. (L; T; R; LL)
The root with its above two forms has been used in the Holy Qur'ân about 14 times.

Harija حَرِجَ
حَرَجا؛ يَحرَجُ

To be contracted (heart), oppressed, become narrow, disquieted in reason. *Yaharaju* يحرَجُ: He doubted (because doubt disquiets the mind); He came in difficulty owing to the commission of a sin or crime for which he deserved punishment; Sin; Act of disobedience.

Harajun حَرَجٌ: Restriction; Difficulty; Narrowness, Crime; Straitness; Blame. (L; T; R; LL)
The word has been used in the Holy Qur'ân about 15 times.

Harada حَرَدَ
حرداً؛ يحرد

To purpose a thing,; withhold, hinder, restrain, prevent, shut out, resolve, be niggardly.

Hardun حَرَدٌ (*n.*): Prevention; Purpose (68:25). (L; T; R; LL)

Harra حَرَّ

حَرارة ،حَرارًا ،حَرًّا ؛ يَحَرّ ،يِحَرّ ،يحِرِ

To be free (slave), be free-born. *Hurrun* حُرٌّ Free-person (not slave). But if the imperfect are *Yahirru* يحِرِ, *Yahurru* يحُرّ and the verbal noun is *Harra* حر. *Harûr* حرُور or *Harârat* حَرارة then the meaning of the word is as follows: *Harrun* حَرّ (*n*.): The heat. *Harûr* حَرور (*n*.): Sun's heat. *Harratun* حرّة: To be thirsty, *Horûr* حُرور Hot wind in the night. *Harâratun* حرارة: Heat. *Harratun* حرّة: stony tract, *Harîr* حرير: The silk cloth.

Harra حَرّ: Free from slavery; Devoted to the service of God. ***Tahrîrun*** تحرير (*v.n*.): Giving freedom. ***Muharrun*** محرّر Dedicated to God's service. ***Harra*** الحرّ (*n*.): The heat. (9:81; 16:81) ***Al-Harûr*** الحرور (*n*.): The intense heat. (35:21). ***Harîr*** حرير (n.): Silk. (22:23; 35:33; 76:12). (L; T; R; LL)

The root with its above forms has been used in the Holy Qur'ân about 12 times.

Harasa حَرَسَ

حَراسة، حِراسة ، حَرساً؛ يحَرُس

To guard, watch over. *Harsun* حرسًا: Guard; Strong guard. It is a collective noun, its sing. is *Hâris* حارس. The word *Harasa* حَرَسَ and *Haradza* حَرَضَ are very close in their meanings, but *Harasa* حَرَسَ is used for the watch of place and *Haradza* حَرَضَ for the watch of goods. (L; T; R; LL)

Harsun حرسًا (n.): Guard; Strong guard. (72:8)

Harasa حَرَصَ/ Harisa حرِص

حِرصاً ؛ يحَرَص، يحرِص

To desire ardently, eagerly, strongly; covet. *Harîs* حَريص: Greedy; Eager; Covetous; Niggardly; Hankering.

Harasta حَرصتَ (*prf. 2nd. p.m. sing*.): Thou desired eagerly (12:103). ***Harastum*** حرصتم (*prf. 2nd. p.m. plu*.): You desired eagerly (4:129). ***Tahris*** تحَرص (*imp. 2nd. p.m. sing. gen*.): Thou desire eagerly (16:37). ***Harîsun*** حريصٌ (*act. 2nd. pic. m. sing*.): Eager (9:128). ***Ahrasa*** احرصَ (*eletive*): Most eager. (2:96). (L; T; R; LL)

Haradza حَرَضَ/ Haridza حرِضَ

حُروضًا ، حَرضاً ؛ يحَرُض، يحَرِض

To become emaciated, be disordered, be profligate, become sick or diseased, be weary, become fatigued at the point of death, be dissolved by excessive grief or love, constantly affected by grief so as to be at the point of death, suffer protracted disquietude of mind and disease, be unable to rise from or quit the place, become low or sordid or bad, be neglected or forsaken. *Harradza* حرّضَ: To encourage, rouse, incite, persuade, inspire, stir. According to Râghib the verbal form *Harradzahû* حرّضهُ means, he rid him of all *Haradz* حرض or from the corruption of body or mind or conduct; analogous to the expression *Marradzahû* مرّضهُ: He rid him of illness. In two instances (4:84; 8:65) it is in the imperative form, "Render the believers free of all disquietude of mind and action". (L; T; R; LL)

Harridza حرّض (4:84; 8:65). ***Haradzan*** حَرَضاً: (12:85)

Harafa حَرَفَ

حَرفاً؛ يَحرِف

To pervert, dislocate, change, turn away, discard anything from, alter, tamper with. *Harfun* حَرفٌ: Verge; Margin; Manner. *Harrafa* حرّفَ: To pervert, make (a word or speech incline from its position, so as to give it a wrong significance). *Tahrîf* تحريف: Omitting or adding or changing a word or sentence; Perverting or putting a wrong interpretation.

Yuharrifûn يُحرّفونَ (*imp. 3rd. p. m. plu. II*): They pervert (4:16; 5:13, 41; 2:75). ***Mutaharrifan*** متحرفاً (*ap-der. m. sing. V*): Swerving; One who turns away (in order to return to fight); One who is maneuvering (in fight) (8:16). ***Harfin*** حرف (*n.*): Edge; Point of turning (22:11). (L; T; R; LL)

Haraqa حَرَقَ

حَرقاً؛ يَحرَق

To burn by pulling in the fire, scorch.

Nuharriqanna نحرّقنّا (*epl. 1st. p. plu. III*): We surely shall burn. ***Harriqû*** حرّقوْا (*perat. m. plu. II*): You burn, scorch. ***Ihtraqat*** احترَقت (*prf. 3rd. p. f. sing. VIII*): She burnt, consumed (by fire). ***Harîq*** حريق (*act. 2nd. pic.*): Fire; Burning. (L; T; R; LL)
The root with its above four forms has been used in the Holy Qur'ân about 9 times.

Haruka حَرُكَ

حَركةً، حَركاً؛ يحرُك

To move about. *Harrak* (II.) حَرّكَ: To move, pull in motion, excite.

Lâ Tuharrik لاتحرّك (*prt. neg. m. sing.*): Move not (75:16). (L; T; R; LL)

H̲arama حَرَمَ

حَرِيماً،حَرَمَة،حَرِيمَة،حَرِما،حِرمانا ؛يحرِم

To forbid, prevent, prohibit, make or declare unlawful, deprive, declare a thing sacred. *H̲aram* حَرَم Holy place; Asylum, Sanctuary; Territory of Makkah and its inviolable suburbs. *H̲urrumun* حُرّم *plu. f. H̲arâm* حرام: Prohibited; Unlawful; Sacred; Sanctified; Venerable. *H̲urumât* حُرمات: The sacred ordinances. *Mah̲rûm* محروم: Forbidden; Prevented (by shame or a sense of decorum). Hindered; Who cannot demand. *H̲arrama* حَرّمَ: To forbid, make or declare unlawful. *Tah̲rîm* تحريم: Prohibition. *Mah̲arramun* محرّم: That which is forbidden or unlawful; Declared sacred. *Ih̲tarama* احتَرَمَ: To show regard to; hold a thing as sacred. *H̲aramain* حرمين: Makkah and Madînah. *Ih̲râm* احرام: Rites of a pilgrimage; State into which the pilgrim is required to put himself on the occasion of H̲ajj or 'Umrah; Entering upon a state in which a particular dress is put on and certain acts, ordinarily lawful, are forbidden. *Ih̲râm* dress for men consists of two seamless sheets, a sheet reaching from the navel to below the knees and above ankles, and a sheet which covers the upper part of the body. Both these sheets must preferably be white. As for women, they wear their ordinary clothes, but preferably white. They should not cover their faces or wear thin veils in *Ih̲râm* (Bukh̲ârî 3:43; 25:23). But they must wear simple dress and avoid makeup. Before wearing the *Ih̲râm* dress the pilgrim have to take a bath and utter *Talbiyyah* facing the *Qiblah*. The practice is also to say two *Rak'ats* of Prayer. During the state of *Ih̲râm* and even before that from the beginning of the journey to Makkah no obscenity, nor abusing, nor any wrangling (2:197), nor is the use of scent and luxuries of life, nor shaving or cutting of hairs, the paring of nails is permitted. The cares of the body are sacrificed for a few days to devote greater attention to the cares of the soul.

H̲arrama حرّمَ (*prf. 3rd. p.m. sing. II*): He forbade. ***H̲urrima*** حُرّمَ (*pp. 3rd. p.m. sing. II*): Is forbidden. ***H̲urrimat*** حُرّمت (*pp. 3rd. p. f. sing. II*) Is forbidden. ***H̲arramû*** حَرموا (*prf. 3rd. p.m. plu. II*): They forbade. ***H̲arramnâ*** حَرّمنا (*prf. 1st. plu. II*): We forbade. ***Tuh̲arrimu*** تُحرّمُ (*imp. 2nd. p.m. sing. II*): Thou forbid. *Yuḥarrimûna* يُحرّمونَ (*imp. 3rd. p. m. plu. II*): They forbid. *Tuḥarrimûna* تُحرّمونَ (*imp. 2nd. p.m. plu. II*): You forbid. *Ḥaramun* حَرَمٌ (*n.*): Sanctuary. *Ḥarâmun* حرامٌ (*n.*): Unlawful; Sacred. *Ḥurumun* حُرُمٌ (*n. plu.*): Sacred ones. To be in the state of *Iḥrâm*. *Ḥurumât* حُرُمات (*n. plu.*): Things regarded sacred. Sacred ordinances. *Maḥrûm* محروم (*pct. pic. m. sing.*): Deprived one; Those who do not or cannot ask for help. *Maḥrûmûn* محرومون (*pct. pic. m. plu.*): Deprived ones. *Muḥarramun* محرّمٌ (*pis. pic. m. sing. II*): Forbidden thing. Sacred. *Muḥarramatun* محرّرمةٌ (*pis. pic. f. sing. II*): Forbidden. (L; T; R; LL)

The root with its above forms has been used in the Holy Qur'ân about 83 times.

حَرْياً ; يَحري

To aim, seek, select, choose, propose (a thing). *Aḥra* أحرَ: More suited, adapted, better. Its root is not *Ḥâ, Râ, Râ*, as some writer's think.

Taḥarrû تحرّوا (*prf. 3rd. p. m. plu. V*): They earnestly aim, endeavour (72:14). (L; T; R; LL)

Hazaba حَزَبَ

حَزْباً ; يَحزُبُ

To befall and distress, divide. *Aḥzâb* احزاب Parties; Companies; Fellowships; Partisans; Troops; Bands; Sects; Those who sided with anyone; Companions; Confederates. *Al-Aḥzâb* الاحزاب: The Confederates. In verse 33:20,22 it is a reference to the siege of Madînah to crush the Muslims by the combined forces of Quraish and their allies in 5 A.H. Ditches were dug as a protective measure against the onrush of the powerful forces. This battle is known as the battle of *Aḥzâb* or battle of Confederates (3:124; 33:11; 85:4).

Aḥzâb احزاب (*n. plu*): Confederates. *Ḥizb* حزب (*sing. of Aḥzâb*). *Ḥizbain* حزبين (*n. dual of Aḥzâb*). (L; T; R; LL)

The root with its above three forms has been used in the Holy Qur'ân about 20 times.

Hazana حَزَنَ

حَزَناً، حُزْناً ; يَحزُنُ، يَحزَنُ

To grieve. *Ḥazina* حَزِنَ: To be sad, be grieved about. *Ḥazanun* حَزَنٌ and *Ḥuznun* حُزْنٌ: Grief; Sorrow.

Yaḥzunu يَحزُنُ (*imp. 3rd. p.m. sing.*): He grieves. *Yaḥzanna*

يحزنّ (*imp. 3rd. p.m. plu. acc.*): They (*f.*) grieve. ***Yahzanûna*** يحزنون (*imp. 3rd. p.m. plu.*): They grieve. ***Tahzanûna*** تحزنونَ (*imp. 2nd. p. m. plu.*): You grieve. ***Lâ Tahzan*** لاتحزن (*prt. neg. m. sing.*): Thou grieve not. ***Lâ Tahzanû*** لاتحزنوْا (*prt. neg. m. plu.*): You grieve not. ***Lâ Tahzanî*** لاتحزني (prt. neg. f. sing.): Thou (*f.*) grieve not. ***Hazanan*** حَزَناً (*v.n. acc.*) Grief. ***Huznun*** حُزنٌ (*n.*): Grief. (L; T; R; LL)

The root with its above nine forms has been used in the Holy Qur'ân about 42 times.

Hasiba حَسِبَ

حِسباناً؛ يَحسِب، يحسَب

To think; consider; suppose, imagine, be of opinion. *Hasaba* حَسَبَ: To number, reckon, mind.

Hasiba حَسِبَ (*prf. 3rd. p.m. sing.*): He thought. ***Hasibat*** حَسِبَت (*prf. 3rd. p.f. sing.*): She thought. ***Hasibta*** حَسِبتَ (*prf. 2nd. p.m. sing.*): Thou thought. ***Hasibtu*** حَسِبتُ (*prf. 1st. p. sing.*): I thought. ***Hasibû*** حَسِبوْا (*prf. 3rd. p.m. plu.*): They thought. ***Hasibtum*** حَسِبتم (*prf. 2nd. p.m. plu.*): You thought. ***Yahsabu*** يحسبُ (*imp. 3rd. p.m. sing.*): He thinks. ***Tahsabu*** تحسبُ (*imp. 2nd. p. m. sing.*): Thou think. ***Yahsabûna*** يحسبون (*imp. 3rd. p. m. plu.*): They think. ***Tahsibûna*** تحسبونَ (*imp. 2nd. p. m. plu.*): You think. ***Tahsabû*** تحسبوا (*imp. 2nd. p. m. plu.* final *Nûn* dropped): That you think. ***Lâ Yahsabanna*** لا يحسبنّ (*imp. 3rd. p.m. sing. emp. neg.*): He should not think. ***La Tahsabanna*** لا تحسبنّ (*imp. 2nd. p. sing. emp. neg.*): Thou should not think. ***Hasabnâ*** حسبنا (*prf. 1st. p. plu. III*): We reckoned. ***Yuhâsibu*** يُحاسِبُ (*imp. 3rd. m. sing. III*): He will reckon. ***Yuhâsabu*** يُحاسَبُ (*pip. 3rd. p.m. sing. III*): He will be reckoned. ***Yahtasibu*** يحتسبُ (*imp. 3rd. m. sing. VIII*): He imagines. ***Yahtasibû*** يحتسبوْا (*imp.3rd. p. m. plu. VIII acc.*): ***Yahtasibûna*** يحتسبونَ: They imagine, think of. ***Hisâbun*** حسابٌ (*v.n.*): Reckoning. Sufficient. ***Hisâbiyah*** حسابية (*com. n.* suffixed with a pronominal *Yâ* of 1st. person attached with *Hâ* of rhyming period. My reckoning. ***Hasbu*** حَسبُ (*n.*): Sufficient. This word is always suffixed with a pronominal as *Hasbî Allahu* حسبى الله Allâh is sufficient for me. ***Hâsibîna*** حاسبينَ (*act. pic. m. plu.*): Reckoners. ***Hasîban*** حسيباً (*act. pic. m. plu.*): Reckoner. ***Husbân*** حُسبان (*v.n.*): Definite reckoning; Appointed courses; Numbering; Revolving firmament; Running appointed and scheduled courses. Calamity; Punishment; Affliction; Thunderbolt;

Dust; Smoke; Fire; Locusts: It is a *plu.* of *Hisâb* حساب and is also used as a collective noun. (L; T; R; LL)

The root with its above twenty-five forms has been used in the Holy Qur'ân about 109 times.

Hasada حَسَدَ

حَسَداً؛ يحَسَد، يحَسِد

To envy; grudge.

Hasad حسد (*prf. 3rd. p.m. sing.*): He envied. (113:5). ***Yahsudûna*** يحسُدونَ (*imp. 3rd. p.m. sing.*): They envy (4:54). ***Tahsudûna*** تحسدونَ (*imp. 2nd. p. m. plu.*): You envy. (48:15). ***Hasadun*** حَسَدٌ (*v.n.*): Envy (2:109). ***Hâsidun*** حاسدٌ (*act. pic. m. sing.*): The envies (113:5). (L; T; R; LL)

Hasira حَسِرَ

حُسُوراً، حَسرةً ؛ يحَسَر

Hasara حَسَرَ *Husûran* حسوراً: To get tired, fatigued, fall short. *Hasar* حسر *Hasran* حسراً: To remove, disclose, bark (a bough), sweep. *Hasratan* حسرةً: Sigh; Grieve; Anguish; Regret; Sorrow. *Hasratâ* حسرتیٰ: It is a combination of *Hasarat* and *Yâ*

Hasratun حسرةٌ (*m. sing.*). ***Hasarât*** حسرات (*n. plu.*). Anguishes. ***Hasîr*** حسير (*act. 2nd. p. pic. m. sing.*): Weary, Deflated; Worn out; Fatigued; Weak; Tired; Regretful; Dim (67:4). ***Yastahsirûn*** يستحسرون (*imp. 3rd. p.m. plu. X*): They weary (21:19). ***Mahsûra*** محسورَ (*pact. pic. m. sing.*): Stripped off; Impoverished (17:29). (L; T; R; LL)

The root with its above five forms has been used in the Holy Qur'ân about 12 times.

Hassa حَسّ

حَسّاً، حِسّاً؛ يحُس

To slaughter, extirpate, kill, make one's perceiving powers dead, rout. *Ahassa* أحَسّ: To perceive, feel, know; perceive a thing by the senses. *Tahussûna* تحسّونَ : You were extirpating, routing, slaying, destroying, annihilating.

Ahassa احَسّ (*prf. 3rd. p. m. sing. IV*): He percieved. ***Tuhissu*** تُحِسّ (*imp. 2nd. p. m. sing.*): Thou perceive ***Ahassû*** احسّوْا (*prf. 3rd. p.m. plu. IV*): They perceived. ***Tahussûna*** تحسّونَ (*imp. 2nd. p. m. sing.*): You extirpate. ***Tahassasû*** تحسّوْا (*perat. m. plu. V*): You find out. ***Hasîs*** حسيس (*n*): Faintest sound; Slightest sound. (L; T; R; LL)

The root with its above forms has been used 6 times in the Holy Qur'ân.

Hasama حَسَمَ

حَسمًا ؛يَحسِمُ

To cut off, stop, deprive.

Husûman حسومًا (*v.n. acc.*) With no break; In succession; Continuously; Without cease; Unhappy; That cuts off the good. (69:7). (L; T; R; LL)

Hasuna حَسُنَ/Hasana حَسَنَ

حَسناً ؛يَحسُنُ

To be handsome, make good, seem good or beautiful, be excellent. *Muhsin* محسن: Well-doer; Beautiful; Good. It has been explained by the Holy Prophet(PBUH) "You become a *Muhsin* if you pray and worship Allâh in such a way and spirit and certitude that you feel you are seeing Him or with a lower degree of certitude that you at least feel that He is seeing you..

Hasunat حَسُنت (*prf. 3rd. p. f. sing.*): She become excellent. ***Ahsana*** احسن (*prf. 3rd. p.m. sing. IV*): He did good, did excellently, was very kind. ***Ahsanû*** احسنوا (*prf. 3rd. p. plu. IV*): They did good. ***Ahsantum*** احسنتم (*prf. 2nd. p. m. plu. IV*): You did good. ***Yuhsinûna*** يحسنون (*imp. 3rd. p. m. plu. IV*): They do good. ***Tuhsinû*** تحسنوا (*imp. 2nd. p. m. plu. IV* final *Nûn* dropped): You do good. ***Ahsin*** احسِن (*perat. m. sing. IV*): Thou did good. ***Ahsinû*** احسِنوا (*perat. m. plu. IV*): You do good. ***Ihsân*** احسان (*v. n. II*): Kindness. ***Muhsin*** محسن (*ap-der. m. sing.*): Well-doer; Beautiful; Good. ***Muhsinûn*** محسنون (*nom.*) ***Muhsinîn*** محسنين (*acc. ap-der. m. plu.*): Well-doers. ***Hasanan*** حَسنًا (*v. n.*): Well; Good. ***Hasanatun*** حسنةٌ (*n. sing.*): Good. ***Hasanât*** حسنات (*n. plu.*): Good deeds. ***Husnâ*** حُسنى (*f.* of *Ahsana*, *n.f. elative*): Good reward; Beauty. ***Husnun*** حُسنٌ (*n.v.*): Beauty. ***Husnayain*** حُسنَيين (*n. dual.*): Two good things. ***Hisân*** حسان (*n. plu.*): Beauteous; Beautiful ones. (L; T; R; LL)

The root with its above forms has been used in the Holy Qur'ân about 194 times.

Hashara حَشَرَ

حَشرًا ؛يَحشِرِ،يَحشُرُ

To gather together, raise from the dead, banish. *Hashrun* حشرٌ: Banishment; Assembly; Emigration. *Hâshir* حاشر: One who assembles, who raises from the dead. *Mahshûr* محشور: Gathered together.

Hashara حَشَرَ (*prf. 3rd. p.m. sing.*): Gathered. ***Hasharta*** حشرتَ (*prf. 2nd. p. m. sing.*) Thou gathered. ***Hasharnâ*** حشرنا (*prf. 1st. p. plu.*): We gathered. ***Yahshuru*** يحشُرُ (*imp. 3rd. p.m. sing.*): He gathers. ***Nahshuru*** نحشُرُ (*imp. 1st. p. plu.*): We will gather. ***Nahshuranna*** نحشُرنّ (*emp. 1st. p. plu.*): We must gather. ***Hushira*** حُشِرَ (*pp. 3rd. p.m. sing.*): Was gathered. ***Hushirat*** حُشِرت (*pp. 3rd. p. f. sing.*): Was gathered. ***Yuhsharu*** يحشرُ (*pip. 3rd. p.m. sing.*): Will be brought together. ***Yuhsharûna*** يحشرونَ (*pip. 3rd. m. plu.*): They will be brought together. ***Yuhsharû*** يحشروا (*pip. 3rd. p.m. plu. acc.*): They will be brought together. ***Tuhsharûna*** تحشرونَ (*pip. 2nd. p. m. plu.*): You will be brought together. ***Hashrun*** حشر (*n.*): Gathering; Assembling of a crowd. ***Mahshûratun*** محشورةٌ (*pct. pic.*): That blocked together. ***Hâshirîna*** حاشرينَ (*act. pic. m. plu.*): Round up. ***Yahshuru*** يحشُرُ (*imp. 3rd. p.m. plu.*): He will gather. ***Ihsharû*** احشروا (*prt. 2nd. p. plu.*): Roused up. (L; T; R; LL) The root with its above forms has been used in the Holy Qur'ân about 43 times.

Hasaba حَصَبَ

حَصباً؛ يَحَصُبُ، يحَصِبُ

To throw pebble at, scatter gravel, cast into the fire.

Hasabun حَصَبٌ (*n.*): That which is cast into fire; Fuel (21:98). ***Hâsibun*** حاصبٌ (*act. pic. m. sing.*): Violent wind bringing with it shower of bubbles. (17:68; 29:40; 54:34; 67:17). (L; T; R; LL)

Hassa حصّ

حَصّاً؛ يحُصّ

To be clear, evident, shave (the hair), destroy a thing. *Hasasun* حصّ : Scantiness of hair on the head.

Hashasa حصحصَ (*prf. 3rd. p.m. sing; quad. verb.*): Appeared in broad light; become clear, manifest. (12:51). (L; T; R; LL)

Hasada حَصَدَ

حَصداً، حِصاداً؛ يحَصُدُ، يحَصِد

To reap, mow, destroy, slay.

Hasadtum حَصدتم (*prf. 2nd. p. m. plu.*): You reaped (12:47). ***Hasâdun*** حصادٌ (*v. n.*): Harvest; Harvesting time. That which remains on the ground after the crop has been reaped; What falls off and becomes scattered of the seed produce. (6:141). ***Hasîd*** حصيد (*act. 2pic. m. sing.*): Mown down; Cut off; Reaped. Reaped seed-produce; Grain that is reaped; Seed-produce torn up and carried away by the wind; Slain. (11:100; 50:9; 10:24; 21:15). (L; T; R; LL)

Hasira حَصِرَ/Hasara حَصَرَ

حَصراً؛ يحَصُرُ

To be strait, restricted, hindered. *Hasûr* حصور: Chaste. *Hasîr* حصير: Prison. *Ahsara*

احصَرَ: To prevent, keep back from a journey.

H̲as̲irat حَصِرت (*prf. 3rd. p. f. sing.*): Straitened; Constricted. ***Uh̲s̲irû*** اُحصِروا (*pp. 3rd. p.m. plu. IV*): They are restricted. ***Uh̲s̲irtum*** أحصِرتم (*pp. 2nd. p.m. plu. IV*): You have been besieged. ***Ih̲surû*** احصروا (*prt. m. plu.*): Beset; Besiege. ***H̲as̲îr*** حصير (*act. 2nd. pic.*): Prison-house. ***H̲as̲ûr*** حصور (*ints.*): Chaste; Utterly chaste. (L; T; R; LL)

The root with its above forms has been used in the Holy Qur'ân about 6 times.

H̲as̲ala حَصَلَ
يَحصُل ؛ حَصُولاً، مَحصُولا

To be over and above, manifest, make present, come to light, obtain, remain, happen, be bared, come and brought forth; appear; To be made known.

H̲us̲sila حُصِّلَ (*pp. 3rd. p.m. sing. II*): To be made known; Manifest; Brought to light (100:10). (L; T; LL)

H̲as̲ana حَصَنَ / H̲as̲una حَصُنَ
حصناً، حَصَانة ؛ يَحصُن

To be guarded, be inaccessible, be chaste, be strongly fortified, be preserved, be protected. *H̲us̲ûn* حُصون plu. of *H̲is̲n* حِصن: Fortresses. *Muh̲s̲s̲anun* مُحصَّن: Fortified; Fenced in. *Ah̲sana* احصَن: To keep safe, keep in safe custody, marry. *Muh̲sin* مُحصن: One who is chaste or continent. *Muh̲sanatun* مُحصِنةٌ: Married woman; Chaste and modest woman; Free woman who is not a slave. *Ih̲s̲ân* احصان: Taking in permanent marriage; Fortifying a place or person; Marrying.

Ah̲s̲anat احصنت (*prf. 3rd. p. f. sing. IV*): She guarded. ***Uh̲s̲inna*** احصن (*pp. 3rd. p. f. plu. IV*): They (*f.*): guarded, wedded, guarded their chastity, are wedded. ***Tuh̲s̲inûna*** تُحصِنون (*imp. 2nd. p. plu. IV*): You preserve. ***Tuh̲s̲ina*** تحصِنَ (*imp. 3rd. p. f. sing. IV. acc.*): (May) protect. ***Tahas̲s̲unun*** تحصّنٌ (*v.n. V*): To keep chaste. ***Muh̲s̲inîna*** محصنينَ (*ap. der. m. plu. IV*): Those who are in protection from sinful sexual intercourse; Wedded men. ***Muh̲s̲inât*** محصنٰت (*ap-der, f. plu. IV*): Those women who are in protection from sinful sexual intercourse; Wedded women. ***H̲us̲ûn*** حُصون (*n. plu.*): Fortresses. ***Muh̲as̲s̲anâtun*** محصّنٰتٌ (*pis. pic. f. sing.*): Fenced. (L; T; R; LL)

The root with its above forms has been used in the Holy Qur'ân about 18 times.

Hasa حصَى

حَصّا ،حَصياً ؛يَحصى

To strike with a pebble. *Ahsa* احصَ for *Ahsayu* احصىُ *comparative form*: Clever in calculating. *Ahasa* احَصَ (IV.): To number, calculate, compute, take an account of, know, reckon, understand. *Hasiyyun* حصيّن: Very prudent.

Ahsâ احصىٰ (*prf. 3rd. p.m. sing. IV*): He counted. ***Ahsainâ*** احصينا (*prf. 1st. p. plu. IV*): We counted. ***LanTuhsûhu*** لن تحصوهُ (*imp. neg. 2nd. p.m. plu.*): You can never count. ***LâTuhsû*** لاتحصواْ (*imp. neg. 2nd. p.m. plu.*) You cannot count; You will not be able to count. ***Ahsû*** احصواْ (*perat. m. plu.*): You count. (L; T; R; LL) The root with its above five forms has been used in the Holy Qur'ân about 11 times.

Hadzara حَضَرَ

حُضوراً ،حَضارة ؛يَحضُر

To be present, present at, stand in presence of, hurt, be at hand. *Hâdzirun* حاضرٌ One who is present at; Present; Close upon. *Ahdzara* احضَرَ IV. To present, bring into the presence of, cause to be present, put forward. *'An Yahdzurûnî* عن يحضروني: Lest they hurt me; Lest they should come near me. *Hâdzirat al-Bahr* البحر حاضرة: Close upon the sea. *Ahdzara* احضَرَ (IV): To present, bring into the presence of, cause to be present, put forward. *Muhdzarun* محضَرٌ: One who is made to be present, brought forward, given over to (punishment). *Kullu Shirbin Muhtadzrun* كُلّ شربٍ محتضرون: Each time of drinking to be attended (by everyone) in turn; Every share of water shall be attended; Each portion of water should be divided among those who are present.

Hadzara حَضَرَ (*prf. 3rd. p.m. sing.*): It was presented; It arrived. ***Hadzarû*** حَضَرواْ (*prf. 3rd. p. m. plu.*): They attended. ***Yahdzurûni*** يحضُرونِ (*comb.* of *Yahdzurû + nî*): They may come to me. ***Uhdzarat*** احضرت (*prf. 3rd. p. f. sing. IV. f.*): She has presented. ***Nuhdziranna*** نُحضرنّا (*pp. 1st. p. plu. emp. IV*): We shall certainly make present. ***Uhdzirat*** أحضِرت (*pp. 3rd. p. f. sing. IV*): Is taken to presence. ***Hâdzirun*** حاضرٌ (*act. pic. m. sing.*): Present. ***Hâdzirîn*** حاضرين (*act. pic. m. plu. n. d.*): Those who are close to. ***Muhdzarun*** مُحضرٌ (*pis. pic. sing. IV*): Who is presented. ***Muhdzarûna*** مُحضرونَ (*nom.*) /***Muhdzarîna*** مُحضَرينَ (*acc./pis. pic. m. plu.*): Who are brought forth. ***Muhtadzarun*** مُحتضرٌ (*pis. pic. m. sing. VIII*): One who approaches, who comes

Hadzdza حَضّ

on his turn. (L; T; R; LL)
The root with its above forms has been used in the Holy Qur'ân about 25 times.

Hadzdza حَضّ
حَضّاً ؛ يَحُضّ

To incite, instigate, excite, rouse. It is stronger than *Haththa* حَثّ.

Yahudzdzu يَحُضّ (*imp. 3rd. p.m. sing. assim.*): He urges (69:34; 107:3). *Tahadzdzûna* تَحَضّون (*imp. 2nd. p.m. plu. VI*): To urge, incite one another (89:18). (L; T; R; LL)

Hataba حَطَبَ
حَطَباً ؛ يَحطِب

To abound in wood, pick up firewood. (With '*alâ* على) speak ill. (With *bâ* ب) speak well. حطب في حبله : Come to rescue.

Hataban حَطَباً (*n. plu.*): Firewood; Slander and calumnies; Evil tales to kindle the flames of hatred (72:15) *Al-Hatab* الحطب: Firewood; Slander; Evil tales (111:4). (L; T; Bukhârî; Râzî; Zamakhshârî; LL)

Hatta حَطّ
حَطّاً ؛ يَحُطّ

To put down (a burden), leave off, lower.

Hazara حَظَرَ

Hittatun حِطّةٌ (*n.*): Forgiveness; Putting down; Remission (of sins). It is a prayer for the putting down of the heavy burden of sins and for repentant (2:58; 7:161). It also means say truth (2:58; 7:161). (L; T; R; Ibn Kathîr; LL)

Hatama حَطَمَ
حَطماً ؛ يَحطِم

To break into small pieces, crush, crumble, smash. *Hatam al-Dunyâ* حطم الدنيا: Vanities of this world.

Yahtimanna يَحطِمَنّ (*emp. 3rd. p.m. sing.*): Surely will crush. *Hutâm* حُطام (*n.*): Chaff. *Hutamatun* حُطمةٌ (*n.*): Crushing fire; Vehement fire. (L; T; R; LL) The root with its above three forms has been used in the Holy Qur'ân about 6 times.

Hazara حَظَرَ
حَظراً ؛ يَحظُر

To prevent; restrain; forbid; confine; limit; restrict; enclose.

Mahzûrun مَحظورٌ (*pact. pic. m. sing.*): Forbidden; Restrained one; Unapproachable (17:20). *Muhtazir* مُحتظِر (*ap-der. m. sing. VIII*): One who pens cattle; Maker of hedges; Fold builder; One who builds a fold for cattle of wood or reeds; Enclosure maker. (54:31) (L; T; R; LL)

H̲azza حَظّ

حَظّاً؛ يَحُظّ

To be in good circumstances.

H̲az̲z̲ حَظّ (*n.*): Part; Portion; good fortune. (L; T; R; LL)

The word has been used in the Holy Qur'ân about 7 times.

H̲afada حَفَدَ

حَفدانا، حَفداً؛ يحَفِد

To do a thing speedily, minister, be nimble in work.

H̲afadatun حَفَدَةٌ (collective noun *plu.* of *H̲afîd* حفيد): Grandsons; Grandchildren; Daughters. (16:72). (L; T; R; LL)

H̲afara حَفَرَ

حفرا؛ يحَفِر

To dig, excavate, scrutinize.

H̲ufratun حفرةٌ (*n.*): Ditch; Pit; Abyss; Hallow; Cavity; Grave. (3:103). ***H̲âfiratun*** حافرةٌ (*act. pic. f. sing.*): Former state; Original form; First state. (79:10). (L; T; R; LL)

H̲afiz̲a حَفِظَ

حِفظاً؛ يحَفَظ

To guard, protect, take care of, watch, put in store, preserve, learn by heart.

H̲afiz̲a حَفِظَ (*prf. 3rd. p. m. sing.*): He protected, watched, guarded. ***H̲afiz̲nâ*** حَفِظنا (*prf. 1st. p. plu.*): We have guarded. ***Yah̲faz̲û/Yah̲faz̲ûna*** يحفظونَ / يحفظواْ (*acc./ imp. 3rd. p. m. plu.*): They may guard. ***Yah̲faz̲na*** يحفظنَ (*imp. 3rd. p. f. plu.*): They protect. ***Nah̲faz̲u*** نحفظُ (*imp. 1st. p. plu.*): We protect. ***Ih̲faz̲û*** احفظواْ (*prt. m. plu.*): Watch; Be watchful. ***Yuh̲âfiz̲ûna*** يحافظونَ (*imp. 3rd. p. m. plu. III.*): They guard. ***Istuh̲fiz̲û*** استحفظواْ (*pp. 3rd. p. m. plu.*): They were made protectors, were entrusted. ***Hifz̲un*** حفظٌ (*n.*): Protection; Guarding. ***H̲âfiz̲û*** حافظواْ (*prt. m. plu.*): You protect, guard. ***H̲âfiz̲un*** حافظٌ (*act. pic. m. sing.*): Protector; Guardian. ***H̲âfiz̲în/ H̲âfiz̲ûn*** حافظون / حافظين (*acc. / act. pic. m. plu.*): Protectors, Guardians. ***H̲âfiz̲âtun*** حافظاتٌ (*act. pic. f. plu.*): Protectors. ***H̲afaz̲atun*** حَفَظةٌ (*n. plu.*): Guardians. ***H̲afîz̲un*** حفيظٌ (*act. 2nd. pic. m. sing.*): Protector. ***Mah̲fûz̲*** محفوظ (*pct. pic. m. sing.*): That is given protection; Protected one. (L; T; R; LL)

The root with its above forms has been used in the Holy Qur'ân about 44 times.

H̲affa حَفّ

حَفّاً؛ يحُفُّ

To surround, encompass, throng around; crowd round; go around; hedge. *H̲âffun* حافٌّ: One who goes round about.

H̲afafnâ حففنا (*prf. 1st. p. plu.*

assim.): We hedge (18:32). ***Hâffîna*** حافين (*act. pic. m. plu. assim.*): Those who are thronging around, crowding around (39:75). (L; T; R; LL)

Hafiya حَفِيَ

حفاء؛ يحفى

To go barefoot, honour greatly, show great joy, be familiar, be solicitious, be well-informed, be curiously solicitous, do a thing in an excessive measure, exceed the usual bounds in doing (something), try hard, gain insight (into something) by persistently inquiring about it, be eager in search of a thing, show much solicitude and manifesting joy or pleasure at meeting another, go to the utmost in asking or inquiring or knowing in the utmost degree, be kind, press.

Hafiyyun حَفِيٌّ (*n.*): Solicitious curiously; Well acquainted (7:187). ***Hafiyan*** حَفياً: Ever kind (19:47). ***Yuhfi*** يُحفى (*imp. 3rd. p.m. sing. IV.*): He insisted, pressed (47:37). (L; T; R; LL)

Haqiba حَقِبَ

حَقبًا؛ يحقب

To be suppressed; rainless year, unproductive. *Haqab al-Amr* حقب الامر : The affair became marred or impeded. *Haqab al-Matr* حقب المطر: Rain was delayed.

Huqubun حُقباً (*plu.* of *Huqbatun* or *Hiqbatun* حقبةٌ: Period of time; Long time; Long period; Ages; Eighty years; Year, Years; Unlimited period of time; Age, (18:60). ***Ahqâb*** احقاب *plu.* of *Huqbah* or *Hiqbah*: Ages (78:23). (L; T; R; Jauharî; Asâs; Qâmûs; LL)

Haqafa حَقَفَ

حُقُوفًا ؛ يحقُف

To be curved, lie on the side. *Hiqfun* حِقفٌ pl. *Ahqâf* احقاف: Long and winding tract of sand; Sand dunes. *Al-Ahqâf* الاحقاف applies particularly to certain oblong tracts of sand in the region of *al-Shihs* also known as *al-Dahnâ'* (The red sand). It is the name of the land extending north-south fro Jordan to Yemen and east-west from Najd to Hadzramout, covering an area of about 300,000 sq. miles. These are comparatively hard plains, covered at intervals with long and winding sand dunes which have assumed bowed forms. This land was formerly inhabited by the tribe of 'Âd.

Al-Ahqâf الاحقاف: (45:21). (L; T; R; LL)

Haqqa حَقّ
حَقّاً ؛ يَحِق

To be right, just or fitting, worthy of, justly due to, proper, genuine, real, a fact, true, necessitated, suitable, necessary, incumbent upon, suited to the requirement of justice, become certain, authentic, deserve.

Haqqa حَقّ (*prf. 3rd. p.m. sing. assim.*): It has become an established fact, has been justified, has deserved, has become necessary as suited to the requirement of justice. Is an obligation incumbent. (2:180). ***Haqqat*** حقت (*prf. 3rd. p. f. sing.*): It has been justified. ***Huqqat*** حقت (*pp. 3rd. p. f. sing.*): It has made fit. ***Yahiqqu*** يَحِقّ (*imp. 3rd. p.m. sing.*): He justifies. ***Istahaqqa*** اِستحقّ (*prf. 3rd. p.m. sing. X*): Deserved. ***Istahaqqâ*** استحقّا (*prf. 3rd. m. dual. X*): The twain deserved ***Al-Haqqu*** الحقّ The Truth; One of the excellent names of Allâh; Due share; Justice; Right claim; What ought to be; Duty, Incumbent. ***Haqîqun*** حقيقٌ (*act. 2 pic. m. sing.*): Incumbent. ***Hâqqatun*** حآقةٌ (*act. pic. f. sing.*): Reality; Inevitable realty. ***Ahaqqu*** احقّ (*elative.*): More entitled, more worthy. (L; T; R; LL; Kashshâf) The root with its above forms has been used in the Holy Qur'ân about 287 times.

Hakama حَكَمَ
حُكمًا ،حَكومةٌ؛يحَكم

To restrain from, exercise authority, command, give judgment, judge, be wise. *Hukmun* حكمٌ: Judgment; Wisdom; Rule of Judgment. *Hakam* حكم: Judge. *Hâkim* حاكم plu. *Hukkâm* حُكّام and *Hâkimûn* حاكمون: One who judges; Judge. *Hikmat* حكمة: Wisdom. *Hakîm* حكيم: Wise; Knowing. *Ahkam* احكمَ : More or most knowing or wise. *Hakkama* حكّمَ: To take as judge. *Ahkama* احكمَ: To confirm. *Uhkimat* احكمت: Characterized by wisdom; Guarded against corruption; Made firm, solid, sound, free from defect or imperfection; Sound in judgment. Basic and fundamental (of established meaning); Made clear in and by itself. *Muhkam* محكم: Clear and perspicuous; Void of ambiguity; Having definite meanings which is clear and is to be taken in its literal sense, is distinguished from that which is allegorical and figurative. *Tahâkama* تحاكما: To go together to judgment.

Hakama حَكَمَ (*prf. 3rd. p.m. sing.*): He judged, gave decision. ***Hakamta*** حكمتَ (*prf. 2nd. m. sing.*): Thou ruled, judged.

H̲akamtum حكمتم (*prf. 2nd. p.m. plu.*): You ruled, judged. ***H̲âkimîn*** حاكمين (*act.pic.m.plu.*): Judges. ***Yah̲kumu*** يحكُم (*imp. 3rd. p.m. sing.*): He will judge. ***Yah̲kumâni*** يحكُمانِ (*imp. 3rd. m. dual.*): The twain will judge. ***Yah̲kumûna*** يحكُمونَ (*imp. 3rd. m. plu.*): They will judge. ***Tah̲kumu*** تحكُمُ (*imp. 2nd. p. m. sing.*): Thou will judge. ***Ah̲kumu*** احكُمُ (*imp. 1st. p. sing.*): I will judge. ***Tah̲kumû*** تحكُموا / ***Tah̲kumûna*** تحكمونَ (*imp. 2nd. p. m. plu.*): You judge. ***Ih̲kum*** احكم (*prt. m. sing.*): Give judgment. ***Yuh̲akkimûna*** يُحكّمون (*imp. 3rd. m. plu. II.*): They appoint to judge. ***H̲akkama*** حكّمَ (II.): Asked one to judge, appointed one to judge. ***Uh̲kimat*** أحكمت (*pp. 3rd. p. f. plu. IV*): Made firm; It is guarded. ***Yatah̲âkamu*** يتحاكمُ n. d. / ***Yatah̲âkamûna*** يتحاكمون (*imp. 3rd. p. m. plu. VI*): They make judge. ***H̲ukmun*** حُكمٌ (*n.*): Judgment; Ruling; Decision; Knowledge. ***H̲akamun*** حَكَمٌ (*n.*): Arbitrator. ***H̲ukkâm*** حُكّام (*n.plu.*): Rulers; Judges. ***H̲ikmatun*** حِكمةٌ (*n.*): Wisdom; Knowledge; equity; Justice; forbearance; firmness; according to the truth and occasion. ***H̲akîm*** حكيم (*n.*): Wise; Full of wisdom; One who possesses quality which discriminates between truth and falsehood and is free from incognity or doubt. ***Ah̲kam*** احكم (*elative*): More powerful. ***Muh̲kamatun*** محكمةٌ (*pis. pic. f. sing. IV*): Firmly constructed. ***Muh̲kamât*** مُحكمات (*m. plu.*): Unambiguous; Definite, Decisive; Admitting of only one interpretation. (L; T; R; LL)

The root with its above forms has been used in the Holy Qur'ân about 209 times.

H̲alafa حَلَف

حَلفاً ؛ يحلِف

To swear, make an oath. *H̲allâf* حلاّف: One who swears; Great swearer; One who swears habitually.

H̲alaftum حَلفتم (*prf. 2nd. p.m. plu.*): You have sworn. ***Yah̲lifûna*** يحلفونَ (*imp. 3rd. p. m. plu.*): They swear. ***Yah̲lifunna*** يحلِفُنّ (*imp. 3rd. p. plu. emp.*): They surely swear. ***H̲allâf*** حلاّف (*ints.*): One who swears habitually. (L; T; R; LL)

The root with its above four forms has been used in the Holy Qur'ân about 13 times.

H̲alaqa حَلَق

حَلقاً ؛ يحلِق

To shave.

LâTah̲liqû لاتحلقوا (prt. neg. m. plu.): Do not shave (2:196). ***Muh̲alliqîna*** مُحلّقين (*ap-der. m. plu. II*): Having shaved (48:27). (L; T; R; LL)

Hallaqa حَلّق
حَلقًا ؛يحَلق

To cut the throat.

Hulqûma حُلقومَ: Throat; Gullet (56:83). (L; T; R; LL)

Halla حَلّ
حَلاً،حُلولاً ؛يحُلّ،يحِلّ

To untie (a knot), remit (sin), solve (a difficulty), unbind, absolve. Halla حَلّ: To alight at, become (time); be obligatory on, become lawful, fulfil the rites and ceremonies required of a Pilgrim, be lawful, descend. *Hillunillun* حِلّ: To alight as a conqueror, be a target of every conceivable abuse, harm, injury, cruelty or violence against life, property or honor, be considered lawful, be killed or be done any harm. *Halâl* حلال: Lawful; One who has performed all the rites and ceremonies of a Pilgrim. *Halâil* حليل: plu. of *Halîlun* حليلٌ: Wife. *Tahillatun* تحِلّة: Dissolution of a vow. *Mahillun* محِلّ: Place of sacrifice. *Ahalla* احَلّ: To render lawful, allow, allow to be violated, violate, cause to descend or settle (with double acc.). *Muhillun* مُحِلّ: One who considers lawful that which is unlawful. *Ghaira muhilli* غيرمحل: Not violating the prohibition. Here *muhilli* is for *muhillîna*.

Halaltun حللتم (*prf. 2nd. p.m. plu. assim.*): You put off the *Ihrâm* sanctity. ***Yahlil*** / يحلل ***Yahlillu*** يحلل (*imp. 3rd. m. sing. assim.*): Become allowed, lawful, permissible; Will fall; Falls. ***Tahullu*** تَحلّ (*imp. 3rd. p. f. sing.*): Enters; Falls upon. ***Tahillu*** تَحِلّ (*imp. 3rd. p. f. sing. f.*): She will make lawful. ***Yahillauna*** يَحِلّوْنَ (imp. 3rd. *p. m. plu.*): They make lawful. ***Uhlul*** احلل (*prt. m. sing.*): Loose (the knot), remove the impediments. ***Ahalla*** احلّ (*prf. 3rd. p.m. sing. IV*): He has allowed. ***Ahallû*** احلّوْا (*prf. 3rd. p. m. plu. IV*): They have allowed, caused to fall. ***Yuhillu*** يُحِلّ (*imp. 3rd. p.m. sing.*): Makes lawful. ***Yuhillû*** يُحلّوْا / ***Yuhillûna*** يُحلّوْنَ (*imp. 3rd. p. m. plu.*): They make lawful. ***Tuhillû*** تُحلّوْا / ***Tuhillûna*** تُحِلّونَ (*imp. 2nd. p.m. plu.*): You make lawful; Alright. ***Uhilla*** أحِلّ (*pp. 3rd. p.m. sing. IV*): It (*m.*) has been made lawful. ***Uhillat*** احلّت (*pp. 3rd. p. f. sing. IV*): It (*f.*) has been made lawful. ***Hillun*** حِلّ (*n.*): Allowed; Made lawful; Alight. ***Halâlun*** حلالٌ (*n.*): Allowed; Made lawful. ***Halâilu*** حلائل (*n. plu.*): Wives. ***Muhullî/ Muhullîn*** محلّين / مُحلّي (*ap. der. n. plu. IV.*): Those who allow. ***Mahillun*** مَحِلّ (*n. for place*):

Halama حَلَمَ

Destination. **Tahillatun** تَحِلَّةٌ (*n.*): Thing by which an oath is expiated. **Ahlalnâ** اَحْلَلْنا (*prf. 1st. p. plu.*): We have allowed, made lawful. **Yuhillu** يُحِلُّ (*imp. 3rd. p. m. sing.*): **Yuhillû / Yuhillûna** يُحِلُّوا / يُحِلُّونَ (*acc. imp. 3rd. p. m. plu.*): They make lawful. (L; T; R; LL) The root with its above forms has been used in the Holy Qur'ân about 51 times.

Halama حَلَمَ
حَلَمًا ; يَحْلَمُ

Halman حَلَمٌ / **Hulman** حُلُمٌ

To dream, have a vision, attain to puberty. **Halima** حَلِمَ **Hilman** حَلَمٌ: To be for bearing. **Hulmun** حُلُمٌ plu. **Ahlâm** اَحْلام: Dreams. **Hilmun** حِلْمٌ: Understanding, plu. **Ahlâm** **Hulman** حُلُمٌ: Puberty; Period of life at which a person becomes capable of reproduction. **Halîm** حَلِيم: Forbearing; Kind; Gracious; Intelligent.

Hulm حُلُمٌ (*v.n.*): Puberty. **Ahlâm** اَحْلام (*n. plu.*): Dreams. **Halîm** حَلِيم (*act. 2 pic. m. sing.*): Forebearing. One of the excellent names of Allah. (L; T; R; LL)

The root with its above three forms has been used in the Holy Qur'ân about 21 times.

Haliya حَلِيَ
حِلْيَةً ; حَلْيًا ; يَحْلِي

To give ornaments, adorn with ornaments. **Hilyatun** حِلْيَةٌ: Ornaments; Trinkets. This word is used as a collective noun and it is also a plu. of **Halyun** حَلْيٌ and **Huliyyun** حُلِيٌّ. **Hullû** حُلُّوا: They will be given ornaments. It is same as **Huliyyû** from **Hallâ**.

Hilyatun حِلْيَةٌ (*n.*): Ornaments; Trinkets. **Hullû** حُلُّوا (*pp. 3rd p. m. plu. II*): They will be given ornaments. **Yuhallauna** يُحَلَّوْنَ (*pp. 3rd p. m. plu. II*): They will be given ornaments. **Hilyatun** حِلْيَةٌ (*n.*): Ornament. **Huliyyun** حُلِيٌّ (*n. plu.*): Ornaments. (L; T; R; LL)

The root with its above five forms has been used in the Holy Qur'ân about 9 times.

Hama' حَمَأَ
حَمْأً ; يَحْمَأُ

To clean out mud (from a well). **Hama'un** حَمَأٌ: Black feted mud, slime (a combination of earth and water, earth having the source of body and water of the soul or life; Mud transmuted or moulded into shape; Slack mud. **Hami'atun** حَمْأَةٌ: *f.* of **Hami'un**.

Hama'in حَمَإٍ (*n.*): Clay (15:26; 28:33). **Hami'atin** حَمِئَةٍ (*n.*): Black mud (18:86). (L; T; R; LL; Râzî)

Hamida حَمِدَ

مُحَمِدَة؛ مَحْمداً؛ حَمْداً ؛ يَحْمَدُ

To praise for, equite for. *Hamdun* حَمْدٌ: True praise. This word not only embodies the idea of thankfulness but also has reference to the intrinsic qualities of the object of praise. *Hamd* is always true and used only about such acts as are volitional. It also implies admiration, magnifying and honouring of the object of praise, humility and submissiveness in the person who offers it. *Hamd* is a praise which is offered in appreciation of commandable action of one worthy of praise. It also includes lauding one who has done a favour of his own volition and according to his own choice. It is not only a true praise but also an admiration. The word *Shukr* (شُكر - Thanks) differs from *Hamd* in the sense that its application is restricted to beneficent qualities and praise. The word *Madha* (مدح - Gratitude) differs from *Hamd* in the sense that it also applies to involuntary beneficence. The word *Hamd* is much much more comprehensive than *Shukr*, *Madha* and *Thanâ* ثنا (R; T; L; LL). Thus *Hamd* is the most appropriate word to be used when a reference to the intrinsic goodness of Allâh and extreme loveliness in the person who offers it is intended, instead of any other word which is used in varying significance in the sense of praise and thankfulness. In common use, the word *Hamd* has come to be applied exclusively to Allâh. The word *Hamd* also conveys that Allâh combines all kinds of glorification in His Being and is unique in all His beauties and bounties. He is sublime; His glory is free from any defect and is not subject to any change, and is immune from all afflictions and drawbacks. He is perfect, the glorious and subject to no limitation. To Him is due all praise in the beginning and in the end through eternity. It also declares that Allâh is the Being Whose attributes are beyond computation and Whose excellencies cannot be numbered, and Who combines in His Being all beauty, bounty and glory. Reason is not able to conceive of any good which is not comprehended among Divine attributes. It also connotes that all excellencies belong to Him as a matter of right, and that every type of praise whether relating to external aspects or internal realities is due exclusively to Him. The word *Hamd* is used in the chapter *Al-Fâtihah* both in the active and the passive sense. That is, it is used both for the subject and the object, and signifies that God receives perfect praise and also bestows it. The attribute *Rahmân* signifies that the word *Hamd* is used in the active sense and the attribute *Rahîm* signifies that it is used in the passive sense. It is because of this that the Holy Prophet, peace and blessings of Allâh be upon him, so is *Muhammad* and *Ahmad* (Nooruddîn). *Hâmid* حا مد One who praises. *Hamîd* حميد: Worthy of praise. *Ahmad* احمد Most praiseworthy; Renowned; Name of the Holy Prophet ﷺ. *Muhammad* محمّد: Name of the Holy Prophet ﷺ, Much praised, Highly lauded. *Mahmûd* محمود: Praised. Lauded.

Yuhmadû/Yuhmadûna يُحمدوْا / يُحمدوْنَ (*acc./ n. d. pip. 3rd p. m. plu.*): They are praised. ***Hâmidûn*** حامدون (*act. pic. m. plu.*): Those who praise (Allâh). ***Hamdun*** حَمدٌ (*v. n.*): Praise. ***Al-Hamdu*** الحمدُ All types of perfect and true praise. ***Hamîd*** حميد (*act. 2nd. pic. m. sing.*): Praiseworthy. One of the names of Allâh. ***Ahmad*** احمد : The praised on. Proper name of the Holy Prophet ﷺ, (61:6). ***Mahmûd*** محمود (*pact. pic. m. sing.*): Praised. ***Muhammad*** محمّد (*pis. pic. V*): Praised one. Name of the Holy Prophet ﷺ, (3:144; 47:2; 48:29). (L; T; R; LL)

The root with its above forms has been used in the Holy Qur'ân about 68 times.

Hamara حَمَرَ

حمرًا؛ يَحمُر

To excorate, pare a thong of leather, flay (sheep), strip of superficial part (e.g. peel, bark etc.). *Humrun* حمر*: plu. of Ahmar* احمر*:* Red. *Himâr* حمار (*n.*): Ass; Donkey. *Himâr* is so called as the eyes of donkey become red while braying.

Himâr حِمار (*n.*): Ass; Donkey; ***Humurun*** حُمرٌ and ***Hamîr*** حَمِير (*n. plu.*): Asses. ***Humrun*** حُمرٌ (*plu.* of *Ahmar* احمر): Red. (L; T; R; LL)

The root with its above forms has been used in the Holy Qur'ân about 6 times.

Hamala حَمَلَ

حُملانًا ، حَملاً ، حُمولاً ؛ يحمِل

To carry, bear, bear away, load, charge with, impose a burden, conceive, be with child, undertake responsibility, provide with carriage and other necessaries of a journey, attach anyone, charge (with alâ), know by heart, show anger, relate, rely upon, incite, betray the trust. *Hamlun* حملٌ pl. *Ahmâl* احمال: Burden; Fetus in the womb; Time during which the fetus is in the womb. *Himlun* حِملٌ: Burden; Load. *Hâmilun* حَامِلٌ: One who carries. *Hammâlatun* حَمّالةٌ: Woman who carries much or frequently; Portress. *Hamûlatun* حمُولةٌ: Beast of burden. *Hammala* حَمَّلَ: To impose a burden on (with double acc.); Charge one with a duty. *Ihtamala* احتمل: To take a burden on one's self; bear a burden.

Hamala حَمَلَ (*prf. 3rd p. m. sing.*): He bore or carried off or away; gave a beast upon which to ride, took upon himself, betrayed, proved false, loaded, imposed the thing as a burden (with '*alâ* على); He charged or assaulted or attached him. ***Hamalû*** حَمَلُوا (*prf. 3rd p. m. plu.*): They bore. ***Hamalat*** حَمَلَتْ (*prf. 3rd p. f. sing.*): She bore a child in her womb, became pregnant. ***Hamalta*** حَمَلْتَ (*prf. 2nd. p.m. sing.*): Thou bear. ***Hamalnâ*** حملنا (*prf. 1st p. plu.*): We carried. ***Yahmalû*** يحملوا (*imp. 3rd p.m. sing.*): He carries. ***Yahmilanna*** يَحْمِلَن (*imp. 3rd p. m. sing. emp.*): Surely he will carry. ***Yahmilûna*** يَحْمِلُوْنَ (*imp. 3rd. p.m. plu.*): They carry. ***Yahmilû/Yahmilûna*** يَحْمِلُوْا / يَحْمِلُوْنَ (*acc. n.d. /imp. 3rd p.m. plu.*): They carry. ***Yahmilna*** يحملنا (*imp. 3rd p. f. plu.*): They (*f.*) refused to prove false, bear. ***Tahmilûna*** تَحْمِلُوْنَ (*imp. 2nd p.m. plu.*): You bear. ***Lâ Tahmil*** لاتَحْمِل (*prt.* prayer). Thou lay not burden (of disobedience) (2:286). ***Tahmilu*** تَحْمِلُ (*imp. 3rd p. f. sing.*): She bears. ***Ahmilu*** احْمِلُ (*imp. 1st p. sing.*): I carry. ***Nahmilu*** نَحْمِلُ (*imp. 1st p. plu.*): We carry. ***Yuhmalu*** يُحْمِلُ (*pip. 3rd p.m. sing.*): He is borne. ***Hummila*** حُمِّلَ (*pp. 3rd p.m. sing. II.*): He was loaded. ***Hummilû*** حُمِّلُوا (*pp. 3rd. p.m. plu. II.*): They were loaded, were charged to observe the law. ***Hummiltum*** حُمِّلتم (*pp. 2nd p. m. plu. II*): You were loaded, were charged with the responsibility of following: ***Hummilnâ*** حُمِّلنا (*pp. 1st p. plu. II*): We were made to bear, were laden. ***Lâ Tuhammil*** لاتُحَمِّل (*prt.* prayer *neg. m. sing. II*): Thou lay not, charge not with (the responsibility). ***Ihtamala*** احتمَل (*prf. 3rd p. m. sing. VIII*): He carried, bore the burden. ***Ihtamalû*** احتَمَلُوا (*prf. 3rd p.m. plu. VIII*): They bore, carried. ***Hamlun*** حَمْلٌ (*n.*): Burden; Pregnancy. ***Himal*** حِملْ (*n.*): Load. ***Hâmilîna*** حاملين (*act. pic. m. plu.*): Bearers (*m.*). ***Hâmilât*** حاملات (*act. pic. f. plu.*): Bearers (*f.*) ; Those (*f.*) who

carry load. ***Hammâlatun*** حَمَّالَةٌ (*act. pic. f. sing.*): Carrier; Bearer (of slanders). ***Hamûlatun*** حَمُولَةٌ (*n.*): Cattle used for loading and carrying burdens. (L; T; R; LL; Kf.)
The root with its above forms has been used in the Holy Qur'ân about 64 times.

Hamma حَمّ

اَحَمَّ؛ حَمّاً؛ يَحُمّ

To heat, become hot or very hot, melt. The word is used both transitively and intransitively. *Hamm* حَمْ: Vehemence of heat. *Hamîm* حَمِيم: Very hot or very cold water; Near relative or warm friend. *Yahmûm* يَحْمُوم: Anything black; Smoke.

Hamîm حَمِيم (*act. 2nd pic. m. sing.*): Very hot or very cold water; Near relative or warm friend. ***Yahmûm*** يَحْمُوْم: Warm (friend) Black smoke. (L; T; R; LL)
The root with its above two forms has been used in the Holy Qur'ân about 21 times.

Hama حَمِى

حِمايةً؛ حَمْيًا؛ حَمِيَّةً؛ يحمِى

To protect against, defend. *Hamiya* حَمِيَ *Y ahmâ* يَحْمٰى: To be hot. *Hâmin* حامٍ: Dedicated stallion; Camel concerning which certain superstitious usages were observed by the pagan Arabs; Dedicated camel after begetting ten young ones let loose; Domestic animal that is left at liberty without being made use of any way whatsoever, selected mainly on the basis of the number, sex and sequence of its offspring.

Hâmiyatun حامِيَةٌ (*act. pic. f. sing.*): Vehemently hot; Blazing fire. ***Hamiyatun*** حَمِيَّةٌ (*n.*): Zealotry or tribal pride; Affectation; Scorn; Indignation; Stubborn disdain (its base is passion of protection and heat). ***Yuhmâ*** يُحْمٰى (*pip. 3rd p.m. sing.*): Will be heated. ***Hâmin*** حامٍ (*n.*): Dedicated animal. (L; T; R; LL)
The root with its above four forms has been used in the Holy Qur'ân about 6 times.

Hanitha حَنِثَ

حِنثًا؛ يَحْنَث

To violate (an oath), incline towards falsehood, sin, commit an offense.

LâTahnath لاتَحْنَث (*prt. neg. m. sing.*): Break not thy oath; Do not incline towards falsehood. (38:44). ***Hinth*** حِنث (*n.*): Offense; Sin; Falsehood (56:46). (L; T; R; LL)

Hanjara حَنجَرَ

حَنجُوراً، حَنْجرَةً ؛ يُحنجِر

To cut open the throat. *Hanâjir*

حناجر: *plu.* of Hanjaratun حَنجَرَةٌ:and Hanjûran حنجُورٌ: Throats; Gullets; Passage of the breathe; Wind pipes; Larynxes; Upper part of the wind pipes. *Balaghat Qalûb al-Hanâjir* بلغت القلوب الحناجر: Hearts rose up to the throats. This expression indicates the terror which is natural when in extreme fear.

Hanâjir حناجر (*n. plu.*): Gullets (33:10; 60:18). (L; T; R; LL; Mughnî)

Hanadha حَنَذَ

تحناذا، حَنذًا؛ يحنِذ

To roast.

Hanîdh حَنِيذ Roasted.

Hanîdh حَنِيذ (*act. 2nd pic. m. sing.*): Roasted (11:69). (L; T; R; LL)

Hanafa حَنَفَ

حَنفًا؛ يحنِف

To lean to one side, incline, turn away from error to guidance, incline to the right religion; stand firmly on one side, leave a false religion and turn to right; *Hanîf* حَنِيف: One inclining towards a right state or tendency; Inclining to the right religion; Upright man; Straightforward; One who turned away from all that is false. In pre-Islamic times this term had a definitely monotheistic connotation and had been used to describe a person who turned away from sin and worldliness and from all dubious beliefs, especially idol worship. Many instances of this use of the term occur in the version of pre-Islamic poets, e.g. Umayyah ibn Abî Salt and Jarîr al 'Aud. The word *Hanîf* حَنِيف is of Arabic origin and not derived from the Canaanite - Aramic word *hanpa* which also literary means one who turns away. (L; T; R; Zm; LL)

Hanîf حَنِيف (*act. pic. m. sing.*): ***Hunafâ*** حُنفا (*n. plu.* of *Hanîf*). The root with its above two forms has been used in the Holy Qur'ân about 12 times.

Hanaka حَنَكَ

حَنكاً؛ يحنُك ، يحنك

To put a bit or bridle upon (a horse), bring into subjection, destroy, overturn, sweep away, cause to perish, bring under authority, fasten, chew, understand, rub the palate, debar, consume, take the mastery over.

Ahtanikanna احْتَنِكَنّ (*imp. 1st p. sing.*): I shall certainly perish, will most certainly bring under my sway after having (17:62). (L; T; R; LL)

Hanna حنّ

حَنِيناً ،حَناناً ؛يَحِنّ

To have a longing desire for, emit a sound as a she-camel towards her young, be moved with pity, yearn towards, incline towards. *Hanân* حَنانٌ : Tenderness; Mercy; Blessing. *Hunain* حُنَين: A place on the road to Tâif about 18 miles to the southeast of Makkah. This place was a scene of a battle between the Muslims and the tribes of Hawâzin and Thaqîf in 8 A.H. fought just after the surrender of Makkah. The date of battle according to the Christian calendar is 1st February 630 A.D.

Hanânan حَنانً (*v.n.*): Tenderness; Tenderheartedness (19:13). ***Hunain*** حُنين (*n.* of a place): (9:25). (L; T; R; LL)

Hâba حابَ

حَوباً ؛يحُوب

To transgress, commit a sin, do what is unlawful. *Hûban* حوبا: Sin; Transgression; Crime; Injustice; Perdition; Destruction; Trial; Disease

Hûban حوبا (*n.*): (4:2). (L; T; LL)

Hâta حاتَ

حَوتاناً ،حَوتاً ؛يحُوت

To fly about, prowl around. *Hûtun* حُوْتٌ: Fish. Its *plu.* is *Hîtânun* حِيتانٌ.

Hûtun حُوْتٌ: (18:61). ***Hîtân*** حِيتان (*n. plu.*): (7:163). ***Sâhib al-Hût*** صاحِب الحوْت : Surname of Jonas (18:63; 37:142; 68:48) (L; T; R; LL)

Hâja حاجَ

حَوجًا ؛يحَوج

To desire, be in want of, need, require. *Hâjatun* حاجَةٌ: Want; Desire; Need; Feeling of need; Necessity; Thing; Matter; Wish.

Hâjatun: حاجَةٌ (*n.*): (12:68; 40:80; 59:9). (L; T; R; LL)

Hâdha حاذَ

حَوذًا ؛يحُوذ

To drive fast, keep with care, gain mastery over, get the better of, prevail over, gain an advantage.

Istahwadha استحوذَ (*prf. 3rd p. m. sing. X*): Gained mastery (58:19). ***Nastahwidhu*** نَستَحْوِذ (*imp. 1st p. plu. X*): We get mastery (4:141). (L; T; R; LL)

Hâra حارَ

حَورًا ؛يحَوُر

To return to or from, be perplexed, go back, become dazzled by a thing at which one looked so that the eyes were turned away from it, become confounded or perplexed and unable to see the right course, err or lose the way. *H̲âwara/ Muh̲âwaratan*: مُحاورةً/ حاوَرَ: To converse with another, hold a conference, argue. *H̲avira* حَوِرَ: To have eyes with white portion intense white and black portion intense black; wash; whiten clothes by washing them. *H̲awâr* حوار: Intense whiteness of the eyeballs and lustrous blackness of the iris. *Hûr* حُوْر plu. of *Ah̲war* احور (*m.*) and of *H̲oura*' (*f.*) : Pure and clean intellect; Purity and beauty. As regards the word *H̲ûr* حُوْر in its feminine connotation a number of commentators, among them Al-H̲asan of Bas̲râ, understood it as signifying the righteous among the women. The term can apply to the righteous of both sexes. *H̲awârî* حواري: One tried and found to be free from vice and faults; Person of pure and unsullied character; One who advises or counsels or acts honestly and faithfully; True and sincere friend or helper; Selected friend and helper of a prophet. The expression applies to the Disciples of Jesus Christ. (L: T; Qamus; R; Mujahid; Râzî; Ibn Kath̲îr; IJ; LL)

Yah̲ûr يَحُوْر (*imp. 3rd m. sing.*): Goes back. ***Yuh̲âwiru*** يُحاوِرُ (*imp. 3rd p.m. sing. III*): Converses. ***Tah̲âwurun*** تحاوُرٌ (*v.n. V*): Conversation. ***H̲ûr*** حُوْر (*n. plu.*): Fair ones. ***H̲awâriyyûn/H̲awâriyyîn*** حَوارِيينَ/ حواريّوْنَ (acc./*n. plu.*): Disciples; Fair ones; Adherents of Jesus. (L; T; R; LL)

The root with its above forms has been used in the Holy Qur'ân about 13 times.

H̲âsha حاشَ

حَوشًا ؛ يحُوش

To beat for game, glorify, frighten. *Hâsha Lillâhi*: Glory be to Allâh; Holy be Allâh; Allâh save or preserve us; Far be it from Allâh; Allâh forbid. How far is Allâh from every imperfection; How free is Allâh from imperfection.

H̲âsha lillâhi حاشَ لله (*adv.*): (12:31, 51). Glory be to Allâh; He kept away from committing sin for the sake of Allâh. (L; T; R; LL)

H̲âṯa حاط

تحوّط، حِياطة، حيطةً، حَوطًا ؛ يحَوط

To watch, guard, protect, surround. *Ah̲âṯa* احاط: To encompass, surround; comprehend (knowledge), know. *Yuh̲âṯa* يُحاط: To be prevented or compassed about (by some hindrance), completely surrounded. The verb is impersonal with an ellipse of the subject, a common construction in Arabic and Latin.

Ahâta احاط (*prf. 3rd p.m. sing. IV*): Encompassed; Surrounded (and has power). ***Ahâtat*** احاطت (*prf. 3rd p.m. sing. IV*): Encompassed. ***Ahatatu*** احطت (*prf. 1st p. sing. IV*): I encompassed. ***Ahatnâ*** احطنا (*prf. 1st p. plu. IV*): We encompassed. ***Yuhîtu/ Yuhîtûna*** يحيطون / يحيطُ (*acc./ n.d. imp. 3rd p.m. plu.*): They encompass. ***Uhîtu*** أحيطُ (*pp. 3rd p.m. sing. IV*): Was encompassed (for destruction). ***Yuhâtu*** يُحاطُ (*pip. 3rd p.m. sing. IV*): Was encompassed. Was completely surrounded. ***Tuhît/Tuhîtu*** تحيطُ/ تحطْ (*imp. 2nd p.m. sing.*): You encompass. ***Muhîtun*** محيطٌ (*ap-der. m. sing.*): One who encompasses. ***Muhîtatun*** محيطةٌ (*ap-der. f. sing.*): One who encompasses. ***Muhît*** محيطٌ: One who encompasses or comprehends. (L; T; R; LL)

The root with its above forms has been used in the Holy Qur'ân about 28 times.

Hâla حال

حُئوولاً ،حَولاً ؛يُحول

To be changed, come in between, pass by. *Hîla* حِيلَ: Barrier has been placed. The verb is used impersonally. *Hawla* حول and *Min hawlî* من حولي: Adverbial expressions meaning round about and from around. *Hawlun* حولٌ: Power; Year; Ability. *Hiwala* حِوَلَ: Change; Escape; Removal. *Hîlatun* حِيلة: Plan; Art; Good sight; Device, Strength; Contrivance. *Tahwîl* تحويل :Change; Turning off or turning away.

Hâla حالَ (*prf. 3rd p.m. sing.*): He came in between. ***Yahûlu*** يَحُوْلُ (*imp. 3rd p.m. sing.*): He comes in between. ***Hîla*** حِيلَ (*pp. 3rd. p.m. sing.*): Was put in between; Barrier has been placed between. ***Hawla*** حولَ (*v.n.*): Around; Year; Strength. ***Hawlain*** حولين (*n. dual.*): Two years. ***Hiwalun*** حِوَلٌ (*n.*): Removal. ***Hîlatun*** حيلةٌ (*n.*): Means. ***Tahwîlun*** تَحويلاً (*II. v.n.*): Change. (L; T; R; LL)

The root with its above forms has been used in the Holy Qur'ân about 25 times.

Hawiya حوي

حَوىً؛ يَحْوَى

To be or become dark green or dark red or brown or black and dried up by reason of oldness.

Ahwâ احْوىٰ (*elative.*): Became gray or brown coloured because of oldness (87:5). ***H̲awâyâ*** حوايا ***H̲awiyatun*** حوِيةٌ: Small intestine (أوالحوَايا 6:146). (L; T; R; LL)

H̲ayth̲u حَيثُ

Where; Wherever; Wither; Where at; In the place where; Whereas. *Min H̲ayth̲u* مِنْ حَيثُ: From whencesoever; From the place to whence; From the place where; From the time when; In a manner which; As far as; As to; Where from. *H̲ayth̲umâ* حيثُما: Whereso-ever, whenever. *H̲ayth̲u* حيثُ although strictly speaking is a noun, is indeclinable and is found as an adverb and as an antecedent to some comple-ment, either nominal or verbal.

The word ***H̲ayth̲u*** حيثُ has been used in the Holy Qur'ân about 31 times. (L; T; LL; Mug̲h̲nî)

H̲âda حادَ

حَيدانا ، حيودًا ، حَيدًا ؛ يَحِيد

To deviate, remove, avoid, turn aside, shun, stray from, avert.

Tah̲îdu تَحِيدُ (*imp. 2nd p.m. sing.*): Thou shun, avoid (50:19). (L; T; R; LL)

H̲âra حَارَ/H̲ayira حَيِرَ

حَيرًا ، حَيرةٌ ، حَيرانا ؛ يَحَار

To be astonished, bewildered, dazzled, perplexed, lose the way.

H̲ayrân حَيران (*act. pic.*): (6:71). Bewilderment. (L; T; R; LL)

H̲âza حازَ

حَيازةٌ؛حَوزا ؛يحَوُز

To gather together to one's self, rally to, retreat to, turn to. *Mutah̲ayyizun* مُتَحيّزاً for *Mutah̲awwizun* مُتحوّزاً: One who goes aside or retreats; One who turns away in a battle-field for the purpose of return-ing to fight again; Retreat which is one of the stratagems of war.

Mutah̲ayyizan مُتَحيّزاً (*ap-der. m. sing. V.*): (8:16). (L; T; R; LL)

H̲âs̲a حاصَ

حُيُوصًا ،حَيصًا ؛يحِيص

To escape, deviate, turn away from, shun. *Mah̲îs̲* مَحِيص: Place of escape; shelter.

Mah̲îs̲ مَحِيص : (14:21; 41:48; 42:35; 50:36; 4:121). (L; T; R; LL)

H̲âd̲zat حاضَت

مَحيضا ،حَيضًا ،حَيوضًا ؛تَحيضت

To have her courses, men-struate; Her blood flowed from her womb. *H̲âd̲zat al-Sumratu* حاض السمرة: Gum of acacia tree flowed or emitte a mater resembling blood or flowed with its gum. *H̲âdz̲ al-Sail* حاض السيل: The torrent overflowed. *Mah̲îdz̲* مَحِيض: Menstruation; Time of menstruation; Place of menstruation.

Yah̲idz̲na يَحضن (*imp. 3rd p. f. plu.*): They (*f.*) menstruate. ***Mah̲îdz̲*** مَحِيض (*v.n.*): Menstruation. (2:222; 65:4). (L; T; R; LL)

H̲âfa حَافَ

حَيفًا ؛ يحَيف

To be unjust, act unjustly.

Yah̲îfu يحيف (*imp. 3rd p. m. sing.*): Misjudges; Will deal unjustly (29:50?). (L; T; R; LL)

H̲âqa حَاقَ

حَيقانًا ،حَيقًا ،حُيُوقًا ؛يحَيق

To recoil, surround and take hold of, hem in, compass about, come down, overwhelm, enfold, be unavoidable.

H̲âqa حَاقَ (*imp. 3rd p. sing.*): Encompasses. ***Yah̲îqu*** يَحِيقُ (*prf. 3rd p.m. sing.*): Surrounded and took hold of; Encompassed. (L; T; LL)

The root with its above two forms has been used in the Holy Qur'ân about 10 times.

H̲âna حَانَ

حَينونة،حَينًا ؛ يحَين

To arrive, come, be at hand (time, season), be fit, be reaped. *H̲înun* حِينٌ: Time; Space of time; Period; Opportunity. *H̲înaid̲hin* حينئذ: Then; At that time; Sometimes. It is compounded of *H̲în* حِين and *Id̲h* اِذ or *Id̲hâ*.

H̲înun حِينٌ / ***H̲înaid̲hin*** حِينَئذ (*part*): Space of time; Period; Intimated time; When in the time of. ***H̲înaid̲hin*** حِينَئِذٍ: Some time then; At that time. ***Ilâ H̲în*** اِلٰى حين: For a time. (L; T; R; LL)

The root with its above two forms has been used in the Holy Qur'ân about 35 times.

H̲ayya حيّ

حيات ؛ يحي

(a doubly imperfect verb) To live, be alive, be ashamed, spend (the night) awake, fertilize the earth, keep anyone alive; spare any one, let anyone alive, remove prudency, modesty and shamefulness, make immodest. *Ah̲yâun* احياءٌ: Those who are in Paradise. *H̲ayâ* حياء: Repentance, Prudency; Bashfulness. *Istih̲yâ'* استحياء: To abstain from, disdain, feel ashamed, shrink, veil her face (woman), make shameless; deprive chastity; let live.

Hayyun حي plu. *Ahyâ'un* احياء: Living; that which live; Alive.
Hayyatun: حية Serpent.

Hayya حي (*prf. 3rd p.m. sing.*): He lived; Come to life; Make trust. ***Yahyâ*** يحي (*imp. 3rd p. m. sing.*): He lives, will live; Name of Prophet John. ***Tahyauna*** تحيون (*imp. 2nd p. m. plu.*): You live. ***Hayyan*** حي (*prf. 3rd p.m. plu. II*): They greeted. ***Huyyîtum*** حُيّيتم (*pp. 2nd. p.m. plu.*): You are greeted with a prayer for long and good life, prayed for him. ***Hayyû*** حَيّوا (*prt. m. sing.*): Great. ***Ahyâ*** احيا (*prf. 3rd p.m. sing. IV*): He gave life. ***Ahyaita*** احييتَ (*prf. 2nd p.m. sing. IV*): Thou gave life. ***Ahyainâ*** احيينا (*prf. 1st p. plu. IV*): We gave life. ***Yuhyî*** يُحي (*imp. 3rd p.m. sing. IV*): He gives life. ***Tuhyî*** تُحي (*imp. 2nd p.m. sing. IV*): Thou give life. ***Uhyî*** أحي (*imp. 1st p. sing. IV*): I give life. ***Nuhyî*** نُحْي (*imp. 1st p. plu. IV*): We give life. ***Nuhyiyanna*** نُحْيِيَنّ (*imp. 1st p. plu. IV. emp.*): We surely give life. ***Istahyau*** استحيَوا (*prf. 3rd m. plu. X*): They let live. ***Yastahyauna*** يَستحْيوْنَ (*imp. 3rd p. plu. X*): They let live. ***Yastahyî*** يَستحْيِى (*imp. 3rd. p.m. sing. X*): Let live; Make immodest; Feel ashamed; Disdain. ***Nastahyî*** نَستَحْي (*imp. 1st p. plu.*): We let live. ***Istihyâ*** اِستحياء (*v.n.*): Bashfulness. ***Hayyun*** حيّ (*n.*): Living one. ***Al-Hayy*** الحي (*n.*): The Ever living. One of the names of Allâh. ***Tahiyyatun*** تَحيّةٌ (*v.n.*): Greeting. ***Ahyâun*** أحياء (*n. plu.*): Alive ones. ***Hayâtun*** حَياةٌ (*n.*): Life. ***Hayyatun*** حَيّةٌ (*n.*): Serpent. ***Mahyâ*** مَحياء (*v.n.*): ***Muhyî*** مُحْي (*ap-der. IV*): Quickener. ***Hayawân*** حَيَوان (*n.*): Real and everlasting life. (L; T; R; LL)

The root with its above forms has been used in the Holy Qur'ân about 190 times.

Khâ
خ Kh

It is the seventh letter of arabic alphabet. According to the reckoning of *Jummal* its value is 9. It has no equivalent in English. According to the rules of transliteration, it should be pronounced guttural Kh like the sound of "ch" in the Scottish or German word "loch". It is of the category of *Harûf al-Mahmûsah* مهموسه and of the *Majhûrah* مجهوره type, that is a letter spoken with long, open and strong voice.

Khaba'a خَبَءَ

خَبْأً، خَبأً ؛ يَخْبَأ

To hide, conceal, become obscure and of no repute, , guard, store up, be lowly, humble and obedient. *Khaba'un* خابأ: That which is hidden. *Khab'u al-Samâ*: Rain drops. *Khab'u al-Ardz*: Plants, Herbage.

Al-Khab'un الخَبْءُ (*n.*): That lies hidden (27:25). (L; T; R; LL)

Khabata خَبَتَ

خَبتًا ؛يَخْبَت

To humble one's self; acquiesce. *Akhbata* اخبَتَ (IV) same as *Khabata* خَبَتَ: To become obscure and of no repute or concealed, lowly, humble, obedient, trusted. *Mukhbitun* مُخبِتٌ: One who humbles himself, submissive one.

Akhbatû أخبَتُواْ (*prf. 3rd p.m. plu. IV*): They submitted humbly. (11:23). ***Tukhbita*** تُخبِتَ (*imp. 3rd p. f. sing. IV. acc.*): She submitted humbly (فتُخبِتَ 22:54). ***Mukhbitîna*** مُخبِتِينَ (*ap-der. m. plu. IV*): Humble ones (22:34). (L; T; R; LL)

Khabutha خَبُثَ

خَباثةٌ ؛ يَخبُث

To be unproductive (land), bad, vile, inferior, corrupt; foul; evil, wicked. *Khabîth* خَبيث: Unproductive, etc. *Khabâith* خَبائث and *Khubuth* خُبث plu. of *Khabîthatun* خبيثةٌ: Impurities; Filthy or wicked thing or talk or action.

Khabutha خَبُثَ (*prf. 3rd p.m. sing.*): It is vile, bad, inferior. ***Khabîth*** خبيث (*act. 2nd. pic. m. sing.*): Foul; Evil; Bad. ***Khabîthîn/Khabîthûn*** خبيثين / خبيثوْن (*acc. / act. 2nd. pic. m. plu.*): ***Khabîthatun*** خبيثةٌ (*act. 2nd. pic. f. sing.*): Evil; Bad. ***Khabîthât*** خبِيثات (*act. pic. f. plu.*): Evil (*f.*) ones. ***Khabâith*** خبائث (*n. plu.*): Bad things; Evil practices; Evil ones. (L; T; R; LL)

The root with its above forms has been used in the Holy Qur'ân about 16 times.

Khabara خَبَرَ

خُبرَة،خِبرة،خَبرًا،خِبرًا ؛يَخبُر

To know, try, prove, learn by experience. *Khabura* خَبُرَ: To know; have a full knowledge of. *Khubrun* خُبرٌ: Understanding; Knowledge. *Khabarun* خَبرٌ . Its *plu.* is *Akhbâr* اخبار: News; Tidings; Reports; States. *Khabîr* خبِير: Knowing; One who knows or is acquainted with; is aware. One of the names of Allah; The Ever and All-Aware. The difference between *'Alîm* عليم and *Khabîr* خبِير is that *'Alîm* is a knowledge even before the happening of an event while The *Khabîr* is connected with *'amal* عمل (2:234), *san'at* صنعة (24:30) and *fi'al* فعل (27:88) deed, action and work.

Khubrun خُبْرٌ (*n. acc.*): Knowledge; Learning by experience. ***Khabarun*** خَبَرٌ (*n. acc.*): Information; Tiding; State. ***Akhbâr*** اخبار (*n. plu.*): Tidings. ***Khabîrun*** خَبِيرٌ (*ints.*): Ever-aware; One of the names of Allâh. (L; T; R; LL) The root with its above four forms has been used in the Holy Qur'ân about 52 times.

Khabaza خَبَزَ
خَبْزاً ؛ يَخْبِزُ

To make bread; feed with bread.

Khubzun خُبْزٌ (*n.*): Bread (12:36). (L; T; R; LL)

Khabata خَبَطَ
خَبْطاً ؛ يَخْبِطُ

To loose reason, prostrate, confine, strike, beat violently, knock, strike with the forefeet, go mad, strike with confusion, destroy, do harm. *Khabata billaili* خَبَطَ بالليل: To travel by night in darkness and at random. *Takhabbta* تَخَبَّطَ: To be in a state of agitation.

Yatakhabbatu يَتَخَبَّطُ (*imp. 3rd p. m. sing. V*): He confounds (2:275). (L; T; R; LL)

Khabala خَبَلَ
خَبالاً ؛ يَخْبِلُ

To corrupt, disorder, ruin, unsound, make defect. *Khabâl* خبال: Corruption whether of body or reason or action; Loss or deterioration; Ruin; Destruction; Fatal; Disorder; Poison; Mischief; Perdition; Embarrassment; Trouble. It is a state of perdition, destruction, things going away, being consumed or destroyed.

Khabâl خبال (*n.*): (3:118; 9:47). (L; T; R; LL)

Khabâ خَبَا
خُبُواً ، خَبْواً ؛ يَخْبُوا

To be extinct, subsided, abate, decline, decrease (war, fire).

Khabat خَبَتْ (*prf. 3rd p. f. sing.*): It abated (17:97). (L; T; R; LL)

Khatara خَتَرَ
خُتوراً ، خَتْراً ؛ يَخْتُرُ

To deceive, betray, act perfidiously, treacherously; To be wicked. *Khattâr* خَتَّار: Very perfidious etc.

Khattâr خَتَّار (*ints.*): (31:32). (L; T; R; LL)

Khatama خَتَمَ
خَتَمَ؛ يَخْتِمُ؛ خَتْمًا؛ خِتَامًا

To seal; put a signet upon; stamp; imprint; end; complete a thing. *Khâtama 'alâ qalbihî* ختم علىٰ قلبه: To seal the heart; harden it; finish. *Khâtim* خاتِم: Seal; Signet-ring; Stamp; Last. *Khâtam* خاتَم: Seal; The best; The most perfect; Last; The embellishment and ornament. The Holy Qur'ân has adopted the word *Khâtam* خاتَم and not *Khâtim* خاتِم because a deeper significance carried in the phrase *Khâtam* خاتَم (seal) than mear *Khâtim* (last). The difference between *Khâtim* and *Khâtam* is that the meaning of *Khâtim* is last part or portion, but the word *Khatam* means that last part or portion of a thing that is the best, thus this indicates finality combined with perfection and continuation of its blessings. Thus *Khâtam al-Nabiyyîn* خاتَم النبيّين means the closer of the long line of Prophets. He is not only a prophet but the final, the best and the most perfect Prophet, with continuation of his blessings. *Khitâm* خِتام: Sealing; Musk; Wax; Clay or any other substances used in sealing. *Makhtûm* مختوم: Sealed one; Stamped one.

Khatama خَتَمَ (*prf. 3rd p.m. sing.*): He sealed. ***Yakhtimu*** يَختِمُ (*imp. 3rd p. m. sing.*): He seals. ***Nakhtimu*** نَختِمُ (*imp. 1st p. plu.*): We sealed. ***Khâtam*** خاتَم (*n.*): Seal; Last and best. ***Khitâm*** خِتام (*n.*): Sealing. ***Makhtûm*** مختوم (*pact. pic. m. sing.*): Sealed one. (L; T; R; Zurqânî; Asâs; LL)

Khadda خَدَّ
خَدَّ؛ يَخُدُّ؛ خَدًّا

To make an impression, leave marks upon, furrow. *Ashâb al-Ukhdûd*: People of the trench; Makers of a pit. By some commentators the *Ashâb al-Ukhdûd* spoken of at 85:4 are taken to refer to the burning to death of some Christians of Najrân by the Jewish King Dhû Nawâs of Yemen (Râzî). Baghawî is of the opinion that the reference is to Nebuchadnazzar's of Babylon casting into a burning ditch of some Israelites leaders (Deu. 3:19-22). 'Allamah Noorud-dîn is of the opinion that there may as well be a prophetical reference to the Battle of Trench fought by the Holy Prophet ﷺ in Madînah in 5 A.H. The companions of the Holy Prophet had to dig a trench around a part of Madînah for their safety. This battle perhaps constituted the hardest battle in the Holy Prophet's life. (L; T; R; LL)

Khaddun خَدّ (*plu. Khudûd* خُدُوْد):

Cheek; Side (31:18). ***Ukhdûd*** أُخدُودْ (*plu. Akhâdîd* اخاديد): Trench; Furrow; Mark of a whip (85:4). ***Ashâb al-Ukhdûd*** اصحاب الأخدود: Fellows of the Trench; Makers of the pits (85:4).

Khada'a خَدَعَ

خِدعًا ، خَدعًا ؛يخدَع

To cover over, forsake, abandon, refrain, circumvent, deceive; be dull (market), conceal one's temper, disappear. *Khâda'a* خَادَعَ: Try to outwit anyone, give up. *Akhda'a* اخدَعَ: To seek or desire to deceive but without success, while *Khada'a* means he succeeded in his attempt to deceive. (L; T; Baqâ; R; LL)

Yakhda'û/Yakhda'ûna يخدعُوْا / يخدعُونَ (*acc./ imp. 3rd p. m. plu.*): They deceive. ***Yukhâdi'ûna*** يخادعون: (*imp. 3rd p.m. plu.*): They abandon, seek to deceive but without success. ***Khâdiun*** خادعٌ (*act. pic. m. sing.*): One who abandons, deceives. The root with its above four forms has been used in the Holy Qur'ân about 5 times.

Akhdân أخدان

This is plu. of *Khidnun* خِدنٌ with no verbal root: Secret paramours; Equals; Friends; Lovers; Companions.

Akhdânun أخدانٌ: (*n. plu.*): (4:25; 5:5). Secret paramours. (L; T; R; LL)

Khadhala خَذَلَ

خُذلاناً ،خَذلاً ؛يخذُل

To forsake, abandon, desert, abstain from aiding, disappoint, leave without help or assistance. *Khadhûl* خذول: One who deserts his friends; Traitor; Betrayer. *Makhdhûl* مخذول: Forsaken; Destitute.

Yakhdhulu يَخْذُلُ (*imp. 3rd p.m. sing.*): Abandons (3:160). ***Khadhûlun*** خَذُوْلٌ (*ints.*): Betrayor (25:29). ***Makhdhûl*** مَخْذُوْل (*pact. pic. m. sing.*): Forsaken one (17:22).

Khariba خَرِبَ/Kharaba خَرَبَ

خِرابة،خَرابة،خَرابًا ،خَربًا ؛يخرَب،يخرُب

خُروبا ،خُربةٌ

To be ruined, wasted. *Kharaba* خَرَبَ: To ruin, lay waste. *Kharâbun* خرابٌ: Laying waste; Making desolate and ruinous. *Akhraba* أخرَبَ IV: To lay waste, demolish. *Kharaba* خَرب: To demolish, ruin (a house), pierce, split, make havoc, damage. *Kharabun* خَرَبٌ: Ruin; Devastation; Waste; Desolate.

Yukhribûna يُخرِبُوْنَ (*imp. 3rd p. m. plu. IV*): They demolish

(59:2). ***Kharâbun*** خرابٌ (*n.*): Ruin (2:114). (L: T; R; ;LL)

Kharaja خَرَجَ
مخرجًا، خَروجًا؛ يخرُج

To go out, go forth, come forth, deport, attack, rebel against (with *'alâ* على), part with a thing (with *'an* عن). *Akhraja* اخرج: To pay a tax, take out a thing, spend. *Kharjun* خَرْجٌ and *Kharâjun* خَراجٌ: Tribute; Maintenance Expenditure; Land tax; Poll tax; Income. *Khurûj* خروج: Getting or going forth. *Makhrajun* مُخرجٌ: Issue; Place of exit. *Akhraja* اخرجَ: (IV.) To bring out, drive out, bring forth, produce, stretch forth, cast forth. *Ikhrâj* اخراج: Driving out; Expulsion; Bringing forth. *Mukhrij* مُخرج: One who brings forth, etc. *Mukhraj* مُخرَج: One who is brought forth; Place from whence or time at which anything is brought forth.

Kharaja خَرَجَ (*prf. 3rd p. m. plu.*): Came out. ***Kharajta*** خَرَجتَ (*prf. 2nd p. m. sing.*): Thou came out. ***Kharajû*** خَرَجُواْ (*prf. 3rd p. m. plu.*): They came out. ***Kharajna*** خَرَجْنَ (*prf. 3rd p. f. plu.*): They (*f.*) came out. ***Kharajtum*** خَرجتُم (*prf. 2nd. p. m. plu.*): You came out. ***Kharajnâ*** خرجنا (*prf. 1st p. plu.*): We came out. ***Yakhruju*** يَخْرُجُ (*imp. 3rd p. m. sing.*): He comes out. ***Yakhrujanna*** يَخْرُجنّ (*3rd p. m. sing. emp.*) Surely he will come out. ***Yakhrujû*** / ***Yakhrujûna*** يَخْرُجُواْ/ يخْرُجُون (*acc./ imp. 3rd p. m. plu.*): They drive out. ***Ukhruj*** أخْرجْ (*prt. m. sing.*): Come forth. ***Ukhrujû*** اخرجوا (*prt. m. plu.*): You come forth. ***Khârijun*** خارجٌ (*act. pic. m. sing.*): Who comes forth. ***Khârijîna*** خارجين (*act. pic. m. plu.*): Those who come forth. ***Akhraja*** اَخْرَجَ (*prf. 3rd p. m. sing. IV*): He brought up. ***Akhrajat*** اَخْرجت (*prf. 3rd p. f. sing. IV*): She brought up. ***Yukhriju*** يُخْرِجُ (*imp. 3rd p.m. sing. IV*): Brings up. ***Yukhrijanna*** يُخرجَنّ (*emp. 3rd p. m. sing. IV*): Surely he will drive them. ***Yukhrijûna*** يُخرِجُونَ (*imp. 3rd p. m. plu. IV*): They drive out. ***Tukhriju*** تُخْرِجُ (*imp. 2nd p. m. sing. IV*): Thou drive out. ***Mukhrajun*** مُخرَجٌ (*v.n. mîm* م): Going out. It has the same meaning as *Khurûj* خروج. ***Tukhrijûna*** تُخْرجونَ (*imp. 2nd. p. m. plu. IV*): You make out, bring forth. ***Tukhrijû*** تُخْرِجوا (*imp. 2nd p.m. plu. IV. acc.*): You make out, bring forth. ***Nukhriju*** نُخرجُ (*imp. 1st p. plu. IV*): We bring forth. ***Akhrij*** اَخْرِج (*prt. m. sing. IV*): Bring forth. ***Akhrijû*** اَخْرِجُواْ (*prt. m. plu. IV*): Bring forth. ***Ukhrijat*** أخرجت (*pp. 3rd p. f. sing. IV*): Is raised up, brought up. ***Ukhrijû*** اخْرِجُواْ (*pp. 3rd p. m. plu. IV*): They were driven out. ***Ukhrijtum*** أخرِجتُم (*pp. 2nd p. m. plu. IV*):

You were driven out. ***U<u>kh</u>rijnâ*** أخرِجنَ (*pp. 1st p. plu. IV*): We were driven out. ***Yu<u>kh</u>rajûna*** يُخْرَجُوْنَ (*pip. 3rd p.m. plu. IV*): They are driven out. ***Tu<u>kh</u>rajûn*** تُخرَجُوْنَ (*pip. 2nd p. m. plu. IV*): You are driven out. ***Yastakhrijâ/Yastakhrijâni*** يَستَخرِجانِ / يَستَخرِجا (*acc./imp. 3rd p.m. dual X*): They two may bring forth. ***Tasta<u>kh</u>rijûna*** تستخرِجُوْنَ (*imp. 2nd p. m. plu. X*): You bring forth. ***Ista<u>kh</u>raja*** استَخرج ***<u>Kh</u>arjun*** خَرْجٌ (*n.*): Tribute; Maintenance. ***<u>Kh</u>arâjun*** خراجٌ (*n.*): Tribute; Maintenance. ***<u>Kh</u>urûjun*** خروجٌ (*v.n.*): Going forth. ***I<u>kh</u>râjun*** إخراجٌ (*v. n. IV*): Driving out. ***Ma<u>kh</u>rajun*** مُخرَجٌ (*n.* for time and place): Way out; (Place of safety) ***Mu<u>kh</u>rijun*** مُخْرِجٌ (*ap-der. m. sing. VI*): Who brings forth. ***Mu<u>kh</u>rijîna/Mu<u>kh</u>rijûna*** مُخرجونَ/مُخرِجِينَ (*acc./ pis. pic. m. plu.*): Those who are brought forth. (L; T; R; LL)

The root with its above forms has been used in the Holy Qur'ân about 181 times.

<u>Kh</u>ardala خَرْدَلَ

خَردَلَة ؛ يُخَردِل

(quadrilateral) To eat the best part of a thing, parcel.

<u>Kh</u>ardalun خَرْدَلٌ (*n.*): Mustard seed. (21:47; 31:16). (L; T; R; LL)

<u>Kh</u>arra خَرَّ

خَرّاً، خَرِيراً؛يخُر،يخِر

To make noise while flying, fall down, murmur (water), prostrate.

<u>Kh</u>arra خَرَّ (*prf. 3rd. p.m. sing. assim.*): He fell down. ***<u>Kh</u>arrû*** خَرّوا (*prf. 3rd p. m. plu. assim.*): They fell down. ***Ta<u>kh</u>irru*** تَخِرّ (*imp. 2nd p.m. sing. assim.*): Thou fall down. ***Ya<u>kh</u>irrû/ Yakhirrûna*** يَخِرّوْنَ/يَخِرّوا (*acc./ imp. 3rd p. m. plu.*): They fall down. (L; T; R; LL)

The root with its above five forms has been used in the Holy Qur'ân about 12 times.

<u>Kh</u>ara<u>s</u>a خَرَصَ

خَرصًا ؛ يخَرُص

To lie, guess, appraise, infer on insufficient grounds, conjecture, form or express an opinion without sufficient evidence for proof, beg or forge, speculate, suppose, presume.

Ya<u>kh</u>ru<u>s</u>ûn يَخْرُصُوْنَ (*imp. 3rd p. m. plu.*): They guess (6:116; 10:66; 42:20). ***Ta<u>kh</u>ru<u>s</u>ûn*** تَخْرُصُوْنَ (*imp. 2nd p.m. plu.*): You conjecture (6:148). ***<u>Kh</u>arrâ<u>s</u>ûn*** خَرّاصُوْنَ (Falsehood-mongers (51:10). (L; T; LL)

Khartama خَرطَمَ

To strike on the nose, lift the nose, become proud, be angry. *Khurtûm* خُرطُوْم: Nose; Snout; Trunk of an elephant.

Khurtûm خُرطوم (*n. guadriliteral*): (68:16). (L; T; R; LL)

Kharaqa خَرَقَ

خَرقًا ؛ يخرق، يخرُق

To rend, make a hole in, pierce, feign, falsely attribute, tear, scuttle, tell lie, infringe, forge.

Kharaqa خَرَقَ (*prf. 3rd p.m. sing.*): He scuttled (خَرَقَها 18:71). ***Kharaqta*** خَرقتَ (*prf. 2nd p.m. sing.*): Thou scuttled (18:71). ***Kharaqû*** خَرقُوْا (*prf. 3rd p.m. plu.*): They imputed (6:100). ***Takhriqa*** تَخْرِقَ (*imp. 2nd. p.m. sing. acc.*): Thou rend (17:37). (L; T; R; LL)

Khazana خَزَنَ

خزنًا ؛ يخزُن

To store up, lay up in a storehouse or treasury. *Khazâin*: خزائن plu. of *Khazânatun* خزانةٌ: Treasury; Treasure. *Khâzin* خازن: One who lays in a store; Keeper. plu. *Khazanatun* خزنةٌ and *Khâzinîn* خازنين.

Khâzinîn خازنين (*act. pic. m. plu. acc.*): Treasurers (15:22). ***Khazanatun*** خزنة (*n. plu.*): Keepers (لخزَنَة 40:49; خزَنَتُها 39:71,72; 67:8). ***Khazâinu*** خَزائنُ (*n. plu.*): Treasures (6:50; 11:31; 12:55; 17:10; 38:9; 52:37; 63:7; 15:21). (L; T; R; LL)

Khaziya خَزِيَ

خَزيًا ، خِزيًا ؛ يخزىٰ

To be disgraced, fall into disgrace or misery or ignominity, be lowered, ashamed of. *Khizyun* خِزْيٌ : Disgrace; Ignominity; Misery; Shame. *Akhzâ* أخزىٰ for *Akhzaya* أخزيَ: More disgraceful. Comparative form; *Mukhzî* مُخْزِي : Humiliator; One who puts to shame.

Nakhzâ نَخزىٰ (*imp. 1st p. plu.*): We are humiliated. ***Akhzaita***: اخزيتَ (*prf. 2nd p.m. sing. IV.*): Thou hast humiliated. ***Yukhzî*** يُخزِي (*imp. 3rd p.m. sing. IV.*): He will humiliate, disgrace. ***Lâ Tukhzi*** لا تُخزِ (*prt. neg. m. sing.*): Thou humiliate not. ***Lâ Tukhzû*** لا تُخزوا (*prt. neg. m. plu.*): You humiliate not. ***La Tukhzinî*** لا تُخزِني (*prt. pray*): Humiliate me not. ***Lâ Tukhzinâ*** لا تُخزنا (*prt.* pray). Humiliate us not. ***Lâ Tukhzûni*** لا تُخزونِ : O men humiliate me not. ***Akhzâ*** اخزىٰ (*elative*): More humiliating. ***Mukhzî*** مُخْزِي (*ap-der. m. sing. IV.*): Humiliater. ***Khizyun*** خِزْيٌ (*v.n.*): Humiliation. (L; T; R; LL)

The root with its above has been used 26 times in the Holy Qur'ân.

Khasa'a خسَأَ
خَسأَ؛يَخسَأَ

To drive away (a dog), be dull and weakened (of senses), despised, dazzled, distant. The word is both transitive and intransitive. *Ikhsa'û* اخسؤا perat. plu. for *Ikhsâsaûwa*: The *hamza* being changed into *wâw* in consequence of the *dzamma* and the servile *wâw* being dropped.

Ikhsaû اخسؤا (*perat. m. plu.*): Slink away; Despised (23:108). ***Khâsian*** خاسِأً (*act. pic. m. sing.*): Despised one; Dazzled (67:4). ***Khâsiîn*** خاسئين (*act. pic. m. acc.*): Despised ones. According to the rules of Arabic grammar, This form of plural, with *Ya, Nûn*, is used about rational beings only, the word used with regard to animals being *Khâsi'atun* خاسِئةٌ (2:65; 7:166). (L; T; R; LL)

Khasira خَسِرَ
خَسارة،خَساراً،خَسراً؛يَخسَرُ
خُسرانًا، خُسْراً

To wander from the right path; To be deceived; To suffer loss, lose, perish, suffer damage; go astray. The word is really intransitive, so it does not mean they made their souls suffer, but that they suffered with regard to themselves, or those who have lost their souls, or those who suffered with regard to themselves, or they themselves suffered. The correct transitive form of the word is *Khasara* خسر (he caused to suffer) and not *Khasira* خسِرَ (he suffered), which the Holy Qur'ân has used this peculiar use of the word is intended to intensify the meaning. See also *Safiha*. *Khusrun* خسرٌ Loss; A losing concern. *Khasârun* خسارٌ *Khusrânun* خسرانٌ and *Khasârun* خَسرانٌ: Perdition; Loss; Error. *Khâsirun* خاسر: Loser; One who wanders from the right way. *Khâsiratun* خاسرة act. pic. f. sing. f. loser. *Akhsaru* اخسر Comparative form: Greatest loser; One who errs exceedingly. *Takhsîr* تخسير A loss. *Akhsar* اخسر To diminish, give short measure.

Khasira خسِرَ (*prf. 3rd p.m. sing.*): He loosed, has suffered a loss. ***Khasirû*** خسروا (*prf. 3rd p.m. plu.*): They lost. ***Lâ Tukhsirû*** لاتخسروا (*n. d. prt. neg. 2nd p.m. plu. IV. acc. n. d.*): You do not disturb, do not fall short. ***Yakhsaru*** يخسُر (*imp. 3rd. p. m. sing.*): They will be in loss. ***Yukhsurûna*** يخسرون (*imp. 3rd p.m. plu.*): They give less (than what is due). ***Khusrun*** خسرٌ ***Khusrânun*** خسران ***Khasaratun*** خسرةٌ (*n.*): Loss. ***Khâsirîna*** خاسرين (*acc.*):

Khâsirûna خاسرون (*nom. act. pic. m. plu.*): Losers. ***Khâsirrtun*** خاسرةٌ (*act. pic. f. sing. f.*): Loser. ***Akhsarîna,*** اخسرين (*acc.*) ***Akhsarûna*** اخسرون *(nom.* elative *m. plu.*): The worst losers. ***Takhsîr*** تخسير (*v. m. II.*): Losing. ***Mukhsirîn*** مُخسرين (*ap-der, m. plu. IV.*): Those who cause others to lose. ***Khasâran*** خساراً (*infinitive*): To suffer loss (L; T; R; LL)

The root with its above forms has been used in the Holy Qur'ân about 65 times.

Khasafa خَسَفَ

خُسُوفًا ؛ يخسِف

To bring disgrace; sink down; To be eclipsed; To humble and vex; tear off; cause a land to be swallowed up with its inhabitants; bury one beneath the earth; Cause the earth to swallow up. The infinitive noun Khasf خسف signifies being vile, abject. It also contains the sense of abasing or humiliating others.

Khasafa خَسَفَ (*prf. 3rd p.m. sing.* eclipsed, with *Bâ*): He would have sunk (us). ***Khasafnâ*** خسفنا (*prf. 1st p. plu.*): We sank. ***Yakhsifu*** يخسِفُ (*imp. 3rd p.m. sing.*): He sinks. ***Nakhsifu*** نخسِفُ (*imp. 1st p. plu.*): We make low and abased. (L; T; R; LL)

The root with its above four forms has been used in the Holy Qur'ân about 8 times.

Khashaba خَشَبَ

خَشبًا ؛ يخشِب

To mix a thing, pick out a thing, shape out, polish, roughen a thing, compose unrefined (verses). *Khashb-un* خشبٌ: Rough wood; Timber; plu. *Khushubun* خُشُبٌ. It is also used for shameless person and worthless thing.

Khushubun خُشُبٌ (*n. plu.*): Rough wood; Shameless and worthless persons (63:4). (L; T; R; LL)

Khasha'a خَشَعَ

خُشوعًا ؛ يخشع

To be submissive, humble, lowly, low, cast down (eyes), faint (voice), dry, barren and desolate, exercise restraint, confined to God only, throw one self completely at His mercy. For its explanation, see 2:46. *Khushû'* خشوع: Humility; Humblity; Faintness of voice; Casting down of the eyes; Emotion. *Khâshi'un* خاشعٌ: One who humbles himself; Barren; Desolate; Lowering. Its plu. is *Khushshaun* and *Khâshiûn*.

Khasha'at (*prf. 3rd p. f. sing.*): He became humbled and submissive. ***Takhsha'a*** تخشع (*imp. 3rd*

p. f. sing. acc.): That should humble. ***Khushû'*** خشوع (*v.n.*): Humility. ***Khâshi'an*** خاشعًا(*act. pic. m. sing. acc.*): In all humility. ***Khâshi'ûn / Khâshi'în*** خاشعون / خاشعين (*acc./act. pic. f. sing.*): Men of humility. ***Khâshi'atun*** خاشعةٌ (*act. pic. f. plu. f.*): In the state of humility. ***Khâshi'ât*** خاشعات (*act. pic. f. plu.*): Woman of humility. ***Khushsh'an*** خشّعاً (*acc.*): Lowering, Downcast. (L; T; R; LL)
The root with its above forms has been used in the Holy Qur'ân about 17 times.

Khashiya خَشِيَ

خَشية، خَشيًا ؛يخشیٰ

To awe, awe with reverence, fear.

Khashyatun خشيةٌ (*n.*): Reverential awe; Fear. ***Khashiya*** خشيَ (*prf. 3rd p.m. sing.*): He fears, is full of reverential awe. ***Khashîtu*** خشيتُ (*prf. 1st p. sing.*): I was fearful. ***Khashînâ*** خشينا (*prf. 1st p. plu.*): We were fearful. ***Yakhshâ*** يخشاء (*imp. 3rd p.m. sing.*): He should fear. ***Takhshâ*** تخشیٰ (*imp. 2nd p.m. sing.*): Thou fear. ***Yakhshau*** يخشو/ ***Yakhshauna*** يخشون (*imp. 3rd p.m. plu.*): They fear. ***Nakhshâ*** نخشیٰ (*imp. 1st p. plu.*): We fear. ***Ikhshau*** اخشوا (*prt. 2nd p.m. plu.*): Be fearful. ***Khashyatun*** خشيةٌ (*n.*): Fear, Awe. ***Takhshau*** تخشوٓ (*imp. 2nd. p. plu. m.*): Be fearful. ***Takhshauna*** تخشون (*imp. 2nd. p. m. plu.*): You fear. ***Yakhash*** يخشَ (*imp. 2nd. p. plu. m.*): Be fearful. ***Takhshau*** تخشو (*imp. 2nd. p. m. plu.): Be* fearful. ***Yakhsha*** يخشَیَ (*imp. 3rd. p. plu. m.*): Be fearful. (L; T; R; LL)
The root with its above forms has been used in the Holy Qur'ân about 48 times.

Khassa خصّ

خُصوصًا ،خصاصة،خَصًا ؛يخُص

To distinguish as particular, attribute a thing exclusively to, be special, proper, concern, select, choose, single out, be in want, be needy. *Khâssatan* خاصّةً : Particularly; Peculiarly; Exclusively. *Ikhtassa* اختصّ : VIII. To bestow upon anyone in a peculiar manner. *Khassâstun* خصاصةً: Neediness; Poverty; Destitution.

Yakhtassu يختصّ (*imp. 3rd p. m. sing. VIII.*): Selects; Chooses; Singles out (2:105; 3:74). ***Khâssatun*** خاصّةً (*act. pic. f. sing. adj.*): Exclusively (8:25). ***Khasâsatun*** خصاصةً (*v.n.*): Thirst and hunger; Neediness; Straitness (59:9). (L; T; R; LL)

Khasafa خَصَفَ
خصفًا ؛ يخصف

To patch, sew, stitch, piece-together, cover.

Yakhsifâni يخصفان (*imp. 3rd p.m. dual.*): They two cover (7:22; 20:121). (L; T; R; LL)

Khasama خَصَمَ
خصمًا ؛ يخصم

To contend, quarrel with, overcome anyone in dispute, solve (a difficulty), counteract, have the best in altercation, dispute, plead. *Khasmun* خَصْمٌ: Adversary; Disputing parties. This word is used for sing., dual and plu., Though the dual *Khasmân* خصمان and plu. *Khasimûn* خصمون are also used. *Khasimun* خصمون Contentious person. *Khasîm* خصيم : Disputer. *Khisâm* خصام: Quarrel; Contention; Dispute; Adversary. *Takhâ-sum* تخصام: Mutual disputing and recrimination. *Ikhtasama* اختصم and *Yakhissimûn* يخصمون VIII. (36:49): To dispute, strive together by way of dispute, contend.

Ikhtasamû اختصموا (*prf. 3rd p.m. sing. VIII.*): They contended, disputed. ***Yakhtasimûna*** يختصمون (*imp. 3rd p.m. plu. VIII.*): They were engaged in discussion. ***Yakhissimûna*** يخصّمون (*imp. 3rd p.m. plu. VIII.*): They were disputing. ***Takhtasimû/Takhtasimûna*** تختصمون / تختصموا (*imp. 2nd p.m. plu.*): You contend. ***Khasmun*** خصمٌ (*n.*): Disputing parties; Adversaries. ***Khasmâni*** خصمان (*n. dual.*): Two disputers; Two litigants. ***Khasimûna*** خصمون (*n. plu.*): Contentious people; Disputing ones. ***Khasîmun*** خصيم (*act. 2 pic.*): Contender; Pleader. ***Khisâm*** خصام (*n.*): Dispute; Contention. ***Takhâsimun*** تخاصم (*v. n. IV.*): Contending. (L; T; R; LL)

The root with its above forms has been used in the Holy Qur'ân about 18 times.

Khadzada خَضَدَ
خضدًا ؛ يخضِد

To bend, break wood, cut off the thorns from a tree, crack, cut a thing. *Khadzâd* خَضداد: Tree without thorns.

Makhdzûd مخضود (*pct. pic. adj.*): Thornless and bent down with fruits (56:28). (L; T; R; LL)

Khadzira خَضِرَ
خضراً ؛ يخضر

To be green, become verdant. *Khadzirun* خَضِر :Green herbs. *Khudzrun* خُضر: f. plu. of *Akhdzaru* اخضرُ: Green. *Mukhdzarratun* مخضرّة : That (*f.*) which is green. *Akhdzara*

اخضَرَ To become green.

Khadziran خَضِرًا (*n.*): Green (stalks). ***Akhdzar*** اخضر(*n.*): Green. ***Khudzrun*** خُضرٌ (*n. plu.*): Green ones. ***Mukhdzarratun*** مُخضرّة (*pis. pic. f. sing.*): That is made green. ***Khadzran*** خضراً (*adj.*): Green. (L; T; R; LL)

The root with its above five forms has been used in the Holy Qur'ân about 8 times.

Khadza'a خَضِعَ

خُضوعا ،خَضعًا ؛يخضَع

To be humble and lowly submissive, obey, submit, soften.

Khâdziîn خاضعين (*act. pic. m. plu.*): Submissive ones. (26:4) ***lâ Takhdza'na*** لاتخضعن (*perat. neg. 2nd p. f. plu.*): Be not soft. (23:32). (L; T; R; LL)

Khati'a خَطِئَ

خَطأ ؛يخطأ

To err, make a mistake, do wrong, commit fault, evil. *Khit'un* خطا: Mistake; Wrong; Evil. *Khat'un* خَطأ Mistake; Wrong; Evil. The words *Khit'un* and *Khatâ'un* خطاء differ in their significance. Whereas the former is intentional, the latter may both be intentional and unintentional. *Khatâyâ* خطايا plu. of Khati'-*atun* the final *yâ* being changed into *alif* because preceded by another *yâ*. *Khâtyun* خطيٌ: One who makes a mistake. *Akht'a* اخطأ: IV. To be in error. *Khâti'atun* خطيات: Habitual sinfulness; The *tâ* is frequently added to nouns to give intensity.

Akhta'tum اخطأتم (*prf. 3rd p.m. plu. IV.*): You made mistake. ***Akht'ana*** اخطأنا (*prf. 1st p. plu. IV.*): We made a mistake. ***Khit'un*** خِطأ (*n.*): Wrong, Mistake; Evil practice. ***Khat'un*** خَطأ (*n.*): By mistake. ***Khatî'atun*** خطيئة (*n.*): Fault; Mistake. ***Khatî'âtun*** خطيأت (*n. plu.*): Faults. ***Khatâya*** خطايا (*plu. f.* ***Khata'un*** خطأ): Faults. ***Khâti'ûn/Khâti'în*** خاطئون/خاطئين (*act. pic. m. plu.*): Those who make mistakes. ***Khâti'atun*** خاطئة (*act. pic. sing. f. adj.*): One who makes mistakes.

The root with its above forms has been used in the Holy Qur'ân about 22 times.

Khataba خَطَبَ

خطابة ،خُطبة ؛يخطب

To speak, make sermon, preach, deliver an exhortation. *Khataba* خَطَبَ *Khatban* خطبًا and *Khitbatan* خِطبةً: To ask in marriage. *Khatbun* خطبٌ: Thing; Affair; Cause of an affair, Matter; Business; Object; An affair that one seeks or desires to do, or that may be a subject of discourse. *Khâtaba* خاطبَ:To speak to, address. *Khitâb* خطاب: Discourse. *Fasl al-Khitâb* فصل الخطابَ: Decisive speech, Sound judgment in legal matters.

Khâtaba خاطب (*prf. 3rd m. sing. III.*): He addressed. ***Lâ Tukhâtib*** لا تخاطب (*prt. neg. III.*): Do not address; Speak not. ***Khatbun*** خطبٌ (*n.*): Object; Matter. ***Khitâb*** خطاب (*v.n.*): Speech; Declaration; Argument; Address. ***Khitbatun*** خطبةٌ (*n.*): Proposal of marriage. (L; T; R; LL)
The root with its above five forms has been used in the Holy Qur'ân about 12 times.

Khatta خطّ

خطًا ؛ يخُطّ

To write, draw lines, put marks.

Takhuttu تخطّ (*imp. 2nd p.m. sing.*): Thou hast written; Thou did write (29:48). (L; T; R; LL)

Khatifa خَطِفَ

خطفًا ؛ يخْطف

To snatch, carry off, march quickly (camel). *Khatfatun*: خطفةٌ: Something snatched away by stealing.

Khatifa خَطِفَ (*prf. 3rd p.m. sing.*): He snatched, carried off. ***Yakhtafu*** يخطف (*imp. 3rd p.m. sing.*): He snatches, carries off. ***Takhtafu*** تخطف (*imp. 3rd p.f. sing. Khafata* خَفَتَ): She snatches. ***Yutakhattafu*** يتخطف (*pip. 3rd p.m. sing. V.*): He is being snatched. ***Nutakhattfu*** نتخطّف (*pip. 1st. p. plu. V.*): We shall be snatched away. (In the verse 28:57 this verb has occurred as apodosis *Jawâb-i-Shart*, therefore is taken as genitive.) ***Khatfatun*** خَطفةٌ (*n.*): Act of snatching away. (L; T; R; LL)
The root with its above forms has been used in the Holy Qur'ân about 7 times.

Khata خَطَا

خطوًا ؛ يخْطو

To step, make a step forward, trespass upon (a limit).

Khutuwât خطوات (*n. plu.* of *Khutwatun* خطوةً): Footsteps (2:168,208; 6:142; 24:21). (L; T; R; LL)

Khafata خَفَتَ

خُفُوتًا ؛ يَخفُت

To speak in low voice, be quiet or silent, become still. *Takhâfata* تخافة : To converse in a low tone.

Lâ Tukhâfit لا تخافِت (*perat. neg. 2nd p.m. sing. III.*): Utter not in too low tone (completely concealing it) (17:110). ***Yata-khâfatûna*** يتخافتون (*imp. 3rd p.m. plu. IV.*): They will talk one to another in a hushed voice or muttering (20:103; 68:23). (L; T; R; LL)

Khafadza خَفَضَ

خَفضا ؛ يَخفِض

To lower; soften; walk gently (camel), humble, To be easy, To facilitate

Ikhfidz Janâhaka اخفِض جناحك (an idiomatic metaphor): Lower your wing; Be kind and gentle (15:88 17:24; 26:215). ***Khâfidzatun*** خافضة (*act. pic. f. sing*): Abasing; Lowering which humbles (56:3). (L; T; R; LL)

Khaffa خَفَّ

خِفّة ،خَفاً ؛ يخِف

To be light; light minded. *Khifâf* خفاف plu. of *Khafîf*, خفيف: Light. *Khaffafa* خفّف: To make light, make things easier. *Takhfîfun* تخفيف: Alleviation. *Istakhaffa* استخف : To think or find light and easy, induce levity in anyone, instigate. The meaning of the verse 43:54, according to Râghib and Ibn Kathîr is that Pharaoh had made the minds of his people so light that they were unable to understand their loss and profit, so they followed him.

Khaffat خفّت (*prf. 3rd p. f. sing.*): She becomes light. ***Khaffafa*** خفّف (*prf. 3rd. p.m. sing. II.*): He lightened. ***Yukhaff-ifu*** يخفّف (*imp. 3rd p. sing. II.*): Lightens; ***Yukhaffafu*** يخَفّف (*pip. 3rd p.m. sing. II.*): Will be lightened. ***Istakhaffa*** استخف (*prf. 3rd p.m. sing. X.*): He did instigate, incited to levity and demanded prompt obedience, lightened the mind. ***Yastakhiffanna*** يستخفّنّ (*imp. 3rd p.m. sing. emp.*): Should lighten, should hold in light estimation. ***Tastakhiffûna*** تستخفّون (*imp. 2nd p.m. plu. X.*): You find light. ***Khafîfun*** خفيف (*act. 2 pic. n. adj.*): Light. ***Khifâfun*** خفافٌ (*plu. of Khafîfun* تخفيف): Light. ***Takhfîf*** تخف (*v.n. II.*): Alleviation. (L; T; R; LL)

The root with its above forms has been used in the Holy Qur'ân about 17 times.

Khafiya خَفِيَ

خَفاءً ؛ يخفىٰ

To be hidden, be unperceived, To conceal a thing, remove its covering, manifest. This word has contradictory meaning. *Khafiyyun* خفيّ: Hidden. *Tarfin Khafiyyin* طرف خفي: Furtive glance; Stealthy glance; Askance. *Khafiyan* خفيًّ : In secret; Aloud. *Akhfâ*:

اخفىٰ comparative form: More hidden. *Khâfiyatun* خافيةً: Secret action. *Akâdu ukhfîhâ* اكاداخفيه: I am about to unveil it; I want to keep it hidden. The IV. being used in both senses. *Istakhfa* استخفى : To lie hidden X. *Mustakhfin* مستخف: One who tries to hide himself.

Yakhfâ يخفىٰ (*imp. 3rd p.m. sing.*): Thou concealeth. ***Takhfâ*** تخفىٰ (*imp. 3rd p. f. sing. f.*): She conceals. ***Lâ Yakhfauna*** لايخفون (*imp. 3rd p.m. plu. neg.*): They are not hidden. ***Akhfaitum*** اخفيتم (*prf. 2nd p.m. plu. IV.*): You have concealed. ***Yukhfûna*** يخفون (*imp. 3rd p.m. plu. IV.*): They conceal. ***Yukhfîna*** يخفين (*imp. 3rd p. f. plu. IV.*): They conceal. ***Tukhfî*** تُخفي (*imp. 2nd p.m. sing. IV.*): Thou conceal. ***Tukhfû /Tukhfûna*** تخفوا / تخفون (*imp. 2nd p.m. plu.*): You conceal. ***Ukhfî*** اخفي (*imp. 1st p. sing. IV.*): I conceal; I unveil. ***Yastakhfû/Yastakh-fûna*** يستخفوا /يستخفون (*imp. 3rd p.m. plu. X.*): They tend to conceal; They seek to hide. ***Khafiyyun*** خفيّ (*n.*): Steady, Furtive; Secret; Aloud. ***Akhfâ*** اخفىٰ (*n.*): Extensive. Most hidden. ***Khâfiyatun*** خافية (*act. 2nd. pic. f. sing.*): Hidden. ***Khufyatun*** خفية (n.): Secrecy; In open. ***Mustakhfin*** مستخف (*pis. pic. X.*): One who hides himself, who lurks. ***Nukhfî*** نُخْفي (*imp. 1st. p.plu. IV.*): We conceal. (L; T; R; LL)

The root with its above forms has been used in the Holy Qur'ân about 34 times.

Khalada خَلَدَ

خُلودا ؛ يخلُد

To remain, last long, live on, retain a youthful appearance, abide in a place, live without change or deterioration. It does not necessarily convey the idea of perpetuity. *Akhlada* اخلدَ: To lean towards; stick faithfully to a friend.

Yakhlud يخلد (*imp. 3rd p.m. sing.*): He will abide, will suffer for long. ***Takhludûna*** تخلدون (*imp. 2nd p.m. plu.*): You may abide; You will abide till long. ***Akhlada*** اخلدَ (*prf. 3rd p.m. sing. IV.*): He cling; Remained inclined, will make abide. ***Khuld*** خُلد (*v.n.*): Abiding; Continuity; Paradise. ***Khâlid*** خالد (*act. 2nd. pic. f. sing.*): One who abides. ***Khâlidûn/Khâlidîn*** خالدين / خالدون Those who abide. plu. of Khâlid. ***Khulûd*** خلود (*v.n.*): Abiding; Lasting. ***Mukhalladûna*** مخلّدون (*pis. pic. plu. II.*): Never altering in age; Of perpetual bloom; Never altering in age; Ever young; Destined to continue forever in

Khalaṣa خَلَص

boyhood; Endowed with perpetual vigour, That never becomes decrepit. (L; T; R; Asâs; LL)
The root with its above forms has been used in the Holy Qur'ân about 87 times.

Khalaṣa خَلَص
خالصة؛خُلوصًا؛يخلُص

To be pure, unmixed, free, retire, alone, exclusive, sincere, arrive at, proper, peculiar, private, retire.

Khalaṣû خلصوا (*prf. 3rd p. m. plu.*): Extensively private. **Akhlaṣû** اخلصوا (*prf. 3rd p.m. plu. IV.*): They made someone exclusive. **Akhlaṣnâ** اخلصنا (*prf. 1st p. plu. IV.*): We purified, distinguished, chose. **Astakh-liṣu** استخلص (*imp. 1st p. sing. X.*): I will single out, will make him special attache, will choose him, will attach him. **Khâli-ṣatun** خالصة (*act. pic. f.*): Distinct quality; Someone alone for someone. **Khâliṣan** خالصًا (*act. pic. m.*): Pure; Exclusive. **Mukhliṣ** مخلِص (*ap-der. sing. IV.*): One who does something exclusively for any one; Being truly sincere. **Mukhlaṣ** مخلَص (*pis. pic. m. sing. IV.*): Chosen one; Purified. **Mukhliṣûn /Mukhlaṣîn** مخلِصين/مخلصون (*ap-der. m. plu.*): Those who are exclu-

sively bearing true (faith). Those who make exclusive their devotion. (L; T; R; LL)
The root with its above forms has been used in the Holy Qur'ân about 31 times.

Khalaṭa خَلَط
خَلطًا؛يخلِط

To mix, mingle. **Khalîṭ** خليط plu. **Khulaṭâ'** خلطا : Partner; Companion; Those who are mixed up (in business).

Khalaṭû خلطوا (*prf. 3rd p.m. plu.*): They mixed. **Tukhâlitû/Tukhâlitûna** تخالطوا/تخالطون (*prf. 3rd p.m. sing. III.*): You mix. **Ikhtalaṭa** اختلط (*prf. 3rd p.m. sing. VIII.*): It is mixed. **Khulaṭâ'** خلطاء (*act. pic. m. plu. f.*): Partners. (L; T; R; LL)
The root with its above four forms has been used in the Holy Qur'ân about 6 times.

Khala'a خَلَعَ
خَلعًا؛يخلع

To depose, strip, cast off, put off, draw off, release, take off, disown, throw off, divorce. The right of the wife to claim a divorce.

Ikhla' اخلع (*perat. 2nd p.m. sing.*): (20:12). Take off. (L; T; R; LL)

Khalafa خَلَفَ
خِلَافَة ؛ يَخْلُف

To succeed, take the place of, be the agent, substitute of. *Khalifa* خَلِفَ :To be stupid. *Khalafa'an Khulqi abîhi*:

خلف عن خلق ابيه

He was not his father's worth. *Khalafa* خَلَفَ : To be altered, corrupt, ascend a mountain, remain behind, repair clothes, seize from behind, disobey, transgress, forfeit one's word, disagree. *Akhlafa* اخلفَ:To break; repair (a garment); send behind, replace. *Takhallafa* تخلّفَ : To remain behind, disagree. *Ikhtalafa* اختلف : To be diversified, branch off, succeed, replace, leave behind, return repeatedly to; Alternation; Contradiction; Variation. *Istakhlafa* استخلف:To appoint as successor; substitute one for another. *Khalaf* خَلَف Good son, successor, substitute, compensation. *Khalf* خلْف: Bad son, successor, substitute, compensation. *Khawâlif* خوالف: Misbehaved and worthless. *Khilf* خلِف: Diversity; Other; Else; Contrary. *Khilâf* خلاف It is infinitive noun from *Khalafa*: He disagreed, he disobeyed or defied, he put a thing on opposite side or in opposite direction. *Khilâf* خِلاف: Disobedience; Defiance; Against; After; Contrary, Opposing of a thing. *Khalîfah* خليفة: Supreme chief; Successor; Religious head. Ibn Masûd and Ibn 'Abbas explain this word as one who judges among or rules the creatures of God by his command. The word *Khalîfah* خليفة in 2:30 refers also to the children of Adam, i.e., the whole of mankind, the correctness of their view is corroborated by the Holy Qur'ân itself (6:165).

Khalafa خَلَفَ (*prf. 3rd p.m. sing.*): He succeeded, acted as a successor. ***Khalaftumûnî*** خلفتُموني (*prf. 3rd. p.m. plu.* comb. of *Khalftumû* + *nî* = me) You succeeded me. ***Yakhlufûna*** يخلفون (*prt. 2nd. p.m. plu.*): They succeed. ***Ukhluf*** اخلف (*prt. 2nd p.m. sing.*): You succeed. ***Khullifû*** خلّفوا (*pp. 3rd p.m. plu. II.*): They were left behind. ***Yukhâlifûna*** يخالفون (*imp. 3rd p.m. plu. III.*): They oppose. ***Ukhâlifu*** اخالفُ (*imp. 1st p. sing. III.*): I oppose. ***Akhlafû*** اخلفوا (*prf. 3rd p.m. plu. IV.*): They kept back, broke their word. ***Akhlaftum*** اخلفتم (*prf. 3rd p.m. plu.*): You kept back (from promise or appointment), failed in your promise. ***Akhlafnâ*** اخلفنا (*prf. 1st p. plu.*): We kept back. ***Yukhlifu*** يُخلفُ (*imp. 3rd p.m. sing. IV.*): He keeps back. ***Lan Yukhlifu*** لن يخلفَ: He will never keep back. ***Tukhlifu*** تخلِفُ (*imp.*

2nd p.m. sing. IV.): Thou keepeth back. ***La Nukhlif*** لا نخلف (imp. 1st p. plu. neg.): We do not keep back. ***Yatakhallafû/Yatakhallafûna*** يتخلفوا / يتخلفون *(acc./imp. 3rd p.m. plu. V.*): They lay behind. ***Ikhtalafa*** اختلفَ (*prf. 3rd. p.m. sing. VIII.*): He has differed. ***Ikhtalafû*** اختلفوا (*prf. 3rd p.m. plu. VIII.*): They differed. ***Ikhtalaftun*** اختلفتم (*prf. 2nd p.m. plu. VIII.*): You differed. ***Yakhtalifûna*** يختلفون (*imp. 3rd p.m. plu. VIII.*): They differ. ***Takhlalifûna*** تختلفون (*imp. 2nd p.m. plu. VIII.*): You differ. ***Ukhtulifa*** اختلف (*pp. 3rd p. m. sing. VIII.*): It was differed in. ***Istakhlafa*** استخلف (*prf. 3rd p.m. sing. X.*): Made successor. ***Yastakhlifu*** يستخلف (*imp. 3rd p.m. sing. X.*): He makes successor. ***Yastakhlifanna*** يستخلفنّ (*imp. 3rd p.m. sing. emp.*): Certainly he will make successor (vouchsafed with both spiritual and temporal leadership). ***Khalfun*** خلفٌ (*n.*): Evil successor; Son; Behind; After. ***Khâlifîna*** خالفين (*act. pic. plu. n.*): Those who stay or remain behind. ***Khilâfun*** خلاف (*n.*): Against; After; Opposite sides. ***Khilfatun*** خلفة (*n.*): Succession; One following the other. ***Khawâlif*** خوالِف (*act. pic. f. plu.*): Misbehaved and worthless persons; Those who remained behind. ***Khalîfatun*** خليفةٌ (*act. pic. n.*): Vicegerent; Successor. ***Khalâif*** خلائف (*plu.* of *Khalîfatun*): Successors. ***Khulafâ'*** خلفاء (*plu.* of Khalifatun): Successors. ***Mukhallafûna / Mukhallafîna*** مخلّفون / مخلّفين (*acc./ pis. pic. m. plu. II.*): Those who lagged behind. ***Mukhlifa*** مخلِفَ (*ap-der. m. sing. IV.*): One who fails in his promise. ***Ikhtilâf*** اختلاف (*v.n. III.*): Alternation; Variation; Diversity; Contradiction. ***Mukhtalifun*** مختلفٌ (*ap-der. m. sing. VIII.*): Varied. ***Mukhtalifîna / Mukhtalifûna*** مختلفون / مختلفين(*acc/. pis. pic. m. plu.*): Those who differ with each other in any matter. ***Mustakhlafîna*** مستخلفين (*pis. pic. plu. X.*): Successors; Vicegerents. (L; T; R; LL)

The root with its above forms has been used in the Holy Qur'ân about 127 times.

Khalaqa خَلَقَ
خلقة ، خلقًا ؛ يخلق

To measure, proportion, determine, fashion, create, form a thing, be fit, apt to a thing, behave kindly. *Khulq* خُلق: Moral; Character; Nature; Temper; Habit. *Mukhallaq* مخلّق: Well proportioned. The distinction between *Khalq* خلق and *Amr* امر (command) is that while the former generally means the measuring out or resolving of the thing out of preexisting matter, the later means bringing into being without matter by uttering the simple command 'Be'.

Khalaqa خَلَقَ (*prf. 3rd p.m. sing.*): He created, determined. ***Khalaqû*** خلقوا (*prf. 3rd m. plu.*): They created. ***Khalaqta*** خلقتَ (*prf. 2nd p.m. sing.*): Thou created. ***Khalaqtu*** خلقتُ (*prf. 1st p. sing.*): I created. ***Khalaqnâ*** خلقنا (*prf. 1st. p. plu.*): We created. ***Yakhluqu*** يخلُق (*imp. 3rd p.m. sing.*): He creates. ***Takhluqu*** تخلُق (*imp. 2nd. p. m. sing.*): Thou determine. ***Akhluqu*** اخلُق (*imp. 1st p. sing.*): I determine. ***Nakhluqu*** لُق (*imp. 1st p. plu.*): We create. ***Khuliqa*** خُلِقَ (*pp. 3rd p.m. sing.*): Was created. ***Khuliqat*** خُلقت (*pp. f. sing.*): Was *f.* created. ***Khuliqû*** خُلِقوا (*pp. m. plu.*): They were created. ***Lam yukhlaq*** لم يخلق (*pip. 2nd p.m. sing. neg.*): Has not been built. ***Yukhlaqûna*** يخلقون (*pp. 3rd p.m. plu. IV.*): They are created. ***Khalqun*** (*n.*): Creation; Creature. ***Khuluqun*** خلُق (*n.*):Moral character; Disposition, Natural tendency. ***Khâliqun*** خالِق (*act. pic. m. sing.*): Creator; One who determines. ***Khâliqîn/Khâliqûn*** خالقون / خالقين (*acc./act. pic. m. plu.*): Creators; Those who determine. ***Khalâq*** خلاق (*n.*): Portion; Share (of good). ***Khallâq*** خلاّق (*ints.*): The most powerful creator; Great creator. ***Mukhallaqatun*** مخلقة (*pic. f. sing. II.*): Formed. ***Ikhtilâq*** اختلاق (*v.n. VIII.*): Forgery. (L; T; R; LL) The root with its above forms has been used in the Holy Qur'ân about 261 times.

Khalla خلّ

خُلولاً، خلاً ؛ يخِلّ، يخُلّ

To pierce, slit, make a hole through, be very particular in need of help and support. *Khallatû* خلّتوا: To make friendship with. *Khullatun* خلّة: Fast-friendship: That friendship or love which penetrates the heart and takes root in it. *Khalîl* خليل: One whose friendship and love is very deep and sincere; a most loving and bosom friend. *Khâlla* خلّ: To act friendly towards. *Khalîlun* خليل plu. *Akhillâ'u* اخلاء : Friend; True friend; An epithet of Abraham, The friend of God; Khâlla خالّ III. To be friendly. *Khilâlun* خلال: Friendship; it is also plu. of *Khallun* in which sense it means the middle or inner parts.

Khilâl خلال (*n.*): Friendship; Fast-friendship. Inside; Midst, Through. ***Khullatun*** خلّة (*n.*): Fast friendship. ***Khalîl*** خليل (*act. 2nd. pic.*): Special; Dearest; Most

sincere friend who has no rival in the love and reliance placed upon him and is without disorder and defect. ***Akhillâ'*** اخلاّء (*plu.* of *Khalîl*.): (L; T; R; LL)
The root with its above four forms has been used in the Holy Qur'ân about 13 times.

Khalâ خَلاَ
خَلاَءً؛ يخلو

To be vacant, empty, alone in a place, elapse (time), be free from; He is dead; He is gone. *Khalâ* خلا *Khalwatun* خلوة: To speak in private with anyone, let anyone go, release, pass away, be in existence in former times, be free.

Khalâ خلا (*prf. 3rd p.m. sing.*): He is alone, went apart, passed, has gone. ***Khalau*** خلوا (*prf. 3rd p.m. plu.*): They are alone with, they passed. ***Khalat*** خلت (*prf. 3rd p. f. sing.*): She passed away, died. ***Yakhlu*** يخلُ (*imp. 3rd p.m. sing.*): He will be alone; will be free, will be exclusively (yours). ***Khallû*** خلّوا (*prt. 2nd p. m. plu.*): Leave free. ***Takhallat*** تخلّت (*prf. 3rd p. f. sing. V.*): Became empty. ***Khâliyatu*** خالية (*act. pic. f. sing.*): Past. (L; T; R; LL)
The root with its above forms has been used in the Holy Qur'ân about 28 times.

Khamida خَمِدَ / Khamada خَمَدَ
خَمدًا؛ يَخمد

To be extinguished, get low (a fire), faint away and die.

Khâmidûn خامدون (*nom.*): (36:29). ***Khâmidîn*** خامدين (21:15) (*acc. act. pic. m. plu.*): Extinguished. (L; T; R; LL)

Khamira خَمِرَ/Khamara خَمَرَ
خَمرًا؛ يخمِر، يخمُر

To cover over, conceal, veil, hide, ferment. *Khamar* خمر: Any intoxicating thing; Any fermented drink, Grapes, Anything that clouds or obscure and covers the intellect. It includes all intoxicating substances. It is devil's work (5:90). It is wrong to say that the moderate use of wine or such things is allowed and that only drinking to excess is prohibited. The Companions of the Holy Prophet never made use of a drop of such things after the prohibition was made known. The Holy Prophet ﷺ said, A small quantity of anything of which a large quantity is intoxicating is prohibited (Abû Dâûd 25:5). Wine is also called *Khamar* because it covers or obscures or affects the intellect or the senses, or because it agitates and excites the brain so as to make it lose its power of control.

Khumur خُمُر plu. of (*Khimâr* خمار): Head cover, scarf, covering and specially a woman's head veil, screen.

Khamar خمر (*n.*): Any intoxicating thing. ***Khumur*** خُمُر (*n. plu.* of *Khimâr* خمار): Head cover; Scarf; Covering and specially a woman's head veil; Screen. (L; T; R; LL)
The root with its above two forms has been used in the Holy Qur'ân about 7 times.

Khamasa خَمَسَ
خمسًا ؛يخمُس

To take a fifth part. *Khamsatun* خَمسة and *Khamsun* خمسٌ : Five.

Khamsatun خمسة (*f.*): Five
Khumusûn خمسون : One fifth.
Khâmisatu خامسة : Fifth.
Khamsîn خمسين (*acc.*): Fifty. (L; T; R; LL)
The root with its above four forms has been used in the Holy Qur'ân about 8 times.

Khamasa خَمَصَ
خمُوصا ، خمصاً ؛يخمُص

To be empty (belly), be hungry, render the belly lank. *Makhmasatun* مخمصة: Hunger; Extreme hunger.

Makhmasatun مخمصة (*v.n. m.*): (5:3; 9:120). Hunger. (L; T; R; LL)

Khamita خَمِطَ
خمطًا ؛يخمط

To be in anger, growl, roar. *Khamt* خمط :Bitter; Bitter plant; Fruits of the capparis sodata; Acid.

Khamtun خمطٌ (*n.*): Bitter (34:16). (L; T; R; LL)

Khaniza خَنِزَ
خنوزًا ،خنزًا ؛يخنز

To stink, to be evil and bad, be proud. *Khinzir* خَنزير (It is a combination of two words *Khinz* خنز meaning bad and *arâ* meaning I see): I see it bad; Proud and evil; Piggy (It means dirty, greedy and stubborn); Pig-headed; Obstinate; Stupidly perverse. Pigsty (dirty house or room); Hog; Greedy and dirty fellow; Swine; Pig

Khinzîr خنزير (*n. sing.*): Swine. (2:173; 5:3; 6:145; 16:115).
Khanâzir خنازير (*n. plu.*): Swines (5:60). (L; T; R; LL; see also Webster's Dictionary)

Khanasa خَنَسَ
خُنوسًا ،خنساً ؛يخنُس

To remain behind, hide away, sneak, recede, hold back, conceal, temper elusively and intangibly slink, do a deed stealthily. *Khunnus* خنّس:

Stars; The five planets - Saturn, Jupiter, Mars, Venus and Mercury because they have a retrograde as well as a direct motion. *Khannas* خَنّس: Slinking; One who hides, retires or shrinks himself; Elusive tempter; Who withdraws after his whisper.

Khannâs خنّاس (*n.*): Sneaking one (114:4). ***Khunnas*** خُنّس (*n. plu.*): Those which recede while advancing in one direction (81:15). (L; T; R; LL)

Khanaqa خَنَقَ

يَخنُق ؛ خَنقًا

To strangle, throttle anyone, choke.

Munkhaniqatu منخنقة (*pis. pic. f. sing.*): That which is strangled. (5:3). (L; T; R; LL)

Khâra خارَ

خوارًا ، خورًا ؛ يخور

To low like an ox, bellow, roar like a bull, be weak, be without strength.

Khuwâr خُوار (*n.*): Lowing sound; Bellowing; Whizzing of arrows (7:148; 20:88). (L; T; R; LL)

Khâdza خاضَ

خِياضًا ،خوضاً؛يخوضُ

To engage in a topic, enter into (a discourse), plunge into, wade, indulge in vain discussion or idle talk, plunge about. *Khâidzun* خائض: One who indulge in vain talk.

Khâdzû خاضوا (*prf. 3rd. m. plu.*): They indulged in idle talk, plunged about. ***Khudztun*** خضتم (*prf. 2nd. p.m. plu.*): You indulged in idle talk. ***Yakhûdzû*** يخوضوا (*imp. 3rd. p.m. plu. acc.*) They indulged. ***Nakhûdz*** نخوض (*imp. 1st. p. plu.*): We plunged. ***Khaudzun*** خوض (*v.n.*): Vain talk; Wading. (L; T; R; LL)

The root with its above five forms has been used in the Holy Qur'ân about 12 times.

Khâfa خافَ

خيفة،مخافة،خوفًا؛يخافُ

To fear, be frightened, apprehensive, suspicious, anxious, cautious, know. *Khauf* خوف: Fear; Apprehension; Suspicion. *Khâifun* خائفاً : One who fears, Afraid; Shy; Fearful; One who apprehend. *Khifa-tun* خفةٌ: Fear; Apprehension. *Khîfatan* خيفة: Out of fear; Apprehension. *Khawwafa* خوّف: To cause to apprehend, fear, frighten. *Takhawwafa* تخوّف: *(V) To* be frightened, diminish by taking away a part. *Takhawwufin* تخوّفٍ: Gradual diminution; Slow destruction;

To take little by little, take away a portion of goods and prophets, fear for. Fear from Allâh is not like a fear from a serpent or any other living or non living thing. It means to become lowly, humble, submissive and confined to Him in attention. It is throwing oneself completely at His mercy and in His love.

Khâfa خاف (*prf. 3rd. p.m. sing.*): He apprehended, feared, became Suspicious. ***Khifti*** خِفْتِ (*prf. 2nd. p. f. sing.*): Thou *f.* fear. ***Khiftu*** خفتُ (*prf. 1st. p. sing.*): I fear. ***Khâfû*** خافوا (*prf. 3rd. p.m. plu.*): They are afraid. ***Yakhâfu*** يخاف (*imp. 3rd. p.m. sing.*): He fears. ***Takhafu*** تخاف (*imp. 2nd. p.m. sing.*): Thou fear. ***Lâ Takhaf*** لا تخف (*prt. neg. m. sing.*): Fear thou not. ***Lâ Takhâfî*** لاتخافي (*prt. neg. f. sing.*): Fear not (O you *f.*) ***Takhâfanna*** تخافنّ (*imp. 3rd. p.m. sing. emp.*): (If) Thou are really afraid. ***Akhâfu*** اخاف (*imp. 1st. p. sing.*): I fear. ***Yakhâfâ/Yakhâfâni*** يخافا / يخافانِ (*acc./imp. 3rd. p.m. dual.*): They two *m.* fear. ***Lâ Takhâfâ*** لا تخافا (*prt. neg. m. dual*): Fear you (two) not. ***Yakhafû*** يخفوا (*imp. 3rd. p. m. plu.*): They fear. ***Yakhâfûna*** يخافون (*imp. 2nd. p.m. plu*): You fear. ***Khauf*** خوف (*n.*): Fear; Suspicion; Apprehension. ***Khâifan*** خائفاً (*act. pic.*): One who falls in fear. ***Khâifîna*** خائفين (*act. pic. plu.*): Feared ones. ***Khîfatun*** خيفة (*n.*): Fear. ***Yukhawwifu*** يخوّف (*imp. 3rd. p.m. sing. II.*): Makes someone fear. ***Takhwîf*** تخويف (*v. n. II.*): Fear. ***Takhawwuf*** تخوّف (*v.n. II.*): Fright. (L; T; R; LL; IJ; Asâs)

The root with its above forms has been used in the Holy Qur'ân about 124 times.

Khâla خالَ
خولاً؛ يخُول

To take care of, manage. *Khawwala* خوّل : To grant, confer a thing. *Khawwalnâ* خوّلنا: We granted. The word signifies the bestowal of things meant for the betterment and progress of the person receiving them. *Khâl* خال plu. *Akhwâl* اخوال: Maternal uncle, Owner of a thing; Good token. *Khâlât* خالات plu. of *Khâlatun*, خالة: Maternal aunt.

Khawwala خوّل (*prf. 3rd. p.m. sing. II.*): He granted. ***Khawwalnâ*** خوّلنا (*prf. 1st. p. plu. II.*): We granted. ***Khâlun*** خالٌ (*n.*): Maternal uncle. ***Khâlât*** خالات (*plu.* of *Khâlatun* خالةٌ): Maternal aunts. ***Akhwâl*** اخوال (*n. plu.*): Maternal

uncles. (L; T; R; LL)
The root with its above five forms has been used in the Holy Qur'ân about 8 times.

Khâna خان
خيانة؛خوناً؛يخون

To play false, defraud, be treacherous, unfaithful, betray one's trust, break one's word, deceive, violate. *Khiyânat* خيانة: Playing false etc. *Khâinun* خائن: One who plays false etc. *Khâinatun* خائنة (has same meaning as *Khâinun*, *Lâ* is added for the sake of energy and intensity (i.e. *Mubâlighah* as *Lâ* in *'allâmatun*): Perfidious person etc. *Ikhtâna* اختان: VIII. to play false. *Yakhtânû* يختانوا: Those who play false with one another, who mutually defraud themselves. The eight (VIII) form being here used for the sixth (VI), which is not used in this verb.

Khânatâ خانتا (*prf. 3rd. p. f. dual.*): They two *f.* acted treacherously, defrauded. ***Khânû*** خانوا (*prf. 3rd. p.m. plu.*): They were false; They defrauded. ***Lâ Takhûnû*** لاتخونوا (*prt. neg. m. plu.*): Defraud not. ***Takhûnû*** تخونوا (*prt. neg. m. plu.*): You defraud (not). ***Lam akhun*** لم اخن (*acc. neg.*): I did not defraud. ***Yakhtânûna*** يختانون (*imp. 3rd. p.m. plu. VIII.*): They defraud. ***Takhânûna*** تخانون (*imp. 2nd. p. m. plu. VIII.) You* defraud. ***Khiyânatun*** خيانة (*v.m.*): Treachery. ***Khâinîna*** خائنين (*act. pic. plu.* of *Khâinun* خائنين): Treacherous. ***Khâinatun*** خائنة (*v.m.*): Defrauding; Dishonesty; Treachery; One who is very treacherous, unfaithful or perfidious. In the latter sense the word is the intensive form of *Khâinun*. It may also be taken to have been used as an adjective qualifying the noun *Ummat* which may be taken to understood before it in 5:13. The expression *Khâinatul a'yun* used in 40:19 means a surreptitious or intentional look at a thing at which it is not allowable to look, or the looking with a look that induces suspicion or evil opinion; or the making of a sign with the eye to indicate a thing that one conceals in the mind; or contracting of the eye by way of making an obscure indication. ***Khawwân*** خوّان (*n. ints.*): Perfidious; Treacherous one. (L; T; R; LL)
The root with its above forms has been used in the Holy Qur'ân about 16 times.

Khawâ خوى
خواأ، يخوٰى

To be fallen, uninhabited, deserted, in ruins.

Khâwiyatun خاوية (*act. pic. sing. adj.*): Laid overturned (2:259; 18:42; 22:45; 27:52; 69:7). (L; T; R; LL)

Khâba خابَ

خَوبَة ، خَوبا ؛ يَخُوب

To meet with no success, be undone, be disappointed, fail, be in a vain, fall into destitution.

Khâba خابَ (*prf. 3rd. p.m. sing.*): He brought to naught, was disappointed, met with no success (14:15; 20:61; 20:111; 91:10). ***Khâibîn*** خائبين (*act. pic. acc. plu.*): Disappointed ones; Frustrated ones who met with no success (3:127). (L; T; R; LL)

Khâra خارَ

خيراً؛يخِير

To be in good circumstances, be favourable to, choose, prefer, select, earn wealth. *Khairun* خيرٌ: Good; Agreeable plu. *Akhyâr* اخيار f. *Khairatun* خِيرةٌ *Khairât* خيرات: Good thing; Good works. *Khiyaratun* خيارة Choice; Selection. *Takhayyara* تخيّر (*V*). To choose. *Khair* خير Good, also better, best, for *Akhyar* اخْيَر the *hamzah* being omitted on account of the frequent use of the word. With these comparative significations it is common to all genders and numbers *Khair* خير: Considerable and much wealth. Wealth acquired by fair means; Horses etc.; Good moral, physical, actual or potential; Profitable and useful thing; Happiness; Prosperity.

Ikhtâra اختار (*prf. 3rd. p.m. sing. VIII.*): He selected, chose (7:155). ***Ikhtartu*** اخترتُ (*prf. 1st. p. sing. VIII.*): I have chosen, have selected (20:13). ***Yakhtâru*** يختار (*imp. 3rd. p.m. sing. VIII.*): He selects, chooses (28:68). ***Takhayyarûna*** تخيّرون (*imp. 2nd. p.m. plu. V.*): You may select (68:38). ***Yatakhayyarûna*** يتخيّرون (*imp. 3rd. p.m. plu. V.*): They may select (56:20). ***Ikhtarnâ*** اخترنا (*prf. 1st. p. plu.*): We selected (44:32). (L; T; R; LL; Kf.)

Khârâ خارا

خيراً؛يخِير

To be good; excellent.

Khairun خيرٌ (*n. adj.*): Excellent; Best; Better; Good. Wealth. ***Akhhyâr*** اخيار (*n. plu.*): Excellent ones. ***Khairatun*** خيرةً (*n.*): Choice. ***Khairât*** خيرات (*n. plu.*): Agreeable; Good; Pious. (L; T;

R; LL)
The root with its above four forms has been used in the Holy Qur'ân about 180 times.

Khâṯa خاط
خياطة ، خيطاً ؛ يخِيط

To sew up, stitch. *Khaiṯ* خيط: Thread; String. *Khaiṯ al-abyadz* خيط الابيض : The first gleam of dawn. *Khaiṯalaswad* خيط الاسود: Twilight at sunset. *Khiyâṯ* خياط Needle. *Hattâ Yalizal jamalu fî sammil Khiyṯi* (until camel or ship-rope passes through the eye of the needle). The phrase is symbolic of impossibility.

Khaiṯ خيط (*n.*): Thread (2:187). ***Khiyâṯ*** خياط (n.): Needle (7:40). (L; T; R; LL; IJ.)

Khâla خَالَ
خيلولة،خيلاً،خالا؛يخال

To imagine, Conceive, Think, fancy. *Khailun* خيلٌ (collective noun): Horse; Cavalry. *Khayyala* خيّلَ II. To make to appear. *Mukhtâl* مُختال : Proud; Arrogant, Vainglorious. A verbal adjective with the form of the passive part of VIII.

Khail خيل (*n. plu.*): Horses (3:14; 8:60; 16:8; 17:64). ***Yukhayyalu*** يُخيّل (*pip 3rd. p.m. sing. II.*): Appeared. (20:66). ***Mukhtâl*** مُختال (*pis. pic. m. sing. VIII.*): Vainglorious; Self-conceited (4:36; 31:18; 57:23). (L; T; R; LL)

Khâma خامَ
خُيُومًا ،خِيام،ًخيماما ،خيما ؛ يخُيم

To stay at a place.

Khiyâm خيام (*n.plu.* of *Khaimatun* خيمة and *Khaimun* خيمٌ):Tents (55:72). (L; T; LL)

DÂL
د D

It is the 8th letter of Arabic alphabet. According to the reckoning of *Jummal* its value is 4. It It is of the category of *Harûf al-Majhûrah* مجهوره and of the letters termed *Niṯ'iyyah* نطعيّة pronounced by pressing the tip of the tongue against upper gums and suddenly withdrawing it similar to Ṯâ ط.

Da'aba دَأَبَ
دَأَبًا ؛ يَدأب

To be diligent, zealous, strive steadily, urge, drive, hold one's course, toil constantly. *Da'b* دَأَب: Habit; Custom; Manner; Case; affair; Way of doing;

Condition; Work; Want; *Da'ban* دَأباً: According to conduct; Won working hard and continuously; Pursuing the course.

Da'bi دأبِ (*n.*): Way of doing; Conduct; Wont Working hard and continuously. (8:52; 54; 40:31; 12:47). ***Dâ'ibâin*** دائبَينِ (*act. pic. dual*): Both pursuing their course continuously (14:33). (L; T; R; Asâs; LL)

Dabba دَبَّ

دبّاً ،دُؤُوبا ، دَبِيبا ؛ يَدِبّ

To go gently, crawl, walk, flow, throw. *Dabbata* دبّة: Down on the face, *Dâbbatun* دآ بةً *p l.* Dawâbun دوآبّ: Whatsoever moves on earth especially beasts of burden; Quadraped; Beast; Moving creature; Insect. *Dâbbatul ardz* دآبةالارض: Creature of earth; Insect of earth; Materialistic person whose endeavors are wholly directed to the acquisition of worldly riches and material comforts and who has fallen on the pleasures of this world with all his might and main.

Dâbbatun دآبةً (*n.*): Moving creature; Crawling animal. ***Dawâbbun*** دوآبٌ (*n. plu.*): Crawling animals. (L; T; R; Asâs; LL)

The root with two above forms has been used in the Holy Qur'ân about as many as 18 times.

Dabara دَبَرَ

دُبوراً ، دبْراً ، يَدبُر، يدبِر

To turn the back, flee, follow after, be behind, become old, take a thing away, veer to the west wind, elapse (day, night), follow with respect. *Dubur* دبر: Back, Hinder part; The last; Extremity; That which comes after; At the end of. *Dâbirun* دابِرٌ: Extreme; Last remnant; Uttermost part. *Dabbara* دَبَّرَ (II): To dispose, manage, govern, consider the issues or results of the affairs or the case, perform or execute the affair with thought or consideration, ,devise or plan the affair, govern, regulate. *Idbâr* اِدبار: Setting. *Mudabbir* مُدبِّر: Who manage the affairs. *Mudbir* مُدْبِر Retreating one. Its pl. is *Mudbirîn* مدبرين.

Yudabbiru يُدبِّرُ (*imp. 3rd. p.m. sing. II.*): He disposes, manages the affairs continuously. ***Adbara*** ادْبَرَ (*prf. 3rd. p.m. sing. IV.*): Turned back; Drew back. ***Yatadabbarûna*** يَتدبّرونَ (*imp. 3rd. p.m. plu. V.*): They ponder. ***Yadabbarû/Yatadabbarû*** يَتَدبّروا / يَدبّروْا (*V. acc.*): They ponder. ***Duburun*** دبر (*n.*): Behind; Back. ***Adbâr*** أدبار (*plu.* of *Dubur* دُبُر): After; Backs. ***Idbâr*** اِدبار (*v. n. IV.*): Declining; Setting. ***Dâbirun*** دابِرٌ (*act. pic.*): Last remnant root. ***Mudabbirât*** مُدبِّرات (*ap-der. f. plu.*): Those *f.* who manage the affairs, who administer the affairs in an excellent manner. ***Mudbir*** مُدبِر (*ap-der. m. sing. IV.*): Retreating one. ***Mudbirîn*** مُدبرين (*ap-der. m. plu. IV.*): Retreating ones. (L; T; R; LL)

The root with its above forms has been used in the Holy Qur'ân about as many as 44 times.

Da**th**ara دَثَر

دُثُور؛يَدثُر

To be endowed with excellent capabilities, cover with a cloak, wrap with a garment, destroy or obliterate. *Da<u>th</u>thara al-Tâiru* دثَّرالطائرُ: The bird adjusted or put in order its nest. *Tada<u>th</u>thara al-Farasa* تدثَّرالفرسَ: He leaped upon and rode the horse. *Tada<u>th</u>tharu al-'Aduwwa* تدثَّرالعدوّ: He vanquished the enemy. Al-*Mudda<u>th</u>thir* المدثّر One adorned with the best natural powers and qualities and prophetical dignity (*Rû<u>h</u> al-Ma'ânî*); One entrusted with the heavy load of the responsibility of a Prophet (*Qadîr*): The effacer or obliteral; The reformer; The one who adjusts or puts things in order; The vanquisher; The one who is about to leap upon and ride the horse; The one who wrapped himself with a garment.

Al-Mudda<u>th</u>thir: المدثّر (*ap-der. V.*): Who has been endowed with excellent capabilities; Who wrappest himself up in a garment or cloak (74:1). (L; T; R; LL; Rû<u>h</u>, Qadîr)

Da**h**ara دَحَرَ

دُحُوراً، دحْراً؛ يَدْحَر

To drive away, repel, turn off, discard, banish. *Du<u>h</u>ûrun* دُحُورٌ: Out cast, drive off, etc. *Mud<u>h</u>ûr* مدحور: Driven away, rejected.

Du<u>h</u>ûr دحورْ (*v. n.*): Out cast; Drive off (37:9). ***Mad<u>h</u>ûran*** مدحورا (*pac. pic.*): Driven away (7:18; 17:18; 39). (L;T; R; LL)

Da**h**a**dz**a دَحَضَ

دَحُوضاً؛يَدحَض

To annul, void, refute, reject, examine into, slip, to be weak (in argument); To jerk, decline. *Dâ<u>h</u>id<u>z</u>un* داحضٌ: That which has no force, no weight, which is null and void. *Yud<u>h</u>id<u>z</u>û* يُدحضواْ: To weaken or nullify by an argument; Condemn. *Mud<u>h</u>ad<u>z</u>în* مُدْحضين: Rejected ones; Cast away.

Yud<u>h</u>id<u>z</u>û يُدحِضواْ (*acc.* for

*Yud**h**id**z**ûna*): They refute (18:56; 40:5). ***Dâ**h**id**z**atun*** داحضةٌ (*act. pic. f. sing.*): Null, Futile; Void (42:16). ***Mud**h**i d**z**îna*** مُدحِضين (*pic. pie. m. plu. acc.*): Rejected ones; Cast away; Cast off (37:141). (L; T; LL)

Da**h**â دَحا

دحاً؛ يدْحُو

To hurl, spread forth, expand, stretch out, cast away, extend, drive along.

Da**h**â دحا (*prf. 3rd. p.m. sing.*) stretched out; Hurled away; Cast (79:30). (L; T; R; LL)

Da**kh**ara دَخَرَ / Da**kh**ira دخِرَ

دخوراً، دَخْراً؛ يَدخُر

To be small, mean, lowly vile, of no value or account

Dâ**kh**irûn/Dâ**kh**irîn داخرين / داخِرونْ (*acc./act. pic. m. plu.*) They are lowly, humble in supplication (16:48; 37:18; 27:87; 40:60). (L; T; R; LL)

Da**kh**ala دَخَلَ

دُخُولاً؛ يَدخُل

To enter, go in, join one's self in company, visit, intrude, meddle, have intercourse with, go into (one's wife), intrigue, penetrate, deceit, corrupt. *Da**kh**alun* دَخلٌ: Vice; Corruption; A thing that enters into another thing and is not of it and which asserts its relationship to that of whom it is not related. *Da**kh**alan* دخلا: Falsely; Fraudulently. *Dakhilun* دخِلٌ: One who enters in. *Adkhala* ادخَلَ (IV): To introduce, cause to enter, lead into. *Mud**kh**alun* مُدخلٌ: Time or place of entering in.

Da**kh**ala دَخَلَ (*prf. 3rd. p.m. sing.*): He entered. ***Da**kh**alat*** دَخَلت (*prf. 3rd. p. f. sing.*): She entered. ***Da**kh**alû*** دَخَلوا (*prf. 3rd. p.m. plu.*): They entered. ***Da**kh**alta*** دَخَلتَ (*prf. 2nd. m. sing.*): Thou entered. ***Dakhaltu*** دَخَلتُ (*prf. 2nd. m. plu.*): You entered. ***Yad**kh**ula*** يَدخُلَ (*imp. 3rd. p.m. sing.*): He enters. ***Tad**kh**ulûnna*** تَدخلونَ (*imp. 2nd. p.m. plu. emp.*): You certainly shall enter. ***Yad**kh**ulû/Yad**kh**ulûna*** يَدخُلونَ / يَدخُلواْ (*acc./ imp. 3rd. p. m. plu.*): They enter. ***Ud**kh**ul*** أدْخُل (*prt. 2nd. p.m. sing.*): Enter. ***Ud**kh**ulâ*** أدخُلا (*prt. 2nd. p. m. dual.*): You two enter. ***Ud**kh**ulî*** أدخُلي (*prt. 2nd. p. f. sing.*): You *f.* enter. ***Ad**kh**alnâ*** ادخلنا (*prt. 1st. p. plu. IV.*): We caused to enter. ***Yud**kh**ilu/Yud**kh**il*** يُدخِلُ / يُدخِل (*imp. 3rd. m. sing. IV.*): He causes to enter, will cause to enter. ***Ud**kh**ilanna*** أدخِلنّا (*imp. 1st. p. sing. emp. IV.*): I certainly will cause to enter. ***Nud**kh**il*** نُدخِل

(*imp. 1st. p. plu. IV.*): We will cause to enter. ***Adkhil*** أدخِل (*prt. 2nd. p.m. sing.* prayer): Cause to enter, put in ***Udkhila*** أُدخِلَ (*pp. 3rd. p.m. sing.*): He is made to enter. ***Udkhilû*** أُدخِلُوْا (*pp. 3rd. p.m. plu.*): They were made to enter. ***Yudkhalu*** يُدخَلُ (*pp. 3rd. p.m. sing.*): He shall be made to enter. ***Dakhalun*** دَخَلٌ (*n.*): Means of discord and to deceive. ***Muddakhal*** مدّخل (*n.* of place): Retreating place; Place to enter. ***Mudkhal*** مُدخل (*v.n.*): ***Dâkhilîn/ Dâkhilûn*** داخلين/داخلوْن (*acc. act. pic. m. plu.*): Entering men. (L; T; R; LL)

The root with its above forms has been used in the Holy Qur'ân about 126 times.

Dakhana دَخَنَ

دَخناً؛يَدخَن

To smoke, raise smoke or dust, become altered, be ill-natured, fumigate, grope clumsily, handle (a thing) clumsily, spoil, fail to handle properly. *Dukhân* دُخان: Smoke; Gas; Vaporous matter with suspended particles; Fume resembling smoke; Something fleeting or beclouding; Coloured smoke; Suppressed state; Dust; Famine in which people feel a sort smoke hanging before their eyes or because of no rain for a long time the atmosphere becomes dusty; Drought.

Dukhân دُخان (*n.*): (41:11; 44:10). (L; T; R; Bukhârî; Kitâb al-Îstisqâ; LL)

Dara'a دَرَءَ

دَرأة،دَرأ؛ يَدرءُ، يَدرِء

To repel, revert, drive off; put off, evert, overcome, combat, quarrel, urge, rush suddenly, repel in a quarrel, disagree. *Iddara'a* إدّرء (VI.): To strive one with another, quarrel with another.

Yadra'u يَدْرَؤُا (*imp. 3rd. p.m. sing.*): He shall avert (24:8). ***Ida'raû*** ادرؤْا (*prt. 2nd. p.m. plu.*): Avert; Repel (فادْرَءُوْا 3:168). ***Yadra'û*** يدرءُوْا (*imp. 3rd. p.m. plu.*): They avert; combat (يَدْرَءُوْنَ 13:22). ***Iddara'tum*** اِدّرتم (*prf. 3rd., p.m. plu. VI.*): You quarrelled among yourselves; differed among yourselves. (فادّرَءْتم 2:72). (L; T; R; LL)

Daraja دَرَجَ

دَرجاناً، دَروجاً؛ يَدرَج

To walk step by step, proceed gradually, destroy by degrees, insert a thing, unwrap, come gradually to, deceive, show forbearance to (a sinner). *Darjatun* درجة: Ladder; Step; Flight of stairs; Rank; Dignity; Degree; Stage;

step in rank; Honour; Authority. *Isladraja* اِستدرجَ (X.): To move gradually, consign to a gradual punishment. *Lahum Darajât* لهم درجات : There are different grades. In the Qur'ânic text (3:163) it means they have exalted degrees of rank of grace with Allâh. The word *ulû* اولوا being understood before the word *Darajât* درجات, however the word *ulû* اولوا has been dropped to intensify the meaning, as if the holders of these grades of grace were the very grades personified.

Nastadriju نستدرجُ (*imp. 1st. p. plu. X.*): We shall lead (to destruction) step by step. ***Darajatun*** درجةٌ (*n.*): Degree of superiority; Place above. ***Darajat*** درجات (*n. plu.*): Many degrees, grades, exalted degrees of ranks. The words *lahum Drajâtun* لَهُم دَرجات (3:163) literally mean there are different grades. However in the Qur'ânic text they mean they have different exalted degrees of rank with Allâh. The word *ulû* أولوا being understood before the word *Darajât* دَرجات. The word *ulû* أولوا is dropped in the qurâ'nic text in order to intensify the meaning of *lahum Drajâtun* لَهُم دَرجات as if the holders of these grades of grace were the very grace personified. (L; T; R; LL)

The root with its above three forms has been used in the Holy Qur'ân about as many as 20 times.

Darra دَرَّ

دُرورا ،دراً ؛ يَدُر ، يَدِرّ

To flow copiously, plentifully, give much, shine. *Durriyyan* دُرّيٌ: Glittering; Shining; Briliant. *Midrâran* مِدراراً: Abundant rain.

Durriyyun دُرِّيّ (*adj.*): (24:35). ***Midrâran*** مدرَاراً (*adj.*): (6:6; 11:52; 11:11). (Ĺ; T; R; LL)

Darasa دَرَسَ

دَراسة ، دَرساً ؛ يَدرُس

To study, read, read with attention, disappear (trace), efface, obliterate, teach. *Dirasatun* درسةٌ: Attentive study. *Idrîs* ادريس:The Prophet Enoch, so called from his great learning. The word Hanuk (Enoch) and *Idrîs* closely resemble each other in their meanings and significations.

Darasû درسوْا (*prf. 3rd. p.m. plu.*): They have read or studied. ***Darasta*** درست (*prf. 1st. p.m. sing.*): Thou hast studied; Thou hast learnt well and diligently. ***Yadrusûna*** يدرسون (*imp. 3rd. m. plu.*): They have been studying. ***Tadrusûna*** تدرسوْن (*imp.*

2nd. p.m. plu.): You have been studying. ***Dirâsatun*** دراسة (*v.n.*): Study; Read. ***Idrîs*** ادريس prop. n. Enoch. (L; T; Ency. Bibblica, LL) The root with its above forms has been used in the Holy Qur'ân about as many as 8 times.

Daraka دَرَكَ
دَرَكاً ؛ يَدرِك

To overtake, follow up, drop closely. *Adraka* ادرك: To reach the age of reason, reach maturity, perceive. *Darkun* دركٌ: The act of following up, over taking. *Darakun* دَرْكٌ: The bottom; Abyss; Step of descent; Degrees of Hell. *Adraka* ادرك (IV.): To over take, reach, attain, comprehend. *Mudrakun* مدركٌ: Overtaken. *Iddaraka*: ادّرك To overtake, follow one another, reach, comprehend, reach the limit, To find the limit of a thing.

Adraka ادرك (*prf. 3rd. p.m. sing. IV.*): Overtook; Was about to (be drowned). ***Yudriku*** يُدرِكَ (*imp. 3rd. p.m. sing. IV.*): He overtakes, comprehends. ***Tudriku*** تُدرِكَ (*imp. 3rd. p.m.f. sing. IV.*): She comprehends. ***Tadâraka*** تدارك (*prf. 3rd. p.m. sing. IV.*): He reached, favoured. ***Iddârak*** ادّارك (*prf. 3rd. p.m. sing. VIII.*): He has found its limit, has reached, has attained. ***Iddârakû*** ادّاركوْا (*prf. 3rd. p.m. plu. VIII.*): They reached one after another, have all followed one another, have overtaken one another. ***Darak*** درك (*v.n.*): Abyss; Lowest reaches. ***Darkan*** دركاً (*v.n.*): Overtaking, Being overtaken. ***Mudrakûna*** مدركوْنَ (*pis. pic. m. plu. IV.*): Overtaken. (L; T; R; LL)
The root with its above forms has been used in the Holy Qur'ân about 12 times.

Darhama دَرهَمَ

To produce round leaves, become wealthy, become dim (sight), become old. *Dirham* دِرهم: Money; Silver coin. The value of *dirham* has varied at different times and different places. The weight of the legal dirham is 5 2/3 of barley corns or eighth of an ounce.

Darâhima دَراهِم (*pl.* of Dirham): Silver coins (12:20). (L; T; R; LL)

Darâ درَى
دِرايَة ؛ يَدْري

To know, know by skill. *Adrâ* ادرىٰ: To make to know, teach, acquaint. *Mâ Adrâka* ماادرٰكَ: Who told thee what that is? He knows. *Mâ Yudrîka*

مَايدريكَ: How thou knowest that is? He does not know. All forms of this root are used with negative particle *Lan, Lâ, Mâ, In* لن ،لا، ما، ان

In Adrî ان إدري (*imp. 1st. p. sing.*): I know not. ***Lam Adri*** لمادرِ (*gen.*): I knew not. ***Mâ Adrî*** ما ادري : I knew not. ***Mâ Tadrî*** ماتدرى (*imp. 2nd. p.m. sing. neg.*): Thou knowest not. ***La Tadrûna*** لا تدرونَ (*imp. 2nd. p.m. plu. neg.*): You know not. ***Mâ Nadrî*** ما ندري (*imp. 1st. p. plu. neg.*): We know not. ***Ma Adrâ*** ما ادرا (*prf. 3rd. p.m. sing. neg. IV.*): Who told thou; What made thee know; You know. ***Mâ Yudrîka*** ما يُدريكَ What makes thee know; He does not know. (L; T; R; LL; Bukhârî).

The root with all its above forms has been used in the Holy Qur'ân about 29 times.

Dasara دَسَرَ

دَسرًا ؛ يَدسُر

To repair with nails, spear, caulk and make a ship water-tight, nail a thing, ram in. *Dusurun* دُسُرٌ plu. of *Disâr* دسار: Nails, Oakun with which ships are repaired. The basic meaning of *Dusr* is to repel and subdue with force.

Dusur دُسُر (*n.plu.*):Nails (54:13). (L; T; R; LL)

Dassa دَسّ

دَسّاً ؛ يَدُسّ

To hide, bury, conceal, insinuate, thrust. According to Râghib and other reliable grammarians the root of *Dassa* is *Dasa* دسَى which means to corrupt.

Yadussu يَدُسّ (*imp. 3rd. p.m. sing.*): He burries (يَدَسّهُ 16:59). ***Dassa*** دسّ (*prf. 3rd. p.m. sing.*): He burried, corrupted. (91:10) (L; T; R; LL)

Da''a دَعّ

دعّاً ؛يدُعّ

To repel, push, thrust, push back and drive away with violence. *Da''un* دَعّاً: Thrusting.

Yadu''u يدعّ (*imp. 3rd. p.m. sing.*): He repels (107:2). ***Yadu''ûna*** يدعّونَ (*pip. 3rd. p. m. plu.*): They shall be urged to, shall be thrust into (52:13). *Da''an* دَعّاً (*v.n.*): Disdainful thrust. (52:13). (L; T; R; LL)

Da'â دَعا

دعْوى ، دُعاءً؛ يَدعُ

To call up, ask for, summon, call upon, call out, invoke, pray, ascribe, invite. *Da'wan* دعواً: Cry. *Du'â* دُعا: Prayer; Supplication; Cry; Invoking; Asking for; Calling upon.

Calling for. *Adî'yâun* ادعيٌ *plu.* of *Dai'yyun* دعيٌ: Adopted or spurious son. *Dâ'in* داعٍ for *Dâ'iyun* داعيٌ: One who prays, invites, summons etc.; Preacher. *Idda'a* ادعَ: To claim, desire. *Da'ânî* دعاني He prays to me. It is a combination of *Da'â* دَعا (prayer) and *nî* نِي (to me). *Da'watun* دعوةٌ: Call; Claim; Message; Prayer.

Da'â دَعا (*prf. 3rd. p.m. sing.*): He prayed, called. ***Du'â*** دُعا (*prf. 3rd. p.m. plu.*): They ascribed. ***Da'û*** دعواْ (*prf. 3rd. p.m. plu.*): They called. ***Da'utu*** دعتُ (*prf. 1st. p. sing.*): I called. ***Li Yad'u*** ليدعُ (*prt. 3rd. p.m. sing.*): Let him call; He might call. ***Lam Yad'u*** لميدعُ (*imp. 3rd. p.m.*): Did not call us. ***Yad'u*** يدعُ (*imp. 3rd. p.m. sing.*): He calls. ***Yad'ûna*** يدعونَ (*imp. 3rd. p.m. plu.*): They call. ***Yad'û*** يدعواْ (*imp. 2nd. p.m. sing.*): Thou call. ***Tad'û*** تدعواْ (*imp. 2nd. p.m. sing.*): Thou call. ***Tad'û/Tad'ûna*** تدعواْ/تدعونَ (*acc./ imp. 1st. p. plu.*): You call. ***Nad'u/Nad'û*** ندعُ/ندعواْ (*imp. 1st. p. plu.*): We call. ***Ud'u*** أدعُ (*prt. 2nd. p.m. sing.*): Thou call. ***Ud'û*** أدعواْ (*prt. 2nd. p.m. plu.*): Call you all. ***Du'iya*** دُعيَ (*pp. 3rd. p.m. sing.*): He was called. ***Du'û*** دُعواْ (*pip. 3rd. p.m. plu.*): They were called. ***Du'îtum*** دُعيتم (*pp. 2nd. p.m. plu.*): You were called. ***Lâ tad'u*** لاتدعُ (*prt. neg.*): Do not call. ***Da'ûtum*** دَعُوْتم (*prf. 3rd. p.m. plu.*) You called. ***Tud'auna*** تُدعونَ (*pip. 2nd. p.m. plu.*): You are called ***Tad'û /Tad'ûna*** تُدعوا/تَدّعُونَ (*imp. 3rd. p.m. plu. VIII.*): They ask for. ***Tadda'ûna*** تدّعونَ (*imp. 2nd. p.m. plu. VIII.*): You ask for. ***Tud'â*** تُدعى (*pip. 2nd. p. m. plu. VIII.*): You will be summoned. ***Yud'â*** يُدعى (*pip. 3rd. p.m. sing. VIII.*): He will be summoned. ***Yud'auna*** يُدعونَ (*pip. 3rd. p.m. plu. VIII.*): They will be summoned. ***Dâ'in/Dâ'î*** داعٍ/داعي (*act. pic. m. sing.*): One who calls, summons. ***Du'â'un*** دُعاء (*v.n.*): Supplication; Prayer; Call (13:14). ***Du'âi*** دُعاي (comb. *Du'â'+yî* دعاء+يي): My prayer; Calling. ***Ad'iyâ'*** ادعياء (*n. plu.*): Adopted son. ***Da'watun*** دعوةٌ (*v. n.*): Call; Claim; Message; Supplication; Prayer. ***Da'wâhum*** دعواهم (comb. *Da'wa+hum*): Their cry. (L; T; R; Asâs; LL)

The root with its above forms has been used in the Holy Qur'ân about 212 times.

Dafi'a دفِىء / Dafu'a دفُأ

دَفاءة،يَدفُؤ،دفْأ؛يَدفأ

To be or keep warm, be hot. *Dif'un* دِفءٌ: Warmth; Warm clothing; Warm food, milk and raiment are all classed under its head. (L; T; LL)

Dif'un دِفءٌ (*n.*): (16:4). (L; T; R; LL)

Dafa'a دَفَعَ

مَدفعًا ،دَفعاً ؛ يَدفع

To push, pay over to, repel, drive away, avert, defend, discard, refute, quiet, plead, deliver up, dash (torrent), struggle, hinder. *Daf'un* دفعٌ: The act of pushing etc. *Dafi'un* دافعٌ : One who pushes away.

Dafa'tum دفعتم (*prf. 3rd. p.m. plu.*): He hands over. ***Idfa'*** ادفعِ (*prt. 2nd. p.m. sing.*): You repel. ***Idfa'û*** ادفعواْ (*prt. 2nd. p. m. plu.*): You handover, defend. (فادْفَعُواْ 4:6; أُوادْفعُوا 3:167). ***Yudâfi'u*** يُدافعُ (*imp. 3rd. p.m. sing. III.*): He will defend, repel. ***Dâfi'*** دافع (*act. pic.*): Averter. (L; T; R; LL)

The root with its above five forms has been used in the Holy Qur'ân about 10 times.

Dafaqa دَفَقَ

دَفُوقاً ، دَفَقاً ؛يَدفُق

To flow with force, pour forth, go briskly. *Dâfiqun* دافق : That which flow with force.

Dâfiqun دافقٍ (*act. pic. n. sing.*): Jetting; Flowing with force (86:6). (L; T; LL)

Dakara دَكَرَ

See page 189 <u>Dh</u>*akara* ذَكَرَ

Dakka دَكَّ

دَكاً ؛ يَدُكّ

To crush, break, beat deflate, ground, crumble to pieces, be completely crushed and broken to pieces. *Dakkun* دكٌّ: Powder; Level bank of sand.

Dukkat دُكّت (*pp. f. sing.*): It is grounded; Crushed; Made to crumble to pieces. ***Dukkatâ*** دُكتّا (*pp. f. dual.*): They both are crushed. ***Dakkatun*** دكّةً (*n.*): Single crash. ***Dakkan*** دكّا (*v.n.*): Crumble; Dust; Powder. ***Dakkâ'*** دكّاء (*v.n.*): Dust.

The root with its above five forms has been used in the Holy Qur'ân as many as 7 times. (L; T; R; LL)

Dalaka دَلَكَ

دلوكاً، دَلكاً ؛ يَدلك

To decline, set, incline downwards from the meridian (sun).

Dulûk دُلُوكَ (*v.n.*): Declining and paling (ê17:78). (L; T; R; LL)

Dalla دَلَّ

دَلالةً؛ يَدلُّ

To show, point out, indicate, direct, point at, guide, delude, discover, lead.

Dallâ دلى (*prf. 3rd. p.m. sing.*): He led, showed. (فَدلّهُما 7:22). ***Adullu*** ادُلّ (*imp. 1st. p. sing.*): Shall I direct (ادُلّكَ 20:120). ***Nadullu*** نَدُلّ (*imp. 1st. p. plu.*): We lead (ندلّكم 34:7). ***Dalîlan*** دَليلا(*v.n.*): Indicator (25:45). (L; T; R; LL)

Dalâ دَلاَ
دَ لوًا ؛ يَدلُو

To let down a bucket (into a well). *Dallâ* دلّى : To cause to fall. *Adlâ* ادلٰى: To let down, offer a bribe, convey. *Dalwun* دلوٌ: Bucket. *Tudlû* تُدلوْا: To give bribe.

Dallâ دلّٰى (*prf. 3rd. m. sing.*): Caused to fall. (فدلّٰهما 7:22). ***Adlâ*** ادلٰى (*prf. 3rd. p.m. sing. IV.*): Let down (فأدلٰى 12:19). ***Dalwun*** دلواً (*n.*): Bucket (دلوهُ 12:19). ***Tadalla*** تَدَلّٰى (*prf. 3rd. p. m. sing. V.*): He descended, came down, drew near, let himself down (53:8). ***Tudlû*** تُدلوْا (*imp. 3rd. p.m. plu. IV.*): You convey, gain access (تُدلُوْا 2:188). (L; T; R; LL)

Damdama دَمدمَ
دَمدمةٌ؛ يُدمدِم

To crush, destroy, obliterate. blot out leaving no traces

Damdama دَمدمَ (*qud. prf. 3rd. p.m.sing.*): He destroyed, overwhelmed. (91:14). (L; T; R; LL)

Damara دَمَرَ
دَمارًا ؛ دُمورًا ؛ يَدمُر

To perish utterly, be annihilated, to destroy. *Dammar* دمّر: To destroy utterly. *Tadmîr* تدمير: Destruction.

Dammara دَمّر (*prf. 3rd. p. m. sing.*): He destroyed. ***Dammarnâ*** دمّرنا (*prf. 1st. p. plu. prf. II.*): We destroyed. ***Tudammiru*** تدمّرُ (*imp. 3rd. p. m. sing. II.*): He destroys. ***Tadmîr*** تدمير (*v. n. II.*): destroying. (L; T; R; LL)
The root with its above four forms has been used in the Holy Qur'ân times 10 times.

Dami'a دَمِعَ/Dama'a دَمَعَ
دَمعاً ؛ يَدمَع

To shed tears.

Dam'un دمعٌ (*n.*): Tear (5:83; 9:92). (L; T; R; LL)

Damagha دَمَغَ
دَمغاً ؛ يَدمُغ، يَدمَغ

To destroy, damage the brain, overcome, prevail upon (error), disgrace, knock out.

Yadmaghu يدمَغ (*imp. 3rd. p. m. sing.*): It knocks out the brain (21:18). (L; T; R; LL)

Damiya دَمِیَ
دَماً ؛ يَدمٰى

To bleed, be bloodstained. *Damun* دمٌ *plu. Damâ'un* دماءٌ. The *hamza* (ء) here takes the place of final *ya* (ى): Blood.

Dam'un دمٌ (*n.*): Blood. ***Dama'wn*** دماء (*n. pl.*): Bloods. (L, T, R, LL)

The root with its above two forms has been used in the Holy Qur'ân about 10 times.

Danara دَنَر

To glisten (face), strike (money). *Dînâr* دِينار: Denarius. Ancient Roman coin the value of which has varied at different times and in nations and places. .

Dinâr دِينار: (3:75). (L; T; R; LL)

Danâ دنا

دُنُوًّا؛ يَدنُوا

To be near, come near or low, let down, be akin to. *Adnâ* ادنىٰ: Nearest; Baser; Worse; More; Less; Lower; Best; More fit; More proper; More likely; More probable; Nearer; Fewer. *Dunyâ f.* form of *Adnâ*: Nearer etc.; Within reach. The opposite of this word is *Akhirat* آخرة: Hereafter.

Danâ دنا (*prf. 3rd. p. m. sing.*): He drew near. ***Yudnîna*** يُدنين (*imp. 3rd. p. f. plu.*): They should let down, draw lower. ***Dânin*** دانٍ (*act. pic. m. sing.*): Near at hand; Bending (so) low (as to be within easy reach to pluck). ***Adnâ*** ادنىٰ (*elative*): Nearest; Worse; Lower; Best; More fit; More proper; More likely; More probable; Nearer; Near; Less; fewer. ***Dunyâ*** دنيا: This world. (L; T; R; LL).

The root with its above five forms has been used in the Holy Qur'ân about 133 times.

Dahara دَهَر

دَهرًا؛ يَدهَر

To happen. *Dahrun* دهرًا *plu. Duhûr* دهور: Time (short or long); Beginning of time; Year; Event; Time from the beginning of the world to its end; Any portion or period of time; Epoch; Vicissitudes of time; Calamity; Fate; as time brings to pass events; Good or evil. *Dahr* was applied by the Arabs to "fortune" or "fate" and they used to blame or revile the *dahr* دهر.

Al-Dahru الدهْر (*n.*): The Time; While of long space of time (45:24; 76:1). (L; T; R; LL)

Dahaqa دَهَق

دَهقاً؛ يَدهَق

To fill up, pour forth (a cup). *Dihâq* دهاق: Over flowing; Full; Bumper; Filled to the brim; Any thing unusually large of its kind.

Dihâqan دهاقًا (*v. n.*): Over flowing (78:34). (L; T; R; LL)

Dahama دهم/Dahima دَهِمَ
دَهْماً ؛ يدهَم

To crush, come suddenly upon, blacken. *Idhâmmun* ادهها م: To be of a blackish tint. *Mudhâmmun* مدهام: That which in of a dark green colour by reason of intense greenness from being much watered and irrigation.

Mudhâmmatân مدهامتان (*pis. pic. f. dual. XI.*): Two dark green with thick foliage (55:64). (L; T; R; LL)

Dahana دهَنَ/Dahina دَهِنَ
دَهَانة ، دَهَاناً؛ يَدهُن

To anoint, strike (with a stick), moisten, blandish, pleasantly smooth, agreeable and suave, dissemble with, coax, be pliant, grease, dissimulate. *Dihân* دهان: Red leather; Slippery; Oil. It is also a plu. of *Duhnun* دُهْن: In 55:37 it may be taken in either sense, if in the latter, it means that the heavens shall melt away and become like oil. *Mudhûnun* مدهون: One who glosses over; One who holds in low estimation.

Tudhinu تدهِنَ (*imp. 2nd. p. m. sing. IV.*): Thou shouldst be pliant (68:9). ***Mudhinûn*** مُدهنون (*ap-der. m. plu.*): Those who adopt a conciliatory attitude. (56:81). ***Yudhinûna*** يدهنون (*imp. 3rd. p. m. plu. IV.*): They would be pliant (68:9). ***Duhn*** دهن (*n.*): Oil (23:24). ***Dihân*** دهان (*n.*): Red hide (55:37). (L; T; R; LL)

Daha دَهَى
دَهيًا ؛ يَدهَى

To overtake, calamity (as it encompasses a person on all sides, astound, happen, injuriously affect. *Adhâ* ادهى: More grievous. *Dhiyatun* داهية: Great calamity; Calamity which befalls and destroys

Adhâ ادهىٰ (elative *n.* for *Adhaya*): More grievous (54:46). (L; T; LL)

Dâ'ûd داؤود

David; Name of the Prophet and King of Jews, founder and first ruler of the united kingdom of Israel and Judah. He was a native of Bethlehem. His reign began about 1000 B.C. and lasted approximately 40 years. David and his lineal heirs ruled in Jerusalem for over 400 years until Nebuchadnezzar destroyed their cities. David was the leading spirit in the establishment of the Jerusalem cultus. His non-Israelite subjects were more numerous than the Israelites. His territory extended from the upper Euphrates to the Gulf of Aqbah. (L; T; LL; Sam. Kings, Enc. Brita.)

The name *Dâ'ûd* has been used in the Holy Qur'ân about 16 times.

Dâra دَارَ
دَوَرَاناً، دَوْراً؛ يَدُور

To go round, revolve, circulate *Dâran* دَارً plu. *Diyâr* دِيَار: House; Dwelling; Mansion; Abode; Seat. *Daur* دَور plu. *Adwâra* أدوار: Turn; Movement; Fit. *Dayyâr* دَيَّار: Inhabitant of a place, Someone; Anyone; Calamity (as it encompasses a person on all sides, which befalls and destroys).

Tadûru تَدُور (*imp. 3rd. p. f. sing.*): Roll about. *Tudîrûna* تُدِيرُون (*imp. 2nd. p. m. plu. IV.*): You circulate. *Dârun* دَارٌ (*n.*): House. *Diyâr* دِيَار (*n. plu.*): Houses. *Dayyâr* دَيَّار (*n.plu.*): Inhabitants. *Dâ'iratun* دَائِرَة (*act. pic. f. plu.*): Turn. *Dawâ'ir* دَوَائِر (*act. pic. f. plu.*): Turns. (L;T;R;LL)

The root with its above forms has been used in the Holy Qur'ân about 55 times.

Dâla دَالَ
دَوْلَة ؛ يَدُول

To be in continual rotation, change, undergo vicissitudes. *Dûlatun* دَولَة: To circulate, confind.

Dûlatun دَولَةٌ: Circulate; Extensively confind (59:7): *Nudâwilu* نُداوِل (*imp. 1st. p. plu.*): We cause to alternate (3:140). (L; T; R; LL)

Dâma دَامَ
دَوْماً ، دَوَاماً؛ يَدُوُمُ

To continue, endure, persist, remain, preserve, last, stand still, keep alive. *Dâ'imun* دَائِم: Continuous; Everlasting; Always; That which endures perpetually; One who preservers.

Dâmat دامت (*prf. 3rd. p. f. sing.*): Remained; So long as they endure. *Dumta* دمتَ (*prf. 2nd. p. m.plu.*): Thou remained. *Dâmû* داموا (*prf.3rd. p. m. plu.*): They remained. *Dumtu* دُمتُ (*prf. 1st. p. sing.*): I remained. *Dumtum* دمتم (*prf. 3rd. p. plu.*): You remained. *Dâ'imun* دائم (*act. pic. m. sing.*): Everlasting. *Dâi'mûna* دائمون (*act. pic. m. plu.*): Who remain constant and steadfast. *Dâmat* دامت (*prf. 3rd.p.f.sing.*): Remained; Existed. All forms of this root are preceded by *Mâ* ما to express the duration of time. (L; T; R; LL)

The root with its above forms has been used in the Holy Qur'ân about 9 times.

Dâna دان

دَونا ؛يدُون

To be inferior, mean, weak, despise, beneath, below, before, after, besides, near, without, against, important, to the exclusion of, in preference to, contrary to, different to, in opposition to, without. It is also used to express anything interposed between two objects less than.

The word ***Dâna*** دان is used in the Holy Qur'ân about 114 times.

Dûna دُون

It is properly a noun, but also used as a preposition: Inferior; Superior; Important thing; Vile; Despicable person. (L; T; R; LL)

Dâna دَان

دينا ؛ يدين

To be indebted, profess a faith, debt that one owes, lend, give a loan, requit, be honoured, be revealed, comply, rebel, have a good or bad habit, serve, do good, possess, constain, judge, reveal, submit to *Dayn* دَين: Debt that which one owes, loan, credit, lending. *Dînun* دِين: Requital; Recompense; Judgment; Authority; Management; Reckoning; Faith; Custom; Condition; Affair; Religious laws; Sect; Victory; Government; Power; Obedience.

Daynun دَينً (*n.*): Debt; Lending. ***Tadâyantum*** تداينتم (*prf. 2nd. p. m. plu. VI.*): You transact. ***La Yadînûna*** لايدينون (*imp. 3rd. p. m. plu.*): They do not subscribe, do not observe (religious laws). ***Dîn*** دِين: Requital; Judgement; Faith; Law; Obedience. ***Madyînûn/ Madyînîn*** مدينون/ مدينين: Requitted.

The root with its above forms has been used in the Holy Qur'ân more than six times. (L; T; R; LL)

DHÂL

ذ DH

It is the ninth letter of the Arabic alphabet, sounds equivalent to the English "dh". According to the system of transliteration adopted by us, it is written as dh or Dh. In *Jummal* reckoning its number is 700. It belongs to the category of *Harûf al-Majhûrah* - letters which are to be spoken aloud, openly and in plain and strong voice.

Dhâ ذا

Its plu. is *Ulâi* اولاء, *f.* Dhî ذِيٍّ and *Tilka* تَلكَ. These are demonstrative pronouns (*Hurûf al Ishârat*) and also demonstrative articles (*Hurûf al Muthul*) and can be translated as: This; That; He; Who. To this particle *hâ* (ه) is frequently prefixed as in *Hâdhâ* هٰذا (*f.*) *Hâdhihî* هٰذهي (plu.) and *Hâulâ'i* هؤلاَء. *Dhâ* is frequently suffixed with particle *Kâf* ك as in *Dhâka* ذاكَ, (*f.*), *Tâka* تاك , *Tîka* تيكَ and Ulâik أولائك (*plu.*). *Dhâ* is also suffixed with particles *Lâm* ل and *Kâf* ك and then it is written as *Dhâlika* ذالك (*m.*), *Tilka* تلك (*f.*) and *Ulâika* ألائكَ (*plu.*). *Dhâlika* ذالِك is primarily used in the sense of "That", but it is also used in the sense of "This" indicating the high rank and dignity of the thing to which it refers. When it is prefixed with particle *Kâf* ك it is written as *Kadhâlika* كذَالك meaning: So; Also; Too; So the fact is and as *Kadhâ* كذا meaning: Such; Thus. *Dhâ* is frequently used with an ellipse instead of *Alladhî* الّذي: That; Which; He who. According to the system of the Arabic grammar these demonstrative are all indeclinable nouns and are totally independent of each other. *Dhâ* ذا (*nom. sing.*) is likewise the *acc.* of *Dhû* ذُو. *Dhî* ذي (*gen.*), *Dhât* ذات (*f. sing*), *Dhawâta* ذوات (*f. dual.*) *Dhâ* ذا, Tâ تا, *Tilka* تلك, *Dhâlika* ذالك, *Hâdha* هٰذ, *Hâdhihî* هٰذهي, *Hâulâi* هٰؤلاء *Alladhî* آلذي *Alladhîna* الّذين, *Allate* الّتِ, *Allatî* التي are demonstrative pronouns. *Allâî* الّئ (65:4) and *Allâtî* الّتي (4:15) both are *f. plu.* the difference between them is that *Allâtî* is used when its *sing*. is *f.* and *Allâi* is used when its *sing*. is *m. Alladhân* الّذان is *dual* of *Dhâka* ذاك. Their proper rendering depends very frequently upon the sense of the words in connection with which they occur. (Mughnî; Abkarî; L; LL)

Dha'ba ذأبَ
ذأباً؛يَذئَب

To collect, gather, expel, despise, urge, frighten, be as wicked as a wolf. *Dhi'batun* ذئبة: She-wolf.

Dhi'bun ذئبُ (*n.*):Wolf (12:13; 14:17). (L; T; R; LL)

Dha'ama ذأم
ذاماً؛ يَذأم

To drive off, blame, despise, disgrace. *Madh'ûm* مذؤم: Despised; Scorned.

Madh'ûm مَذؤم (*m. pis. pic.*): Despised (7:18) (L; T; R; LL)

Dhabba ذَبّ

ذَبًا؛ يَذُب

To wander to and fro as a fly, waver (between this and that), become restless, remove, drive away flies, protect. *Dhubâb* ذباب (*generic noun*): Fly. *Mudhabdhab* مذبذب: Wavering to and fro as a fly; Move about.

Mudhabdhabînun مُذبْذبين (*pac. pic. m. plu.*): Those who are wavering like a fly (4:143) ***Dhubâb*** ذباب(*n.*): Fly (22:73) (L; T; R; LL)

Dhabaha ذَبَحَ

ذبحاً؛يذبح

To split, cut the throat, stay, sacrifice, rip open. *Dhabbaha* ذَبّحَ: To slaughter, massacre, slay in large number. *Dhibhun* ذِبْح: That which is sacrificed; victim; slaughtered one.

Dhabahû ذبحُوا (*prf. 3rd. p. m. plu.*): They slaughtered. ***Tadhbahû*** تذبحُوا (*acc. n. d.*): ***Tadhbahûna*** تذبحون (*imp. 2nd. p. m. plu.*): Ye slaughter. ***Adhbahu*** اذبحُ (*imp. 1st. p. sing.*): I am slaughtering. ***Adhbahanna*** اذبحنّ (*imp. 1st. p. sing. emp.*): I surely will slaughter. ***Dhubiha*** ذُبحَ (*pp. 3rd. p. m. sing.*): He is slaughtered. ***Ydhabbihu*** يذبّح (*imp. 3rd. p. m. sing. II.*): He slays in large number. ***Yadhabbihûna*** يذبّحون (*imp. 3rd. p. plu. II.*): They slay in large number. ***Dhibhun*** ذِبح (*n.*) Slaughtered one. ***Madhbûhun*** مذبوح(*pct. pic.*): Slaughtered one. (L; T; R; LL)

The root with its above forms has been used in the Holy Qur'ân about 9 times.

Dhakhara ذخَرَ

ذخرًا؛ يَذخر

To save, store, make provision for, select. *Idhdhakhara* ادّخَرَ VIII: To store up for future use. Here *Dhâl* ذ is changed into *Dâl* د.

Tadhdhakhirûn تدّخرُون(*imp. 3rd. p. m. plu. VIII.*): You store (3:49). (L; T; R; LL; Asâs).

Dhara'a ذرأ

ذرءاً؛ يَذرؤ

To produce, create, multiply, sow (the ground), become grey on the forehead (hair).

Dhara'a ذرأ (*prf. 3rd. p.m. sing.*): Created (6:136; 16:13; 23:79; 67:24). ***Dhara'nâ*** ذرأنا(*prf. 1st. p. plu.*): We have created (7:179). ***Yadhra'u*** يذرؤ (*imp. 3rd. p. sing.*): He creates, multiplies. (42:11). (L; T; R; LL)

Dharra ذرّ

ذَرّاً؛ يَذُرّ

To scatter, strew, sprinkle, rise. *Dharratun* ذرّة (noun of unity): Atom; Small ant; Smallest kind of ant resembling in weight and shape to an atom. Smallest seed of grain; Grub. *Dhuriyyatun* ذُرّية : Progeny; Offspring; Children; Race; Raising children; Children with horniness on the forehead.

Dharratun ذرّةً (n.): ***Dhurriyyatun*** ذرّيةً (*n.*): Atom. ***Dhurriyyât*** ذرّيات (*plu.* of *Dhurriyyatun* ذرّية): Progeny; Children; Descendents. (L; T; R; LL)

The root with its above three forms has been used in the Holy Qur'ân about 38 times.

Dhara'a ذَرَعَ

ذَرعاً؛ يَذرَع

To measure by the cubit, stretch the forefeet in walk, lower (a camel) for riding, overcome, strangle from behind, raise and stretch forth the arm (in swimming) *Dhar'un* ذرعاً: Stretching forth of the hand; Strength; Power; Measure; Length. *Dhirâ'* ذِرع plu. *Adhru'* اذرع Forearm; Forefoot; Cubit; Power; Rod of cubit of 22 3/4 inches; Length of the arm from the elbow to the extremity of the middle finger. *Dhâqa dhar'an* ذاق ذرعاً : He fell short of the affair, felt helpless. *Dhur'atun* ذرعةً Means, Ability.

Dhar'un ذرعٌ (*n.*): Lenght ***Dhirâ'un*** ذراعٌ (*n.* common gender): Cubit. ***Dhirâ'in*** ذراعين / ***Dhirâ'ai*** ذراعي (*n. oblique dual*): Two fore legs. ***Dhâqa dhar'an*** ذاق ذرعاً (idiomatic phrase): He felt helpless, was grieved, lacked strength to accomplish the affair, was distressed (11:77; 29:33). (L; T; R; LL)

The root with its above four forms has been used in the Holy Qur'ân about 5 times.

Dhara' ذَرَاً / **Dharaya** ذرى

ذَرواً؛ يَذراً

To scatter (seeds), disperse, snatch away, raise (dust) wind, eliminate or select by sifting, blow the chaff (from grain), sift, sort out, to hasten, praise (one down, ascend on the top of *Dhurwatun* ذُروة and *Dhirwatun* ذِروةً: Apex; Top.

Dhâriyât ذٰرِيٰت (*n. plu.* of *Dhâriyatun* ذٰريةً): Those who went forth to scatter and sweep; Those who produce many young ones or much fruit; Creating of many products of the mind. (51:1). ***Tadhrû*** تذرو (*imp. 3rd. p. f. sing.*): He scatters. (18:45). ***Dharwan*** ذرواً (*v. n.*): Dispersing

(51:1). (L; T; R; LL)

Dha'na ذَعَنَ
ذَعناً ؛ يَذعَن

To obey,submit to *Mudh'in* مذعن(IV): One who is submissive without delay and willingly.

Mudh'inîn مذعنين (*m. plu. acc. IV.*): Running and showing submission without delay(24:49). (L; T; R; LL)

Dhaqana ذَقَنَ
ذَقناً ؛ يَذقُن

To strike on the chin, lean the chin upon (with *'alâ*). Dhaqan ذَقن and Dhiqan ذِقن *plu.* Adhqân اذقان: Chin, it may be rendered as face.

Adhqân اذقان (*plu.* of *Dhaqan* ذَقن or *Dhiqan* ذِقن): Chins; Faces (17:107, 109; 36:8). (L; T; R; LL)

Dhakara ذَكَرَ
ذَكرا ؛ يَذكر

To remember, commemorate, make mention of, bear in mind, recollect, admonish, praise, preach, extol, honour, give status, recollect. *Dhikr* ذِكر Fame; Good report; Admonition, Commemoration or cause of good reputation; Honour and status; Means of exaltation. The Holy Qur'ân is frequently called *Dhikr* ذكر and *Ahl al-Dhikr* اهل الذكر are the Muslims who are followers of the Qur'ân and keepers of the oracles of God. *Dhikrâ* ذكرىٰ is the 2nd declination and it is stronger than *Dhikr* ذِكر. *Tadhkiratun* تذكرة: Warning; Admonition; That which brings to one's recollection. Means of exaltation. *Dhakarun* ذكرٌ : Male, its *plu.* is *Dhukûr* ذكور and *Dhukrân* ذكران. *Dhâkir* ذاكر : One who remember etc. *Madhkûr* مذكور Remembered; Worth mentioning. *Dhakkara* ذكّر: To remind, warn, admonish. *Tadhkîr* تذكير: Reminding; Admonishment etc. *Mudhakkir* مذكّر: Admonisher etc. *Mudhdhakir* مدّكر : One who would be admonished etc.

Dhakara ذَكرَ (*prf. 3rd. p. m. sing.*): He remembered. ***Dhakarû*** ذكرُوا (*prf. 3rd. p. m. plu.*): They remembered. ***Dhakarta*** ذكرت (*prf. 2nd. p. m. sing.*): Thou remembered. ***Yadhkuru*** يذكر (*imp. 3rd. p. m. sing.*): He remembers. ***Tadhkuru*** تذكر (*imp. 2nd. p. m. sing.*): Thou remember. ***Yadhkurû/ Yadhkurûna*** يذكرون / يذكروا (*acc./imp. 3rd. p. m. plu.*): They remember: ***Adhkuru*** اذكر (*nom. imp. 1st. p. sing.*): I remember. ***'An Adhkura*** ان اذكر (*acc. imp. 1st. p. sing.*): That I remember.

Nadhkuru نذكر (*imp. 1st. p. plu.*): We remember. ***Udhkur*** أذكر (*prt. 2nd. p. m. sing.*): Thou remember. ***Udhkurû*** أذكروا (*prt. 2nd. p. m. plu.*): Remember! You people. ***Udhkurna*** أذكرن (*prt. 2nd. p. f. plu.*): Remember! O you. ***Dhukira*** ذُكِرَ (*pp. 3rd. p. m. sing.*): Is mentioned. ***Yudhakru*** يُذكَرُ (*pip. 3rd. p. m. sing.*): Is mentioned. ***Dhukkira*** ذُكِّرَ (*pp. 3rd. p. m. sing. II*): Is mentioned; reminded, admonished. ***Dhukkirtum*** ذكّرتم (*pp. 2nd. p. m. plu. II*): You are admonished, reminded. **Dhukkirû** ذكّروا *pp. 3rd. p. m. plu. II.*):They are admonished. ***Dhakkir*** ذكّر (*prt. 2nd. p. m. sing. II*): Admonish! ***Tadhakkara*** تذكّر (*prf. 3rd. p. m. sing. V*): Take heed, receive admonition. ***Yatadhakkaru*** يتذكّر (*imp. 3rd. p. m. sing. V.*): He receives admonition. ***Yatadhakkarûna*** يتذكّرون (*imp. 3rd. p. m. plu.*): They receive ad-monition, take heed ***Tadhakkarûna/Tatadhakkarûna*** تتذكّرون / تذكّرون (*imp. 2nd. p. m. plu. V*): You receive admonition. ***Idhdhakara*** اذّكر (*prf. 3rd. p. m. sing. VIII*): He recalled to his mind, remembered. ***Yadhdhakkaru*** يذّكر (*imp. 3rd. p. m. sing. VIII*): He receives admonition, take heed. ***Yadhdhakkarûn*** يذّكرون (*imp. 3rd. p. m. plu. VIII*): They take heed. ***Yadhdhakkarû*** يذّكروا (acc. imp. 3rd. p. m. plu. final Nûn dropped, VIII): (That) they (may) take heed: ***Dhikrâ*** ذكرىٰ (*n. f.*): Admonition, Recollection. ***Dhikrun / Dhikran*** ذكرٌ / ذكرً (*nom. /acc.*): Mention; Account, Remembrance; Reminder. ***Tadhkiratun*** تذكِرة (*n.*): Admonisher; Means to rise to eminence. ***Tadhkîr*** تذكير (v. n. II): Admonishment; Reminding. ***Dhâkirîn*** ذاكرين (*act. pic. m. plu. acc.*): Mindful men; Those who remember. ***Dhâkirât*** ذاكرات (*act. pic. f. plu.*): Mindful women. ***Muddakir*** مدّكر (*ap-der. VIII, dzâl* changed to *dâl*): One who will mind, take heed. ***Mudhakkir*** مذّكر (*ap-der. II.*): Admonisher. ***Madhkûr*** مذكور (*pact. pic. m. sing.*): Mentionable; Worth mentioning. (L; T; R; LL)

Dhakarun ذَكَرٌ (*n.*): Male, Man, Masculine. ***Dhakarain*** ذكرين (*n. dual, acc.*): Two males. ***Dhukrân*** ذكران (*n. plu.*): Males. The root with its above forms has been used in the Holy Qur'ân about 292 times.

Dhakâ ذكا

ذكوا، ذكاً؛ يذكوا

To slaughter, make fit for food,

blase, be hot, burn, be sagacious. The infinitive noun *idhkiyaha* means causing the natural heat (*Harârat Gharîzî* حرارت غريزي) to pass forth. Technically it indicates a particular mode of slaughtering from the side of jugular vein to pour out in maximum quantity of blood. Legal slaughter.

Dhakkaitum ذكّيتم (*prf. 2nd. p. m. plu. II.*): You duly slaughtered. (L; T; R; LL)

Dhalla ذلّ

ذلاّ؛ يَذِلّ

To be low, gentle, submissive, meek, subject, humble. *Dhullu* ذُلّ: Humility etc. *Janâh al-dhull* جناح الذلّ: Wings of submissiveness out of tenderness; Treating with compassion. *Dhull* ذُلّ Vileness; Ignominy; Weakness; Meakness; Abjectness; Abasement. *Dhalûlun* ذلول: Well-trained; Tractable; Commodious; Broken. Its pl. *Dhululun* is ذُلل. *Adhillatun* اذِلّة *plu.* of *Dhalûl* ذلول: Humble; Submissive; Meek; Gentle. *Adhallu* اذُلّ: Vile; Most vile etc. *Dhallala* ذلّل To render submissive, humble, bring low. *Tadhlîl* تذليل: Hanging down; Bringing low. Adhalla اذلّ: To abase.

Dhallalnâ ذللنا (*prf. 1st. p. plu. II*): We have subdued, subjected to be low. ***Dhullilat*** ذلِلت (*pp. 3rd. p. f. sing. II*): She is brought low. ***Tadhlîlan*** تذليلاً (*v. n. II*): Within easy reach. ***Tudhillu*** تُذلّ (*imp. 2nd. p. m. sing. IV*): Thou abasets. ***Nadhillu*** نذِلّ (*imp. 1st. p. plu.*): We are humiliated, disgraced. ***Dhullun*** ذُلّ (*n.*): Meekness; Submissiveness. ***Dhillatun*** ذلّة (*n.*): Abasement; Subjectness. ***Dhallûlun*** ذلول (*ints.*): Broken, Made submissive; Subservient. ***Dhullalan*** ذُللاً (*n. plu. acc.*): Submissively; Made easy. ***Adhilltatun*** اذلِة (*n. plu.*): Utterly weak (3:123). Low opposite of noble (27:34). ***Adhallu*** اذلّوا (*elative*): Meanest; Lowest. ***Adhallîn*** اذلّين (*plu* of *Adhal*): lowest ones. (L; T; R; LL)

The root with its above forms has been used in the Holy Qur'ân about 24 times.

Dhamma ذمّ

ذِمّة ، ذمّاً؛ يَذُمّ

To revile, blame, reprove. *Dhimmatun* ذمّة: Treaty; Good faith; Agreement; Covenant; Protection; Engagement; Obligation; Compact; Responsibility. *Dhamîm* ذميم: Blameworthy; Blamed one; Disgraced; Abused. *Adhamma* اذمّ: He protected or granted him refuge or protection.

Adhamma lahû اذّم له:He took or obtained a promise or an assurance of security or a covenant in his favour.

Dhimmatun ذِمّة (*n. v.*): Pact; Agreement, Covenant (9:8-10). ***Madhmûm*** مذموم (*pct. pic.*): Blamed one; Miserable plight (68:49; 17:18, 22). (L; T; R; LL)

Dhanaba ذَنَبَ
ذَنباً؛ يَذنُب ، يَذنب

To track, make a tale, add appendix, follow closely, become spotted. Adhnaba اذنب: commit offence, fault, sin.

Dhanb ذنب (*n. sing.*): Crime; Fault; Offense; Sin; Any act having an evil result. ***Dhunûb*** ذنوب (*n. plu.*). (L; T; R; LL)

The root with its above two forms has been used in the Holy Qur'ân about 39 times.

Dhahaba ذَهَبَ
مَذهَباً، ذِهاباً؛يَذهَب

To go, go away, depart, take away or go away with (with ب), pass along, die, be ended, hold an opinion, follow the opinion of, hold a belief, adapt an opinion. *Madhhabun* مذهبٌ: Opinion; Belief; Sect; Way of action; Rite. *Dhahab* ذهب: Gold. *Dhâhibun* ذاهب: One who goes. *Dhahâb* ذهاب: Act of taking away. *Adhhaba* اذهب (IV): To take away, remove, receive, take, consume.

Dhahaba ذهَبَ (*prf. 3rd. p. m. sing.*): He went, is gone; (with *Bâ* ب): Took away; (with *'An* عن): He departed, is gone away. ***Dhahbû*** ذهبوا (with *Bâ* ب): They took away. ***Dhahabnâ*** ذهبنا (*prf. 1st. p. plu.*): We went; ***Yadhhabû/ Yadhhabûna*** يذهبون/ يذهبوا (*imp. 3rd. p. m. plu.*): They go. ***Tadhhabû/Tadhha-bûna*** تذهبوا / تذهبون (*acc/ imp. 2nd. p. m. plu.* with *Bâ* ب): You may take away. ***Nadhhabanna*** نذهبنّ (*imp. 1st. p. plu.* with *Bâ* ب): We surely will take away. ***Idhhab*** اذهب (*prt. 2nd. p. m. sing.*): Go thou. ***Idhhabâ*** اذهبا (*prt. 2nd. p. m. dual.*): Go you twain. ***Idhhabû*** اذهبوا (*prt. 2nd. p. m. plu.*): Go you all. ***Dhâhibun*** ذاهبٌ (*act. pic.*): Goer; Outgoer. ***Dhahbun*** ذهب (*v. n.* with *Bâ*), Taking away. ***Adhhaba*** اذهَبَ (*prt. 3rd. p. m. sing. IV*): He removed. ***Adhhabtum*** اذهبتم (*prf. 2nd. p. m. plu. IV*): You removed. ***Yadhhabu*** يذهَبُ (*imp. 3rd. p. m. sing.*): He takes away, removes, goes away. ***Yudhhiba*** يُذهِبَ (*imp. 3rd. p. m. sing.*): He takes away, removes. ***Yudhhibanna*** يذهبنّ (*imp. 3rd. p. m. sing. emp.*): He certainly will take away or remove. ***Yudhhibna*** يُذهِبْن (*imp. 3rd. p. f. plu. IV*): They will take away. ***Dhahab*** ذهبْ (*n.*): Gold. ***Dhahâb*** ذهاب (*n. v.* with *bâ*): Taking away. ***Dhâhibun*** ذاهب (*act. pic*): Goer; Outgoer. **Tadhahaba**تذهب(*imp. 2nd. p.m. sing.*) Those will take away. (L; T; R; LL)

The root with its above forms has been used in the Holy Qur'ân about 56 times.

Dhahala ذَهَلَ

ذُهُولاً؛يَذهَل

To forget, neglect, be diverted from (with *'An* عن).

Tadhhalu تذهل (*imp. 3rd. p. f. sing.*): She will forget (22:2). (L; T; R; LL)

Dhû ذُو

ذون؛ذي؛ذات؛ذا

Dhû ذُو *Demonstrative pronoun m. sing.*: With; On; In; Of. The root of *dhû* is *dhawan* ذون. Other forms are: *Dhâtun* ذات (*f.*); *Dhî* ذي (*gen.*); *Dhâ* ذا (*acc.*): *Dhawâni* ذوان (*dual.*); *Dhawaini* ذوَين (*oblique*); *Dhawa* ذوا and *Dhawî* ذوي (*in const. with a complement*); *Dhawatâni* ذواتان (*f. dual.*); *Dhawâtaini* ذواتيني (*oblique*) *Dhawatâ* ذَواتا and *Dhawâtai* ذواتي (*in const.*); *Dhawûna* ذوون (*plu.*); *Dhawîna* ذوين (*oblique.*); *Dhawû* ذوُوا (*in const.*); *Dhawâtun* ذواةٌ (*f. plu.*).

These words are used in connection with a complement. Their proper rendering depends upon the sense of the words in connection with which they occur. There most usual rendering is: possessor of, lord of, endowed with, having with, on, in, of, owner. These are called *Asmâ Nâqisah.*

Dhata ذات (*f.*) is used for something which is *f.* The and also for something which is *m.* as with *Dâr* دار (house) which is *f.* and *Hâit* حائط (wall) which is *m.* *Dhât al Shai'* ذات الشيئ: The fact of the matter; Reality; Veracity; Peculiarity; Speciality. *Dhât al Sadr* ذات الصدر: Hidden and concealed points of and secrets of the heart. *Dhât al-Shimâl* ذات الشمال: On the left. *Dhât al-Yamîn* ذاتاليمين: On the right. *Dhâta bainikum* ذات بينكم: Your mutual, among yourself.

The root of the *Dhât* ذات is *Dhawât* ذوات and the diminutive form is *Dhuwayyatun* ذويّة. *Dhû* ذو is used in place of *Allatî* التي and *Alladhî* الذي as one poet says:

وَانّ الما ء ماءُ ابي ونجدي
وبئري ذوحضرت وذوطويت

The owner of this watery place is my father and grand father. It is my well. I dug it and plastered it).

The nine forms: ***Dhû*** ذُو *(m. sing.)*; ***Dhâ*** ذا *(acc.)*, ***Dhî*** ذِي *(gen.)*, ***Dhâta*** ذاتَ *(f. sing.)*, ***Dhawâta*** ذوات *(f. dual)* ***Dhawâtai*** ذواتي, ***Dhawai*** ذوى *(m. plu.)*, ***Dhawî*** ذوي، ***Dhawatâni*** ذواتان *(f. dual.)* has been used in the Holy Qur'ân about 111 times. (L; T; R; LL)

Dhâda ذَادَ

ذَودًا ؛يذُود

To drive away, keep back, dispel, hold back.

Tadhûdâni تذُودان *(imp. 3rd. p. f. dual.)*: The twain were keeping back (28:23). (L; T; R; LL)

Dhâqa ذاقِ

ذَوقا ؛ يُذوق

To taste, experience, try. *Dhâ'iqun* ذائقٌ: One who tastes. *Adhâqa* اذاق (IV): To cause to taste.

Dhâqat ذاقت *(prf. 3rd. p. f. sing.)*: She tasted. ***Dhâqâ*** ذاقا *(prf. 3rd. p. m. dual)*: The twain tasted. ***Dhâqû*** ذاقُوا *(prf. 3rd. p. m. plu.)* They tasted. ***Li Yadhûqa*** لِيَذُوق *(imp. 3rd. p. m. sing. acc. el.)*: That he may taste. ***Li Yadhûqû*** لِيذُوقوا *(imp. 3rd. p. m. plu. acc.)*: That they may taste. ***Yadhûqûna*** لِيذُوقون *(imp. 3rd. p. m. plu.)*: They will taste. ***Dhuq*** ذُقْ *(prt. 2nd. p. m. sing.)*: Taste thou. ***Dhûqû*** ذُوقُوا *(prt. 2nd. p. m. plu.)*: Taste you all. ***Adhâqa*** اذاقَ *(prf. 3rd. p. m. sing. IV)*: Made to taste. ***Adhaqnâ*** اذقنا *(prf. 1st. p. plu. IV)*: We made to taste. ***Yudhîqu*** يذيق *(imp. 3rd. p. m. plu. IV)*: He makes someone taste. ***Nudhîqu*** نذيق *(imp. 1st. p. plu. IV)*: We make some one taste. ***Nudhîqanna*** نذيقنّ *(imp. 1st. p. plu. emp.)*: We certainly shall make some one taste. ***Dhâ'iqatun*** ذائقةٌ *(act. pic. f. sing.)*: One who tastes or will taste. ***Dhâ'iqûna/Dhâ'iqû*** ذائقوا/ ذائقون *(acc. act. pic. m. plu.)*: Those who will have to taste. (L; T; R; LL)

The root with its above forms has been used in the Holy Qur'ân about 63 times.

Dhânika ذانك

Demonstrative pronoun feminine: That; These; This. Its *m.* is *Dhâlika* ذٰلك. see also *Dhû* ذُو.

Dhâlika ذالك (*demonstrative pronoun, m.*): That; These; This. (L; T; Abkarî; LL)

Dhâ'a ذاعَ

ذُيوعًا، ذَيعًا؛ يذِيع

To spread, reveal, manifest, become known.

Adhâ'û أذاعُوا (*prf. 3, p. m. plu. IV*): They spread (4:83). (L; T; R; LL)

Râ

ر R

It is the 10th. letter of the Arabic alphabet, somewhat equivalent to English letter "r". According to *Hisâb Jummal* (mode of reckoning numbers by the letters of the alphabet) the value of *râ* is 200. It is of the category of *al- Majhûrah.*

Ra'asa رأسَ

رِياسةً؛ يَرإس

To be the head or chief, strike on the head, set any one over. *Ra'sun.* Head; Chief; Uppermost part; Individual; First part. *Ra's al-mâl* رأس المال: Capital; Capital-stock, principle, plu. *Ra'ûs*. *Nukisû alâ Ra'ûsi him* نكسوا على رؤوسهم: They were turned upside down upon their heads. It isan idiom meaning: They were made to hang down their heads (in shame) and were completely dum-founded; They turned to their former state of disbelief or wicked behaviour; They reverted to disputation after they had taken the right course.

Ra'sun رأس (*n.*) ***Ra'ûs*** رؤوس (*plu. n.*): Head; Initial capital; Principle. (L; T; R; Rûh al-Ma'ânî; LL)

The root with its above two forms has been used in the Holy Qur'ân18 times.

Ra'afa رؤُف/رأفَ

رَأفًا، رَأفَة ؛ يَرأف، يَرأف

To be compassionate, kind, merciful, pity, conciliate. *Ra'fatun* رأفة: Compassion; Tenderness; Pity; Kindness. *Ra'ûf* رؤوف: Compassionate; Merciful; Clement; Mild.

Ra'fatun رأفة (*v. n.*): Tenderness; Feeling of pitty. ***Al-Ra'ûf*** الرؤوف (extensive *n.*): The most Compassionate; One of the names of Allâh. (L; T; R; LL)

The root with its above two forms has been used in the Holy Qur'ân 13 times.

Ra'a رأى

رؤية؛رأيًا ؛يرٰى

To see, think, hold, in opinion of, percive, judge, consider, know. *Ara'itaka* أراءَيتك (17:62) and *Ara'itakum* أراءيتكم(6:40): Do tell me thou, do tell me you. The pers. pronoun *Kâf* ك is added for emphasis and is not purely as pleonism without adding to the meaning. *Tara'ni* is for a compound word of a verb *Tara'* ترئ followed by a pronoun *nî* ني: You see me. *Bâdî al-Ra'yi* بادى الرأي: Having superficial view; Outward appearance; First thought; Apparently; Without proper consideration; Upon first thought. *Ra'y al'Ain* رأى العين: To see with naked eye; Judging by sight. *Ri'yun* رئيء Outward appearance. *Ru'yâ'* رؤيا ء: Vision dream. *A'lam tara* الم تَرَ: Behold, lo!. *Ri'âun* رآءٌ: Hypocrisy; Ostentation; To be seen. *Tarâ'a* تَرآ: To see one another, consider, come in sight of one another. *Yurâ'ûna* يُراؤون: They deceive hypocritically assuming a false appearance.

Ra'â رأي (*prf. 3rd. p. m. sing.*): He saw. ***Ra'aita*** رئيتَ (*prf. 2nd. p. m. sing.*): Thou seeth. ***Ra'aitu*** رئيتُ (*prf. 1st. p. sing.*): I saw. ***Ra'au*** رأوا (*prf. 3rd. p. m. plu.*): They saw. ***Ra'aina*** رئينَ (*prf. 3rd. p. f. plu.*): They *f.* saw. ***Ra'aitum*** رئيتم (*prf. 2nd. p. m. plu.*): You saw, have observed. ***Ra'at*** رأت (*prf. 3rd. p. f. sing.*): She saw. ***A'ra'aita*** أرءيت (*prf. 2nd. p. sing.*): Hast thou seen? Here prefixed *Hamzah* ء as interrogative particle is present. ***Ra'aitum*** رئيتم (*prf. 2nd. p. m. sing.*): You saw. Same is is written with an additional *wâw* و after the last letter thus *Ra'aitumû* رئيتموا and when a pronoun is to follow as *Ra'aitumûhu* رئيتموهُ: You have seen it. ***Yarâ*** يرى (*imp.: 3rd. p. m. sing.*): He shall see. ***A'lam Tara*** الم ترَى: Did thou not see? Hast thou not considered? ***Tarayinna*** ترَينّ (*imp. 2nd. p. f. imp.*): Thou seest. ***Ara*** اري (*imp. 1st. p. sing.*): I see. ***Arâ*** أرىٰ (IV. attached to a pronoun as *Arâkahum* اراكهم or *Arainaka* ارائينك): Showeth! ***Narâ*** نرَى (*imp. 1st. p. plu.*): We see. ***Arainâ*** ارينا (*prf. 1st. p. plu. IV*): We showed. ***Yuri*** يرى (*imp. 3rd. p. m. sing. IV*): He shows. ***Turî*** تُري (*imp. 2nd. p. sing. IV*): Thou show. ***Urî*** اري (*imp. 1st. p. sing. IV*): I show. ***Nurî*** نري (*imp. 1st. p. plu. IV*): We show. ***Uri*** أرى (*prt. 2nd. p. m. sing.*): Show ***Yurî*** يُري (*pip.*): Is seen. ***Yurau*** يُرؤ (*pip.*): They will be shown. ***Yurâ'ûna*** يُراؤون (*imp. 3rd. p. m. plu. II.*): They make a show, like to be seen by people. ***Yuria*** يُري (*imp. 3rd. p.m. sing. IV*): He shows. ***Tara'â*** ترءى (*prf. 3rd. p. m. sing. VI*): They saw each other. ***Tara'at*** تراءت (*prf. 3rd. p. f.*

sing. VI): They faced each other. ***Ra'yun*** رأیٌ (*n.v.*): Beholding; Seeing. ***Ra'al 'Ain*** رأىالعين: Beholding with ones naked eyes. ***Bâdi al-Ra'yi*** بادیالرأی: Immature opinion; Superficial view; At first sight; Obviously. ***Ri'yâ'an*** رئياً (*n.*) Outward appearence or show. ***Rû'yâ*** رُؤيا (*n.*): Vision; Dream. ***Riyâ'un*** رِياءٌ (*n.*): Making show. (L; T; R; LL)

The root with its above thirty five forms has been used in the Holy Qur'ân 328 times.

Rabba رَبَّ

رَبًّا ؛ يَرُبّ

To be a lord and master, collect, possess, rule, increase, complete, perfume, bring up, preserve, last, *Rabb* رَبّ: Master; Chief; Determin-er; Provider; Sustainer; Perfecter; Rewarder; Ruler; Creator; Maintainer; Reposer of properties; King of nature; Developer; Former of rules and laws of the growth; Regulariser; Foster of a thing in such a manner as to make it attain one condition after another until it reaches its goal of completion. Te word *Rabb* رَبّ conveys not only the idea of fostering, bringing up or nourishing but also that of regulating, completing, accomplishing, cherish-ing, sustaining and bringing to maturity and evolution from the earliest state to that of the highest perfection. The *Rabb* رَبّ also means the originator of things and their combiner to create new forms and it means also the law-giver who frames laws under which he propounds the shape which things must assume and the ratio and proportion in which various ingredients must combine with each other. He is the arranger of the different stages through which they have to pass on their way to perfection and completion. He sees to the necessary provisions for them in their journey. He is the Lord who puts things on the way of perfection. The word *Rabb* رَبّ thus signifies many processes which every entity passess through its course of creation and evolution before it reaches its final development. These meanings have not been forced and thrust upon this word. The lexicons of Arabic language speaks of all of them when they give the detailed meanings of the root *Rabb* رَبّ. This word also points to the law of evolution in physical and spiritual worlds. The real principle of evolution is not at all inconsitant with belief in God. The process of evolution referred to here is not identical with the theory of

Darwin. The word Rabb ربّ points to the fact that a human being has been created for unlimited progress. We must admit that all other languages lack an equivalent of the word as they have no equivalent for the words *Rahmân* رحمٰن, *Rahîm* رحيم, *Hamd* حمد, Allâh الله. *Rabb* ربّ is not *Abb* ابّ (Father), not a tribal diety nor the the national God of any specially favoured race or people, nor any narrow "Lord of the hosts" or "Our father in heaven".

Abb ابّ (father) conveys the idea of a male God, but the word *Rabb* ربّ is free from such thinking. God is more than a mother or a father. Personal pronoun in nominative or accusative or possessive case for *Rabb* ربّ does not indicate that God is male, it is only a usage of language. Some things are *m.* and others as *f.*, but it does not mean that they are in reality or as a matter of fact and in essence and quintessence, base, lineage, essentially, fundamentally, substantially, actually and factually, with their cause and effect naturally and originally are masculine or feminine. An Arabic word *Dâr* دار (House) is *m.* and word *Hâit* حائط (wall) is *f.* but no one can say that they are actually and factually and with their cause and effect *m.* or *f.*

Ribbiyyûna رِبيّون plu .of *Ribbiyyun* رِبيّ: Rabbi; Learned in divine law. *Rabbânî* رَبّاني: Divine; God; Worshipper of the Lord; Faithful servant of the Lord. *Rabâib* ربائب plu. of *Rabîbatun* ربيبة: Step daughters. *Rabat* ربت, *Rabawa* ربوَ, *Rabbî* ربِّي: To nourish. *Rabbayânî* ربّياني is a combination of *Rabbiya* ربّيَ and *nî* نِي: They both nourished. *Rubamâ* رُبَما (comb. of *Ruba* رُبَ and *Mâ* ما): Often; Frequently; Oft time; It may be. The difference between *Rubba* رُب and *Kam* كم is that *Rubba* is used for small in quantity and *Kam* for numerous. It will be wrong to say *Rubba-ma ara'aituhû Kathîran* ربما ارئيته كثيراً when one want to say "I saw him seldom". *Rubba mâ* is added to indicate that after it a verb will be added. Some times *Ruba* رُبَ is used without assimilation or duplication of *Bâ.* The difference between *Rubba* رُبّ and *Rubamâ* ربما is that after the later word there is a verb but not after *Rubba.* They say *Rubba rajulin jâ'anî* رُبّ رجل جاءني *Rubbamâ jâ'anî zaidun* ربماجاءني زيدٌ .

Rabb ربّ (*n.*): Nourisher to perfection, (Lord is but a very poor substitute for this Arabic word). This word has been used in the Holy Qur'ân as many as 969 times. ***Ribbiyyûn*** ربّيّون (*n. plu.*): Godly men; Worshippers of the Lord. ***Rabâib*** ربائب (*n. plu.*): Step-daughters. ***Rabbâniyyûn*** ربّانيّون / ***Rabbâniyyîn*** ربّانيّين (*n.plu.*): Divines; Teachers of divine knowledge. ***Arbâb*** ارباب *plu.* of ***Rabb***. ***Rubamâ*** رُبَّما (comb. of *Ruba* ربَ and *Mâ* ما): Often; Frequently; Oft time; It may be. (15:2). ***Rabbayânî*** ربّياني: They both nourished (17:24). (L; T; R; LL)

Rabi<u>h</u>a رَبِحَ

رَباحاً، رِبحاً؛يربَح

To gain, be successful or profitable (in trade or trafic).

Rabi<u>h</u>at رَبِحت (*prf. 3rd. p. f. sing.*): She profited (2:16). (L; T; R; LL)

Raba<u>s</u>a رَبَصَ

رَبصاً؛ يَربُص

To wait, lay in wait, stick, watch for an oppurtunity, desist from (with *'an*), watch for something, befall anyone. *Mutarabbi<u>s</u>un* متربّص: One who waits.

Tarabba<u>s</u>tum تربّصتم (*prf. 3rd. p. m. plu. V*): You waited. ***Yatarabba<u>s</u>*** يتربّص (*imp. 3rd. p. m. sing. V*): He waits. ***Yatarabba<u>s</u>ûna*** يتربّصون (*imp. 3rd. p. m. plu. V*): They wait. ***Yatarabba<u>s</u>na*** يتربّصَن (*imp. 3rd. p.f. plu. V*): They (f.) wait, should wait. ***Tarabba<u>s</u>ûna*** تربّصون (*imp. 2nd. p. m. plu. V*): You are waiting. ***Natarabba<u>s</u>u*** نتربّص (*imp. 3rd. p. m. plu. V*): We are waiting. ***Tarabba<u>s</u>û*** تربّصوا (*prt.2nd. p. plu. V*): You wait. ***Tarabbu<u>s</u>un*** تربّص (*v. n.*): Waiting. ***Mutarabbi<u>s</u>ûn/Mutarabbi<u>s</u>în*** متربّصين / متربّصون (*ap-der. m. plu.*): Waiters; Those who wait. (L; T; R; LL)

The root with its above eleven forms has been used in the Holy Qur'ân 17 times.

Raba<u>t</u>a رَبَطَ

رَبطاً ؛ يَربِط، يَربُط

To tie, fasten, conform, bind, strengthen, bind, lay (anchor), be firm, stationed on (the enemy's frontier, army, equip, fortify, brace, be ever ready, make ready for an impact. *Raba<u>t</u>a* رَبَطَ: To be firm and constant. *Ribât* رباط: Body of horse; Strungs

Raba<u>t</u>nâ ربطنا (*prf. 1st. p. plu.*): We braced, strenghtened ***Râbi<u>t</u>û*** رابطوا (*prt. 2nd. p. m. plu. III*): Be ever ready; Be on your guard. ***Ribâ<u>t</u>*** رباط (*v.n. III*): Strings; Mounted pickets at the frontier. (L; T; R; LL)

The root with its above three forms has been used in the Holy Qur'ân 5 times.

Raba'a رَبَعَ

رَبعا ؛ يَربُع،يَربِع،يَربَع

To be watered every fourth day (a camel), be the fourth, make a four-stranded rope, complete the number four. *Rub'un* ربعٌ: The fourth part. *Rubâ'un* رباعة: Fours. *Arba'un* اربعٌ; *Arba'atun* اربعة: Four. *Arba'în* اربعين: Forty *Râbi'un*: Fourth.

Rub'un رُبعٌ: One forth. ***Rubâ'un*** رُباعٌ Fours. ***Arba'un*** اربع (*m.*): Four. ***Arba'tun*** اربعْةٌ (*f.*) Four. ***Arba'în*** اربعين: Forty. ***Râbi'un*** رابعٌ: Fourth. (L; T; R; LL)

The root with its above six forms has been used in the Holy Qur'ân 22 times.

Rabâ ربا

رُبُوّاً، رَباءً ؛ يَربُوا

To increase, grow, augment, educate (child), swell, mount up. *Rabwa* ربوا: Fertile ground; Elevated ground. *Râbin* رابٍ for *Râbiwun* را بِوٌ: That which mounts and rises up; Swelling; Floating on the surface. *Râbiyatun* رابيةٌ: Ever-increasing; Severe. *Arbâ* اربىٰ (comp. form): More numerous; More increased. *Ribâ* ربا: Interest and usuary; Any addition however slight on the capital fixed before its investment. The transcription of this word is with *alif* at the end as ربا in 30:39, as well with *wâw* at the end as ربٰو in 2:275.

Rabata رَبَتْ (*prf. 3rd. p. f. sing.*): Swelled (with growth) ***Yarbû*** يربوا (*imp. 3rd. p. m. sing. IV*): It increases. ***Yurbî*** يربي (*imp. 2nd. p. sing.*): He makes increase, promotes ***Arbâ*** اربىٰ (elative): More increased; More numerous. ***Ribâ*** ربا (*n.*): Interest; Usuary. ***Rabbayâ*** ربّيا (*prf. 3rd. p. dual, assim.*): They twain brought up, sustained, raised, took care. ***Nurabbi/ Nurabbî*** نربّي / نُربِّ (*imp.1st. p. plu.*): We bring up ***Râbiyan*** رابياً (*act. pic. m. sing. acc.*): Swelling; On top; Ever increasing. ***Râbiyatan*** رابية (*act. pic. b. sing. acc.*): Increasing. ***Rabwah*** ربوا (n.): Highly fertile land. L; T; R; LL)

The root with its above eleven forms has been used in the Holy Qur'ân 20 times.

Rata'a رتَعَ

رتُوعاً،رتاعاً،رُتعًا؛يَرتَع

To eat and drink to satisfaction, enjoy, refresh, pass time

Rataqa رَتَقَ

pleasently.
Yarta'u يَرْتَع (*imp. 3rd. p. m. sing.*): Refresh himself with fruits, enjoy (12:12). (L; T; R; LL)

Rataqa رَتَقَ
رتقًا ؛ يرتُق

To close, be joined together. *Ratqan* رَتقًا: Closed up; Single entity. In the verse 21:30 the Qur'ân says, "The heavens and the earth were once one mass, all closed up, then We rent them apart, and it is from water that He created all life." The verse points to a great scientific truth. It refers to an early stage of the universe and tells us that the whole solar system has developed out of an amorphous or nebular mass. God, in accordance with the laws which He had set in motion, split the mass of matter and its scattered bits became the units of the solar system, and the base of all life was water. It is contrary to فتق.
Ratqan رتقًا (*acc. m.*): Closed up; Single entity (21:30). (L; T; R; LL)

Ratila رَتِلَ /Ratala رَتَلَ
رتلاً ؛ يَرتَل ، يَرتِل

To set in order, make even, read correctly, speak slowly.

Rattala II. رَتَّلَ: To recite with a slow and distinct enunciation, gracefully and with intonation, pronouncing the word or words with ease and correctness, being regardful of the places of utterance of the letters and mindful of the pauses, and lowering of the voice and making it plaintive in reading or reciting. It also means: To put together and arrange nicely the component parts of the speech and make it distinct and separate one from the other and make it distinct, mell and fairly arrange.; To become well arranged. The term *Tartîl* ترتيل denotes the putting of something together distinctly in a well arranged manner and without any hest. *Ratil al-Klâm* رتل الكلام : He put together and rearranged well the component part of the speech or sayings. (Jauharî, Qâmûs, Lisân). When applied to the recitation of a text it signifies a calm, measured utterance with thoughtful consideration of the meaning to be brought out.

Rattalnâ رَتَّلنا (*prf. 1st. p. plu. II*): We have arranged (it) in an excellent form and order; Arrangement free of all contradiction. (25:32). *Rattil* رَتِّل (*prt. 2nd. p. sing. m.*): Keep on reciting, recite distinctly and thoughtfully (73:4).
Tartîlan تَرتيلاً (*v. n. II*): Dis-

201

tinctly an thoughtfully well (25:32; 73:4). (L; T; R; LL)

Rajja رجّ

رَجّاً؛ يَرُجّ

To shake, move, quake, be in commotion, confused. *Rajjan* رجّ: Rumbling; Stock. *Rijriyatun* رجرية: Numerous parties in a war.

Rujjat رجّت (*pp. 3rd. p. f. sing.*): It is shaken (56:4). ***Rajjan*** رجّاً (*v. n. acc.*): Violent shaking (56:4). (L; T; R; LL)

Rajaza رَجَزَ

رَجزاً؛يَرجُز

To rumble. *Rujz* رُجز/*Rijz* رِجز: Pollution; Filth; Calamity; Evil kind of punishment; Wrath; Impurity; Plague; Abomination; Idolatry; Disease in the hinder part of camels; Deed deserving punishment.

Rijzun رِجزٌ (*n.*): Punishment; Scourge; Pestelence. ***Rujz*** رُجز (*n.*): Pollution (14:5). (L; T; R; LL)

The root with its above two forms has been used in the Holy Qur'ân 10 times.

Rajisa رَجِسَ

رَجاسة ، رجساً، رَجَساً؛ يَرُجس

To disgrace and defile, thunder, be unclean, commit foul deeds, be filthy, bellow loudly, be in doubt, become hated.

Rijs رِجس (*n.*): Punishment; Deed deserving punishment; Doubt; Suspicion; Something in which there is no good; Bad deed; Sin; Uncleanliness; Suggestion of the devil; Dirt; Filth; Crime. (L; T; R; LL)

This word is used in the Holy Qur'ân 10 times.

Raja'a رَجَعَ

مَرجعاً، رُجوعاً؛ يَرجع

To return, turn back, turn off, (blame) upon any one, come back, repeat, answer, bring answer, be brought back. *Râji'un* راجعٌ: One who returns etc. *Murji'un* مرجع: Return; Termination. *Ruj'an* رُجعاً: Return. *Tarâja'a* ترجع: VI: To return to one another.

Raja'a رَجَعَ (*prf. 3rd. p. m. sing.*): He turned back, returned, brought back . ***Raja'û*** رجعوا (*prf. 3rd. p. m. plu.*): They returned. ***Raja'tum*** رجعتم (*prf. 2nd. p. m. plu.*): You returned. ***Raja'nâ*** رجعنا (*prf. 1st. p. plu.*): We returned. ***Yarji'u*** يرجعُ (*imp. 3rd. p. m. sing.*): Return; Answers. ***Yarji'ûn*** يرجعون (*imp. 3rd. p. m. plu.*): They bring answer, return. ***Tarji'ûn*** ترجعون (*imp. 2nd. p. plu.*): You take, bring back. ***Irji'*** ارجع (*prt. 2nd. p. m. sing.*): Return, repeat. ***Irji'î***

ارجعي (*prt. 2nd. p. f. sing.*): Return thou. ***Irji'û*** ارجعوا (*prt. 2nd. p. m. plu.* as in 23:99): Send me back (entreating repeatedly). It is because of the fact that Lord is addressed by human being in plural instead of singular used out of respect and regard. ***Irji'ûnni*** is the combination of *Irji'û* ارجعوا (return you) and *nî* (me). ***Ruji'tu*** رجعتُ (*pp. 1st. p. sing.*): I am sent back, brought back. ***Yurja'u*** يرجعُ (*pip. 3rd. p. m. sing.*): Is taken back, stands referred. ***Turja'u*** ترجعُ (*pip. 3rd. p. f. sing.*): Is taken back, stands, refered. ***Yurja'ûn*** يرجعونَ (*pip. 3rd. m. plu.*): They are taken back, shall be made to return. **Turja'ûna** ترجعونَ (*pip. 2nd. p. m. plu.*): You are taken back. ***Yatarâja'â*** يتراجعا (*imp. 3rd p. dual. VI*): They two return to each other. ***Raj'un*** رجعٌ (*n.*): Bringing back. ***Ruj'â*** رُجعا (*v.n.*): Return; Ultimate return. ***Râji'ûn*** راجِعونْ (*act. pic. m. plu.*): Those who return. ***Marja'un*** مَرجعٌ (*n.* for time and place): Termination; Return. (L; T; R; LL)

The root with its above twenty forms has been used in the Holy Qur'ân as many as 104 times

.

Rajafa رَجَفَ

رَجفانا ، رُجُوفا ، رَجفا ؛ يرجُف

To quake, tremble, be in violent motion, shake violently, ramble, prepare for war, be restless, stir, spread alarming news, engage, make commotion, spread false news. *Rajfatun* رجفةٌ: Earthquake; Mighty blast. *Murjifun* مُرجِفٌ: Scandlars; One who makes a commotion; One who spreads false alarming news.

Tarjufu تَرجُفُ (*imp. 3rd p. f. sing.*): It shall quake. ***Râjifatun*** راجِفةٌ (*n.*): Quaking; Earthquake. ***Rajfatun*** رجفةٌ (*n.*): Earthquake. ***Murjifûn*** مُرجِفونْ (*ap-der.m.plu.*): Scandal-mongers; Who circulate false rumors to cause agitation. (L; T; R; LL)

The root with its above four forms has been used in the Holy Qur'ân as many as 8 times.

Rajila رَجِلَ / Rajala رَجَلَ

رَجلاً؛ يرجَل

To go on foot, urge with foot, walk, tie by the feet, let (a female) suckle her young, be curly (hair), set free with his mother. *Rajjala* رَجّلَ: To comfort anyone, comb the hair, grant a respite. *Tarajjala* تَرَجّلَ: To go down without rope. *Rijlatun* رِجلةٌ: Vigour in walking. *Rijlun* رِجلٌ : Foot; Soldiers; Good walker; Tramp. *Arâjîl* اراجِلْ : Hunters; Pedestrian. *Rajulun* رَجَلٌ: Male human being; Man; A person with heir. *Rajilun* رَجِلٌ:

Foot; Footmen (slow walkers). *Rijlain* رِجلين: Two feet. *Arjul* ارجُلْ (*n. plu.*): Feet.

Rajulun رَجُلٌ: Man. ***Rajulân*** رَجُلان/***Rajulain*** رَجُلَين (*n. dual.*) Two men. ***Rijâl*** رِجال (*n. plu.*): Men; Walking on foot. (L; T; R; LL)

The root with its above eight forms has been used in the Holy Qur'ân as many as 73 times.

Rajama رَجَمَ
رَجماً؛ يَرجُم

To stone, cast stones, stone to death; curse; revile; expel, put a stone (on a tomb), speak conjecturally; guess, surmise. *Rajmun* رَجْمٌ: Conjecture, Guesswork; Missile. *Rujûm* رجومْ: Shooting stars; Throw off; Damned; Thrown off with curse. *Marâjim* مراجِم : Foul speech. *Marjûm* مَرجُومْ: Stoned.

Rajamna رَجمنا (*prf. 1st p. plu.*): We stoned to death. ***Yarjumû/ Yarjumûna*** يرجمَوا/يرجَمونَ (*imp. 3rd. p.m. plu.*): They pelt with stone; They stone; They will condemn. ***Arjumanna*** ارجُمنّ (*imp. 1st p. sing. emp.*): I shall surely stone. I shall certainly cut off all relations. ***Narjumanna*** نرجُمنّ (*imp. 1st p. plu. emp.*): We shall surely stone, shall surely excommunicate. ***Tarjumûnni*** ترجُمونِ (*imp. 2nd p.m. plu.*): Ye stone me to death. The *ni* in the end is a short form of pronoun *nî* (me). ***Marjûmîn*** مرجوْمِين (*pact. pic. m. plu. acc.*): Those who are stoned. ***Rajmun bi al-Ghaib*** رجماًبالغيب: Guessing at random. ***Rujûm*** رُجُومْ (*n. plu.*): Means of conjecture; Object of futile guesses; Throwing like a stone (at random). ***Rajîm*** رَجِيم (*act. pic. adj.*): One thrown off (with curse), Rejected. (L; T; R; Jawhaû; Qamûs; LL)

The root with its above ten forms has been used in the Holy Qur'ân as many as 14 times.

Rajâ' رجأ
رَجاءا ،رَجُوءًا ؛ يَرجُوا

To hope, expect, keep awaited, put off, defer, fear, beg, request. *Arjâ'* ارجاء: (*n. plu.*): Borders; Sides. *Marjuwwun* مرجوّ: Hoped for. *Arja* ارجَ (*IV*). To put off, postpone. *Murjauna*: مَرجَوْنَ: Made to wait; Put aside; Defer.

Arjâ ارجاء (*n. plu.*): Borders; Its sing. is *Rajâ*: Side. ***Yarjû*** يَرجوا (*imp. 3rd p.m. sing.*): He hopes, expects, fears. ***Yarjûna*** يَرجُوْنَ (*imp. 3rd p.m. plu.*): They expect, hope. ***Tarjûna*** تَرجُوْنَ (*imp. 2nd p. plu.*): You expect. ***Turjî*** تُرجِي (*imp. 2nd. p. m. sing. IV.*): Thou defer, put aside.

Marjuwwun مَرجوٌّ (*pact. pic. m. sing.*): One hoped for; One on whom hopes are placed. ***Marjauna*** مَرجَوْنَ (*pct. pic. plu. IV.*): Those who are kept awaited, who stayed behind, whose case has been deferred. ***Arji*** ارجِ (*prt. IV.*): Put off; Wait a while.(L; T; R; LL)

The root with its above eight forms has been used as many as 28 times.

Rah̲uba رَحُبَ/Rah̲iba رَحِبَ

رَحابة،رُحباً،رَحباً؛يَرحُب، يرحَب

To welcome, be ample, be spacious, be wide, be great. *Marh̲abâ* مَرحبا: A form of salutation equivalent to welcome.

Rah̲ubat رَحُبَتْ (*prf. 3rd p. f. sing.*): She became wide, spacious. (9:25,118). ***Marh̲abâ*** مرحبا (*v. n*). Welcome (38:59,60). (L; T; R; LL)

Rah̲îq رَحِيق

Pure; Delightfully refreshing wine. It has no verb

Rah̲îq رحِيق (*act. 2nd. p. pic. n.*): (83:25). (L; T; R; LL)

Rah̲ala رَحَلَ

رَحيلاً، رحلاً؛يرحَل

To depart, place saddle-bags on a beast, remove, travel. *Rah̲lun* رَحْلٌ: Saddle-bag; Pack. Its plu. is *Rih̲âl* رِحا.

Rah̲lun رَحْلٌ (*n.*): Pack (12:70; 75) ***Rih̲âlun*** رِحالٌ (*plu. n.*): Packs. (12:62). ***Rih̲lat*** رحلة (*n.*): Journeying; Journey (106:2). (L; T; R; LL)

Rah̲ima رَحِمَ

رَحماً، رَحمة ، مَرحمة؛ يرحَم

To love, have tenderness, have mercy, pity, forgiveness, show goodness, favour, have all that is required for exercising beneficence. *Turh̲amûna* تُرحَمُوْنَ : You shall be treated with love and mercy, etc. *Rah̲matun* رحمةٌ Love and mercy etc. *Arh̲am* أرحم *compar. form:* Most loving. *Arh̲âm* ارحام *comm. gender plu. of Rah̲imun* رَحِمٌ and *Rih̲mun* رِحْمٌ: Womb; Relationship. *Ruh̲mun* رُحْمٌ: Love and mercy etc. *Râh̲imun* رَحِيمٌ: One who loves and is merciful etc. *Rah̲mân* رَحْمن: It is active participle noun in the measure of *Fa'lân* which conveys the idea of fullness and extensiveness and indicates the greatest preponderance of the quality of love and mercy which comprehends the entire universe without regard to our effort and asking even before we are born. The creation of the sun, the moon, air and water etc., all are there because of this attribute. *Ra<u>h</u>îm* رحيم: The ever merciful etc. It is in the measure of *Fa'îl.* This measure denotes the idea of constant repetition and giving of liberal reward to those who deserve it and seek of it. The manifestation of this attribute is in response to and is a result of the action of the human being. So the *Ra<u>h</u>îm* means extremely and continuously loving and merciful and dispenser of grace and love as a result of our deeds and supplications, and one in whom the attribute is constantly and excessively repeated. *Ra<u>h</u>mân* and *Ra<u>h</u>îm* are both active participle nouns of different measures. These are names, attributes or epithets applied to Allâh, denoting intensiveness of significance. Arabic extensiveness is more suited to express God's attributes than the superlative degree. The Holy Prophet has expressed the meaning of *Ra<u>h</u>mân* and *Ra<u>h</u>îm* by saying that the attribute *Ra<u>h</u>mân* generally pertains to this life. His mercy and love is manifested in the creation of the universe. He is the bestower of gifts which precede our birth. While the attribute *Ra<u>h</u>îm* generally pertains to the life to come and His love and mercy are manifested in the state that comes after. He causes good results to follow on good deeds and would not nullify and render void anyone's right work (Mu<u>h</u>î<u>t</u>). The term *Ra<u>h</u>mân* circumscribes the quality of abounding Grace inherent in and inseparable from the concept of Almighty, whereas *Ra<u>h</u>îm* expresses the continuous manifestation of that Grace in and its effect upon us and is an aspect of one's activity (Ibn Qayyim). *Ra<u>h</u>mân* and *Ra<u>h</u>îm* are not the repetition of one and the same attribute for the sake of emphasis but are two different attributes. *Ru<u>h</u>amâ'* رُحما is the plu. of *Ra<u>h</u>îm*. *Mar<u>h</u>amatun* مرحمةٌ: Love; Mercy, etc.

Ra<u>h</u>ima رَحِمَ (*prf. 3rd. p.m. sing.*): He has mercy and love. ***Ra<u>h</u>imta*** رحِمْتَ (*prf. 2nd. p.m. sing.*): Thou had mercy. ***Ra<u>h</u>imnâ*** رحِمنا (*prf. 1st p. plu.*) We have mercy. ***Yar<u>h</u>amu*** يَرحَمُ (*imp. 3rd p.m. sing. nom.*): He shows mercy. ***Tar<u>h</u>amu*** تَرحَمُ (*imp. 2nd. p. sing.*): Thou shows mercy. ***Ir<u>h</u>am*** إرحم (*prt. 2nd p.m. sing.*) Have mercy. ***Tur<u>h</u>amûna*** تُرحَمُوْنَ (*pip. 2nd p. plu.*): You are or will be shown mercy. ***Ra<u>h</u>matun*** رَحمةٌ (*n.*): Mercy. ***Ru<u>h</u>mun*** رُحمٌ (*n.*): Affection; Loving tenderness; Mercy; Regard to the rights of relationship. ***Ar<u>h</u>âm*** ارحام (*n. plu.*): Wombs. ***Ar<u>h</u>am*** أرْحَم (*elative.*): Most merciful of all. ***Râ<u>h</u>imîn*** راحمين (*act. pic. m. plu.*):

Those who show mercy. ***Rahmân*** رحمٰن: Most gracious; Who gives without asking. This word is used in the Holy Qur'ân as many as 57 times. ***Rahîm*** رَحِيمٌ: Ever merciful; Who causes good results to follow of good deeds and prayer.
This word is used as many as 115 times in the Holy Qur'ân. ***Marhamah*** مرحمة (n.): Compassion. (L; T; R; LL; Muhît; Ibn Qayyam)

Rakhiya رَخي

رَخواً، رَخاءً؛يرخى

To be soft and flabby, brittle, remiss, be gentle, let run (sails), loose (the reins). *Rukhâ'an* رُخاءً: Light soft and gentle breeze. *Mirkhât* مِرخات: Running quickly and gently.

Rukhâ'an رُخاءً (*adj.*): Gently (38:36). (L; T; R; LL)

Rada'a رَدَأ

ردأ؛ يُر دا

To strengthen, prop or stay a wall, take care cleverly, assist. *Rid'un* ردأ: Helper; Support; Help.

Rid'un رِدأ (*n.*): Support; Helper (28:34). (L; T; R; LL)

Radda رَدّ

رداء،ردّاً،مرداً،مردوداً؛يردّ

To send back, turn back, reject, refuse, repel, revert, restore, give back, refer, give again, take again, repeat, retrace. In 14:9 it means they put their hands again and again on their mouth (showing great resentment and out of rage or to close the mouth of the prophet). In 5:108 it means other oaths will be taken after their oath (to counter them). *Raddan* رَدّاً: The act of sending back etc. *Râddi* رَادّيْ: One who sends back, etc. It is for *Râddîna* رآدِّينَ the participle or noun of agency. *Maraddun* مَردٌّ: Place where one returns. It is also a noun of action and means the act of averting, restoring etc. *Mardûd* مردُوْد: Restored; Averted etc. *Ghairu Mardûd* غير مردود: Not to be averted; Inevitable. *Irtadda* اِرتدّ: To return, turn again, be rendered. *Taradda* تَردّ (V.): To be agitated, move to and fro.

Radda رَدّ (*prf. 3rd p.m. sing. assim.*): He drove, repulsed, turned back. ***Raddû*** رَدّوْا (*prf. 3rd p.m. plu. assim.*): They gave back, referred. ***Radadna*** رَدَدْن (*prf. p. plu. assim.*): We returned back, gave back. ***Yaruddû/Yaruddûna*** يردّوْا/يَرَدّوْن (*acc./imp. 3rd p.m. plu.*) They return, refer. ***Naruddu*** نَرُدّ (*imp. 1st p. plu.*): We return, refer. ***Ruddû*** رُدّوْا (*pp. 3rd p. m. plu. assim.*): They were returned.

Ruddat رُدَّتْ (*pp. 3rd p. f. sing. assim.*): She was returned. ***Ruditdu*** رُدِّتُ (*pp. 1st p. plu. assim.*): I was returned. ***Yuraddu*** يُرَدّ (*pp. 3rd p.m. sing. assim.*): He is/will be taken back, averted. ***Yuraddûna*** يُرَدّوْن (*pp. 3rd p.m. plu.*) They are/will be driven back, will be given over. ***Turaddûna*** تُرَدّوْن (*pp. 2nd. p. m. plu.*): You will be driven back. ***Yataraddadûna*** يَتَرَدّدُوْن (*imp. 3rd p. plu. V.*): They waver, are tossed to and fro. ***Irtada*** اِرتَدَ (*prf. 3rd. p.m. sing. VIII.*): Get back (to one's previous state). ***Irtaddâ*** اِرتَدّا (*prf. 3rd p.m. dual. VIII*): They twain went back, returned. ***Irtaddû*** اِرتَدّوْا (*prf. 3rd p.m. plu. VIII.*): They went back. ***Yartuddu*** يَرتَدّ (*imp. 3rd p.m. sing. VIII.*): He comes back. ***Lâ Tartuddû*** لاترتدّوْا (*prt. neg. m. plu.*): Return not. ***Raddun*** ردّ (*v.n.*): Taking back; Restoration. ***Râddun*** رادّ (*act. pic.*): Bringing back; Removing. ***Râddî*** رادّي ***Râddîna/Râddû*** رادّيْنَ / رادّوْا (***Râddûna*** رادّوْن *acc./act. pic. plu.*): They give away, restore. ***Maraddun*** مَردّ (*n.* for place and time): Returning place or time. It is also used in the sense of a verbal *Mim.* ***Mardûdun*** مَردُوْدٌ (*pact. pic. sing.*): Avoidable. To be averted. ***Mardûdûn*** مَردُوْدُوْن (*pct. pic. plu.*): Avoidable; Made to return; Restored. (L; T; R; LL)

The root with its above twenty-four forms has been used in the Holy Qur'ân 60 times.

Radifa رَدِفَ / Radafa رَدَفَ

رَدفًا ، يَردف؛يردُف

To follow, come behind, ride behind, supply. *Râdifin* رادِفٍ: That which follow, which comes after another without break; Follower.

Radifa رَدِفَ (*prf. 3rd p.m. sing.*): To be close behind; be close on heels (27:72). ***Radifatun*** رَدِفَةٌ (*act. pic. f. sing.*): One that comes after another without break (79:7). ***Murdifîn*** مُردِفِين (*ap-der. m. plu. IV.*): Coming in continuous succession (8:9). (L; T; R; LL)

Radama رَدَمَ

ردمًا ؛ يَردم

To shut, block, fill up. *Radmin* رَدمٍ : Rampart; Strong wall.

Radman رَدْماً (*n. acc.*): Rampart (18:95). (L; T; R; LL)

Radiya رَدِيَ

رَدَى؛ يَردَى

To perish, fall down, break, knock, blandish, destroy fall. *Ardâ* اردٰى *(IV)*: To bring to destruction, ruin. *Traddâ* تَردّٰى To fall. ***Mutarddiyatun*** مُتَرَدِّيَةٌ: That which falls, which is slain by a fall.

Tardâ تَردٰى (*imp. 2nd p.m. sing.*): Thou perish (20:16). ***Ardâ*** اردیٰ (*prf. 3rd p. m. sing. IV.*): He has ruined (41:23). ***Turdîni*** تُرۡدِينِ (*imp. 2nd p.m. sing.* combination of *Turdi + nî*. The *Nûn* in the end is personal pronoun and a short form of *nî* - me): Thou hast causeth me to perish. (37:56). ***Yurdû*** يردوْا (*imp. 3rd p. m. plu. IV.*): They cause someone to perish (6:137). ***Taradda*** تَرَدّیٰ (*prf. 3rd p.m. sing. V.*): He perisheth (92:11). ***Mutaradiyatu*** متردّية (*ap-der. f. sing.*): That which has been killed by a fall (5:3). (L; T; R; LL)

Ra<u>dh</u>ula رَذُلَ /Ra<u>dh</u>ila رَذِلَ

رَذُولةً ، رَذالة ؛ يَرذُل ، يَرذِل

To be base, mean, corrupt, vile, ignoble. *Ar<u>dh</u>al* ارۡذل plu. *Ar<u>dh</u>alûn* اَرْذَلُوْن and *Arâ<u>dh</u>il* اراذِل: Vilest; Most object; Worst; Meanest.

Ar<u>dh</u>al ارۡذل (*elative*): The worst part (16:70; 22:5). ***Ar<u>dh</u>alûn*** اَرْذَلُوْن (*plu.* of *Ar<u>dh</u>al*): The worst parts; Meanest. ***Arâ<u>dh</u>il*** اراذِل (*plu.* of *Ar<u>dh</u>al* ارۡذل): Meanest ones (11:27). (L; T; R; LL)

Razaqa رَزَقَ

رِزقًا ؛ يَرزُق

To provide, supply, bestow, grant. *Turzaqân* تُرزقان: You both shall be supplied. *Rizq* رِزق: Bounty; Gift. *Râziq* رازِق: One who provides or supplies. *R<u>a</u>zzâ<u>q</u>* رزّاق: Great provider; Great supplier.

Razaqa رَزَقَ (*prf. 3rd p.m. sing.*): He bestowed, provided. ***Razaqnâ*** رَزَقنا (*prf. 1st p. plu.*): We have provided. ***Yarzuqu*** يَرزُق (*imp. 3rd p.m. sing.*): He provides. ***Tarzuqu*** ترزُق (*imp. 2nd p.m. sing.*): Thou provide. ***Narzuqu*** نرزُق (*imp. 1st p. plu.*): We provide. ***Urzuq*** اُرزُقْ (*prt. 2nd p.m. sing.*): Provide thou. ***Irzaqû*** ارزَقُوْا (*prt. 2nd p.m. plu.*): ***Ruziqû*** رُزِقُوْا (*pp. 3rd p. m. plu.*): They were provided. ***Ruziqnâ*** رُزِقنا (*pp. 1st p. plu.*): We were provided. ***Yurzaqûna*** يرزَقُوْنَ (*pip. 3rd p.m. plu.*): They are provided. ***Turzaqâni*** تُرزقانِ (*pip. 2nd p. dual.*): You twain are provided. ***Rizqun*** رِزقٌ (*n.*): Provision. ***Râziqîn*** رازِقين (*act. pic. m. plu.*): Providers. ***Razzâq*** رزّاق (*n.* Extensive.): Provider. One of the attributes of Allâh.

The root with its above fourteen forms has been used in the Holy Qur'ân as many as 123 times. (L; T; R; LL)

Rasa<u>kh</u>a رَسَخَ

رُسُوخًا ؛يرسَخ

To be firm, stable, rooted, established. *Râsi<u>kh</u>* راسِخ: Deeply versed; Firmly established; Well grounded.

Râsi<u>kh</u>ûn راسِخُوْنَ (*act. pic. m. plu.*): Firmly grounded people. (3:7;

4:162). (L; T; R; LL)

Rassa رَسَّ
رَسَّا ؛ يَرُسّ

To sink (a well), inquire about (news), scrutinize, conceal, bury, begin. *Rass* رَسّ: Old well; First touch; Beginning. *Ashâb al-Rass* اصحاب الرس: People of *Rass*. *Rass* is the name of a country in which a part of the tribe of Thamûd resided. According to an opinion quoted in T. *Rass* was a town in Yamamah. Ibn Kathîr has observed that it meant a well, and it is said that they were a people who threw their Prophet into a well. In the modern maps of Arabia *Rass* or *Ras* is placed in Wadî Rummah in the district of Qasîm (Lat. 26° N. and Long. 43° E). (L; T; LL)

Al-Rass الرس (*n.* for place.): (25:38; 50:12). (L; T; R; LL)

Rasila رَسِلَ
رَسالة ، رَسَلاً ؛ يَرسَل

To send a messenger, bestow, let go. *Rasûl* رَسُولْ plu. *Rusul* رُسُلْ: Envoy; Bearer of a message; Messenger. In the veerse 26:16 the word *Rasûl* is singular while the subject *innâ* and the verb used in the verse are in the dual numbers as though it were 'We are a deputation with a single message'. Several reasons are assigned for this. According to the Qâmûs words of the form *Fuûl* فعول are both singular and plural. So it is permissible to use singular predicate for a subject in the dual or plural number (Bayân). *Rasûl* is by others considered to be noun of action used adjectively. See also the word *Aduwwun*, عَدُوّ which is singular in 26:77. *Risâlat* رسالة: Message; Commission; Mission; Epistle. Mission. *Arsala* اَرْسَلَ IV: To send. *Arsiluni* for *Arsilûnî*: ارسِلونِي: Send me, O people! *Mursil* مُرسِلْ: One who sends. *Mursal* مُرسَلْ: One who is sent; A legate. *Mursalât* مُرسَلٰتْ plu. of *Mursalatun* مُرسَلةْ: Those sent forth. The agencies mentioned in 77:1 have been taken by various authorities to refer to God's messengers and their followers and verses of the Holy Qur'ân, winds and Angels according to different interpretations.

Arsala اَرْسَلَ (*prf. 3rd p.m. sing. IV.*): He sent. *Arsalû* اَرْسَلُوْا (*prf. 3rd p.m. plu. IV.*): They sent. *Arsalat* ارسَلتْ (*prf. 3rd p. f. sing. IV.*): She sent. *Arsalnâ* ارسلنا (*prf. 1st p. plu. IV.*): We sent. *Yursilu* يُرسِلُ (*imp. 3rd p.m. sing. IV.*): He sends. *Nursilu* نُرسِلُ (*imp. 1st p. plu. IV.*): We send. ***Nursilanna*** نُرسِلن (*imp. 1st p. plu. emp. IV.*): We surely will send. ***Lan Ursila*** لن أرسِلَ (*imp. 1st plu. IV. emp. neg. acc.*): I shall never send. ***Arsil*** أرسِلْ (*prt. IV.*): Send. ***Arsilûni*** أرسِلُونِ (*prt. 2nd. plu.* The final Nûn ن with *Kasrah* is a short form of *nî* ني of a personal pro-noun): You people send me. ***Ursila*** أرسِلَ (*pp. 3rd p.m. sing. IV.*): He was sent. ***Yursilu*** يرسل (*imp. 3rd. p.m. sing.*): He sends. ***Rasûl*** رسول (*n.*) Messenger. ***Mursal/ Mursalan*** مُرسلاً/ مرسل (*n. sing.*): Who was sent: ***Mursilîn/ Mursalûn*** مُرسلون/ مُرسَلين (*n. plu*): Who send. ***Mursalîn*** مُرسلين (*n. plu.*): Those who were sent : ***Ursilû*** أرسِلُوْا (*pp. 3rd p. plu. IV.*): They were sent. ***Ursiltu*** أرسِلتُ (*pp. 1st p. sing. IV.*): I am/ was sent. ***Ursiltum*** أرسِلتم (*pp. 2nd p.m. plu. IV.*): You are/were sent. ***Ursilnâ*** أرسِلنَا (*pp. 1st p. plu. IV.*): We are sent. ***Yursalu*** يُرسَلُ (*pp. 3rd p.m. sing.*): He is being sent. ***Risâlat*** رِسالةٌ (*v.n.*): Message. ***Risalât*** رِسالات (*plu. of Risâlatun*): Messages. ***Mursilû*** مُرسِلُوْا (Nûn in the end is dropped.), ***Mursilûna*** مُرسِلونَ (nom.), ***Mursilîn*** مُرسِلين (*acc. gen.*): Senders. ***Mursilatun*** مُرسِلةٌ (*ap-der. f. sing.* Its *plu..* is *Mursalât* مُرسلت): Sender. The sent forth (with benefit). (L; T; R; Qâmûs; LL)

The root with its above twently eight forms has been used in the Holy Qur'ân 504 times.

Rasâ رِسا

رُسُوًّا، رَسوًا؛ يَرسُوا

To be firm, stable, immoveable, still, lay at anchor, moor (ship), come to pass. *Rawasiya* رواسيَ plu. of *Râsiyatun* رٰسِيَةٌ f. of *Râsin* رٰسٍ for *Râsiyin* رٰسِيِ: Things which are firmly and immovably fixed; Mountains. *Arsâ* ارسىٰ IV.: To fix firmly. *Mursan* مُرسىً: That which is fixed with regard to time or place.

Arsâ أرسىٰ (*prf. 3rd p.m. sing. IV.*): He set or established some thing firmly. ***Rawâsiya*** رَواسيَ (*plu.* of *Râsiyatun* رٰسِيَةٌ (*f.* of *Râsin* رٰسٍ and *Râsiyin* راسِين *act. pic.*): Well-set. ***Mursâ*** مُرسىٰ (*n. for place.*): Anchorage; Mooring; Arrival; Coming to pass. ***Râsiyâtun*** راسيات (*act. pic. f. plu.*): Firmly fixed; Immov-able. (L; T; R; Qâmûs; LL)

The root with its above four forms has been used in the Holy Qur'ân 14 times.

Rashada رَشَدَ / Rashida رَشِدَ

رَشِيدا، رُشدًا؛ يرشُد، يرشَد
رَشَدا، رشدا

To follow the right way, be well guided or directed. *Rushd*

رُشْدٌ: Right course; Going in the right way; True direction; Correct rule of action; Straight forwardness; Maturity of a child; Maturity of intellect; Capacity to manage one's affairs.

Yarshudûn يَرشُدُونَ (*imp. 3rd p. m. plu.*): They follow the right guidance; proceed in the right way. ***Rushd*** رُشْدٌ (*v.n.*): Right way; Discretion; Way of rectitude. ***Rashadan*** رُشْداً(*n.*): Right course; Benefit. ***Rashâd*** رشاد (*n.*): Rectitude. ***Râshidûn*** راشدُوْن (*act. pic. m. plu.*): Men of rectitude. ***Rashîd*** رشِيد (*act. 2nd. pic.*): Right minded man. ***Murshidun*** مُرشِدٌ(*ap-der. IV. m. sing.*): Director to the right path; Guide. (L; T; R; Qâmûs; LL)

The root with its above seven forms has been used in the Holy Qur'ân 19 times.

Rasada رَصَدَ

رَصَداً ، رَصْداً ؛ يَرصُدُ

To watch, lay in wait, observe. *Arsada lahû Khairan ou Sharran* ارصد له خيراًوشراً: He prepared evil or good for him. *Rasadun* رَصَدٌ: Ambush; Band of watcher (colective noun); Lying in wait (n.v.). *Marsadun* مَرصَدٌ: Place of ambush; Military post; Place of observation. *Mirsâd* مِرصاد: Watch; Look out. *Irsâd* اِرصاد: Means of preparation or finding out; Hiding place; Lurking place.

Rasadan رَصَداً (*v.n. IV.*): In ambush; Lying in wait. ***Irsâd*** إرصاد (*n.* for place): Hiding and lurking place. ***Marsadun*** مَرصَدٌ (*n.* for place): Ambush; Place from which it is possible to perceive the enemy and watch their movements. ***Mirsâd*** مِرصاد (*n.* of place.): Ambush (from where one watches the doing of the wicked). (L;T;R; LL)

The root with its above four forms are used in the Holy Qur'ân as many as 6 times.

Rassa رَصٍّ

رَصّاً ؛ يَرُصّ

To cement or join together, make compact, stack, overlay with lead. *Trassa* تَرصّ To close ranks. *Arassa* ا رص Having the teeth close together.

Marsûs مَرْصُوْص (*pact. pic. m. sing. adj.*): (61:4). Well compacted; Cemented with (molten) lead. (L; T; R; LL)

Radza'a رَضَعَ/Radzi'a رَضِعَ

رَضاعة، رَضعاً ؛ يَرضَعُ ، يرضع

To suck (the breast). *Radzâ't* رَضعَت: The act of sucking milk; Suckling. *Ardza'a* اَرضَعَ: To give suck. *Murdzi'atun* مُرضعةٌ: Woman who gives suck. *Istardza'a* استرضَعَ (*X.*): To seek a wet-nurse for (a child).

Ardza'at أرضَعتْ (*prf. 3rd p. f. sing. IV.*): She suckled. ***Ardza'na*** أرضَعْن (*prf. 3rd p. f. plu.*): They *f.* suckled. ***Turdhi'u*** تُرضعُ (*imp. 3rd p. f. sing. IV.*): She suckles. ***Yurdzi'na*** يرضِعن (*imp. 3rd p. f. plu. IV.*): They *f.* suckle. ***Ardzi'î*** ارضعي (*prt. 2nd p. f. sing.*): Suckle. ***Tastardzi'û*** تسترضعوا ***Tastardzi'ûna*** تسترضعون (*acc./ n.d.imp. 2nd p.m. plu. X.*): You seek suckling (for your child). ***Murdziatûn*** مُرضعة (*ap-der. f. sing.*): Suckling woman. ***Ridzâ'at*** رضاعت (*n.*): Suckling. ***Marâdzi'u*** مراضع (*plu.* of *Murdzi'atun* مُرضعة): Suckling women. (L; T; R; LL)

The root with its above nine forms has been used in the Holy Qur'ân 11 times.

Radziya رَضِيَ

رُضوانا، رِضًى، مَرضاةً؛ يرضَى رُضًى، رضوانًا

To be pleased, satisfied, content, choose, consent to, prefer, choose. *Radziyun* رَضِيٌ: Agreeable; Acceptable. *Râdzin* راضٍ for *Râdziyun*, راضيٌ f. *Râdziyatun* راضيةٌ: One who is content, well pleased; Pleasant; Agreeable. *Mardziyyatun* مرضيةٌ: Well-pleasing; Approved one. *Ridzwanun* رضوانٌ: Grace; Acceptance; Favour; That which is pleasing. *Mardzâtun* مرضاةٌ: The act of pleasing. *Ardzâ* ارضا IV: To be content, please. *Tarâdzâ* تراضا VI: To be pleased with one another, be mutually agreed. *Tarâdzin* تراضٍ for *Trâdziyun* تراضيٌ: Mutual consent. *Irtadzâ* ارتضى VIII: To be pleased with, pleasing to.

Radziya رَضِيَ (*prf. 3rd p.m. sing.*): He is well pleased. ***Radzû*** رضُوا (*prf. 3rd p.m. plu.*): They are well pleased. ***Radzîtu*** رضِيتُ (*prf. 1st p. sing.*): I have chosen. ***Radzîtum*** رضيتم (*prf. 2nd p.m. plu.*): You are contented. ***Radzû*** رضوا (*prf. 3rd p.m. plu.*): They preferred, are pleased, are contended. ***Yardzâ*** يرضى (*imp. 3rd p.m. sing.*): He approves, chooses, likes. ***Tardzâ*** ترضَى (*imp. 2nd p.m. sing.*): Thou are pleased. ***Tardza*** ترضى (*imp. 3rd p. f. sing.*): They will be pleased (used for a group). ***Yardzauna*** يرضون (*imp. 3rd p. m. plu.*): They are pleased with. ***Yardzaina*** يرضَين (*imp. 3rd. p. f. plu.*): They *f.* may be pleased. ***Tardzau*** ترضَو/ ***Tardzaun*** ترضَون (*acc/nom. imp.*): You are pleased, you choose, you like. ***Yurdzûna*** ترضُون (*imp. 3rd p. plu. IV*, ***Yurdzû*** يرضُوا here Nûn ن of *plu.* is dropped due to *Idzâfat* or genitive case): They please. ***Tarâdzau*** تراضَو (*prf. 3rd p.m. plu. VI.*): They agree among themselves. ***Tardzaitum*** ترضَيتم

(*prf. 3rd p.m. plu. VI.*): You agree among yourselves. ***Yurdzûna*** يُرضُون (*imp. 3rd. p.m. ;lu. IV.)*: They Please. ***Irtadzâ*** ارتضىٰ (*prf. 3rd p.m. sing. VI.*): He approved, chose. ***Radziyyun*** رضِيّ (*act. 2nd. p. pic. adj.*): Acceptable; Well-pleasing. ***Râdziyatun*** راضية (*act. pic. f. sing.*): Well pleased; Blissful happiness. ***Mardziyyatun*** مرضية (*pct. pic. f. sing.*): Well pleased (with you). ***Mardziyyun*** مرضي (*pct. pic. m. sing.*): Approved one. Was well pleased to. ***Mardzâtun*** مرضاة (*v.n.*): Good will; Pleasure. ***Tarâdzin*** تراضٍ (*v.n.*): Agreement; Mutual consent. ***Ridzwân*** رضوان (*n.*): Good pleasure. (L; T; R; LL)
The root with its above twenty-two forms has been used in the Holy Qur'ân 73 times.

Raṯaba رَطَبَ

رَطابة؛ يَرطُب

To be fresh and ripe. *Raṯiba* رَطِبَ and *Ratuba* رطُبَ *Rutûbatun* رطوبةً: To be damp.

Ratbun رَطْبٌ (*n.*): Fresh (6:59). ***Rutabun*** رُطَبٌ (*n.*): Fresh dates (19:25). (L; T; R; LL)

Ra'aba رَعَبَ

رَعباً، رُعباً؛ يَرعَب

To frighten, terrify, be frightened, tremble with fear. *Ru'bun* رُعْب: Fear; Terror; Great awe.

Ru'b رُعب (*n.*): Awe; Terror (3:151; 18:18). (L; T; LL)

Ra'ada رَعَدَ

رَعْداً؛ يَرعُد

To thunder, threaten of war. *Ra'dun* رعدٌ: Thunder.

Ra'dun رعدٌ (*n.*): Thunder (2:19; 13:13). (L; T; R; LL)

Ra'â رَعیٰ

رَعياً، رِعاية ؛ يَرعیٰ

To pasture, feed, observe aright, graze, keep (an order), rule, have regard to,tend. *Ri'âyatun* رعايةٌ: Right observance. *Ri'â'un* رعاءٌ plu. of *Râ'in* راعٍ for *Râ'iyun* راعيٌّ: One who feed flocks; Shepherd. *Mar'an* مرعیً: Pasture. *Râ'a* رعیٰ III.: To observe, respect, look at, listen, give ear, hearken. *Râ'inâ* راعنا: It is a combination of two words *Râ'i* راعِ and pronoun *nâ* نا, meaning listen to us. A phrase used also for showing disrespect for the person addressed. As the phrase *Râ'inâ* belongs to the measure *Mufâ'alah* derived from No. III. of the trilitral verb *Râ'a* which generally gives the sense of reciprocity denoting two parties standing almost on the same level, and may mean 'have regard for us that we may have regard for you'. When traced to the root *Râin* it can also mean 'foolish and swollen-headed and conceited person'. With a slight change of accent and slight twist of the tongue the word can be changed to *Râînâ* which means 'O our shepherd! God forbade Muslims in the verse 2:104 not to use such words and advises them to use language which is respectful and unequivocal, such as the word *Unzurnâ* meaning 'We beg your attention or wait for us, or grant us a little delay', as it cannot be distorted like its equivalent *Râ'inâ* which bears sinister and uncomplimentary meaning.

Ra'au رعَو (*prf. 3rd p.m. plu.*): They tended, did not observe. ***Ir'au*** اِرعَو (*prt. 2nd p.m. plu.*): Pasture. ***Râ'inâ*** راعنا (*prt. m. sing.* combination of *Râ'i + nâ*): Listen to us. ***Râ'ûn*** راعُون (*act. pic. m. plu.*): Care-takers. Who look after their (trusts). ***Ri'â'*** رِعاء (*plu.* of *Râ'iyun* راعِيٌ) : Shepherds. ***Mar'â*** مرعى (*n.* for place): Pasture. ***Ri'âyatan*** رعايةٌ : Tendance; Observed. (L; T; R; LL)

The root with its above seven forms has been used in the Holy Qur'ân 10 times.

Raghiba رَغِبَ

رَغبًا ، رُغبا ،رَغبةٌ؛ يَرغب

To desire, long for, wish. With *'an* عن: To show aversion to, dislike, have no desire. With *bâ* ب and *'an* عن as in 9:120: To have preferred their own lives to his life. With *ilâ* الا: To supplicate. *Raghbun* رَغْبٌ: Love; Longing. *Raghibun* رَغِبٌ: One who supplicate earnestly.

Yarghabu يرغَبُ (*imp. 3rd p.m. sing.* with *'An* عن), He is/will be averse, will show aversion, has no desire. (with *Fî*): Who desires, longs for. (with *Ilâ*): Who supplicates, attends and humbles himself. ***Yarghabû*** يرغَبُوا ***Yarghabûna*** يرغَبون (*acc/imp. 3rd p.m. plu.* with *'An*) They prefer. ***Targhabûna*** ترغَبُون (*imp. 2nd p.m. plu.*) You desire, feel inclined. ***Irghab*** اِرغب (*prt. m. sing.*): Attend (whole-heartedly and humble yourself). ***Râghibun*** راغبٌ (*act. pic. m. sing.* with *'An*). Averse. ***Raghban/ Raghbun*** رَغْبٌ/ رَغبا (*acc. v. n.*): Longing; With hope. ***Râghibûn*** راغبُون (*act. pic. m. plu.* with *Ilâ*) Beseechers; Turning humbly. (L; T; R; LL)

The root with its above nine forms has been used in the Holy Qur'ân 8 times.

Raghida رَغِدَ/**Raghuda** رَغُدَ
رَغادَةً ، رَغداً؛ يرغُد

To abound in good thing, eat freely and plentifully, live in ease and affluence, be ample and pleasant (life). *Raghadan* رَغداً: Freely; Plentifully; With ease.

Raghadan رغداً (*acc. v. n.*): (2:35,58; 16:112). Freely and plentifully. (L; T; R; LL)

Raghima رَغِمَ/**Raghama** رَغَمَ **Raghuma** رَغُمَ
رَغْماً ؛ رَغَماً ؛ يرغَم ، يَرغمُ

To dislike, compel anyone to act reluctantly. *Raghâm* رغام: Earth. *Rughâmatun* رغامۃ: Thing sought. *Murâghamun* مُراغماً: Place of refuge or escape; Wide way to follow; Stronghold; Frequented place; Earth full of shelters; Place of refuge after leaving the hostile environments; Place of escape.

Murâghaman مُراغماً (*acc. n.* place and time): Place of refuge (4:100). (L; T; R; LL)

Rafata رَفَتَ
رَفتاً ؛ يَرفت

To be broken, cut, be crushed, be broken in pieces (bones), be crumbled, be bruised, be prayed, be pounded. *Rufât* رفٰت Dust; Broken particles of dust; Anything broken small or crushed to peaces and fragments; Crumbs; Decayed bones.

Rufâtan رفٰتاً (*acc. n.*): (17:49, 98). Broken particles (of dust); Old and decayed bones. (L; T; R; LL)

Rafatha رَفَثَ/**Rafitha** رفِثَ
يَرفثَ ،يَرفِث، يَرفُث
رُفوثا ، رفْثا ،رَفَثا

To have sexual conduct,lie with for sexual relationship, behave obscenity; immodest speech, sexuality, lewdness. *Rafatha* رَفَث: Sexual conduct.

Rafatha رَفَث (*n.*): Approach and lie for sexual relationship; Sexual conduct; Lewdness (2:187,197). (L; T; R; LL).

Rafada رَفَدَ
مَرفُوداً ، رَفداً؛ يَرفِد

To make a present, give, succour. *Rifd* رِفد: Help; Gift; Aid; Present; Share. *Marfûd* مرفود: Given; Present one.

Rifd رِفد (*n.*): Gift. ***Marfûd*** مرفُود(*pact. pic. m. sing.*): (11:99). That is given. (L;T; LL)

Raffa رفّ
رَفيفا ، رفا ،رفّاً ؛ يرفُ

To flash, shine (lightening),

flutter (birds). *Rafîf* رفيف: Roof; Lily; Thin brocade. *Rafrafa* رفْرف: To spread the wings, flutter (bird), resound, bandage. *Rafraf* رفْرف: Cushions; Pillow; Sky-lights; Arched windows; Thin brocade. *Raffa al-Nabât*رّف النبات: The plant became tall, fresh, luxurient and succulent.

Rafrafin رَفْرف (*n. plu.*): Cushions. (55:76). (L; T; LL)

Rafa'a رَفَعَ
رَفعاً؛ يَرفَع

To raise up, lift, exalt, hoist, extol, take away, trace back (a tradition), honour, show regard to, advance speedily, come to an upland, arraign anyone before or introduce to (a ruler), elevate, raise in dignity, see a thing from afar, refine. *Irtafa'a* ارتفع: To disappear (evil). *Raf'atun* رفعةٌ High rank; Honour. *Rifâ'atun* and *Rufâ'atun*: High Rank; Dignity. *Râfi'un* رافع: Exalting. *Marfû'un* مرفوعٌ: Exalted; High; Transmitted. When the *rafa'* رفع of a human being to God is spoken of in the Qur'ân it is always in the sense of making honourable. Raising a human being with his body to God implies that the Divine Being is limited to a place. The Qur'ân says:

فِي بُيُوت أذن الله أن تُرفعَ

fî buyûtin adhinallahû 'an turfa'â (24:36).

In houses which Allâh has commanded to be exalted. The Holy Prophet said,

'Man tawâdz'a lillâhi rafa'a hullâhu ilas samâis sâbia'ti: He who humbles himself for the sake of God, God will lift him up to seventh heaven. In a prayer taught by the Holy Prophet Muslims pray, *Allâhumma rfâ'nî*, O God! Exalt me. No one supposes that in these places *rafa'a* means raising of the body to the heavens. Râzî writes that *rafa'* is the exalting in degree and in praise not in place and direction. There is a saying of the Holy Prophet:

Rufia' lanâ Sakhratun tawîlatun lehâ zillun

رُفِع لنا صَخرة طويلة لها ظل

"A big stone giving good shade was raised above us, i.e. we found our selves beside a high shady stone." (Bukhârî, Chapter on Hijrah). Again the Holy Prophet says, "Allah will by means of this Qur'ân exalt some people and humble others." No one, of course, supposes that in these places *rafa'* means raising of the body to the heavens. In fact when the *raf'a* of a person is spoken of the meaning is invariably his spiritual elevation. Jesus himself has denied the possibility of his rising physically to heaven. Says he, 'and no man has ascended up to heaven, but he that came down from heaven, even to son of man (John, 3:13).

Rafa'a رَفَعَ (*prf. 3rd p.m. sing.*): Raised; Exalted. ***Rafa'nâ*** رفعْنا (*prf. 1st p. plu.*): We raised. ***Yarfa'u*** يَرفعُ (*imp. 3rd p.m. sing.*): He raises. ***Narfa'u*** نرفَعُ (*imp. 1st p. plu.*): We raise, exalt. ***Turfa'a*** ترفع (*pp. 3rd p. f. sing.*); She be exalted. ***Lâ Tarfa'û*** لا تَرفعُوا (*prt. neg. m. plu.*): Raise not. ***Râfi'un*** رافعٌ (*act. pic. m. sing.*): Raising; Lifting. ***Râfi'atun*** رافعةٌ (*act. pic. f. sing.*): Exalting. ***Rafî'un*** رفِيع (*act. 2 pic. m. sing.*): Lofty one; Who exalts in ranks. ***Marf'ûn*** مرفُوْعٌ (*pact. pic. m. sing.*): Elevated *m.* one. ***Marfû'atun*** مرفُوعةٌ (*pact. pic. f. sing.*): Elevated *f.* one. (L; T; R; LL)

The root with its above eleven forms has been used in the Holy Qur'ân as many as 30 times.

Rafaqa رَفَق

رِفقاً؛ يَرفُق

To be useful, do service, tie by the shoulders, be gentle to; be in company, help, be compassionate. *Rafîq* رفِيق: Companion; Friend; Comrade; Colleague; Gentle. *Mirfaq* مِرفق: Elbow; Pillow; Easy arrangement; Thing by which one gains benefit. Its plu. is *Marâfiq*. *Murtafaq* مرتفق : Pillow; Resting place.

Rafîq رفِيق (*act. 2nd pic. m. sing. acc.*): Companion (4:69). ***Mirfaq*** مرفقًا (*n. ints. acc.*): Ease (18:16). ***Murtafiqa*** مُرتفقاً (*n. of Place and time. VIII. acc.*): Restingplace (18:29,31) ***Marâfiq*** مرافق (*n. inst. plu.*): Elbows. (5:6). Its sing. is *Mirfaq* مرفق. (L; T; R; LL)

Raqaba رَقَبَ

رَقابةً، رَقوباً؛ يَرقُب

To guard, observe, watch, respect, regard, wait for, tie by the neck, warn, fear, control. *Râqib* راقِب: Guard; Observer; Watcher. *Yataraqqab* يترقّب: Observing; Awaiting; Looking about; Watching. *Riqâb* رقاب: Neck; Slave; Captive of war; Captive who has contracted with his master or custodian for his freedom thus the expression *firriqâb* في رقاب would mean in the ransoming of slaves or captives. Its sing. is *Raqabah*. *Murtaqib* مُرتقِب: One who guards etc.

Yarqubûna يرقُبُون (*imp. 3rd m. plu.*): They guard, respect, observe, watch. ***La Yarqubû*** لايرقبُوا

(*acc. n.d.*): They respect not. ***Lam Tarqub*** لم ترقب (*imp. neg. 2nd p.m. sing.*): Thou has not respected. ***Yatarqqabu*** يترقّبوا (*imp. 3rd p.m. sing. V.*): Looks about; Observes (the situation). ***Irtaqib*** ارتقب (*prt. m. sing. VIII.*): Wait thou. Watch thou. ***Irtaqibû*** ارتقبُوا (*prt. m. plu.*): You wait, be on watch. ***Murtaqibûna*** مرتقبُون (*ap-der. m. plu. VIII.*): They are awaiting. ***Raqîbun*** رقيبٌ (*act. pic. m. sing.*): Watcher. ***Raqabatun*** رقبة (*n.*): Neck; Bound person; Captive of war. ***Riqâb*** رقاب (*n. plu.*): Necks; Captives of war. (L; T; R; LL)
The root with its above ten forms has been used in the Holy Qur'ân 24 times.

Raqada رَقَدَ

رُقاداً ،رُقُوداً ،رَقداً؛يَرقُد

To sleep, lull, be dull, ragged, overlook. *Ruqûd* رقود: Sleeping, etc. *Marqad* مرقد: Bed; Sleeping place; Grave.

Ruqûd رقُود (*v. n.*): Asleep; Dormant (18:18). ***Marqad*** مرقد (*n* of Place): Sleeping place, Grave. (36:52). (L; T; R; LL)

Raqqa رقّ

رِقّةً ؛ يَرِقّ

To be thin and soft.

Raqqun رَقّ (*n.*): Parchment; Sheet of paper; Broad and soft fine thing; Volume or scroll (52:3). (L; T; R; LL)

Raqama رَقَمَ

رَقمًا ؛ يَرقُم

To write, stripe, brand. *Yarqumu fil mâi* يرقم في الماء : A proverb to mean a remarkable skill. *Raqîm* رقِيم: Inscription; Writing. *Marqûm* مرقوم: Written one.

Raqîm رقِيم (*act. 2nd pic. m. sing.*): Inscription (18:9). ***Marqûm*** مرقوم (*act. pic. m. plu.*): Written one. (83:9,20). (L; T; R; LL)

Raqiya رَقِيَ

رَقيّاً ؛ يَرقىٰ

To ascend, rise gradually, mount a ladder. *Mirqât* مرقات: Stair; Ladder; Stepping-stone;Ascent. *Ruqiyyun* رقيّ: Mounting; Ascending. *Râqin* راقٍ: Physician; Charmer; (If the verbal noun is *Ruqyatun* (Ibn Ka<u>th</u>îr). Ascender (If *Ruqiyun* is verbal noun) (R). *Tarâqiya* تراقِيَ n. plu. of *Tarqûwutun* ترقوةٌ Collar-bones; Throat; Collar-bone; Clavicle. According to some its root is *Raqawa* رقوَ or *Tarqawa* ترقوَ.

Tarqâ ترقى (*imp. 2nd p.m. sing.*): Thou ascend (17:93). ***Li Yartaqû*** لِيرتقوا (*imp. 3rd p.m.*

Rakiba رَكِبَ

plu. el. VIII.): Let them ascend (38:10). *Ruqiyyun* رُقِيّ (*v. n.*) Ascending (17:93). *Râqin* راقٍ (*n.*): Ascender; Physician (75:27). *Tarâqî* تَراقي (*n. plu.*): Collar-bone; Throat. (L; T; R; Ibn Kathîr; LL)

Rakiba رَكِبَ
رُكوباً ; يَرْكَبُ

To ride, embark, mount; be carried, go on board of a ship, voyage on (the sea), walk on (a road); embark in (danger), commit (a fault). *Rakbun* رَكْبٌ: Caravan. *Rukbân* رُكْبان plu. of *Râkibun* راكِبٌ: One who rides, mounted. *Rikâb* رِكاب collective noun: Camels. *Rakûb* رَكُوب: Use of a beast for riding. *Mutarâkibun* مُتَراكِبٌ: Laying in heaps; Ridden on one another; Close growing; Clustered over clustered; Layer upon layer. *Tarkabunna* تَرْكَبُنَّ: To pass on, rise, ascend.

Rakibâ رَكِبا (*prf. 3rd p.m. dual.*): They twain embarked, boarded. *Rakibû* رَكِبُوا (*prf. 3rd p.m. plu.*): They embarked; boarded. *Yarkabûna* يَرْكَبُونَ (*imp. 3rd p.m. plu.*): They will board. *Tarkabûna* تَرْكَبُونَ (*imp. 2nd p.m. plu.*): You board, ride. *Li Tarkabû* لِتَرْكَبُوا (*imp. 2nd p.m. plu. el. n.d.*): You may ride. *Tarkabunna* تَرْكَبُنَّ (*imp. 2nd p.m. plu. emp.*): Surely you ride, you shall invariably pass on. *Irkab* اِرْكَبْ (*prt. m. sing.*): Thou embark. *Irkabû* اِرْكَبُوا (*prt. m. plu.*) You embark. *Rakkaba* رَكَّبَ (*prf. 3rd p.m. sing. II.*): Constructed; Fashioned. *Rakbun* رَكْبٌ (*n.*): Caravan. *Rukbân* رُكْبان (*n. plu.*): Riders. Its *sing.* is *Râkibun* راكِبٌ. *Rikâb* رِكاب (*n. plu.*): Camelry. *Rakûb* رَكُوب (*n.*): Ridden; Riding (beasts). *Mutarâkibun* مُتَراكِبٌ (*ap-der. m. sing. IV.*): Clustered; Ridden one on another. (L; T; R; LL) The root with its above fifteen forms has been used in the Holy Qur'ân 15 times.

Rakada رَكَدَ
رُكوداً ; يَرْكُدُ

To stop, be calm; remain stable, be still, be at rest.

Rawâkida رَواكِدَ (*n. plu.* its *sing.* is *Râkidatun* راكِدَةٌ): Still; Quiet; Motionless (42:33). (L; T; R; LL)

Rakaza رَكَزَ
رَكْزاً ; يَرْكُزُ

To whisper, bury. *Rikza* رِكْزَ: Whisper; Faint noise, Low sound.

Rikzan رِكْزاً (*acc. n.*): Whisper (19:98). (L; T; R; LL)

Rakasa رَكَسَ
رِكساً؛ يَركُس

To invert, revert. *Arkasa* اركسَ IV: To overturn, upset, overthrow, return, revert, throw back into a former state.

Arkasa اركسَ (*prf. 3rd p.m. sing. IV.*): Overthrown (them) (4:88). ***Urkisû*** أركسُوا (*pp. 3rd p.m. plu. IV.*): They were reverted, fall headlong (as if under compulsion) (4:91). (L; T; R; LL)

Raka<u>dz</u>a رَكَضَ
ركضاً؛ يَركُض

To move the feet, urge, strike heavily (with foot), fly, run.

Yarku<u>dz</u>ûna يَركُضون (*imp. 3rd p.m. plu.*): They flee, are fleeing (21:12). ***Urku<u>dz</u>*** أركض (*prt. m. sing.*): Urge; Strike (38:42). ***LâTarku<u>dz</u>û*** لا تَركُضوا (*prt. neg. m. plu.*): Flee not (21:13). (L; T; R; LL)

Raka'a رَكَعَ
رُكوعاً؛ يَركع

To bow down, bend to the ground, have one's back bent, bow down in prayer, stoop the head to kneel; pray; have a posture of Prayer in which the worshiper while standing bows forward and places both his hands on the knees without bending his legs and arms. *Râki'un* راكعٌ plu. *Raki'ûn* راكعُون and *Rukka'un* ركّع: One who bows down, who pray, who makes a *rakû'*, One who worships God alone to the exclusion of all sorts of idols and images. The famous pre-Islamic poet Nâbi<u>gh</u>ah says:

سيبغ عُذراًاونجاحامن امرىء
اِلى ربّه ربِّ البرية راكعٌ

He who turns to God alone the Creator of the world, will have a sound argument in his favour and will obtain salvation.

Yarka'ûna يَركعون (*imp. 3rd p.m. plu.*): They bow down. ***Irka'û*** اركعُوا (*prt. m. plu.*): You bow down. ***Irki'î*** اركعِي (*prt. f. sing.*): Thou *f.* bow down. ***Râki'an*** راكعًا (*act. pic. m. sing. acc.*): One who bows down, bowing in worship. ***Rukka'an*** ركعاً (*acc. act. pic. m. plu.*): Those who bow down. Its *sing.* is *Râki'un* راكعٌ. ***Râki'ûna*** راكعُون (*nom.*) ***Râki'îna*** راكعِين (*gen. act. pic. m. plu.*): Those who bow down. (L; T; R; LL; Asâs) The root with its above eight forms has been used in the Holy Qur'ân 13 times.

Rakama رگم
رَكْماً؛ يَركُم

To gather, gether in a heap, heap up, accumulate. *Rukâm*

ركام: Heap; Piled up; Heaped clouds.

Yarkumu يَركُمُ (*imp. 3rd p.m. sing. acc.*): He will huddle (them), will consign (8:37). ***Rukâman*** ركاماً (*n. acc.*): Piled up (24:43). ***Markûm*** مركُوم (*pct. pic. m. sing.*): Piled up (52:44). (L; T; R; LL)

Rakina رَكِنَ / Rakana رَكَنَ

ركانةً ، ركنا ، يركَن؛ يرِكن ركُونا ،

To lean on, rely upon, trust. *Ruknun* رُكْنٌ: Support; Stay; Firm part of a thing on which it rests; Pillar; Corner-stone; Court; Pride of power and might; Resistance; Kinsfolk or clan; Party; Person by whom one is aided and strengthened; Noble or high person. Thing whereby one is strengthened.

Tarkanu تَركَنُ (*imp. VII*): Thou leaned (17:74). ***LâTarkanû*** لا تركَنُوا (*prt. neg. m. plu.*): You lean not (11:113). ***Ruknun*** رُكْن (*n.*): Support (11:80; 51:39). (L; T: R: LL)

Rama<u>h</u>a رَمَحَ

رَمحاً؛ يَرمَح

To pierce with a lance, spear. *Rum<u>h</u>un* رُمْحٌ plu. *Rimâ<u>h</u>un* رماح : Lance; Spear.

Rimâ<u>h</u> رماح (*n.plu.*of *Rum<u>h</u>un* رُمْحٌ): Lancer; Spears (5:94). (L; T; R; LL)

Ramada رَمَدَ

رَمادة،رمدًا،رَمَدًا؛يَرمُد ، يَرِمد

To starve from cold, destroy, put in ashes, become dirty. *Ramâd* رماد plu. *Armidatun* أرمدة: Ashes; Fine and copious ashes. *Yanfu<u>kh</u>u fil al-Ramâdi* ينفخُوافِي الرمادِ: He exerts himself uselessly; He blows upon the ashes.

Ramâd رماد (*n. plu.*): Ashes (14:18). (L; T: R: LL)

Ramaza رَمَزَ

رَمْزاً؛ يَرمُز

To make a sign, indicate by a sign, nod.

Ramzan رَمْزاً (*v.n. acc.*): Gesture (3:41). (L; T; R; LL)

Rami<u>dz</u>a رَمِضَ

رَمَضاً؛يَرمَض، يَرمُض

To be burning, heat, be blasted by the sun. *Rama<u>dz</u>a* رَمَضَ: To sharpen (a spear) between stones, roast, pasture on a burning ground, burn. *Ram<u>dz</u>â'* رمْضا: Scorching heat; Burning hot (ground) *Rama<u>dz</u>ân* رمضان: The ninth month of Islamic calendar, the month of Fast.

Rama<u>dz</u>ân رَمضان (*n.*): The month of Fasting. (2:185). (L; T; R; LL)

Ramma رمّ

رِمّاً ،رِمّةً،رِميماً؛يرِمّ، يرمّ

To be decayed, become rotten and worn out (bone). *Mâ lahû hammun wa lâ rummun* ماله حمّ ولارمّ : He possesses nothing. *Ramîm* رمِيم Decayed; Rotten; Like ashes.

Ramîm رمِيم (*adj.* of common gender *act. 2nd. p. pic. m. sing.*): Decayed (36:78; 51:42). (L; T; R; LL)

Rummân رُمّان

Pomegranates.

Rummân رُمّان (*generic n.*): (6:99,141; 55:68). (L; T; R; LL)

Ramâ رَمىٰ

رَمياً؛ يَرمِى

To throw, cast, hit by throwing, blame, cast on, charge. *Ramâ bil Ghaib* رمىٰ با لغَيب: To speak conjecturally.

Ramâ رمىٰ (*prf. 3rd p.m. sing.*): He threw. ***Ramaita*** رمَيتَ (*prf. 2nd p. m. sing.*): Thou threw. ***Yarmi*** يرمِ (*imp. 3rd p.m. sing.* final *yâ* dropped): He throws, casts. ***Tarmî*** ترمِى (*imp. 3rd p. f. sing.*): She throws. ***Yarmûna*** يرمُون (*imp. 3rd p. m. plu.*): They cast, blame, calumniate. (L; T; R; LL)

The root with its above five forms has been used in the Holy Qur'ân 9 times.

Rahiba رَهِبَ

رَهَباً ، رُهْباً ، رَهبة؛ يرهَب

To fear, dread, awe. *Rahbatun* رهبة *Rahbun* رهباً *Rahaban* رَهَباً: Awe; Fear. *Râhibun* راهب: Monk. Its plu. is *Ruhbân* رهبان. *Rahbaniyyatun* رَهبانية: Monasticism; Monkery. *Arhaba* ارهَبَ: To frighten, cause terror. *Istarhaba* استرهب: To terrify.

Yarhabûna يرهبُون (*imp. 3rd p. m. plu.*): They dread, held in awe. ***Irhabûni*** اِرهبونِ (*prt. m. plu.*): You should hold me in awe. ***Turhibûna*** تُرهِبون (*imp. 2nd. p.m. plu. IV*): You frighten, strike terror. ***Istarhabû*** استرهبوا (*prf. 3rd p. m. plu. X.*): They sought to strike awe. ***Rahb /Rahban*** رهْباً/ رهب, ***Rahbatan*** رهبة (*v.n. acc.*): Encountering fear. ***Ruhbân*** رُهبان (*n. plu.*): Monks. Its sing. is *Râhib*. ***Rahbâniyyatun*** رهبانيةً (relative *adj. Ruhbân*): Monasticism. (L; T; R; LL)

The root with its above nine forms has been used in the Holy Qur'ân 12 times.

Rahata رهط

رَهطاً؛ يَرهط

To take large mouthfuls, glut,

remain indoors,assemble. *Rahtun* رَهْطٌ: Family; Sons of one man; Kindred; One's people; Party; Gang. *Nahnu dhawû rahtin wa irtihâtin* نحن ذووارهط وارطهة: We are all collected.

Raht رهط (*n.*): Gang; Group; Tribe (27:48; 11:91; 11:92). (L; T; R; LL)

Rahiqa رَهِق

رَهْقاً؛ يَرهَق

To follow closely, cover, be foolish, lie, be mischievous, be ungodly, hasten, overtake, reach, draw near, overspread. *Rahaqa* رَهَق: To oppress, cause to suffer, be given to evil practices. *Rahqun* رَهْقٌ: Folly; Oppression; Evil disposition. *Arhaqa* ارهَق: To impose a difficult task, afflict with troubles and difficulties.

Yarhaqu يرهَقُ (*imp. 3rd p.m. sing.*): He shall overspread, covers. ***Tarhaqu*** ترهَق (*imp. 3rd p. f. sing.*): She covers, will cover. ***Yurhiqu*** يُرهِق (*imp. 3rd p.m. sing. IV.*): He will involve, impose, causes burden. ***Urhiqu*** أرهِقُ (*imp. 1st p. sing. IV.*): I will inflict, will impose upon. ***La Turhiq*** لاتُرهِق (*prt. neg. m. sing.*): Do not impose, not be hard. ***Rahqun*** رهْقٌ (*v. n.*): Arrogance; Conceit, Injustice, Evil disposition. (L; T; R; LL)

The root with its above six forms has been used in the Holy Qur'ân 10 times.

Rahana رَهَنَ

رَهنا ؛ يَرهَن

To give in pledge, last, continue, be settled in a place, mortgage property, pay in advance, give as hostage. *Rahînun* رَهِين: Pledged; Engaged; Given in pledge. *Rihânun* رِهانٌ: Taking a pledge; Pledged; Responsible; Given in pledge.

Rahînun رَهِين (*act. 2nd pic. m. sing.*): Pledged (52:21). ***Rahînatun*** رَهِينة (*act. 2nd. pic. f. sing.*): Pledged; Bound to pay (74:38). ***Rihân*** رِهان (*v. n.*): Pledge (2:283). (L; T; R; LL)

Raha رَها

رَهْوا؛ يَرهوا

To walk gently, fall calmly (sea), act gently, be depressed, motionless, go slowly, be clam and quite and motionless, part (the legs and make an opening between them). *Rahw* رهو: Calm; Quiet; Motionless; Depressed place; Broad place; Elevated ground; Dry tract of land.

Rahwan رهْواً (*v. n.*): Be depressed; Calm and motionless; Not in tide (44:26). (L; T; R;

Zamakhsharî. LL)

Râha رَاحَ

رَوَاحاً؛ يَرُوح

To go or do a thing at evening. *Rîhun* رِيح: Wind; Power, Dominance; Conquest; Predominance; Strength; Victory; Good and pure thing; Mercy; Aid against enemy. When it is used in the singular number it generally signifies Divine punishment as in 17:69; 54:19; 69:6; but when it is used in the plural number it generally signifies Divine blessing, as in 27:63. *Rouh* روح: Mercy. Linguistically it is related to the noun Rûh رُوح breath of life, and has also the significance of *Râhat* راحت i.e., rest from grief and sadness. Thus the most appropriate translation of the world *Rouh* رَوْح would be life giving and soothing mercy. The word *Rûh* رُوح is often used in the Holy Qur'ân in the sense of Divine inspiration, revelation and *wahî* وحِي and *Ilhâm* الهام. Since it gives life to hearts that were dead in their ignorance and has in the spiritual world the same function as a soul has in the physical world. *Rûh* رُوح: Breath of life; Soul; Spirit; Inspiration; Revelation; Essence; The Qur'ân; Joy and happiness; Mercy; Life-giving words of Allâh; Prophet's divine message (because of its life-giving qualities); Angels; Arch-angel-Gabriel.

Turîhûna تريحُون (*imp. 2nd p. m. plu. IV.*): You bring home in the evening. ***Rawâhun*** رواح (*v.n.*): Blowing in the afternoon; Evening journey. ***Rauhun*** رَوْح (*n.*): Soothing mercy; Happiness; Comport; Bounty; Gift. ***Rûhun*** رُوحٌ (*n.*): Revelation; Spirit; Soul; Human soul; Gabriel; Angel of revelation. ***Raihân*** رَيحان (*n.plu*): Fragrant flowery plants. ***Rîhun*** رِيحٌ (*n.*): Punishment. ***Riyâh*** رياح (*n.plu.*): Divine blessings. (L; T; R; LL) The root with its above seven forms has been used in the Holy Qur'ân 26 times.

Râda رَادَ

رِيادًا، رَودًا؛ يَرُود

To seek, ask a thing gently, search (for food, fodder), go to and fro in a pasture, go round about. *Ruwaidan* رُوَيداً: To go gently. *Irâdatun* ارادة: Will; Free will. *Mirwad* مِرود: Axle of a pully. *Râwada* رَاوَدَ: To long after, desire, seduce, ask one to do, seduce, entice, seduce against the will (with 'an عن) as in 12:126. *Yurîdu* يريدُ:He wishes, intends. It is used also as an auxillary verb as in 18:77. The word *Irâdah* اراده is used for power and capacity with reference to subjugation as well as to option and choice. *Ruwaidan* رُوَيداً For a little while; Go gently. According some the grammarians the word is a diminutive form of which verbal noun is not in use. It is used as sing. plu. f. m. Sometimes, according to Ibn Sîdah, it is used for threat.

Râwadû راوَدُوا (*prf. 3rd p.m. plu. III.*): They solicited, sought to take him away. ***Râwadat*** راودت (*prf. 3rd p. f. sing. III.*): She solicited, sought. ***Râwadtunna*** راودتنّ (*prf. 2nd p. f. plu. III.*): You *f.* sought. ***Turâwidu*** تراودُ (*imp. 3rd. p. f. sing. III.*): She seeks to seduce. ***Nurâwidu*** نراوِدُ (*imp. 1st p. plu. III.*): We will persuade. ***Rawdtu*** رودت (*prf. 1st. p. sing.*) I saught. ***Arâda*** ارادَ (*prf. 3rd p.m. sing. IV.*): He meant, desired, intended, wished. ***Arâdâ*** ارادا (*prf. 3rd p.m. dual IV.*): They twain wished, desired. ***Arâdû*** ارادُوا (*prf. 3rd p. m. plu. IV.*): They wished, intended. ***Aradna*** اردْنَ (*prf. 3rd p. f. plu. IV.*): They *f.* wished, intended. ***Aradtum*** اردْتم (*prf. 2nd p.m. plu. IV.*): You wished, intended. ***Aradnâ*** اردْنا (*prf. 1st p. plu. IV.*): We wished, intended. ***Yurîdu*** يريدُ (*imp. 3rd p.m. sing. IV.*): He wishes, intends. ***Yurid*** يُرِد (*imp. 3rd p. m. sing. juss.*): He wishes, intends. ***Yuridni*** يُردْنِ (comb. of *Yurid*+ *ni.*), ***Yurîdâni*** يُريدانِ /***Yurîdâ*** يُريدا (*n.d./ imp. 3rd. p.m. dual.*) They twain intend, wish. ***Urîdu*** أُريد (*imp. 1st p. sing.*): I wish, intend. ***Yurîdû/Yurîdûna*** يُريدُوا / يُريدُونَ (*n.d. juss/ imp. 3rd p.m. plu.*): They wish, intend. ***Yuridna*** يُرِدْنَ (*imp. 3rd p. f. plu. IV.*): They *f.* wish, intend. ***Nurîdu*** نرِيدُ (*imp. 1st p. plu. V.*): We wish, intend. ***Yurâdu*** يرادُ (*pp. 3rd p. m. sing. IV.*): He is wished, intended. ***Ruwaydan*** رُوَيداً : For a little while; Go gently. (L; T; R; LL) The root with its above twenty-four forms has been used in the Holy Qur'ân 148 times.

Râdzâ رَاضَ

رِيَاضَةً، رِياضًا، رَوضاً؛ يَرُوض

To exercise, break (in a colt), train, bore. *Arâdza* اراضَ : To quench one's thirst. *Raudzatun* رَوضَةٌ: Watery meadow; Luxuriant garden.

Rawdzatun رَوضَةٌ (*n.*): Luxuriant garden (30:15). ***Rawdzâtun*** رَوضاة (*n. plu.*): Luxuriant gardens (42:22). (L; T; R; LL)

Râ'a رَاعَ
رَوعاً؛يَرُوع

To respect combined with fear and reverence, frighten. *Rau'* روع: Awe; Fear; Alarm.

Row'un رَوعٌ (*n.*): (11:74). Awe. (L; T; R; LL)

Râgha رَاغَ
روغا؛يَرُوغ

To turn (attention), come, slant, incline.

Râgha راغَ (*prf. 3rd p.m. sing.*): Turned (his attention) (37:91, 93; 51:26). (L; T; R; LL)

Rûm روم

Byzantines; Romans. The events mentioned at the beginning of the 30th chapter of the Qur'ân relates to the wars between the Byzantines and Persians about seventh year before the Hijrah or 615-616 A.D.

Rûm روم (*n.*):Byzantines (30:11).

Râba رابَ
رَيباً؛ يَرِيب

To make uncertain, cast one into doubt, calamity, suspicion, disturb, cause doubt, cause uneasiness of mind, caause affliction, create evil opinion, make false charge. *Raib* ريب: Doubt; Affliction or calamity; False charge; Disquititude or uneasiness of mind; Such doubt as is based prejudice or suspicions and not the doubt which helps in research and promotion of knowledge; Want; Harm; destruction. *Rîbatun* ربات: Doubt etc; *Murîb* مريب: Arouser of doubt etc. *Murtâb* مرتاب: Who is in doubt etc.

Irtâba اِرتابَ (*prf. 3rd p.m. sing. VIII.*): Entertained doubt. ***Irtâbat*** اِرتابت (*prf. 3rd p. f. sing. VIII.*): She doubted. ***Irtâbû*** ارتابُوا (*prf. 3rd p. f. plu.. VIII.*): They *f.* doubted, suffered from doubt. ***Irtabtun*** ارتبتم (*prf. 2nd p. m. plu. VIII.*): You doubted. ***Yartâbu*** يرتَابُ (*imp. 3rd p.m. sing. VIII.*): He doubts. ***Yartâbû*** يرتابُوا (*imp. 3rd p.m. plu. acc. VIII.*): They doubt. ***Tartâbû*** ترتابُوا (*imp. 2nd p. m. plu. acc. VIII.*): You doubt. ***Rayb*** رَيب (*n.*): Wanting; Doubtful; Harmful; Destructive; False charge, Trouble; Weariness. ***Murîb*** مُرِيب (*ap-der. m. sing. IV.*): Disquieting. ***Murtâb*** مُرتاب (*ap-der. m. sing. VIII.*): Doubter.

The root with its above ten forms has been used in the Holy Qur'ân as many as 36 times. (L; T; Tahdhîb; R; LL)

Râsha رَاشَ

رَيشًا ؛ يَرِيش

To fit feathers (to an arrow), do good. *Rîshun* رِيشٌ Adornment; Feather; Fine clothing; Source of elegance and protection; Plumage; Ornament; Beauty.

Rîsh رِيش (*gen. n.*): Source of elegance and protection (7:26). (L; T; R; LL)

Ra'â رَعٰى

مَرعًى ، رِعَايَة ، رَعيا ؛ يَرعَى

To grow, increase, thrive, move about (looming), assemble, be plentiful, multiply, bestow abundantly. *Rî'un* رِيع: Elevated hill; High place; Height.

Rî'in رِيع (*n.*): Prominent place. (26:128). (L; T; R; LL)

Râna رَانَ

رَيناً ؛يَرِين

To be rusty, be dirty, feel qualmish, blind anyone (passion), be involved in a scrape, commit vice. *Rayn* رَين: Rust; Dirt; Qualm; Misgiving.

Râna رَانَ (*prf. 3rd p.m. sing.*): (83:14). Rusted. (L; T; R; LL)

ZÂ
ز Z

It is the eleventh letter of arabic alphabet. Its equivalent in English is **z**. According to <u>*Hisâb*</u> *Jummal* (mode of reckoning numbers by the letters of the alphabet) the value of *zâ* is 7. It has no real equivalent in English. It is of the category of *Majhûrah* مجهوره.

Zabada زَبَدَ

زَبداً ؛ يَزبُد

To churn (milk), feed with butter, foam. *Zubadun* زَبَدٌ: Foam; Froth; Scum (of water); Dross (of metals).

Zabad زَبد (*n.*): Foam; Scum (13:17). (L; T; R; LL)

Zabara زَبَرَ

زَبراً ؛ يَزبُر، يَزبِر

To copy, transcribe (a book), throw stones, pelt with stones. *Zibr* زِبر plu. *Zubûr* زُبُور: Book; Book full of wisdom; Divine book; Book which is hard in writing; Psalms; Scriptures. *Zabrah* زبرة plu. *Zubar* زُبر and *Zubrah* زبرة: Fragment of Iron; Lump; Mane of iron; Big piece of metal.

Zubûr زُبُور (*n. sing.*): Divine writ revealed to the Prophet David.
Zubur زُبُر (*plu.*): Books full of wisdom; Ingots; Lumps.
The root with its above two forms has been used in the Holy Qur'ân as many as 21 times. (L; T; R; LL)

Zabana زَبَنَ
زَبْناً ؛ يَزبِن

To prevent her young from sucking, knock, push. *Zabûn* زَبُون: Wont to kick; Desperate. *Zabûnatun* زَبُونة: Haughtiness. *Zabâniyatun* زَبَانية: Brave defending guards; Braves of an army. Armed attendants of the perfect of police; People who push and knock; Police guards (Qatâdah). Those who can use their hands and feet for defence; According to Zajjâj they are rough in complaint, difficult, hard, harsh, severe, courageous, violent, strong, vehement, steady, firm. Kisâî says its *sing.* is Zibniyyun but according to Akhfash it is *Zabâniyyun* زَبَانيّ and to some others it is Zâbinun زَابِن

Zabâniyah زَبَانية (*n.plu.*): Brave defending guards (96:18). (L; T; R; LL; Râzî)

Zujâjatun زُجَاجة
Piece of glass; Crystal globe, Glass-vessel; Thing made of glass.
Zujâjatun زُجَاجة (*n.* of. unity): Crystal globe (26:35). (L; T; R; LL)

Zajara زَجَرَ
زَجْراً ؛ يَزجُر

To prohibit, drive away, interdict, chide away, cry out, scare away, rebuke, deter, discourage, repel, restrain. *Zajrun* زَجْرٌ: Act of driving or prohibiting etc. *Zâjirât* زَاجِرات: Those who drive, Those who keep human being from sin. *Zajratun* زَجْرَةٌ: Single cry. *Izdajara* ازدَجَرَ for *Indajara* اندَجَرَ: To drive away with cries, reject. *Muzdajar* مُزدَجرْ: Forbidden.

Izdujira ازدُجِرَ (*pp. 3rd p.m. sing. VIII.*): He was spurned and chided (54:9). *Muzda-jarun* مُزدَجَرٌ (*v.n. VIII.*): In which there is provision of abstaining (from following the wrong course). Deterrent (54:4). *Zajran* زَجْراً (*v.n.*): Driving away vigorously (37:2). *Zajratun* زَجْرَةٌ (*n. f.*): Single driving shout (37:19; 79:13). *Zâjirât* زَاجِرات (*act. pic. f. plu.*): Those who drive away. (37:2). (L; T; R; LL)

Zaja زجى
زَجوا ؛ يَزجُوا

To be easy, stop, propel, drive,

urge gently, ease to laugh, speed up, push. *Muzjâtun* مُزْجات: Few; Small; Scanty gain; Slow; Weak; Feeble; Of no value or of very little purchasing value.

Yuzjî يُزجِي (*imp. 3rd p.m. sing. IV.*): He drives, pushes, speeds up (17:66; 24:43). ***Muzjât*** مُزجاة (*pis. pic. f. sing. IV.*): Scanty; That which is pushed out and disposed of as of no value or of very little purchasing value (12:88). (L; T; R; LL)

Za<u>hh</u>a زَحّ

زَحّا ؛ يُزَحّ

To snatch, draw back quickly, push, be removed, saved from. *Za<u>h</u>za<u>h</u>a* زحْزحَ: To be removed far etc.

Zu<u>h</u>zi<u>h</u>a زُحزح (*pp. 3rd p.m. sing. qurt.*): Removed away (3:185). ***Muza<u>h</u>zi<u>h</u>un*** مُزَحْزِح (*act. pic. m. sing.*): Remover, keeping away (2:96). (L; T; R; LL)

Za<u>h</u>afa زَحَفَ

زَحْفاً ؛ يَزحَف

To proceed towards, drag himself, creep, march, together in a body (army), come up. *Za<u>h</u>fun* زَحْفٌ: Army moving on slowly or little by little.

Za<u>h</u>fan زَحْفاً (*v.n. acc.*): Marching for war, war, army. (8:15). (L; T; R; LL)

Za<u>kh</u>rafa زَخْرفَ

To embellish (speech) with lies. *Zu<u>kh</u>ruf* زُخْرُف: Gold; Bombast; Allurement; Ornament; Gilded speech; Fair-seeming untruth and falsehood; Embellishment; Plansible lies.

Zu<u>kh</u>ruf زُخْرُف (*n.*): Gold; gilded speech; Adornment (6:112; 17:93; 43:35;10:24).. (L; T; R; LL)

Zarabiyya زَرابِيّ

Rich and velvety carpets.

Zarâbiyya زَرابِيّ (*n. plu. f.* of *Zirbiyyatun*): (88:16). Rich; velvety carpets. (L; T; R; LL)

Zara'a زَرَعَ

زرعاً ؛ يزرع

To sow seed, cast seeds, till the ground, cause (the plants, children) to grow, give increase to (as in 56:64). *Zar'un* زرعًا: Seed; Corn; Land sown with corn; Cultable land; Plant. *Zurrâ'un* زُرّاعٌ plu. of *Zâri'un*: Sower; Causer of the growth.

Tazra'ûna تَزرعُون (*imp. 2nd p.m. plu.*): You shall sow, cultivate. ***Zar'un*** زرْعٌ (*n.*): Cornfield. ***Zurû'un*** زرُوعًا (*n. plu.*): Cornfields. ***Zurrâ'un*** زُرّاعٌ (*n.*

plu.): Sowers. ***Zâri'ûna*** زارِعُون (*act. pic. m. plu.*): Growers; Causers of the growth.
The root with its above five forms are used in the Holy Qur'ân 14 times. (L; T; R; LL)

Zariqa زَرِق

زَرقاً؛ يَزرَق

To be blue, gray; become blind, recoil. *'Aduwwun a zraqun* عدوٌّازرقٌ: Desperate foe (lit blue-eyed enemy). *Zurqan* زُرقاً: Blear-eyed; Blue-eyed; Blind (spiritually or physically (cf.5:71); Gray-eyed; Desperate foe; Of worst colour of the eyes; One with eyes fading with terror.

Zurqan زُرقاً (*n. adj.*): Blue-eyed; Spiritually blind (20:102). (L; T; R; Ibn Kathîr; LL)

Zara زَرِي

زَريا؛ يَزرِي

To abuse, reprove, reproach, upbraid, blame, fall short, neglect, condemn, disparage, undervalue, scorn, redicule, despise. *Izdara* ازدراً يزدري)اِزدرَ VIII) for *Iztrâtâ* of the stem VIII. is replaced with *Dâl*: To condemn, despise, redicule

Tazdarî تَزْدرِي (*imp. 3rd p. f. sing. VIII.*): He condemns, despises (11:31). (L; T; R; LL)

Za'ama زَعَم

،زُعما، زَعما؛ يزَعم، يَزعُم مَزعما، زَعماً

To speak, assert, suppose, think, imagine, fancy, be of opinion, relate. *Zaîm* زعِيم: Surety; One who vouches for or guaranties another.

Za'ama زَعَمَ (*prf. 3rd p.m. sing.*): He claimed, asserted. ***Za'amta*** زَعمتَ (*prf. 1st p. sing.*): You claimed, asserted. ***Za'amtum*** زعمتُم (*prf. 2nd p.m. plu.*): You claimed, asserted. ***Taz'umûna*** تزعْمُون (*imp. 2nd p.m. plu.*): You asserted. ***Yaz'umûna*** يزعمُون (*imp. 3rd p. m. plu.*): They asserted. ***Za'mun*** زعْمٌ (*n.*): Assertion. ***Za'îmun*** زعِيم (*act. 2. pic. m. sing.*): Responsible; Surety; Guarantee. (L; T; R; LL)
The root with its above seven forms has been used in the Holy Qur'ân 17 times.

Zafara زَفَر

زَفْراً، زَفِيرا؛ يَزفر

To send forth a deep sigh, begin to bray, crackle (fire). *Zafîr* زَفِير: Deep sigh; First part of the braying of an ass, as *Shahîq* is the second part; Roaring of flames; Panting.

Zafîr زَفِير (*act. 2. pic. m. sing.*): Moan; Deep sigh (11:106;

21:100; 25:12). (L; T; R; LL)

Zaffa زَفّ
زَفِيفاً ; يَزِف

To hasten, go with hurried steps, walk quickly, flap (the wing), run. *Yaziffûna* يَزِفُّون : Running; Hastening.

Yaziffûna يَزِفُّون (*imp. 3rd p.m. plu. assim.*): They hasten, are running (37:96). (L; T; R; LL)

Zaqama زَقَمَ/Zaqqama زقَّمَ
زقماً ; يَزْقُم

To gobble, drink to excess, take any deadly food, swallow. *Zaqqûm* زقّوم: Food which kills; Deadly food; Dust-coloured tree having small round leaves without thorns. It has a pungent odor, has knots in its stems and is bitter in taste. The heads of its leaves are very foul. It bears a kind of intensely bitter and sticking fruit found in Tihâmah province of Arabia. When eaten it gives the feeling of intense burning in the belly and one needs water to quench the thirst and like a sick thirsty camel the intense thirst remain unsatisfied. It is also called the tree of curse (Bu<u>kh</u>ârî, 63:42). It describes the punishment that will be meted out to the guilty in the Hereafter in a language which suits the enormity of their sins and evil deeds in this world. They devoured what other people had earned with the sweat of their brows and suffered from an unstable lust for wealth and criminal assaults. As a punishment they will be given the *Zaqqûm* to eat which will burn their inside and they will have scolding water to quench their thirst but their thirst will remain unsatisfied. According to the Holy Qur'ân every good action is a good tree and every evil action is an evil tree (14:26). So *Zaqqûm* is evil tree and the symbolic of the condition in the hell. The punishments of the hell are in reality a treatment, so this bitter fruit is the bitter medicine to treat their spiritual deseases caused by the evils they committed in their life.

Zaqqûm زقّوم (*n.*): Food for the people of hell (37:62; 44:43; 56:52). (L; T; R; LL)

Zakariyyâ زَكَريا

Zacharias; Who is always patient and persevering; Who keeps on steadily; Who is in constant effort to achieve (the pleasure of God). The proper name Zacharias. In the Holy Qur'ân he was the Father of Ya<u>h</u>yâ (John the Baptist).

Guardianship of Mary was entrusted to him. He was a Prophet and a relative of Mary.

Zakariyyâ زكريا (*n.*): Zacharias. (3:37-38; 6:85; 19:2,7; 21;89;). (L; T; R; LL)

Zakâ زكي

زَكوا، زكاأ؛ يَزكوا، يَزكِي

To grow, be pure and clean, purify, be righteous, thrive, prosper, succeed, grow strong, improve. *Zakât* زكوٰة : Purity; Alms; Legal alms; Excellence; Portion of one's welath given in orrder to pureify one's self; Piety. It is also a technical term of the Islamic law that means certain portion or amount of property that is given thereof as the due of Allâh by its possession to the poor in order that giver may purify himself. The payment of this religious due is obligatory provided that the property is of a certain amount and has been in his possession for one luner year. The portion to be given varies according to the nature and amount or the property. In coin it is one-fortieth thereof, i.e. two and a half percent. The word *Zakât* زكوٰة is generally translated as an Islamic tax, purifying dues, poor due, poor-rate or charity or alms, but in reality none of them renders the full meaning of the term. Thus it is reasonable to use the term as such.

Zakâ زَكَى (*prf. 3rd p.m. sing.*): He was clean, pure. ***Zakkâ*** زكّٰى (*prf. 3rd p.m. sing. II.*): He purified. ***Yuzakkî*** يُزكّي (*imp. 3rd p.m. sing. II.*): He purifies. ***Tuzakkî*** تُزكّي (*imp. 2nd p.m. sing. II.*): Thou purifieth. ***Yuzakkûna*** يزكّون (*imp. 3rd p. m. plu. II.*): They purify. ***Lâ Tuzakkû*** لاتزكّوا (*prt. neg. n. plu.*): Make no pretentions to the purity (of your souls); Justify not; Do not praise (your self to be pure and pious). ***Tazakkâ*** تزكّٰى (*prf. 3rd p.m. sing. V.*): He purified himself. ***Yatazakkâ*** يتزكّٰى (*imp. 3rd p.m. sing. V.*): He purifies himself. ***Yazzakka*** يزكّى (*imp. 3rd p.m. sing.*): Purify himself. ***Zakât*** زكوٰة (*n.*): Purification; Purity; Poor tax; Purifying alms. ***Zakiyyan*** زكيّا (*act. pic. m. sing. acc.*): Most pure. ***Zakiyyatan*** زكيةً (*act. pic. f. sing.*): Pure; Innocent. ***Azkâ*** ازكٰى (elative): The purest.

The root with its above thirteen forms has been used in the Holy Qur'ân 59 times. (L; T; R; LL)

Zalzala زَلزَلَ

زَلزلةً؛ يُزَلزِل

To shake, shake to and fro, quake, frighten, urge, put in calamities.

Zalafa زَلَفَ

Zulzilat زُلْزِلَت (*pp. 3rd p. f. sing.*): It is shaken (99:1). ***Zulzilû*** زُلْزِلُوا (*pp. 3rd p.m. plu.*): They were shaken (2:24; 33:11). ***Zilzâl*** زِلزال (*v. n.*): Violent shake (99:1). ***Zalzala-tun*** زَلزَلَةٌ (*n.*): Quake; Shock. (22:1). (L; T; R; LL)

Zalafa زَلَفَ
زَلِيفاً، زُلْفَىٰ، زَلْفاً؛ يَزلُف

To draw near, advance. ***Zulfâ*** زُلْفاً: Nearness, Proximity; Near approach. ***Zulfatun*** زُلْفَةٌ plu. ***Zulâf*** زُلاف: Dignity; Nearness; Some early hours; First part of the night; Those hours of the night which commence at the close of day; Wear at hand. ***Azlafa*** ازلَفَ IV. To bring near; Cause to approach.

Azlafnâ ازلَفنا (*prf. 3rd p. f. plu. IV.*): We brought near, caused to draw near. ***Uzlifat*** ازلِفَت (*pp. 3rd p. f. sing. IV.*): It is brought near. ***Zulafan*** زُلَفاً (*n. acc.*): Early hours. ***Zulfatan*** زُلْفَةً (*n. acc.*): Night. ***Zulfâ*** زُلْفىٰ (*v. n.*): Approach; Near.(L; T; R; LL) The root with it above five forms has been used in the Holy Qur'ân 10 times.

Zalaqa زَلَقَ
زَلْقاً؛ يَزلِق

To cause to stumble, slip. ***Zalaqun*** زَلَقٌ: Place in which the feet are liable to slip. ***Azlaqa*** ازلَقَ IV.: To cause to slip or fall.

Yuzliqûna يُزلِقون (*imp. 3rd p.m. plu. IV.*): They caused to stumble, dislodge (68:51). ***Zalaqan*** زَلَقا (*v.n. acc.*): Barren; Waste (18:40). (L; T; R; LL)

Zalla زَلّ
زَلاًّ، زَلَلاً، مُزِلَة ؛ يَزِلّ

To slip unintentionally, pass away (life). ***Azalla*** ازَلّ and ***Istazalla*** استزَلّ IV.: To cause to slip or fall, err. Slipping and lapsing denotes the idea that evil which gradually tempts from a higher to a lower state (95:5).

Zalaltum زَلَلتُم (*prf. 2nd p.m. plu.*): You slipped off, made a mistake, stumbled (2:209). ***Tazillu*** تَزِلّ (*acc. imp. 2nd. p. f. sing.*): Slip (16:94). ***Azalla*** ازَلَّ (*prf. 3rd p.m. sing. IV.*): Caused to slip (2:36). ***Istazalla*** استزَلّ (*prf. 3rd p.m. sing. X.*): Caused to slip, seduce (3:155). (L; T; R; LL)

Zalama زَلَمَ
زَلماً؛ يَزلُم

To wander about, make a mistake, fill (a vessel), make a scanty gift, cut off, protrud a part of a thing, cut or pare an arrow to make it proportionate and good looking.

Zalamun زَلَمٌ *plu. Azlâm* ازلام: Divining arrow; Arrow without a head and without a feather of the game of hazard. The Arabs in the time of ignorance (before Islam) played with such arrows for division of the flesh of a slaughtered animal bought on credit and for dividing flesh of slaughtered animal, probably animals devoted to idols were also divided by such arrows when slain. They also sought to know what was allotted to them by mean of the *Azlâm* ازلام. They used to put them in a receptacle, and when one of them desired to make a journey or accomplish a want or when desired to perform some affairs, he put his hand into that receptacle and took forth an arrow. Now if the arrow with 'Command' came forth he went ahead to accomplish his purpose, but if that with 'Prohibition' came forth he refrained and if the blank one came forth he shuffled them a second time repeating the operation. Its sing. is *Zalam*. For a curious illustration of this custom see Ezekiel 21:21.

Azlâm ازلام (*n. plu.*) : Divining arrows (5:3, 90). (L; T; R; Râzî; Ibn Ka<u>th</u>îr; LL)

Zumara زُمَرَ

زَميرا، زُمرا؛ يزمر ، يزمر

To be in troops, in multitudes, in companies, in small and scattered parties.

Zumaran زُمراً (*n. plu* of *Zumratun acc.*): In troops; In multitudes (39:71,73). (L; T; R; LL)

Zamala زَمَلَ

زُمالا ،زَملاً؛يزمِل، يَزمُل

To carry or bare a heavy load, mount behind, counterbalance, run while leaning forward, wrap, run and go quickly. *Muzzammil* مُزمّل: One bearing a heavy responsibility; One who unites; Wrapped.

Muzzammil مُزمّل (*ap-der. m. sing. VIII.*): Who have wrapped himself up in robes (of prophethood); One who has prepared himself for prayer; One who has to unite the nation under one banner (so the Holy Prophet is also *al-<u>H</u>âshir*: the joiner and uniter of the nations Ba<u>kh</u>ârî); One who has to go a long distance on the road to awaken the people to realize their high destiny and therefore he has to run fast and work hard and incessantly; One who is reminded of his enormous task of preparing a community of worshippers; Who imbued with the same noble ideals and fired with the same unflagging zeal as himself to help him to convey to the world the message of the Qur'ân; One who is to carry a heavy load of preaching Islâm (73:1). (L; T; R; LL; Ma'âni; Qadîr)

Zamhara أزمهرّ / زَمهرً

To be intensely cold, become red by reason of anger. *Zamharîr* زَمهرير: Intense; Vehement; Bitter cold; Moon.

Zamharîr زَمهرير (*n.*): (76:13). (L; T; LL)

Zanjabil زَنجبيل

It is a compound word of *Zana* زنى and *Jabal* جبل . *Zana* means ascending and *Jabal* means a mountain, thus *Zanjabîl* means he ascends the mountain. One of the qualities of ginger is that it strengthens the system and relieves dysentery and warms it up so that a person becomes capable, as it were, of climbing a mountain. It also have a property of healing, warming and strengthening to the venereal faculty, clearing to the phlegon, sharpening the intellect and exhilarating.

Zanjabil زَنجبيل (*n.*): Ginger (76:17). (L; T; LL)

Zanîm زَنيم

Utterly useless; Known for mischief making; Notoriously mischievous; Low-born; Of doubtful birth; Ignoble; Adopted; Outsider; Claiming someone else as his father; Illegitimate; Base; Mean.

Zanîm زنيم (*act. 2nd pic. m. sing.*): (68:13). (L; T; LL)

Zana زنى

زناءً ، زنًى؛ يَزني

To climb, commit adultery or fornication. *Zinâ* زنا: Adultery or fornication. *Zânî* زانِي: Adulterer or fornicator.

Yaznûna يزنُون (*imp. 3rd p.m. plu.*): They commit adultery or fornication. ***Yaznîna*** يزنين (*imp. 3rd p. f. plu.*): They *f* commit adultery or fornication. ***Zânî*** زانِي (*act. pic. m. sing.* it is *Zânîn* زانين where final *Nûn* is dropped): One who commits adultery or fornication; Adulterer or fornicator. ***Zâniyatun*** زانِية (*act. pic. f. sing.*): Adulteress or fornicatoress. (L; T; R; LL)

The root with its above six forms has been used in the Holy Qur'ân as many as 9 times.

Zahada زَهَدَ / Zahada زِهّد

زَهادة،زُهداً؛يزهَد ،يَزهُد

To abstain, have in low estima-

to be interested, not to be keen.
Zâhidîn زاهِدين (*act. pic. m. plu.*): Desirous (12:20). (L; T; R; LL)

Zahara زَهَرَ
يزهَرَ; زَهِرَ; زَهْراً; يزهِرِ;
زَهُرَ; زُهُراً; يزهُرُ; زهوراً

To be resplendent, shine, glow, be glossy, have bright complexion, blossom. ***Zahratun*** زَهْرَةٌ : A flower; Glamour; Splendour; Beauty; Brightness.
Zahratun زَهْرَةٌ (*n.*): Glamour; Splendour; Flower (20:131). (L; T; R; LL)

Zahaqa زَهَقَ
زُهُوقاً ; يزهَق

To vanish, disappear, perish. ***Zâhiqun*** زاهِق: That which vanishes away etc. ***Zahûqun*** زهُوق: Vanishable; Vain; Unsteady etc.
Zahaqa زَهَقَ (*prf. 3rd p.m. sing.*): Vanished away (17:81). ***Tazhaqa*** تَزْهَق (*acc. imp. 3rd p. f. sing.*): Depart (9:55,85). ***Zâhiqun*** زاهِق (*act. pic. m. sing.*): Vanished one. (21:18). ***Zahûqun*** زهُوقاً (*acc. ints.*): Ever bound to vanish away (17:81). (L; T; R; LL)

Zâja زاجَ
زَوْجاً; يَزُوج

To marry anyone to, couple any thing with, pair, mingle with. *Zauj* زَوْج plu. *Azwâj* ازواج: Companion; Mate; Spouse; Husband or Wife; Individual when consorting with another; That in which individuals are united; kind; Species; Class or sex; Pair; Couple; Each of a pair. *Zaujain* زَوْجَين: Two individuals paired together; each pair. *Zawaja* زَوَّجَ: To join together, give in marriage, couple, unite as a fellow, pair.
Zawwajnâ زَوَّجْنا (*prf. 1st p. plu. II.*): We wedded, gave in marriage or pair them. *Yuzawwiju* يُزَوِّج (*imp. 3rd p.m. sing. II.*): He conjoins, mixes. *Zuwwijat* زُوِّجَت (*pp. 3rd p. f. sing. II.*): Is paired, united. *Zaujun* زَوْج (*n.*): Wife; Husband; Pair; Kind. *Zaujân* زَوْجان *nom.* *Zaujain* زَوْجَين (*acc. n. dual*): Husband and wife; Two kinds; Pairs; Comrade; One of the pair, male or female. *Azwâj* ازواج (*n. plu.*): Wives, Husbands, Pairs; Kinds. (L; T; R; LL)

The root with its above forms has been used in the Holy Qur'ân about 81 times.

Zâda زَادَ
زَوْداً; يَزُود

To take provision.

Tazawwadû تَزَوَّدُوا (*prt. m. plu. V.*): They take provision (2:197). ***Zâd*** زاد (*n.*): Provision (2:197). (L; T; R; LL)

Zâra زَارَ

زِيَارَةَ؛ يَزُور

To visit. *Tazâwara* تزاوَر *Yatazâwaru* يتزاورُ: VI. To deviate. *Zawira* زَوِرَ, *Yazwaru* يزوَرُ: To falsify. *Zurtum* زرتُم: You visited. *Tazâwaru* تزاورُ: Deviates; Turns aside. *Zûr* زُور: Falsehood.

Zurtum زُرتُم (*prf. 2nd m. plu.*): You visited (102:2). ***Tazâwaru*** تزاورُ (*imp. 3rd p. f. VI.*): She deviates. ***Zûra*** زُورَ (*acc. n.*): ***Zûru*** زُورُ (*nom. n.*): Falsehood; False speech; False. (L; T; R; LL) The root with its above four forms has been used in the Holy Qur'ân 6 times.

Zâla زَالَ

زَولاً، زَوالاً؛ يَزُول

To cease; cease to be in a place, fall, perish, pass, decline, remove, retire, decline, go. *Zawâl* زوال: Decline. *'An Tazûlâ* عن تزُولا: Lest they should swerve away; Lest they fall.

Zâlatâ زالتا (*prf. 3rd p. f. dual.*): They twain swerve away, come to naught (35:41). ***Tazûla*** تزُولَ (*prf. 3rd p. f. sing.*): She swerves away, comes to naught (14:46). ***Tazûlâ*** تَزُولا : Swerve away; Come to naught. (35:41). ***Zawâl*** زوال (*v.n.*): Fall; Passing away (14:44). (L;T; R; LL)

Zâta زَاتَ

زَيتاً؛ يَزيت

To dress food with oil, anoint with oil, give oil. *Zait* زَيت: Olive oil; Any oil. *Zaitûn* زَيتُون: Olive; Olive tree. *Zaitun* زَيتُ: Symbolic of the era of Noah. About Noah we read, 'And the dove came unto him in the evening, and lo! in her mouth was an olive leaf plucked off. So Noah knew that the waters were abated from the earth.' (Gen, 8:11).

Zait زَيت (*n.*): Oil. ***Zaitûn*** زَيتُون (*n.*): Olive. ***Zaitûnatun*** زَيتُونة (*n. adj.*): Olive. (L; T; R; LL) The root with its above three forms has been used in the Holy Qur'ân 7 times.

Zâda زَادَ

زِيادةٌ ؛ يَزِيد

To increase, add, give in surprise, cause to increase, exceed in number, make an addition. *Ziyâdatun* زيادةٌ: Increase; Addition. *Mazîd* مزيد: Excession; Increase; Addition.

Izdâda ازادَ for Istazâda اِستزادَ VIII.: To increase, suffer an increase, increase by, augment. *Zaid* زَيد: Increase; Addition; Excess; More; Name of a companion of the Holy Prophet Ibn Hârithah whose wife Zainab he married after her divorce from Zaid. *Zaid* become one of the earliest believers in Islam. He belonged to the tribe of Kalb and was taken prisoner in childhood and sold as a slave. He was bought by Khadîjah's brother, who gave him over to his sister and she in her turn presented him to the Holy Prophet ﷺ, who, as was his want, liberated him. Zaid was so much attached to the Holy Prophet ﷺ that when the Holy Prophet ﷺ gave him the option of accompanying his father to his home or remaining with him Zaid chose the company of the Holy Prophet ﷺ. The Holy Prophet ﷺ did not adopt him as his son, but on account of his great attachment and love for the Holy Prophet ﷺ he was called by the son of Muhammed. Zainab was the daughter of the Holy Prophet's aunt Umaimah, who was the daughter of 'Abdul Muttalib. She too was one of the early Muslims. The Holy Prophet ﷺ proposed to her brother that she should be given in marriage to Zaid. Her parents were averse to this match, and only yielded under pressure from the Holy Prophet ﷺ. They both desired that the Holy Prophet ﷺ himself should marry Zainab. The marriage was, however, not a happy one. Zaid expressed a desire to the Holy Prophet ﷺ to divorce Zainab. The idea was grieving for the Holy Prophet ﷺ for it was he who had insisted upon this marriage. Zaid divorced Zainab. He concealed the cause of the failure of the marriage in his mind but according the the Holy Qur'ân the responsibility of the failure of marriage rested upon Zaid and not upon Zainab.The Holy Prophet ﷺ knew well that the marriage arranged by him proved unsuccessful, was morally bound to accept her as his wife and respect the wish of her family.

Zâda زَادَ (*prf. 3rd p.m. sing.*): He added, increased. ***Zâdat*** زَادَتْ (*prf. 3rd p. f. sing.*): She increased. ***Zâdû*** زَادُوا (*prf. 3rd. p.m. plu.*): They increased. ***Yazîdu*** يَزِيدُ (*imp. 3rd p.m. sing.*): He increases. ***Lam Yazid*** لم يَزِدْ (*imp. 3rd p.m. sing. juss.* The second radical *yâ* is dropped from *yazîdu* يَزِيدُ due to the juss. case.): He did not increase. ***Tazîdûna*** تَزِيدُونَ (*imp. 2 p.m. plu.*): You increase. ***Azîdanna*** أَزِيدَنَّ (*imp. 1st p. sing. ent.*): I will surely increase, will bestow more (favours). ***Nazîdu*** نزيدُ (*imp. 1st p. plu.*): We will increase, multiply (the reward). ***Zid*** زِدْ (*prt. m. sing.*): Increase; Prolong. ***Izdâdû*** ازدادُوا (*prf. 3rd p.m. plu. VIII.*): They got increased gradually; go on increasing, extended. ***Yazdâdu*** يَزدادُ (*imp. 3rd p.m. sing. VIII.*): Gets increased, will get increase. ***Tazdâdu*** تَزدادُ (*imp. 3rd p. f., sing. VIII.*): Get increase. ***Yazdâdû*** يزدادُوا (*imp. 3rd p.m. plu. VIII.*): They get increase, they add. ***Nazdâdu*** نزدادُ (*imp. 1st p. plu. VIII.*): We shall add. ***Ziyâdatun*** زيادةٌ (*v.n.*): Excess. ***Mazîdun*** مزيدٌ (*v. n.*): Increment; More. ***Zidnâ*** زدنا (*prt. 1st. p. m. plu.*) Increase for us. ***Azîdu*** أزيد (*imp. 1st p. sing.*): I shall add. ***Tazid*** تَزِد (*imp. 2nd. p. sing.*) Thou add. ***Nazid*** نَزِد (*imp. 1st. p. plu.*): We increase ***Yazîdanna*** يزيدن (*imp. 3rd. p. m. sing*): You (*m.*) add, increase. ***Yazîdu*** يزيد (*imp. 3rd. p. m. sing.*). You add, increase. ***Yazîdûna*** يَزيدون (*imp. 3rd. p. m. plu.*): You add, increas. ***Zaid*** زَيد (Proper name). (L;T; R; Râzî: LL)

The root with its above twenty four forms has been used in the Holy Qur'ân 62 times.

Zâgha زاغ

زَيغاً؛يزيغ

To be inclined downwards, turn aside, deviate, decline (sun), be troubled or dim (sight). *Zaigh* زَيغ: Perversity; Deviation; Redress; Declination; Doubt; Injustice. *Azâgha* ازاغ: To cause to deviate, render perverse.

Zâgha زاغ (*prf. 3rd p.m. sing.*): He turned aside, deviated. ***Zâghat*** زاغَت (*prf. 3rd p. f. sing.*): She turned aside, deviated. ***Azâgha*** ازَاغَا (*prf. 3rd p.m. sing. VI.*): He caused to turn aside, let (their heart) deviate. ***Zâghû*** زاغُوا (*prf. 3rd p.m. plu.*): They turned aside, deviated. ***Yazîghu*** يزيغُ (*imp. 3rd p.m. sing. VI.*): He causes to turn aside, to swerve. ***Man Yazigh*** من يزغ, the *yâ* is dropped due to the conditional sentence.): Whosoever turns aside, deviate. ***Zaigh*** زَيغ (*v. n.*): Deviation; Perversity. ***La Tuzigh*** لا تُزغ (*prt. 2nd p.m.*): Let not perverse. (L; T; R; LL)

The root with its above eight forms has been used in the Holy Qur'ân 9 times.

Zâla زال

زَيلاً؛ يَزال

To cease, discontinue. *Mâ Ziltu* ما زلتُ: I have not ceased. *Alladhî lam yazal wa lâ yazâlu* الّذِي لم يزل ولايزال: The always existing. When verb *Zâla* perf., *Yazâlu* imp. and *Yazalu* imp. juss. is used it is preceded by the negative particles *mâ, la* or *lam* and means that the action is still continuing.

Mâ Zâlat ما زالتْ (*prf. 3rd p. f. sing.*): She continued, remained. ***Mâ Ziltum*** ما زِلتم (*prf. 2nd m. plu.*): You continued, remained. ***Lâ Yazâlu*** لا يزال (*imp. 3rd p.m sing.*): He remains continually. ***Lâ Tazâlu*** لا تزال (*imp. 3rd p. f. sing.*): She will remain continually. ***La Yazâlûna*** لا يزالُون (*imp. 3rd p.m. plu.*): They will remain continually. ***Zayyalnâ*** زيّلنا *(prf. 1st. p. plu. II)*: We shall separate. ***Tazallû*** تزلّوا *(prf. 3rd. p. plu. V)*: They have left from there and had been separated. (L; T; R; LL)

The root with its above seven forms has been used in the Holy Qur'ân 10 times.

Zâna زَانَ

زَيناً ؛ يَزين

To adorn, deck. *Zînatun* زينةٌ: Ornament (as apparel or jewel); Pomp. *Zayyana* زيّن: II. To adorn, prepare, deck, make a thing appear pleasing. *Izzayyan* ازَيّن for *Tazayyan*: To be adorned.

Zayyana زَيّن (*prf. 3rd p.m. sing. II.*): He made to seem fair. ***Zayyannâ*** زيّنّا (*prf. 1st p. plu. II.*): We made someone seem fair, adorned. ***Uzayyinanna*** ازيّننّ (*imp. 1st p. sing.*): I will surely make fair-seeming. ***Zuyyina*** زُيّنَ (*pp. 3rd p.m. sing. II.*): He is made to seem fair. ***Izzayyanat*** ازّيّنت (*prf. 3rd p. f. sing. V.*): She became adorned, received excellent adornment, ornature. It is from *Tazayyanat* V. ***Zînat*** زِينت (*n.*): Illumination; Adornment. (L; T; R; LL)

The root with its above six forms has been used in the Holy Qur'ân 46 times.

Sîn

س S

It is the twelfth letter of the Arabic alphabet. Its equivalent in English is s. According to <u>*H*</u>*isâb Jummal* (mode of reckoning numbers by the letters of the alphabet) the value of *sîn* is 60. It is of the category of <u>*H*</u>*arûf al-Mahmûsa* حروف مهموسه.

Sîn س: An adverb prefixed to imperfect of the verbs to denote the meaning of future, as the imp. consists both of the present and future tense. It is considered as an abbreviation of *Saufa* سَوفَ. It is likewise used in conjunction with other prefixes as *Fâ*, as in 2:137. (L; T; LL)

Sa'ala سأل

مَسئَلة ، سُؤالا ؛ يَسئَل

To ask, interrogate, ask for, demand, pray, beg, question, enquire. *Sal* سَلْ and *Is'al* اِسْئَل are imperative verbs whose second radical is *hamzated* and frequently declined after the manner of concave. *Su'lun* سُؤل: Request; Petition. *Su'âlun* سُؤال: The act of asking etc. *Sâ'ilun* سائلٌ: One who asks etc.; Begger. *Mas'ûlun* مسئولٌ: That which is demanded or inquired into; Asked; Questioned; Responsible. *Tasâ'ala* تسئلَ VI.: To ask or make inquiries of one another. (L; T; R; LL)

Sa'ala سَئَلَ (*prf. 3rd p.m. sing.*): He asked, solicited, enquired, demanded. ***Sa'alta*** سَئلت (*prf. 2nd p.m. sing.*): Thou asked. ***Sa'alû*** سئلوا (*prf. 3rd p.m plu.*): They asked. ***Sa'altu*** سئلتُ (*prf. 1st p. sing.*): I asked. ***Sa'altum*** سَئلتم (*prf. 2nd p.m. plu.*): You asked. ***Yas'alu*** يسئلُ (*imp. 3rd p.m. sing.*): He asks, demands. ***Tas'alu*** تَسئَلُ (*imp. 2nd m. sing.*): Thou demand, ask, begets. ***As'alu*** اسئلُ (*imp. 1st p. sing.*): I ask, demand. ***Yas'alû /Yas'alûna*** يَسئلوا / يسئلون, (*acc. n./, nom. imp. 3rd p.m. plu.*): They demand. ***Li Yas'alû*** ليسئلوا: That they ask, claim. ***Tas'alû/ Tas'alûna*** تسئلوا / تَسئلون (*nom./ acc imp. 2nd p.m. plu.*): You demand, ask. ***Nas'alu*** نسئل (*imp. 1st p. plu.*): We demand, ask. ***Nas'alanna*** نسئلنّ (*imp. 1st p. plu. emp.*): We surely shall question. ***Sal*** سَلْ (*perate. m. sing.*): Ask. ***Is'al*** اِسْئل (*prt. 2nd p.m. sing.*): Thou ask. ***Is'alû*** اسئلوا (*prt. 2nd p.m. plu.*): You ask. ***Su'ila*** سُئلَ (*pp. 3rd p.m. sing.*): He is asked. ***Su'ilat*** سُئلت (*pp. 3rd p. f. sing.*): She is questioned about. ***Su'ilû*** سُئلوا (*pp. 3rd p.m. plu.*): They are asked. ***Yus'alu*** يُسئلُ (*pp. 3rd p.m. sing.*): He is/will be questioned. ***Yus'alunna*** يُسئلنّ (*pp. 3rd p.m. plu.*): Verily they shall be asked, questioned. ***Tus'alu*** تُسئَل (*pp. 2nd p.m. sing.*): Thou will be asked. ***Tus'alunna*** تُسئلنّ (*pp. 3rd p.m. plu.*): You certainly shall be asked, questioned. ***Yus'alûna*** يسئَلونَ (*pp. 3rd p.m. plu.*): They will be asked. ***Nus'alu*** نَسئلُ (*pp. 1st p. plu.*): We are/will be asked. ***Sâ'ilun*** سائلٌ (*act. pic. m. sing.*): Questioner; Solicitor; Begger; Who ask (for help). ***Sâilîna*** سائلين (*act. pic. m. plu.*): Questioners; Solicitor. ***Mas'ûlun*** مَسئُولٌ (*pact. pic. m. plu.*): One who is questioned. ***Mus'ûlûna*** مسئُولون (*pact. pic. m. plu.*): Those who are asked, questioned. ***Tasâ'alûna*** تسائلُون (It is *tatasâ'lûna* تتسائلون *imp. 2nd p.m. plu.*): You appeal to one another.

Yatasâ'lûna يتسائلون (*imp. 3rd p.m. plu. IV.*): They are asking one another. ***Li Yatasâ'alû*** ليتسائلون (*3rd p.m. plu.*): They might question one another. ***Suw'âl*** سؤال (*n.*): Questioning; Demanding. ***Saûlun*** سؤلٌ (*n. plu.*): Requests. What one prayed for.
The root with its above forms has been used in the Holy Qur'ân about 129 times. (L; T; R; LL)

Sa'ima سَئِمَ

سَأماً، سآمَةٌ؛ يَسئَام

To feel aversion, disclaim, dislike, scorn, weary, tire.

Yas'amu يَسئَمُ (*imp. 3rd p.m. sing.*): Grow weary (41:69). ***Yas'amûna*** يسئمُون (*imp. 3rd p.m. plu.*): They grow weary (41:38). ***Lâ Tas'amû*** لا تسئمُوا (*prt. neg. m. plu.*): Be not weary (2:282). (L; T; R; LL)

Sabâ' سبأ

Name of a city in Yaman (Arybiya) which is also known under the name of Ma'ârib. The bursting of the dyke of Ma'ârib and the destruction of the city by a flood are historical facts which happened in about the first century of the Christian era. This city finds mention in the Old Testament and in Greek, Roman and Arabic literature, especially in the South Arabian inscriptions. The Sabaeans were a highly prosperous and cultured people blessed with great abundance with all the comforts and amenities of life available at that time. They made their lands fertile with dams and other irrigation systems. Sabâ' was also the name of the great grandson of Qahtân (Joctan). The culture of the Sabaens was mostly sematic. At that time several waves of sematic emigrants entered into this land from the northern parts of the Arabian peninsula. They used to worship sun and other heavenly bodies. They should not be confounded with Sabians who have been mentioned in verses 2:62; 5:69; 22:17. The power and glory of Saba' was at its height in about 1100 B.C. during the period of the Queen's Sheba's rule which ended about 950 B.C. when she submitted to Solomon. (L; T; R; Enc. Brit. LL)

Sabba سَبّ

مَسبّة ، سَبّا ؛يَسُبّ

To revile, defame, cut, wound, insult, slander, abuse, curse, hamstring, pierce.

Yasubbû يسُبّوا (*imp. 3rd p.m.*

plu. assim.): They revile (6:108). ***La Tasubbû*** لا تسبوا (*prt. neg. m. plu.*): Do not revile (6:108). (L; T; R; LL)

Sabbaba سبّب
اسبابا; يَسبب

To find the means of, occasion a thing, seek a living, be the cause of, use a thing as means for. *Sabab* سبّب plu. *Asbâb* اسباب: Rope; Cause; Occasion; Way, Means; Road; Account; Love; Relationship.

Sababun سَبَب (*n.*): Means; Way. ***Asbâb*** اسباب (*n. plu.*): Means; Ways; Causes; Reasons. (L; T; R; LL)

The root with its above two forms has been used in The Holy Qur'ân about 9 times.

Sabata سَبَت
سَبتا ؛ يَسبت

To take rest, cease from work, repose, keep the Sabbath, be confused, cut, stop, sleep, unfold, enter upon Saturday (Sabbath-day). *Sabtun* سبّت : Sabbath-day; Saturday; Week; Addicted to sleep. Subât: Rest; Lethargic slumber.

Yasbitûna يسبتون (*imp. 3rd p.m. plu.*): They observe the Sabbath. ***Sabata*** سبَت (*v. n.*): The day of keeping Sabbath. ***Sabt*** سبت (*n.*): The Holy weekend of the Jews, Saturday. ***Subâtun*** سبات (*acc. n.*): Repose; Short rest. (L; T; R; LL)

The root with its above three forms has been used in The Holy Qur'ân about 9 times.

Sabaha سَبَح
سَباحةً ، سَبحا ؛ يَسبَح

To swim, roll onwards, perform a daily course, float. *Sabhun* سَبح, *Sabhan* سَبحا: The act of swimming etc., Chain of business. *Sâbihât* سابحات: Those who are floating etc. *Sabbaha* سَبّح: To praise, glorify, hollow, magnify, sing praise, celebrate praise. *Subhân Allâh* سبحان الله: Holy is Allâh; Glory be to Allâh; Hallowed be Allâh; Praise to Allâh. *Tasbîh* تسبيح: The act of praise. *Musabbihun* مسبّح: One who celebrate praises. Whereas *Tasbîh* تسبيح: is used with regard to God's attributes, *Taqdî*s تقديس (extorting His holiness) is used concerning His actions. The significance of *Tasbîh* is that God is free from all imperfections. It conveys further the sense of ascribing the positive attributes of Holiness.

Yasbahûn يسبحون (*imp. 3rd m. plu.*): They swim, are gliding along smoothly, are floating, going rapidly. ***Sabhun/Sabhan*** سَبحاً / سَبحٌ (*nom/acc v. n.*):

Gliding; Change of business; Engagements; Occupation. ***Sabbaha*** سَبَّحَ (*prf. 3rd p.m. sing. II.*): He hallowed, declares the glory. ***Sabbahû*** سَبَّحوا (*prf. 3rd p.m. plu. II.*): They proclaim the glory. ***Yusabihu*** يسبّح (*imp. 3rd p.m. sing. II.*): It glorifies. ***Tusabbihu*** تسبّح (*imp. 3rd. p.f. sing. II.*): She glorifies. ***Yusabbihûna*** يسبّحون (*imp. 3rd p.m. plu. II.*): They glorify. ***Yusabbihna*** يسبحن (*imp. 3rd p. f. plu.*): They *f.* glorify. ***Tusabbihûna*** تسبّحون (*imp. 2nd p.m. plu.*): You glorify. ***Tusabbihû*** تسبّحوا (*imp. 2nd. p.m. plu. II. acc.*): You glorify. ***Nusabbihu*** نسبّح (*imp. 1st p. plu. II.*): We glorify. ***Sabbih*** سبّح (*prt. m. sing. II.*): Thou glorify. ***Sabbihû*** سبّحوا (*prt. m. plu. II.*): You glorify. ***Tasbîh*** تسبيح (*v. n. II.*): Glorifying. ***Musabbihûna/ Musabbihîna*** مسبّحون / مسبّحين (*nom./acc. ap-der. m. plu.*): Those who glorify. ***Subhâna*** سبحان (*n.*): Glory be to. It always occurs in The Holy Qur'ân, before Allâh as pronominal or relative pronoun referring to Him. ***Sâbihât*** سٰبِحٰت (*act. pic. f. plu.*): Those who glide swimmingly, who go forth in the pursuit of their quest, who are eloquent and powerful speaker, who earn their own sustenance and are not burden on others. (L; T; R; LL)

The root with its above forms has been used in The Holy Qur'ân about 92 times.

Sabita سَبَطَ / Sabota سَبُطَ

سَبطًا ، سُبوطَة، سَبَاطَة ، سُبوطا

يَسبَط ، يَسبُط

To be lank (hair), loose, have branches. *Sibtun* سبط plu. *Asbât* أسباط: Tree having many branches; Grandson; Tribes; Jewish tribe or children of Jacob or twelve tribes of Jacob (Israel) named after the twelve sons of Jacob- Reuben, Simeon, Levi, Judah, Issachar, Zebulun; Joseph, Benjamin; Dan, Naphtali; Gad and Asher (Gen. 35:23-26, 49:28). *Sibt* سبط Signifies the idea of length and extensiveness. A grandson is called *Sibt* سبط because his birth signifies increase of progeny. In a still wider sense the word signify progeny generally.

Asbâtu أسباط (*gen.*) ***Asbâtan*** أسباطا (*acc. n. plu.*): Tribes; Children of the Prophet Jacob. (2:136,140; 3:84; 4:163; 7:160). (L; T; R; LL)

Saba'a سَبَعَ

سَبعا ؛ يَسبَع

To make a number up to seven, be the seventh of, devour, kill, bite. *Sab'atun* سَبعة (f.) *Sab'un*

سَبّع (*m.*): Seven *Sub'un* سبّع *plu. Sibâ'un* سِباًع: Beast; Bird of prey. *Sab'ûn* سبّع *no m. Sab'îna* سَبعين *acc.*: Seventy. The words *Sab'a* سَبَع and *Sab'în* سبع which signify the number seven and seventeen are also used in a vague manner, as meaning seven or more and seventeen or more or several or many. The Arabic equivalents of the numbers seven, seventy and seven hundred are all used to indicate a large number by the Arabs and for multiplicity, not indicating exactness in number.

Sab'un سَبَع / ***Sab'an*** سبعا (*nom./ acc*): Seventy. ***Sab'atun*** سبعة: Seven; Large number. ***Sabu'u*** سبعٌ: Wild beast. Its pl. is *Sibâ'* سِباًع. and *Sab'îna* سبعين .(L; T; R; LL)

The root with its above forms has been used in The Holy Qur'ân about 28 times.

Sabagha سَبَغ

سُبُوغا ؛ يَسبَغ

To be full, abundant, extend, complete. *Asbagha* أسبغ: To complete, enlarge. *Sâbighun* سا بغ *plu. Sâbighâtun* سابغات: Complete; Copious; Ample (coat of mail); Full; Without deficiency; Long.

Asbagha أسبغ (*prf. 3rd p.m. sing. IV.*): He has lavished, completed. (31:20). ***Sâbighât*** سابغات (*act. pic. f. plu.*): Complete; Full length coats of mail (to cover the whole body). This word applies to a thing of any kind complete, full, ample, or without deficiency and long. (34:11). (L; T; R; LL)

Sabaqa سَبَق

سَبقا ؛ يَسبُق

To be in advance, go before, pass before, surpass, get the better of, get in advance, precede, overtake, come first to the goal, outstrip, overcome, go forth previously, escape, go speedily, go first, strive, prevent. *Sabqun* سَبق: The act of advancing, etc. *Sâbiqun* سابقٌ: One who precedes or outstrips in race; Foremost. Its plu. is *Sâbiqûn* سابقون: In 56:10 we find the word *Sâbiqûn* سابقون repeated, this is to give force and dignity and to indicate that they are the leaders on earth and in Heaven and also to show that those that are foremost in faith are by all means the foremost in the hereafter. No doubt those who having been the first to embrace Islam had to make greater sacrifices and were foremost in doing good are foremost in reaping their reward but as in 56:14, there are others, though a few, who will hail from the later ones. *Masbûq* مسبوق: One who is surpassed or beaten or is out run in a race. *Sâbaqa* سابَق : To strive, excel or reach before another, try to precede, outstrip, surpass, vie with one another. *Istabaqa* إستبق: To strive one with another in a race, strive to reach a goal. *Istabqu* إستبق: To race, strive.

Sabaqa سَبق (*prf. 3rd p.m. sing.*): He had gone before; had prior decree, had already gone forth. ***Sabaqat*** سبقت (*prf. 3rd p. f. sing.*): She preceded, had gone before. ***Sabaqû*** سبقوا (*prf. 3rd p.m. plu.*): They had gone forth, have escaped, have outstripped (us). ***Tasbiqu*** تسبق (*imp. 3rd p. f. sing.*): She precedes, takes precedence, outstrips. ***Subqan*** سبقا (*v.n. acc.*): Going speedily; Greatly excelling others. ***Sâbiqun*** سَابق (*act. pic. m. sing.*): One who goes ahead, who is foremost. ***Sâbiqûna/ Sâbiqîna*** سابقون / سابقين (*nom. acc./ act. pic. m. plu.*): Those who go first; Foremost. ***Sâbiqât*** سابقات (*act. pic. f. plu.*): Those *f.* who go first; Foremost. ***Masbuqîn*** مسبوقين (*pct. pic. m. plu. acc.*) Those who are out-run, sloped from. ***Sâbiqû*** سابقوا (*prt. m. plu. III.*): Hasten; Advance quickly outstripping one another; Vie with another. ***Istabaqâ*** إستبقا (*prf. 3rd p.m. dual. VIII.*): The twain raced. ***Istabaqû*** إستبقوا (*prf. 3rd p.m. plu. VIII.*): They raced; strived. ***Nastabiqu*** نستبَق (*imp. 1st p. plu. VIII.*): We strive in race, way forth racing one with another. ***Istabiqû*** إستبقوا (*prt. m. plu. VIII.*): You strive, vie one with another. (L; T; R: LL)

The root with its above forms has been used in The Holy Qur'ân about 37 times.

Sabîl سبيل

Cause; Reason; Wáy; Path; Road; Necessity; Means of access; Responsibility; Method; Manner; Plea to allege. *Fî Sabîl Allâh* في سبيل الله: In the way of Allâh; In the cause of Allâh. To carry the message of Allâh at the point of the sword is no more than a myth. *Ibn al-Sabîl* إبن السبيل: Traveller; Way farer; Forlorn traveller.

Sabîlun سبيل ***/Sabîlan*** سبيلاً (*n./ acc.*): Path; Way; Method; Direction of the path. ***Subulun/ Subulan*** سُبل / سُبلاً (*n. nom./ acc. plu.*): Ways. Paths. (L; T; R: LL)

The root with its above four forms has been used in The Holy Qur'ân about 175 times.

Sittatun ستّة / Sittun ستّ

Six. *Sittûn* ستّون */Sittîn* ستين: Sixty.

Sittatun ستّة (*f.*): Six. ***Sittun*** ستّ (*m.*): Six. ***Sittîn*** ستين (*nom/acc.*): Sixty. (L; T; R; LL)
The root with its above two forms has been used in The Holy Qur'ân about 8 times.

Satara سَتَرِ
سَترا ؛ يَستِر

To cover, veil, conceal. Sitrun ستّر: Veil; Covering; Curtain; Screen; Modesty. *Mastûr* مستور: Covered one. *Istatara* إستر : VIII. To hide one's self.

Tastatirûna تستترون (*imp. 2nd p.m. plu. VIII.*): You cover your self, hide yourself (41:22). ***Sitrun*** ستّر(*n.*): Cover; Veil; Shelter (18:90). ***Mastûrun*** مستور (*pact. pic. m. sing.*): Covered one; Screen (17:45). (L; T; R; LL)

Sajada سَجَدِ
سَجُودا ؛ يَسجُد

To bow down, be lowly, lower the head, worship, prostrate, adore, be humble, submit one's self, bow down in adoration with the forehead and nose touching the ground, be submissive, make obeisance. *Sajadatum* سجدة: Obeisance, Prostration; etc. *Sâjidun* ساجد : One who make obeisance, etc. *Masjidun* مسجد Place of worship; Mosque.

Sajada سَجَدَ(*prf. 3rd p.m. sing.*): He prostrates himself, submitted. ***Sajadû*** سَجَدوا (*prf. 3rd p.m. plu.*) They submitted, prostrated. ***Yasjuda*** يَسُجد (*imp. 3rd. p.m. sing.*): He makes obeisance, submits. ***Tasjuda*** تسجَد (*imp. 2nd. p.m. sing. acc.*): (That) Thou submit. ***Asjuda*** أسجد (*imp. 1st. p. sing.*): I submit. ***Yasjudân*** يَسُجدان (*imp. 3rd. p.m. dual.*): The twain made obeisance, made submission. ***Yasjudûna*** يَسُجدون (*imp. 3rd. m. p. plu.*): They submit, prostrate themselves, adorn. ***Yasjudû*** يَسُجدوا (*imp. 3rd. p.m. plu. acc.*): They adore, worship. ***Nasjudu*** نَسجدُ (*imp. 1st. p. plu.*): We shall prostrate. ***Usjud*** أسجد(*prt. m. sing.*): Thou prostrate thyself. ***Usjudî*** أسجدي (*prt. f. sing.*): Thou *f.* prostrate thyself. ***Usjudû*** أسجدوا (*prt. m. plu.*): You all prostrate yourselves, make obeisance. ***Sujûd*** سجود (*v. n. plu.*): Prostrations, Obeisances; Those who prostrate themselves (when it is *plu.* of Sâjidun): ***Sâjidun*** ساجد(*act. pic. m. sing.*): One who prostrates himself. ***Sâjidûn/Sâjidîn*** ساجدين /ساجدون (*nom./acc. act. pic. m. plu.*): Those who prostrate themselves. ***Sujjadan*** سجدا (*act. pic. m. plu. acc.*): Submissively. ***Masjidun*** مسجد (*n.* of place.): Mosque; Place of prostrating; Place of worship. ***Masâjid*** مساجد (*n. plu.*): Mosques. ***Masjid al-Aqsâ***

مسجدالاقصٰى Distant Mosque; Remote Mosque (Prophet Solomon's Temple at Jerusalem or The Holy Prophet's Mosque at Medînah.) ***Masjid al-Harâm*** مسجد الحرام Inviolable House of Worship; Holy Mosque at Makkah; The House of Allâh; Ka'baa. (L; T; R; LL)
The root with its above forms has been used in The Holy Qur'ân about 92 times.

Sajara سَجَر

سُجُور ، سَجر؛ يَسجُر

To fill (oven) with fuel, heat, burn, fill (with water), stock, groan, pour forth, overflow; drain away, swell, unite. *Masjûr* مسجور: Dry; Empty; Swollen etc. *Sajjara* سَجّر: To become dry, empty etc.

Yusjarûna يسجرون (*pip. 3rd. p.m. plu.*): They will be burnt (40:72). ***Masjûr*** مسجور (*pct.pic. m. sing.*) Overflowing; Dry; Empty (52:6). ***Sujjirat*** سُجرت (*pp. 3rd. p. f. sing. II.*): Is filled, drained away (81:6). (L; T; R; LL)

Sajala سَجَلِ

سَجَلا؛ يَسجُل

To pour out, spill (liquid), write a paper or a scroll, decide judicially. *Sijil* سِجل: Written scroll; Writing-roll; Deed; Writ; Judicial record; Scribe. *Sijjil* سّجل: Hardened and petrified clay; Stones of clay which had been written or decreed for them that they should be punished therewith, Scroll of writing; Scribe.

Sijill سجل (*n.*): (21:104). ***Sijjîl*** سجيل (*n.*): (11:82; 15:74; 105:4). (L; T; R; LL)

Sajana سَجَنِ

سَجنا ؛ يَسجُن

To imprison, restrain, conceal, register. *Masjûn* مسجون: Imprisoned. *Sijn* سجن : Prison; Written book; Register; Record; Register in which the actions of the wicked are recorded. It is wrongly considered by some writers that the word Sijjin is a non-Arabic word but in reality as is mentioned by such eminent authorities as Zajjaj, Farrâ', Abû 'Ubaidah and Mubarrad, it is an Arabic word derived from *Sijn* سجن. The word also means, anything hard, vehement, severe, continuous.

Yusjana يُسجَن (*pip. 3rd. p.m. sing.* acc.): He be imprisoned. ***Yusjanana*** يسجَنَنّ (*pip. 3rd. p.m. sing. imp.*): He shall certainly be imprisoned. ***Yasjununna*** يَسجنُنّ (*pip. 3rd. p.m. sing. emp.*): He surely be imprisoned. ***Sijnun*** سجن (*n.*):

Prison. ***Masjûnîn*** مَسجونين (*pact. pic. m. plu.*): Prisoners. Its sing. is *Masjûn* مَسجون. ***Sijjîn*** سجّين (*n.*): Register of prison; Prison; Record which preserves the deeds of the evil doers; deeds which keep faculties for the doing of good shut up as if in a prison. (L; T; R; LL)
The root with its above forms has been used in The Holy Qur'ân about 12 times.

Saja سَجَى
سَجوا ؛ يَسجُوا

To be calm, quiet and still, be covered or spread out with darkness.

Sajâ سَجَى (*prf. 3rd. p.m. sing.*) Darkness; Becomes still. (93:2) (L; T; R; LL)

Sahaba سَحَبَ
سَحبًا ؛ يَسحَبُ

To drag, trail, drag along the ground. *Sahâb* سحاب: Cloud. When used as a collective noun: Clouds.

Yashabûn يسحبون (*pip. 3rd. p.m. plu.*): Thou are dragged. ***Sahâbun/Sahaban*** سحابٌ/ سحاباً (*nom./ acc. n.*): Cloud. (L; T; R; LL)

The root with its above three forms has been used in The Holy Qur'ân about 11 times.

Sahata سَحَتَ
سَحتًا ؛ يسحُتُ

To gain what is unlawful, destroy utterly, eradicate, extirpate; make unlawful profit, doing of anything that leads to destruction, devour that is forbidden, gain anything that is prohibited; take bribe. *Suhtun* سحت: Thing forbidden; Unlawful trade; Bribe; That which is foul and of bad repute; anything paltry, mean and inconsiderable.

Yushitu يسحت (*imp. 3rd. p.m. sing. IV. acc.*): He shall destroy utterly. ***Suht*** سحت (*n.*): Thing forbidden; Unlawful. (L; T; R; LL)
The root with its above two forms has been used in The Holy Qur'ân about 4 times.

Sahara سَحَرَ
Suhura سحُر/Sahira سحِرَ
سِحرا ؛ يَسحَر

To gild, fascinate, bewitch, wheedle, turn anyone from enchant, practice sorcery, hoax, involve in trouble, deprive of understanding. *Sihr* سِحر: Witchcraft; Sorcery; Eloquence; Seduction; Falsehood; Deception; Turning of a thing from its proper manner to another manner; Anything the source of which is not quite visible; Showing off falsehood in the form of truth; Crafty device; Mischief; Mesmerism; Hypnotism. *Sâ<u>h</u>ir* ساحر *plu. Sâ<u>h</u>irûn* ساحرون and *Sâ<u>h</u>arâ* ساحَرا; Wizards; Fraud; Deluder; Man of vast knowledge. *Mas<u>h</u>ûr* مسحور: Bewitched; Feeded. *Si<u>h</u>rân*: Two magics, two magicians. *Mus<u>h</u>harun* مسّحر: Bewitched.

Sa<u>h</u>ira سِحَر: To rise or act at day break. *Sa<u>h</u>ar/Su<u>h</u>ar* سَحر سِحَر: plu. *As<u>h</u>âr* اسحار : Day break; End; Edge. Later part of the night; Core of the heart; Inner part of the heart; Heart.

Sa<u>h</u>arû سحروا (*prf. 3rd. p.m. plu.*): They enchanted, cast a spell. ***Tas<u>h</u>ara*** تَسحَر (*imp. 2nd. p.m. sing. acc.*): Thou enchant, cast a spell. ***Tus<u>h</u>arûna*** تسحرون (*pip. 2nd. p.m. sing.*): Ye are turned away, led away. ***Si<u>h</u>run*** سحر (*n.*): Intrigue; Hoax; Device; Spell; Enchantment; Deception; Sorcery; Skillful eloquence; Witchcraft; Fraud; Illusion; Magic; Trickstery. ***Si<u>h</u>rân*** سِحران (*n. dual.*): Two magicians. ***Sâ<u>h</u>irun*** ساحِر (*act. pic. n. sing.*): Magician; Thing of which the origin is subtle; Corruption; Falsehood. ***Sâ<u>h</u>irûna*** ساحرون (*act. pic. m. plu*): Magicians. ***Sâ<u>h</u>irâni*** ساحِران (*act. pic. m. dual.*): Two magicians. ***Saha-ratun*** سحرة (*act. pic. m. plu.*): Magicians. ***Sa<u>hh</u>âr*** سحّار (*ints.*): Big magician. ***Mas<u>h</u>ûr*** مسحور (*pct. pic. m. sing.*): Enchanted; Defrauded; Deprived of reason; Under spell; Victim of deception; Who is given food. ***Mas<u>h</u>urûna*** / ***Mas<u>h</u>urîna*** مسحورون / مسحورين (*nom./acc. act. pic. m. plu. II.*): Enchanted ones. ***Musa<u>hh</u>arin*** مسحّر (*pis. pic. m. plu. II.*): Bewitched one; Under Spell; Who are dependent on being given food. ***Sa<u>h</u>arun*** سَحر (*n.*): Early dawn; In the last watch of the night. ***As<u>h</u>âr*** اسحار (*n. plu.* of *Sa<u>h</u>ar*): Early dawn. (L; T; R; LL; Râzî)

The root with its above forms has been used in The Holy Qur'ân about 63 times.

Sa<u>h</u>iqa سَحِق

سَحقا؛ يَسحُقُ ، يَسحَقُ

To be distant, far removed (from good). *Sa<u>h</u>îq* سحيق: Far off place; Distant and remote place; Deep place. *Sa<u>h</u>aqa* سحق: To pound, crush, sweep (the earth), wind, wear out, destroy. *Su<u>h</u>qan* سُحقا: Be far away; Far removed (from God's mercy); Cursed be. *Is<u>h</u>âq* إسحٰق : The second son of Abraham by his wife Sarah. He was the father of Jacob, alias Isreal, the great progenitor of the Isralites. He was a Prophet. He is known in the circle of Jews and Christians the second Patriarch. The root of this word is not *sa<u>h</u>aq* but *<u>dz</u>a<u>h</u>aq*.

Sa<u>h</u>îqun سحيق (*act. 2nd pic. m. sing.*): Deep place, far away. (22:31). ***Su<u>h</u>qan*** سحقا (*v. n.*) (67:11) Deep very far off remote place; Be far away far removed (from God's mercy). ***Is<u>h</u>âq*** إسٰحق (proper name; see *<u>dh</u>a<u>h</u>aq*): Isaac. (L; T; R; LL)

The root with it above two forms has been used in The Holy Qur'ân about 19 times.

Sa<u>h</u>ala سَحَلِ

سَحلاً ؛ يَسحَل

To come to the seashore. *Sâ<u>h</u>ilun*ساحل: Seashore; Seacoast; Bank of a river.

Sâ<u>h</u>il ساحل (*act. pic. m. sing.*): (20:39). (L; T; R; LL)

Sak<u>h</u>ira سخِر

سُخرَة ، سخراً ؛ يَسخَر

To mock, laugh at, make fun of, scoff at, ridicule, look down, deride, laugh scornfully or rudely, taunt, pay back the mockery or derision, jeer. *Sâk<u>h</u>ir*ساخر: One who turns to look down, etc. *Sik<u>h</u>riyyun* سخريّ: Jeer, ridicule. *Istask<u>h</u>ara* إستسخر: *(X)*. To turn anything to ridicule, etc. *plu. Sâk<u>h</u>irîn* ساخرين. *Sik<u>h</u>riyya* سخرّي: Laughingstock, etc.

Sak<u>h</u>ira سخَرَ (*prf. 3rd.p.m.sing.*): He looked down, scoffed at. ***Sak<u>h</u>irû*** سخروا (*prf. 3rd. p.m. plu.*): They looked down. ***Lâ Yask<u>h</u>ar*** لا يسخر (*imp. neg. 3rd. p.m. sing.*): He should not look down. ***Yask<u>h</u>arûna*** يسخرون (*imp. 3rd. p.m. plu.*): They look down. ***Task<u>h</u>aru*** تسخر (*imp. 2nd. p.m. sing.*): Thou look down. ***Task<u>h</u>arûna*** تسخرون (*imp. 2nd. p.m. plu.*): You look down. ***Task<u>h</u>arû*** تسخروا (*imp. 2nd. p.m. plu. acc.*): You look down. ***Nask<u>h</u>ar*** نسخر (*imp. 1st. p. plu.*): We look down. ***Sâk<u>h</u>irîn*** ساخرين (*act. pic. m. plu. acc.*): Those who look down. ***Yastask<u>h</u>irûn*** يستسخرون (*imp. 3rd. p.m. plu.*): They seek to scoff, turn to look down. ***Sik<u>h</u>riyyan*** سخرياً (*v. n. acc.*): Looking down. Mockery. (L; T; R; LL)

The root with its above forms has been used in The Holy Qur'ân about 11 times.

Sak<u>hk</u>hara سَخّر

سَخّرياً ، سُخرياً ؛ يسخر

To compel to work without payment, make subservient, press into service, harness, bring under domination or control, subjugate, constrain anyone to forced work. *Suk<u>h</u>riyyan*سخرّياً: To take in service, make subservient.

Sakhkhara سخّر: To work without payment, serve. *Musakhkhar* مسخّر: Subservient; One subjugated, etc.

Sakhkhara سخّر (*prf. 3rd. p.m. sing. II.*): He made subservient. ***Sakhkharnâ*** سخّرنا (*prf. 1st. p. plu.*): We had subjected. ***Musakhkhar*** مسخّر (*pis. pic. m. sing. II.*): One subjugated; Subservient. ***Musakhkharât*** مسخّرات (*pis. pic. m. plu. II.*): Those who are made subservient. (L; T; R; LL)

The root with its above four forms has been used in The Holy Qur'ân about 26 times.

Sakhita سَخِطَ

سَخَطًا ؛ يَسخط

To be displeased. *Sakhtun* سخطٌ: Displeasure. *Askhata* اسخط: IV. To displease.

Sakhita سخِط (*prf. 3rd. p.m. sing.*): He became displeased (5:80). ***Yaskhatûna*** يَسخطون (*imp. 3rd. p.m. plu.*): They are enraged, feel offended (9:58). ***Askhata*** أسخط (*prf. 3rd. m. sing. IV.*): He angered. He called forth the displeasure (47:28). ***Sakhtun*** سخطٌ (*v.n.*): Displeasure (3:162). (L; T; R; LL)

Sadda سدّ

سدًّا ؛ يُسدّ

To make barrier, rampart, obstacle, bar, stop, close, obstruct, dam, shut.

Saddan سدًّا (*n. acc.*): Barrier (18:94, 36:9). ***Saddain*** سدّين (*n. dual, gen.*): Two barriers (18:93). (L; T; R; LL)

Sadida سَدِدَ

سدا ، سدادا ؛ يَسدد ، يَسدد

To be straight to the point, hit the right point, speak or act rightly, be well directed. *Sadîd* سديد: Right thing; True (word), Just.

Sadîdan سديدًا (*n. acc.*): Right thing (4:9; 33:70). (L; T; R; LL)

Sadira سِدر

سَدارة، سَدرًا ؛ يَسدَر

To rend (a garment), lose (one's hair), be dazzled by the heat, be dazzled by a thing at which one looked. *Sidratun* سدرة: Lote-tree. When the shade of lote-tree becomes dense and crowded it is very pleasant and in the hot and dry climate of Arabia the tired and fatigued travelers take shelter and find rest under it and thus it is made to serve as a parable for the shade of paradise and its blessings on account of the ampleness of its shadow. The qualification of *Sidrah* سدرة by the word *al-Muntahâ* (53:14,16) shows that it is a place beyond which human knowledge does not go. One of the explanations given by Kashshâf being 'The knowledge of angles and others ends there and no one knows what is beyond it. Hence the significance conveyed by the words is that the Holy Prophet's knowledge of Divine things was the utmost which could be vouchsafed to a human being.

Sidrun سدر(*n.plu.*): Nettle shrubs; Lot trees (34:16; 56:28). ***Sidratun*** سدرة(*n.*): Lote tree (53:14,16). (L; T; R; LL)

Sadasa سَدَسَ
سَدسا ؛ يسدُسُ

To take a sixth part, be the six, make up the number six, take a sixth part. *Sudus* سدس: One-sixth; sixth part.

Sudus سدس: One sixth (4:11,12). ***Sâdis*** سادس: Sixth (18:22; 58:7). (L; T; R; LL)

Sada سَدى
سَدًى ؛ يَسدَي

To forsake, leave off, overlook, neglect, pasture freely day and night without hinderance, waste, leave remainder of fodder, make obsolete, be disused, play (with children), forsake, be aimless, wander aimlessly. *Sudan* سدًى: Without purpose; Aimless; Of no avail; Forsaken; Useless; Neglected; Waste; Play; Uncontrolled.

Sudan سدًى: (*n. adj.*): (75:36) (L; T; R; LL)

Saraba سَرَبَ
سُروبًا ؛ يَسربُ

To go freely, flow, run, go manifestly. *Sâribun* سارب: One who goes about freely. *Sarâb* سراب : Plain of sand; Substance; Mound of loose sand; Optical illusion; Mirage; Nothing; *Lâ shai* لاشئ.

Sâribun سارب (*act. pic. m. sing.*) One who lurks. (13:10). ***Saraban*** سَربا(*acc. v.n.*): Burrowing (18:61). ***Sarâban*** سرابا (*gen. n.*): Plains of sand. (78:20). ***Sarâbin*** سراب(*gen. n.*): Mirage (24:39). (L; T; Râzî; R; LL)

Sarbala سَربَل

To clothe, put on the garment, be confused. *Sirbîl*سربيل: Shirt; Clothing; Breast plate; Garment; Coat of mail. *Sarâbîl* سرابيلplu.:

Sarâbîl سرابيل (*n.plu.*): Coat of mail. (16:81; 14:50). (L; T: LL)

Sarija سَرِجَ
سَرَجاً؛ يَسرَج

To shine, be beautiful. *Sirâj* سراج : Sun; Lamp.

Sirâjan سراجاً(*acc.n.*): Sun. (25:61; 33:46; 71:16; 78:13). (L; T; R; LL)

Sara**h**a سَرَح
سَرحًا ، سُرُوحًا ؛ يسرَح

To send, release, set free, drive to pasture (flock).

Tasrahûna تسرحون (*imp. 3rd. p.m. plu.*): You drive them out to pasture (in the morning). (16:6). ***Usarrih*** أسّرح (*imp. 1st. p. sing. II.*): I will allow to depart. ***Sarihû*** سَرحوا (*prt. m. plu. II.*): Send them away (freeing them). ***Sarâhan*** سَراحا (*v.n. acc.*): Setting free. ***Tasrîhun*** تسريح (*v. n. II.*): Setting free. (L; T; R; LL) The root with its above five forms has been used in The Holy Qur'ân about 7 times.

Sarada سرد
سِرادًا ؛ يَسرُد

To link, stich, perforate, pierce, coordinate the thread, continue, follow uninterruptedly, get the best of. *Sard* سَرد Coats of mail or their things.

Sard سرد (*n. plu.*): Coats of mail (34:11). (L; T; R; Râzî; LL)

Sardaqa سَردَق

To set a pavilion, cover with an awning, set upper story pavilion or housetop, shed or shed on courtyard. *Surâdiq* سَرادق: Enclosure; Courtyard; Pavilion; Canopy; Fume, Cloud of dust; Fog; Strong and firm enclosure. *Surâdiqât* سرادقات plu.

Surâdiq سرادق (*n*):. Enclosure. (18:29). (L; T; R; LL)

Sarra سّر
مَسَرّةً ، سُرورًا ؛ يسُرّ

To make glad, rejoice, be glad. *Sarrara* سرر : To gladden. *Tasarra* تسّر: To make delight. *Sarrâ* سّرٰى: Happiness. *Surûr* سرور: Joy; Rejoice; Joy which is felt in the breast; Inner joy; When it is manifest it is called *Hubûr* هبور. *Sarûr* سرور is noun and *Surrur* ijm is infinitive. *Masrûr* مسرور: Rejoiced. *Sârra* سأر: To speak secretly, divulge a secret, manifest a secret. *Sirr* سِّر: Its plu. is *Asrâr* أسرار and *Sarâir* سرائر: Secret; Heart; Conscience; Marriage; Origin; Choice part; Mystery. *Sirran* سّر: Secretly; In private. *Asarra* أسَّر: IV. To conceal, reveal or manifest. *Sarîr* سرير: Couch; Throne; plu. *Surur* سرر.

Tasurru تسّر (*imp. 3rd. p. f. sing. assim.*): She delights, pleases. ***Masrûran*** مسروراً (*prt. pic. m. sing. acc.*): Delighted; Joyfully. ***Surûran*** سرورا (*v.n.acc.*): Happiness (of mind). ***Sarrâ'*** سّرٰء (*n.*): Prosperity. ***Asarra*** أسّر (*prf. 3rd.*

p.m. sing. IV.): He concealed, hid (with *Ilâ*), confided. ***Asrartu*** أسررت (*prf. 1st. p. sing.*): I spoke in private. ***Asarrû*** أسّروا (*prf. 3rd. p.m. plu.*): They secretly harboured, hid. ***Yusirrûna*** يسّرون (*imp. 3rd. m. plu.*): They conceal. ***Tusirrûna*** تسّرون (*imp. 2nd. p.m. plu.*): You conceal. ***Asirrû*** أسّروا (*prt. m. plu.*): You conceal. ***Isrâran*** إسرار (*v. n. acc.*): In private. ***Sirran*** سِرّاً (*n. acc.*): In private. ***Sirru*** سِرّ (*n. nom.*): Secret. ***Sarâir*** سرائر (*n. plu.*): Secrets. ***Sururun*** سرر (*n. plu.*): Couches. Its sing. is *Sarîr* سرير. (L; T; R; LL)
The root with its above forms has been used in The Holy Qur'ân about 44 times.

Saru'a سَرُعَ

سَرعًا، سرعاً، سُرعَة ؛ يَسرُعُ

To hasten, be quick. *Sarî'un* سريع plu. *Sur'âun* سراع f. *Sarî'atun* سريعة: Quick; Swift; Prompt; Hastening. *Sirâ'an* سراعا: Suddenly; Hastily. *Asra'u* أسرع: Very Swift; Swiftest. *Sâra'a* سارع: III. To hasten emulously or in company with others, be or get before others, strive with one another,

Yusâri'ûn يسارعون (*imp. 3rd. p.m. plu. III.*): They vie one with another, are hastening with one another. ***Nusâri'u*** نسارع (*imp. 1st. p. plu. III.*): We vie one with another. ***Sâri'û*** سارعوا (*imp. 2nd. p.m. plu. III.*):You vie one with another. ***Sarî'un*** سريع (*act. 2nd. pic. m. sing.*): Swift, Quick. ***Sirâ'an*** سراعا (*v. n.III. acc.*): Rushing forth. ***Asra'u*** أسرع (*elative*): Swiftest. (L; T; R; LL)
The root with its above forms has been used in the Holy Qur'ân about 23 times.

Sarafa سَرَفِ

سَرَفا ؛ يَسرف

To eat away, excess, suckle (a child), be ignorant, be unmindful, be heedless, exceed the undue bounds or just limits, commit many faults, offences or crime and sins. *Sarafa al-ta'âma* سرف الطام: The food became cankered or eaten away *Asrafa* أسرف: To squander one's wealth, act immoderately, be prodigal, extravagant, exceed bounds, transgress. *Musrif* مسرف: Who is wasteful; Who waste his own self or destroys his moral or spiritual potentialities. The difference between *Badhdhara* بزّر and *Asrafa* أسرف is that *Badhdhara* بزّر does not relate to the quantity for which the Arabic word is *Asrafa* أسرف rather to the purpose of one's spending. When a person spends more in quantity than is actually needed it is *Isrâf* إسراف

Asrafa أسرف (*prf. 3rd. p.m. sing. IV.*): He trespassed (the boundary of law). ***Asrafû*** أسرفوا (*prf. 3rd. p.m. plu. IV.*): They committed transgress, extravagance. ***Lâ Yusrif*** لايسرف (*imp. neg. 3rd. p.m. sing.*): Not exceed the (prescribed) limits. ***Lam Yusrifû*** لم يسرفوا (*imp. 3rd. p.m. plu. juss.*): They were not extravagant. ***La Tusrifû*** لاتسرفوا (*prt. neg. m. plu.*): Be not extravagant. ***Isrâf*** إسراف (*v. n.*): Excesses. ***Musrif*** مسرف (*ap-der. IV.*): Extravagant; Who exceeds the bounds. ***Musrifîn*** مسرفين (*ap-der. m. plu.*): Extravagant persons. (L; T; R; LL)
The root with its above forms has been used in the Holy Qur'ân about 23 times.

Saraqa سَرَق
سَرَقة، سَرَقاً ؛ يسرق

To steal. *Sariqa* سَرِق :To be concealed. *Istaraqa* إسترق: To wish to steal. *Sâriqun* سارق: One who is addicted to theft; One who steals *f. Sâriqatun* سارقة.

Saraqa سرق (*prf. 3rd. p.m. sing.*): He has committed theft. ***Yasriqu*** يسرق (*prf. 3rd. p.m. sing. juss.*): He stole. ***Lâ Yasriqna*** لا يسرقن (*prf. neg. 3rd. p.f. plu.*): Should not steal. ***Al-Sâriqu*** السارق (*act. pic. m. sing.*): The man addicted to theft. ***Al-Sâriqatu*** السارقة (*act. pic. f. sing.*): The woman addicted to theft. ***Sâriqûn/ Sâriqîn*** سارقون / سارقين (*nom./ acc. n.*): Thieves. ***Istaraqa*** إسترق (*prf. 3rd. p.m. sing. VIII.*): He wishes to steal. (L; T; R; LL; Râzî)
The root with its above forms has been used in the Holy Qur'ân about 9 times.

Sarmad سرمد

Perpetual; Continuous; Long loud day or night. *Sarmadan* سرمدا: Perpetually continue. As indicated by Râzî its derivation is from *Sarada* سرد: To continue, follow uninterruptedly and *Sardun* سرد means consecutive. In it *Nûn* was added for exaggeration. So it is of Arabic origin.

Sarmadan سرمداً (*acc. n.*): Perpetually continuous. (28:71, 72). (L; T; R; LL)

Sara سَرَى
سُرِيَةً، سُرًى؛ يَسري

To travel during the night. *Asrâ* أسرٰى: To make anyone to travel by night, repair to an upland. *Sarât* سرات: Highest point; Summit. *Yasri* يَسرى for *Yasrî* يسري on account of a pause viz. *Waqf* at the end of the verse. To depart, pass. *Sariyyan* سرّيا: Rivulet; Fountain; Stream; Chief of the nation.

Yasri يَسرى (*imp. 3rd. p.m. sing.*): It departeth; moves on (to its close). ***Asri*** اسرى (*prt. m. sing.*): He departs, sets forth (from here). ***Asrâ*** أسرٰى (*prf. 3rd. p.m. sing. IV.*): He carried by night, made to travel by night. ***Sariyyan*** سرّيا (*n. acc.*): Rivulet; Chief of the nation. (L; T; R; LL)

The root with its above four forms has been used in the Holy Qur'ân about 8 times.

Sa<u>t</u>a<u>h</u>a سَطَح

سَطحاً؛ يَسطح

To spread out, level, expand, stretch.

Su<u>t</u>i<u>h</u>at سُطحت (*pip. 3rd. p. f. sing.*): It is spread out (88:20). (L; T; R; LL)

Sa<u>t</u>ara سَطِر

سَطرا؛ يَسطُر

To write, inscribe, draw, throw down, cut, cleave, manage the affairs, ward, exercise authority, oversee, prostrate, set in. *Mus<u>t</u>ûr* مسطور: Writen, *Mustat<u>i</u>r* مستطر: Written down. *Musai<u>t</u>ir* مَسيطر and *Mu<u>s</u>ai<u>t</u>ir* مستيطر: Warden; Manager; Stern and hard keeper. *Asâ<u>t</u>îr* أساطير: Fables; Stories; Lies; Fictions; Stories without foundation; Fables; Idle tales. Its sing. is *As<u>t</u>âr* أسطار, which is plu. of *Sa<u>t</u>ar* سطر and *As<u>t</u>uratun* اسطرة.

Yas<u>t</u>urûn يسطرون (*imp. 3rd. p.m. plu.*): They write. ***Mas<u>t</u>ûran/ Mas<u>t</u>ûrun*** مسطور / مسطورا (*pct. pic. m. sing. acc.*): Written down. ***Musta<u>t</u>ir*** مستطر (*pis. pic. VIII.*): Hath been written down. ***Musai<u>t</u>ir*** مسَيطر (*ap-der. m. sing. quad.*): Warden; Keeper. ***Musai<u>t</u>irûn*** مسيطرون (*ap-der. m. plu. quad.*): Keepers. In both the first radical *Sîn* is also written with *<u>S</u>âd*. ***Asâ<u>t</u>îr*** أساطير (*n. plu.*): Fables. (L; T; R; LL)

The root with its above forms has been used in the Holy Qur'ân about 16 times.

S<u>t</u>â سَطَا

سَطوَةً ، سَطواً؛ يَسطوا

To attack, assail, leap upon with violence.

Yas<u>t</u>ûna يسطون (*imp. 3rd. p. plu*). (22:72). They attack, assault. (L; T; R; LL)

Sa'ada سَعَد

سَعادَة ، سُعُوداً، سَعداً؛ يَسعُد

To be prosperous, blessed, happy, auspicious, thrive. *Sa'îd* سعيد: One who is blessed etc.

Su'idû سعدوا (*pp. 3rd. p.m. plu.*): Who are turn out fortunate

(11:108).***Sa'îdun*** سعيد(*act. 2nd. pic. m. sing.*): Blessed one (11:105). (L; T; R; LL)

Sa'ara سَعَرِ

سَعَراً ؛ يَسعر

To light or kindle a fire, provoke mischief. *Su'ira* سِعر: To be blasted. *Sa'îr* سعير : Fire; Blaze; Kindled fire; Heat; Burning fire; Hell; Flame. *Su'ur*: Madness; Insanity. When it is plu. of *Sa'îr* سعير: Flames and blaze of Hell.

Su''irat سُعّرت (*pp. 4. II.*): Is set ablazed. ***Sai'îr/Sai'îran*** سعيرا / سعير (*nom./acc. act. 2nd. pic.*): ***Su'ur*** سُعر (*n.*): All alone; Madness. When *plu*. of ***Sa'îr*** سَعير : Flaming fire. (L; T; R; LL) The root with its above three forms has been used in the Holy Qur'ân as many as 19 times.

Sa'a سَعَي

سَعيا ؛ يَسعَي

To strive, go quickly, exert, endeavour, hasten, act, run, be active, diligent. *Sa'yun* سعيٌ: The act of going quickly or hastily; Endeavour; Age of running or work and assist (child).

Sa'â سعىٰ (*prf. 3rd. p. m. sing.*): He runs about striving; He endeavoureth. ***Yas'â*** يسعىٰ (*imp. 3rd. p.m. sing.*): Runneth; Will advance swiftly. ***Sa'an*** سعا (*prf. 3rd. p.m. plu.*): They strive hard. ***Tas'â*** تسعىٰ (*imp. 3rd. p.m. sing.*): Runneth; Endeavoureth. ***Yas'auna*** يسعوْن (*imp. 3rd. p.m. plu.*): They strive hard. ***Sa'yan*** سعيا (*v.n. acc.*): Running; Age of running and working (for a child); Speeding swiftly; Striving; Efforts. (L; T; R; LL) The root with its above forms has been used in the Holy Qur'ân about 30 times.

Saghaba سَغَب

مَسغَبَةٌ ، سَغبا ؛ يَسغَب

To be hungry, suffer from hunger and want. *Masghabatun* مسغبة : Famine; Starvation, Hunger.

Masghabatun مَسغبة (*v.n.*): Famine, Privation to hunger. (90:14). (L; T; R; LL)

Safaha سَفَحِ

سُفوحا، سَفحا ؛ يَسفَح

To shed, flow, pour forth, spill. *Masfûhun* مسفوح: Poured forth. *Musafihun* مسافح : One who commits fornication or adultery, take unlawfully (women). *Saffaha* سفّح : To work without profit.

Masfûhan مسفوحا (*pct. pic. m. sing. acc.*): Poured forth (6:145). ***Musâfihîna*** مسافحين (*ap-der. v.p. plu. acc. gen.*): Those who pursue lust (4:24; 5:5) ***Musâfihat*** مسافحات (*ap-der. f. plu.*): Those women who pursue lust (4:25). (L; T; R; LL)

Safara سَفَرَ
سُفُورا ،سَفرا؛يَسفَر،يسفر،يَسفُر

To scribe, sweep, disperse, separate, depart, travel, set out on a journey, shine (dawn), subside, unveil, dispel (the clouds), write. *Safarun* سفر *plu. Asfârun* أسفار : Journey. It is also the *plu.* of *Sifrun* سفر: Large book. *Safaratun* سفرة plu. of *Sâfirun* سافر: A scribe *plu. Safaratun* سفرة. *Asfara* أسفر IV.: To shine, brighten (the dawn). *Musfirun* مُسفر: Beaming; Shining.

Safarun سفر (*n.*): Journey. ***Asfara*** أسفر (*prf. 3rd. p.m. sing. IV.*): It shineth. ***Musfiratun*** مُسفرة (*ap-der. f. sing.*): Beaming. ***Asfâr*** أسفار (*n. plu.*): Large books; Journals. ***Safaratun*** سفرة (*n. plu.f*): Scribes. (L; T; R; LL) The root with its above five forms has been used in the Holy Qur'ân about 12 times.

Safa'a سَفَعَ
سَفعا؛ يَسفَع

To drag, slap on, strike with the wings, (when fighting). *Nasfa'an* نَسفَعاً: We will drag. Here instead of the *Nûn* of the second energetic form of aorist the *tanween* of the *fatha* is used.

Nasfa'an نسفعاً (*acc. imp. 1st. p. plu.*): We shall drag (96:15). (L; T; R; LL)

Safaka سَفَكَ
سَفكا؛ يَسفِك

To shed, pour.

Lâ Tasfikûna لا تسفكون (*imp. neg. 2nd. p.m. plu.*): You shall not shed (2:84). ***Yasfiku*** يسفِك (*imp. 3rd. p.m. sing.*): He will shed (2:30). (L; T; R; LL)

Safala سَفَلَ
سَفُولاً، سفلاً؛ يسفُل، يَسفَل
سَفالا،

To be low, mean, despicable, vile, base, inferior. *Sâfil* سافل: One who is low, vile, object; Downward. *Asfal* أسفل *f. Suflâ* سفلى *comp.* form.: Very low, lower, lowest.

Sâfilun سافل (*act. pic. m. sing.*): Down. ***Asfala*** أسفل (*elative*): Lowest; Below. ***Sâfilîn*** سافلين (*act. pic. m. plu.*): Those who are low. ***Asfal*** أسفل (*n.* elative.): Lowest. ***Asfalîn*** أسفلين (*n.* elative. *plu.*): Most humiliated. ***Suflâ*** سفلى (*n.* elative *f. sing.*): Lowest. (L; T; R; LL)
The root with its above forms has been used in the Holy Qur'ân

about 10 times.

Safana سَفَن/Safina سِفِن
سَفْنا؛ يَسْفَن ، يَسْفُن

To sculpture, cut, hew, pare. *Safina'tun* سفينة: Boat; Ship, Bark, Ark as it cleaves, slits, tears the water.
Safînatun سفينة (*n.*): (18:71, 79; 29:15). (L; T; R; LL)

Safiha سَفِه/Safoha سُفِه
سَفْها، سَفاهَة، يَسْفهَ، يَسْفُه ،يَسْفه

To be foolish, light or witted, to become unwise, lose the mind, be imprudent, ignorant, deem anyone foolish, be stupid, destroy, deny miserably. *Safahâtan* سَفَاهَة: Levity; Want of judgment; Folly. *Safîhin* سَفِه: One who is foolish, light or witted; Fool; Silly; Ignorant; Fickle; plu. *Sufahâ'un* سُفَهَاء. *Safha* سَفه: According to some lexicologists when the word *Safih* سَفِه is used with the word. *Nafs* as its seeming object, as in 2:130 it does not actually become transitive as does the verb *Khasira*, so the expression *Safiha nafsahû* سَفِه نفسَه is either *Safiha fî nafsihî* سَفِه في نفسِه or *Safiha huwa nafsan* سَفِه هوَ نفساً and means either he is foolish, and he is fooling himself or his mind acts foolishly.
Safiha سَفِه (*prf. 3rd. p.m. sing.*):

He has befooled. *Safâhatun* سَفَاهَةٌ (*v. n.*): Folly. *Safahan*/*Safîhun* سَفَهاً/سَفِه (*act. 2nd. pic. m.sing.*): Foolish. *Sufahâ'* سُفَهَاءَ (*act. 2nd. pic. m. plu.*): Those who are foolish.
The root with its above five forms has been used in the Holy Qur'ân about 11 times.

Saqara سَقَر
سَقَرا ؛ يَسْقُر

To injure by heat, scorch. *Saqarun* سَقَر: Fire (of the battle); Fire (of the Hell); Anything that changes the nature of by melting it.
Saqar سَقَر (*n.*): Fire of war and Hell. (59:48; 74:26, 27, 42). (L; T; R; LL)

Saqata سَقَط
سُقُوطا؛ يَسقط

To fall down, collapse. *Suqita* سُقِط: Was made to fall. *Suqita fî aidîhum* سُقِط في أيديهم: They were smitten with remorse, grievously repented, regretted (7:147). *Sâqitun* ساقط: Falling. *Sa-qata fî yadihî* سَقَط في يدِه: He repented of what he has done; He grieved for and regretted an act of inadvertence done by him; He became confounded and perplexed and was unable to see his right course. The word *Saqata* سَقَط is intransitive but it is used in the 7:149 as if it were transitive such use is permissible.

Saqatû سَقطوا (*prf. 3rd. p.m. plu.*): They fell, have fallen. ***Suqita fi Aidihin*** سقط في أيديهم (*pp. 3rd. p.m. sing.*): They repented. ***Tasqutu*** تَسقط (*imp. 3rd. p. f. sing.*): It falls. ***Sâqitan*** ساقطا (*act. pic. m. sing. acc.*): One that is falling down. ***Tusqita*** تُسقِط (*imp. 3rd. p.m. sing.*): You cause to fall. ***Nusqita*** نُسقط (*imp. 1st. p. plu.*): We cause to fall, let fall down. ***Asqit*** أسقِط (*prt. m. sing. IV.*): Thou cause to fall. ***Tusâqit*** تساقط (*imp. 3rd. p. f. sing. IV.*): It will cause to fall. (L; T; R; LL) The root with its above forms has been used in the Holy Qur'ân about 8 times.

Saqafa سَقَفَ

سَقفا ؛ يسقُف ، يَسقف

To roof, or ceil (a house). *Saqfun* سَقفا plu. *Suqufun* سُقُفا: Roof; Ceiling.

Saqfu/Saqfan سَقف / سقفا (*nom./ acc.n.*): Roof (16:26; 52:15; 21:32). ***Suqufan*** سُقُفا (*n. plu.*): Roofs (43:33). (L; T; R; LL)

Saquma سَقُم

سُقماً ؛ يسقَم ، يَسقُم

To be ill, sick, weak, not well. *Saqîm* سقيم : Sick; Not well.

Saqîm سَقيم (*act. 2nd. pic. m. sing.*): (37:89,145). (L; T; R; LL)

Saqa سَقِيَ

سَقيا ؛ يَسقِي

To water, give to drink, irrigate. *Yusqâ* يُسقٰى: He shall be given to drink. *Siqâyatun* سقاية: The act of giving drink; Drinking cup. *Suqya*: (for *Suqyaya*, final *yâ* when preceded by *yâ* being changed into short *alif*): Watering; Giving the drink. *Asqâ* اسقٰى, IV.: To give drink. *Istasqâ* إستسقٰى: X. To ask for drink.

Saqâ سقٰى (*prf. 3rd. p.m. sing.*): He watered, gave to drink. ***Saqaita*** سَقيتَ (*prf. 2nd p.m. sing.*): Thou watered. ***Yasqî*** يَسقي (*imp. 3rd. p.m. sing.*): He will give to drink. ***La Tasqî*** لا تسقي (*imp. neg. 3rd. p. f. sing.*): She does not give water. ***Yasqûna*** يسقون (*imp. 3rd. p.m. plu.*): They water. ***Lâ Nasqî*** لا نسقي (*imp. neg. 1st. p. plu.*): We cannot water. ***Yasqîni*** يسقين (*imp. 3rd. p.m. sing.* comb. of *Yasqî + ni*): He gives me to drink. ***Suqû*** سقوا (*pp. 3rd. p.m. plu.*): They are given water to drink. ***Tusqâ*** تسقٰى (*pip. 3rd. p. f. sing.*): She shall be made to drink. ***Yusqauna*** يسقوْن (*pip. 3rd. p.m. plu.*): They shall be given to drink. ***Asqaina*** أسقَين (*prf. 1st. p. plu. IV.*): We provided water to drink. ***Nusqî*** نسقي (*imp. 1st. p. plu.*): We feed you, provide you to drink.

Istasqâ إستسقٰى (*prf. 3rd. p.m. sing. X.*): Prayed for water. ***Siqâyah*** سقاية (*n.*): Giving of drinks. Drinking cup. ***Suqyan*** سُقيا (*n.*): Giving the drink. (L; T; R; LL)
The root with its above forms has been used in the Holy Qur'ân about 25 times.

Sakaba سَكَب
سَكبا ؛ يسكب

To pour out. *Maskûb* مَسكوب Ever flowing; Poured forth; Falling from heights.

Maskûbin مَسكوب (*pact. pic. m. sing.*): (56:31). (L; T; R; LL)

Sakata سكَت
سَكتاً ؛ يسكُت

To be silent, appeased, abated.
Sakata سَكَت (*prf. 3rd. p.m. sing.*): He appeased (7:154). (L; T; R; LL)

Sakara سَكَر
سَكرا ؛يَسكر

To shut, dam (a stream) abolish, do away w1ith, abate be dim, dazzled, rage against, be confused of judgment, bewildered, be in a condition when there is a check, hindrance, bar, obstacle, obstruction, prevention, brake or stoppage between a person and his understanding and wits and he takes a wrong decision, become silly or blockhead, fail to understand, become cursed in intellect; lose one's wits (R; Basâir), rage against, become drunk. *Sakr*: Sugar; Wine; Any intoxicating thing. *Sakâra* سكرٰى sing. *Sukrâu* سكرأ: One intoxicated with drink, sleep, grief, fit of anger, great and sudden shock, fear and overpowered by any disturbing element which may distract one's attention or observe one's reason; Who is in any state of mental disequilibrium, who has no sense as he is in raptures of love, passion and amour. *Sakarât al-maut* الموت سكرة: Pangs and agonies of death. The poet says:

سكران سكرهوى وسكرمدامة
كيف يفيق فتى به سكران

He is intoxicated because of love and because of taking wine. How a young man can recover and feel relief who is intoxicated with two intoxications and inebriations.

Sukkarat سكّرت (*pp. 3rd. p. f. sing. II.*): He has been dazed. ***Sakaran*** سكرا (*n. acc.*): Intoxicant. ***Sakratun*** سكرة (*n.*): Agony; Stupor; Intoxication, Fit of frenzy. ***Sukârâ*** سكارٰى (*n. plu.*): Intoxicated; Not in full possession of senses; Drunk. (L; T; R; Asâs; Basâir; Miqyâs: Q; Ibn Jinnî; Misbâh Tahdhîb; LL)

The root with its above four forms has been used in the Holy Qur'ân as many as 7 times.

Sakana سكن
سُكوناً؛ يَسكن

To be quiet, rest, repose, dwell, lodge, inhabit, stop, still, subside. *Sakanun* سكن: Any means of tranquillity, rest etc. *Sâkinun* ساكن: That which remains calm, quiet, fixed, which was in motion. *Sakînat* سكينة: Tranquillity; Security. The Divine tranquillity; Mercy; Blessing; repose. It is probably the same as the Hebrew word *Schechinah*. *Masâkin* مساكن plu. of *Maskanun* مسكن. *Maskûn* مسكون: Inhabited. *Askana* اسكن: IV. To make to dwell; Cause to abide; To quiet. *Miskîn* مسكين sing. of *Masâkîn* مساكين: Poor; Humble; Submissive; Who cannot move to earn his livelihood because of his physical, mental or financial disability; Destitute; Weak; Penniless. One who is in a state of lowliness or submissiveness, abasement, or humiliation. He is more pitiable and deserves more to be helped than *Faqîr* فقير It also means poverty of mind, disgrace, evil state, weakness and wretchedness. (Shafiî; Malik: Abû Hanîfah, Ibn Sikkît, Ibn Anbêrî; Asmaia) *Sikkîn* سكين: Knife, as it is a cause of making still after slaughtering; Means of slaughter and then making anyone still and quiet

Sakana سكن (*prf. 3rd.p.m. sing.*): Exists. ***Sakantun*** سكنة (*prf. 3rd. p. m. plu.*): Ye dwell, occupied. ***Yaskuna*** يسكن : Find repose; Comfort. ***Taskunûna/Taskunû*** تسكنوا / تسكنون (*acc./imp. 2nd. p.m. plu.*): You take rest. ***Nuskinanna*** نسكنن (*imp. 1st. p. plu.*): We surely shall cause to dwell. ***Uskun*** أسكن (*prt. m. sing.*): Thou dwell. ***Uskunû*** أسكنوا: You dwell. ***Lam Tuskan*** لم تسكن (*imp. 3rd. p.m. sing. neg.*): They have not been inhabited; They have been little occupied. ***Askantu*** أسكنت (*imp. 1st. p. sing. IV.*): I have settled. ***Askanna*** أسكنّ (*imp. 1st. p. plu. IV.*): We lodged. ***Yuskinu*** يُسكن (*imp. 3rd. p.m. sing. juss. IV.*): He will cause to become still. ***Askinû*** أسكنوا (*prt. m. plu. IV.*): You lodge. ***Sâkinan*** ساكناً (*act. pic. m. sing. acc.*): Still. ***Sakanun*** سكن (*n.*): Solace. ***Skînatun*** سكينة (*n.*): Shechinah, Tranquillity. ***Sikkînun*** سكين (*n.*) Knife. ***Maskanun*** مسكن (*n.* Place.): Homeland. ***Masâkin*** مساكن (*n. plu.*): Homes. ***Maskûnatun*** مسكونة (*pct. pic. f.*

sing.): Residential; Inhabited. *Maskanatun* مسكنة (*v.n.*): Destitution. *Miskînun/Miskînan* مسكين/مسكينا (*nom./acc.n.*): Poor. *Masakîn* مساكين (*n. plu.*): Poors. *Li Yaskanû* ليسكنوا (*el. 3rd. m. plu. acc.*): That they may reside. (L; T; R; LL)

The root with its above forms has been used in the Holy Qur'ân about 69 times.

Salaba سَلَب
سَلْبًا، سَلْبًا؛ يَسْلُب

To snatch away, carry off, deprive. *Yaslubu* يَسْلُب: snatch, carry, deprive.

Yaslub يَسْلُب (*imp. 3rd. p.m. sing. juss.*): He snatches (32:73). (L; T; R; LL)

Salaha سَلَح
سَلْحًا؛ يَسْلَح

To arm anyone. *Aslihatun* أسلحة *plu.* of *Silâh* سلاح : Arms; Weapons.

Aslihatun أسلحة (*n. plu.*): (4:102). (L; T; R; LL)

Salakha سَلَخ
سَلْخًا؛ يَسْلَخ، يَسْلُخ

To flay, pluck off. *Insalakha* إنسلخ: Withdraw; Strip off; Expire.

Naslakhu نسلخ (*imp. 1st. p. plu.*):

We strip off (36:37). *Insalakh* إنسلخ (*prf. 3rd. p.m. sing. VII.*) He has expired, withdrew himself. (7:175; 9:5). (L; T; R; LL)

Salsabil سلسبيل

It is made up of two words. *Sal* سل (ask, enquire about) and *Sabîl* سبيل (way). *Salsala* سلسل: Easy; Sweet; Rapid flowing water; As if it meant 'Inquiring ask your Lord the way to that sweet, easy paiatable and rapid flowing fountain. It is the name of a fountain of heaven.

Salsabil سلسبيل (*n.*): Name of a fountain of paradise (76:18) (L; T; R; LL)

Salsala سَلْسَل

To join chainwise one thing to another, chain, join, connect, fetter with manacle. *Silsila* سلسل *plu. Salâsil* سلاسل: Chain manacle; Fetter.

Silsilatin سلسلة (*n.*): Chain. (69:32). *Salâsila* سلاسل (*n. plu.*): (40:71; 76:4) Chains. (L; T; R; LL)

Saluta سَلُط
سَلاطة؛ يَسْلُط

To be strong, hard, sharp, empower, prevail. *Sultân* سلطان: Authority; Plea; Argument; Power; Demonstration;

Convincing proof. *Sultâniyah* سلطانيه: It is a combination of *Sultân* سلطان (Authority) and *Ni* نِي (my). The final *Hâ* is called *Hâ al-waqf* or pause, for stress and emphasis. *Sallata* سلّط: To give power; Authority; Make victorious; Give mastery; Make one overcome.

Sallata سلّط (*prf. 3rd. p.m. sing. II*): Have surely given power. ***Yusallitu*** يسلّطُ (*imp. 3rd. p.m. sing. II*): He gives authority. ***Sultân*** سُلطان (*n.*): Authority. (L; T; R; LL)
The root with its above three forms has been used in the Holy Qur'ân about 39 times.

Salafa سَلَفَ
سُلوفا، سَلفًا ؛ يَسلف

To be past (event), outgo, proceed. *Salaf* سَلفْ *plu. Aslâf* اسلاف, *Sullâf* سلاّف): Predecessor; Ancestor. *Aslafa* اسلفَ: Sent in advance.

Salafa سَلَفَ (*prf. 3rd. p.m. sing*): He is past. ***Aslafat*** أسلفت (*prf. 3rd. p.f. sing. IV*): She had done in the past, sent before. ***Aslaftum*** أسلفتُم (*prf. 2nd. p.m. plu.*): You did in the past. ***Salafan*** سلفاً (*v.n. acc.*): Thing in the past. (L;T;R; LL)
The root with its above four forms has been used in the Holy Qur'ân about 8 times.

Salaqa سَلَقَ
سَلقًا ؛ يَسلُق

To hurt (by words), scold, boil, abuse, glay, lash, assail (tauntingly), smite.

Salaqû سَلقُوا (*prf. 3rd. n. plu.*) They lash, smite, slay (33:19). (L; T; R; LL).

Salaka سَلَكَ
سَلوكاً، سلكاً ؛يَسلك

To make a way, travel, thread a pathway, cause to go along (a way), insert, penetrate, walk, enter. *Salakna* سلكْنا: We have caused to enter.

Salaka سَلَكَ (*prf. 3rd. p.m. sing.*): He treaded, caused to flow, has brought, led. ***Salakna*** سلكْنا (*prf. 1st. p. plu.*): We caused to take root, made a way. ***Yasluku*** يسلُكُ (*imp. 3rd. p.m. sing.*): He orders to go, causes to go. ***Nasluku*** نَسلُك (*imp. 1st. p. plu.*): We cause to enter, make a way. ***Usluk*** أسلُك (*prt. m. sing.*): Make the way; Embark; Insert. ***Uslukî*** أسلُكي (*prt. f. sing.*): Follow. ***Úslukû*** أسلُكوا (*prt. m. plu.*): Bind; String. (L; T; R; LL)
The root with its above forms has been used in the Holy Qur'ân about 12 times.

Salla سَلّ

سَلّاً؛ يسُلّ

To draw out slowly, bring out, extract gently, steal. *Tasallala* تسلّلاً: To slip, sneak away stealthily, steal away covertly, steal away by concealing himself. *Sulâlatun* سُلالة: Extract; Essence; Pith.

Yatasallalûnan يتسلّلون (*imp. 3rd. p.m. plu. VI.*): They sneak away stealthily (24:63). ***Sulâlatun*** سُلالةٌ (*n.*): Extract (23:12; 32:8). (L; T; R; LL).

Salima سَلِمَ

سَلاماً، سَلامةً؛ يَسلَمَ

To be in sound condition, well, without a blemish, safe and sound. *Salâm* سلام: Safety; Security; Immunity; Freedom from fault or defects imperfection, blemish or vice; Peace; Obedience; Heaven. The word has a much wider meaning than merely abstinence from strife and involves prosperity, good health wholeness and completeness in every way. *Salâm* is also one of the names of Allâh. *Salmun* سَلمٌ: Peace. *Silmun* سِلمٌ: (comm. gender): Obedience to the doctrine of Islâm; Peace. Treaty of peace. *Istaslama* استسْلَمَ: To follow the right path. *Salimah* سَلِم : Gentle; Tender; Soft; Elegant; Graceful nice woman. *Salîm* سليم: Safe; Secure; Perfect; Sincere. *Salimun* سَلِمٌ: One who is Safe. *Sallama* سَلّمَ: To preserve, give salvation. *Sallimû* سَلِّمُوا: Salute; Say peace be upon you. *Musallamatun* مسلّمة: Handed over; Sound. *Aslama* اسلَمَ: To submit, resign one's self. Islâm اسلام: Peace; Way to peace; Submission. The only true religion which was professed by all the Prophets from Adam down to Mu<u>h</u>ammad. *Sulaimân* سليمان (diminitive form of *Salmân* سلمان): Name of the Prophet Solomon, son of David. *Sullamun* سُلّم: Stairway; Ladder; Stairs; Steps; Means by which one reaches the height and becomes immune to evil and secure.

Sulaimân سليمان (proper name): The second King of the united Judah-Israeli kingdom who succeeded his father David (934-922 B.C.). He was the fourth son born to him. The word means peace and prosperity. He married the daughter of Pharaoh and thus formed an alliance with Egypt. He maintained a fleet of ocean-going ships. Their voyages extend at least so far as South-western India even beyond to the Spice Islands in Indonesia. He spent 13 years in constructucting a splendid royal dwelling, and a Temple. Solomon's reputation for wisdom caused the authors of various works of wisdom literature to claim his name. Among these works are three Biblical Books, Proverbs, Song of Songs and Psalms. His seal was a six pointed star. There is no such Muslim tradition as pointed out by the Encyclopedia Britannica (1970) that once Solomon lost his magic ring that the rebel angel Sakhr obtained it and ruled as King for 40 days. The Hebrew title of the book Song of Songs mentions Solomon as its author, but several considerations make this improbable (Enc. Brit. 20:878). The language of the book seems to reflect to much later epoch. The Jews attributed Solomons glory to certain devilish crafts. But the Holy Qur'ân (2:102) has refuted this lie.

Islam اسلام: Name of the creed preached by the Holy Prophet Muhammad, peace be upon him. It has been the religion of all prophets in all times. Every one can embrace it by accepting the unity and soleness of God and that Muhammad is His Prophet. No one can turn him out of the pale of Islam as long as he accepted the above formula literally and in practice. It is a religion of peace, self-surrender, submission, resignation to the will, the service, the commands of God.

Sallama سَلَّمَ (*3rd. p.m. sing. II.*) He saved. ***Sallamtum*** سلّمتم (*prf. 3rd. p.m. plu.*): You hand over. ***Tusâllimû*** تُسالموا (*imp. 2nd. p.m. plu. II. acc.*): You should greet. ***Yusallimû*** يُسَلّموا (*imp. 3rd. p.m. plu.*): They submit. ***Sallimû*** سَلّموا (*prt. m. plu.*): Greet; Salute. ***Musallamatun*** مُسَلّمَة (*pis. pic. f. sing. II.*): Perfectly sound (without any blemish); Handed over. ***Aslama*** اسلَمَ (*prf. 1st. p. plu. IV.*): Submit. ***Aslamtu*** أسلمتُ (*prf. 1st. p. sing. IV.*): I have submitted, completely submitted. ***Aslamâ*** اسلما (*prf. 3rd. p.m. dual. IV.*): The twain submitted. ***Aslamû*** أسلمُوا (*prf. 3rd. p.m. plu. IV.*): They accepted Islâm, submit themselves (to the will of God). ***Aslamtum*** اسلمتم (*prf. 2nd. p.m. plu. IV.*): You have submitted. ***Aslamnâ*** اسلمنا (*prf. 1st. p. plu. VI.*): We obey and have submitted. ***Yuslimû*** يسلِمُوا (*imp. 3rd. p.m. sing.*): He submits. ***Uslima*** اسلِمَ (*imp. 1st. p. sing. acc.*): I submit. ***Yuslimûna*** يسلِمُون (*imp. 3rd. p. m. plu.*): They submit. ***Tuslimûna*** تُسلِمُون (*imp. 2nd. p.m. plu.*): You submit. ***Nuslima*** نُسلِمَ (*imp. 1st. p. plu.*): We submit. ***Silm*** سِلم

(*n.*): Complete submission (to God). ***Salm*** سَلم (*n.*): Religion of Islam; Peace; Submission. To be wholly possessed by someone. ***Sâlimûn*** سالِمُون (*act. pic. m. plu.*): They are safe and sound. ***Salâmun*** سلامٌ (*n.*): Peace. ***Salâman*** سلاماً (*n.*): Peace always. *Salâm* has a much wider meaning than abstinence from strife, it includes prosperity, good health, wholeness and completeness in many ways. ***Salîm*** سلِيم (*act. 2 pic. m. sing.*): Sound and pure; Free from all taint of vice. ***Sullamun*** سُلّم (*n.*): Stairway. ***Sullaman*** سلّماً (*n. acc.*): ***Muslimun*** مسلم (*acc. ap-der. m. sing.*): One who surrenders himself to the will of God; One who says that his faith is Islâm. One who accepts the unity and soleness of God and that Muh̲ammad ﷺ is His Prophet. ***Muslimûn*** مسلمون (*ap-der.m. plu.* of Muslim) ***Muslimain*** مسلمَين (*ap-der. m. dual.* of Muslim): ***Muslimatun*** مسلمةٌ (*ap-der. f. sing. of Muslim*): ***Muslimât*** مسلمات (*ap-der. f. plu.* of Muslim): ***Taslîman*** تَسلِيماً (*v. n. II. acc.*): Entire submission. ***Mustaslimûna*** مستسلمُون (*ap-der. m. plu. X.*): Entirely submissive. ***Sulaimân*** سليمان (proper name): Solomaon, son of David. ***Islam*** اسلام: Obedience to God; Peace with God; Peace with other fellow beings; Peace with oneself; Peace of mind and sound; Way to peace; religion of of Islam. (L; T; R; LL).

The root with its above forms has been used in the Holy Qur'ân about 157 times.

Salâ سَلاَ

سُلوّاً، سَلواً، سُلواناً؛ يَسلو

To be careless about a thing, diverted from, console, be dispelled from (grief). *Salwatun* سلوةٌ: Comfort; Consolation. *Salwâ* سَلوىَ: Quail; Honey; Consolation; A kind of bird. According to Ibn 'Abbâs a symbol of flesh or meat which is given as provision. Whatever renders one content in a case of privation. A kind of food of the Israelites in the wilderness (Exo. 16:13-15). According to Zajjâj it includes all that God bestowed on them as a gift in the wilderness and granted to them freely without much exertion on their part.

Salwâ سلوَىَ (*n.*): Quails. (2:57; 7:160; 20:80). (L; T; R; AH; LL).

Samada سَمَدَ

سُمودًا؛ يَسمُد

To hold up one's head in pride, stand in astonishment, be perplexed, divert one's self, remain proudly heedless and haughty.

Sâmidûn سامِدُون (*act. pic. m. plu.*): Those who remain proudly, heedless and haughty (53:61). (L; T; R; LL).

Samara سَمَرَ

سَمُوراً، سَمراً؛يَسمُر

To pass night awake in idle talk, talk nonsense by night. *Sâmirun* سَامِرٌ: One who converse nonsense by night. In verse 23:67) it is used as *h̲âl* حال i.e. in the state of doing so, i.e. passes his nights in saying or hearing stories.

Sâmiriyyun سامريٌ: It is not a proper noun. According to Ibn 'Abbâs, he was an Egyptian who believed in Moses and came along with the Israelites, and he was of a people who worshipped the Cow (Râzî). He belonged to a tribe called *Sâmirah* or *Sumrah*. According to the recent researches the word sounds more of an appellation than of a personal name. In the ancient Egyptian language we have a word *Shemer* to mean stranger, foreigner. As the Israelites had just left Egypt they might quite well have among them any Egyptian bearing this nickname. Thus the person in question was one of the Egyptians who had been converted to the faith of Moses and joined the Israelites on their exodus from Egypt. This is strengthened by his introduction of the worship of the golden calf, an echo of the Egyptian cult of Apis. (2:85,

Sâmiran سامِراً (*act. pic. m. sing.acc.*): (23:67). ***Sâmiriyyun*** سامِريٌ: The Samaritan (87: 95). (L; T; Râzî; Ibn Kat̲hîr; LL).

Sami'a سمع

سماعةً، سماعيّة ، سَمعاً؛يَسمَع
سَمعاً ، سِمعاً ، سَماعا

To hear, hearken, listen. *Sam'un* سَمْعٌ: The act of hearing. *Asma'a* اسمع: To make to hear. *Asmi bihî* اسمع به: How clear and sharp is his hearing. *Samî'un* سَمِيعٌ: One who hears. *Sammâ'un* سماعٌ: One who is in the habit of hearkening. *Musmi'un* مُسمعٌ: One who makes to hear. *Musma'un* مُسَمعٌ: One who is made to hear. *G̲haira Musma'in* غَيرَ مُسمَعٍ: To whom no one would lend an ear. *Mustami'un* مُستمعٌ: One who hears or listens.

Sami'a سَمِعَ (*prf. 3rd. p.m. sing.*): Heard. ***Sami'at*** سَمِعت (*prf. 3rd. p. f. sing.*): She heard. ***Sami'û*** سَمِعُوا (*prf. 3rd. p.m. plu.*): They heard. ***Sami'tum*** سَمِعتم (*prf. 2nd. p.m. plu.*): You heard. ***Sami‘nâ*** سَمِعنا (*prf. 1st. p. plu.*): We heard. ***Yasma‘u*** يَسمَع (*imp. 3rd. p. m. sing.*): He hears. ***Yasma‘û /Yasma‘ûna*** يسمعُوا / يسمَعُون , (*acc. gen. n. d.*): They hear. ***Tasma‘u*** تَسمَع (*imp. 2nd. p. m. sing.*): Thou hear. ***Tasma‘û /Tasma‘ûna*** تَسمَعُوا / تسمَعُون, (*acc. gen. imp. 2nd. p.m. plu.*): You hear. ***Tasma‘unna*** تسمعُنّ (*imp. 2nd. p.m. plu. epl.*): You surely will hear. ***Asma‘u*** اسمَع (*imp. 1st. p. sing.*): I hear. ***Nasma‘u*** نَسمَعُ (*imp. 1st. p. plu.*): We hear. ***Kunna nasma‘u*** كُنّ نسمَعُ: We used to hear. ***Asma‘u*** اسمَع (*imp. 1st. p. sing.*): I hear. ***Isma‘*** اِسمع (*prt. m. sing.*): Listen; Hear thou. ***Isma‘û*** اِسمُوا (*prt. m. sing.*): Hear you. ***Asma‘a*** أسمعَ (*prt. 3rd. p.m. sing. IV.*): Made someone hear. ***Yusmi‘u*** يُسمِعُ (*imp. 3rd. p.m. sing. IV.*): He makes to hear, causes to hear. ***Tusmi‘u/Tusmi‘*** تُسمِع / تسمعْ (*imp. 3rd. p.m. sing.*): Thou make hear. ***Musma‘in*** مَسمَع (*pis. pic. m. sing. IV.*): One being made to hear. One would lend an ear. ***Istama‘a*** اِستَمعَ (prf. 3rd. p.m. sing. VIII.): He heard, listened. ***Istama‘û*** اِستَمَعُوا (*prf. 3rd. p.m. plu. VIII.*): They heard. ***Yastami‘u*** يَستَمِعُ (*imp. 3rd. p. m. sing. VIII.*): He hears. ***Yastami‘ûna*** يستَمِعُون (*imp. 3rd. p.m. plu. VIII.*): They hear. ***Tastami‘ûna*** تَستَمِعُون (*imp. 2nd. p.m. plu. VIII.*): You hear. ***Istami‘*** اِستمِعْ (*prt. m. sing. VIII.*): Thou hear. ***Istami‘û*** اِستَمِعُوا (*prt. m. plu. VIII.*): You hear. ***Mustami‘un*** مُستَمِع (*ap-der. m. sing. VIII.*): Listener. ***Mustami‘ûna*** مُستَمِعُون (*ap-der. m. plu. VIII.*): Listeners. ***Asmi‘*** اَسمِعْ (form of wonder): How clear is his hearing; How well he hears. ***Yasamma‘ûna*** يسمّعُون (*imp. 3rd. p.m. plu. VI.*): They hear. ***Sam‘un*** سمْعٌ (*n.*): Hearing. ***Samî‘un/Samî‘an*** سمِيعٌ / سميعاً (*nom./acc.2nd. pic. m. sing.*): One who listens. ***Al-Samî‘*** السمِيع: One of the excellent names of Allâh. ***Samma‘ûna*** سمّاعُون (ints. *plu.*): Listeners, Who listen for conveying to other people. (L; T; R; LL)

The root with its above forms has been used in the Holy Qur'ân about 185 times.

Samaka سَمَك

سَمُوكاً، سَمكاً؛ يَسمُك

To raise, ascend, be lofty, be high. *Samkun* سَمكٌ: Roof; The highest part of the interior of a building; Height; Canopy of heaven; Thickness.

Samak سمك (*n.*): Height (79:28). (L; T; R; LL)

Samma سَمّ
سَمّاً؛يَسُمّ

To poison, penetrate, be burning hot. *Sammun* سَمّ: Hole; Eye of a needle; Small doorway at the side of a large gate. *Samûm* سموم: Pestilential scorching wind which penetrate into the bodies.

Sammun سَمّ (*n.*): The eye of needle (7:40). ***Sumûmun*** سُمُوم (*n.*): Intensely hot wind (15:27; 52:27; 56:42). (L; T; R; LL).

Samina سَمِنَ
سَمَناً؛يَسمُن

To be fat, become fleshy, nourish. *Samînun* سَمِين, (plu. *Simânun*): Fat one.

Yusminu يسمِن (*imp. 3rd. p.m. sing. IV*): He nourishes (88:7). ***Samînun*** سَمِينٌ (*act. 2 pic. m. sing.*) Fat one; Fatted (51:26). ***Simânun*** سمانٌ (*act. 2 pic. m. plu.*) Fat ones. (12:43, 46). (L; T; R; LL)

Samâ سَما
سُمُوّاً؛يَسمُوا

To be high, raised, lofty, name, attribute. *Samâwât* سمٰوات : Heights; Heavens; Rain; Raining clouds. ***Ismun*** اسمٌ : Mark of identification by which one is recognized. It is a derivative of *wsm* وسم (*plu. Asmâ* اسما). *Ism* اِسم stands for a distinguishing mark of a thing, but in the view of the learned it sometimes signifies its reality. It also means name and attribute. In the Holy Qur'ân the formula *Bismillâh* it is used in both senses. It refers to 'Allâh' which is the personal name of the Almighty and it refers to *Al-Rahmân* (The Most Gracious) and *Al-Rahîm* (The Ever-Merciful) which are His attributes.

According to some authorities as Râghib, the word *Ism* is a derivative of *smw* س م و and means to be high and raised. In the wording *Bismillah* the name Allâh possess these characteristic as He is the very apex of beauty, love and beneficence and The Most Gracious, The Ever Merciful.

The word *wasmiyyun* is also derived from *ism* and it means first spring rain. They call the earth *ardzun musawwamatun* ارض مسوّمة when the first spring rain falls on it and because its flowering pleases the heart of the cultivators. Also the word *mismun* مِسمٌ is its derivator and means beauty and good looks. *Wasama* وسَم: To brand, stamp, mark, describe, depict, surpass in beauty, vie in beauty. *Wasm* وسم : To bear the impress of beauty. *Wasîm* وسِيم: Beautiful. *Wisâm* وِسام: Title of a book. *Wasamah* وسمة: Beauty of the face. (Arabs used *Wasm* and its derivatives generally in an eulogistic sense; whether relating to worldly welfare or to spiritual well-being). *Sâma* سامَ: To vie in glory. *Tasamma* تسمّى : To claim relationship. *Samâwah* سمٰواة: Figure seen from a far, Good repute; Fame. *Sâm* سام: High; Lofty; Sublime. *Musamman* مسمّىً: Fixed; Determined. *Samiyyan* سمِيّاً Namesake; Compeer.

Sammâ سَمّىَ (*prf. 3rd. p.m. sing. II.*): He named. ***Sammaitu*** سَمّيتُ (*prf. 1st. p. sing. II.*): I named. ***Sammaitum*** سَمّيتم (*prf. 2nd. p.m. plu. II.*): You have named. ***Yusammûna*** يسمّون (*imp. 3rd. p. m. plu. II.*): They name. ***Tusammâ*** تسَمّى : Called; Named. ***Sammû*** سَمّوا (*prt. m. plu. II.*) You name. ***Samâ'un*** سماءٌ (*n.*): Heaven; Higher; Highest; Upper or uppermost part of anything. ***Samâwât*** سمٰوٰت (*n. plu.*): Heavens. ***Ismun*** اسمٌ (*n.*): Name, Attribute. ***Asmâ'*** اسمَاء (*n. plu.*) Names. ***Samiyyan*** سَمِيّاً (*act. pic. m. sing. acc.*): Like him; Compeer; Peer. ***Tasmiyatun*** تسمِيةٌ (*v. n. II.*): Giving names. ***Musamman*** مسَمّىً (*pis. pic. m. sing. II.*): Named one; Fixed; Stipulated. (Karâmât al-Sâdiqîn; Zamakhshari; LL; L;).

The root with its above forms has been used in the Holy Qur'ân about 381 times.

Sanbala سَنبَلَ

To put forth ears (of corn). *Sunbulun* سُنبُلٌ plu. *Snâbil* سنابِل: Ear of corn; This word is by some derived from *Sabala* سَبَلَ: To allow, put out ears (crops), let down, hang down (hairs or ears of corn).

Sumbulatun سنبلةٌ (*n. sing.*): Corn-ear (2:261). ***Sumbul*** سنبل (*n. plu.*): Cornears (12:47). ***Sanâbil*** سنابِل (*n. plu.*): Cornears (2:261). ***Sumbulât*** سنبلات (*n. plu.*) Corn-ears (12:43,46). (L; T; R; LL).

Sanada سَنَدَ

سُنُوداً؛ يَسنُد

To lean upon, stay upon, rely upon, confide, strengthen, assist, prop, wear on a streaked garment. *Sinâdun* سنادٌ: Kind of streaked clothes. *Sundus* سندس: Fine silk-brocade. *Musannadatun* مسنّدةٌ: Clad in garments; Propped up.

Musannadatun مسنّدةٌ (*pis. pic. f. sing. II.*): (63:4). ***Sundusin*** سُندُس (*n.*): (18:31; 44:53; 71:21). (L; T; R; LL)

Sanima سنم
سَنَما ؛ يَسنَم

To raise, ascend, rise high. *Sanam* سنم: Camel's hump; Prominence; Chief of a tribe. *Sanamatun* سنمةٌ: Blossom; Summit. ***Tasnîm*** تسنيم: It is generally taken to be a proper noun but according to Zajjâj it is water (of life) coming from above. The water coming from above signifies spirituality and the knowledge from Allâh (Râzî), because it is from this source that those who are drawn nigh to Allâh (83:28) are made to drink and it will be source of their further progress

Tasnîm تسنيم: Water (of life) coming from above (83:27). (L; T; R; Râzî; LL).

Sanna سنّ
سنّاً ؛ يسُنّ

To clean (the teeth), seize with the teeth, establish a law, follow a path, form. *Sinnun* سِنّ *f.* Tooth. *Sunnatun /Sunanun* سُنّة / سُنن: Line of Conduct; Mode of life; Behaviour; Example; Dispensation. *Masnûn* مسنون: Formed; Made into shape; Polished; Shiny and bright (face); Molded into shape.

Sinnun سِنّ (*n.*): Tooth. ***Sunnatun*** سُنّة (*n.*): Example; Dispensation. ***Sunanun*** سُنَن (*n.plu.*): Examples.

Masnûn مسنون (*pis.pic.m.sing.*): Molded into shape; According to the mold of the Holy Prophet ﷺ. (L; T; R; LL)

The root with its above four forms has been used in the Holy Qur'ân about 21 times.

Saniha سَنَه
سَنها ؛ يَسنه

To be advance in age, change colour, taste and smell, become rotten, have action of time. Be musty, mouldy through age.

Lam Yatasannah لم يتسنّه (*imp.V. Juss*): Escaped the action of time; Has not rotten (2:259). (L; T; R; LL)

Sanâ سنا
سَنوا ؛ يَسنُوا

To blaze (fire, lightning), flash. *Sanâ* سنا: Brightness, Splendour; Flash; Gleaming; Light. *Sanatun* سنة: Year. *Sinîn* سنين *plu.* Years. Barren year; Years of drought. When derived from *sina* سنا the word *sinatun* سَنَة, signifies a simple revolution of the earth round the sun. There is a difference between the words *sinatun* سَنَةٌ, and *'âm* عام (2:259) both words are used for "year". According to Râghib *sanatun* is used for those years where there is drought and death but *'âm* عام are those years in which there is ampleness of the means and circumstances of life and abundance of herbage or the like. They say, سنة سنماء : A year in which there is no herbage or rain and "سنة سنواء": A hard, distressing and rigorous year. *Sanatun al-Tuâm* الطعام سنة: The food rotted, food rotted by the lapse of years (29:14).

Sanatan سنة (*n.*): ***Sinîna*** سِنِينَ: (*n. plu.*): ***Sanâ*** سنا (*n.*): Flash (24:43). (L; T; R; LL)

The word *sinna* and its plu.*sinîn* has been used in the the Holy Qur'ân as many as 13 times.

Sahira سَهِرَ

سَهرا؛ يَسهَر

To be watchful, spend the night awake, flash by night. *Sâhiratun* ساهِرة: Surface of the earth; Open (eye, space); Awakened; Wide land having no growth. (L; T; R; LL)

Sâhiratun ساهِرة (*act. pis. f. sing.*): (79:14).

Sahula سَهُلَ

سَهُولة؛يَسهَل

To be smooth, even, plain level (earth), easy (affair). *Sahlun* سَهْل plu. *Suhûl* سُهُول: Plain; Smooth; Even level.

Suhûl سُهُول (*n.plu.*): (7:74). (L; T; R; LL)

Sahama سَهَمَ/Sahoma سُهُم

سُهماً،سَهُوماً؛يسهَم،يسهُم

To have a game of chance. *Sâhama* ساهَم: III. To draw lots. *Tasâhama* تساهَم : To partake a thing between, draw lots.

Sâhama ساهَمَ (*prf. 3rd. p.m. sing. III.*): (37:141). (L; T; R; LL)

Sahâ سَها

سَهُواً، سَهْواً؛يَسهُوا

To overlook, neglect, be headless, unmindful, give no heed. *Sâhûn* ساهُون: Those who are unmindful.

Sâhûn ساهُون (*act. pic. m. plu.*): (51:11; 107:5). (L; T; R; LL).

Sâ'a ساء

مَساءَة، سُوءًا ؛يسُوء

To treat badly, do evil to disgrace, be evil, wretched or grievous, vex, annoy. *Su'un* سَوء: Evil. *Sayyi'an* سَيِّءً: Bad; Wicked; Evil (used both as substantive and adjective). *Sayyi'atun* سيئة: Evil; Sin, Bad action. *Su'atun* سوءة plu. *Suât* سوءات: Corpse; The external portion of both sexes; Shame. *Sî'a* سِيئا: Was distressed. *Asâ'a* اساَء: Worked evil. *Asa'tum* اسائتم: IV. *Sâ'a* ساء (triliteral *Sâ'a* is intransitive but *Asâ'a* IV. is transitive). *Musî'u* مُسيءُ: Evil doer. *Su'un* سوءٌ: Wicked; Evil. *Sû'un* سُوء: Evil; Bad; Wicked; Mischief and corruption; Anything that makes a person sad and sorrowful. *Sayyi'au* سَيِّء: Vicious. *Sayyi'atun* سَيِّئَة : Ill; Evil; Bad.

Sâ'a ساء (*prf. 3rd. p.m. sing.*): He was evil. ***Sâ'at*** ساءت (*prf. 3rd. p. f. sing.*): She was evil. ***Yasû'û*** يسُوؤا (*imp. 3rd. p.m. sing.*): They do evil; they disgrace. ***Tasû'*** تسُوء (*imp. 3rd. p. f. sing. juss.*): She annoys, causes trouble. ***Sî'a*** سيء (*pp. 3rd. p.m. sing.*): He was grieved. ***Sî'at*** سِيئت (*pp. 3rd. p. f. sing.*): She will wear a grieved look. ***Asâ'a*** اساء (*prf. 3rd. p.m. sing. IV.*): He did evil. ***Asâ'û*** اساؤوا (*prf. 3rd. p.m. plu. IV.*): They committed evil. ***Asa'tum*** اسأتم (*prf. 2nd. p. f. plu. IV.*): You committed evil. ***Musî'u*** مُسيء (*ap-der. m. sing. IV.*): Evil doers. ***Sau'un*** سَوءٌ (*n.*): Evil. ***Sû'un*** سُوءٌ (*n.*): Evil; Harm; Wicked; Anything that makes a person sad and sorrowful. ***Sayyi'an*** سَيَئاً (*n.*): Evil. ***Sayyi'atun*** سيئةً (*n.*): Evil, Ill, Bad. ***Sayyiât*** سيئات (*n. plu.*): Evil deeds. ***Aswa'a*** اسوأ (elative): Worst of evils. ***Sûw'â*** سُوأى (elative *f.* of *Aswa'a*): Much evil. ***Sau'atun*** سَوءةٌ (*n.*): Corpse; Dead body. ***Sau'ât*** سوءات (*n.*): Nakedness; Corpse; External portion of the organs of gender. (L; T; R; LL).

The root with its above forms has been used in the Holy Qur'ân about 166 times.

Sâ<u>h</u>a ساحَ
سياحَة ،َسوحا ؛ يَسُوح

To lead a wandering life. *Sâ<u>h</u>atun* ساحةٌ: Open-space; Square; Courtyard open to sky.

Sâ<u>h</u>atun ساحةٌ (*n.*): بِسَاحَتِهِمْ (37:177). (L; T; R; LL)

Sâda سادَ
سُودًا ، سِيادة ، سُودَدًا ؛يَسُود

To be lord, noble and glorious, rule, lead, overcome in glory. *Sawida* سَوِد: To be black, bold. *Sawwada Wajhuhû* سَوّدوجهه: To disgrace any one. *Iswadda* اِسودّ: To beget a black boy, boy who is chief. *Swâd* سواد: Great number. *Al-Siyyidda* السيّدة: Blessed lady. *Aswad* اسود: Black; Greater. *Aswadda wajhuhû* اسوَدّ وجهه: His face became expressive of grief or sorrow. He became sorrowful or confounded. He became disgraced. It is a token of bad conclusion and failure and sorrow.

Iswaddat اِسودّت (*prf. 3rd. p. f. sing. IX.*): She shall be clouded because of sorrow. ***Taswaddu*** تسودّ (*imp. 3rd. p. f. sing. IX.*): Whose (face) is clouded. ***Aswad*** أسود (elative): Greater, Black. ***Sûdun*** سُودٌ (*n. plu.* of *Muswaddan* مسودّاً): Great people; Black ones. ***Sayyidan*** سيّداً (*act. 2nd. pic. m. sing. acc.*): Leader; Noble; Master. ***Sâdatun*** سادة (*n. plu.* of *Sayyidan* سيّداً): Chiefs. (L; T; R; LL)

The root with its above forms has been used in the Holy Qur'ân about 10 times.

Sâra سارَ

سَوراً؛يَسُور

To mount, climb or scale a wall, assault or assail. *Aswiratun* أسورةٌ sing. *Siwârun* سوارٌ: Bracelets. *Sâwara* ساورة: To rush upon. *Sûratun* سُورة: Dignity; Rank; Row of stones in a wall; Eminence; Mark or sign; Elevated and beautiful edifice; Something full and complete; Chapter of the Holy Qur'ân. Chapters of the Holy Qur'ân are called Sûra سُورة because: 1) One is exalted in rank by reading them and attains to eminence through them. 2) Everyone of them is an elevated and beautiful edifice. 3) They serve as marks for the beginning and the end of the different subjects dealt with in The Holy Qur'ân and each of them contains a complete theme. This word is not used for chapters other than that of The Qur'ân. The name *Sûrah* سُورة for such a division has been used by The Qur'ân itself (2:24; 17:20). It has been used in *Hadîth* also. Says the Holy Prophet ﷺ, "Just now a *Sûrah* has been revealed to me and it runs as follows ..." (Muslim). From this it is clear that the name *Sûrah* for a division of The Holy Qur'ân has been in use from the very beginning and is not a later innovation.

Tasawwarû تَسوّروا (*prf. 3rd. p. m. plu. V.*): They scaled, climbed. ***Sûrun*** سُورٌ (*n.*): High wall; Wall. ***Aswiratun*** اسورةٌ (*n. plu.* of *Siwâr* سِوار): Bracelets. ***Asâwira*** اساوِرة (*n. plu. acc.*): Bracelets. ***Sûratun*** سُورة (*n.*): Chapter of the Holy Qur'ân. ***Suwarun*** سُوَرٌ (*n. plu.* of *Sûratun.*): Chapters of the Holy Qur'ân. (L; T; R; Qurtubî; Ibn Duraid; Jouharî Azharî, Ibn al-A'rabî; Abu Ubaidah; LL)

The root with its above forms has been used in the Holy Qur'ân about 17 times.

Sâta ساطَ

سَوطًا؛يَسُوط

To mingle, mix, begin (war), be oppressed. *Sout* سَوط: Mixture; Scourage; Portion;

Leather whip; Lash; Lot. *Sauṯa ‘adhâb* سَوط عذاب: Mixture of various punishment resembling a scourage; Share or portion of punishment; Scourage and various kinds of punishment; Whip of punishment..

Sauṯ سَوط (*n.*): (89:13). (L; T; R; LL)

Sâ‘a ساعَ

سَوعًا ؛يَسُوع

To let run free, pasture freely, be lost. *Sâ‘atun* ساعة: While; Present time; Distance, Hour; Time. It is used in three senses: 1) Death of a great and famous person (*Sâ‘atun al-Sughrâ* ساعة الصغرى). 2) National calamity (*Sâ‘at al Wustâ* ساعة الوسطى) 3) the Day of Judgment (*Sâ‘at al-Kubrâ* ساعةالكبرى).

Sâ‘atun ساعة (n.): (L; T; R; LL). This word has been used in the Holy Qur'ân about 48 times.

Suwâ‘un سواعٌ

Name of an idol that have been worshipped by the Antediluvian and again after The Flood by certain tribes of Arabs specially by Banû Hudhail. It was in a woman's shape, representing female beauty.

Suwâ‘un سُواعًا: (71:23). (L; T; R; Ibn ‘Abbâs; LL)

Sâgha ساغَ

سَواغًا، سَواغاناً، سَوغًا ؛ يَسُوغ

To pass easily, agreeably and pleasantly down the throat; To be easily swallowed. *Sâ'ighun* سائغٌ: That which passed pleasantly down the throat; Agreeable to drink and swallow easily; Pleasant to drink. *Asâgha* اساغَ *(IV)*. To cause to pass easily down the throat.

Yasîghu يَسِيغ (*imp. 3rd. p.m. sing.*): He swallows (14:17).

Sâighun/Sâighan سائغٌ / سائغاً (*nom./acc. act. pic. m. sing.*): Easy and pleasant to swallow (35:12; 16:66). (L; T; R; LL).

Sâfa سافَ

سَوفًا ؛يَسُوف

To smell, bear patiently, put off, postpone, give to a person full power. *Saufa* سَوفَ: Particle indicating the future but longer than *Sa*; Particle prefixed to the indicative and energetic moods of the aorist tense in order to give them a future and certain definite positive and convincing significance and is occasionally joined to other prefixes as in *falasaufa*. (L; T; LL; Asâs)

Saufa سَوفَ: It has been used in the Holy Qur'ân about 42 times.

Sâqa سَاق

سِياقة ، سَوقًا ؛ يَسُوق

To drive, impel, urge. *Sûqa* ¶Ìåm: Will be driven. *Yusâqûna* يساقون: They are driven or led. *Sâiqun* سائق: Driver. *Sûq* سُوق plu. *Aswâq* سواق: Market; Stem; Leg. *Kashafat 'an Sâqaihâ* كشَفَتْ عن ساقَيها (27:44) is a well known Arabic idiom meaning to become prepared to meat the difficulty or to become perturbed or perplexed or taken aback. Only ignorance of the Arabic language would make anyone adapt the literal significance of the phrase which literally means she uncovered and bared her shanks (27:44). Similarly the meanings of *Yukshafu 'an Sâqin* يُكشَفُ عن ساقٍ (68:42) means there is severe affliction and the truth laid here. It is indicative of a grievous and terrible calamity and difficulty. *Masâq* مساق: The act of driving.

Suqnâ سُقنا (*prf. 1st. p. plu.*): We drived. ***Nasûqu*** نَسُوقُ (*imp. 1st. p. plu.*): We will drive. ***Sîqa*** سِيقَ (*pp. 3rd. p.m. sing.*): He was driven. ***Yusâqûna*** يساقُون (*pip. 3rd. p.m. plu.*): They will be driven, are driven, ***Sâq*** ساق (*n.*): Shank. ***Saqai*** ساقىَ (*n. dual. Sûq* سوق *n. plu.* of *Sâq* ساق): Stems. ***Aswâq*** اسواق (*n. plu.* of *Sûq*): Markets. (L; T; R; LL).

The root with its above forms has been used in the Holy Qur'ân about 17 times.

Sawwal سَوّلَ

سَوَلا ؛ يُسوِّل

To delude, entice, contrive, suggest, prepare, embellish, deceive, lead one to error. (L; T; R; LL).

Sawwala سَوّلَ (*prf. 3rd. p.m. sing. II.*): He has held out false hope (47:25). ***Sawwalat*** سَوّلت (*prf. 3rd. p. f. sing. II.*): It has held out false hope (12:18; 83; 20:96). (L; T; R; LL)

Sâma سَامَ

سَواما ،سَوماً ؛ يَسُوم

To go to pasture, afflict, impose a hard task or punishment upon. *Sîmâ* سِيما: Sign; Mark. Some suppose this word to be derived from *Wasama* وَسَمَ. *Muawussim*: One who makes a mark of distinction; Person of mark or distinction; Marked with a *Sîmatun* or brand. *As'ama* اسَئم: IV. To turn out to graze. *Musawwamatun* مسوّمةٌ: Marked.

Yasûmmu يسُوم (*imp. 3rd. p.m. sing.*): He would afflict.

Yasûmûna يسُومون (*imp. 3rd. p.m. plu.*): They will afflict. ***Tusîmûna*** تسِيمون (*imp. 2nd. p.m. plu. IV.*): You pasture. ***Sîmâ*** سِيما (*n.*): Appearance; Marks. ***Musawwimîn*** مسَوّمين (*ap-der. m. plu. II.*): Swooping and havoc making. ***Musawwamatun*** مسوّمة (*pis. pic. f. sing. II.*): Well-bred. (L; T; R; LL)
The root with its above forms has been used in the Holy Qur'ân about 15 times.

Sawiya سَوِيَ

سَوِيَ ؛ يسْوَى

To be worth, equivalent to. *Sawwa* سَوى: To level, complete, arrange, make uniform, even, congruous, consistent in its parts, fashion in a suitable manner, make adapted to the exigencies or requirements, perfect a thing, put a thing into a right or good state. *Istawâ* اَستوىٰ: To establish, become firm or firmly settled, turn to a thing, to direct one's direction to a thing, mount. *'Alâ Sawâin* علىٰ سوٰي: On terms of equality i.e. in such a manner that each party should know that it is free of its obligations; At par. *Sawiyyun* سَوِيّ: Even; Right; Sound in mind and body. *Sawiyyan* سَوِيّاً: Being in sound health. *Sawwa* سوّى II. To proportion, fashion, perfect, level, equal, fill the space. *Sawâ* سوا: Midst.

Sawwâ سَوّى (*prf. 3rd. p.m. sing. II.*): He perfected. ***Nusuwwî*** نسُوّي (*imp. 1st. p. plu. II.*): We hold equal, reproduce to a complete form. ***Tusawwâ*** تَسَوّى (*pip. 3rd. p. f. sing. II.*): She made level. ***Sâwâ*** ساوىٰ (*prf. 3rd. p.m. sing. III.*): He had filled. ***Istawâ*** اِستَوىٰ (*prf. 3rd. p.m. sing. VIII.* with *'Alâ* علىٰ): He established on; (with *Ilâ* إلىٰ): He turned himself towards, attained perfection, stood firm, attained perfection and fullest vigour. ***Istwat*** اِستوتْ (*prf. 3rd. p.f. sing. VIII.*): She came to rest. ***Istawaita*** اِستوَيتَ (*prf. 2nd. p.m. sing. VIII.*): Thou seated perfectly. ***Istawaitum*** اِستويتم (*prf. 2nd. p.m. plu.*): You sit firmly. ***Yastawî*** يَستوِي (*imp. 3rd. p.m. sing. VIII.*): He is equal. ***Yastawiyâni*** يستوِيان (*imp. 3rd. p.m. dual.*): The twain are equal. ***Yastawûn*** يستُوون (*imp. 3rd. p.m. plu.*): They are equal. ***Tastawû*** تستوُوا (*imp. 2nd. p.m. plu.*): You mount firmly. ***Suwan*** سوىً (*n.*): Fair. ***Sawâun*** سواء (*n.*): Same; Alike; Equal. Right; Balanced; Midst; Fair. ***Sawiyyan*** سَويّاً (*n. acc*): Sound health; Physically fit; Successive; Perfect and well proportioned. ***Sawwaitu*** سوّيتُ (*per. 1st. p. sing. II*): I have shaped. ***Sawî*** سَوِي (*n.*): Right. (L; T; R; LL)

The root with its above forms has been used in the Holy Qur'ân about 83 times.

Sâba سَابَ
سَيبًا ؛يَسِيب

To wander at random, be set free to pasture. *Sâibatun* سائبةٌ from *Sâba*: It ran by itself and wandered at random and was set free to pasture. It signifies any domestic beast left to pasture without attention. Liberation of certain domestic animals to pasture and prohibiting their use or slaughter in honour of idols was a practice among the Arabs in pre-Islamic days. They were selected mainly on the basis of the number, sex and sequence of their springs. The verse 5:103 is an illustration of the artbitrary invention of certain supposedly religious obligations and prohibition. God has not ordained anything like *Sâibah* etc. Lexicographers and commentators are by no means unanimous in their attempts at their definitions. According to some the animal set free was to be the mother of a *bahîrah* بَحِيرة , an animal which had brought forth females at successive births.

Sâi'batin سائبة (*n.*): (5:103). (L; T; R; LL; Ma'ânî, Kashshâf).

Sâha سَاحَ
سَيحًا ،سَيَحانًا ؛ يَسِيح

To flow over the ground (water), run backwards and forwards, turn, move. *Siyahat* سياحت: Travel; Journey; Tour. *Sâihun* سٰئحٌ: Devotee; Wandering; One who fasts; One who holds himself back from doing or saying or thinking evil.

Sîhû سِيحُوا (*3rd. p. plu. prt.*) Go about freely (9:2). ***Sâihûna*** سٰئحون (*act. pic. m. plu.*): Those who fast, who hold themselves back from doing, saying or thinking something evil (9:112). ***Sâihâtun*** سٰئحاتٌ (*act. pic. f. plu.*): Those (*f.*) who fast, who hold themselves back from doing, saying or thinking something evil (66:5). (L; T; R; LL).

Sâra سار
مَسيرًا ،سَيرًا ،سِيرًا ،تَسيارًا ؛ يَسِير

To go, travel, be current, move, journey. *Sairun* سَيرٌ: The act of giving; Journey. *Sîratun* سِيرة: State; Condition; Make; Form. *Sayyaratun* سيّارة : Company of travellers; Caravan. *Sayyara* سَيّر: II. To make to go; Cause to pass away.

Sâra سارَ (*prf. 3rd. p.m. sing.*): He travelled. ***Tasîru*** تسيرُ (*imp. 3rd. p. f. sing.*): She shall move. ***Yasîrû*** يسِيروا (*imp. 3rd. p.m.*

plu.) They journeyed. ***Sîrû*** سِيرُوا (*prt. m. plu.*): Travel. ***Nusayyiru*** نُسَيِّر (*imp. 1st. p. plu.*): We shall set in motion. ***Yusayyiru*** يُسَيِّر (*imp. 3rd. p.m. sing. II.)*: He enables you to journey. ***Suyyirat*** سُيِّرت (*pp. 3rd. p. f. sing.*): She could be moved. ***Sayr*** سَير (*v.n.*): Fast movement. ***Sayyâratun*** سيارةٌ (*n.*): Caravan. ***Sîratun*** سِيرةٌ (*n.*) State. (L; T; R; LL)

The root with its above forms has been used in the Holy Qur'ân about 27 times.

Sâla سَالَ

سَيلاً؛يَسِيل

To flow. *Sailun* سَيلٌ: Brook; Torrent; Flood; Water course. *Asala* اسَلَ: IV. To cause to flow. *Sâlat* سالت: Flowed. *'Asalnâ* أسلنا : We made to flow. *Sail* سَيل: Torrent; Flood.

Sâlat سالت (*prf. 3rd. p. f. sing.* IV): (13:17). ***Asalnâ*** أسلنا (*prf. 1st. p. plu. IV*): (34:12). ***Sailun*** سَيل (*n.*): (13:17; 34:16). (L; T; R; LL).

Sainâ'a سَينَاءَ

Mount Sinai; Mount where Moses received the Divine Commandments.

Sainâ'a سَيناءَ (*n.*): (23:20). ***Sînîna*** سِينِينَ: The other form of *Sainâ'a* (95:2). (L; T; R; LL).

Shîn

ش Sh

It is the thirteenth letter of arabic alphabet. According to Jummal it value is 300. It has no equivalent in English. According to the rules of transliteration it is written as sh and is pronounced like the English sh as in the word "shadow". It is of the category of *Mahmûsa*

Sha'ama شَأَمَ

شَأماً؛يَشأم

To draw ill, cause dismay, be struck with wretchedness and contempt. *Shu'mun* شُئمٌ: Wretchedness; Contempt; Calamity; Unrighteousness. *Ashâb al-Mash'amah* أصحٰب المَشْئمة: The wretched ones; Those who have lost themselves in evil and are prone to unrighteousness.

Mash'amatun مشْئمة (*n.*): (90:19). (L; T; R; LL).

Sha'ana شَأَنَ
شَأْناً ؛ يَشْأَنْ

To pursue an aim, perform a thing well, know, care for.
Sha'nun شَأْنٌ/***Sha'nin*** شَأْنٍ *(nom. /gen)*: Matter; Business; Thing; Affair; State; Condition; Concern; Dignity; Natural; Propensity; State of glory; Way; Concern. (10:61; 55:29; 80:37; 24:62) (L; T; R; LL). ***Shâni'uka*** شانِئك see *Shana'a*. (p.299)

Shabaha شَبَهَ/Shabbaha شَبَّهَ
شَبَهاً ، تَشْبِيهاً ؛ يُشْبِّه

To liken, compare a thing with anyone, assimilate, render a thing dubious to anyone, resemble. ***Shubbiha*** شُبِّهَ: Was made to be like (it), made to resemble, made dubious, seemed as if had been so; Matter was rendered confused, obscure and dubious (T; R); To be made like. ***Mutashâbih*** متشابه: Mutually resembling one another; Consimilar; Homogeneous; Same; Coherent; Susceptible to different interpretations. ***Mushtabihun*** مشتبهٌ: That which is similar.
Shubbiha شُبِّهَ (*pp. 3rd. p.m. sing. II.*): He was made to resemble (one crucified to death).
Tashâbaha تشابه (*prf. 3rd. p.m. sing. VI.*): Became alike.
Tashâbahat تشابهت (*prf. 3rd. p. f. sing. VI.*): She became alike. ***Mutashâbihan/Mutashâbihin*** متشابهاً/متشابه (*acc. /ap-der. m. sing. VI.*): Consimilar; In perfect semblance; Similar (in kind). ***Mutashabihât*** متشابهات (*ap-der. f. plu. VI.*): Which are susceptible to various interpretation. ***Mushtabihan*** مشتبهاً (*ap-der. m. sing. VIII. acc.*): Like each other; Similar. (L; T; R; LL)
The root with its above forms has been used in the Holy Qur'ân about 12 times.

Shatta شَتّ
شَتِيتاً ؛ شَتاتاً ؛ شتّاً ؛ يَشِتّ

To separate, be scattered, be dispersed, be various, be divided, be diversed. ***Shattun*** شَتّاً plu. ***Ashtât*** اشتات: Separate; Divided into classes. ***Shatta*** شَتّ: Diverse; Disperse; Separate; Divided; Separately, plural of ***Shatît*** شتيت. (L; T; R; Baidzâvî; LL).
Shattan شَتّاً (*adj.*): (20:53; 59:14).
Ashtâtan أشتاتاً (*acc. n. plu.*): (24:61; 99:6).

Shatâ شَتَأ
شَتَواً ؛ يَشْتُوا

To pass winter, be cold. ***Shitâ***: شِتاء: Winter. (L; T; R; LL)

Shajara شَجَرَ

Shitâ شِتاء (*n.*): (106:2). (L; T; R; LL)

Shajara شَجَرَ
شُجُورًا ; يَشجُرُ

To avert, be a matter of controversy, dispute about, turn aside, thrust (with a spear), be disputed between. *Shajar alamru bainahun* شجر الامرَ بَينهُم: The affair or case became complicated and confused so as to be a subject of disagreement and difference between them. *Shajarun* شَجَرٌ / *Shajaratun* شَجَرَةٌ: Tree; Plant having a trunk or stem; Stock or origin of a person they say: *Huwa min Shajaratin tayyibatun* هُوَ مِن شجرة طيّبة He is of good stock or origin.

Shajara شَجَرَ (3rd. p. m. sing.):
Shajarun شَجَرٌ (generic n.):
Shajaratun شَجَرَةٌ (nom.):
Shajaratan شَجَرَةً (acc.):
Shajaratin شَجَرَةٍ: (gen. n. of unity.): (L; T; R; LL)
The root with its above five forms has been used in the Holy Qur'ân about 27 times.

Shahha شحّ
شَحًّا ، شَحًّا ; يَشُحّ

To be avaricious, niggardly, stingy, greedy. *Shuhhun* شحّ: Avarice; Selfishness; Greed; Niggardliness; Covetousness. *Ashihhatun* اشحّة plu. of *Shahhun* شحّ: Avaricious.

Ashihhatan اشحّة (act. 2 pic. m. plu.): *Shuhhun* شحّ (n.): (L; T; R; LL).

Shahama شَحَم
شَحْمًا ; يَشحَم

To five or feed with fat. *Shuhûm* شحُوم plu. of *Shahmun*: Fats; Salts; Pulp; Fleshy part.

Shuhûm شحُوم (n.plu.): (6:146). (L; T; R; LL)

Shahana شَحَن
شَحْنًا ; يَشحَن

To fill, load. *Mashhûn* مشحُون: Filled; Loaded (ship).

Mashhûn مشحُون (pct. pic. m. sing.): (26:119; 36:41; 37:140). (L; T; R; LL)

Shakhasa شَخَصَ
شُخُوصًا ; يشخَص

To be raised up, fixed (the eyes) in horror, fixedly store (in horror). *Shakhisun* شَخِصٌ: That which is fixedly, stare (in horror). (L; T; R; LL).

Tashkhasu تشخَص: Fixed stare (in horror) (14:42). *Shâkhi-satun* شاخِصة (act. pic. f. sing.): Transfixed (21:97). (L; T; R; LL)

Shadda شَدّ
شَدًّا؛يَشُدّ

To bind tightly, strap, strengthen firmly, run, establish, make firm, hard, strong, be advanced (day), be intense. *Ushdud* أشدد: Harden; Strengthen. *Shadîd* شديدplu. *Shidâd* شداد and *Ashiddâ'u* اشدّاء: Great; Firm; Strict; Vehement; Strong; Violent; Severe; Mighty; Terrible; Stern; Grievous; Miserly; Niggardly. (adj. of the forms *Fa'îl* and *Fiâl* are used indifferently for both *m.* and *f.*): *Ashuddun* اشَدّ: Age of full strength; Maturity. *Ishtadda* اِشتدّ: VIII. To act with violence, become hard.

Shadadnâ شددنا (*prf. 1st. pr. plu.*): We strengthen, made firm. ***Nashuddu*** نَشُدّ (*imp. 1st. p. plu.*): We shall strengthen. ***Ushdud*** أشدد (*prt. m. sing.*): Strengthen; Raise; Attack. ***Shuddû*** شَدّوا (*prt. 3rd. p.m. plu.)*: You tie fast, bind fast. ***Ishtaddat*** اِشتدّت (*prf. 3rd. p. f. sing. VIII.*): She became hard, violent. ***Shadîdun*** شدِيدٌ (*act. 2nd. pic. m. sing.*): Severe; Strong; Mighty; Sternly; Great strength; Violent (warfare). Extreme limit. ***Shiddad/Shiddadan*** شداد/شِداداً (*acc./ act. 2nd. pic. m. plu.*): Hard ones; Great severity; Strong; Terrible; Ferocious. ***Ashiddâ'u*** اشدّاء (*act. 2nd. pic. m. plu.*): Firm and strict. ***Ashuddu*** اشُدّ (elative): Extremely terrible; Stronger; Harder; Mightier; Stauncher; Vilest; Most stubborn; Most effective; Greater. Sometimes it is used to show excess or vehemence in any matter. ***Ashudd*** اشُدّ (*n.*): Age of full strength; Physical, intellectual or spiritual maturity to give evidence of rectitude of conduct. (L; T; R; LL)

The root with its above forms has been used in the Holy Qur'ân about 102 times.

Shariba شَرِبَ
مَشْرَبًا؛شُربًا؛يَشرَبُ

To drink, swallow, sunk in, absorb. *Shirbun* شِرْبٌ: Portion of water; Time of drinking. *Shurbun* شُربٌ: Drinking. *Shâribun* شاربٌ: One who drinks. *Sharâbun* شرابٌ: Drink; Beverage; Portion. *Mashrabun* مشربٌ: Drinking place. *Ashraba* اشرب: *IV.* To give to drink, make to drink, permeate as. *Ushriba fî-qalbihî* شرب في قلبه :Love of such and such a thing permeated his heart. The word is so used because love is like alcohol that intoxicates one who partakes of it.

Shariba شَرِبَ (*prf. 3rd. p.m. sing.*): He drank. ***Sharibû*** شَرِبُوا (*prf. 3rd. p.m. plu.*): They drank. ***Yashrabu*** يشرَب (*imp. 3rd. p.m. sing.*): He will drink. ***Yashrabûna*** يشربُون (*imp. 3rd. p.m. plu.*): They will drink. ***Tashrabûna*** تشربُون (*imp. 2nd. p.m. plu.*): You drink. ***Ishrabû*** اشربُوا (*prt. m. plu.*): You drink. ***Ushribû*** أشرِبُوا (*pip. 3rd. p.m. plu. IV.*): They were made to drink, were permeated with (love), were made to imbibe (the love of), (the love was) made to sink. ***Shâribûna/Shâribîna*** شارِبِين/شاربُون (*nom./ act. pic. m. plu.*) Drinkers; Those who drink. ***Mashrabun*** مَشربٌ (*n.* of place): Drinking place. ***Mashârib*** مشارب (*v. n. plu.*): Drinks (of various kinds). ***Shirbun*** شِرْبٌ (*v. n.*): Drinking. ***Shurba*** شُرْبَ (*v. n. acc.*): Drinking. ***Sharâbun*** شرابٌ/***Sharâban/Sharâbin*** (*nom /acc./gen. n.*): Drink. (L; T; R; LL)

The root with its above forms has been used in the Holy Qur'ân about 39 times.

Shara<u>h</u>a شَرَحَ

شرحًا ؛ يَشرَح

To open, enlarge, expand, spread, uncover, disclose, explain.

Shara<u>h</u> شَرَحَ (*prf. 3rd. p.m. sing.*): He expands, accepts from the core (of heart). (16:106). ***Yashra<u>h</u>*** يشرح (*imp. 3rd. p.m. sing. juss*): He expands, makes open, opens (6:125). ***Nashra<u>h</u>*** نَشرَحَ (*imp. 1st. p. plu. juss.*): We expand, open. ***Ishri<u>h</u>*** اشرح (*prt. m. sing.*): Expand; Enlighten (20:25). (L; T; R; LL).

Sharada شَرَدَ

شُرادًا ؛شُرُودًا ؛يَشرُد

To become a fugitive, flee, escape, depart, run away at random. *Sharrida* شَرِّد : II. To disperse. (L; T; R; LL).

Sharrida شَرِّد (*prt. m. sing. II.*): He scatters, disperses. (8:57). (L; T; R; LL).

Shir<u>dh</u>imatun شِرذمة

The word is possibly derived from *Sharra<u>dh</u>* for *Sharrada*, (to scatter). Band; Despicable and Dispersed people; Party; Company of people. Its *plu.* is *Shrâ<u>dh</u>im* شراذم

Shir<u>dh</u>imatun شِرذمة (*n.*): Party; Company of people; Small company (26:54). (L; T; R; LL)

Sharra شَرّ

شَرّرًا ،شَرارةٌ،شَرّاً :يَشُرّ ، يَشِرّ

To do evil, be ill natured, wicked. *Yashirru* يَشِر *Yasharru* يَشّر: To find fault, defame. *Sharrun* شَرّ plu. *Ashrâr* اشرار: Evil; Bad; Wicked; Vicious ones. It is notable that *Shurrun* is an exceptional form of elative adjective while the measure for elative in Arabic is *Afa'la*. *Shararun* شَرَر plu. *Ashrâr* اشرار: Sparks of fire .

Sharrun/Sharran شَرّ / شرّاً (*nom. /acc. n.*): Evil; Bad; Worse. (5:60). ***Ashrâr*** أشرار (*n. plu.*): Vicious ones; Wicked. ***Shararun*** شرارًا(*n. plu. gen.*): Sparks. Its sing. is *Shirâratun* شرارةً. (L; T; R; LL) The root with its above four forms has been used in the Holy Qur'ân about 31 times.

Sharata شَرَط

شَرطًا :يَشرُط ، يَشرط

To impose a condition. *Ashrâtun* اشراط plu. of *Shartun*: Sign; Token. *Ashrât* plu. of *Shartun* with Fatha on the second radical (ر) not of *Shartun* with *sukûn* on it. That is why that the former (*Shartun*) means sign and is transformed to the plu. as *Ashrâtun* اشراطٌ and the latter *Shartu* شَرطٌ means condition and is transformed to plu. as *Shurût* شرُوط

Ashrât اشْراط (*n. plu.*): Signs (47:18). (L; T; R; LL)

Shara'a شَرَعَ

شرعًا ؛يَشرَع

To be seated upon a road, open a street (door), establish a law, begin, appoint a religion. *Shurra'un* شرّعاً plu. of *Shâri'un* شارعٌ: In shoals; Upon Shoals; Breaking the water surface; Holding up (their heads); Appearing manifestly. *Shir'atun* شِرعةٌ and *Sharî'atun* شريعةٌ: Law or institution prescribed by God; Right way or mode of action; Clear highway, course or path.

Shara'a شَرَعَ (*prf. 3rd. p.m. sing.*): He ordained (42:13). ***Shara'û*** شَرَعُوا (*prf. 3rd. p.m. plu.*): They decreed (a law) (42:21). ***Shurra'an*** شُرّعًا (*act. pic. f. plu. acc.*): Shoals upon shoals (7:163). ***Shir'atun*** شِرعةٌ (*n.*): Spiritual law (5:48). ***Sharîatun*** شرِيعةٌ (*act. 2nd. pic. f. sing.*): System of divine law; Way of belief and practice (45:18). (L; T; R; LL).

Sharaqa شَرَقَ

شَرقا ؛ يَشرُق

To split, rise, slit. *Sharqiyyun* شرقِيٌ: Of or pertaining to the east. Eastern. *Mashriq* مشرق:

Place of sunrise; East. *Mashriqain* مشرقَين: Two easts; Two horizons; Two places where the sun rises (in winter and summer; East and West). *Mashâriq* مشارق: Different points of sunrise, whence the sun rises in the course of the year; Beam; Gleam; Eastern parts. *Ashraqa* اشرقَ: IV. To shine, rise. *Ishrâq* اشراق: Sunrise. *Mushriqun* مُشرقٌ: One on whom the sun has risen; Who does anything at sunrise; One entering at the sunrise.

Ashraqat اشرقت (*prf. 3rd. p. f. sing. IV.*): She beamed, radiated. ***Mashriqîn*** مشرقِين (*ap-der. m. plu. IV.*): Entering at the sunrise. ***Mashriq*** مشرق (*n.*): East. ***Mashriqayn*** مشرقَين (*n. dual.*): Two easts; East and the West. ***Mashâriq*** مشارق (*n. plu.*): Easts. Places of the setting (of sun); Different points of the horizon from whence the sun rises in the course of the year. ***Ishrâq*** اشراق (*v. n. IV.*): Sunrise. ***Sharqiyyan*** شرقِيّاً (*n. adj.*): Eastern; Facing the East; Place where the sun shines; Open dwelling place. ***Sharqiyyatun*** شرقيّةٌ (*n. adj.*): East. (L; T; R; LL).

The root with its above forms has been used in the Holy Qur'ân about 22 times.

Sharika شَرِكَ

شركاً؛ يَشرِك

To be a companion, be sharer, be partner. *Shirkun* شرك: Share; Participation; Polytheism; Idolatry; Making associate or partner with Allâh. *Sharîk* شريك *plu. Shurakâ'* شركاء: Associate; Partner; Sharer. Nouns of the second declension when followed by the affixed pronouns take the three inflexions thus *Shurakâ', Shurakâ'i, Shurakâ'a. Shârak* (*III.*): To share with. *Ashraka* اشرك (*IV.*): To make a sharer or associate, give companions (to God), be a polytheist or idolater. *Ashraktumûni* اشركتمُوني: You associated me as partner. *Mushrik* مُشرك: One who gives associate to God; Polytheist. *Mushtarikun* مشترك (*VIII.*): One who partakes or shares. See also *Nid.*

Shârik شارك (*prt. m. sing. III.*): Share with. ***Ashraka*** اشركَ (*prf. 3rd. p.m. sing. IV.*): Associated partners (with God). ***Ashrakû*** اشركُوا (*prf. 3rd. p.m. plu. IV.*): They associated partners (with God). ***Ashrakta*** اشركتَ (*prf. 2nd. p.m. sing. IV.*): Thou associated partners (with God). ***Ashraktum*** اشركتم (*prf. 2nd. p.m. plu.*): You associated partners (with God). ***Ashraknâ*** اشركنا (*prf. 1st. p. plu. IV.*): We associated partners (with God). ***Yushriku***

يشرِك (*imp. 3rd.p.m. sing. IV.*): He associates partner (with God). ***An Yushraka*** عن يَشرِكَ: (That) a partner be associated (with God). ***Yushrikûna*** يُشرِكُون (*imp. 3rd. p.m. plu. IV.*): They associate partners (with God). ***Yushrikna*** يُشرِكن (*imp. 3rd. p. f. plu. IV. acc.*): (That) they shall associate partners (with God). ***Tushrika*** تُشرِك (*imp. 2nd. p.m. sing. IV. acc.*): (That) thou associate partners (with God). ***Tushrikûna*** تُشرِكُون (*imp. 2nd. p.m. plu. acc. IV.*): You associate partners (with God). ***Tashrikû/Tashrikûna*** تشرِكُوا / تشركُونَ (*imp. 2nd. p.m. plu. IV. acc.*): (That) you associate partners (with God). ***Ushriku*** أشرك (*imp. 1st. p. sing. IV.*): I associate partners (with God). ***Ushrika*** اشرِكَ (*imp. 1st. p. sing. IV. acc.*): (That) I associate partners (with God). ***Yushraka*** يُشرك (*pip. 3rd. p.m. sing. IV. acc.*): (That) someone is associated (with God). ***Ashrik*** اشرك (*prt. m. sing. IV. acc.*): Associate (him in my task). ***Lâ Tushrik*** لا تشرك (*prt. neg. m. sing. IV.*): Associate no partner (with God). ***La Tushrikû*** لا تُشرِكُوا (*prt. neg. m. plu. IV.*): You associate no partner (with God). ***Sharîkun*** شرِيك (*act. 2nd. pic. m. sing.*): Associate partner. ***Shurakâ'*** شُركاء (*act. 2nd. pic. m. plu.*) Associate partners. ***Mushrik*** مُشرك (*ap-der. sing. m. IV.*): Who associate partners (with God); Infidel. ***Mushrikatun*** مُشركة (*ap-der. f. sing. IV.*): *f.* Associator. ***Mushrikûna*** مُشركون/***Mushrikîna*** مشركِين, (*nom./gen. acc. ap-der. m. plu. IV.*) Polytheists; Those who associate partners (with God). ***Mushrikât*** مشركات (*ap-der. f. plu. IV.*): Woman polytheist. ***Mushtarikûna*** مشترِكُون (*ap-der. m. plu. VIII.*): Sharers. ***Shirkun*** شِركٌ (*n.v.*): Associating partners with God; Partner ship. (L; T; R; LL)

The root with its above forms has been used in the Holy Qur'ân about 168 times.

Shara شَرى

شراءًا، شَرىً؛يَشرِى

To buy, sell, barter, purchase, conclude a sale, give or take in exchange, refuse, choose, prefer, give up anything and take another, lay hold on another.

Sharau شرؤا (*prf. 3rd. p.m. plu.*): They sold. ***Yashrî*** يشري (*imp. 3rd. p.m. sing.*): He sells. ***Yashrûna*** يشرُون (*imp. 3rd. p.m. plu.*): They purchase, prefer, exchange, sell. ***Ishtrâ*** اشترَى (*prf. 3rd. p.m. plu.*): He preferred. ***Yashtarî*** يشتري (*imp. 3rd. p.m. sing. VIII.*): He who follow ways. ***Yashtarûna*** يشترُون (*imp. 3rd. p.m. plu. VIII.*): The

take. ***Li Yashtarû*** ليشتروا (*imp. 3rd. p.m. plu. VIII.*): That they may acquire. ***Nashtarî*** نَشتري (*imp. 1st. p. plu.*): We accept, barter. ***Lâ Tashtrû*** لا تَشتَروا (*prt. neg. m. plu.*): Do not take. ***Ishtarau*** اِشترَو: Accept. (L; T; R; LL).
The root with its above forms has been used in the Holy Qur'ân 25 times.

Shata'a شطأ

شَطوءًا ،شَطئًا ؛يَشطأ

To bring out the stalk (of a plant), sprout forth, walk on the bank of a river or valley. *Shat'un* شطأ: The stalk of a plant. *Shâti'un* شٰطئٍ plu. *Shawâtiun*: Branch of or shoot of a river or valley, .

Shatt'un شطأ (*n.*): Sprout (48:29). Shâ***tiun*** شٰطئٍ (*n.*): Side (28:30).

Shatara شَطَرَ

شَطرًا ؛يشطُر

To part in two, divide into halves, the direction of, towards.

Shatra شطر (*n.*): Side; One half; Part; Towards; in the direction of (2:144, 149, 150). (L; T; R; LL).

Shatta شَطّ

شطاً ،شطوطًا ؛يشِطّ ،يشُط

To be far off, wrong anyone, treat with injustice, go beyond due bounds. *Shattan* شططاً : Extravagant lie; Exceeding; Redundant; Excess. *Ashatta* اشَطّ: To act unjustly, IV.

Lâ Tushtit لا تَشطط (*prt. neg. m. sing.*): Delay not (by giving to date of decision) (38:22). ***Shatatan*** شططًا (*n. acc.*): Preposterous thing far from the truth (18:14; 72:4). (L; T; R; LL).

Shatana شَطَنَ

شطنًا ؛يشطُن

To be obstinate, perverse, become remote or far from the truth and from the mercy of God. *Shaitân* شَيطان: A being who is not only himself far from the truth but also turns others away from it; Who burns with hatred and anger and is lost. Râghib says: "Every insolent or rebellious one from among *jinns*, human beings and the beasts". The Holy Prophet is reported to have said, a single rider is a *Shaitân*, a pair of riders is also a pair of *Shai tâns*, but three riders are a body of riders (Abû Dâûd). The tradition lends support to the view that *Shaitân* does not necessarily mean a devil, as John Penrice has written in his Dictionary and Glossary of the Qur'ân in 1873. By Shaitân is also meant the leader, rebel-

lious, noisy, evil, troublesome person.
Shaiṯân شَيطان:(*n.*): ***Shayâṯin*** شيٰطين(*n.plu.*): The rebellious. (L; T; R; Kf; LL)
These words are used in the Holy Qur'ân about 88 times. .

Sha'aba شَعَبَ

شَعبًا ؛ يشعَب

To separate, collect, appear, scatter, repair, impair, send (a message to), branch off. *Shu'ûb* شعُوب plu. of *Sha'bun* شعبٌ: Large tribe; Nation; Collection. *Shu'abin* شُعبٍ plu. of *Shu'batun* شُعبةٌ: Twigs or branches of a tree; Space between two branches; Portion. *Shu'aib* شُعَيب: Name of a Prophet sent to the Midianites. Their region extended from the Gulf of Aqabah. westwards deep into the Sinai Peninsula and to the mountains of Moab, east of the Dead Sea. The inhabitants were Arabs of the Amorite group of tribes. He was a non-Israelite Prophet who lived before Moses. He was a descendent of Abraham from his third wife Keturah in the fifth generation. Midian (by Ptolemy as Modiana) of Abraham's son by Keturah (Gen. 25:2) Shuaib's people are also known as the dwellers of the thickets. For Shu'aib see, 7:85; 11:84; 29:36.

Shu'ûban شُعُوب (*n. plu. acc.*): Tribes. ***Shu'abin*** شُعَبٍ (*n. plu. gen.*): Branches. ***Shu'aib*** شُعَيب (proper name): He was a Prophet to Midian. (L; T; R; LL)
The root with its above three forms has been used in the Holy Qur'ân about 13 times.

Sha'ara شَعَرَ

شَعُر ،شَعُوراً ،شَعراً ؛يَشعَر ،يَشعُر

To know, perceive, understand, perceive by senses, make verses, remark. *Shi'run* شِعرٌ: Poetry; Verse; Art of poetry; Feeling; Knowledge; plu. *Ash'âr* اشعار. *Shâ ir* شاعر plu. *Shu'arâ'* شُعراء: Poet. *Shi'ra* شعرى: Sirius, which was worshipped by the Arabs in Pagon times. *Sha'âir* شعائر plu. of *Shi'âratun* شعارة: Signs; Rites; Symbols. *Sha'âir Allâh* شعائرالله: Signs of Allâh; All those religious services which God has appointed as signs or rites and ceremonies of the Pilgrimage (Hajj) and the places where the rites and ceremonies are performed and which reminds of Allâh, are His signs. *Mash'ar al-Harâm* مشعرالحرام: Holy Mosque in *Muadhalifah* (a place which lies between Makkah and *'Arafât,* six miles from Ka'bah). Here the Pilgrims perform their evening and the night prayers after their return from *'Arafât* and remain engaged in prayers all night before the rising of the sun. The place is specially meant for meditation and prayer in Pilgrimage on the ninth of Dhul-Hijjah. The Quraish and the Kinânah who styled themselves as the *Hams* to indicate their strength and vehemence used to stay at Muzdalifah, thinking to be beneath their dignity to join other Pilgrims in going forth to the plain of *'Arafât* (as *'Arafât* was outside the Haram). As all distinctions were levelled by Islam and thus the Pilgrims are called upon to submerge their individualities in the consciousness of belonging to a community of people who are all equal before God, with not barrier of race, class, colour or social status separating one from another they were told to consider themselves as a pair with others (2:198, 199), Bukhârî, 25:91). The name Mash'ar al-Harâm is a compound of *Mash'ar* meaning the place or means of perception or knowledge and *Harâm* meaning sacred. *Ash'ara* اشعَر: To make anyone understand, make known to. *Ash'âr* اشعار: Hair. Its sing. is *Sha'ra* شعر: *Ash'âr* اشعار is the plu. of *Sha'r* (with *fatha* on the first radical), not of *Shi'r* (with *Kasrah* on it and which means poetry.

Yash'urûna يشعُرون (*imp. 3rd. p.m. plu.*): They perceive. ***Tash'urûna*** تشعُرون (*imp. 2nd. p. m. plu.*): You perceive. ***Yush'ir*** يَشعِر (*imp. 3rd. p.m. sing. IV.*): He assures, makes to know. ***Lâ Yush'iranna*** لايشعرنّ (*imp. 3rd. p.m. sing. neg.*): Let him not at all apprise. ***Shâ'irun*** شاعرٌ (*act. pic. m. sing.*): Poet. ***Shu'arâ*** شعراء (*act. pic. m. plu.*): Poets. ***Sha'âir*** شعائر (*act. 2nd. pic. f. plu.* of *Shaîratun* شعيرة): Symbols; Signs. ***Shi'r*** شِعر (*n.*): Poetry. ***Ash'âr*** اشعار (*n. gen. plu.* of *Sha'r* شَعر): Heirs. ***Mash'ar*** مشعر (n. for place. ***Shi'râ*** شِعرىٰ (*n.*): Sirius; Name of a star which the pagans considered a deity. (L; T; R; LL)

The root with its above forms has been used in the Holy Qur'ân about 40 times.

Sha'ala شَعَلَ

شَعلاً؛ يَشعَل

To kindle, light (fire). *Ishta'ala* اشتعلَ: VIII. To be lighted, become shining and inflamed. *Ishta'ala Shaiban* اشتعل على شَيبان: To become hoary, glisten with grey hairs.

Ishta'ala al-Ra'su اشتعل الرأس *(VIII)*. Flared, gray and hoary. (19:4). (L; T; R; LL)

Shaghafa شَغَفَ

شَغْفًا ; يَشْغَفُ

To affect deeply, affect in the hearts' core, inspire (with violent love). *Shaghafahâ Hubban* شغفهاحُبّ: He has so affected her that the love entered beneath the pericardium; To feel a passionate love for her. *Shaghfun* شَغْفٌ: Bottom of the heart; Pericardium. *Shaghaf* شَغْفْ: Passionate love. *Shaghafa* شَغَفَ (*prf. 3rd. p. f. sing.*): Penetrated deep. Entered beneath the pericardium (of her heart). (12:30). (L; T; R; LL)

Shaghala شَغَلَ

شَغْلاً، شُغْلاً ; يَشْغَلُ

To occupy, keep busy. *Shughlun* شُغْلٌ: Occupation; Work; Employment. *Shaghalat* شَغَلتْ (*prf. 3rd. p. f. sing.*) Kept occupied (48:11). *Shughulun* شُغُلٌ: Occupation (36:55). (L; T; R; LL)

Shafa'a شَفَعَ

شَفْعًا ; يَشْفَعُ

To make even that which was odd, make double, pair, make a thing to be one of the pair, adjoin a thing to its like, provide a thing which was alone with another, protect, mediate, intercede, be an intercessor. *Shaf'un* شَفْعٌ: Pair; Double. *Shafâ'at* شَفْعَةٌ: The word has the significance of likeness and similarity, also it means interceding or praying for a person that he may be shown favour. As he is connected with the intercessor, it also implies that the petitioner or intercessor is a person of higher position than the one for whom he pleads and also has deep connection with the person with whom he intercedes. (R; L). *Shafâ'at* شَفْعَةٌ is a prayer (Mubarrad; Tha'lab) and means increase and give in surplus or excess. *Nâqatun Shâfi'un* ناقة شافعٌ: She camel with two young in her womb (Sihâh; Farrâ'; Abû Ubaid). *Al-Qurân Shâfi'un* القران شافعٌ: The Holy Qur'ân is intercessor (for him who acts according to its teaching). *Man yashfa' Shafâ'atatan* من يّفشع شَفْعَةً (4:85) "He who joins with others and assists in doing good or evil and thus aids and strengthen and partakes the benefits or the harms of it". One institutes for another a way of good or a way of evil which the other imitates and thus becomes to him as if he were one of the pair ('Ubâb; R). The significance of *Shafâ'at* شَفْعَةٌ is that it is an institution of a way which another imitate so that the latter joins himself to his model. Thus *Shafâ'at* شفٰعة has twofold significance, firstly it enables a person to walk in the ways of righteousness by imitating a model and secondly it affords him a shelter from the evil consequences of certain weaknesses which he is unable to overcome by himself and requires the prayer and support of a holy and innocent person. The person in whose favour *Shafâ'at* شفٰعة is sought must generally be a good person who has made an honest effort to win the pleasure of God (21:28), only he has fallen into sin, in a moment of weakness. *Shafâ'at* شفٰعة can only be made with God's express permission (2:255; 10:3). It is another form of repentance (*Taubah* تَوبة) signifies reforming a broken connection or tightening up a loose one. So whereas the door of repentance becomes closed with death the door of *Shafa'at* شفٰعة remains open. Moreover Shafâ'at is a means of the manifestation of God's mercy and He is not a judge or magistrate but Master. There is nothing to stop Him from extending His mercy to whomsoever He pleases.

Yashfa' يشفعُ (*imp. 3rd. p.m. sing.*): He intercedes. ***Yashfa'ûna*** يشفعُون (*imp. 3rd. p. m. plu.*): They intercede. ***Yashfa'û*** يشفعُوا (*3rd. m. plu.*): (That) They intercede. ***Shâfi'în*** شافِعِين (*act. pic. m. plu. gen.*): Interceders. ***Shafî'un*** شفيع (*act. 2nd. pic. m. sing.*): ***Shufa'â'*** شفعاء (*act. 2nd. pic. m. plu.*): Intercessors. ***Shafâ'atun*** شفاعةٌ (*v.n.*): Intercession. ***Shaf'i*** شفْع (*n.*): Even (number). (L; T; R; LL)

The root with its above forms has been used in the Holy Qur'ân about 31 times.

Shafiqa شَفِقَ

شَفقا ؛ يَشفُق

To pity, be anxious about, fear. *Shafaq* شَفق: Fear; Pity; Evening; Twilight with its redness or whiteness; After sunset. *Ashfaqa* اشفق: To be afraid. *Mushfiqun* مشفق: One who is afraid or is in terror; Compassionate; Tender; Fearful one.

Ashfaqtum اشْفقتم (*prf. 2nd. p.m. plu. IV.*): You feared. ***Ashfaqna*** اشفقنَ (*prf. 3rd. p. f. plu. IV.*): They feared. ***Mushfiqûn*** مُشفقُون, ***Mushfiqîn*** مشفقين (*nom./acc. act. pic. m. plu.*): ***Shafaq*** شفق (*n.*): Twilight; Afterglow of sunset. (L; T; R; LL)

The root with its above five forms has been used in the Holy Qur'ân about 11 times.

Shafaha شَفَه

شَفهًا ؛يَشفهُ

To strike on the lips. *Shafatun* شفةٌ (for *Shafahatun*): Lip; *Shafatân* شفتان: Two lips.

Shafatain شفتَين (*n. dual*): Two lips (90:9). (L; T; R; LL)

Shafa شَفا

شَفواً؛يَشفُو

To be at the point of, near its setting (sun), appear (new moon). *Shâfa / Shafwân* plu. *Ashfâ* اشفا: Extremity; Brink; Remainder of life; Light.

Shafâ شفا (*n.*): (3:103; 9:109). (L; T; R; LL)

Shafâ شَفَى

شِفاءٌ؛يَشفِي

To cure, quench, restore to health. *Shifâ* شِفا: Recovery; Remedy; Healing. *Shaf'ahû 'an al-Mas'alati* عن مسئلة شفئهُوا: He relieved him from doubt respecting the question. *Yashfîka in qâla* يشفق ان قال He will please thee if he speaks, or his speech will please thee.

Yashfî يشفِي (*imp. 3rd. p.m. sing.*): He heals. ***Yashfi*** يشفِ (*imp. 3rd. p.m. sing. juss.*): He heals. ***Shifâ'un*** شفاءٌ (*v.n.*): Healing. (L; T; R; LL)

The root with its above forms has been used in the Holy Qur'ân as many as 6 times.

Shaqqa شَقّ

شَقّاً ؛ يَشُقّ

To split, cleave, spread (in the sky, lightning, place under difficulty, impose hard condition. *Shaqqun* شَقّ: Act of splitting; Fissure; Difficulty; Labour; Cleaving asunder; Trouble. *Shiqqun* شِقّ: Difficulty; Trouble; Stress; Travail. *Shuqqatun* شُقّةٌ: Distance; Tract; Long way; Distance hard to reach. *Shiqâq* شقاق: Cleavage; Divergence; Chism. The word is not used for the party which sides with the truth. *Ashuqqa* اشُقّ: It shall be hard, more troublesome, more difficult to be born. *Shâqqa/ Yushâqqu* يشاقّ / شاقّ: III. To become hostile, oppose, cause cleavage, contend with, resist, separate one's self from. *Inshiqâq al Qamar* إنشقاق القمر : The moon was rent asunder

Shaqaqnâ شَققنا (*prf. 1st. p. plu.*): We clove. ***Ashuqqa*** اشُقّ (*imp. 1st. p. sing.*): It shall be hard. ***Shâqqû*** شاقّوا (*prf. 3rd. p. m. plu. III.*): They cut themselves off. ***Yushâqiqu*** يُشاقق / ***Yushaqqu*** يُشاقّ (*imp. 3rd. p.m. sing. III.*): He opposes. ***Tushâqqûna*** تشاقّون (*imp. 2nd. p.m. plu. III.*): You used to oppose. ***Yushaqqaqu*** يشقّقُ (*imp. 3rd. p.m. plu.*): They split asunder. ***Tushaqqaqu*** تُشَقّق (*imp. 3rd. p.f. sing. V.*): She splits asunder. ***Inshaqqa*** انشقّ (*prf. 3rd. p.m. sing. VII.*): He rent asunder. ***Inshaqqat*** انشَقّت (*prf. 3rd. p. f. sing. VII.*): She rent asunder. ***Tanshaqqu*** تنشقّ (*imp. 3rd. p. f. sing. VII.*): She cleaves asunder. ***Shaqqan*** شَقّاً (*v.n. acc.*): Cleaving a sunder. ***Shiqqin*** شِقّ (*n. gen.*): Difficulty; Great hardships. ***Shuqqatun*** شُقّةٌ (*n.*): Distance hard to reach. ***Shiqâqun*** شقاقٌ (*v. n. III.*): Schism; Enmity; Breach; Going far (in antagonism); Hostility. (L; T; R; Muhît; LL).

The root with its above forms has been used in the Holy Qur'ân about 28 times.

Shaqiya شَقِيَ

شقا، شقاوةٌ،شِقوةٌ؛يَشقى

To be miserable, be wretched in distress, be unhappy. *Shaqiyyun* شقيّ : Miserable; Disappointed; Unblessed. *Ashqâ* اشقَىٰ: Most wretched. *Shiqwatun* شِقوةٌ : Wretchedness; Misery.

Shaqû شَقُوا (*prf. 3rd. p.m. plu.*): They were wretched. ***Yashqâ*** يشقىٰ (*imp. 3rd. p.m. sing.*): He shall be wretched, be unhappy. ***Tashqâ*** تشقىٰ (*imp. 2nd. p.m. sing. el.*): That you may be wretched, you should fail in your mission. ***Shaqiyyun*** شقيّ (*act. 2nd. pic. m.sing.*): *Unblessed*; Wretched. ***Ashqâ*** اشقىٰ (*elative*): Most wretched one. ***Shiqwatun*** شقوةٌ (*v.n.*): Wretchedness. (L; T; R; LL).

The root with its above forms has been used in the Holy Qur'ân about 12 times.

Shakara شَكَرَ

شُكراً؛ يَشكر

To give thanks, be grateful, realize or acknowledge one's favour, praise. *Shukrun* شُكرٌ Giving thanks; Gratitude. *Shâkirun* شاكرٌ: One who gives thanks or is grateful. Appreciated and bountiful in reward. *Shakûrun* شَكُورٌ: Thankful. Sometimes a distinction is made between this word and *Shâkirun*. The former is used to denote a person who is thankful for little or for nothing, the latter grateful for large favours. In the Qur'ân, we find both epithets applied to God. When it is applied to God *Shakûr* is absolutely similar to *Shâkirun*. *Mashkûrun* مشكور : Gratefully accepted; Acceptable. For difference between *Shukr* and *Hamd* see *Hamd*.

Shakara شَكَرَ (*prf. 3rd. p.m. sing.*): He gave thanks. ***Shakartum*** شكرْتم (*prf. 2nd. p. m. plu.*): You gave thanks. ***Yashkuru*** يشْكر (*imp. 3rd. p. m. sing.*): He gives thanks. ***Yashkurûna*** يشكُرون (*imp. 3rd. p.m. plu.*): They give thanks. ***Tashkurûna*** تشكُرون *nom.*

Tashkurû تشكُروا (*imp. 2nd. p.m.plu.juss.*): You give thanks, become grateful. ***Ashkuru*** اشكُرُ (*imp. 1st. p. sing.*): I (return) thank, become grateful. ***Ushkur*** أشكُرْ (*prt. m. sing.*): Be grateful. ***Ushkurû*** أشكُروا (*prt. m. plu.*): Be grateful. ***Shâkirun/Shâkiran*** شاكرًا / شاكرٌ (*acc./ act. pic. m. sing.*): Grateful; Appreciative; Bountiful in reward. ***Shâkirûn/ Shâkirîn*** شاكِرين / شاكرُون (*acc./ act. pic. m. plu. juss.*): Grateful ones. ***Mashkûran*** مشكُورًا (*act. 2nd. pic. m. sing.*): Accepted; Who's striving shall find favour (with their Lord). ***Shakûrun/ Shakûran*** شكُورًا / شكُورٌ (*acc./ ints. sing.*): Grateful; Appreciative. One of the names of Allâh. ***Shukran*** شُكرًا (*v.n.*): Thanksgiving; Gratefully. (L; T; R; LL) The root with its above forms has been used in the Holy Qur'ân about 75 times.

Shakisa شَكِسَ

شَكاسةً؛يشكس

To be perverse, stubborn, cross-tempered. *Tashâkasa* تشاكس: To wrangle, quarrel. *Mutashakisun* متشاكسٌ: Quarreling; At variance with each other.

Mutashâkisûna متشاكسُون (*ap-der. m. sing. VI.*): Contending with one another (39:29). (L; T; R; LL).

Shakka شَكّ

شَكّاً؛ يَشُكّ

To doubt. *Shakkun* شَكٌ: Doubt.

Shakkun شَك (*nom. juss. n.*):(L; T; R; LL)
Used in the Qur'ân 15 times.

Shakala شَكَلَ

شَكلاً؛ يَشكِل

To mark, fashion, shackle. *Shakilatun* شكلةٌ: Likeness; Mode; Way; Manner; Disposition; Rule of conduct; Fashion; Peculiar manner. *Shaklin* شكل: Similitude; Likeness.

Shakilatun شكِلةٌ (*act. pic. f. sing.*): (17:86). ***Shaklin*** شكلٍ (*gen. n.*): (38:58). (L; T; R; LL)

Shakâ شَكا

شَكايَة، شَكاةً،شكوًا ؛يشكو

To complain, accuse, bewail. *Ashka* اشْكَ: To listen to the complaint, remove the cause of complaint, satisfy the complaint of anyone by. *Shakwatun* شكوةٌ: Small water-skin; Pillar on which a lamp is put. *Ishtakâ* اشتكى: To make a complaint VIII. *Mishkât* مِشكوٰة: Niche for a lamp in a wall; Pillar on

which a lamp is put.
Ashkû اَشكُوا (*imp.*). (12:86). ***Tashtakî*** تشتكِي (*imp. VIII*): (57:1). ***Mishkât*** مِشكوٰة (*n.*): (24:35). (L; T; R; Jawâlîqî; Mub'arrad; Khafâjî; Shifâ al-Ghalîl; Suhailî; LL).

Shamita شَمِتَ
شَماتَة ؛ يَشمُت

To rejoice at another's evil. *Ashmata* اشمت: IV. To cause to rejoice over another's evil.
LâTushmit لا تشمِتْ (*prt. neg. m. sing*): Make not (the enemies) to rejoice (over me) (7:150). (L; T; R; LL).

Shama<u>kh</u>a شَمَخَ
شمُوخًا ؛يَشمَخ

To be high and lofty. *Shâmi<u>kh</u>un* شامخٌ: That which is lofty and high. plu. *Shumma<u>kh</u>un* شُمّخٌ *f.* plu. *Shâmi<u>kh</u>âtun* شامخات.
Shami<u>kh</u>âtun شامخات (*act. pic. f. plu. acc.*): (77:27). Lofty; High; Tall. (L; T; R; LL).

Shamaza شَمَزَ
شَمزًا ؛يَشمُز

To feel aversion for, be seized with horror, feel disgust at, loathe a thing. *Ishma'azza* اِشمأزّ: XI. To shrink from, shrink with aversion, creep or contract with horror.
Ishma'azzat اِشمأزّت (*prf. XI.*): Shrinked with aversion (39:45). (L; T; R; LL).

Shamasa شَمَسَ
شَمسًا ؛يَشمَس

To be bright with sunshine, be glorious, be sunny. *Shamsun* شمْسٌ: Sun.
Shams شمس (n.): (L; T; R; LL).
This root is used in the Qur'ân as many as 33 times.

Shamala شَمَلَ/ Shamila شَمِلَ
شَملاً ؛يَشمُل ،يشمَل

To include, contain, comprehend. *Ishtamala* اشتمل: VIII. To contain, conceive, comprise. *Shimâl* شمال plu. *Shamâ'il* شمَائل: Left; Norths
Ishtamalat اشتملت (*prf. VIII.*): Contains. ***Shimâl*** شمال (*n.*): ***Shamâ'il*** شمائل (*n. plu.*): (L; T; R; LL).
The root with its above three forms has been used in the Holy Qur'ân about 15 times.

Shana'a شَنَأَ /Shani'a شَنِئَ
شنِأ ،شنة ،شُنا ،شِنأ ،مَشنًا ؛يَشنَا
شنانًا ،شقنا ،مشنُوءَةً ،مشناءَةً

To hate, loathe. *Shana'ânan*

شَنَأَنًا: Hatred; Insult; Adversity; Enmity; Hostility; Malice; Abhorring. *Shâniun* شانئٌ: Insulter; Enemy; Foe; Adversary; Antagonist. *Shân'ka* شانئك: Your Enemy.

Shana'ânun شنأنٌ (*n.*): (5:2,8). ***Shâniun*** شانئٌ (*act.pic. m. sing.*): (108:3). (L; T; R; LL).

Shahaba شَهَبَ
شَهبًا ؛يَشهَبُ

To burn, scorch, become of a colour in which whiteness predominates over blackness. *Shihâb* شهاب plu. *Shuhub* شُهُب: Flaming fire; Bright blaze; Bright meteor, Star; Penetrating flame; Shining star; Brisk; Sprightly; Flame; Brand; Radiating or gleaming fire; Shooting or falling star; Star or the like of a star that darts across the sky. *Shihâb al-herb* شهاب الحرب: Dauntless warrior; One who is penetrating sharp and energetic in a war.

Shihâb شهاب (*n.*): (15:18; 27:7; 37:10; 72:9). ***Shuhub*** شُهُب (*plu. of Shihâb*): (72:8). (L; T; R; LL).

Shahida شَهِدَ
شُهُودًا ؛يَشهَدُ

To be present with, bear witness that, bear testimony to a fact. *Shâhidun* شاهد plu. *Shuhûd* شهُود *Ashhâd* اشهادٌ *Shuhadâ'* شهداء *Shâhidûn* شاهدُون (*nom.*) *Shâhidîn* شاهِدِين (*acc., gen.*): One who is present, or who bears witness; Witness. *Shahâdat* شهادت: To testify; The act of bearing witness; Evidence; Taking of evidence; Testimony which is known, obvious, evident, clear, manifest, apparent, visible, explicit. *Mushhad* مشهد: Time or place of being present or of giving or hearing evidence; Meeting place. *Mashhûd* مشهُود: That which is witnessed. *Ashhad* اشهَدَ: IV.: To take as witness, call to witness, call upon anyone to be present at or to witness, cause evidence to be taken of. *Istashhada* استشهَدَ: X. To call as witness.

Shahida شَهِدَ (*prf. 3rd. p.m. sing.*): He bore witness, is present (2:185). ***Shahidû*** شَهِدُوا (*prf. 3rd. p.m. plu.*): They bore witness, have witnessed. ***Shahidtum*** شهدتم (*prf. 2nd. p.m. plu.*): You bore witness. ***Shahidnâ*** شهدنا (*prf. 1st. p. plu.*): We bore witness, witnessed. ***Yashhadu*** يشهد (*imp. 3rd. p.m. sing.*): He bears witness. ***Yashhadûna*** يشهدُون (*imp. 3rd. p.m. plu.*): They bear witness, witness. ***LiYashhadû*** لِيشهدُوا (*imp. 3rd. p.m. plu. el.*): That they witness. ***Tashhadu*** تشهَدَ (*imp. 3rd. p. f. sing.*): She will bear witness, called to witness.

Tashhadûna تشهدُون (*imp. 2nd. p.m. plu.*): You bear witness, witness. ***Nashhadu*** نشهدُ (*imp. 1st. p. plu.*): We bear witness. ***Ishhad*** اشهد (*prt. m. sing.*): Bear thou witness. ***Ishhadû*** اشهدُوا (*prt. m. plu.*): You bear witness. ***Lâ Tashhad*** لاتشهد (*prt. neg. m. sing.*): Do not bear witness. ***Ashhada*** اشهَدَ (*prf. 3rd. p.m. sing. IV.*): He made (them) bear witness. ***Ashhadtu*** اشهدتُ (*prf. 1st. p. sing. IV.*): I made witness. ***Yushhidu*** يشهدُ (*imp. 3rd. p.m. sing. IV.*): He calls to witness. ***Lâ Ashhadu*** لا اشهَدُ (*imp. 1st. p. sing. neg. IV.*): I do not bear witness. ***Ashhidû*** اشهدُوا (*prt. m. plu. IV.*): They have witnessed. ***Istashhadû*** استشهدُوا (*prt. m. plu. X.*): They call into witness. ***Shâhidun / Shâhidan*** شاهدٌ / شاهدًا (*acc./ act. pic. m. sing.*): A witness. ***Shâhidûn /Shâhidîn*** شاهدين/ شاهدُون (*acc. /act. pic. m. plu.*): Witnesses. ***Ashhâd*** اشهاد (*act. pic. m. plu.*): Witnesses. ***Shahîdan*** شهيدًا (*act. 2nd. pic. m. sing.*): Present; One who possesses much knowledge; Witness; Who gives ear; Headful. ***Shahî-dain*** شهيدَين (*n. dual*): Two witnesses. ***Shuhadâ'*** شهداء (*act. pic. m. plu.*): Witnesses; Martyrs. ***Mashhûdun*** مشهُودٌ (*prt. pic. m. sing.*): Witnessed. ***Mashhadun*** مُشهدٌ (*v. n.*) Meeting. ***Shahâdatun*** شهادةٌ (*v. n.*): Testimony. (L; T; R; LL)

The root with its above forms has been used in the Holy Qur'ân about 157 times.

Shahara شَهَرَ

شهْرًا؛ يَشهَر

To publish abroad; Divulge. *Shâhara* شاهرَ: To hire by the month. *Shahrun* شَهْرٌ: Month; Moon; New moon; Full moon. Its plu. is *Ashhurun* اشهَرٌ and *Shuhûrun* شهُورٌ and dual. *Shahrain* شهرَين.

Shahrun شَهْرٌ (*n.*): Month. ***Shahrain*** شَهرين (*n. dual.*): Two months. ***Shuhûr*** شهُور (*n. plu.*): ***Ashhurun*** اشهُرٌ (*n. plu.*): Months. (L; T; R; LL)

The root with its above four forms has been used in the Holy Qur'ân about 21 times.

Shahaqa شَهَقَ

شَهيقاً؛ يَشهَق، يَشهق

To draw in the breath while sighing. *Shahîqun* شهيقٌ *Shahîqan* شهيقًا: The drawing in of the breath of an ass while braying; Sigh; Roaring.

Shahîqun شهيقٌ (*nom. v. n.*): (11:106). ***Shahîqan*** شهيقًا (*acc. v. n.*): (67:7). (L; T; R; LL)

Shahâ شَهَا

شهْوةٌ؛ يَشهو

To desire, long for, covet.

Shahwatun شَهْو: Lust; Desire, plu. *Shahawât* شهوات. *Ishtahâ* اشتها:VIII. To desire, long for

Ishtahat اشتهت (*prf. 3rd. p. f. sing. VIII.*): She desired. ***Yashtahûna*** يشتهُون (*imp. 3rd. p. plu. VIII.*): They desire. ***Tashtahî*** تشتهي (*imp. 3rd. f. sing. VIII.*): She desires. ***Shahwat*** شَهوت (*n.*): Lust. ***Shahwât*** شَهْوات (*n. plu.*): Lusts; Passions. (L; T; R; LL)
The root with its above five forms has been used in the Holy Qur'ân about 13 times.

Shâba شابَ

شِيابًا ، شَوبًا ؛يَشُوب

To mingle, mix. *Shaub* شَوب: Mixture for drink; Drough.

Shaub شَوب (*n.*): (37:67). (L; T; R; LL)

Shâra شارَ

شَورًا ؛ يَشُور

To collect honey from the hive. *Shâra al-Dâbata* شار الدابة: To ride the beast in order to try it and ascertain its worth. To make a thing known, point to a thing, give a word of good counsel. *Shûrâ* شُورٰى: Consultation; Counsel; Council. *Shâwara* شاورَ : III. To consult. *Tashâwurun* تشاورٌ: VI. Consultation with one another; Mutual counsel. *Ashara* أشَرَ: IV. To make sign.

Shâwir شاوِرْ (*parate. m. sing. III.*): Consult (3:159). ***Tashâwurun*** تشاورٌ (*v. n. VI.*): Mutual counsel (2:233). ***Shûrâ*** شُورٰى (*n.*): Mutual Consultation (42:38). ***Ashârat*** اشارت (*prf. 3rd. p. f. sing. IV.*): She pointed (19:29). (L; T; R; LL)

Shâza شاظَ

شَوظًا ؛يَشُوظ

To abuse, gabbel swear words, use abusive language, brawl, hurl abuses. *Shuwâzun* شواظٌ: Smokeless blaze; Flame; Smoke; Intenseness of (fire, heat); Smoke; Heat of sun; Scream; Shriek; Screech; Vehement burning or thirst; Thirst for revenge; Pricking or pain (of disease). (L; T; R; 'Ubâb; LL).

Shuwâzun شواظٌ (*n.*): (55:35). Flame. (L; T; R; 'Ubâb; LL)

Shâka شاكَ

شَوكًا ؛يَشُوك

To prick, be sharp-pointed, show vigour. *Shaukatun* شوكة: Weapon; Power; Might; Spur. It is both n.v. from *Shâka* and the sing. of *Shouk* (thorn, spine, etc.).

Shaukat شَوكة (n.): Thorn; Arms equipped (8:7). (L; T; R; LL)

Shawâ شَوَى

شَيّاً ؛يَشوِي

To roast, scald, grill. *Shawan* شَوًى: Scalp; Skin of the head; Skin even to the extremities (of the body).

Yashwî يَشوِي (*imp. 3rd. p.m. sing.*): He scalds (18:29). ***Shawan*** شَوًى (*n.*): Skin to the extremities (70:16). (L; T; R; LL)

Shâ'a شَاءَ

شَيئًا ،مَشِيئاً ،مَشاءةً؛يَشاء

To will, wish. *Shaiun* شَيئٌ plu. *Ashyâ'un* اشياء: Thing; Matter; Affair in any way; At all; What is willed or wished; Aught; Any extent. In direct objective case it is often used to denote the meaning, "a little", "bit", "at all". Adverbialy it means "in any way", "at all".

Shâ'a شاءَ (*prf. 3rd. p.m. sing.*): He willed, wished. ***Shi'ta*** شِئْتَ (*prf. 2nd. p.m. sing.*): You willed. ***Shi'tuma*** شِئتما (*prf. 2nd. p.m. dual.*): You two wished. ***Shi'tum*** شِئتُم (*prf. 2nd. p.m. plu.*): You wished. ***Shi'nâ*** شِئنا (*prf. 1st. p.m. plu.*): We willed. ***Yashâ'u*** يشاءُ (*imp. 3rd. p. m. sing.*): He wills. ***Yashâ'ûna*** يشاءُون (*imp. 3rd. p.m. plu.*): They will. ***Tashâ'u*** تَشاءُ (*imp. 2nd. p.m. sing.*): Thou wills. ***Tashâ'ûna*** تشاءُون (*imp. 2nd. p.m. plu.*): You will. ***Ashâ'u*** اشاءُ (*imp. 1st. p. sing.*): I will. ***Nashâ'u*** نشاءُ (*imp. 1st. p. plu.*): We will. ***Shai'un / Shai'an*** شَيئٌ / شَيئًا, (*acc./ n.*): That he will; Thing. ***Ashyâ'*** اشياء (*n. plu.*): Things. (L; T; R; LL)

The root with its above forms has been used in the Holy Qur'ân about 519 times.

Shâba شَابَ

شَيبًا ؛ يَشِيب

To be hoary (hair); To grow old. *Shaibun* شَيبٌ: Hoariness. *Shiabatun* شَيبةٌ: Grey hair. *Shîbun* plu. of *Ashyabu* اشيَب:Hoary; Grey-headed.

Shîban شِيبًا (*acc. n. plu.*): (73:17). ***Shaiban*** شَيبًا(*acc. n.*): (19:4). ***Shaibatan*** شَيبةً (*n.*): (30:54). (L; T; R; LL)

Shâkha شَاخَ

شَيخًا ؛ يَشِيخ

To be old. *Shaikhun* شَيخٌ plu. *Shuyûkh* شُيُوخ:Old man; Aged; One advanced in years.

Shaikhun/Shaikhan شَيخ/شَيخًا (*nom./acc.n.*): Aged; One advanced in years (28:23; 11:72;

12:78). ***Shuyûkhan*** شيُوخ (*acc. n. plu.*): Aged; Old ones (4:67). (L; T; R; LL)

Shâda شادَ

شَيداً ؛ يَشِيد

To plaster or coat (a wall), raise (a building), fortify. *Mashîdun* مشِيدٌ: Plastered; Fortified; Lofty. *Mushayyadatun* مشيّدةٌ: Plastered; Build up on high; Lofty; Fortified.

Mashîdun مشِيدٌ (*pct. pic. m. sing.*): (22:45). ***Mushayyadatun*** مشيّدةٌ (*pis. pic. f. sing.*): (4:78). (L; T; R; Baidzawî; LL)

Shâ'a شاعَ

مَشاعًا ،شَيعاعًا ،شيُوعًا ،شَيعًا ؛يُشِيع

To be published abroad, divulge (news). *Shi'atun* شِعةٌ: Sect; Party. *Shiy'un* شِعيٌ and *Ashyâ'un* اشيعٌ: Fellows; Partisans; Men of the same persuation.

Tashî'u تشِيع (*imp. 3rd. p. f. sing.*): She spreads, circulates. ***Shî'atun*** شِيعةٌ (*n.*): Sect; Group; Party. ***Shi'yan*** شعى (*n. plu.*): Sects. ***Ashyâ'*** اشَياع (*n. plu.*): Gangs of people; Men of the same persuasion; Partisans. (L; T; R; LL).

The root with its above four forms has been used in the Holy Qur'ân about 12 times.

S̲âd

S̲ ص

It is the 14th letter of the Arabic alphabet. Its numerical value according to *H̲isâb Jummal* (use of the alphabetical letters according to their numerical value) is 90. It has no equivalent in English, in our system of transliteration it is written as s̲. It is of the category of *mahmûsah* مهموسه.

S̲âd ص

It is the name and initial letter of the 38th Chapter of the Holy Qur'ân. It is also the abbreviation of the word *S̲âdiq* صادق (Truthful).

S̲aba'a صَبَأَ

صُبُوءًا ؛ يصبو

To change one's religion, lead (a troop), rise (star), touch, wash. *S̲âbî* صابِي plu. *S̲âbiûn* صابئُون : The word refers to certain religious sects that were found in parts of Arabia and countries bordering it; People who lived near Mosel in Iraq and believed in one God and in all Divine Prophets. They claimed to follow the religion of Noah and were a Semi-Christian sect of Babylonia closely resembling the "Christians of St. John the Baptist". The probable derivation of the name is traced to the root meaning, those who wash themselves, and this is said to be corroborated by Arab writers who apply to them the name *Mughtasilah* مغتسله. The commentators have differed whether they were *Ahl al-Kitâb* - people of Scriptures or not. Ibn Kathîr, Ibn Jarîr and Qurtubî have quoted a few opinions. 'Omar and Ibn 'Abbâs from the Companions and Hasan of Basrâ from among The Tâbi'îns and the great Imam Abû Hanîfah count them among the peoples of Scripture and hold that marriage are allowed with them. They should not be confused with the Sabians mentioned by certain commentators of the Bible as people living in ancient Yaman. The idea that the Sabians were star-worshippers is to be rejected, the error being due to the Pseudo-Sabitians of Harran who chose to be known by that name in the reign of al-Mamûn, an 'Abaside Caliph in 830 A.D. in order to be classed as the Peoples of the Scripture.

Sâbi'ûn/Sâbi'în صابئين / صابئُون (*nom./ acc. pic. m. plu.*): (2:62; 22:17; 5:69; 38:1). (L; T; Ibn Kathîr; R; LL)

Sabb صَبّ

صَبّاً؛يَصُب

To pour out, be poured out. *Sabbun* صَبٌّ: The act of pouring, used as emphatic case, meaning heavy pouring. *Sabban* صَبّا: The act of pouring heavily.

Sabba صَبّ (*prf. 3rd. p.m. sing. assim.*): He poured, let loose (89:13). ***Sababna*** صببنا (*prf. 1st. p. plu. assim.*): We poured down (80:25). ***Yusabbu*** يُصبّ (*pip. 3rd. p.m. sing. assim.*): Will be poured down (22:19). ***Subbû*** صبّوا (*prt. m. plu. assim.*): You pour down (44:48). ***Sabban*** صبّا (*v. n. acc.*): In abundance. Used as emphatic case (80:25). (L; T; R; LL).

Sabaha صَبَحَ

تَصبِيحًا؛يَصبَح

To visit or greet in the morning. *Subhun* صُبحٌ / *Sabahun* صباحٌ / *Isbâhun* اصباحٌ: The morning. *Misbâhun* مِصباحٌ plu. *Masâbih* مصابيح: Lamp. *Sabbah* صبّح II.: To come to, come upon, greet, drink in the morning. *Asbaha* اصبَح: To enter upon the time of morning, appear, begin to do; To be, become, happen. *Musbih* مُصبح: One who does anything in, or enters upon the morning.

Sabbah صبّح (*prf. 3rd. p.m. sing. II.*): He overtook early in the morning. ***Asbaha*** اصبحَ (*prf. 3rd. p.m. sing. IV.*): He became, began. ***Asbahat*** اصبحت (*prf. 3rd. p. f. sing. IV.*): It became. ***Asbahtum*** اصبحْتم (*prf. 2nd. p.m. plu. IV.*): You became. ***Asbahû*** اصبحُوا (*prf. 3rd. p.m. plu. IV.*): They became. ***Yusbiha*** يصبحَ (*imp. 3rd. p.m. sing. IV. acc.*): He becomes. ***Tusbihu / Tusbiha*** تصبحَ / تصبحَ (*acc./ imp. 3rd. f. sing. IV.*): She becomes. ***Yusbihû*** يصبحُوا (*imp. 3rd. p.m. plu. VI. acc.*): They become. ***Yusbihunna*** يصبحنّ (*imp. 3rd. p.m. plu. IV. emp.*): They certainly will become. ***Tusbihû*** تصبحُوا (*imp. 2nd. p.m. plu. IV. acc.*): (That) you become. ***Tusbihûna*** تصبحُون (*imp. 2nd. p.m. plu. IV.*): You enter the morning. ***Subhu*** صُبْحُ (*n.*): Morning; Dawn. ***Sabâh*** صباح (*n.*): Morning; Dawn. ***Isbâh*** اصباح (*v. n.*): Daybreak. ***Musbihîna*** مصبحين (*ap-der.m.plu. IV. acc.*): When they rise at dawn. ***Misbâh*** مصباح (*n.*): Lamp. ***Masâbîh*** مصابيح (*n. plu.*): Lamps. (L; T; R; LL)

The root with its above forms has been used in the Holy Qur'ân about 45 times.

Sabara صَبَرَ

صَبْرًا؛ يَصْبِر

To bind, be patient or constant, endure patiently, steadily adhere to reason and command, restrain from what reason and law forbid, restrain from manifesting grief, agitation and impatience. The word being the contrary of *Jaz'a* (manifestation of grief and agitation). *Sabrun* صَبْرٌ: Patiently preserving; Bondage; Keeping oneself constrained to what reason and law requires; Withholding from that from which it requires to withhold. *Sâbirun* صابرٌ: One who is patient and constant; Patiently preserving. *Sabbâr* صبّار: Very patiently preserving; Constant. *Sâbara* صابرَ: III. To excel in patience. *Asbara* اصبر: IV. Very enduring. *Istabara* اصتبرَ: VIII. To be patient and constant.

Sabar صبر (*prf. 3rd. p.m. sing.*): He bore with patience. ***Sabarû*** صبرُوا (*prf. 3rd. p.m. plu.*): They bore patiently, patiently preserved. ***Sabartum*** صبرتم (*prf. 2nd. p.m. plu.*): You patiently preserved. ***Sabarnâ*** صبرنا (*imp. 1st. p.m. plu.*): We patiently preserved. ***Yasbir*** يصبِر (*imp. 3rd. p.m. sing. juss.*): He patiently perserves. ***Tasbiru*** تصبرُ (*imp. 2nd. p.m. sing. juss.*): You have patience. ***Tasbirûna/ Tasbirû*** تصبرُوا/تصبرُون, (*acc. / imp. 2nd. p.m. plu. juss.*): You will patiently preserve. ***Lan Nasbira*** لن نصبر (*imp. neg. 1st. p. plu.*): We will not at all remain content. ***Nasbiranna*** نصبرنّ (*imp. 1st. p. plu.*): We will surely endure patiently. ***Isbir*** اصبِر (*prt. m. sing.*): Preserve thou (in doing good); Bear patiently; Wait thou patiently. ***Isbirû*** اصبِرُوا (*prt. m. plu.*): Be patiently preserving. ***Sâbirû*** صابرُوا (*prt. m. plu. III.*): Strive to excel in being patiently preserving. ***Istabir*** اصطبِر (*prt. m. plu. sing.*): Be steadfast. ***Sabrun/Sabran*** صَبْرًا/ صَبْرٌ (*acc./ v. n.*): Patience. ***Sâbirûn/ Sâbirîn*** صابرين/صابرُون (*acc./ act. pic plu.*): Those who are calm and steadfast. ***Sâbiratun*** صابرةٌ (*act. pic. f. sing.*): Preserving one *f.* ***Sâbirât*** صابرات (*act. pic. f. plu.*): Preserving women. ***Asbara*** اصبرَ (*elative.*): How very enduring. ***Sabbâr*** صبّار (*ints. sing.*): Patiently preserving. ***Sâbiran*** صابرَ (*act. pic. m. sing. acc.*): Patient. (L; T; R; LL)

The root with its above forms has been used in the Holy Qur'ân about 103 times.

Saba'a صَبَعَ
صَبْعًا؛يَصبع

To point out with the finger. *Isba'un* صبعٌ (common gender plu. *Asâbi'* اصابع.): Finger ***Asâbi'*** اصابع (*n.plu.*): (2:19; 71:7). (L; T; R; LL)

Sabagha صَبَغَ
صِبغًا؛يَصبِغ،يَصبُغ،يَصبَغ

To dye, colour, baptize, dip, immerse, hue, assume the attribute, mode, mature, code of law, religion. *Sibghatun* صِبغةٌ: Dye; Religion; Nature; Attribute; etc. In the Holy Qur'ân (2:138) the attributes of God and His code of law is called God's *Sibghah* صِبغه. This word has been adopted there as a hint to Christians that the baptism of water does not effect any change in a person. It is *Takhalluq bi Akhlâq Allâh* that is the adoption of God's attributes and broad principle of faith bring about the real change in the mind and character. It is through this "baptism" that the new birth takes place. According to the Arabic usage sometimes when it is intended strongly to induce a person to do a certain thing the verb is omitted, as in 2:138 and only the object is mentioned. Therefore in the translation of that verse one must add such verb as *Khudhû* خُذوا i.e. assume, or adapt. *Sibghun* صِبغٌ: Condiment; Sauce; Relish; Savour.

Sibghun صبغٌ (*n.*): (23:20). ***Sibghatun*** صبغَةٌ (*n.*): (2:138). Hue; Attribute. (L; T; R; Zamakhsharî; LL)

Sabâ صبا

صُبُوّاً؛ يَصبُوا

To be inclined, yearn, long for, have childlike propensities, feel a youthful propensity. *Sabiyyan* صبِيّاً: Boy; Lad; Male child; Young boy.

Asbu أصْبُ (*imp. 1st. p. sing.*): I shall incline, yearn. (12:33). ***Sabiyyan*** صبيّاً (*n. acc.*): Young boy (19:12, 29). (L; T; R; LL)

Sahiba صَحِبَ

صَحابَةٌ،صُحبَةٌ؛ يَصحَبُ

To company, associate, be the friend of or companion to. *Sâhibun* صاحب: plu. *Sahbûn* صَحبُون and *Ashâbun* اصحاب: Companion; Associate; Possessor of any quality or thing; One in an intimate relation with anything; Fellow and showing any type of connection or link; Helper. *Sâhibatun* صاحبة: Spouse; Consort; Wife. *Sâhaba* صحابة: To bear company. *Ashaba* اصحَبَ: IV. To preserve, hinder, keep from, defend from (with *min*). *Yushabûn* يصحبُون: They will be accompanied. While illustrating the meaning of the word in verse 21:43. Râghib says it should mean: No help, peace, mercy, compassion or solace will be available to them from Allâh. All the forms derived from this root necessarily will contain the meaning of company.

Yushabûna يصحبُون (*pip. 3rd. p. m. plu.*): They shall receive help, shall be defended; Peace, mercy, compassion and solace will be available. ***Sâhib*** صاحب (*prt. m. sing.*): Keep company. ***Lâ Tusâhib*** لا تصاحب (*prt. neg. m. sing.*): Accompany not. ***Sâhibun*** صاحبٌ (*act. pic. m. sing.*): Companion; Comrade; Person showing any kind of link. ***Sâhibai*** صاحِبَي (*act. pic. m. dual.*): Two fellows. ***Sâhibatun*** صاحبةٌ (*act. pic. f. sing.*): Spouse; Wife; Consort. ***Ashâb*** اصحاب (*act. pic. m. plu. sing.* of *Sâhib* صاحب): Fellow; Companion. (L; T; R; LL)

The root with its above forms has been used in the Holy Qur'ân about 97 times.

Sahafa صَحَفَ

صَحفًا ؛ يَصحَف

To write or read, dig. *Sahfatun* صَحفةٌ plu. *Sihâf*: Hollow; Large dish. *Sahîfa* صَحِيفَ: Surface of the earth. *Sahîfatun* صحِيفة plu. *Suhuf* صُحُف: Heap of a book.

Suhufun صُحفٌ (*n. plu.* its sing. is *Sahfatun* صَحْفتٌ): Scriptures; Books. ***Sihâf*** صحاف (*n. plu.* of *Sahfatun* صَحَفةٌ): Bowls. (L; T; R; LL)

The root with its above two forms has been used in the Holy Qur'ân about 9 times.

Sakhkha صَخّ

صَخّاً؛ يَصُخ

To strike sound on the ear, strike (iron) upon (stones), deafen (the ears; noise), accuse (of great crime). *Sâkhkhatun* صاخّة: Deafening cry, shout or noise.

Sâkhkhatun صاخّة (*act. pic. f. sing.*): (80:33). (L; T; R; LL)

Sakhara صَخَرَ

صَخْرا ؛ يَصخَر

To be rocky (place). *Sakhrun* صَخْرٌ (*generic noun*.): Rocks. *Sakhratun* صَخْرةٌ: (*noun of unity*): Rock.

Sakhratun صخْرة (*n.*): (18:63; 31:16). ***Sakhrun*** صَخرٌ (*n. plu.*): (89:9). Rocks. (L; T; R; LL)

Sadda صَدّ

صَدّاً ؛ يَصُدّ

To turn away, divert, hinder, avert. *Sadîdan* صدِيدًا: To shun a thing, shrink from, raise, clamour, shout, cry aloud. *Saddun* صَدّ : The act of hindering, diverting or turning away from. *Sadîd* صَدِيد: Anything that is repulsive; Hot or boiling water. See also 37:67 where it is said that the evil doers will be given a mixture of boiling water.

Sadda صَدّ (*trans. assim. prf. 3rd. p.m. sing.*): He turned away. (*intrans.*): He hindered. ***Saddû*** صَدّوا (*prf. 3rd. p.m. plu.*): They hindered. ***Sadadnâ*** صَددنا (*prf. 1st. p. plu.*): We hindered. ***Sudda*** صُدّ (*pp. 3rd. p. m. sing.*): He was hindered. ***Yasuddûna/ Yasuddû*** يَصدّوا / يصُدّون (*acc./ imp. 3rd. p.m. plu.*): They are turning away. ***Yasiddûn*** يَصِدّون (*nom. imp. 3rd. p.m. plu.*): They start raising clamour. (Note the difference between ***Yasuddûna*** يصدّون with *dhammah* upon *Sâd* and with *Kasrah* under *Sâd*). ***Tasuddû*** تصُدّوا (*imp. 2nd. p.m. plu. acc.*): You hinder someone. ***Yasuddanna*** يصُدّنّ (*imp. 3rd. p. sing. emp.*): Let someone turn

thou away. ***Saddun*** صدًّا (*n.*): Hindering. ***S̲udûdun*** صُدُودٌ (*n.*): Turning away. ***S̲adîdun*** صديدٌ (*n.*): Boiling and repulsive water. (L; T; R; LL)
The root with its above forms has been used in the Holy Qur'ân about 42 times.

S̲adara صَدَرَ
صَدْرًا؛ يصدُر

To return from, come back, proceed, go forward, come to pass, happen, emanate from, strike on the chest, commence. *Sadrun* صدرٌ plu. *Sudûr* صدُور (common gender): Bosom; Chest; Breast; Upper part; Higher point; Mind; Heart; Prominent place. *As̲dara* أصْدَرَ: IV. To bring back, drive away, take away.
Yas̲duru يصْدُرُ (*prf. 3rd. p.m. plu. sing.*): Her will come forth. ***Yus̲diru*** يُصدِرُ (*imp. 3rd. m. sing. IV. acc.*): They depart, drive away. ***S̲adrun*** صدرٌ (*n.*): Heart; Breast. (L; T; R; LL)
The root with its above three forms has been used in the Holy Qur'ân about 46 times.

S̲ada'a صَدَعَ
صَدًا؛ يصدَع

To split, expound, cleave, profess openly, divide, cross, proclaim, promulgate aloud, declare openly, be affected with headache, manifest, make clear. *S̲ad'un* صَدْعٌ: Fissure. *S̲uddi'a* صُدِّعَ: To oppress with or suffer from headache. *Is̲s̲adda'a* اِصَدَّعَ: v. To be split up or divided. *Mutas̲addiun* متصَدِّعٌ: That which is cloven or splits in two. It is notable that *Yas̲addi'ûn* is the II. derived stem and passive imp. whereas *Yus̲s̲adi'ûn* يُصَدِّعُون (They will be affected with headache) with *Fathah̲* over *S̲âd* is of fifth derived stem and active imperfect. The latter is originally *Yatas̲adda'un*, but in the above mentioned form the *Tâ* is interchanged with *S̲âd* and assimilated with the following one. *Is̲da'* اِصدع: Proclaim. *S̲uddi'a* صُدِّعَ : To oppress with. *Mutas̲addiun* متصَدِّعٌ : That which is cloven or splits itself.
Yus̲adda'ûn يُصَدَّعُون (*pip. 3rd. p.m. plu. II.*): They will be affected with headache. ***Yas̲adda'ûn*** يَصَدَّعُون (*imp 3rd. p.m. plu. V*): They will be separated. (It is to be noted that *Yus̲adda'ûn* يُصَدَّعُون is of the II derived stem and passive imperfect while *Yas̲adda'ûn* يَصَدَّعُون is of the V stem and active imperfect and it is originally *Yatas̲addaûn* but in its abbreviated form the *tâ* is changed into *S̲âd* and is assimilated into the

next sâd and written with tashdîd). **Isda'** اصدع (*prt. m. sing.*): Declare openly. **Sad'un** صَدْعٌ (*v.n.*): Splitting; Bursting forth. **Mutasaddi'an** متصَدّعًا (*ap-der. m. sing. V. acc.*): Splitting asunder. (L; T; R; LL). The root with its above five forms has been used in the Holy Qur'ân about 5 times.

Sadafa صَدَفَ

صَدفًا ؛ يَصدَفَ

To turn away, shun aside, hinder, prevent, bar, prohibit. *Sadaf* صَدْف: Barrier; Bar; Obstacle; Obstruction; Hinderance; Restriction; Prevention; Interruption; Limitation; Prohibition; Check; Steep side of a mountain.

Sadafa صَدَفَ (*prf. 3rd. p.m. sing.*): He turned away (6:157). **Yasdifûna** يَصدِفُون (*imp. 3rd. p.m. plu.*): They turn aside (6:46, 157). **Sadafain** صَدفَين (*n. dual.*): Two barriers (18:96). (L; T; R; LL)

Sadaqa صَدَقَ

صِدقًا ؛ يَصدَق

To be truthful, true, sincere, speak the truth, establish or confirm the truth of what another has said, verify, keep faith, observe a promise faithfully, fulfill, speak veraciously, hold anyone as trustworthy.

Sadaqa fî al-Qitâli صدق في القتال :To fight gallantly. *Tsaddaqa* تصدّق: To give alms. *Sidqun* صِدقٌ: Truth; Veracity; Sincerity; Soundness; Excellence in a variety of different objects; Salubrious and agreeable; Favourable entrance; Praise. *Sâdiqun* صادقٌ: One who is true and sincere; One who speaks the truth. *Sâdiqah* صادقة: Perfect woman. *Sadaqah* صدق plu. *Saduqât* صدقات: Dowry. *Siddîq* صديق: Person who is trustworthy, sincere and occupies a position above all other believers. He is in a way possessor of the spiritual capacities of a Prophet and to be followed as an example as a person of prophetic knowledge. He is looked upon as the spiritual descendent of the Prophet. He is always the *Khalifah* or successor of the Prophet, reformer or *Shaikh*. After the death of prophets their missions are carried out by Siddiqs, as was Abû Bakr. *Qadama Sidq* قدم صدق: Strong and honourable footing, a footing of firmness, precedence of truthfulness, going forward with truth in words and deeds, with complete sincerity; Good deed having good result. *Saddaqa* صَدّق: To confirm, verify, fulfill, confirm the right as right and wrong as wrong. Confirming, verification and fulfilling of previous scriptures signify following: 1) The prophecies which they contain about the coming of some future Prophet or reformer. 2) Future revelations becoming true. 3) The teachings which they gave were true and the claims of those Books and Prophets about their Divine origin were true. When, however, the Holy Qur'ân uses the word in the sense of confirming and fulfilling of the prophecies contained in them it is followed by the proposition *Lâm* as in verse 2:41. Hence is the translation 'conforming the prophecies of the Scriptures which are already with you'. *S̲adaqatun* صدقة: Whatever is given and sanctified to God's service as alms. *As̲daqu* اصدقُ: More true. *Mus̲addiq* مصدّق: One who verifies, confirm or bear witness to the truth. *Tas̲addaq* تصدق: To give alms. *Muss̲addiq* مصدّق and *Mutas̲addiq* متصدّق: One who gives alms.

S̲adaqa صَدَقَ (*prf. 3rd. p.m. sing.*): He spoke the truth, declared the truth. ***S̲adaqat*** صَدقت (*prf. 3rd. p. f. sing.*): She spoke the truth. ***S̲adaqû*** صَدقُوا (*prf. 3rd. p.m. plu.*): They told truth, proved truthful. ***S̲adaqta*** صَدقتَ (*prf. 2nd. m. sing.*): Thou told the truth. ***S̲adaqnâ*** صَدَقنا (*prf. 1st. p. plu.*): We fulfilled. ***S̲addaqa*** صَدّقَ (*prf. 3rd. p.m. sing. II.*): Verified; Judged correctly; Accepted the truth; Believed; Proved true. ***S̲addaqat*** صَدّقت (*prf. 3rd. p. f. sing. II.*): She testified, declared her faith in. ***S̲addaqta*** صَدّقتَ (*prf. 2nd. p.m. sing. II.*): Thou fulfilled. ***Yus̲addiqu*** يُصدِّق (*imp. 3rd. p.m. sing. II.*): He confirms; Bears (me) out. ***Yus̲addiqûna*** يَصدّقون (*imp. 3rd. p.m. plu. II.*): They testify, accept the truth. ***Tus̲addiqûna*** تَصدّقُون (*imp. 2nd. p.m. plu. II.*): You realize the reality of, admit the truth. ***Tas̲addaqa*** تَصدّقَ (*prf. 3rd. p.m. sing. V.*): He chooses to forego (and gave as charity). ***Tas̲addaqû*** تَصَدّقُوا (*imp. 3rd. p.m. plu. V. acc.*): You choose to forego (and give as charity). Its original form is *Tatas̲addaqûna* تَتَصَدّقونَ whereby the final *Nûn* is dropped due to accusative case. The first *Tâ* is also dropped, as it is usual to the fifth derived stem in imperfect form.) ***Tas̲addaq*** تَصَدّق (*prt. m. sing. V.*): Be charitable, show us charity. ***Yass̲addaqû*** يَصّدّقوا (*imp. 3rd. p.m. plu. V. acc.*): They forego, remit as a charity. ***Ass̲addaqa*** اصدّقَ (*imp. 1st. p. sing. V. acc.*): I would have given alms. ***Nass̲addaqanna*** نصدّقنّ (*imp. 1st. p. plu. V.*): We will surely give alms. ***S̲idqun/ S̲idqan*** صِدقٌ / صِدقًا (*acc./n.*):

Truthfullness. ***S̲âdiqun/S̲âdiqan*** صادقًا / صادِقٌ (*acc./ act. pic. m. sing.*): True; Truth-teller; Truthful. ***S̲âdiqûn/S̲âdiqîn*** صادِقون/ صادِقين (*acc./ap-der. m. plu.*): Truthful ones. ***S̲âdiqât*** صادقات (*ap-der. f. plu.*): Truthful women. ***S̲adaqatin/S̲adaqatan*** صدقة / صدقتًا (*acc./gen. n.*): Charity; Alms. ***S̲adaqât*** صدقات (*n. plu.*): Charities; Alms. ***S̲aduqât*** صدُقات (*n. plu.* of ***S̲aduqatun*** صدُقةٌ): Dowries. plu. *S̲adîqun* صادقٌ (*act. 2nd. pic. m. sing.*): Friend. ***As̲daqu*** اصدَقُ (*m. sing.* elative.): More truthful than. ***S̲iddîqun*** صدّيق (*m. sing. ints.*): Man of truth and veracity. ***S̲iddîqatun*** صَدّيقة (*f. sing. ints.*): Woman of high truthful and veracity. ***S̲iddîqûna/S̲iddîqîna*** صدِيقونَ/ صديقِينَ (*gen./m. plu. ints.*): Truthful ones. ***Mus̲addiqun/ Mus̲addiqan*** مصَدّقًا / مصدّق, (*acc./ap-der. m. sing. II.*): Fulfilling; Confirming one. ***Mus̲addiqîn*** مصَدّقين (*ap-der. m. sing. II. gen.*): Confirming one. ***Mutas̲addiqîna*** متصدّقِين (*ap-der. m. plu. acc. gen. V.*): Alms givers; Charitable ones. ***Mus̲addiqîna*** مصَدّقِينَ (*ap-der. m. plu. acc. V.*): Alms-givers; Charitable ones. ***Mutas̲addiqât*** متصدّقات (*ap-der. f. plu. V.*): Almsgiver women. ***Mus̲addiqât*** مصدّقات (*ap-der. f. plu. V.*): Almsgiver women. ***Tas̲dîqun*** تَصديق (*v. n.*): Confirmation. (L; T; R; LL)

The root with its above forms has been used in the Holy Qur'ân about 155 times.

S̲ada صَدى

صَدًا؛ يَصدُوا

To clap the hands, receive with honour, applaud, pay attention, address, direct one's regard or attention or mind, incline.

Tas̲addâ تَصَدّىٰ (*imp. 2nd. p.m. sing. V.*) (80:6). Thou a bluntest. ***Tas̲diyatun*** تصدية v.n. (8:35). Clapping. (L; T; R; LL)

S̲arah̲a صَرَح

صَرحًا ؛ يَصرَح

To make manifest; explain, clarify. *S̲arh̲un* صَرح: Palace; High tower; Lofty structure; Castle.

S̲arh̲un/S̲arh̲an صرحًا / صَرح (*acc./n.*): Palace. (27:44; 28:38; 40:36). (L; T; R; LL)

S̲arak̲h̲a صَرَخ

صَريخا، صُرخا ؛ يَصرُخ

To cry out loudly, cry for help, shout for succour. *S̲arîk̲h̲un* صريخٌ: One who renders help. *Mus̲rik̲h̲in* مُصرخ: (*IV.*) Same as *S̲arîk̲h̲un*. *Is̲tarak̲h̲* اصطرخ: VIII. (for *Is̲tarak̲h̲a*): To cry aloud. *Istas̲rak̲h̲a* إستصرخ: X. To implore for help or assistance.

Yastarikhûna يصطرِخُون (*imp. 3rd.p.m.plu. VIII.*): They will be shouting, will clamour for help (35:37). ***Yastasrikhu*** يستَصرخُ (*imp. 3rd. p.m. sing. V.*): He is crying for succour (28:18). ***Musrikhin*** مُصرخ (*ap-der. m. sing. gen. II.*): One who succours (14:22). ***Musrikhiyya*** مُصرخِيّ (comb. *Musrikh* مصرخ *Nûn* dropped + *yâ.*): Those who succour me (4:22). ***Sarîkhun*** صريخ (*v. n. acc.*): Cry for help. It also means response for the shout for help (36:4). (L; T; R; LL)

Sarra صَرَّ
صَرًّا ؛ يَصِرُّ

To resolve, persist, persever in. *Asarra* اصرّ: *(IV)*. To be obstinate, persist obstinately. *Asarrû* اصرّوا: They persisted. *Sirrun* صِرّ: Intense cold. *Sarratin* صرّة: Moaning; Vociferating.

Asarrû اصَرّوا (*prf. 3rd. p.m. plu. assim. IV.*): They persisted (71:7). ***Yusirru*** يصِرّ (*imp. 3rd. p.m. sing. assim. IV.*): He persists (45:8). ***Yusirrûna*** يُصِرّون (*imp. 3rd. p.m. plu.*): They persist (56:46). ***Sirrun*** صِرٌّ (*n.*): Intense cold (3:117). ***Sarratin*** صَرّة: (*n. gen.*): Moaning; Extremely embarrassed; Vociferating (51:29). (L; T; R; LL)

Sarsara صَرْصَرَ
صَرصَرًا ؛ يصَرْصَر

This is a quadriliteral verb, derived from *Sarra* صَرَ : To cry out, make a chattering noise (as a green woodpecker). *Sarsarun* صَرْصَرٌ: Loud roaring and furious wind; Blast of cold wind; Vehement wind; Raging, furious and intense cold (wind). (L; T; R; LL)

Sarsaran/Sarsarin صَرْصَرٍ/صرصرًا (*acc./gen. n.*): Furious.

Sirât صِراط

A path which is even, wide enough and can be trodden without difficulty; Way that is straight so that all parts of it are in orderly array and are properly adjusted to one another. The Arabs did not regard a way as Sirât until it comprises the following five prominent features: 1) Rectitude. 2) Leading surely to the objective. 3) Being the shortest. 4) Being broad in width for travellers. 5) To determine as the road to the goal in the eyes of the wayfarers. It is also written with *Sîn*. (L; T; R; LL).

Sirâtun/Sirâtan صراطًا / صِراطٌ (*acc./nom.n.*): Right path. The word has been used in the

Holy Qur'ân about 45 times.

S̲ara'a صَرَعَ
صَرعًا ؛ يَصرَعُ

To stick down, prostrate, fling. *S̲ar'â* صَرْعا: Lying or thrown prostrate; Fallen down.

S̲ar'â صَرْعا (*n. plu.*): (69:7). (L; T; R; LL)

S̲arafa صَرَفَ
صَرْفًا ؛ يَصرَفُ

To turn away, divert, avert, propound, set forth, vary. *S̲arfun* صرفٌ: Act of averting, etc. *Mas̲rifun* مَصْرفٌ: Place to turn to; Refuge. *Mas̲rûfun* مصرُوفٌ: Averted. *S̲arrafa* صَرَّفَ *(II)*. To explain. *Tas̲rîf* تصريف : Change (of wind). *Ins̲arafa* انصَرَفَ: *(VII)*. To turn aside.

S̲arafa صَرَفَ (*prf. 3rd. p. m. sing.* with *'An*): He turned away, averted. ***S̲arafnâ*** صرفنا (*prf. 1st. p. plu.*): We turned towards. ***Yas̲rifu*** يصرفُ (*imp. 3rd. p.m. sing.*): He averts. ***Tas̲rîf*** تَصريف (*imp. 2nd. p.m. sing. juss.*): Thou turn away. ***As̲rifu*** اصرفُ (*imp. 1st. p. sing.*): I shall turn away. ***Nas̲rifa*** نصرفَ (*imp. 1st. p. plu.*): We turn away. ***S̲urifat*** صُرِفت (*pp. 3rd. p. f. sing.*): She would be turned to. ***Yus̲raf*** يُصرَفَ (*pip. 3rd. p.m. sing. juss.*): Is averted from. ***Yus̲rafûna*** يُصرفُون (*pip. 3rd. p.m. plu.*): They are turned away. ***Tus̲rafûna*** تصرفُون (*pip. 2nd. p.m. plu.*): You are turned away. ***Is̲rif*** أصرف (*prt. m. sing.*): Avert! Turn! ***S̲arrafnâ*** صَرّفنا (*prf. 1st. p. plu. II.*): We variously propounded, explained in variety of forms. ***Nus̲arrifu*** نصَرِّف (*imp. 1st. p. plu. II.*): Explain in variety of forms. ***Ins̲arafû*** انصَرَفُوا (*prf. 3rd. p.m. plu. VII.*): They turned away. ***Mas̲rûfan*** مصرُوفًا (*pct. pic. m. sing. acc.*): Avertible. ***S̲arfan*** صرفًا (*v. n. acc.*): Diversion; Averting. ***Mas̲rifan*** مصْرفًا (*n. acc.* for place and time): Escape; Way for aversion. ***Tas̲rîf*** تصريف (*v.n. II.*): Turning about. (L; T; R; LL)

The root with its above forms has been used in the Holy Qur'ân about 30 times.

S̲arama صَرَمَ
صرمًا ؛ يَصرَم

To cut off, reap, pluck, be broken, gather (fruit), trim. *S̲ârim* صارِم: One who cuts or gathers (fruit). *S̲arîm* صريم: Garden whose fruit has all been cut; Dark night as though it were burnt up and black.

Yas̲ramunna يَصرمُنّ (*imp. 3rd. p.m. plu. emp.*): Surely they will pluck all its fruit (68:17). ***S̲ârimin*** صارمٍ (*act. pic. m. plu. acc.*): Those who are pluckers (68:22). ***S̲arîm*** صريم (*act. 2 pic. sing. gen.*):

Plucked (68:20). (L; T; R; LL)

S̲a'ida صَعِدَ

صَعْدًا ؛ يَصعد

To ascend, mount, run, move with quick steps faster than when walking, go up, be hard (affair). *S̲a'adun* صَعْدٌ: Severe; Vehement; Overwhelmingly stern (punishment). *S̲aûdun* صعُودًا: Calamity; Torment. *As̲'ada* اصعَدَ: IV. To mount up. *S̲a'îdan* صعِيدًا: Soil; Earth; Surface of the earth; Elevated land.

Yas̲'adu يصعَدُ (*imp. 3rd. p.m. sing.*): He goes up, ascends. ***Tus̲'adûna*** تَصعدُون (*imp. 2nd. p.m. plu. IV.*): You are going hard and far. ***Yus̲''adu*** يُصعّد (*imp. 3rd. p.m. plu. VIII.*): He was climbing up. ***S̲a'adan*** صعدًا (*n. acc.*): Overwhelmingly stern. ***S̲a'ûdan*** صعُودًا (*n. acc*): Increasingly overwhelming torment. ***S̲a'îdan*** صعِيدًا (*n. acc.*): Dust; Barren soil. (L; T; R; LL) The root with its above forms has been used in the Holy Qur'ân about 9 times.

S̲a'ira صَعِرَ

صَعَرًا ؛ يَصعر

To turn (the face), have (the face) distorted. *S̲a'ara* صَعْرَ: II. To make wry face.

Lâ Tus̲a''ir لا تصَعِّر (prt. neg. 1. II.): Do not turn away. (31:18). (L; T; R; LL)

S̲a'iqa صَعِقَ

صَعقًا ؛يَصعَق

To smite or strike (lightning, thunderbolt), swoon, become unconscious, be stunned, faint. *S̲a'iqun* صَعِقٌ: One in a swoon. *S̲â'iqatun* صاعقةٌ: plu. *S̲awâiq* صوائق: Stunning noise as of a thunderbolt; Vehement cry; Thunderbolt; Thunderclap; Destructive calamity; Death; Noise.

S̲a'iqa صَعِقَ (infinitive): To fall into a swoon on hearing a vehement sound. ***Yus̲'aqûna*** يصْعَقُون (*pip. 3rd. p. m. plu.*): They shall be swooned. ***S̲â'qatun*** صَعْقَةٌ (*act. pic. f. sing.*) Thunderbolt (of punishment). ***S̲awâ'iq*** صوائق (*n. plu.*): Thunderbolts. ***S̲a'iqan*** صائقًا (*n. adj. acc.*): Thunderstruck. (L; T; R; LL) The root with its above five forms has been used in the Holy Qur'ân about 11 times.

S̲aghura صَغُرَ/S̲aghira صَغِرَ

صَغرًا ؛ يَصغر

To be small, little. *S̲âghirun* صَغِرٌ: One who is small, little, subdued or abjected one, or in a state of subjection. *S̲aghîr* صَغير: Small. *As̲ghar* اصغر:

Smaller. *Saghâr* صَغار: Vileness; Contempt; Humiliation.

Sâghirûna/Sâghirîna صاغِرُون/صاغرِين (*acc. /gen. act. pic. m. plu.*): Subject ones. ***Saghîran/Saghîrin*** صَغِيرٍ/صغيراً *(acc./gen. act. 2 pic. m. sing.)*: Small. ***Saghîratan*** صَغيرةً *(act. 2nd. pic.f. sing. acc.)*: Small. ***Asghar*** أصْغَر (elative): Less than; Smaller than. ***Saghârun*** صَغارٌ (*v.n.*): Humiliation. (L; T; R; LL)

The root with its above forms has been used in the Holy Qur'ân about 13 times.

Saghâ صَغَا/Saghiya صَغِيَ
صَغيًا؛ يَصغوا

To incline, lean, pay attention, give ear, hearken.

Saghat صَغَتْ (*prf. 3rd. p. f. sing.*): She inclined (66:4). ***Li Tasghâ*** لِتَصغَى (*imp. 3rd. p. f. sing. el.*): With the result that they are inclined (6:113). (L; T; R; LL)

Safaha صَفَحَ
صَفحًا؛يَصفَح

To pardon, forgive, overlook, avoid, turn one's self away, repel, put out, go off. *Safhun* صَفحٌ: Pardon. *Safhan* صَفحًا (*v.n.*): Turning away; Avoidance. The phrase in the verse 43:5 is taken from a rider's striking his beast with his stick when he desires to turn it from the course that the beast is pursuing. It thus signifies avoidance of something

Yasfahû يَصفَحُوا (*imp. 3rd. p. m. plu.*): They forbear (the offence); Pardon; Forgive. ***Tasfahû*** تصفَحُوا (*imp. 2nd. p. m. plu. juss.*): You forbear. ***Isfah*** اِصفَح (*prt. 2nd. p. m. sing.*): You pardon. ***Safha*** صَفْح (*v.n.*): Turn away. ***Isfahû*** إصفَحُوا (*prt. 2nd. p.m. plu*); You forbear, pardon. ***Safhan*** صَفحًا (*v.n.*): Turning away; Avoidance. The phrase in 43:5 is taken from a rider's striking his beast with his stick when he desires to turn the beast away from course. It signifies avoidance from something. (L; T; R; LL)

The root with its above forms has been used in the Holy Qur'ân about 8 times.

Safada صَفَدَ
صَفْدًا ؛يَصفَد

To bind, fetter. *Asfâd* اصفاد plu. of *Safdun* صَفَدٌ: Fetters; Chains; Favour or gift bestowed on someone because it binds the receiver to the giver.

Asfâd اصفاد (*n. plu.*): Chains (14:49; 38:38). (L; T; R; LL)

S̲afara صَفَرَ
صَفرًا ؛ يَصفر

To dye or paint yellow. *S̲afrâ'un* صفراءٌ *f.* of *As̲faru* اصفر *plu. S̲ufrun* صُفرٌ: Yellow; Tawny. *Mus̲farun* مصفرٌ: IX. That which is or becomes yellow and pale.

Mus̲farran مُصفَرّاً (*ap-der. m. sing. acc.*): Yellow (30:51; 39:21; 57:20). ***S̲afrâ'u*** صَفراءُ (*n. f.*): Fawn of colour (2:69). ***S̲ufrun*** صُفرٌ (*n. plu.*): Tawny (77:33). (L; T; R; LL)

S̲afs̲afan صَفصَفًا

Gurd; Level plain.

S̲afs̲afan صَفصَفًا (*acc. n.*): (20:106). (L; T; R; LL)

S̲affa صَفّ
صَفّاً ؛ يَصفّ

To set in order, array, arrange in a row or rank, extend and spread the wings in flying. *S̲affun* صفٌّ: Row; Rank. *S̲affan* صفّا: In order; In line (of battle). *S̲âffun* صافٌّ: Extending its wings. *S̲awâffun* صوافّ plu. of *S̲âffatun* صافّةٌ: Camels standing with their forefeet in line or with three feet on the ground and one forefoot tied up. *Mas̲fûf* مَصفُوف: Arranged in order.

S̲âffûna صافّون (*act. pic. m. sing. assim.*): Ones who stand ranged in rows. ***S̲affât*** صفّات (*act. pic. f. plu. gen.*): Those who stand ranged in rows. Those (birds) who spread out wings (in flight). ***S̲awâffa*** صوافّ (*n. plu. acc.*): Stand (drawn up) in lines. ***Mas̲fûfatun/Mas̲fûfatin*** مصفُوفةٌ / مصفُوفة (*acc./gen. pact. pic. f. sing.*): Ranged in parallel rows. ***S̲affan*** صَفّاً (*n. acc.*): Rank; Row. (L; T; R; LL)

The root with its above forms has been used in the Holy Qur'ân about 14 times.

S̲afana صَفَنَ
صَفنًا ؛يَصفَن

To stand on three feet - as a horse- with the toe of one of the hind feet just touching the ground. *S̲afinât* صَفنات: Horses standing as above; Well-bred coursing horses.

S̲âfinât صَٰفِنٰت (*act. pic. f. plu.* Its sing. is *S̲âfin* صاف): (38:31) The expression signifies steed of the noblest breed and swift of foot. (L; T; R; LL)

S̲afâ صَفى
صَفًا ؛يَصفِ

To be clear, pure, take the best of. *Mus̲affan* مصفّيً: II. f. Clarified. *As̲fâ* اصفى: To choose in preference to, grant to another a preference in the choice of anything. *Is̲tafâ* اصطفىٰ: To choose, take the best of. *Mus̲tafâ* مُصطفىٰ: Chosen one; Best and chosen one. *S̲afâ* صَفا: Name of a hillock or eminence in Makkah near Ka'bah. *S̲afwân* صَفوان plu. of *S̲afwânatun*: Hard stones; Rocks. *La tandâ S̲afâtuhû*: He never gives a thing.

As̲fâ اَصْفیٰ (*prf. 3rd. p. m. sing. IV.*): He favoured. ***Is̲tafâ*** اصطفىٰ (*prf. 3rd. p.m. sing. VIII.*): He has chosen. ***Is̲tafaitu*** اصطفَيتُ (*prf. 1st. p. sing. VIII.*): I have chosen. ***Is̲tafaina*** اصطفَينا (*prf. 1st. p. plu. VIII.*): We have chosen. ***Yas̲tafî*** يصطفي (*imp. 3rd. p.m. sing. VIII.*): He chooses. ***Mus̲affan*** مصفًّى (*pis. pic. m. sing.*): Pure; Clarified. ***Mus̲tafaina*** مصطفَين (*pis. pic. m. plu.*): Selected ones. ***S̲afâ*** صفا (*n.*): A small eminence in the Holy City of Makkah very near to Ka'bah. ***S̲afwân*** صَفوان (*n.*): Smooth rock. (L; T; R; LL)

S̲akka صَكّ
صَكًّا ؛ يَصُكّ

To strike upon, slap, smite.

S̲akkat صَكّت (*prf. 3rd. p. f. sing.*): She smote (51:29). (L; T; R; LL)

S̲alaba صَلَبَ/S̲aliba صلب
صَلْب ، صَلابَة ، صَلبًا ؛ يَصلب

To put to death by crucifixion, extract marrow from bones. *S̲alb* صَلب: A well known way of killing; Crucifying. *S̲alabahû* صَلَبَه: He put him to death in a certain well known manner; He crucified. *As̲lâb* اصلاب: plu. of *S̲ulbun* صُلبٌ: Backbones; Loins. *Maslûb* مَصلوب crucified. *Salîbun* صليب : Put to death in a certain well known manner. It is not mere hanging on a cross. Jesus was hanged on a cross but not put to death, in other words his death did not occur while he was hanging on a cross.

Mâ S̲alabû ماصلبُوا (*prf. 3rd. p.m. plu. neg.*): They did not cause (his) death by crucification. ***Yus̲labu*** يُصلبُ (*pip. 3rd. p.m. sing.*): Will be crucified till death. ***Yus̲allabû*** يُصلّبُوا (*pip. 3rd. p.m. sing. II.*): They will be crucified till death. ***Us̲allibanna*** أُصلِّبَنّ (*imp. 1st. p. sing. II.*): I will surely crucify till death. ***S̲ulb*** صُلب (*n. gen. sing.*): Loin. ***As̲lâb*** اصلاب (*n. plu.*): Loins. (Muh̲kam; Qâmûs̲; L; T; R; LL) The root with its above forms has been used in the Holy Qur'ân about 8 times.

S̲alah̲a صَلَحَ/S̲aluh̲a صَلُحَ
صُلحًا ؛ يَصلح

To be right, good, honest, upright, sound, righteous, suit, fit. *As̲lah̲a* اَصلح: To set a thing aright, reform, do good.

Sâlihun صالحٌ: One who is or that which is good, sound, free from blemish, perfect, upright, righteous, fit, suiting. *Sâlih* صالحْ: Name of the Prophet sent to the tribe of Thamûd see Thamûd. *Sâlihât* صالحات: Good works; Fit and suiting deeds. *Aslaha* اصلح: IV. To make whole sound, set things right, effect an agreement between, render fit. *Islâh* اصلاح: Uprightness; Reconciliation; Amendment; Reformation. *Muslihun* مصلحٌ: Reformer; One who is upright; Righteous; A person of integrity; Peacemaker; Suitable.

Salah صَلَح (*prf. 3rd. p.m. sing.*): Righteous and fit. **Aslaha** أصلحَ (*prf. 3rd. p.m. sing. IV.*): He amends, reforms the conduct, sets things right, brings about reconciliation, improves. **Aslahû** أصلحُوا (*prf. 3rd. p.m. plu. IV.*): They amended their conduct in future. **Aslahnâ** أصلحنا (*prf. 1st. p. plu. IV.*): We cured. **Aslahâ** اصلحا (*prf. 3rd. p.m. dual.*): They both amended. **Yuslihu** يصلحُ (*imp. 3rd. p.m. sing. IV.*): He rectifies, corrects, sets right. **Yuslihâ** يصلحا (*imp. 3rd. p.m. dual acc. IV.*): They both effect reconciliation, may be reconciled (amicably). **Yuslihûna** يصلحُون (*imp. 3rd. p.m. plu. IV.*): They rectify, set a thing in order (to promote security and peace). **Tuslihû** تصلحُوا (*imp. 2nd. p.m. plu. acc. gen. IV.*): You make peace, reconciliation, set affairs right, **Sâlihun/ Sâlihan** صالحٌ / صالحًا (*nom. / acc. act. pic. m. sing.*): Good; Righteous; Fit. **Sâlih** صالح (prop. name): **Sâlihain** صالحَين (*act. pic. m. dual gen.*): Two righteous ones. **Sâlihûna/Sâlihîna** صالحين / صالحُون (*nom./acc. act. pic. m. plu.*): Good and righteous one. **Sâlihât** صالحات (*act. pic. f. plu.*): Righteous women; Righteous deeds. **Muslih** مصلح (*ap-der. m. sing. IV.*): Right doer. **Muslihûna/Muslihîna** مصلحين/مصلحُون (*acc./gen. ap-der. m. plu. IV.*): Right doers. Rectifiers. **Sulhun/Sulhan** صُلحٌ/ صلحًا (*nom./acc. v.n.*): Reconciliation. **Islâhun/Islâhan** اصلاحٌ/ اصلاحًا (*nom./acc.*): Reconciliation. **Islâhin** اصلاح (*gen.*): Reconciliation; Setting good. (L; T; R; LL)

The root with its above forms has been used in the Holy Qur'ân about 179 times.

Salada صَلَدَ

صَلدًا ؛ يَصلد

To be hard, bare and smooth. *Saladal zand* صلد الزند: The material meant for producing fire gave out a sound but no spark. *Saladal ardzu* صلد الارض: The earth became hard. Saladal Sâ'ila صلدالسائل: He turned away the begger without giving him anything. Saldun صلدٌ: Hard; Rock or piece of ground which is hard and smooth and grows nothing.

Saldan صلداً (*acc. n.*): (2:264). (L; T; R; LL)

Salla صلّ

صلاّ؛يَصلّ

To resound, clash, be dried up. Sallatun صلّةٌ: Sound; Clank; Dry earth. Salsâl صلصال: Dry ringing clay; Sounding clay; Dried clay that emits a sound (when it is struck). Thus Salsâl is stated to have evolved out of *Hama'* (dark slime or dark fetid mud while the participated adjective *Musnûn* which qualifies this noun denotes both altered in its composition and brought into shape

Salsâl صَلصال(*gen. n.*): (15:26,28; 25:33; 55;14). (Râzî; L; T; R; LL)

Salâ صلا

صلوًا؛يصلو

Its root is *Sâd, Lâm, Wâw* and not *Sâd, Lâm, Yâ*. To hurt in the small of the back, have the center of the back bent in. *Salât*: Prayer; Supplication; Place of prayer; Place of worship; Mosque, Blessing, Mercy; Benediction. Its plu. is *Salawât*. *Musallâ*: Place of prayer or worship.

Sallâ صلّى (*prf. 3rd. p.m. sing. II.*): He prayed. ***Yusallî*** يصلّي (*imp. 3rd. p.m. sing. II.*): He is praying, sends blessings and benediction and pray. ***Yusallûna*** يصلّون (*imp. 3rd. p. m. plu. II.*): They send their blessings. ***Lam Yusallû*** لم يصلّوا (*imp. 3rd. p.m. plu. neg. II.*): They have not prayed. ***Yusallû*** يصلّوا (*imp. 3rd. p.m. plu. II.*): They should pray. ***Salli*** صلّ (*prt. m. sing. II*): Thou pray. ***Sallû*** صلّوا (*prt. m. plu. II.*): You send blessings. ***Lâ Tusalli*** لا تصَلّي (*prt. neg. m. sing.*): Thou pray not (over). ***Musallîna*** مصلّين (*ap-der. m. plu. II. acc. gen.*): Those who pray. ***Musallâ*** مصلّى (*n.* for place): Place for prayer; Center; Place to face towards it during prayer. ***Salât*** صلاة (*n.*): Prayer; Worship. ***Salawâtun/Salawâtin*** صلوات/صلوات (*nom./gen.n. plu.*): Prayers; Blessings; Synagogues. (L; T; R; LL)

The root (with *Wâw*) has been used, with its above forms in the Holy Qur'ân about 99 times.

Salâ صَلى

صليًا، يَصلِي

To warm at the fire, endure

the heat of fire, put a thing near or upon the fire, roast. *Tasallâ* تَصلّى: To straighten a stick in the fire, warm at the fire. *Sâlin* صالين: One who suffers the pain of being roasted. *Siliyyun* صليًا: Roasting. *Sallâ* صلّى: To cause to be burnt, submit to the action of fire. *Tasliyatun* تَصلية: Burning. *Aslâ* اصلى (*IV.*): To cast into the fire to be burnt. *Sâli* صال: Going to enter the fire. *Istalâ* اصطلى for *Istala* اصطلى (*VIII.*): To be warmed at the fire.

All forms of the root (*VIII.*) *Ifta'la* are intransitive and both (*IV.*) (*VIII.*) stem have been used in the Holy Qur'ân. The (*VIII.*) derived stem *Tastalûna* تصطلون has been used in the Holy Qur'ân twice only (27:7; 28:29) and not in context of punishment but in the meaning of getting warm.

Yaslâ يَصلى (*imp. 3rd. p.m. sing.*): He shall enter (a blazing fire), will roast. ***Yaslauna*** يصلون (*imp. 3rd. p.m. plu.*): They shall burn. ***Taslâ*** تصلى (*imp. 3rd. p. f. sing.*): Shall burn. ***Islau*** اصلوا (*prt. m. plu. II.*): You burn. ***Sallû*** صلوا (*prt. m. plu. plu. II.*): You cast him (into the burning fire). ***Aslî*** اصلي (*imp. 1st. p. sing. IV.*): I shall burn. ***Nuslî/Nusli*** نصلي / نُصْلِ (*nom. / juss. imp. 1st. p. plu. IV.*): We shall burn. ***Tastalûna*** تصطلون (*imp. 2nd. p. m. plu. VIII.*): You may warm yourselves. ***Sâlu*** صالُ (*act. pic. m .sing. nom.* final *Nûn* dropped): One who is (himself) going to enter (Hell). ***Sâlû*** صالوا (*act. pic. m. plu. nom.* final *Nûn* dropped): Those who are to enter (Hell). ***Siliyyan*** صليًا (*n.v.*): Being cast and burnt. ***Tasliyatu*** تصلية (*n.v.*): Burning. (L; T; R; LL)

The root with its above forms has been used in the Holy Qur'ân about 24 times.

Samata صَمَتَ

صَمتًا ؛ يَصمت

To remain silent. *Sâmitun* صامة: One who holds his peace; Silent; Lifeless; Mute.

Sâmitûna صامتُون (*act. pic. m. plu.*): Remain silent (7:193). (L; T; R; LL)

Samada صَمَدَ

صَمدًا ؛ يَصمد

To set up, erect a thing, adorn, wish, repair, strike. *Samad* صمدْ: Chief; Lord; Eternal; That supreme being who is independent and besought of all and unique in all his attributes; One to whom recourse is had; One to whom obedience is rendered without whom no affair is accomplished; Who is independent of all and upon whom all depend for their needs; Who will continue to exist forever and above whom there is no one; Everything goes back to him as its source; The most high and above everything. This word occurs in the Holy Qur'ân once and is applied to God alone.

Al-Samad الصمد (*n.*): (112:2). An epithet of Allâh. (L; T; R; Muhît LL)

Sama'a صَمَعَ
صَمعًا ؛ يَصمَع

To detain anyone by persuasion, strike with a stick. *Sam'atun* صمعةٌ: Recess in wall. *Sauma'a* صَوعم: Monastery; Monk's cell; Cloister. Its plu. is *Sawâmi'* صوامع .

Sawâmi' صوامع (*n.plu.*): (22:40). (L; T; R; LL)

Samma صَمَّ
صَمّاً ؛ يَصَمّ

To be deaf, cork (a bottle), stop (a flask), be obstructed (ear-hole). *Summun* صَمٌّ plu. of *Asammu* اصمّ: Deaf. *Asamma* اصَمّ: *(IV)*. To make deaf.

Sammû صَمّوا (*prf. 3rd. p.m. plu. assim.*): They (willfully) became deaf. ***Asamma*** اَصَمّ (*prf. 3rd. p.m. sing. IV.*): He has made them deaf (to hear the truth). ***Asummû*** اصَمّوا (*n. adj.*): Deaf; One who persists in his evil course. ***Summun/Summan*** صُمٌّ / صُمّاً (*nom./acc. n. adj. plu.*): Deaf ones. (L; T; R; LL)

The root with its above five forms has been used in the Holy Qur'ân about 15 times.

Sana'a صَنَعَ
صَنعًا ؛ يَصنع

To make, do, create, build, work a thing, nourish, bring up. *Sun'un* صنعٌ: An act; That which is done. *Masna'un* مَصنعٌ plu. *Masani'* مصنَع: Cistern; Palace; Citadel; Fine building; Fortress. *San'atun* صَنعةٌ: Making; Art of making. *Istana'a* اصطنع for *Istana'a*: VIII. To bring up; Chose.

Sana'û صَنَعُوا (*imp. 3rd. p.m. plu.*): They wrought, do. ***Yasna'u*** يَصنَعُ (*imp. 3rd. p.m. sing.*): He is making, building. ***Tusna'a*** تُصنع (*pip. 2nd. p.m. sing.*): Thou be brought up. ***Yasna'ûna*** يَصنعُون (*imp. 3rd. p. m. plu.*): They are performing, doing. ***Tasna'ûna*** تَصنعُون (*imp. 2nd. p. m. plu.*): You are performing. ***Isna'*** اصنَع (*prt. m. sing.*): Thou make. ***Istana'tu*** اصطَنَعتُ (*prf. 1st. p. sing. VIII.*): I chose, made (perfect). ***Masâni'a*** مَصانع (*n. of place*): Castles; Fortresses. ***Sun'a*** صُنع (*n.*): Machination; Performance. ***San'atun*** صنعةٌ (*n.*): Making; Art of making. (L; T; R; LL)

The root with its above forms has been used in the Holy Qur'ân about 20 times.

Sanima صَنِمَ/Sanama صَنَمَ صنمًا؛ يمصَن

To be offensive (smell), become strong. *Sanama* صَنَمَ: To shape out idols for worship. *Sanam* صنم plu. *Asnâm* اصنام: Idol; Everything that is worshipped other than Allâh. The word is not Arabicised, as the root from which it is formed is found and used in the Arabic language. It dispenses with the necessity of treating it as a word of foreign origin.

Asnâman/Asnâmin اصنامًا/اصنامٍ (*acc./gen. n. plu.*): (7:138; 14:35; 6:74; 26:71; 21:57). (L; T; R; LL)

Sanwun صنوٌ

A palm or other tree springing from the same root as others. Water; Stones between two mountains. Its plu. is *Sinwânun* صنوانٌ and its dual is *Sinwâni* صِنوانِ as *Qinwâni*. *Sinwun* صِنوٌا: Son; Brother; Uncle; Nephew. Its plu. is. *Sinwânun* صنوانٌ and *Asnâ'un*. *Sinwatun* صِنوةٌ: Daughter; Sister; Aunt. *Sinwun* صِنوٌا and *Sunwun* صُنوٌ dual. *Sinwâni* صِنوانِ and *Sunwâni* صُنوانِ and *Sinyani* صِنيَنِ and *Sunyani* صُنيَنِ plu. *Sinwanun* صِنوَنٌ: One of the pair or more than two interwined trees; Trees growing in clusters from one root.

Sinwânun صِنوانٌ (*n. plu.*): Trees growing in clusters from one root (13:4). (L; T; R; LL)

Sahara صَهَرَ صَهرًا؛ يَصهَر

To injure by heat (sun), melt, dissolve. *Sihrun* صِهرٌ: Relationship by marriage; Relationship on the woman's side. *Yusharu* يصهَرُ: Shall be melted.

Yusharu يصهَرُ (*pip. 3rd. p.m. sing.*): He will be melted (22:20).

Sihran صهرًا (*n. acc.*): Marriage (25:54). (L; T; R; LL)

Sâba صَابَ صَوبًا؛ يَصُوب

To pour forth, hit the mark, come down. *Asâba* اصاب: IV. To overtake, happen to, befall, fall upon, will, affect injuriously, meet with, send down, pour down upon, afflict or punish, intend, desire. *Sawâbun* صوابٌ: That which is right, straight forward course, rightness. *Musîbun* مصيبٌ: That which happens. *Musîbatun* مصيبةٌ: Calamity.

Sayyib صَيِّبٌ: Clouds pouring down heavy rain.

Asâba اصابَ (*prf. 3rd. p.m. sing. IV.*): He befell, hitted. ***Asâbat*** اصابت (*prf. 3rd. p. f. sing. IV.*): She befell, afflicted. ***Asabtum*** أصبتُم (*prf. 2nd. p.m. plu. IV.*): You inflicted, smited. ***Asabna*** اصبْنَ (*prf. 1st. p. plu. IV.*): We inflicted. ***Yusîbu/Yusîba*** يُصِيبُ/ يصيبَ (*nom./acc.*) ***Yusib*** يُصِب (*juss./imp. 3rd. p.m. sing. IV.*): Shall befall; Will afflict. ***Tusîbu/ Tusîba*** تُصيبُ/تصيبَ (*nom./acc.*) ***Tusib*** تُصِب (*juss./imp. 3rd. p.f.*): It will befall. ***Tusîbanna*** تصيبَنّ (*imp. 3rd. p. f. emp.*): Shall afflict. ***Tusîbû*** تصيبُوا (*imp. 2nd. p. m. plu. acc. IV.*): You afflict, hurt, harm. ***Usîbu*** أصيبُ (*imp. 1st. p. sing. IV.*): I shall afflict. ***Nusîbu*** نصيبُ (*imp. 1st. p. plu. IV.*): We bestow (our mercy). ***Musîbun*** مُصيبٌ (*ap-der. m. sing. IV.*): That which to smite. ***Musîbtun*** مصيبةٌ (*ap-der. f. sing. IV.*): Affliction; Calamity. ***Sayyibun*** صَيِّبٌ (*n.*): Heavy down pour. ***Sawâban*** صواباً (*n. acc.*): Right. (L; T; R; LL)

Sâta صَاتَ
صَوتًا ؛ يَصوت

To emit a sound, utter a cry. *Saut* صَوت plu. *Aswât* اصوات: Voice; Sound.

Saut صَوت (*n. sing.*): ***Aswât*** اصوات (*n. plu.*): (L; T; R; LL).

Sara صَارَ
صَورا ؛ يَصُور

To cause to incline, turn a thing towards, lean, attach. The word *Sur* صُر when derived from *Sâd, Wâw, Ra* with *Wâw* as the central root letter it means he attached, leaned, inclined. It signifies turning a thing towards, particularly when it is used with the proposition *ilâ*. But when derived from *Sâ, Yâ, Râ* with *Yâ* as the central root letter as صار، صَيرا، يَصير it means he caused to cut, he divided a thing. The Holy Qur'ân uses in verse 2:260 the word *Sur* with *Wâw* as center of root letter *dzamma* indicates. Moreover here the proposition *Ilâ* is used. So it means inclining, attaching, turning towards and not cutting. The great lexicologists are all agreed that the word *Sur* used here is the imperative form of *Sûra*, which means he made it to incline, to attach. Cutting into pieces is not the signification of this word in the verse 2:260. They say:

ارى لك اليه صرتم

Arâ laka ilaihi Surtun

I think that you have an inclination towards him, and you love him. A poet says:

صُرت الغُصن لاجَتنى الثمر

Surtu al Ghusna li Ajtanî al-Thamar

I inclined the branch that I might pluck the fruit

Sur صُر (*prt. m. sing.*) Tame; Make attached (2:260). (Misbâh; Qâmûs; Râzî; L; T; Zjjâj; Akh-fash; Sîhah; Zamakhsharî; LL; Muhkam)

Sawwara صَوّرَ

تَصْوِيرا ؛ يُصَوِّر

To shape, form, fashion mark, picture, adorn, prepare, make. ***Musawwir*** مصَوِّر (*n.*): One who forms; Fashioner. ***Sawwarnâ*** صَوّرنا (*imp 1st. p. plu. II*): We fashioned, shaped. ***Yusawwiru*** يُصَوِّر (*imp. 3rd. p.m. sing. II*): He fashions, shapes ***Sûrun*** صُورٌ (*n.*): Trumpet; Horn. (L; T; R; Ibn Sîbah; Jouharî; Zamakhs-harî; Râzî)

Sâ'a صاعَ

صَواعًا ؛ يَصُوع

To measure with a *Sâ'* (containing about four pints). *Suwâ'a* صواعَ: Measure for grain; Measuring vessel. There is a difference between *Suwâ'* صواع and *Siqayah* سقايه which means drinking cup; Goblet.

Suwâ'a صواعَ (*n.*): (12:72). (L; T; R; LL)

Sâfa صافَ

صُوفًا ؛ يَصُوف

To wear wool. *Sûf* صُوف plu. *Aswâf* اصواف: Wool-fleece.

Aswâf اصواف (*n. plu.*): (16:80). Wools (L; T; LL)

Sâma صام

صِيامًا ، صَومًا ؛ يَصُوم

To fast. *Sâma 'an*: To abstain from. *Sau* صَوا and *Siyâm* صيام: Act of fasting; Fast. *Sâimun* صائم: One who fasts.

Li Yasum ليَصم (*imp. 3rd. p.m.*): He should fast. ***Tasûmû*** تصُومُوا (*imp. 2nd. p. m. plu. acc.*): You fast. ***Sâ'imât*** صائمات (*act. pic. f. plu.*): Fasting women. ***Sâ'imîna*** صائمِين (*act. pic. m. plu.*) : Fasting men. *Sauman* صَوم (*n. acc.*): A fast. ***Siyâmun/Siyâman*** صيامٌ / صيامًا (*nom./acc.n.*); ***Siyâmin*** صيامٍ (*gen. n.*): Fasting. (L; T; R; LL)

The root with its above forms has been used in the Holy Qur'ân about 14 times.

Sâha صاحَ

صَيحا ؛ يَصِيح

To shout, cry, make noise. Sayhatun صَيحةٌ (n.): Thunderbolt; Shout; Blast; Terrible and mighty noise.

Sayhtu / Sayhata صَيحَةٌ /صَيحةٌ *(nom./acc. n.).* ***Sayhatin*** صَيحتٍ *(gen. n.)*: Awful shout. Punishment; Castigation; Hostile or predatory incursion with which a tribe is surprised. (L; T; R; LL)

The word has been used in the Holy Qur'ân about 13 times.

Sâda صادَ

صَيدًا ؛يَصِيد

To hunt, chase, fish. Saidun صَيدٌ: Hunting; Shooting; Fishing; Fish or game caught; Pray.

Istâdû اصطادُو (*prt. m. plu.*): You may go hunting. ***Saydun / Sayda*** صَيدٌ/صَيد (*nom./acc.v.n*). ***Saydi*** صَيدِ *(gen.v.n.)*: Hunting; Chasing game. (L; T; R; LL)

The root with its above three forms has been used in the Holy Qur'ân about 6 times.

Sâra صارِ

صَيرًا ؛ يَصِير

To go, become, tend towards. *Masîr* مَصِير: The act of going; Journey; Departure. Also as a noun of time and place. To retreat, result, issue.

Tasîru تَصِيرُ (*imp. 3rd. p. f. sing.*): She returns, reaches, comes. ***Masîru/Masîra*** مصِيرُ/ مصِير (*nom./acc.n.*): Heading; Return; Destination. (L; T; R; LL)

The root with its above three forms has been used in the Holy Qur'ân about 29 times.

Sâsa صاصَ

صَيصًا ؛ يَصُوص

To protect, defend, preserve, protect, keep safe, guard. Sîsatun صِيصةٌ plu. Sayâsî صياصِي: Fortress, cocks spur, horn, anything that is used for protection and safety, defense and preservation.

Sayasî صياصِي (*n. plu.*): Fortresses; Strongholds (33:26). (L; T; 'Ubâb; R; L)

Sâfa صَافَ

صَيفا ؛ يَصيف

To pass the summer.

Saif صَيف (*n.*): Summer. (106:2). (L; T; R; LL)

Dzâd
ض Dz

It is the 15th letter of the Arabic alphabet. The numerical value according to *Hisâb Jummal* (use of the alphabetical letters according to their numerical value) is 800. It has no equivalent in English, in our system of transliteration it is written as Dz. It is of the category of *Majhûrah* مجهوره. It is termed as *shajriyah* شجرية (the place of the opening of the mouth).

Dza'ana ضَئَنَ
ضَئْنًا ؛ يَضْأَن

To have numerous sheep, apart, detach, separate, distinct the sheep from the goat. *Dzâ'inatun* ضَائِنَةٌ plu. *Dzâ'inâtun* ضَائِنَاتٌ: Ewe.

Dza'an ضَئَن(*n.*): (6:143). Sheep. (L; T; R; LL)

Dzabaha ضَبَحَ
ضُباحا ، ضَبحًا ؛ يَضبَح

To pant, breathe in running (horses), snore, Velp. *Dzabhun* ضَبحٌ: The act of panting and soaring.

Dzabhan ضَبحًا (*v.n. acc.*): Panting and snoring (100:1). (L; T; R; LL)

Dzaja'a ضَجَعَ
ضَجعًا ؛ يَضجَع

To incline to setting, incline. *Dzajatun* ضَجةٌ: Slumber. *Dzijatun* ضِجةٌ: Way of reclining. *Dzajî'un* ضَاجِعٌ: Bed-fellow. *Madzja'* مضجع: Sleeping room; Sleeping bed.

Madzâji' مضاجع (*n. of place. plu.*): Beds; Bedrooms (3:154; 4:34; 32:16) (L; T; R; LL)

Dzahika ضَحِكَ
ضِحكا ، ضَحكًا ؛ يَضحَك

To wonder, menstruate, rejoice, inspire with awe, ridicule, laugh at, laugh, become clear. *Dhâhikun* ضَاحِكٌ: Wondering; One who laughs; Inspired with awe.

Ishâq إسحٰق: Isaac; Son of Abraham by Sarah and father of Jacob. The biblical etymology of Isaac is *Dzahika* ضحك: He laughs, so we have placed it here. This etymology is connected with the circumstances of his birth (Gen. XVII.15) The story of Abraham's sacrifice of his son is not connected with Isaac, who was not the eldest son of Abraham. His eldest son was Ismâ'îl. Ishâq was a Prophet of God. He was given to Abraham in old age (19:42). "And God bestowed His blessings upon him and granted a sublimate, lasting and good name and made the people remember and mention his; and made him all good. He was a man of insight."

Dzahikat ضَحِكت (*prf. 3rd. p. f. sing.*): She was inspired with awe. ***Yadzhakûna*** يضحَكُون (*imp. 3rd. p.m. plu.*): They laughed. ***Li Yadzhakû*** ليضحكوا (*imp. 3rd. p.m. plu. el.*): Let them laugh. ***Tadzhakûna*** تضحكُون (*imp. 2nd p.m. plu.*): You laugh. ***Adzhaka*** اضحَكَ (*prf. 3rd. p.m. sing. IV.*): He causes to laugh. ***Dzâhikan/ Dzâhikun*** ضاحكٌ / ضاحكًا (*acc./ nom. act. pic. m. sing.*): Laughing; Rejoicing; Pleased. ***Dzâhikatun*** ضاحكةٌ (*act. pic. f. sing.*): Rejoicing. ***Ishâq*** اسحٰق (proper name): Isaac: (L; T; R; LL)

The root with its above forms has been used in the Holy Qur'ân about 10 times.

Dzahiya ضَحِيَ

ضَحًا ؛يَضحَى

To be smitten by sunbeams, suffer from the heat of the sun, become uncovered, be revealed, appear conspicuously. *Dzuhan* ضَحًا: Those hours of the morning which follow shortly after sunrise. Full brightness of the sun; Part of the forenoon when the sun is already high; Bright part of the day when the sun shines fully. Early forenoon.

Tadzhâ تَضحى (*imp. 2nd. p.m. sing. acc.*): Thou shall suffer from sun, will be exposed to the sun. ***Dhuhan*** ضُحًا (*n.*): Early afternoon; Early part of the afternoon. ***Dzuhâ*** ضُحٰى (*n.*): Brightness of the day. ***Dzûhaha*** ضحٰها (comb. of *Dzuhä* + *hâ*. The final latter yâ of the word *Dzuhâ* is replaced in case of its attachment to pronominal): Its shunshine.

(L; T; R; LL)

The root with its above four forms has been used in the Holy Qur'ân about 7 times.

Dzadda ضَدَّ

ضَدّاً ؛يَضِدّ

To overcome anyone, contradict, oppose. *Dziddan* ضِدّاً: Hostile; Adversary; Contrary; Repugnant.

Dziddan ضِدّاً (*n. acc.*): (19:82). (L; T; R; LL)

Dzaraba ضَرَبَ

ضَربًا ؛ يَضرِب

This word admits a great variety of meanings and interpretations as: To heal, strike, propound as an example, put forth a parable, go, make a journey, travel, mix, avoid, take away, put a cover, shut, mention, state, propound, set forth, compare, liken, seek away, march own, set, impose, prevent, fight, traffic with anyone's property for a share in the profit, leave for sake, take away thing (with *'an*). *Dzaraba bi arjulihî*: He travelled. *Dzarab al-ardza*: Without *fî* or with *fî*: To travel. *Dzaraba fulânun al-gha'ita*: To go to relieve the bowels, go to privy, go for earning livelihood. *Lâ tudzrabu akbâd al-ibili illa alâ thalâthati masâjida*: *La Turkal flâ yusaru ilaihâ*: One must not ride to go but for three mosques. *Adzrabu* اضرَبُ: To go and sworm. *Dzârib* ضارب: Depressed ground; Hard ground in a plain; sandy vally; Commissioner as he has to travel much. *Dzarabtu lahû al-ardza Kullahâ*: I went searching him everywhere. *Dzarbun* ضَرْبٌ: Kind Manner; Lean; Thin; Similar; Alike; The act of striking; A blow; Going from place to place; Vicissitude of life; Affliction especially that which relates to one's person, as disease, death, degradation is common and general suffering.

Dzaraba ضَرَبَ (*prt. 3rd. p.m. sing.*): He set forth, coined, propounded, compared, gave, mentioned, traveled, took away, avoided (with *'An*). ***Dzarabû*** ضَرَبُوا (*prf. 3rd. p.m. plu.*): They set forth. ***Dzarabtum*** ضربتم (*prf. 2nd. p. m. plu.*): Ye went forth, set forth. ***Dzarabnâ*** ضَرَبنا (*prf. 1st. p. plu.*): We have set forth. We put over a cover (with *'Alâ*). ***Yadzribu*** يضرِبُ (*imp. 3rd. p. m. sing.*): He illustrates, sets forth, compares, likens. Confirms. ***Yadzribûna*** يضرِبُون (*imp. 3rd. p. m. plu.*): They smite, travel. ***Yadzribna*** يَضرِبنَ (*imp. 3rd. p. f. plu.*): She draws over, strikes. ***Lâ Tadzribû*** لا تضرِبُوا (*prt. neg. m. plu.*): Coin not. ***Nadzribu*** نضرِبُ (*imp. 1st. p. plu.*): We set forth, narrate, will leave (with *'An*). ***Idzrib*** اضرِب (*prt. m. sing.*): Strike; Go; Seek a way; March on. ***Idzribû*** اضرِبُوا (*prt. m. plu.*): You strike. ***Dzuriba*** ضُرِبَ (*pp. 3rd. p. m. sing.*): Held up; Will be set up. ***Dzuribat*** ضُرِبَت (*pp. 3rd. p. f. sing.*): They are smitted. ***Dzarbun*** ضَرْبٌ (*v.n.* used in the sense of imperative to emphasize the command). ***Dzarban*** ضَربًا (*v.n. acc.*): Going about; Striking. (L; T; R; LL)

The root with its above forms has been used in the Holy Qur'ân about 58 times.

Dzarra ضَرَّ

ضَرّاً؛ يَضُرّ

To harm, hurt, injure, afflict, make inconvenient, annoy.

Dzarrun ضَرٌّ and *Dzurrun* ضُرٌّ: Harm; Hurt; Injury; Affliction; Evil; Adversity; Famine; Vicissitude of time; Affliction especially that which relates to one's person such as disease, death, whereas *Ba'sâ'u* بَأساءُ is that evil which relates to property as poverty. *Dzararun* ضَرَرٌ : Hurt; Inconvenience. *Dzârrun* ضارٌّ: One who hurts etc. *Dzarrâ'un* ضَرّاءٌ: Adversity; Loss; Tribulation. *Dzârrun* ضَارٌّ: III. To hurt, annoy, put to inconvenience on account of. *Idztarra* إضطرّ: VIII. To compel, drive forcibly. *Udzturra* أضطرّ: To be driven by necessity. *Mudztarrun* مضطرّ: One compelled by necessity.

Yadzuru يَضُرُّ (*imp. 3rd. p.m. sing. assim.*): He shall harm. ***Lan Yadzurrû*** لن يَضُرّوا (*imp. 3rd. p.m. plu. acc.*): They shall do you no harm. ***Tadzurrûna*** تضُرّون (*imp. 2nd. p.m. plu.*): You harm. ***LaTadzurrû*** لاتضُرّوا (*imp. 2nd. p.m. plu. neg. final Nûn* dropped): You hurt not. ***Yudzârra*** يضارّ (*pip. 3rd. p.m. sing.*): He is done harm. ***Lâ Tudzarra*** لا تُضرّ (*pip. 3rd. p. f. sing.*): She should not be harmed. ***Adztarru*** أضطرّ (*imp. 1st. p. sing. VIII.*): I shall compel, will drive. ***Nadztarru*** نضطرّ (*imp. 1st. p. plu. VIII.*): We compel, shall drive helplessly. ***Udzturra*** أضطرّ (*pp. 3rd. p.m. sing. VIII.*): He is compelled, constrained. ***Idztrirtum*** إضطررتم (*pp. 2. p.m. plu. VIII.*): You are constrained. ***Dzarran/ Dzarrun*** ضَرّ / ضَرّاً (*acc./ nom.n.*): Harm; Hurt. ***Dzararun*** ضَرَرٌ (*n.*): Harm; Hurt; Disability. ***Dzarrâ'u*** ضَرّاءُ (*n.*): Adversity; Distress; Harm (that evil which relates to a person as disease). ***Dziraran*** ضراراً (*v.n. III. acc.*): Hurting; Causing harm. ***Mudzarrîn*** مُضرّين (*v. n. III.*): Harming (as done by one person, while *Mudzârr* and *Dzirrâ* requires more than one to give the meaning of the word). ***Dzârrun*** ضارٌّ (*act. pic. m. sing.*): One who harms. ***Dzârrîna*** ضارِين (*act. pic. m. plu.*): Those who harm others. ***Mudztarru*** مُضطرّ (*pis. pic. VIII.*): Distressed. (L; T; R; LL) The root with its above forms has been used in the Holy Qur'ân about 74 times.

Dzara'a ضَرَع
ضَرعًا ؛يَضرع

To humiliate, abase, object, humble, lower one's self. *Tadzarru'un* تضرّعٌ: Humility; Submissiveness. *Dzarî'un* ضريعٌ: Dry, bitter and thorny herbage. It is derived from the verb *Dzara'a* ضَرَعَ. According to al-Qiffâl this kind of hellish drink and food is a melonym for utter hopelessness and abasement.

Tadzarra'û تضرَعُوا (*prf. 3rd. p. m. plu. V.*): They grow humble. ***Yatdzarra'ûna*** يتضَرَّعُون (*imp. 3rd. p.m. plu. V.*): They humble themselves. ***Yadzdzarra'ûna*** يضَرّعُون (*imp. 3rd. p. plu. V.*): They humble themselves (the duplicated Dzâd indicates that *Tâ* of the stem V. is changed by its following emphatic letter Dzâd as a phonemic rule. ***Tadzarru'an*** تضرّعًا (*v.n. V. acc.*): Humility. **Dzarî'un** ضريع (*act 2. pic. m. sing.*): Dry, bitter and thorny herbage. (Râzî L; T; R; LL; Jauharî)

The root with its above five forms has been used in the Holy Qur'ân about 8 times.

Dza'ufa ضَعُفَ/Dza'afa ضَعَفَ

ضُعْفًا ؛ يَضعَف

To be weak, feeble, infirm. *Dza'fun* ضَعْفٌ and *Dzu'fun* ضُعْفٌ: Weakness; Infirmity. *Dza'îfun* ضَعِيفٌ *n. plu.* *Dzu'afâ* ضُعفا: Weak; Infirm. *Adz'afu* اضْعَفُ: Weak. *Istadz'afa* اِستضعفَ: To think, repute, esteem, treat or hold a person weak. *Dza'afa* ضَعَفَ: To exceed, Twofold; Manyfold. *Idzâf* اضاف: Double; Triple; Multiple words. *Adz'âfan* اضعٰفًا *mudzâ'afah* مُضٰعف are not used in 3:130; 4:131 as a qualifying phrase to restrict the meaning of *ribâ'* (interest or usury) so as to confine it to a particular kind of *ribâ*. They are used as descriptive clause to point to the inherent nature of *ribâ'* which continually goes on increasing. *Adz'âfan* اضعٰفًا *Mudzâ'afatan* مُضٰعف is not used in 4:131 as a qualifying phrase to restrict the meaning of interest as to indicate that interest or usuary is permissible at a moderate rate, or only a high rate being disallowed. All interest and usuary is prohibited in Islam and by Moses (Exod. 22:25; Lev. 25:36,37; Deut. 23:19), whether moderate or excessive. It indicates the basic nature of the interest and usuary and the practice that was actually in vogue at that time. *Dzi'fun* ضعف *plu.* *Adz'âfun* اضعافٌ: Like; An equal portion; A portion equal to another or as much again; Double. *Dzi'f al-hayât* الحيات ضعف: Multiple (sufferings) in this life. *Dzi'fân* ضعفان (oblique) *Dzi'fain* ضعفَين: Two equal portions; Twofold. *Dzâ'afa* ضعافَ (*III.*): To double, give double.

Dza'ufa ضَعُفَ (*prf. 3rd. p.m. sing.*): Feeble. ***Dza'ufû*** ضَعُفُوا (*prf. 3rd. p.m. plu.*): They weaken. ***Istadz'afû*** اسْتَضعفوا (*prf. 3rd. p.m. plu. X.*): They deemed (me) weak. ***Istudz'ifû*** اسْتُضعِفُوا (*pp. 3rd. p.m. plu. X.*): They were reckoned weak; Those made weak. ***Yastadz'ifu*** يستضعفُ (*imp. 3rd. p.m. sing. X.*): He sought to weaken. ***Yustadz'afûna*** يستضعفُون (*pip. 3rd. p.m. plu. X.*): Who were deemed weak (and were opposed). ***Yudzâ'ifu*** يُضٰعف (*imp. 3rd. p.m. sing. III.*): He multiplies. ***Yudzâ'afu*** يضٰعفُ (*pip. 3rd. p.m. sing.*): He shall have doubled. ***Dzu'fun*** ضُعْفٌ (*n.*): Weakness. ***Dzi'fun*** ضِعْفٌ (*n.*): Double, Many times. ***Dzi'fain*** ضِعفَين (*n. dual.*): Manyfold; Twice. ***Adz'âfan*** اضعافًا (*n. acc.*): Manifold. ***Mudza'afatan*** مضاعفةً (*v.n. III. acc.* It is the infirmative of *Dhâ'afa* ضٰعفَ): Involving multiple additions; Redoubling. ***Dza'îfan*** ضَعِيفًا (*act. pic. m. sing. acc.*): Weak. ***Dzi'âfan*** ضعافًا (*n. plu. acc.*): Weak ones. ***Dzu'afâ'u*** ضُعفاءُ (*n. plu.*): Weak ones. ***Adz'af*** اَضعَفُ (elative): Weaker. ***Mudz'ifûna*** مُضعِفُون (*ap-der. m. plu. IV.*): They will increase (their wealth). ***Mustadz'afûna/ Mustadz'afîna*** مستضعَفُون / مستضعَفِين (*nom./acc. ap-der. m. plu. X.*): Weakened ones; Oppressed ones. (L; T; R; LL)

The root with its above forms has been used in the Holy Qur'ân about 52 times.

Dzaghatha ضَغَثَ
ضَغْثًا؛ يضغث

To relate in a confused and jumbled manner, mix a thing. *Dzighthun* ضِغْثٌ plu. *Adzghâth* اضْغَث: Handful of green and dry grass or other herbs; Things confusedly mixed together; Handful of twigs or trees or shrubs. *Adzghâthu ahlâm* احلام اضغاث: Medleys of dreams; Nightmares; Confused dreams.

Dzighthan ضِغْثًا (*n. acc.*): (38:44). Twigs. ***Adzghâth*** اضغاث (*n. plu.*): (12:44; 21:5). Confused. (L; T; R; LL)

Dzaghina ضَغِنَ
ضَغنًا؛ يَضغَن

To broad rancour dislike, hate. *Dzghnun* ضِغْنٌ plu. *Adzghânun* اضغانٌ: Hatred; Malice; Ill-feeling; Secret malevolence.

Adzghân اَضغان (*n. plu.*): Malice; Hatred; Secret malevolence; Spites. (47:29, 37). (L; T; R; LL)

Dzafda'a ضَفْدَعَ
ضَفْدعًا ؛ يَضفدع

To be full of frogs (pond). *Dzafda'un* ضَفدَعٌ and *Dzifda'unè* ضِفدِعٌ: (*plu.*) *Dzafâdi'un* ضَفادِعٌ: Frog.

Dzafâdi'un ضفادع*(n.plu.)*: Frogs (7:133). (L; T; LL)

Dzalla ضَلّ

ضَلالاً؛ يَضِلّ

To lose one's way, go astray, fail, disappear, err, wander from, forget, waste, deviate, be misled from the right path, go from the thoughts, wander away, lurch, adjudge to be erring. *Istadzalla* استضَلّ: To try to mislead anyone etc. *Dzalâl* ضلال: Confusion; Mistake; Loss; Doom; Love. *Dzallatun* ضلّة: Anxiety; Uncertainty; Absence. *Dzillatun* ضِلّة: Error. *Dzallun* ضَلّ nom. plu. *Dzâllûn* ضالّون: Misled; Erring; Astray. *Mudzill* مُضِلّ: Misleading; Seducer; Deluder; Looming. *Yadzillu* يُضِلّ: To adjudge to be erring, leave in error, lead astray. *Adzallanî Saddîqî* اضلّني صديقي: My friend pronounced me to be in error. It is said of the Holy Prophet ﷺ that he came to a people he found them to have gone astray(*fa adzallahum* فاضَلّهُم) A similar use of the measure *If'âl "Ahmadtuhû"* means I found him praiseworthy. Similarly *"Abkhaltuhû"* means I found him niggardly. *Adzallu* أضَلّ: One who goes more astray. *Tadzlîl* تضليل: Error. II. f. *Mudzillun* مُضِلّ: One who seduces.

Dzalla ضَلّ *(prf. 3rd. p.m. sing. assim.)*: He lost the right way, deviated from true guidance, went astray. ***Dzalaltu*** ضللتُ *(prf. 1st. p. sing.)*: I went astray. ***Dzallû*** ضَلّوا *(prf. 3rd. p.m. plu.)*: They lost, disappeared. ***Dzalalnâ*** ضَللنا *(prf. 1st.p.plu.)*: We lost. ***Yadzillu*** يُضِلّ *(imp. 3rd. p.m. sing.)*: He strays, errs. ***Tadzillu*** تَضِلّ *(imp. 3rd. p. f. sing.)*: She strays, forgets, errs. ***Adzillu*** اضلّ *(imp. 1st. p. sing.)*: I shall go astray. ***Adzalla*** أضلّ *(prf. 3rd. p.m. IV.)*: He is left in error, forsaken, renders vain, go in vain, led astray. ***Adzalla*** اَضَلاّ *(prf. 3rd. p.m. dual IV.)*: The twain led astray. ***Adzallû*** اضَلّوا *(prf. 3rd. p.m. plu. IV.)*: They led astray. ***Adzlaltum*** أضْللْتُم *(prf. 2nd. p.m. plu. IV.)*: You led astray. ***Adzlalnâ*** أضللنا *(prf. 3rd. p. f. plu. IV.)*: They led astray. ***Yudzillu*** يُضِلّ *(imp. 3rd. p.m. plu. IV.)*: You adjudge to be astray or erring. ***Yudzlil*** يُضلِل *(imp. 3rd. p.m. sing. IV.)*: He forsakes, adjudges as erring. In conditional phrases the assimilation of two letters is removed, thus the word *Yudzlil* becomes *Yudzillu* يُضِلّ. ***Yudzillûna*** يُضِلّون *(imp. 3rd. p.m. plu. IV.)*: They lead astray. ***Li Yudzillû*** لِيَضِلّوا *(imp. 3rd. p.m. plu. IV. el.)*: In order to or with the result to lead astray. ***Dzâllan*** ضَالاً *(act. pic. m. sing. acc.)*: Lost in love. ***Dzâllûn/***

Dzâllîn ضالين/ضالُون(*nom./acc.*): Those who have gone astray. ***Dzalâlun*** ضلالٌ (*v.n.*): Error; Wasted; Vain. ***Dzalâlatun*** ضلالةٌ (*v. n. f.*): Error. ***Adzallu*** اَضَلّ (elative): More erring. ***Mudzillun*** مُضِلّ (*ap-der. m. sing. IV.*): Misleading; He who misleads. ***Mudzillîna*** مضلّين (*ap-der. m. plu. acc. IV.*): Seducers; Those who lead others astray. (L; T; R; LL)

The root with its above four forms has been used in the Holy Qur'ân about 190 times.

Dzamara ضَمَرَ

ضمرًا ؛يَضمر

To be thin, lean (mount), worn out by long journey. It is expressive of fatigue in journey and of great distance. *Dzâmir* ضامِر: Lean; Thin mount.

Dzâmir ضامِر (*act. pic. m. sing.*): (22:27). All sorts of lean and fast means of transport. (L; T; R; LL)

Dzamma ضَمّ

ضَمّاً ؛ يَضُمّ

To join, gather, add, press, draw close, hug, collect, embrace, join, get hold of.

Idzmum اضمُم (*prt. assim.*): Put close. (20:22; 28:32). (L; T; R; LL)

Dzanaka ضَنَكَ

ضَنكاً ؛يَضنك

To be narrow, hard, feeble, strait, wretched.

Dzankan ضَنكًا (*v.n. acc.*): Straitened. (L; T; R; LL)

Dzanna ضَنّ

ضَنًّا ؛ يَضِنّ ، يَضَنّ

To be tenacious or grasping, niggardly, grudge. *Dzanîn* ضنين : Tenactions; Niggardly; Greedy; Avaricious; Grudging.

Dzanînun ضَنِينٌ (*act. 2nd..pic. m. sing.*): Niggardly (81:24). (L; T; R; LL)

Dzahiya ضَهِيَ

ضَهًى ؛ يَضهَى

To be without breast milk, and barren (a woman) and therefore like a man, be barren (ground). *Dzahâ* ضَها: To resemble anyone.

Yudzâhi'ûna يُضاهِيُون (*imp. 3rd. p.m. plu. III.*): They resemble (9:30). (L; T; R; LL)

Dzâ'a ضَاءَ

ضَوءً، ضِياءً؛ يَضُوءُ

To shine, glitter, be bright. *Adzâ'a* أضاءَ: It lighted up; It became bright or lit-up. Thus it is used as both transitively and intransitively.

Adzâ'a أضاء (*prf. 3rd. p.m. sing. IV.*): It illuminated, flashed, shined, gave them light, lighted; To be bright. It is used both as transitive and intransitive. ***Adzâ'at*** اضاءت (*prf. 3rd. p. f. sing. IV.*): She illuminated, became bright. ***Yudzî'u*** يُضِيئُ (*imp. 3rd. p.m. sing. IV.*): It illuminates. ***Dziyâ'un*** ضِياءٌ (*v. n.*): Light. (L; T; R; LL)
The root with its above five forms has been used in the Holy Qur'ân about 6 times.

Dzâra ضَارَ

ضَيرًا ؛ يَضِير

To harm, injure, damage.
Dzair ضَير: Harm.

Lâ Dzair لا ضَير (*v.n.*): It does not matter at all (26:50). (L; T; R; LL)

Dzâza ضَازَ

ضَيزًا ؛ يَضِيز

To act wrongfully, act unjustly, defraud. *Dzîzâ* ضِيزا: Unjust; Unfair.

Dzizâ ضِيزا (*n.*): (53:22). (Mu'jam; L; T; R; LL)

Dzâ'a ضَاعَ

ضياعا، ضَيعا؛ يَضيع

To perish, be lost. *Adza'a* اضَعَ: *(IV)* To suffer, perish, neglect, be unmindful of, waste away, miss a thing.

Adzâ'û اضاعُوا (*prf. 3rd. p.m. plu. IV.*): They neglected; They wasted. ***Yudzî'u*** يضَيع (*imp. 3rd. p.m. sing. IV.*): He wastes. ***Udzî'u*** أضيع (*imp. 1st. p. sing. IV.*): I waste, will not suffer (the deed) to be lost. ***Nudzî'u*** نُضَيع (*imp. 1st. p. plu. IV.*): We waste. (L; T; R; LL)
The root with its above four forms has been used in the Holy Qur'ân about 10 times.

Dzâfa ضَافَ

ضَيفًا، ضِيَافَة ؛ يَضِيف

To be a guest, enjoy hospitality, alight at the abode of. *Dzayyafa* ضَيّفَ: To entertain as a guest. *Dzaifun* ضَيفٌ: Guest.

Yadzayyifû يضَيّفوا (*imp. 3rd. p.m. plu. II. acc.* final *Nûn* dropped.): They entertain (18:77).
Dzaifun ضَيفٌ (*n.*): Guest. (15:51; 51:24; 54:37; 11:78; 15:68) (L; T; R; LL)

Dzâqa ضَاقَ

ضَيقًا ؛ يَضِيق

To be narrow, become straiten, be tenacious. *Dzâ-qa bihim dzar'an* ضَاق بهم ذرعًا: To feel helpless on their behalf, feel powerless to protect. An Arabic expression literally meaning: He stretched forth his arm to a thing but his arm did not reach it thus he was unable to do or accomplish the thing or affair or he lacked the strength or power to do the thing or he found no way of escape from what was disagreeable in the affair. *Dzaiqun* ضَيقٌ: Trouble; Grief. *Dzayyiqun* ضَيِّقًا: Strait; Narrow. *Dzâiqun* ضائق: That which becomes narrow or straitened.

Dzâqa ضاقَ (*prf. 3rd. p.m. sing.*): He became narrow. ***Dzâqa bihim Dhar'an*** ضاق بهم ذرعًا : He felt helpless on their behalf; He was troubled; He lacked strength to accomplish the affair. ***Dzâqat*** ضاقت (*prf. 3rd. p. f. sing.*): It became straitened. ***Yadzîqu*** يضيقُ (*imp. 3rd. p.m. sing.*): He is straitened, distressed. ***Li Tudzayyiqû*** لتُضَيِّقُوا (*imp. 2nd. p.m. plu. II.*): In order to make them hard. ***Dzayyiqan*** ضَيِّقًا (*n. acc.*): Straitness. ***Dhâiqun*** ضائقٌ (*act. pic. m. sing.*): Straitened. (in the sense of *pis. pic*). ***Dzaiqun*** ضَيقٌ (*v.n*): Straitness. (L; T; R; LL)

The root with its above forms has been used in the Holy Qur'ân about 13 times.

Tâ
ط T

It is the 16th letter of the Arabic alphabet. According to *Hisâb Jummal* (mode of reckoning numbers by the letters of the alphabet) its value is 9. It has no equivalent in English. According to our rules of transliteration, it is written as T or t. It is used in the Holy Qur'ân as an abbreviation in 26:1; 28:1; 27:1; 20:1. It is of the category of *Majhûrah* مجهوره, *Nit'iyyah* نطيّة and *Muthâqah* مُثاقه.

Tab'a طَبَعَ
طبعًا ؛يَطبَع

To seal, imprint, print, stamp, impress, brand, fashion, make to be dirty, rusted. *Tabba'a* طَبَّع: To impress strongly.

Taba'a طَبَعَ (*prf. 3rd. p.m. sing.*): He has set a seal. ***Yatba'u*** يَطبَعُ (*imp. 3rd. p.m. sing.*): He sets a seal. ***Natba'u*** نَطبَع (*imp. 1st. p. plu.*): We put a seal. ***Tubi'a*** طُبِعَ (*pp. 3rd. p. m. sing.*): Is sealed. (L; T; R; LL)

The root with its above four forms has been used in the Holy Qur'ân about 11 times.

Tabaqa طَبَقَ

طَبقًا ؛يطبَق

To cover, overwhelm. *Tibâqun* طباقٌ: Fittings; Adapting; In order one above another; Stages; Layers; Stories; Series.. It sing. Is *Tabaqatun* طبقةٌ.

Tabaqun/Tabaqan طَبَقٌ / طَبقًا (*nom./acc.*): Cover; Stage; State; Layer (84:19). ***Tibâqan*** طباقًا (*v.n. acc.*): One upon another in conformity with each other (67:3; 71:15). (L; T; R; LL)

Tahâ طها

طهًا ؛يَطهُ

To spread out, extend (transitive and intransitive).

Tahâ طها (*prf. 3rd. p.m. sing.* transitive and intransitive): Expanded; Spread (91:6). (L; T; R; LL)

Taraha طَرَحَ/Tariha طَرِحَ

طرحًا ؛ يَطرَح

To cast, fling, throw, remove.

Itrahû اِطرَحُوا (*prt. m. plu.*): Remove (12:9). (L; T; R; LL)

Tarada طَرَدَ

طردًا ؛يطرِد

To drive away, send away, get some body out (transitive), drive out. *Tatrud* تطرُدُ: To drive away. *Taridun* طَرِدٌ: One who drives away.

Taradtu طَرَدْتُ (*imp. 1st. p.m. sing. acc.*): I drive away (11:30). ***Tatrud*** تطرُدْ (*imp. 2nd. p.m. sing. acc.*): Thou drive away (6:52). ***Târidin*** طاردٍ (*act. pic. m. sing.*): One who drives away (11:29; 26:114) (L; T; R; LL)

Tarafa طَرَفَ

طرفًا ؛يَطرِف

To twinkle (eyes), hurt (the eye) and make it water, be newly acquired (property), descend from an ancient family, attack the extremity of the enemy's lines, chose a thing. *Atrâf* اطراف sing. *Tarafun* طرفٌ: Sides; Parts; Extremities; Edges; Edger, Fringes; Ends; Outlying parts; High and low persons; Leaders; Scholars; Thinkers; Best of the fruits.

Mâ baqyat minhum an al-Tarifu

مابقيت منهم ان الطرف

There is no one left amongst them to be hurt. *Tarfun* طرْفٌ: Eye; Glance; Sight; Looking; Blinking; Yemenite noble messenger. Noble man in respect of ancestry.

Tarfun طرْفٌ (*n.*): Eye; Glance; Sight; Looking. ***Tarafan*** طرفًا (*n. acc.*): Side; Portion; Section. ***Atrâf*** اطراف (*n. plu.*): Ends. Borders. ***Tarafai*** طرفَي (*gen. n. dual*, final *Nûn* dropped in *Tarafaini* طرفَين):

Two ends. (L; T; R; LL)
The root with its above four forms has been used in the Holy Qur'ân about 11 times.

T̲araqa طَرِقَ
طُروقا، طَرقًا ؛يطرَق

To come by night;, beat something, knock, strike. *T̲âriq* طارِق: One who comes or appears by night; Morning star that comes at the end of the night; Night-visitant; Star (in its generic sense). *T̲arîqan* طَرِيقً: Way; Path. *T̲arîqatun* طَرِيقة plu. *T̲arâ'iq* طرائق: Way; Path; Line of conduct; Behaviour.

T̲âriq طارِق (*act. pic. m. sing. gen.*): Visitant (in the darkness) of night; Morning star. ***T̲ariqan*** / ***T̲âriqun*** طارق / طرِقًا (*acc./n.*): Way; Path. ***T̲arîqatun*** طرِيقةٌ (*n.*): Line of conduct. ***T̲arâ'iqun*** طرائقٌ (*n. plu.*): Paths. (L; T; R; LL)
The root with its above five forms has been used in the Holy Qur'ân about 11 times.

T̲ariya طَرِيَ / T̲aruwa طَرُوَ
طراوةً، طريًا ؛يطرَو، يطرَي

To be fresh, be tender, be recent.

T̲ariyyan طَرِيًّا (*acc. adj.*): Fresh (16:14; 35:12). (L; T; R; LL)

T̲a'ima طَعِمَ
طعاما، طعمًا ؛يَطعَم

To eat, taste (intransitive). *T̲â'imun* طَعِمٌ: One who eats. *T̲a'mun* طَعْمٌ: Taste. *T̲a'âmun* طعامٌ: Food; The act of eating or feeding. *At̲'ama* اطْعَمَ: To feed, give or provide food. *It̲'âm* اطعام: The act of feeding. *Istat̲'ama* اِستطعَمَ: *X*. To ask for food. (transitive).

T̲a'imû طعِموا (*prf. 3rd. p.m. plu.*): They have eaten. ***T̲aimtum*** طعِمتُم (*prf. 2nd. p.m. plu.*): You have eaten. ***Yat̲'amu*** يَطعَمُ (*imp. 3rd. p.m. sing.*): He shall eat. ***Lam Yat̲'am*** لم يطعَم (*imp. 3rd. m. sing. juss.*): It did not taste. ***At̲'ama*** اَطعَمَ (*prf. 3rd. p. m. sing. IV.*): He fed, could feed. (trans). ***Yut̲'imu*** يُطعِم (*imp. 3rd. p. m. sing. IV.*): He feeds. ***Yut̲'imûna*** يُطعِمُون (*imp. 3rd. p. m. plu. IV.*): They feed. ***Yut̲'imuni*** يُطعِمُن (comps. of *Yut̲'imu* يُطعِم *imp. 3rd. p.m. plu. IV.* acc.+ *nî*, pronominal *nî* is shortened to *ni* and the first *yâ* is dropped): They feed me. ***Tut̲'imûna*** تُطعِمُونَ (*imp. 2nd. p. m. plu. IV.*): You feed. ***Nut̲'imu*** نُطعِم (*imp. 1st. p. plu.*): We feed. ***At̲'imû*** اَطعِمُوا (*prt. m. plu.): Feed* ye! ***Yut̲'amu*** يُطعَم (*pip. 3rd. p.m. sing.*): He is fed. ***Istat̲'amâ*** استَطعما (*prf. 3rd. p.m. dual X.*): The twain asked for food. ***It̲'âmun*** اطعامٌ (*v. n. IV.*): Feeding. ***T̲â'imun*** طاعِمٌ (*act. pic.*

m. sing.): One who eats. ***Ta‘âman/Ta‘âmun*** طَعامٌ/طَعامًا (*acc./v.n.*): Food. ***Ta‘mun*** طَعْمٌ (*v.n.*): Taste. (L; T; R; LL)
The root with its above forms has been used in the Holy Qur'ân about 48 times.

Ta‘ana طَعَنَ

طعنًا؛ يَطعَن

To speak ill of, defame, assail, revile, scoff, pierce, spear, wound, calumniate, thrust at.

Ta‘anû طَعَنُوا (*prf. 3rd. p.m. plu.*): They revile and commit aggression (9:12). ***Ta‘nan*** طعنًا (*v.n. acc.*): Seeking to injure, and scoffing (4:46). (L; T; R; LL)

Taghâ طغىٰ

طُغيانا، طغًي؛ يطغِي

To transgress, wander from its orbit, exceed the bound; *Taghâ* طغىٰ: To rise high, be incurious; mischievous; impious, tyrannical, inordinate, rebellious, exorbitant. *Tughyân* طُغيان: Transgression; Being exceedingly wicked; Exorbitance, Insolence; Injustice; Infidelity; Rebellion. *Tâghin* طاغٍ: One who is excessively impious; Transgressor. *Tâghiyatun* طاغيةٌ: Storm of thunder and lightning of extreme severity. *Atghâ* اطغىٰ: Most extravagant in wickedness. *Taghway* طغوَي: Excess of impiety; Extreme wickedness. *Tâghût* طاغُوت: Transgressor; Powers of evil; Who leads to evil. It has both a singular and a plural significance. *Atghâ* اطغىٰ (*IV.*): To cause to transgress, make one a transgressor. *Tâghûn* طاغُون: nom. *Tâghîna* طاغِين: acc.: Insolent; Exorbitant.

Taghâ طغىٰ (*prf. 3rd. p.m. sing.*): He exceeded the limit, rose high. ***Taghau*** طغَو (*prf. 3rd. p.m. plu.*): They exceeded limits. ***Yatghâ*** يَطغىٰ (*imp. 3rd. p.m. sing. acc.*): He exceeds all limits in transgression, may be inordinate. ***Lâ TaTaghau*** لا تطغَو (*prt. neg. m. plu.*): Do not exceed the limits. ***Atghâ*** اطغىٰ (elative): Most rebellious. ***Atghaitu*** اطغَيتُ (*prf. 1st. p. sing.*): I caused him to rebel, made him to exceed the limits. ***Tâghûn./Tâghîna*** طاغُون/طاغِين (*nom./acc. n.*): Insolent; Exorbitant people who transgress limits. ***Tâghiyatu*** طاغِيَتُ (intrans.): Outburst; Exceedingly violent; Thunderous blast. ***Tâghût*** طاغُوت (*n.*): Transgressor. ***Tughyânan*** طُغيانًا (*v.n. acc.*): Exorbitance; Insolence; Unrestrained; Inordinancy. (L; T; R; LL)
The root with its above forms has been used in the Holy Qur'ân about 39 times.

Tafiya طَفِيَ

طَفيا،طَفُواء ؛ يَطفاء

To be extinguished, put out (fire or light). *Atfa'a* اطفاء: IV. To extinguish.

Atfa'a اطفاء (*prf. 3rd. p.m. sing. IV.*): He extinguished, put it out (5:64). ***Lan Yutfi'û*** لن يُطفئوا: (They may) extinguish (9:32; 61:8). (L; T; R; LL)

Taffa طَفَّ

طَفًا ؛ يَطفّ

To be near, be within reach, raise. *Taffafa* طفّف: To give a deficient (measure); Redundance of a measure. *Tatfif* تَطفِيف (*II.*): Giving short measure; To default in ones duty. *Mutaffif* مطفّف: One who gives short measure; One who makes a default in his duty.

Mutaffifîn مطفِفّين (*ap-der. m. plu. II.*): Those who make a default in any of their duties and give short measure (83:1). (L; T; R; LL)

Tafiqa طَفِقَ

طفقًا ؛ يَطفَق

To begin, set out to do something.

Tafiqa طَفِقَ (*prf. 3rd. p.m. sing.*): He began (38:33). ***Tafiqâ*** طَفِقا (*prf. 3rd. p.m. dual.*): They both began (7:22; 20:121). (L; T; R; LL)

Tafula طَفُلَ

طِفلاً ؛ يَطفِل

To be of tender age. *Tiflun* طِفلٌ sing. and plu.: Children; Tiny, Baby; Child; Infant. plu. *Atfâl* اطفال. *Taflun* طَفْلٌ Tender; Soft.

Tiflun طفلٌ (*n.* used for *plu.*): Children. (24:31). ***Tiflan*** طفلاً (*n.* used for *sing.*): Infant (22:5; 40:67). ***Atfâl*** اطفال (*n. plu.*): Children. (24:59). (L; T; R; LL)

Talaba طَلَبَ

طَلبًا ؛ يَطلب

To seek, ask, desire, follow. *Talabun* طَلبٌ: Act of searching for. *Tâlibun* طالبٌ: Seeks. *Matlûb* مطلب: They sought. *Talaban* طلبًا : Seeking.

Yatlubu يطلبُ (*imp. 3rd. p.m. plu.*): He seeks, follows (7:5). ***Talaban*** طلبٌ (*v.n. acc.*): Seeking (18:41). ***Tâlib*** طالب (*act. pic. m. sing.*): Seeker (22:73). ***Matlûb*** مطلوب (*pic. pct. m. sing.*): Sought after (22:73) (L; T; R; IJ; LL)

Talaha طَلَحَ

طَلحًا ؛ يَطلح

To be jaded, jade. *Talhun* طَلح: Banana; Plant with broad fleshy and long leaves; Soft comfortable and pleasing delicate. It is the name of the banana fruit tree used to be found in Hijâz. Its fruit is very delicious with good smell. Whereas Lote-tree mentioned in the preceding verse (56:28) grows in dry climate whereby bananas require plenty of water for their growth. The mentioning together of these two fruits signifies that the fruits of Paradise will not only be plentiful and delightful but will also be found in all climatic conditions.

Talhun طلحٌ (*n.*): (56:29). (Muhkam; Sihâh: Tahdhîb; T; R; Azharî; LL)

Tala'a طلَعَ

طلوعًا ؛ يَطلع

To ascend, rise, go up, learn, come on, come towards anyone, start from, climb upon, reach, sprout, notice, look, seek, examine, expose, explain, appear, inform, occur, consider, know. *Tal'un* طلعٌ: The spathe or sheath in which the flowers of the date palm are enclosed, also the fruit when it first appears; Fruit; Ranged dates. *Tulû'* طلوع: Rising. *Matla'un* مطلعٌ: Twilight of rising (of sun). *Matli'un* مَطلِعٌ: Place of rising (of sun). *Atla'a* اطلع: *(IV.)* To make manifest to anyone, cause one to understand. *Ittala'a* اِطلع for *Itta'ala'a* اِطّعلى (*VIII.*): To mount up, penetrate. *Attala'a* اطّلع for *a'Attala'a* أاطلع: Has he penetrated. (Here the *Hamzah* of union *Waslah* being omitted after the interrogative *Hamzah*).

Tala'at طلعتْ (*prf. 3rd. p. f. sing.*): It rose high. ***Tatlu'u*** تَطلعُ (*imp. 3rd. p. f. sing.*): She rises. ***A'Ittala'a*** أاطلَعَ (*prf. 3rd. p.m. sing. VII.* comp. of *'a* أ *interrogative+ Ittala'a*): Has he looked into? (19:78). ***Ittala'a*** اطلع (*prf. 3rd. p.m. sing. VIII.*): He looked. He will have looked. ***Ittala'ata*** اطلعتَ (*prf. 2nd. p.m. sing. VIII.*): Thou look. ***Tattali'u*** تَطلعُ (*imp. 2nd. p.m. sing. VIII.*): Thou will notice, discover. ***Attali'u*** اطلعُ (*imp. 1st. p. sing. VIII.*): I have a look. ***Li Yutli'a*** لِيُطلع (*imp. 3rd. p.m. sing. IV.*): That he lets know. ***Tulû'un*** طلوعٌ (*v. n.*): Rising. ***Matla'un*** مَطلَع (*n.* of time.): Time of rising. ***Matli'un*** مطلعٌ (*n.* of place): The place of rising. ***Muttali'ûna*** مَطّلِعُون (*ap-der. m. plu. VIII.*): Those who look down. ***Tal'un*** طلعٌ (*n. plu.*): Clusters. (L; T; R; LL)

The root with its above forms has been used in the Holy Qur'ân about 19 times.

Talaqa طلَق

طلاقًا ؛يَطلق

To be free from bond, be divorced, be repudiated. *Talâq* طلاق: Divorce. *Ta'allaqa* طعَلَّقَ: II. To divorce, quit, leave. *Mutallaqatun* مُطلّقة: Divorced woman. *Intalaqa* انطلقَ: To start doing something, depart, set out in doing something, go ones way, be free or loose.

Tallaqa طَلّقَ (*prf. 3rd. p.m. sing. II.*): He divorced. ***Tallaqtum*** طَلّقتُم (*prf. 2nd. p.m. plu. II.*): You divorced. ***Tallaqtumûhunna*** طَلّقتُمُوهُنّ (comb. of *Tallaqtum+hunna*) You divorced them (women). ***Tallaqahunna*** طَلّقهُنّ (comb. of *Tallaqa* طَلّقَ+*hunna* هُنّ: You divorced them (women). ***Talliqû*** طَلِّقُوا (*prt. m. plu.*): You (*m.*) divorce. ***Mutalliqât*** مُطلّقات (*pis. pic. f. plu.*): Divorced women. ***Intalaqa*** اِنطلَقَ (*prf. 3rd. p. f. sing. VII.*): Set out; Go about; Started; Departed. ***Intalaqâ*** انطلقا (*prf. 3rd. p.m. dual. VII.*): The twain set out. ***Intalaqû*** اِنطلقُوا (*prf. 3rd. p.m. plu. VII.*): They went off, set out. ***Yantaliqu*** يَنطلِقُ (*imp. 3rd. p.m. sing.*): Move quickly! ***Intaliqû*** انطلقُوا (*prt. m. plu. VII.*): Depart; Move on. (L; T; R; LL)

The root with its above forms has been used in the Holy Qur'ân about 23 times.

Talla طَلاً؛يطَلّ طَلّ

To moisten slightly (dew). *Tallun* طَلّ: Slight dew or rain.

Tallun طَلّ (*n.*): (2:265). (L; T: R; LL)

Tamatha طَمَثَ/Tamitha طَمِثَ
طَمْثًا ؛يطمَث، يطمُث

To touch a woman in order to deflower her, deflower a virgin.

Yatmithu يَطِمثُ (*imp. juss.*): Touches; Deflowers (55:74). ***Lan Yatmith*** لم يطمث : Not touched. (L; T; R; LL)

Tamasa طَمَسَ
طمسًا ؛يطمِس

To be effaced, disappear, go far away, destroy, be corrupted, wipe out, obliterate, alter, put out, lose brightness, be remote, blot out the trace of.

Tumisat طمِسَتْ (*pp. 3rd. p. f. sing.*): She will be made to lose light. ***Tamasnâ*** طمسنا (*prf. 1st. p. plu.*): We could have deprived of, wiped out. ***Natmisa*** نَطمسَ (*imp. 1st. p. plu. acc.*): We obliterate, extinct, destroy. ***Atmis*** اطمس (*prt. m. sing.*): Destroy. (L; T; R; LL)

The root with its above four forms has been used in the Holy Qur'ân about 5 times.

T̲ami'a طَمِعَ
طَمَعًا ؛يَطمَع

To covet, eagerly desire, long or hope for, yearn for. *T̲ama'un* طمعٌ: Desire; Hoping and longing for; Causing to be full of hope.

Yat̲ma'u يَطمَعُ (*imp. 3rd. p.m. sing.*): He covets. ***At̲ma'u*** أطمَعُ (*imp. 1st. p. sing.*): I covet. ***Yat̲ma'ûna*** يَطمَعُون (*imp. 3rd. p.m. plu.*): They covet. ***Tat̲ma'ûna*** تطمَعُون (*imp. 2nd. p.m. plu.*): You covet. ***Nat̲ma'u*** نَطمَعَ (*imp. 1st. p. plu.*): We covet. ***T̲am'an*** طمعًا (*v.n. acc.*): Hope. (L; T; R; LL)

T̲amma طَمّ
طمّاً ؛يُطِمّ

To cover up, overflow, overwhelm, swallow up, fill to the brim. *T̲âmmatun* طآمّةٌ: Calamity; Overwhelming event.

T̲âmmatu طآمّةٌ (n.): (79:34). (L; T; R; LL)

T̲am'ana طمئَنَ
طمانِينتًا ؛يَطمئِن

To rest from, rely upon, bend down, still a thing quiet, tranquilize. *It̲ma'anna* اطمأنّ: IV. To be quiet, rest securely in, satisfied by, be free from disquieted, in tranquility, secure from danger. *Mut̲ma'innun* مطمَئِنّ: One who rests securely, enjoys peace and quiet, contend and satisfaction, rests at ease, is peaceful. *It̲mi'nân* إطمئنأن: He was in a state of quietness and tranquility

It̲ma'anna اطمأنّ (*prf. 3rd. p.m. sing. VI.*): He is satisfied, contented. ***It̲man'antum*** اطمَئنتم (*prf. 2nd. p.m. plu.*): You feel secure (from danger). ***It̲ma'annû*** اطمئَنّوا (*prf. 3rd. p. m. plu.*): They are satisfied. ***Li Yat̲ma'inna*** لِيَطمئِنّ (*imp. 3rd. p. m. sing.*): That he may be at peace. ***Li Tat̲ma'inna*** لِتطمئِنّ (*imp. 2nd. p. f. sing.*) That may be at peace. ***Mut̲ma'innun*** مُطمئِنّ (*ap-der. m. sing.*): At rest; Find peace (and are firm). ***Mut̲ma'innatun*** مطمئنةٌ (*ap-der. f. sing. acc.*): At rest; Find peace. ***Nafs Mut̲mainnah*** نفس مطمئِنّة : Soul at rest and peace. ***Mut̲ma'innîna*** مطمئِنِين (*ap-der. f. plu. acc.*): Contentedly; Secure and sound. (L; T; R; LL)

The root with its above forms has been used in the Holy Qur'ân has about 13 times.

T̲â hâ طه

It is a combination of two letters. T̲â ط and Hâ ه. These letters do not belong to the group of *Muqat̲t̲a'ât* or abbreviations. According to Ibn 'Abbas and a number of outstanding personalities of the next generation, like S̲a'îd ibn

Jubair, Mujâhid, Qatâdah, Hasan Basrî, Ikramah, Dzahhâq and Kalbî it is not just a combination of two single or disjointed letters but a meaningful expression of its own signifying 'O man!, synonymously *Ya rajulu*: In the dialect of 'Akks', an old Arab tribe it means *Yâ habîbî* (O my beloved! O great man! O perfect man!. The expression *Tâ Hâ* was so much in vogue among the tribe that one of them would not answer if he were called by the words *Yâ Rajulu* (O man) but would only answer if he were addressed as *Tâ Hâ*. By some the expression is interpreted as 'Be you at rest.' This last interpretation seems to be quite in harmony with the significance of the next verse (20:2) which opened with a message of comfort, solace, peace and good cheer for the Holy Prophet (20:1). (T; L; IJ; Râzî; Ibn Kathîr; Zamakhsharî; Qadîr; LL)

Tahura طَهُرَ/Tahara طهر
طَهَارة، طهور،طهْراً؛يَطهُر

To be pure; clean, chaste, righteous, free from her courses (woman), remove. *Tahhara* طَهّرَ: *(II.)* To purify, cleanse. *Tathîr* تطهير: Purification. *Mutahhirun* مطهّرون: One who frees from impurity. *Mutahharun* مُطَهّرون: Purified; Freed from impurity; Clean; Pure. *Ittaahhara* اطّهّر and *Tatahhara* تطهّرَ: To purify one's self, keep oneself pure. *Mutatahhir* متطهّر or *Mutahhir* مُطهّر: Who is pure and clean.

Yathurna يَطهُرنَ (*prf. 3rd. p. f. plu.*): They are purified; Thoroughly cleansed. ***Yatahharûna /Yatatahharû*** يَتطهّروا / يَطَهّرون (*acc./imp. 3rd. p.m. plu. V.*): They clean themselves; (They love to) become purified. ***Tahhara*** طَهّرَ (*prf. 3rd. p.m. sing. II.*): He is purified. ***Li Yutahhira*** لِيُطهّرَ (*imp. 3rd. p.m. sing.*): That he may purify. ***Tutahhiru*** تُطهّر (*imp. 2nd. p.m. sing.*): Thou purify. ***Tahhir*** طهّر (*prt. m. sing.*): Purify! ***Tahhirâ*** طهّرا (*prt. m. dual.*): O you twain! Purify. ***Tatahharna*** تطهّرن (*prf. 3rd. p. f. plu. V.* transitive and intransitive): They *f.* are thoroughly cleansed, thoroughly purify themselves. ***Ittahharû*** اِطّهّروا (*prt. m. plu. V.*): Get yourselves thoroughly cleaned. ***Muttahharun*** مُطهّرون (*ap-der. m. sing. II.*): One who purifies. ***Mutahhirîn*** مُطهّرين (*ap-der. m. plu. acc. V.*): Those who get themselves cleansed or purified. ***Mutatahhirîna*** متطهّرين (*ap-der. m. plu. acc. V.*): Purified ones. ***Mutahharatu*** مطهّرةٌ (*pis. pic. f. sing. II.*): Purified *f.* ones.

Mutahharûna مُطَهّرون (*pic. pic. m. plu. II.*): Purified ones. ***Tathiran*** تطهراً (*v.n. II.*): Purifying. ***Tahûr*** طَهُور (*v.n.*): Clean. ***Athar*** اطْهَر (elative *m. sing.*): Purest. (L; T; R; LL)
The root with its above forms has been used in the Holy Qur'ân about 31 times.

Tâda طادَ

طودًا ؛يَطادُ

To be firm and immoveable, steadfast. *Taudun* طوداً: Lofty mountain; Cliff; Mound. Elevated or overlooking tract of land.

Taudun طودٌ (*n.*): (26:63). (L; T; R; LL)

Târa طارَ

طوراً ؛يَطور

To approach. *Taur* طور plu. *Atwâr* اطوار: Manner; Way of action; Kind; Class; Limit; Time (repeated action); Stage; State. *Tûrun* طُور: Mount Sinai; Mount of Olives. It is also applied to several other mountains; Mountain.

Tûrun طورٌ (*n.*): Mount ***Atwâran*** اطواراً (*n. acc.*): (71:14). (L; T; R; LL)
The word *Tûr* has been used in the Holy Qur'ân about 10 times.

Tâ'a طاعَ

طوعًا ؛يَطِيع

To obey; permit. *Tau'an* طوعًا: With witting obedience. *Tau'un* طوعٌ: Obedient. *Tâ'tun* طتعٌ: Obedience. *Tâ'i'un* طائعٌ: Obedient. *Tawwa'a* طوّعَ (*II.*): To permit, consent. (*II.*) *Tatawwa'a* تطوّعَ: To do voluntarily, give one's self obediently or willingly to perform (a good deed), do a deed spontaneously, do an act with effort. *Ata'a* اطعَ: To obey; (*IV.*) *Mutâ'un* مطاعٌ: Obeyed. *Mutawwi'un* مُطوّعٌ: One who gives himself willingly to perform (a good deed). *Istata'a* استطعتَ and *Istâ'a* اِسطاعَ: To be able, have power, be capable of. (In translating it is frequently necessary to supply a verb according to the context.)

Tawwa'at طوّعت (*prf. 3rd. p.f. sing. II.*): She made agreeable, prompted, made feasible, made easy. ***Atâ'a*** اطاع (*prf. 3rd. p.m. sing. IV.*): Obeyed. ***Atâ'û*** اطاعُوا (*prf. 3rd. p.m. plu. IV.*): They *m.* obeyed. ***Ata'na*** اطعنَ (*prf. 3rd. p.f. plu. IV.*): They *f.* obeyed. ***Ata'tum*** اطعتم (*prf. 2nd. p.m. plu.*): You *m.* obeyed. ***Ata'nâ*** اطعنا (*prf. 1st. p. plu.*): We obeyed. ***Yutî'u*** يُطِيعُ (*imp. 3rd. p. m. sing.*): He obeys. ***Yuti'*** يُطع (*imp. 3rd. p.m. sing. Juss.* The letter *yâ* is dropped due to conditional phrase): He obeys. ***Yuṯî'ûna*** يُطِيعُون (*imp. 3rd. p.m. plu. IV.*): They obey. ***Tuṯî'û*** تُطِيعوا (*imp. 2nd. p.m. plu. acc. IV.*): You obey. ***Nuṯî'u*** نُطِيع (*imp. 1st. p. plu. IV.*): We obey. ***Aṯî'û*** أطِيعُوا (*prt. m. plu. IV.*): O you! *m.* Obey. ***Aṯi'na*** أطِعن (*prt. f. plu. IV.*): O you! *f.* Obey. ***Aṯî'uni*** اطِيعُون (IV. comp. *Aṯîû* + *nî*. *nî* is shortened to *ni*.): Obey me! ***Lâ T̲uṯi'*** لا تُطع (*prt. neg. m. sing. IV.*): Obey not. ***Yuṯâ'u*** يُطاعُ (*pip. 3rd. p.m. sing. IV.*): Is obeyed. ***Taṯawwa'a*** تطوّع (*prf. 3rd. p.m. sing. V.*): He chooses to do (good) spontaneously. ***Istaṯâ'a*** اِستطاع (*prf. 3rd. p.m. sing. X.*): He was able. ***Istaṯa'ta*** اِستطعتَ (*prf. 2nd. p.m. sing. X.*): Thou art able. ***Istaṯa'tu*** اِستطعتُ (*prf. 1st. p. sing. X.*): I was able. ***Istaṯâ'û*** اِستطاعُوا (*prf. 3rd. p.m. plu. X.*): They were able. ***Istaṯa'nâ*** اِستطعنا (*prf. 1st p. plu. X.*): We are able; We could. *Isṯâ'û* اِسطاعُوا, *Istaṯâ'û* استَطاعُوا and *Yastaṯîu* يَستطِيعُ are of the same meaning. ***Yastaṯî'u*** يَستطِيعُ (*imp. 3rd. p.m. sing. X.*): He is able, would consent; His wisdom will consent. ***Lam Yastaṯi'*** لم يستَطع (*imp. 3rd. p.m. sing. X. juss.*): He was not able, could not do. ***Tastaṯî'u*** تَستَطِيع (*imp. 2nd. p.m. sing. X.*): Thou art able. ***Lam Yastaṯî'a*** لم يستطِيع (*2nd. p.m. sing. acc. neg.*): Thou never can do. ***Lam Tastaṯi'/Lam Tasṯi'*** لم تَستطع / لمتسطع: (*3rd. m. sing. X.*): Thou was not able. ***Yastaṯî'ûna*** يَستطِيعُون (*imp. 3rd. p.m. plu. X.*): They are able. ***Tastaṯî'ûna*** تَستطِيعُون (*imp. 2nd. p.m. plu. X.*): ***Tastaṯî'û*** تَستطِيعُوا (*imp. 2nd. p.m. plu. X. acc.*): You were able. ***Lam Tastaṯî'u*** تستطِيع لم (*imp. 2nd. p.m. plu. X.*): You will not be able. ***T̲au'an*** طَوعًا (*v.n. acc.*): Willingly. ***T̲â'atan*** طاعتًا (*v.n.*): Obedience. ***T̲â'i'îna*** طائعِين (*act. pic. m. plu.*): Willingly. ***Muṯâ'un*** مطاعٌ (*pic. pact. m. sing.*): Obeyed one; Who is entitled to be obeyed. ***Muṯawwi'îna*** مطوّعِين (*ap-der. m. plu. V.* In this word the *T̲â* is replaced by duplication of *T̲â*.): Those who do something willingly and voluntarily. (L; T; R; LL)

The root with its above forms has been used in the Holy Qur'ân about 129 times.

T̲âfa طافَ

طوفًا ؛يَطوف

To go about, walk about, run around, circumambulate, make the round, come upon, circuit around, encompass, circulate. *T̲â'ifatun* طائفة: A part; Some, Party; People; Company; Band of men. *T̲ûfân* طوفان: Deluge; Common destruction or calamity which embraces many. *T̲awwâfun* طوّافٌ: One who goes about. *It̲awwafa* اِطوّفَ: To go round abut. *T̲â'ifun* طائفٌ: Visitation; Calamity.

T̲âfa طافَ (*imp. 3rd. p.m. sing. with 'Alâ*):He came upon. ***Yat̲ûfu*** يطوفُ (*imp. 3rd. p.m. sing.*): Goes round about. ***Yat̲ûfa*** يطوفَ (*imp. 3rd. p.m. plu.*) They go round about. ***Yut̲âfu*** يطافُ (*pip. 3rd. p. sing.*): Will be served in a round. ***Yut̲awwafu*** يطوّفُ (*pip. 3rd. p. sing. VIII.*): He walks about, runs between. ***Li Yat̲tawwafû*** لِيَطوّفُوا (*imp. 3rd. p. m. plu. el.*): Let them circumambulate, perform the circuit. ***T̲awwâfûna*** طوّافُون (*n. plu. ints.*): Those who go round frequently. ***T̲â'ifun*** طائفٌ (*act. pic. m. sing.*): Visitation; Calamity. ***T̲â'ifîna*** طائفِين (*n. plu.*): Those who perform circumambulation, who (go round to) perform the circuits. ***T̲â'ifatun*** طائفةٌ (*act. pic. f. sing.*): Group of people, counted from two persons up to a thousand. ***T̲â'ifatâni/T̲â'ifataini*** طائفتان/ طائفتَيْنِ (*acc. n. dual.*): Two parties. ***T̲ûfân*** طُوفان (*n.*): Overpowering rain; Deluge, Flood. (L; T; R; LL)

The root with its above forms has been used in the Holy Qur'ân about 41 times.

T̲âqa طاقَ

طاقةً؛ يَطِيق

To be able, be in a position to do something. *T̲âqatun* طاقةٌ: Ability; Power; Strength. *At̲âqa* اطاقَ: IV. To be able to do a thing. *T̲awwaqa* طوّقَ (*II.*): To twist a collar, put a neck-ring on, impose a difficult task on a person, enable, hang around neck, impose, lay upon, encircle. ***At̲âqa*** اطاقَ (*IV.*): To be able to do a thing, find extremely hard and difficult to bear (as *T̲âqat* means the utmost that a person can do), do a thing with great difficulty.

Yut̲awwaqûna يُطوّقُونَ (*pip. 3rd. p.m. plu. II.*): They shall be hung around necks like halters (3:180). ***Yut̲îqûna*** يطيقُون : Those who are able to. Those who find extremely hard (2:184). ***T̲âqatun*** طاقةٌ: Strength; Power (2:149,286). (L; T; R; LL; IJ)

T̲âla طالَ

طولاً؛ يطول

To be long, continue for a long time, be lasting, be protracted. *T̲aulu* طولُ: Plenty of wealth; Sufficiency of personal, social and material means; Power. *T̲ûlun* طولٌ: Height. *T̲awîlun* طوِيلٌ: Long. *Tat̲awala* تطولَ: To spread, be lengthened, be prolonged.

T̲âlût طالوت: The Biblical form of *T̲âlut* is Saul who belonged to the smallest of the Israelite tribe of Benjamin family and his family was the smallest of all the families of the tribe. *Tâlût* is of the measure of *fâlût* from *Tâla*, meaning he was tall and he is so called on account of the tallest of his stature: 'And when he stood among the people he was higher than any of the people (1 Sam. 10:23). Thus it is an attributive name. According to some commentators of The Qur'ân the description of the Qur'ânic (2:247-249) fits in more with Gideon (Judg. Chs. 6-8) than with Saul.

Tâla طال (*prf. 3rd. f. sing.*): Lasted long, too long. ***Tatâwala*** تطاول (*prf. 3rd. p.m. sing. VI.*): He prolonged. ***Tawîlan*** طويلاً (*act. 2pic. m. sing. acc.*): Long; Prolonged. ***Tûlan*** طولاً (*n. acc.*): Height. ***Al-Taulu*** الطول (*n.*): Power ***Tâlût*** طالوت (Proper name): Saul; Gideon. (L; T; R; LL)

Tawa طوَى
طيًّا ؛يَطوِي

To fold, roll up. *Tayyun* طيٌّ: The act of rolling up. *Matwiyyun* مطويٌّ: Rolled up. *Tuwan* طوًى: A thing twice done or twice blessed and sanctified. As a proper noun it is the name of the valley just below Mount Sinai. The spot mentioned in 20:12 and 79:16 is on the right flank of Sinai is a narrow valley called the *Wâdî Sho'aih* which runs southeastward from the great plain in front of the *Ra's Sufsafah*. If is a called in the Holy Qur'ân the twice hallowed valley, apparently because God's voice was heard in it and because Moses was raised there to Prophethood.

Natwî نطوِي (*imp. 1st. p. plu.*): We roll up (21:104). ***Tayyun*** طيٌّ (*v.n.*): Rolling up (21:104). ***Matwiyyâtun*** مطويّتٌ (*n. plu.*): Rolled ones (39:67). ***Tuwan*** طوًى (*prop. n.*): ***Tuwa*** طوى (20:12; 79:16). (L; T; R; Zamakhsharî; LL)

Tâba طابَ
طيّبًا ؛ يَطيب

To be good, pleasant, agreeable, lawful. *Tibna* طبْنَ: Of their (women's) own free will and being good (to you). *Tûbâ* طوبى : Joy; Happiness; An enviable state of bliss. Infinitive noun. *Tayyib* طيّب: Good; Clean; Wholesome; Gentle; Excellent; Fair; Lawful.

Tâba طابَ (*prf. 3rd. p.m. sing.*): Pleased; Agreeable; Lawful; Good. ***Tibna*** طبْنَ (*prf. 3rd. p.f. plu.* with *'An*): They be pleased to remit. ***Tibtum*** طِبتُم (*prf. 2nd. p.m. plu.*): Be you happy and prosperous. ***Tûbâ*** طوبا (*n. plu.* of *Tayyibatun* طيّبَةٌ and *f.* form of *Atyabu* أطيَبُ elative.): Excellent;

Fair; Very gentle (breeze). ***T̲ayyibin/T̲ayyiban*** طَيِّبًا/طَيِّبٍ (*adj. / acc.* active participle on the measure of *Fai'ilun*): Good. Clean; Wholesome; Gentle; Noble; Fair; Pure. ***T̲ayyibûna/T̲ayyibîn*** طَيِّبُون /طَيِّبِين (*nom./acc.* n. plu.): Good ones. ***T̲ayyibatun*** طَيِّبَةٌ (*n.f. adj.*): Fair; Excellent; Gentle. ***T̲ayyibât*** طَيِّبات (*n. plu. f.*): Good ones; Lawful ones; Pure thing. (L; T; R; LL)

The root with its above forms has been used in the Holy Qur'ân about 50 times.

T̲âra طَارَ

طَيرًا ؛ يَطِيرُ

To fly, flee, hasten to do a thing. *T̲âirun* طَائِرٌ: Flying thing; Bad omen; Bird; Action. Insect; One who soars with the higher (spiritual) regions and is not bent low upon earthly things. Arab proverbs and poetry bear witness to bird being spoken of as attending a victorious army to feed upon the corpses of the enemy left on the battlefield. It also means thases (cavalry), swift animals, company of men, a person who is sharp and quick, cause of good or evil, action of a person - good or bad. This significance as attached to the word *T̲âir* طائر which basically means flying creature is explained by Râzî. He writes that it was a custom of the Arabs to augur good and evil from birds by observing whether a bird flew away of itself or by being roused, whether it flew to the right or the left or directly upwards and the proposed action was accordingly deemed good or evil, hence the word came to signify good and evil actions, fortune or destiny. *Tat̲ayyara* تَطَيَّرَ: To augur evil, draw a bad omen. *Mustat̲îran* مُستَطِير: Widespreading.

Yat̲îru يَطِير (*imp. 3rd. p.m. sing.*): He flies ***Tat̲ayyarnâ*** تطيّرنا (*prf. 1st. p. plu. V.*): We augur ill. ***At̲ayyarnâ*** اطيّرنا (*prf. 1st. p. plu.*): We have suffered. ***Yat̲ayyarû*** يَطَيَّرُوا (*imp. 3rd. p.m. plu. V.*): They augur ill. ***T̲airun*** طَيرٌ (*n.*): Bird. ***T̲â'irun*** طائرٌ (*act. pic. m. sing.*): Flying creature; Action; Deed; Ill augury. ***Mustat̲îran*** مُستَطِيراً (*ap-der. m. sing. acc. X.*): Widespreading. (L; T; R; Qâmûs; Maidânî; Râzî; LL).

The root with its above forms has been used in the Holy Qur'ân about 29 times.

T̲âna طَانَ

طَيَن، طِينًا ؛ يَطِينَ

To plaster with clay or mud. *T̲în* طِين: Mud; Clay.

T̲înun/T̲înan طِينٌ / طِينًا (*nom./ acc. n. adj.*) (L; T; R; LL).

Zâ
ظ Z

The 17th letter of the Arabic alphabet. According to Hisâb Jummal (mode of reckoning numbers by the letters of the alphabet) the value of *zâ* is 900. It has no real equivalent in English. It is of the category of *Mahjûrah* مجهوره and *Lithâniyah* لثانية (gingival).

Za'ana ظَعَن
ظَعْنًا ؛يَظعَن

To depart, march, travel, migrate, be of, leave a place, move from one place to another.

Za'ni ظعن (*v.n.*): (16:80). (L; T; R; LL)

Zafara ظَفَرَ
ظفرا ؛ يظفر

To claw or scratch with a nail. *Zufur* ظُفُر: Fingernail; clutch, claw. *Zafira* ظَفِرَ: To get possession of, obtain, overcome, gain the master over, conquer. *Azfara* اظفَرَ: IV. To render any one victorious, make victor, give victory.

Azfara اظفَرَ (*prf. 3rd. p.m. sing. IV.*): He made victor, had given victory (48:24). ***Zufurun*** ظُفُرٌ (*n. plu.*): Nails; Claws; Talon. (6:146). (L; T; R; LL)

Zalla ظَلّ
ظُلولا ، ظلاً ؛ يَظل

To remain, last, continue doing a thing, be, become, grow into, remain, presevere, went on doing. *Zallala* ظلل and *Azalla* اظلّ: To shade, give shade over. *Zillun* ظِلٌ: Shade; Shadow; Shelter. *Zullatun* ظللتم: Awning; Shelter; Booth; Covering; Cloud giving shade; Cover, Covering; Protection; State of ease and happiness. plu. *Zullul* ظُلل. *Zalîlan* ظَلِيلاً: Shading; Shady place.

Zalla ظَلّ (*prf. 3rd. p.m. sing. assim.*): He remained. With a following *imp.* or active participle or *'Alâ* it means to continue to do something, go on doing something, preserve something. ***Zallat*** ظلّت (*prf. 3rd. p. f. sing.*) She becomes. ***Zalta*** ظَلتَ (*prf. 2nd. p.m. sing.*): Thou hast remained. It is a modified form of *Zalalta*. ***Zallû*** ظَلّوا (*prf. 3rd. p.m. plu.*): They remained, kept. ***Zaltum*** ظللتم (*imp. 2nd. p.m. plu.*): You continue, would remain. ***Yazlalnâ*** يظللنا (*imp. 3rd. p. f. plu.*): They *f.* became. ***Nazallu*** نظَلّ (*imp. 1st. p. plu.*): We remain, continue.

Zallanâ ظللنا (*prf. 1st. p. plu. II.*): We overshadowed, outspread. ***Zilâl*** ظِلال (*n. plu.*): Shades; ***Zillun/Zullatun*** ظِلّ / ظُلّةٌ (*n.*): Shade. ***Zulalun*** ظُلَلٌ (*n. plu.*): Shadows. ***Zalîlan/Zalîlun*** ظَلِيلاً/ ظَلِيلٌ. (*acc./act. 2nd. pic.*): Shading. (L; T; R; LL; Râzî)

The root with its above forms has been used in the Holy Qur'ân about 33 times.

Zalama ظَلَمَ

مَظلِمة، ظلمة، ظُلمًا ؛يَظلِم

To do wrong or evil, treat unjustly, ill-treat, oppress, harm, suppress, tyrannize, misuse, act wrongfully, deprive any one of a right, misplace, injure, be oppressive, be guilty of injustice, act wickedly, be wanting in or fail. *Zulmun* ظُلْمٌ: Injustice; Tyranny; Obscurity; Wrongdoing; Misuse; Wickedness; Oppression. *Zalmûn* ظلمُون: Unjust, etc. *Zallâm* ظلام: Very unjust, etc. *Zâlimun* ظالِمٌ: One who treats unjustly, etc. *Azlamu* اظلمُ: More unjust, etc. *Muzlûmun* مظلوم: Unjustly treated, etc. *Azlama* اظلمَ: To do unjustly, injure.

Zalama ظَلَمَ (*prf. 3rd. p. m. sing.*): He wronged. ***Zalamtu*** ظَلَمتُ (*prf. 1st. p. sing.*): I wronged, did wrong. ***Zalamû*** ظلمُوا (*prf. 3rd. p.m. plu.*): They wronged, did wrong. ***Zalamtum*** ظَلمتم (*prf. 2nd. p. m. plu.*): You wronged. ***Zalamnâ*** ظَلمنا (*prf. 1st. p. plu.*): We wronged. ***Yazlimu*** يَظلِم (*imp. 3rd. p.m. sing.*): He does wrong. ***Li Yazlima*** لِيَظلِمَ (*imp. 3rd. p.m. sing. el.*): He was to do wrong. ***Lam Tazlim*** لم تظلِم (*imp. 3rd. p. f. sing. juss.*): Stinted not; Failing not. ***Yazlimûna*** يَظلِمُون (*imp. 3rd. p. m. sing.*): They wronged. ***Tazlimûna*** تَظلِمُون (*imp. 2nd. p. m. plu.*): You do wrong. ***Lâ Tazlimû*** لا تظلِمُوا (*prt. neg. m. plu.*): O you! Wrong not. ***Zulima*** ظُلِمَ (*pip. 3rd. p.m. sing.*): He was wronged. ***Zulimû*** ظُلِمُوا (*pip. 3rd. p. m. plu.*): They were wronged. ***Tuzlamu*** تُظلم (*pip. 3rd. p. f. sing.*): Thou was wronged. ***Yuzlamunâ*** يُظلمُنا (*pip. 3rd. p.m. plu.*): They were wronged. ***Yuzlamûna*** يُظلَمُون (*pip. 3rd. p.m. plu.*): They shall be wronged. ***Tuzlamunâ*** تُظلمنا (*pip. 2nd. p. m. plu.*): You are wronged. ***Azlamu*** اظلم (elative. *m. sing.*): More unjust. ***Zulmun/ Zulman*** ظُلمٌ / ظُلمًا (*nom./acc. n.*): Wrong doing. ***Zâlimun*** ظالِمٌ (*act. pic. m. sing.*): Wrongdoer. ***Zâlimatun*** ظالِمةٌ (*pact. pic. f. sing.)*: Wrongdoer. ***Zâlimûn/ Zâlimîna*** ظالِمين/ظالمون (*nom./ acc. n. plu.*): Wrongdoers. ***Zâlimî*** ظالمي (*n. plu.* final *Nûn* dropped): Wrongdoers. ***Zalûmun/ Zalûman*** ظلومٌ / ظلومًا (*nom./, acc. n.* ints.): Great wrongdoer.

Zallâmun ظَلَّام (*n. ints.*): Great wrongdoer; Oppressor by habit; One who is pleased to hurt others. ***Mazlûman*** مَظْلُوم (*pic. pac. m. sing.*): Oppressed; Vexed, Wronged. (L; T; R; LL)

The root with its above forms has been used in the Holy Qur'ân about 289 times.

Zalima ظَلِمَ
ظَلْمًا ; يَظْلِمُ

To be dark, obscure. ***Azlamaä*** أَظْلَمَ: To enter upon or to be in darkness. ***Mâ azlâmah*** مَااَظْلَمَهُوا : How dark it is; How mischievous he is. ***Zulmatun*** ظُلْمَة plu. ***Zulumât*** ظُلُمَات: Obscurity; Darkness. ***Muzliman*** مُظْلِم: That becomes dark. ***Muzlimûn*** مُظْلِمُون: One darkened.

Azlama أَظْلَمَ (*prf. 3rd. p.m. sing. IV.*): He becomes dark, enters upon the darkness. ***Muzliman*** مُظْلِمًا (*ap-der. m. sing. acc.*): That becomes dark. ***Muzlimûna*** مُظْلِمُون (*ap-der. m. plu.*): He darkened. ***Zulumât*** ظُلُمَات (*n. plu.*): Darkness; Different kinds of darkness; Thick darkness; Afflictions; Hardships; Dangers - spiritual, moral or physical. In the moral and spiritual sense, the plural form also signifies that sins and evil deeds do not stand alone but grow and multiply. One stumbling leading to another. (L; T; R)

Zanna ظَنَّ

The root with its above four forms has been used in the Holy Qur'ân about 26 times.

Zami'a ظَمِأَ
ظَمْأً ; يَظْمَىٰ

To be thirsty, desire a thing, alter a thing (heat), jade. ***Zama'un*** ظَمَأ: Thirst. ***Zamâ'un*** ظَمَاء: Very thirsty.

Tazma'u تَظْمَؤُ (*imp. 2nd. p. sing*): Thou shall thirst (20:119). ***Zamâ'un*** ظَمَأ (*n.*): Thirst (9:120). ***Zam'ân*** ظَمْآن (*act. prt.*): Thirsty (24:39). (L; T; R; LL)

Zanna ظَنَّ
ظَنًّا ; يَظُنَّ

To think, assume, deem, believe, know, imagine, suspect, conjunctive, be sure of something in view of one's observation. As a general rule often this verb is succeeded by *'anna* or *'an*, that means to be sure about.

Zanna ظَنَّ (*prf. 3rd. p.m. sing. assim.*): He thought, imagined, deemed, assumed, believed, conjectured, suspected; He was sure. ***Zanantu*** ظَنَنْتُ (*prf. 1st. p.m. sing.*): I was sure. ***Zannâ*** ظَنَّا (*prf. 3rd. p.m. dual.*): The twain thought. ***Zannû*** ظَنُّوا (*prf. 3rd. p.m. plu.*): They imagined. ***Zanantum*** ظَنَنْتُم (*prf. 2nd. p.m. plu.*): Ye thought. ***Zananna*** ظَنَنَّا

(*prf. 1st. p. plu.*): We thought. ***Yazunnu*** يَظُنّ (*imp. 3rd. p.m. sing.*): He thinks. ***Tazunnu*** تَظُنّ (*imp. 3rd. p.f. sing.*): She thinks. ***Azunnu*** اظُنّ (*imp. 1st. p. sing.*): I think. ***Yazunnûna*** يَظُنّوُن (*imp. 3rd. p. m. plu.*): They know, believe, conjuncture. ***Tazunnûna*** تظُنّوُن (*imp. 2nd. p.m. plu.*): You entertained wrong thoughts. ***Nazunnu*** نظُن (*imp. 1st. p. plu.*): We deem. ***Zannun/Zannan*** ظنّ/ ظنّا (*nom./acc.n.*): Thinking; Conjecture. ***Zunûna*** ظنُون (*n. plu.*): Diverse thoughts. ***Zânnîna*** ظانِين (*act. pic. n. plu.*): Entertainers of evil thought. (L; T; R; LL).
The root with its above forms has been used in the Holy Qur'ân about 69 times.

Zahara ظَهَر
ظهرًا ؛يَظهَر

To appear, become distinct, clear, open, come out, ascend, be manifest, mount, get the better of know, distinguish, be obvious, conspicuous, come forth, go out, have the upper hand over wound on the back, enter the noon, neglect. *Zâhara* ظاهَرَ: To help, back, support in the sense of collaboration. *Zihâr* ظِهار was a practice of the pre-Islamic days of the Arabs by which the wife was kept in a state of suspense. Sometimes for the whole of her life, having neither the position of a wife nor that of a divorced woman free to marry elsewhere. The word *Zihâr* ظهار is derived from *Zahr* ظَهَر means back. An Arab in the days of ignorance would say to his wife

anti 'alayya ka zahri ummî

انت عليّ كظهرأمّي

You are to me as the back of my mother. No sooner did those words pronounced then the conjugal relations between husband and wife ended, as by a divorce, but the woman was not free to leave the husband's house and remained as a deserted wife. *Zihâr* ظِهار was prohibitted by the Holy Prophet ﷺ and the Holy Qur'ân calls it a hateful word and a lie (58:1-4).

Zahar ظهر (*prf. 3rd. p.m. sing.*): It is open. ***Yazharûna*** يَظهَرُون (*imp. 3rd. p.m. plu.*): They ascend, scale. ***Yazharû*** يظهَرُوا (*imp. 3rd. p.m. plu. acc.*): They get the better (of you), get upper hand. ***Lam Yazharû*** لم يظهَروا (*imp. 3rd. p.m. plu. juss.*): They knew not, have no knowledge. ***Zâharû*** ظاهرُوا (*prf. 3rd. p.m. plu. III.*): They helped, have abetted. ***Lam Yuzâhirû*** لم يُظاهرُوا (*imp. 3rd. p.m. plu.juss.* with *'Alâ*). They did not back up against (you). ***Yuzâhirûna*** يظاهِرُون (*imp. 3rd.*

p.m. plu. III.): They declare *Zihâr* ظِهار. ***Tuzâhurûna*** تظهُرون (*imp. 2nd. p.m. plu. III.*): Ye declare *Zihâr* ظِهار. *Azhara* اظهَرَ (*prf. 3rd. p. m. sing. IV.*): He informed, apprised. ***Yuzhiru*** يُظهِرُ (*imp. 3rd. p.m. sing. IV.*) He grants predominance, causes to spread. ***Tuzhirûna*** تُظهِرون (*imp. 2nd. p.m. plu. IV.*): Ye enter upon at noon. ***Tazâhara*** تظاهَرَ (*prf. 3rd. p.m. dual. VI.*): The twain supported each other. ***Tazâharûna*** تظاهرُون (*imp. 2nd. p.m. plu. VII.*): Ye support each other. ***Zahrun/ Zahran*** ظهرٌ/ظهراً (*nom./acc. n.*): Back. ***Zuhûrun*** ظهُورٌ (*n. plu.*): Backs. ***Al-Zâhir*** الظاهِر: The Manifest and Ascendant over all, subordinate to no one. One of the names of Allâh. ***Zâhirîna*** ظاهِرين (*act. pic. m. plu. acc.*): Who are upper most; dominate. ***Zâhiratan*** ظاهِرةً (*act. pic. f. sing. acc.*): Outwardly; Facing each others and prominently visible. ***Zahîrun*** ظهيرٌ (*act. pic. m. sing.*): Helper; Supporter; One who backs up. ***Zahîratun*** ظهيرة (*n.*): Heat of noon. ***Zihriyyan*** ظهريًا (*n.*): Behind the back. The phrase in 11:92 means you have neglected Him as a thing cast behind your backs. (L; T; R; LL).

The root with its above forms has been used in the Holy Qur'ân about 59 times.

'Ain
ع

The 18th letter of the Arabic alphabet. According to *Hisâb Jummal* (mode of reckoning numbers by the letters of the alphabet) the value of *'Ain* is 70. It has no real equivalent in English. It is of the category of *Mahjûrah* مجهوره and *Halqîyyah* حَلقيّه or faucical. It is also used in the Holy Qur'ân (19:1) as an abbreviation of the word *'Alîm* عليم The all-Knowing God.

'Aba'a عبأ
عبأ؛ يَعبأ

To care for, be solicitous, hold to be of any worth or weight, attach any weight or value, have concern.

Ya'ba' يَعبأ (*imp. 3rd. p.m. sing.*): He holds to be of any worth (25:77). (L; T; R; LL)

'Abitha عَبِثَ
عَبثًا ؛ يَعبث

To play sport in a frivolous manner, amuse one's self, busy one's self about trifles. *'Ab'a than* عبثًا: In vain; As sport or play; Of no avail; Nonsense; Useless.

Ta'bathûna تعبَثُون(*imp. 2nd. p.m. plu.*) You do it in vain. (26:128). ***'Abathan*** **عبثًا** (*v.n. acc.*): In vain; Without purpose (23:115). (L; T; R; LL)

'Abada عَبَدَ

عبدًا ؛ يَعبُد

To serve, worship, adore, venerate, obey, accept the impression of a thing, submit, devote. *'Abbada* عَبّدَ: To render submissive, enslave, open (a road). *T'abbada* تعبّدَ: To apply to, devote oneself to, enslave, treat a person like a slave, obeisance. *'Abdun* عَبْدٌ plu. *'Ibâdun* عبادٌ and *'Abîdun* عبِيدٌ: Human being; Slave; servant; Bond-man; Worshipper.. *'Abdullâh* عبدالله: Servant of God; Who accepts the impressions of God's attributes. *'Âbid* عابِد: Worshipper; Pious; Godly. plu. *'Ibâdat* عبادة; *'Ubbâde* عُباد and *'Âbîdûn* عابِدُون. *Ma'bad* معبد plu. *Ma'âb'id* معابد, *Mu'abbad* معبّد: Place of worship; Sanctuary; Temple; Beaten or trodden (road); Honoured. *'Ibâdat* عبادت: Obedience; Worship; Piety; The impress of Divine attributes and imbibing and reflecting them on one's own person; Complete and utmost humility; submissiveness; Service the idea of 'Ibadat in the Qur'ân lies not in a mere declaration of the glory of God by lips and performance of certain rites of service, e.g., Prayer, Fasting etc., but it is in fact the imbibing of Divine morals and receiving their impress and imbibing His ways and complete obedience to Him. *'Abada* عبَد plu. of *'Âbidun* عابِدٌ: Worshippers. This word in 5:60 according to the majority of the commentators is a plu. noun.

'Abada عَبد (*prf. 3rd. p.m. sing.*): He worshipped, adored, venerated, obeyed. ***'Abadtum*** **عَبدتم** (*prf. 2nd. p.m. plu.*): You worshipped. ***'Abadnâ*** عَبدنا (*prf. 1st p. plu.*): We worshipped. ***Ya'budu*** يَعبُد (*imp. 3rd. p.m. sing.*): He worships. ***Ya'budûna*** يَعبدُون (*imp. 3rd. p.m. plu.*): They worshipped. ***Li Ya'budû*** لِيَعبدُوا (*imp. 3rd. p.m. plu. el.*): That they may worship. ***Li Ya'budûni*** لِيَعبدُون (*imp. 3rd. p. plu. el.*): That they worship me. The final *ni* is a short form of *nî* of pronominal and not a *na* plu. ***Ta'budu*** تعبُد (*imp. 2nd. p.m. sing.*): Thou worship. ***Ta'budûna*** تَعبدُون (*imp. 2nd. p.m. plu.*): You worship. ***A'budu*** اعبُدُ (*imp. 1st. p. sing.*): I worship. ***Na'budu***

نَعبُدُ (*imp. 1st. p. plu.*): We worship. ***I'bud*** اعبُدْ (*prt. m. sing.*): Thou worship. ***I'budu*** اعبُدُ (*prt. m. plu.*): You worship. ***Lâ ta'bud*** لا تعبُدْ (*prt. neg. m. sing.*): Thou worship not. ***La Ta'budû*** لا تعبدُوا (*prt. neg. m. plu.*): You worship not. ***Yu'badûna*** يُعبدُون (*pip. 3rd. p.m. plu*): They are to be worshipped. ***'Abbadta*** عبدْتَ (*prf. 2nd. p.m. sing. II.*): Thou enslaved, subjugated. ***'Abdun/ 'Abdan*** عَبدًا/عَبدٌ (*nom./ acc.*): *'Abdin* عَبدِ (*gen. n.*): Slave, Bondman; Servant. *'Abdaini* عبدَين (*n. dual.*): Two bond men. ***'Âbidûn/'Âbidîn*** عابدُون/عابدِين (*nom. / acc. act. pic. f. plu.*): Worshippers. *'Âbidât* عابِدات (*act. pic. f. plu.*): (Women) worshippers. *'Ibâdat* عبادت (*v.n.*): Worship. (L; T; R; LL).

The root with its above forms has been used in the Holy Qur'ân about 275 times.

'Abara عَبَرَ

عِبرةٌ، عبُورًا؛يَعبُر

To cross, interpret, state clearly, pass over. *I'tabara* اعِتبَرَ: To consider, ponder over, take into account, get experience from, take warning. *'Abratun* عَبَرَةٌ plu. *I'bar* اِعبر: Regard; Consideration, Admonition; Warning; Example, Instructive warning. *'Âbir* عابِر plu. *'Âbirîna* عابِرين: One who passes over. *I'tabara* اعتبِرَ: To take warning, learn a lesson.

Ta'burûna تَعبرُون (*imp. 2nd. 3rd. p.m. plu.*): You interpret. ***'Âbirî/ 'Âbirîna*** عابري/عابِرين (*act. pic. m. plu. acc.*): Those who pass, cross, travel along. ***I'bratun*** عِبرةٌ (*n.*): Lesson by which one can take warning, example, admonition. ***I'tabirû*** اعتبرُوا (*prt. m. plu. VIII.*): You take lesson. (L; T; R; LL)

The root with its above four forms has been used in the Holy Qur'ân about 9 times.

'Abasa عبس

عُبُدسًا ،عبسًا ؛ يَعبِسُ

To frown, look sternly, austere. *'Abûsun* عبُوسٌ: Austere; Grim; Stern; Frowning.

'Abasa عَبِسَ (*prf. 3rd. p.m. sing.*): He frowned (74:22; 80:1). ***'Abûsan*** عَبوسا (*n.*): Frowning (76:10). (L; T; R; LL)

'Abqariyyun عَبقَرِيٌّ

Great; Excellent; Strong; Beautiful; Fine; Of finest quality; Chief. Glittering; Surpassing; Surpassingly efficient; Extraordinary; Superior; Preeminent; Superseding; Quick-witted Expert; Vigorous; Strong; Effective; Great; Magnificent; Grand; Sublime; High; Exalted; Dignified; Learned; Perfect; Accomplished; Vigorous; Mighty; Powerful; Rigorous; Rich Carpet; Garment splendidly manufactured, variegated cloth, Garment of silk; Brocade; A kind of rich carpet. Thing that surpasses every other thing. Used as singular and plural. There is no other word in Arabic to indicate the fine of finest quality.

'Abqariyyun عَبقَرِيٌّ (*n.*): (55:67). (L; T; R; LL)

'Ataba عَتَبَ

عِتَابًا؛ يَعتَب

To be angry, blame. *Ist'ataba* اِستعتَبَ: *(X.)* To seek to remove; blame, seek favour, seek pleasure, please, be allowed to make amends for his sins, accept any excuse in defense, take favour, be allowed to approach the threshold, be given leave to seek pleasure of, regard with favours, grant goodwill. *'A'taba* عَتَبَ: To satisfy. *Ta'attab* تعتَبَ: To accuse anyone of a blameworthy action. *'Atabatun* اعتبةٌ: Threshold; Hold of a door; Step of a ladder; Ascent of hill. *'Utba* عُتْبَ: Favour granted; *'Itâb* عِتاب: Blame; Reproof; Complaint; Charge.

Yasta'tibû يَستَعتِبُوا (*imp. 3rd. p.m. plu.*): They seek pleasure of, favour of, ask to be allowed to approach the threshold of (41:24). ***Lâ Yusta'tabûna*** لا يستعتَبُون (*pip. 3rd. p. m. plu. X.*): They will not be allowed to approach the threshold (to be admitted into the fold of the near ones of God (16:84; 30:57; 45:35). ***Mu'tabîna*** مُعتبِين (*pic. pct. m. plu. acc. IV.*): Who are allowed to approach the threshold (to seek forgiveness, mercy, and pleasure of God) (41:24). (L; T; R; LL)

'Atuda عَتُدَ

عتيدًا؛ يَعتَد

To be ready, prepared, at hand. *'Atîd* عتيد: Ready; At hand. *A'tada* اعتَدَ IV.: To prepare, get ready, provide a thing for the future.

A'tadat اعتَدَتْ (*prf. 3rd. p. f. sing. VIII.*): She prepared, got ready (12:31). ***A'tadnâ*** اعتدنا (*prf. 1st. p. plu. VIII.*): We have prepared. ***'Atîdun*** عتيدٌ (*pct. 2nd. pic. m. sing.*): Ready (50:18,23). (L; T; R; LL)

The root with its above three forms has been used in the Holy Qur'ân about 16 times.

'Ataqa عَتَقَ

عتِيقًا؛ يَعتِق

To be old, ancient; freed,

emancipate, beautiful, excellent. *‘Atîq* عتيق: Ancient; Old; Beautiful; Ancient; Excellent; Noble; Freed.

‘Atîq **عتيق** (*act. 2 pic. m. sing.*): (22:29,33). (L; T; R; LL).

‘Ata عَتي/‘Atawa عَتو

عِتِيًا ؛ يَعتُو

To drag, push violently, draw along, pull, carry anyone away forcibly. *‘Atiya* عَتِي: To be quick to do evil, prone to evil. *‘Utuyyun* عتيٌّ: Prone and quick to do evil; Wicked, Rough, Glutton, Rude, Hard-hearted ruffian; Cruel; Greedy, Violent, Ignoble; Ill-mannered. They rebelled. *‘Utuwwan* عُتواً/*‘Utuwwin* عُتُوّ: Rebelling. *‘Itiyyan* عتيًا: Extreme (limit). *‘Âtiyatin* عَتية: Blowing with extraordinary force.

‘Atat **عَتت** (*prf. 3rd. p. f. sing.*): Rebelled. ***‘Atau*** **عتو** (*prf. 3rd. p.m. plu.*): They rebelled. ***‘Utuwwan /‘Uttuwwin*** **عُتُوّ / عُتوًا** (*acc./nom. v.n.*): ***‘Itiyyan*** **عتيًا**: Extreme degree. ***‘Âtiyatin*** **عاتِيَة** (*n. acc.*): Blowing with extraordinary force. (L; T; R; LL).

The root with its above forms has been used in the Holy Qur'ân about 10 times.

‘A<u>th</u>ara عَثَرَ

عَثراً ؛يَعثُر

To obtain knowledge, become acquainted with, light upon.

‘U<u>th</u>ira **عُثِرَ** (*pp. prf. 3rd. p.m. sing.*): He discovered (5:107). ***A‘<u>th</u>arnâ*** **اعثرنا** (*prf. 1st. plu.. IV.*): (18:21). We let (other people) know. (L; T; R; LL)

‘A<u>th</u>â عثا

عُثوا ، عثًا ؛ يعثُ ، يَعِث

To do evil, perpetrate crime, act corruptly, act wickedly.

Lâ Ta‘<u>th</u>au **لا تعثو**: (*prt. neg. 3rd. p. plu*): Commit not transgression. (2:60; 7:74; 11:85; 26:183; 29:36). (L; T; R; LL)

‘Ajiba عَجِبَ

عَجبًا ؛يَعجَب

To wonder, marvel, be astonished, be amazed, delight, please. *U‘jiba* عُجِبَ: To admire, be pleased with. *U‘jaba* عُجَبَ: To excite wonder, delight, please. *‘Ajabun* عَجَبٌ; *‘Ujâbun* عجابٌ and *‘Ajîbun* عجِيبٌ: Wonderful; Marvellous; Matter of wonder, Wondrous; Astounding.

‘Ajibû **عجِبُوا** (*prf. 3rd. p.m. plu.*): They wondered. ***‘Ajibta*** **عجِبتَ** (*prf. 3rd. p.m. sing.*): You marvel. ***‘Ajibtum*** **عجِبتم** (*prf. 2nd. p.m. plu.*): You mar-

velled. ***Ta'jab*** تَعجَب (*imp. 2nd. p.m. sing. juss.*): Thou marvel, wonder. ***Ta'jabûna*** تَعجَبون (*imp. 2nd. p.m. plu.*): Thou wonder. ***Ta'jabîna*** تَعجبِين (*imp. 2nd. p.f. sing.*): Thou *f.* wonder. ***A'jaba*** اَعجَبَ (*prf. 3rd. p.m. sing. IV.*): He was pleased. ***A'jabat*** اعجَبَت (*prf. 3rd. p.f. sing. IV.*): She was pleased. ***Yu'jibu*** يُعجِب (*imp. 3rd. p.m. sing. IV.*): Delights; ***Tu'jibu*** تُعجِبُ (*imp. 3rd. p. f. sing. IV.*): She delights, pleases. ***Tu'jib*** تُعجِبْ (*imp. 3rd. p.f. sing. juss.*): She amazes, makes (you) wonder. ***'Ajabun*** عَجَبٌ (*nom. v.n.*): Wondrous. ***'Ajaban*** عَجبًا (*acc. v.n.*): Matter of wonder (10:2); Wonder (18:9); What a wonder (18:63); Wonderful (72:1). ***'Ajîbun*** عجِيبٌ (*act. 2nd. pic.*): Strange thing; Wonderful thing. ***'Ujâbun*** عجابٌ (*ints.*): Astounding; Very strange thing. (L; T; R; LL)
The root with its above forms has been used in the Holy Qur'ân about 27 times.

'Ajaza عَجَزَ/'Ajiza عَجِزَ عِجزًا ؛يَعجِز

To become behind, lack, become in the rear, lag behind (strength), become incapable, powerless, be weak. *'Ujûzun* عُجُوزٌ: Old women. Yûsuf son of Imrân mentioned more then 71 meanings of this word in one of his poems. *A'jaza* اعجَزَ IV. To weaken, be unable, frustrate, find one to be weak. *Mu'âjiz* معاجز: One who baffles. *Mu'jiz* مُعجِز plu. *Mu'jizîna* مُعجِزين or *Mu'jizî* مُعجِزي: One who weakens or frustrates. *'ajzun* عجزٌ plu. *A'jâz* اعجاز : Portion of the trunk that is below its upper part.

A'jaztu اعجَزتُ (*prf. 1st. p. sing.*): I am unable, became incapable. ***Yu'jizûna*** يُعجِزُون (*imp. 3rd. p.m. plu. IV.*): They shall be able to frustrate. ***Li Yu'jiza*** لِيُجزَ (*imp. 3rd. p.m. sing. el.*): He can frustrate. ***Nu'jiza*** نُجِزَ (*imp. 1st. p. plu.*): We shall frustrate. ***Mu'âjizîna*** معاجزين (*ap-der. m. plu. III.*): Frustraters. ***Mu'jizun*** مُعجِزٌ (*ap-der. m. sing. IV.*): Frustrater. ***Mu'jizîna/Mu'jizî*** مُعجزي/ مُعجزين (*ap-der. m. plu. IV.* final *Nûn* is dropped.): Frustraters. ***'Ajûzun*** عجُوزٌ (*n.*): Old woman who has passed child bearing age. ***A'jâzun*** اعجازٌ (*n. plu.*): Trunks. (L; T; R; LL)
The root with its above forms has been used in the Holy Qur'ân about 26 times.

'Ajifa عَجِفَ /'Ajufa عَجُفَ
عَجفًا ؛يَعجَفُ

To become lean, emaciate (animal). *'Ijâfun* عجافٌ sing. *'Ajifun* عَجِفٌ: Very lean ones; Emaciated.

'Ijâfun عجافٌ (*n. plu.* of *'Ajfâun* f. of *A'jafu*): (12:43, 46): Lean ones. (L; T; R; LL).

'Ajila عَجِلَ
عَجلاً ؛يعجِل

To hasten, make speed, accelerate, be hasty, act hastily, hurry over, do speedily. *'Ajal* un عَجَلٌ: Precipitation; Haste. *'Âjil* عَجِل: That which hastens away; Transitory. *'Ajûlun* عَجُولٌ: Hasty. *'Ajjala* عَجّلَ II. To cause to hasten, give beforehand. *A'jala* عَجَلَ: *(IV.)* To cause to hasten. *Ta'jala* تعجَلَ V. To be in a hurry. *Ista'jala* اِستعجَلَ *(X.)* To seek or desire to hasten, urge one to make haste in doing anything. *Isti'jâl* استعجال: Desire of hastening. *'Ajjala* عَجّلَ *(II.)* Hastened. *'Ajjil* اجّلِ *(II.)* Hasten. *A'jala* عَجَلَ: To make hasten. *'Âjil* عاجِل: Quick passing thing; Transition. *'Ajûl* عجُول: Every hasty. *'Ijlun* عِجلٌ: Calf.

'Ajiltu عَجِلتُ (*prf. 1st p. sing.*): I have hastened. **'Ajiltum** عَجِلتم (*prf. 2nd p. plu.*): They make haste. **Lâ Ta'jal** لا تعجَل (*prt. neg. m. sing.*): Thou make no haste. **Li Ta'jala** لِتَعجَل (*imp. 2nd p.m. sing. el.*): In order to make haste. **'Ajjala** عَجّل (*prf. 3rd p.m. sing. II.*): He would have hastened. **'Ajjalnâ** عَجلنا (*prf. 1st p. plu. II.*): We hastened. **'Ajala** اعجَل: Made you depart in such haste (with *'An*). **Ta'jjala** تعجل (*prf. 3rd p.m. sing. V.*): He hastened. **Ista'jaltum** استعجلتم (*prf. 2nd p.m. plu. X.*): You sought to be hastened. **Yasta'jilûna** يَستَعجلُون (*imp. 3rd p.m. plu. X.*): They seek to expedite. **Tasta'jilûna** تَستعجِلُون (*imp. 2nd p.m. plu.*): You seek to hasten before its (fixed time), seek to expedite. **Lâ Tasta'jil** لا تستعجِل (*prt. neg. m. sing. X.*): Thou do not seek to hasten. **Lâ Tasta'jilû** لا تستعجلوا (*prt. neg. plu. X.*): You do not seek to hasten. **'Ajil** عَجل (*v.n.*): Haste; Hurry up. **'Âjilatun** عاجلةٌ (*act. pic. f. sing.*): Quick-passing (world); Present (transitory life). **'Ajûlan** عجُولاً (*acc. ints. n.*): Ever hasty. **Isti'jâl** استعجال (*v. n. X.*): Hastening. **'Ijlun** عِجلٌ (*n.*): Calf. (L; T; R; LL)

The root with its above forms has been used in the Holy Qur'ân about 47 times.

'Ajama عجم
عَجما ؛ يَعجُم

To chew, try by biting. *A'jama* أعجَم: To speak Arabic imperfectly; Abstruse (language): *A'jamiyyun* أعجمي: Foreign; Non-Arab; One who has an impediment in speech. *A'jamiyyan* أعجميا: Foreign tongue. *A'jamîna* أعجمين: Non-Arabs. (L; T; R; LL)

A'jamiyyun **أعجَمِيٌّ** (*n.*): (16:103; 41:44). ***A'jamîna*** **أعجمين** (26:198) *(n. plu. acc.)*:

'Adda عَدَّ
عَدّوا ؛ يَعّدُ

To count, number, reckon, make the census of. *'Addun* عَدٌّ: Number; Computation; Determined number. *'Adadun* عددٌ: Number. *'Iddatun* عِدّت: A number; Prescribed term; Counting; To count; Legal waiting period for a women after she is divorced or becomes a widow, before she may marry again. *A'dd* عدّ: To Prepare, make ready. *'Addîna* عدين: Those who count. *Ma'dûdun* معْدودٌ: Counted one.

'Adda **عدّ** (*prf. 3rd. p.m. sing. assim.*): Counted; Numbered. ***Ta'uddûna*** **تعدُّون** (*imp. 2nd. p. m. plu. assim.*): You count. ***Ta'uddû*** **تعدوا** (*imp. 2nd. p.m. plu. juss.*): You count. ***Na'uddu*** **نعُدّ** (*imp. 1st p. plu.*): We count. ***'Addada*** **عدد** (*prf. 3rd. p. m. sing. assim. II.*): Counted. ***A'adda*** **أعّد** (*prf. 3rd. p.m. sing. assim, IV*): He prepared, made ready ***A'addû*** **أعّدوا** (*prf. 3rd. p. m. plu. assim, IV*): They prepared. ***U'iddat*** **إعدت** (*pp. 3rd. p. f. sing. assim. IV*): It is prepared. ***A'iddû*** **أعِدوا** (*prt. m. plu. assim, IV*): You prepare. ***Ta'dadûna*** **تعدون** (*imp. 2nd. p. m. plu.*): You count. ***'Addûna*** **عددون** (*act. pic. m. plu. assim.*): Those who count. ***Ma'dûdun*** **معْدودٌ** (*pic. p. m. sing.*): Counted one. ***Ma'dûdâtun*** **معدودات** (*pic. p. f. plu.*): Counted ones. Its sing. is *Ma'dûdatun*. ***'Adadun*** **عدد** (n.): Number; Counting. ***'Iddatun*** **عِدّت** (*v. n.*): Counting number; To make up the prescribed number. Period for waiting for a divorced women or a widow before she can remarry. (L; T; R; LL)

The root with its above form has been used in the Holy Qur'ân about 57 times.

'Adasa عدسٍ
عَدسا ؛ يَعدُس

To toil, tend, (a flock), treat (a thing). *'Adasa fi 'Ardz* عَدَس في الارض : To journey. *'Udisa* عُدِس : To have red pimples. *'Adasun* عَدَّس: Lentils.

'Adasun عَدَس (*Generic n.*): (2:61). (L; T; R; LL)

'Adala عدل
عَدلاً ؛ يَعدِلُ

To act and deal justly, equitably, with fairness and proportion, adjust properly as to relative magnitude, establish justice, hold as equal, pay as an equivalent, dispose aright, straighten, deviate from the right path, turn aside, stray from. 'Adlun عدلٌ: Justice; Equity; Accuracy; Recompense; Ransom; Equivalent; Compensation; Instead (Thereof).

'Adala عدل (*prf. 3rd. p. f. sing.*): Proportioned; Endowed with great natural powers and faculties. ***Ta'dil*** تعدل (*imp. 3rd. p. f. sing. juss.*): It makes equal, offers every compensation. ***Li'Adila*** لِعَدِل (*imp. 1st. p. sing. el.*): That I may act justly, do justice. ***Ya'dilûna*** يعدلون (*imp. 3rd. p. m. plu.*): They make equality, ascribe equals, dispense justice (7:159). ***Ta'dilû*** تعدلُوْا (*imp. 2nd. p.m. plu.* final *Nûn* dropped): You act justly. ***'Adlun*** عدْلٌ (*v.n.*): Compensation; Justice; Equivalent. ***I'dilû*** أعدلوا (*prt. m. plu.*): Act justly. (L; T; R; LL)

The root with its above forms has been used in the Holy Qur'ân about 28 times.

'Adana عَدَنَ
عَدنا ؛ يَعدِن ، يَعدُن

To abide constantly, stay in (a place), remain, everlasting.

'Adnin عدن: Everlasting; Perpetual abode; Eternity. This word is always used in the Holy Qur'ân as gen. possessed by *Jannât* (gardens). (L; T; R; LL)

This word has been used in the Holy Qur'ân about 11 times.

'Ada عَدَا
عَدوا ،عَدَوانا ؛ يَعْدُوا

To pass by, overlook, transgress, turn aside. *'Adwun* أعّدوا: Wickedly; Unjustly; Spitefully; Wrongfully. *'Adi'yat* عٰديٰت: Companies of warriors; Chargers; Horses of the warriors; Wayfarers who run fast on their journey; Swift horses *'Aduwatun* عدُوّة Enimity. *'Udwân* عُدوان: Hostility; Injustice. *'Adûwwan* عدوا *plu.* *'Adûwûn* عدُون: Enemy. *'Adâ* عَدا: III. To be at enmity with. *T'adau* تعدو (V): To transgress. *I'tadâ* إعتداء (VIII): To transgress, be wicked. *Mu'tadin* معتدين: Wicked; Transgressor. *'Adin* عادٍ : Transgressor. For *'Ad* عاد (tribe) see *'Ada*.

Ya'dûna يعدون (*imp. 3rd. p.m. plu.*): They transgressed; Programed. ***Lâ Ta'du*** لاَ تعد:

(*prt. neg. m. sing.*): Do not overlook, not let your eye turn away. ***Lâ Ta'dû*** لاَ تعدوا (*prt. neg. m. plu.*): Do not transgress, violate. ***'Âd*** عاد (*act. pic. m. sing.*): Transgressor; Who goes beyond the limits. ***'Âdûna*** عادون (*act. pic. m. plu.*): Transgressors; People who know no limits. ***'Âdaytum*** عاديتم (*prf. 2nd. p. plu. III.*): You are at enmity. ***Yat'adda*** يتعدّ (*imp. 3rd. p. m. sing. V*): He trespasses, violates. ***I'tadâ*** إعتداء (*prf. 3rd. p. m. sing. VIII*): Violated. ***I'tadan*** إعتدا (*prf. 3rd. p. m. plu. VIII.*): They transgressed. ***I'tadaina*** إعتِدين (*prf. 1st. p. plu. VIII*): We have transgressed. ***Ya'tadûna*** يعتدون (*imp. 3rd. p. m. plu. VIII*): They transgressed. ***Ta'tadû*** تعتدوا (*imp. 2nd. p. m. plu. acc. final Nûn dropped*): You transgress. ***Li Ta'tadû*** لتعتدوا (*imp. 2nd. p. m. plu. el.*): That you may transgress. ***I'tadû*** إتعدوا (*prt. m. plu.*): You punish for violence, punish for transgression. ***Lâ Ta'tadû*** تعتدوا لاَ (*prt. neg. m. plu.*): You transgress not. ***Mu'tadun*** معتد (*ap-der. m. sing.*): Transgressor. ***Mu'tadûn/ Mu'tadîn*** معتدِيَن / معتدون (*acc./ ap-der. m. sing.*): Transgressor. ***'Adwan*** عدوان (*v.n. acc.*): Transgressing. ***'Aduwwun/'Aduwwan*** عدوا / عدُوّ (*acc./v. n.*): Enemy. ***A'dâ'un*** اعداْء (*n. pl.*): Enemies. ***'Udwânun*** عدوان (*v. n.*): Violence; Punishment of violence; Harshness; Injustice; Transgression. ***'Adâwatun*** عَداوةٌ (*v. n.*): Enmity. ***'Udwatun*** عدوةٌ (*n.*): Side; End. ***'Adiyât*** عديٰت (*act. pic. f. plu.*): Panting; Running; Coursers. (L; T; R; LL)

The root with its above forms has been used in the Holy Qur'ân about 106 times.

'Adhuba عَذُبَ
عَذواً؛ يَعذُبُ

To be sweet in taste; Palatable. *'Adhbun* عذْبٌ Fresh; Sweet; Palatable; Digestible; Easily swallowed (plu.): *'Idhâbun* عِذابٌ and *'Udhâbun* عُذابٌ *'Udhbun* عُذبٌ : To abstain from eating because of excess of thirst, *'Udhibun* عَذِبٌ: One who has given up eating because of strong excess of thirst. *'Adhban* عَذْباً: To deny a thing, hinder anyone from, be inaccessive, inapproachable, debar, prevent from, deny it (in *trans.* and *untrans.*) *'Adhuba* عَذُبَ: To be overspread with rubbish, diffuse and green mass (on water, making it stagnating): *'Adhâbun* عذابٌ: Punishment; Chastisement; Pain; Abstaining from; Exemplary punishment;

Averting anyone from striking punishment; Prohibition; Refusal; Hindrance; Obstacle. Fresh, sweet and palatable water is called *'Adhbun* عَذْبَ as it averts thirst. Punishment is called *'Adhab* as it hinders, debars and prevents committing crimes and foolish acts.

'Adhbun عَذْبٌ (*n.*): Sweet, Agreeable to taste. ***'Adhaba*** عَذَبَ (*prf. 3rd. p. m. sing. II*): He punished. ***'Adhabnâ*** عذبنا (*prf. 1st. p. plu. II*): We punished. ***Yu'adhdhibu*** يُعذّب (*imp. 3rd. p.m. sing. II*): He will punish, punishes. ***Li Yu'dhdhiba*** ليُعذّب (*imp. 3rd. p.m. sing. II. el.*): That he may punish. ***Lâ Yu'adhdhab*** لا يُعذّب: None shall execute (his) punishment. ***Tu'adhdhibu*** تُعذّب (*imp. 2nd. p. m. sing. II.*): Thou punish. ***'Au'adhdhibu*** اعذّب (*imp. 1st. p. sing II*): I punish. ***U'adhdhibanna*** اعَذّبنّ (*imp. 1st. p. sing. imp.*): I will certainly punish. ***Nu'adhdhibu*** نعذّبُ (*imp. 1st. p. plu. II*): We punish. ***Mu'adhdhibun*** مُعذّبٌ (*ap-der. m. sing.*): Treat with punishment; Going to punish. ***Mu'dhdhibûna*** معذّبِين (*ap-der. (m. plu. acc.*): Giver of punishment. ***Mu'adhdhibû*** مُعذّبوا (*ap-der. m. plu.* final *Nûn* dropped; *nom.*): Chastiser. ***Mu'adhdhabîna*** مُعذَبين (*pis. pic. m. plu. acc.*): Those who are punished. ***'Adhâbun*** عذآب (*n.*): Punishment; Torment; Chastisement. (L; T; R; LL)

The root with its above forms has been used in the Holy Qur'ân about 372 times.

'Adhara
عُذراً ؛ يَعذِر

To beg pardon, to excuse, to be free any one from quilt or blame. *'Udhrun* عُذْرٌ: Excuse, plea. *Ma'dhiratun* معذرة: Excuse. *Ma'âdhîr* معاذير plu of *Mi'dhâr* معذار: Excuses. *Mu'dhirun* مُعذّرٌ: Those who put forth excuse, apologists.

Ma'dhiratan معذرة: (*v. n. acc.*): As an excuse. ***'Udhran*** عُذراً (*v. n. acc.*): Excuse; An attempt to purify from the abomination of sin. ***Ma'âdhîr*** معاذير (*n. plu.*): Excuses. ***Lâ Ta'tadhirû*** لا تعتِذروا (*prt. neg. m. plu.*): Offer no excuse. ***Mu'adhdhirûna*** مُعذرون (*ap-der. plu. II.*): Those who make or put forth an excuse. (L; T; R; LL)

The root with its above forms has been used in the Holy Qur'ân about 12 times.

'Aruba عَرُبَ
عَربا ؛ يَعرُبُ

To be good in Arabic language, be a true Arab (person). *'Arib* أعرب: To give an earnest. *A'rab* أعرب: To express ones mind clearly, pronounce the fine accent of a word. *Mu'rib* مُعرب: Expressing one's mind clearly. *'Aruba* عرب : To be pure and free from faults (of speech). *'Arabun* عُرّب: Those who speak clearly. *Mu'rrabun* مُعّرب: Eloquent person. 'Arib: Pure and much water. *'Uruban* عُربا : Beautiful and beloved wives, who also have great love and fondness for their husbands. *A'râbun* أعراب: Arabs of the desert.

'Arabiyyun عربّي (*n.*): Arabic; Related to Arab; Descendants of Ismâîl. ***'Arabiyyan*** عربَيا (*n.acc.*); ***A'râb*** أعراب (*n. plu.*): Arab(s) of the desert. ***'Uruban*** عُربا (*n. plu.*):: Those who show great love and fondness. Its sing is ***'Arûbatun*** عروبة and ***'Arûbun*** عروبا. Loving one. (L; T; R; Asâs; LL)

The root with its above four forms has been used in the Holy Qur'ân about 22 times.

'Araja عَرَج

عُراجًا ، عُرُوجًا ؛ يعرج، يَعرُج

To ascend, mount. *M'irâj*: معراج :The Ascension. *Isrâ'* اسراء: The Night Journey or "carrying" by night of the Holy Prophet (pbuh) from the sacred Mosque at Makkah to the remote Mosque at Jerusalem and his *Mi'râj* - Ascension to the heaven are two distinct stages of his mystic experience (17:1; 53:1-18). Bukhârî mentions Isrâ' in Ch. 63:41 and of M'irâj in Ch. 63:41 of his well known book Sahîh. On this subject see also various well-documented traditions extensively quoted and discussed by Ibn Hajar in Fath al-Bâri Ch.7:15 and Ibn Kathîr in his commentary of the Holy Qur'ân Ch. 17:1. Some reporters of the traditions and commentators of the Qur'ân have mixed up the accounts of the *M'irâj* معراج - The Ascension and *Isrâ* اسراء - The Night Journey. (Zâd al-Ma'âd; L; T; R; LL)

Ya'ruju يعرج (*imp. 3rd.p.m. sing.*): Ascends. ***Ta'ruju*** تعرج (*imp. 3rd. p.f.sing.*): He ascends. ***Ya'rujûna*** يعرجون (*imp. 3rd. p. m. plu.*): They ascend. ***Ma'ârij*** معارج (*n. ints. plu.*): Stairways. Its sing is *Ma'rajun* معرج.

The root with its above four forms has been used in the Holy Qur'ân about 7 times.

'Arija عرَج

عَرَجًا ،مَعَرجا ، عُروجا ؛ يَعرُج

To limp, be lame. *'Araj* عرَج: plu. *'Urûj* عُرج and *'Urjân* عرجان *f.* *'Arjâ* عرجاء : Lame

A'raja أعرج (24:61; 48:17): (L; T; R; LL)

'Arjana عرجَن

عُرجُونا ؛ يُعَرجَن

To strike with a stick, imprint

and stamp with a fig or date-stalk. *'Urjûn* عُرجُون: Dry date-stalk; Branch or bough of a tree.

'Urjûn عُرجُون (*n.*): Branch of a palm tree. (L; T; R; LL)

'Arra عرّ

عَرًّا ، عُرًّا ؛ يَعُرّ ، يَعَرّ

To manure, bring evil upon, afflict, disgrace, be scabby. *Ta'ârra* تعرّ: To be restless (in bed). *I'tarra* إتعرّ: To address anyone humbly. *M'arratun* معرّة: Crime; Sin; Annoyance. *Mu'tar* معترّ : Poor; Seeking favour; One addressing humbly; One who does not beg, though poor, who is forced to beg, who is in need

M'arratun معرّتن (*n.*): (48:25) ***Mu'tarrun*** معرّة (*pis.pic, m. sing. VIII.*): (22:36). (L; T; R; LL)

'Arasha عَرَش

عَرشا ؛ يَعرُش ، يَعرِش

To construct, build, make trellis (for grape-wine), make a vine-stalk, roof, raise (a house), settle, raise (a structure). The *'Arsh* عرش: Throne; Arbour; Pavilion; Roof; Power; Dominion; Sovereignty. *'Arsh* عرش or throne of God is a metaphor used in the Holy Qur'ân. All Muslim commentators, classical and modern are unanimously of the opinion that its metaphorical use is meant as power and control of the creation by God. In seven instances the Holy Qur'ân speaks of Allâh Who has established Himself on the *'Arsh* عرش (7:54, 10:3, 13:2, 20:5, 25:59, 32:4 and 57:4). This expression is connected with a declaration of His having created the universe. It indicates that after the creation He has not left it, but it is under his care, control and absolute way.

'Arshun عرش (*n*): Throne; Arbour; Pavilion; Roof; Power; Dominion; Sovereignty. Thing that is more permanent; Frail goods; Property; Wealth; Bounty; Object of desire; Gain; Gift. ***M'arûshât*** معروشات (*sing. Ma'rûshun* معروش): Supported on trellis-work; Sheltered by an arbour; Upheld by a trellis; Trellised. ***Ya'rishûna*** يعرشون (*imp. 3rd. p.m. plu.*): They have erected, raised. ***M'rûshâtun*** معروشات (*pct. pic. f. plu.*): Trellised ones. ***'Urûsh*** عروش (*n. plu.*): Roofs. (L; T; R; LL)
The root with its above four forms has been used in The Holy Qur'ân about 33 times.

'Ara<u>dz</u>a عَرَض / 'Ari<u>dz</u>a عَرِض

عَرَضا ؛ يَعرَض ، يَعرِض

To take place, happen, offer, present, show, propound, set before, give a hint, come against, propose, expose, review (troops), view, prepare. *'Arudza* عَرُضَ : To be broad, widened. *'Ardzun* عَرْضٌ: Goods; Breath; Width. *'Irdzun* عِرضٌ: Honour. *'Urdzatun* عُرضة : Intention; Target, Purpose. *A'radz* أعرض: To turn away, back, slide, overpeer (cloud). *'Arîdz* اعريض: Prolonged; Much, Many. *'Urdzatun* عُرضة: But; Excuse.

'Aradza عَرَض (*prf. 3rd. p. of sing.*) He presented, showed, put, placed. **'Aradznâ** عرضنا (*prf. 1st. p. plu.*): We put, presented. **'Uridza** عُرض (*pp. 3rd. p. m. sing.*): Were presented. **'Uridzû** عُرضوا (*pp. 3rd. p.m. plu.*): They were presented. ***Yu'radzu*** يعرض (*pip. 3rd. p.m. sing.*): Shall be placed before; Will be exposed to. ***Yu'radzûna*** يعرضون (*pip. 3rd. p. m. plu.*): They shall be set before, produced ***Tu'radzûna*** تعرضون (*pip. 2nd. p. m. plu.*): You shall be produced **'Arradztum** عَرّضتم (*prf. 2nd. p. m. plu. II.*): You speak indirectly, gave a hint ***A'radza*** اعرض (*prf. 3rd. p. m. sing. IV*): He turned away, avoided (with *'An*). ***A'radzû*** اعرضُو (*prf. 2nd. p. m. plu. IV*): They turned away. ***A'radztum*** اعرضتم (*prf. 2nd. p. m. plu. IV*): You turned away. ***Yu'ridzu*** يعرض (*imp. 3rd. p. m. plu. sing. IV*): He turns away from ***Tu'ridzu*** تعرض (*imp. 2nd. p. m. sing. juss. IV*): Thou turn away from. ***Yu'ridz*** يعرض (*imp. 3rd. p. m. plu.. Nûn* dropped *IV.*): They turn away. ***Tu'ridzû*** تعرضوا (*imp. 2nd. p. m. plu. Nûn* dropped, *IV*): You turn away. ***A'ridz*** اعرض (*prt. m. sing. IV*): Thou turn away, avoid. ***A'ridzû*** اعرضوا (*prt. m. plu. IV*): You turn away, avert. ***I'râdzun/ I'râdzan*** اعراض / اعراضا (*acc. v. n. IV*): Turning away; Indifference; Desertion; Estrangement. ***Mu'ridzûna / Mu'ridzîna*** معرضون / معرضين (*acc/: ap-der. plu,*): Averse. **'Aradzun/Aradzan** عَرض / عرضا (*acc. v.n.*): Gain; Paltry goods; Transitory goods; Temporary; Frail goods. **'Ardzun** (*n.*): Width; Extensiveness; Expanse. **'Ardzan** عَرْض (*v.n.*): Presenting face to face. **'Aridzan/'Aridzun** عرضا / عرض (*acc./act. pic. m. sing.*): Overpowering; Spreading cloud. **'Arîdzun** عريض (*act. 2 pic. m. sing.*): Prolonged, Lengthy. **'Urdzatun** عُرضة (*n.*): Excuse; Hinderance.(L; T; R; LL)

The root with its above forms has been used in The Holy Qur'ân about 79 times.

'Arafa عَرِف

عَرفة، مَعرفة ،عرفانا ؛يَعرِف

To know, acquaint with,

perceive, recognize, acknowledge, discern. The difference between *'Arafa* عَرَف and *'Alima* علم is that the former refers to distinct and specific knowledge, while the latter is more general.Opposite to *'Arafa* عَرَف is *Ankara* انكر (to deny), and opposite to *'Alima* علم is *Jahila* جهل (to be ignorant). *'Urfun* عُرْف: Known; Just; Benefit. *'Urfatun* عرفة: Prominence; Limit between two things. *Al-'Arâf* الاعراف: The elevated place; High dignity; Distinguished position; Place of discernment or acknowledgment; Highest or most elevated faculties of discernment or *Ma'rifah* معرفة (knowledge of right and wrong). The people on the elevated places are the Prophets, according to H̲asan, Mujâhid and Zajjâj will be the elite among the believers or the most learned among them. According to Kirmânî they will be Martyrs. *'Arâf* اعراف is plu of *'Urf* عُرف. *'Urf* عُرف of a cock is the coxcomb, that of a horse its mane. *Ma'rûf* معروف: Honourable; Known; Recognized; Good; Befitting; Fairness; Kindness; Custom of the society; Usage. This word is opposite to *Munkar* منكر. *I'tarafa* إعترف (VIII): To confess, acknowledg. *'Arafât* عرفات : The name given to a valley east of Ka'bah, about nine miles from there. Here the pilgrims halt in the later part of the ninth day of D̲hul-H̲ijjah. The halt at this place forms the principle factor of Hajj. It is so named because of the high recognition of this place by God.

'Arafa عرف (*prf. 3rd p. m. sing.*): He recognized, acknow-ledged. ***'Arafû*** اعرفوا (*prf. 3rd. p. m. plu.*): They recognized. ***'Arafta*** عرفت (*prf. 2nd. p. m. sing.*): Thou knew ***Ta'rifu*** تعرف (*imp. 2nd. p. m. sing.*): Thou recognize. ***Ya'rifûna*** يعرفون (*imp. 3nd. p. m. plu.*): They recognize. ***Ya'rifû*** يعرفوا (*imp. 3rd. p.m. plu. juss Nûn* at the end. dropped): ***Ta'rifanna*** تعرفّن (*imp. 2nd. p. m. sing. imp.*): Thou should surely recognize. ***Ta'rifûna*** تعرفون (*imp. 2nd. p. m. plu.*): You shall recognize. ***Yu'rafu*** يعرف (*pip. 3rd. p.m. sing.*): He is recognized. ***Yu'rafna*** يعرفن (*pip. 3rd. p. f. plu.*): They (*f*) are/will be recognized. ***'Arrafa*** عرّف (*prf. 2nd. p. m. sing. II*): Made known. ***Ta'ârafû*** تعارفوا (*prf. 3rd. p. m. plu.*): You know each other, recognize each other, do good to each other. ***Yata'ârafûna*** يتعارفون (*imp. 3rd. p. m. plu.*): They will recognize one another.

'Arama عَرم

I'tarafû إعترفوا (*prf. 3rd. p. m. plu. VIII*): They have confessed. *I'tarafnâ* إعترفنا (*prf. 1st. p. m. plu.*): We have confessed. *Mar'ûfun* معروف (*pct. pic.*): Known or recognized thing that which is good as an universally accepted fact; Reputable; Fairness; Kindness; Equity; According to usage; Custom of the society; Courteous; Right. *Ma'rûfatun* معروفة (*pct. pic. f. sing.*): Recognized etc. *'Urfun* عُرف (*n.*): Seemli-ness; Good; *'Urfan* عُرفا (*n. acc.*): Beneficence; Goodness; Kindness. *A'râf* اعراف (*n. plu.*): Elevated places. *'Arafât* عرفات (*n.*): Name of a hilltop 12 miles from the Ka'bah. (L; T; R; Zamakhsharî)

The root with its above forms has been used in The Holy Qur'ân about 71 times.

'Arama عَرم
عَرمًا ؛ يَعرُم

To strip meat off from a bone, gnaw (a bone), treat harshly, be ill-natured. *'Arima* عَرِم: Hard; Wicked *'Arimatun* عَرِمة: Dam; Vehement rain; Mound or dam for banking in a body of water; Dam constructed in torrent beds; Violent rain. *Sail al-'Arim* سيل العرم: Devastating flood. A mighty flood caused the dam of Ma'ârib to burst. This dam was located some 60 miles east of San'aâ. The dam was about five miles long and 120 ft. high. The Sabaean owed all their prosperity to it. Heavy flood and rain caused the dam to burst and undate the whole area causing widespread ruin. A land full of beautiful gardens, streams and great works of art were turned into a vast waste. It was destroyed about the first-century A.D. The bursting of the dikes and the destruction of the land by a flood are historically known facts.

Al 'Arim العرم: (34:16). Devastating flood.

'Arâ عَرا
عَروا ؛ يَعرُو

To come to a person, befall, overwhelm, smite, afflict. *I'tra* إعترا: To come down upon, *'Urwatun* عروة: Support, Handle; Everlasting; Valuable property.

I'tarâ اعترا (*prf. 3rd. p. m. sing. VIII.*): He has smitten (11:54), *'Urwatun* عروة (*n.*): Support (2:256; 31:22). (L; T; R; LL)

'Ariya عَرِى
عُرية ، عَرَيَا ؛ يَعرَى

To become naked, denude of

(garments). *'Arâ* عرٰى: Bare desert or place; Open field; Waste land; Shore.

Ta'râ تعرى (*imp. 2nd. p. m. sing.*): Thou go naked (20:118). ***'Arâ***: عرٰى (*n.*): Bare and wide tract of land (37:145; 68:49). (L; T; R; LL)

'Azaba عَزَبَ

عُزُوبا ، عَزْبا ؛ يَعزُب

To be away from, hidden, distant, remote, absent from, escape, go far away.

Ya'zubu يَعزُبُ (*imp. 3rd. p. m. sing.*): He escapes (10:61; 34:3). (L; T; R; LL)

'Azar عَزرِ

عَزرا ؛ يَعزر

To prevent, turn away, reprehend, support, assist. ***'Uzair*** عزير: Ezra. He lived in the fifth century B.C. The Jews of Madînah and a Jewish sect in Hadzaramout believed him to be the son of God. He worked in collaboration with Prophet Nehemiah and died at the age of 120 in Babylonia. He was a descendent of Seraiah, the high priest and was one of the most important persons of his days and exercised a far-reaching influence on the development of Judaism. It was he who restored and codified the Torah after it had been lost during the Babylonian exile and edited it in more or less the form which it has today. He promoted the establishment of excecutive, legalistic type of religion that became dominant in later Judaism. Ever since then he has been venerated to such a degree that his verdicts on the law of Moses have come to be regarded by the Jews as being practically equivalent to the Law itself.

This status to a human being, according to the Qur'ânic ideology is rejected, in as much as it implies the elevation of a human being to the status of a Divine Law Giver. His mention in the Holy Qur'ân is in the context, "They have taken their learned men and their monks for lord apart from Allâh." This verse does not mean that they took them actually for God. The meaning is that they followed them blindly in what they enjoyed and what they forbade, and therefore they are described as having taken them for Lords, on account of attaching to them a Divine dignity. When this verse was revealed 'Adî bin

Hâtim Tâ'î, who had accepted Islam and a convert from Christianity asked the Holy Prophet ﷺ as to the significance of the verse, for he said, we did not worship our Abârs. The Holy Prophet ﷺ said, "Was it not that the people considered lawful what their priests declared to be lawful, though it was forbidden by God. 'Adî replied in the affirmative.

'Azzarû عزّروا (*prf. 3rd. p. m. plu.*) They supported, lend support in a respectful manner (7:157). ***'Azzertumû*** عزّرتموا (*prf. 2nd. p. m. plu. II.*): You have supported in a respectful manner. ***Tu'azzirû*** تعزّروا (*imp. 2nd. p. m. plu. acc.*): You may support and help in a respectful manner (48:9). ***'Uzairun*** عزير: Proper name of a Prophet (9:30). (L; T; R; LL)

'Azza عزّ
عزّا ؛ يعزّ

To strengthen, exalt, prevail, be mighty, powerful, strong, noble, illustrious, rare, dear, highly esteemed, precious, become illustrious, exalted. *'Izzun* عِزّ and *'Izzatun* عزّت: Power; Might; Glory; Pride; Vanity. *'Azîzzun* عزيز plu. *A'izzatun* اعزّة: Mighty; Excellent. *A'azzu* اعزّ: More excellent; Mightier; Worthier. *'Uzza* عُزّا: Name of an idol of the pagan Arabs regarded by them as God's daughter. *'Izzatun* عِزّة : False arrogance or prestige; Power; Prestige; Might; Honour.

'Azza عزَّ (*prf. 3rd. p. m. sing. assim. V.*): Prevailed. ***'Azzaznâ*** عززنا (*prf. 1st. p. plu. II.*): We strengthened. ***Tu'izzu*** تعِزّ (*imp. 2nd. p. m. plu. II.*): Thou honour, confer honour and dignity. ***'Izzan*** عِزّاً (*v. n.*): Source of strength. ***'Izzatun*** عِزّة (*v. n.*): Vain pride; False prestige or sense of self respect; Might; Honour; Power. ***Al-'Azîzun*** العزيز (*act. pic. m. sing.*): All-Mighty. One of the names of Allâh. Unassailable; Invincible; Powerful in evidences and arguments; Strong; Mighty; Heavy; (with *'alâ*: Tell hard upon). ***A'azzu*** اعزّ (elative): More powerful; That occupies stronger and more respectable position. ***A'izzatan*** اعِزّة (*n. plu.*): Most respectable and powerful. Mighty and firm. Its sing. is ***'Azîyun*** عزّى. ***'Uzzâ*** عزّا (pers. n.) An Idol. (L; T; R; LL)

The root with its above forms has been used in The Holy Qur'ân about 120 times.

'Azala عَزِلَ
عزلا ؛ يعزل

To set aside, remove from. *Ma'zilun* مَعزل : A place separate from the rest; Secluded spot, Place of retirement; Far away. *Ma'zûlun* مَعزول: Removed. *I'tizâl* إعتزال: (VIII.): To separate or remove one self from.

'Azalta عَزَلتَ (*prt. 2nd. p. m. sing.*): Thou put aside (in the matter) provisionally. ***I'tazala*** إعتزل (*prf. 3rd. p. m. sing. VIII.*): He withdrew, kept away. ***I'tazalû*** إعتزلوا (*prf. 3rd. p. m. plu.*): They kept away, left you alone. ***I'tazaltumû*** إعتزلتموا (*prf. 2nd p. m. plu. juss.*): You have left (them). ***Ya'tazilû*** يعتزلوا (*imp. 3rd. p. m. plu.* final *Nûn* dropped): They withdraw, leave (you) alone. ***A'tazilu*** اعتزل (*imp. 1st. p. sing. VIII.*): I shall withdraw, shall keep away. ***I'tazilû*** إعتزلوا (*prt. n. plu.*): You keep away. ***I'tazilûni*** إعتزلون (comp. *I'tazilu* + *nî* prt. m. plu.): Keep away from me. ***Ma'zûlûna*** معزُولون (*pct. pic. n. plu.*): Removed ones; Precluded ones. ***Ma'zilun*** معزل (*n. of place*): Place where one is set aloof. (L; T; R; LL)

The root with its above forms has been used in The Holy Qur'ân about 10 times.

'Azama عزمَ

عَزِيمة ، عزماً ؛ يَعزِم

To resolve, determine, decide, propose, carry out a resolution. *'Azmun* عزْم: Resolution; Fixed determination. *Lâ Ta'zimû* لا تعزم: Do not resolve. *Dhâlika* <u>*Dh*</u> *min 'Azma al-Amûr* ذالك عزم الامور : This is an affair of great resolution; This is worth; This is worth to be followed with constancy and firm determin-ation; This is to set one's heart upon.

*'**Azama*** عَزم (*imp. 3rd. m. sing.*): Resolved. ***'Azamta*** عَزمتَ (*prf. 2nd. p. m. sing.*): Thou had resolved ***'Azamû*** عَزموا (*prf. 3rd. p. m. plu.*): They resolved. ***Lâ Ta'zimû*** لا تَعزموا (*prt. neg. m. plu.*): Do not resolve. ***'Azmun*** عزمٌ (*v. n.*): Resolution; Firm determination; Consistency. (L; T; R; LL)

The root with its above five forms has been used in The Holy Qur'ân about 9 times.

'Azâ عَزِيَ

عَزِياً ؛ يَعزِى

To enter relationship. *'Izîn* عِزين : Companies; Groups; Parties. Its sing. is عِزّة

'Izîn عِزين (*n. plu.*) (70:37).

'Asura عَسُرَ

عُسرةً ،عُسراً ؛ يَعسَر

To be difficult, hard. *Ta'sara* تعسّرَ (VI): To create hardship for one another, be hard to one another. *'Asîr* عسير: Difficult *'Usratun* عُسرة: Hardship.

Ta'âsartum تعاسرتم (*prf. 2nd. p. an. plu. VI.*): You make

difficulties and hardships for one another. ***'Usrun*** عُسرٌ (*v. n.*): Hardship ***'Usratun*** عُسرة (*v.n.*): Distress; Straitened circumstances. ***'Asîrun/'Asîran*** عسير/ عسيرا (*nom./acc./ act. 2nd. pic.*): Hard; Difficult. ***'Usratun*** عُسرة (*elative. f.*): Hardship and distress. (L; T; R; LL)
The root with its above forms has been used in The Holy Qur'ân about 12 times.

'Assa عَسّ
عَسًّا ؛ يَعُسّ

To begin to depart; Dissipate the darkness of night. *'As'asa* عَسعس: To advance, approach, depart, fall in, dissipate (darkness of night). *'Isâs* عساس: Darkness.

'As'asa عَسعس (*quard.*): It begins to depart (81:17).

'Asala عَسَل
عَسلا ؛ يَعِسل ،يَعسُل

To season with honey (food); To supply honey. *'Asal* عسل: Honey.

'Asalun عَسَلٌ (*com. gender*): Honey (47:15).

'Asâ عسٰى

May well be; It may be; Perhaps; To be near, be on the eve of might, about to be. The expression expresses eager desire or hope and fear, sometimes with reference to the person addressed and sometimes with reference to the speaker himself. It denotes hope in the case of that which is liked and fear in the case of that which is disliked. It also denotes opinion or doubt or certainty. *Bil 'Asâ 'an taf'ala hâdhâ* بلعسٰى عن تفعل هٰذا: It becomes you to do so. *Hal 'Asaitum* هل عسيتم: It is not likely that you; May be that you; Would you; Be hopeful; Be afraid or conscious. According to the grammarians it is an underived (*jâmid*) verb. *Mi'sa* معسى: Girl near to attain puberty.

'Asâ عسٰى (*particle*): It may be; It may be likely. ***'Asaytum*** عسيتم (*prf. 2nd. p. m. plu.* comb. of *'Asâ + tum*): May be that you. (L; T; R; LL)
The root with its above two forms has been used in The Holy Qur'ân about 30 time.

'Ashara عَشَرَ
عَشرا ؛ يَعشُر ، يَعِشر

To take away a tenth part, make ten by adding one to nine, be the tenth. *'Ashrun* عشْرٌ (f.), *'Asharun* عشَرٌ (f.), *'Asharatun* عشَرةٌ (m.) *'Ashratun* عشْرةٌ (m.): Ten;

Decade; Period from three to ten. *Tâ* which is generally the sign of the feminine, marks of masculine. It is not necessary that these numerals agree in general with the noun to which they express the number as in 6:180. Here the noun Anthâl is in masculine but *'Ashrun* in feminine. It is said *'Asharu Niswatin* عشرنسوة (ten women) and *'Asharatu Rajulun* عشررجال (ten men). After twenty there is no difference between feminine and masculine. They say, *'Ishrûna Imra'atan* إمرأة عشرون (ten women). *Mi'shar* معشّر: A tenth part. *'Âshara* عاشَر: To consort, live with, cultivate one's society, become familiar. *'Ashîrun* عشيّر: Companion, *'Ashîratun* عشيرة: Kindred. *Ma'sharun* معشّر: Company; Race; Multitude; Who live in close communion with. Its plu. is *'Ashâir* عشائر.

'***Âshirû*** عاشِروا (*pct. m. plu. III*): They Consort with, live with. ***'Ashîratun*** عشيرة: Kinfolk; Kins; Clan. ***'Ashrun*** عشرٌ: Ten. ***'Ishrûn*** عشرون: Twenty. ***'Ishâr*** عشار: She camels that are milked. Such camels are the most precious. Its sing. in *'Ashrâ* عشرا. ***Ma'sharun*** معشرٌ (*n.*): Race; Multitude. ***Mi'shâr*** معشار: Tenth part. ***'Asharatun*** عشرة (*f.*): Ten. (L; T; R; LL)

'Ashâ عَشَا/ 'Ashiya عَشَى
عَشَا ؛ يَعشُو ،يَعشى

To go by night, be weak sighted, be night blind, withdraw, forsake. *'Ishâun* عشاء : Commencement of darkness, Evening. *'Ashiyyatan* عشية: Nightpath; Evening. *Ya'shu* يَعْش : To take or collect the produce of the earth, aid, succour, save, preserve, give something to someone, do some benefit to someone.

Ya'shu يعشُ (*imp. 3rd. p. m. sing.* vowel of the radical is dropped):(43:36). Blinds himself; Forsakes. ***'Ishâun*** عشاء (*n.*): Nightfall. ***'Ashiyyan*** عَشيا (*n.*): Evening. ***'Ashiyyatun*** عشية (*n.*): Evening. (L; T; R; LL)
The root with its above four forms has been used in The Holy Qur'ân about 14 times.

'Asaba عَصَبَ
عَصَبا ؛ يَعصِب

To wind, twist, bind, lighten, surround, take a thing by force, become difficult, become dry in the mouth (saliva. *'Usbatun* عُصبةٌ: Band; Troop; Gang, Party. *'Asîb* عصيب: Very difficult; Vehemently distressful; Hard, Woeful.

'*Usbatun* عُصبةٌ (*n.*): (12:8,14; 24:11; 11:77)

'Asara عَصرَ

عَصرا ؛ يَعصَر

To press, squeeze, wring, withdraw a thing from. *I'sâr* عصار: Whirlwind; Violent wind; Heavy rain; Hurricane. *Mu'sirât* معصرات: Clouds emitting rain; Rain clouds *'Asr* عصر: Age; Time; Afternoon; History; Succession of ages; Evening; Century; Epoch; Time that is measurable, consisting of a succession of periods, in distinction from *Dahr* دهر, which signifies unlimited time, without beginning or end, that is time absolute. Hence *'Asr* عصر bears the connotation of the passing or the flight of time; Time that can never be recaptured; Succession of ages; The time of The Holy Prophet (PBUH). *'Asrân* عصران: Night and the day; Morning and the evening.

A'siru اعصر (*imp. 1st. p. sing.*): I am pressing (12:36). ***Ya'sirûna*** يعصرون (*imp. 3rd. p. m. plu.*): They will press (wine or oil etc.) (12:49). ***'Asr*** عصر (*n.*): Time (103:1). ***I'sâr*** اعصار (*v. n. IV.*): Violent wind; Whirlwind (2:266). ***Mu'sirât*** معصرات (*ap-der. f. plu. IV.*): Dripping clouds (78:14). (L; T; R; LL)

'Asafa عَصِفَ

عَصُوفا ، عَصفا ؛ يَعصف

To blow violently (wind), blow in a gale, be quick, rag swiftly. *'Asfun* عصفٌ : Leaves and stalks; Straw; Green crop; Bladder; Stubbles; Husk. *'Asafa*: To cut corn when green. *'Âsafa* عاصف: To perish, *'Âsifatun* عاصفة: Storm; Whirlwind; Hurricane. *'Âsifun* عاصف: Violent wind; Stormy; Vehement.

'Asfun عَصفٌ (n.): Husk-covering (55:12, 105:5). ***'Âsifun*** عاصف (*act. pic. m. sing.*): Violent (10:22, 14:18). ***'Âsifatun*** عاصفة (*act. pic. of sing.*) Violent (21:81). ***'Âsifât*** عاصفات (*act. pic. of plu.*): Winds raging, violent (21:81). ***'Asfan*** عصفا (*v. n. acc.*): Raging; Blowing (77:2). (L; T; R; LL)

'Asama عَصَمَ

عَصما ؛ يَعصِم

To protect, prevent, hinder, defend, preserve, hold fast, abstain, save, keep any one safe from evil, preserve, formally seek refuge. *I'tasama* اعتصم: To hold fast, lay hold upon, protect one-self from evil, abstain from sin. *Ista'sama* استعصم: Abstain-ed; Prevented oneself; Preserved oneself from sin. *'Ismatun* عصمة : Defense; Guardianship; Prevention; Preservation; Protection; Immunity from sin; Virtue; Chastity.

Ya'simu يعصم (*imp. 3rd. p. m. sing.*): He will protect. ***'Âsimun*** عاصم (*act. pic. m. sing.*): Protector. ***'Isama*** عصم (*n. plu.* its *sing.* is *'Ismatun*): Bonds; Ties; Preventions; Preservations (of marriage). ***I'tasimû*** اعتصموا (*prf. 3rd. p. m. plu. VIII.*): They held fast. ***Ya'tsim*** يعتصم (*imp. 3rd. p. m. sing. juss. VIII.*): Holds fast. ***I'tasimu*** اعتصم (*prt. m. plu.*): You hold fast. ***Ista'sama*** استعصم (*prf. 3rd. p.m. sing.*): He abstained; Preserved oneself (from sin). (L; T; R; LL)

The root with its above forms has been used about 13 times in the Holy Qur'ân.

'Asâa عصا

عَصواً؛ يَعصُوا

To strike with a stick. *'Asiya* عصى/*Ya'sa* يعصى: To take a stick, come together; Collection; Accumulation; Amazing; Gathering; Assemblage; Congregation. Staff is called. *'Asâ* عصاَ as the fingers of a hand come together and are collected and united on its handle. 'Asâ عَصاَ: Staff; Stick; Rod; Supports; Nation; People; Party; Tongue; Skin; Bone. *'Asâutu al-Qauma*: I gathered the nation. *Shaq al-'Asâ* شق العصا: Divergence; Dissension; Disagreement of the nation or organisation. It is said, *Khawârij shaqqû 'Asâ al-Muslimîn*: The Khawârij split the concord, harmony and unity of Islamic nation. *Idzrib bi Asâka al-Hajer*: Strike with your staff on the rock; Go forth with your people. (L; T; R; LL; Zamkhsharî)

'Asâ عصاَ (n.): Staff; Nation; Mastery. ***'Isiyyun*** عصى (*n. plu.*): The staffs.

The root with its above two forms has been used in The Holy Qur'ân about 12 times.

'Asâ عصٰى

مَعصية، عَصيا؛ يَعصى

To rebel, disobey, oppose, resist. *'Isyân* عصيان: Rebellion; Disobedience. *Ma'siyatun* مَعصية: Disobedience. *'Isiyyan* عصّيا: Rebel; Disobedient. The final letter *Yâ* in *'Asâ* in a third radical is changed to *Alif* when followed by a pronoun.

'Asâ عصٰى (*prf. 3rd. p. m. sing.*): He disobeyed, did not observe the commandment. ***'Asaita*** عصيتَ (*prf. 2nd. p. m. sing.*): Thou disobeyeth. ***'Asaitu*** عصيتُ (*prf. 1st. p. sing.*): I disobeyed.

'Adzada عضد

'A̱sau عصو (*prf. 3rd. p. plu.*): They disobeyed. *'A̱sainâ* عصينا (*prf. 1st. p. plu.*): We disobeyed. *Ya'̱si* يعص (*imp. 3rd. p. m. sing. juss.*): Disobeys. *A'̱sî* اعصي (*imp. 1st. p. sing.*): I disobey. *Ya'̱sauna* يعصون (*imp. 3rd. p. m. plu.*): They disobey. *Ya'̱sîna* يعصين (*imp. 3rd. p. f. plu.*): They disobey. *'I̱siyyan* عصيّا (*act. pic.*): Disobedient. *'I̱syânun* عصيان (*v. n.*): Transgression. *Ma'̱siyyatun* معصية (*v. min.*): Disobedience. (L; T; R; LL)

The root with its above forms has been used in The Holy Qur'ân about 32 times.

'Adzada عضد

عَضَداً ؛ يَعضُد

To aid, assist, support, succour, strike on the arm. *'Adzudan* عُضْد: Supporter; Upper arm; Helper; Stay; side; Assistance; strength.

'Adzudun عَضُد (*n.*): Helpers (18:51; 28:35). (L; T; R; LL)

'Adzdza عَضّ

عَضّاً، عَضيضاً ؛ يَعُضّ

To bite the hands in sorrow; Seize with the teeth.

'Adzdzû عضّوا (*prf. 3rd. p. m. assim.*): They bite (fingertips). (3:119). *Ya'udzdzu* يعُضّ (*imp. 3rd. p. m. sing. assim. V.*): Shall bite (25:27). (L; T; R; LL)

'Adzala عضل

عَضلاً ؛ يعضُل ، يَعضِل

To straighten, withhold unjustly, prevent, hinder, prevent from marrying. *Lâ Ta'dzulû* لا تَعضلوا: Do not prevent, straighten, withhold unjustly.

Lâ Ta'dzulûhunna لا تعضلوهم (*comp. prt. neg. f. plu.*): Do not withhold them (the women) unjustly; Do not prevent them from re-marrying. (2:232; 4:19). (L; T; R; LL)

'Adzâ عضا

عَضّاً ؛ يَعَضّ

To divide into parts *'Idzin* عضين: (oblique *plu.* of '*Idzatun* عضة): Separate parts; Bits; Enchantments; Lies, Slanders. Nouns of the defective roots occassionally lose their last letter which is then replaced by Tâ, thus *Idzwun* becomes *Idzwatun*. On passing into *pl.* they regain the *m.* form thus *Idzûn* is plu. of *Idzatun*.

'Idzin عضين (*n. plu.*). Pack of lies (15:91). (L; T; R; LL)

'A̱tafa عَطف

عَطفاً ؛ يَعطِف

To incline towards, be well disposed towards, lean towards. *'Itfun* عطف: Side;

Shoulder; Side of person from the head to the hip; To turn one's side

'Itfun عطفٌ (*n.*): To turn one's side (22:9). The expression *Thâniya Itfihî* is used metaphorically to signify behaving proudly. (L; T; R; LL)

'Atala عَطَل / 'Atila عطِل
عَطلاً ؛ يَعطِل

To be without care, be abandoned and not to be used. Mu'attalaltin: Abandoned, without care.

'Uttilat عطّلت (*pp. 3rd. p. f. sing. II.*): Abondoned (81:4). *Mu'attalatin* معطلة (*pic. f. sing.*) (22:45). (L; T; R; LL)

'Atâ عَطا
عَطاءً ؛ يُعطِي

To take, receive. *'Atâun* عطاءٌ: Gift Bestowment; Present. *A'ta* عَطا To give a present, offer. *Ta'âtâ* تعطا: (VI.) Took.

A'tâ اعطى (*prf. 3rd. p. m, sing. IV*): He gave. *A'tainâ* اعَطينا (*prf. 1st. p. plu. IV.*): We gave. *Ya'tî* يعطى (*imp. 3rd. p. m. sing. IV.*): He gives. *Yu'tû* يعطوا (*imp. 3rd. p. m. plu. IV.*): They give. *U'tû* اعطوا (*pp. 3rd. p. m. sing. IV.*): You are given. *Yu'tau* يَعطو (*pip. 3rd. p. m. plu. IV.*): They are given. *Ta'âtâ* تَعاطى (*prf. 3rd. p. m. sing. VI.*): Seized her. *Atâ'un* عطاءٌ Bestowment; Gift. (L; T; R; LL)

The root with its above forms has been used in The Holy Qur'ân about 14 times.

'Azuma عَظُم / 'Azama عَظَم
عَظماً ؛ يَعظم

To be great, important, big, regard, honour; exalt, hold anyone as great. *A'zam* عَظَم: Great; Greater; Supreme; Above all imperfections; Mighty; Big. *'Azzama* عظّم: To make great.

Yu'azzim يعظم (*imp. 3rd. p. m. sing. juss. II.*): Who honours, respects. *Yu'zim* يعظم (*imp. 3rd. p. m. sing. juss. IV.*): Will grant a great (reward). *'Azîmun* عظيم/ *'Azîman* عظيما: Supreme; Mighty. *al-'Azîm* العظيم: The great; The supreme; The one above all imperfection. One of the excellent names of Allâh. *A'zamû* اعظموا (elative): Greater; Higher. (L; T; R; LL)

The root with its above five forms has been used in The Holy Qur'ân about 113 times.

'Azama عَظَمَ
عَظماً ؛ يعظم

To give a bone, strike on the bones. *'Azmun* عَظم: Bone, plu. *'Izâmun* عظام and *'Azzum* عظّم.

'Afara عَفَرَ

'Aẓam عَظْم (*n.*): Bone. **'Iẓâm** عظام (*n. plu.*): Bones. (L; T; R; LL)

The root with its above two forms has been used in The Holy Qur'ân about 15 times.

'Afara عَفَرَ
عَفْراً ؛ يَعْفِر

To roll on earth, hide in the dust, roll in the dust, soil with dust, roast. *'Ifrun* عِفْر and *'Âfirun* عافِر: Wicked; Mischievous. *'Afârun* عِفَار: Wheat boiled without grease. *'Ufratun* عُفرة: Intenseness of heat. *'Ifrît* عِفريت plu. *'Afârît* عفاريت: Cunning; Who exceeds the bounds; One evil in disposition; Wicked; Malignant; Stalwart; Audacious; Who is of large stature; One strong and powerful, sharp, vigorous and effective in an affair, exceeding ordinary bounds therein with intelligence and sagacity; Chief who wields great authority.

'Ifrîtun عِفريت (*n.*): (27:39). Stalwart. (L; T; R; LL)

'Affa عَفَّ
عَفًّا ؛ يَعِفّ

To abstain from what is unlawful, be abstinent, restrain. The verb is of assimilated type. In gen. cases shadda is removed and cluster is pronounced separately as in 4:6. *Ta'affuf* تعفف: Modesty; Abstinence.

Li Yasta'fif ليستعفف (*imp. 3rd. p. m. sing. el. assim. X.*): Let him avoid remuneration (4:6). Keep chaste (24:33). *Yasta'fifna* يستعففنا (*imp. 3rd. p. f. plu. acc. assim. X.*): They restrain themselves. (24:60). *Ta'affuf* تعفف (*v.n.*): Abstination (from begging) (2:273). (L; T; R; LL)

'Afâ عفا
عَفوًا ؛ يَعفو

To forgive, pardon, abound, pass over, forgo, grow, multiply, obliterate all-traces, remit, give more than what is due, relinquish right or remit in whole or in part. *'Âfina* عافين (oblique plu of *'Âfin* عافٍ): Forgiving. *'Afuwwan* عَفُوًّا: Very forgiving. One of the excellent names of Allâh. *'Afwun* عفو: Forgiveness; Indulgence; Surplus; Superfluity. *Ya'fu* يعفو: To pardon. *'Ufiya* عفي: He is pardoned. *'Afallâh 'anka*: Allâh set your affairs aright. It does not necessarily imply the committing of a sin on the part of a person about whom it is used. It is also used for a person who has committed no sin or evil and even for him who is incapable of committing any sin or evil. It is sometimes used to express love. An Arab would say this expression to one whom he holds in high esteem, meaning God set your affairs aright and bring honour and glory to you and make things easy. *'Afwa* عفْو: Forgiveness; Indulgence; Surplus; Super-fluity.

***'Afâ* عفا** (*prf. 3rd. p. m. sing.*): Pardoned. ***'Afau* عفو** (*prf. 3rd. p. m. plu.*): They grew in affluence. ***Ya'fû/Ya'fuwa* يعْفُو/ يعفوا** (*imp. 3rd. p.m. plu.*): Pardons; Passes over; Forgoes. ***Ya'fu* يعف** (*imp. 3rd. p. m. sing. juss.*): He forgives. ***Ya'fûna* يعفون** (*imp. 3rd. p. f. plu.*): They forgo. ***Li Ya'fû* ليعفوا** (*imp. 3rd. p. m. plu.*): They may pardon. ***Ta'fû* تعفوا** (*imp. 2nd. p. m. plu.*): You forgo, pardon. ***Na'fu* نعْفُ** (*imp. 1st. p. plu. juss.*): We pardon. ***I'fu* اعف** (*prt. m. sing.*): Thou pardon. ***'Ufiya* عفي** (*pp. 3rd. p. m. sing.*): Who has been granted remission. ***'Afwa* عفو** (*n.*): Forgiveness; Surplus (what we can spare after sparing on our basic requirements). ***'Afuwwun/ 'Afuwwan* عفّو / عفّوا** (*nom./acc. n.*): Very forgiving. One of the excellent names of Allâh. ***'Âfîna* عافِين** (*act. pic. m. plu.*): Those who pardon. (L; T; R; LL; Muhît) The root with its above forms has been used in The Holy Qur'ân about 35 times.

'Aqaba عَقَبَ

عَقبًا ؛ يَعقُبُ

To succeed, take the place of, come after, strike on the heel, come at the heel, follow anyone closely. *'Aqqaba* عقّبَ: To endeavour repeatedly, return; punish, reqitt, retrace one's step. *'Aqab* عَقَب: To die, leave offsprings, give in exchange. *'Aqabatun* عقبة: Place hard to ascent *'Uqbun* عقْب: Success. *Ta'aqqaba* تعقّب: To take careful information, shout, follow step by step. *'Aqub* عقُب : Heel; Son; Grandson; Offspring; Pivot; Axis. *'Uqbâ* عقبا: Requital; Result; Reward; End; Success. *'Iqâb* أعقاب plu. *'Aqûbât* عقوبات: Punishment after sin; One who puts off or reverses, who looks at the consequence or result of the affair. *Mu'aqqibât* معقّبات: Who succeed each other; Some thing that comes immediately after another thing or succeeds another thing without interruption. It is a double plural feminine of *Mu'aqqib* معقّب. The plural feminine form indicates the frequency of the deeds, since in Arabic the feminine form is sometimes employed to impart emphasis and frequency.

Yu'aqqib يُعقّب (*imp. 3rd. p. f. sing. juss. II.*): Look back. ***'Âqaba*** عاقب (*prf. 3rd. p. m. sing. III.*): He retaliated. ***'Âqabtum*** اعقبتم (*prf. 2nd. p. m. sing. II.*): You punished. ***'Âqibû*** عاقبوا (*prt. m. sing. III.*) You punish. ***A'qaba*** اعقب (*perf. 3rd p.m. sing. IV.*): Caused to follow. ***'Uqiba*** عُقبَ (*pp. 3rd. p. m. sing. III.*): He was punished; was made to suffer. ***'Uqibtum*** عُقبتم (*pp. 3rd. p. m. plu. II.*): You have been persecuted. ***A'qaba*** اعقب (*prf. 3rd. p.m. sing.IV.*): He has punished. ***'Uqbun/'Uqban*** عقْب/ عُقبا (*acc./n.*): Result; Final end. ***'Aqibun*** عقبٌ (*n.*): Posterior; Heel, ***'Aqibai*** عقبَي (*n. dual*): Two heels. ***A'qâb*** أعقابَ (*n. plu.*): Heels. ***Iqâbun*** عقاب (*v. n.*): Retribution (chastisement) that comes as a result of consequences of sins. ***'Aqabatu*** عقبة (*n.*): Steep and difficult ascent; Mountain road; Road in the upper part of a mountain or a long mountain that lies across the way; Difficult affair and path of duty. ***'Uqbâ*** عُقبىٰ (*n.*): Ending. It is with final *Yâ*, but if added to a pronoun the final *Yâ* turns to *Alif* as *'Uqbahâ* عُقباها (here an *Alif* before *Hâ*). ***'Aqibatun*** عقبة (*act. pic. f. sing.*): End. ***Al-'Âqibatu*** العاقب: The happy and good end. ***Mu'aqqibun*** معقّب (*ap-der. II.*): Who can reverse. ***Mu'aqqibât*** معقّبات (*plu.*): Those who join their duties in succession; Successively ranged. (L; T; R; LL)

The root with its above forms has been used in The Holy Qur'ân about 80 times.

'Aqada عَقَد

عَقَداً ؛ يَعقَد

To tie in a knot, make a knot, strike a bargain, contract, make a compact, enter into an obligation, bind. *'Aqdun* عَقْدٌ plu. *'Uqûd* عقود: Compact, *'Uqdatun* عقدة plu. *'Uqâd* عقاد: Knot; Tie; Obligation; Firm resolution; Judgement; Consideration of one's affairs; Management; Regulating and ordering of ones affairs; Promise of obedience or vow of allegiance.

'Aqadat: عقدت (*prf. 3rd. p. f. sing.*) She made a covenant, ratified agreements. ***'Aqadtum*** عقدتم (*prf. 2nd. p. m. plu.*): We bound, took in earnest. ***'Uqûd*** عقود (*n. plu.*): Obligation. Its sing. is ***'Aqdun*** عَقدٌ / ***'Uqdatun*** عقدة (*n.*): Knot; Tie; Firm resolution; Judgement, Consideration of one's affairs; Management regulating and ordering of one's affairs. It also signifies a promise of obedience or vow of allegiance, hence ***Naffâthât fî al-'Uqad*** نفّثت فى العقد (113:4) are those human

beings (men and women) who try and whisper evil suggestions to deter people from doing their duty and regulating and ordering their affairs. (L; T; R; LL)
The root with its above five forms has been used in The Holy Qur'ân about 7 times.

'Aqara عقر
عَقراً ؛ يَعقِر

To cut, wound, slay, hamstrung, produce no result, be barren. *'Âqir* عاقر: Barren (woman), that produce no result or issue or fruit.

'Aqara عَقَر (*prf. 3rd. p. m. sing.*): He hamstrung. ***'Aqarû*** عقروا (*prf. 3rd. p. m. plu.*): They hamstrung ***'Âqirun/'Âqiran*** عاقر / عاقرا (*acc./act. pic.*): Barren (female). (L; T; R; LL)
The root with its above three forms has been used in The Holy Qur'ân about 8 times.

'Aqala عَقَل
عَقلاً ؛ يَعقُل

To bind, keep back, be intelligent, become wise, understand, pay the blood price for anyone, ascend on the summit of a mountain, use understanding, abstain.

'Aqalû عَقَلوا (*prf. 3rd. p. m. plu.*): They fully understood. ***Ya'qilu*** يَعقل (*imp. 3rd. p. m. sing.*): He understands. ***Ya'qilûna*** يَعقلون (*imp. 3rd. p. m. plu.*): Who use understanding; Who abstain (from evils). ***Na'qilu*** نَعقل (*imp. 1st. p. plu.*): We understand, abstain. (L; T; R; LL)
The root with its above five forms has been used in The Holy Qur'ân about 49 times.

'Aqama عقِم
عُقْما ، عُقْماً ؛ يَعقُم

To be barren (womb), become dry, be unproductive, be gloomy, distressing, grievous (day), be childless. *'Aqîm* عقيم: Barren; Grievous; Destructive. (L; T; R; LL)

'Aqîman عقيما (*acc.*): (42:50). *'Aqîmun* عقيم (*act. 2nd. pic.*): (22:55; 51:29,41).

'Akafa عكِف
عَكفاً ؛ يَعكِف ، يَعكُف

To arrange, set a thing in order, confine, withhold, debar from, apply one's self assiduously, stay in a place, cleave constantly, remain constantly in a place, glue oneself to, remain a votary, dwell, retreat, inhabit, detain. *I'tikâf* أعتكاف: One of the recommended act of worship of high merit. It is retiring to the mosque, during the last ten or twenty days of the month of Rama<u>dz</u>ân, devoting oneself exclusively to prayers and to remembering God and not leaving the mosque except for essential needs. It is not valid if one is not keeping the fast or if it is done out of the month of Rama<u>dz</u>ân. If it is for ten days it commences on the morning of the 20th of Rama<u>dz</u>ân after the morning prayer. Ma'kufan: Detained.

Ya'kufûna يعكفُون 'Akafa (*imp. 3rd. p. m. plu.*): They clung to. ***'Âkif*** عاكف (*act. pic. m. sing.*) Inhabitant. ***'Âkifûna/'Âkifîna*** عاكفُون/عاكفين (*acc./ act. pic. plu.*): Those who are performing *I'tikâf* أعتكاف (-secluded in a mosque for devotion to God). ***Ma'kûfan*** معكُوفا (*pic. pac. acc.*): Detained; Stopped. (L; T; R; LL)

The root with its above forms has been used in The Holy Qur'ân about 9 times.

'Aliqa عَلِقَ

عَلقا؛ يَعلق

To adhere to, hang, love, leech, have an attachment, cling, hold fast, pertain, catch, concern, become attached by love, suspend, fasten a thing, cleave. *'Alqun* عَلق and *'Ilqun* عِلق: Precious thing. *'Alâqatun* عِلاقة: True love; Attachment, *Ilâqatun* علاقة : Love; Affection. *'Alaqatun* عَلقة: Love; Attachment; Clot of blood, Leech; Germ-cell; Fertilized female ovum (as biological origin).

'Alaqun/'Alaqatun عَلق/عَلقة (*n.*): Clot of blood; Attachment; Love. ***Mu'allaqatun*** معلقة (*pis. pic. f. II.*): Hanging one (like the one of women neither in wedlock nor divorced and free to marry someone else. (L; T; R; Zamak<u>hsh</u>arî; LL)

The root with its above three forms has been used in The Holy Qur'ân about 7 times.

'Alama عَلِم

عَلما؛ يَعلَم، يَعلِم

To mark, sign, distinquish. *'Alamun* عَلم: Sign; Long mountain, *'Alâmatun* علامة: Mark, Sign; *'Alima* عَلِم: Know; Distinguish. *'Âlam* عالم (oblique plu.). *'Âlamîn* عالمين: By means of which one knows a thing, hence it signifies world or creation, because by it the Creator is known. Any class or division of created being or of mankind; Nation. *'Âlam al-Insân* عالم الانسان: The world of mankind. *'Âlam al-<u>H</u>aywanân* عالم الحيوان: In animal world. The word *'Âlam* عالم is not used to donate rational beings or Angels (John

Penrice in his Dictionary and Glossary of the Koran). The word signifies all categories of existence both in physical and the spiritual sense. It indicates also that the *'Âlam* عالم (world) is not only that we know upto now but there are numerous worlds to be discovered or known in future. At some places the Holy Qur'ân has used this word to denote surrounding people of the addressed person or community (2:47; 3:42). In this comprehensive sense Allâh is the Creator and Nourisher of the worlds. The All-Comprehensiveness of the Lordship of Allâh in the words of the Qur'ân - *Rabbul 'Âlamîn* رّب العالمين (1:2) is quite in consonance with the cosmopolitan nature of the Islam. The word *'Âlamîn* عالمين signifies all that is besides Allâh, animate and inanimate things including heavenly bodies, the sun, the moon, the stars, etc. *'Ilm* عِلم: Science; Knowledge; Learning; Information. This word is not followed by *min* من except when it is used in the sense of distinguishing one thing from the other as in 2:143. For difference between *'Alima* علم and *'Arafa* عَرف see *'Arafa*. *'Âlimun* عالم: Wise; One who knows plu. *'Ulamâ* علماء. *'Alâm*: Learned; Knowing; Wise. *'Allâm* علام: Very learned; Knowing; Wise. *Ma'lûmun / Ma'lûmâtun* معلومة/معلوم, *Mu'allamun* معلم: Taught one.

*'**Alima*** علم (*prf. 3rd. p. m. sing.*): He knew. ***'Alimta*** علمُت (*prf. 1st p. sing.*): Thou knewest. ***'Alimû*** علموا (*prf. 3rd. p. m. plu.*): They knew. ***'Alimatum*** علمتم (*prf. 2nd. p.m. plu.*): Ye knew. ***'Alimtumû*** علمتموا (*prf. 2nd. p. m. plu.*): Ye knew. ***'Alimnâ*** علمنا (*prf. 1st. p. plu.*): We knew. ***Ya'lamu*** يعلم (*imp. 3rd. p. m. sing.*): He knows. ***Ya'lamanna*** يعلمنّ (*imp. 3rd. p. m. sing. imp.*): He will surely know. ***Ta'lamû*** تعلموا (*imp. 2nd. p. m. sing.*): Thou knowest. ***Ta'lam*** تعلم (*imp. 2nd. p. m. sing. juss.*): Thou knowest. ***Lam Ya'lam*** لم يعلم (*imp. 2nd. p. m. sing. juss.*): He knows not ***Ta'lamunna*** تعلمنّ (*imp. 2nd. p. m. sing. imp.*): You shall with certainty come to know. ***Na'lamu*** نعلم (*imp. 1st. p. plu.*): We distinquish; know. ***Ya'lamûna*** يعلمون (*imp. 3rd. p. m. plu.*): They know. ***Ya'lamû*** يعلموا (*imp. 3rd. p. m. plu. juss.* final *Nûn* dropped). ***Ta'lamû*** تعلموا (*imp. 2nd. p. m. plu. juss.* final *Nûn* dropped): You know. ***I'lam*** اعلم (*prt. m. sing.*): Thou know. ***I'lamû*** اعلموا (*prt. m. plu.*): You know. ***Yu'lama*** يُعلم (*pip. 3rd. p. m. sing.*): These be known. ***'Allama*** علّم (*prf. 3rd. p. m. sing. II.*): He taught. ***'Allamtum*** علمتم (*prf. 2nd. p. m. plu. II.*): You taught. ***'Allamta*** علّمتَ (*prf. 2nd.*

p. m. sing. II.): Thou taught. ***'Allamtu*** علّمتُ (*prf. 1st.p. sing. II.*): I taught. ***'Allamnâ*** علّمنا (*prf.1st. p. plu. II.*): We taught. ***Yu'allimu*** يعلّم (*imp. 3rd. p. m. sing. II.*): He teaches. ***Yu'allimâni*** يُعلّمان (*imp. 3rd. p. m. dual II.*): They two teach. ***Yu'allimûna*** يُعلّمون (*imp. 3rd. p. m. plu. II.*): They teach. ***Tu'allimûna*** تَعلّمون (*imp. 2nd. p. m. plu.*): You teach. ***Tu'allimani*** تعلّمن (comb. of *Tu'allim+ ni*): You teach me. ***Nu'allimu*** نعلّمُ (*imp. 1st.p.plu.*): We teach. ***'Ullimta*** علّمت (*imp. 1st. p. plu.*): Thou art taught. ***'Ullimtum*** علّمتم (*pp. 2nd. p. m. plu.*): You are taught. ***'Ullimna*** عُلّمنا (*pp. 1st. p. plu.*): We are taught. ***Yata'allamûna*** يتعلّمون (*imp. 3rd. p. m. plu.*): They learn. ***'Ilman*** علم (*n.*): Knowledge; Information; Learning, ***'Âlimun*** عالِم (*act. pic. m. sing.*): Who knows; Learned. ***'Ulamâ*** علماء (*plu.*): Learned ones. ***'Âlimûna/ 'Âlimîna*** عالمون / عالمين(*acc./act. pic. m. plu.*) Learned ones. ***'Alîm*** عليم (*act. 2nd. pic.*): Who knows. ***Al-'Âlîm*** العليم: The one who knows and knowledge is a permanent feature of his personality. One of the excellent names of Allâh. ***'Allâm*** علام (*ints.*): Well known. ***Ma'lûm*** معلوم (*pic. pac. sing.*): Known. ***Ma'lûmât*** معلومات (*pic. pac. plu.*): Known ones ***Mu'allamin*** معلّمن (*pis. pic. II.*): Taught one. ***'Alamîn*** عالمين (*n. plu.*): Worlds. (L; T; R; LL)

The root with its above forms has been used in The Holy Qur'ân as many as 854 times.

'Alana علن / 'Aluna علُن
علانيّة ،علنًا ؛ يَعلن ،يَعلن

To be open, manifest, public, become known, reveal. *'Alâniyatan* علانية: In public; Openly. *A'lana* أعلن: To make manifest, public.

A'lantu أعلنتُ (*prf. 1st. p. sing. IV.*): I made public proclamation, spoke in public. ***A'lantum*** أعلنتم (*prf. 2nd. p. m. plu. IV.*): Ye made known, spoke publicly. ***Yu'linûna*** يعلنون (*imp. 3rd. p. m. plu. IV*): They make public. ***Tu'linûna*** تعلنون (*imp. 2nd. p. m. plu. IV.*): You make public. ***Nu'linu*** نعلن (*imp.1st. p. plu. IV.*): We make public. ***'Alâniyatan*** علانية(*v. n. acc.*): Made public; In public. (L; T; R; LL)

The root with its above forms has been used in The Holy Qur'ân about16 times.

'Alâ علا
عُلوًا ؛ يَعلوا

To be high, elevated, lofty, exalted, ascend, overcome, be

proud, be upon, be over, go up, rise in rank or dignity, raise, take up, mount, overtop. *'Alâ fi al-Makârimi* علا في المكارم: He was raised in dignity. *Ta'lunna* تعلن is for *Ta'lawunna* تلونّ the radical *Wâw* being suppressed because of the quiescent *Nûn* contained in the *tashdîd*, being contrary to the rule to have two quiescent letters together after the same vowel. *'Uluwwun* عُلون: Exaltation; Insolence; Pride; Great height; The top of. 'Alwan: Forcibly, *'Âlîna* عالين: (oblique plu. of *'Âlin*): That which is high or haughty. *Âliyatun* عالية: Lofty; Up-side. *Ta'âlâ* تعالیٰ: Far beyond and above; Exalted; Lofty; He came. *Ta'al* تعال: Come. *Ta'âlaina* تعالين: Come you. *Muta'âl* متعال: Exalted; High. *Ista'lâ* اِستعلى (X): To mount, get the upper hand. *'Aliyyun* عِلي: Highest; Lofty;, Illustrious; Eminent. *Al-'Âlî* العِلي : One of the excellent names of Allâh. *'Alliyyûna* علّيون: The register of those enjoying the most exalted ranks.

'***Alâ*** علا (*pap. 3rd. p. m. sing.*): Overcome; Have dominated. ***'Alau*** علو َ(*prf. 3rd. p. m. plu. IV.*): They overcome, conquered. ***Lâ Ta'lau*** لا تَعلو (*prt. neg. m. plu.*): Exalt not; Do not rise up. ***Ta'lunna*** تعلنّ َ(*imp. 2nd. p. m. plu. emp.*): Ye will surely become overbearing. ***Ta'âlâ*** تعالیٰ: High above (all). ***Ista'lâ*** إستعلا (*prf. 3rd. p. m. sing. X*): Become uppermost; Successful. ***'Âlin*** عال (*act. pic. m. sing. juss.*): Self-exalting one; Tyrant; Haughty ***'Âliyan*** عالياً (*act. pic. acc.*): Self exalted one; Haughty. ***'Âliya*** عالي Upside-over (Them). ***'Âlîn*** عالَين (*act. pic. m. plu.*): Self exalting ones; Those who are haughty. ***'Âliyatun*** عالية (*act. pic. f. sing.*): High; Lofty. ***'Ulâ*** اولا (*elative f. plu.*); Lofty ones. ***'Ulyâ*** عليا (*eletive, f. sing.*): Supermost; Prevailing. ***'Uluwwan*** علوّا (*v. n. acc.*): Great height; Overbearing. ***'Alîyyun*** عليّ (*act. 2nd. pic.*): The highest one. One of the excellent names of Allâh. ***A'lâ*** اعلى (*m. sing. elative.*): The great. ***Al-A'lâ*** الاعلى :The most high. One of the excellent names of Allâh. ***A'launa*** اعلوَن (*m. plu.*): Overcoming ones; Triumphant. ***'Illiyûna/ 'Illiyyîna*** علّيون / عليين (*acc./ nom.*): The highest of the places; Register of those enjoying the most exalted ranks. Its sing. is 'Illiyyatun. ***Muta'âl*** متعال (*ap-der. VIII.*): Exalted. ***Ta'âlau*** تعالو (*prt. m. plu.*): You come. ***Ta'âlain*** تعالين (*prt. f. plu.*): You women come. (L; T; R; LL) The root with its above forms has

been used in The Holy Qur'ân about 86 times.

'Alâ على

(Preposition): On, upon, at, under, against, provided, so that, in respect, before, against, according to, for the sake of, to, above, inspite of, near, as *Jalasna 'Alâ al-Nâri*: We sat down near the fire. *'Alâ hudan* على هدا: They are on guidance, (and then guidance becomes as it were a riding thing for them which they conveniently use in their march towards the Al-Mighty). This construction is vague in Arabic. The Arabs say of a person stupid in ignorance: *Ja'alâ al-Ghawâyata markabutan*: Such one has made error and is ignorant as a riding beast.

'Amada عَمَدَ

عَمداً ؛ يَعمِد

To intend, support, place columns or pillars, place lofty structure, prop up, resolve, aim, direct, propose. commit (a sin intentionally). *'Amadum* عمّد plu. *'Imâd* عماد: Column; Lofty structure; Tent; Pole: Pillar. *'Amûd* عمود: Support; Column; Base, Chief. *Ta'mmada* تعمد: To propose. ***Muta'ammidan*** متعمداً (*ap-der. V. acc.*): On purpose; Intentionally. ***'Imâd*** عماد (*n.*): Tall lofty structure; Lofty colums. ***'Amadun*** عمدٌ (*n.plu.*): Columns. (L; T; R; LL)
The root with its above three forms has been used in The Holy Qur'ân about 7 times.

'Amara عَمَرَ

عَمراً ؛ يَعمُر

To inhabit, dwell, mend, repair, build, promote, cultivate, make habitable, perform a secred visitation, populate. *'Amrun* عَمَرَ *'Umrun* عُمّرٌ and *'Umurun* عُمُرٌ: Life; Age; Long life; Old age. *'Umratun* عمرة: The secred visitation to Makkah; Visit; Minor pilgrimage. It is a pilgrimage with fewer rites. Literally, a visit or a visiting, technically, a religious visit to Makkah after entering in the state of *Ihrâm* (wearing the cloth *al-Ihrâm*), circuiting (*al-Tawâf*) round the Ka'bah seven times, making seven rounds between *al-Safâ* and *al-Marwah* mounts. *'Umrah* may be performed at any time of the year but the days of performing the Hajj are fixed. While performing *'Umrah* going to the places of *Hajj* (*Minâ, 'Ârafât* and *Mudzdalifa*) is not necessary. *'Imrân* عمران: Two persons are called by this name in The Holy Qur'ân, the mother of Mary and the mother of Moses. *Ma'mûr* معمور: Visited; Frequently visited. *Mu'ammarun* معّمر: Aged man.

'Amarû عمروا (*prf. 3rd. p. m. plu.*): They inhabited, populated. ***Ya'muru*** يعمر (*imp. 3rd. p. m. sing.*): He mends, keeps in a good and flourishing state. ***Ya'murû*** يعمروا (*imp. 3rd. p. m. plu.* final *Nûn* dropped). They keep in a good and flourishing state. ***Nu'ammir*** نعّمر (*imp. 1st. p. plu. juss. II.*): We grant long life. ***Yu'ammar*** يعمّر (*pip. 3rd. p. m. sing. II*): You be given a long life. ***I'tamara*** اعتمر (*prf. 3rd. p. m. sing. VIII.*): He performed *'Umrah*. ***Ista'mara*** استعمر (*prf. 3rd. p. m. sing. X.*): He made (you) dwell. ***'Amrun*** عَمَر (*n.*): Life. ***'Umuran*** عمرا (*n. acc.*): Life-time. ***'Umurun*** عمرٌ (*n. nom.*). ***'Umrah*** عُمرة: Minor pilgrimage. ***'Imâratun*** عمارة (*v. n.*): Keeping in a good and flourishing state. ***Ma'mûr*** معمور (*pct. pic.*): Much frequented. ***Mu'ammar*** معّمر (*pis. pic. II.*): Good man. ***'Imrân*** عمران: proper name. (L; T; R; LL)

The root with its above forms The Holy Qur'ân used about 27 times.

'Amuqa عَمُقَ
عُمقًا ؛ يَعمُق

To be deep, long, far extending place. *'Amîq* عميق: Deep; Long; Far extending place; Far off, Distant.

'Amîq عميق(*act. 2 pic.*): Deep. (L; T; R; LL)

'Amila عَمِلَ
عَمَلاً ؛ يَعمَل

To do, make, act, work, operate, perform, construct, manufacture, practice a handcraft, be active. *'Âmilun* عامل: One who does, makes etc. *'Amalun* عَمل plu. *A'mâlun* اعمال: Work.

'Amila عمِل (*paf. 3rd. p. m. sing.*): He did, acted, worked. ***'Amilat*** عملت (*prf. 3rd. p. f. sing.*): She did, acted. ***'Amilû*** عملوا (*prf. 3rd. p. m. plu.*): They did. ***'Amiltum*** عملتم (*prf. 2nd. p. m. plu.*): You did. Most often the prefect past tense of this root *'Amila* عمل is preceded by *Man* من or *Mâ* ما or *Min* مِن of relative or demonstrative pronouns, then it means, "Who does", instead of its real meaning of past tense, "Who did". ***Ya'malu*** يعمل ***Ya'mal*** يعمل (*juss*), ***Y'amala*** يعمل (*acc.: imp. 3rd. p. m. sing.*): Does; Did. ***Ta'malu*** تعمل (*imp. 3rd. p. f. sing.*): Does. This form is used, as a general rule of Arabic grammar, to denote the meaning

of plu. by placing it before the subject. *A'malu/A'mal* عَمَل / اعمل (juss.) *A'mala* عَمَل (*acc. imp. 1st. p. sing.*): I do. *Ya'malûna* يعملون (*imp. 3rd. p. m. plu.*): They do. *Ta'malûna* تعملون (*imp. 2nd. p. m. plu.*): You do. *Na'malu* نعمل (*nom.*), *Na'mala* نعمل (*acc.*), *Na'mal* نعمل (*juss.*): We do. *I'mal* اعمل (*prt. m. sing.*): Thou do, make, work. *I'malû* اعملوا (*prt. m. plu.*): You do, make, work. *'Amalun/'Amalan* عَمَلٌ / عملا (*nom./ n. acc.*): Deed; Action; Work. *A'mâl* اعمال (*n. plu.*): Deeds. *'Âmilun* عامل (*act. pic. m. sing.*): Worker; Doer. *'Âmilûn/ 'Amilîn* عاملون / عاملين (*acc./ pic. m. plu.*): Workers; Doers. *'Âmilatun*: عاملة (*act. pic. f. sing.*): Toil-worn woman. (L; T; R; LL)
The root with its above forms has been used in The Holy Qur'ân about 359 times.

'Ammun عمّ

Uncle on the fathers side, paternal uncle. *'Ammatun* عمّة: (plu. *'Ammâtun* عمّاة): Paternal aunt.

'Ammun عمّ (*n.*): Paternal uncle (33:50). *A'mâm* اعمام (*n. plu.*) Paternal uncles (24:61). *'Ammâtun* عمّة (*n. f. plu.*): Paternal aunts. *Ammâ* عَمّ: It is the combination of عن + ما. What is that (78:1; 4:23; 24:61) (L; T; R; LL)

'Amiha عَمِه
عَمَها ؛يَعمَه

To be confounded, perplexed, confused, wander blindy, stumble to and fro, unable to find the right course; Mental blindness.

Ya'mahûn يَعمَهون (*prf. 3rd. p. m. plu.*): They are blindly wandering; They lost all marks which are helpful for finding a way. (L; T; R; LL)
The word is used in The Holy Qur'ân about 7 times.

'Amiya عَمَى
عَمِيٌ ؛ يَعْمَى

To swerve from duty, stray from the right course, be or become blind, ignorant, obscure and dubious, deprive of the sight, rend abstruse. *Mâ A'mâhu* ما اعماه: How great is his blindness, is his error! *'Amiyat 'alaihim al-Anbâ'u*: The account shall be obscure to them. *'Aman* اعما: Blindness of eyes and deafness of ears. *'Amin* اعم plu. *'Amûn* اعمون acc. *'Amîn* اعمين: Blind. *A'ma*: *plu.* *'Umyun* عُمّي and *'Umyânun* عميانّ: Blind; Dark. *'Ammâ* اعّمى: (II) To blind, hide, conceal. The difference between *'Amaya* عمى and *'Amaha* عمه is that *'Amaha* عمه means mental blindness and *'Amaya* عمى means, both mental and physical blindness.

'Amiya عَمِىَ (*prf. 3rd. p. m. sing.*): He chooses to remain blind. ***'Amiyat*** عميت (*prf. 3rd. p. f. sing.*): Blinded; Will become confused. ***'Amû*** عموا (*prf. 3rd. p. m. plu.*): They willfully became blind. ***Ta'mâ*** تعمَى (*imp. 3rd. p. f. sing.*): Gets blind. ***'Ummiyat*** عُمّيت (*pp. 3rd. p. f. sing. II.*): She has been made or rendered obscure ***A'mâ*** اعمٰى (*prf. 3rd. p. m. sing. IV.*): He made blind. ***A'mâ*** عمٰى (*n.*): Blind person. Its. plu. is *'Umyun* عُمّي. ***'Amâ*** عَمٰى (*v. n.*): Blindness. ***'Amûna/ 'Amîna*** عمين/عمون (*acc./ n. plu.*): Blind persons, who willing become blind. Its sing. is *'Amin* عمٍ. ***'Umyun/Umyan*** عميا/عُمّى (*acc./ n. plu.*): Blind ones. Its sing is *A'mâ* اعمٰى. ***'Umyyûnan*** عُمّيون (*n. plu.*): Blinds. It sing. is *'Umyan* عُميا *and 'Umyun* عُمّي). (L; T; R; LL)

The root with its above forms has been used in The Holy Qur'ân about 33 times.

'An عن

(Preposition): Off; Of; From; About; Because; Away from; Out of; Inspite of; Concerning; On account of; (Separation, compensation, transition, succession, remoteness); Instead of; For; After; With; On the authority of. *'Ammâ* عَما is *'An* عن + *Mâ* ما: From what; From that; Which. Amman is *'An* عن + *Man* مَن: From whom; From him; Who.

'Anaba عَنَبٍ

عِنَبا ؛ يَعنَب

To produce grapes. *'Inabun* عِنَب: plu. *A'nâb* اعناب: Grape.

'Inabun عنَبٍ (*gen. n. plu.*): ***'Inaban*** عِنَبا (*acc.*): ***A'nâb*** اعناب (*n. plu.*): (L; T; R; LL)

The root with its above three forms has been used in The Holy Qur'ân about 11 times.

'Anita عَنِتَ

عَنَتًا ؛ يَعنَت

To meet with difficulty, fall into distress, be overburdened, commit a crime, be spoiled, constrain anyone to do a thing, cause anyone to perish, beat harshly. *A'nata* عَنَتَ: To bring anyone into difficulty, beat roughly, cause annoyance, confuse. *'Anatun*: Sin; Crime; Mistake; Difficulty.

'Anitum عَنِتم (*prf. 2nd. p. m. plu.*): (That which) corrupts or distress you; You are overburdened; You fall into distress. (3:118; 9:128; 49:7). ***A'nata*** أعنَتَ (*prf. 3rd. p. m. sing. IV*): He caused distress, subjected to burden (2:220). ***A'nata*** اعنَتَ (*v. n.*): Falling in crime (4:25). (L; T; R; LL)

'Anada/'Anuda/'Anida
عَنَدَ / عَنُدَ / عَنِدَ
عَنَداً ؛ يَعنَدَ

To go out of the right way, decline, deviate, be rebellious, tyrant, opposing, obstinate to resist, transgress the bounds.

'Anîd **عَنيد** (*pac. pic. of sing. acc.*): Enemy (11:59; 14:15; 50:24; 74:16). (L; T; R; LL)

'Inda عِندَ

(Preposition): Here; With; By; At the point of; About; From; In the presence of. The word denotes the idea of nearness, whether it be actual in the sense of possession or ideational, it also denotes a sense of rank or dignity or opinion, time and place.

'Inda **عِند**: A particle used as preposition to denote time and place.

The word is used in the Holy Qur'ân as many as 197 times.

'Aniqa عَنِقَ
عَنقا ؛ يَعنَق

To be long-necked, become thin in the neck. *Ta'ânaqa* تَعانق : To embrace. *'Unuqun* عنُق plu. *A'nâq* اعناق : Neck; Company; Trunk (of a tree); Stalk (of a leaf, of a fruit); Company of men; Heads or chiefs of men; Great ones. In the verse 17:29 *A'nâq* أعناق is used as a metaphorical phrase to mean: Do not keep your hand stackled to your neck out of miserliness; Do not be niggardly. In the verse 17:13 *'Unuqun* عنق is metaphorically used and refers to the principle that every action produces an effect which is "made to cling to a person" and that his deeds will be recorded in a Book and that their effect will be seen on the day of resurrection. "Clinging to the neck" indicates the inseparability of one thing from another, thus establishing the law of cause and effect. It also refutes the concept of destiny. Thus the human being is the master of his own fate. His destiny is inseparably linked with the whole tenor of his personality and his works. God has made human being responsible for his behaviour when He says that He has made the deeds of every human being "cling to his neck", and on the Day of Resurrection He shall bring out for him a book with a record of all his deeds. (see also Târa; L;T; R; Râzî, LL)

'Unuq **عُنُق** (*com. gender*): ***A'nâq*** اعناق (*n. plu.*): Neck.

The root with its above two forms has been used in The Holy Qur'ân about 9 times.

'Ankabun عَنكب

Ill conformed.

'Ankabût عَنكبوت (*n. f. m. com. gender*): Spider (29:41). (L; T; R; Sibwaih; Ibn Hishâm's *Risalah al-Daîl*)

'Ana عَنا

عُنوّة ،عَنّاً ؛ يَعنُو

To submit humbly, be downcast, distress, become submissive, obedient, take a thing peaceably.

'Anat عَنَت (*prf. 3rd. p. m. plu.*) Shall humble themselves. (20:111). (L; T; R; LL)

'Ahida عهِد

عَهداً ؛ يَعهَد

To enjoin, charge, impose, swear. *'Ahdun* عهدٌ : Treaty; Covenant; Promise; Agreement; Condition; Bequest; Responsibility; Compact; Guarantee; Oath; Bond; Time; Epoch; Acquaintance; True friendship; Affection; Security.

'Ahida عهد(*prf. 3rd. p. m. sing.*): He has enjoined. *'Ahidnâ* عهدنا (*prf. 1st. p. plu.*): We enjoined. *'Ahad* عهْدَ (*imp. 1st. p. sing. juss.*): Enjoin. *'Âhada* عاهَد (*prf. 3rd. p. m. sing. III.*): He made a covenant *'Âhadû* عاهدوا (*prf. 3rd. p. m. plu. III.*): They made covenant. *'Âhadtum* عاهدتم (*prf. 2nd. p. m. plu. III.*): You made covenant. *'Ahdun* عهدٌ (*v. n.*): Covenant; Treaty; Oath; Promise; Appointed time. (L; T; R; LL)

The root with its above forms has been used in The Holy Qur'ân about 46 times.

'Ahana عَهَن

عَهنا ؛ يَعهَن

To wither, dry up, be broken or bent. *'Ihnun* اعْهن plu. *'Uhûn* عُهون: Wool; Dyed wool; Multicoloured wool.

'Ihni عِهن (*n.*): (70:9; 101:5). (L; T; R; LL)

'Awija عوِج

عِوَجا ؛ يعوَج

To be crooked, bent, uneven, distorted, wrap, be ill-natured, deviate, turn aside. *'Iwajun* عوَجٌ: Deviation; Rectitude; Insincerity; Distortion; Unevenness, Curvature; Difficult.

'Iwajun/'Iwajan عوجًا/عوج (*acc./ v. n.*): Distortion; Deviation. (L; T; R; LL)

The root with its above two forms has been used in The Holy Qur'ân about 9 times.

'Âda عاد

عَوداً، مَعاداً ؛ يَعُود

To return, turn away, come

back, repeat, restore. *'Âidun* عائد : One who returns. *Ma'âdun* معاد: Place where one returns; Another name of Makkah. *A'âda* اعاد (IV): To cause to return; Restore. The verb *A'âda* اعاد is transitive to mean to get some one return or cause to return or bring back (what has passed away). In the verse 34:49 it also seems to be in the meaning of "to return" (*intrans.*) It is also an idiom as in: *Fulânun mâ yu'îdu wa mâ yubdi'u* فلان مايعيد و مايبدء "Someone is neither to be restored nor to originate" which means he has no way to survive.

'Âd عاد: An Arab tribe which lived in the south of the Arabian peninsula and occupied land extending from the north of the Persian Gulf to the southern end of the Red Sea. The tribe of *'Âd* عاد spoken of in the Holy Qur'ân is also called the first *'Âd* (53:50) or the "Ancient *'Âd* عاد in order to distinguish them from the people of Thamûd, who are called the second *'Âd* عاد. The Adramites of Yemen mentioned in the Greek history are none other than this tribe. In the Holy Qur'ân they are also called *'Âd Iram* whereby Adram being a corruption of *'Âd Iram*. The Adites were separated only by a few generation from the people of Noah. Hûd was the name of their Prophet. He was seventh in descent from Noah. The *'Âd* عاد were a powerful and cultured people who built strong fortresses, palatial buildings and great water reservoirs. They invented new weapons and implements of war. Their language was Aramic, which is akin to Hebrew. For some time their rule extended over most of the fertile parts of Arabian peninsula, particularly Yemen, Syria and Iraq and their ruled lasted up to 500 B.C. Their destruction was caused by violent winds which continued to rage over their territory for "seven nights and eight days", burying their chief cities under heaps of sand and dust. They disappeared from the history many centuries before the advent of Islam, but their memory remained in Arabian traditions (see also Hûd).

'Âda عاد (*prf. 3rd. p. m. sing.*): Returned; Reverted. ***'Âdû*** عادوا (*prf. 3rd. p. m. plu.*): They returned, reverted. ***'Udtum*** عدتم (*prf. 2nd. p. plu.*): You returned. ***'Udnâ*** عدنا (*prf. 1st. p. plu.): We* returned. ***Yu'ûdûna*** يعودون (*imp. 3rd. p. m. plu.*): They return. ***Ya'ûdû*** يعودوا (*imp. 3rd. p. m. plu.* final *Nûn* drop.): You return.

Ta'ûdûna تعودون (*imp. 2nd. p. m.plu.*): Ye return. ***Ta'ûdû*** تعودوا (*imp. 2nd. p. m. plu.* final *Nûn* dropped): ***Ta'ûdunna*** تعودن (*imp. 2nd. p. m. sing. imp.*): Assuredly ye shall return. ***Na'ûdu*** نعود (*imp. 1st. p. plu.*): We return. ***Na'ud*** نعُد (*imp. 1st. p. plu. Wâw* drop.): We return. ***Yu'îdu*** يعِيُد (*imp. 3rd. p. m. sing. IV.*): They shall repeat, return. ***Yu'îdû*** يعِيُدوا (final *Nûn* drop.): They restore, make (you) revert to. ***Nu'îdu*** نعِيد (*imp. 1st. p. plu.*): We restore; We will make you return. ***'Uîdû*** اعيدوا (*pip. 3rd. p. m. plu. IV*): They will be hurled back. ***A'îdûna*** اِعيدون (*act. pic. m. plu.*): Those who return. ***Ma'âdun*** معاد (*n.*): Place of return; Home; Another name for Makkah: ***'Idan*** عدِا: Ever recurring; Festival; Periodical; Feast day. ***'Âd*** عاد: An Arab tribe. (L; T; R; LL)

The root with its above forms has been used in the Holy Qur'ân about 63 times.

'Â<u>dh</u>a عاذ

عوذاً؛ يَعُوذ

To seek or take protection, refuge, be next; The bone (flesh). *Ma'â<u>dh</u>* معاذ: A refuge. *Ma'â<u>dh</u> Allâh* معاذ الله (I seek) refuge with Allâh; God forbid; Allâh be my refuge.

'U<u>dh</u>tu عذت (*prf. 1st. p. sing.*): I sought refuge, protection ***A'û<u>dh</u>u*** اعُوذ (*imp. 1st. p. sing.*): I seek refuge. ***Ya'û<u>dh</u>ûna*** يَعوذون (*imp. 3rd. p. m. plu.*): They seek refuge. ***U'î<u>dh</u>*** اعذ (*imp. 1st. p. sing. IV*): I seek refuge for, do commend (to your) protection. ***Ista'i<u>dh</u>*** استَعذ (*prt. m. sing. X*): Seek refuge! ***Ma'â<u>dh</u>un*** مَعاذ (*pis. pic.*): Refuge. ***Ma'â<u>dh</u> Allâh*** معاذ الله: God forbid; Allâh be my refuge. (L; T; R; LL)

The root with its above forms has been used in The Holy Qur'ân about 17 times.

'Âra عار

عَوَرة ؛ يُعار، يَعُور

To feel ashamed, find something disgraceful, shun as below one's dignity, regard something as disgraceful or below one's dignity, become naked *'Auratun* عورة (plu. *'Aurât* عورات): Nakedness; Nudity; Private parts of body of man or woman which should be covered; Private parts of body one is ashamed to expose; Something laid open to enemies; Time suitable for exposure of oneself; Time of privacy; Time of undress

'Auratun عورة (*n.*): Exposed; Laid open; Nakedness (33:13). ***'Aurât*** عورات (*n.plu.*): Private part, Privacy (24:31, 58). (L; T; R; LL)

'Âqâ عاقٍ
عَوقا؛ يَعُوق

To keep back, hinder, prevent, delay, restrain, impede. *Mu'awwiq* معوّق (plu. *Mu'awwiqîn* معوّقين): Those who hinder.

Mu'wwiqîn معوّقين (*ap-der. m. plu. II.*) Those who turn others away, who hinder (33:18) (L; T; R; LL)

'Âla عالٍ
عَولا؛ يَعُول

To swerve, turn aside, neglect other side, do injustice, do wrong, impose hardship, commit oppression or dishonesty, have a large family, provide for one's family, feed poor persons. *Dhâlika adna alla ta'ûlû*: This is the best way to avoid doing injustice, is the best way to avoid deviating from the right course, is the best way to avoid having a large family (Shâfaî, Kashshâf, Baidzawî). *'Â'ilan* عائلا: Having a large family. 'Â'*ilatun*/'Â'*ilatan* عائلة/عائلتا: Family: Poverty; Want. *Wijadaka 'Â'ilan* (93:8): He found you having a large family to support, found you in want (it does not refer to temporal or primary circumstances, but rather to his spiritual needs.) *'Âla al-rajulu*: To have a large family (or in Arabic *sâra dha iyâlin*). *'Aul* اول: Sustenance of a family. *'Iylatun* عياله: family; Wife. *'Âla 'Iyalahû*: (=*kafatum Ma'âshatun*): To feed a family, provide a family their livelihood and maintenance. *'Ayâl* عَيال: Livelihood of the family. *'Iyâluka* عيالك : Those of whom you are responsible of livelihood and maintenance.

Ta'ûlû تعولوا (*imp. 2nd. p. m. plu.*): Avoid doing injustice and wrong (4:3). ***'Âilan*** عائلا (*act. pic. m acc*): Having a large family (93:8). ***'Âilatan*** عائلة (*n.*): Injustice; Poverty (9:28). (L; T; R; LL)

‘Âma عام
عوما؛ يَعُوم

To enter a contract with someone for one year. ‘Â*mun* عاّم: Year ‘Â*maini*عامين: Two years.

‘Â***mun*** عامٌ (*nom.*) ‘Â***man*** عاما (*acc.*): Year. ‘Â***maini*** عامين (*oblique dual*): Two years. (L; T; R; LL)

The root with its above three forms has been used in The Holy Qur'ân about about 9 times.

‘Âna عانٍ
عونا؛ يَعُون

To be of middle age. *‘Aâna*

اعان *Yu'înu* يعِين (*IV*): To aid, assist, help. *Ta'âwana* تعاون: (VI): To help one another. *Ista'âna* استعان (*X*): To implore for help, seek aid, turn and call for assistance. *Musta'ân* مستعان: One whose help is to be implored.

A'âna أعان (*prf. 3rd. p. m. sing. IV*): Helped. ***A'înû*** إعِينوا (*prt. m. plu. IV*): Help ye one another. ***Ta'âwanû*** تَعاونوا (*prt. m. plu. IV*): To help one another ***Nasta'înû*** نَستعين (*imp. 1st. p. plu. VI*): We implore for help. ***Ista'înû*** استعينوا (*prt. m. plu. X*): You seek help. ***Must'aînu*** مستعان (*pis. pic. m. sing. X*): One whose help is saught. ***'Awânun*** عَوان (*n.*): One of middle age (2:68). (L; T; R; LL)

The root with its above forms has been used in The Holy Qur'ân about 11 times.

'Âba عابِ

عَيبا ؛ يَعِيب

To be bad, damaged, defected, faulty, render faulty or unserviceable, have a blemish, a defect, be unsound.

U'îbu اعيب (*imp. XIII. acc.*): I damaged (18:79). (L; T; R; LL)

'Âra عارِ

عَيرا ؛ يَعِير

To wander, go backwards and forwards. *'Irun* عِيرٌ: Caravan, Caravan of camels carrying corn.

'Îrun عيرٌ (*n.*): Caravan of camels; Caravan of camels carrying corn (12:70, 82, 94). (L; T; R; LL)

'Isa عِيسٰى

Jesus. The Hebrew for Jesus is Yasû. According to the Holy Qur'ân the long chain of prophets that came after Moses in Israel, ended with Jesus. The principle source of information about the life of Jesus Christ is the record of the four evangelists - Matthew, Mark, Luke and John. Gospels were written centuries later from another perspective and for a purpose. What we read in them is what the Church itself wanted to portray about Jesus. Analogously to the call of the Prophets in The Old Testament a call came to Jesus to undertake his mission as a Prophet and religious teacher for the Jews. He was their expected and appointed Messiah. This title represented their hope for deliverance from sin and from Romans and to restore their lost glory. The Holy Qur'ân gives Jesus the title of "Son of Mary", the title "Son of man" was one of that the Gospels frequently put into the sayings of Jesus. His

'Isa عيسى

message was restricted to the Jewish people. He was as an adherent of Judaism and he lived among Jews that he was both accepted and rejected by the Jews. His twelve disciples (*Hawârî*) are Peter, Simon, James, John, Andrew, Philip, Barthowlomew, Mathews, Thomas, James the son of Alphaeus, Thaddaeus, Simon the Cananaean and Judas Iscariot (Luk,, 9:1). The New Testament says that their loyalty to him was inconstant and in the hours of his difficulties they forsook him. But according to the Holy Qur'ân "When Jesus felt disbelief on the part of the Jews and thought that his people would renounce him he said, 'Who are my helper in calling the people towards God?'. The disciples said, 'We are the helpers in the cause of God. We have believed in God. Bear witness that we are the submitting ones to His will' (3:52). At another place we read in the Holy Qur'ân "They were granted revelation." (5:111). Mary was given the glad tiding of the birth of Jesus (3:45, 19:20). He was born in summer at a time when the dates had become ripe in Palestine (19:25). He came in fulfillment of the prophecies (4:171). He was granted Revelation (2:87; 5:110). He was sent only to Israelites (3:48). He was not rude to his mother (19:32), as the New Testament wants us to believe. He verified Torah (3:50, 5:46). He modified Mosaic Law (3:49). His "making birds" and "healing the sick" and "raising the dead" are metaphors to be meant in spiritual sense (3:49, 5:110). He was not God (3:2; 5:7; 72:116; 19:88; 21:21; 43:15,81). He was the servant of God and his Prophet (4:172; 19:30; 5:15). He preached the Unity of God (3:51,118; 5:72,118; 19:36; 43:64). He was not a son of God (9:12, 19:35, 90, 23:91). He was mortal (3:58, 19:30), and born under ordinary circumstances. Mary was a chaste and pious lady (19:22). He did not die on cross but God saved him from this "cursed" death, as this was the belief of the Jews that whosoever dies on a cross, dies a cursed death, nor was he killed by any other means, as the Prophets of God are always saved by God and enjoy His protection from being killed (2:72; 3:54; 3:59; 4:157). He found a shelter in a high green valley (3:45, 23:50) where he died a natural death (3:54;

5:75, 116; 7:25; 17:93; 21:34). His "ascension" to heaven with his physical body is an erroneous belief (77:25; 4:158; 19:57; 24:31; 3:55; 5:75).

The word عيسىٰ means having a white colour inclining towards black or reddish white or white. The camels thus termed are said to be of good breed.

***'Isa* عِيسىٰ**: Proper name; Jesus This personal name has been used in The Holy Qur'ân about 25 times.

'Âsha عاشٍ

عَيشا ؛ يَعِيش

To live in a certain manner; pass ones' life. *'Ishatun* عيشة: Livelihood, Life. *Ma'âsh* معاش: Means of life; Livelihood; Time for seeking livelihood. *Ma'îshatun* مَعِيشة: Existence; Manner of living; Rituals, Necessities of life. (L; T; R; LL)

***'Ishatan* عيشة** (*v. n.*). ***Ma'îshatun* مِعيشة** (*v. n.*): ***Ma'âyisha* معايش** (*n. plu.*): ***Ma'âshan* معاشاً** (*m. p. acc.*): The root with its above four forms has been used in The Holy Qur'ân about 8 times.

'Âna عأنٍ

عَينا ؛ يَعِين

To hurt in the eye, smite anyone with the evil eye, flow tears, become a spy. *'Âyan* أعين: To view, face. *'Ainun* عينٌ: Eye; Look; Hole; But of a tree; Spy; Middle letter of a trilateral word; Spring of water; Chief; Personage of a place. *A'yan* أعين plu *'Inun* عين: Lovely; Wide-eyed; Lovely black eyed. *Ma'înun* معين : Water; Spring. (L; T; R; LL)

***'Ainun* عينٌ** (*n. sing*); ***'Ainâni* عينان** (*n. dual*); ***'Uyûnun* عيون** (*n. plu.*) ***A'yun* أعين** (*n. plu.*): ***'Înun* عين** (*n. plu.*); ***Ma'înin* مَعين** (*n. plu.*).

The root with its above forms has been used in The Holy Qur'ân about 65 times.

'Ayya عَيِّي

عَياً ؛ يَعيي

To be wearied with, hesitate; be hindered so as to be unable to complete a thing, lack power or ability, be tired, be jaded, be impracticable.

***'Ayînâ* عيينا** (*prf. 1st. p. plu.*): We are worn out; We are wearied (50:15). ***Ya'yâ* يعيَ** (*imp. 3rd. p. m. sing. juss.*): Was wearied (46:33). (L; T; R; LL)

Ghain
غ Gh

It is 19th letter of the Arabic alphabet. According to *Hisâb Jummal* (mode of reckoning numbers by the letters of the alphabet) the value of *ghain* is 1000. It has no real equivalent in English. It is of the category of *Majhûra* مجهوره and *Halqîyyah* حلقيّه.

Ghabara غَبَرَ
غُبُوراً؛ يَغبُرُ

To be dusty, dust coloured, remain, stay, continue, lag behind. *Ghabaratun* غَبرة: Dust; Gloom. *Ghâbar* غابر: One who stays behind, who lags behind. This verb has opposite meanings: To remain behind, and to depart. In the Holy Qur'ân it is used in the first meaning.

Ghabaratun غَبرة (*n.*): Dust; Gloom (80:40). ***Ghâbirîna*** غابرين (*pic. pac. m. plu.*): Those who remained behind, stayed behind (7:83, 15:60; 26:171; 27:57; 29:32, 33; 37:135). (L; T; R; LL)

Ghabana غَبَنَ
غَبنًا؛ يَغبُن

To deceive, lose and gain mutually, cause loss (it may be either in property or in judgment), neglect a thing, manifest loss and gain, attribute deficiency. *Yaum al-Taghâbun* يوم التغابن: Day or time of loss and gain, day of the manifestation of loss (to the disbelievers) and gain (to the believers).

Taghâbun تَغابن (*v. n. VI*): (64:9). (L; T; R; LL; Ibn Kathîr; Zamakhsharî)

Ghaththa غثّ
غَثًّا؛ يَغَثّ ، يَغِثّ

To become unpleasing, put in trouble, be covered with foam. *Ghuthâ'an* غثاء: Rubbish or particles of things; Rotten leaves with the scum born upon the surface of a torrent. *Ghuthâ al-Nâth* غثاألناس: The low and the vile and the refuse of mankind.

Ghuthâ'an غثاء (*n.*): (23:41, 87: ((L; T; R; LL; Zamakhsharî)

Ghadara غَدَرَ
غدراً؛ يَغدِر ، يغدُر

To break a contract, leave behind. *Ghâdara* غادر *(III)*: To leave out.

Yughâdiru يغادر (*imp. 3rd. p. m. sing. III. juss.*): It Leaves. (18:49). ***Nughâdir*** نغادر (*imp. 1st. p. plu. III. juss.*): We leave (18:47). (L; T; R; LL)

Ghadiqa غَدِق

غَدقا ؛ يَغدَق

To abound in water (spring), rain copiously and abundantly. *Ghadaqan* غَدقا: Abundant; Copious; Plenteous; A metaphor of happiness.

Ghadaqan غدقا (v. n.): (72:16). (L, T, R, Abû Muslim, Râzî, LL)

Ghada غَدا

غَدا ؛ يَغدُوا

To go or do in the morning or depart (any time). *Ghadun* غَدٌ: Morrow. *Ghadan* غداً: Tomorrow. *Ghadâ'an*: Early meal. *Ghuduwwun* غدّو: Morning.

Ghadauta غَدوت (*prf. 2nd. p. m. sing.*): Thou went forth early in the morning. ***Ghadau*** غَدَو (*prf. 3rd. p. m. plu.*): They went forth early in the morning. ***Ighdû*** اغدوا (*prt. m. plu.*): You go forth early in the morning. ***Ghadin*** غد (*gen.*); ***Ghadan*** غداً (*acc. n.*): Coming day; Morrow. ***Ghuduwwun*** غَدّو (*nom.*); ***Ghuduwwan*** غَدّواً (*acc. n.*): Mornings. ***Ghadât*** غداة (*n.*): Morning. ***Ghadaun*** غَدو (*n.*): Morning meal; Breakfast. (L; T; R; LL)

The root with the above forms has been used in The Holy Qur'ân 16 times.

Gharaba غَرَب

غَربا ؛ يَغرُب

To disappear; To set (sun, star, etc.), To go away. *Ghurub* غُرُب: Sunset. *Gharbiyyun/ Gharbiyyatun*: غربّي / غربية: The western. *Maghrib* مغرب: The west; Setting of the sun; (plu. *Maghârib* مغارب): Wests; The western parts of the earth. *Ghurâb* غُراب: Raven. *Gharâbîb* غرابيب: Externally black; Jet black; Raven-black.

Gharabat غربت (*prf. 3rd. p. f. sing.*) She is set (for sun). ***Taghrubu*** تغرُب (*imp. 3rd. p.f. sing.*): Sets (for sun). ***Ghurûb*** غُروب (v. n.): Setting (of the sun). ***Gharbiyyun*** غربّي (*adj.m.*): Western. ***Gharbiyyatun*** غربية (*adj. f.*): Western. ***Maghribun*** مغرب (*n. of place sing.*): The place of setting (of sun); West. ***Maghrabain*** مغربين (*n. of place, dual*): Two wests. ***Maghârib*** مغارب (*n. of place. plu.*): Wests. ***Ghurâban*** غُرابا (*acc. n.*): Raven. ***Gharâbîb*** غرابيب (*n. plu.*): Extremely black. Its sing. is *Gharbîb* غربيب. (L; T; R; LL)

The root with its above forms has been used in The Holy Qur'ân about 19 times.

Gharra غرّ
غَرّا ; يَغُرّ

To beguile, deceive, deceive with vain hopes, seduce, allure. *Ghurûr* غُرور: Delusion; Vanity; Guile. *Gharûr* غَرور: Object for which one beguiles. *Gharra* غَرَّ (*prf. 3rd. p. m. sing. assim. V*): Beguiled; Deluded. *Gharrat* غَرَّت (*prf. 3rd.p.f. sing, assim. V*): Deluded. *Yaghrur* يَغرُر (*imp. 3rd. p. m. sing. juss.*): (Let one) Delude; Misgiving. *Lâ Yaghurran* لا يَغرّن: Let not deceive. *Ghurûr* غُرور (*v. n.*): Deceiving; Guiling. *Gharûr* غَرور The object for which one deceives, deludes or beguiles. (L; T; R; LL)

The root with its above forms has been used in The Holy Qur'ân about 27 times.

Gharafa غَرَفَ
غَرفا ; يَغرِف ، يَغرُف

To draw a drought for water for drinking in the hand. *Ightarafa* اغترف: To drink out of the hand, take a handful (of water) with the hand, have water in the hallow of the hand, scoop a single handful. *Ghurfatan* غُرفتا: Quantity of water which fills the hand. Handful of water. *Ghurfatun* غُرفة: plu. *Ghurufât* غُرفات: High place; Upper chamber. *Ightarafa* اغترف (*prf. 3rd. p. m. sing. VIII.*): Took a handful of water, took in the hallow of hand. *Ghurufun* غُرُف (*n. plu.*): Highest places. *Ghurufât* غُرُفات (*n. plu.*): Highest places; High chambers. (L; T; R; LL)

The root with its above three forms has been used in The Holy Qur'ân about 7 times.

Ghariqa غرق
غَرقا ; يَغرَق

To sink (into water or sand). *Gharaqun* غرَق: Act of drowning. *Gharqan* غرقا: At a single draught; Suddenly; Violently. *Aghraqa* اغرق (IV): To drown. *Ghurûq* غروق: To sink. *Istaghraqa* اِستغرق: To exceed (the bounds). *Aghraqa* اغرق: To brace a brow-string to the utmost. *Gharaqa* غرق: To come near to any one. *Mughraqûna* مغرقون: Drowned ones.

Aghraqnâ اغرقنا (*prf. 1st. p. plu. IV*): We drowned. *Yughriqu* يُغرِق (*imp. 3rd. p. m. sing. acc.*): He drown (you). *Tughriqa* تُغرِق (*imp. 2nd. p. m. sing. IV*): You drown *Nughriq* نُغرِق (*imp. 1st. p. plu. IV*): We drown. *Ughriqû* اغرقوا (*pp. 3rd. p. m. plu. IV*): They were drowned. *Gharaq* غرق (*v. n.*): Drowning. *Gharqan* غرقا (*v. n. acc.*): Intense zeal and to the best of capacity; Vehemently.

Mughraqûna/Mughraqîna مُغرقين / مُغرقون(*acc. pis. pic. m. plu.*): Those who are drowned. (L; T; R; LL)

The root with its above forms has been used in The Holy Qur'ân about 23 times.

Gharima غرم
غرماً ؛ يغرم

To be in debt, pay (a tax, fine, debt). *Ghârimun* غارم: One in debt. *Gharâma* غراما: Continuous torment; Anguish; Most vehement and unshakable torment. *Maghramun* مغرم: Debt that must be paid; Forced loan *Mughramun* مغرم (IV): One who is involved in debt or lies under an obligation.

Ghârimîna غارمين (*act. pic. m. plu.*): Those in debt (9:60). ***Gharâman*** غراما(*n. acc.*): Most vehement and unshakable, lasting and continuous evil (25:65). ***Maghramin/Maghraman*** مغرم / مغرما (*acc./v. n.*): Undue debt; Forced loan (52:40; 68:46; 9:98). ***Mughramûna*** مغرمون (*pis. pic. n. plu.*): Those who are involved in undue debt (56:66) (L; T; R; LL)

Gharâ غَرا
غرواً ؛ يغرُوا

To stir up, give rise, rouse, kindle, estrange, incite desire, tempt, seduce, allure, excite, adhere, stick. *Aghra* اغرا: (IV) To stir up, etc.

Aghrainâ اغرينا (*prf. 1st. p. plu. IV*): We have kindled, incited (5:14). ***Nughriyanna*** نغريّن (*imp. 1st. p. plu.*): We surely shall make (you) exercise authority (33:60). (L; T; R; LL)

Ghazala غزل
غَزلا ؛ يَغزِل

To spin. *Ghazlun*: Thread; Spun.

Ghazlun غَزلٌ (*n.*) Yarn, Thread, Spun. (16:92). (L; T; R; LL)

Ghazâ غَزا
غَزْواً ؛ يَغزو

To go forth on a campaign, go to war, make excursion against. *Ghuzzan* غُزاً plu. *Ghâzin* غازٍ: Fighters

Ghuzzan غزّا (*act. pic. plu.): One* who goes forth on a campaign; Fighter (3:156). (L; T; R; LL)

Ghasaqa غَسق
غَسقا ؛ يَغسِق

To become very dark (night), become obscure. *Ghâsiqin* غاسقٍ: Darkness; Darkener; Night *Ghassâqun* غسّاق: Intensely cold and bitter and stinking drink; Ice cold darkness; Dark, murky and intensely cold fluid; Stinking.

***Gh*asaqa** غسق (*v. n.*): (17:78) ***Gh*âsiqin** غاسق (*act. pic. m. sing.*): (113:3). ***Gh*assâqan** غسّاقا

Ghasala غسَل

غَسْلا ؛ يَغسِل

To wash, purify. *Gh*i*slîn* غسلين = *Ghassâq*: Something very hot. *Igh*t*asala* اغتَسَل: (VIII) To wash ones-self. *Mugh*t*asalun* مغتَسل: Place for washing; Spring.

***Igh*silû** اغسلوا (*prt. m. plu.*): (5:6). ***Tagh*tasilû** تغتَسلوا (*imp. 2nd. p. plu.*): (4:43). **Mu*gh*tasalun** مغتسل (*pis. pic. m. sing.*): (37:42). ***Gh*islîn** غسلين (*n.*): (69:36) Extremely hot. (L; T; R; LL)

Ghashiya غِشَى

غَشايةً، غشيا ؛ يَغشٰى

To cover, conceal, come upon. *Gh*a*shiyatun* غشية: Thing that covers; Overwhelming; Covering event (*plu.*) *Gh*a*wâshin* غواش *Gh*i*shâwatun* غشاوة: Covering; Veil. *Magh*s*hiyyun* مغشّي: One in a swoon. *Gh*a*shsha* غشّى: (II) To cover, cause to cover. *Agh*s*hâ* اغشٰى: (IV): To cover or cause to cover, be covered. *Tagh*a*shsha* تغشّى : (V) Covers; To have carnal connection with. *Istagh*s*ha* استغشى: (X.) To bring oneself under a cover, cover oneself. *Yagh*s*hâ* يغشٰى: Covers. It is written with *Yâ* at the end as in 92:11, but with *Alif* when attached to a pronoun as in 91:4. The personal pronoun is either for the word or the darkness. *Tagh*a*shshâ* تْغشٰى: He covers; (in conjugal relationship), written with *Alif* when attached to a pronoun as in 7:189. *Yastagh*s*hauna* يستغَشو ن: They cover themselves. *Yastagh*s*hauna Thiyâbahim*: يستغشَونَ ثيابهم: They cover themselves with their garments; (A phrase denoting a refusal to hearkens, or an allusion to running, and turning a deaf ear and refusing to see the truth.

***Gh*ashiya** غشَى (*prf. 3rd. p. m. sing.*): covered; Overcome. **Ya*gh*shâ** يَغشٰى (*imp. 3rd. p. m. sing.*): Covers. **Ta*gh*shâ** تغشٰى (*imp. 3rd. p. f. sing.*): Covers; With cover. ***Gh*ashsha** غَشى (*prf. 3rd. p. m. sing. II*): Covered. **Yu*gh*shî** يغشي (*imp. 3rd. p. m. sing. II.*): Covers. **A*gh*shainâ** أغشَينا (*prf. 1st. p. sing. IV.*): We have covered. **U*gh*shiyat** اغشية (*pp. 3rd. p. f. sing. IV.*): Was covered (with). **Yu*gh*shâ** يغشٰى (*pip. 3rd. p. m. sing. IV.*): Is covered. **Ta*gh*ashshâ** تغشٰى (*prf. 3rd. p. m. sing. V.*): He covers

(7:189). ***Istaghshau*** اِستغشو (*prf. 3rd. p. m. plu. X.*): They covered themselves. ***Yastaghshauna*** يَستَغشَون (*imp. 3rd. p. m. plu.*): They cover themselves. ***Ghâshiyatun*** غاشية (*act. pic. f. sing.*): A thing that covers, overwhelms. ***Maghshî*** مَغشِي (*pis. pic.*): One who is made to faint; Fainted; One whose understanding is clouded or covered. ***Ghawâshun*** غواشٍ (*n. plu.*): Coverings. Its sing. is ***Ghâshiyatun***. ***Ghishawatun*** غِشوة (*n.*): Covering. (L; T; R; LL) The root with its above forms has been used in The Holy Qur'ân 29 times.

Ghasaba غَصَبَ

غَصبًا ؛ يَغصِب

To take unjustly, by force, seize by violence, snatch a thing forcibly, act wrongfully, snatch a thing against one's will. *Ghasban* غَصبا: Seizing something from someone unjustly or by force.

Ghasban غصبا (*v. n.*): Taking something from some one unjustly or by force (18:79). (L; T; R; LL)

Ghassa غصّ

؛ غَصًّا ؛ يَغُصّ

To be choked, choked with wrath, grieved, annoyed by something sticking in the throat. *Ghussatun* غُصّة: Something that sticks in the throat so as to cause pain and is chocking. Its plu. is *Ghusasun* غصص.

Ghussatun غصّة (*n.*): (73:13). (L; T; R; LL).

Ghadziba غَضِبَ

غَضبا ؛ يَغضَب

To be angry. *Ghadzab* غَضَب: Anger; Displeasure; Wrath; Passion; Indignation. *Ghadzbân* غْضبان: Hot tempered; Angry. *Maghdzûb* مَغضوب: Object of displeasure and anger. *Mughâdzibun* مغاضبا: (III) Being displeased; Being in a state of displeasure.

Ghadziba غَضِبَ (*prf. 3rd. p. m. sing.*): was angry with. ***Ghadzibû*** غَضبوا (*prf. 3rd. p. m. plu.*): They were angry with. ***Ghadzbun*** غَضب (*v. n.*): Anger; Displeasure. ***Maghdzûb*** مَغضوب (*v. n.*): Those who have incurred displeasure. ***Ghadzbân*** غَضبان (*n.*): Indignant; Displeased. Its plu. is *Ghidzâb*. ***Mughâdziban*** مغاضبا (*pis. pic. III. acc.*): In the state of displeasure or irritation. (L; T; R; LL) The root with its above forms has been used in The Holy Qur'ân 24 times.

Ghadzdza غَضّ

غَضّا ؛ يَغُضّ

To lower, restrain, cast down (the eyes, looks, or voice).

Yaghuḏzḏzûna يَغضّون (*imp. 3rd. p. m. plu. assim.*): They lower (voice) (49:3). ***Yaghuḏzḏzû*** يُغضّوا (*imp. 3rd. p. m. plu. acc.*): They shall restrain (24:30). ***Yaghḏzuḏzna*** يغضضنَ (*imp. 3rd. p.f. plu.*): They (*f*) should restrain. ***Ughḏzuḏz*** اغضض (*prt. m. sing.*): Lower (the voice) (31:19). (L; T; R; LL)

Ghaṯasha غَطَش

غَطشا؛ يَغطِش

To be dark. *Aghṯasha* (IV): To give darkness, make dark.

Aghṯasha اغطَش (*prf. 3rd. p. m. sing. IV*): He made dark, gave darkness (79:29). (L; T; R; LL)

Ghaṯa غطا

غَطواً؛ يَغطُو

To cover, conceal, spread its darkness (night), put a veil, *Ghiṯa*: Lid; Covering.

Ghiṯâ غطاء (*n.*): Cover; Veil; Lid; Covering; Ignorance (18:101, 50:22). (L; T; R; LL)

Ghafara غَفَرَ

غُفرانًا، مَغفِرة ، غَفرا؛ يَغفِر

To cover, hide, conceal, forgive, give protection, set the affairs right, suppress the defect. *Ghafar al-Matâ'a* غَفر المتاع: He put the goods in the bag and covered and protected them. *Mighafar* مغفر: Shield; Helmet, (as they protect a person). *Istighfâr* استغفار: The act of asking protection and forgiveness. It does not merely mean verbal asking for forgiveness but extends to such acts as lead to the covering up of one's sins and shortcomings. It is not necessarily a proof of one's sinfulness. It may also be offered for protection against the evil consequences of human weaknesses or those of errors of judgment. *Ghafr* غفر: Covering with that which protects a thing from dirt; Protecting a thing from dirt; Granting of protection against the commission of sin or punishment of sin. Barmâwî says: " Protection is of two kinds; Protecting human being from committing the sin and protecting him from the punishment for his sins. The divine attributes *Ghâfir* غافر, *Ghaffûr* غفّار, *Ghaffâr* غفور means Who protects us from committing sins and faults and passes over our sins and faults. Yastaghfir يَستغفر: Ask protection. The verb is jussive, yet receives *kasrah* when it is to be assimilated to the following word as in 4:110.

Ghafara غَفَر (*prf. 3rd. p. m. sing.*): He has forgiven, has protected. ***Ghafarnâ*** غَفرنا (*prf.*

1st. p. plu.): We have forgiven, protected. ***Yaghfiru*** يغفر (*imp. 3rd. p. m. sing.*): Protects. ***Yaghfir*** يَغفر (*imp. 3rd. p. m. sing. juss.*): Will protect. ***Yaghfirûna*** يَغفرون (*imp. 3rd. p. plu.*): They protect. ***Yaghfirû*** يغفروا (*acc. imp. 3rd. p. m. plu.*): Let them protect. ***Taghfir*** تَغفر (*imp. 2nd. p. m. sing. juss.*): Thou protect. ***Taghfirû*** تَغفروا (*imp. 2nd. p. m. plu. acc.*): Ye protect. ***Naghfir*** نَغفر (*imp. 1st p. plu. juss.*): We will protect. ***Ighfir*** اغفر (*prt. pragn. m. sing.*): Thou protect. ***Yughfaru*** يُغفَر (*pip. 3rd. p. m. sing.*): Thou will be protected. ***Maghfiratun*** مَغفرة (*v. n.*): Protection. ***Ghufrân*** غُفران (*v. n.*): Protection. ***Ghâfirun*** غافِر (*act. pic. m. sing.*): Protector. One of the excellent names of Allâh. ***Ghafirîn*** غافرين (*act. pic. m. plu.*): Protectors. ***Ghafûrun*** غفُور (*intens*) The most protecting one. One of the excellent names of Allâh. ***Ghafûran*** غَفورا (*acc.*) Protecting one. ***Ghaffâr*** غفّار (*intens*): The most protecting one. One of the excellent name of Allâh. ***Istaghfar*** استغفر (*prf. 3rd. p. sing. X*): Asked protection. ***Istaghfarta*** استغفرت (*prf. 2nd. p. m. sing. X*): Thou asked protection. ***Istaghfarû*** استغفروا (*prf. 3rd. p. m. plu. X*): They asked protection. ***Istaghfir*** استغفر (*imp. 3rd. p.m. plu. X*): They asked protection. ***Yastaghfir*** يَستغفر (*imp. 3rd. p. m. sing. juss. X*): Ask protection (4:110). ***Tastaghfir*** تَستغفر (*imp. 2nd. p. m. sing. jus. X*): Thou ask protection. ***Tastaghfirûna*** تَستغفرون (*imp. 2nd. p. m. plu. X*): Ye ask protection. ***Yastaghfirûna*** يستغفُرون (*imp. 3rd. p. m. plu. X*): They ask protection. ***Yastaghfirû*** يستغفُروا (*imp. 3rd. p. m. plu. acc. X*): Let them ask protection. ***Astaghfiranna*** استغفِرنّ (*imp. 1st. p. sing. emp. X*): I shall surely ask protection. ***Istaghfir*** استغفر (*prt. pray m. sing. X*): Thou (*m.*) ask protection. ***Istaghfirî*** استغفري (*prt. prayer f. sing. X*): Thou (*f.*) ask protection. ***Istaghfirû*** استغفروا (*prt. prayer m. plu. X.*) You ask protection. ***Mustaghfirîna*** مستغفرين (*ap-der. m. plu. X*): Those who ask protection. ***Istighfâr*** استغفار (*v. n. X.*): Asking for protection. (L; T; R; LL)

The root with its above forms has been used in The Holy Qur'ân as many as 2333 times.

Ghafala غَفَلَ

غَفلاً ؛ يَغفُل

To be heedless, neglectful, inattentive, unmindful, careless. Ghâfilun غافل: One who is heedless, etc. Ghaflatun غفلة: Negligences;

Carelessness. *Aghfala* اغفلً (*IV.*): To cause to be heedless.

Taghfulûna تَغفلون (*imp. 2nd. p. m. plu.*): Ye neglect. ***Aghfalnâ*** اغفلنا (*prf. 1st. p. plu. IV*): We declared unmindful. ***Ghâfilun/ Ghâfilan*** غافل / غافلا (*acc.*): Unmindful ***Ghâfilûna*** غافلون (*nom.*); ***Ghâfilîna*** غافلين (*acc. act. pi. m. plu.*): Unmindful ones. ***Ghâfilât*** غافلات (*act. pic. f. plu.*): Unaware; Innocent women. ***Ghaflatun*** غَفلة (*v. n.*): Unawarness. (L; T; R; LL)

The root with its above forms has been used in The Holy Qur'ân 35 times.

Ghalaba غَلَب

غَلبا ؛ يَغلِب

To overcome, conquer, gain victory, prevail, dominate; get the upper hand over any one, predominate, gain mastery. Ghalaban غَلَبً: Defeat. *Min ba' di ghalabihim* من بعد غلبهم (30:3): After their defeat. The word is in a passive sense. *Ghâlibun* غالٌب: Victorious; All powerful; One who overcomes. *Maghlûbun* مغلوب: One who is overcome by somebody. *Ghulbun* غلّب plu. of *Aghlabu* اغلّب: Thick (with trees). *Ghulban* غُلبا: Luxuriant.

Ghalabat غلبت (*prf. 3rd. p. f. sing.*) Triumphed over; Prevailed. ***Ghalabû*** غلبوا (*prf. 3rd. p. m. plu.*) Triumphed over. ***Yaghlib*** يغلِب (*imp. 3rd. p. m. sing. juss.*): Triumphed. ***Aghlibanna*** اغلبنّ (*imp. 1st. p. sing. emp.*): I certainly will triumph. ***Yaghlibûna*** يَغلبون (*imp. 3rd. p. m. plu.*): They will triumph. ***Yaghlibû*** يَغلبوا (*imp. 3rd. p. m. plu. acc.*): They will triumph. ***Taghlibûna*** تغلبون (*imp. 2p. m. plu.*): Ye (may) gain the upper hand. ***Ghulibat*** غُلبت (pp. 3rd. p. f. sing.): Has been defeated. ***Ghulibû*** غُلبوا (*pp. 3rd. p. m.*): Were well vanquished. ***Yughlabûna*** يُغلبون (*pip. 3rd. p. m. plu.*): They shall be overcome. ***Tughlabûna*** تغلبون (*pip. 2nd. p. m. plu.*): Ye shall be overcome. ***Ghâlibun*** غالب (*act. pic. m. sing.*): Dominant; Who has full power; Who can overpower. ***Ghâlibûn /Ghâli-bîn*** غالبون/ غالبين (*acc. act. pic. m. plu.*): Dominant ones. ***Maghlûbun*** مغلوب (*pic. pac.*): One who is overcome. ***Ghalabun*** غلبِ (*v. n.*): Defeat. ***Ghulban*** غُلبا (*n. acc.*): Dense; Luxuriant. Its sing is *Aghlab* اغلب. (L; T; R; LL)

The root with its above forms has been used in The Holy Qur'ân about 31 times.

Ghalaza غَلَظَ

غِلظا ؛ يَغلِظ ، يَغلظ

To be thick, bulky, big, coarse,

hard, severe, vehement, rigid, stern. *Ighluz* اغلظ: To be hard, strong, firm, severe, rigid, stern *Ghilzatun* غِلظة : Sterness.

Istaghlaza استغلَظ (*prf. 3rd. p. m. sing. X.*):, Become strong. ***Ughluz*** اغلِظ (*prt. m. sing.*): Treat severely, Be hard; Remain strictly firm. ***Ghalizun*** غَلِظ (*act. 2 pic. m. sing.*): Harsh; Hard; Rigid; Firm and solemn. ***Ghalizan*** غَلِظاً (*acc.*): ***Ghalâz*** غلاظ (*n. plu.* Its sing. is *Ghalîz* غليظ). Stern; Fierce. ***Ghilzatun*** غِلظة (*n.*): Sternness; Firmness. (L; T; R; LL)

The root with its above forms has been used in The Holy Qur'ân as many as 13 times.

Ghalafa غَلَفَ

غَلفاً ؛ يَغلُفُ

To furnish with a covering *Ghulfun* غُلف: Uncircumcised; Covered. (L; T; R; LL)

Ghulfun غلف (*v. n.*) Its sing. is *Aghlaf* اغلف. (2:88; 4:155).

Ghalaqa غَلَق

غَلقًا ،غَلَقا ؛ يَغلُقُ ، يَغلق

To close, bolt, shut. *Ghalaqat* غلقت : To bolt well. (L; T; R; LL)

Ghalaqat غَلقتَ (*prf. 3rd. p. f. sing. II*): (12:23).

Ghalla غلّ

غَلاّ ؛ يَغُلّ

To conceal, insert one thing in another, fraud, deceive, hide, act unfaithfully, put in iron collar on the neck, fetter, bind. *Ghillun* غلّ : Hidden enmity; Grudge; Rancour; Hidden hatred. *Ghullun* غلّ: Collar; Yoke; Iron collar; Shackle. *Maghlûlun* مغلول: Bound; Tied up; Fettered one. *La taj'al yadaka maghlûlatan ilâ 'unuqika*: لاتجعل يدك مغلولة الى عنقك : Do not keep your hand shackled to your neck; (i.e. be not niggardly).

Ghall غلّ (*prf. 3rd. p. m. sing. assim.*): He had defraud; Deceit. ***Yughulla*** يُغلّ (*imp. 3rd. p. m. sing. assim.*): Hides away. ***Yaghlul*** يغلل (*imp. 3rd. p. m. sing. juss.* The assimilation is removed because of jussive, so the cluster of *Lâm* is pronounced separately.): Hideth away; Deceiteth. ***Ghullat*** غلّتُ (*pp. 3rd. p. f. sing. assim.*): Fettered. ***Maghlûlatun*** مغلولة (pis. pic. m. sing.): Fettered one. ***Ghullû*** غُلّوا (*prt. m. plu.*): Bind down with fetters. ***Aghlâl*** اغلال (*n. plu.*): Shackles. Its sing. is *Ghullun.*). ***Ghillan*** غلاّ (*n.*): Grudge; Feeling of ill-will; Rancour. (L; T; R; LL)

The root with its above forms has

been used in The Holy Qur'ân 16 times.

Ghulâmun غلام

Boy; Youngman; Son; Lad. Its *plu.* is *Ghilmânun* غلمان.

Ghulâman/Ghulâmun غلام / غلاما (*n.*): Boy; Son. ***Ghulâmain*** غلامين (*n. dual*): Two boys; Two sons. ***Ghilmân*** غلمان (*n.plu.*): Sons; Boys. (L; T; R; LL)
The root with its above four forms has been used in The Holy Qur'ân about 13 times.

Ghalâ غَلاَ
غَلْواً ؛ يَغلو

To exceed the proper limit, be excessive.

Lâ Taghlû لا تَغلوا (*prt. neg. m. plu.*): (4:171; 5:77) Do not go beyond the limits. (L; T; R; LL)

Ghala غَلىٰ
غَليا ؛ يَغلي

To boil.

Yaghlî يغلي (*imp. 3rd. p. m. sing.*): Boils (44:45). ***Ghalyun*** غلىٌ (*v. n.*): (44:46). Boiling. (L; T; R; LL)

Ghamara غَمَرَ
غمرا ؛ يَغمُر

To overflow, submerge (in water), cover a thing, overwhelm, surpass, be abundant. *Yaghmaru sadruhû*: His heart is filled with hatred for. *Ghamura* غَمُرَ: To be abundant (water); Unlearned. *Ghamratun* غَمرة: Deep water; Flood of water; Confused mass of anything; Distress; Overwhelming difficulties; Bewilderment; Water that rises above the stature of a person; Flow of ignorance; Error; Obstinancy; Perplexity; Overwhelming heedlessness.

Ghamratun غمرة (*n.*): (23:63, 51:11; 23:54). ***Ghamarât*** غمرات (*n. plu.*): (6:93).

Ghamaza غَمَزَ
غَمزا ؛ يغمُز ، يغمِز

To make a sign (with the eye or eyebrow). *Yataghâmazûna* يَتغامزُون : They wink at each other. (L; T; R; LL)

Yataghâmazûna يتغامزون (*imp. 3rd. p. m. plu. VI.*): (83:30).

Ghamidza غَمِض
غُمُوضَة ؛ يَغمُض

To be low and level (the ground). *Aghmadza* اغمض : (IV) To disdain, shut the eye or evert the eyes, lower rate, convince.

Tughmidzû تُغمضوا (*imp. 2nd. p. m. plu. IV*): You convince.

(2:267). (L; T; R; LL)

Ghamma غمّ
غمّا ؛ يَغُمّ

To cover, veil, grieve, cause, mourn, conceal, afflict. *Ghamman* غمّا *plu*. *Ghumûm* غُموم: Sorrow; Sadness; Perplexity. *Ghummatun* غمّة: Vague; Dubious, Difficult. *Ghamâm* غمام : Cloud; Thin cloud; Whitish cloud.

Ghamman/Ghamma غمّا / غمّ (*n. acc./ n.*): ***Ghammatun*** غمّة (*n.*): ***Ghamân*** غمام (*n.*): (L; T; R; LL) The root with its above four forms has been used in The Holy Qur'ân 11 times.

Ghanima غَنِم
غَنَمًا ؛ يَغنَم

To obtain good things without difficulty, acquire or winning a victory, earn a thing without trouble, get a thing as a free gift, succeed without trouble. *Ghanîmatun* غَنيمة : Earning or a gain obtained without trouble; Spoil of war. *Ghanamin* غَنَم: Sheep; Ewes; Goats; Numerous flock.

Ghanimtum غَنَمة (*prf. 2nd. p. m. plu.*): ***Maghânima*** مغانم (*n. plu.*): ***Ghanamin*** غَنَم (*n.*). (L; T; R; LL) The root with its above three forms has been used in The Holy Qur'ân 9 times.

Ghaniya غَنِى
مَغنى، غِنَاء ؛ يَغنى

To dwell, flourish, avail, inhabit, be rich or in comfort of life, be free from want. *Aghna* اغنَى: To enrich, render any one wealthy. *Istaghna* استغنى: To do without a thing, have no want, dispense with. *Ghanî* غَنِي plu. *Aghniyâ'* اغنياء: Rich; Wealthy; Self-sufficient; Able to do without the help of others. *Mughnin* مغنن: One who suffices or stands in the place of another. *Aghnâ* اغنٰى: He fulfills the needs. This verb is perfect (past) tense but it is used in 53:48 in the sense of a habitual person but compels translators to use perfect tense in their rendering.

Lam Taghna لم تَغنَى (*imp. 3rd. p. m. sing. juss.*): They had never dwelt ***Aghna*** اغنَى (*prf. 3rd. p. m. sing. IV.*): He fulfills the needs. ***Yughnî /Yughniya*** يُغني / يُغنِيَ (*acc. nom./acc. imp. 3rd. p. m. sing. IV.* ***Yughni*** يُغنى *juss.*;): He shall enrich. ***Aghnî*** اغنِي (with *'An, prf. 3rd. p. m. sing.*): Availed. ***Tughniya*** تغنى (*imp. 3rd. p. f. sing. acc.*): She avails. ***Aghnat*** اغنت (*prf. 3rd. p. f. sing.*): Availed. ***Yughniyâ*** يغنيا (*imp. 3rd. p. m. dual. juss.*): The twain availed. ***Lan Yughnû*** لن يغنوا (*imp. 3rd. p. m. plu. acc. IV.*): They shall never avail. ***Yaghni*** يَغنى (*imp. 3rd. m. sing. IV.*): Will make indifferent

towards. ***Istaghnâ*** استغنٰى (*prf. 3rd. p. m. sing. X.*): He considers himself sufficient. ***Ghanîyyun*** غنّي (*n.*): Self-sufficient. ***Al-Ghanî*** الغني : One of the excellent names of Allâh. ***Aghniyâ*** اغنياء (*n. plu.*): Rich ones. ***Mughnûna*** مغنون (*ap-der. m. plu. IV.*): Those who avail someone. (L; T; R; LL)
The root with its above forms has been used in The Holy Qur'ân 73 times.

Ghâtha غاثٍ
غَوثا ؛ يَغُوث

To assist, relieve, help, rescue. *Aghâtha* اغاث: To relieve someone; To respond to the one begging for aid. *Istaghâtha* استغاث: To implore for aid and assistance; Ask for help; Cry for aid; Ask the succor of any one.

Yughâthu يُغاثوا (*pip. 3rd. p. m. plu. X.*): They shall be helped, relieved. ***Istaghâtha*** استغاث (prf. 3rd. p. m. sing. X.): He asked for help. ***Yastaghîthân*** يَسْتغيثان (*imp. 3rd. p. m. dual X.*): The twain implore for help. ***Yastaghîthû*** يَستغيثوا (*imp. 3rd. p. m. plu. X.*): They implore for help. The *Nûn* is dropped. ***Tastaghîthûna*** تَستغيثون (*imp. 3rd. p. m. plu. X.*): You implore for help. (L; T; R; LL)
The root with its above five forms has been used in The Holy Qur'ân about 6 times.

Ghâra غارٍ
غَورا ؛ يَغُور

To sink in the ground, enter the low land, come into a hallow place. *Ghârun* غارٌ: Cave; Tavern. *Ghauru* غورو: (Water) running under ground. *Maghârât* مَغارات sing. *Maghâratun* مغارة: Concerns; Cave. *Mughîrat* مغيرة: Those who make raids. The root of this word is not *Ghain* غ, *Wâw* و, *Râ* ر as John Penrice in his Dictionary and Glossary of the Koran p. 106 wrongly writes, but it is *Ghain* غ, *Yâ* ى, *Râ* ر.

Ghaurun غَور (*n. acc.*): (18:41; 67:30). ***Ghârun*** غارٌ (*n.*): (9:40). ***Maghârâtin*** مغارات: (*n. plu.*): (9:57). (L; T; R; LL)

Ghâsa غاصَ
غِياصا، غَوصا ؛ يَغُوص

To drive, plunge into water, sink into water. *Ghawwâs* غواص: Diver; Pearl-diver.

Yaghûsûna يَغوصون (*imp. 3rd. p. m. plu.*): They dive (31:82). ***Ghawwâs*** غواص (*n.*): Diver (38:37). (L; T; R; LL)

Ghâta غاَط
غوطًا ؛ يغُوط

To dig, excavate, sink; To be concealed. *Ghâ'itun*: A hollow place; Privacy; Easing oneself; Relief the bowels. (L; T; R; LL)

Ghâit غائط (*act. pic. m. sing.*): Depressed land (selected as a covering and not exposing while relieving the bowels); Place of privacy to get rid of bowels. (4:43; 5:6). (L, T, R, LL)

Ghâla غَالَ

غولا ؛ يغُول

To cause to destroy; To perish; To get deprived of reason and intellectual facilities; To take a thing away unexpectedly; To intoxicate; To be confused. *Ghaulun* غَول: Headache; Intoxication; Perplexity that deprives one of reason and intellectual facilities; Deprivation of the intellectual faculties; Empty headlines.

Ghaulun غَول (*v. n.*): (37:47). (L; T; R; LL)

Ghawa غوَى

غَيّا ؛ يَغوي

To err, deviate from the right path, go astray, wander, allure to evil, seduce, mislead, be seduced, misled, disappointed. *Ghayyun* غّي: Error; Perverted. *Ghawiyyun* غوّي: One who is in the wrong. *Ghawin* غو: One who goes astray (*oblique plu.*). *Ghawîn* غوين (*act. plu. Ghâwûn*) غاوون. *Aghwâ* اغوٰى: To lead astray, cause to err. *Ghâwûna* غاوون: Perverted ones.

Ghawâ غوٰى (*prf. 3rd. p. m. sing.*): He became miserable. ***Ghawaina*** غَوين (*prf. 1st. p. plu.*): We had gone astray, were deviated. ***Aghwaita*** اغَويت (*prf. 2nd p. m. sing. IV.*): Thou have adjudged to be perverted and lost. ***Aghwaina*** اغَوين (*prf. 1st. p. plu. IV.*): We caused to err. ***Yughwî*** يغوي (*imp. 3rd. p. m. sing.*): He keeps astray, destroys. ***Ughwiyanna*** اغوِيّن (*imp. 1st. p. sing. IV. emp.*): I will surely mislead, seduce. ***Ghayyan*** غيا (*v. n. acc.*): Perdition. ***Al-Ghayy*** الغي (*v. n.*): Perdition; Way of error. ***Ghawiyyun*** غَوِيّ (*act. 2 pic.*): Erring one. ***Ghâwûna/Ghâwîn*** غاوون/غاوين (*act. pic. m. plu.*): Perverted ones; Erring ones. (L; T; R; LL)

The root with its above forms has been used by The Holy Qur'ân 22 times.

Ghâba غاب

غَيبا ؛ يَغِيب

To go away, be remote, be hidden, be secret, be unseen, slander, backbite. *Ghaib* غائب: Hidden reality; Hidden one; That which is absent or hidden; Unseen; That which is beyond the reach of ordinary human perception and cognizance; Secret; Intimacy. Its plu. is *Ghayûb* غّيوب. *Ghâibîn* غائبين: Absent ones. *Ghâibatin*

غائبة: Absent reality; Absent one. *Ghiyâbatun* غيابة: Bottom. *Ightâba* اغتب VIII. To backbite, traduce the absent.

Yaghtab يَغتب (*imp. 3rd. p. m. sing. juss. VIII.*): He backbites. ***Ghaibun*** غائب (*v. n.*): Hidden reality; Unperceivable by the ordinary senses. Absent. ***Ghuyûb*** غيُوب (*n. plu.*): Hidden realities. ***Ghaibîn*** غائبين (*act. pic. m. plu.*): Absent ones. ***Ghaibatin*** غائبة (*act. pic. f. sing.*): Absent one. ***Ghiyâbatun*** غيابة (*n.*) The bottom (of a well). (L; T; R; LL)
The root with its above five forms has been used in The Holy Qur'ân 60 times.

Ghâtha غاث
غَيثا؛ يَغِيث

To cause rain, make rain fall, water by means of rain. *Ghaithun* غٌث: Rain.

Yughâthu يغاثُ (*pip. 3rd. p. m. sing.*): Will have rain (12:49). ***Ghaithun*** غيثٌ (*n.*) Rain (31:34; 42:28, 57: ***Yughâthû*** يُغاثوا (*pip. 3rd. p. m. plu.*): They will have rain (18:29). ***Yastaghîthû*** يستغيثوا (*imp. 3rd. p.* m. plu.): The cry for water (18:29). (L; T; R; LL)

Ghâra غار
غَيرة، غيراً؛ يَغِير، يُغار

To change, alter. *Ghair* غيرَ: Difference; Another; Besides; Unless; Without; Except; Others; Other than; Save; But; But not. *Aghâra* اغار: IV. To attack, *Mughirât* مغِيرات: Raiders

Yughayyiru يغيّر (*imp. 3rd. m. sing. II.*): He alter. ***Yughayyirû*** يغيّروا (*imp. 3rd. p. m. plu.*): They alter, change. ***Yughayyirûna*** يغيّرون (*imp. 3rd. p. f. II. emp.*): They surely change. ***Yataghayyar*** يتغيّر (*imp. 3rd. p. m. sing. VI. juss.*): Change. ***Mughayyirun*** مغيّر (*ap-der. VI. acc.*): One who changes. ***Mughîrât*** مغيرات (*ap-der. f. plu. IV.*): Raiders. ***Ghairun*** غير (*part.*) Other; Other than; Another; Same; But not. (L; T; R; LL)
The root with its above forms in The Holy Qur'ân has used as many as 154 times.

Ghâdza غاضِ
َغيضا؛ يَغِيض

To diminish, sink, become scanty, miscarry, absorb, abate, decrease, be wanting. *Ghaidzun* غيض: Foetus not yet complete.

Taghîdzu تغيض (*imp. 3rd. p. f. sing.*): Miscarry (13:8). ***Ghîdza*** غيض(11:44): Was made to subside.

Ghâza غاظ
غيظاً؛ يَغِيظ

To irritate, incense, anger, enrage, provoke, confuse, cause wrath. *Ghaizun* غَيظ: Rage; Anger; Fury. *Ghâizun*

غائظ: One who is angry, enraged. *Taghayyazan*: To rage furiously.

Yughîzu يغيظ (*imp. 3rd. p. m. plu.*): Enrage. ***Ghaizun*** غيظ (*n.*): Rage ***Ghâizûn*** غائظون (*act. pic. m. plu.*): Enraged ones. ***Taghayyazan*** تغيّظا (*v. n. V.*): Raging. (L; T; R; LL)

The root with its above four forms has been used in The Holy Qur'ân as many as 11 times.

Fâ
ف F

This is the 20th letter of the Arabic alphabet. Third letter of the Arabic alphabet pronounced as soft "F". According to *Hisâb Jummal* (mode of reckoning numbers by the letters of the alphabet) the value of *fâ* is 80. It is of the category of *Mahmûsah* مهموسه and of those termed *shafwîyah* شفوية (Labial). It is a radical letter and not an augmentation.

Fa فَ

A prefixed conjunction particle having conjunctive power. It implies a close connection between the sentences before and after it. This connection may be either definite cause and effect or a natural sequence of event signifying: And; Then; For; Therefore; So that; So; In order that; In that case; In consequence; Afterwards; At least; Lest; Because; For fear of; Truly; After; By; But; Thus, Consequently; In order to. It is also expletive, and a prefix to other particles e.g. ***fa**-ammâ, **fa**-annâ, **fa**-innî, **fa**-aina*. etc.

Fa'ada فأد
فأدا ؛ يَفئَد

To hurt in the heart, be affected with heart disease, be struck in the heart. *Fu'âd* فواد plu. *Af'idah* إفئدة : Heart; Mind; Soul.

Fu'âdun فُواد (*n.*): Heart. ***Af'datun*** أفئدة (*n. plu.*): (L; T; R; LL)

The root with its above two forms has been used in The Holy Qur'ân as many as 16 times.

Fi'atun فئة

Party; Group; Band; Army. It has no verbal form in Arabic.

Fi'atun فئة (*n. plu. Fi'âtun, Fi'atîn.*). ***Fi'ataini*** فئَتين (*acc. dual. n.*): (L; T; R; LL)
The root with its above two forms has been used in the Holy Qur'ân 11 times.

Fati'a فَتِي
فَتّى؛ يَفتَؤ

To cease from, forget, break, desist. (It is used always in negative sense).

Tafta'u تفتؤ (*imp. 2nd. p. m. plu.*): You will not cease, will not forget, will not desist. (12:85). (L; T; R; LL)

Fata<u>h</u>a فَتَح
فتحا ؛ يَفتَح

To open, explain, grant, disclose, let out, give victory, conquer, judge, decide. *Fattâ<u>h</u>* فتّاح : Judge. *Mafâti<u>h</u>* مفاتح plu. of *Mifta<u>h</u>* مفتح or *Miftâ<u>h</u>* مفتاح: Keys, Treasures. *Fatta<u>h</u>a* فتّح *(II)*: To open. *Mufatta<u>h</u>un* مفتح: Opened. *Istafta<u>h</u>a* استفتح *(X)*: To ask assistance, ask for a judgment or decision, seek succour, begin, seek victory.

Fata<u>h</u>a فَتَح (*prf. 3rd. p. m. sing.*): He opened, disclosed. ***Fata<u>h</u>û*** فَتحوا (*prf. 3rd. p. m. plu.*): They opened. ***Fata<u>h</u>nâ*** فَتحنا (*prf. 1st. p. plu.*): We opened; We have given victory. ***Yafta<u>h</u>u*** يفتح (*imp. 3rd. p. m. sing.*): He shall judge; He may grant. ***Ifta<u>h</u>*** افتح (*prt. m. sing.*): Decide. ***Futi<u>h</u>at*** فتحت (*pp. 3rd. p. f. sing.*): Be opened; Let loose. ***Tufatta<u>h</u>u*** تفتّح (*pip. 3rd. p. f. sing. II.*): Will be opened. ***Istafta<u>h</u>û*** استفتحوا (*prf. 3rd. p. m. plu. X.*): They besought a judgement. ***Yastafti<u>h</u>ûna*** يستفتحون (*imp. 3rd. p. m. plu. X.*): They seek victory. ***Tastafti<u>h</u>û*** تستفتحوا (*imp. 2nd. p. m. plu. X.* Final *Nûn* dropped.): You sought victory, sought a decision. ***Fâti<u>h</u>în*** فاتحِين (*act. pic. m. plu.*): Deciders; Who open the truth. ***Mufatta<u>h</u>tun*** مفتّح (*pis. pic. f. sing. II.*): Opened ones. ***Mafâti<u>h</u>*** مفاتح (*n. plu.*): Treasures, Hoarded wealth; Keys. ***Al-Fâti<u>h</u>a*** الفاتحه: The opening; Name of the opening chapter of the Holy Qur'ân. ***Al-Fattâ<u>h</u>*** الفتّاح (*n. ints.*): Supreme Judge. One of the excellent name of Allâh. (L; T; R; LL)
The root with its above forms has been used in The Holy Qur'ân 38 times.

Fatara فَتَرَ
فُتُوراً، فَتراً؛ يَفتُر

To flag, feel weak, desist, become week after vigour, be quiet. *Fatratun* فَتَرة: Cessation; Internal of time. *Fattara* فتّر: *(II)* To abate, weaken, diminish.

Yaftarûn يَفترون (*imp. 3rd. p. m. plu.*): They flag (21:20). *La* ***Yufattru*** يُفتر (*pip. 3rd. p. m. sing. II.*): Shall not be abated (43:75). ***Fatratun*** فَترة (*n.*): Cessation; Break (5:19). (L; T; R; LL)

Fataqa فَتَق

فتقا ؛ يَفتَق

To cleave asunder, slit, break, disjoin, disunite, rend apart.

Fataqnâ فَتَقنا (*prf. 1st. p. plu.*): We rent apart (21:30). (L; T; R; LL)

Fatala فَتَل

فتلا؛ يَفتِل

To twist (a rope or thread). *Fatîlan* فُتيلا: Thing of no value; Small skin in the cleft of a date stone; Whit; Wick; Dirt of the skin rolled between the fingers; In the least; Pellicle of a date stone.

Fatîlan فتيلاً (*act 2 pic. acc.*): (4:49,77; 17:71). (L; T; R; LL)

Fatana فَتَنَ

فِتنَة ، فُتُونا ، فتنا ؛ يَفتِن

To try or prove, persecute, burn, assay, put into affliction, distress and hardship, slaughter, cause to err, seduce from faith by any means, mislead, sow dissension or difference of opinion, mischief, put in confusion, punish, give reply or excuse, tempt, lead to temptation, make an attempt upon, seduce. *Fitnatun* فتنة : Persecution; Trial; Probation; Burning; Assaying; Seduction from faith by any means; Mischief; Reply; Confusion; Excuse; War; Means whereby the condition of a person is evinced in respect of good or evil; Temptation; Burning with fire; Hardship; Punishment; Answer.

Fatanu فَتن (*prf. 3rd. p. m. plu.*): They persecuted. ***Fatantun*** فتنة (*prf. 2nd. p. m. plu.*): Tempted; Let fall into temptation. ***Fattannâ*** فتّنّا (*prf. 1st p. plu.*): We have distinguished, did try. ***Yaftananna*** يَفتنَن (*imp. 3rd. p. m. sing. emp.*): Should tempt. ***Yaftinûna*** يَفتنون (*imp. 3rd. p. m. plu.*): They tempt. ***Yaftinû*** يَفتنوا (*imp. 3rd. p. m. plu.* Final *Nûn* dropped): They tempt, cause affliction, trouble. ***li Naftina*** لنَفتن (*imp. 1st. p. plu. acc. el.*): In order to try. ***Lâ Taftinî*** لا تَفتني (*prt. neg. com.* At the end *Yâ* is pronominal): Spare me the trial. ***Futinû*** فتنوا (*pp. 3rd. p. m. plu.*): They had been persecuted. ***Futuntum*** فتنتم (*pp. 2nd. p. m. plu.*): You were persecuted. ***Futintum*** فتنتم (*pp. 2nd. p. m. plu.*): You were tried. ***Yuftanûna***

يُفَتنون (*pip. 3rd. pp. m. plu.*): They are tried. ***Tuftanûna*** تُفتنون (*pip. 2nd. p. m. plu.*): You are being tried (to distinguish the good of you from the evil). ***Futûnan*** فتونا (*v. n. acc.*): Various trials. ***Fâtinîna*** فاتنين (*act. pic. m. plu.*): Those who can mislead. ***Fitnatun*** فتنة (*n.*): Trial; Hardship; Temptation; Probation; Affliction whereby one is tried or proved in respect of good or evil; Temptation; Burning with fire; Seduction; Excuse; Answer. ***Maftûn*** مَفتون (*pct. pic. m. sing.*): Afflicted with madness. (Bukhârî 63. II. 30; Qâmûs; L; T; R; LL)

The root with its above forms has been used in The Holy Qur'ân as many as 60 times.

Fatiya فَتِىَ

فَتِىَ ؛ يَفتِى

To be young, full-grown, brave, generous. *Fatuwwa tun* فتوّة: Youth; Generosity; Manly qualities. *Fata* فَتَى dual *Fatayân* فتيان plu. *Fityân* فِتيان, *Fityatun* فتية: Youth; Brave; Generous; Young man; Bold; Courageous; Fine fellow; Gallant; Young comrade; Young slave; Servant. When attached to a pronominal it is written with *Alif* ا instead of *Yâ* ى.

Afta افتى: To advise, give an opinion or instruction, judgment or decision in a matter of law, give a formal legal decree, announce or inform a legal order, issue a (divine) decree or a sacred law, explain the meaning, pronounce, furnish explanation. *Istifta* استفتى : (X) To consult, ask opinion or advice or judgment or legal order, question. *Fatwâ* فتوٰى: Decision; Opinion; Advice on a sacred law.

Fatan فَتًى (*n.*): Young one (applies both to human beings and animals). ***Fatayân*** فَتَيان (*n. dual.*): Two youngs. ***Fityatun/ Fityân*** فِتيَة/فِتيان (*n. m. plu.*): Young ones; Youths. ***Fatayât*** فَتيات (*n. f. plu.* Its sing. is *Fatâtun*): Young girls. ***Yuftî*** يُفتِى (*imp. 2nd. p. m. sing. IV.*): Thou decree, issue a decree, explain the meaning, pronounce. ***Afti*** افتِ (*prt. m. sing. IV.*): Furnish thou explanation; Explain thou. ***Aftû*** افتوا (*prt. m. plu. IV.*): Explain you. ***Tastafti*** تستفت (*imp. 2nd. p. m. sing. acc.*): Thou ask the legal order. ***Tastaftiyâni*** تستفتيان (*imp. 2nd. p. m. dual X.*): You twain are asking about the legal order. ***Yastaftûn*** يستفتون (*imp. 3rd. p. m. plu. X.*): They seek legal order, ask ruling. ***Istafti*** استفْت (*prt. m. sing. X.*): Ask. (L; T; R; LL)

The root with its above forms has been used in The Holy Qur'ân about 25 times.

Fajja فَجّ
فَجّا ؛ يفُجّ

To part, strain (a bowstring). *Afajja*افجّ: To travel in a narrow pass. Fajjun فجّ: Mountain-road, Ravine; Broad way; Path; Way; Passage; Highway; Mountain track; Distant way; Wide pathway; Spacious path. Its plu. is *Fijâjan* فجاجا.

Fajjin فجّ (*n.*) (22:27). ***Fijâjan*** فجاجا (*n. plu.*): (21:31; 71:20). (L; T; R; LL)

Fajara فَجَر
فَجرا ؛ يَفجُر

To water, pour forth, cleave, break up, dig up, go aside from the right path. *Fajjara* فجّر: II. To cause to flow, split up, burst forth. *Tafjir* تفَجر: The act of causing (water) to flow or split. *Fajrun* فجر: Daybreak; Dawn, *Fâjirun* فاجر plu. *Fujjâr* فجّار: Wicked, Immoral; Evil doer; Sinner. *Fujûr* فُجور : sing. *Fajaratun* فجرة. Wickedness.

Yafjura يفجر (*imp. 3rd. p. m. sing.*): Continues in evil ways or sin. ***Tafjura*** تَفجُر (*imp. 2nd. p. m. sing. acc.*): Thou causet to gush forth. ***Fajjarnâ*** فجّرنا (*prf. 1st. p. plu. II.*): We caused to gush forth. ***Tufajjira*** تفجّر (*imp. 2nd. p. m. sing. II. acc.*): Thou causet to gush forth. ***Yufajjirûna*** يفجّرون (*imp. 3rd. p. m. plu. II.*): They cause to gush forth; They will strive hard in directing to flow. ***Tafjiran*** تفجرا (*v. n. II acc.*): To flow in abundance. ***Fujjirat*** فجّرت (*pp. 3rd. p. f. sing. II.*): It flowed out; It is widely split up and made to flow forth. ***Yatafajjaru*** يتفجّر (*imp. 3rd. p. m. sing. V.*): Gushed forth; Came gushing forth. ***Infajarat*** انفجرت (*prf. 3rd. p. f. sing. VII.*): It gushed out. ***Fajr*** فجَر (*n.*): Dawn. ***Fâjir*** فاجر (*act. pic. m. sing.*): Evildoer; Sinner; Immoral. ***Fajaratun*** فجرة (*n. sing.*) Evildoer; Immoral. ***Fujjâr*** فجّار (*n. plu.*) Evildoers; Immoral ones; Ungodly. ***Fujûr*** فُجور (*v. n.*): Wickedness; Evil. (L; T; R; LL)

The root with its above forms has been used in The Holy Qur'ân 24 times.

Fajâ فجا
فَجوا ؛ يَفجُوا

To open, raise (the string of a bow), part. *Fajwatun* فَجوة: Space; Gap; Open space; Spacious hollow; Wide space; Extensive tract of land; Intervening space; Intermediate space between two things.

Fajawatun فَجْوة (*n.*): 18:17. (L; T; R; LL)

Fahusha فَحش
فَحاشَة ، فُحشا ؛ يَفحُش

To be exessive, inmoderate,

unreasonable, guile, indecent, shameful or infamous. *Fâhishatan* فاحشة: Manifest improper conduct; Gross sin; Unseemly; Immoral conduct; indecent or lewd or abominable word or deed; Flagrant indecency; Adultery; Fornication; Sodomy. Illicit sexual intercourse. Its plu. is *Fawâhish* فواحش.

Fâhishatun فاحشة (*act. pic. f. sing.*): ill-deed; Act of indecency; Manifest improper conduct; Conduct falling short of the highest standard of faith; Foul talk; Immoderate; Unreasonable; Anything exceeding the boundaries of the rectitude. ***Fahshâ*** فحشأ (*n.*) Indecency. ***Fawâhish*** فواحش (*n. plu.*): Indecencies. (L; T; R; LL)
The root with its above three forms has been used in the Holy Qur'ân 24 times.

Fakhara فَخَرَ
فَخرا ؛ يَفخَر

To boast of, glory. *Fakhira* فخِر: To scorn. *Tafâkhara* تفاخر: (VI) To vie in boasting with any one; Self-glorification. *Fakhûrun* فُخور: Boastful. *Fakhr* فَخر : Baked clay Pottery; Earthenware.

Tafâkhur تَفاخر (*v. n. VI.*): Boasting (57:20). ***Fakhûrun*** فَخور (*ints.*): Boastful (11:10; 31:18; 57:23). ***Fakhûran*** فخُورا Boastful (4:36). ***Fakhkhâr*** فخّار (*n.*) Pottery (55:14). (L; T; R; LL)

Fada فَدى
فدى ، فِداءٌ ؛ يَفِدى

To redeem, ransom. *Fidyatun* فدية : That which is paid as ransom or to redeem a fault; Ransom. *Fâda* فاد: (III) To receive or give a ransom for one to release him. *Iftada* إفتد: (VIII) To ransom or redeem oneself.

Fadainâ فَدينا (*prf. 1st. p. plu.*): We ransomed. ***Tufâdû*** تفادوا (*imp. 3rd. p. m. plu. III.*): Ye ransom. ***Iftadâ*** إفتدىٰ (*prf. 3rd. p. m. sing. VIII.*): Gave as ransom. ***Iftadat*** إفتدت (*prf. 3rd. p. f. sing. VIII.*): Ransomed. ***Iftadau*** إفتَدوا (*prf. 3rd. p. m. plu. VIII.*): They gave as ransom. ***Yaftadî*** يَفتدِي (*imp. 3rd. p.m. plu. VIII.*): He ransoms. ***Yaftadû*** يَفتدوا (*imp. 3rd. p. m. plu. VIII.* final *Nûn* dropped): They ransom. ***Fidâun*** فدآء (*v. n. III.*): Receiving ransom; Ransom. ***Fidyatun*** فدية (*n.*): Ransom; Expiation. (L; T; R;; LL)
The root with its above forms has been used in The Holy Qur'ân about 13 times.

Faruta فَرُتَ
فَرتا ؛ يَفرُت

To be sweet (water). *Furât*

فُرات: Sweet water (used as an adjective of water). *Al-Furât* الفرات : The Euphrate. *Al-Furatân* الفراتا: The Tigris and the Euphrate. *Furâtan* فراتا: Thirst quenching; Very sweet.

Furâtun فرات (*n.*): Sweet and thirst quenching (25:53; 35:12). ***Furâtan*** فراتا (*acc. n.*): Sweet and wholesome (77:27). (L; T; R; LL)

Faratha فَرَث / Farutha فَرُث

فَرثا ؛ يَفرث ، يَفرُث

To let out the contents, scatter and give out. *Farath* فرّث: To feel heaving of the stomach. *Faritha* فرث: To be scattered. *Farthun* فرّث: Contents of stomach; Excrement; Dung; Faeces.

Farthun فرث (*n.*): Faeces (16:66). (L; T; R; LL)

Faraja فرجٍ

فرجا ؛ يفرج

To open, separate, cleave, split, enlarge, part, let a space between, make a room, comfort anything in, dispel cares. *Farjun* فرجٌ: Gap; Interstice; Space between the legs; Pudenda; Womb; Open place; Chastity, its plu. is *Furûj* فُروج.

Furijat فُرجت: (*pp. 3rd. p. f. sing.*): Is cloven, opened. ***Farjun*** فَرج (*n.*): Pudenda; Chastity. ***Furûj*** فُروج (*n. plu.*). (L; T; R; LL)

The root with its above three forms has been used in The Holy Qur'ân 9 times.

Fariha فَرِح

فَرِحا ؛ يَفرَح

To be glad, happy, delighted, rejoice, cheerful, pleased, exult. *Farihun* فَرِح: Glad, etc.; Who exults (in riches); Lively; Exultant.

Fariha فَرِح (*prf. 3rd. p. m. sing.*): Was glad; Rejoiced. ***Farihû*** فَرِحوا (*prf. 3rd. p. m. plu.*): They rejoiced, boasted. ***Yafrahu*** يَفرَحُ (*imp. 3rd. p. m. sing.*): Will be glad, rejoiced. ***Yafrahûna*** يَفرحون (*imp. 3rd. m. plu.*): They are glad, who exult. ***Yafrahû*** يَفرحوا (*imp. 3rd. p. m. sing.* final *Nûn* dropped): They will be glad. (*imp. 2nd. p. m. plu.*): You are glad. ***Lâ Tafrah*** لا تَفرح (*prt. neg. m. sing.*): exult not. ***Lâ Tafrahû*** لا تفرحوا (*prt. neg. m. plu.*): Exult ye not. ***Farihun*** فَرِح (*n.*): Exultant. ***Farihûna/Farihîna*** فَرِحون / فَرِحين (*acc. n. plu.*): Exultant ones. (L; T; R; LL)

The root with its above forms has been used in The Holy Qur'ân 22 times.

Farada فَرَد / Farida فَرِد

فَردا ؛ يفرُد ، يَفرَد

To be alone, separated, single,

sole, simple, uncompound, secede, isolate, busy oneself solely about a thing, seclude oneself from the world. *Fardun* فرْدٌ: Alone; Without companions; Without offspring. Its plu. is *Furâdâ* فرادا.

Fardan فرداً (*n.*): Alone; Without companions; Without offspring (19:80,95; 21:89). ***Furâdâ*** فرادا (*n. plu.*): (6:94, 34:46). (L; T; R; LL)

Fardasa فَرْدَسَ

فَردسا ؛ يُفَردِسُ

To feel anyone, fashion, prostrate before one's adversaries, throw down violently, spread on the ground. *Fardasatun* فردسة: Width; Broodiness; To produce opulent and of various kind. *Fardasan* فردسا: To be broad, ample, wide, large, capacious, comfortable, take a wide rang. *Sadrun mufardasun* صدر مفردس : Large chest. Ibn al-Qata says *Fardasa* is the root of the word *Firdaus* فرَدوس. *Fardasa al-Jullata* فردس الجلة: To fill and stuff the basket. *Firdaus* فرَدوس: Fertile land; The garden which contains every thing that should be in a garden; Orchard; Fruitful valley; The best place of Paradise. Its plu. is *Farâdîs* فراديس.

Firdaus فرَدوس (*n.*): (18:107; 23:11). (L; T; R; LL; Zamakhsharî)

Farra فرّ

فَرّاً ؛ يَفِرّ

To flee, run away, run off, escape; Fleeing; Flight; Act of fleeing away; Running away. *Mafarr* مفرّ: Refuge; Shift; Place of refuge.

Farrat فرّت (*prf. 3rd. p. f. sing. asim.*): He Fled. ***Farartu*** فررت (*prf. 1st. p. sing.*): I fled. ***Farartum*** فررتم (*prf. 2nd. p. m. plu.*): Ye fled. ***Yafirru*** يفِرّ (*imp. 3rd. p. m. sing. assim.*): - Will flee. ***Tafirrûna*** تفِرّون (*imp. 2nd. p. m. plu. assim.*): Ye flee. ***Firrû*** فِرّوا (*prt. m. plu.*): Flee ye. ***Firâran*** فِرارا (*acc.*): Fleeing. ***Mafarr*** مفرّ (*n.f.*): Place; Place of refuge. (L; T; R; LL)

The root with its above forms has been used in the Holy Qur'ân 11 times.

Farasha فَرشَ

فَرشا ؛ يَفرُشُ ، يَفرِشُ

To spread out, extend, stretch forth, furnish. *Furshan* فَرشا: To low (carry burden), be thrown down (for slaughter) of small animals of which flesh is used as food. *Farâshun*

فَراش (*gen. n.*): Moths. *Firâshun* فِراش (plu. *Furushun*): Carpet; Thing that is spread out to lie upon; Bed. (metaphorically) Wife or a spouse as in 56:34.

Farashna فَرشنا (*prf. 1st. p. plu.*): We have spread. ***Farshun / Farshan*** فَرش/فرشا (*acc. n.*): Too low (to carry burdens); Small ones. ***Farâsh*** فَراش (*n. plu.*): Moths. ***Firâshun/ Firâshan*** فِراش/فراشا (*acc. n.*): Place; Thing that is spread out;, Resting place. ***Furushun*** فرش (*n. plu.*): Places; Carpets; Spouses; Wives. (L; T; R; LL)

The root with its above forms has been used in The Holy Qur'ân 6 times.

Faradz فَرَضٍ

فَرَضا ؛ يَفرض

To impose law, prescribe, ordain, enact, settle, fix, ratify, appoint, command an observation or obedience to, sanction, assign, be aged. *Fâridzun* فارض: Old cow. *Farîdzatun* فريضة: Ordinance; Settlement; Settled portion; Jointure stipulation. *Mafrûdz* مفروض: Appointed; Determinate; Settled one; Allotted.

Faradza فَرِض (*prf. 3rd. p. m. sing.*): He ordained; undertook to perform, binded, sanctioned, imposed, decreed, settled. ***Faradznâ*** فرضنا (*prf. 1st. p. plu.*): We have ordained. ***Tafridzû*** تفرضوا (*imp. 2nd. p. m. plu. acc. final Nûn dropped*): Ye have settled. ***Farîdzatun*** فريضة (*n.f.*): Fixing (in marriage); Portion (dowry); Stipulation; Fixed. ***Mafrûdzan*** مفروضا (*pic. pac. m. sing. acc.*): Settled one; Determined one. ***Fâridzun*** فارض (*act. pic. f. sing.*): Too old. (L; T; R; LL)

The root with its above forms has been used in The Holy Qur'ân 18 times.

Farata فَرطِ

فَرطًا ؛ يَفرُط

To precede, neglect, remiss, excess, forsake, act hastily or unjustly, fall short or neglect, exceed bounds, be extravagant, *Furutan* فُرطًا: Exceeding the bounds; Injustice; Excessive; Outstripping others. *Ifrâtun* إفراط: Excess. *Tafrîtun* تفريط: Neglect. *Fariata*: To be negligent, act negligently, omit. *Mufratun* مفرط: To be sent in advance and abandoned and left.

Yafrutu يَفرُط (*imp. 3rd. p. m. sing. acc.*): Should hasten. ***Farrattu*** فرّطت (*imp. 1st. p. sing. II.*): I have been remised, fell short. ***Farrattum*** فرّطتم (*prf. 2nd.*

p. m. plu.): You fell short, exceeded bounds. ***Farratnâ*** فرّطنا (*prf. 1st. p. plu.*): We fell short. ***Mufratûn*** مفرطون (*pis pic. m. plu.*): Those sent in advance and abandoned. ***Yufarritûna*** يفرّطون (*imp. 3rd m. plu.*): They neglect (their duty). (L; T; R; LL)
The root with its above forms has been used in The Holy Qur'ân about 8 times.

Fara‘a فَرعٍ

فَرعا ؛ يَفرَع

To ascend, go down, overtop, surpass. *Fari'a* فَرِع: To have abundant hair. *Farra'a* فرّع: To send forth sprouts, boughs. *Far'un* فرْع: (plu. *Furû'* فروع): Branch; Bough; Sprout; Hair; Consequence of a principle. ***Fir'aun*** فرعَون. Appellation of the ancient kings of Egypt and not the name of a particular king. Moses was born in the reign of Pharaoh Ra'masîs II and he had to leave Egypt with the Israelites in the reign of his son Merenptah (Minfatah) II. Ra'masîs II is called the Pharaoh of the oppression and his successor Minfatah II the Pharaoh of Exodus. (L, T, Enc. Brit. Commentary on the Bible by Peak; LL).

Far'un فرْع (*n.*): (14:24). ***Fir'aun*** فرعوَن: Pharaoh.
The word *Fir'aun* is mentioned about 74 times in the Holy Qur'ân.

Faragha فَرَغٍ

فَرَاغا ، فُرُوغا ؛ يَفرَغ ، يفرُغ

To be empty, vacant to finish a thing, cease from, be unoccupied, be free from (other things), apply oneself exclusively to, become relieved, direct, pour forth, be unemployed, shed, cast (metal), pour, infuse, be free from work, reckon one with.

Faraghta فَرغت (*prf. 2nd. p. m. sing.*): Thou are free (having finished one task). ***Nafrughu*** نَفرغ (*imp. 1st. p. plu.*): We shall reckon (with you); We shall apply. ***Fârighan*** فارغا: Void; Empty; Free. ***Ufrighu*** افرغ (*imp. 3rd. p. m. sing.*): I shall pour. ***Afrigh*** أفرغ (*pat.* prayer, *m. sing. IV.*): Pour forth. (L; R; T; LL)
The root with its above five forms has been used in the Holy Qur'ân about 6 times.

Faraqa فَرَق / Fariqa فَرِق

فَرقا ؛ يَفرُق ، يَفرق

To separate, distinguish, divide, decide, split. *Farqun* فرق: The act of distinction or separating. *Fâriq* فارق: Who separates, discriminates. *Firqun* فِرق: Separate part, heap. *Firqatun* فرقة: Band of human beings *Farîqun* فَرِيق:

Part; Portion; Some party or band of human beings. *Furqân* فرقان: Criterion of right or wrong; Draft; Evidence or demonstration; A name of the Holy Qur'ân; Aid; Victory; Argument; Proof; Dawn; Distinction. *Yaum al-Furqân* يوم الفرقان: The day of distinction, day of the battle of Badr. *Faraqa* فرق: II. To make a division or distinction, make a schism. *Tafrîq* تفريق : Division; Dissension. *Fâraqa* فارق: III. To quit, part from. *Firâqun* فراق: The act of quitting; Separation; Departure. *Tafarraqa* تفرّق: V. To be divided among themselves. *Mutafarriqun* متفرّق: Diverse; Different. *Fariqa* فرق :To fear, be frightened, plunge in the wave, seek refuge in fear, succour. *Yafraqu* يفرق: To be timid and afraid, appear in one's true colour, be cowardly, be ridden by fear.

Faraqnâ فَرقنا (*prf. 1st. p. plu.*): We parted, distinguished. ***Yafraqûna*** يَفرقون (*imp. 3rd. p. m. plu.*): They fear, are too timid a people (to appear in their true colours). ***Ufruq*** افرق (*prt.* prayer. *m. sing.*): Decide; Bring about separation. ***Yufraqu*** يفرق (*pip. 3rd. p. sing.*): It is separated out, explained distinctly. ***Farraqta*** فَرّقت (*prf. 2nd. p. m. sing. II.*): Thou hast caused a division, have caused a disruption. ***Farraqû*** فَرّقوا (*prf. 3rd. p. m. plu. II.*): They have caused a disruption, split. ***Yufarriqûna*** يفرّقون (*imp. 3rd. p. m. plu. II.*): They make division; distinction, separation. ***Yufarriqû*** يفرّقوا (*imp. 3rd. p. m. plu.* final *Nûn* dropped): They make a distinction. ***Nufrriqu*** نفرّق (*imp. 1st. p. plu.*): We make distinction. ***Fariqû*** فرقوا (*prt. m. plu. III.*): part with (them). ***Tafarraqa*** تفرّق (*prf. 3rd. p. m. sing. V.*): They became scattered, should deviate (you away). ***Lâ Tafarraqû*** لا تَفرّقوا (*prt. neg. m. plu. V.*): Do not be separated (from each other), not be disunited. ***Yatafarraqû*** يَتفرّقوا (*imp. 3rd. p. m. dual.* final *Nûn* dropped *V.*): The twain separate each other. ***Yatafarraqûna*** يتفرّقون (*imp. 3rd. p. m. plu. V.*): They will be separated. ***Lâ Yatafarraqû*** لا يَتفرّقوا (*prt. neg. m. plu. V.*): Do not be divided. ***Farqan*** فَرقا (*v. n.*): Scattering; Fully distinguishing (the right from the wrong). ***Fâriqât*** فارقات (*act. pic. f. plu.*):Those *f.* that distinguish. ***Firqun*** فرق (*n. m.*): Part. ***Firqatun*** فرقة (*n. f.*): Part; Group. ***Farîqun*** فريق (*act. 2nd. pic.*): Party; Group. ***Farîqan*** فريقا (*act. 2nd. pic. acc.*): Party; Group. ***Farîqâni/Farîqain*** فريقان / فريقين (*act. 2 pic. m. dual*): Two parties. ***Mutafarriqûn***

متفرّقون (*ap.-der. m. plu. V.*): Diverse; Numerous; Sundry. ***Mutafarri-qâtun*** متفرّقات (*ap-der. f. sing.*): Different. ***Furqân*** فرقان (*n.*): Standard of true and false; Discrimination (between truth and falsehood; Criterion of right and wrong; Proof; Evidence; Demonstration. ***Furqânan*** فرقانا (*n. acc.*): Distinction. ***Firâq*** فراق (*inf. n.*): Separation. ***Tafrîqan*** تَفريقا (*inf.v*): To cause discord, division, separation, disperse distribute. ***Fâriqû*** فارِقُوا (*part.. m. plu.III*): Part with. ***Mutafarriqatun*** متفرّقة (*ap. der. f. sing.*): Different. (L; R; T; LL) The root with its above forms has been used in the Holy Qur'ân about 78 times.

Fariha فَرِه
فَرِها ؛ يَفْرَه

To do skillfully, briskly, lively, cleverly, be elated with greatness, behave insolently.

Fârihîna فارهين (*act. pic. m. plu. acc.*): With great skill; Elated with greatness. In 26:149 it is used as present *(ḥâl)* and not as an adjective for ***Bayût*** بيوت (- houses). (L; T; R; LL)

Farâ فَرَى / Fariya فَرِىَ
فَريا ؛ يَفرِى

To cut, split, cleave, slander, fabricate (a lie). In this root the letter *Yâ* is changed to *Alif* when the verb is joined to the pronominal. *Fariya*: فَرِىَ: To be astonished, amazed, blame, repair. *Fariyyun* فريّ: New, strange wonderful, remarkable, unheard, unprecedent.

Iftarâ إفترٰى (*prf. 3rd. p. m. sing. VIII.*): Fabricated a lie; Forged a lie. ***Iftaraitu*** افتريت (*prf. 1st. p. sing. VIII.*): I have fabricated a lie. ***Iftarainâ*** افترينا (*prf. 1st. p. plu.*): We have fabricated a lie. ***Yaftarî*** يفتري (*imp. 3rd. p. m. sing. VIII.*): He fabricates a lie. ***li Taftariya*** لتفتري (*imp. 2nd. p. m. sing. el.*): In order to fabricate a lie. ***Yaftarûna*** يفترون (*imp. 3rd. p. m. plu.*): They fabricate a lie. ***Taftarûna*** تفترون (*imp. 2nd. p. m. plu.*): Ye fabricate a lie. ***li Taftarû*** لتفتروا (*imp. 2nd. p. m. plu. el.*): That ye, in order to fabricate a lie. ***lâ Taftarû*** لا تفتروا (*prt. neg. m. plu.*): You fabricate not. ***Yaftarîna*** يفترين (*imp. 3rd. p. f. plu.*): They fabricate a lie. ***Yuftara*** يفترى (*pip. 3rd. p. m. sing.*): Fabricated one. ***Muftarin*** مفتر (*ap-der. m. sing.*): One who fabricates lies. ***Muftarâ*** مفترٰى (*pis. pic. m. sing.*): Fabricated one. ***Muftarûna*** مفترون (*ap-der. m. plu.*): Those who fabricate lies. ***Muftarîn*** مفترين (*ap-der. m. plu. acc.*): Those who fabricate lies. ***Muftarayâtun*** مفتريات (*pis. pic. f. plu.*): Fabricated ones. Its *sing.* is *Muftarâtun*. ***Fariyyan*** فريّا (*act. 2nd. pic. acc.*): Thing unheard; Strange thing. ***Muftarin*** مفترٍ (*pac. pic. m. sing.*): Forged and unprecedented fraud. (L; T; R; LL)

The root with its above forms has been used in The Holy Qur'ân about 60 times.

Fazza فَزّ
فَزًّا ؛ يَفُزّ

To remove, provoke, expel, unsettle, be scared away from, turn away, startle. *Istafazza* استَفزّ: *(X)*. To exite, make active, deceive, unsettle, remove, expel, lead to destruction, make weak by humiliating, entail loss of right of citizenship.

Yastafizzu يَستَفزّ (*imp. 3rd. p. m. sing. acc. assim. X.*): Maketh unsettled; makes weak by humiliating (17:10). ***Yastafizzûna*** يَستَفزّون (*imp. 3rd. p. plu. X.*): They make weak by humiliating (17:76). ***Istafziz*** استَفزز (*prt. m. sing. X.*): Beguile (17:64). (L; T; R; LL)

Fazi'a فزِعَ
فَزعا ؛ يفزَع

To be afraid, frightened, terrified, smitten with fear.

Fazi'a فزِع (*prf. 3rd. p. m. sing.*): Was stricken with fear (37:87, 38:22). ***Fazi'û*** فزعوا (*prf. 3rd. m. plu.*): They are in the grip of fear (34:51). ***Fuzzi'a*** فزّع (*pp. 3rd. p. m. sing. II. with 'an*): Relieve of awe (34:23). ***Faz'un*** فَزع (*v. n.*): Terror (21:103; 27:89). (L; T; R;; LL)

Fasa<u>h</u>a فَسَحَ/Fasu<u>h</u>a فَسحَ
فَسحًا ؛ يفسَح

To be spacious, make room for, make long strides. *Fasu<u>h</u>a* فَسح: To be wide, broad. *Fassa<u>h</u>a* فَسّح: To enlarge (a place). *Tafassa<u>h</u>a* تَفسّح: To be enlarged, broad (place), make room, take one's ease in (a place).

Yafsa<u>h</u>i يَفسح (*imp. 3rd. p. m. sing.*): He will make ample room (58:11). ***Ifsa<u>h</u>û*** افسَحوا (*prt. m. plu.*): Do extend the circle (leaving reasonable space of a sitting) (58:11). ***Tafassa<u>h</u>û*** تَفسّحوا (*prt. m. plu. V.*): Extend the circle (58:11). (L; T; R; LL)

Fasada فَسَدَ/ Fasuda فَسُدَ
فَسادًا، فُسُودًا ؛ يَفسَد، يَفسِد

To become evil, corrupted, invalid, decomposed, bad, spoiled, tainted, vicious, wrong, make mischief or foul deal. *Fasâd* فساد: Corruption; Violence. *Mufsid* مفسد: One who acts corruptly, spoils or commits violence, disturbance.

Fasadat فَسَدَتْ (*prf. 3rd. p. f. sing.*): Would have been in a state of disorder; Had become corrupted. ***Fasadatâ*** فَسَدَتا (*prf. 3rd. p. f. dual.*): Both would have gone to ruin. ***Afsadû*** افسَدوا (*prf. 3rd. p. m. plu. IV.*): They ruin. ***Yufsidu*** يفسد (*imp. 3rd. p. m. sing. IV.*): Will act corruptly, cause disorder. ***Yufsidûna*** يفسدون (*imp. 3 rd. p. m. plu. IV.*): They will act corruptly, create disorder. ***Li Yufsidû*** ليفسدوا (*imp. 3rd. p. m. plu. IV. el.*): That they may corrupt, create disorder. ***Tufsidû*** تفسدوا (*imp. 2nd. p. m. plu. IV.* final *Nûn* dropped): You will create disorder. ***Tufsidunna*** تفسدُنّ (*imp. 2nd. p. m. plu. emp.*): Ye will surely create disorder. ***Li Nufsida*** لنفسد (*imp. 1st. p. plu. el.*): May commit mischief. ***Fasâdun/Fasâdan*** فساد / فسادا (*acc. v. n.*): Corruption; Disorder; Lawlessness; Chaos. ***Mufsid*** مفسد (*ap-der. m. sing.*): Wrongdoer; One who makes mischief. ***Mufsidûn/Mufsidîn*** مفسدون / مفسدين (*acc. plu.*): Wrongdoers. (L; T; R; LL)

The root with its above forms has been used in The Holy Qur'ân about 50 times.

Fasara فَسَرَ

تَفسِرَة ، فَسراً ؛ يَفسُر ، يَفسِر

To discover, explain, interpret, disclose (a hidden thing), comment. *Tafsîr* تَفسير : Explanation; Commentary.

Tafsîran تَفسيرا (*v. n. acc. II.*): (25:33). (L; T; R; LL)

Fasaqa فَسَقَ

فِسقا ، فُسُوقا ؛ يَفسِق ، يَفسُق

To commit disobedience, go astray, transgress commandment, live in profligacy, disorder, become wicked, profligate, commit lewdness, become perverted, be impious, act wickedly. *Fisqun* فِسق : Disobedience; Transgression; Wickedness.

Fasaqa فَسَقَ (*prf. 3rd. p. m. sing.*): He trespassed, disobeyed, violated. ***Fasaqû*** فَسَقوا (*prf. 3rd. p. m. plu.*): They disobeyed. ***Yafsiqûna*** يَفسِقُون (*imp. 3rd. p. m. plu.*): They transgress. ***Tafsuqûna*** تفسقون (*imp. 2nd. p. m. plu.*): Ye disobeyed. ***Fisqun*** فِسقٌ (*v. n.*): Disobedience; Transgression. ***Fâsiqun/Fâsiqan*** فاسق / فاسقا (*acc. act. pic. m. sing.*): Disobedient. ***Fâsiqûna/ Fasiqîna*** فاسقون / فاسقين (*acc. act. pic. m. plu.*): Disobedient. ***Fusûq*** فسوق (*v. n. sing.*): Abusing; Wickedness. (L; T; R; LL)

The root with its above forms has

been used in The Holy Qur'ân about 54 times.

Fashila فَشِلَ

فَشَلاً؛ يَفشَل ، يَفشِل

To become weak-hearted, coward, flag, grow spiritless or languid, loose heart, remiss.

Fashiltum فَشِلتم (*prf. 2nd. p. m. plu.*): You became laxed (3:152, 8:43). ***Tafshalâ*** تفشلا (*imp. 3rd. p.f. dual. acc.* final *Nûn* dropped): Two (groups) disposed to show cowardliness, loose heart (3:122) ***Tafshalû*** تفشلوا (*prf. 2nd. p. plu.*): You demoralized, loose heart (8:46). (L; T; R; LL)

Fa<u>s</u>u<u>h</u>a فَصُحَ

فَصَاحَة؛ يَفصُح

To use good clear language, be eloquent. *Af<u>s</u>a<u>h</u>u* افصح: More eloquent.

Af<u>s</u>a<u>h</u>u اَفصح (*elative*): (28:34). (L; T; R; LL)

Fa<u>s</u>ala فَصَلَ

فِصالاً ،فَصلا ؛ يَفصِل

To set apart, separate, distinguish, set a limit, part, depart, decide, set out, divide into parts, expatiate into detail, make clear (statement), distinct, judge, narrate a thing with all its particulars. *Fi<u>s</u>âl* فصال: Weaning of a young one. *Fa<u>s</u>îlatun* فصيلة: Family; Kinsfolk.

Fa<u>s</u>ala فصل (*prf. 3rd. p. m. sing.*): Marched out; Set out; Departed. ***Fa<u>s</u>alat*** فصلت (*prf. 3rd. p.f. sing.*): departed. ***Yaf<u>s</u>ilu*** يفصل (*imp. 3rd. p. m. sing.*): He will decide, will separate. ***Fa<u>ss</u>ala*** فصّل (*prt. 3rd. p. m. sing. II.*): He has explained. ***Fa<u>ss</u>alnâ*** فصّلنا (*prf. 1st. p. plu. II.*): We have explained. ***Yufa<u>ss</u>ilu*** يفصّل (*imp. 3rd. p. m. sing. II.*): Explain in detail. ***Nufa<u>ss</u>ilu*** نفصّل (*imp. 1st. plu. II.*): We explain, make clear. ***Fu<u>ss</u>ilat*** فصّلت (*pp. 3rd. p.f. sing. II.*): Detailed. ***Fa<u>s</u>lun*** فصل (*n.*): Distinguishing, Decisive, Judgement. ***Fâ<u>s</u>ilîn*** فاصلين (*act. pic. m. plu.*): Decider. ***Fi<u>s</u>âl*** فصال (*v. n. III.*): Weaning. ***Fa<u>s</u>îlatun*** فصيلة (*act. 2nd pic. f. sing.*): Kin; Family; Kinsfolk. ***Mufa<u>ss</u>alan*** مفصّلا (*pis. pic. m. sing. acc.*): Detailed ones, clearly explained. ***Mufa<u>ss</u>alât*** مفصّلات (*pis. pic. f. plu.*): Distinct; Fully detailed; Well defined. ***Taf<u>s</u>îlan*** تفصيلا (*v. n. II.*): Detailing, Explaining. (L; T; R; LL)

The root with its above forms has been used in The Holy Qur'ân about 43 times.

Fasama فَصَمَ

فصما ؛ يَفصِم

To break or crack without being separated.

Infi<u>s</u>âm انفصام (*v. n. VII.*): Break; Crack (2:256). (L; T; R; LL)

Fa<u>dz</u>a<u>h</u>a فَضَحَ

فَضَحا ؛ يَفضَح

To disgrace, make public ones' fault, affront, reveal, disclose.

La Taf<u>dz</u>a<u>h</u>ûni لا تَفضَحون (*prt. neg. plu.* At the end pronominal *nû* shortened to *ni* (- me). Do not disgrace me (15:68). (L; T; R; LL)

Fa<u>dz</u>dza فَضّ

فَضًا ؛ يَفُضّ

To break into several pieces, disperse, scatter, separate.

Infa<u>dz</u><u>dz</u>û انفضّوا (*prf. 3rd. p. m. plu. VII.*): They flocked, dispersed. (3:159; 62:11). ***Yanfa<u>dz</u><u>dz</u>û*** يَنفضّوا (*imp. 3rd. p. m. plu. VII.* final Nûn dropped): (63:60). (L; T; R; LL)

Fa<u>dz</u><u>dz</u>a<u>dz</u>a فَضّض

فَضًا ؛ يَفضض

To silver a thing. *Fi<u>dz</u><u>dz</u>atun* فضّة: Silver.

Fi<u>dz</u><u>dz</u>atun فضّة (*n.*): Silver. (L; T; R; LL)

The word is used in the Holy Qur'ân about 6 times.

Fa<u>dz</u>ala فَضَل/Fa<u>dz</u>ila فَضِل

فَضلا؛ يَفضل ، يَفضَل

To exceed, excel, remain over and above. *Fa<u>dz</u>lun* فَضل: Excellence; Favour; Grace; Munificence; Indulgence; Merit, Bounty; Free gift. *Tafa<u>dz</u><u>dz</u>ala* تفضّل: To contend for superiority. *Fa<u>dz</u><u>dz</u>ala* فضّل : To hold a thing, excel another in merit, prefer, cause to excel, grant favours to one person in preference to another. *Ra<u>h</u>mat* رحمت in contrast to *Fa<u>dz</u>al* فضل is generally spoken of such acts of God's kindness or mercy as relates to religious or spiritual matters. This is why The Holy Prophet has instructed to ask for God's *Ra<u>h</u>mat* رحمت when entering a mosque for Prayer, and for His *Fa<u>dz</u>l* فَضل when coming out of it after Prayer (Tirmi<u>dz</u>î).

Fa<u>dz</u><u>dz</u>ala فَضّل (*pip. 3rd. p. m. sing. II.*): He has caused to excel; He granted favours to one person in preference to another. ***Fa<u>dz</u><u>dz</u>altu*** فَضّلت (*prf. 1st. p. sing. II.*): I preferred. ***Fa<u>dz</u><u>dz</u>alnâ*** فَضّلنا (*prf. 1st. p. plu. II.*): We preferred. ***Nufa<u>dz</u><u>dz</u>ilu*** نَفضّل (*imp. 1st. p. plu. II.*): We prefer. ***Yatafa<u>dz</u><u>dz</u>ala*** يَتفضّل (*imp. 3rd. p. m. sing. V.*): He makes himself superior, seeks to assert his superiority. ***Fa<u>dz</u>lun*** فَضل (*v. n.*): Graçe; Munificence. ***Taf<u>dz</u>îlan*** تفضيلا (*v. n. II. acc.*): Greater excellence; Preferment. (L; T; R; LL)

The root with its above forms has

been used in The Holy Qur'ân about 104 times.

Fa<u>dz</u>iya فَضِيَ

فَضاوَة،فُضيا ؛ يَفضٰى

To be void, empty, wide (place), mix and mingle a thing with other, be blended, have intercourse with, to perform or accomplish a thing or finish a thing, to reach the extreme limit, or end or completion. To meet in empty vacant place, meet separately, lonely, alone in solitary place, communicate (secretly), be friendly connected as a fellow of a pair. According to Ibn Sidah the word do not necessarily imply sexual intercourse. It means living with each other and meeting each other in private on term of extreme intimacy and match, and equals as a husband and wife. *Fadzâ* فضٰى: Unoccupied, Private lonely place.

Af<u>dz</u>a افضٰى (*prf. 3rd. p. sing. IV.*): He reached at, revealed a secret, learnt both one another, went into the other. (4:21). (L; T; R; Jauharî; Ibn Sidah; Mu<u>h</u>kam; Abû 'Alî al-Qâlî; LL)

Fa<u>t</u>ara فَطَرَ

فَطراً ؛ يَفطُرَ

To create out of nothing, cleave, split, crack, break, be broken into pieces, cleave asunder, begin to create. *Fi<u>t</u>rat* فِطرة: Natural disposition or constitution with which a child is created. The faculty of knowing God and capability of accepting the religion of truth; Religion. *Fâ<u>t</u>ir* فاطر: Creator. One of the names of Allâh. *Fu<u>t</u>ûr* فطور: Crack; Flaw. *Munfa<u>t</u>irun* منفطر : Split one; Cloven one; One rent asunder.

Fa<u>t</u>ara فَطَر (*prf. 3rd. p. m. sing.*): Created; Originated. ***Yatafa<u>tt</u>arna*** يَتفطّرن (*imp. 3rd. p.m. plu. V.*): Burst. ***Infa<u>t</u>rat*** إنفطرت (*prf. 3rd. p. f. sing. VII.*): Cleft asunder. ***Fi<u>t</u>ratun*** فِطرة: Natural constituion and disposition; Faith. ***Fâ<u>t</u>ir*** فاطر (*act. pic. m. sing.*): Creator. ***Fu<u>t</u>ûr*** فطور (*n.*): Crack; Flaw. ***Munfa<u>t</u>irun*** منفطر (*ap-der. m. sing.*): Split one; One rent asunder. (L; T; R; Jalalain; LL) The root with its above forms has been used in The Holy Qur'ân about 20 times.

Fa<u>zz</u>a فَظّ

فَظاظة؛ يَفظّ

To be rough, rude, hardhearted, harsh, unmanly, severe.

Fa<u>zz</u>an فَظّا (*v. n.*): Harsh (3:159). (L; T; R; LL)

Fa'ala فَعل

فَعَلا ؛ يَفعَل

To do, act, perform, have an influence or effect, make, accomplished. *Fi'lun* فعل: Action, doing, deed, work. *Fa'latun* فَعلة: Deed. *Fâi'lun* فائل: One who does, etc. *Fa'âl* فَعال: Doing or effecting much (adjective of intensity, using substantively it means a great or able worker). *Maf'ûl* مَفعول: Done; Made; Effected; Performed; Fulfilled. This verb and its derivatives are uses in Arabic grammar as standard upon which all verbs and their grammatical forms are measured.

Fa'ala فَعَل (*prf. 3rd. p. m. sing.*): He have done; He did. ***Fa'alta*** فَعَلت (*prf. 2nd. p. m. sing.*): Thou didst. ***Fa'alû*** فَعلوا (*prf. 3rd. p. m. plu.*): They *m.* did. ***Fa'alna*** فَعلن (*prf. 3rd. p. f. plu.*): They *f.* did. ***Fa'altum*** فَعَلتم (*prf. 2nd. p. plu.*): You did. ***Fa'alnâ*** فَعَلنا (*prf. 1st. p. plu.*): We did. ***Yaf'alu*** يَفعل (*imp. 3rd. p. m. sing.*): He does, will do. ***Lam Yaf'al*** لم يَفعَل (*imp. 3rd. p. m. sing. juss.*): He do not. ***Lam Taf'al*** لم تَفعَل (*imp. 2nd. p. m. sing. juss.*): Thou didst. not. ***Yaf'alûna*** يَفعَلون (*imp. 3rd. p. m. plu.*): They do. ***Taf'alûna*** تَفعَلون (*imp. 2nd. p. m. plu.*): You do. ***Li Yaf'alû*** لِيَفعَلوا (*imp. 3rd. p. m. plu. el. acc.* final *Nûn* dropped): That they may do. ***Li taf'alû*** لتَفعَلوا (*imp. 2nd. p. m. plu. acc. ele.*, final *Nûn* dropped). ***Lam Taf'alu*** لم تَفعَلوا (*imp. 2nd. p. m. plu. juss.*): You did not. ***Naf'alu*** نَفعَل (*imp. 1st. p. plu.*): We do. ***If'al*** افعَل (*prt. m. sing.*): Thou do. ***If'alû*** افعَلوا (*prt. m. plu.*): You do. ***Fuila*** فُعل (*pp. 3rd. p. m. sing.*): It is done. ***Yuf'alu*** يُفعَل (*pip. 3rd. p. m. sing.*) It will be done. ***Fâ'ilun*** فاعلٌ (*act. pic. m. sing.*): A doer. ***Fâ'ilûna*** فاعلون (*act. pic. m. plu.*): Doers. ***Fâ'ilîna*** فاعلين (*act. pic. m. plu. acc.*): Doers. ***Fa'âlun*** فعال (*ints.*): Doer with full might and very well. ***Maf'ûlan*** مفعُول (*acc.*) ***Maf'ûlun*** (*act. pic. m. sing.*): Done; Fulfilled. ***Fi'lun*** فعل (*v. n.*): Doing; Deed. ***Fa'latun*** فَعلة (*n.*): Deed. (L; T; R; LL)

The root with its above forms has been used in The Holy Qur'ân about 108 times.

Faqada فَقَدَ

فَقداً ؛ يَفقِد

To loose, want, miss be depressed of. *Tafaqqada* تفقّد: To review, make an inquisition into, search out things lost or missed.

Tafqidûna تَفقدون (*imp. 3rd. p. m. plu.*): You are missing (12:71). ***Nafqidu*** نفقد (*imp. 1st. p. plu.*):

We find missing; We miss (12:72). ***Tafaqqada*** تفقّد (*prf. 3rd. p. m. V.*): He reviewed (27:20). (L; T; R; LL)

Faqura فقرٍ

فَقرا ؛ يَفقُر

To be poor, destitute, needy. *Faqrun* فَقْر: Poverty. *Faqîrun* فَقير plu. *Fuqarâ'* فقرا: Poor; Needy; In want of. *Faqara / Faqira* فَقَر/فقر: To overwhelm with back breaking calamity, feel a pain in the vertebrae. *Fâqiratun* فاقرة: Vertebrae breaking calamity:

Faqr فقر (*v. n.*): Poverty; Destitution. ***Fâqiratun*** فاقرة (*act. pic. f. sing.*): Back breaking calamity. ***Faqîrun/Faqîran*** فقيرا/ فَقير (*acc. act. 2nd. pic. m. sing.*): Poor; Needy. ***Fuqarâ'*** فقراء (*n. plu.*): Poor ones. (L; T; R; LL)

The root with its above forms has been used in The Holy Qur'ân about 14 times.

Faqa'a فَقَعٍ

فَقعا ؛ يَفقَع

To be of a bright pure yellow colour, fawn of colour, of a very yellow or red colour, be of any pure colour, free from admixture.

Fâqi'un فاقع (*act. pic. m. sing.*): Intensely rich; Free from admixture (2.69). (L; T; R; LL)

Faqiha فَقهٍ

فَقها ؛ يَفقَه

To be learned, skilled in divine law, endowed with penetration, understand a thing.

Yafqahûna يفقهون (*imp. 3rd. p. m. plu.*): They understand. ***Yafqahû*** يفقهوا (*imp. 3rd p. m. plu. acc.* final *Nûn* dropped): ***Tafqahûna*** تَفقهون (*imp. 2nd. p. m. plu.*): You understand. ***Nafqahu*** نفقه (*imp. 1st. p. plu.*): We understand. ***Li Yatafaqqahû*** ليَتفقَهوا (*imp. 3rd. p. m. plu. V. ele.* final *Nûn* dropped): They may gain understanding; They may learn and become wellversed. (L; T; R; LL)

The root with its above five forms has been used in the Holy Qur'ân about 20 times.

Fakara فَكَرَ

فِكرا ؛ يَفكِر

To reflect, think on, ponder over. *Fakkara* فَكّر : II. To meditate, celebrate, consider, ponder with care, attention and endeavour. It is the action of speculative sense as well as of thought and heart.

Fakkara فكّر (*prf. 3rd. m. sing. II.*): Considered; Pondered. ***Yatafakkarûna*** يَتفكّرون (*imp. 3rd. p. m. plu.*): They reflect.

Yatafakkarû يتفكّروا (*imp. 3rd. p. m. plu. juss.* final *Nûn* dropped): They reflect. ***Tatafakkarûna*** تتفكّرون (*imp. 3rd. p. plu. V.*): You reflect. ***Tatafakkarû*** تتفكّروا (*imp. 2nd. p. m. plu. V.*): You reflect upon. The *imp.* case from *Tafakkara* تفكّر is *Tafakkarû* تفكّروا. In verse 34:46 the word *Tatafakkarû* تتفكّروا has been used as *2nd p. m.* of *imp.* It is an accusative case joining with *thumma* of conjunction *un taqûmû*. (L; T; R; Mughnî; LL) The root with its above five forms has been used in The Holy Qur'ân about 18 times.

Fakka فكّ

فكًّا ؛ يفُكّ

To free (a prisoner or slave), rid of, be ceased, desist.

Fakku فكّ (*v. n. assim.*): Freeing (90:13). ***Munfakkîna*** منفكّين (*ap-der. m. plu. VII.*): Rid of (98:1). (L; T; R; LL)

Fakiha فَكِهَ

فَكِهًا ؛ يَفكه

To be merry, lively, jolly, wonder, exclaim, chatting, jesting, make games of others. According to Râghib the verb originated from *Fâkihatun* فاكهة: Fruit or *Fukûhatun* فكاهة: Chatting. *Tafakkahûna* تفكّهون: You pursue chatting and killing in carelessness. *Fakihun* فكِه: Jester; One who makes game of others. *Fâkihun* فاكه: One who is very joyful, rejoices greatly. *Tafakka* تفكّه: To wonder, exclaim, lament, talk bitterly. *Fâkihatun* فاكهة plu. *Fawâkiha* فواكه: Fruit.

Tafakkahûna تفكّهون (*imp. 2nd. p. m. plu. V.*): You wonder chatting and killing. ***Fakihîna*** فكهين (*n. plu. acc.*): Jesting; Exalting with pride. Its sing. is *Fakihun*. ***Fakihûna/Fakihîna*** فكهون / فكهين (*acc.*): Living happily; Rejoicing. ***Fâkihatun*** فاكهة (*n.*): Fruit, ***Fawâkihu*** فواكه (*n. plu.*). (L; T; R; LL) The root with its above forms has been used in The Holy Qur'ân about 19 times.

Falaha فَلحَ

فلاحا ؛ يفلح

To till (the earth), cleave (a thing). *Aflaha* افلح: To be successful, lucky, live on. *Falâh* فلاح: Prosperity; Safety; Success - both in this life and in the hereafter; To unfold something in order to reveal its intrinsic properties, till and break open the surface of the earth and make its productivity powers active. The English word "plough" seems to have been derived from it. It is one of the striking beauties of the Arabic that its words in their primary sense denote the state which when realized, convey the import of the same. This is well illustrated in the word *Falâh* فلاح. *Falâh* فلاح not only means success but also signifies what constitutes real and complete success. *Falâh*, فلاح therefore, consists in the working out of our latent faculties to our best ability, whatever of noble and good hidden in us must come out and what ever is in the form of potentiality in human mind must be converted into actuality. So *Falâh* فلاح is really to work out our own evolution and to bring to realization what our Creator has placed in us. *Falâh* فلاح is of much higher stage than the attainment of *Najâh* (- salvation). In Arabic language there is no better word than *Falâh* فلاح, to describe the attaining what one desires, reaping the fruits of labour, and for success and gains as others may envy, be it material or spiritual, of this world or of the hereafter. *Muflih* مفلح: One who is prosperous, happy and attains one|s desires.

Aflaha افلح (*prf. 3rd. p. m. sing. IV.*): Successful; Successful in this life and in the thereafter. ***Yuflihu*** يفلح (*imp. 3rd. p. m. sing. IV.*) Propspers; Succeeds. ***Yuflihûna*** يفلحون (*imp. 3rd. p. m,. plu.*): They will succeed. ***Tuflihûna*** تفلحون (*imp. 2nd. p. m. plu.*): You will succeed. ***Lan Tuflihû*** لن تفلحوا (*imp. 2nd. p. m. plu. acc.*): You will never succeed. ***Muflihûna*** مفلحون *acc.* ***Muflihîna*** مفلحين (*ap-der. m. plu.*): Successful ones. (L; T; R; Zamakhsharî; Ibn Kathîr; Minâm-al-Rahmân; LL)
The root with its above forms has been used in The Holy Qur'ân about 40 times.

Falaqa فَلَق
فَلَقا ؛ يَفلِق

To cleave, split, come forth, become separated. *Falaq* فَلَق: Day-break (because it cleaves through the darkness, so is the cleaving of the seed-grain and stone of fruit.); Plain appearing and emergence (of the truth) after its having been dubious. *Falaqun* فَلَق: Daybreak; Dawn, Creation in general; Hell; Hidden and manifest evil including the evil influence of heredity, bad environment, defective education etc. *Infalaqa* إنفلق: To be split open, divided, become separated, be gushed, split, parted.

Infalaqa انفلق (*prf. 3rd. p. m. sing. VII.*): Became separated; It parted (26:63). ***Falaq*** فلق (*n.*): Daybreak; Dawn (113:1). ***Fâliqun*** فالق (*act. pic. m. sing. m. sing.*): Who splits (6:95, 96). (L; T; R; LL)

Falaka فَلَكَ
فَلَكًا ؛يَفلُكُ

To be round. *Fulkun* فلك: Ship; Ships; Ark. It is used for *sing.* and *plu.* and for *m.* and *f.* common gender and number. *Falakun* فلك: The orbit of a celestial body. Pivot; Axis.

Fulk فلك (*n.*): Ships. ***Falak*** فَلَك (*n.*): Celestial bodies. (L; T; R; LL)
The root with the above two forms has been used in The Holy Qur'ân about 25 times.

Fulânun فُلان
Such a one; Such a place; Such a thing. Substitutional for an unnamed or unspecified person or thing or place.

Fulânan فلا نا (*acc.*): Such a one (25:28). (L; T; R; LL)

Fanida فَنِدَ
فَنَدًا ؛ يَفْنَد

To become weak-minded, commit a mistake. *Fannada* فَنّد: II. To make a dotard of; Regard as a dotard etc. To pronounce any ones' judgment to be week and unsound. To call anyone an old babbler.

Tufannidûni تُفنّدون (*imp. 2nd. p. m. plu. II.* final *Nûn* is of pronominal): You pronounce my judgement to be weak and unsound (12:94). (L; T; R; LL)

Fanna فنّ
فَنّا ؛ يُفنّ

To adorn, beautify. *Fannana* فنّن : To mix various things; Classify; Gather. *Fanna*, its plu. *is Afnân* افنان: Kind; Species; Sort, Mode; Manner. *Afnân* إفنان when it is a plu. of *Fananan* فَننا: Branches of a tree; Abounding in varieties of trees and rich greenery accompanied with delightful comforts, many modes, manner, colours and hues.

Afnân افنان (*n. plu.*): Abounding in varieties; Rich in greenery and delightful comforts; In many modes, colours, manners and hues(55:48). (L; T; R; Kashshâf, Ibn Jarîr; LL).

Faniya فَنِىَ
فَناء ، فانٍ ، فَانيا ؛ يَفْنَى

To perish, cease to exist, waste away, pass away, disappear, fade away. *Fânin* فانٍ: Perishable; Worn out; Vanishable, Liable to pass away; Able to decay.

Fânin فانٍ (*act. pic. m. sing.* the *act pic.* is *Fâniyun* فاني of which in the end *Yâ* is dropped (55:26). (L; T; R; LL)

Fahima فَهِمَ
فَهما ؛ يَفهَمُ

To understand, perceive. *Fahhama* فهّمنا: To give true

understanding and appreciation.

Fahhamnâ فهّمنا (*prf. 1st. p. plu. V.*): We made (him) understand, gave him true appreciation (21:79). (L; T; R; LL)

Fâta فات
فوتا ؛ يفُوت

To pass away, slip (an opportunity), escape, loose, miss. *Fautun* فوتٌ: Escaping. *Fâta* فات: Lost; Missed; Escaped. *Tafâwut* تَفاوت: Disparity; Oversight; Flaw; Incongruity; Fault; Irregularity; Want of proportion.

Fâta فات (*prf. 1st. p. sing.*): Missed; Passed over; Lost (3:153; 57:23; 60:11). ***Fauta*** فوتٌ (*v. n.*): Escape (34:51). ***Tafâwut*** تفاوت (*v. n. VI.*): Incongruity; Imperfection; Disparity; Oversight (67:3). (L; T; R; LL)

Fâja فاج
فَوجا ؛ يَفُوجُ

To become fat, bulky, corpulent, large. *Nâqatun Fâi'jun*: ناقة فائج A fat and bulky she camel. *Faujun* فوج: Collection of persons; Party; Troop, Company; Host; Group; Crowd; Band; Army; People to who fallow a leader. plu. *Afwâjun*.

Faujun فوج (*n.*): ***Afwajan*** افواج (*plu. acc.*): (L; T; R; LL)

Fâra فار
فَورا ؛ يَفُور

To boil, boil over, gush forth, run, do in haste, rush, come in a headlong manner, be raised, be in a fit of passion, be in a hurry, come instantly, come immediately, fall of a sudden, make a sudden rush.

Fâra فار (*prf. 3rd. p. m. sing.*): Swelled and gushed forth (11:40; 23:27). ***Tafûru*** تفُور (*imp. 3rd. p. f. sing.*): It heaves up (boiling with them), (67:7). ***Faur*** فور (*n.*): Suddenly; In headlong manner (3:125). (L; T; R; LL)

Fâza فاز
فوزا ؛ يَفُوزُ

To succeed, gain victory, achieve a goal, triumph, get possession, obtain one's desires, escape, acquire. *Fauz* فوز: Victory; Successes, Felicity; Achievement; Gain; Salvation; Safety. *Mafâzatun* مفازة: Place of safety, of refuge, of felicity, of serenity; of escape. *Mafâzatun* is a noun for place or time, originated from *Fâza* meaning "to succeed", opposite "to parish". It signifies also desert wherein no person is afraid of perishing.

Fâzâ فاز (*prf. 3r. p. m. sing.*): He succeeded, has successfully attained the goal. *Afûzu* افوز (*imp. 1st p. sing. acc.*): I achieve my goal; I succeeded. *Fâizûna* فائزون (*act. pic. m. plu.*): Successful ones; Triumphants. *Mafâzan* مفازاً (*n. m.*): Triumph. *Mafâzatan* مفازة (*n.*): Place of security; Safe and secure; Desert wherein no person is afraid for and is secure. *Fauzun/Fauzan* فوزا / فوز (*acc.*): Gain. (L; T; R; LL)
The root with its above forms has been used in the Holy Qur'ân about 29 times.

Fâdza فَاضَ

فوضا ؛ يَفُوض

To interest any one with an affair, give jurisdictions, submit a thing to the judgment of another, confide, submit, give full power.

Ufawwidzu افوّض (*imp. 1st. p. sing. II*): I entrust (40:44). (L; T; R; LL)

Faqa فَاقِ

فَوقا ؛ يَفُوق

To be superior in rank or excellence, overcome, surpass; To be above, over, on, upon, more, on high. *Fauq* فوق: It is a preposition, meaning above, upon, over, more, on high, superior in rank or excellence. It signifies both, greater and smaller. *Fawâq* فواق: Time between two milkings, between two sucklings, between the opening of one's hand and grasping with it the udder or when the milker grasps the udder and then lets its go for milking or a delay and space of time between the opening and closing of the hand during milking. *Afâqa* افاق: To come to one's self; recover (after a swoon or illness), awake (from sleep), recollect.

Afâqa افاق (*prf. 3rd. p. m. sing. IV*): He recovered. *Fawâq* فواق (*n.*): Pause. *Fauq* فوق: (particle): Above; Over etc. (L; T; R; LL)
The root with its above three forms has been used in The Holy Qur'ân about 43 times.

Fâma فَامَ

فَوما ؛ يَفُوم

To make bread. *Fûmun* فُوماً: Bread; Wheat; Corn; Any grain used for bread. *Fûmatun* فومة : Ear of corn; Pinch of a thing; Garlic.

Fûman فُوماً (*n.*): Corn (2:61). ((L; T; R; Jauharî, Zajjâj, LL)

Fâha فَاهِ

فَوها ؛ يَفُوه

To pronounce a letter or word,

a ḍiscourse. *Famun* فَم, *Fumun* فُم, *Fû* فوا: (*gen. Fî* فِي, *acc. Fâ* فا, *plu. Afwâh* أفواه : Mouth. The word *Famun* is formed from the regular noun *Fûhun* by cutting off the two last radical letters, and substituting them with *Mîm*.

Fâhu فاه (comp. *Fâ* - mouth + *hu* - his acc.): His mouth. ***Afwâhun*** افِواه (*n. plu.* its *sing.* is *Fûhun* فوه): Mouths. (L; T; R; LL)

The root with its above two forms has been used in the Holy Qur'ân about 13 times.

Fî فِي

In, into, amongst, in company with, during, with, of, for, for the sake of, upon, concerning, after, in comparison, about, among, on account of, respecting, by the side of, on, by, against, according to, in respect of.

Fî فِي: Preposition which points to cause, space or time. (L; T; R; Zamakhsharî, Imlâ, LL)

Fâ'a فآءَ

فَيئًا ؛ يَفِيئ

To return, go back, go from (a vow), bring under the authority, change its place, shift, turn (shadow). *Fai'* في: Shade; Gain of war; Prisoner of war.

Fâ'at فاءت (*prf. 3rd. p. f. sing.*): It returned. ***Fâ'û*** فاءوا (*prf. 3rd. p. m. plu.*): They returned. ***Tafî'u*** تفيئ (*imp. 3rd. p. f. sing.*): Return. ***Afâ'a*** افاء (*prf. 3rd. p. m. sing. IV.*): He gave as gains of war. ***Yatafayya'u*** يتفيّء (*imp. 3rd. p. m. sing. V.*): He turns himself, shifts. (L; T; R; LL)

The root with its above five forms has been used in The Holy Qur'ân about 7 times.

Fâdza فاضَ

فَيضًا ؛ يَفِيضُ

To be copious, overflow, abound, flow freely, spread. *Afâdza* افاض: To pour, proceed, return, be immersed in any business or communication, go from a place to another in a crowd. It is both transitive and intransitive.

Tafîdzu تَفِيضُ (*imp. 3rd. p. f. sing.*): Overflow. ***Afâdza*** افاض (*prf. 3rd. p. m. sing. IV.*): You proceed. ***Afadztum*** افضتم (*prf. 2nd. p. m. plu.*): You proceeded, spread, indulged in. ***Tufîdzûna*** تُفيضون (*imp. 2nd. p. m. plu. IV.*): You are engaged, engrossed. ***Afîdzû*** اِفيضُوا (*prt. m. plu. IV.*): You proceed, pour. (L, T, R, LL)

The root with its above five forms has been used in the Holy Qur'ân about 9 times.

Fâla فَالَ
فَيلاً ؛يَفيل

To be weak-minded, become fat, commit error. *Fîlun* فِيل: Elephant.

Fîl فِيل (*n.*): (105:1). (L; T; R; LL)

Qâf
ق Q

The 21st. letter of the Arabic alphabet. According to the mode of reckoning numbers by the letters of the alphabet (*Hisâb Jummal*) its value is 100. It is one of the letters termed *Majhûrah*. It is also the name and initial letter of the 50th chapter of The Holy Qur'ân and is used as an abbreviation of *Qâdir* قادر or *Qadîr* قدير.

Qâf ق
Abbreviation of *Qâdir* قادر and *Qadîr* قدير - Divine names of Allâh

Qâf ق: (50:1). (L; T; R; LL)

Qabaha قَبَحَ /Qabuha قَبُحَ
قَبْحاً ؛ يَقبُح ، يَقبَح

To abhor, disapprove, render ugly, be ugly, be hideous, be foul, be abominable. *Maqbûhun* مقبُوح: Abhorred, Rendered loathsome; Hateful; Shameful; Deprived of all good; Removed or driven from good; Hideous; Bereft.

Maqbûhîn مقبوحِين (*pic. pac. m. plu. acc.*): Deprived of all good (28:42). (L; T; R; LL)

Qabara قَبَرَ
قَبراً ؛ يَقبِر ، يَقبُر

To bury (the dead). *Aqbara* اَقبَرَ: To cause to be buried, have a grave day, have anyone buried. *Qabrun* قبرٌ plu. *Qabûr* قُبور: Grave; Tomb; Intermediate state in which the soul lives after death till the resurrection. It is also called *Barzakh*. *Maqbaratun* مقبرة plu. *Maqâbir* مقابر: Cemetery; Place of burying.

Aqbara اقبَرَ (*prf. 2nd. p. m. sing. IV.*): He assigned a grave. ***Qabrun*** قبْرٌ (*n.*): Grave. ***Qubûr*** قُبور (*n. plu.*): Graves. ***Maqâbir*** مقابر (*n.plu.*): Places of burying, Cemetery, Graves. (L; T; R; LL) The root with its above four forms has been used in The Holy Qur'ân about 8 times.

Qabasa قَبَسَ
قَبْساً ؛ يقْبِس

To ask or take fire, learn, teach, catch, get a light from another. *Qabas* قَبس: Burning stick; Fire brand; Burning brand. *Iqtabsa* إقتبس: VIII. To take light from another.

Naqtabis نَقتَبس (*imp. imp. 1st. p.plu. VIII juss.*): We may borrow some illumination, we may obtain some illumination (57:13). ***Qabasun*** قَبسٌ (*n.*): Fire brand; Flaming brand (20:10; 27:7). (L; T; R; LL)

Qabadza قَبَضِ

قَبضا ؛ يَقبِض

To contract, seize, draw in (the wings in flying), take, hold, grasp, tight, withdraw, adapt, receive. *Qabadzatan*: قَبضتا: Handful; Following; Drawing; Single act of taking. *Maqbûdzatun* مَقبوضَة: Taken possession.

Qabadztu قبضتَ (*prf. 1st. p. sing.*): I seized. ***Qabadznâ*** قَبضنا (*prf. 1st p. plu.*): We withdraw. ***Yaqbidzû*** يَقبضوا (*imp. 3rd. p. m. sing.*): Receives; Withholds. ***Yaqbidzûna*** يقبضونَ (*imp. 3rd. p. m. plu.*): They *m.* withhold. ***Yaqbidzna*** يقبضناَ (*imp. 3rd. p. f. plu.*): They *f.* withdraw. ***Qabdzan*** قَبضا (*v. n. acc.*): Drawing. ***Qabdzatan*** قَبضَة (*n. acc.*): A single act of taking, adopting. ***Maqbûdzatun*** مَقبُوضَة (*pct. pis. f.*): Thing taken into possession. (L; T; R; LL)

The root with its above forms has been used in The Holy Qur'ân as many as about 9 times.

Qabila قَبِلٍ

قُبُولا ، قَبُولا ؛ يَقبَل

To accept, admit, receive, agree, meet anyone. *Qâbilan* قابِل: One who accepts. *Qablu* قَبل: Before; Formerly. *Qubulun* قُبل: The fore-part; Face to face; Before; Also plural of *Qabîlum* قَبيل (in hosts). *Qibalun* قَبل : Power; Side; Part. *Qiblah* قبلة: Towards; In the direction of; Facing; Alongside. *Qiblatun* قِبلة: Anything before, opposite; The point in the direction of which prayer is performed; The Ka'bah at Makkah; A place of worship. *Qabûlun* قبول: Favourable reception; Gracious acceptance. *Qabîlun* قبيل : Tribe; Host. *Qabîlatun* قبيلة plu. *Qabailun* قبائل: Tribe. *Aqbala* اقبل: *(IV)*. To come near, draw near, approach, turn towards, rush upon. *Taqabbala* تقبّل: (V.) To accept. *Mutaqâbilun* متقابل: *(VI)*. Opposite to; Facing one another. *Mustaqbilun* مستقبل (*X.*): Proceeding towards; Heading towards.

Yaqbalu يقبُلَ (*imp. 3rd. p. m. sing.*): He accepts. ***Lâ Taqbalû*** لا تَقبَلوا (*prt. neg. m. plu.*): You accept not. ***Yuqbalu*** يُقبَل (*pip. 3rd. p. m. sing.*): Is accepted. ***Tuqbala*** تقبل (*pip. acc.*): Will be accepted. ***Lan Tuqbala*** لن تَقبَل

(*pip. acc. neg.*): Will never be accepted. ***Taqabbala*** تقبّل (*prf. 3rd.p. m. sing. V.*): He accepted. ***Yataqabbalu*** يتقبّل (*imp. 3rd. p. sing.*): He accepts. ***Lan Yataqabbala*** لن يتقبّل (*imp. 3rd. p. m. sing. V. acc. neg.*): Will never accept. ***Tuqubbila*** تقبّل (*pip. 3rd. p. m. sing.*): Was accepted. ***Lan Yutaqabbal*** لن يتقبّل (*pip. 3rd. p. m. sing. juss.*): Was not accepted. ***Nataqabbalu*** نتقبّل (*imp. 1st. p. plu.*): We accept. ***Taqabbal*** تقبّل (*prt. - prayer m. sing.*): May thou accept. ***Aqbala*** اقبل (*prf. 3rd. p. m. sing. IV.*): He turned. ***Aqbalat*** اقبلت (*prf. 3rd. p. f. sing. IV.*): She came up. ***Aqbalû*** اقبلوا (*prf. 3rd. p. m. plu. IV.*): They turned towards. ***Aqbalnâ*** اقبلنا (*prf. 1st. p. plu. IV.*): We accompanied, travelled. ***Aqbil*** اقَبل (*prt. m. sing.*): Draw near. ***Qâbilun*** قابل (*act. pic. m. sing.*): One who accepts, Acceptor. ***Qabûlan*** قبولا (*v. n.*): Acceptance. ***Mutaqâbilîna*** متقابلين (*ap-der. m. plu. IV.*): Facing one another. ***Mustaqbilun*** مستقبل (*ap-der. m. sing. X.*): Heading towards. ***Qiblatun*** قبلة (*n.*): Direction or point towards which one turns his face or attention. In the religious usage it is the direction towards which one turn his face when saying his prayer; A place of worship. ***Qabîlun / Qabilan*** قبيل / قبيلاً (*acc. / act. 2nd pic. m. sing.*): Face to face; Tribe. ***Qabail*** قبائل (*n. plu.*): Tribes. Its sing. is *Qabîlatun*. ***Qablu*** قبل (noun for time and place): Before; Formerly. Used also as adverb, preposition and possesser to pronominals and also as accusative noun. ***Qubulan*** قُبلا (*n.*): Front; Forepart; Facing; Before eyes; Face to face. ***Qibalun*** قبِل (*n.*): Towards, Power to withstand; Face; Front. (L; T; R; LL)

The root with its above forms has been used in The Holy Qur'ân about 294 times.

Qatara قَتَرَ

قَترا ؛يقتِر ،يقتُر

To be stingy, tight-fisted, niggardly, have scantily, be barely sufficient (sustenance), give bare sustenance. *Qatarun* قتّر and *Qataratun* قَترة: Dust; Gloom (of sorrow); Darkness; Stinginess. *Qatûrun* قُتور: Niggardly. *Muqtirun* مُقتر: To be in reduced circumstances; Straitened.

Yaqturû يَقتروا (*imp. 3rd. p. m. plu. juss.*): They sting; Niggardly (25:67). ***Qatarun*** قترٌ (*n.*): Gloom (of sorrow) (10:26). ***Qataratun*** قَترة (*n. f.*): Gloom (80:4). ***Quturun /Quturan*** قُتر / قُترا (*acc./*): Niggardly (17:100). ***Muqtir*** مقتر (*ap-der. m. sing.*

IV.): Straitened (2:236). (L; T; R; LL)

Qatala قَتَلَ

قَتلاً؛ يَقتُل

To kill, put to death, slay, be accused, attempt to kill, render person like to one killed. *Qatala nafsahû* قتل نفَسه: To commit suicide. *Qutlun* قتل: The act of putting to death; Slaughter. *Qatîlun* قاتل plu. *Qatlâ* قتلا: One who is slain *Qattala* قتّل : According to linguists the stem II denotes something more than what the triliteral form does. Thus while *Qatala* قتل means to slay or kill. *Qattala* قتّل signifies to massacre or to kill in a severer manner. *Taqtîl* تقتيل: The act of slaughtering. *Qâtala* قاتل: III. To wage war, fight, combat, battle. *Qâtalahum Allâh* قاتلهم الله: May Allâh curse them. *Qitâlun* قِتال: The act of fighting; War. *Iqtatala* اقتل: VIII. To contend or fight among themselves. *Qatl* قَتل: Violent death; Murder; Slaughter; Manslaughter; Capital punishment; Killing; Slaying. *Qatlâ* قَتلا: Slain ones.

Qatala قتل (*prf. 3rd. p. m. sing.*): He slew, killed. ***Qatalta*** قتلت (*prf. 2nd. p. m. sing.*): Thou hast killed, slain. ***Qataltu*** قتلتُ (*prf. 1st. p. sing.*): I killed. ***Qatalû*** قتلوا (*prf. 3rd. m. plu.*): They slew, killed ***Qataltum*** قتلتم (*prf. 2nd. p. plu.*): You killed; attempted to kill, ordered a person like one killed. ***Qataltumûhum*** قتلتموهم (an additional *Wâw* is suffixed before a pronominal *hum* with no effect in the meaning): You killed them. ***Qatalnâ*** قتلنا (*prf. 1st. p. plu.*): We killed. ***'An Yaqtula*** ان يقتل (*imp. 3rd. p. sing. acc.*): That he may kill. ***Man Yaqtul*** من يقتل (*imp. 3rd. p. m. sing. juss.*): Whosoever kills. ***Aqtul*** اقتل (*imp. 1st. p. sing. juss.*): I kill (let me). ***Aqtulanna*** اقتلنّ (*imp. 1st. p. sing. emp.*): I surely shall kill: ***Yaqtulûn*** يقتلون (*imp. 3rd. p. m. sing.*): They kill. ***Lâ Yaqtulna*** لا يقتلن (*imp. neg. 3rd. p. f. plu.*): They who should not kill. ***Taqtulûna*** تقتلون (*imp. 2nd. p. m. plu.*): You kill. ***La Taqtulû*** لا تقتلوا (*prt. neg. m. plu.*): Kill not your selves; Do not commit suicide (4:29). ***Iqtulû*** اقتلوا (*prt. m. plu.*): O you people kill! ***Qutila*** قُتِل (*pp. 3rd. p. m. sing.*): He was killed; Perish! Woe to! ***Qutilat*** قُتلت (*pp. 3rd. p. f. sing.*): She was killed. ***Qutilû*** قُتِلوا (*pp. 3rd. p. m. plu.*): They were killed. ***Qutiltum*** قُتِلتم (*pp. 2nd. p. m. plu.*): You were killed. ***Qutilnâ*** قُتلنا (*pp. 1st. p. plu.*): We were killed. ***Yuqtalu/ Yuqtal*** يُقتل / يُقتَل (*pip. 3rd. p. m. sing.*): He is killed. ***Yaqtula*** يقتُلَ (*imp. 3rd.*

m,p. sing.): He should kill. ***Yaqtul*** يقْتل (*imp 3rd. p. m. sing.*): Who kills. ***Yuqtalûna*** يقتلون (*pip. 3rd. p. m. plu.*): They are killed. ***Yuqattilûna*** يقّتلون (*imp. 3rd p. m. plu. II.*): They kill in a severe manner; They massacre. ***Nuqattilu*** نقتّل (*imp. 1st p. plu. II.*): We shall go on gradually killing. ***Quttilû*** قُتّلوا (*pp. 3rd. p. m. plu. II.*): They were killed (in a severe manner). ***Yuqattilû*** يقتّلوا (*pip. 3rd p. m. plu. II. acc.*): They be killed (in a severe manner). ***Qâtala*** قاتل (*prf. 3rd. p. m. sing. III.*): Fought; Confound; Woe! ***Qâtalû*** قاتلوا (*prf. 3rd. p. m. plu. III.*): They fought. ***Yuqâtilu*** يُقاتل (*imp. 3rd. p. m. sing. III.*): He fights. ***Tuqâtilu*** تقاتل (*imp. 3rd. p. f. sing. III.*): She fights. ***Yuqâtilûna*** يُقاتلون (*imp. 3rd. p. m. plu. III.*): They fought. ***Yuqâtilû*** يقاتلوا (*imp. 3rd. p. m. plu. III. acc. Nûn at the end dropped*): ***Tuqâtilûna*** تقاتلون (*imp. 2nd. p. m. plu. III.*): You fight. ***Lan Tuqâtilû*** لن تقاتلوا (*imp. neg. 2nd. p. plu. III.*): You may not fight, will not fight. ***Qâtil*** قاتل (*prt. m. sing. III.*): Thou fight. ***Qâtilâ*** قاتلا (*prt. m. dual. III.*): You both fight. ***Qutilû*** قُوتلوا (*prt. plu. III.*): O you, fight! ***Qûtilû*** قُتِلوا (*pp. 3rd. p. m. plu. III.*): They were fought. ***Qûtiltum*** قُوتلتم (*pp. 2nd. p. m. plu. III.*): You were fought. ***Yuqâtalûna*** يُقاتلون (*pip. 3rd. p. m. plu.*): They are being fought. ***Iqtatala*** اقتتل (*prf. 3rd. p. m. sing. VIII.*): Fought (amoung themselves). ***Iqtatalû*** إقتتلوا (*prf. 3rd. p. m. plu. VIII.*): They fought each other. ***Yaqtatilani*** يقتتلان (*imp. 3rd. p. m. dual. VIII.*): The two fight each other. ***Qatlun*** قتل (*v. n.*): Killing; Slaying. ***Taqtîlan*** تقتيلا (*v. n. II. acc.*): Put to death. ***Qitâlun/Qitâlan*** قتال / قتالا (*v. n. III.*): Fighting. ***Qutlâ*** قُتلى (*n. v.*): Killed ones. (L; T; R; LL)

The root with its above forms has been used in The Holy Qur'ân about 170 times.

Qa<u>th</u>a'a قثأ

قثأ ؛ يَقُث

To eat a thing that makes sound and crunch under the molar teeth while chewing, for example while eating cucumber; To abound in cucumbers. <u>Qiththâun'</u> قثّاءٌ: Cucumber.

<u>Qiththâ</u> قثّأبنُ (*n.*). It has no singular: (2:61). (L; T; R; LL)

Qa<u>h</u>ama قَحَمَ

قُحوماً ، قَحماً ؛يَقحُم

To rush, enter, undertake, attempt (the uphill path), make haste, try, undertake an enterprise, plunge, invade, jump, impel, embark boldly.

Maqtahimun مقتَحم: One who rushes or leaps, etc.

Iqtahama إقتَحَم (*prf. 3rd. p. m. sing. VIII.*): Attempt the uphill path; Embark boldly. (90:11). ***Muqtahimun*** مقتَحم (*ap-der. m. sing. VIII.*): One who rushes. (38:59). (L; T; R; LL)

Qad قَد

Corroborative particle added to a verb. When preceding the past it means that an event has truly or recently happened, and when proceeding the aorist it means that an event is expected to be shortly performed. Thus it a confirmatory particle prefixed before perfect tense to make the verb definitely past perfect and when placed before imperfect it denotes certainty of a thing or frequency of a thing and that it is surely expected or it was not unexpected. Another use of *Qad* قد is to add energy to an affirmation and it may then be rendered truly of a certainty, verity, indeed, surely. It also means already or possibility. If used as a noun it means sufficiency. When it gives the meanings of expectation it can be prefixed before past tense and aorist. It also gives the meaning of to happen often or frequently or very often or *Rubamâ* - many a time. Some times it is used with letter Fâ as *Faqad* فَقَد. (L; T; Ibn Mâlik; Mughnî; Hamâ al-Hawâmi'; Akhfash; Jauharî; Tahzîb; Zamakhsharî; LL)

Qadaha قَدَحَ

قدحا ؛ يَقدُح

To dash or strike fine with (a steel).

Qadhan قَدحا (*acc. v. n.*): Striking of fire (100:2). (L; T; R; LL)

Qadda قدّ

قدًّا ؛ يَقُدّ

To rend, cut, tear, pull sharply apart. *Qaddat* قدّت: She rent *Qidadun* قددٌ plu of *Qiddatun* قدّت: Parties of men at variance among themselves; Companies of diverse and different (way).

Qudda قدّ (*pp. 3rd. p. f. sing.*): Has been torn (12:25, 27, 28). ***Qaddat*** قدّت (*prf. 3rd. p. f.*): She tore (12:25). ***Qidadan*** قدداً (*n. acc.*): Different; Diverse (72:11). (L; T; R; LL)

Qadara قَدَرَ / Qadira قَدِرَ

قَدراً ؛ يَقدُر ،يقدِر

To be able to do, have the power over, prevail, measure to an exact nicety, estimate exactly, be sparing, determine, decree, grown, arrange, prepare, allot, devise, dispose, appreciate, honour, assign, know, understand, straighten (the provision or other means), restrict. *Qudrun* قدرٌ: Knowledge; Law; Value, Power; Measure; Majesty; Ability; Glory; Honour; Standard; Limit; Destiny; Means *Qâdir* قادر: One who is able to, or has power over; One who has control. *Qâdir* قادر and *Qadîr* قدِير signify the same possessing power or ability but *Qadîr* قدير has an intensive signification and being of the measure of *Fa'îl* and being expressive of a constant repetition and manifestation of the attribute. *Taqdîr* تقدِير: Knowledge; Law; Measuring decree; Judgement; Ordering. *Maqdûran* مَقدورا: Made absolute; Executed. *Miqdâr* مقدار: Due measurement; Definite quantity. *Qudûrun* قُدور sing. *Qidr* قدر and *Qidratun* قدرة : Cooking pots. *Qaddara* قَدَّر: To make possible, prepare devise, lay plan, facilitate *Muqtadir* مُقتدر: Powerful; Able to prevail. *Qâdir* قادِر and *Qadîr* قدير are the excellent names of Allâh.

Qadara قَدَر (*prf. 3rd. p. m. sing.*): He straitened. ***Qadarû*** قدرُوا (*prf. 3rd. p. m. plu.*): They estimated, appreciated. ***Qadarna*** قدرنا (*prf. 1st. p. plu.*): We decreed, arranged, determined. ***Qudira*** قدر (*pp. 3rd. p. m. sing.*): Was decreed, straitened. ***Yaqdiru*** يَقدِر (*imp. 3rd p. m. sing.*): He straitens, has power over. ***Yaqdirûna*** يَقدِرون (*imp. 3rd. p. m. plu.*): They have power over. ***Taqdirû*** تقدِروا (*imp. 2nd. p. m. plu.* final *Nûn* dropped): You have power. ***Naqdiru*** نقدِر (*imp. 1st. p. plu.*): We have power over. ***Qaddara*** قدّر (*prf. 3rd. p. m. sing. II.*): He decreed, measured, devised, disposed. ***Qaddarnâ*** قدّرنا (*prf. 1st. p. plu. II.*): We have decreed, decided, fixed easy (journeying). ***Qaddarû*** قدّروا (*prf. 3rd. p. m. plu. II.*): They determined. ***Yuqaddiru*** يقدّر (*imp. 3rd. p. m. sing. II.*): Estimates, measures. ***Qaddir*** قدّر (*prt. m. sing.*): Thou measure. ***Qadrun*** قدرٌ (*n.*): Estimation; Appreciation; Measure; Power; Majesty; Honour. ***Qadarun*** قدَرٌ (*n.*): Measure; Ordained; Limit; Means. ***Qudûrun*** قدورٌ (*n. p.*): Cauldrons; Cooking pots. ***Qâdir*** قادر (*act. pic. m. sing.*): Able; Potent; One who has control of. One of the excellent names of Allâh. ***Qâdirun/Qâdurûna*** قادرون / قادر (*acc./act. pic. plu.*): Those who have power. ***Qadîrun*** قَدير (*act. 2 pic. m. plu.*): Possessor of power. One of the excellent names of Allâh. *Qâdir* قادر and *Qadîr* قدير signify the same possessing power of ability, but *Qadîr* has an intensive signification and means: He who does what he will according to his attributes and to what wisdom requires. ***Taqdîr*** تقدير (*v. n. II.*): Decree; Disposition; Measuring. ***Maqdûrun*** مقدور (*pic. pac. m. sing.*): Destined one. ***Miqdârun*** مِقدار (*n.*): As for time and place; Due measure; Measurement. ***Muqtadir*** مُقتدر (*ap-der. m. sing. VIII.*): All powerful. ***Muqtadirûna*** مُقتدرون (*ap-der. plu. VIII.*): Powerful. (L; T; R; LL)

The root with its above forms has been used in The Holy Qur'ân about 132 times.

Qadusa قَدس

قُدسا ؛ يَقدُس

To be pure, holy spotless. *Qudusun* قدس: Purity; Sanctity; Holiness. *Rûh al-Qudus* روح القدس: The holy spirit; The name by which the archangel Gabriel is designated in the Holy Qur'ân. It should not be confused with the "Holy Ghost" of Christianity, which is the third of the Three. *Quddûs* قدّوس : Holy one. *Al-Quddûs* القدّوس: The holy one, one above and opposed to all evil, replete with positive good. One of the excellent names of Allâh. *Muqaddas* مقدّس: Sacred; Holy *Qaddasa*قدّسَ: To sanctify, extol the holiness, hallow. *Muqaddasatu* مُقدّسة: Holy (*f.*)

Nuqaddisu نُقدّس (*imp. 1st. p. plu. II.*): We extol holiness. ***Qudus*** قُدس (*n.*): Holy. ***Rûh al-Qudus*** روح القدس: The holy spirit; The angel Gabriel. ***Quddûs*** قُدّوس (*n.*): Holy; Above and opposed to all evils, with positive goods. ***Muqaddas*** مُقدّس (pis. pic. *m. sing. II.*): Holy. ***Muqaddasatu*** مُقدّسة (*pic. pic. f. sing. II.*) Holy. (L; T; R; LL)

The root with its above forms has been used in The Holy Qur'ân about 10 times.

Qadama قَدَم /Qadima قَدِمَ

قُدُوما ؛ يَقدُم

To precede, come forward, head a people. *Qadima* قَدِمَ: To come, return, come back from turn, advance, set upon, betake one's self. *Qadamun* قَدّم: Merit; Rank; Precedence; Human foot; Footing; Foundation; Example; Strength. *Qadama Sidqin* قدم صدق: Advancement; Going forward in excellence; Footing of firmness; Strong and honourable footing; True rank; Precedence of truthfulness. Qadîm: Old; Ancient. *Aqdamûna* اقدمون: Forefathers. *Qaddama* قدّم: (*II.*) To bring upon, prefer, send before, prepare beforehand. *Taqaddama* تُقدّم: (*V.*) To advance, proceed, go forward, be previously (done or said), bring upon, send before, put forward (a threat), (threaten) beforehand, obtrude (opinion). Be promoted, proposed, surpass, outstrip any one. *Istaqdama* استقدم: X. To desire to advance, wish to anticipate, advance boldly. *Mustaqdimun* مُستقدم: One who goes forward or desires to advance, who goes ahead, who lived before, foremost.

Qadimnâ قدِمنا (*prf. 1st. p. plu.*): We came, have turned. ***Yaqdumu*** يقدمَ (*imp. 3rd. p. m. sing.*): Will lead. ***Qaddama*** قدّم (*prf. 3rd. p. m. sing. II*): Brought about. ***Qaddamat*** قدّمت (*prf. 3rd. p. f. sing. II.*): Brought about. ***Qaddamtu*** قدّمتُ (*prf. 1st. p. sing. II.*): I brought about, had already given, sent forward. ***Qaddamû*** قدّموا (*prf. 3rd. p. m. plu. II.*): They sent forward. ***Qadamtum*** قدمتم (*prt. 2nd. p. m. plu. II.*): You have laid by in advance. ***Qadamtumû*** قدّمتموا (*prf. 2nd. p. m. plu.*): You brought about. ***Tuqaddimû*** تقدّموا (*imp. 2nd. p. m. plu. acc.* final *Nûn* dropped): You send forth, anticipate (putting yourself forward), offer. ***Qadimû*** قدموا (*prt. m. plu.*): Provide before hand; Send forward. ***Yaqdumuu*** يقدُم (*imp. 3rd. p. m. sing*): He comes forward. ***Taqaddama*** تُقدّم (*prf. 3rd. p. m. sing. IV.*): Attributed in the past. ***Yataqaddamu*** يَتقدّموا (*imp. 3rd. p. m. sing. V.* reflective of II.): Goes forward. ***Yastaqdimûna*** يستقدمون (*imp. 3rd p. m. plu. X*): They go ahead. ***Tastaqdimûna*** تستقدمون (*imp. 2nd. p. m. plu. X*): You anticipate, go ahead. ***Qadamun*** قدمَ (*n.s.*): Foot; Footing. ***Aqdâm*** اقدام (*n. plu.*): Feet. ***Qadîmun*** قديم (*act. 2 pic.*): Old; Older times. ***Aqdamûna*** اقدمون (*elective plu.*): Old ones; Those before. ***Mustaqdimîn*** مستقدمين (*ap-der. m. plu. acc. X.*): Those who have gone before. (L; T; R; LL)

The root with its above forms has been used in The Holy Qur'ân about 48 times.

Qada قَدَ

قدوا ؛ يقد

To draw near, be agreeable and palatable in taste and smell. *Iqtadâ* اقتد: VIII. To imitate, copy, follow agreeably. *Fabi-hudâhum Uqtadih* فبهداهم اقتده: So follow you their guidance (6:90). In this verse the final *hâ* of *Uqtadih* اقتده is a pronoun, pointing to the verbal noun *hudan*. Some commentators took this *hâ* as *hâ al-sakar* or *hâ al-waqf*, which denotes a fullstop.

Iqtadi/Uqtadi إقتد / اقتد (*prt. m. sing. VIII.*): Follow thou! (6:90). ***Muqtadûna*** مُقتدون (*ap-der. m. plu. VIII.*): Followers (43:23). (Imlâ, Zamakhsharî; Ibn Kathîr; L; T; R; LL)

Qa<u>dh</u>afa قَذَفَ
قَذفا ؛يَقذِف

To pelt, cast, inspire, hurt, do away, throw, plunge, charge anyone with (foul and evil actions), shoot, cast, dart, *Qa<u>dh</u>afa bi al-<u>Gh</u>aib* قذف بالغيب: To shout at unknown and making far fetched and useless conjectives, be reproached, pelted, driven away, repelled, thrown at.

Qa<u>dz</u>afa قَذَفَ (*prf. 3rd. p. m. sing.*): He cast, inspired. ***Qa<u>dz</u>afnâ*** قَذفنا (*prf. 1st. p. plu.*): We threw away. ***Yaq<u>dz</u>ifu*** يقذِف (*imp. 3rd. p. m. sing*): He will do away. ***Yaq<u>dz</u>ifûna*** يَقذِفون (*imp. 3rd. p. m. plu.*): They were shouting at the unknown and making far fetched and useless conjectures. ***Naq<u>dz</u>ifu*** نَقذِف (*imp. 1st p. plu.*): We hurt, do away. ***Iq<u>dz</u>ifû*** اقذفي (*prt. f. sing.*): Place *f.* thou. ***Yuq<u>dz</u>afûna*** يقذفون (*pip. 3rd. p. m. plu.*): They are darted, reproached. (L; T; R; LL)
The root with its above forms has been used in The Holy Qur'ân about 9 times.

Qara'a قرأَ
قَراءَةً، قَرأ؛ يَقرءُ، يَقرءُ

To read, read a written thing, recite with or without having script, proclaim, convey, call, rehearse, transmit, deliver (a message). To collect together, to put or arange together par to part or portion to portion. *Qur'ân* قُرآن: Book which is meant to be read, conveyed, delivered, recited, proclaimed, delivered, rehearsed, transmitted, collected and which comprises together all spiritual truth. *Al-Qur'ân* القرآن is the name by which the Holy Book revealed to the prophet Mu<u>h</u>ammad, peace be upon him. *Qur'ânahû* قرآنه: Its recitation. *Qurû'un* قروءٌ: Period of a woman's monthly courses, menstruation, entering from the state of cleanliness (*<u>T</u>uhr*) into the state of menstruation. A state of purity from the menstrual discharge. (The word has thus two contrary meanings).

Qara'a قرأَ (*prf. 3rd. p. m. sing.*): He read, recited. ***Qarâ'ta*** قرأت (*prf. 2nd. p. m. sing.*): Thou read. ***Qar'ânâ*** قرأنا (*prf. 1st. p. plu.*): We read. ***Yaqra'ûna*** يَقرءون (*imp. 3rd. p. m. plu.*): They read. ***Le Taqra'a*** لتقرأ (*imp. 2nd. p. m. plu. el.*): That thou may recite, read. ***Naqra'u*** نقرأَ (*imp. 1st. p. plu.*): We read. ***Iqra'*** إقرأ (*prt. m. sing.*): Read thou!, recite! ***Iqra'û*** إقرأءوا (*prt. m. plu.*): Read you! recite! ***Quri'a*** قُرِءَ (*pp. 3rd. p. m. sing.*): It is recited. ***Nuqri'u*** نقرء (*imp. 1st. p. plu. IV.*): We will teach, make recite. ***Qur'ânun/ Qur'ânan***, قُرآن / قرآنا (*acc./ v.*

n.): Reading; Reciting; Recitation. ***Al-Qur'ân*** القرآن (*prop. n.*): The Holy Qur'ân. ***Qurû'*** قُرُوءُ (*n.*): Menstruation; State of purity from menstruation. (L; T; R; LL; Zamakhsharî; Ibn Kathîr; Baidzâwî)
The root with its above forms has been used in The Holy Qur'ân about 89 times.

Qariba قَرِب/ Qaruba قَرُب

قُربانا ، قُربا ؛ يَقرَب ، يَقرُب قربة،

To be near to, approach, offer, be near in relationship or rank, be at hand, draw near. *Qurbatun* قُربة: Proximity; Means of drawing nigh; Kindred, relationship. *Qurubatan* قُربة plu. *Qurubâtun* قربات: Pious works and good deeds which draw people nigh to Allâh; Means by which an approach is sought. *Qarîbun* قَريب : Nigh; Near; Near at hand (either in place or time). *min Qarîbin* قريب: Soon after. *Qurbâ* قُربٰى: Affinity; Relationship. *Qurbân* قُربان: Sacrifice; Offer made for God; Means of access to God. *Aqrabu* اقرُب: Closer; Closest, Nearer; Nearest. *Aqrabûn* اقربون: Kinsfolk; Kindred; Those most nearly related. *Maqrabatun* مَقربة: Relationship; Near kinship. *Qarrab* قرّب : II. To set before, cause to draw nigh, make an offering, offer (sacrifice). *Muqarrabun* مُقّرب plu. *Maqarrabûna* مقّربون: One who is made or permitted to approach, who is brought nigh,

Yaqrabû يَقربوا (*imp. 3rd. p. m. plu.* final *Nûn* dropped): They approach, shall come near. ***La Taqrabâ*** لا تقربا (*prt. neg. m. dual.*): O you two approach not! ***La Taqrabû*** لا تقربوا (*prt. neg. m. plu.*): You approach not, go not in (unto them). ***Lâ Taqrabûni*** تقربوا *taqrabû*.س‌سس‌خ) لا تقربونِ and *ni* نِ). You approach me not. ***Aqrabu*** اقربُ (elative): Nearer. ***Aqrabûna/Aqrabîna*** اقربين / اقربون (acc./ *n.*) Relatives; Kins. ***Qarîbun/ Qarîban*** قريب/ قريبا (*acc./ act. 2 pic. m. sing.*): Nigh; Nearby. ***Qurbâ*** قربٰى (*n.*): Elative of nearness. ***Qurbatun*** قُربة (*n.*): Approach; Mean by which an approach is sought. ***Qurubât*** قربات (*n. plu.*): Approaches. Its *sing.* is *Qurbatun*. ***Maqrabatun*** مقربة (*n.*): Kinship; Relationship. ***Qurbânun*** قربان (*n.*): Sacrifice. ***Qurbânan*** قربانا (*n. acc.*): An offer made for God. ***Qarraba*** قرّب (*prf. 3rd. p. m. sing. II.*): He got nigh. ***Qarrabâ*** قرّبا (*prf. 3rd. p. m. dual. II.*): They both offered ***Qarrabnâ*** قرّبنا (*prf. 1st. p. plu. II.*): We made (him) draw near ***Tuqarribu*** تُقرّب (*imp. 3rd. p. f.*

sing.): Draw near. ***Yuqarribû*** يُقرّبوا (*imp. 3rd. p. m. plu.* final *Nûn* dropped): They bring nigh. ***Iqtaraba*** اقترب (*prf. 3rd. p. m. sing. VIII.*): Has come near. ***Iqtarabat*** اقتَربت (*prf. 3rd p. f. sing. VIII.*): Have come near. ***Iqtarib*** اقتَرب (*prt. m. sing. VIII.*): Be near! Draw near! ***Muqarrabûna/ Muqarrabîna*** مقرّبون / مقرّبين (*acc./ pp. plu. m. II.*): Those who are nearest (to God). (L; R; T; LL)

The root with its above forms has been used in The Holy Qur'ân as many as 96 times.

Qara**h**a قَرح

قَرحا ؛ يَقرَح

To wound, hurt, blow, sore. *Qar**h**un* قَرح: Wound; Outer injury; Pain caused by a wound.

Qar**h**un قَرح (*v. n.*): (3:140, 172). (L; R; T; LL)

Qarada قَرَدَ

قَردا ؛ يَقرِد

To cling to the ground, lie in dust, become abject or mean. *Qiradatan* قردة: Apes; Monkeys, *plu.* of *Qirdun* قِرد.

Qiradatan قردةً (*n. plu.*): (2:65; 5:60; 7:166). (L; R; T; LL)

Qarra قَرّ

قَرّا ؛ يَقُرّ ، يَقِرّ، يقر

To be or become cool, remain quiet, be steadfast, be firm, refresh, be stable, be firm, receive satisfy, affirm, agree, settle, last. *Qarâr* قَرار: Stability; A fixed or secure place; Depository; Place ahead. *Qurratun* قُرّة: Coolness; Delight. *Aqarra* اقرّ: *(IV)*. To confirm, cause to rest or remain. *Istaqarra* استقرّ: *(X)*. To remain firm. *Mustaqirrun* مستَقِرّ: That which remains firmly fixed or confirmed, in hiding, is lasting, which certainly come to pass, which is settled in its being or goal or purpose. *Mustaqar* مُستقر: Firmly fixed or established; A fixed abode, sojourn; Abode. *Qarna* قَرنَ: Stay, O you ladies! According to some linguists *Qarna* قَرنَ is derived from the root *Wâw* و, *Qâf* ق, *Râ* ر that means to remain with grace and dignity and respected manner. *Qurratun* قُرّة: Coolness; Refreshment; Source of joy and comfort. *Qawârîr* قوارير plu. of *Qârûratun* قارورة: Glasses; Crystals. ***Taqarra*** تَقرّ (*imp. 3rd. p. f. sing. acc.*): Become cool. ***Taqarra 'ainuhâ*** تَقرّعينه: She (might) be consoled (20:40). ***Qarrî*** قرّي (*prt. f. sing.*): Cool. ***Qarna*** قرنَ (*imp. 3rd. p. f. plu.*): O you ladies stay (with grace and dignity). ***Qarârun/Qarâran*** قرار / قرارا (*acc./ v. n.*):

Stability; Safe depository; Quiet meadow. ***Qurratan*** قُرّة (*n.*): Refreshment; (Source of) joy and comfort. ***Qawârîra*** قوارير (*n. plu.*): Glasses, Crystals. Its *sing.* is *Qârûratun*. ***Aqrartum*** اقررتم (*prf. 2nd. p. m. plu. IV.*): You promised, confirmed. ***Aqrarnâ*** اقررنا (*prf. 1st. p. plu.*): We do agree (The *prf.* tense has been rendered in 3:81 as if it were imperfect). ***Nuqirru*** نُقِرّ (*imp. 1st. p. plu. IV.*): We cause to stay. ***Istaqarra*** استقرّ (*prf 3rd. p. m. sing. X.*): It stood firmly without a support by itself. ***Mustaqirrun*** مُستقرّ (*ap-der. m. sing. X.*): Shall certainly come to pass; Lasting; Settled. ***Mustaqar*** مُستقر (*act. pic. m. sing. X.*): Resting place; Sojourn; An appointed time; Permanent abode; Determined goal; Recourse; Abode. (L; R; T; LL)

The root with its above forms has been used in The Holy Qur'ân about 38 times.

Qarasha قَرَشَ

قَرشا ؛ يقرُش، يقرِش

To cut off, curtail, earn. *Quraish* قُريش: Big fish; Victorious; Name of an Arab tribe descended from Abraham of which Mu<u>h</u>ammad's (Peace be upon him) grandfather was the chief. Everyone who is from the children of Na<u>dz</u>r is of *Quraish* قُريش

Quraishin قُريش (*n.*): (106:1) (L; R; T; LL)

Qara<u>dz</u>a قَرَضَ

قَرضا ؛ يقرِض

To cut, turn away from, severe, do good deed. Umayyah ibn Abû al-Salt says:

كُلّ امريءٍ سوف يُجزي قرضًا حسنًا
اوَسَيِّأ و مدينا مثل ما دانا

and Labîd says:

وإذا جُوزيت قرضًا فاجزه
إنما يجزي الفتى ليس الجمل

When a good deed is done in your favour it is your duty to repay it. In these verses the word Qar<u>dz</u> means "good deed".

Taqri<u>dz</u>u تَقرض (*imp. 3rd. p. f. sing.*): She cuts, leaves, declines. ***Aqra<u>dz</u>û*** اقرض (*prf. 3rd. p. m. plu.*): Those who perform excellent deeds. ***Aqra<u>dz</u>tum*** اقرضتم (*prf. 2nd. p. m. plu. IV.*): You perform an act of virtue. ***Yuqri<u>dz</u>u*** يُقرض (*imp. 3rd. p. m. sing. IV.*): Performs an act of the noblest virtue; Cuts off (a portion of goodly gifts). ***Tuqri<u>dz</u>û*** تُقرضوا (*imp. 2nd. p. m. plu. acc. IV.*): You set apart ***Aqri<u>dz</u>û*** اقرضوا (*prt. m. plu. IV.*): You set apart

(a goodly portion of your possessions to give for the sake of Allâh). ***Qard*z*an*** قرضا (*acc.*): An act of the noblest virtue; A portion of goodly gift. (Azharî; 'Ubâb; Abû 'Is*h*âq; A*kh*fash, L; R; T; LL).
The root with its above forms has been used in The Holy Qur'ân about 13 times.

Qar*t*asa قَرطَس
قرطاسا ؛يَقرِطس

To shoot, take aim, hit the mark, perish *Qir*t*âs* قرطاس plu. *Qarâ*t*îs* قراطيس: Parchment; What one writes upon; Sheet of paper; Scroll of paper; Writing; Book; Skin used as a target.

Qir*t*âs قرطاس (*n.*): (6:7). ***Qarâ*t*îs*** قراطيس (*n. plu.*): (6:91). (L, T, R, LL)

Qara'a قَرَعَ
قَرعا ؛ يَقرَع

To knock, strike, beat, hit the butt, gnash (the teeth), strike with severity. *Qâri'atun* قارعة: Great calamity that destroys a nation; Adversity that comes suddenly; A name of the day of resurrection; Great abuse.

Qâri'atun قارعة (*act. pic. f. sing.*): (13:31; 69:4; 101:1-3). (L; R; T; LL)

Qarafa قَرَفَ
قَرفا ؛ يَقرِف

To earn, peel, commit, perform (a crime, foolish act). Acquire, gain. *Iqtarafa* اِقترَف: *(VIII)*. To gain, learn, fabricate, perform (crime), transgress, mix truth with falsehood, peel the bark or skin.

Iqtaraftum اقترفتم (*prf. 2nd. p. m. plu. VIII.*): You have acquired. ***Yaqtarifu*** يقترف (*imp. 3rd. p. m. sing. VIII.*): - does a (good) deed. ***Yaqtarifûna*** يقترفون (*imp. 3rd. p. m. plu. VIII.*): They used to commit. ***Le Yaqtarifû*** يَقترفوا (*imp. 3rd. p. m. plu. VIII.* final *Nûn* dropped): That they may earn. ***Muqtarifûna*** مُقترفون (*ap-der. m. plu. VIII*): They forge, are doing. (L; R; T; LL)
The root with its above five forms has been used in The Holy Qur'ân about 5 times.

Qarana قَرَنَ
قَرنا ؛يَقرِن

To join one thing to another, couple. *Qarnun* قَرنٌ, dual *Qarnâni* قرنان, olique *Qar-naini* قَرنَين, plu. *Qurûn* قُرون: Horn. Horn is a symbol of strength and power, so the word signifies power, glory, state, generation, century, people of one, time, age; Trumpet; Edge; Ray; Able man.

Qarûnun قُرون: Mate; Comrade; Intimate companion plu. *Quranâ'* قرناء. *Muqarranîn* مقرّنين: Bound together. *Muqrinîna* مُقرنين: Capable of subduing. *Muqtarinîn* مُقترنين: Those formed in serried ranks; Accompanying ones. ***Dzû al-Qarnain*** ذوالقرنين: The two-horned one; One belonging to two century, or two generation; Master of two states or kingdoms. The surname of Cyrus (Darius I) the ruler of Media and Persia which were combined into a single kingdom under him. (see Dau. 8:3,20,21; Isaiah ch. 45; Ezra, ch. 1, 2. II Chron. ch. 36. Historian's History of the world under Cyrus). He was a powerful monarch and according to The Holy Qur'ân a kind and just ruler, a righteous servant of God who was blessed with divine revelation. The Holy Qur'ân gives a short account of his rule. He conquered land till he reached at the shore where he found "the sun setting as it were in a pool of murky water", the Black Sea, and then he turned to the east and conquered and subdued vast territories - the land between the Black Sea and the Caspian sea, where Gog and Magog made great inroads and he built a wall there to stop their inroads. *Qârûn* قارون: Korah. He was fabulously rich and stood high in the favour of Pharaohs. He was very likely his treasurer or minister of Mineralogy. He was an Israelite, but in order to win favours from Pharaoh he persecuted his own people and behaved arrogantly towards them. It is said that his treasures formed a load for "three hundred miles", a symbol of wealth, false pride and self-exaltation.

Qarnin/Qarnan قَرنٍ / قرناً (*acc./n.*): Generation; Century. ***Qurûnun*** قرون (*n. plu.*): Generations; Centuries. ***Qarinun/ Qarînan*** قرين / قرينا (*acc./n.*): Intimate companion. ***Quranâ'*** قرنا (*n. plu.*): Companions. ***Dzul Qarnain*** ذوالقرنين: Cyrus. ***Muqarranîna*** مقرّنين (*pic. pac. m. plu. II. acc.*): Bound together. ***Quranâ'*** قُرناء (*n.plu.*): Mates; Comrades; Companions. ***Muqrinîna*** مُقرنين (*ap-der. m. plu. IV.*): Subduing. ***Qârûn*** قارون: Korah. (28:76; 29:39; 40:24). ***Muqtarinîna*** مُقترنين (*ap-der. m. plu. VIII. acc.*): Accompanying ones. (L; R; T; LL)

The root with its above forms has been used in The Holy Qur'ân about 40 times.

Qara قَرَى

قَرَأى ؛ يَقري

To entertain a guest, collect, explore. Quryatun: Town; Township; City plu. *Qurâ* قُرى

dual *Qaryatain* قريَتين. *Um al-Qurâ* ام القرٰى: Mother of the cities, Makkah.

Qaryatun قَرية (*n. sing.*): ***Qaryatain*** قريَتين (*n. dual*); ***Qurâ***, قرٰى (*n. plu.Um alQurâ* ام القرٰى): (6:92; 42:7). (L; T; R; LL)
The root with its above three forms has been used in The Holy Qur'ân about 57 times.

Qasara قَسَرَ

قسرا ؛ يَقسِر

To force any one; Compel. *Qaswaratun* قسورة plu. *Qasawirâtun* قسوراة: Lion; Sturdy; Powerful.

Qaswaratun قَسورة (*n.*): (74:51). (L; R; T; LL)

Qassa قسّ

قَسا ؛ يَقُسّ

To slander any one, think evil, seek after a thing, pasture cleverly, become a priest, become good herdsman. *Qissîs* plu. *Qissîsin* قسّيس : Savant; Christian; Priest; Devoted to learning.

Qissîsîn قسّيسين (*n. plu.*): Savants: (5:82) (L; T; R; LL)

Qasaṯa قَسَط / Qasuṯa قَسُط

قِسطًا ؛ يَقسُط ،يَقسِط

To swerve from justice, act or deal unjustly or wrongfully. *Qasuṯa* قَسط:To act justly. *Qisṯ*: Justice; Equity. *Qâsiṯ* قاسِط: One who acts unjustly or, unrighteously. *Aqsaṯu* اقسط:More just. *Aqsaṯa* اقسط: *(IV.)* To be just. *Muqsitun* مقسط: One who observes justice. *Qisṯâs* قسطاس: Balance; Scale.

Tuqsiṯû تَقسطوا (*imp. 2nd. p. m. plu. IV*. final *Nûn* dropped): You do justice. ***Aqsiṯû*** اقسطوا (*prt. m. plu. IV.*): Act justly. ***Qâsiṯûna*** قَاسطُون (*act. pic. m. plu.*): Deviators (from the right course). ***Qisṯ*** قسط (*n.*): Justice ***Aqsaṯu*** اقسَط (elective): More equitable and just. ***Muqsiṯîna*** مُقسطين (*ap-der. m. plu. acc. VI.*): Equitable ones. ***Qisṯâs*** قسطاس (*n.*): Balance; Scale. (L; R; T; LL)
The root with its above forms has been used in The Holy Qur'ân about 25 times.

Qasama قَسَمَ

قَسما ؛ يقسم

To divide, dispose, separate, apportion, distribute. *Qasamun* قَسم: Oath. *Qismatun* قسمة: Partition; Dividing; Division; Apportionment. *Maqsûmun* مَقسوم: Divided; Distinct. *Muqassimun* مُقسّم: *(II.)* One who takes oath, who apportions. *Qâsama* قاسَم: *(III.)* To swear. *Aqsama* اقسم: *(IV.)* To swear. *Uqsimu* اقسم: I swear. *Taqâsama* تقاسم: *(VI.)* To swear one to another.

Muqtasimun مُقتسم: *(VIII.)* Who divides. *Istaqsama* استقسَم: *(X.)* To draw lots. *Tastaqsimû* تستقسِم: You seek a division.

Qasamnâ قَسَمنا (*prf. 1st. p. plu.*): We apportioned, distributed. ***Yaqsimûna*** يَقسمون (*imp. 3rd. p. m. plu.*): They distribute. ***Qâsama*** قاسَم (*prf. 3rd. p. m. sing. III.*): Swore; Ardently swore. ***Aqsamû*** اقسَموا (*prf. 3rd. p. m. plu. IV.*): They swore. ***Aqsamtum*** اقسَمتم (*prf. 2nd. p. m. plu. IV.*): You swear. ***Yuqsimu*** يقِسم (*imp. 3rd. m. sing. IV.*): Swears, will swear. ***Yuqsimâni*** يُقسمان (*imp. 3rd. p. m. dual. IV.*): They both swear; both will swear. ***Uqsimu*** اقسم (*imp. 1st. p. sing.*): I swear. ***La Tuqsimû*** لا تقسموا (*prt. neg. m. plu.*): Do not swear. ***Taqâsamû*** تَقاسَموا (*prf. 3rd. p. m. plu. VI.*): Let us swear. ***Tastaqsimû*** تَستَقسموا (*imp. 2nd. p. m. plu. acc. X.* final *Nûn* dropped): You seek to know your lot by; The (so called) divining arrows. ***Qasamun*** قسم (*n.*): Oath. ***Qismatun*** قسمةٌ (*n.*): Division; To be shared. ***Maqsûm*** مقسوم (*pic. pac. m. sing.*): Divided one; Assigned. ***Muqassimât*** مُقسّمات (*ap-der. f. plu. II.*): Distributors. ***Muqtasimîn*** مُقتسِمين (*ap-der. m. plu. acc. VIII.*): Dividers; Those who formed themselves into factions by taking oaths. (L; R; T; LL)

The root with its above forms has been used in The Holy Qur'ân about 33 times.

Qasâ قَسا
قَساوة ؛ يَقسُوا

To be hard, unyielding, pitiless. *Qaswatun* قَسوة: Hardness. *Qâsin* قاسِين : Hard.

Qasat قَست (*prf. 3rd. p. f. sing.*): Hardened (2:74; 6:43; 57:16). ***Qâsiyatun*** قاسية (*act. pic. f. sing.*): Hardened ones (5:13; 22:53; 39:22). ***Qaswatun*** قَسوة (*v. n.*): Hardness; Devoid of light; Darkened (2:74). (L; R; T; LL)

Qash'ara قَشعَر
قَشعَرا ؛يَقشَعر

To snipe; shudder; shiver; tremble; become rough.

Taqsha'iru تَقشَعر (*imp. 3rd. f. sing. quadrilateral IV.*): Tremble (39:23). (L; T; R; LL)

Qasada قَصَدَ
قَصدا ؛يَقِصد

To intend, be moderate, steer a middle course, go or proceed straight away, aim at, intend, repair, purpose, act moderately. *Qasdun* قَصْد: The right way, middle path, right direction, leading the right path, aim, intention, straight and right road, just. *Qâsidun* قاصدٌ: Easy or moderate (journey). *Muqtasidun* مُقتصِدٌ: One who keeps to the right and moderate path, who halls between the two extremes or upper limit and lower limit, of good intentions.

Iqsid اقصد (*prt. m. sing.*): Be modest. ***Qasdun*** قَصد (*v. n.*): Leading to the right path. ***Qâsidan*** قاصداً (*act. pic. m. sing. acc.*): Short; Easy. ***Muqtasadun*** مُقتصدٌ (*ap-der. m. sing. VIII.*): Who keeps the right course. ***Muqtasidtum*** مُقتصدتم (*ap-der. f. sing. VIII.*): Moderate; Of balanced mind. (L, T, R, LL)
The root with its above five forms has been used in The Holy Qur'ân about 6 times.

Qasara قَصَرَ
قَصرا ؛ يَقصِر

To shorten, cut short, curtail, confine, restrict. *Qasura* قَصُر: To be short, diminish, cut short. *Qasrun* قَصرٌ plu. *Qusûrun* قُصور: Palace, Castle. *Qâsirun*: One who keeps in restraint. *Maqsûrun* مَقصور: Confined; Restrained, *Muqassrun* مُقصّر: One who cuts short (his hairs). *Aqsara* اقصَر: IV. To desist. *Qâsirât* قاصرات: Restraining, modest (looks). *Qâsirât alTarf* الطرف قاصرات : The object of the sentence is possessed by its own object. *Min qabîli idzâfat al-fâili ilâ maf'ûlihî*

من قبيل إضعافة الفاعل الىٰ مفعوله

Taqsurû تقصروا (*imp. 2nd. p. m. plu. acc.* final *Nûn* dropped): ***Yuqsirûna*** يَقصرون (*imp. 3rd. p. m. plu. IV.*): They relax. ***Qusrun*** قَصرٌ (*n.*): Castle. ***Qusûrun*** قُصور (*n. plu.*): Castles. ***Qâsirât*** قاصرات (*act. pic. f. plu.*): Restraining, modest (looks). ***Maqsûrâtun*** مقصورات (*pic. pac. f. plu.*): Confined; Restrained. ***Muqassirîna*** مُقصّرين (*ap-der. m. plu. II. acc.*): Those who cut short (hair). (L; R; T; LL)
The root with its above forms has been used in The Holy Qur'ân about 11 times.

Qassa قَصّ
قَصّا ؛ يَقُصّ

To impart, tell, communicate, narrate, recount, follow one's track, retrace, retaliate, cut off, relate, declare, make mention of. *Qasasun* قَصص: Narrative; Act of following *Qisâs* قِصاص : Just retaliation, retaliation. According to all the classical philologists it is not synonymous with *Musâwât* مُسوات i.e. making a thing equal to another thing as mere revenge, as it serves besides compensation that is the due right of a victim also a purpose of peace for the safety of others, an aspect which is lacking in a mere revenge.

Qa<u>ss</u>a قصّ (*prf. 3rd. p. m. sing.*): He told, recounted. ***Qa<u>s</u>a<u>s</u>nâ*** قصصنا (*prf. 1st. p. plu.*): We have related. ***Yaqu<u>ss</u>u*** يقصّ (*imp. 3rd. p. m. sing. relates.*): ***Yaqu<u>ss</u>ûna*** يَقُصّون (*imp. 3rd. p. m. plu.*): They relate. ***Naqu<u>ss</u>u*** نقصّ (*imp. 1st. p. plu.*): We relate. **Lam Naq<u>s</u>u<u>s</u>** لم نقصص (*imp. 1st. p. plu. gen. neg.*): We related not. ***Naqu<u>ss</u>anna*** نَقصّنّ (*imp. 1st. p. plu.*): We will certainly relate. ***Iq<u>s</u>u<u>s</u>*** اقصص (*prt. m. sing.*): Relate. ***Lâ Taq<u>s</u>u<u>s</u>*** لا تقصص (*prt. neg.*): Relate not. ***Qa<u>s</u>a<u>s</u>*** قصص (*v. n.*): Account; Retracing. ***Qu<u>ss</u>î*** قُصّي (*prt. f. sing.*): Follow ***Qi<u>s</u>â<u>s</u>*** قصاص (n.): Equitable retaliation. (L; T; R; LL)

The root with its above forms has been used in The Holy Qur'ân about 30 times.

Qa<u>s</u>afa قَصَفَ

قَصَفا ؛ يَقصِف

To roar and resound (thunder), rumble. *Qâ<u>s</u>ifun* قاصف: Heavy gale of wind; Hurricane; Fierce storm; Raging tempest.

Qâ<u>s</u>ifan قاصفًا (*act. pic. m. sug. acc.*): (17:69). (L; R; T; LL)

Qa<u>s</u>ama قَصَمَ

قَصما ؛ يَقصِم

To break in pieces, shatter, demolish utterly, destroy completely.

Qa<u>s</u>amnâ قصَمنا (*prf. XIV*): Utterly destroyed (21:11). (L; R; T; LL)

Qa<u>s</u>a قَصا

قَصوا ؛ يَقصوا

To be distant (place), go far away, be remote. *Qa<u>s</u>iyyun* قَصيّ: distant. *Aq<u>s</u>â* اقصىٰ f. *Qu<u>s</u>wâ* قَصوا : (comp. form): More remote; Further. *Al-Masjid al-Aq<u>s</u>â* المسجد الاقصىٰ: The Distant Mosque (at Jerusalem).

Qa<u>s</u>iyyan قصيًّا (*act. 2 pic. adj. acc.*): (19:22). ***Aq<u>s</u>â*** اقصىٰ (elative): 17:1; 28:20; 36:20). ***Qu<u>s</u>wâ*** قصوىٰ (elative *f.*): (8:42). (L; R; T; LL)

Qa<u>dz</u>aba قَضَبَ

قَضبا ؛ يَقضِب

To cut off, strike with a rod. *Qa<u>dz</u>ban*: Vegetable; Edible plants.

Qa<u>dz</u>ban قَضبًا (*n. acc.*): (80:28). (L; R; T; LL)

Qa<u>dzdz</u>a قَضّ

قَضا ؛ يقِضّ

To bore, pierce, fall down, tumble down. *Inqa<u>dzdz</u>a* انقضّ:

To threaten to fall down.

Yanqadzdza يَنقضّ (*imp. I. acc. VII. assim.*): Falls down (18:77). (L; R; T; LL)

Qadzâ قَضٰى
قَضيا ؛ يَقِضي

To decree, create, accomplish, bring to an end, complete. Fulfill, determine, pass a sentence, decide, satisfy, execute, settle, judge, discharge. *Qadza 'alaihi*: To make an end of him, make known, reveal. *Maqdziyyan* مقضيّ: Decreed; Decided.

Qadzâ قضٰى (*prf. 3rd. p. m. sing.*): Issued a decree; Completed; Satisfied; This brought about his death; Decided. ***Qadzaita*** قضيت (*prf. 2nd. p. m. sing.*): Thou decided. ***Qadzaitu*** قَضيتُ (*prf. 1st. p. sing.*): I completed. ***Qadzau*** قَضَو (*prf. 3rd. p. m. plu.*): They performed, have come to the end of their union, have ended, have dissolved. ***Qudzaitum*** قضيتُم (*prf. 2nd. p. plu.*): You performed, finished, completed. ***Qadzainâ*** قضينا (*prf. 1st. p. plu.*): We decreed. ***Yaqdzî*** يقضي (*imp. 3rd. p. sing.*): He shall judge, decree, bring about. ***Li Yaqdzi*** ليقضى (*imp. 3rd. p. m. sing. el.* final *Nûn* dropped): Let he make an end. ***Yaqdzi*** يقضى (*imp. 3rd. p. m. sing. gen.* final *Nûn* dropped) He shall bring to an end, shall decree: ***Taqdzî*** تَقضى (*imp. 2nd. p. m. sing.*): Thou shall decree. ***Yaqdzûna*** يَقضُون (*imp. 2nd. p. m. plu.*): They decree, judge, complete ***Iqdzi*** اقضِ (*prt. m. sing.*): Thou judge, decree. ***Iqdzû*** اقضُوا (*prt. m. plu.*): You judge, decree. ***Qâdzin*** قاض (*act. pic. m. sing.*): Decide! ***Qâdziyatu*** قاضية (*act. pic. f. sing.*): Ending. ***Qudziya*** قُضَى (*pp. 3rd. m. sing.*): It is decided, settled. ***Qudziyat*** قُضيت (*pp. 3rd. p. f. sing.*): It is completed, finished. ***Li Yuqdzâ*** ليقضٰى (*pip. 3rd. p. m. sing. el.*): May be fulfilled, be completed, be decreed. ***Maqdziyyan*** مقضيا (*pic. pac. m. sing. acc.*): A decided or decreed thing. (L; R; T; LL)

The root with its above forms has been used in The Holy Qur'ân about 63 times.

Qatara قَطَرَ
قطرًا ؛ يَقطُر

To drop, drip (liquid). *Taqattara* تَقطر: To fall on the side. *Taqâtara* تَقاطر: To walk side by side. *Aqtâr* اقطار plu. of *Qutrun* قُطر: Sides; Regions. *Qitran* قطرا: Molten copper. *Qitrân* قطران: Liquid pitch.

Qitrun قطر (*n.*): (14:50; 34:12). ***Qitrân*** قطران (*n.*): (18:96). ***Aqtâr*** اقطار (*n. plu.*): (55:33, 33:14). (L; R; T; LL)

Qatta قَطّ

قَطًّا ؛ يَقِطّ، يَقُطّ

To cut, mend, make portions. *Qittun* قِطّ : Portion; Share.

Qittun قِطّ (*n*.): (38:16). (L; R; T; LL)

Qata‘a قَطَعَ

قَطْعًا ؛ يَقطع

To cut, cut off. separate, turn, sever, cross, divide, suppress, curtail, asunder, decide, pass or traverse, infest, abolish, intercept. *Qit‘un* قِطْع: Portion; Folk or cattle; Any kind of group; Flock; Herd; Darkness of the night towards morning. *Maqtû‘un* مَقطوع : Cut off. *Qâti‘un* قاطع: one who decides. *Qatta‘a* قطع :II. To cut off, cut in pieces, divide, disperse separately, sever. *Taqatta‘a* تَقَطع: V. To be cut into pieces, divided asunder. *Taqatt‘a bainakun* بينكم تَقَطع: Schism has been made between you; You have been cut off from one another, In verse 9:110 *Taqatta‘a* تَقطع is taken as *imp. 3rd. p. f. sing*. of which prefixed *Tâ* has been dropped. Thus instead of *Tataqatta‘a* تتقطع it is written as *Taqatta‘a* تَقطع whereby the final *Dzammah* over *‘Ain* is also changed to Fatha due to the preceding *an* as an indicative of perfect tense. *Maq‘tû‘atun* مَقطوعة: Out of reach. *Qâtiu al-Tarîq* plu. *Quttâ‘* قاطع الطريق :Highway-Robber. Muqatta‘ât مُقطّعات: Abbreviations; Letters used and pronounced separately. They occur in the beginning of not less than 28 chapters of The Holy Qur'ân and are made up of one as in 50:1, or more, to a maximum of five as in 19:1, letters of the Arabic alphabet. The letters out of which these abbreviations are constituted are twelve in number: *Alif, Hâ, Râ, Sâd, Tâ, ‘Ain, Qâf, Kâf, Lâm, Mîm, Hâ, Yâ*. These letters when they occur are the shortened forms of words and phrases. When all writing was done by hand abbreviations saved time and space. Even today when so much is printed on many subjects they serve the same purpose. There are various ways of abbreviating words. In some cases it is the first letter of the word as "I" for Italy, in other cases key letters are selected e.g. Mrs. for Misses. Modern abbreviations often use initials and many omit periods. An acromy is a word formed from the initial letters of a phrase or a title. It is also a form of abbreviation but it is pronounced as a single word not as a series of letters e.g.

NATO. Abbreviations are known to all nations of civilized world. The Hindû, Christian and Jewish Scriptures have also made frequent use of abbreviation, particularly for the "sacred names". The Holy Qur'ân has also made use of abbreviations. Some examples are *Alif Lâm Mîm*; *Alif Lâm Râ*; *Hâ Mîm*. They are called *Muqatta'ât* مُقطّعات. These abbreviations are not acronyms, the letters are pronounced separately and not as a single word (Akhfash, Zajjâj and Ibn al-Anbârî). The Arabs even before the advent of Islâm used such abbreviations. Their well-known poet Walîd ibn 'Uqba says:

قُلت لها قفى فقالت ق

I requested my beloved, "Stay for a while". In reply she said, "Lo! I am staying".

Here the last letter *Qâf* ق of the word *waqaftu* وقفْتُ is used as an abbreviation. Another Arab poet says:

دعا فلان ربّه فاسمعا
بالخير خيرات وان شرفا
ولا اريد الشر الاان تا

"Such a one supplicated his Lord and made such supplication by words to be heard, saying, the good is double and I will return good for good, but if you are bent on mischief so will I. I do not intend mischief except that you yourself should desire it."

Here the letters *Fâ* فا and *Tâ* تا stand for *Fasharrun* فشرّ and *Tushâ'un* تشاء respectively. Like these there many couplets in Arabic Poetry in which abbreviations are used. From the sayings of the Holy Prophet ﷺ, Qurtubî quotes the following phrase:

كفٰى لنا السيف شا

The sword is sufficient as a remedy for us.

Here the letter *shâ* شا is the abbreviation of the word *shâfî* شافي. ***Muqatta'ât*** are abbreviations in the Holy Qur'ân. Their use is not an extraordinary thing or out of the usual order nor they are mystic symbols. Their significance can be traced back to the Holy Prophet ﷺ and his companions Ibn Mas'ûd, Ibn 'Abbâs, Alî and Ubayy bin Ka'b. So it is absolutely wrong to say that the meaning of these abbreviations were unknown to the Muslims themselves even in the first century. These letters are part of the text of the Holy Qur'ân. They are always included in the text and recited as part of it. It is wrong on the part of those translators to leave these abbreviations untranslated, for the letters of these abbreviations stand for words and they have not been placed at random in the beginning of different chapters, nor are their letters continued arbitrarily. There exists a deep and far-reaching connection between their various sets. Much has been written about their significance, of which two points are very important and authentic. One is that each abbreviated letter represents a specific attribute of God and the chapter before which the abbreviations are placed and the subsequent chapter or chapters having no abbreviations are in their subject matter duly connected with the divine attributes for which the abbreviations stand.

Hisâb al-Jummal: Each of the Arabic alphabet is allotted a numerical value as follows:

Alif	1
Bâ	2
Jîm	3
Dâl	4
Hâ	5
Wâw	6
Zâ	7
Hâ	8
Tâ	9
Yâ	10
Kâf	20
Lâm	30
Mîm	40
Nûn	50
Sîn	60
'Ain	70
Fâ	80
Sâd	90
Qâf	100
Râ	200
Shîn	300
Tâ	400
Khâ	600
Dzâ	700
Dzâd	800
Zâ	900
Ghain	1000

The system of reckoning is called *Hisâb al-Jummal*. It was known to the early Arabs and Jews and is mentioned in some of the well known books of Traditions and Commentaries of the Holy Qur'ân e.g. by Ibn Jarîr. According to some great learners of the Holy Qur'ân the numbers according to the system of reckoning Hisâb al-Jummal of *Muqatta'ât* represent in numerical terms the period of rise and fall of every new community in Islamic world and their future history.

From among the companions of the Holy Prophet ﷺ 'Alî, Ibn 'Abbâs, Ibn Mas'ûd and Ubbayy bin Ka'b, and his pupil Mujâhid, Ibn Jubair, Qatâdah, Ikramah, Hasan, Suddî, Sha'bî, Akhfash and Zajjâj all agree in interpreting the abbreviated letters.

Qaṯ'atum قطعتم (*prf. 2nd. p. m. plu.*): You cut down. ***Qaṯa'nâ*** قطعنا (*prf. 1st. p. plu.*): We cut off, rooted out. ***Yaqṯa'a*** يَقطع (*imp. 3rd. p. m. sing. acc.*): He cut off, rooted out. ***Yaqṯ'a*** يقطعَ (*prf. 2nd. p. m. plu.*): (let) He cut. ***Yaqṯa'ûna*** يقطعونَ (*imp. 3rd. p. m. plu.*): They sever, cross. ***Taqṯa'ûna*** تقطعون (*imp. 2nd. p. m. plu.*): You cut, rob. ***Iqṯa'û*** اقطعوا (*prt. m. plu.*): You cut off. ***Quṯi'a*** قُطعَ (*pp. 3rd. p. m. plu.*): Was cut off. ***Qaṯṯa'a*** قطّعَ (*prf. 3rd. p. m. sing. II.*): He cuts in pieces, severs, tears. ***Qaṯṯa'na*** قطّعنَ (*prf. 3rd. p. f. plu. II.*): They of cut off. ***Qaṯṯa'nâ*** قطّعنا (*prf. 1st. p. plu.*): We divided. ***Taqaṯṯa'û*** تَقطّعوا (*imp. 2nd. p. m. plu. acc. II.* final *Nûn* dropped): Split up. ***Aqṯa'anna*** اقطعنّ (*imp. 1st. p. sing.*): I will certainly have cut off. ***Quṯṯi'at*** قطّعت (*pp. 3rd. p. f. sing. II.*): Should be torn asunder; Is torn asunder, cut out. ***Taqaṯṯa'a*** تقطّع (*pip. 3rd. p. m. sing. II.*): Are cut off; Become severed; To be torn to pieces. ***Taqaṯṯ'at*** تَقطّعت (*prf. 3rd. p. f. sing. V.*): Severed; Cut asunder. ***Taqaṯṯa'û*** تَقطّع (*prf. 3rd. p. m. plu. V.*): They split up. ***Qiṯ'un*** قطع (*n. plu.*): A part, Later part (towards morning). ***Qiṯ'an*** قطعا (*n. plu.*): Pieces; Tracks; Regions. ***Qâṯi'atun*** قاطعة (*act. pic. f. sing.*): One who decides. ***Maqṯû'an*** مقطوعا (*pis. pic. m. sing.*): Severed one; One cut off. ***Maqṯû'atun*** مقطوعة (*pas. pic.*): Limited; Intercepted. (L; R; T; LL)

The root with its above forms has been used in The Holy Qur'ân about 36 times.

Qaṯafa قطَفَ
قطفا ؛ يَقطف

To gather (grapes), pluck (fruits), snatch. *Qitfun* قطف plu. *Quṯûf* قطوف : Cluster of fruit.

Quṯûf قطوف (*n. plu.*): (69:23, 76:14). (L; R; T; LL)

Qiṯmîr قطميرِ

Husk of a date-stone, Thin skin which envelopes a date-stone; Integument of a date-stone.

Qiṯmîr قطميرِ (n.): (35:13).(L; T; R; LL)

Qa'ada قَعَدَ
قعدا ؛ يَقعُد

To sit down, remain behind, lie in wait, sit still, remain unmoved, desist, abstain, refrain, lurk in ambush, set snares, neglect. *Qu'ûdun* قُعود: Act of sitting. *Qa'îdun* قعِيد common gender and number: Sitting. *Qâ'idun* قاعد plu *Qu'ûdun* قُعود: Who sits still or remains at home. *Qawâ'idun* قواعد: Foundations; Women who are past childbearing age, elderly spinsters who are past childbearing age and who do not hope for sexual intercourse. *Maq'adun* مَقعد plu. *Maqâ'ida* مقاعد: Act of sitting still, Seat or place of sitting; Station; Encampment.

Qa'ada قَعَد (*prf. 3rd. p. m. sing.*): He sat, stayed (at home). ***Qa'adû*** قعدوا (*prf. 3rd. p. m. plu.*): They stayed (at home). ***Taq'uda*** تقعُدَ (*imp. 2nd. p. m. sing. acc.*): Thou sit down. ***Naq'udu*** نقعُدَ (*imp. 1st. p. plu.*): We sit. ***La Taq'ud*** لا تقعُد (*prt. neg. m. sing.*): Thou sit not. ***La Ta'adû*** لاَ تقعدوا (*prt. neg. m. plu.*): You sit not. ***Aq'udanna*** اقعُدنّ (*imp. 1st. p. m. sing. emp.*): Verily, I will assuredly lie in wait. ***Iq'udû*** اقعدوا (*prt. m. plu.*): Sit you, lie you in wait ***Qu'ûdun*** قعودٌ (*v. n.): The* state of sitting; Sitting; Remaining behind; Unmoved. ***Qâ'idan*** قاعداً (*act. pic. m. sing. acc.*): Sitting one. ***Qâ'idûna/ Qâidîna*** قاعدين / قاعدون (*acc./ act. pic. m. plu.*): Sitting ones ***Qâ'îdun*** قاعد (*act. pic. m. sing.*): Seated one. ***Qawâ'idu*** قَواعد (*n. plu.*): Foundations; Women past childbearing age. ***Maqâ'idun*** مَقاعد (*n. plu.*): Sitting places. (L; R; T; LL)

The root with its above forms has been used in The Holy Qur'ân about 31 times.

Qa'ara قَعَرَ
قَعرا ؛ يَقعَر

To dig deep, descend, sink, reach the bottom, cut empty, cut from the root, crush. *Taqa''ara* تقّعر: To be hollow, deep, felled. *Inqa'ara* انَقعر: To be uprooted. *Munqa'ir* مُنقَعِر: VII. That which is torn up by the roots; Uprooted one; Uprooted and hallowed.

Munqa'ir مُنقعر (*ap-der. m. sing. VIII.*): (54:20). (L; T; R; LL)

Qafala قَفَلَ
قُفلا ؛ يَقفِل ، يَقفُل

To preserve, store up. *Qaffala*: To lock up. *Qufl* قُفل plu. *Aqfâl* اقفال : Lock; Bolt.

Aqfâl اقفال (*n. plu.*): (47:24). (L; R; T; LL)

Qafâ قَفا
قَفوا ؛ يَقفوُ

To go after, walk behind, follow in the track of, follow the footsteps of. *Qaffa* قّف: II.

To cause to follow or succeed. ***Lâ Taqfu*** لا تَقف (*prt. neg. m. sing.*): Follow not (17:36). ***Qaffaina*** قفينا (*prf. 1st. p. plu. II.*): We caused to follow; In successive series. (2:87; 5:46; 57:27). (L; R; T; LL)

Qalaba قَلَبِ
قلبا ؛ يَقلِب

To turn, return, turn a thing upside down, change, change direction, turn it about to its face and back, turn inside out, change condition. *Qalabun* قَلب plu. *Qulûb* قلوب: Heart *Qâllab* قلب: To cause to turn, turn upside down, upset, turn or succeed each other in turn, change. *Yuqallib Kaffaihi* كفيه يقلب: To wring his hands, turn his hands upside down. It is the action of a man who is repenting or grieving and therefore it denotes repentance and grief. *Taqallaba* تقلّب: V. To be changed, turned about. *Taqallubun* تقلّب: Act of turning about (a vicissitude of fortune), going to and fro (in the midst of habitual occupation), moving about, behaviour. *Mutaqallabun* متَقلّب: Time or place where any one is busily employed. *Inqalaba* انقَلب: VII. To be turned about, be turned back. *Munqalabin* مُنقلب: Place or time of turmoil, Reverse; Turn; The end. *Munqalibun* مُنقلب: One who returns.

Tuqlabûna تقلبون (*pip. 2nd. p. m. plu.*): You will be turned back. ***Qallabû*** قلبوا (*prf. 3rd. p. m. plu. II.*): They turned upside down, had been mediating plots to upset (your plans). ***Yuqalliba*** يُقلّب (*imp. 3rd. p. m. sing. II.*): He sets the cycle of. *Yuqallibu Kaffaihi* يقلّب كفيه: He began to wring his hand with anguish, grief and embarrassment. ***Nuqallibu*** نُقلّب (*imp. 1st. p. plu.*): We shall confound, turn over. ***Tuqallabu*** تُقلّب (*pip. 3rd. p. f. sing. II.*): They are turned over and over. ***Tataqallabu*** تتَقلّب (*imp. 3rd. p. m. sing. V.*): Will be turned over; Will be in the state of agitation and anguish. ***Taqalluba*** تَقلّب (*v. n.*): Turning; Going to and fro; Moving. ***Mutaqallabun*** متَقلّب (*n. for place.*): The place of turmoil, haunt (where one move about). ***Inqalaba*** انقلب (*prf. 3rd. p. m. sing. VII.*): Turned around. ***Inqalabû*** انقلبوا (*prf. 3rd. p. m. plu. VII.*): They returned. ***Inqalabtum*** انقلبتم (*prf. 2nd. p. m. plu. VII.*): You turned around, went back. ***Yanqalibu*** ينقِلب (*imp. 3rd. p. m. sing. VII.*): Turns round, return. ***Lan Yanqalib*** لن ينقلبَ (*imp. 3rd. p. m. sing, VII.*): Would never return. ***Yanqalib***

يَنقلب (*imp. 3rd. p. m. sing. VII. juss.*): He will return. ***Yanqalibûna*** يَنقلبون (*imp. 3rd. p. m. plu. VII.*): They would return. ***Yanqalibû*** يَنقلبوا (*imp. 3rd. p. m. plu. VII.* final *Nûn* dropped): They may return. ***Tanqalibû*** تنقلبوا (*imp. 2nd. p. m. plu.* final *Nûn* dropped): You may return. ***Munqalabin*** مُنقلب (*n.* for place *VII.*): Place of turmoil; (Wretched) end. ***Munqalaban*** مُنقلبا : Resort. ***Munqalibûna*** مُنقلبون (*ap-der. m. plu.*): Those who will be returning: ***Qalbun*** قلب (*n.*): Heart. ***Qalbain*** قلبين (*n. dual.*): Two hearts. ***Qulûbun*** قلوب (*n. plu.*): Hearts. (L; R; T; LL)

The root with its above forms has been used in The Holy Qur'ân about 168 times.

Qalada قلَد

قلدًا ؛ يَقلِد

To wind a thing, put a necklace, twist (a rope). *Qilâdatun* قلادة plu. *Qalâid* قلائد: Garland; Necklace; Wreath (as a mark of sacrifice during the Hajj). *Maqâlîd* مقاليد plu. of *Aqlîd* اقليد , *Qalîd* قليد and *Miqlad* مِقلاد: All that encircle; Treasures collected. This application of the word is not of genuine Arabic. It is derived from Persian كليد and Arabicised.

Qalâid قلائد (*n. plu.*): Necklaces. (5:2,97). ***Maqâlîd*** مقاليد (*n. plu.*): (39:63; 42:12). Things encircling. (L; R; T; LL)

Qala'a قَلعَ

قلعًا ؛ يَقلع

To remove, extract, abate, stope, pluck, snatch of, drive away, dismiss, take off, swallow, cease, wrap, collect, refrain, withdraw, abandon, leave off. *Aqla'a* اقلع : IV. To abate and stop, have no trace.

Aqli'î اقلعي (*prt. f. sing. IV.*): Cease; Abate and stop (11:44). (L; R; T; LL)

Qalla قلّ

قِلّة ، قُلاًّ ، قِلاّ ؛ يَقِلّ

To be few in number, small in quantity, rare. *Qalîlun* قليل: Few; Little; Small; Rare; Seldom. *Aqall* اقلّ: Fewer, Poorer. *Qallala* قلّل: To appear as a few.

Qalla قلّ (*prf. 3rd. p. m. sing.*): It became small. ***Yuqallilu*** يُقلّل (*imp. 3rd. m. sing. II.*): He made as a few. ***Aqallat*** اقلّت (*prf. 3rd. p.f. sing. IV.*): He bore. ***Qalîlun/ Qalîlan*** قليل / قليلا (*acc./ act. 2 pic. m. sing.*): Little; Small. ***Qalîlatan*** قليلة (*act. 2 pic. of. sing.*): Little; Small. ***Qalîlûna*** قليلون (*act. 2. pic. m. plu.*): Few

Qalama قَلَمَ

in number; Small or little ones. *Aqalla* اقل: Less than; Much less than. (L; R; T; LL)

The root with its above forms has been used in The Holy Qur'ân about 75 times.

Qalama قَلَمٍ
قلمًا ؛ يَقلم

To cut, pierce. *Qalam* قلم, plu. *Aqlâm* اقلام: Pen; Headless arrow used in casting lots.

Qalamun قلم (n.): (68:1; 96:4). *Aqlâm* اقلام (n. plu.): (31:27; 3:44). (L; T; R; LL)

Qalâ قلى
قِلا ؛ يَقلو

To hate, detest, abhor, dislike, forsake.

Qalâ قلا (prf. 3rd. p. m. sing.): Hated. (93:3). *Qâlîn* قالين (act. pic. m. plu.): Those who hate (26:168). (L; T; R; LL)

Qamaha قَمَحَ
قُمُوحًا ؛ يَقمح

To raise the head and refuse to drink (a camel). *Muqmahûn* مقمحون IV: One whose head is forced up so that he cannot see; Stiff-necked; Proud.

Muqmahûn مقمحون (pic. pic. m. plu.): (36:8). (L; R; T; LL)

Qama'a قَمَعَ

Qamira قَمِرَ
قَمَرًا ؛ يَقمَر

To be white. *Qamarun* قَمَر: Moon (especially from the 3rd to 26th night.

Qamar قَمَر (n.): (L; R; T; LL)

The root with its above one form has beeen used in The Holy Qur'ân about 27 times.

Qamasa قَمَص
قُماصة، قِماصًا ؛ يَقمِص، يَقمُص

To canter or bound. *Qamîs* قميص: Long shirt.

Qamîs قميص (n.): (12:18,25, 26,27,28,93). (L; T; R; LL)

Qamtara قَمطَر

To frown, scorn, knit the brow, show displeasure or distress, knit the brow or contract the skin between the eyes. *Qamtarîran* قَمطريرا: Distressful; Frowning.

Qamtarîran قَمطريرا (n. acc.): (76:10). (L; T; R; LL)

Qama'a قَمَعَ
قَمعا ؛ يَقمَع

To beat on the head, subdue, tame, goad (an elephant) on the head, persecute, overpower, apply a mace or whip or grips, curb, restrain, hold in subjection, bring to submission. *Miqma'atun*

مقمعة: Mace; Red whip, plu. *Maqâmi'un* مِقامٌع:

Maqâmi'un مَقامع (*n. plu.*): (22:21). (L; T; R; LL)

Qamila قَمِلَ

قَملا ؛ يَقمَل

To swarm with lice or vermin. *Qummalun* قمّل: Lice; Tick; Small ants; Red-winged insects.

Qummalun قُمّل (*n. plu.*): (7:133). (L; T; R; LL; Exodus: 6-10)

Qanata قَنَتَ

قُونُوتاً ،قَنتا ؛ يَقنُت

To be devout, obedient, fully and wholeheartedly in all humility to stand long in prayer. *Qânitun* قانة: One who is fully, wholehearted and in all humility devout and obedient.

Yaqnut يَقنُت (*imp. 3rd. p. m. sing. juss.*): He is obedient. ***Iqnutî*** اقنتي (*prt. f. sing.*) Be obedient. ***Qânitun/Qânitan*** قانة / قانتا (*acc./ act. pic. m. sing.*): Devout one; Obedient one. ***Qânitûna/ Qânitîna*** قانتون / قانتين (*acc./ act. pic. m. plu.*): Devout one. ***Qânitâtun*** قانتات (*act. pic. f. plu.*): Obedient women. (L; R; T; LL)
The root with its above forms has been used in The Holy Qur'ân about13 times.

Qanaṯa قَنَطَ/Qaniṯa قَنِطَ

قنُوطاً ؛ يَقنط ، يَقنِط ، يَقنَط قَنطا ،

To despair, lose courage, hinder, abandon hope.

Qanaṯû قَنطوا (*imp. 3rd. p. m. plu.*): They lost all hope. ***Yaqnaṯu*** يَقنط (*imp. 3rd. p. m. sing.*): He despairs. ***Yaqnaṯûna*** يَقنطون (*imp. 3rd. p. m. plu.*): They grow despondent. ***Lâ Taqnaṯû*** لا تقنطوا (*prt. neg. m. plu.*): O you! Do not despair of. ***Qâniṯîna*** قانطين (*act. pic. m. plu. acc.*): Those who despair. ***Qanûṯ*** قَنوط (*ints.*): Despairing ones. (L; R; T; LL)
The root with its above forms has been used in The Holy Qur'ân about 6 times.

Qanṯara قَنطرَ

قَنطرا ؛ يُقَنطِر

To have a heap of wealth, have a large sum of money, have treasures, have talent. *Qinṯâr* قنطار plu. *Qanâṯîr* قناطير: Heap of wealth; Treasure, talent (ancient unit of money and weight used in ancient times among the Greeks, Romans, Assyrians, Palestinians and Syrians; Any of various ancient units of weight. *Qanâṯîr al-Muqantara* قناطيرُ مقنطر: Heaps of talents; Heaps of treasures.

Qinṯâra قنطار (*n. sing.*): (3:75).

Qanâṯîr قناطير (*n. plu.*): (3:14). ***Muqanṯara*** مُقنطر (3:14). (L; R; T; Râzî; LL; Webster's Dictionary).

Qana‘a قَنَع / Qani‘a قَنِع

قُنعانا، قَناعة ؛ يَقنَع

To be content, satisfied with what is within one's approach, not looking for more, beg with some reservation, beseech earnestly. *Qâni'un* قانع plu. *Qunna'un* قُنّع: One who is deserving charity but does not beg; Content. *Muqni'un* مُقنِع IV.: One who lifts up the head. *Aqna'a*: To raise (the head).

Qâni‘ قانع (*act. pic. m. sing.*): Contended (22:36). ***Muqni‘î*** مُقنعي (*ap-der. m. plu.* final *Nûn* dropped): Outstretched necks (14:43). (L; R; T; LL)

Qanâ قَنا

قَنواً، قُنوا ؛ يَقنُو

To get, acquire, appropriate a thing, create. *Qinwân* قنوان plu. of. *Qinwun* قنو and *Qunwun* قنو: Bunches or clusters of dates.

Qinwân قنوان (*n. plu.*): 6:99. (L, T, R, LL)

Qanâ قَنى

قُنياناً، قِنيانا، قِنيا ؛ يَقِنى

To acquire a thing. *Aqnâ* اقنٰى: *(IV.)* To cause to acquire, make contended, satisfy, preserve, make satisfy with a given thing.

Aqnâ اقنٰى (*prf. IV.*): 53:47. (L; T; R; LL)

Qahara قَهَر

قَهرا ؛يَقهَر

To oppress, compel against one's wishes, subdue, overcome, become superior in power or force, overbear, get mastery over, constrain, treat harshly, thwart. *Qâhir* قاهر: Master; Victorious; One who subdues.

Lâ Taqhar لا تَقهر (*prt. neg. m. sing.*): Do not allow him to be an oppressed one. ***Qâhir*** قاهِر (*act. pic. m. sing.*): Supreme; Dominant. ***Qâhirûn*** قاهرون (*n. act. pic. m. plu.) Victorious*: ***Al-Qâhir/Al-Qahhâr*** القاهر / القهّار (*ints.*): All-dominant; The Supreme; The Master. One of the excellent names of Allâh. (L; R; T; LL)

The root with its above five forms has been used in The Holy Qur'ân about 10 times.

Qâba قابٍ

قَوبا ؛ يَقُوب

To dig a hole like an egg, draw near, fly away. *Qâb* قاب: Space between the middle and the end of a bow; Portion of a bow that is between the part which is grasped by the hand and the curved extremity; Space from one extremity of the bow to the other; Measure or space.

Qâba Qausain قابَ قوسين: One chord to two bows. *Baina-humâ Qâba Qusaini* قَوسين بَينهما قاب: Between them two is the measure of a bow, which means that there is very close relationship between them. Whatever the significance of the word *Qâb* قاب may be adopted, the mention of a single *Qâb* قاب for two bows indicate a very close union between two persons. It is said: *Ramaunâ 'an Qausin wâhidun* رمَينا عن قَوس واحد: They shot at us from one bow, denoting mutual agreement and that they were unanimous against us. *Qâba al-rajulu* قاب الرجل: To come near. *Iqtabihû* اقتبهوا: Selected him. It is said: *Quwwibat al-Ardzu* قوّبت الارض when there is imprint on it and it leave marks and traces upon it after trampling and tread.

Qâba قاب (*n.*): Small distance; Short span (53:9). (L; T; R; Saghanî; Khafajî; Asâs; LL).

Qâta قات

قُوتا، قَوتا ؛ يقُوت

To nourish, feed. *Aqwât* اقوات plu. of *Qâtun* قاَت: Nourishments; Sustenances, Provisions. *Muqîtan* مُقيت: Protector; Controller; Observer; Controller of distribution; Powerful keeper; Who watches.

Aqwât اقوات (*n. plu.*): 41:10. ***Muqîtan*** مُقيت (*ap-der. m. sing. acc. IV.*): (4:85). (L; R; T; LL)

Qâsa قاس

قَوسا ؛ يَقُوس

To compare by measurement; precede anyone, measure a thing, imitate anyone. *Qausun* قوس: Bow.

Qausain قَوسين (*oblique dual of Qausun* قوس, *com. gend. n. dual. gen.*): Two bows (53:9). (L; R; T; LL)

Qâ'a قاع

قوعا ؛ يَقوع

To cover, lag behind, walk cautiously. *Qâ'atun* قاعة: According to Ibn Jinnî, Khafajî and Ibn Ubaid it is singular and is synonymous to *Qâ'un* قاع but some others observed it to be plural of *Qâ'an* قاعا meaning: Even; Soft; Depressed; Desert; Waterless; Barren place; Desolate.

Qâ'an قاعا (*acc. n.*) Desolate (20: 106). ***Qî'atun*** قيعة (*n.*): Desert (24:39). (L; T; R; LL)

Qâla قَال

قِيلا ؛قَولا ؛ يَقول

To speak, say, inspire, profess (a doctrine), grasp, point cut, relate, emit an opinion upon, think, answer, reply, transmit (an affair), indicate a condition or state or circumstance. It is also used to describe the practical upshot of events without there being any actual speech or dialogue. Arab poet says:

Qâlat laha al-'ainain
sam'an wa tâ'atan.

قالت لها العين سمعا و طاعة

"Both of my eyes said to her, 'I obey." It is also said:

Imtalâ'a al-Haudzu
wa qâla qatnî

إمتلاء الحوض وقال قطني

"The tank became full and said that will suffice."

It does not mean that the tank actually said so, but simply that its condition implied that it was full. It is self evident and state of affairs, as the flame of candle is its tongue or language. The purpose of such narration is only to show the existing condition of things in a vivid and graphic form. *Qâla* قال also means to proclaim loudly, repeatedly and clearly. *Qaulun* قَول: Saying; Speech; That which is pronounced or indicated; A sentence or a word. Its *plu.* is *Aqwâl* اقوال. *Qîllun* قيلّ: Word; Saying; Pronouncing; Speech; Discourse; Conversation; Condition. *Qâ'ilun* قائل: Speaker; Indicator. *Taqawwala* تقوّل: Fabricate falsely a saying or words.

Qâla قال (*prf. 3rd. p. m. sing.*): Said. ***Qâlâ*** قالا (*prf. 3rd. p. m. dual.*): They both said. ***Qâlat*** قالت (*p. f. 3rd. p. f. sing.*): They said: ***Qâlatâ*** قالتا (*prf. 3rd. p. f. dual.*): They both (*f.*) said. ***Qulta*** قُلت (*prf. 2nd. p. m. sing.*): You said. ***Qultu*** قُلت (*prf. 1st. p. sing.*): I said. ***Qâlû*** قالوا (*prf. 3rd. p. m. plu.*): They said. ***Qultum*** قُلتم (*prf. 2nd. p. m. plu.*): You said. ***Qulnâ*** قُلنا (*prf., 1st. p. plu.*): We said. ***Yaqûlu*** يُقول (*imp. 3rd. p. m. sing.*): He says. ***Yaqûla*** يقول (*acc.*): (That) he may say. ***Yaqul*** يَقل (*imp. 3rd. p. m. sing. juss.*): He may say. ***Yaqûlanna*** يقولنّ (*imp. 3rd. p. m. sing. emp.*): Surely he will say. ***Taqûlu*** تقول (*imp. 2nd. p. m. sing.*): Thou said, spoke. ***Taqûla*** تَقول (*imp. 2nd. p. m. sing. acc.*): Thou may say. ***Lâ Taqûlanna*** لا تقولنّ (*imp. 2nd. p. m. sing. II neg. emp.*): Thou shall not say; Thou never say. ***Taqul*** تُقل (*imp. 2nd. m. sing. juss.*): Thou shall say. ***Yuaqûlâ*** يقولا (*imp. 3rd. p. dual, final Nûn dropped*): (That) they both say. ***Yaqâlû*** يُقالوا (*imp. 3rd. p. m. plu. final Nûn dropped*): They will say. ***Taqûlûna*** تقولون (*imp. 2nd. p. m. plu.*): You say. ***Taqûlû*** تقولوا (*imp. 3rd. p. m. dual. acc. final Nûn dropped*): They say. ***Qul*** قُل (*prt. m. sing.*): Say. ***Qûlâ*** قُولا (*prt. m. dual.*):

You both say. ***Qûlî*** قولي (*prt. f. sing.*): Thou (*f.*) say. ***Qûlû*** قُولوا (*prt. m. plu.*): You (*m.*) say. ***Qulnâ*** قلنا (*prt. f. plu.*): You (*f.*) say. ***Qîla*** قِيل (*pp. 3rd. p. m. sing.*): (What) is said. Sometimes it is used as *v. n.* as in 4:122 and 43:88. ***Yuqâlu*** يُقال (*pip. 3rd. p. m. sing.*): Is called, is said. ***Taqawwala*** تقول (*prf. 3rd. p. m. sing. V.*): He fabricated lies. ***Qaulun*** قول (*v. n.*): Saying a word. ***Qaulan*** قولاً (*v. n. acc.*): Command; Word. ***Aqâwîl*** اقاويل (*n. plu.*): Words; Sayings. This word is not used in a good sense and has occurred only once in The Holy Qur'ân (69:44). ***Qâ'ilun*** قائل (*act. pic. m. sing.*): Speaker. ***Qâi'lîna*** قائلين (*act. pic. m. plu.*): Speakers. (L; R; T; LL) The root with its above forms has been used in The Holy Qur'ân as many as 1726 times.

Qâma قام

قَوما ؛ يَقُوم

To stand, stand fast or firm, stand still, stand up, rise, stop, be lively (in walk), appear in broad light (truth), come back to life, rise against, superintendent, persevere in, rise for honouring, sustain, rise for prayer. *Qâma bi amrin* قام بأمر: To underlook an affair. *Qâma bi wa'dihî* قام بوعده: To fulfil his promise. *Qawwama* قوم: To maintain, erect, set up, set aright, rectify, make accurate, awake. *Aq'ama* اقام: To perform (prayer), establish (a roof), raise (the dead), make one to stand up, continue, keep to, remain in (a place), straighten a thing, render brisk (a market), appoint, set up. *Istaqâma* إستقام: To get up, rise, be upright, be in good state, be straight forward, return to. *Qaum* قوم: Nation; Tribe; Party; Some people. *Qaumatun* قَومة: Station; Pause in prayer; Revolution. *Qawâm* قوام: Livelihood; Sustenance *Qiwâm/ Qiyâm*: قوام / قِيام :Mainstay; Normal state; Condition. *Qawwâm* قوّام: Sustainer; Guardian; One who manages and maintains the affairs well, who undertakes the maintenance and protection of; Maintainer. *Qiyâm billâh* قيام بالله: Worship of God. *Qiyâmah* قيامة: Resurrection, Hereafter; Day of judgment. *Qâma al-Qiyâmah* قام القيامة: To raise uproar. *Qîmat* قِيمت: Value; Price; Stature of a person. *Qayyim al-Mar'ata* قيم المرئة: The husband; Guardian or sustainer of wife. *Qayyimah* قَيّمة: True faith. *Quyyûm* قيّوم: Self-existing; All sustaining. *Al-Quyyûm* القيّوم: One of the excellent names of Allâh. *Maqâm* مقام:

Abode; Place; Standing place; Residence; Rank; Dignity. *Maqâm Ibrâhîm* مقام إبراهيم: Abode of Abraham, *Taqwîm* تقويم: Make; Proportion; Symmetry; Stature of mould; Formation. *Mustaqîm* مُستقيم: Straight; Right; Undeviating and without any crookedness. *Aqâmah* اقامة: To keep a thing or an affair in a right state; Shortest. *Aqâmah al-salâta* اقامه الصلاة: To observe prayer, perform the prayer with all prescribed conditions and regularly. The perfect prayer in which both body and soul play their part.

Qâma قام (*prf. 3rd. p. m. sing.*): He stood up. ***Qamû*** قاموا (*prf. 3rd. p. m. plu.*): They stood up. ***Qumtum*** قُمتم (*prf. 2nd. p. m. plu.*): you raised up, stood up. ***Yaqûmu/ Yaqûman*** يقوم / يقوما (*acc./ imp. 3rd. p. m. sing.*): He raises, will set up, stands forth, observes. ***Yaqûmâni*** يقومان (*imp. 3rd. p. m. dual.*): Both stood up, took (the place). ***Taqûmu/Taqûma*** تقوم / تقومَ (*acc./ imp. 2nd. p. f. sing.*): Arrives; Stands; Stands firm. ***Taqum*** تُقم (middle vowel *wâw* has been dropped): (Let) stand up. ***Taqûmu*** تقوم (*imp. 2nd. p. m. sing. acc.*): Thou stand. ***Yaqûmûna*** يقيمون (*imp. 3rd. p. m. plu.*): They will stand. ***Taqûmû*** تقوموا (*imp. 2nd. p. m. plu.* final *Nûn* dropped): (That) you (may) stand, observe. ***Qum*** قُم (*prt. m. sing.*): Thou stand up. ***Qûmû*** قُوموا (*prt. m. plu.*): You stand up. ***Taqwîmun*** تقويم (*n. v. II*): Make; Proportion; Formation; Stature. ***Aqâma*** اقامة (*prf. 3rd. p. m. sing. IV.*): He put in order, observed, repaired, established. ***Aqamta*** اقْمت (*prt. 2nd. p. sing. IV.*): Thou observed, established. ***Aqâmû*** اقاموا (*prf. 3rd. p. m. plu. IV.*): They establish, observe. ***Aqamtum*** اقِمتم (*prf. 2nd. p. m. plu. IV*): You observe ***Yuqîmâ*** يقيما (*imp. 3rd. p. m. dual IV.*): They both observe. ***Yuqîmûna*** يُقيمون (*imp. 3rd. p. m. plu. IV.*): They observe. ***Yuqîmû*** يقيموا (*imp. 3rd. p. m. plu. acc. IV,* final *Nûn* dropped): ***Tuqîmû*** تُقِيموا (*imp. 2nd. p. m. plu. IV*, final *Nûn* dropped): (May) observe. ***Nuqîmu*** نقيم (*imp. 1st. p. plu. IV.*): We will assign. ***Aqim*** اِقم (*prt. m. sing. IV.*): Thou observe, keep straight devote. ***Aqîmû*** اقيموا (*prt. m. plu. IV.*): You observe, follow the teachings, keep, hold, do perfectly, set up, bear (true testimony). ***Aqimna*** اقمنا (*prt. f. plu.*): Observe. ***Istaqâmû*** إستقاموا (*prf. 3rd. p. m. plu. X.*): They kept true, acted straight. ***Yastaqîmu*** يَستقيم (*imp. 3rd. p. m. sing. X. acc.*): Keeps straight, walks straight. ***Istaqim*** إستقم (*prt. m. sing. X.*): Keep thyself straight. ***Istaqîmâ*** إستقيما (*prt. m. dual X.*): You both be straight. ***Istaqîmû*** إستقيموا (*prt. m. plu. X.*): You be straight. ***Qâimun/Qâiman*** قائماً / قائم (*acc./pis. pic. m. sing.*): One who stands. ***Qâiman-bil-Qisti*** قائما با لقسط: Maintainer of equity. ***Qâ'i-mûna/Qâ'imûnu*** قائمون / قائمين (*acc./ act. pic. m. plu.*): Those who stand up firmly, who are upright, who stand. ***Qâ'imatun*** قائمة (*act. pic. f. sing.*): Upright (people); Standing; Arises; Will come. ***Qiyâmun*** قيام plu of *Qâ'imum* قائم: Standing; *v. n.* of *Qâma* قام: To stand; *n.*: Liyelihood; Maintenance. ***Qiyâman*** قياما (*acc.*) Source of maintenance. ***Qawwâmûna*** قوامون (*n. inten.*): Full maintainers; Guardians; Who takes full care. ***Qawwamîna*** قوّامين (*n. ints. acc.*): Full maintainer. ***Qayyûm*** قيّوم (*n. inten.*): Sustainer; Who makes others sustain. ***Al-Qayyûm*** القيّوم: One of the excellent name of Allâh. ***Aqwamu*** أقوَم (elative, more confirmatory, *just.*): ***Maqâmun*** مقام (*n. for place.*): Place where one stands, standing, dignity. ***Muqâmun*** مقام (*v. n. for place and time*): Place; Stand; Station. ***Muqâmatun*** مقامة (*n. f. for place*): Abode; Lasting abode. ***Muqîmun*** مقيم (*ap-der. m. sing. IV.*): Lasting; One lasting; One long lasting. ***Muqîmîna/Muqîmî*** مقيمين / مقيمي (*ap-der. m. plu. IV.* final *Nûn* dropped): Special observers; Specially those who observe. According to ordinary rules of grammar this word *Muqîmîna* مقيمين in 4:162 ought to have been *Muqîmûna* مُقيمون as the preceding and the following words *Râsi<u>kh</u>ûn* راسخون and *Mu'minûn* مؤمنون According to the grammarians and especially Sibwaih the use of the accusative (*mansûb* منصوب) case in the expression *muqîmîna al <u>S</u>alâta* مقيمين الصلاة instead of the nominative *muqîmûna* مُقيمون is a legitimate grammatical device meant to arrest the attention of the reader and stress the praiseworthy quality attached to Prayer and impress the importance to those who are devoted to it. The rules of the Arabic language sanction that variation for the purpose of emphasis and arrest of attention, hence our interpolation of "specially". ***Qayyimu*** قيّم (*ap-der. m.*): Lasting one; Eternal; Right ***Qayyimah*** قيّمة (*ap-der. f.*) Lasting one. Eternal; Right. ***Qayyimum/ Qayyiman*** قيّم / قيّما (*acc./ n.*): Right; True. ***Iqâma*** إقام (*v. n. IV.*): Observing. ***Iqâmatun*** إقامة (*v. n.*): Halt; Stopping; Staying. ***Qiyâmat*** قيامة (*n.*): Hereafter; Resurrection; Judgement. ***Qaumun*** قَوم (*n.*): Nation; Group; People. ***Qaumi*** قَومي (*n.* comp. originally it is *<u>Q</u>aumî*, the final *Yâ* is dropped and replaced by a *Kasrah*): My people. This word when it comes in relation to a prophet, it means his people or his nation to whom he

was sent. ***Mustaqîm*** مُستقيم(*n.*): Exact right, Straight; Shortest; Smooth. (L; R; T; LL)
The root with its above forms has been used in The Holy Qur'ân about 560 times.

Qawiya قَوِيَ
قوة ؛ يَقوَى

To be, become strong, prevail, be able to do, be powerful, be vigorous, be forceful. *Quwwatun* قُوّة plu. *Quwan* قواً: Power; Strength; Vigour; Resolution; Firmness; Determination. *Shadîd al-Quwâ* شديد القوٰى: Lord of the Mighty Powers. *Qawiyyun* قَويّ: Strong; Powerfull *Qawâun* قواء: Desert. *Aqwâ* اقوٰى: To stay in desert. *Muqwîn* مقوين: Dwellers of the desert; of wilderness. It is derived from the verb *Qawiya* قوَى which means: It became deserted or desolate. From the same root noun *Qawâ* قُوٰى and *Qiwâ* قوٰى are derived, which means desert, wilderness or wasteland, as well as hunger or starvation. Hence *Muqwîn* مقوين denotes those who are hungry as well as those who are lost or wanderers in deserted places, who are lonely, unfortunate and confused and hungry after human warmth and spiritual guidance.

Quwwatun قُوّة (*n.*): Power; Strength. ***Quwâ*** قُوٰى(*n. plu.*): Its is the plu. of *Quwwatun* قوّة. ***Qawiyyun/Qawiyyan*** قويّا / قويّ (*acc.*) Strong. ***Muqwîna*** مُقوينَ (*ap-der. m. plu. IV.*): Those who are needy; Wayfarers of the desert. (L; R; T; LL)
The root with its above five forms has been used in The Holy Qur'ân about 42 times.

Qâdza قاضَ
قاضا ؛ يَقِيض

To break the shell (-a chicken), be broken, split, hallow, assimilate, assign. *Qayyadza* قيّض: II. To be destined, be assigned, prepare for any one.

Qayyadzna قيّضنا (*prf. 1st. p. plu. II.*): We had assigned (41:25). ***Nuqayyidzu*** نقيّض (*imp. 1st. p. plu. juss. II.*): We assign (43:36). (L, T, R, LL)

Qâla قالى
قَيلُولَة، قَيلا ؛ يَقِيل

To make a siesta at noon, sleep in the middle of the day. *Qâilun* قَيلا: One who takes siesta at midday. *Maqîl* مَقيل: Place of repose at noon, resting place.

Qa' ilûna قائلون (*act. pic. m. plu.*): (7:4). ***Maqîl*** مَقيل (*n. p. t. acc.*): (25:24). (L; R; T; LL)

Kâf
ك K

It is the 22nd letter of the Arabic alphabet. According to Hisâb Jummal (mode of reckoning numbers by the letters of the alphabet) the value of *kâf* is 20. It is the first of the five abbreviated letters of the 19th chapter of The Holy Qur'ân. This abbreviation stands for "Allâh is *Kâfin* كافٍ الله : Allâh sufficient for all.

Ka كَ /Ki كِ

Ka كَ: Affixed pronoun of the 2nd. p. sing. m. meaning "Thee". Its *f.* form is *ki* كِ . *Kunna* كُنّ: Affixed pronoun of the 2nd. p. m. plu. Its *f.* form is *Kunna*: *Ka* كَ is also a particle prefixed to nouns and to other particles, and mean: "as" or "like". It is then considered as a proposition, and governs the noun in the genitive.

KaDhâlika كذالك It is comp. of *Ka* (= like) + *Dhâlika* (= that). This particle may be translated according to the contents such as: like that, so, similarly, likewise, even so, so shall it be, so the fact is.

Ka'sun كأس

Ka'sun كأس: Drinking cup when there is in it something to drinking. If there is no beverage in it, the drinking cup is called *Qadehun* قده plu. *Aqdâhun* اقداه .

Ka'sun كأس (n.): (37:45, 56:18, 16:5:17, 52:23, 8:34). (L; T; R; LL)

Ka'ayyin كأيِّن

This is a compound of *Ka* ك (= like) and *Ayyu/Ayyin* ايٍّ (= which), the double *kasrah* is replaced by *Nûn*. This word is regarded by grammarians as an indeclinable noun.

Ka'ayyin كأيِّن: How many; Many. (L; T; R; LL)
This word has been used in The Holy Qur'ân about 7 times.

Kabba كَبَّ
كَبًّا ؛ يَكبّ

To invert, overthrow, throw one with the face to the ground, throw face downwards, prostrate anyone on (the face), turn a thing upside down. *Mukibbun* مُكبًّا; IV. Grovelling. *Kabbat* كَبّتْ: To down headlong.

Kubbat كُبّتْ (*pp. 4.*): (27:90). ***Mukibban*** مُكبًّا (*ap-der. m. sing. IV. acc.*): (67:22). (L; R; T; LL)

Kabata كَبَتَ
كبتا ؛ يَكبت

To abase, throw down, restrain, overwhelm, prostrate, expose ignominy, humble, vanquish with humiliation, be laid low and humbled, cause to perish.

Kubita كُبِت (*pp. 1st. p. sing.*) Shall be laid low, humbled: (58:5). ***Kubitû*** كُبتوا (*pp. 3rd. p. plu.*): Who were laid down and were humbled. (58:5). ***Yakbit*** يَكبت (*imp. 1. acc.*): Vanquish with humiliation (3:127). (L; R; T; LL)

Kabada كَبَدَ/Kabida كَبِدَ
كبدا ؛ يَكبِد ، يَكبُد

To wound in the liver, affect anyone painfully (cold), purpose a thing. *Kabida* كَبِدَ/ *Yakbadu* يَكبد: To have a complaint in the liver, face difficulty, reach in the middle, struggle against (difficulties). *Kabad* كَبَد plu. *Akbâd* اكباد: Liver; Middle part; Misery; Distress; Trouble; Obstacle; Cavity of the belly; Hard struggle; Inside; Center; Side.

Kabadin كَبَدٍ (*v. n.*): (90:4).(L; R; T; LL)

Kabura كَبُرَ/Kabira كَبِرَ
كِبَرا، كُبرا ؛ يَكبِر، يَكبُر

To be hard, become hard, be grievous, grow up, be great *Kabira* كبر/*Yakbaru* يَكبر: To be of advance in years, be good. *Kabara* كبر /*Yakburu* يَكبُر: To exceed anyone in age, become stout and tall, grow big, become great, illustrious, become momentous (affair). *Kabbara* كبّر: To increase a thing, extol, magnify anyone. *Takabbara* تكبّر /*Istakbar* استكبر: To become haughty, wax proud. *Kibr* كبر: Insolence; Haughtiness; Heinous crime; Greatness; Nobility. *Kibar* كبر: Advance in age; Oldness. *Takbîr* تَكبير : (augmentative form of a word): Cry of "Allâh is greatest" *Takabbur* تكبّر: Pride; Arrogance. *Akâbir* اكابر: Chief; Men; Leaders; Nobility. *Walladhî tawalla Kibrahû*: He who took the principle part there; He who has taken (in hand) to magnifying it; He who took (upon himself) to enhance this; He who has taken (upon himself) the main part. *Kabîr* كبير: Leader; Chief; Great; Big; Grand; Large; Elder; Aged; Master. *Kibriyâ'un* كبرياء: Greatness; Glory. *Kabbara* كَبّر: To extole. *Al-Mutakabbir* المتكبّر: The Possessor of all greatness. One of the excellent names of Allâh. *Istikbâr* استكبار: Stiff-neckedness. *Takbîran* تكبيراً:: Glorifying: *Kabair* كبائر: Major (prohibitions), *plu.* of *Kabiratun* كبيرة.

Kabura كَبُرَ (*prf. 3rd. p. m. sing.*):

(It) is hard. ***Kaburat*** كَبُرَت (*prf. 3rd. p. f. sing.*): Grievous. ***Yakburu*** يَكبُرُ (*imp. 3rd. p. m. sing.*): More hard; Harder. ***Yakbarû*** يكبروا (*imp. 3rd. p. m. plu. acc.*): They grow up. ***Tukabbirû*** تُكَبِّروا (*imp. 2nd. p. m. plu. II.*): You exalt. ***Kabbir*** كَبِّر (*prt. m. sing. II.*): Exalt. ***Akbarna*** اكبرن (*prt. 3rd. p. plu. IV.*): They found (him) dignified personality. ***Tatakabbara*** تتكبّر (*imp. 2nd. p. m. sing. V. acc.*): You behave proudly. ***Yatakabbarûna*** يتكبّرون (*imp. 3rd. pp. m. plu. V.*): Those who behave haughtily. ***Istakbara*** إستكبر (*prf. 3rd. p. m. sing. X.*): Waxed proud. ***Istakbartum*** إستكبرتم (*prf. 2nd. p. m. plu. X.*): You wexed proud. ***Istakbarta*** إستكبرَت (*prf. 2nd. p. m. sing. X.*): Thou wexed proud. ***Istakabrû*** إستكبروا (*prf. 3rd. p. m. plu. X.*): They wexed proud. ***Yastakbir*** يَستكبر (*imp. 3rd. p. m. sing.*): Who behaves arrogantly. ***Yastakbirûna*** يَستكبرون (*imp. 3rd. p. m. plu. X.*): They behave haughtily. ***Tastakbirûna*** تَستكبرون (*imp. 2nd. p. m. plu. X.*): You behave haughtily. ***Kibrun*** jJ· (*n.*) : Greatness; Principle part. ***Kibar*** كبر: Old age. ***Kabîrun*** كبير (*act. 2 pic. m. sing.*): Old man; Great sin; Grave offence; Chief; Big one. ***Kubarâ*** كبر (*n. plu.*): Great ones; Leaders. ***Kabîratun*** كبيرة (*act. pic. f. sing.*): Hard; Big; Great. ***Kabâir*** كبائر (*n. plu.*): Great; Major. ***Kubbâran*** كبّارا (*ints. acc.*): Mighty. ***Akbaru*** اكبر (*elative*): Greater than; Grave (offence); Biggest; Greatest. (used both for good and evil, and for *m.* and *f.* alike). ***Akâbir*** اكابر (*elative. f.* of *Kubaru*) Greater; Greatly important. ***Kubarâ*** كبرىٰ (*elative. n. plu.* its *sing.* is *Akbar*): Greatest ones. ***Kibriyâ'*** كبرياء (*n.*): Greatness; Supremacy. ***Mutakabbir*** متكبّر (*ap-der. m. sing. V. acc.*): Arrogant. ***Mutakabbirîna*** متكبّرين (*ap-der. m. plu. V. acc.*): Arrogant, stiff neck persons. ***Mustakbirûna*** مُستكبرون *nom./* ***Mustakbirîna*** مستكبرين (*acc./ ap-der. m. plu. X.*): ***Takbîran*** تكبيرا (*v. n. II.*): Glorifying (God); Act of saying Allâh is the greatest. ***Istikbâran*** إستكبارا (*v. n.*): Arrogantly behaving in a proud and superior manner; Showing too much pride in oneself and too little consideration for others. (L; R; T; LL)

The root with its above forms has been used in The Holy Qur'ân about 161 times.

Kabba كَبّ

كَبَّا ; يَكُبّ

To prostrate on (the face), turn a thing upside down, pure (a liquid), be hurled. ***Akabba***

اُكِبّ: To be overturned, be turned upside down, throw down on the face. *Takabbaba* تكبّب : To be contracted. *Kabkaba* كبّب : To hurl a thing down into an abyss, bring (a flock) together.

Kubkibû كبكبوا (*pp. prf. 3rd. p. m. sing.*): They were hurled down (26:94). (L; R; T; LL)

Kataba كَتَبَ

كِتابَتا ، كَتبًا ؛ يكتُب

To write, note, record, collect, bring together, prescribe, ordain, destine, decree, transcribe, command, inscribe. *Kâtibun* كاتب: Writer; Scribe. *Kitâb* كتاب plu. *Kutib* كتُب: Book; Writing; Scripture; Written revelation; Decree; Letter; Prescribed period. *Kitâbiyah* كتابية: This word is a compound of *Kitâb* + *yâ* + *hâ*. The end *hâ* it is called *hâ al-waqf* or *hâ al-sukût* and used as a pause, as in 69:20, 26. *Iktataba* إكتَب: VIII. To cause to be, written. *Mukâtabat* مكاتبت: A technical term, means to allow a slave to get himself free from bandage on paying a certain amount as agreed upon.

Kataba كَتَبَ (*prf. 3rd. p. m. sing.*): He prescribed, ordained. ***Katabat*** كَتَبَت (*prf. 3rd. p. f. sing.*): Have written. ***Katabta*** كَتَبتَ (*prf. 2nd. p. sing.*): *You have written.* ***Katabnâ*** كَتبنا (*prf. 1st. p. plu.*): We prescribed, wrote. ***Yaktabu*** يَكتب (*imp. 3rd. p. m. sing.*): He may write. ***Yaktub*** يَكتُب (*imp. 2nd. p. m. sing.*): Records. ***Yaktubûna*** يَكتبون (*imp. 3rd. p. m.plu.*): They write, record. ***Aktubu*** اكتب (*imp. 1st. p. sing.*): I shall ordain. ***Naktubu*** نكتب (*imp. 1st. p. plu.*): We record. ***Taktubû*** تَكتبوا (*imp. 2nd. p. m. plu.*): (That) you write down. ***Tuktabu*** تَكتب: It should be recorded. ***Iktub*** إكتب (*prt. m. sing.*): Thou write down. ***Uktubû*** اكتبوا (*prt. m. plu.*): Record! Write down! ***Kutiba*** كتب (*pp. 3rd. p. m. sing.*): Was prescribed; Was ordained. ***Tuktabu*** تَكتَب (*pip. 3rd. p. f. sing.*): Will be recorded. ***Iktataba*** إكتَتَبَ (*prf. 3rd. p. m. sing. VIII.*): Has got written. ***Kâtibû*** كاتبوا (*prt. m. plu. III.*): Write (a deed of one's mission). ***Kâtibun/ Kâtiban*** كاتب/كاتبا (*acc./ act. pic. m. sing.*): A scribe; One who writes. ***Kâtibûna/Kâtibîna*** كاتبين/ كاتبون (*acc./ act. pic. m. plu.*): Scribes. ***Kitâb*** كتاب (*v. n.*): Book; Decree; Ordinance, Law; Write; Prescribed; Record; Letter; Term; Scripture; Teachings; Knowledge reverted to a Prophet; Recorder. ***Kitâba*** كتابا: Book; Decree. ***Kutub*** كُتب (*n.plu.*): Books Records, Teachings, Scriptures, Laws. ***Maktûb*** مَكتوب (*n.*): Written ***Kitâbiyah*** كتابية: My record. (L; T; R; LL)

The root with its above forms has been used in The Holy Qur'ân

about 317 times.

Katama كَتَمَ
كتماً ؛ يَكتم

To conceal, restrain (anger), hide, keep back (evidence), hold. *Kitmân* كتمان: State of affairs without there being any attempt or desire on one's part to conceal or suppress anything. It may merely be the result of circumstances or outcome of nature. *La Yaktamûna* لايكتمون: Do not conceal. This word in 2:146 has a prefixed *lâm* لام of emphasis which is called *lâm taukîd* لام توكيد. It has nothing to do with the prefixed *lâm* which indicate "in order to" or "that he may". In the second case the *lâm* is called *lâm ta'lîd* لام تعليد. The former *lâm* لام is vocalized with *Fat<u>h</u>a* and the latter with *Kasrah.*

Katama كَتم (*prf. 3rd. p. m. sing.*): He hides, conceals. ***Yaktumu*** يَكتم (*imp. 3rd. p. m. sing.*): Conceals. ***Yaktumûna*** يَكتمون (*imp. 3rd. m. plu.*): They conceal. *La Yaktumûna* لايكتمون: They do not conceal. ***Yaktumna*** يَكتمن (*imp. 3rd. p. f. plu. acc.*): They (*f.*) conceal. ***Taktumuna*** تكتمن (*imp. 2nd. p. m. plu.*): You conceal ***Lâ Taktumû*** لا تكتموا (*prt. neg. acc.*): Do not confound. ***Naktumu*** نكتُم (*imp. 1st. p. plu.*): We shall conceal. (Zamakhsharî; L; T; R; LL))

The root with its above forms has been used in The Holy Qur'ân about 21 times.

Ka<u>th</u>aba كَثَبَ
كثبا ؛ يَكثُب ،يَكثِب

To gather, heap up, make up, collect into one place. *Ka<u>th</u>îbun* كثيب: Heap of sand; Heaped up by the wind.

Ka<u>th</u>îban كثيبا (*act. 2 pic. m.*): Sand-heap (73:14). (L; R; T; LL)

Ka<u>th</u>ara كَثَرَ / Ka<u>th</u>ura كثُر
كثرا؛ يكثُر

To surpass in number or quantity, increase, multiply, happen often; To be much, many, numerous. *Ka<u>th</u>ratun* كثرة: Multitude; Abundance. *Kau<u>th</u>ar* كوثر: Abundance (of good things of every kinds). According to some of the sayings of the Holy Prophet ﷺ, peace be upon him, *Kau<u>th</u>ar* كوثر is a river in Paradise which is "whiter than milk" and "sweeter than honey" and it has its margin composed of pavilions of hollowed pearls. *Kau<u>th</u>ar* كوثر is an intensive form of the noun *Ka<u>th</u>ara* كثر, which in its turn denotes copiousness, multitude or abundance. It also occurs as an adjective with the same connotation. *Takâ**th**ur* تكاثر: The act of multiplying, rivalry, vying in respect of (riches), emulous desire of abundance, vying with one another to excel in multiplying worldly possessions. KathîrunjÎRS: Many; Much; Plenty. This is often used as an adjective and has to agree with the preceding noun in number and gender.

Ka<u>th</u>ura كثر (*prf. 3rd. p. m. sing.*): (It) was much, large. ***Ka<u>th</u>urat*** كثُرت (*prf. 3rd. p. f. sing.*): It was numerous. ***Ka<u>th</u>ratun*** كثرة (*n. v.*): Multitude; Abundance. ***Ka<u>th</u>îrun*** كثير (*act. 2 pic. m. sing.*): Many; Much; Plenty. ***Ak<u>th</u>aru*** اكثر (*elative*): More than; Much more; Mostly; Most of. ***Kath<u>th</u>ura*** كثّر (*prf. 3rd. p. m. sing. II.*): He multiplied. ***Ak<u>th</u>arta*** اكثرتَ (*prf. 2nd. p. m. sing. IV.*): You (have disputed) many a times. ***Ak<u>th</u>arû*** اكثروا (*prf. 3rd. p. m. plu. IV.*): They (spread) a lot. ***Istak<u>th</u>artu*** استكثرت (*prf. 1st. p. sing. IV.*): I would have secured a great deal. ***Istak<u>th</u>artum*** استكثرتم (*prf. 2nd. p. m. plu. X.*): You made a great many. ***Tastak<u>th</u>ir*** تستكثر (*imp. 2nd. p. m. sing. X.*): In order to get more. ***Takâ<u>th</u>urun*** تكاثر (*v. n. IV.*): An emulous quest for more. ***Kau<u>th</u>ar*** كوثر (*inten. n.*): Abundance of good. A river in Paradise. (L; R; T; LL)

The root with its above forms has been used in The Holy Qur'ân about 167 times.

Kada**h**a كَدَحَ
كدحًا ؛ يكدَح

To toil, exert, make every effort to carry out a thing, labour after anything, labour hard and actively, toil hard till one wearied himself, strive hard. *Kad<u>h</u>un* كَدَح: The act of labouring after anything.

Kad<u>h</u>an كدحًا (*v. n. acc.*): Laborious toiling (84:6). ***Kâdi<u>h</u>un*** كادح (*act. pic. m. sing.*): Toiling (84:6). (L; R; T; LL)

Kadara كَدَرَ
كدرًا ؛ يَكدُر

To be muddy, be obscure, lose light, fall, be lure. *Inkadara* إنكدر: To fall, short cut, become obscure, fade away, be scattered.

Inkadarat إنكدرت (*prf. 3rd. p. f. sing. VII.*): Obscured (81:2). (L; R; T; LL)

Kadâ كَدٰى
كدًى ؛ يَكدِي

To restrain, detain, give little, stop hand, be niggardly. *Akdâ* اكدٰى: To reach a hard ground by digging, stop, prevent, withhold grudgingly, not to

answer the request.
Akdâ اكدٰى (*prf. 3rd. p. m. sing. IV.*): He stopped, withheld grudgingly (53:34). (L; R; T; LL)

Kadhaba كَذَبَ

كِذباً، كَذِبا ؛ يَكذِب

To lie, say what is not a fact, lie to, falsely invent, tell lies about or against, fabricate a lie, relate a lie, say a falsehood, be wrong, be cut off, deceive, disappoint the expectation of. *Kudhiba* كُذِب: To be victim of falsehood, falsely accused. *Kadhibun* كِذب: A lie; False. Used also as an *adj*., lying. *Kâdhibun* كاذب : A (*m.*) liar. *Kâdhibatun* كاذبة: A (*f.*) liar. *Kadhdhâb* كذّاب: One given to lying; A great liar. *Kidhdhâbun* كذّاب: Falsehood; Giving the lie; Denying. *Kidhdhaba* كذّب *Kidhdhaban* كذّبا: To belie outright, belie one and all. *Makdhûbun* مكذوب: Belied. *Ghairu Makdhûbin* غيرمكذوب: Infallible; Which will never prove false. *Kadhdhaba* كذّب: To accuse of falsehood or imposture, falsely deny. *Kadhdhabunî* كذّبني : Comp. of *Kadhdhabu* (= accused) + *nî* (= me). *Tukadhdhibân* تكذّبان : Will you twain deny. *Takdhîbun* تكذِيب: Act of imputing falsehood. *Mukadhdhibun* مُكذّب: One who falsely denies or accuses of falsehood or imposture.

Kadhaba كَذَبَ (*prf. 3rd. p. m. sing.*): Lied; Made mistake, (with *alâ*: Fabricated a lie against). ***Kadhabat*** كذبت (*prf. 3rd. p. f. sing.*): She lied, told a lie ***Kadhabû*** كذبوا (*prf. 3rd. p. m. plu.*): They lied, made false promises, invented lies. (with *alâ*: Lied against). ***Yakdhibûna*** يكذبون (*imp. 3rd. p. m. plu.*): They lie. ***Takdhibûna*** تكذبون (*imp. 2nd. p. m. plu.*): You lie. ***Kudhibû*** كذبوا (*prf. 3rd. p. plu.*): They have been told lie, they were denied. ***Kadhdhaba*** كذّب (*prf. 3rd. p. m. sing. II.*): He denied, gave lie to, cried lies, accused of lying. ***Kadhdhabat*** كذّبت (*prf. 3rd. p. f. sing. II.*): Cried lies. This form of verb (3rd. p. f. sing.) when placed before a noun works for plural as well as for a singular. ***Kadhdhabta*** كذّبتا (*prf. 2nd. p. m. sing. II.*): Thou did cried lies ***Kadhdhbû*** كذّبو (*prf. 3rd. p. m. plu. II.*): They cried lies. ***Kadhdhabtum*** كذّبتم (*prf. 2nd. p. m. plu. II.*): You belied, cried lies. ***Kadhdhibûni*** كذّبون (*prf. 3rd. p. m. plu. II.*): They treated me as a liar. ***Kadhdhabna*** كذّبنا (*prf. 1st. p. plu. II.*): We cried lies. ***Yukadhdhibu*** يكذّب (*imp. 3rd.*

p. m. sing. II.): He cries lies. ***Yukadhdhibû*** يكذّبوا (*imp. 3rd. p. m. plu.* the final *Nûn* is dropped): They crie lies. ***Tukadhdhibâni*** تكذّبان (*imp. 3rd. p. m. dual II.*): Will you twain deny. ***Yukadhdhibûna*** يكذّبون (*imp. 3rd. p. m. plu. II.*): Those that lie. ***Nukadhdhibu*** نكذّب (*imp. 1st. p. plu. II.*): We cried lies. ***Kudhdhiba*** كذّب (*pp. 3rd. p. m. sing. II.*): Lies were cried. ***Kudhdhibat*** كذّبت (*pp. 3rd. p. f. sing. II.*): Have been cried lies to. ***Kidhbun*** كذب (*n.*): False; Lie; Falsehood, (with *alâ*): Forged against). ***Kâdhibun/ Kadhiban*** كاذب / كاذبا (*acc./act. pic. m. sing.*): A liar. ***Kâdhibûna*** كاذبون *nom.* / ***Kâdhibîna*** كاذبين (*acc./ act. pic. m. plu.*): Liars. ***Kadhibatun*** كذبة (*act. pic. f. sing.*): Sinful; Liar; Denier. ***Kadhdhâbun*** كذّاب (*n. ints.*): A great liar. ***Kidhdhâbun*** كذّاب (*v. n.*): Giving a lie to someone; Denying. ***Takdhîbun*** تكذيب (*v. n. II.*): Belying. ***Makdhûbun*** مكذوب (*pact. pic.*): Falsified; That which will prove false. ***Mukadhdhibûna/Mukadhdhibîna*** مُكذّبين / مكذّبون (*acc. apder. m. plu. II.*): Beliers. (L; T; R; LL)

The root with its above forms has been used in The Holy Qur'ân about 282 times.

Karab كَرَبَ

كربا ؛ يكرُب

To grieve, afflict, overburden, twist a rope, tighten. *Karbun* كرب: Grief; Distress; Calamity.

Karbun كرب (*v. n.*): (6:64, 21:76, 37:76, 115). (L, T, R, LL)

Karra كَرَّ

كرًّا ؛ يكرّ

To return to, return successively, run against, repeat, come back, follow by turns, be wound (thread). *Karratun* كرّة: Act of repeating; A return, Chance to return, Return of victory, Return of power. Resurrection, Turn time. *Karrataini* كرّتين: Two other times; Twice again; Again and yet again.

Karratun كرّة (*n.*): (2:167; 17:6; 26:112; 39:58; 79:12). ***Karrataini*** كرّتين (*n. dual.*): (67:4). (L; T; R; LL; Kf, Jalâlain,)

Karasa كَرَسَ

كرسا ؛ يكرسُ

To found (a building); To gather. *Takarrasa* تكرّس : To be strongly laid (foundation), lean upon, enter and conceal it, be gallant, be hardy, be severe, be stern. *Kirsun* كرس: Crowd; Party; Way; Collection (of houses); Energy;

firmness. *Karawwasun* كروّس: Bulky; Stout; Lion with big head; Big camel with strong and firm legs. Strong; Fast; Firm; Lasting persons. *Karas al-Malik* كرس الملك: The base of the king, throne of the king, capital of the king. *Kurrâsatun* كرّاسة: Book; Pamphlet.

Huwa min ahl al-Kursî

هومن اهل الكرسي

"He is a learned man."

Ij'al li hâdh alha'iti Kursiyyan

اجعل لهذ الحائط كُرسياً

"Make for this wall a stay or anything to stay"; Resolve or lean upon a pillar. When the knowledge throngs on the mind of a man it is said الرجل كرس *Karisa al-rajulu.*

مجد التاجر في كيسه و
مجد العالم في كراريسه

Majd al-tajiri fi Kîsihî wa majd al â'lim him fi Karârîsehî

"The honour and glory of a business man is in his purse and honour and glory of a learned man is in his books." *Al-Karâsî* الكراسي: Men of learning. *Khair al-nâsi al-Karâsî* خير الناس الكراسي: The best of men are the men of learning. *Kursî* كرسي: Knowledge, Learning; Suzerainty; Dominion; Majesty; Glory; Throne; Power. Ibn Jubair said: His *Kursî* كرسي is his knowledge.

Kursiyyun كرسيّ (n.): (2:225, 38:34) (Bukhârî, 64:2/44). (L; R; T; Kf, Tahdhîb, LL)

Karuma كَرُم/Karama كَرَمَ كَرماً؛ يَكرُم

To be productive, generous, precious, valuable, honourable, yeald (rain). *Karuma* كَرُم: To overcome anyone in generosity; To be high-minded, beneficent, noble, illustrious. *Kirâman* كراما: Courteously. *Karrama* كرّم: II. To honour. *Mukarramun* مكرّم: Honoured. *Karîm* كريم plu. *Kirâmun* كرام: Honorable; Noble; Generous; Kind; Beneficent; Gracious; Munificent; Agreeable, Worthy of respect; Holy; Fruitful; Fair.

Karramta كرّمت (*prf. 2nd. p. m. sing. II.*): Thou honoured. ***Karramnâ*** كرّمنا (*prf. 1st. p. plu.*): We honoured. ***Akrama*** اكرم (*prf. 3rd. p. m. sing.*): He has honoured. ***Akramani*** اكرمن (comp. of *akrama+ni*. Here the last *nî* has been shortened to *ni*. ***Lâ Tukrimuna*** لا تكرمنا (*imp. 2nd. p. m. plu. neg.*): You honour not. ***Akrimi*** اكرمي (*prt. f. sing.*): Honour; Give due respect; Make honourable. ***Karîmun/Karîman*** كريم / كريما (*acc.*): Noble; Worthy of respect, Honourable, Holy; Kind; Generous; Beneficent; Gracious; Agreeable; Fruitful; Fair; Grace; Rich; Respectful. The word *Karîm* كريم has occurred in The Holy Qur'ân as adjective for Allâh, for The Holy Prophet, Gabriel, Holy Qur'ân, Place of reward, the Throne of Majesty, Joseph and for provisions. Thus according to the contents and its place in a phrase the rendering of the word should be chosen to suit the contents. ***Al-Karîm*** الكريم: One of the excellent names of Allâh. ***Kirâman*** كراما (*n. plu. acc.*): Nobles; Holy by dignity; Gracious. ***Akram*** اكرم (*elative*): Most benignant; The Noblest. One of the excellent names of Allâh. ***Ikrâm*** إكرام (*v. n. IV.*): Glorious. ***Mukrimu*** مكرم (*ap-der. m. sing. IV.*): Who gives honour, ***Mukrimûna/Mukrimîna*** مكرمين / مكرمون (*acc./ pis. pic. m. plu. IV.*): Honoured ones. ***Mukarramatun*** مكرّمة (*pis. pic. f. sing. II.* Used as *adj*. of a *plu*): Honoured ones. (L; R; T; LL)

The root with its above forms has been used in The Holy Qur'ân about 47 times.

Karaha كَرِهَ

كُرها ، كَرهًا ؛ يَكره

To find difficult, dislike, disapprove, feel aversion to, be averse from, loathe, abhor, detest, be unwilling. *Karhun / Kurhun* كَره / كُره: Difficult; Disagreeable; Against one's will; Pain; Grief. *Kârihun* كاره: One who dislikes or is averse from anything. *Makrûhun* مكروه: Hateful; Abominated. *Karraha* كره: II. To render hateful or difficult. *Akraha* إكراه: IV. To compel one to a thing against his will. *Ikrâhun* إكراه: Compulsion.

Kariha كَرِهَ (*prf. 3rd. p. m. sing.*): He disliked, was averse, detested, considered hard. ***Karihû*** كرهوا (*prf. 3rd. p. m. plu.*): They found hard, disliked, detested. ***Karihtumû*** كرهتموا (*prf. 2nd. p. m. plu.*): you detested, would loath. ***Yakrahûna*** يَكرهون (*imp. 3rd. p. m. plu.*): They dislike. ***Takrahû*** تكرهوا (*imp. 2nd. p. m. plu. acc.*): You thought hard. ***Karraha*** كرّهَ (*prf. 3rd. p. m. sing. II.*): He has made hateful. ***Akrahta*** اكرهتَ (*prf. 2nd. p. m. sing. IV.*): Thou did constrain. ***Tukrihu*** تكرهُ (*imp. 2nd. p. m. sing. IV.*): Thou constrain. ***Lâ Tukrihû*** لا تكرهوا (*prt. neg. m. plu.*): Do not constrain. ***Yukrih*** يُكرِه (*imp. 3rd. p. m. sing.*): He forces. ***Ikrâh*** إكراه (*v. n. IV.*): Compulsion; Force. ***Ukrih*** يُكره (*pp. 3rd. p. m. sing. II.*): He was forced, compelled. ***Kârihûna*** كارهون (*act. pic. m. plu.*): Those who considered (it) difficult. ***Makrûhan*** مكروها (*acc. pac. pic.*

m. sing.): Hateful. ***Kurhun/Kurhan*** كره / كرها (*acc./n.*): Hard; Trouble; Pain. ***Karhan*** كرها (*acc.*): Unwillingly. ***Ukriha*** أكره (*3rd. p. sing. pp. l*): Was forced to. (L; R; T; LL)
The root with its above forms has been used in The Holy Qur'ân about 41 times.

Kasaba كَسَبَ
كسبا ؛ يَكسِب

To gain, acquire, seek after, gather (riches), do, commit, earn. There is a difference between the I. form *Kasaba* كَسَبَ and the VIII. form *Iktasaba* إكتسب. *Kasaba* كَسَبَ is used for doing a good or an evil deed, whereas *Iktasaba* إكتسب is used for the doing of evil deeds which also involves greater exertion on the part of the person who commits that evil. *Mâ kasabat qulûbukum* ما كسبت قلوبكم: What your hearts have gained, i. e. what your hearts have assented to.

Kasaba كَسَبَ (*prf. 3rd. p. m. sing.*): He earned, did, accomplished, gained, acquired. ***Kasabâ*** كسبا (*prf. 3rd. p. m. dual.*): They two did. ***Kasabû*** كسبوا (*prf. 3rd. p. m. plu.*): They accomplished. ***Kasabat*** كسبت (*prf. 3rd. p. f. sing.*): She accomplished. ***Kasabtum*** كسبتم (*prf. 2nd. p. m. plu.*): You have earned. ***Yaksibu*** يكسب (*imp. 3rd. p. m. sing.*): He accomplishes. ***Taksibu*** تكسب (*imp. 3rd. p. f. sing.*): You (*f.*) accomplish. ***Yaksibûna*** يكسبون (*imp. 3rd. p. m. plu.*): They accomplish, earn. ***Taksibûna*** تكسبون (*imp. 2nd. p. m. plu.*); You accomplish. ***Iktasaba*** إكتسب (*prf. 3rd. p. m. sing. VIII.*): He accomplished in the form of sin or evil. ***Iktasabat*** إكتسبت (*prf. 3rd. p. f. sing. VIII.*): She accomplished in the form of evil. ***Iktasabû*** إكتسبوا (*prf. 3rd. p. m. plu. VIII.*): They accomplished in the form of evil. ***Iktasabna*** إكتسبن (*prf. 3rd. p. f. plu. VIII.*): They (*f.*) accomplished in the form of evil. (L; R; T; LL)
The root with its aboveforms has been used in The Holy Qur'ân about 67 times.

Kasada كسد/Kasuda كَسُدَ
كُسُودا، كِسَادًا ؛ يَكسُد

To be dull (market), sell badly, slacken, fail in finding customers. *Kasâdan* كسادا: Want of purchasers; Act of remaining unsold; Slackening; Slump; Decline.

Kasâdan كسادا (*v. n.*): (9:24). Slump. (L; R; T; LL)

Kasafa كَسَفَ
كسفا ؛ يَكسِف

To cut a thing into pieces. *Kisfun* كِسف: Pieces; Fragment; Segment. *Kisfan* كِسفا

pl. of *Kisfatun* كسفة : Pieces or segments *Kisafan* كِسَفا (adverbially): In pieces or fragments; Layers upon layers

Kisfan كِسفًا (*n. m. sing.*): (52:44). ***Kisafan*** كِسَفا (*n. plu.* (17:92; 26:187; 30:48; 34:9) (L; R; T; LL)

Kasila كَسِلَ
كَسَلا ؛ يَكسَل

To be lazy, idle, slothful, sluggish, listless, languish. *Kusâlâ* كسالىٰ: Listlessly; Lazily.

Kusâlâ كسالىٰ (*n. plu. acc. adj.*) (4:142; 9:54). (L; R; T; LL)

Kasa كَسَيٰ
كَسوا ؛ يَكسُوا

To dress, clothe. *Kiswatun* كسوة : Dress; Clothing; Set of clothes; Robe covering the Ka'bah.

Kasaunâ كَسَونا (*prf. 1st. p. plu.*): We clothed. (23:14). ***Iksû*** إكسوا (*prt. plu.*): Clothe. (4:5). ***Naksû*** نكسُوا (*imp. 1st. p. plu.*): Clothe (them) (2:259). ***Kiswatan*** كسوة (*n.*): Clothing (2:233, 5:89). (L; R; T; LL)

Kasha<u>t</u>a كَشَطَ
كَشطًا ؛ يَكشِط

To remove, take off (the cover), strip, scrape, skin (a camel), discover, unveil, be laid bare. *Kushi<u>t</u>at* كُشطت: Unviel. In the verse 81:11 the unvieling of the heaven or the heights signifies the unveiling of the mysterious relating to the heavens and the vast strides that the science of astronomy will make.

Kushi<u>t</u>at كُشطت (*pp. 3rd. p. f. sing.*) (81:11): (L; R; T; LL)

Kashafa كَشَفَ
كَشفًا ؛ يَكشِف

To pull asway, remove, take off, open up, lay open, lay base, uncover: *Kashfun* كشْف: The act of removing or pulling asway. *Kâshifun* كاشْف: One who removes, reveals. *Kâshifatun* كاشفة: One (f.) who removes. *Kashafat 'an sâqiha* كشفت عن ساقها: She uncovered her shanks, she got ready to meet the situation, she became perturbed or perplexed or was taken aback. *Yukshafu 'an sâqin* يكشَف عن سَاق: When there is a severe affliction. (Bai<u>dz</u>âwi); When the truth of the matter is laid bare (Bai<u>dz</u>âwî); When the affair becomes hard and formidable (kf); When the bone shall be bared, i.e., when human beings innermost thoughts, feeling and motivations will be laid bare; Veil will be lifted from all mysteries. *Kashafat-ho al-*

Kawâshif كشفته الكواشف: His misdoings have laid bare his shame. *Kashafat al-harbu 'an sâqihâ* كشفت الحرب عن ساقها: The fury and rage of battle.

Kashafa كَشَفَ (*prf. 1st.p.m.sing.*): He removed; Took off. ***Kashafat 'an Sâqihâ*** كشفت عن ساقها: She was greatly perturbed; She prepared herself to meet the difficulty. ***Kashafta*** كَشَفتَ (*prf. 2nd. p. m. sing.*): You avert. ***Kashafnâ*** كَشَفنا (*prf. 1st. p. plu.*): We removed, averted ***Yakshifu*** يكشف (*imp. 3rd. p. m. sing.*): He will remove. ***Yukshafu*** يكشَف (*pip. 3rd. p. m. sing.*): Will be hard. ***Ikshif*** اكشف (*prt.*): (prayer) Rid (us) of this (calamity); Remove from us. ***Kashfa*** كَشف (*v. n.*): To rid off, remove. ***Kâshifun*** كاشفٌ (*act. pic. m. sing.*): One who removes (torment). ***Kâshifatun*** كاشفة (*act. pic. f. sing.*): One of who removes (torment). ***Kâshifâtun*** كاشفات (*act. pic. f. plu.*): Those (*f.*) Who remove (torment). (L; R; T; LL)

The root with its above forms has been used in The Holy Qur'ân about 20 times.

Kazama كَظَمَ
كظما ؛ يَكظِم

To shut, stop, abstract, suppress one's anger, choke, tight or fill something with a check, abstain from chewing the end. Suppress or check rage, restrain anger. *Kâzim* كاظم: One who restrains, obstructs or checks his anger. *Kazîm* كظيم: One who is grieving inwardly and in silence, repressor of rage, filled with sorrow that he suppresses. *Makzûm* مكظوم: Oppressed and depressed with grief.

Kâzimîn كاظِمين (*act. pic. m. plu. acc.*): (3:134; 40:18). ***Kazîm*** كظيم (*act. 2pic. m. sing.*): (12:84; 16:58; 43:17). ***Makzûm*** مكظوم (*pct. pic. m. sing.*): (68:48). (L; R; T; LL)

Ka'aba كَعَبَ
كعبا ؛ يَكعُب ، يَكعِب

To become prominent or eminent, swell, have swelling breast (a girl), have the breasts formed. *Ka'bun* كعبٌ: Anklebone; Cube; Glory. *Dhahaba K'abuhum* ذهب كعبهم: Their glory has vanished. *Ka'bain* كعبين: Two ankles. *Kawâ'ib* كواعب: Blooming young maidens; Girls whose breasts are becoming prominent or budding; Glorious; Splendid (companions) - male or females. *Ka'bah* كعبه: The sacred house at Makkah. It is so called because of its eminence. This is a prophetical name telling that it shall forever have eminence in the world. The noun by which the sanctuary has always been known denotes a "cubical building". This is a massive stone building, 50 feet on one side and 45 feet on the other and the height a little above the length, now having one door 7 feet above the ground. It was in the very first hand, as the Holy Qur'ân tells us, "founded for the good of mankind and a means of guidance for all the people". It has been rebuilt several times, but always in the same shape and raised on the same foundations, even prior to the erection of a building on this site by Abraham some sort of structure did exit, but it had fallen into ruins and only a trace of it had remained. The word *al-Qawâid* in 2:127 shows that the foundations of the house were there which Abraham and his son Ismâ'îl had raised. The prayer of Abraham when he left his son Ismâîl and his wife Hagar, "Our Lord! I have settled some of my children in an uncultivatable valley in the vicinity of your Holy House." (14:37) shows that the *Ka'bah* had existed even before that time. A *Hadîth* also supports this view. When Abraham returned, leaving Ismâ'îl and his mother Hagar at that place by the command of God, he turned his face to the *Ka'bah* and raising both of his hands, offered the following prayer, "Our Lord! I have settled some of my children in an uncultivated valley in the vicinity of your Holy House. (Bukhârî). Historians of established authority have admitted that the *Ka'bah* كعبه has been held sacred from time unmorial. Diodorus Siculus Sicily (60 A.D.) while speaking of the region now known as Hijâz says that it was specially honoured by the natives, and adds that an altar is there, built of hard stone and very old in years.. to which the neighbouring peoples thronged from all sides (Translation by C.M. Oldfather, London, 1935, Book III, ch. 42, val. II. pp. 211-213). William Muir says that these words must refer to the Holy House of Mecca ... so extensive an homage must have had its beginnings in an extremely remote age (Muir, p. ciii). Freytag says that there is no good reason for doubting that the caaba was founded as stated in this passage (Rodwell, under 2:128). The *Ka'bah* is variously mentioned in the Qur'ân as "My House" (2:125, 22:26), "The Sacred House" (14:37), "The Sacred Mosque" (2:150), "The House" (2:127, 158, 3:97,

8:35), "The Ancient House" (22:29,33), "The Much-frequented House" (52:4), "The First House" (3:96). All these different appellations point to the eminence of the *Ka'bah*. Its cubic shape is the simplest three-dimensional form, as a parable of human beings humility and awe before God whose glory is beyond anything that human being could conceive by way of architectural beauty.

Ka'bain كعبين (*n. dual.*): Two ankles (5:6). ***Al-Ka'bah*** الكعبة (*n.*): (5:95,97). ***Kawâ'iba*** كواعب (*adj.*): (28:33). (L; R; T; Râzî; LL)

Kafa'a كفأ

كفأً ؛ يكفاء

To equal, compare. *Kufuwan* كُفوا: Equal, Like, Comparable; Corresponding. *Kafâ'a-tun* كفأة: Equality; Likeness; Matching.

Kufuwan كُفوا (*v. n. acc.*): (112:4). (L; R; T; LL)

Kafata كَفَتَ

كَفتا ؛ يَكفِتُ

To gather together, draw things to itself, hasten, be quick and swift in running, urge vehemently, fly, contract, grasp, take. *Iktafata* أكتفت: To take the whole of. *Kifât* كفات: Place in which a thing is drawn together or comprehended, or collected or congregated, thing quick in its motion, receptable thing. It refers to the law of gravitation and motion of earth in space and on its axis.

Kifâtan كفاتا (*v. n. acc.*): (77:25). (L; R; T; LL)

Kafara كَفَرَ

كُفرا، كفرا ؛ يَكفُر

To cover, deny, hide, renounce, reject, disbelieve (opposite of belief), be ungrateful, negligent, expiate, darken. *Kaffara* كفّر: To forgive, redeem. *Kâfir* كافِر: Disbeliever; Cultivator; Tiller; Husband; One who covers the sown seed with earth; Ungrateful; Who covers, hides and conceals the benefit or favour conferred on him; Dark cloud; Night; Coat of mail; Impious. Just as *îmân* اِيمان is the acceptance of the truth so *kufr* كُفر is its rejection and as the practical acceptance of the truth or doing of a good deed is called *îmân* ايمان or part of *îmân* ايمان so the practical rejection of truth or the doing of an evil deed or sin is called *kufr* or part of *kufr* كُفر. The Holy Prophet is reported to have warned his Companions in the following words, "Beware! Do not become disbelievers or ungrateful

(*Kuffâr* كُفّار) after me, so that some of you should strike off the necks of others (Bukhârî 25:132). Here the slaying of a Muslim by a Muslim is condemned as an act of *kufr* كُفر. In another tradition it is said, "Abusing a Muslim is transgression, and fighting against him is *kufr* كُفر" (Bukhârî 2:36). Ibn Athîr in his well known book Al-Nihâyah writes, "*Kufr* كُفر is of two kinds, one is denial of the Faith itself and the other is denial of a fraction (*far'*) or branch of the branches of Islam. On account of this denial a person does not get out of the pail and Faith of Islam. This is what is called *Kufrun dûna Kufrin* دون كُفر كُفْر: A *Kufr* كُفر low, vile, weak, beneath, below, inferior or behind the *Kufr* كفر. So this second *Kufr* كفر cannot be simply equated with "Unbeliever" or "Infidel" in the specific and restricted sense. These are the one who reject the whole system of the doctrine of Islam and the Law promulgated in The Holy Qur'ân as amplified by the Holy Prophet, peace be upon him. Such *Kufr* كُفر brings them out of the pail of Islam. *Kufûr* كفور: Disbelief, Ingratitude. *Kufran* كُفرا: Denial. *Al-Kâfir* الكافر: Who denies *La ilâha Illallâhu Muhammadun Rasûlallah* (There is no other, cannot be and will never be one worthy of worship other than Allâh, and Muhammad is His Messenger). Its plu. is *Kâfirîn* كافرين and *Kuffâr* كفّار. *Kwâfir* كوافير: Expiation. *Kaffaratun*: Which is given as an expiation. *Kafûr* كفور: Camphor. *Kaffara* كفّر: (*II.*) To cover, expiate. *Akfara* اكفر: How ungrateful. *mâ Akfar* اكفر (*elative*): How ungrateful (he is). It is a verb of wonder (*Fi'l al-Ta'ajjub* فعل التعّجب), which is formed on the measure of Af'ala IV, with a prefixed *hamzah* from any adjective.

Kafara كفر (*prf. 3rd. p. m. sing.*): He committed breach of faith, disbelieved, rejected the faith, disobeyed, became ungrateful, denied, showed ingratitude. ***Kafarat*** كفرت (*prf. 3rd. p. f. sing.*): She disbelieved, became ungrateful. ***Kafarta*** كفرت (*prf. 2nd. p. m. sing.*): Thou disbelieved ***Kafartu*** كفرْتُ (*prf. 1st. p. f. sing.*): I rejected, refused, have nothing to do with. According to Mujâhid, these are the meaning of the word *Kafartu* كفْرتُ in 14:22. ***Kafartum*** كفرتم (*prf. 2nd. p. m. plu.*): You denied, rejected, disbelieved. ***Kafarû*** كفروا (*prf. 3rd. p. m. plu.*): They disbelieved, denied ***Kafarnâ*** كفرنا (*prf. 1st. p. plu.*): We disbelieved. ***Yakfuru*** يكفر (*imp.*

3rd. p. m. acc. at the end *Nûn* is dropped): They disbelieve, are unthankful. ***Yakfurûna*** يكفرون (*imp. 3rd.p. m. plu.*): They reject, denied. ***Takfurûna*** تكفرون (*imp. 2nd. p. m. plu.*): You denied. ***Takfurûni*** تكفرونِ (*imp. 2nd. p. m. plu.* comp. of *Yakfurû + ni* (= *nî*): You are unthankful to me (2:152). ***Takfurû*** تكفروا (*imp. 2nd. p. m. plu, acc.* last *Nûn* dropped): ***Ukfur*** اكفُر (*prt. m. sing.*): Disbelieve that. ***Nakfuru*** نكفُرَ (*imp. 1st. p. plu.*): We disbelieve. ***Akfuru*** اكفر (*imp. 1st. p. plu.*): I disbelieve, am ungrateful. ***Ukfurû*** اكفروا (*prt. m. plu.* You disbelieve. ***Lâ Takfur*** لاتكفر (*prt. neg. m. sing.*): Deny not. ***Kufira*** كفر (*pp. 3rd. p. m. sing.*): Was denied. ***Yukfaru*** يكفرَ (*pip. 3rd. p. m. sing.*): Is rejected. ***Lan Yukfarû*** لن يكفروا (*pip. 3rd. p. plu.*): They will not be denied (reward there of). ***Mâ Akfar*** مااكفر (*elative*): How ungrateful (he is). ***Kufrun*** كفر (*v. n.*): Ungratefulness; Disbelief; Denial. ***Kufran*** كفرا (*v. n. acc.*) ***Kâfirun*** كافِر (*act. pic. m. sing.*): One who refuses to believe; Ungrateful; rejecter. ***Kâfiratun*** كافِرة (*act. pic. f. plu.*): Disbeliever women. ***Kâfirûna/Kâfirîna*** كافرون / كافرين (/acc.): Those who have no belief; Disbelieving people. ***Kawâfir*** كوافير (*v. n. pl.*): What are given as an expiation. ***Kufûran*** كفورا (*v. n. acc.*): Denial; Infidelity; Disbelief. ***Kufurun/Kufuran*** كفُر / كفُراً (*acc./ ints.*): Thankless. ***Kuffârun /Kuffâ-ran*** كفّار / كفّارا (*acc./n. plu.*): Disbelievers; Those who hide seeds under the ground (57:20). Disbelievers. ***Kaffârun / Kaffâran*** كفّار / كفّارا (*acc. ints.*): Persistent and confirmed disbeliever; Persistently ungrateful. It is ints. form of *Kâfirun* and *Kufrun*. ***Kaffara*** كفّر (*prf. 3rd. p. m. sing. II.*): He expiated, purged. ***Kaffarnâ*** كفّرنا (*prf. 1st. p. plu. II.*): We purged. ***Yukaffir*** يُكفّر (*imp. 3rd. p. m. sing. II. juss.*): He will purge, make clean. ***Ukaffiranna*** اكفّرنّ (*imp. 1st. p. sing. emp. II.*): Surely I shall purge. ***Nukaffir*** نكفّر (*imp. 1st. p. plu. juss. II.*): We shall purge. ***Nukaffiranna*** نُكفّرنّ (*imp. 1st. p. plu. emp. II*): Surely we shall purge. ***Kaffir*** كفّر (*prt. m. sing.*): Thou may purge (prayer). ***Kaffâratun*** كفّارة (*ints. of Kaffara*): Expiation; Purgation. ***Kufrân*** كفران (*v. n.*): Rejection; Disapproval. ***Kâfûr*** كافور (*n. acc.*): Camphor. (L; R; T; Nihâyah; Zamakhsharî; LL)

The root with its above forms has been used in The Holy Qur'ân about 525 times.

Kaffa كَفّ

كفّ ؛ يُكفّ ، كفًا ، كفاية

To withhold desist, refrain from, withdraw, keep back, hold out the hand. *Kaffun* كفّ: Hand; Palm of the hand.

Ja'ala qallihu Kaffaihî: He began to wring his hands. It is the action of a man who is repenting or grieving and therefore metonymical denotes repentance or grief. *Kâffatun* كَافّة: Of; From. *Kâffin* كَافّ: Altogether; Wholly; Entirely; Universally; Completely; Repulsing (the satan); restraining oneself or others (from sin).

Kaffa كَفّ (*prf. 3rd. p. m. sing. V. assim.*): He withheld. ***Kaffaftu*** كَفّفتُ (*prf. 1st. p. sing. V. assim.*): I warded off. ***Yakuffu*** يكفّ (*imp. 3rd. p. m. sing.*): He will restrain. ***Yakuffûna*** يكفّون (*imp. 3rd. p. m. plu. assim. V.*): They will ward off. ***Yakuffû*** يكفّوا (*imp. 3rd. p. m. plu. assim. acc. V. final Nûn is dropped*): Withhold. ***Kaffaihi*** كفّيه (*n. dual.* final *Nûn* is dropped): Both hands; Both of two palms. ***Kâffatun*** كافّة (*act. pic. acc.*): All; Wholly; Together; Entire. (L; R; T; LL)

The root with its above forms has been used in The Holy Qur'ân about 15 times.

Kafala كَفَلَ
كفلا ؛ يكفُل

To take care of, nourish, bring up for another, be guardian of, be responsible for, entrust, stand security or surety. *Kiflun*كفل: A portion, like part, responsibility. *Dhu al-Kifl*: ذوالكفل (Hizkil or Ezekiel of Bible), One possessed of abundant portion (of knowledge), who has pledged himself (to God), whom God gives strength. There is a town called *Kefil* which is situated midway between Najaf and Hillah (Babylon) which contains the shrineof Ezekiel. It is still visited by Jewish pilgrims. Nebuchadnezzar carried him to Babylon in 570 B.C. where he died in captivity. He is therefore also called the Prophet of the Exile.

Yakfulu يكفل (*imp. 3rd. p. m. sing.*): Take charge of. ***Yakfulûna*** يكفلون (*imp. 3rd. p. m. plu.*): They will bring him up, take care of. ***Ikfil*** إكفل (*prt. m. sing. IV.*): Entrust. Ward. ***Ikfilnîhâ*** إكفلنيها (*dual acc. nî*=me and *hâ*=it): Entrust it over to me. ***Kafîlan*** كفيلا (*acc: act. 2 pic.*): One who takes responsibility. ***Kiflin*** كفل (*n.*): Portion; Responsibility. ***Kiflain*** كفلين (*n. dual*): Two portion. ***Dhû al-Kifl*** ذوالكفل (*n. proper*): Prophet Ezekiel. (L; R; T; LL)

The root with its above forms has been used in The Holy Qur'ân above 10 times.

Kafâ كَفٰى

كِفايَة ، كافا ؛ يَكفي

To be enough, sufficient. *Kâfin* كافٍ for *Kâfiyun* كافيٌ: One who is sufficient for. *Yakfî* يَكفي: Will be sufficient (*fasayâkfîkahum* فسيكفيكهم is compound of *fa* + *sa* + *yakfî* + *ka* + *hum*). *Kafâ* كفٰى: He sufficed, was enough. *Kafainâ* كفينا: We suffice. In *Kafainâka* كفينك the verb is used with accusative. Sometimes the first object takes Bâ as in 4:6. Sometimes both objects are drawn together, as in 15:95 as frequently observed, for the purpose of explaining it, verb formed for perfect tense is translated as if it was for imperfect tense and vice versa.

Kafâ كفٰى (*prf. 3rd. p. m. sing.*): He sufficed, was enough. ***Kafainâ*** كفينا (*prf. 1st. p. plu.*): We suffice. Yakfî يكفي (*imp. 3rd. m. sing.*): Will be sufficient; Suffices (*fasayakfîkahum* فسيكفيكهم). ***Lam Yakfi*** لم يكفي (*imp. 3rd. p. m. sing. juss.* final *Nûn* is dropped): Was not enough. ***Kâfin*** كافٍ (*act. pic. m. sing.*): Sufficient. (L; R; T; LL)

The root with its above four forms has been used in The Holy Qur'ân about 33 times.

Kala'a كَلأَ

كَلأً ؛ يَكلؤ

To protect, keep guard, keep safe.

Yakla'u يَكلؤ (*imp. 3rd. p. m. sing.*): He will protect (21:42). (L; R; T; LL)

Kaliba كَلِبَ

كلبا ؛ يَكلِب

To bark (for days). *Kalbun* كلب: Dog; Any animal of prey. *Kalb al-Bahr* كلب البحر: Shark. *Kalb al-Barr* كلب البّر: Wolf. *Mukallibîna* مكلّبين: Those who train dogs or other beasts or birds of prey for hunting. It is a plu. of *Mukallibun* مكلّب.

Kalb كلب (*n.*): (7:176; 18:18, 22). ***Mukallibîna*** مكلّبين (*ap-der. m. plu. II. acc.*): (5:4). (L; R; T; LL)

Kalaha كَلحَ

كلحا ؛ يَكلح

To put on a sour, austere, harsh, astrigent, stern, grave look; look with frown, wear a grin of pain and anguish, express foolish satisfaction, endure pain, show disappointment, grin with lips, make contracted face and its surrounding parts; Stern, severe, forbidding looking,. *Kâlihûn* كالحون:

Grinning ones with displaced face and its surrounding parts and teeth.

Kâli<u>h</u>ûna كالحون (*act.pic.m.plu.*): They grin (from pain and anguish) (23:104). (L; R; T; LL)

Kalifa كلف
كلفاً؛ يكلف

To take pains, be zealous, be engrossed by an object. *Kallafa* كلّف: II. To impose (a difficult task), compel a person to do anything much difficult, make responsible, charge any one. *Mutakallifîn* متكلّفين: Those who are given to affectation, who are led by nature or habit to practise deceit and falsehood; Imposters.

Yukallifu يكلّف (*imp. 3rd.p. sing. II.*): He charges, tasks. ***Nukallifu*** نكلّف (*imp. 1st. m. plu. II.*): We charge, burden, tax. ***Tukallifu*** نكلف (*pip. 3rd. p. m. sing. II.*): You charge. ***Tukallafu*** تكلّف (*pip. 3rd. p. m. sing. II.*); It is charged. ***Mutakallifîna*** متكلّفين (*ap-der. m. plu. V. acc.*): Those who are given to affectation (and are impostors). (L; R; T; LL)

The root with its above five forms has been used in The Holy Qur'ân about 8 times.

Kalla كلّ
كلالتاً، كلاًّ ؛ يَكِل

To lose father and child, lose direct heirs, be weary, tired, weak, have only remote relations.

Kallun كلّ (*n.*): Heavy or useless burden; Weariness; One who depends on others for his livelihood (16:76). ***Kalâlatun*** كلالة: One who has no child (4:12), one who has neither parents left nor a child (4:176). (L; R; T; LL)

Kullun كُلّ

All; Whole, Totality; Universality; Each; Everyone; Each one; Entirely; Totally; *Kullamâ* كلّما: Whenever; Every time; Often as; So often as; As often as; How often; Whatever. *Kullaman* كلّما: Whosoever. *Kilâ* كلا, *m.* and *Kiltâ* كلت *f.*: Both; Each of the two. *Kull/Kullan* كلا / كلّ: (*acc, part. or a substantive n.*): It is used with a complement either expressed or understood, (*muqaddar* مقدّر) and is translated as: "all", "whole", "each", "every one". When the complement is understood it takes *tanwîn* or nunnation (- the sound of *an*, *in* or, *un* i.e. *Kullun* كلّ, *Kullan* كلا, *Kullin* كلّ) at the end of indefinite nouns and adjectives and governs alike the singular and plural. It is most often used as *mudzâf* (having a correlative noun) to take the following nouns in genitive: *Kulluhum*, كلّهم, *Kulluhû* كلّه, *Kulluhâ* كلّها or *li Kulli ajalin* لكل اجل, to denote "every" and "entirely". (Farrâ'; Mughnî; L; R; T; Asâs; Ubkarî; LL)

This word is used in The Holy Qur'ân about 358 times. ***Kullamâ*** كلّما is used as many as 15 times. ***Kulla*** كلّ is used twice (4:91; 23:44).

Kallâ كلاّ

By no means, not at all. This particle signifies rejection, rebuke and reprimanding a person for what he has said being untrue. It also denotes that what has been said before is wrong and what follows after it is right. It also used to reject the request of a person and to reprimand him for making it. It is therefore called by grammarian as the particle of reprimand or repulsion (Taubîkh; L; R; T; Mughnî; Ubkarî; Zamakhsharî; R; LL)

Kalama كَلَمَ

كَلماً ؛ يَكلِم ،يكْلم

To speak, express. *Kalimatun* كلمة: Word; Expression; Proposition; Speech; Sentence; Saying; Assertion; Expression of opinion; Decree; Commandment; Argument; News; Sign; Plan; Design; Glad tidings; Creation of God; Prophecy. Unit of language consisting of one or more spoken sounds that can stands complete utterance; That which is said; A promise; A sound or a series of sounds; Communication of an idea. The announcement of Jesus' advent had been made in the Books of the Prophets before him, so when he came it was said, "This is the prophetic word" and so he was called "A word of God (Râzî). The great lexicographer al-Zabîdî, the author of Taj al-'Arûs says that Jesus has been called *Kalimat Allâh* كلمة الله because his words were helpful to the cause of religion. Just as a person who helps the cause of religion by his values is called *Saif Allâh* سيف الله (the sword of God) or *Asad Allâh* اسد الله (the lion of God) so is the expression *Kalimat Allâh* كلمة الله. *Kallama* كلّم: The act of speaking, *Kalâm* كلام: Saying; Speech; Idea occurring in the mind even if it is not expressed. *Takallama* تكلّم: To utter a word, speak.

Kallama كلّم (*prf. 3rd. p. m. sing. II.*): He spoke much. ***Yukallimu*** يكلّم (*imp. 3rd. p. m. sing. II.*): He speaks. ***Tukallima*** تكلّم (*imp. 2nd. p. m. sing. acc. II.*):, Thou shall speak. ***lan Ukallim*** لن اكلّم (*imp. 1st. p. sing. acc.*): I shall not speak. ***Kullima*** كلّم (*pp. 3rd. p. m. sing.*

II.): Would be make to speak. ***Takallamu*** تكلّم (*prf. 3rd. p. f. sing. V.*): Shall speak. ***Yatakallimu*** يتكلّم (*imp. 3rd. p. m. sing. V.*): He speaks. ***Lâ Tukallimûni*** لا تكلّمون (*imp. 2nd. p._m. plu.*): Do not speak to me. ***Nukallimu*** نكلّم (*imp.* 1st. p. plu.): We speak. ***Natakallamu*** نتكلّم (*imp. 3rd. p. m. plu. V.*): they speak. ***Taklîman*** تكليماً (*v. n. II.*): an act of speaking. ***Kalâmun*** كلام (*n.*): Speaking; Speech. ***Kalimatun*** كلمة: (*n.*): Word; Verdict; Proposition; Saying; Agreement. ***Kalimâtun*** كلمات (*n. plu.*): Commandments; Prophetic words ***Kalim*** كلم (*n. plu.*): Words. Its sing. is *Kalimatun*. (Râzî; L; R; T; LL)

The root with its above sixteen forms has been used in The Holy Qur'ân about 75 times.

Kiltâ كلتا/ Kilâ كلا

Both of two; The twain of.

Kiltâ كلتا (*f. part.*): (18:33). ***Kilâ*** كلا (*m.part.*) (17:23): (L; T; Zamakhsharî; Muhît; LL)

Kam كَم

It is interrogative conjunctive a domination particle meaning: How much; How many; How long a time. (Zamakhsharî; Muhît; Mughnî)

Kum كُم

Suffix of the 2nd. person of the person of the personal and possessive pronoun, masculine plural meaning: You; Your. (L;T; Zamakhsharî; LL)

Kumâ كُما

Suffix of the 2nd. person masculine and feminine of the dual meaning: You both; You two. (LL; L; T; Zamakhsharî; Muhît)

Kamâ كما

A particle meaning: Because; As; Even; Since; Just as. (L; T; Zamakhsharî; Muhît; LL)

Kamala كَمَلَ/Kamula كَمُلَ Kamila كَمِلَ

كُمُولا ، كَمالاً؛ يَكمَل ، يَكمُل

To be complete, whole, perfect, achieved. *Kâmilun* كامل: Complete; Whole; Perfect. *Akmila* اكمل: IV. To complete, perfect, fulfil. *Kamilain* كاملين: (Twain) entire; two full, two complete. *Kâmilatun* كاملة: Entire; Full; That fulfils its object.

Akmaltu اكملتُ (*imp. 3rd. p. m. sing. IV.*): I completed, perfected (15:3). ***Tukmilu*** تكمِلُ (*imp. 2nd. p. m. plu. acc.*): You complete (2:185). ***Kâmilain*** كاملين (*act. pic. m. dual*): (Twain) entire; Two full ones; Two complete ones (2:233).

Kâmilatun كاملة (*act.pic.f.sing.*): (2:196, 16:25). (L; T; R; LL)

Kamma كَمّ
كمًا ؛ يَكم

To cover. *Akmâm* اكمام plu. of *Kimmun* كِمّ: Sheaths or spathes is which the flowers of the fruits are enveloped; Buds.

Akmâm اكمام (*n. plu.*): (41:47, 55:11). (L; T; R; LL)

Kamiha كَمِهَ
كمهًا ؛ يَكمَه

To be blind, dim (eye), be blind from birth, wander at random. For difference between *Kamiha* كَمِهَ and *'Amiya* عَمِي see *'Amiya* عَمِي.

Akmaha اكمَهَ (*m.* of *Kamhâ* BÈÀ·, *plu.*of *Kumhun* كُمّه . The blind (3:49, 5:110). (L; T; R; LL)

Kanada كَنَدَ
كندًا ؛ يَكنُد

To be ungrateful, unacknowledge (benefits). *Kanûd* كَنود: Very ungrateful . *Kânidun* كانِد (act. pl.).

Kanûdun كَنود (*n. v. elative, comm. gender*): Very ungrateful (100:6). (L; T; R; LL)

Kanaza كَنَزَ
كَنزًا ؛ يَكنِز

To collect and store up, treasure, bury in the ground a treasure. *Kanzun* كَنز plu. *Kunûz* كنوز: Treasure; Buried treasure; Any property whereof the portion that should be given in alms is not given; Anything in which property is hoarded in secret. According to a Hadîth that treasure is not *Kanz* كَنْز out of which *Zakat* has been paid regularly.

Kanaztum كَنزتُم (*prf. 2nd. p. m. plu.*): You treasured. ***Yaknizûna*** يكنزون (*imp. 3rd. p. m. plu.*): They treasured. ***Taknizûna*** تكنزون (*imp. 2nd. p. m. plu.*): You treasure. ***Kanzun*** كنز (*v. n.*): Treasure. (L; T; R; LL)

The root with its above four forms has been used in The Holy Qur'ân about 9 times.

Kanasa كَنَس
كَنسًا ؛ يَكنِس

To enter her covert (gazelle), retire. *Kunas* كُنّس plu. of *Kânis* كانِس. Those (planets) that continue their forward course (along their orbit) and then disappear; Those that hide themselves in their places of setting; that (rush ahead and than) hide, those planets which from their proximity to the sun occasionally hide themselves in his rays, Setting planets.

Kunnas كُنّس (*n.plu.*): (81:16) (L; T; R; LL)

Kanna كَنّ

كنًّا ؛ يَكُنّ

To cover, conceal, keep secret, keep from sight, hide. *Kinnun* كنّ, plu. *Akinnatun* and *Aknân* اكنان. *Akinnatun* اكِنّة is also the plu. of *Kinanun*: Coverings of any kind, Veils; Shelters. *Maknûn* مكنُون: Well preserved; Embedded in shell; Carefully guarded; Hidden; Kept close. This is an ancient Arabican figure of speech derived from the habitat of the female ostrich which buries its eggs in the sand for protection.

Aknantum اكننتم (*prf. 3rd. p. m. plu. IV. assim.*): You conceal, keep hidden. ***Tukinnu*** تُكنّ (*imp. 3rd. p. m. sing. IV. assim.*): Hide; Conceal. ***Aknânan*** اكنان (*n. plu.*): Conversing; Places of retreat. Its *sing.* is *Kinnun*. ***Akinnatun*** اكنّة (*n. sing.*): Covering. ***Maknûnun*** مكنون (*pact. pic.*): Carefully guarded. (L; T; R; LL Zamak<u>h</u>sharî)

The root with its above five forms has been used in The Holy Qur'ân about 12 times.

Kahafa كَهَفِ

كهفا ؛ يَكهُف

To fill caves or places or protection. *Iktahafa*: To enter a shelter or cavern, go under ground. *Kahf* كهف: Place of refuge; Protection from trouble, danger or pursuit; Place to hide; Place to go into hiding; Shelter; Cavern; Cave; Refuge. It is said, *Huwa Kahfa qaumihi* هو كهف قومِه: He is the shelter, refuge, helper, protection of his people. Sâ<u>gh</u>ânî quotes:

كُنت لهم كهفًا حصينا و جُنّة

"I was for them a strong place of refuge and fast shield."

Kahf كهف (*n.*): (18:9, 10, 11, 16, 17, 25). (L; T; R; LL)

Kahala كَهَلَ

كُهُولاً ؛ يَكهَل

To reach old mature age, be full-grown, be of the age when a persons hair becomes intermixed with hoariness, be of the age between thirty and sixty years or of middle age.

Kahlan كهلا (*n.*): (3:46; 5:10). (<u>Th</u>a'labî; Mug<u>h</u>nî; Asâs; L; R; T; LL)

Kahuna كَهُنَ

كهانة ؛ يَكهَن ، يكهُن

To be priest or soothsayer, pretend to be a diviner. *Kâhin* كاهِن : Priest; Soothsayer.

Kâhinun كاهِن (*act. pic. m.*

sing.): (52:29; 69:42). (L; R; T; LL)

Kâf- Hâ -Yâ -'Ain- Sâd
كهيعص

Initial letters of the 19th chapter of The Holy Qur'ân and the abbreviations used in it. *Kâf* ك stands for *Kâfin* كاف (Allâh is sufficient for all), *Hâ* ه for *Hâdin* هاد (He is the true guide) *Yâ* ي for *Yâmin* يامين (Absolver of mercy and security and blessings). *'Ain* ع for *'Alîm* عليم (The All-knowing) and *Sâd* ص for *Sâdiq* صادق (The Truthful). See also *Muqatti'ât*.

Kâba كاب
كوبا ؛ يَكوب

To drink out of a goblet. *Kûb* كُوب plu. *Akwâb* اكواب: Goblet; Cup.

Akwâb اكواب (*n. plu.*): (43:71; 56:18,76:15; 88:14). (L; R; T; LL)

Kâda كادَ
كودا ؛ يَكود

To be about to, be just on the point of, be well nigh, intend, wish. *Kâda yaf'alu* كاد يفعلُ: He was near or about to do. *Kidtu adhhaba* كدتُ اذهب: I was on the point of departing. *Lam yakid yarâhâ* لم يكد يرٰها: He has not seen her. *Mâ akâdu absuru* ما اكاد ابصر : I scarcely see. *Akâdu ukhfîha* اكاد اخفيه : I wish to manifest her. When used with a negative the negation applies to the verb which follows *kâdâ* كاد, as *Mâ kâdû yaf'alûna* ما كادوا يفعلون (2:71): They had no mind to do it. *La yakâdu yubînu* لايكاد يبين: He can hardly express himself distinctly. It is used as an adverb, thus it is always attached to another verb. *Kaidun* كيد: Plot; Strategy; Fraud; Trick. *Makîd* مكيد: Plotted

Kâda كاد (*prf. 3rd. p. m. sing.*): Was about to do. ***Kâdû*** كادُوا (*prf. 3rd. p. m. plu.*): Were about to. ***Kâdat*** كادت (*prf. 3rd. p. f. sing.*): She had well nigh, was about to. ***Kidta*** كدت (*prf. 2nd. p. m. sing.*): Thou had well nigh. ***Yakâdu*** يكادُ (*imp. 3rd. p. m. sing.*): He has well nigh. ***Lam Yakad*** لم يكد (*imp. 3rd. p. m. sing. juss.*): He hardly can. ***Takâdu*** تكادُ (*imp. 3rd. p. f. sing.*): Are well nigh. ***Yakâdûna*** يكادُون (*imp. 3rd. p. m. plu.*): They hardly can. ***Akâdu*** اكاد (*imp. 1st. p. sing.*): I am about to (unveil it). (L; R; T; LL)

The root with its above forms has been used in The Holy Qur'ân about 24 times.

Kâra كار
كورا، كارا ؛ يَكور

To wind, twist. *Kawwara* كوّر: *(II.)* To make (the night) to alternate with (the day), to revolve upon, fold up, flow into, shroud, make one thing lap over an other, cause to interwine. *Takwîr* تكوير : The act of folding.

Yukawwiru يكوّر (*imp. 3rd. p. m. sing. II.*): He causes to revolve (39:5). ***Kuwwirat*** كوّرت (*pp. 3rd. p. f. sing. II.*): Will be folded up and so darkened (81:1). (L; R; T; LL)

Kaukaba كوكب

To shine, glisten.

Kaukab كوكب (*n.*): Star, Constellation; Whiteness in the eye; Dew drops; Water source of a well; Brightness of iron; Sword; Main part, Youth in the prime of life; Chief of horsemen; Garden-flower; Asterism, Tract which differs in colour from the land in which it lies; Youth who has attained the period of adolescence and whose face has become beautiful; Armed man; Mountain; Chief part of a thing. (6:26, 12:4; 24:35). pl. ***Kawâkib*** كواكب (37:6; 82:2). (L; R; T; LL)

Kâna كَانَ

To be, exist, happen, occur, take place, become, be such or so. When used with a direct acc. of the predicate it means "To be something". When it follows a perfect it means past perfect, and when used with a following imperfect its denotes duration in past or progressive past (=*istmirâr* إستمرار which, may be translated as "used to". It is also a way to express a fact which is beyond doubt and a happening of the past which cannot be denied, and is expressed in the form of past. *Kânat lahum Jannat al-firdaus* كانت لهم جنّة الفردوس: For them will be Gardens of Paradise; They will have Garden of Paradise (18:107). *Innahû kâna Ghaffâra* أنّه كان غفّار: (71:10). He is a Great Protector as ever. *Kâna* كَانَ: Was; Existed; Happened; Occurred; Took place; Were; Used to; Is, ever; Is; Worthy of. *Yaku* يَكَ: Would be. It is the *juss.* form of *Yakûnu* يَكون, where two final letters *wâw* and *nûn* are dropped. *Yakun* يَكن : It is the *juss.* form of *Yakûna* يَكون in *juss.* of *Yakûn* يَكون. *Yakûnâ* يكونا: Both are, were, will be. It is the *juss.* form of *Yakûnâni* يكونان. *Yakûnû*: It is the *juss.* form of *Yakûnûna* يكونون. *Takun* تكن: It is the *juss.* form of *Takûnu* تكون . *Taku* تَكَ: It is the *juss.* form of *Takûnu* تكوَن , where the two letters *wâw* and *nûn* are dropped. *Aku* اك: I was. It is the *juss.* form of *Akûnu*

اكون where two letters *wâw* and *nûn* are dropped. *Nakûna* نكون: We were. *Nakun* نكن : It is the *juss.* form of *Nakûna* نكوَن where *wâw* is dropped. *Naku* نَكَ : It is the *juss.* form of *Nakûna* نكوَن where two letters *wâw* and *nûn* are dropped. *Kun* كن: Be! *Makânun* مكان : Side, Place; Abode, Purpose; Status; Way; Condition. *Makânatun* مكانة: Place; Way; Condition; Purpose; Intention; Ability; Place of existence or being. According to Baidzâwi it is an accusative of verb ellipsis *alzimû* - remain in. *'Alâ-makânatikum* على مكانتكم Do what you can or act as best you can or remain where you are and do your worst. (Kashshâf). Some authorities are of the view that the word has been derived from *Makana* مكن, in which case it signifies greatness, high rank, high standing, honourable place or position. When used in this sense the expression would mean, "you look upon yourselves to be great or high in rank, now come and exert your full power and then see what the result will be".

Kâna كَانَ (*prf. 3rd. p. m. sing*): Was; Existed, Happened; Occurred; Took place; Were; Used to; Is ever; Is become; Worthy of. ***Kânat*** كانت (*prf. 3rd. p. f. sing.*): Was. ***Kânâ*** كانا (*prf. 3rd. p. m. dual.*): The twain (*m.*) were, are. ***Kânatâ*** كانتا (*prf. 3rd. p. f. dual*): The twain (*f.*) were. ***Kunta*** كنت (*prf. 2nd. p. m., sing.*): Thou were ***Kunti*** كُنت (*prf. 2nd. p. f. sing.*): Thou (*f.*) were. ***Kuntu*** كنت (*prf. 1st. p. sing.*): I am, was. ***Kuntum*** كنتم (*prf. 2nd. p. m. plu.*): You are, were. ***Kunna*** كن (*prf. 3rd. p. f. plu.*): They (*f.*) are, were. ***Kuntunna*** كنتنّ (*prf. 2nd. p. f., plu.*): You (*f.*) are. ***Kunnâ*** كنّا (*prf. 1st. p. plu.*): We were. ***Kanû*** كانوا (*prf. 3rd. p. m. plu.*): They were; They used to be. ***Yakûnu*** يكونُ (*imp. 3rd. p. m. sing. nom.*): Is. ***Yakûna*** يكونَ (*acc.*): He has been. ***Yakûnan*** يكونا (*imp. 3rd. p. m. sing. emp.*): Surely shall be. ***Yakun*** يكنَ (*imp. 3rd. p. f. sing. juss. Wâw* is dropped): Was. ***Yaku*** يكَ (*imp. 3rd. p. m. sing. juss.* two final letters *Wâw* and *Nûn* are dropped. ***Yakûnâ*** يكونا (*imp. 3rd. p. m. dual juss.*): Both will be. ***Yakûnûna*** يكونون (*imp. 3rd. p. m. plu.*): They will be. ***Yakûnû*** يكونوا (*imp. 3rd. p. m. plu. acc.* final *Nûn* dropped): They are to be. ***Yakûnunna*** يكونن (*imp. 3rd. p. plu. m. emp.*): They certainly shall be. ***Takûnu*** تكون (*imp. 2nd. p. f. sing. nom.*): She certainly shall be. ***Takûna*** تكون (*imp. 3rd.*): To be. ***Takûnû*** تكونوا (*imp. 2nd. p. sing. nom.*): Thou are occupied. (imp. 2nd. p. sing. acc.)

Thou be. ***Takun*** تَكُنْ (*imp. 2nd. p. m. sing. juss. Wâw* dropped): ***Taku*** تَكُ (*imp. 2nd. p. m. sing. juss. Wâw* and *Nûn* dropped): ***La Takûnanna*** لا تكونَنّ (*imp. neg. emp.*): Be not (thou). ***Takûnâ*** تكونَا (*imp. 2nd. p. m. dual* final *Nûn* dropped): ***Takûnûna*** تكونون (*imp. 2nd. p. m. plu. nom.*): You will become. ***Takûnû*** تكونوا (*imp. 2nd. p. m. plu. acc.* final *Nûn* dropped): You may be. ***Akûna*** اكون (*imp. 1st. p. sing. acc.*): I may be. ***Lam Akun*** لم اكن (*imp. 1st. p. sing. neg. juss. Wâw* and *Nûn* are dropped): I was not. ***Nakûna*** نكونَ (*imp. 1st. p. plu. acc.*): We became. ***Nakun*** نكن (*imp. 1st. p. plu. juss. Wâw* is dropped): We became. ***Naku*** نكَ (*imp. 1st. p. plu. juss.* two final letters *Wâw* and *Nûn* are dropped): We are. ***Nakûnanna*** نكوننّ (*imp. 1st. p. plu. emp.*): We shall be. ***Kun*** كن (*prt. m. sing.*): Be thou. ***Kûnî*** كوني (*prt. m. of. sing.*): Be thou of; to show the desire as the Holy Prophet ﷺ said: كن اباخيشمة . ***Kûnû*** كونوا (*prt. m. plu.*): Be you. ***Makânun*** مكانٌ (*n. f.*): Place; Side; Abode; Plight, Status. ***Makânat*** مكانة: Keep your place. ***Makânatun*** مكانةٌ (*n. f.*): Place; Way; Condition. (L; R; T; LL)

The root with its above forms has been used in The Holy Qur'ân as many as 1,393 times.

Kawâ كوى

كيّاً، كوا ؛ يَكوي

To burn, sear, scorch, brand, cauterize.

Tukwâ تُكوى (*pip. 3rd. p. f. sing.*): She will be branded (9:35). (L; R; T; LL)

Kai كيْ

In order that, so that. *Kailâ* كيلا: Lest; In order not to; So that not. (L; R; T; LL)

Kai كيْ (particle): ***Kaila*** كيلا (com. particle of *Kai* + *La*). The root with its above two forms has been used in The Holy Qur'ân about 10 times.

Kaida كيد

كيداً ؛ يَكِيدُ

To contrive, arrange, manage, plot, exert one's - self, strive, scheme, order of affairs with excellent consideration or deliberation and ability, devise, plot a thing good or bad, work or labour at, execute or accomplish, effect an object, scheme, strategy of war. *Kaid* كيد: Skilfull ordering; Arrangement etc. *Makîdun* مكيد: Plotted against; Victim of strategy of war; Victim of plot.

Kidnâ كدنا (*prf. 1st. p. plu.*): We

contrived. ***Yakîdûna*** يكِيدون (*imp. 3rd. p. m. plu.*): They devise. ***Akîdu*** اكيد (*imp. 1st. p. sing.*): I devise. ***Akîdanna*** اكيدنّ (*imp. 1st. p. sing. emp.*): I will indeed plan a stern plan. ***Kîdûni*** كيدون (*comp.* of *kîdû prt. m. plu. + ni*, shortened from *nî*): Contrive you all (against) me. ***Kîdûnî*** كيدوني (*comp.* of *kîdû* كيدوا *prt. m. plu. + nî*): Contrive (against) me. ***Kadan*** كدا (*v. n. acc.*): Device. ***Makîdûna*** مكيدون (*act. pic. m. plu.*): Victim of their own strategy of war. (L; R; T; LL)
The root with its above forms has been used in The Holy Qur'ân about 35 times.

Kâfa كَافَ
كَيفا ؛ يَكِيف

To cut a thing, give a shape to. *Kaifa* كَيفَ: How? Like? As? It is an interrogative particle employed to enquire quality of a thing or its condition or to question about the manner in which an action has taken or may take place. It is also used as an exclamatory particle implying negative sense.

Kaifa كَيفَ (particle). (L; R; T; LL)
It is used in The Holy Qur'ân about 83 times.

Kâla كَالَ
كَيلا ؛ يَكِيل

To measure, weigh, compare. *Kailun* كَيل: Measuring out, Measure; Quantity. *Kaila Baîr* كَيل بئير: A camels' load. *Mikyâl* مكيال: the vessel in which things are measured.

Kâlû كالوا (*prf. 3rd. p. m. plu.*): They give by measure. ***Kiltum*** كِلتم (*prf. 2nd. p. m. plu.*): You measure. ***Iktâlû*** إكتالوا (*prf. 3rd. p. m. plu. VIII.*): They take by measure. ***Naktal*** نكتَل (*imp. 1st. p. plu. VIII. juss,*): We get by measure. ***Kailun*** كيل (*v. n.*): Measuring. ***Mikyâl*** مكيال (*n. f.*): Place of measure; Vessel by which things are measured. (L; R; T; LL)
The root with its above forms has been used in The Holy Qur'ân about 16 times.

Kâna كَانَ
كَينا ؛ يَكِين

To submit, humble, resign. *Istakâna* إستكان: To humiliate oneself, show inconsistency. It is VIII form of *Sakana* سكن meaning "to stop", the *Alif* being due to a license known as *Ishbâ'* إشباع or saturation.

Istakânû إستكانوا (*prf. 3rd. p. m. plu. X.* It is a form of *sakan*): They did show inconsistency (against their adversary) (3:146, 23:76). (L; R; T; LL)

Lâm
ل L

The 23rd letter of the Arabic alphabet, pronounced as *lâm* لام, equivalent to English L. According to *H̲isâb Jummal* (mode of reckoning numbers by the letters of the alphabet) the value of *lâm* is 30. As an abbreviation it means Allâh. It is of the category of *Majhûrah* مجهوره.

La ل

Prefix: An affirmative intensifying particle, used as a corroborative, when written or pronounced with *fath̲ah* it means "verily", "surely", "indeed", "certainly", "truly", "by" (an particle of oath), a preposition denoting possession, as *lî* لي, *lanâ* لنا, *laka* لك, *lahû* له, *lakum* لكم: To me, us, thee, him, you. It is also used as preposition expressing attribution, design, as *al-Majdu lillahi* المجد لله: Glory be to God. *Laka al-amru* لك الامر: It is to thee to decide the affair. It denotes both the genitive and dative cases meaning: "to", "for", "unto", "on account of", "in order to", "belonging to", as *'Alâ* ألى expresses the condition of a debtor, so does *Li* ل that of a creditor, thus *Li'alaihi* لاليه: He owes me. When prefixed to the aorist conditional it gives it the force of an imperative. When immediately following *Wâw* و and *Fâ* ف it is generally written with a *jazm* and with a *fath̲ah* when preceding any of the affixed pronouns, as *Laka* لك, *Lanâ* لنا, *Lahû* له. The affix of the first person singular is an exception to this rule, *Li* being written with a *kasrah*. *La* is with *fath̲ah* when preceding the article *al,* then it causes the later to drop its *Alif* or *Hamzah*. *Li* is with Kasrah to indicate the possession (*Milkiyyah* ملكية), deserving (*Istihqâq* إستهقاق), "because of", "for the purpose of", "to become", "let do" (of imperative), as a substitute for *Ilâ* إلى "to", as a substitute for *Fî* في "in", "for", as a substitute for *'Alâ* على "on", as a substitute for *'An* عن "of", "about". *Lâm* of emphasis and *lâm al-Taukîd* لام التوكيد has nothing to do with *Li*. This *Lâm* is with *Kasrah*, which means "in order to "or" that he may". The former is vocalized with *Fath̲ah* and the latter with *Kasrah*. The particle *Li* denotes purpose, result, consequence, end, as it is said, *Lidû lil maute wahnû lil kharâbî*: Bear children that they should die and build houses that they should fall into ruin. The significance is not that you should bear children for death, or you should build houses to destroy them, but it denotes the end and result of such an action. Such *Lâm* is called *Lâm 'âqbat* لام عاقبت also denotes cause, such *Lâm* is called *Lâm Ta'lîl* لام تعليل. In Arabic a new sentence never begins with a particle, a sentence or clause or expression must be taken as understood for that ellipse, as before 106:1. It is also used as correlative of an oath particle, as in 12:91, and as an particle of oath, as in 15:72, and introducing a conditional particle, as in 59:12, and for the purpose if it occurs after *Kâna* كان, preceded by negative particle, as in 3:179, and as a lâm of imperative, to mean "let do", to use the verb in a transitive sense, as in 37:103, to use as a command or order as in 24:58 and 59. (Baqâ; L; T; R; Mughnî, Ukburî; LL)

Lâ لا

An adverb of negation and particle of negative, "no", "not at all", "do not", "not" (with nouns and verbs). When followed by the aorist conditional it serves as a negative imperative. When used to deny the existence of a thing (equivalent to *Laisa* ليَس) it generally governs the accusative, which then loses nunnation. The particle is sometimes used to draw pointed attention to the subject which is about to be introduced and to signify that it is so clear and obvious that it needs no swearing or reason to support it, or it may be intended to repute an understood objection, as in 90:1, or in repudiation of what is said before, and an ellipse of the negative is to be observed as in 75:1, 2 (L; R; T; LL)

La'aka لأَك

لَئكا ؛ يَلئك

To send a message, send anyone towards. *Mal'akatun* ملئكة: Mẹssage, mission. *Malakun* ملك, plu. *Mala'ikatun* ملائكة: Angel. According to Râghib and Abû Hayyân its root is *Mîm* م , *Lâm* ل, *Kâf* ك. *Malaka* ملك: To have power or dominion over, be capable of, able to do, rule over, give a support, control. All the six variation of the root indicate the meaning of power and strength, courage, intensity and hardness (Râzî).

La'la'a لأْلأَ

The angels are called *Malâ'ikah* ملائكة because they bring revelation and they are entrusted with the management, supervision and control of the forces of nature (79:5). The representation of angels as possessing wings (35:1) by no means indicates the forelimbs of a bird which fit it for flight. The wings of the angels are forces comprised within the designations of angels, obviously a metaphor to express speed and power with which God's revelations are conveyed and the power and speed with which their other functions are executed. In Arabic the word *Janâh* جناح stands for power, as they say, *Huwa Maqsûs al-janâh* هو مقصوص الجناح

He is the one who lacks strength or power or ability or he is not important. The multiplicity of the wings of the angels, two or three or four, means to stress the countless ways in which God causes His commands to materialize within the universe created by Him. The expression "they bear two, three, four or more" signify the number of Divine attributes. The angels possess powers and qualities in varying degrees and in accordance with the importance of the work entrusted to each of them. Some of the angels are endowed with powers and qualities greater than the others. Arch-Angel Gabriel is endowed with six hundred wings or six hundred attributes. (Bu<u>kh</u>ârî, on the authority of Ibn Mas'ûd). *Malakain*: Two angels.

Mal̠akun ملك (*n*.): *Malakaini* ملكين (*n. dual, acc.*): *Malâ'ikatun* ملائكة (*n. plu.*): Its root is لئك or ملك (L; R; T; LL)

These words have occurred about 78 times in The Holy Qur'ân.

La'la'a لأْلأَ

To shine, glitter, blaze, be bright. *Lu'lu'an* لؤلؤا: Pearl; Large pearl.

Lu'lu'an لؤلؤا (*gen. n.*). (L; R; T; LL)

This word has occurred about six times in the Qur'ân.

Labba لبّ
لبّا ؛ يلبّ ، يلبّ

To be gifted with a penetrative mind, be kind hearted. *Lubb* لبّ plu. *Albâbun* الباب: Heart; Middle part; Core; Pulp of a fruit; Mind; Intelligence; Pith; Quintessence; Choice part; Pure; Stainless. *Labîb* لبيب: Gifted with a sound judgment; Assiduous.

Al-Albâb الالباب (*n. plu.*): (L; R; T; LL)
This word has occurred about 16 times in The Holy Qur'ân

Labi<u>th</u>a لَبث
لبثا ؛ يَلبَث

To delay, tarry, sojourn, remain in a place. *Mâ labi<u>th</u>a anfa'ala* مالبث عن فعل: He was not long before doing it. *Talabbat<u>ha</u>* تلبّث: *(V.)* To remain in a place.

Labi<u>th</u>a لَبثَ (*prf. 3rd. p. m. sing.*): Remained, stayed, lost no time, delayed not. ***Labi<u>th</u>ta*** لَبثتَ (*prf. 2nd. p. m. sing.*): Thou stayed. ***Labi<u>th</u>tum*** لَبثتم (*prf. 2nd. m. plu.*): You stayed. ***Labi<u>th</u>û*** لبثُوا (*prf. 3rd. p. m. plu.*): They stayed. ***Yalba<u>th</u>ûna*** يلبثُون (*imp. 3rd. p. m. plu.*): They stayed. ***Lam Yalba<u>th</u>û*** يلبثُو (*imp. 3rd. p. m. plu. juss.*): They stayed not. ***Lâbi<u>th</u>îna*** لابثين (*act. pic. m. plu.*): Those who are staying. ***Talabba<u>th</u>û*** تلبّثُ (*prf. 3rd. p. m. plu. V.*): They stayed. (L; R; T; LL)
The root with its above forms has been used in The Holy Qur'ân about 31 times.

Labada لَبَد
لبودًا ؛ يَلبُد

To stick, adhere, make together, become felted, remain in a place, squat, dwell (in a place), cleave to. *Lubadan* لبدا: Much; Vast (wealth). *Libadan* لبدا : Crowd; Dense crowd; Closely packed like a lion's mane.

Lubadan لبدا (*n. acc.*): (90:6) ***Libadan*** لبدا (*sing. Libdatun* لبدة): (72:19). (L; R; T; LL)

Labisa لبس / Labasa لَبَس
لُبسًا ؛ يَلبِسَ ، يَلبَس

Labasa لَبَس:To cover, cloak, obscure, mystify, render a thing obscure and confused to another. *Labsan* لبسا: Confusion. *Labisa* لَبِس: To wear, put on, be clothed in, envelop, conformed. *Libâs*: Garment; Clothing; Covering; Dress. *Libas al-Jû'* لباس الجوع: Extreme of hunger; Hunger which clothes them on every side like a vesture. *Labûs* لبوس : Coat of mail. *Yalbisu* يَلبِس: To obscure. Both the verbs have the same root *Lâm* ل , *Bâ* ب , *Sîn* س.

Yalbasûna يَلبسون (*imp. 3rd. p. m. plu.*): They shall wear. ***Labasnâ*** لبسنا (*prf. 1st. p. plu.* with *'alâ*). We would have obscured ***Yalbisu*** يلبسُ (*imp. 3rd. p. m. sing. acc.* final *Nûn* is dropped): Confound; Obscured; R; T; LL)
This root with its above three forms has occurred in The Holy Qur'ân about 23 times.

Labana لَبَنَ/Labina لَبِنَ

لبنًا ؛ يَلبَن ، يَلبِن، يلبُن

To give to anyone milk or curd. *Labina* لبن: To have the udders filled with milk. *Labanan* لبنا: Milk, curd.

Labanin لَبِن (*n.*): (47:15). ***Labanan*** لبنا (*n. acc.*): (16:66). (L; R; T; LL)

Laja'a لَجَأ

لَجْوأً، لجأ ؛ يَلجَأ

To take refuge, retreat, shelter, protection, flee to. *Malja'un* ملجاء: Place of refuge.

Malja'u ملجاء (*n.*): (9:57,118; 42:47). (L; R; T; LL)

Lajja لجّ

لجا ؛ يَلجّ

To exceed the limit, persist obstinately, insist upon a thing, be querulous. *Lujjatun* لجّة: A great body of water; Pool. *Lujjiyyun* لجّي: Vast and deep; Expanded and fathomless (sea).

Lajjû لجّوا (*prf. 1. assim. V.*): They persist in (23:75; 67:21) ***Lujjatan*** لجّة (*n. acc.*): (27:44). ***Lujjiyyin*** لجّيّ (*n. adj.*): (24:40). (L; T; R; LL)

Lahada لَحَدَ

لحداً ؛ يلحَد

To make a niche or receptacle for a corps, deviate from, stray from the right path, act unfairly. *Alhada* الحد: IV. To deviate from that which is lawful and right, put to a perverted use, act profanely towards, incline, seek, allude. *Ilhâd* ألحاد : Profanity; Wrongfully. *Multahdan* مُلتحد: Place of refuge, shelter. *Iltahad* إلتحد: To take refuge.

Yulhidûna يُلحدون (*imp. 3rd. p. m. plu. IV.*): Those who deviated from the right way (7:180; 16:103; 41:40). ***Ilhâdun*** إلحاد (v. n. IV.): (22:25). ***Multahada*** مُلتحد (*n. p. VIII.*): (L; T; R; LL)

Lahafa لَحَفَ

لحفا ؛ يَلحَف

To cover with a clock or a sheet, wrap in a garment. *Ilhâfan* إلحافا: To be importune, demand with importunity, persist.

Ilhâfan إلحافاً (v. n. IV. acc.): (2: 273). (L; T; R; LL)

Lahiqa لَحِق

لحقا ؛ يَلحَق

To overtake, reach, attain, catch up, cleave, join. *Alhaqa* الحق: To join to or unite with another.

Yalhaqû يَلحقوا (*imp. 3rd. p. m. plu. juss.*): They joined, united (3:170; 62:3) ***Alhaqtun*** الحقتم

(*prf. IV.*) Joined them: (34:27). ***Alhaqnâ*** الحقنا (*prf. 1st. p. plu. IV.*): We shall unite (52:21). ***Alhiqnî*** الحقني (*prt. m. sing. IV.*): I join (12:101; 26:83). (L; T; R; LL)

Lahama لَحَمَ
لحماً ؛ يلحَم

To feed with flesh. *Lahmun* لحْم plu. *Luhûmun* لحوم: Flesh; Meat.

Lahmun/ Lahman لحم / لحماً (*n./ acc.*): ***Luhûmun*** لحوم (*n. plu.*). (L; T; R; LL)

The above two forms of the root have occurred about 12 times in The Holy Qur'ân.

Lahana لَحَنَ
لحنا ؛ يلحَن

To incline, modulate, make a change in the tone. *Lahnin* لحن: Tone; Accent; Modulation; Way of speaking; Tenor not to speak straight; Mode of speech; Oblique pronunciation; Speech with a mode showing speakers inner feeling contrary to the obvious meaning of the word.

Lahni لحن (n.): Tenor of Speech (47:30). (L; T; R; LL)

Lihyatun لحية

Lihyatun لِحيَة: Beard.

Lihyatî لحيتي (*n.*):My beard. (20:94). (L; T; R; LL)

Ladda لَدّ
لدّاً ؛ يلدّ

To hold an alteration with any one, quarrel, contend violently, withhold, hinder. *Luddun* لدّ plu. of *Aladdu* الدّ : Very contentious; Fond of quarreling; Most contentious of all; Most contentious of adversaries in a dispute; Stubbornly given to contention.

Aladdu الدّ (*eletive*): (2:204). ***Luddan*** لدّا (*acc.*): (19:97). (L; T; R; LL)

Ladun لدن

At; Near; With; From; Presence; In the presence of; For.

Ladun لدن: Particle of place or proposition. It is more specific than *'Inda* عِند (Râghib; L; T; R; LL)

This word has occurred about eighteen times in The Holy Qur'ân.

Ladai لدي / Lidâ لدٰى

At; Near; From; Presence; In the presence of; For a particle of place, or preposition. The meanings of *Ladun* and *Ladai* (and *Lidâ* لدٰى) are the same.

In The Holy Qur'ân *Ladun* is always found preceded by *Min*, with *Ladai* لدي and *Ladâ* لدٰى this is not the case. (L; T; R; LL)

This word has occurred about 22 times in The Holy Qur'ân.

Ladhdha لَذّ

لذّا ؛ يلذّ

To be sweet, delicious, delightful, pleasant, gratifying the senses, find agreeable, take pleasure in. *Ladhdhatun* لذّة: Pleasure; Delight.

Taladhdhu تلذّ (*imp. 3rd. p. m. sing., assim. V.*): They find delight in (43:71). ***Ladhdhatun*** لذّة (*n.*): Delight (37:46; 47:15). (L; T; R; LL)

Laziba لَزِبَ

لزبا ؛ يلزَب

To stick, adhere, be fixed firmly and closely. *Lâzib* لازب: Sticking; Firm; Cohesive; Adhesive.

Lâzib لازب (*act. pic. m. sing.*): (37:11). (L; T; R; LL)

Lazima لَزِمَ

لزاما ؛ يلزَم

To stick close to, to cling, associate, adhere, belong, attend, fasten, remain. *Lizâm* لزام : III. Ensuing of necessity; Abiding punishment; Inevitable; That which inescapably follow and overtake. *Alzama* الزم: IV. To affix firmly, compel one to do a thing.

Alzama الزم (*prf. 3rd.p. m. sing. IV.*): Made them observe, Affixed firmly (48:26). ***Alzamnâ*** الزمنا (*prf. 1st. p. plu. IV.*): We made to cling (17:13). ***Nulzimu*** نُلزم (*imp. 1st. p. plu.*): We shall thrust it upon you. ***Anulzimukumû*** أنلزمكموا (comp. of *'an* - interogative particle + *nulzimu* نلزم + *Kumû* كموا pronoun, written combined): Shall we thrust it upon you? (11:28). (L; T; R; LL)

Lasana لَسَنَ

لسناً ؛ يَلسَن

To seize one by the tongue, bite one in words, make a thing sharp-pointed. *Lisân* لسان: Language; Tongue; Epistle; Letter; What as speech can be pronounced by the tongue. *Lisân Sidqin* لسان صدق: Lasting and sublime good name; Truthful mention of eminence; True and lasting renown; Good reputation; Full of wisdom and true talk; Fearless in expressing beliefs; Good works constituted and continued to the good name (litt. language of truth).

Lisân لسان (*comm. gen.*): ***Alsinatun*** السنة (*plu. of Lisân*): (L; T; R; LL)
These two words have occurred about 25 times in The Holy Qur'ân.

Latufa لَطُفَ
لطافة ، لُطفا ؛ يَلطف ،يلطُف

To be delicate, graceful, elegant, gentle, kind, fine. *Latîf* لطيف: Gracious; Kind; Gentle; Subtle; Sharp-sighted; Acute; One who understands. *Talattafa* تلطّف: To show kindness, act with courtesy and gentleness, act with cleverness.

Walyatalattaf وليتلطّف (*prt. 3rd. p. m. sing. V.*): And let him be courteous, let him behave with great care, conduct himself with caution. This word is just at the middle of The Holy Qur'ân. Half the letters of the word: Wâw و, *Lâm* ل, *Yâ* ي, *Tâ* ط belong to the first half and remaining four to the second half. (18:19). ***Al-Latîf***: اللطيف: All Subtle Being; Unfathomable; Incomprehensible. One of the attributive names of Allâh. (L; T; R; LL)
This root with its above two forms has accrued 8 times in The Holy Qur'ân.

Laziya لَظِیَ
لظيا ؛ يَلظى

To blaze, stir (fire), burn with (anger). *Lazâ* لظى: Blazing fire; Flame of fire, raging flame.

Talazzâ تلظّى (*imp. 3rd. p. f. sing.*): Flaming fire (92:14). ***Lazâ*** لظى (*n.*): (70:15). (L; T; R; LL)

La'iba لَعِبَ
لَعبا ؛ يلعَب

To play, disport, droll (baby), jest, pastime (in an non serious thing), engage in idle sport without meaning or purpose. *Lâ'ib* لاعب: One who jests, who do an act with the object of recreation; Sporting.

Nal'abu نلعب (*imp. 1st. p. plu.*): We jest, play. ***Yal'ab*** يَلعَب (*imp. 3rd. p. sing. juss.*): He may play. ***Yal'abûna*** يَلعَبون (*imp. 3rd. p. m. plu.*): They jest. ***Yal'abû*** يَلعبوا (*imp. 3rd. p. m. plu. juss.* final *Nûn* dropped): They jest. ***Lâ'ibun*** لاعب (*n.*): Play. ***Lâ'ibîna*** لاعبين (*act. pic. m. plu. acc.*): Those who play. (L; T; R; LL)
This root with its above forms has occurred in The Holy Qur'ân about 20 times.

La'alla لعلّ

Perhaps; May be that; It is hoped; To be happy. It is used to denote either a state of hope or fear, whether that state pertains to the speaker or to the addressee or to someone else. According to Râzî it is used for a person where one intend to show his remoteness from a thing. It is also used to signify that the people imagine that someone is now perhaps going to do a deed, to denote expectation or doubt combined with expectation. It also signifies not doubt but certainty, as in 2:21. It is one of those particles which are, as said by grammarians, resemble verb. Like *Anna* انّ it governs the noun following in the acc. It is also used as a substitute for *H̲âl* an interrogative particle. It is frequently used with the affixed pronouns such as *La‘allaka* لعلّك,*La‘alliya* لعليّ. (L; T; R; LL)

This partical has occurred about 129 times in The Holy Qur'ân.

La‘ana لَعِنَ

لعنا ؛ يَلعَن

To drive away, execrate, deprive one of mercy and blessings, condemn, curse. *Lâ‘in* لاعن: One who condemns. *Mal‘ûnun* مَلعون: Accursed.

La‘ana لعَنَ (*prf. 3rd. p. m. plu.*): He has condemned. ***La‘anat*** لعَنَت (*imp. 2nd. p. sing.*): It curses. ***La‘anâ*** لعَنَا (*prf.. 1st. p. plu.*): We condemned. ***Yala‘nu*** يلعَن (*imp. 3rd. p. m. sing.*): He deprives of his mercy. ***Nal‘anu*** نلعَن (*imp. 1st. p. plu.*): We deprive of our mercy. ***Al‘an*** العَن (*prt.* prayer). May deprive them of thy mercy. ***Lui‘na*** لعِن (*pp. 3rd. p. m. sing.*): Was deprived of his mercy. ***Lu‘inû*** لعنوا (*pp. 2nd. p. m. plu.*): They have been deprived of his mercy. ***La‘nan*** لعنا (*n. acc.*): Condemnation; Curse. ***La‘natun*** لعنة (*n.*): Condemnation; Curse. ***Lâ‘inûn*** لاعنون (*act. pic. m. plu.*): Those who condemn. ***Mal‘ûnîna*** ملعونين (*pact. pic. m. plu. acc.*): Condemned ones. ***Mal‘ûnatu*** ملعونة (*pct. pic. f. sing.*): Condemned one. (L; T; R; LL)

This root with its above forms has occurred about 41 times in The Holy Qur'ân.

Lag̲haba لغَبَ

لغبا ؛ يلغَب ، يلغُب

To be fatigued, weary. *Lug̲hûbun* لغُوب: Weariness; Fatigue.

Lug̲hûbun لغُوب (*v. n.*): (35:35, 50:38). (L; T; R; LL)

Lag̲hiya لَغِيَ/Lag̲aya لغَى

لغًى ،لغيا ؛ يَلغُو ؛ يَلغٰى

To talk nonsense speech, make mistake consciously or unconsciously, use vain words, make noise and raise a hue and cry (to interrupt), talk frivolously (to drown the hearing of another). *Lag̲hwan* لغوا : Idle talk; Nonsense speech which is vain and idle; Vain talk and thought which is futile and frivolous.

Alghau الغو (*prt. m. plu.*): Interrupt by making noise. ***Laghwu/Laghwan*** لغوا / لغو (*n. /acc.*): All that is vain and idle. ***Lâghiyatun*** لاغية (*n. act. pic. f. sing.*): Vain and idle. (L; R; T; LL)

This root with its above four forms has occurred about 11 times in The Holy Qur'ân.

Lafata لَفَتَ
لفتا ؛ يَلفت

To turn aside, pervert, bend, look (back), wring, twist, avert (the face) from.

Talfita تلفتَ (*imp. 2nd. p. m. sing. acc.*): Turn away from (10:78). ***Lâ Yaltafit*** لا يلتفت (*prt. neg. 3rd. juss.*): Let not look about (11:81; 15:65). (L; R; T; LL)

Lafaha لَفَحَ
لفحا ؛ يلفح

To burn, scorch.

Talfahu تلفحَ (*imp. 3rd. p. f. sing.*): It will scorch (23:104). (L; R; T; LL)

Lafaza لَفظَ /Lafiza لَفِظَ
لفظا ؛ يَلفظ

To cast forth, eject, reject, pronounce, utter.

Yalfizu يَلفظ (*imp. 3rd. p. m. sing.*): He utters (50:18). (L; R; T; LL)

Laffa لفّ
لفّا ؛ يَلفّ

To roll up, wrap, conjoin, be entangled (trees), be heaped, joined thick and luxuriant. *Lafîf* لفيف: Mingled crowed. *Alfâf* الفاف:: Trees thickly planted and with interlacing boughs. *Iltaffa* إلتفّ: (*VIII.*) To join one thing to another, rule against the other, enwrap.

إلتفّت الساق بالساق

Iltaffat al-Sâq bi al-Sâq

When one shank rubs against the other shank. (75:29).

It is an idiomatic phrase denoting the affliction is combined with affliction. The noun *sâq* ساق (shank) is often used in the sense of difficulty, hardship, vehemence, distress in many Arabic phrases. *Qâmat al-Harbu 'alâ sâqin*: The war broke out with vehemence. *Kashf anil-sâq*: It is a well-known idiom and refers to a person when difficulty befalls him. The word *sâq* is mentioned to express the difficulty of a case or an event and to tell of the terror occasioned thereby so that he prepares himself for the difficulty. Zamakhsharî says, it is a proverb signifying the hardness of an affair and the severity of a calamity and the origin of it is in the fight and the flight and the tucking up of their garments from their shanks in fleeing and the disclosing of their ankles. Râzî holds the meaning of *sâq* to be *shiddat* or difficulty, hardship, vehemence and quotes five verses in support of this. Only gross ignorance of the Arabic language would make anyone adopt the literal significance of the word *sâq* (shank) in the face of the recognized idiomatic uses of the word. (see also *sâq*.)

Iltaffat **التفّت** (*prf. 3rd. p. f. sing. VIII.*): Rubs against the other (in death agony) (75:29). ***Alfâfan*** **الفافا** (*n. plu. acc.*): Thick and luxuriant (78:16). ***Lafifan*** **لفيفا** (*act. 2 pic. m. sing. acc.*): Gathering; Assembling (17:104). (L; T; R; Kf: Ibn Athîr; Râzî; Qâmûs; LL).

Lafâ لفا
لفواً؛ يلفو

To find a thing or any one.

Alfayâ **الفيا** (*prf. 3rd. p. m. dual. IV.*): They twain found. (12:25). ***Alfou*** **الفو** (*prf. 3rd. p. m. plu. IV.*): They found. (37:69). ***Alfainâ*** **الفين** (*prf. 1st. p. plu. IV.*): We found (2:170). (L; T; R; LL)

Laqaba لَقَبَ
تلقيبا ؛ يلقب

To give nickname to another, revile, give name of reproach. *Laqabb* لقبّ, plu. *Alqâb* القاب: Nickname - good or bad.

Alqâb **القاب** (*n. plu.*): (49:11). (L; T; R; LL)

Laqaha لَقَحَ
لقحا ؛ يلقح

To impregnate, vaccinate, fertilize. *Lawâqiha* لواقح: Impregnating; Fecundating; Fertilizing (by pollination as well as by bringing rain-clouds); Those winds which raise cloud that gives rain; The winds that carry vapours rising from the sea to the upper regions where they assume the form of clouds; Winds that carry pollen from the male to the female plants to fecundate them. These winds are described as pregnant by way of resemblance as they bear drops of water or carry pollens, in opposition to the wind *Aqîm* which is life-destroying and dry and barren. (51:41).

Lawâqiha **لواقح** (*n. plu.* its *sing.* is *Lâqihun*): (15:22). (L; T; R; LL)

Laqata لَقَطَ
لقطًا ؛ يلقُط

To pick up, gather, glean,

collect. *Iltaqaṯa* إلتقط: To fall upon a things by chance, pick up, take up.

Iltaqaṯa إلتقط (*prf. 3rd. p. m. sing. VIII.*): picked up (28:8). ***Yaltaqiṯu*** يلتقط (*imp. 3rd. p. sing. VIII.*): Will pick up (12:10). (L; T; R; LL)

Laqifa لَقِفَ

لقفا ؛ يَلقَف

To catch up hurriedly, swallow up quickly, destroy, undo, eat up, collapse, fall upon the enemy, crumble down, *Laqîf* لقيف: Crumbling; Feeble or frail foundation.

Talqafu تلقَّف (*imp. 3rd. p. f. sing.*): It crumbled down, destroyed (7:117; 20:69; 26:45). (L; T; R; LL)

Laqama لَقِمَ

لقما ؛ يَلقَم

To take in the mouth, clog up, obstruct (a path), stop, gobble. *Iltaqama*: Took in the mouth, which does not necessarily signify the act of devouring and swallowing. *Laqm*: Morsel. *Iltaqama fâhâ fil taqbîli*: He took her mouth within his lips in kissing. (L; T; R; LL)

Iltaqama إلتقم (*prf. 3rd. p. m. sing. VIII*): Took into mouth (without swallowing) (37: 142). (L; T; R; LL)

Luqmân لقمان

Luqman لقمان: He seems to be a non Arab, non Israelite, most probably an African prophet from Nubia. His name is not mentioned in the Holy Bible, but The Holy Qur'ân accepts many prophets besides those mentioned in the bible. He is mentioned in the Holy Qur'ân as a person who gave beautiful moral precepts (31:13-19). Luqman is firmly established in ancient Arabian traditions as a prototype of the sage who strives for inner, ethical and spiritual perfection. Celebrated in a poem by Nâbigha al-Dhubyânî (i.e. Zaid bin Mu'âwiyah), who lived in the sixth century A.D. the person of Luqmân had become a focal point of innumerable parables expressive of wisdom and spiritual maturity. He is not an imaginary, fictitious or invented figure, but a vehicle for some of his admonitions bearing upon the manner in which man aught to behave. He lived in the time of David. (Mas'ûdî, Ibn Jarîr, Ency. Brit. 14:487)

Luqmân لقمان (*prop. n.*): (31:12, 13). Name of a prophet. Name of the 31st chapter of The Holy Qur'ân.

Laqiya لَقِيَ

لقيا ؛ يَلقى

To meet, meet with, see, come across, experience, suffer from, occur, undergo, endure, find out a thing, lean upon, receive, come face to face, go in the direction of or towards. *Jalasa tilqâ'a fulânun* جلس تلقى فلان: To sit facing or opposite to. *Fa'alahû min tilqâi nafsihî*

فعله من تلقي نفسه

To do a thing himself, do of one's own accord without being led to it by someone else or without being forced to do it. *Liqâun* لقاء: Meeting, Occurring; Giving. *Lâqin* لاق (for *Lâqiyun* لاقي): One who meets with. *Tilqâ'a* تلقّى: Towards; On accord. *Laqqâ* لقّى: II. To cast upon, shed over, be gifted, granted. *Mulâqin* ملاقى (for *Mulâqiyun* ملاقي): One who meets. *Alqa* اَلقّى: IV. To throw, cast, offer, shed, cast forth, utter, throw out (a suggestion), give, put down, make accessory. *Mulqin* ملقٍ (for *Mulqiyun* مُلقي): One who throws or puts down. *Talaqqa* تلقّى: To meet, receive, learn. *Talaqqaunahû* تلقّونه (for *Tatalaqqaunahû* تتلقونه): To receive. *Talâqin* تلاقى: Meeting one with another. *Yaum al-Talâq* يوم التلاقِ: Day of meeting, (is for *Yaum al-Talâqî*, the final *Yâ* not being pronounced before the *waqf* or pause. *Itlaqâ* إتلقّى: VIII. To meet one another.

Laqiyâ لقيا (*prf. 3rd. p. m. dual.*): The two met. ***Laqû*** لقوا (*prf. 3rd. p. m. sing. II.*): ***Laqîtum*** لقِيتم (*prf. 2nd. p. plu.*): You met. ***Laqîna*** لقينا (*prf. 1st. p. m. plu.*): We met. ***Yalqâ*** يلقّى (*imp. 1st. m. sing.*): Thou meet. ***Yalqa*** يلقَ (*imp. 1st. juss.*): ***Talqau*** تلقَو (*imp. 2nd. p. m. plu.* final *Nûn* dropped): ***Yalqauna*** يلقون (*imp. 2nd. p. m. plu.*): ***Lâqiyatun*** لاقية (*act. pic. m. sing.*): ***Laqqâ*** لقّى (*prf. 3rd. p. m. sing. II.*): ***Talaqqâ*** تلقّى (*II. pip. 2nd. p. m. sing.*): Thou are receiving. ***Yulaqqa*** يَلقّى (*pip. II. 3rd. p. m. sing.*): Is gifted. ***Yulaqqauna*** يلقّون (*pip. II. 3rd. p. m. plu.*): They will meet. ***Yulâqû*** يلاُقوا (*imp. III. acc. 3rd. p. m. plu.*): They meet. ***Liqâun*** لقاءٌ (*v. n. III.*): Meeting. ***Alqâ*** القّى (*prf. IV. 3rd. p. m. sing.*): Flung down; Offered. ***Alqat*** القت (*prf. IV. 3rd. p. f. sing.*): Cast forth. ***Alqaw*** القو (*prf. IV. 3rd. p. m. plu.*): They threw. ***Alqû*** القُوا (*prt. IV. m. sing.*): Throw; Cast. ***Alqaitu*** القَيت (*prt. IV. 1st. p. sing.*): I cast. ***Alqainâ*** الَقينا (*prt. IV. 1st. p. plu.*): We cast. ***Ulqiya*** القي (*imp. IV. 1st. p. sing.*) I will throw. ***Tulqiya*** تلقَي (*imp. IV.*

acc. 2nd. p. m. sing.): Thou threw. ***Tulqûna*** تلقُون (*imp. IV. 2nd. p. m. plu.*): You give. ***LaTulqû*** لا تلقوا (*prt. neg. IV. 2nd. p. m. plu.*): ***Alqi*** الق (*prt. IV. 2nd. p. f. sing.*): Cast thou (*f.*). ***Ulqiya*** اُلقي (*pp. IV. 3rd. p. m. sing.*): is thrown. ***Ulqû*** القوا (*pp. IV. 3rd. p. m. plu.*): They are flung. ***Yulqa*** يلق (*pip. IV. 3rd. p. m. sing.*): Is thrown. ***Tulqâ*** تُلقٰى (*pip. IV. 2nd. p. m. sing.*): Thou will be thrown. ***Talaqqâ*** تلقّٰى (*prf. V. 3rd. p. m. sing.*): Received. ***Talaqqauna*** تلقّون (*imp. V.* for *Tatalaqqauna* تَتَلقّون, one of two *Tâ* is dropped *2nd. p. m. plu.*): You learned. ***Yatalaqqa*** يَتلقّى (*imp. V. 3rd. p. m. sing.*): Receives. ***Tatalaqqa*** تتلقّى (*imp. V. 3rd. p. f. sing.*): Will meet. ***Iltaqâ*** إلتقٰى (*prf. VIII. 3rd. p. m. plu.*): Met. ***Iltaqatâ*** إلتَقتا (*prf. VIII. 3rd. p. f. dual.*): The two (*f.*) met. ***Ilqaitum*** القَيتم (*prf. VIII. 2nd. p. m. plu.*): You met. ***Yaltaqiyân*** يلتقيان (*imp. 3rd. p. m. dual.*): The two meet. ***Talâq*** تلاق (*v. n. III.*): Meeting. ***Mulâqin*** ملاقٍ (*ap-der. m. sing. III.*): One who meets. ***Mulâqû*** ملاقوا (*ap-der. m. plu. III.* final *Nûn* dropped): Those who meet. ***Mulâqî*** ملاقِي (*ap-der. m. plu. III. acc.*): Should have to meet. ***Mulqûna*** ملقون (*ap-der. m. plu. IV.*): Casters. ***Mulqîna*** مُلقِين (*ap-der. m. plu. IV. acc.*): Casters. ***Mulqiyât*** ملقيات (*ap-der. f. plu. IV.*) Those who bring. ***Mutalaqqiyâni*** متلقّيان (*ap. der. m. dual. V.*): The two receivers. ***Yulqî*** يُلقي (*imp. 3rd. p. m. sing. IV.*): Casts. ***Yulqûna*** يُلقون (*imp. 3rd. p. m. plu. IV.*): They throw. ***Yulqû*** يُلقوا (*imp. 3rd. p. plu. acc. IV.*): They offer. ***Nulqî*** نُلقِي (*imp. 1st. p. plu. IV.*): We cast. (L; T; R; LL)

The root with its above forms has been used in The Holy Qur'ân about 145 times.

Lâkin لاكن

But (after a negation); But not (after an affirmation). (L; T; LL)

Lam لَم

Negative particle giving to the present the sense of the perfect; Not. (L; T; LL)

Lima لِمَ

Why? For what reason? (L; T; LL)

Lamaha لَمَحَ
لحما ؛ يَلمَح

To shine, glister, give a glance with the eye. *Lamhun* لمح: Twinkling of an eye.

Lamhun لمح (*v. n.*): (16:77; 54:50). (L; T; R; LL)

Lamaza لَمَزَ
لمزا ؛ يَلمَز

To wink, make a sign with the eye or hand, defame, reproach, speak ill, strike, repel, traduce, *Lumazatun* لمزة: Slanderer; Backbiter; Traducer; Faultfinder; One who maliciously tries to uncover real or imaginary faults in others behind their back or "before their eyes", whereas *Humazah* is the one who finds real or imaginary faults in others "behind their backs".

Yalmizu يلمز (*imp. 3rd. p. m. sing.*): He finds faults (9:58). ***Yalmizûna*** يلمزون (*imp. 3rd. p. m. plu.*): They find faults (9:79). ***Lâ Talmizû*** لا تلمزوا (*prt. neg. m. plu.*): find not faults (49:11). ***Lumazatun*** لمزة (*n. plu.*) Slanderer. (104:1). (L; T; R; LL)

Lamasa لَمَس
لمسا ؛ يَلمِس

To touch, feel with the hand, seek, enquire after. *Lâmasa*: III. To touch, have intercourse with. *Iltamasa* إلتمَس: VIII. To seek or ask for, request from.

Lamasû لمسوا (*prf. 3rd. p. m. plu.*): They had touched (it) (6:7). ***Lamasnâ*** لمسنا (*prf. 1st. p. plu.*): We had sought (72:8) ***Lâmastum*** لامستم (*prf. 2nd. p. m. plu.*): You had sexual contact (4:43; 5:6). ***Iltamisû*** إلتمسو (*prt. m. plu. VIII.*): Seek for. (57:13). (L; T; R; LL)

Lamma لمّ
لمّا ؛ يَلمّ

To gather, collect, amass, assemble, pick up greedily. *Lammâ* لمّا: Conjection preceding the perfect to give the meanings of not yet, when, after that, but, only, since, because. When prefixed to the aorist, governs it in the conditional, and generally give it a past signification. At the same time it gives to the aorist the same value in point of time as the preterite would have had if the proposition has been affirmative. The noun of action *Lammim* لمّ in an adverbial form. It is used when speaking of past events. It is occasionally found in the sense of *Illâ* (except) unless when precedes imperfect tense, then it denotes the negative meaning of a perfect (past tense). *Lamamun* لمم: That which is near, (hence) small faults, as being those which are near being sins, unwilled, minor offences, occasional stumbling, a chance leaning towards fault, a temporary and light lapse, a passing evil idea which flashes across the mind and leaves no impression on it. The root-word possesses the sense of temporariness, haste, chance, infrequence and of doing a thing unintentionally and to approach it without falling into it. This by no means amounts to an intention or an attempt to commit a sin.

Lamman لمّا (*v. n. acc.*): Wholly and indiscriminately (89:19). ***Lamam*** لمم (*v. n. generic noun*): Minor offenses (53:32). ***Lammâ*** لمّا: A particle used to speak of past events to give the meaning of when, after that, not yet, only, since, because. It is also used to mean *Illâ* (- but). ((L; T; R; Mughnî; Baqâ; LL)

Lan لن

A negative particle governs the aorist in the subjective case and with a future signification, (he, she, it) will not, by no means. (L; T; LL; Baqâ)

Lahiba لَهِبَ

لهبا ؛ يَلهَب

To blaze fiercely *Iltahaba* إلتهَبَ: To burn with anger. Lahabun: Blaze; Ardour of fire; Flame.

Lahab لَهَب (*n.*): Flame (77:31; 111:3). ***Abû Lahab*** ابولهب: Fiery tempered person; Father of flame; One whose complexion and hairs are ruddy. It was also the nick name of The Holy Prophet's uncle. His real name was Abdul 'Uzza, (111:1). (L; T; R; LL)

Laha<u>th</u>a لَهَثَ

لهثا ؛ يلهث

To thirst, let the tongue hang out, loll the tongue (dog), pant, gasp for breath.

Yalha<u>th</u> يَلهَثُ (*imp. prf. 3rd. p. m. plu. juss.*): He lolls his tongue (7:176). (L; T; R; LL)

Lahima لَهِمَ

لهمًا ؛ يَلهَم ، يَلهِم

To swallow, gulp down food, glut. *Ilhâm*: Animal instinct; Intimation quickly by the inspiration from the Divine being. Revelation. It is through *Ilhâm* إلهام that the soul is made perfect. Through *Ilhâm* إلهام the soul knows the two ways, the way of *Fujr* فجر or the way of evil and *Taqwâ* تقوىٰ or the way of good. God has thus implanted in human being's nature a feeling or sense of what is good and bad.

Alhama الهَمَ (*prf. 3rd. p. m. plu. IV.*): (91:8). Inspired. (L; T; R; LL)

Lahâ لَها

لهوًا ؛ يَلهُو

To preoccupy, beguile, distract, play, divert, forget, delight, turn away.

Lahwun لَهُو: Plaything; Toy; Sport; Amusement. *Lahin* لهن (for *Lâhiyun* لاهي): One who sports or jests, who is inattentive. *Alhâ* الها: IV. To occupy, amuse, divert from *Talahha* تلها: To be unmindful of, careless of.

Alhâ الها (*prf. 3rd. p. m. sing.*): Diverted from; Distracted. ***Lâ Tulhi*** لا تله (*imp. 3rd. p. of sing. IV.*): Let not divert. ***Yalhi*** يلهِ (*imp. 3rd. p. m. sing. IV.*): Let divert; Beguile. ***Tulhî*** تلهي (*imp. 3rd. p. f. sing.*): Divert. ***Talahhâ*** تلها (*prf. 3rd. p. m. sing. V.*): Diverted. ***Lahwun*** لهُو (*v. n.*): Sport; Frivolous; Way causing diversion. ***Lâhiyatun*** لاهية (*act. pic. of sing.*): Inattentive. (L; T; R; LL)

The root with its above forms has been used as many as 16 times in the Holy Qur'ân.

Lau لَو

Optative particle: If; Though; Although; Conditional. At the head of a sentence we have sometimes an ellipse of the correlative proposition called by grammarians Jawâb al-shart as in 21:39. (L; T; LL)

Lâta لاتِ

لاتا ؛ يلوت

To give a reply which was not called for, shift, shun a question, conceal, prevent. *Lâta* لاتparticle: No longer; Had passed. An indeclinable verb or a kind of feminine form of the adverb *Lâ* (= no). *Al-Lât* اللّت: Female idol of the pagan Arabs, the prototype of the Greek semi-goddess Leto, one of the wives of Zeus and mother of Apollo.

Al-Lât اللّت (*p. n.*): A female goddess (53:19). ***Lâta*** لات (*particle*): Had passed (38:3). (L; T; R; LL)

Lâha لاح

لوحا ؛ يَلوح

To change colour, become visible. *Lawwahtun*: Scorching one; Making visible. *Alwâh* الواح (*plu.* of *Lauhun* لوح): Broad table or plate; Tablet.

Lauhun لوح (*n sing.*): (85:22). ***Alwâh*** الواح (*n. plu.*): (7:145, 150, 154; 54:13). ***Lawwahatun*** لوّاحة (*v. adj. of intensity*): Scorching one (74:29). ((L; T; R; LL)

Lâdha لاذ

لوذا ؛ يَلوذ

To take refugee in surrounding, seek refuge one with another, seek protection. *Liwâdhan* لواذا: Act of fleeing for shelter, slipping away privately.

Liwâdhan لواذا (*v. n. acc.*): (24:63). (L; T; R; LL)

Lâṯa لاَطِ
لَيطًا ؛ يَلوط ، يَليط

To be fixed in the affections, cleave to (- the mind thought), take away a thing. *Lauṯ* لوط : Sympathy; Active and nimhle. *Lûṯ* لُوط: Lot. A Prophet mentioned in the Holy Qur'ân. He lived east of the Jordan river in the vicinity of what is today the Dead Sea. Originally he was a native of Ur in southern Babylonia. As the son of Haran and the grandson of Terah he was Abraham's nephew.

Lûṯ لُوط (proper name): Lot. A Prophet mentioned in the Holy Qur'ân. (L; T; R; LL)
This name has occurred about 27 times in The Holy Qur'ân.

Lâma لاَمَ
لوما ؛ يَلوم

To blame some one for some thing. *Laumatun* لومة: Blame; Reproof. *Lâimun* لائم: One who finds faults. *Lawwâma* لّوامة (adjective of intensity): One who is constantly blaming others or accusing himself. *Malûm* ملوم: Blamed. *Mulîm* مليم: Deserving of blame. *Talawwun* تلوّ : To blame one another.

Lumtunna لُمتّن (*prf. 2nd. p. f. plu.*): You (*f.*) blamed. ***Yatalâwamûna*** يتلاومُون (*imp. 3rd. p. m. plu. IV.*): They blamed each other. ***Lûmû*** لُومُوا (*prt. m. plu.*): Blame you. ***Lâ Talûmû*** لا تلُومُوا (*prt. neg. m. plu.*): O you! blame not. ***Laumatun*** لومة (*n.*): Blame. ***Lâimun*** لائم (*act. pic. m. sing.*): One who blames others. ***Lawwâmatun*** لوّامة (*ints. f.*): Self-reproaching. ***Nafs Lawwâmatun*** نفس لوّامة : Self-reproaching soul at the doing of an evil deed (to the truth of final resurrection). The Holy Qur'ân has mentioned three stages of development of the human soul. The first stage is called *Nafs Ammârah* نفس امّارة :the soul prone to evil. When animal in a human being is predominant. The second stage is that of Nafs *Lawwâmah* نفس لوّامة - the self reproaching soul, when he begins to be conscious of evil, and good in him gets the upper hand. It is the beginning of his spiritual resurrection. The highest stage of development of the human soul is that of *Nafs Muṯmainnah* نفس مطمئنة - the soul at peace. At this stage his soul becomes practically immune to failure and faltering and is at rest and peace. ***Malûman*** ملوما (*pact. pic. m. sing.*): Blamed one. ***Mulîman*** مُلِيما (*pis. pic.*): One who deserves blame. ***Malûmîna*** ملومين (*pact. pic. m. plu.*): Blamed ones. (L; T; R; LL)
The root with its above ten forms

has been used in The Holy Qur'ân as many as 14 times.

Launun لَون

Colour; external form; Species; Hue; Appearance; Kind; Sort; State. It is the singular of *Alwân* الوان.

Laun لَون (*n.*): (2:69). Colour. ***Alwân*** الوان (*n. plu.*): (30:22; 16:13, 69; 25:28; 39:21; 35:27). (L; T; R; LL)

Lawâ لوىٰ

لوا ؛ يَلوِى

To twist, pervert, turn back, bend, avert (the face) from, lean, feel an inclination. *Layyan* ليّا : Disorting; Giving a twist.

Lawwau لوّو (*prf. 3rd. p. m. plu.*): They turn (their heads and faces by way of refusal) (63:5). ***Talwûna*** تلوون (*imp. 2nd. p. m. plu.*): You turn back (3:153). ***Talwû*** تلوُوا (*imp. 2nd. p. m. plu. acc.* final *Nûn* is dropped): You turn back (4:135). ***Yalwûna*** يلوون (*imp. 3rd. p. m. plu.*): They twist, pervert (3:78). ***Layyan*** ليّا (*v. n. acc.*): Twisting; Distorting (4:46). (L; T; R; LL)

Lâta لاتِ

لوتا ؛ يِليت

To diminish, withhold, prevent.

Yalit يلت (*imp. juss.3rd. p. m. sing.*): Will diminish (49:14). (L; T; R; LL)

Laita لَيت

May it be that? Would that!

Laita لَيت: Particle of desire and expressing a wish impossible to be realized. It is one of those particles which like *Anna* require a following noun to be an accusative. (L; T; LL)

This particle has occurred in The Holy Qur'ân 14 times.

Laisa لَيس

It was not; Is not. It is one of the verbs of the class of *Kâna* كَانَ which govern the attribute in the accusative. *Lasta* لَست: You are not

Laisa لَيس: (*indeclinable neg. verb.*): ***Laisat*** لَيست (for *f.*): ***Laisû*** لَيسوا (*for a group*): ***Lasna*** لَسنا (for *f.* group): ***Lastu*** لَست: I am not. ***Lasta*** لَستَ: Thou are not. ***Lastum*** لَستم: You are not. ***Lastunna*** لَستن: You (*f.*) are not. (L; T; LL)

This verb with its above forms has occurred about 89 times in The Holy Qur'ân .

Lailun لَيلٌ/Lailatun لَيلة

Both mean night, but according to Marzûqî the word *Lailun* is used as opposed to *Nahâr* and the word *Lailatun* ليلة is used as opposed to *Yaum*. *Lailatun* ليلة possesses a wider and more extensive meaning than *Lailun* ليل, just as the word *Yaum* has a wider sense than *Nahâr* (see *Yaum*). (L; T; R; LL)

Lailun* ليل/*Lailatun* ليلة** (*comm. gender, generic noun.* its *plu.* is ***Layâlun ليال) : Night. ***Lailan*** ليلا: By night.
The word *Lailatun* ليلة has been used as many as 8 times in The Holy Qur'ân (2:51, 178; 7:142 (twice); 14:3; 97: 1, 2, 3). The word *Lailun* ليل is used in The Holy Qur'ân 80 times and its plural *Layâlun* ليال 4 times.

Lâna لان

To soften, make tender, lenient, smooth. *Lînatun* لينة: A kind of palm-tree of which the dates are of very inferior quality and are unfit for human consumption. *Layyinun* ليّن: Soft. *Al'ana* الأن: IV. To soften. *Alannâ* ألنّا: We rendered soft.

Linta لنتَ (*prf. 2nd. p. m.sing.*): Thou was lenient (3:159). ***Talînu*** تلين (*imp. 3rd. p. f. sing.*): Become soft ***Alannâ*** ألنّا (*prf. 1st. p. plu.*): We softened. ***Layyina*** ليّن (*v. n.*): Gentle; Soft. ***Lînatun*** لينة (*n.*): Palm tree of very inferior quality. (L; T; R; LL)

The root with its above five forms has been used in The Holy Qur'ân about 5 times.

Mîm
م M

The twenty fourth letter of the Arabic alphabet pronounced as *Mîm* ميم, equivalent to English M. According to <u>*H*</u>*isâb Jummal* (mode of reckoning numbers by the letters of the alphabet) the value of *mîm* is 40. In abbreviation it means *A'lamu* أعلم: The all knowing.

Mâ ما

Conjunctive pronoun. That; Which; That which; Whatsoever; As; As much; In such a manner as; As much as; As for as; Any kind; When; How. It is also used in the form of admiration. *Mâ* ما is one of those particles which in conditional propositions govern the verb in the conditional mood. It is frequently a mere expletive. When placed between a proposition and its complements as in 3:159 it stands for "it is invariably so or "it is so". When affixed to *anna* أن, *inna* إنّ and such particles it destroys the effect which they have of putting the noun following them in the accusative. When used as interrogative after a prefixed preposition the *Alif* is generally omitted, thus *bima* بِمَ for *bimâ* بما *amma* عَمّ for *an-mâ*, عن ما *mimma* مِمّا for *min-mâ* من ما. Sometime it makes the verb following it in the sense of *masdar* مصدر or infinitive, it is then known as *mâ masdariyyah* ما مصدرية. In this case it is always a letter and not a noun. *Mâ* ما is also used for emphasis and stress and also as a negative adverb. In general it denies a circumstance, either present or if past but little remote from the present. Like *lâ* لا it governs the attribute in the accusative, thus it is a negative particle when placed before the perfect as in 53:2 or before a pronoun as in 68:2, or before a demonstrative noun as in 12:31. *Mâ* ما is also used as a negative particle before a perfect tense among verbal forms. It is sometimes used as an interrogative particle when placed before a demonstrative pronoun as in 21:52, or when placed before a verb as in 38:75, or followed by *dhâ* ذا as in 2:26. It is also used as meaning things, added to a noun it means indetermination, some, a certain. It is also an adverb of time as in 5:117. *Mâ* ما is expletive in compound words, such as *inna-mâ* إنّما. It is sometimes used to express wonder. (L; T; LL)

Ma'aya مأى

To extend, become the hundreth, be covered with leaves.

Mi'atun مئة : One hundred. It is used in The Holy Qur'ân eight times. ***Mi'atain*** مئتين : Two hundred. (8:65, 66) (L; T; LL)

Mata'a مَتَعَ
مَتعا ؛ يمتع

To carry a thing away, be advanced, rise (mirage), be strong (rope), give a dowry (to divorced woman), let anyone enjoy a thing long, make life comfortable, make a provision with a long life. *Tamatta'u* تمتّع : To combine *'Umrah* عمرة together with the *Hajj* حجّ. The combination of the *'Umrah* عمرة and the *Hajj* حجّ means that after or before the performance of the Pilgrim not to remain in the state of *Ihrâm* احرام but enter into that state for the performance of the *'Umrah* عمرة or the *Hajj* حج, as the case may be. In

Islamic terminology *Tamatta'u* تمتّع signifies a category of *Hajj* حج in which a Pilgrim combines *'Umrah* عمرة with *Hajj* حج in the season of *Hajj* حج.

Mata'a مَتَعَ (*n.*): Comfort; Ease; Enjoyment; Provision; Household stuff; Utensils; Goods; All kinds of things necessary for the life of human beings and cattles and goodly provisions for them. ***Matta'tu*** متّعت (*prf. 1st. p. sing. II.*): I allowed to enjoy worldly provision. I gave comfort. ***Matta'ta*** متّعتَ (*prf. 2nd.pp. sing. II.*): Thou bestowed the good thing of life. ***Matta'na*** متّعنا (*prf. 1st. p. plu. II.*): We have provided with good things. ***Umatti'u*** امتّع (*imp. 1st. p. sing. II.*): I will give comfort. I will provide worldy provision. ***Numatti'u*** نمتّع (*imp. 1st. p. plu.*): We shall grant provision. ***Yumatti'u*** يمتّع (*imp. 3rd. p. sing. II.*): He will cause to enjoy. ***Matti'û*** متعوا (*prt. m. plu.*): You provide provision. ***Tamatta'ûna*** تمتّعون (*2nd. p. plu. pip.*): You will be given comfort. ***Yumatta'ûna*** يمتّعون (*3rd. p. plu. pip.*): They were allowed to enjoy. ***Yatamatt'ûn*** يتمتّعونَ (*imp. 3rd. p. plu.*): They enjoy themselves. Its *imp. 3rd. p. plu. acc.* is *Yatamatta'* يتمتّع. ***Tamatta'a*** تمتّع (*prt. m. sing. V.*): Enjoy. ***Tamatta'û*** تمتّعوا (*prt. m. plu. V.*): Enjoy yourselves. ***Istamata'a*** إستمتع (*prf. 3rd. p. sing. X*): Benefited. ***Istamta'tum*** إستمتعتم (*prf. 2nd. p. plu.*): You people enjoyed. ***Istamat'û*** إستمتعوا (*prf. 3rd. p. m. plu. X.*): They enjoyed. ***Amti'atun*** امتعتم (*n. plu.* its sing. is *Mat'âtun* مَتاعٌ). (L; R; T; LL)

This root with its above forms has occurred about 70 times in The Holy Qur'ân.

Matana مَتنَ

مَتانَةً ؛ يمتُن

To be strong, solid, firm, sure, robust, steadfast.

Matîn مَتين (*act. 2 pic. m. sing.*): Strong; Sure; Solid. (7:183; 51:58, 68). (L; T; R; LL)

Matâ مَتٰی

Interrogative particle. When? At what time? (L; T; LL)

This particle has been used as many as 9 times.

Mathala مَثَلَ

مَثلا ؛ يمثُل

To resemble, imitate, compare any one with, be or look like some one, bear a likeness.

Tamaththala تمثّل (*prf. 3rd. p. sing. V.*): He presented himself in the form of, appeared in the form of, assumed the likeness of, came in likeness of someone other then himself. ***Mithlun*** مِثل (*IV.*): Likeness; Like; Similar; Of the kind; Resemblance; Similarly; Equivalent; Similitude; As much as; The same as. ***Mithlai*** مثلي: Two equivalents dual. ***Mathalun*** مَثَل (*n.*): Parable; Likeness; Similitude; Like; Reason; Proverb; Discourse; Equivalent; Comparison; Sign; Lesson; An example; Case; state; Condition; Argument. ***Amthâl*** إمثال (*n. plu.*): ***Muthulât*** مُثلات (*n. plu.*): Exemplary punishment. ***Muthlâ*** مُثلى (*elative, f.* of *Amthâl* امثال): Ideal; Superior. ***Tamâthîl*** تماثيل (*n. plu.* of *Timthâl* تمثال): Images; Statues. Laisa ***kamithlihî shaiun*** ليس كمثله شيءٌ (42:11): Naught is as His exegesis. There is nothing like a likeness of Him.. He is not only above all material limitation but even above the limitation of metaphor. The combination of *ka* and *mithl* مثل is for making a stress. The word *mithl* مثل here also means attribute. So the verse means that He is fundamentally, and not merely in his attributes, different from anything that exists or could exist or anything that could be conceived or imagined. (L; R; T; LL)

This root with its forms has occurred about 114 times in The Holy Qur'ân.

Majada مَجَدَ

مَجداً ؛ يَمجُدُ

To be great, illustrious, eminent, glorious, magnified, excel in glory.

Majîd مجيد (*act. 2 pic. m. sing.*): Glorious; Great; Illustrious; Eminent; Magnificent. (L; R; T; LL)

The word has been used in The Holy Qur'ân in the verses 11:73; 50:1; 85:15 and 21.

Majusa مَجسٍ

مجسا ؛ يَمجَس

To follow the religion of the Magians.

Majûs مجوس (*n. plu.*):: Magians; Fire worshippers, Pârsîs. (22:17). (L; R; T; LL)

Mahasa مَحَصَ

مَحصا ؛ يمحَص

To run, struggle (of slaughtered beast), flash (of lightning), refine (gold with fire), polish, take off an impure thing, lean, pure, malloyed, purge the impurities, prove, try, purify, improve, remove, amend. The difference between *Mahs* محصَ and *Fahs* فحص is that the later means to take off a bad thing during its adulteration whereas *Mahs* محص is to take off a bad thing when it is adjoining, contagious, united and connected.

Yumahhisa يُمَحّص (*imp. 3rd. p.*

m. sing. II.): To purge or remove all the impurities. (3:141, 154). (L; T; R; LL)

Ma<u>h</u>aqa مَحَقَ

مَحقًا ؛ يمحَق

To destroy, decrease, fall short, abate, diminish, waste, deprive of blessing, annul, wipe off, blot out, efface, erase, annihilate. The end of the month is called *Mi<u>h</u>âq* مُحاق, when the moonlight is absent.

Yam<u>h</u>aqu يمحَق (*imp. 2nd. p. sing.*): To annul. (2:276; 3:141). (L; T; R; LL)

Ma<u>h</u>ala مَحَلَ

مَحلاً ؛ يَمحَل

To act skilfully, impose calamity.

Mi<u>h</u>âl مُحال (*adj.*): Mighty in prowess; Powerful to enforce whatever His unfathomable wisdom wills. according to Râ<u>gh</u>ib it signifies "powerful" in contriving in a manner hidden from others, wherein the wisdom lies (13:13.). (L; T; R; LL)

Ma<u>h</u>ana مَحَنَ

محنا ؛ يَمحَن

To strike, try, test, prove a thing, examine, clean out.

Imta<u>h</u>ana إمتحَن (*prf. 3rd. p. sing. VIII.*): He has purified, tested, proved, proven, disposed (49:3). ***Imta<u>h</u>inû*** إمتحنوا (*prt. m. plu. VIII.*): Examine (60:10). (L; T; R; LL)

Ma<u>h</u>â محَا

محوًا ، يَمحَوا

To efface, blot out, disappear, obliterate, totally abolish, erase, conceal.

Ma<u>h</u>ûnå محُونا (*1st. p. plu.*): We obliterated, made to pass away, effaced, blotted out (17:12). ***Yam<u>h</u>û*** يمحوا (*imp. 3rd. p. m. sing.*): Repeals; Abolishes; Effaces; (13:39). ***Yam<u>h</u>u*** يَمح (*f. d. juss. imp. 3rd. p. m. sing.*): He eradicates, blots out (42:24). (L; T; R; LL)

Ma<u>kh</u>ara مَخَرَ

مَخرًا ؛ يَمخَر ، يَمخُر

To plough the waves, cleave the water, be watered (ground):

Mawâ<u>kh</u>ira مواخر (*n. plu.* Its *sing.* is *Mâ<u>kh</u>iratun* ماخرة): Those which cleave and plough through the waves with a dashing noise (16:14, 35:12). (L; T; R; LL)

Ma<u>kh</u>a<u>dz</u>a مخَض

مَخضًا ؛ يمخُض ، يمخَض

To churn, shake.

Makhâdz مخاض (collective noun.): The pangs of childbirth (19:23). (L; T; R; LL)

Madda مدّ

مدّاً ؛يَمُدّ

To be advanced (day) to stretch forth, extend, draw out, cause to increase or abound, draw forth, spread wide, strain, manure (a land), take ink, prolong.

Madda مدَّ (*prf. 3rd. p. m. sing. assim.*): Had stretched, draw forth, spread. ***Madadna*** مددنا (*prf. 1st. p. plu. assim.*): We have spread out and put fertilizers, have enriched. ***Yamuddu*** يَمُدّ (*imp. 3rd. p. m. sing. assim. V.*): Draw out, extend, spread. ***Yamdud*** يمدُد (*imp. 3rd. p. m. sing. assim, juss.*): Prolong; Respite, lengthen. ***Yamuddûna*** يمُدّون (*imp. 3rd. p. m. plu. assim.*): They draw, plunge further. ***Numidd*** نمِدّ (*imp. 1st. p. plu. assim. V.*): We will prolong. ***LaTamuddanna*** لا تمدّن (*prt. neg. emp.*): Strain not; Extend not; Turn not longingly. ***Muddat*** مُدّت (*3rd. p. f. sing. pp. assim.*): Spread out; Stretched out and received manure. ***Mamdûdun*** ممدود (*act. pic. m. sing.*): Spread out; Extended. ***Amadda*** أمدّ (*prf. 3rd. p. sing. assim, IV.*): To be bestowed, assisted, caused to abound, aided, helped ***Amdadnâ*** امددنا (*prf. 1st. p. plu. assim. IV.*): We have aided, have helped. ***Yumidda*** يُمدّ (*imp. 3rd. p. f. sing. assim. IV. acc.*): Reinforce. ***Yumdid*** يُمدد (*imp. 3rd. p. assim. IV. juss.*): He wil aid. ***Numiddu*** نمدّ (*imp. 1st. p. plu. assim, IV.*): We aid. ***Mumiddun*** مُمدّ (*ap-der. m. sing. IV.*): One who helps or approached with aid. ***Mumaddadatun*** ممدّدة (*pis. pic. f. II.*): Outstretched; Stretched forth. ***Madadan*** مددا (*n. acc.*): Aid; Help. ***Muddat*** مُدّت (*n.*): Term; Space of time; Allotted period. ***Midâd*** مداد (*n*): Ink. (L; T; R; LL)

This root with its above forms has been used in The Holy Qur'ân about 32 times.

Madana مَدَن

مُدُونا ؛يمدُن

To come to a town *Tamaddan* تمدّن: To become civilized.

Madînah مدينة (*n.*): Town; City. ***Al-Madînah*** المدينة: The city of the Holy Prophet ﷺ. ***Madâin*** مدائن (*n. plu.*): Cities, Towns. ***Madyan*** مَديَن: (proper name, *Maghair* now known as *Shu'aib*. This city was situated on the Red Sea on the Coast of Arabia, south east of Mount Sinai, about 8 miles from the Gulf of Aqabah. It is the *Midian* of the Bible. Its

Mara'a مَرَأَ

inhabitants were the Arabs of the Amorite tribes. Madyan was also Abraham's son from Katûrah (Gen. 25:1, 2). It is mentioned by Ptolemy as Modiana. (L; T; R; LL)

This root has been used with its above four forms about 27 times in the Holy Qur'ân.

Mara'a مَرَأَ
مَرءَاً ؛ يَمرَأ

To be wholesome, easy of digestion, good cheer and pleasure, beneficial to anyone.

Mari'an مريأً (*act. 2 pic. m. acc.*): Wholesome; Beneficial; Salutary. *Mar'un* مَرءَ (*n.*): Human being; Person with a pulp under the skin; Man. *Imra'atum* إمرأة: Woman; Wife. Both this and the preceding word are written with *Waslah* when not commencing a sentence. Its plu. is *Nisâ*. *Imra'atâni/Imra'tain* إمرأتان / إمرأتين (*dual*): Two women. (L; T; R; LL; D̲h̲ahhâq)

This root with its above five forms has occurred about 38 times in The Holy Qur'ân.

Marata مَرَتَ
مَرتاً ؛ يَمرَت

To break, make barren, Maratun: Barren and stripped land; Man without eyebrows. *Mart*: Hairless beast. *Mârût* ماروت: Attributive name of a king whose object was to break the glory of the enemies of Israelites, as Ibn 'Abbâs says. His companion was *Hârût* هاروت.

Mârût ماروت: Name of an Israelite king (2:102). (Ibn 'Abbâs, Baid̲zâwî; Ibn Jarîr; D̲h̲ahhâq; LL).

Maraja مَرَجَ
مرجاً ؛ يمرُج

To send (cattle) to pasture, let loose, mix, let (the two spans of water) loose to flow, give freedom of movement.

Maraja مَرَجَ (*prf. 3rd. p. m. sing*): Has loosed. *Marîj* مريج (*act. 2 pic. m. sing.*): State of confusion; Perplexed; Uncertain; Unsettled. *Mârij* مارج: Flame; Fire free from smoke. *Marjân* مرجان (*n.*): Corals; Small pearls. (L; R; T; LL)

This root with its above four forms has occurred about 6 times in The Holy Qur'ân.

Marih̲a مَرِحَ
مَرَحاً ؛ يَمرَح

To be joyful, extremely glad, caught by false pride, elated lively, cheerful, exalting, haughty, self-conceited.

Tamrah̲ûna تمرَحون (*imp. 2nd. p. m. plu.*): You exalted without justification; You arrogantly exalted without any right (40:75). *Marahan* مرحا (*act. pic. n. sing.*

X.): Haughtily; Haughty; Self-conceit. (17:37, 31:18). (L; R; T; LL)

Marada مَرَدَ

مردا ؛ يَمرُدُ

To moisten (bread) in order to soften it; To become accustomed, inert, insolent, persist in and habituated to, be insolent and audacious in pride and in the act of disobedience, be excessively proud, disobedient and rebellious, to become accustomed to a thing and persist in it. The word, in general is used in a negative sense.

Maradû مردُوا (*prf. 3rd. p. m. plu.*): They persist in and are habituated to; They have grown insolent in. ***Mâridun*** مارد (*act. pic. m. sing.*): Insolently disobedient; Rebellions; Obstinately rebellious. ***Marîd*** مريد (*pact. 2 pic. m. sing.*): Rebellious; Obstinate in rebellion; Stripped of all virtues. ***Mumarridun*** مُمرّد (*pic. pas. m. sing. II.*): Rendered smooth; Floored; Paved smooth. (L; R; T; LL)

This root with its above four forms has occurred about 5 times in The Holy Qur'ân.

Marra مَرّ

مرّاً ؛ يمُرّ

To pass, move, pass on, pass by, pass with.

Marran مَرّاً (*v. n.*): Passing away. ***Marra*** مَرّ (*prf. 3rd. p. m. sing, assim. V.*): He passed. ***Marrâ*** مَرّا (*prf. 3rd. p. m. plu. assim. V.*): They passed. ***Tamurru*** تمرّ (*imp. 3rd. p. assim. V.*): He passed. ***Tamurrûna*** تمرّون (*imp. 2nd. p. m. plu. assim. V.*): You passed. ***Yamurrûna*** يمُرّون (*imp. 3rd. p. m. plu.*): They pass. ***Mustamir*** مُستمر (*ap-der. m. sing. X.*): Continuous; Often repeated and tremendous; Ever recurring, strong, firm; Transient. ***Marratun*** مرّة (*n.*): Once; One time; Turn; Occasion. ***Marratân/Marratain*** مرّتان/مرّتين (*acc. dual n.*): Twice; Repeatedly, again and again. ***Marrât*** مرّات (*n. plu.*): More than two times; Repeatedly. ***Mirâtun*** مرآت (*n.*): Strong of the make and intellect; Vigorous; Perpetually manifesting in powers; Surpassing power; Strength; Sound judgment; Firmness; Wisdom; Comprehension. This word is driven from *Imrâr* إمرار meaning entwining and twisting of a cable. (L; R; T; LL)

The root with its above forms has occurred about 35 times in The Holy Qur'ân.

Maridza مَرِضَ

مَرضا ؛ يَمرَض

To be or become sick, fall ill.

Disease is of two kinds, physical carnal moral. Vices are also a hinderance for human beings. It is said *Shamsun maridzatun* مَرضة شمس: The sun is ill. It means that it is not giving the proper light because of any obstruction or hindrance.

Maridztu مَرضت (*prf. 1st. p. sing.*): I am taken ill. ***Marîdzun*** مَريض (*n. sing.*):: Sick person. ***Marădzun*** مَرَض (*n.*): Disease. ***Maradzan*** مَرضا (*acc.*) ***Mardzâ*** مرضى (*n. plu.*): Sick persons. ***Maradz*** مَرض :To come out of the proportion and equilibrium or illness, sickness and disease. (L; R; T; LL)

This root with its above forms has occurred about 24 times in The Holy Qur'ân.

Marwun مَرو

Flint stones. *Al-Marwah* المروة: Proper name of the eminence in the immediate vicinity of Ka'bah. It is in remembrance of Hagar's extreme trial and her trust in God that *al-Marwah* المروة and *al Safâ* الصفا, another eminence near are mentioned in 2:158. Even in pre-Islamic times these two eminences were regarded as symbols of faith and patience in adversity. *Al-Marwah* المروة is mentioned in the context of the passages which deal with the virtues of patience and trust in God

Al-Marwah المروة: (53:34). (L; T; LL)

Mara مَرَى

مَرءا ؛ يمري

To stamp the ground (horse), press (a she camel's) teasts, press the teasts for milking, extract. *Miryatun* مِرية : Hesitation, wavering, anxiety, worry. It is more particular than doubt and suspicion *(shakkakk)*.

Yumârûna يمارون (*imp. 3rd. p. m. plu. III.*): They dispute, debate ***Tumârûna*** تمارون (*imp. 2nd. p. m. plu. III.*): You dispute, debate.***LaTumâri*** لا تمار (*prt. neg. m. sing. III.*): Dispute not. ***Mirâun*** مراء (*n.*): Dispute. ***Tamârau*** تمارو (*prf. 3rd. p. m. plu. VI.*): They doubted. It is derived from *Tamârû*, *Tamâriyan*. ***Tatamâra*** تتمارٰى (*imp. 2nd. p. m. sing. VI.*): You will doubt. ***Yamtarûn*** يمترون (*imp. 3rd. p. m. plu. VIII.*): They doubt. ***Tamtarûna*** تمترون (*imp. 2nd p. n. plur. VIII.*): You doubt. ***LâTamtarunna*** لا تمترنّ (*prt. neg. m. sing.*): Have no doubt. ***Mumtarîn*** □ترين (*ap-der. m. plu. VIII.*): Those who are in doubt. ***Miryatun*** مِرية (*n.*): Doubt. (L; R; T; LL)

This root with its above forms has occurred in The Holy Qur'ân

about 20 times.

Maryam مريَم

Mary. She was probably named after Mariam, the sister of Moses and Aaron (later pronunciation Miriam). The word is a compound of *mar* (مَر star) and *yam* يم (sea).It possesses in Hebrew a variety of meanings such as stare of the sea, drop of the sea, lady of the sea, mistress of the sea. It also means, exalted and pious worshipper (Kashshâf), and corpulent (adjective of a person or his body), fat and heavy. Among the Arabs and Jews corpulence was considered as a mark of beauty and girls who were corpulent were considered beautiful. It is not possible to write a biography of Mary based upon Biblical accounts, although the span of time covered by her accounts is longer than that of Jesus. (L; T; LL, Ency. Biblica, Encyc. Brit.)

Maryam مريَم: Name of the mother of Jesus Christ.

The name has occurred thirty four times in The Holy Qur'ân.

Mazaja مَزَجَ

مَزجا ؛ يَمزج

To mix, mingle (a liquid), temper.

Mizâj مزاج (v. n. III.): Admixture. (83:27; 76:5,17). (L; T; R; LL)

Mazaqa مَزَقَ

مَزقة ، مَزقا، مَزقا ؛ يَمزق

To disintegrate, tear off, impair, scatter.

Mazzaqnâ مَزّقنا (*prf. II.*): Scatter; Destroy; Disperse (34:19). ***Muzziqa*** مُزّق (*pp. II.*): Were dispersed, destroyed, scattered (34:7). ***Mumazzaqin*** ممَزّقين (*II.*): Broken up into a disintegration. According to some this form is a noun for time and place, but generally it is taken as a verbal noun with initial *Mîm* being called *Mîm Masdar*. (34:7, 19). (L; T; LL)

Mazana مَزَنَ

مَزُونا، مَزنا ؛ يَمزُن

To go away, fly away, fill up, praise, go in the same direction as another.

Muzn مُزن (*n.*): Cloud (56:69). (L; R; T; LL)

Masaha مَسَحَ

مَسحا ؛ يَمسَح

To wipe a thing with the hand, survey, wipe off the dirt, pass hand over, set forth journeying through the land, stroking (with kindness)

Masa<u>h</u>ah-Allâh مَسَحَ الله, God created him; Blessed. *Al-Masî<u>h</u> al-Dajjal* المسيح الدّجال: Antichrist; One erring greatly and created accursed. *Masî<u>h</u>*: One who travels much. It is the arabicized form of the Aramic word *Mes<u>h</u>î<u>h</u>a* مسيح, which, in turn is derived from the Hebrew Mâs<u>h</u>îa<u>h</u>, the term frequently applied in the Bible to the Hebrew Kings, whose ascession to power used to be consecrated by a touch with holy oil taken from the Temple. This anointment appears to have been of great importance to the Hebrews that the term "the anointed" became in the course of time more or less synonymous with a King. Jesus has been called *Masî<u>h</u>* مسيح (Messiah) because he was to travel much (R; Râzî). This significance finds the foremost acceptance with the lexicologists as well as the commentators, and this lends support to the evidence recently discovered that shows that Jesus, after his unfortunate experience at the hands of the Syrian Jews, and having recovered from the shock and the wounds of crucifixion travelled far and wide in the east and finally reached Central Asia, Afghanistan, Northwest India and finally Kashmir to deliver his message to the lost ten tribes of Israel who lived in these parts of the world and where he is spoken of as having been afforded shelter (23:50). If in pursuance of the Gospel narrative Jesus' ministry be admitted to have been confined to only three years and his travels to only a few Palestinian or Syrian towns the title of *Masî<u>h</u>* مَسيح in no way fits him. (L; R; T; LL)

Imsa<u>h</u>û اِمسَحوا (*prt. m. plu.*): Wipe. ***Mas<u>h</u>an*** مَسحًا (*v. n. acc.*): Wiping; Stroking (with kindness). ***Masî<u>h</u>*** مَسيح (*p. n.*): Surname of Jesus; Anointed; Beautiful; One who journeys and travels much; Blessed and goodly.

This root with its above three forms has been used about 15 times in the Holy Qur'ân.

Masa<u>kh</u>a مَسَخَ

مَسخًا ؛ يَمسَخُ

To destroy, transform, change, metamorphosed, scoff at, vilify, dissolve, deform to the hideous, stupid, change from good to bad state, render weak, turn into an evil plight, disfigure, make mistakes. Masakhnâ ' *alâ Makânihim* مَسخنا على مَكانهم: We would have destroyed them in their houses. According to <u>H</u>asan and Ibn 'Abbâs it signifies that all their physical and mental faculties would have become paralysed

Masakhnâ مسخنا (*prf. 1st.p.plu.*): We had destroyed. (36:67). (L; R; T; Ibn Jarîr; LL)

Masada مَسَدَ
مسداً ؛ يمسُد

To twist a fibre of a cord strongly. Mamsâd: Strongly twisted.

Masad مَسَد (*n*): Twisted fibre or strands; Anything that consists of twisted strands irrespective of the material (111:5). (L; R; T; Qâmûs; Mughnî)

Massa مسّ
مَسا ؛ يَمسّ

To touch, pass on, hand on a thing without having anything in between, befall, smile, strike. *Massat al-Hâjatu ilâ* إلى مسّت الحاجة: Necessity compelled to, have a touch of madness. *Mass* مسّ is like *Lamas* لمس, but the difference is that the word *Lamas* لمس is used for the seeking of a thing without obtaining it as the poet says:

والمسه فلا اجده

"I am seeking him but cannot get of him."

Mass مسّ is said of that which can be known by the sense of touch. The verb has been used to signify to befall, punish, be affected with damage, harm, sexual touch.

Massa مسّ (*prf. 3rd. p. m. sing. assim.*): Touched. ***Massat*** مسّت (*prf. 3rd. p. f. sing. assim.*): She touched: ***Yamassu*** يمسّ (*imp. 3rd. p. m. sing. assim.*): Touches. ***Lam Yamsas*** لم يمسس: Did not touch. ***Tamassu*** تمسّ (*imp. 3rd. p. f. sing. assim.*): She touches, befalls. ***Yamassan*** يمسّا (*imp. 3rd. p. sing. ept.*): ***Misâs*** مساس (*v. n. III.*) Touch. ***Yatamâssan*** يَتَماسّا (*imp. 3rd. p. m. dual VI.*): The twain touch each other (in the conjugal life. (L, T, R, LL)

This root with its above forms has occurred in The Holy Qur'ân about 62 times.

Masaka مَسَكَ
مَسكاً ؛ يمسِك ، يمسُك

To take hold of, grasp *Amsaka*: To withhold, keep back, refrain from. *Massaka* مَسّك: To perfume with musk.

Yumassikûna يمسّكون (*imp. 3rd. p. m. plu. III.*): They hold fast. ***Amsaka*** امسك (*prf. 3rd. p. sing. IV.*): Withhold; Take hold fast; Keep back; Hold up; Retain: ***Imsakna*** امسكن (*prf. 3rd. p. f. plu. IV.*): They withheld. ***Yumsiku*** يُمسك (*imp. 3rd. p. m. sing.*): Withholds. ***Amsik*** أمسك

(*imp. 3rd. p. m. sing. IV.*); Withhold; Keep. ***Amsikû*** **امسكو**: Retain, Keep. ***Lâ Tumsikû*** **لا تمسكوا**: (*ap-der. neg. m. plu.*): Keep not; Retain not. ***Imsâk*** امساك (*n. v.*): The act of retaining. ***Mumsik*** مسك (*ap-der. m. sing. IV.*): Withholder. ***Mumsikât/ Mustamsikûna*** سكات / مستمسكون (*ap-der. f. plu. IV.*): Withholders ***Istamsaka*** إستمسَك (*prf. 3rd. p. sing. X.*); Grasped; Withheld. ***Istamsik*** إستمسك (*prt. m. sing. X.*): Hold fast. ***Amsaktum*** امكسَكتم (*prf. 2nd. p. m. plu. IV.*): You held fast. ***Miskun*** مسك (*n.*): Musk. (L, T, R, LL)

The root with its above forms has been used in The Holy Qur'ân about 27 times.

Masa مَسَى

مُسُوأ، مَسيا ؛ يَمسى

To wish a good evening, come in the evening. *Amsâ* امسٰى : IV. To be or do anything in the evening. *Masâ* مسٰى is one of those verbs known as *Akhawât Kâna* اخوات كانَ or brothers of *Kâna* كان.

Tumsûna تُمسُون (*imp. 2nd. p. m. plu. IV.*): You enter the evening (53:34). (L; R; T; LL)

Mashaja مَشَجَ

مشجا ؛ يَمشُج

To mix up, mingle, unite.

Amshâj امشاج (*n. plu.* of *Mashîj* مشيج): Mingled; Intermingled; Mixed; United; Mixture of (76:2). (L; R; T; LL)

Mashâ مَشٰي

مَشيا ؛ يَمشِي

To walk, go, proceed, move from one place to another, go about with lying slanders.

Mashau مَشو (*prf. 3rd. p. m. plu.*) They walk. ***Yamshî*** يمشي (*imp. 3rd. p. m. sing.*): He walks. ***Tamshî*** تمشي (*imp. 3rd. p. f. sing.*): She walks. ***Yamshûna*** يَمشُون (*imp. 3rd. p. m. plu.*): They walk. ***Tamshûna*** تمشُون (*imp. 2nd. p. m. plu.*): You walk. ***Imshû*** إمشُوا (*perate m. plu.*): Walk (O you!). ***Mashyun*** مشيٌ (*v. n.*): Walk; Walking; The act of walking. ***Mashshâun*** مشاء (*m. sing.*): One who goes about with lying slanders. (L; R; T; LL)

This root with its above forms has been used in The Holy Qur'ân about 23 times.

Masara مَصَرَ

مَصرا ؛ يَمصُر

To milk with the tips of the fingers, build. *Massar* مَصّر:

To build towns; Choose (a town) for a capital.

Misr مصر (*n.* place): Chief town of a kingdom; Country; Boundary; Egypt. (L; T; LL)

This word has been used in The Holy Qur'ân about 5 times.

Madzagha مَضَغَ

مَضغا ؛ يَمُضُغ ، يَمضغ

To masticate, chew.

Mudzghatun مُضغة (*n.*): Lump of flesh; Morsed of flesh; Embryonic lump; What remains after chewing. The physical condition of an embryo after *al-Alaq* - the blood clot. (22:5; 23:14). (L; R; T; LL)

Madzâ مَضٰى

مَضيا ؛ يَمضُوا ، يَمضِي

To go away, leave, depart, make off, expire, pass away, elapse (tune), go on, advance further on, execute, conclude, enforcement, promulgation.

Madzâ مَضٰى (*prf. 3rd. p. m. sing.*): Go forth, gone, became a king of past. ***Madzat*** مَضَت (*prf. 3rd. f. sing.*): Gone forth; Passed away. ***Amdziya*** إمضيَ (*imp. 1st. p. sing. acc.*): I shall go on. ***Imdzû*** إمضوا (*prt. m. plu.*): Pass you. ***Mudziyyan*** مُضِيا (*v. n.*): Passing away; Go away; The act of going away. (L; R; T; LL)

The root with its above five forms has been used in The Holy Qur'ân about 5 times.

Matara مَطَرَ

مَطرا ؛ يَمطر

To yield rain. *Matar* مطر is also used in the sense of doing good or evil according to the object by which it is followed, but *Amtara* is only used in relation to punishment.

Amtarnâ امطرنا (*prf. 1st. p. plu. IV.*): We pelted with a rain of stones (due to volcanic eruption combined with an earthquake.) ***Umtirat*** أمطرت (*pp. 3rd. p. f. sing. IV.*): Suffered a painful rain (of stones). ***Umtir*** امطر (*prt. m. sing. IV.*): Rain down (stone). ***Mumtirun*** مُمطِر (*ap-der. m. sing. IV.*): Rain bringer. ***Matarun*** مَطر (*n. acc. Matran* مطرا): Rain. (L; R; T; LL)

This root with its above five forms has been used in The Holy Qur'ân 15 times.

Ma'a مَعَ

Preposition: Gathering or assemblage in a place or status of time; At the time of, Not withstanding; Though; Nevertheless; Simultaneously; With; Accompanied by; In the company of. *Ma'al-Ashîyyati* مع الاشيّة: In the evening. *Ma' Dhâlika* مع ذالك: With all that. *Huwa ma'î* هو معي: He is with me; His help is with me. (L; T; LL)

This preposition has been used in The Holy Qur'ân about161 times.

Ma'iza مَعِزَ

مَعزا ؛ يَمعَز

To be rich in goats and bucks. It is common to *m.* and *f, sing.* and *pl.*

Ma'zun مَعزٌ (*n. plu.*): Goats and bucks. (6:143). (L; R; T; LL)

Ma'ana مَعَنَ

مَعنا ؛ يَمعَن

To travel fast and far, flow (water), give useful and easy thing. *Mâ'ûn* ماعون: Legal alms and other acts of kindness (such as funds and other form of lending ordinary things of utility like a needle or a piece of thread or bread to a neighbour); Aid or assistance in difficulty. According to Bukhârî it means *al-Ma'rûf Kullun* - every good and kind deed. According to Ikramah it lending of a thing or giving any useful thing to another. Its highest form is obligatory *Zakât*.

Ma'în مَعين (*n. act. 2 pic.*): Springs of running water; Pure and clean drink; Unsullied springs; Running water. ***Mâ'ûn*** ماعون: Legal alms and other acts of kindness. (107:7; 23:50; 37:45; 56:18; 67:30). (Bukhârî Ch. 68:107; L; R; T; LL)

Ma'yun مَعي

Intestine; Bowel.

Am'â امعاء (*common gender plu*): Intestines; Bowels. (47:15). (L; R; T; LL)

Maqata مَقَتَ

مَقتا ؛ يَمقَت

To hate, detest, abhor.

Maqtun مقت (*v. n.*): Abhorrence; Repugnant; Very hateful. (L; R; T; LL)

The root is used in this form six times in The Holy Qur'ân.

Makatha مَكَثَ

مَكثا ؛ يَمكث

To abide, dwell, remain, wait in a place, delay, stay, tarry

Makatha مكث (*prf. 3rd. p. m. sing.*): He remained, waited, tarried. ***Yamkuthu*** يَمكث (*imp. 3rd. p. m. sing.*): He remains, lasts, stays. ***Imkuthû*** إمكثوا (*perate 2nd. p. m. plu.*): Wait in the place. ***Mukthun*** مكث (*n. v.*): The act of carrying etc. ***'Ala Mukthin*** على مكث: At intervals; By stages; Slowly and

deliberately. ***Mâki<u>th</u>ûn/ Maki<u>th</u>în*** ماكثون / ماكثين (*acc./ act. pic. m. plu.*): Those who remain in this state, who bide. (L; R; T; LL)
The root with its above forms has been used in The Holy Qur'ân about 7 times.

Makara مَكَرَ
مَكرًا ؛ يَمكُر

To plan a scheme, punish a deceiver, contrive a plot.

Makara مَكَرَ (*prf. 3rd. p. m. sing.*): Plotted, planned, schemed. ***Makarû*** مَكَروا (*prf. 3rd. p. m. plu.*): They planned etc. ***Makartum*** مَكَرتم (*prf. 2nd. p. m. plu.*): You planned. ***Makarnâ*** مَكَرنا (*prf. 1st. plu.*): We plotted. ***Yamkuru*** يَمكُر (*imp. 3rd. p. m. sing.*): Plots. ***Yamkurûna*** يَمكُرون (*imp. 3rd. p. m.*): They planned. ***Yamkurû*** يَمكُروا (*imp. 3rd. p. m. plu.*): You planned. ***Makrun*** مَكر (*n.*): Plan; Contrivance; Cunning (talks); Sly whisperings; Taunting remarks; Malicious talks; Secret imputations. ***Mâkirîn*** ماكرين (*act. pic. m. plu.*): Planner; Schemer; Who punishes the end; Plotter. (L; R; T; LL)
The root with its above form has been used in The Holy Qur'ân about 43 times.

Makkah مَكّة

Macoraba in Ptolemy. This city is the birth place of The Holy Prophet Mu<u>h</u>ammad (PBUH) and the foremost sacred city of Islam. The city lies about 45 miles east of Jiddah, which is a seaport on the Red Sea. In the center of the city is the sacred shrine of *Ka'bah*. Makkah مكّة was never surrounded by city walls. The mountains which dominate it at close quarters have always made its conquering difficult. In 570 A.D. Abraha, the Christian viceroy in Yaman of the King of Abbyssinia erected a great cathedral at Sanâ', hoping thus to divert the annual Arabian Pilgrimage from the Makkan sanctuary, the *Ka'bah* to the new church. When this hope remained unfulfilled he decided to destroy the *Ka'bah* and attack Makkah and to break the national unity of the Arabs. He marched on Makkah with an army of 20,000 strong. Arriving at a place, a few miles from Makkah he halted, for the final attack. "A pestilential dislemper", says W. Muir, "had shown itself in the camp of Abraha. It broke out with deadly pustules and blears which was probably an aggravated form of smallpox. In confusion and dismay his army commenced retreat. Abandoned by their guides, they perished in the valleys and a flood swept multitudes into the sea. Scarcely any one recovered who had once been smitten by it. Abraha himself with a mass of malignant and putrid sores, died miserably on his return to Sanâ'." Makkah was thus miraculously saved. This account is mentioned in the chapter 105 of The Holy Qur'ân. (Ibn Juban; Travels in Asia and Africa by Ibn Baṯûṯah; Travels in Arabia by Ibn Khaldûn; Travels in Arabia J.L. Burckhardt; Rulers of Mecca by G.D. Gavry; The Holy Cities of Arabia by E. Ruther.

Makkah مَكّة: The city in Arabia with Ka'bah (48:24)

Mîkâl ميكال

Michael; One of the chief angels and considered to be associated chiefly with the work of sustaining the world. The word is considered as being a combination of *Mîk* ميك and âl ال, which means who is like God.

Mîkâl ميكال: (2:98). (Bukhârî; Ibn Kathîr; Muhtasib by Ibn Jinnî; Jewish Encyl. T; L)

Makuna مَكُن

مكنا ؛ يَمكُن

To be strong, have power, hold high rank or authority, be influential.

Makkannâ مكّنّا (*prf. 1st. p. plu. II.*): We did grant an honourable position, did established; gave a firm place; gave authority. ***Makkanna*** مكّنّ (*prf. 3rd. p. m. sing. II.*): Has established, strengthened etc. ***Yumakkinanna*** يُمكّننّ (*imp. 3rd. p. m. plu. epl. II.*): He shall surely establish etc. ***Amkana*** امكن (*prf. 3rd. m. sing. IV.*): He gave power. ***Makînun*** مكين (*act. 2 pic. m. sing.*): Established one. (L; T; R; LL) This root with its above five forms has been used in The Holy Qur'ân about 17 times.

Makâ مكا

مَكوا، مُكاءً ؛ يمكوا

To whistle with ones mouth, or bringing together ones finger and blowing through them and producing a whistling sound.

Mukâ'an مكاء (*n. v.*): Whistling through the mouth (8:35). (L; T; R; LL)

Mala'a ملاء

ملاء ؛ يَملوا

To fill, satisfy, help. *Mila'al-Kaff* ملاءالكف: As much as the hand can hold; Handful. *Mala' al-Ardz* ملاء الارض: Earthful. The word signifies fullness, as the leader or chief fill the eyes of people with awe and their hearts with attraction consequently they are called *Mala'un* ملاء.

Muli'at مُلِئَت (*pp. 3rd. p. m. sing.*): Was filled. ***Mali'ûna*** ملئُون (*act. pic. m. plu.*): Those who fill. ***Amla'anna*** املئنّ (*imp. 1st. p. plu. epl.*): I surely shall fill. ***Imta'lati*** إمتلئت (*pp. 3rd. p. plu.*): You are filled up. ***Mil'un*** مِلئٌ (*n.*): Full; Full until it fills anything; Earthfull.. ***Mala'un*** ملاء (*n. plu.*): Chiefs; Leaders; Heads. The word signifies fullness, the leader or a chief fills. (L; T; R; LL)

The root with its above forms has been used in The Holy Qur'ân about 40 times.

Malaha مَلَحَ

مَلحا ؛ يَملح ، يَملح

To put salt, become saltish.

Milhun ملح (*n.*): Saltish; Brakish, Bitter. (25:53; 35:12). (L; T; R; LL)

Malaqa مَلَقَ

ملقا ؛ يَملق

To erase, suck, wash. *Mallaqa* مَلّق: To level (ground). *Amlaqa* املق: To fall into destitution, become poor.

Imlâq إملاق (*v. n. IV.*): Falling to poverty. (6:151; 17:31). (L; T; R; LL)

Malaka مَلَكَ

مَلكا ؛ يَملك

To possess, become the owner of, conquer, have control, rule, take a wife, have power, reign, be capable of, able to obtain, can do, can avail, have authority, hold. *Mallak* مَلّك: To transfer property, give to anyone the possession, give a support to. *Milâk* مِلاك: Marriage. *Amlakâhu* املكه: They gave him in marriage. *Mâlik* مالك and *Malik* ملك are two different words from the same root. The former signifies master and the latter king. According to the rule of forming derivation in Arabic an additional letter (as *Alif* in *Mâlik* مالك) gives the meanings of intensity, thus a master or lord is more than a king. The use of the word *Mâlik* مالك, Master or Lord in verse 1:4 is to show that Allâh is not guilty of injustice if he forgives his servants because he is not a King or a Judge but more properly a Master. Being Master He can forgive and show mercy wherever and in whatever manner he may like. Its root is ملك or لئك.

Malakat مَلَكَت (*prf. 3rd. p. f. sing.*) Has possessed. ***Mâ Malakat Aimânakum*** ما مَلَكت ايمانكم: Your wives; What your right hands possess; Prisoners of war. Not in the sense of slave. ***Malaktum*** مَلَكتُم (*prf. 2nd. p. m. plu.*): You held. ***Yamliku*** يَملكُ (*imp. 3rd. p. m. sing.*): Has power to prevail. ***Tamiliku*** تملكُ (*imp. 3rd. p. f. sing.*): She rules. ***Tamlik*** تملك (*imp. 2nd. p. m. sing.*): You will avail. ***Milk*** ملك: Stay in power. ***Tamlikûna*** تَملكون (*imp. 2nd. p. m. plu.*): You possess, own. ***Yamlikûna*** يملكون (*imp. 3rd. p. m. plu.*): They possess, own. ***Mâlik*** مالك (*act. pic. m. sing.*): Lord; Master; Owner; Sovereign; Who possesses the right over a thing and has the power to deal with it as one likes. ***Amliku*** املِك (*imp. 1st. sing.*): I have control. ***Mâlikûn*** مالكون (*act. pic. m. plu.*): Owners. ***Mamlûkun*** مملوك (*pic. pac. m. sing.*): Possessed. ***Mulûk*** ملوك (*n. plu.*): Kings. ***Malik*** ملك (*m. sing*): King. ***Malîk*** مَليك (*int.*): Mighty king. Monarch. ***Malakût*** مَلكوت (*n.*): Dominion; Kingdom; Mighty dominion. ***Malakun*** مَلَك (*n.*): Angel. ***Malâika*** مِلائك (*m. plu.*): Angels. ***Malakain*** مَلكين (*n. dual*): Two angels. (L; T; R; LL)

The root with its above forms has been used in the Holy Qur'ân about 207 times.

Malla مَلّ

إملالا، مَلاً ؛ يَمَلّ، يمِلّ

To dictate. *Tamallala* تملّل: To embrace a religion.

Yumillu يُمِلّ (*imp.3rd.m. sing assim. IV.*): He dictates. ***Yumlil*** يملل (*imp. 3rd. m. sing. assim IV.*): ***Millatun*** ملّة (*n.*): Faith; Religion; Ordinance of a religion; Creed. (L; T; R; LL)

The root has been used in its above three forms about 18 times in the Holy Qur'ân.

Mala مَلا

ملاء ؛ يملو

To march a quick step. *Malla* مل: To make anyone to enjoy anything long. *Amlâ* املا IV.: To give rein, allow free play, give false hope, give enough time to repent, give respite, forbear long, loose the bridle to (a camel) *Malwatun* ملوة: Space of time *Imlâ* إملا: Dictation.

Amlâ املا (*prf. 3rd. p. m. sing. IV.*): He gave respite. ***Amlaitu***: امليتُ (*prf. 1st. p. sing. IV.*): I respited long; I gave respite for a while. ***Amlî*** املي (*imp. 1st. p. sing. IV.*): I give resipte. ***Numlî*** نملي (*imp. 1st. p. plu.*): We respite ***Maliyya*** مليّا (*v. n.*): For a time; For a while. (L; T; R; LL)

The root with its above five form has been used in the Holy Qur'ân

about 10 times.

Mimmâ مِمّا

This particle is a combination of *Min* مِن and *Mâ* ما.

Minman مِمَّن

This particle is a combination of *Min* من and *Mâ* مَا.

Man مَن

An indeclinable conjunctive pronoun for he, she, they, who whosoever, also used as interrogative, in a condition mood and has influence on the temporal value of verbs. It is always used to designate reasonable beings except when reasonable and unreasonable rationales and irrationals are combined and mentioned at the same time as in the verse 24:45. In these cases the irrational creatures are to some extent, by a figure of speech assimilated to reasonable beings. It is used for *m. f. sing. dual. plu.* and also as a relative pronoun.

Min مِن

Proposition used for expressing starting point, part of a whole, origin as, from, of some, amongst. Dertermining time mood of action as, no, upon, from, of. Also to mean separation, distinction instead of. Used as expletive before the subject of a negative or interrogative verb, it means then, relation, likeness, between, comparison, composition. It is frequently employed in negative proposition with the sense of any, nor is, will never be, cannot be, any. It is also used in the sense of, according to, and found occasionally with the meaning of *'an* عَن as in 9:38. It indicates sometimes commencement of time or place, by reason of, because of, some of, among, alternate, according to and to emphasize the sense of connection but in negative case as in 3:28. Tâj ul 'Arûs has mentioned its 17 uses.

Mana'a مَنَعَ

منعا ؛ يمنَع

To deny a thing, hinder from, defend, protect, refuse, prohibit, forbid, prevent, interdict.

Mana'a مَنَعَ (*prf. 3rd. p. m. sing.*): Prevented, etc. ***Tamna'u*** تَمْنَع (*imp. 3rd. p. f. sing.*): Defends. ***Namna'u*** نَمْنَع (*imp.1st. p.plu. Juss*): We protect. ***Muni'a*** مُنِعَ (*pp. 3rd. p. m. sing.*):

Mâni'atun مانعة (*act. pic. f. sing*): Protector ***Manû'un / Manû'an*** منوع / مَنوعا (acc.): One who holds back. ***Mannâ'un*** مَنّاع (*n. ints*) One who hinders. ***Mamnû'atun*** ممنوعة (*pic.pac.f. sing.*): Forbidden. (L; R; T; LL) The root with its above forms has been used in the Holy Qur'ân about 17 times

Manna مَنّ

مَنّا ؛ يَمُنّ

To fatigue, be gracious, reproach, lay under obligation with *'alâ* على: To be liberal, bestow a grace or a favour on any one, recount to one the benefits shown or to reproach him .The origin of it is to cut off: According to Râghib the grace cuts off the needs as one who receives benefits is no more a needy. Thus a kindness, grace or benefit cuts off the hunger. *Al-Mannân* المنّان: The Great Benefector (Allâh).

Manna مَنّ (*prf. 3rd. p. m. sing. assim. V.*): He showed grace etc. ***Mananâ*** مَنَنا (*prf. 1st. p. plu. assim.*): We have shown the grace. ***Tamunnu*** تمنّ (*imp. 2nd. p. m. sing. assim.*): You are showing grace. ***Yamunnu*** يَمنّ (*imp. 3rd. p. m. sing. assim.V.*): Shows grace. ***Yamunnûna*** يمنّون (*imp.3rd. p. m. plu. assim.V.*): They show grace. ***Namunnu*** نَمنّ (*imp. 1st. p. plu. acc.*): We show grace. ***Lâ Tamunnû*** لا تمنّوا (*prt. neg. m. plu.*): Show no grace. ***Lâ Tamnun*** لا تمنن (*Conditional phrase*): Bestow not favour. ***Imnun*** امنن (*prt. m. sing.*): Bestow you. ***Mann*** مَنّ: Showing a grace; Laying an obligation. ***Mannan*** منّا (*n. v.*): ***Mamnûn*** ممنون (*pic. pas. m. sing.*): Diminish; Broken off. ***Manûn*** مَنُون (*n.*): Death; Destiny. ***Manna*** مَنّ (*n.*): Favour or gift; Anything obtained without trouble or difficulty; Honey. (L; T; R; LL under Turanjabîn) The root with its above forms has been used in the Holy Qur'ân about 27 times.

Mana مَنَى

مَنيا ؛ يُمنِي

To inspire with desire. *Amna* أمَنى: To wish. *Maniyytun* مَنيّة: Death *Munyatun* مُنية: Desire; Object of desire. *Tamanna* تمنّا : To wish, desire. *Manna* منّى: To create false desires. *Tumnûna* تمنون: You emit. The modification of the imperfect has its final *yâ* changed to *Wâw* in plurals, thus the conjugation will go as *Yumnî* يمني, *Tumnî* تُمني *Yumnûna* يمنون, *Tumnûna* تمنون

Tumnûna تمنون (*imp 2nd. p. m. plu. IV.*): You emit. ***Yumnâ*** يُمنى

(*pip. 3rd. p. m. sing. IV.*): Is emitted. ***Tumnâ*** تمنٰى (*pip. 2nd. p. f. sing. IV.*): Emitted. ***Maniyyun*** منيّ (*n.*): Sperm; Drop of fluid which is emitted; Small drop of semen; Small life germ in sperm. ***Yumannî*** يُمنّي (*imp. 3rd. p. m. sing. II.*): That which stirs up desire, arouses false hopes, fills with vain desires. ***Ymanniyanna*** يمنّين (*imp. 1st. p. sing. elp. II.*): I shall fill desire assuredly, I will arouse vain desires. ***Tamanna*** تمنّا (*prt. 3rd. p. m. sing V.*): Wished; Read; Recited. ***Tamannau*** تمنّوَ (*prf. 3rd. p. m. plu.V*): They wished. ***Tatamannauna*** تتمنّون (*imp. 2p. m. plu. V.*): You wish ***Tamannauna*** تمنّون is for *Tatamannauna* تتمنون. ***Yatamannauna*** يتمنّوَن (*imp. 3rd. p. m. plu. V.*): They wish. ***Tamuna*** تُمن (*prt. m. plu. V.*): Long; Yearn; Wish. ***Umniyyatun*** أمنيّة (*n. sing.*): Wish; Longing; Wishing. ***Amâniya*** إمانية (*n. plu.*): Wishes. ***Manât*** منات (proper name): An idol worshipped by the pagan Arabs. (L; T; R; LL) This root with its above form has been used in the Holy Qur'ân about 22 times.

Mahada مَهَدٍ

مَهدا ؛ يَمهَد

To prepare, extend, unfold, stretch out, make level, make provision.

Yamhadûna يَمهَدون (*imp. 3rd. p. m. plu.*): They prepare, make provision. ***Mâhidûna*** ماهدون (*act. pic. m. plu.*): Those who spread couch; Spreaders. ***Mahhadtu*** مهّدت (*imp. 1st p. sing. II.*): I made smooth etc. ***Tamhîdan*** تمهيدا (*v. n. II. acc.*): Making smooth. ***Mahd*** مَهَد (*n.*): Cradle; Bed. ***Mihâd*** مهاد (*n. acc.*): Resting place; That which lies spread out. (L; T; R; LL) The root with its above six forms has been used to the Holly Qur'ân as many as 16 times.

Mahala مَهَل

مهَلا ؛ يَمهَل

To act slowly, patiently, gently, leisurely, without haste.

Mahhil مَهّل (*prt. m. sing II.*): Respite you; Allow delay; Defer; Put off. Deal gently; Respite gently. ***Amhil*** امهل (*prt. m. sing. IV.*): Respite gently. ***Muhlun*** مُهل (*n.*): Molten lead. (L; T; R; LL) The root with its above three form has been used about 6 times in The Holy Qur'ân.

Mahma مَهمَا

Whatever; When; Even so; Even.

Mahma مَهمَا (Particle): (7:132). (L; T; LL; Mughnî; Ubkarî; Farra)

Mahuna مَهُنَ
مَهنا ؛ يَمهُن

To be despised, weak, reviled.

Mahîn مَهين (*act. 2pie .m. sing.*): Despised; Weak; Reviled; Insignificant; Miserable; Wretched; Ignominious. (32:8; 43:52; 68:10;77:20). (L; T; LL)

Mâta مات
مَوتا ؛ يَمُوت

To die, die away (fire), be burn out, become still (wind). *Amâta* امات : To soften meat by cooking, cool anger. *Amâta mafshû* امات نفسهوا: He cooled his passions. *Umît* أميت :To be obsolete. *Istamâta lahû* إستمات له: To exert ones self to the utmost. *Mautatun* موتة: Death; Swoon; Madness *Maita* مَيت: Dead; Lifeless. *Mauta* مَوت: Dead; About to die, Spiritually dead. *Maut* مَوت or Death has as many kinds as life has many kinds. Decaying of strength and vigour, of senses, of the faculty of growth and generative faculty of human beings, animals and of vegetables, of power of expression, of sense of taste, of touch, of imagination, of perception, of apprehension, of disorientation, of generative faculty, ignorance, grief, sleep, expiation are examples of *maut* مَوت.

Mâta مات (*prf. 3rd. p. m. sing.*): Died. ***Mâtû*** ماتوا (*prf. 3rd. p. m. plu.*): They died. ***Mittum*** متّم (*m. prf. 2nd. p. m. plu.*): You died. ***Mittu*** متّ (*prf. 1st. p. m. sing.*) I died, became unconscious as in 19:23. ***Mitnâ*** متنا (*prf. 1st. p. plu.*): We died. ***Yamûtu*** يمُوت (*imp. 3rd. p. m. sing.*): He dies. ***Yamut*** يمُت (*imp.3rd. p. m. sing. juss.*): He dies. ***Tamûta*** تموت (*imp. 3rd. p. f. sing. acc.*): She dies. ***Tamut*** تمُت (*imp. 3rd. p. f. sing. juss.*) She dies. ***Tamûtunna*** تموُتنّ (*imp. 2nd. p. m. plu. el.*): You should die. ***Yamutûna*** يموتون (*imp. 3rd. p. m. plu.*): They die. ***Yamûtû*** يموتوا (*imp. 3rd. p. m. plu. acc.*): They die. ***Tamûtûna*** تموتون (*imp. 2nd. p. m. plu.*): You die. ***Amûtu*** اموت (*imp. 1st. p sing.*): I die. ***Namûtu*** نموت (*imp. 1st. p. plu.*): We die. ***Mûtû*** موتُوا (*prt. m. plu.*): Die! (you). ***Maut*** مَوت (*v. n.*): Death; Unconsciousness etc. ***Mautatun*** موتة (n.): Death. The ending and additional *Tâ* indicates the unit of an action which is termed *Ism al-Marrah* إسم المرّة. ***Maitun*** مَيت (*n.*): Dead one. ***Maitan*** ميتا (*acc.*): ***Amwâtun*** اموات (*n.plu.*): Dead ones. ***Mautâ*** مَوتا (*n.plu.*): Dead ones. ***Mayyitun*** ميّت (*n.*):

Lifeless; Dead; Mortal; About to die etc. ***Mayyitûna*** ميّتُون (*n. plu.*): Dead ones; Lifelessness. ***Mayyitîn*** ميّتين (*plu. acc.*): Dead ones; Lifelessness. ***Mamâtu*** مماتُ (*n. plu.*): Deaths ***Maitatu***: ميتةً (*plu. acc.*): Those which have not been slaughtered in the manner prescribed by the Islamic law. ***Amâta*** امات (*prf. 3rd. p. m. sing. IV.*): Caused to die. ***Amatta*** امتّ (*prf. 2nd. p. m. sing. IV.*): You made to die. ***Yumîtu*** يميتُ (*imp. 3rd. p. m. sing. VI.*): Causes the death. ***Umîtu*** اميتُ (*imp. 1st. p. sing. IV.*): I cause the death. ***Numîtu*** نميتُ (*imp. 1st. p. plu. IV.*): We cause the death. (L; T; R; LL)
The root with its above forms has been used in the Holy Qur'ân about 165 times.

Mâja ماجَ

مَوجا ؛ يَمُوج

To be agitated, troubled, swell surge, press tumultuously like waves, rage.

Mauj مَوج (*n.*): Wave; Surge; Billow. ***Yamûju*** يَمُوج (*imp. 3rd. p. sing.*): Surges. (L; T; R; LL)
The root with its above two forms has been used in the Holy Qur'ân about 7 times.

Mâra مار

مَورا ؛ يَمُور

To move from side to side, shake, be in commotion, move to and fro with haste.

Tamûru تمور (*imp. 3rd. p. m. sing.*): Will shake, move, etc. ***Maurau*** مَورا (*v. n.*): Shaking. (52:9; 67:16; 52:9).(L; T; R; LL)

Mûsa مُوسٰى

Moses. The founder of Judaism. He delivered the Israelites from the tyranny of Phoraoh. He was the greatest Israelite Prophet. According to Biblical data he lived about 500 years after Abrahâm and 1400 years before Jesus. In order to ascertain the details of his life constitutes one of the most difficult task of modern Biblical study. The description made by the Holy Qur'ân gives some account of his birth and his mission. He was born when the Israelites, who had come to Egypt under Joseph were being pressed hard by the Egyptians. They were killing their newborn males and sparing their women to make them immodest. Moses' mother, however, determined to save her son prayed for him. God revealed to her to place him into a chest, then cast him into the river, the river will cast it on to the bank and "The person who was My enemy as well as his" will pick him up. His sister walked along the bank by the floating chest and said to those who picked up the chest from the bank of the river, "Shall I guide you to a nurse who will take charge of him." In this way he was restored to his mother that she might be consoled and not grieve. The Holy Qur'ân gives an account of his Ascension, aspiration, communion with God, marriage, miracles, controversy with Pharaoh, crossing the sea, retirement to the mountain, receiving the Law, troubles at the hands of his own people, prophesies about the advent of a Prophet. In some ways Moses call to prophethood as described in the Holy Qur'ân resembles that of other Prophets and the Prophet of Islam. Like him, he was at first hesitant to take on the exalted task offered to him. Moses bears in many other respects striking resemblance to the Holy Prophet of Islam (73:15). As for the name Moses it may be noted that Mûsâ (Moses) is a Hebrew word and pronounced Moshe and means one drawn out of water or simply "a thing drawn out". This derivation also finds support in Arabic, it is said *Ausha al- shaia* الشي اوشي : He drew out the thing. Thus the word *Musha* which is the passive form of *Ausha* could mean a thing drawn out. (L; T; R; LL)

Mûsa مُوسٰى (Proper name): Moses.

The word has been used in the Holy Qur'ân about 136 times.

Mâla مَال

مالا ؛ يُمول ، يمال

To be rich. *Mawwal* مول: To render wealthy. *Tamawwala* تموّل: To become wealthy. *Ra'îsul Mâl* رئيس المال: Finance minister.

Malâ مَال (*n*.): Riches; Substances; Wealth. ***Amwâl*** اموال (*n. plu.*): ***Mâliyah*** ماليه (comp. interjective): (مال + ى + ه) My wealth. (L; T; R; LL)

The root with its above three forms has been used in the Holy Qur'ân 86 times

Mâha مَاه

مَوهاً ؛ يَمُوه

To hold much water, draw water.

Mâun ماَء (*n*. for *Mawahun* موه): Water; Sap of plants; Juice. (L; T; R; LL)

This word has been used in the

Holy Qur'ân about 63 times.

Mâda مادٍ

مَيدا ؛ يَميد

To be shaken, moved, agitated spread (cloth or table with food), give food. *Imtâda* إمتاد : To furnish with provisions

Tamîda تميد (*imp. 3rd. p.f. sing.*): Moves away; May be a source of benefit and provision; To quake.

Mâidatun مائدة (*n.*): Table spread, table with food upon it, Food; Knowledge, because knowledge is the spiritual food. A table without food is not called *Mâidah* مائدة. (L; T; R; LL)

This root with its above two forms has been used in the Holy Qur'ân about 5 times.

Mâra مارَ

مَيرا ؛ يَمير

To supply food or provision, convey stores (of food) to ones family. *Miratun* ميرة: Stores, Provisions; Wheat; Corn.

Namîru نَمير (*imp, 1st. p. plu.*): We shall get provision, we will bring food. (12:65). (L; T; R; LL).

Mâza مازَ

مَيزا ؛ يميز

To detect, distinguish, discriminate, separate, set a thing apart, discern between.

Yamîza يميز (imp. 3rd. p.m.): Discriminates; Distinguishes.

Tumiyyizu تميّز (*imp. 2nd. p. f. sing. V.*) She distinguishes.

Imtâzû إمتازوا (*prt. m. plu. VII.*): Separate yourselves. (L; T; R; LL)

The root with its above three forms has been used in the Holy Qur'ân about 4 times.

Mâla مَالَ

مَيلا ؛ يميل

To incline, turn away from, turn aside from the right, turn aside from the center, be adverse, swoop, drop or descent as a bird upon on its prey, take and seize it suddenly. It is used in the sense of oppression and high headedness.

Yamîlûna يميلون (*imp. 3rd. p. m. plu.*): They may attack, swoop down, may fall, may turn, they may attack. ***Lâ Tamîlu*** لا تميلو (*prt. neg. m. plu.*): Turn not.

Mailun ميل (*v. n.*): The act of turning aside and including.

Mailatan ميلة (*noun of unity*): A single act of turning. (L; T; R; LL).

In the Holy Qur'ân this root with its above four forms has been used about 6 times.

Nûn

ن N

Twenty fifth letter of the Arabic alphabet and the initial letter of the 68th chapter of the Holy Qur'ân. It is pronounced as *Nûn*, equivalent to English N. According to *Hisâb Jummal* (mode of reckoning numbers by the letters of the alphabet) the value is 50. It is also a word which means ink, stand or a great fish

Nûn ن

Hassan and Qatâdah regards it as meaning Ink-stand, while Ibn 'Abbâs considers the meaning to be great fish. The context of the 68th Chapter of the Holy Qur'ân favours the former interpretation.

Nûn ن : Initial letter of the 68th chapter of the Holy Qur'ân. It is not an abbreviation but a word meaning Ink; Stand; Great fish. ***Dhul-Nûn*** ذوالنون: The man of the great fish or Jonah (Yunus) (21:87). (L; R; T; LL)

Nâ نا

An indeclinable affixed pronoun meaning, we, ours, us when following nouns and meaning we and us, when following verbs of propositions. When affixed to the particles *inna* إنّ or *anna* أنّ it is written *Innâ* إنّا, *innanâ* إنّنا or *annanâ* أنّنا . Although representing an accusative, it must be rendered We as in 5:111. (L; T; LL)

Na'a نأى
نأى ؛ يَنأ

To remove, be remote, turn away, keep anyone aloof, avert retire

Na'a نأى (*prf. 3rd. p. m. sing.*): He turns away (17:83; 41:51). ***Yanauna*** يَنؤن (*imp. 2nd. p. m. plu.*): They keep away (6:26). (L; T; LL)

Naba'a نَبأ
نَبأ ؛ ينبأ

To be high, lofty. *Nabû'at* نبؤت: Giving the news, information or prophecy *Nabîyun* نبي (pronounced with *Yâ* changed from *Wâw*): Prophet; To have a lofty position, status, dignity of a Prophet as Nûh, Ibrahîm, Mûsâ. It is derived from *Nabûwwat* نبوّت and signifies elevation and evidence of giving very big news and bringing *Sharîat* (Law). *Nabû'at* نبؤوت (*with hamzah*): One who acquaints or informs others, who prophesies and is informed from God. A person came to the Holy Prophet ﷺ addressing him, O person who foretells *Nabi' Allâh* يا نبئ الله. The Holy Prophet ﷺ told him to say, "*Yâ Nabîyy Allâh* نبي الله يا" (*without Hamzah*) i.e. O Prophet of Allâh!

Naba'a نَبأ (*v. n.*): News; Information, Message or announcement of great utility which results either to great knowledge or predominance of opinion and which inspires awe and makes the heart trouble with fear; Tiding; Announcement. ***Anbâ'a*** انبأ (*plu. f. Naba'a* نبأ): ***Nabba'a*** نبّأ (*prf. 3rd. p. sing II.*): Declared etc. ***Nabba'at*** نبّأت (*prf. 3rd. p. f. sing.*): She declared ***Nabbu'atu*** نبأتُ (*prf. 1st. p. sing.*) I declared. ***Yunabbi'u*** يُنبّئ (*imp. 3rd. p. m. sing.*): Declares. ***Unabbi'u*** انّبؤ (*imp. 1st. p. sing.*): I declare. ***Nunabbi'u*** نُنبّؤ (*imp. 2nd. p. sing II.*): We declare. ***Tanabbi'u*** تنبّؤ (*imp. 2nd. p. sing II.*): You declare. ***Tunabbi'ûna*** تنبّؤن (*imp. 2nd. p. m. sing. el. II.*): Surely you will declare. ***Nunabbi'anna*** ننبّأنّ (*imp. 1st. p. plu. II.*): We surely shall declare. ***Yunabba'*** يُنبّأ (*pip 3rd. pm. sing. gen.*): He has been told. ***Yunabb'au*** ينبّؤ (*pip. 3rd. p. m. sing. non. II.*): Will be declared. ***Tunabbi'unna*** تنبّأنّ (*pip 2nd p. m. plu. el. II.*): ***Nabbi'*** نبِّي (*prt 2nd .p .m. sing II.*): Declare. ***Nabbi'u*** نبّي (*prt. 2nd. p. m. plu. II.*): Declare you. ***Anba'a*** أنبأ (*prf. 3rd. p. m. sing. IV.*): Declared Informed. ***Anbi'*** انبئ (*prt. 2nd. p. m. sing. IV.*): Informs them. ***Anbi'u*** انبؤ (*prt. 2nd. p. m. plu IV.*): Informs you. ***Anbi'û*** انبؤوا (*prt. 2nd. p. m. plu. IV.*): Inform you ***Yastanbi'ûna*** يستنبؤون (*imp. 3rd. p. m. plu. X.*): They ask, inquire, question. ***Nabuwwat*** نبوّت: Prophethood; Lofty position, status, dignity of a prophet. ***Nabiyyun/Nabiyyin*** نبيّن/نبيوّن (*n. p. acc*) and ***Anbiyâ*** انبياء: (*n. plu. acc*): (L; T; R; Baqâ; LL)

The root with its above forms has been used in the Holy Qur'ân as many as 160 times.

Nabata نَبَتَ
نَبتا ؛ يَنبُت

To produce (tree), germinate, grow, sprout (plant), grow up (child). *Nawâbit* نوابت: Offspring of human beings or cattle.

Tanbutu تنبُتُ (*prf. 3rd. p. f. sing.*): Grows. ***Anbati*** انبت (*prf. 3rd. p. sing. IV.*): Made to grow. ***Anbatat*** انبتت (*prf. 3rd. p. m. sing. IV.*): Sprouts. ***Anbatna*** انبتنا (*prf. 1st. p. plu.*): ***Yunbitu*** يُنبتُ (*imp. 3rd. p. m. sing. IV.*): Grows. ***Tunbitu*** تُنبتُ (*imp. 3rd. p. m. sing. IV.*): It that grows. ***Tunbitû*** تُنبتُوا (*imp. 2nd. p. m. plu. IV. acc.* final *nûn* dropped): That you cause to grow.

Nabâtun/ Nabâtan نبات/ نباتًا (*acc./n.*): Growth; Herbage; Germinating or springing up. When used collectively it means Plants or that which is produced from the ground. (L; T; R; LL) The root with its above form has been used in the Holy Qur'ân about 26 times

Nabadha نَبَذَ
نَبذاً ؛ يَنبَذ

To throw, fling, give up, cast off, reject, throw a thing because of its worthlessness or not taking into account.

Tanbadhû تنبذوا (*prf. 3rd. p. sing.*): Threw, fling. ***Nabadhû*** نَبَذُوا (*prf. 3rd. p. m. plu.*): They threw, etc. ***Nabadhtu*** نبذت (*prf. 1st. p. sing.*): I threw. ***Nabadhnâ*** نبذنا (*prf. 1st. p. plu.*): We threw. ***Inbidh*** اُنْبِذ (*prt. 2nd. p. m. sing.*): Throw! ***Nubidha*** نبذ (*pp. 3rd. p. m. sing.*): Had been cast. ***Yunbadhanna*** ينبذنّ (*pip. m. sing.*) He shall surely be cast. ***Intabadhat*** إنتبذت (*prf. 3rd. p. f. sing. VIII.*): She retired, withdrew. (L; T; R; LL)

The root with its above forms has been used it the Holy Qur'ân as many as 12 times.

Nabaza نَبَزَ
نَبزاً ؛ يَنبُزُ

To call names; give nickname, defame, change name, name of reproach

Lâ Tanâbazû لا تنابزوا (*prt. neg. m. plu. VI.*): Do not call one another by nicknames. Do not call one another in insulting manner (49:11). (L; T; R; LL)

Nabaṭa نَبَطَ
نَبطا ؛ يَنبُط ، يَنبِط

To gush or flow out, draw water, reach water by digging well. ***Anbaṭa*** انبَط: To bring a thing to light, deduce a thing ***Istanbaṭa*** أستنبط: To find out, elicit, elucidate. ***Nabaṭun*** نَبَط: Internal state of a person. ***Yastanbiṭûn*** يَستَنبِطون (*imp. 3rd. p. m. plu. X*): They discover, think out, illicit, engage in obtaining intelligence (4:83) (L; T; R; LL)

Naba'a نَبَعَ
نبعاً ؛ يَنبَع ، يَنبِع

To spring gush forth, flow out issue forth, emerge.

Yanbû'an يَنبُوعًا (*n.*): Fountain; Spring. (17:90). ***Yanâbî*** يَنابِيع (*n. plu.*): Fountains (39:21) (L; T; R; LL)

Nataqa نَتَقَ
نَتقاً ؛ يَنتِق

To shake, pull, rise up, break out.

Nataqnâ نَتَقنا (*prf. 1st. p. plu.*): We shook (due to the quake), caused to quake (7:171) (L; T; R; LL)

Najada نَجَدَ
نجدا ؛ يَنجد

To overcome prevail over, become manifest

Najdain نجَدين (*n. dual*) two conspicuous high ways (90:10) (L; T; R; LL)

Najisa نَجِسَ
نَجسا ؛ يَنجَس

To be unclean, impure, filthy, full of impurity, dirty. It is of two kind one that can be seen by sight (by *Basârat* بصارت) the other that can be perceived by intelligence (by *Basîrat* بصيرت).

Najasun نجس: Spiritually altogether unclean (9:28). (L; T; R; LL)

Najal نَجِلَ
نَجلا ؛ يَنجُل

To become verdant, disclose, manifest, have large eyes. Anjala: To pasture (cattle) on herbage. *Minja*l: Luxuriant (robes); Clever camel-driver

Injîl انجيل: Evangel. Just as the *Tawrât* - the Book given to Moses, is not the Old Testament so the *Injîl* انجيل mentioned in the Holy Qur'ân is certainly not the New Testament. *Injîl* was revealed direct to Jesus as the *Tawrât* was revealed to Moses. Fragments of them survived in the Hebrew Canonicals and the New Testament and in some other script such as the Gospel of childhood and the Gospel of Barnabas. According to modern Christian researchers on the authencity of Bible, they claim that not more than 18% of its contents are original sayings of Jesus Christ. Most of the body of immethodical literatures is casual in its nature and an odd miscellany. None of the Books of the New Testament was intended by its authors writers to form one of the Cannons. They have all been put together side by side, unharmonised. They are a collection of reports and stories about Jesus compiled at dubious dates, some of them many centuries after his crucifixion and by unknown persons, undesigned and unforeseen in the apostolic age. They are far from being the revealed words of God, never meant for publications and multiplications. Sentences and paragraphs have been abbreviated and expressions changed. When the first collection of the sayings and doing of Jesus were set down in writing the next who copied it might have felt inclined to enlarge it or to change the detail according to his whim or to the form in which he had heard it. The four Canonical Gospels were only four out of many and some of these besides the four have survived the final form of the Plew. Testament Cannons for the west was filed in the forth century A.D. by Atahasius and his friends and the Necame creed.

The reason why Jesus' revelations his sayings and doings were called Injîl is that it contained not only good news for those who accepted him but also because it gave the glad tiding of the advent of the greatest and last Prophet (61:6), which is variously described in Jesus' Metaphorical language as the coming of the Kingdom of God (MK1:15), The coming of the Lord himself (Mtt 21:40), The advent of paraclet or perikluton (John,14.16) or the Spirit of truth (John, 14:17) etc. The Holy Prophet ﷺ said, "The breasts of my Companions are like Gospels (L). It means that the breasts of his Companions are repositories of his life history and teachings. It indicated that the position of the present Gospels is analoguous to that of the collection of *Hadîth*.

In short the *Tawrât* and *Injîl* frequently mentioned in the Holy Qur'ân are not identical with what is known today as the Bible or The Old Testament or The New Testament, but refers to an original revelations bestowed upon Moses and Jesus. The fact of there having lost and forgotten is alluded to in the Holy Qur'ân (5:14) and other facts of history. Their confirmation by the Holy Qur'ân refers only to the basic truth still discernable in the Bible and not to its legislation or to its present text. But even as they now exist they afford guidance in some respects but with a mixture of error

Injîl **انجيل** (*n.*): Evangel. The word has been used in the Holy Qur'ân about12 times.

Najama نَجَم

نَجماً ؛ ينجُم

To appear, rise, begin, accomplish, ensue, proceed

Najmun نجم (n.): ***Nujûm*** نجُوم (*n. plu.*): Star or collective of stars; Plant growing close to the earth with little or no stalk as grass; Germinaceous plant; Portions; Pleiades; Portion of the Holy Qur'ân (as it was revealed in portions during the 23 years.) The word with its plural form has been used as may as 13 times in the Holy Qur'ân. (L; T; R; Zamakhsharî; Râzî; Baidzawî; Ibn Kathîr)

Najâ نَجا

نجا تا ؛ نجواً ؛ يَنجُوا

To be saved, delivered, rescued escape, go free. *Najâ* نجا/*Najwan* نجوا: To whisper (a secret), confide a secret to.

Najâ نَجا (*prf. 3rd. p. m. sing.*): He was saved. ***Najjâ*** نجّا (*prf. 3rd. p. m. sing. II.*): He was delivered. ***Najauta*** نجوتَ (*prf. 2nd. p. m. sing.*):Thou hast escaped. ***Najjaina*** نجّينا (*prf. 1st. p. plu. II.*): We delivered. ***Yunajjî*** يُنجّي (*imp. 3rd. p.sing. II.*): You deliver, shall deliver. ***Nunajjî*** نُنجّي (*imp. 1st. p. plu. II.*): We deliver, shall deliver. ***Nunajjiyanna*** ننجّينّ (*imp. 1st.p. plu. el. II.*): We shall surely deliver. ***Najji*** نجّي (*prt.m. sing. II.*): Deliver ***Nujjiya*** نجّي (*pp. 3rd. p. m. sing. II.*): He was delivered. ***Anjâ*** أنجاء (*prf. 3rd. p. m. sing. IV*): Delivered. ***Anjaita*** أنجيتَ (*prf. 2nd. p. m. sings. IV.*): Thou delivered. ***Anjaina*** أنجينا (*prf. 1st. p. plu. IV.*): We delivered. ***Yunjî*** يُنجي (*imp. 3rd. p. m. plu.*): Delivers. ***Tunjî*** تُنجي (*imp. 3rd. p. f. sing. IV*): Delivered. ***Nanjî*** ننجي (*imp. 1st. p. plu. IV.* final *Nûn* dropped): We deliver. ***Nâjin*** ناج (*act. pic. m. sing. f.*): Delivered one; Who is saved. ***Najât*** نجات (*v. n.*): Salvation. ***Nunajjû*** ننجّوا (*ap-der. m. plu.*): Verily we are to deliver thee. (L; T; R; LL)

Nâjaitum ناجيتم (*prf. 2nd. p. m. plu. III*): Ye whispered, consulted in private. ***Tanâjaitum*** تناجيتم (*prf. 2nd. p. m. plu. VI.*): Ye whisper together. ***Yatanâjauna*** يتناجون (*imp. 3rd. p. m. plu. IV*): They whisper together. ***Tanâjau*** تناجَو (*prt. m. plu. VI.*): Ye should whisper. ***Lâ Tatanâjau*** لا تناجو (*prt .neg. m. plu. VI.*): Ye should not whisper. ***Najiyyan*** نجيّا (*act. pic. acc.*): The act of consulting together. ***Najwâ*** نجوٰى (*v.n.*): Counsulting in secret. (L; T; R; LL)

The root with its above forms has been used in the Holy Qur'ân about 84 times.

Nahaba نَحَب

نَحبا ؛ يَنحُب ، يَنحَب

To weep, cry, vow, wail, travel at a quick pace.

Qadzâ Nahbahû **قضىٰ نحَبه** (*imp. 3rd. p. plu.*): They fulfilled their vow and fell as martyrs, redeemed their pledge by death; They are dead (33:23). (L; T; R; LL)

Nahata نَحَتَ

نَحتا ؛ يَنحُت ، يَنحِت

To scrape, carve, prepare by scraping, cut, shape, emicate.

Tanhitûna **تَنحتون** (*imp. 2nd. p. m. plu.*): Ye hew (7:74; 26:149; 37:95) ***Yanhatûna*** **يَنحَتون** (*imp. 3rd. p. m. plu.*): They hew (15.82) (L; T; R; LL)

Nahara نَحَرَ

نَحرا ؛ يَنحَر

To slaughter, sacrifice, injure the jugular vein, put hand on to upper part of the chest.

Anhar **انحر** (*n.*): Offer sacrifice; Devote one's life for the humanity; Place one's hand in prayer on the upper part of the chest (108:2). (L; T; R; LL)

Nahisa نَحُس، نَحِسَ

نُحوسة، نَحسا ؛ يَنحَس

To be fatal, red like copper; Ill-luck; Inauspicious.

Nahsin نَحس (*v. n.*): (On a day when the sky remained) red like copper. (The day of) ill-luck. It does not mean that any particular day or time is inauspicious, lucky or not lucky. The meaning is for the tribe of *'Âd* the day proved unlucky because of the calamity. *'Ummun Nâhisun* عوم ناحِس: Year of drought.

Nahsin **نَحس** (*v. n.*): (59:19).
Nahisât **نحسات** (*n. plu.*): (41:16).
Nuhâs **نحاس** (*v. n.*): Smoke without flame that rises high, Molten copper shatters of iron when beaten (55:35). (L; T; R; LL)

Nahala نَحَلَ

نَحلا ؛ يَنحَل

To make a gift, dower a women, make a wedding gift, free gift. *Nihlatun* نَحلة: Unasked, willingly, cheerfully and as agreed gift, without demand and without expecting a return for it. It is distinguishable from *Hibah* - a free gift. Every *Hibah* is a *Nihlah* but not every *Nihlah* is a *Hibah*.

Nahl **نَحل** (*n.*): Bee. (16:68).
Nihlatun **نحلة** (*n*): (4:4).(L; T; R; LL)

Na<u>h</u>nu نَحن

We. (Personal pronoun of common gender used both in dual and plural forms):

Na<u>kh</u>ira نَخِر

نَخَرًا ؛ يَنخَر

To be decayed, worm eaten, wasted, crumbled, hallow

Na<u>kh</u>iratun نخرة (*n.sing*): Hallow etc. (79.11). (L; T; R; LL)

Na<u>kh</u>ala نَخَل

نَخَلا ؛ يَنخُل

To sift, send down, snow, drizzle, cloud, select, pick out the best of. *Na<u>kh</u>al lahû alna<u>s</u>îhaten*: To give earnest advice.

Na<u>kh</u>l/Na<u>kh</u>lan نخل/نخلا (*acc./ n. sing.*) Palm-tree; Palm; Date-palm. ***Na<u>kh</u>îl*** نخيل (*gen. plu.*): Date-palms. ***Na<u>kh</u>latun*** نخلة (*n. of unity*): Single palm-tree. (L; T; R; LL)

The root with its above four forms has been used in the Holy Qur'ân about 20 times.

Nadda نَدّ

نَدًّا ؛ يَنِدّ

To flee, run away, defame, divulge (secret). *Nid* نِد : Match, A like; Opponent; Equal; Image; Idol; Compeer; Rival; Object of adoration to which some or all of Gods qualities are ascribed, whether it be conceived as deity in its own right or a saint. Supposedly possessing certain divine or semi-divine powers. One who is runs away from God's command.

Andâd انداد (*n. plu. of Nid* نِد *assim.*): Equals; Matches; Images; Idols; Rivals etc. (L; R; T; LL)

The word has been used in the Holy Qur'ân as many as about 6 times

Nadima نَدِم

نَدمًا ؛ يَندَم

To regret as repentance and penitence as a result of a sinful act. According to Lane a sinful act may be followed by either of two painful feelings. One is called remorse, in that case there is no merit. The other is known as *Taubah* or repentance which is followed by a good deed. *Nadâmat* ندامت: Repentance.

Nâdimîn نادمين (*act. pic. plu.*): Repentants. (L; T; R; LL)

The root with its above form has been used in the Holy Qur'ân as many as 7 times

Nâda نادَى

مُناداةً ؛ يُنادِي

To call, call any one to

convey something, proclaim, hail, invite.

Nâda نادَى (*prf.3rd. p. m. sing. III.*): Called out; Cried. ***Nâdâ*** نادا (*per. 3rd. p. m. sing. W.V. II.):* He cried. ***Nâdat*** نادت (*prf. 3rd. p. f. sing. II.*): Called to. ***Nâdû*** نادوا (*prf. 3rd. p. m. plu. II.*): They cried, called out. ***Nâdaitum*** ناديتم (*prf. 3rd. p. m. plu. II.*): Ye called for. ***Nâdainâ*** نادينا (*prf. 1st. p. plu. II.*): We called. ***Yunâdî*** ينادي (*imp. 3rd. p. m. sing. II.*): Calling, calls (*yunadî* يُندي = *yunâdî* ينادي where last *yâ* is dropped). ***Nûdiya*** نودي (*pp. 3rd. p. sing. II.*): It was called to. ***Nâdû*** نادوا (*pp 3rd. p. sing. II.*): Was called, hailed. ***Nûdû*** نُودوا (*pp. 3rd. p. m. plu. II.*): They were proclaimed. Reffering to the Here after it means they *will be* proclaimed. ***Yunâdûna*** ينادون (*pip. 3rd .p. m. plu. II.*): Will be called. ***Tanâdau*** تنادو (*prf. 3rd. p.m. plu. VI.*): They cried out to each other. ***Munadi/Munâdî*** منادي/مُناد (*ap-der. m. sing.*): The caller; One that calls; Crier. ***Munâdiyan*** مناديا (*pt-der. m. sing. acc.*): Crier. ***Nidâun*** نداء (*v.n.*): Act of calling; Cry. ***Nâdî*** نادي (*n.*): Assembly. ***Nadiyyan*** نَدّيا (*n. plu. acc.*): Fellows of an assembly. ***Tanâd/ Tanâdi***. تناد/ تنادي (The *yâ* being omitted, *v.n. IV.*): Mutual calling. The act of calling one to another. (L; T; R; LL)

The root with its above forms has been used in the Holy Qur'ân about 53 times.

Na<u>dh</u>ara نَذَرَ

نَذرا ؛ يَنذَر ، يَنذِر

To dedicate, conserrate, make a vow, devote by vow; warn, admonish, caution, promise voluntarily, offer present. *Na<u>dh</u>îr* نذِير: Warner; One who informs and adverse a calamity; Who cautions and put one on guard. *An<u>dh</u>aratu al-Qaum sîr al 'Aduww* القوم سيرالعدو أنذرتُ: I informed the people of the march of the enemy and put them on their guard and cautioned them.

Na<u>dh</u>artu نَذَرت (*prf. 1st. p. sing.):* I vowed. ***Na<u>dh</u>artum*** نَذَرتم (*prf. 2nd. p. plu.):* Ye took vow. ***Na<u>dh</u>run*** نَذرٌ (*v. n.*): Vow. ***Nu<u>dh</u>ûr*** نُذور (*n. plu.*): Vows; Voluntary promises. Obligations imposed by self-will or through religious order. ***An<u>dh</u>ara*** انذر (*prf. 3rd. p. m. sing. IV.*): Warned; Called attention to; Showed the danger to come. ***An<u>dh</u>arta*** أنذرت (*prf. 2nd. p. m. sing. IV.*): Thou warned. ***An<u>dh</u>artu*** أنذرت (*prf. 1st. p. sing.*): I warned. ***An<u>dh</u>arnâ*** انذرنا (*prf. 1st. p. plu.*): We have warned. ***Yun<u>dh</u>iru*** يُنذِرُ (*imp 3rd. p. m. sing. IV.*): Warns. ***Li-***

Yundhira لِيُنذر (*imp. 3rd. p. m. sing.*): In order to warn. ***Yundhirûna*** ينذرون (*imp. 3rd. p. m. plu. IV.*): They warn. ***Li-Yundhira*** لِينذر (*imp. 3rd .p. m. plu. IV. el.*): In order to warn ***Li-Tundhira*** لِتنذر (*imp. 2nd. p. sing. IV. el.*): Thou may warn. ***Lan Tundhir*** لن تُنذر (*2nd. p. m. sing. Juss. IV.*): Ye warnest not. ***Andhir*** انذر (*prt. m. plu. IV.*): You warn ***Undhirû*** انذِروا (*pp. 3rd. p. m. plu. IV.*): They had been warned ***Li Yundharû*** لِينذروا (*pip. 3rd. p. m. plu. el. IV.*): They may to be warned. ***Yundharûna*** ينذرون (*pip. 3rd. p. m. plu.IV.*): They are warned. ***Nudhran*** نذرا (*v.n. acc. IV*): Warning. ***Nudhur/ Nudhurî*** نذري / نذر (*yâ* dropped):. My warning. ***Nadhîr*** نذير (*act. 2. pic.*): Warner; Who cautions and put one on guard. ***Mundhirun*** مُنذر (*ap-der. sing IV.*): Warner. ***Mundhirîn*** منذرين (*ap-der. m. plu. acc. IV.*): Warners. ***Mundharîn*** منذرين (*pis. pic. m. plu. acc. IV.*): Those who are warned. (L; R; T; LL)

The root with its above forms has been used in the Holy Qur'ân about 130 times.

Naza'a نَزَعَ

نَزعا ؛ يَنزع

To draw forth, take away, pluck out, bring out, snatch away, remove strip off, tear off, extract, withdraw, draw out sharply, perform ones duty, snatch off, yearn, depose high officials, resemble, draw with vigrour, invite others to truth, rise, ascend, draw from the abode or bottom, carry off forcibly, deprive.

Naza'a نَزَعَ (*prf 3rd. pm. sing.*): Drew forth etc. ***Naza'nâ*** نَزعنا (*imp 1st. plu.*): We shall strip off, take out, withdraw. ***Yanzi'u*** يَنزِع (*imp. 3rd. p. m. sing*): Stripping off. ***Tanzi'u*** تَنزع (*imp. 3rd. p. m. sing.*): Thou takest away. ***La Nanzi'anna*** لا نَنزعنّ (*imp 1st. plu. epl.*): We surely draw. ***Yunâzi'unna*** يُنازعنّ (*imp. 3rd. p. m. plu. emp. III.*): They should dispute. ***Tanâza'û*** تَنازعوا (*prf. 3rd. p. m. plu. VI.*): They disputed with each other ***Tanâz'atunm*** تَنازعتم (*prf. 2nd. p. m. plu.*): He disputed. ***Yatanâza'ûna*** يَتنازعون (*imp. 3rd. p. m. plu.*): They disputed among themselves, will snatch from one another. ***Nazza'atun*** نزّعةٌ (*n. ints.*): Stripping even to the extremities. ***Nâziât*** نٰزعٰت (*act. pic. f. plu.*): Those who perform their duty etc. (L; T; R; LL)

The root with its above forms has been used in the Holy Qur'ân about 20 times

Nazagha نَزَغِ

نزغا ؛ ينزغ

To incite to evil, foment

discord between, make strife, slander, sow, disseminate, blacken any one's character, wound in words, set people at variance, stir up discord.

Nazagh نزغ (*prf.3rd.p.m.sing*): stirred up discord etc. ***Yanzaghu*** يَنزَغ (*imp.3rd. p. m. plu.*): Sows discord. ***Yanzaghanna*** يَنزغن (*imp. 3rd. p. m. sing. imp.*): Imputation, afflict, prompt. ***Nazghun*** نزْغ (*v.n.*): An evil suggestion inclining to evil. (L; T; R; LL)

The root with its above four forms has been used in the Holy Qur'ân about 6 times.

Nazafa نَزَفَ

نزفا ؛يَنزف

To exhaust, deprvie of intellectual facilities. *Anzfa* انزَفَ is the more intensive form.

Yunzafûn يُنزَفون (*pip. 3rd. p. m. plu. IV.*): They will be exhausted, deprived of intellectual faculties (37:47). ***Yunzifûn*** يُنزِفون (*imp. 3rd. p. m. plu. IV.*): They will become senseless, exhaust (56:19). (L; R; T; LL).

Nazala نَزَلَ

نزلاً ؛ يَنزل

To descend, come down, go down, happen, alight at, settle in a place, lodge. *Anzala* انزَلَ: To sent down, give. *Nuzulun* نُزل: That which in prepared for a guest's entertainment, Abode, Gift. *Manzil* مَنزل: Mansion; Station, *Nazzála* نزّل: To cause to descend, send down. *Tanzîl* تَنزيل : Sending down; Divine revelation; Orderly arrangment and authentic compilation; Gradual revelation

Nazala نَزَل (*prf. 3rd. p. m. sing.*): Has come down etc. ***Yanzilu*** يَنزل (*imp. 3rd. p. m. sing.*): Descends. ***Nazzala*** نزّل (*prf. 3rd. p. m. sing. II.*): Has sent down. ***Nazzalna*** نَزّلنا (*prf. 1st. p. plu. II.*): We have revealed. We have sent down. We have revealed in slow deliberation and in piecemeal. ***Yunazzila*** يُنزّلَ (*imp. 3rd. p. m.* sing. II. acc.): That has sent down. ***Yunazzilu*** يُنزّل (*imp. 3rd. p. m. sing. II.*): Sends down. ***Tunazzila*** تنزّلَ (*imp. 2nd. p. m. sing. II. acc.*): They may send down. ***Nunazzilu*** نُنزّل (*imp. 1st. p. plu. II.*): We send down. ***Lam-Yunazzil*** لم ينزّل (*imp. 3rd .p. m. sing. II. Juss.*): Did not send down. ***Nuzzila*** نزّل (*pp. 3rd. p.m. sing. II.*): Was sent down; Has been revealed. ***Nuzzilat*** نُزّلت (*pp. 3rd. p. f. sing.*): Was revealed. ***Yunazzala*** يُنزّل (*pip. 3rd. p. m. sing.*): Is being revealed. ***An-Yunazzala*** ان ينزّل: To be revealed.

Tanzilun/Tanzîlan تَنزيل / تَنزيلاً (*v. n. II. /acc.*): The revelation. ***Anzala*** انَزل (*prf. 3rd. p. m. sing., IV.*): Sent down. ***Anzaltu*** انزلت (*prf. 1st. p. sing. IV.*): I sent down. ***Anzaltum*** انزلتم (*prf. 2nd. p. m. plu.*): You sent down. ***Anzalnâ*** انزلنا (*1st. p. plu. IV.*): We sent down. ***Unzilu*** انزل (*imp.1st. p. sing. IV.*): I shall send down. ***Anzil*** انزل (*prt. m. sing. IV.*): Send down. ***Unzila*** انزل (*pp. 3rd. p. m. sing. IV.*): Revealed. ***Unzilat*** انزلتْ (*pp. 3rd. p. f. sing. IV.*): Sent down. ***Tanazzalat*** تنزلّت (*prf. 3rd. p. f. sing. V.*): Brought down. ***Tatanazzalu*** تَتَنَزّل (*imp. 3rd. p. f. sing. V.* This form is *f. sing.* but is also used for *plu* as a group.): Comedown, Descend. ***Tanazzalu*** تَنَزّل (*imp. 3rd. p. f. sing. V.* Here *Tâ* ت is dropped, which is called *Takhfîf* تخفيف.): Comes down. ***Yatanazzalu*** يَتَنَزّل (*imp. 3rd. p. m. sing V.*): Comes down. ***Nuzulun*** نُزل (*n.*): That which is prepared for a guest, Entertainment; Abode; Gift. ***Nuzulan*** نزلا (*n. acc.*): Entertainment. ***Nazaltun*** نزلة (*n. unity.* It denotes the meaning of once): Descent. Manifestation. ***Manâzila*** مَنازل (*n. plu. acc.*): Mensions; Stations. ***Munazzilun*** منزّل (*ap-der. m. sing. II.*) One who sends down. ***Munazzalun*** منزّل (*pis. pic.m. sing. II.*): What has been revealed or sent down. ***Munzilûna*** منزلون (*ap-der. m. plu. IV. nom.*): Who causes to descent. ***Munazzilîna*** منزّلين (*ap-der. m. plu. IV. acc.*): Those who provide hospitality; Entertainers; Hosts. ***Munzalan*** منزلا (*pis. pic. m. sing.*): Landing place. ***Munzalîn*** منزلين (*pis. pic. m. plu.*) Those who are sent down. (L; T; R; LL)

The root with its above forms has been used in the Holy Qur'ân about 293 times

Nasa'a نَسَأَ

نَسأ، نسيأ ؛ يَنسأ

To delay, postpone intercalate. *Nasî'u* نسيء: The postponement of a sacred month to some other month. It was an invention of the idolatrous Arabs. The reference here is to the practice of postponing observance of the sacred month, thus allowing an ordinary month to be observed as sacred and a sacred month to be treated as ordinary. In practice it is the transferring for example the observance of *Muharram* to the following month. This practice interfered with the security of life which was guaranteed in the sacred months. As fighting was prohibited in the sacred months (2:217) the three successive months of Dhû-al-Qa'dah, Dhû al-Hijjah and

Muharram seemed too long for them to refrain form their bloodshed and therefore they violated the last of these. According to others *Nasî'u* نسيء mean addition and intercalation of months and refers to the practice of the intercalation of a month every forth year, with a view to bringing the lunar calender into accord with the solar year and thus intercalating a thirteenth month in third, sixth and eight year of every eight-year period. (L; R; T; LL)

Nasî'u نَسِيء (9:37): (L, T, R, LL) ***Minsa'atun*** منسأة (*n.*): Staff; Stick; Ruling power and glory. (34:14).

Nasaba نَسَبَ

نِسبَة ، نَسبًا ؛ يَنسُب ، يَنسِب

To give or ask one's genealogy, ask the pedigree or linage of.

Nasaban نَسبًا (*v. n. acc.*): Kinship. Relationship (25:54; 37:158). ***Ansâb*** أنساب (*n. plu.*): Kinships; Relationships. (23: 101). (L; T; R; LL)

Nasakha نَسَخَ

نَسخًا ؛ يَنسَخ

To abolish, destroy, abrogate, nullify, obliterate, conceal, transfer, substitute, copy transcribe, rule out.

Yansakhu يَنسَخ (*imp. 3rd. p. m. sing.*): Removes, Abolishes etc.(22:52). ***Nasakha*** نسخ (*imp.1st. p. plu. juss.*): We abrogate. (2:106) ***Nastansikh*** نستنسخ (*imp. ist. p. plu. X*): We transcribe. (45:29). ***Nuskhatun*** نُسخَة (*n.*): Inscription. (7:154). (L; T; R; LL).

Nasara نَسَرَ

نَسرا ؛ يَنسُر ، يَنسِر

To remove, take off, scrape rubout, pack, tear with the beak. *Nasran* نَسْرا: An eagle or vulture. Name of an idol which was in the shape of an eagle which existed in Arabia in the Holy Prophet's life and was worshiped by the tribe Himyar (B. 65,71:1; Kitâb al-Asnâm by Hishâm al-Qalbî). Its cult had probably been introduced into Arabia from Syria, where it seams to have existed in earliest antiquity. (L; R; T; LL)

Nasran نَسرًا (*p. n. acc.*): (71:23). (L; R; T; LL)

Nasafa نَسَفَ

نَسفًا ؛ يَنسِف

To uproot, reduce to powder, scatter, throw down, destroy shatter, smash, blown down to pieces.

Yansifu ينسف (*imp. 3rd. p. sing.*): Will scatter. ***Nansifanna*** ننسفّن (*imp. 1st. p. plu. epl.*): We shall scatter. ***Nusifat*** نسفَت (*pp. 3rd. p. f. sing.*): Shall be blown down to pieces. ***Nasfan*** نَسفا (*v. n. acc.*): The act of scattering. (20:97; 105:77; 10:20; 97:105): (L; R; T; LL)

Nasaka نَسَكَ

نَسكًا ؛ ينسُك

To lead a devout life, be pious, be godly, worship God, sacrifice, slaughter an animal by way of sacrifice.

Nusuk نُسُك (*n.*): Slaughtering an animal by way of sacrifice. Act of worship. ***Nasikû/Nasikûna*** ناسِكو/ناسِكوُن (*act. pic. m. plu. pron. n. d.*): Performers; Observers. ***Mansakan*** مَنسكا *(V. acc.)*: Rite of sacrifice, An act of worship. Rite of devotion of the Hajj. ***Manâsik*** مناسك (*m. plu. p. d.*): Rites of devotion of the Hajj. (L; T; R; LL)
The root with its above five forms has been used in the Holy Qur'ân about 7 times.

Nasala نَسَلَ

نَسلا ؛ يَنسُل

To beget, be fruitful in progeny. *Nasila* نسل: To hasten, crash.

Yansilûna ينسلون (*imp. 3rd. p. m. plu.*): They come crashing down, hasten out. (21:96; 26:51) ***Nasl*** نسل (*n.*): Stock; Off spring; Progeny. (2:205; 32:8) (L; R; T; LL)

Niswatun نسوَة

Women. There is no singular of this word from the above root. Its singular is *Imra'atun* إمرأة.

Niswatun نسوَة (*n. plu.*): Women ***Nisâun*** نساُء (*n. plu.*): Women. (L; R; T; LL)
These two words have been used in the Holy Qur'ân about59 times

Nasiya نَسِيَ

نَسيا ؛ يَنسَى

To forsake, forget, neglect.

Nasiya نَسي (*prf. 3rd. p. m. sing.*): He gave up, forgot, did cast away, has forgotten, He forsook etc. ***Nasiyâ*** نسيا (*prf. 3rd. p. m. dual.*): They twain forgot, forsook. ***Nasû*** نَسوا (*prf. 3rd. p. m. plu.*): They forsook. ***Nasîta*** نسيتَ (*prf. 2nd. p. m. sing.*): Thou forgot ***Nasîtu*** نَسيتُ (*prf. 1st. p. sing.*): I forgot. I forsook. ***Nasîtum*** نَسيتمُ (*prf. 2nd. p. m. plu.*): You forgot. ***Nasînâ*** نَسينا (*prf. 1st. p. plu.*): We forgot. ***Yansâ*** ينسَى (*imp.3rd.p. m. sing.*): Forsakes; Forgets. ***Tansâ***

تَنسىٰ (*imp. 2nd. p. m. sing.*): Thou forget. ***Tansauna*** تَنْسون (*imp. 2nd. p. m. plu.*): Ye forget. ***La Tansau*** لا تَنسَو (*prt. neg. m. sing.*): Thou forget not. ***LaTansâ*** لا تَنسىٰ (*prt. neg. m. plu.*): Ye forget not. ***Nansâ*** نَنسىٰ (*imp. 1st. p. plu.*): We forget. ***Nunsâ*** ننسىٰ (*pip. 2nd. p. m. sing.*): Thou art forgotten. ***Ansau*** انسَو (*prf. 3rd. p. m. plu. VI.*): They caused to forget. ***Ansâ*** انسىٰ (*prf. 3rd. p. m. sing. IV.*): He made to forget. ***Nunsî*** نِنسي (*imp. 1st. p. plu. IV.*): We cause to be forgotten. ***Yunsiyanna*** يُنسَينّ (*imp. 2nd. p. m. sing. IV.*): Causes to forget. ***Nasyan*** نَسيا (*v. n. V. acc.*): Forgotten one. ***Mansiyyan*** مَنسيّا (*pic. pac. acc.*): Become forgotten. ***Nasyyan*** نسيّا (*act. pic. acc.*): Forgetting.

The root with its above forms has been used in the Holy Qur'ân as many as 45 times (L; R; T; LL)

Nasha'a نَشَأَ

نَشَأَ ، نُشوءً ؛ يَنشوءُ ، يَنشأ

To grow up (child), happen, be produced, live, rise (cloud). *Ansha* انشأ : To create. produce, raise

Nâshi'atun ناشئة (*act. pic.f.*): Rising (in the meaning of a verbal noun). ***Nasha'tun*** نشأة (n.): Production; Growth. ***Yunashsha'u*** يُنَشأ (*pip. 3rd. p. m. plu. II*): Is bred up. ***Ansha'a*** انشاء (*prf. 3rd. p. m. sing. IV.*): Produced. ***Ansh'atum*** أنشأتم (*prf. 2nd. p. m. plu. IV.*): Ye made to grow. ***Ansh'anâ*** انشأنا (*prf. 1st. p. m. plu. IV.*): We created. ***Yunshi'u*** يُنشئُ (*imp. 3rd. p. m. sing. IV.*): Raises. ***Munshi'u*** مُنشيء (*imp. 1st. p. plu. IV.*): We raise, bring up. ***Inshâ'un*** إنشاء (*v. n. IV. acc.*): Creation. ***Munshi'ûn*** مُنشعون (*ap-der. m. plu. IV.*): Grower. ***Munsha'ât*** منشأة (*pis. pic. f. plu. IV.*): Elevated scales. Roused aloft. (L; R; T; LL)

The root with its above forms has been used in the Holy Qur'ân about 28 times.

Nashara نَشَرَ

نَشوراً، نَشراً ؛ يَنشُر

To spread out, bring back to life, resuscitate, be extended, lay open, unfold, expand, display, spread abroad.

Nushirat نُشرت (*pp. 3rd. p. f. sing.*): Will be spread out etc. ***Yanshuru*** يَنشُرُ (*imp. 3rd. p. m. sing.*): Will spread. out. ***Anshara*** انشر (*prf. 3rd. p. m. sing. IV.*): Brought to life. ***Ansharnâ*** انشَرنا (*prf. 1st. p. plu. IV.*): We brought into life. ***Yunshirûna*** ينشرُون (*imp. 3rd. p. m. plu. IV.*): They raise the dead. ***Tantashirûna***

Nashaza نَشَزَ

تَنتَشِرُونَ (*imp. 2nd. p.m. plu. VIII.*): Ye spread (yourself) far and wide. **Intashirû** إنتَشِرُوا (*prt. m. plur. com. VII.*): Disperse. **Nâshirât** نٰشِرٰت (*act. pic. f. plu.*): Spreading ones. **Nashran** نَشرا (*v. n. acc.*): Spreading. **Nushûr** نُشُور (*v.n.*): The Resurrection. **Manshûrun** مَنشُور (*pact. pic. m. sing.*): Unfolded. (*act. pic. m. sing. acc.*): Unfolded. **Munsharatun** مُنشَرة (*pis, pact. f. sing. II.*): Spread open. **Munsharîna** مُنشَرِين (*pis. pact. m. plu. acc. IV.*): Revived ones. **Muntashirun** مُنتَشِر (*pis. pact. m. sing. VIII.*): That which spreads itself out. (L; T; R; LL) The root with its above forms have been used in the Holy Qur'ân about 21 times.

Nashaza نَشَزَ
نَشزا ؛ يَنشُز

To be high, lifted up, rise up, behave ill, be disobedient, ill treat, be rebellious, hate, detest be indifferent, treat unjustly, be unkind, desert, leave the (husband) place and taking up an abode which one does not take, be cruel and evil companion.

Inshuzû إنشُزُوا (*prt. m. plu.*): Rise up! Stand up!. **Nunshizu** نُنشِز (*imp. 1st. p. plu. IV.*): We set together; We make stand up. **Nushûz** نُشُوز (*v. n.*): High-headedness etc. (L; T; R; LL) This root with its above three forms has been used in the Holy Qur'ân about 5 times

Nashata نَشَطَ
نَشطًا ؛ يَنشِط ، يَنشُط

To exert oneself (in the discharge of duties), release, draw, go out from a place.

Nâshiṭât نٰشِطٰت (*act. pic.f. plu.*): Who exserts. (79:2). **Nashṭan** نَشطا (*v. n. acc.*): Vigorously; Releasing etc.(79:2).

Naṣaba نَصَبَ
نَصبًا ؛ يَنصُب ، يَنصِب

To fix, raise, setup, establish. **Naṣiba** نَصِبَ: To use diligence, toil, labour, be instant

Nuṣibat نُصِبَت (*pp. 3rd. p. f. sing.*): They are setup etc. **Inṣab** إنصَب (*prt. m. sing.*): Toil; Labour; Strive hard. **Naṣabun** نَصَب (*v. n. nom.*): Labour; Toil; Fatigue; Weariness; Affliction; Difficulty; Distress; Trouble; Disease. **Naṣaban** نَصبا (*n. v. acc.*): **Nâṣibatun** نٰاصِبة (*act. pic. f. sing.*): Weary; Wornout. **Nuṣbun** نُصب (*n.*): Calamity; Weariness. **Nuṣubu** نُصُب (*n. pl.*): Targets; Goal-posts; A stone place of the pagan Arabs on which they made their sacrifices; Alter; Idols. It sing. is *Niṣâb*. **Anṣâb**

انصاب (*n. plu.* Its sing. is *Nus̲ubun* نَصب and *Nis̲âbun* نصاب): Idols; Images; Statues; Alters set up for false deities. . ***Nas̲îbun*** نصِيب (*act. 2. pic. m.sing.*) A part, portion. (L; T; R; LL)
The root with its above forms has been used in the Holy Qur'ân about 32 times

Nas̲ata نَصَت
نَصتًا ؛ يَنصِتُ

To keep quiet keep silent.

Ans̲itû أنصتوا (*prt. m. plu. IV.*): Keep silent. (7:204; 46:29). (L; T; R; LL)

Nas̲ah̲a نَصَح
نُصحًا ؛ يَنصَحُ

To be pure, unmixed, genuine, act sincerely, give sincere advice, counsel earnestly, be faithful

Nas̲ah̲û نَصَحوا (*prf. 3rd. p. m. plu.*): They wished well, they were sincere and true. ***Nas̲ah̲tu*** نَصحتُ (*prf. 1st. p. sing.*): I counselled sincerely. ***Ans̲ah̲u*** أنصَحُوا (*imp. 1st. p. sing.*): I sincerely counsel. ***Nâs̲ih̲un*** نَاصِح (*act. pic. m. sing.*): Good counsellor. ***Nâs̲ih̲ûna*** ناصِحُون (*act. pic. m. plu.*): Well wishers; Good counsellers. ***Nas̲ih̲îna*** نَاصحِين (*act. pic. m. plu. acc.*): Well wishers. ***Nasûh̲an*** نصُوحا (*n. acc.*): True and sincere (repentance). (L; T; R; LL)
The root with its above form has been used in the Holy Qur'ân about 13 times.

Nas̲ara نَصَر
نَصرًا ؛ يَنصُر

To assist, aid, succour, protect

Nas̲ara نَصَر (*prf. 3rd. p. m. sing.*): Helped etc. ***Nas̲arû*** نَصرُوا (*prf. 3rd. p. m. plu.*): They helped. ***Nas̲arnâ*** نَصرنا (*prt. 1st. p. plu.*): We helped, delivered. ***Yans̲uru*** يَنصر (*imp. 3rd. p. m. sing. nom.*): Will help, save, deliver. ***Yans̲ura*** ينصُر (*imp. 3rd. p. sing. acc.*): Will grant help. ***Yans̲ur*** يَنصُر (*imp. 3rd. p. sing. gen.*): He goes on helping. ***Yans̲urûn*** يَنصُرون (*imp. 3rd. p. m. plu.*): They help. ***Tans̲urû*** تَنصُروا (*imp. 2nd. p. m. plu. acc. f. d.*): Ye help. ***Yans̲uranna*** يَنصُرن (*imp. 3rd. p. m. sing. emp.*): Surely he will help. ***Ans̲ur*** أنصُر (*prt. 2nd. p. m. sing.*): Help; Make triumphant. ***Ans̲urû*** انصُرو (*prt. 2nd. p. m.plu.*): You help. ***Yuns̲arûna*** يُنصَرون (*pip. m. plu.*): They shall be helped. ***Tuns̲arûna*** تُنصَرون (*pip. 2nd. p. m. plu.*): You shall be helped. ***Nas̲run/Nas̲ran*** نَصرًا / نَصر (*v. n.*): Help; Aid; Succour. ***Nâs̲irun*** ناصر (*act. pic. m. sing.*): Helper. ***Nâs̲iran*** ناصراً (*act. pic. m. sing. acc.*): Helper. ***Nâs̲irîn*** نَاصرين (*act. pic. m. plu.*): Helpers. ***Mans̲ûran*** منصُورا

(*pact. pic. m. sing. acc.*): Helped; Assisted; Aided. ***Mansûrûna*** مَنصُورون (*pact. pic. m. plu.*): Are helped. ***Nasîrun*** نَصِير (*2nd. pic. m. sing.*): Strong helper, ever helper. It is an intensive form of *Nâsirun*. Its plural is *Ansâr*. ***Ansâr*** انصار (*f. plu.* of *Nasîrun*): Helpers. (It is also an honorary distinction applied to those of the inhabitants of Madinah who were first to extend help to the Holy Prophet and gave hearty welcome to the Emigrants and helped them with their money and lives). ***Tanâsarûna*** تناصَرُون (*imp. 2nd. p. m. plu. VI.*) You help one another. ***Intasara*** انتَصَرَ (*prf. 3rd. p. m. sing. VIII.*): Who defended himself, vindicated himself. ***Intasarû*** انتَصَرُوا (*prf. 3rd. pm. plu. VIII.*): They defended themselves, vindicated themselves. ***Yantasirûna*** يَنتَصِرُون (*imp. 3rd. p. plu.*): They delivered themselves. ***Tantasirân*** تَنتَصِران (*imp. 2nd. p. m. dual VIII.*): You twain delivered, defended, vindicated yourselves. ***Intasir*** إنتَصِر (*pray. m. sing. VIII.*): (I beg thee to) defend (me as what will overtake me will over take you, so your help is in reality my help (54:10). ***Muntasirun*** مُنتَصِرٌ (*ap-der. m. sing. acc.*): One who is able to help himself. ***Muntasirîn*** مُنتَصِرين (*ap-der. m. plu. acc.*): Those who are able to help themselves. ***Istansara*** استَنصَرَ (*prf. 3rd. p. m. sing. X*): Asked for help. ***Istansarû*** استَنصَروا (*prf. 3rd. p. m. plu. X.*): They asked for help. ***Nasrâniyyan*** نَصرانيّا (*n. acc.*): A Christian. ***Nasârâ*** نَصٰرى (*n. plu.*): Christians. (L; T; R; LL)

The root with its above forms have been used in the Holy Qur'ân about 158 times.

Na**s**afa نَصَفَ

نَصفا ؛ يَنصُفُ

To reach half of its position, reach the middle or take half of anything, reach its midst, divide a thing into halves.

Nisfun نصف (*n.*): The half. (L; T; R; LL)

The root with its above form has been used in the Holy Qur'ân as many as 7 times.

Na**s**â نَصَا

نَصيا ؛ يَنصُوا

To seize one by the forelock, get the mastery over, get hold of. *Huwa nâsiyatu qaumihû*: هوناصية قومه : He is a leader and best of his community.

Nâsiyatun ناصية (*n. sing.*): Forelock. ***Nawâsî*** نواصي (*n. plu.*): Forelocks. (L; T; R; LL)

The root with its above two form has been used in the Holy Qur'ân about 4 times.

Na<u>dz</u>ija نَضِجَ

نضجا ؛ يَنضج

To be thoroughly burnt and whose sensibility has been dead done enough in cooking.

Na<u>dz</u>ijat نَضِجَت (*prf. 3rd. p. f. sing.*): Burnt up (4:56) (L;T;R; LL)

Na<u>dz</u>a<u>kh</u>a نَضَخَ

نَضخا ؛ يَنضَخ

To sprinkle, gush out (spring).

Na<u>dz</u>d<u>z</u>â<u>kh</u>atân نضّاختان (*el. n. dual*): The two gushing forth (55:66) (L; T; R; LL)

Na<u>dz</u>ada نَضَدَ

نَضداً ؛ يَنضِد

To pile up one over the other, set in order.

Na<u>dz</u>îd نَضِيد (*act. 2nd. pic. m. sing.*): Cluster over cluster. (50:10). ***Man<u>dz</u>ûdin*** مَنضود (*pact. pic. m. sing.*): Clustered; Fruit laden (11:82; 56:29). (L; T; R; LL)

Na<u>dz</u>ira نَضِرَ /Na<u>dz</u>ara نَضَرَ Na<u>dz</u>ura نَضُرَ

نَضرة ، نَضرا؛ يَنضُرُ ، يَنضَر

To be soft, beautiful, shinning, fresh, bright, grant an easy pleasant, splendid and plentiful life, endow with brilliancy, beauty and shine

Na<u>dz</u>ratun نَضرةٌ (*n.*): Brightness etc. (76:11; 83:24). ***Nâ<u>dz</u>iratun*** ناضرة (*n.adj.*): Soft; Beautiful; Shinning etc. (75:22). (L; T; R; LL)

Na<u>t</u>a<u>h</u>a نَطَحَ

نَطحا ؛ يَنطَح ، يَنِطح

To butt or strike with the horns, gore to death. *Na<u>t</u>î<u>h</u>atu*: That which has been forced to death by the horns of an animal. According to Ibn 'Aqîl in this word the last *Tâ* ت is not feminine form. It is a sign of changing from an adjective to nominative substantive by what is called *al-Naql* النَقل.

Na<u>t</u>î<u>h</u>atu نطِيحَة (*act. 2nd. pic. sing.*) (5:3). L; T; R; LL)

Na<u>t</u>afa نَطَفَ

نِطافَة ، نَطفا ؛ يَنطُف ، يَنطِف

To flow gently, extrude, ooze, exude, drop, pour, trickle.

Nutfatun نطفة (*n.*): Drop of semen; Quantity of pure water; Drop of fluid. (L; T; R; LL)

The word has been used in the Holy Qur'ân about 12 times.

Na<u>t</u>aqa نَطَقَ

نُطقا ؛ يَنِطق

To speak, utter, articulate sounds, speak clearly.

Yan<u>t</u>iqu يَنطِق (*imp. 3rd. p. m.*

sing.): He speaks etc. ***Yantiqûna*** يَنطقون (*imp. 3rd. p. m. plu.*): They speak. ***Tantiqûn*** تَنطقون (*imp.2nd. p. m. plu.*): Ye speak. ***Antaqa*** انطق (*prf. 3rd. p. m. sing. IV.*): Caused to speak. ***Mantiqun*** مَنطق (v. m.): Language; Diction; Technique of speech; and sound. (L; T; R; LL)

The root with its above five forms has been used in the Holy Qur'ân about 12 times.

Nazara نَظَرَ
نظرا ؛ يَنظر

To see, look at, glance, gaze, observe, behold, consider, regard, listen to, be patient towards, wait, contemplate, grant respite, put off, scrutinise, show kindness, examine, search, reflect, upon meditate, reflect, wait. It is said: *Nazartu ilâ Kadhâ* نظرت إلىٰ كذا*:* When you expand or stretch your sight to a thing you may behold and see it or you may not. It is said: *Nazarat fî hi* نظرت فيه : When you see and behold it. *Nazara* نَظَر : The look with affection, to perplex, dazzle.

Nazar نَظَر (*prf. 3rd. p. m. sing.*): He looked, etc. ***Yanzuru*** يَنظر (*imp. 3rd. p. m. sing.*): Looks at. ***Yanzurûna*** يَنظرون (*imp. 3rd. p. m. plu.*): They wait. ***Yanzurû*** يَنظروا (*f. d. Juss. imp. 3rd. p. m. plu.*): They considered. ***Tanzur*** تَنظر (*imp. 3rd. p. f. sing. Juss.*): Should look to. Form of *3rd. p. f.* is used in 59:18 for *Nafs* which is *f.* in Arabic. ***Tanzurûna*** تَنظرون (*imp 1st. p. m. plu.*): Ye looked on, perplexed. ***Anzur*** انظر (*imp. 1st. p. sing. Juss.*): That I may look. ***Unzur*** انظر (*prt. m. sing.*): Look at; Think over. ***Anzurû*** انظروا (*prt. 2nd. p. m. plu.*): O you, behold! Wait for! ***Unzurî*** انظري (*prt. 2nd. p. f. sing.*): Consider. ***Nazara*** نَظَر (*v. n.*): The look. ***Nazratun*** نَظرة (*n.*): A glance. ***Naziratun*** نَظِرة (*n.*): Respite; Delay; Deferment. ***Nâziratun*** ناظرة (*act. pic. f. sing.*): Who waits and sees; Observer. ***Lâ Tunzirûni/Lâ Tunzirûni*** لا تنظروني / لا تنظرون *Lâ Tunzirû + nî; prt. neg. 2nd. p. plu. IV.*): ***Anzir*** انظر (*prt. 2nd. p. sing.*): Respite ***Lâ Yunzarûna*** لا يُنظرون (*pip. 3rd. p. m. plu. IV.*): They will be given no respite. ***Munzarûna*** مُنظرون (*pis. pic. m. plu.*): Respited ones. ***Munzarîn*** مُنظرين (*pis. pic. m. plu. acc.*): Respited ones. ***Yantaziru*** ينتظر (*imp. 3rd. p. m. sing. VIII.*): Waits. ***Intazir*** انتظر (*prt. m. sing. VIII.*): Wait. ***Intazirû*** انتظروا (*prt. m. plu. VIII.*): O you, wait! ***Muntazirûna*** مُنتظرون (*ap-der. m. plu. VIII.*): Those who are waiting. ***Muntazirîna*** مُنتظرين (*ap-der. m. plu. VIII. acc.*): Those who are a waiting. (L; T; R; LL)

This root with its above form has been used in the Holy Qur'ân as many as 129 times.

Na'aja نَعَجِ

نَعجا ؛ يَنعُج

To go quickly, be very white, eat the flesh of sheep, ewe and have an indigestion of mutton.

Na'jatun نَعجَة (*n.*): Ewe; Sheep. (38:23,24). ***Ni'âj*** نعاج (*n. plu.*): Ewes; Sheep. (L; R; T; LL)

Na'asa نَعَسَ

نَعسا ؛ يَنعُس ، يَنعَس

To drowse, doze, be weak, be somnolent.

Nu'âsu نعاس (*n.*): Slumber; Weakness comfort; Ease; Rest; Soothingness (8:11). ***Nu'âsan*** نعاسا (*n. acc.*): Slumber etc. (3:154) (L; T; R; LL)

Na'aqa نَعَقَ

نَعقا ؛ يَنعَق ، يَنعِق

To cry out to (sheep), bleat, call out.

Yan'iqu ينعق (*imp. 3rd. p. m. sing.*): Who shouts, bleats, calls out, (2:171). (L; T; R; LL)

Na'ala نَعَلَ

نَعلا ؛ يَنعَل

To give shoes to anyone *Na'laika* نَعليك (=*Na'lai* نَعلع +*ka*): Your both shoes. The command in the verse 20:12 to take off your shoes is a metaphorical expression for making the heart vacant from care for family and property (Bd). The verse refers to a vision of Moses. The shoes in the language of vision signify worldly relations such as wife, children, friends etc. 'Your two shoes' signify here relations with the family and with the community. According to others it is a command to stay, like one says to a person one desires to stay, "Take off your garments and your shoes and the like. Taken literally the verse would mean that because Moses was in a sacred place he was bidden to take off his shoes.

Na'laika نَعليك (=*Na'lai* نَعلع +*ka; p. d. n. dual.*): Your both shoes (20:12). (R; T; LL)

Na'ama نَعَمَ

نَعما ؛ يَنعَم ، يَنعُم

To lead an easy life, enjoy the comforts and conveniences of life. Be joyful. *In'âm* إنعام: Beneficence; Favour to a person; Gifted (with speech, talent, reason etc.). *An'ama 'alâ frasihî*: He was beneficent on his house.

Na'matun نَعمَة (*n.*): Delights; Ease, Comforts; Riches. ***Nâ'imatun*** ناعمة (*act. pic. f. sing.*): Delighted one. ***Na'ama***

نَعَم (*prf. 3rd. m. sing. II.*): Made prosperous. ***An'ama*** انعَمَ (*prf. 3rd. p. m. sing. IV.*): Has blessed his favoured with grace. ***An'amata*** انعَمتَ (*prf. 2nd. p. m. sing. IV.*): Thou hast bestowed thy blessings. ***An'amnâ*** اَنعَمنا (*prf. 1st. p. plu. IV.*): We have bestowed (our) blessings. ***Ni'matun*** نعمَة (*n.*): Blessing; Favour; Benefit; Grace; Kindness; Beneficence. ***Ni'amun*** نعمٌ (*n. plu.*): Blessings. ***An'umun*** أنعم (*plu.* of *Ni'matun* نعمة): Blessings. ***Na'mâ*** نَعما (*n.*): Blessings. ***Na'îm*** نَعيم (*act. pic. m. sing.*): ***Al-Ni'mat*** النعمَت (*n.*): Bliss; Much, copious, excessive, plentiful, abundant, enormous, intense comfort and delight. How excellent. ***Na'immâ*** نَعمّا (= *Na'im + mâ; comp.*): How excellent.

Nai'mun نِعم (*n.*): Cattle; Camel; Cow; Sheep. ***An'âm*** انعَام (*n. plu.*): Cattle. ***Ni'ma*** نَعم (*verb of praise*). ***Na'am*** نَعَم: Yes. (L; T; R; LL)

The root with its above forms has been used in the Holy Qur'ân as many as 144 times.

Naghadza نَغَضَ

نغضا ؛ يَنغُض ، يَنغض

To move the head to another person as amazed, be wonder-struck, wag (the heads) expressing wonder and disbelief

Yunghidzûna يُنغضُون (*imp. 3rd. p. m. sing. plu.*): They will shake (their head) expressing wonder and disbelief (17:51). (L; R; T; LL)

Nafatha نَفَثَ

نَفثا ؛ يَنفُث ، يَنفث

To whisper (evil suggestions), below designed, occult endeavours, suggest a thing into the heart, inspire or whisper into the mind. It was probably demand from the practice of witches and sorcerers who used to tie a string into a number of knots while blowing upon them and murmuring 'magic' incantations. *Naffâthât* نَفّاثات: Blower who cast and whisper evil suggestion into the hearts and blow on a thing and spit out of the mouth. The feminine gender of *Naffâthât* نَفّاثات does not, as Zamakhsharî and Râzî point out, necessarily indicate women, but may well relate to human beings. In his explanation of the verse Zamakhsharî categorically rejects a belief in the reality and effect of such practices, as well as of the concept of magic as such.

Naffâthât نفّثت (*int. f. plu.*): Blower who cast and whisper evil suggestion into the hearts and blow on a thing and spit out of the mouth. (113:4). (L, T, R, LL)

Nafa<u>h</u>a نَفَحَ
نَفحا ؛ يَنفح

To spread its odour, blow, diffuse itself (odour), strike any one slightly.

Naf<u>h</u>atun نَفحة (*n.*): One single slight strike, blast, gust of wind. (21:46) (L; T; R; LL)

Nafa<u>kh</u>a نَفَخَ
نَفخا ؛ يَنفخ

To blow with the mouth, breathe, blow (trumpet).

Nafa<u>kh</u>a نَفَخَ (*prf. 3rd. p. m. sing.*): He breathed. ***Nafa<u>kh</u>tu*** نَفَخت (*prf. 1st. p. sing.*): I breathed. ***Nafa<u>kh</u>nâ*** نَفَخنا (*prt. 1st. p. plu.*): We breathed. ***Tanfu<u>kh</u>u*** تَنفخ (*imp. 2nd. p. m. sing.*): Thou breathed. ***Anfu<u>kh</u>u*** انفخ (*imp.1st. p. sing.*). I breathe, I blow. ***Infu<u>kh</u>û*** انفخوا (*prt .m. plu.*): Blow. ***Nufi<u>kh</u>a*** نُفخ (*pp. 3rd. p. m. sing.*): Was blown; Will be blown. ***Yunfa<u>kh</u>u*** ينفَخ (*pip. 3rd. p. m. sing.*): Will be blown. ***Naf<u>kh</u>atun*** نَفخة (*n.*): A single breath or blow. (L; T; R; LL)

The root with its above forms has been used in the Holy Qur'ân about 20 times.

Nafida نَفِدَ
نَفدا ؛ يَنفد

To vanish, fail, cease, pass away, be exhausted, consumed, spent.

Nafida نَفِدَ (*prf. 3rd. p. m. sing.*): It would be spent etc. ***Nafidat*** نَفِدَتْ (*prf. 3rd. p. f. sing.*): Would be finished, exhausted. ***Tanfada*** تَنفَدَ (*imp. 3rd. p. f. sing. acc.*): Would be spent up (*f. sing* used for *plu.*). ***Yanfadu*** يَنفَد (*imp. 3rd. p. m. sing.*): Will pass away. ***Nafâdun*** نَفاد (*v.n.*): Ceasing; Ending. (L; T; R; LL)

The root with its above five forms has been used in the Holy Qur'ân 5 times.

Nafa<u>dh</u>a نَفَذَ
نَفذا ؛ يَنفذ

To pierce a thing through (arrow), transpires, pass through, carry out skilfully, go beyond.

Tanfu<u>dh</u>ûna تَنفذون (*imp. 2nd. p. m. plu.*)(55:33): Ye pass through. go beyond. ***Tanfu<u>dh</u>û*** تَنفذوا (*imp. 2nd. p. m. plu. acc. f. d.* it is *Tanfu<u>dh</u>ûna*): Ye pass out, of, go beyond. (55:33) ***Infu<u>dh</u>û*** إنَفذوا (*prt. m. p.*): Go beyond. (55:33) (L; T; R; LL)

Nafara نَفَرَ
نَفرا ؛ يَنفر ، يَنفُر

To run away from fight, go

forth from any business (as from war), march, grow wild, restive, run away,

Nafara نَفَرَ (*prf. 3rd. p. m. sing.*): He went forth. ***Infirû*** إنفروا (*prt. m. plu.*): Go forth ***Yanfirû*** يَنفِروا (*imp. 3rd. p. m. plu. f. el.*): He goes forth. ***Tanfirû/Tanfirûna*** تنفرون / تنفروا (*imp. 2nd. p. m. plu. f.*): Ye go forth. ***Nufûrun*** نفورا (*v.n.*): The act of running away. ***Nufuran*** نفرا (*v.n. acc.*): The act of running away. ***Nafîran*** نَفيرا (*act. 2nd. pic. m. sing. acc.*): A company dealing with others (as in war); Concourse. ***Nafarun*** نَفرٌ (*n.*): People; Company not exceeding ten nor less then three. ***Mustanfuratun*** مُستنفُرة (*ap-der. f. sing. X.*): One who takes to flight, fugitive. (L; T; R; LL)

The root with its above forms has been used in the Holy Qur'ân about 18 times.

Nafasa نَفَسَ

نَفاسَة ؛ يَنفُس

To be precious, in request, console, cheer. *Nafsun* نَفس : Soul; Person; Self; Spirit; Mind; Inner desire or feeling; Willingly (when used as adverb). It also means punishment. The word *Nafsun* نَفس and its *plu. forms Nufûsun* نفو س and *Anfusu* أنُفس are used to denote the reflective meanings, thus *Nafsuhû* نفسه means himself, and *Anfusuhun* انفسهم means themself, *Nafsî* نفسِي mean myself. It also means vital principle, blood, spirit, person individual, intention, desire, pride, scorn, stomach, essence, constituent of the affair, the very thing, the thing itself, the reality (behind), heart, life, spirit, body, contention, thought, carnal life, sensual appetite, face, substance, greatness, nobility, glory, scarcity, absoluteness, unseen, hidden reality which is beyond the Human perception, intention, requital, punishment, brother, brother in faith, human being, principle person, individual, self of a thing, pride. In 2:72 the word *Nafsun* نَفس has been used as *Nakirah* i.e. in an indefinite or undefined form. According to the rules of the Arabic grammar it refers in such cases to a very important personage as a word used as *Nakirah* gives a sense of greatness.

Nafas نَفَس (*n.*): Breathing; Breath; Gust; Freedom of action; Long discourse; Drought; Agreeable; Width; Ability; Ampleness of life; Long discourse, Style; Wit. ***Nafsun***

نفس (*n.f.*): Soul etc. ***Anfusa*** اَنفُس (*n. plu.*): Souls etc. ***Nafûsun*** نفوس (*plu.*): Souls etc. ***Tanaffasa*** تَنَفس (*prf. 3rd. p. m. sing. V.*): Clears away the darkness by its breath; Shine (the dawn). ***Yatanâfasa*** يَتَنافس (*prf. 3rd. p. m. sing. VI.*) Let aspire, long for. ***Mutanâfisûn*** مُتنافسون (*ad-der. m. plu. VI.*): Those who long or aspire after. (L; T; R; LL) The root has been used in its above forms about298 times in the Holy Qur'ân.

Nafasha نَفَشَ

نَفشا ؛ يَنفُش

To card the pie or wool, scatter or pull into pieces (cotton or wool), flatter, pasture, stray for food by night, pasture during the night without shepherd (cattle).

Nafashat نَفَشَت (*prf. 3rd. p. f. sing.*): Pastured by themselves during the night without shepherd (21:78). ***Manfûsh*** مَنفوش (*act. pic. m. sing.*): carded one (101:5). (L, T, R, LL)

Nafa'a نَفَعَ

نَفعا ؛ يَنفَع

To profit, do good, be useful, beneficial.

Nafa'a نَفَعَ (*prf. 3rd. p. sing.*): Would have done good. ***Nafa'at*** نَفَعَت (*prf. 3rd. p. f. sing.*): It does good. ***Yanfa'u*** يَنفَعُ (*imp. 3rd. p. m. sing.*): Does good, ***Tanfa'u*** تَنفَعُ (*imp. 3rd. p. f. sing.*): Will do good. ***Yanfa'ûna*** يَنفَعون (*imp. 3rd. p. m. plu.*): They do good. ***Manâfi'un*** منافع (*n. plu.*): Goods. Benefits. Its *sing.* is ***Manfa'atun*** مَنفَعَة. ***Nafa'un*** نَفع (*v.n.*): Good; Benefit; Profit. (L; T; R; LL)
The root with its above seven form has been used in the Holy Qur'ân as many as 50 times

Nafaqa نَفَقَ

نَفقا ؛ يَنفُق ، يَنفَق

To come out of a hole, be exhausted (store), consumed spent. *Nâfaqa* نافَق: To enter into a hole where there is another outlet, so is a hypocrite who professes to believe first one thing and then another, thus entering faith through one door and leaving it through another.

Nafaqan نَفقا (*n. acc.*): Hole with another outlet. Tunnel. ***Nafaqatun*** نَفَقَة (*n.*): Worthy to be spent; Expenditure. ***Nâfaqû*** نافَقوا (*prt. 3rd. p. m. plu. III.*): Practised hypocrisy. ***Nâfaqa*** نافَق (*v.*): To profess hypocrisy, believe in one thing and then another. ***Munâfiqûn*** مُنافقون (*ap-der. m.*

plu. III. acc.): Those who are hypocrite. ***Munâfiqîn*** مُنافقين (*ap-der. m. plu. III. acc.*): Those who are hypocrite. ***Munâfiqât*** مُنافقات (*ap-der. f. plu. III.*): Hypocrite women. ***Nifâq*** نفاق (*v. n. III.*): Hypocrisy. ***Nifâqan*** نفاقا (*v. n. III. acc.*): ***Hypocrisy. Anfaqa*** أنفق (*prf. 3rd. p. m. sing. IV.*): He had spent. ***Anfaqta*** انَفَقت (*prf. 2nd. p. m. sing. IV.*): Thou hath spent. ***Anfaqû*** انفقوا (*prf. 3rd. p. m. plu. IV.*): They have spent. ***Anfaqtum*** انفَقتُم (*prf. 2nd. p. m. plu. IV.*): Ye have spent. ***Yunfiqu*** ينِفق (*imp. 3rd. p. m. sing. IV.*): Spends. ***Tunfiqûna*** تنفقُون (*imp. 3rd. p. m. plu. IV.*): Ye spend. ***Tunfiqû*** تنِفقُوا (*imp. 2nd. p. m. plu. IV. acc.* from *Tunfiqûna* تُنفقُون): Ye spend. ***Anfiqû*** انفقُوا (*prt. m. plu. IV.*): Spend. ***Infâq*** إنفاق (*v. n.*): Spending. ***Munfiqîna*** مُنفقين (*ap-der. m. plu.*): Those who spend. (L; T; R; LL)

The root has been used in the above eighteen forms as many as 112 times in the Holy Qur'ân

Nafala نَفَل

نفلاً ؛ يَنفل

To give one a gift or present, give or do over and above what is commanded, present voluntary gift, give spoils or gains, divine gift without having laboured for them, give gains acquired in war, give in addition beyond dues, give some thing in excess of ones obligation from which the term *Salât al-nafal* the supererogatory prayer is derived (17:79). In its plural form (*Anfâl* أنفال) it signifies spoils of war in as much as these spoils are incidental accession. No individual warrior has a claim to any war bounty. According to Islamic Law it is a public property to be utilized or distributed by the government in power in accordance with the principles laid down in the Holy Qur'ân (8:41; 59:7)

Nâfilatun نافلة (*act. pic. f. sing.*): Supererogatory deed (17:79) Grandson (21:72). ***Anfâl*** أنفال (*n. plu.*): Voluntary gifts; Spoils of war (8:1). (L; T; R; LL)

The root with its above two forms has been used in the Holy Qur'ân about 4 times

Nafâ نَفٰى

نَفيا ؛ يَنفُوا ، ينفي

To drive away, expel, ban, cast out, remove, exile.

Yunfau يُنفَو (*pip. 3rd. p. m. plu.*): They be banned (by exile or imprisonment) (5:33) (L;T;R;LL)

Naqaba نَقَبَ

نَقبا ؛ يَنقُب

To pierce (a wall), bore (a hole), go through (a country),

be a chief, journey, pass or wander through.

Naqqabû نقّبُوا (*prf. 3rd. p. m. plu. II.*): They journeyed etc. (50: 36). ***Naqaban*** نقبا (*v. n. acc.*): Breach (18:97). ***Naqîban*** نقيبا (*act. 2nd. pic. m. sing. acc.*): Chieftain; Leader (5:12). (L; T; R; LL)

Naqa<u>dh</u>a نَقَذَ

نَقَذا ؛ يَنقُذ

To liberate, rescue, deliver.

Anqa<u>dh</u>a أنقذ (*prf. 3rd. p. m. sing. IV.*): Rescued, etc. ***Tunqi<u>dh</u>u*** تُنقذ (*imp. 2nd. p. m. sing.*): Thou rescueth. ***Yunqi<u>dh</u>ûna*** يُنقذُون (*imp. 3rd. p. m. plu. IV.*): They rescue. ***Yunqa<u>dh</u>ûna*** يُنقذون (*pip. 3rd. p. m. plu. IV.*): They will be rescued. ***Yastanqi<u>dh</u>û*** يستنقذوا (*imp. 3rd. p. m. plu. X. f. d.*): They can rescue. (L; T; R; LL)

The root has been used in the Holy Qur'ân with its above five forms about 5 times.

Naqara نَقَرَ

نَقرا؛ يَنقَر

To strike, revile, engrave, play (lute), hallow out, sound, blow (bugle), pierce.

Nuqira نُقِر (*pp.3rd.p.m.sing.*): Was blown, sounded, etc. ***Nâqûr*** ناقور (*n.*): Trumpet. ***Naqîr*** نقير (*act. pic. m. sing. acc.*): Grove in a date-stone, smallest thing. (L; R; T; LL)

The root has been used in the verses 74:8; 4:53 and 124.

Naqa<u>s</u>a نَقَص

نَقصا ؛ يَنْقُصُ

To diminish, decrease, run low, lessen, cause loss or deficiency, consume, fall short, waste, abate.

Tanqu<u>s</u>u تَنقُصُ (*imp. 2nd. p. f. sing.*): Consumes, etc. ***Yanqu<u>s</u>û/ Yanqu<u>s</u>ûna*** يَنقُصُوا / ينقُصُون (*imp. 3rd. p. m. plu. f. d. juss.*): They did not fail, diminish, abate. ***Nanqu<u>s</u>u*** نَنقُصُ (*imp. 1st. p. plu.*): We diminished, reduced. ***Yunqu<u>s</u>u*** يُنقُصُ (*pip. 3rd. p. m. sing.*): Is diminished. ***Inqus*** إنقُص (*prt. m. sing.*): Diminish. ***LâTanqu<u>s</u>û*** لا تنقُصُوا (*prt. neg. m. plu.*): Give not short (measures and weight). ***Manqû<u>s</u>*** منقُوص (*pact-pic. m. sing.*): Diminished. ***Naq<u>s</u>un*** نقص (*v.n.*): Diminution. (L; R; T; LL)

The root has been used in the above forms in the Holy Qur'ân about 10 times.

Naqa<u>dz</u>a نَقَضَ

نقضا ؛ يَنقُض ، يَنقض

To pull down, demolish, break (contract) undo a thing, violate (a treaty), unravel, untwist.

Naqadzat نَقَضت (*prf. 3rd. p. f. sing.*): She broke etc. ***Yanqudzûna*** يَنقُضون (*imp 3rd. p. m. plu.*): They violated. ***Lâ Tanqudzû*** لا تنقُضوا (*prt. neg. m. plu.*): Do not violate. ***Naqdzun*** نَقض (*v.n.*): Breaking; Violation. ***Anqadza*** انقض (*prf. 3rd. p. m. sing. IV.*): Weighed down. (L; R; T; LL)
The root has been used in the above five forms in the Holy Qur'ân about 9 times.

Naqa'a نَقَعَ

نَقعا ؛ يَنقَع

To soak, macerate, raise, shout, increase.

Naq'an نَقعاً (*n. acc.*): Dust; Clouds of dust. (100:4) (L; R; T; LL)

Naqama نَقَمَ/Naqima نَقِم

نقماً ؛ ينقُم

To punish, accuse, develop hate, revenge, persecute, find fault, disapprove, dislike with tongue or punishment.

Naqamû نَقَموا (*prf. 3rd. p. m. plu.*): Cherished hatred against, persecuted etc. ***Tanqimu*** تَنقِمُ (*imp. 2nd. p. m. sing.*): Thou findest fault. ***Tanqimûna*** تَنقِمُون (*imp. 2nd. p. m. plu.*): Ye find fault. ***Intaqamnâ*** إنتَقمنا (*prf. 1st. p. plu. VIII.*): We inflicted punishment. ***Yantaqumu*** يَنتَقِم (*imp. 3rd. p. m. sing. VIII.*): Will punish. ***Intiqâm*** إنتقام (*v.n. VIII.*): Retribution. ***Muntaqumûna*** مُنتَقمون (*ap-der. m. plu. VIII.*): Those who punish. (L; T; R; LL)
The root has been used in the above form as many as about 17 times in the Holy Qur'ân.

Nakaba نكب

نَكبا ؛ ينكب

To go a side, swerve from, render unhappy (circumstances), blow oblique (wind), defend, protect, incline, hurt, throw a thing away, deviate, turn aside.

Nâkibûna ناكبون (*act. pic. m. plu.*): They are deviators (23:74). ***Manâkib*** مناكب (*n. plu.* its *sing.* is *Mankab* منكب): Spacious paths. Regions; Spacious sides (67:15) (L; T; R; LL)

Nakatha نَكَثَ

نَكثاً ؛ يَنكُث

To break (promise), violate (treaty), untwist (cord), unravel, break into thread.

Nakatha نَكَث (*prf. 2nd. p. m. sing.*): Broke. ***Nakathû*** نَكَثوا (*prf. 3rd. p. m. plu.*): They Broke. ***Yankuthu*** يَنكث (*imp.3rd. p. m. sing.*): Breaks. ***Yankuthûna*** يَنكثون (*imp. 3rd. p. m. plu.*): They break. ***Ankâthan*** إنكاثا (*n.*

plu.): Untwisted; Stands of a yarn. (L: T; R; LL)
The root has been used in the Holy Qur'ân in the above form about 7 times

Nakaha نَكَحَ
نَكَحا ؛ يَنكَح ، يَنِكح

To tie, make a knot, contract cement, marry.

Nakaha نَكَحَ (*prf. 3rd. p. m. sing.*): He Married. ***Nakahtum*** نَكَحتم (*prf. 2nd. p. m. plu.*): Ye married. ***Yankihu*** ينكح (*imp. 3rd. p. m. sing.*): He Marries. ***Yankih*** ينكح (*imp. 3rd. p. m. sing. Juss.*): Marry! ***Yankihna*** ينكحنَ (*imp. 2nd. p. f. plu.*): They (women) marry. ***Inkihû*** إنكحُوا (*prt. 2nd. p. m. plu.*): Marry, O you men! ***Ankiha*** انكح (*imp. 1st. p. plu. IV.*): I give in marriage. ***Tunkihû*** تُنكحوا (*prt. m. plu.*): Give in marriage. ***Inkihû*** إنكحو (*perate. m. plu.*): Give in marriage. ***Yastankihu*** يستنكح (*imp. 3rd. p. m. sing.*): Wish to marry. ***Nikâh*** نكاح (*n.*): Marriage. ***Nikâhan*** نكاحا (*v .n. acc.*): Marriage. (L; R; T; LL)
The root has been used in the above forms in the holy Qur'ân about 23 times.

Nakida نَكِدَ
نَكِدًا ؛ ينكد

To be hard, painful, refuse what is asked, niggardhy, have little water with little and scattered sowing (farm)

Nakida نَكِدَ (*act. pic. acc.*): Niggardly; Ścantly; Defective (7:58). (L; R; T; LL)

Nakira نَكِرَ
نكرا ، نُكرا ؛ يَنكر

To dislike, be unacquainted with, disown, disapprove with tongue or punishment, be hard, difficult, feel a repugnance towards, make charge.

Nakira نكر (*prf. 3rd. p. m. sing.*): Disliked, etc. ***Ankara*** انكر (*elative m. sing.*): Most disagreeable, disliked, repugnant. ***Nukran*** نُكرا (*v. n.*): Awful; Dreadful; Wondrous. ***Nakîrun*** نكير (*act. 2. pic. v. n.*): One who denies the fact. ***Nakîri*** نكير (*comb. Nakîr* نكير+ *i* ى): My punishment, dislike, charge, disapproval. ***Munkarûna*** مُنكرون (*ap-der. m. plu.*): Those who do not recognize. ***Munkiratun*** مُنكرة (*pis. pic. m. plu.*): Deviators; Strangers. ***Munkirûna*** مُنكرون (*pis. pic. m. plu.*): Unknown; Stranger; Rejecters. ***Munkar*** مُنكر (*pis. pic. m. sing.*): What is strange to the human nature. False, Disreputable. It is opposite to *Ma'rûf* معروف (Reputable). ***Munkaran*** مُنكرا (*pis. pic. m. sing. acc.*): Most unseeming and false. (L; T; R; LL)

The root has been used in the above forms in the Holy Qur'ân about 37 times.

Nakasa نَكسَ

نَكسا ؛ يَنكُس

To upset, turn upside down, reverse, invert, make a thing in the wrong way, lower (the head) carelessly or in shame.

Nukisû نُكِسُوا (*pp. 3rd .p. m. plu.*): They were made to hang (their heads) in shame (21:65). ***Nunakkis*** ننكس (*imp. 1st. p. plu. II juss.*): We make week, reverse (36:68). ***Nâkisû*** ناكسُوا (*act. pic. m. plu. f. d. Nâkisûna* (ناكسون): Those hanging down (their heads) with shame (32:12). (L; R; T; LL).

Naka<u>s</u>a نَكَصَ

نَكصا ؛ يَنكُص

To fall back, retreat withdraw from, desist, lose (in trade) turn back, refrain, retreat.

Naka<u>s</u>a نَكَص (*prf. 3rd. p. m. sing.*): Retraced. (8:48). ***Tanki<u>s</u>ûna*** تَنكِصُون (*imp. 2nd. p. m. plu.*): Ye retrace (23:66).

Nakafa نَكَفَ

نَكفًا ؛ يَنكف

To refuse, reject, abstain from, disdain, feel too proud take a thing away.

Istankafû إستَنكَفوا (*prf. 3rd. p. m. plu. X.*): Disdained (4:173). ***Yastankifu*** يَستَنكِفُ (*imp. 3rd. p. m. sing.*): Will disdain (4:172) (L; R; T; LL)

Nakala نَكَلَ

نَكلا ؛ يَنكُل

To punish bind tracks, chastise, bring calamity upon, make example, make weak

Tankîlan تَنكِيلاً (*v. n. f. II. acc.*): Punishment; The act of punishing or setting an example. The act of inflicting an exemplary punishment; Punishing as a warning to others (4:48). ***Ankâlan*** أنكالا (*n. plu. acc.*): Heavy fetters. (73:12). ***Nakâlan*** نَكالا (*n. acc.*): Deterrent example (2:66). ***Nakâlun*** نَكال (*n.*): Punishment (79:25). (L; T; R; LL)

Namâriqa نمارق

Its sing. are *Namruq* نَمرُق, *Nimriq* نمرق, *Numruq* نَمرُق, *Namraqatun* نُمرقة, *Nimraqa* نَمرُق and *Numruqatun* نمرقة. Cushions.

Namâriqun نمارق (*n. plu.*): (88:15) (L; T; R; LL)

Namala نَمَلَ / Namila نَمِلَ

نَملاً ؛ يَملوا

To slander, disclose a thing maliciously, climb.

Namlatun نملة: Ant, Proper name. *Namlun*نمل: Ants; Name of a valley situated between Jibrin and Asqalân a town on the seacoast 12 miles to the north of Gaza, in Sinai and *Namlah* نملة is the name of a tribe living in this valley. *Namil* نمل means a clever man (T). The name *Namlah* نملة is also given to a child in whose hands an ant is placed at his birth, because it was considered that such a child would be wise and intelligent (T). The *Namlites* are a tribe. Qâmûs says under the word *Barq*, *Abriqah* is one of the springs of the valley of *Namlah*, so the word *al-Naml* does not mean a valley full of ants, as is sometimes misunderstood, but the valley where the tribe named *Namal* lived. In Arabia it was not an uncommon practice that tribes were named after animals and beasts such as *Banû Asad* (the tribe of lion), *Banû Kalb* (the tribe of dog). Moreover the use of the words *Udkhulû* إدخلوا (enter ye!) and *Masâkinakum* مساكنكم (your habitations) in the verse 27:18 lends powerful support to the view that *Naml* was a tribe, since the former verb is used only for rational beings and the latter expression (your habitations) also has been used in the Holy Qur'ân exclusively for human habitations (29:38;32:26). Thus *Namlah* means a person of the tribe of Al-Naml - a Namlite. *Anâmil* انامل: Fingers.

Namlatun نملة (*n. generic*): A person of the tribe of *al-Naml*, a Namlite. ***Namlun*** نمل (*n. plu.*) People of the valley of *Namal*. ***Anâmila*** انامل (*n. plu.* Its singular is *Anmila* انمل): Fingers (3:119) (L; T; R; LL)

The root with is above three forms has been used in the Holy Qur'ân about 4 times

Namma نَمّ

نَمّا ؛ يَنُمّ، يَنَمّ

To spread or defuse an odour, relate (talks malevolently, fill (speech) with lies sow discord, make mischief, go about with slander and defaming tales

Namîm نميم (*act. pic. m. sing.*): Who goes about with slander and evil talk. (68:11) (L; R; T; LL)

Nahaja نَهَجَ

نَهجا ؛ يَنهَج

To trace, follow (a way) or track, make chart, be clear, point out the way, be opened, broaden (road). *Minhâjan* منهاج: Well defined way (a code in secular matters); Manifest, Plainly defined; Apparent and open road. Mubarrad says that *shirî'ah* شريعة signifies the beginning of a way and *Minhâj* منہاج the well trodden body of it, thus *shirî'ah* شریعۃ is the law that relates to spiritual matters and *Mihâj* is the law that relates to secular matters. *Shirî'ah* شریعۃ also means a way leading to water. Thus the meaning of the verse 5:48 is that God has equipped all the creatures, according to the capacity of each, with the means to find the way to the spring of spiritual water, i.e. Divine revelation. The appointment of a law and a way for everyone refers to the giving of different laws to different nations in accordance with their requirements before the revelation of the Holy Qur'ân. Now the Holy Qur'ân fulfills the spiritual requirements of all nations for all ages.

Minhâjan منہاجً (*v. n. acc.*): Well defined way (a code in secular matters). (5:48). (L; R; T; LL)

Nahara نَہَرَ

نَہراً ؛ یَنہَر

To cause stream to flow, repulse, reproach, flow abundantly, drive back, brow beat, chide, do in the day time.

Lâ Tanhar لاَ تَنہَر (*prt. neg. m. sing.*): Do not chide away, etc. ***Nahrun*** نَہَر (*n. v.*): River, Stream. ***Anhâr*** انہار (*n.plu.acc.*): Rivers; Streams. ***Nahâr*** نہارً (*n.*): A day from dawn to dusk as opposed to *Lail* (night). Metaphorically *Nahâr* نہار (day) represents prosperity and power and *Lail* لیل (night) signifies loss of power and prosperity combined with national decline and decadence. (L; T; R; LL)

The root with its above five forms has been used in the Holy Qur'ân about 113 times.

Nahâ نہٰی

نَہیا ؛ یَنہٰی

To prevent, forbid, chide away, prohibit, make one to stop from, restrain, interdict, hinder desist, refrain.

Nahâ نَہٰی (*prf. 3rd. p. m. sing.*): Restrained, etc. ***Nahau*** نہو (*prf. 3rd. p. m. plu.*): They restrained. ***Anhâ*** انہٰی (*prf. 1st. p. sing.*): I restrained. (When attached to a pronoun the final Yâ is replaced by Alif e.g. *Anhâkum* انہاکم; I forbade, restrained). ***Anha*** انہَی (*imp. 1st. p. sing. Juss. f. d.*): I forbid, ask you not to do. ***Nanha*** ننہی (*imp. 1st. p. plu. f. d.*): We restrain. ***Yanhâ*** یَنہٰی (*imp.3rd. p. m. sing.*): Restrains. ***Tanhâ*** تَنہٰی (*imp. 3rd. f. sing.*): Restrains. ***Nanhâ*** تَنہٰی (*imp. 2nd. p. m. sing.*): Thou restraineths. ***Tanhauna*** تَنہَون (*imp. 2nd. p. m. plu.*): Ye restrain. ***Yanhauna*** یَنہَون (*imp. 1st. p. plu.*): They restrain. *Inha* (*prt. m. sing.*): Restrain thou. *Nuhû* نُهوا (*pp. 3rd. p. m. plu.*): They were restrained. *Nuhîtu* نهيت (*pp. 1st. p. sing.*): I was restrained. *Tunhauna* تنهون (*pip. 2nd. p. m. plu.*): Ye are restrained. *Nâhûna* ناهُون (*act. pic. m. plu.*): Restrainers. *Intahâ* إنتهٰى (*prf. 3rd. p. m. sing. VIII.*): Restrained. *Intahau* إنتهو (*prf. 3rd. p. m. plu. VIII.*): They restrained. *Tantahi* تَنتَهي (*imp. 2nd. p. m. sing. Juss.*): Thou restrained. *Yantahi* ينتَهي (*imp. 3rd. p. m. sing. juss.*): Restrained. Yantahû ينتهوا (*imp. 3rd. p. m. plu. juss. f. d.*): They restrained, refrained. *Yantahûna* ينتهون (*imp. 3rd. p. m. plu.*): They refrain. *Tantahû* تنتهوا (*imp. 2nd. p. m. plu. juss. f. d.*): Ye refrain. *Intahû* انتهوا (*prt. m. plu.*): Refrain. *Muntahâ* منتهٰى (*n. int. p.*): Farthest end, Farthest limit, Terminus; Boundary. *Nuhâ* نهٰى (*n. plu.*): Understanding. Its *sing.* is *Nuhyatun* نهية: What forbids a human being to go beyond the moral limit or do something unreasonable. *Muntahûna* منتهون (*ap-der. m. plu. VIII.*): Those who desist. *Yatanhauna* يَتَنهَون (*imp. 3rd. p. plu. VI.*): They forbid each other. (L; R; T; LL)

The root with its above forms has been used in the Holy Qur'ân about 56 times.

Nâ'a ناء

نوءًا ؛ يَنُوْ

To weigh down, get up with hardship, rise painfully, fall down form fatigue, grove under the burden, rise with difficulty.

Tanû'u تنوٌ (*imp. 3rd. p. f. sing.*): Weighs down, etc. (28:76). (L; T; R; LL)

Nâba نَاب

نَوبا ؛ يَنُوب

To supply the place of another. *Anâba* اناب : To repent and turn again and again and consecutively (to God) with sincere deads when overtaken with affliction. Return (to God) in repentance again and again with sincere deeds.

Anâba اناب (*prf. 3rd. p. m. sing. IV.*): He returned (to God) in repentance again and again with sincere deeds. ***Anâbû*** انابوا (*prf. 3rd. p. m. plu. IV.*): They returned in repentance (to God) again and again with sincere deeds. ***Anabnâ*** انبنا (*prf. 1st. p. plu. IV.*): We returned (to God) in repentance again and again with sincere deads. ***Yunîbu*** ينيب (*imp. 3rd. p. m. sing. IV.*): Return in repentance (to God) again and again with sincere deeds. ***Anîbû*** انيبوا (*prt. m. plu. IV.*): Return sincerely (to God) again and again with repentance and sincere deeds. ***Munîbun*** منيب (*ap-*

der. m. sing. IV.): One who returns (to God) again and again with repentance and sincere deeds. ***Munîbîna*** منيبين (*ap-der. m. plu. IV.*): Those who return (to God) again and again with repentance and good deeds. (L; R; T; LL)
This root with its above forms has been used in the Holy Qur'ân about 18 times

Nâ*h*a ناح
نَوحا ؛ يَنُوح

To lament, wail, coo (dove), wail. *Nû*h نُوح: Noah the prophet. He was a descendant of Adam, and Abrahâm was a descendant of Noah. The allusion is not merely to the physical descent of these prophets but also to the fact that all of them were spiritually linked with one another and believed in one and the same fundamental truth (Ibn-Jarîr;
***Nû*h** نُوح (proper name): Noah the prophet. (L; T; R; LL).
The word has been used in the Holy Qur'ân about 43 times

Nâra نار
نَورا ؛ يَنُور

To emit fire or light, shine, sparkle, irritate, vex or provoke war, create heat. *Nâra* نار: Fire; Burning flame; Heat; War. In Arabic literature and in the Holy Qur'ân *Nâr* نار is often a symbol of war. The Arabs used to kindle a fire as a sign that war contemplated, so that the tribes should assemble. *Nûr* نُور: Light, that form of radiant energy which stimulates the organs of the sight, faith, belief, inner satisfaction, wisdom, Divine knowledge, clear signs that remove doubt and raise spiritually dead to the faith, the source of guidance, prophets, mission, which manifests hidden things. Allah is called the extensive light of the heaven and the earth (24:35), because He has manifested them and brought them into existence. *Dhiyâ* ضياء also means light, thus the word is synonymous with *Nûr* نور, but *Nûr* is more extensive and more penetrating as well as more lasting in its significance than *Dhiyâ* ضياء. Some lexicologists consider *Dhiyâ* ضياء as signifying the rays that are diffused by what is turned *NûriÌåÃ. That* is why *Nûr* نُور is one of the names of God as it is more extensive more penetrating as well as more lasting in its significance. It is the base and source of *Dhiyâ* ضياء. *Nûr* نُور is singular. Its plural forms are *Anwâr* انوار and *Nîrân* نيران . The Holy Qur'ân always mention only the singular form while the word Zulumât ظلمات (darknesses) is used always in plural. This indicates that the source of light or guidance is only One but the sources of falsehood and the means to go astray are countless, manyfold and different. The constant use of the plural form Zulumât ظلمات in the Holy Qur'ân also indicates that sin and vice never exist in isolation. One vice attracts another and one misfortune draws another. (L; R; T; LL; Muhît)

Nâr نار *(n.)*: (5:64). ***Nûr*** نُور (*n.*): (24:35)

The root with its above two form is used about 194 times in the Holy Qur'ân.

Nâsa ناس
ناسا ؛ يَنُوس

To swing, halt in a place, move, toss. *Al-Nâsun* النّاس: Collective noun regarded as the plu. of *Insân* إنسان (human being). According to some its root is *Unâs*. Its first letter *Hamzah* is taken off when preceded by *Al*. According to others it is derived from *Nasiya* نسَى (to forget, forsake), and its origin is *Insiyân* إنسيان on the measure of *Ifilân*. It is also said its origin is *Nâsa* ناس (to swing, halt in a place, move, toss.) All these meanings describe the human being.

Al-Nâs الناس (*collective noun*): Human being; Mankind. (L; R; T; LL)

The word is used in the Holy Qur'ân as many as 241 times

Nâsha ناشَ
نوشا ؛ يَنُوش

To take, seize, receive, attain

Tanâwush تناوش (*v. n.VI.*): The act of taking etc. (34:52). (L; R; T; LL)

Nâsa ناصَ
نَوصا ؛ يَنُوص

To flee away, shun, evade, retreat, escape, take shelter,

Manâs مَناص (*n. p.*): Time or place for escape etc. (38:3) (L; R; T; LL)

Nâqa ناقَ
نَوقا ؛ يَنُوق

To clean the flesh from fat, train a camel, set in order, do carefully. *Nîqatun* نيقَة : Zeal; Skill; Daintiness; Refined; Best; Top of a mountain; A big and long mountain. *Nâqatun* ناقة: She camel, as it is the best thing according to Arabs.

Nâqatun ناقة (*n.f.*): She camel. (L, T, R, LL)

The word has been used in the Holy Qur'ân about 7 times.

Nâma نَامَ

نوما ؛ يَنُوم

To sleep, slumber, become calm, abate, dull, be numbed, dose.

Naum نوم (v.n.): Sleep etc. ***Manâm*** مَنَام (*v.m.n.*): Dreaming; Sleeping, Sleep; Time or place of sleeping; Vision (eye); Place of sleep. ***Nâ'imûn*** نائم (*act. pic. m. plu.*): Sleeping. (L; R; T; LL)

The root has been used in its above three forms about 9 times in the Holy Qur'ân.

Nawâ نَوَى

نية، نواة ؛ يَنوي

To intend. propose, design, resolve scheme, aim.

Nawâ نَوٰى (*n.*): Date-stone (6:95) (L; R; T; LL)

Nâla نَالَ

نَيلاً ؛ ينال

To obtain, procure, get, attain, reach, matter.

Yanâlu ينال (*imp.3rd.p.m.sing.*): Reaches; Matters, etc. ***Tanâlu*** تنال (*imp. 3rd. p. f. sing.*): Reaches. ***Tanâlû*** تنالوا (*imp. 2nd. p. m. plu.*): Ye shall attain, reach. ***Yanâlû*** ينالوا (*imp. 3rd. p. plu. Juss.*): They attain. ***Yanalûna*** ينالون (*imp-3rd.p.m.plu.*): They attain. ***Nailan*** نيلا (*v. n.*): An attainment. That which any one gets or receives. (L; R; T; LL)

The root with its above forms has been used in the Holy Qur'ân about 12 times.

Hâ

ه H

Twentysith letter of the Arabic alphabet It is pronounced as *hâ*, equivalent to English H. According to *H̲isâb Jummal* (mode of reckoning numbers by the letters of the alphabet) the value of *hâ* is 50.

Hâ ها

A letter used as caution. It is used as prefix to demonstrative pronouns such as *Hâd̲h̲â* هذا (this) *Hâ ûlâi* هٰؤلاءِ (those) and postfix to the possessive pronoun as *ha* ه, *hâ* ها, *hum* هم (his, her, theirs). It is also used as prefix of the personal pronoun of the 3rd. person (*hum* هم, *humâ* هُما, *heya* هِيَ, *huwa* هَو, *hunna* هُنّ - he, him, she, her, it, both, them, they). As pronoun it is postfixed to nouns and verbs as (*ha* ه, *hâ* ها, *hum* هم, *hunna* هُنّ - his, her, it, them). This particle must no be confounded with *Hah* (هْ) which is occasionally found at the end of words in case of pause and hence called *Hâ al-waqf* ها الوقف as in the end of verses 69:17,18,19,20.

Hâ antum هاانتم: Behold! Look! Lo! (3:66,119; 4:109; 47:38.) ***Hâ'umo*** هاؤُم : Here take thou this. (69:19). ***Hâtû*** هأتوا (*perate. 2nd. m. plu.*): Bring forth; Produce. (2:111; 21:24; 27:64; 28:75.) ***Hataini*** هاتين (*dem. pronoun acc. dual f.*): These two women. ***Hâdhâni*** هٰذان (*dem. pronoun dual m.*) These two men (20:63; 22:19). ***Hâkadhâ*** هٰكذا (comp. of *Hâ* -word of caution, *Ka* - similarity and *dhâ* - that): Just like that. (27:42). ***Hâhunâ*** هٰهنا (comp. of *Ha* - here and *Hunâ* - in this place): Just here in this place. (3:154; 5:24; 26:146; 69:35). (L; T; R; LL)

Habata هَبَط

هبطًا ؛ يهبُط ، يَهبط

To go forth, descend, cause to come down, descend from a high state to a low one, move from one place to another, enter into, change in condition, come forth from, become low, be degraded.

Yahbitu يهبطُ (*imp. 3rd. p. m. sing.*): Falleth down. ***Ihbit*** إهبط (*prt. m. sing.*): Get down; Descend. ***Ihbitâ*** إهبطا (*prt. dual*): Go hence you both. ***Ihbitû*** إهبطوا (*prt. m. plu.*): Go forth from this state; Go to some town; Get down from this land. (L; R; T; LL)

The root has been used in the above four form about 8 times in the Holy Qur'ân.

Haba هَبَا

هُبُوًّا ؛ يهبو

To rise so as to float in the air (dust), be turned into ashes (embers)

Habâun هباءُ (*n.*): Dust flying in the air; Atoms of dust; Dust particles. (25:23; 56:6) (L; T; R; LL)

Hajada هَجَدَ

هَجدا ؛ يَهجُد

To sleep watch, remain awake. *Hajjada* هجّد: To awake from sleep, pray in the night. *Ahjad* اهجد: To lay the neck upon the ground (camel). *Tohajjad* تهجّد: Remain awake. In Islamic religious terminology *Tahajjud* تهجّد is the Prayer performed after rising from sleep in the latter portion of the night though it is not an obligatory Prayer yet as stated in 17:79 it is the means of raising a person to a position of great glory. The time at which it is performed is most suited for the concentration of mind and for communion with God. To rise from the sleep and pray during a part of the night and keep vigil is an addition to the five obligatory Prayers.

Tohajjad تُهجّد (*prt. m. sing. V.*): Remain awake. (17:79) (L; R; T; LL)

Hajara هَجَرَ

هِجرانا ، هَجرا ؛ يهجُر

To leave, abandon, desert, forsake, renounce, depart, quit, separate oneself from, quit break with, abstain from, shun, leave with body or tongue or heart, leave lust and bad manners. *Hijr* هُجر : Bad manner, shameful action, nonsense talk.

Tahjurûna تَهجرون (*imp 2nd. p. m. plu.*): You gave it up, talk nonsense, leave etc. ***Ihjur*** إهجر (*prt. m. sing.*): Depart; Shun. ***Ihjurû*** إهجروا (*prt. m, plu.*): Depart, leave. ***Hajran*** هَجرا (v. n.): Act of departing. ***Mahjûran*** مَهجورا (*act-pic. m. sing. acc.*): Taken as nonsense, of no account. ***Hajara*** هجر (*prf. 3rd. p. m. sing. III.*): Migrated. ***Hâjaru*** هاجروا (*prf. 3rd. p. m. plu. III.*): They migrated. ***Hâjarna*** هاجرنا (*prf. 3rd. p. f. plu. III.*): They (*f.*) migrated. ***Yuhâjir*** يهاجر (*imp. 3rd. p. m. sing. III. Juss.*): Migrates. ***Tuhâjiru*** تهاجر (*imp. 3rd. p. m. plu. III. Juss.*): They migrate. ***Tuhâjirû*** تهاجروا (*imp. 2nd. p. m. plu. III. Juss.*): Ye migrate. ***Muhâjirun*** مهاجر (*ap-der. m. sing. III.*): One who leaves his homeland for the sake of faith. In the Holy Qur'ân this refers to those who migrated from Makkah for Islamic cause. ***Muhâjirîn*** مهاجرين (*ap-der. m. plu. acc.*): Those who migrated (from Makkah for Islamic cause). ***Muhâjirât*** مهاجرات (*ap-der. f. plu. III.*): Women who migrated (from Makkah).

The root with above forms has been used in the Holy Qur'ân about 31 times.

Haja'a هَجَعَ

هَجعا ؛ يَهجَع

To sleep and slumber at night calmly and quietly.

Yahj'aûna يَهجَعون (*imp.3rd. p. m. plu.*): They were in the habit of sleeping at night (51:17) (L; R; T; LL)

Hadda هَدَّ

هُدودًا ، هدًّا ؛يَهُدّا

To break, crush, overthrow, pull down, crumble down,

demolish, fall down in pieces.
Haddan هَدّاً (*v. n. ass.*): Action of falling down in pieces. 19:90 (L; T; R; LL)

Hadama هَدَمَ

هَدماً ؛ يهدم

To overturn, break, demolish, put down, fall down in pieces.
Huddimat هُدّمت (*prf. 3rd. p. f. sing. II.*): Was demolished etc. (22:40) (L; R; T; LL)

Hadhada هَدهَدَ

هَدهَداً ؛ يَهدّهُد

To coo (as a dove), grumble (as a camel), dandle (as a child), throw (a thing down). *Hadhadatun* هدهدة: Murmuring sound. *Hadâhid* هداهد: Patience. *Hudhud* هدهد: Contrary to popular belief, based on fables and fictions *Hudhud* هدهد was not a bird, hoopoe or lapwing or peewit, employed by the king Solomon as his message-bearer, but a human being of this name. In every nation many of the proper names given to human beings, men and women, will be found to be identical with flowers and the names of animal. The Arab writers speak of a king of Himyar as *Hudad*, which is almost identical with *Hudhud* هدهد. The Bible speaks of a king of Syria, named Ben Hadad (1 kings, 15:18). *Hudhud* هدهد was also the name of the father of Balqîs the Queen of Sheba (Muntahâ al-Arab). According to Lisân al-Arab Hudhud is also written as Hudâhad, and Hadâhad and hadad was the name of a tribe in Yeman. It has been the name of several Edomite Kings. A son of Ismâil, too, bore this name. An Edomite prince who fled to Egypt for fear of Jacob's massacre was known by this name (1 king, 11:14). The name appeared to be so popular and is so frequently used in Jewish Bible that when used without a qualifying word it means a man of the Edomite family (Jewish Ency). Solomon says about Hudhud, I will certainly punish him very severely rather I will execute him or else he must give me some valid excuse for remaining absent (27:20). It is inconsistent with Solomons dignity and status as a great monarch and a Divine Prophet to be so angry and harsh with a small bird, a hoopoe, as to be prepared to inflict severe chastisement upon it or even to kill it.

Moreover *Hudhud* هدهد or hoopoe, being not a migratory bird, cannot fly long distances and therefore could not have been selected for the journey to Sheba and back (27:22). Hudhud هدهد seems to be well-acquainted with the rules, regulations and requirements of states and also well-versed in the Knowledge about Divine Unity (27:24,25) which birds are not. It follows from these facts that *Hudhud* هدهد was not a bird but a man, even a very responsible officer of the state or a general who had been entrusted with an important political mission by king Solomon to the Queen of Sheba. That there is nothing strange in such a name being given to men.

Hudhud هدهد: Proper name of a responsible officer in the service of king Solomon. (27:20). (L; T; R; LL)

Hada هَدَى

هَدْيًا ، هُدًى ؛ يهدي

To guide, show with kindness the right path (90:10), lead to the right path (29:69) and to make one follow the right path till one reaches the goal (7:43).

Hadan هَدى (*prf. 3rd. p. m. sing.*): Guided; Directed etc. ***Hadaita*** هَدَيتَ (*prf. 2nd. p. m. sing.*): Thou hast guided. ***Hadainâ*** هَدَينا (*prf. 1st. p. plu.*): We have guided. ***Yahdî*** يَهدي (*imp. 1st. p. m. sing. juss*): I Guide. ***Yahdi*** يهد (*imp. 3rd. p. m. sing. juss. Yâ d.)*: He guides. ***Yahdûna*** يَهدون (*imp. 3rd. p. m. plu.*): They guide. ***Tahdî*** تَهدي (*imp. 2nd. p. m. sing.*): Thou guide. ***Ahdî*** أهدي (*imp. 1st. p. sing.*): I shall guide. ***Ahdi*** أهد (*imp. 1st. p. sing.* final *Yâ* dropped.): I would guide. ***Tahdû*** تَهدوا (*imp. 2nd. p. m. plu. f. d.*): Ye may guide. ***Nahdî*** نَهدي (*imp. 1st. p. plu.*): We guide. ***Nahdiyanna*** نَهدين (*imp. 1st. p. plu. emp.*): We shall certainly guide. ***Ihdi*** أهدِ (*prt. m. sing.*): Guide. ***Ihdû*** إهدوَ (*prt. m. plu.*): Lead. ***Hudiya*** هُديَ (*pp. 3rd. p. m. sing.*): Was guided. ***Hudû*** هدوا (*pp. 3rd. p. m. plu.*): They were guided. ***Yuhdâ*** يُهدٰى (*pip. 3rd. p. m. sing.*): Is being guided. ***Hâdî*** هادي (*act. pic. m. sing.*): Leader. ***Hâdi*** هاد (*act. pic. m. sing.. Yâ .* dropped): Leader. ***Hâdiyan*** هاديا (*act. pic. m. sing. acc.*): Leader. ***Yahiddî*** يهدّي (*imp. 3rd. p. m. sing. VIII.*): He be guided. The word *Hadda* belongs to the form VIII. *Ift'iâl*. It is taken as a changed form of *Yahtadî* يَهتدي through assimilation. It occurred only once in the Holy Qur'ân, (10:35). ***Ihtadâ*** إهتدٰى (*prf. 3rd. p. m. sing. VIII.*): Followed the right path. ***Ihtadau*** إهتَدَو (*prf. 3rd. p. m. plu. VIII.*): They followed the right path. ***Ihtadaitu*** إهتديت (*prf. 1st. p. sing. VIII.*): I followed the right path. ***Ihtadaitum*** إهتَديتم (*prf. 2nd. p. m. plu. VIII.*): Ye found the right path. ***Yahtadî*** يهتدي (*imp. 3rd. p. m. sing. VIII.*): Finds the right path; Follows the right path. ***Yahtadûna*** يهتدون (*imp. 3rd. p. m. plu. VIII.*): They find the right path ***Tahtadî*** تهتدي (*imp. 3rd. p. f. sing. VIII.*): She follows the right path. ***Yahtadû*** يهتدوا (*imp. 3rd. p. m. plu. VIII. f. d.*): They will find the path. ***Nahtadiya*** نهتدىَ (*imp. 1st. p. plu.*): We could have been led a right; We could have been guided. ***Muhtadi*** مهتد (*ap-der. m. sing. VIII. f. d.*): One who found guidance. ***Muhtadûna*** مهتدون (*ap-der. m. plu. VIII.*): Those who found guidance. ***Muhtadîna*** مهتدين (*ap-der. m. plu. VIII. acc.*): Those who found guidance. ***Ahda*** اهدِ (*elative*): Better guided than others. ***Hudâ*** هدٰى (*v.n.*): Guidance. A direction that indicates the right way. The words *Hudâ* هدٰى and *Hidâyat* هدايت are equal and have the same meaning, but the word *Hudâ* هدٰى is particularly then used when Allâh guides a person. ***Hadyun*** هديٌ (*n.*): Offering (animals to be slaughtered during Hajj). ***Hadiyyatun*** هديّة (*n.*): Gift; Present. (L; T; R; LL; Baqâ)

The root with its above form has been used in the Holy Qur'ân as many as 316 times.

Haraba هَرَبَ

هَرَبا ؛ يَهرُب

To run away, flee, escape

Haraban هَرباً (*v. n. acc.*): Flight. (L; T; R; LL;)

This has been used in the Holy Qur'ân once.

Harata هَرَتَ

هَرتا؛ يَهرُت ، يَهرت

To spear, slit, widen, impair (reputation), have a wide mouth, have wide sides of the mouth, tear up. *Hârût* هاروت: A descriptive name one who tore up. According to Ibn 'Abbâs *Harût* هاروت and *Marût* ماروت were two men (Baghawî). They are both descriptive names the former being derived from *harata* هَرَتَ (he tore up) and *marata* مرت (he broke). These names signify that the object of these men (kings) was to tear asunder and break the glory and power of the empire of the enemies of the Israelites. The Holy Qur'ân discredits the Christian and Jewish stories of sinning and rebellious angels (II Epistle of Peter 2:4; Epistle of Jude 5:6; Midrash). See also *Mârût* ماروت.

Hârût هاروت: Name of an Israelite king who was given the power and authority by God to destroy the enemies of the Israelites. (2:102). (L; T; R; LL)

Hari'a هَرِعَ / Hara'a هَرَعَ
هَرعا ؛ يَهرَعُ

To walk with quick and trembling gait, run or rush, flow quickly, hurry, hasten.

Yuhra'ûna يهرَعون (pip. 3rd. m. plu.): Driven on by some force; Hastening; Hurried. (11:78; 37:70). (L; T; R; Zamakhsharî; LL)

Hârûn هارُون

Hârûn هارُون (proper name): Aaron, Name of a Prophet in the Holy Qur'ân.
The word has been used in the Holy Qur'ân about 20 times.

Haza'a هَزَءَ /Hazi'a هَزِءَ
هُزأ، هُزواً ؛ يَهزَءُ

To bring down disgrace upon, send down contempt, requitt with punishment according to their mockery. In Arabic punishment for an evil dead is an evil the like thereof (42:40) The famous Arab poet 'Amar bin Kulthûm says:

الا لا يجهلن احد علينا
فنجهل فوق جهل الجاهلينا

"Beware! None should dare employ ignorance against us, or we will show greater ignorance, we will avenge his ignorance."

Huzuwan هُزواً (v. n.): Ridicule; Jest; Laughing stock; Mockery; Have been treated scornfully. *Istuhzi'a* إستُهزِءَ (pp. 3rd. p. m. sing. X.): He was mocked, treated scornfully. *Yastahzi'u* يَستَهزِءُ (imp. 3rd. p. m. sing. X.): He will bring down disgrace. *Yastahzi'ûna* يَستَهزِءون (imp. 3rd. p. m. plu. X.): They have been taking lightly. *Tastahzi'ûna* تَستَهزِءون (imp. 2nd. p. m. plu. X.): You talk so lightly. *Yustahza'u* يستَهزَءُ (pip. 3rd. m. plu. X.): Being ridiculed. *Istahzi'û* إستَهزِءوا (prt. m. plu. X.): Take it lightly. *Mustahzi'ûna* مُستَهزِءون (ap-der. m. plu.): We were making light of them. *Mustahzi'în* مُستَهزِئين (ap-der. m. plu. acc.): We were making light of them. (L; T; R; LL) The root has been used in the Holy Qur'ân in the above form about 34 times

Hazza هَزَّ
هَزواءً، هَزّاً ؛ يَهُزُّ

To shake, brandish wave, thrill, stir, throb, shift,

wrangle.

Huzzî هزّي (*prt. f. sing. assim.*): Shake, etc. ***Ihtazzat*** إهتَزّت (*prf. 3rd. p. f. sing.*): Throbbed; Thrilled. ***Tahtazzu*** تَهتَزّ (*imp. 3rd. p. f. sing. assim. VIII.*): Shifts; Wrangles. (19:25; 22:5; 41:39; 27:10; 28:31). (L; T; R; LL)

Hazala هَزَلَ

هَزلا ؛ يَهزُل

To be thin and lean, useless, fruitless unprofitable, unproductive, vain, exhausted, joke, talk idle.

Hazl هزل (*v: n.*): Vain, Joke, Idle, Jest. (86:14) (L; T; R; LL)

Hazama هَزَمَ

هَزماً ؛ يَهزم

To rout, defeat, overcome, put to flight.

Hazamû هَزمُوا (*prf. 3rd. p. m. plu.*): They routed, defeated (2:251). ***Yuhzamu*** يُهزم (*pip. 3rd. p. m. sing.*): Will be defeated (54:45). ***Mahzûmim*** مهزوم (*pact. pic. m. sing.*): Routed or defeated one (38:11) (L; T; R; LL)

Hashsha هَشَّ

هَشا، يَهُشُ

To beat down the leaves of a tree.

Ahushshu اهُشّ (*imp. 1st. p. sing. assim VI.*): Beat down leaves of trees (20:18) (L; T; R; LL)

Hashama هَشَمَ

هَشما ؛ يَهشم

To crush, break.

Hashîm هَشيم (*act. 2. pic. m. sing.*): Crushed (54:31). ***Hashîman*** هَشيما (*act. 2. pic. m. sing. acc.*): Crushed (18:45). (L; T; R; LL)

Hadzama هَضَمَ

هَضما ؛ يَهضم

To withhold one's dues, be near break (spathes), oppress, do wrong, fall on each other (spathes), be slander.

Hadzman هَضما (*v. n. acc.*): Withholding of that which is due. (20:112). ***Hadzîmun*** هَضيم (*act. 2. pic. m. sing.*): Near breaking falling to each other (spathes) (26:148). (L; R; T; LL)

Hata'a هطع

هَطعا ؛ يَهطع

To hasten forward, go along fearfully in looking fixedly at a point. *Ahta'a* احطع: To walk fast while stretching the neck (camel).

Muhti'îna مهطئين (*ap-der. m. plu. IV.*): They will be running in panic with their necks outstretched. (14:43; 54:8; 70:36) (L; T; R; LL)

Hal هل

An interrogative article as: Is there; Shall I? Does he?

Whether? When followed by *Illâ* إلاّ may signify a negative statement to deny a thing as in 67:3. Sometimes it is used to express a positive statement to determine the certainty of a thing as in 76:1 (L; T; Qurtubî; LL)

Hali'a هلِعَ
هَلوعا، هلعا، يهلع

To be very anxious, impatient.

Halû'an هلوعا (*intens acc.*): Very impatient. (70:19) (L; T; LL)

Halaka هَلَكَ/ Halika هَلِكَ
هَلكا؛ يَهلك، يهلك

To die, parish, wasted, be lost, destroyed, spoiled.

Halak هَلَكَ (*prf. 3rd. p.m. sing.*): Perished; Died; Lost. ***Yahlika*** يَهلك (*imp. 3rd. p. m. sing.*): Might/would die or perish. ***Hâlikun*** هالك (*act. pic. m. sing.*): ***Hâlikîn*** هالكين (*act. pic. m. plu. acc.*): Those who are dead. ***Mahlika*** مُهلك (*n. p. t.*):Time or place of destruction. ***Tahluka*** تَهلك (*v. n.*): Perdition. ***Ahlaka*** اهلك (*prf. 3rd. p. m. sing. IV.*): Caused to perish. ***Ahlaktu*** اهلكْت (*prf. 1st. p. sing. IV.*): I have wasted. ***Ahlakat*** اهلكت (*prf. 3rd. p. m. sing. IV.*): Destroyed. ***Ahlakta*** اهلكت (*prf. 2nd. p. m. sing. IV.*): Thou hast destroyed. ***Ahlaknâ*** اهلكنا (*prf.1st. p. plu. IV.*): We have destroyed. ***Tuhlik*** تُهلك (*imp. 2nd. p. m. sing. IV.*): Thou destroy. ***Nuhlik*** نُهلك (*imp. 1st. p. plu. IV.*): We destroy. ***Yuhlikûna*** يهلكون (*imp. 3rd. p. m. sing. IV.*): They destroy. ***Uhlikû*** اهلكوا (*pp. 3rd. p. m. sing. II.*): They have been perished. ***Yuhlak*** يهلك (*pp. 3rd. p. m. sing. II.*): would be destroyed. ***Muhlika*** مهلك (*ap-der. m. sing. IV.*): One who destroys. ***Muhlikû*** مُهلكوا (*ap-der. m. plu. IV. gen. f. d.*): Those who destroy. ***Muhlikî*** مهلكي (*ap-der. m. plu. IV. gen. f. d.*): Those who destroy. ***Muhlakîn*** مهلكين (*pis. pic. m. plu. IV. acc.*): Those are dead, who are perished. (L; T; R; LL;)

The root has been used with above form in the Holy Qur'ân about 68 times.

Halla هَلّ
هَلاًّ ؛ يَهُلّ

To appear (new moon) begin (of lunar month). *Ahalla* اهلّ: To invoke the name of God upon an animal before slaughtering it.

Uhilla اُهِلّ (*pp. 3rd. p. m. sing. IV.*): On which invocation has been made. (2:173; 5:3; 6:145; 16:115). ***Ahillatu*** اَهِلّة (*n. plu.*): New moons; Lunar months (2:189).

Halumma هَلُمَّ

This word is a combination of *Hâ* ها (look) and *Lamma* لمّ (get ready, come, bring) Lo! Bring. Lo! Come. According to other lexicologist it is a combination of *Hal* هل (is) and *Amm* أمّ (intention). (L; T; R; LL)

Halumma هلمّ (6:150). Lo! Come (33:18).

Hamada هَمَدَ

هَمداً ؛ يهمُد

To be lifeless, barren

Hâmidatun هامدة (*act. pic. m. sing*): Barren; Lifeless (land) (22:5) (L; T; R; LL)

Hamara هَمَرَ

همراً ؛ يهمَر

To pour forth (rain), pour down in torrent.

Munhamirun منهَمر (*ap-der. m. sing. VII.*): Pouring down in torrent (54:11) (L; T; R; LL)

Hamaza هَمَزَ

هَمزاً؛ يهمُز ، يهمز

To backbite, defame push back with a blow, pinch, repel, find fault with, suggest evil, break, throw (on the ground), squeeze, bite.

Hammâz همّاز (*ints.*): Backbiter; Defamer etc. (68:11). *Humazatin* هُمَزة: Slanderer; Back biter (104:1). ***Hamazât*** هَمزات (*n. p.*): Mischief-mongering (23:91) (L; T; R; LL)

Hamasa هَمَسَ

هَمساً ؛ يَهمس

To whisper, utter an indistinct word, murmur faintly.

Hamsan هَمساً (*v. n.*): Faint murmur. etc. (20:108). (L; T; R; LL)

Hum هُم /Him هِم

They are indeclinable pronouns of 3rd. p. m. plu. *Hunna* هُنّ /*Hinna* هِنّ *f.* form: dual form. *Humâ* هما / *Himâ* هما: dual form (They two). When used as an affix after a verb or preposition. *Hum* هُم /*Him* هِم must be rendered "them" and when after a noun to be rendered "their". (Mughnî; Baqâ; Kf.; Muhît)

Hamma هَمَّ

هَمّا؛ يَهُمّ

To worry, regard, care, concern, ponder anything in one's mind, desire, meditate, think about, design, anxious, plot against, intend, purpose.

Hamma هَمَّ (*prf. 3rd. p. m. sing.*): Had made up his mind; Intended.

Hammat هَمّتْ (*prf. 3rd. p. f. sing.*): She intended, made up her mind. ***Hammû*** همّوا (*prf. 3rd. p. m. plu.*): They desired, disposed, made up their minds, intended. ***Ahammt*** اهمّتْ (*prf. 3rd. p. f. sing. IV.*): Cared for, had made anxious. (L; T; R; LL) The root with its above four forms has been used in the Holy Qur'ân about 9 times.

Huna هُنا

Here, at such a time, in this place, it is. (Indication of time and place which is near). *Hunâ* هُنا, *Hunâka* هناك, *Hunâlika* هنالِك : As it is. Dhâ ذا, Dhâka ذاك, Dhâlika ذالك. *Hâhunâ* هٰهنا : Here, in the place. (Mughnî; Baqâ; Kf)

Hamana هَمَنَ

هَمنا ؛ يَهمَن

To put a thing in a purse or girdle. (L; T; R; LL)

Hâmân هامان: The title of the high priest of the god Amon. *Hâm* in Egyptian language means high priest. *Hâmân* هامانwas in charge of the treasury and the granary and also of the soldiers and all the craftsmen. Being the head of the extremely rich sacerdotal organization his power and prestige had increased so much that he controlled the most influential political factions of the country. The proper name of Hamân, the high priest under pharaoh Ramases II and his son Merneptah was Nebunnef. This Hâmân is not to be confused with the person *Hâman* of Jewish Bible (the Book of Esther,3) who was a minister of a Persian king, lived many ages after Moses. *Hâmân* هامان as used in the Holy Qur'ân is not a proper name but the Arabicized echo of the compound designation *Hâ-Amon* given to every high priest of the Egyptian god Amon. Pharaoh demanded that Hâmân erects for him a lofty tower from which he could have a look at the god of Moses (28:38; 40:36). This is a contemptuous reference to Moses' concept of God as an All-Embracing Power, inconceivably high above all that exists.

Hâmân هامان: Title of the high priest of the cult of Amon during the reign of Rameses II. and Merneptah.

The name has been used in the Holy Qur'ân as about 6 times.

Haimana هَيمَنَ

To watch over, oversee, expand the wings (hen over

their chickens), control. To be witness to, offer security and peace, control, protect, determine what is true. *Muhaimanun* مَهيمن: Guardian to watch and determine what is true and what is false witness; Afforder of security and peace; Controller and superintendent of all the affairs; Guardian; Protector. The Holy Qur'ân is spoken of as a *Muhaiman* مَهيمن over the previous scriptures (5:48). This is to describe it as the determining factor in deciding what is genuine and what is false in the remnants of earlier scriptions. The Holy Qur'ân has preserved all that is of permanent worth and value in them, and has left out that which fail to meet the needs of mankind. The Holy Qur'ân is called a guardian over the previous scriptures as it enjoys Divine protection against being tampered with, a blessing denied to them.

Muhaiminan مُهيمن (*ap-der. m. sing. quad acc.*): Name of the Holy Qur'ân (5:48). ***Muhaiminan*** مُهيمن is also one of the excellent names of Allah (59:22) as He is Guardian to determine what is true and false and watch over, Who expands His wings of love and protection over his creature, controls their affairs, determines what is true and what is false. As a *Mohaimim* مَهيمن He is Afforder of peace and security. (L; T; R; LL)

Hunâlika هنالك

Composed of *hunâ* هناَ (here) with the affix *lika* لك (there, in that place, at that time. In the same way as from the pronoun <u>*dhâ*</u> ذا the word <u>*dh*</u>*âlika* ذالك is derived. (Mug<u>h</u>nî, Zama<u>kh</u>sharî; Baqâ; L; T; R; LL)

It has been used in the Holy Qur'ân about 9 times

Hana'a هناء

هَناَ ؛ يَهنَؤ

To anoint a camel with pitch, be wholesome, make the food, wholesome, easy to digest, do good, promote health. *Hani'un* هنيٌ: Take it and make use of it, make use of your profit and advantage.

Hanî'an هَنيأ (*act. 2. pic. m. sing.*): May it be wholesome or profitable; Much good may it do you. It is the accusative or advertical form of *Hani'un* هنّي. (L; R; T; LL) This word has been used in the Holy Qur'ân about about 4 times.

Hâhunâ هٰهُنا

Composed of *Hâ* ها (Behold!) and *Hunâ* هنا (here, in this place). (L; T; R; LL)

Huwa هُوَ

He; It. It is an indeclinable personal pronoun of the 3rd. p. m.sing. (Mughnî; Baqâ; L; T; LL)

Hâda هاد

هُودًا ؛ يَهُود

To become a Jew, be guided, return to one's duty gently. *Tahweed*: To creep, crawl; Repentance

Hâdû هادُوا (*prf. 3rd. p. m. plu.*): Who are Judaised. ***Hudnâ*** هُدنا (*prf. 1st. p. plu.*): We have been guided, we have returned to our duty, we have turned in repentance. ***Hûdan*** هودا (n.): Jew, ***Yahûdî*** يهُودى /***Yahûdiyyan*** يهوديا : Jew, Judaised. (L; T; R; LL)

The root has been used in the Holy Qur'ân with the above five forms about 23 times.

Hûd هود

Name of a prophet. He was seventh in descent from Noah, and was sent to the tribe of *'Ad*. The Adites lived in the remote parts of Arabia. At one time their rule was over the most parts of Arabia, Yemen, Syria and Mesopotamia. They were the first people to exercise dominion over practically the whole Arabian peninsula. This name was used not for a single tribe but for a group of tribes, whose different section rose to power at different times. They left behind them inscriptions with the names of the ruler groups, though they all belonged to the main *'Ad* Family. In the Pre-Christian era, Yemen was ruled by a tribe called Adramital who were no other than the *'Ad*. They have been called *'Ad-i-Iram* in the Holy Qur'ân (89:7).

The name was used in the Holy Qur'ân about 7 times.

Hâra هَارَ

هَورا ؛ يَهُور

To fall to ruin, crumble, be about to fall, fall from a high place. He demolished or pulled down or pulled to pieces. It fell to pieces or broke down and collapsed. It is both transitive and intransitive. (L; T; R; LL)

Anhara انْهَرَ (*prf. 3rd. m. sing. VII.*): Crumbled; Tumbled to pieces; Fell in ruin (9:109). ***Hârin*** هار (*adj.*): Crumbling; Weak. (Mughnî; Baqâ; L; T; LL)

Hâ'ulâi هٰؤلاء

Those. An indeclinable pronoun used as the plural of *Hâdhâ* هذ and composed of *Hâ* ها and *ûlâi* ألاء. The Alif at the end of *ûlâi* is called *Alif al Wiqayah* الف الواقعة or *Alif* of precaution to prevent the final *Wâw* being taken for the conjunction 'and'. It is used as plu. of *Hâdhâ* هذا, *'Ulû* اولو, *'Ulât* اولات. (Mughnî; Baqâ; L; T; LL)

Hâna هَان

هَونا ؛ يَهُون

To be light, vile, owe despicable, quiet, become weak gentle, contemptible, base. *Hawwana* هَوّن: To facilitate, despise, condemn. *Ahâna* اهان: To despise, scorn

Haunan هَونا (*v.n.*): In humility but in dignified manner and gently. ***Hayyin*** هيِّن (*adj.*): Easy, light. ***Ahwan*** اهون (*ints.*): More easy then. ***Ahâna*** اهان (*prf. 3rd. p. m. sing. V.*): Disgraced. (*com of Ahâna + nî*). ***Yuhin*** يُهن (*imp. 3rd. p. m. sing. IV.*): Has disgraced. ***Muhînun*** مُهين (*ap-der. m. sing.*): That renders disgraceful, shameful, humiliating. ***Muhînan*** مُهينا (*ap-der. m. sing. acc.*): Humiliating. ***Muhânun*** مُهان (*pis. pic. m. sing.*): Disgraced one. (L; T; R; LL)
The root has been used in the Holy Qur'ân with above forms about 26 times

Hawâ هَوَى

هُويّاً ؛ يَهوِى

To fall steep as a bird to its prey, rev, perish, pull down, destroy, disappear, yearn, fancy, beguile, infatuate, be blown, inspire with low passion.

Hawa هَوىَ (*prf.. 3rd. p. m. sing.*) Reved; Fall, Sett; etc. ***Tahwî/ Tahwa*** تهوي / تَهوَى (*imp. 3rd. p. f. sing.*) Desires. ***Huwa*** هوى (*n.*): Love; Desire. ***Ahwâun*** اهواء (*n. plu.*): Desires, fancies. ***Ahwâ*** اهواء (*prf. 3rd. p. m. sing. IV.*): Overturned, pulled down. ***Hawâun*** هواء (*n.*): One void of courage and hope. ***Hâwiyah*** هاوية (*n.*): Lowest pit of hell; Abyss; Deep place. ***Istahwat*** إستهوت (*prt. 3rd. p. m. sing. X.*): Beguiled; Infatuated; Made to follow his caprices; Took away all his reason leaving him confounded. Made his evil desires look fair in his eyes. (L; T; R; LL)
The root has been used with its above forms in the Holy Qur'ân about 38 times.

Hiya هِيَ

She. It. An undeclinable personal pronoun of the 3rd. p. sing. (Mughnî; Baqâ; L; T; LL)

Hâ'a هاء

هَيئ، يَهاءُ ؛ يَهئُ

To be prepared, make ready, long for.

Yuhayyiun يُهَيِّئُ (*imp. 3rd. p. m. sing.*): Will prepare. ***Hayyîun*** هَيِّء (*prt. m. sing.*): Thou may prepare, arrange. ***Hai'at*** هيئة (*n.*):

Form; Figure; Likeness. (18:10,16; 3:49; 5:110). (L; T; R; LL)

Haita هَيتَ

Come, come forth, come on, I am ready and prepared.

Haita هَيتَ (*prt. m. sing.*): Ready (12:23). (L; T; R; LL)

Hâja هاجَ

هَيجانا ، هَيجاً ؛ يهيج

To rush forth, be moved, agitated, raised, excited, wither, fade, rush forth

Yahîju يَهيج (*imp. 3rd. p. m. sing.*): Withereth, Blows, Flourishes (39:21; 57:20). (L; T; R; LL).

Hâla هالَ

هَيلا ؛ يَهيل

To pour out, heap up

Mahîlan مَهيلاً (*pis. pac. f. sing.*): Poured out; Heaped up. (73:14) (L; T; R; LL)

Hâma هَامَ

هيماً ؛ يهيم

To wander about without any purpose, love passionately, rage with thirst form disease.

Yahîmûn يَهيمون (*imp. 3rd. p. m. plu.*): They wander about without any purpose, wander distracted (26:225). ***Hîm*** هيم (*n.*): Thirsty she camel; She camel that suffer from insatiable thirst because of disease (56:55) (L; T; R; LL)

Hâtu هاتوا

Compound word of *hâ* and *tû*.: Bring ye! (Mughnî; Baqâ; L; T; LL)

Hîha هيَهْ

Personal pronoun of *Hiya* هيَ where an additional *Hâ* suffixed to indicate the final letter's vocalization: That.

Hîha هيَهْ (*3rd. p. f. sing.*) That. (101:10) (Mughnî; Baqâ; L; T; LL)

Haihâta هَيهاتَ

Haihât هَيهاتَ : Away; Very far (23:36). (L; T; R; LL).

Wâw
W و

The twenty seventh letter of the Arabic alphabet. It is one of the class termed *shafhiyyah* شفهية According to *Hisâb Jummal* (mode of reckoning numbers by the letters of the alphabet) the value is 6.

Wa و

An inseparable prefixed conjunction: And; Also; But; Whilst; At; Together; With. It is used as conjunction, is expressive of concomitance, particle used for swearing (By God), often fallowed by the genitive. When followed by the accusative it means sometime "with". When followed by interrogative particle it means "then". When used with an indeterminate noun governed by *Rubba* it means often times or scarcely. *Wa illa* و إلا : If not; Otherwise. (L; T; Mughnî; LL)

Wa'ada وأدَ
وأدا ؛ يَئِدُ

To bury alive.

Ma'udatu مَؤُودَة (*pact. pic. f. sing. damsel*): Buried alive. (81:8) (L; T; LL)

Wa'al وأَلَ
وألاً ؛ يأل

To seek refuge, find escape, shelter.

Mauilan مؤئلا (*n.*): Shelter, Escape, Refuge; Point of return; Redemption (18:58) (L; T; LL)

Wabara وَبَرِ
وَبرا ؛ يَبأر

To have soft hair, stay in a place.

Aubâr اوبار (*n.plu.* its *sing.* is *Wabar* وبَر): Furs; Soft furry wools (16:80) (L; T; R; LL)

Wabaqa وبَق/Wabiqa وبِق
وَبقا ؛ يَبِق

To perish, destroy

Yûbiqu يوبق (*imp. 3rd. p. m. sing. IV.*): Destroy (42:34). ***Maubiqan*** مَوبِقا (*n.*): Place of destruction. (L; T; R; LL)

Wabala وَبلَ
وَبلا ، وبُولاً ؛ يَبل

To pour forth, rain to in large drops, pursue eagerly.

Wâbilun وابل (*act. pic. m. sing.*): Heavy rain. ***Wabâl*** وَبال (*v. n.*):

Ill effect; Grievousness; Penalty; Evil consequences; Unwholesome result; Injury; Outcome. These meaning are because of its sense of heaviness, weight, burden, gravity and trouble. ***Wabîl*** وبيل (*act. 2nd. pic. m. sing. acc.*): Painful; Heavy blow; Chastisement; Terrible crushing. (L; T; R; LL)
The root has been used in the Holy Qur'ân with the above three form about 8 times.

Watada وَتَدَ
وَتَدًا ؛ يَتِد

To drive in a stake, fix a stake into the ground, fix a thing firmly. *Autâd* اوتاد: Stakes, Hosts; Pegs; Chiefs; Armies; Poles of tents. The verse 78:7 is an allusion to the fact that the mountains owe their rise to the gradual balancing process to which the solid crust of the earth is subject. The reference is here to the mountain which are fixed as pegs on the earth. *Autâd* اوتاد (pegs) are the symbols of the firmness and relative equilibrium which the surface of the earth has gradually achieved in the course of its geological history. Geology has established the fact that mountains have to a great extent made secure the earth against earthquakes. *Dhû al-autâd* ذوالاوتاد: In classical Arabic this term is used idiomatically as a metonym for mighty dominion of firmness of power (Zamakhsharî). The number of pegs supporting a bedouin tent was determined by its size, which in turn depended on the status and power of its owner. A mighty chieftain is often alluded to as 'be of many tent poles'. It is told about Pharaoh that he was like a peg because his kingdom was firmly established as a tent when secured by stakes and pegs or because he was a lord of large armies and hosts (Baidzawî) or because he was in the habit of fastening the hands and feet of his victims to pickets driven into the ground.
Autâd أوتاد (*n. plu.*): Pegs (38:12; 89:10; 78:7). (L; T; R; LL)

Watara وَتَرَ
وَتْرًا؛ يَتِر

To suffer loss, defraud, hate, render (a member) odd, harass, do mischief, render any one solitary, be single.
Yatira يَتِر (*imp. 3rd. p. m. sing. acc.*): He will let suffer, will let go to waste, will bring to naught, will deprive. ***Witrun*** وترٌ (*v. n. sing.*): Odd; That which is not even. ***Tatra*** تَترَ (*n.*): One after another; Successively. (47:35; 23:44; 89:3). (L; T; R; LL)

Watana وَتَنَ

وَتنهً ، وتُونا ؛ يَتن

To injure in the aorta, which rises from the upper part of the heart through which blood is carried from the leftside of the heart, flow continuously

Watîn وتين (*n*): The main artery; Life vein; Jugular vein; Heart vein. (69:46) (L; T; R; LL)

Wa<u>th</u>aqa وَثَقَ

وَثقا ؛ يَثق

To place trust in any one, rely upon, bind.

U<u>th</u>iqu يوثِق (*imp. 3rd. p. sing. IV.*): Shall bind; Binds. ***Wa<u>th</u>âq*** وثاق (*n.*): Bond; Fetter; It may also refer to any safeguards which would prevent the resumption of an aggression. ***Mau<u>th</u>iqan*** موثقا (*v. acc.*): Compact bond; Solemn pledge; Undertaking of solemn oath. ***Mî<u>th</u>âq*** ميثاق (*n. ints.*): Bond Treaty; Covenant. ***Wu<u>th</u>qâ*** وُثقىٰ (*ints. f.*): Firm; Strong. ***Wâ<u>th</u>aqa*** واثق (*prf. 3rd. p. m. sing. III.*): He entered into a compact or treaty. He has bound. (L; T; R; LL) The root has been used in the Holy Qur'ân with the above six forms about 34 times.

Wa<u>th</u>ana وَثَنَ

وَثنا ؛ يَثن

To remain on one condition, set up as a sign, raise to dignity, erect, raise for honouring, set up, remain in a place. *Wâ<u>th</u>in* واثِن: That remain in a place and continues. *Istau<u>th</u>ana* إستَوثَن: To remain. *Au<u>th</u>ana* اوثَن: To be extensive. *Wa<u>th</u>an* وثَن. Idol. Its plu. is *Au<u>th</u>ân* أوثان. 'Adî bin Hatam says, "I came to the Holy Prophet (pbuh) and a cross of gold was on my neck. The Holy Prophet said *Alqi Hâ<u>dh</u> al-Wa<u>th</u>ana* الق هٰذالوثن Remove this *wa<u>th</u>an* i.e. cross or idol."

Au<u>th</u>ân/Au<u>th</u>ânan أوثانا / أوثان (*n. plu.*) Idols (22:30; 29:17,25). (L; T; R; LL)

Wajaba وَجَبَ

وَجبَة ، وُجُوبا ؛ يَجِب

To fall down dead (after they are slaughtered. Wajabat *al-shamsu* وَجبت الشمس: Setting of sun.

Wajabat وَجَبَت (*n.*): Flanks collapse (on being slaughtered); They have fallen lifeless. (22:36) (L; T; R; LL).

Wajada وَجَدَ

وَجدا ؛ يَجِد

To find what was lost, perceive, obtain, find any one or anything (such and such).

Wajad وَجَد (*prf. 3rd. p. m. sing.*): Found. ***Wajadâ*** وجدا (*prf. 3rd.*

p. m. dual.): The twain found. ***Wajadû*** وجدوا (*prf. 3rd. p. m. plu.*): They found. ***Wajadtum*** وَجَدتم (*prf. 2nd. p. m. plu.*): Ye find. ***Wajadtumûhum*** وَجَدتموهم (additional *wâw* before a personal pronoun *Hum* to ease pronunciation): Ye find them. ***Wajadtu*** وَجَدت (*prf. 1st. p. sing.*): I found. ***Wajadnâ*** وجدنا (*prf. 1st. p. plu.*): We found. ***Yajid*** يجد (*imp. 3rd. p. m. sing. juss.*): Finds. ***Tajidu*** تجد (*imp. 2nd. p. m. sing.*): Thou find. ***Tajida*** تجد (*imp. 3rd. p. f. sing.*): She will find. ***Tajudanna*** تجدنّ (*imp. 2nd. p. m. sing emp.*): Surely thou will find. ***Tajidûna*** تجِدون (*imp. 2nd. p. m. plu.*): Ye will find. ***Tajidû*** تجُدوا (*final* nûn dropped): Thou will find. ***Yajidûna*** يجدون (*imp. 3rd. p. m. plu.*): They will find. ***Yadjidû*** يجدوا (final *nûn* dropped): They will find. ***Ajidu*** اجد (*imp. 1st. p. sing.*): I find. ***Ajidanna*** اجِدن (*imp. 1st. p. sing. emp.*): Surely I shall find. ***Wujida*** وُجد (*pp. 3rd. p. m. sing.*): Is found. ***Wujdun*** وجد (*n.*): Means. (L; T; R; LL)

The root has been used in the Holy Qur'ân with the above forms about 107 times.

Wajasa وَجَسَ

وَجسا ؛ يَجس

To feel an apprehension about, dread a thing.

Aujasa اوجس (*prf. 3rd. p. m. sing. IV.*): To conceive in the mind (fear, suspicion), conceive a thought in the mind, feel an apprehension about. (11:70; 20:67; 51:28). (L; T; R; LL).

Wajafa وَجَفَ

وَجفا ؛ يجُف

To be agitated in a most disturbed condition, moved, to throb, palpitate, run. *Aujafa* اوجَف: To make a horse or camel move briskly with a bounding pace.

Wâjifatun واجفة (*act. pic. f. sing.*): Trembling, Throbbing, Palpitating (79:8). ***Aujaftum*** اوجفتم (*prf. 2nd. p. m. plu. IV.*): Made expedition, made a move fast and rush (59:6). (L, T, R, LL)

Wajala وَجلَ

وَجلا ؛ يَجلُ

To fear, feel quick

Wajilat وجلت (*prf. 3rd. p. f. sing.*): Felt fear or remorse. ***Lâ Taujal*** لا توجل (*prt. neg. m. sing.*): Fear not. ***Wajilûna*** وجلون (*act. pic. plu.*): Those who feel fear. ***Wajilatun*** وجلة (*adj. f.*): Felt with fear. (8:3; 22:35; 15:52,53). (L; T; R; LL)

Wajaha وَجَهَ

وَجها ؛ يَجِه

To strike on the face, surpass in rank. Wajjaha وَجّه: To

direct, aim at, send, turn or set face, send.

Wajjahtu وجّهتُ (*prf. 1st. p. sing. II.*): I turned or set formerly, have turned with devotion. ***Yuwajjih*** يُوجّه (*imp. 3rd. p. m. sing. juss. II.*): Sends. ***Tawajjaha*** توجّه (*prf. 3rd. p. m. sing. V.*): Turned; Proceded. ***Wajîhan*** وَجيه (*adj.*): Honourable; Held in high repute; Worthy of regard; Illustrious. ***Wajhun*** وَجه (*n.*): Face; Continance; Qiblah; Direction; Heart, Soul; Oneself; Break or appear as part; In accordance with a fact; Sake; Way; Desired way; Object; Motive; Deed or action to which a person directs his attention; Favour; Whole being, Purpose. ***Wujûh*** وجوه (*n. plu.*): ***Wijhatun*** وجهة (*n.*): Direction. (L; T; R; LL)

The root has been used in the Holy Qur'ân with the above forms about 78 times.

Wa<u>h</u>ada وَحدِ

وَحدا؛ يَحد

To be one, alone, unique, unparalleled, remain lowly, be apart, assert the unity. *Wâ<u>h</u>idun* واحد: Cardinal number one, single. *Wa<u>h</u>da* وحْد: Alone This word when followed by an affixed pronoun is to be regarded as an adverbial expression and indeclinable. The Holy Qur'ân has used two different words to express Divine Unity: *A<u>h</u>ad* احد and *Wâ<u>h</u>id* واحد. The former word denotes the absolute unity of God without relation to any other being, the later means the only first or the starting point and requires a second and a third to follow it. The Divine attribute *Wâ<u>h</u>id* واحد (one) shows that God is the real 'source' from which all creation springs and every thing points to him just as a second or a third thing necessarily points to the first. Where the Qur'ân seeks to refute the doctrine of the sonship of those who have been falsely given that status, it uses the word *A<u>h</u>ad* احد - He who is, and has ever been one and alone, and who had begotten no child

Wa<u>h</u>idan/Wa<u>h</u>idatun واحدة/ واحدا (*adj/ adj.* to a *f. n.*): One. ***Wa<u>h</u>îdan*** وحيدا (*adj.*): Lonely (without any helper). ***A<u>h</u>ad*** احد. He who is, and has ever been one and alone. (112:1, 4) ***Wâ<u>h</u>id*** واحد: One; Alone. (L; T; R; LL)

The root has been used in the Holy Qur'ân with the above forms about 68 times.

Wahasha وَحَشٍ
وَحشا؛ يحش

To throw away for escaping *Wahhasha* وَحش: To desolate. *Wuhûsh* وَحوش : Wild beasts. Its sing. is *Wahshun* وَحش.

Wuhûsh وحوش (*n. plu.*): (81:5). (L; T; R; LL)

Wahâ وَحَى
وَحْىٌ؛ يُوحى

To indicate, reveal, suggest point out, put a thing into (the mind), despatch a messenger, inspire, speak secretly, hasten, make sign, sign swiftly, suggest with speed, write, say something in a whisper tone so that only the hearer hears it clearly but not the person standing close to him.

Wahyun وَحْىٌ (*n.*): Revelation; Swift sign; Inspiration; Written thing; Divine inspiration. ***Auhâ*** اوحٰى (*prf. 3rd. p. m. sing.*): He revealed, inspired, signified by gesture, wrote. ***Auhaitu*** اوحيت (*prf. 1st. p. m. sing. IV.*): I revealed. ***Auhainâ*** اوحينا (*prf. 1st. p. plu. IV.*): We revealed. ***Yûhî*** يوحِي (*imp. 3rd. p. m. sing. IV.*): Suggests, whispers. ***Yûhûna*** يوحون (*imp. 3rd. p. m. plu.*): They whisper. ***Nuhî*** نوحي (*imp. 1st. p. plu. II.*): We reveal. ***Uhiya*** اوحي (*pp. 3rd. p. m. sing. IV.*): Was reveled. ***Yûha*** يوحَى (*pip. 3rd. p. m. sing. IV.*): Is revealed. ***Yûhâ*** يوحٰى (*pip. 3rd. p. m. sing. juss.*): Is inspired. (L; T; R; LL) The root has been used in the Holy Qur'ân with the above forms about 78 times.

Wadd ودّ
وُدًّا؛ يَوُدّ

To love, wish for, desire, be fond of, will, long.

WaddeéË: Name of an idol worshiped by the antediluvian and subsequently by the pagan Arabs. It would be a mistake to think that this cult was obsolete in the beginning of Islam. We have sufficient evidence to the contrary. The poet Nabighah says, '*Wadd* ودّ greets thee.' There was a statue of this god at Daumah al-Jandal, a great oasis in extreme north of Arabia and was worshiped by Banû Kalb. It was in a symbol of male power.

Wadda ودّا (*prf. 3rd. p. m. sing. assim.*): Loved; Wished; Liked. ***Waddat*** ودّت (*prf. 3rd. p. f. sing. assim*): Wished. ***Waddû*** ودّوا (*prf. 3rd. p. m. plu. assim.*): They love. ***Yawaddu*** يودّ (*imp. 3rd. p. m. sing. assim.*): Wishes. ***Tawaddu*** تودّ (*imp. 3rd. p. f. sing. assim.*): Wants.

Tawaddûna تودّون (*imp. 2nd. p. m. plu. assim.*): Ye wish, love. ***Yawaddû*** يودّوا (*imp. 3rd. p. m. plu. f. d. assim.*): They wish. ***Wadûd*** ودُود (*n. ints.*): Loving; Affectionate; The most loving. ***Al-Wadûd*** الودُود: One of the excellent names of Allâh. ***Mawaddtan*** مودّة (*v. mim.*): Love. ***Yuwaddûna*** يُودّون (*imp. 3rd. p. m. plu. assim. III.*): They befriend, developed a mutual love. ***Wadd*** ودّ: Name of an idol. (L: T; R; Hishâm: Kitâb al-Asnâm; LL)

The root with its above forms has been used in the Holy Qur'ân about 29 times.

Wada'a وَدَعَ

وَداعا ؛ يَدَع

To leave, depart, forsake, place, deposit, overlook, disregard.

Da' دَعْ (*prt. m. sing.*): Leave; Overlook etc. ***Wadda'a*** ودّع (*prf. 3rd. p. m. sing.*): Left; Forsaken. ***Mustauda'un*** مُستودع (*n. p. X.*): Depository; Temporary sojourn; Resting place. (33:48; 93:3; 6:98; 11:6). (L; T; R; LL)

Wadaqa وَدَقَ

ودقا ؛ يدِق

To drop (rain), approach (rain), drizzle.

Wadaq ودق (*n.*): Any kind of rain, heavy or light. (24:43; 30:48) (L; T; R; LL)

Wada وَدَى

وَدية ، وَديا ؛ يَدى

To pay the blood money, pay a fine as expiation for human life, compensate for murder.

Diyatun دية (*n.*): Blood-money. ***Wâdin*** وادى (*n.*): Valley. ***Wâdiyan*** واديا (*n. acc.*): Valley. ***Audiyatun*** اودية (*n. plu.*): Valleys. (L; R; T; LL)

The root with its above four forms has been used in the Holy Qur'ân about 12 times.

Wadhara وَذَرَ

وذرا ؛ يَذر

To leave, forsake, neglect, fall upon, wound, cut in slices, let, desist.

Yadharu يَذر (*imp. 3rd. m. sing.*): Leave, Forsake etc. ***Tadharu*** تَذر (*imp. 2nd. p. m. sing.*): Thou will leave. ***Tadhara*** تَذر (*imp. 3rd. p. f. sing.*): Leaves. ***LâTadhar*** لا تَذَرْ (*prt. neg. m. sing.*): Leave not. ***LâTadharunna*** لا تَذَرُنّ (*prt. neg. m. plu.*): Ye shall not leave. ***Tadhar*** تَذَر (*imp 2nd. p. m. sing.*): Thou leave. ***Tadharûna*** تَذَرون (*imp. 2nd. p. m. plu.*): Ye leave. ***Tadharû*** تَذَروا (*imp. 2nd. p. m. d. plu.*): In order to leave.

Nadharu نَذَرُ (*imp. 1st. p. plu. acc. w. v.*): That we should leave. ***Nadharu*** نَذَر (*imp. 1st. p. m. plu. nom.*): We shall leave. ***LiYadhar*** لِيَذَرَ (*imp. 3rd. p. m. sing.*): To leave. ***Yadhara*** يَذَر (*acc.*) He lets them. ***Yadharûna*** يَذَرون (*imp. 3rd. p. m. plu.*): They leave. ***Dhar*** ذر (*prate. m. sing.*): Leave alone. ***Dharû*** ذرُوا (*prt. m. plu.*): Forgo. (L; T; R; LL)

The root with its above form has been used in the Holy Qur'ân about 45 times.

Waritha وَرثَ

وِرثًا ؛ يرِثُ

To inherit, be heir to anyone, survive, be owner or sustainer of somebody after some one, succeed.

Waritha وَرثَ (*prf. 3rd. p. m. plu. sing.*): We succeeded. ***Warithû*** وَرثوا (*prf. 3rd. p. m. plu.*): They inherited. ***Tarithû*** تَرثوا (*imp. 2nd. p. m. plu. acc. n. d.*): Ye inherit. ***Narithu*** نَرِث (*imp. 1st. p. plu.*): We will remain after. ***Yarithu*** يرثَ (*imp. 3rd. p. sing.*): Shall inherit. ***Yarithûn*** يرثون (*imp. 3rd. p. m. plu.*): They inherit. ***Yûrathu*** يُورث (*pip. 3rd. p. m. plu.*): Is inherited. ***Wârith*** وارث (*act. pic. m. sing.*): Heir. ***Wârithûna / Wârthîna*** وارثين / وارثون (*acc./: act. pic. m. plu. n.*): Survivors; Heirs. ***Auratha*** اورث (*prf. 3rd. p. m. sing. IV.*): Caused some one to inherit. ***Aurathnâ*** اورثنا (*prt. 1st. p. plu. IV.*): We caused some one to inerit. ***Yûrithu*** يورث (*imp. 3rd. m. sing. IV.*): Caused some one to inherit. ***Nûrithu*** نورث (*imp. 1st. p. plu. IV.*): We caused some one to inherit. ***Urithtum*** اورثتم (*pp. 2nd. p. m. plu. IV.*): You were given inheritance. ***Urithû*** اورثوا (*pp. 2nd. p. m. plu. IV.*): They were given as an inheritance. ***Turâth*** توراث (*n.* It is *Wurâth* وراث where *Wâw* و is interchanged with *Tâ*): Heritage. ***Mîrâthun*** ميراث (*n.*): Inheritance. (L; R; T; LL)

The root with its above forms has been used in the Holy Qur'ân about 35 times.

Warada وَرَدَ

وُرُودًا ؛ يَرِد

To be present, arrive at (any water to drink), go down into, draw near to (a place)

Warada ورد (*prf. 3rd. p. m. sing.*): Came; Arrived. ***Waradû*** وَرَدو (*prf. 3rd. plu. m. sing.*): One who reached, one who shall come, Water-drawer. ***Wâridûna*** واردون (*act. pic. m. plu.*) Those who shall enter, go down. ***Maurûd*** مورود (*act. pic. m. sing.*): Decended into, place to be arrived at. ***Wird*** ورد (*n.*): Arriving place. ***Aurada*** اورد (*prf. 3rd. p. m.*

sing. IV.): Led into; Land thou down. ***Wardatun*** وردة (*n.*): Bloom; Bud; Rose; Hide: ***Warîd*** وريد (*n.*): Jugular vain. (L; R; T; LL)
The root with its above forms has been used in the Holy Qur'ân about 11 times.

Waraqa وَرَقَ
ورقا ؛ يَرق

To put forth leaves. *Waraqun* وَرَق is both sing. and plu. and is substantive noun from the verb Waraqa. They say, *Waraq al- Shajaru* ورق الشجر: The tree put forth leaves. *Aurâq al-Rajulu* اوراق الرجل : The man became rich. *Anta tayyibal-Waraq* أنت طيّب الورق You have a good and righteous progeny. *Warqun* ورق: Leaves; Foliage; Sheet of paper; Prime and freshness of a thing; Young lads of a community; Beauty of a thing.

Waraqun ورق (*collective n.*): Leaves. ***Waraqatun*** ورقة (*n.*): Single leaf. ***Wariqun*** ورق (*n.*): Money; Coin; Silver coins. (7:22; 20:121; 6:59; 18:19). (L; R; T; LL) .

Wara وَرَيَ
وَريا ؛ يرى

To eat away the interior of the body, hide, conceal.

Wûriya وُرِيَ (*pp. 3rd. p. m. sing. III.*): Had been hidden; Was unperceptive. ***Yuwârî*** يُواري (*imp. 3rd. p. m. sing. III.*): Hides; Conceals. ***Uwârî*** اواري (*imp. 1st. p. sing. III.*): ***Tawârat*** توارت (*prf. 3rd. p. f. sing. IV.*): Disappeared. ***Yatawârâ*** يَتوارٰى (*imp. 3rd. p. m. sing. VI.*): He hides himself. ***Warâ*** وراء (*imp. 2nd. p. m. plu.*): Ye strike out; kindle. ***Mûriyât*** موريٰت (*ap-der. m. plu. IV.*): The strikers (of fire). ***Tûrûn*** تورون (*imp. 2nd. p. m. plu.*): Ye strike out. (L; R; T; LL)
The root with its above eight forms has been used in the Holy Qur'ân about 32 times.

Wazara وَزَرَ
وزرا ؛ يَزر

To carry a burden, bear a load, perpetrate (a crime)

Yazirûna يزرون (*imp. 3rd. p. m. plu.*): They bear the burden (of their sins). ***Taziru*** تَزر (*imp. 3rd. f. sing.*): Thou bear a burden. ***Wâziratun*** وازرة (*act. pic. f. sing.*): Bearer of burden. ***Wizrun*** وزرٌ (*n.*): Burden (of sin); Heavy weigh; Load. The word and its *plu.* has been used in the Holy Qur'ân for sin, arms and the recompense for evil. ***Auzâr*** أوزار (*n. plu.*): ***Wazîr*** وزير (*act. 2.pic. m. sing.*): One who bears the burden of state (minister or a counsellor or assistant). ***Wazar*** وزَر (*n.* place): Place of refuge;

Inaccessible mountain. (L; T; R; LL)
The root with its above forms has been used in the Holy Qur'ân about 27 times.

Waza'a وَزَعَ
وَزعا؛ يزع ، يزع

To keep pace, rouse, grant, inspire, set in ranks according to the battle order.

Yûza'ûna يوزعون (*pip. 3rd. m. plu.*): They were arranged in separate well-disciplined columns. They were hindered from cruel and tyrannous acts, they marched, they ordered and disciplined the army, their first part was stopped so that the last part might join them. ***Auz'i*** أوزع (*prt. m. sing.*): Rouse; Inspire Grant, Incite. (L; R; T; LL)
The root with its above two form has been used in the Holy Qur'ân about 5 times.

Wazana وَزَنَ
وَزنا ؛ يَزن

To weigh, judge, measure.

Wazanû وزنوا (*prf. 3rd. p. m. plu.*): They weigh. ***Wazinû*** وزنوا (*prt. m. plu.*): Weigh. ***Wazan*** وَزَن (*v. n.*): Weighing. ***Waznan*** وَزنا (*n. acc.*): Weight (respect). ***Mîzân*** ميزان (*n.*): Weight; Balance; Measure. ***Mawâzîn*** موازين (*pic. pac. m. sing.*): Evenly and equally balanced; In due proportion. (L; T; R; LL)
The root with its above forms has been used in the Holy Qur'ân about 23 times.

Wasaṯa وَسَطَ
وَسطًا ؛ يَسط

To be in the midst, penetrate into the midst, be good and exalted, occupy the middle position.

Wasaṯna وَسَطن (*prf. 3rd. p. f. plu.*): They (f). penetrated into the midst. ***Wasṯan*** وسطا (*acc.*): Best; Middle. ***Ausaṯ*** أوسط (*acc.*): Average; The best one. ***Wusṯa*** وسطى (*acc.*): Midmost; Middle; Most excellent. ***Wasaṯan*** وَسَطا (acc.): Justly balanced; Exalted. (100:5; 22:143; 5:89; 68:28; 2:238). (L; T; R; LL).

Wasi'a وَسِعَ
سِعةً ؛ يسع

To be ample, take in, comprehend, embrace.

Wasi'a وسع (*prf. 3rd. m. sing.*): Extended; Comprehended. ***Wasi'at*** وسِعتْ (*prf. 3rd. p. f. sing.*): Embraces. ***Wasi'ta*** وسعت (*prf. 2nd. p. m. sing.*): Thou comprehended. ***Sa'atun*** سَعة (*v.n.*): Abundance; Amplitude; Bounty. ***Wâsi'un*** واسع (*act. pic. m. sing.*): Bountiful; All-Pervading. ***Al-Wâsi'un*** الواسع:

Wasaqa وَسَقَ

One of the Holy names of Allâh. *Wasi'atun* واسعة (*act. pic. f. sing.*): Wide; Spacious. *Mûs'i* مُوسِع (*ap-der. m. sing. IV.*): Rich; Affluent person. *Mûsi'ûn* مُوسِعون (*ap-der. m. plu. IV.*): Maker of the vast extent. *Wus'un* وُسع (*n.*): Capacity; Scope. (L; T; R; LL)

The root with its above forms has been used in the Holy Qur'ân about 32 times.

Wasaqa وَسَقَ
وَسقا ; يَسِق

To gather, collect what is scattered.

Wasaqa وَسَقَ (*prf. 3rd. p. m. sing.*): Enveloped; Drove together (84:17). *Ittasaqa* إتَّسَقَ (*IV.*): To be complete in perfect order, became full (84:18). (L; T; R; LL)

Wasala وَسَلَ
وسيلةٌ، وَسلاً ; يَسِل

To seek the favour, seek the means of nearness approach, access, honourable, rank, degree, affinity, tie, nearness, come closer. The word *wasîlah* وسيلة does not mean an intermediary between God and human being. This meaning is not only contrary to the usage of the Arabic language but is also opposed to the teachings of the Islam. The prayer after the usual call to prayer (*Adhân*) includes the words: 'O Allâh! Give Muhammad *Wasîlah* وسيلة, meaning that God may vouchsafe to the Holy Prophet ﷺ increasing nearness to himself, and not that the Holy Prophet ﷺ may have someone to act as intermediary between him and God.

Wasîlatun وَسيلة: (L; T; R; LL)

Wasama وَسَمَ
وَسما ; يَسِم

To brand, stamp, mark, impress, depict.

Nasimu نَسِم (*imp. 1st. p. plu.*): We shall brand (68:16). *Mutawassimîn* متوسّمِين (*ap-der. m. plu. V.*): Those who can interpret and read the signs; Intelligent ones (15:75). (L; T; R; LL)

Wasana وَسَنَ
وَسنا ; يَوسَن

To be in slumber, sleep, drowsiness

Sinatun سنة (*n.*): Slumber (2:255). (L; T; R; LL)

Waswasa وَسوَسَ
وَسواسا ; يُوَسْوِس

(*Quard.*) To whisper evil,

make evil suggestions, prompt false things.

Waswasa وَسْوَسَ (*prf. 3rd. p. m. sing.*): Whispered; Made evil suggestion. **Yuwaswisu** يُوَسْوِسُ (*imp. 3rd. p. m. sing.*): He whispers. **Tuwaswisu** تُوَسْوِسُ (*imp. 3rd. p. f. sing.*): She whispers. **Waswâs** وَسْوَاس (*act. 2nd. pic.*): Whisperer. (L; T; R; LL)

The root has been used in the Holy Qur'ân with the above four forms about 5 times.

Washa وَشَى
وَشْيًا ؛ يَشِي

To paint (cloth), be with an admixture of colours.

Shiyatun شِيَة (*n.*): Spot; Mark; Sign; Mixture of colours (2:71). (L; T; R; LL)

Waṣaba وَصَبَ
وَصُوبًا، وَصْبًا ؛ يَصِبُ

To be perpetual, incumbent, be firm, last continue

Wâṣibun وَاصِب (*act. pic. m. sing.*): Perpetual; Lasting (37:9). **Wâṣiban** وَاصِبًا (*act. pic. m. sing. acc.*): Perpetual; Forever; Lasting (16:52). (L; T; R; LL)

Waṣad وَصَدَ
وَصْدًا ؛ يَصِدُ

To be fast, firm, remain in a place, build a store,

enclosure, close (a door) stop, shut.

Mûṣadtun مُؤْصَدَة (*pct-pic. sing. f. IV.*): Closed over (a fire the heat of which is not allowed to escape and no one can get out of it) (90:20; 104:8). **Waṣîd** وَصِيد (*n.*): Threshold of a door; Entrance, Courtyard; Store; Enclosure (18:18). (L; T; R; LL)

Waṣafa وَصَفَ
وَصْفًا ؛ يَصِف

To describe (good of bad), assert something as a fact, achieve, ascribe, specify.

Yaṣifûn يَصِفُون (*imp. 3rd. p. m. sing.*): They ascribe. **Taṣifu** تَصِف (*imp. 3rd. p. f. sing.*): She expounds, ascribes. **Taṣifûna** تَصِفُون (*imp. 2nd. p. m. plu.*): Ye describe. **Waṣfan** وَصْفًا (*n.*): Act of attributing or ascribing; Description. (L; T; R; LL)

The root with its above four forms has been used in the Holy Qur'ân about 14 times.

Waṣal وَصَّلَ
وَصْلًا ؛ يَصِل

To reach a place, arrive at, come to hand, join, seek friendship, attain, unite, connect. **Waṣîlatun** وَصِيلَة: An animal which gives birth to seven females consecutively and the seventh birth is a pair of male and female. The pagan Arabs were wont to observe certain superstitions in honour of their idols. According to Ibn Ka<u>th</u>îr *Wa<u>s</u>îla* وَصيلة was a she-camel which gave birth to such offsprings, such was then presented to idols, their use and their slaughtering was prohibited.

Ya<u>s</u>ilu يَصِل (*imp. 3rd. p. m. sing.*): He goes, reaches. ***Ta<u>s</u>ilu*** تَصل (*imp. 3rd. p. f. sing.*): She goes; reaches. ***Ya<u>s</u>lûna*** يصلون (*imp. 3rd. p. m. plu.*): They join. ***Yû<u>s</u>alu*** يوصل (*pip. 3rd. p. m. sing.*): Is to be joined. ***Wa<u>ss</u>alnâ*** وَصّلنا (*prf. 1st. p. plu. II.*): We have caused to reach, have been sending uninterrupted. ***Wa<u>s</u>îlatun*** وَصيلة (*n.*) Certain kinds of cattle (marked out by superstition and set aside from the use). Certain categories of domestic animals (which the pre-Islamic Arabs used to dedicate to their various deities by prohibiting their use or slaughter), selected mainly on the bases of their number of offsprings and the sex and sequence of the offsprings (5:103). (L; T; R; LL)

The root has been used in the Holy Qur'ân in the above forms as about 12 times.

Wasa وَصَى

وَصيا ؛ يَصِي

To join to, be joined, be contiguous, to have dense vegetation. Wa<u>ss</u>â وَصّى: To bequeath, recommend, order, command with wise counsel and sermon, charge, exhort, enjoin, make a will.

Wa<u>ss</u>â وصّى (*prf. 3rd. p. m. sing. II.*): He enjoined, bequeathed, etc. ***Wa<u>ss</u>ainâ*** وصّينا (*prf. 1st. p. plu. II.*): We enjoined. ***Tau<u>s</u>iyatan*** تَوصية (*v. n. II.*): Disposition of affairs. ***Au<u>s</u>â*** اوصٰى (*prf. 3rd. p. m. sing. IV.*): He enjoined, bequeathed. ***Yû<u>s</u>î*** يوصي (*imp. 3rd. p. f. sing. IV.*): She enjoins. ***Yû<u>s</u>îna*** يوصين (*imp. 3rd. p. f. plu. IV.*): They (*f.*) bequeath. ***Tû<u>s</u>ûna*** توصون (*imp. 2nd. p. m. plu. IV.*): Ye bequeath. ***Yû<u>s</u>â*** يوصٰى (*pip. 3rd. p. m. sing. IV.*): That is bequeathed. ***Mû<u>s</u>in*** موص (*ap-der. m. sing. IV.*): Testator; One who leaves legacy. ***Tawâ<u>s</u>au*** تواصوا (*prf. 3rd. p. m. plu. IV.*): They enjoined upon each other, bequeathed each other. ***Wa<u>s</u>îyyatun*** وصيّة (*n.*): Bequest; Legacy; Mandate; Testament; Injunction; Will; Request, Admonition. (L; T; R; LL)

The root has been used with its above forms in the Holy Qur'ân about 32 times.

Wa<u>dz</u>a'a وَضَعَ

وَضعا ؛ يَضع

To put, set, remove, put off, put down, give birth, deliver, appoint, relieve, place.

Wadza'a وضعَ (*prf. 3rd. m. sing.*): Set up put. ***Wadza'at*** وَضَعَت (*prf. 3rd. f. sing.*): She gave birth. ***Wadza'ta*** وَضَعتَ (*prf. 1st. p. sing.*): I gave birth. ***Wadza'nâ*** وَضَعنا (*prf. 1st. p. plu.*): We relieved, took off, lifted, removed. ***Tadz'au*** تَضَع (*imp. 3rd. p. f. sing.*): She shall lay down, miscarry (child). ***Tadz'ûna*** تَضعون (*imp. 2nd. p. plu.*): Ye lay aside, put off. ***Tadza'û*** تَضَعوا (*imp. 2nd. p. m. plu. acc. n. d.*): That ye lay aside (arms). ***Nadzu'*** نَضع (*imp. 1st. p. plu.*): We shall set aside. ***Yadz'au*** يَضع (*imp. 3rd. p. m. sing.*): He will remove or relieve. ***Yadz'ana*** يَضعنا (*imp. 3rd. p. f. plu.*): They (*f.*) put off or lay aside. ***Wudzi'a*** وُضع (*pp. 3rd. p. m. sing.*): They appointed, founded, set up, raised. ***Maudzû'atun*** موضوعة (*pic. pac. f. sing.*): Properly set; Ready; Placed ones. ***Audz'au*** اوضع (*prf. 3rd. p. m. plu.*): They hurried, moved about hurriedly. ***Mawâdz'iu***: مواضع (*n. place*): Places; Context. (L; T; R; LL)

The root with its above forms has been used in the Holy Qur'ân about 27 times.

Wadzana وَضَنَ

وَضنا ؛ يَضن

To plate or fold a thing with one part over another, inter wove, encrust, inlay (with gold and precious jewels)

Maudzûnatin موضونة (*pic. pac. f. sing gen.*): Inlaid (with gold and precious jewels) (56:15). (L; T; R; LL)

Wati'a وَطِئ

وطأ ؛ يَطأ

To tread upon, walk on, press the ground or anything beneath the feet, trample on, level, make plain. Wât'a *'alâhu al Amr* وطئ عليه الامر: He agreed with him respecting the matter. *Tawâta'a* تواطؤ: To agree with each other respecting the affair.

Yata'auna يطؤن (*imp. 3rd. p. m. plu.*): They tread, step, enter a land, destroy. ***Tata'u*** تطؤ (*imp. 2nd. p. m. plu.*): Ye have trodden, entered. ***Tata'û*** تطؤوا (*imp. 2nd. p. m. plu. acc.*): That ye may trample on, trodden down. ***Wat'an*** وطأ (*v. n.*): Curbing, Subduing; Treading. ***Mauti'an*** موطاءً (*n. place. acc.*): Trodden place. ***Yuwâti'û*** يواطؤ (*III.*): Adjust; Make equal; Conform. (L; T; R; LL)

The root with its above forms has been used in the Holy Qur'ân a about 6 times

Watar وَطَر

A thing necessary to be done;

Want; Object; Aim in view, Need. It has no verb.

Wa<u>t</u>aran وَطر (*n.v.*): Intent; Purpose; Formality (33:37). (L; T; R; LL; Zajjâj)

Wa<u>t</u>ana وطن

وطنا ؛ يَطن

To remain in a place, settle dwell, inhabit

Mawâ<u>t</u>ina مواطن (*n. plu.*): Places lands; Fields;, Battle fields. (9:25). (L; T; R; LL)

Wa'ada وعَدَ

وَعدا ؛ يَعد

To promise, give ones word, threaten, promise good, (according to the context the rendering is changed either to promise or threatening).

Wa'ada وَعَدَ (*prf. 3rd. p. m. sing.*): He promised. ***Wa'adta*** وَعدَت (*prf. 2nd. p. m. sing.*): Thou promised. ***Wa'adtu*** وَعَدت (*prf. 1st. p. m. sing.*): I promised. ***Wa'adû*** وَعدوا (*prf. 3rd. p. plu.*): They promised. ***Wa'adna*** وَعَدنا (*prf. 1st. p. m.*): We promise. ***Ya'idu*** يعد (*i mp. 3rd. p. m. sing.*): He promises, threatens. ***'Id*** عد (*prt. m. sing.*): promise. ***Wu'ida*** وُعِد (*pp. 3rd. p. sing.*): Has been promised. ***Yû'adûna*** يوعدون (*pip. 3rd. p. plu.*): They were threatened. ***Tu'adûna*** تعدون (*pip. 2nd. p. plu.*) You are promised, are threatened. ***Mau'ûd*** موعود (*pic. pact. n. sing.*): Promised. ***Tû'adûna*** تُوعدون (*imp. 2nd. p. m. plu. II.*): (Punishment which) you are promised. ***Wâ'adna*** واعدنا (*imp. 1st. p. plu. III.*): We made an appointment, a promise. ***Tawâ'dtum*** تَواعدتم (*prf. 2nd. p. m. plu.*): Ye have mutually appointed. ***Lâ Tawâ'dû*** لاتواعدوا (*prt. neg. m. plu.*): Do not appoint mutually; Make no agreement or promises. ***Wa'îd*** وعيد (*act. 2nd. pic. m. sing.*): Threatening; Threat; Warning. ***Mau'idan*** موعدا (*n. place*): Time; Place or time of the fulfillment of a prediction; Promise or warning; Appointment for meeting a promise. ***Mî'âd*** ميعاد (for *Miu'âd; n. place*): Time; Time or place of the promise. (L; R; T; LL)

The root with its above forms has been used in the Holy Qur'ân about 151 times

Wa'a<u>z</u>a وَعظ

وَعظا ؛ يَعظ

To admonish, exhort, preach, advise, warn (of reward or punishment), remind of that which should soften the heart by the mention of reward or punishment, give good advice or counsel, remind of the results of affairs, exhort which leads to repentance and reformation.

Ya'izû يعظوا (*imp. 3rd. p. m. sing.*): He exhorts, admonishes. ***A'izu*** أعظ (*imp. 1st. p. sing.*): I admonish. ***Ta'izûna*** تَعظون (*imp. 2nd. p. m. sing.*): Ye admonish. ***'Iz*** عظ (*prt. m. sing.*): Ye admonish. ***'Izû*** عظوا (*prt. m. plu.*): Ye admonish. ***Yû'azu*** يوعظ (*pip. 3rd. m. sing.*): Is admonished. ***Yû'azûna*** يوعظون (*pip. 3rd. m. plu.*): They are admonished to. ***Wâ'izîna*** واعظين (*act. pic. m. plu.*): Those who admonish; Preachers. ***Mau'izatun*** مؤعظة (*n.*): Admonition. ***Au'zata*** أوظعت (*IV. prf. 2nd. p. sing.*): Thou admonished. (L; T; R; LL)

The root with its above forms has been used in the Holy Qur'ân about 25 times

Wa'a وَعَى

وَعيٌ ؛ يَعي

To preserve in the memory, keep in mind, retain, contain collect, understand, learn, pay attention, recover ones senses, store up.

Ta'iya تَعي (*imp. 3rd. p. m. sing. acc.*): That he might retain, listen and bear in mind. ***Wâ'iyatun*** واعية (*act. pic. f. sing.*): That which retain. ***Au'â*** أوعىٰ (*prf. 3rd. p. IV.*): Withheld, Hoarded. ***U'ûna*** يوعون (*imp. m. plu. IV.*): They preserve in their heart, hide, cherish. ***Wi'âun*** وعاء (*n.*): Sack; Bag; Hiding place. ***Au'iyatun*** أوعية (*n. plu.*): Sacks. (L; T; R; LL)

The root with its above forms has been used in the Holy Qur'ân about 7 times.

Wafada وَفَدَ

وفداً ؛ يَفِد

To call upon, come to, reach call upon a king as an ambassador.

Wafdan وَفداً (*v. n. acc.*): Act of coming into the presence of royalty as an honoured delegate (19:85). (L; R; T; LL)

Wafara وَفَرَ

وَفراً ؛ يفِر

To be plentiful, copious, numerous, increase, ample.

Maufûran مَوفوراً (*pas. pic. m. sing.*): Ample; Full (17:63). (L; R; T; LL)

Wafadza وَفَضَ

وَضفاً ؛ يفِض

To hasten, run

Yûfidzûna يوفضون (*imp. 3rd. p. m. plu. IV.*): They were hastening, were racing (70:43). (L; R; T; LL)

Wafiqa وَفِقَ

وَفقاً ؛ يَفِقُ

To reconciliate; To find suitable, fit, useful.

Wifâqan وفاقًا (*v. n. III. acc.*): The act of suiting or becoming fit; Befitting. ***Yuwaffiqu*** يوفّق (*imp. 3rd. m. sing. II.*): Caused reconciliation between. ***Taufîqan*** توفيقًا (*v. n. II. acc.*): Concord; Reconciliation; Power to do something (for setting things right); Direction to a right issue; Achievement of aim; Success; Accomplishment. (4:35; 78:26; 4:62; 11:88). (L; R; T; LL)

Wafa وَفَى

وفاء ؛ يَفِي

To reach the end, keep ones promise, fulfil ones engagement, pay a debt, perform a promise. *Tawaffâhu Allâhu*: توفه الله God caused him to die. *Tawaffa* توفّى : To die. *Wafât* وفات: Death. *Tawaffaitanî* توفّيتني : You caused me to die. *Tawaffahunna* توفّهنّ: Those whom they caused to die. *Tawaffathu* توفّته : They take over his soul and cause him to die. *Mutawaffînaka* متوفّينك: We cause you to die. Ibn 'Abbâs has translated. *Mutawaffîka* متوفّيك as *Mumîtuka* مميتك (I will cause you to die). Zamakhsharî says, "*Mutawaffîka* متوفّيك means, I will protect you from being killed by the people and will grant the full leave of you to die a natural death not being killed (Kashshâf). Outstanding scholars and commentators like Imâm Mâlik, Imâm Bukhârî, Imâm Ibn Hazm, Imâm ibn Qayyim, Qatâdah, Ibn 'Abbâs, Muftî 'Abduh al-i-Marâghî, Shaltût of Egypt, Asad and many others are of the same views. (Bukhârî, Chapters on Tafsîr and Bad'aul khalq; Majma Bihâr al-Anwâr by Shaikh Muhammed Tâhir of Gujrât; al-Muwatta; Zâd al-Ma'âd by Muhammad ibn Abû Bakr al-Dimashqî; Dur al-Manthûr by Allâmah Sayûti; Commentary of the Holy Qur'ân by Abû al-Fidâ' Ismâ'îl ibn al-Kathîr)

The word has been used at no less than 25 different places of the Holy Qur'ân and in twenty three of them the meaning is to take away the soul, at two places the meaning is to take the soul away at the time of sleep, but there the qualifying word sleep or night has been added (6:60; 39:42). According to Lisân al-Arab, *Twaffahu Allâhu* توفّه الله means Allâh took his soul or caused him to die. When God is the subject and a human being the object and the root is Wâw و Fâ ف Yâ ي and this is a verb, then it has no other meaning than that of taking away the soul and causing to die. Not a single instance from the Holy Qur'ân, or the sayings of the Holy Prophet ﷺ can be shown which can provide an argument that this expression can be used in a sense other than to cause any one to die by taking away his soul.

Waffâ وفّى (*prf. 3rd. p. m. sing. II.*): Fulfilled, Discharged obligation completely. ***Yuwaffi*** يوفّي (*imp. 3rd. p. m. sing. II.*): He pays in full. ***Yuwaffiyanna*** يوفّينّ (*imp. 3rd. p. m. sing. emp.*): He certainly shall repay in full. ***Wuffiyat*** وفّيت (*pp. 3rd. p. f. sing. II.*): Was paid in pull. ***Tuwaffâ*** تُوفّى (*pip. 3rd. p. f. sing. II.*): Will be paid in full. ***Tuwaffauna*** تُوفّون (*pp. 2nd. p. m. plu. II.*): You will be paid in full. ***Yuwaffâ*** يوفّى (*pip. 3rd. p. m. sing. II.*): He will be paid in full. Muwaffû (*ap-der. m. plu. II.*): We shall pay them in full. ***Aufâ*** أوفى (*prf. 3rd. m. sing. IV.*): Fulfilled. ***Ufi*** اف (*imp. 1st. p. sing. IV. f. d.*): I will fulfill. ***Ufi*** أوفِي (*imp. 1st. p. sing. IV.*): I give full. ***Yûfûna*** يوفون (*imp. 3rd. p. m. plu. IV.*): They fulfill. ***Yûfû*** يوفوا (*imp. 3rd. p. m. plu. IV.*): They shall pay in full. ***Aufi*** أوف (*prt. m. sing. IV.*): Give in full. ***Aufû*** أوفوا (*prt. m. plu. IV.*): O you! Fulfill. ***Mûfûna*** موفون (*ap-der. m. plu. IV.*): Those who keep their treaty or promise. ***Tawaffâ*** توفّى (*prf. 3rd. p. m. sing. V.*): He causes to die. ***Tawaffat*** توفّت (*prf. 3rd. p. f. sing. V.*): They take away the soul. ***Tawaffaitanî*** توفّيتني (*prf. 2nd. p. m. sing. V.*): You caused me to die. ***Tatawaffâ*** تتوفّى (*imp. 3rd. p. f. sing. V.*): She causes to die. ***Yatawaffâ*** يتوفّى (*imp. 3rd. p. m. sing. V.*): He causes to die. ***Tawaffanî*** توفّني: Let me die; Let it be that I die. ***Yutawaffâ*** يتوفّى (*pp. 3rd. p. m. sing. V.*): He has died. ***Yutawaffauna*** يتوفّوْن (*pip. 3rd. p. m. plu. V.*): They die. ***Mutawaffika*** متوفّيك (*ap-der. m. sing. V.*): Cause you to die a natural death. ***Yastaufûna*** يستوفون (*prf. 3rd. p. m. plu. X.*): They take exactly the full. (L; T; R; Zamakhsharî; LL)

The root with its above forms has been used in the Holy Qur'ân about 66 times.

Waqaba وَقَبَ

وَقبا ؛يقب

To set, come upon, overspread, disappear (sun or moon), enter.

Waqab وَقَب (*prf. 3rd. p. m. sing.*): overspread. (113:3). (L; T; R; LL)

Waqata وَقَت

وَقتا ؛ يَقِت

To fix, appoint the time of an action. Waqqatu: To determine a time for, to give an appointment to.

Waqt وقت (*n.*): Time. ***Mîqât*** ميقات (*n.place)*: Ordained time or place. ***Mawâqît*** مواقيت (*n. acc.*): Fixed or stated time or period; Time or place of appointment. ***Mauqût*** مؤقوت (*pac. pic. m. sing.*): That of which the time is fixed and ordained. ***Uqqitat*** أقّتت (*pp. 3rd. p. f. sing. II.*): Shall be made to appear at the appointed time; Shall be made to appear in the guise, power and spirit of God's Messengers and clad, as it were, in the mantles of all of them. (L; T; R; LL)

The root with its above five forms has been used in the Holy about 13 times.

Waqada وَقَدَ

وَقدا ؛ يَقِد

To set fire, kindle, light fire.

Waqûd وقود (*n.*): Fuel. ***Auqadû*** أوقدوا (*prf. 3rd. p. m. plu. IV.*): They light (a fire for war). ***Yûqidûna*** يوقدون (*imp. 3rd. m. plu. IV.*): They kindle. ***Tûqidûna*** توقدون (*imp. 2nd. p. m. plu. IV.*): Ye kindle. ***Auqid*** أوقد (*prt. m. sing. IV.*): Kindle thou. ***Yûqadu*** يوقد (*pip. 3rd. p. m. sing. IV.*): Is lit. ***Mûqadatu*** موقدة (*pis. pac. f. sing. IV.*): Kindled. ***Istauqada*** إستوقد (*prf. 3rd. p. m. sing. X.*): Kindled. (L; T; R; LL)

The root with its above from has been used in the Holy Qur'ân a about 11 times.

Waqadza وَقذ

وَقذا ؛ يَقذ

To beat to death, beat severely, strike violently, be killed by a blow.

Mauqûdzatu مؤقوذة (*pac. pic. f. sing.*): Dead through beating; Beaten to death (5:3). (L; T; R; LL)

Waqara وَقَر

وَقرا ؛ يَقِر

To be heavy (in ear), deaf, heaviness in the ear, be gentle, gracious, respected.

Waqâran وقاراً (*v. n. acc.*): Majesty; Honour; Greatness; Kindness; Forbearing; Dignity; Respect. ***Waqran*** وقرا (*n.*): Deafness. ***Tuwaqirû***: توقروا (*imp. 2nd. p. m. plu. act. II.*): Ye respect much. ***Wiqran***: وقرا (*v. n. acc.*): Burden. (L; T; R; LL)

The root with its above three forms has been used in the Holy Qur'ân about 9 times.

Waqa'a وَقَعَ

وَقعا ؛ يَقع

To fall down, befall, come to pass, be conformed, happen, take place, ascertain. Used for stability and falling and persecution and aversion.

Waqa'a وقع (*prf. 3rd. p. m. sing.*): He fell, prevailed, vindicated; fulfilled. ***Waqa'at*** وَقعْت (*prf. 3rd. p. f. sing.*): She has befallen, come to pass. ***Taqa'u*** تقعُ (*imp. 3rd. p. f. sing.*): Befalls. ***Qa'û*** قعوا (*prt. m. plu.*): Ye fall down. ***Wâqi'un*** واقع (*act. pic. m. sing.*): That going to fall on, that is befalling, descending. ***Waqa'tun*** وقعة (*n. of unity*): Happening; Coming to pass. ***Wâqi'atu*** واقعة: Inevitable event; Sure realty. ***Yûqi'a*** يوقع (*imp. 3rd. p. m. sing. IV.*): He brings about, precipitates, casts. ***Muwâqi'û*** مواقعوا (*ap-der. m. plu. IV. f. d.*): Those who are going to fall. ***Mawâqi'u*** مواقع (*n. place and time, plu.*): Places and Times of the revelation, places and times of the setting. (L; T; R; LL)

The root with its above forms has been used in the Holy Qur'ân about 24 times.

Waqafa وَقِفَ
وَقفا ؛ يَقِف

To stand, make someone to stand.

Wuqifû وقفوا (*pp. 3rd. p. m. plu.*): Held over, made to stand (6:27,30). ***Qifû*** قِفوا (*prt. m. plu.* Make stand; Hold up (37:24). ***Mauqûfûna*** مؤقوفون (*pact. pic. m. plu.*): Those who are brought up, made to stand, are held (34:31). (L; R; T; LL)

Waqaya وقيٍ
وِقَايَة ، وَقيا ؛ يَقِي

To protect, save, preserve, ward off, guard against evil and calamity, be secure, take as a shield, regard the duty. *Muttaqî* متّقي: One who guard against evil and against that which harms and injures, and is regardful of his duty towards human beings and God. Ubbayy bin Ka'b, a distinguished Companion of the Holy Prophet says, *Muttaqî* مّتقي is a person who walks through thorny bushes, taking every care that his clothes are not caught in bushes and be torn by their branches and thorns. In the Qur'ânic language the word would mean who guards himself against sins and harmful things and takes God as a shield or shelter and is dutiful.

Waqâ وَقٰى (*prf. 3rd. p. m. sing.*): He protected etc. ***Taqî*** تقِي (*imp. 3rd. p. f. sing.*): She protects. ***Taqi*** تَق (*imp. 2nd. p. m. sing. f. d.*): Thou protect. ***Qi*** قِ (*prt. m. sing.*): Protect. ***Qû*** قوا (*prt. m. plu.*): Protect. ***Yûqa*** يُوَق (*pip.*

3rd. p. m. sing. f. d.): Is preserved. ***Wâqun*** واقن (for *Wâqî*): (*act. pic. m. sing.*): Protector. ***Ittaqâ*** إتّقٰى (*prf. 3rd. p.f. sing. IV.*) Who guards against evil; Who keeps his duty. ***Ittaqû*** إتّقوا (*prf. 3rd. p. m. plu. VIII.*): Guarded against evils. ***Ittaqaitunna*** إتّقيتنّ (*prf. 2nd. p. f. plu. VIII.*): Ye (*f.*) guard against evil. ***Tattaqûna*** تتّقون (*imp. 2nd. p. m. plu. VIII.*): You are secure against evils and calamities. ***Tattaqû*** تتّقوا (*imp. 2nd. p. m. plu. VIII. n. d.*): You are secure against evils and calamities. ***Yattaqi*** يتّق (*imp. 3rd. p.m. sing. VIII.*): He should guard against evils and calamities. ***Yattaqû*** يتّقوا (*imp. 3rd. p. m. plu. VIII.*): They guard against evils and calamites. ***Yattaqî*** يتّقي (*imp. 2nd. m. sing. VIII.*): Shield! Protect! ***Ittaqi*** إتّق (*prt. m. sing. VIII.*): Take as a shield. ***Ittaqû*** إتّقوا (*prt. m. plu. VIII.*): Ye take as a shield. ***Ittaqûni*** إتّقون (comb. *Ittaqû*+nî). ***Ittaqaina*** إتّقين (*prt. f. plu. VIII.*): Take as shield. ***Muttaqûn/Muttaqîn*** متّقين/ متّقون (/acc./ *plu* of *Muttaqî*): ***Atqâ*** أتقٰى (*elative*): Most dutiful and guarding against evils. ***Taqiyyann*** تقيّا (*act. pic. m. sing. acc.*): One who carefully guarded against evils. ***Taqâtun*** تقاة (*v. n.*): Observing duty. ***Taqwâ*** تقوٰى (*n.*): Protection; Warding off evil; Observing duty; Abstainment; Observing the Divine ordinances in every walk of life. (L; T; R; LL)

The root with its above forms has been used in the Holy Qur'ân about 258 times.

Waka'a وكأ

وَكيأ ؛ يَكى

To recline. In its root form is not used. In use are *Tawakka'a* توكّأ V. *Auka'a* أوكا IV and *Ittaka'a* إتّكأ VIII forms

Atawakka'u أتوكّؤ (*imp. 1st. p. sing.*): I lean. ***Muttaki'ûna/ Muttaki'îna*** متّكؤون / متّكئين (*acc./ ap-der. m. plu. VIII.*): Reclining upon. ***Muttaki'un*** متّكأ (*n. place and time VIII.*): Repast, Place where one reclines; Day-couch; Cushioned couch. (L; T; R; LL).

The root with its above four forms has been used in the Holy Qur'ân about 11 times

Wakada وكَد

وكداً ؛ يكِد

To confirm, assert, affirm, ratify.

Taukîd توكيد (*v. n.*): Ratification; Confirmation; Assertion (16:91). (L; T; R; LL)

Wakaza وكَزِ

وكزا ؛ يكِز

To strike with a fist, drive back.

Wakaza وكز *(prf. 3rd.p.m.sing.)*: He struck with fist; drive back. (28:15). (L; T; R; LL)

Waḳala وكِل
وكلا ؛ يكل

To entrust, confirm, give, charge, dispose affairs, lean upon, rely upon.

Wakkalnâ وكّلنا *(prf. 1st. p. plu. II.)*: We entrusted, etc. ***Wukkila*** وُكّل *(pp. 3rd. p. m. sing. II.)*: Is given charge. ***Tawakkaltu*** توكّلت *(prf. 1st. p. sing. V.)*: I have put my trust. ***Tawakkalnâ*** توكّلنا *(prf. 1st. p. plu. V.)*: We have put our twist. ***Tawakkal*** توكّل *(prt. m. sing. V.)*: Put thy trust. ***Tawakkalû*** توكّلوا *(prt. m. plu. V.)*: Put (O men!) your trust. ***Yatawakkal*** يتوكّل *(imp. 3rd. p. m. sing.)*: He puts his trust. ***Yutawakkal*** يُتوكّل *(imp. 3rd. p. m. sing. V.)*: Put trust. ***Natawakkalu*** نتوكّل *(imp. 1st. p. plu. V.)*: We put our trust. ***Mutawakkilûna*** متوكّلون *(ap-der. m. plu. V.)*: Those who put their trust. ***Wakîl*** وكيل *(act. 2. pic. m. sing.)*: Disposer of affairs; Responsible of affairs; Guardian; Witness; Support; Answerable; Surety; Authority to control. (L; T; R; LL)

The root with its above form has been used in the Holy Qur'ân about 70 times.

Walata وَلت
وَلَتًا ؛ يَلِت

To diminish, impair (the right of any one), withhold.

Yalit يلت *(imp. 3rd. m. sing.)*: Diminish (49:14). (L; R; T; LL)

Walaja وَلج
وَلجًا ؛ يلج

To enter, penetrate in, go in, pass through, gain.

Yaliju يلج *(imp. 3rd. p. m. sing.)*: Will enter. ***Yûliju*** يُولج *(imp. 3rd. p. m. sing. IV.)*: Makes pass into, gains. ***Tûliju*** تولج *(imp. 2nd. p. m. sing. IV.)*: Thou causeth to pass into; Thou causeth to gain. ***Walîjatun*** وليجة *(act. 2nd. pic. f. sing.)*: Anything that is introduced or inserted into anther thing; Protecting friend; Intimate freind; Fast ally; Reliable friend; One whom a person takes upon to rely and who is not of his family. (L; T; R; LL)

The root with its above four forms has been used in the Holy Qur'ân about 14 times.

Walada وَلد
وِلادًا، وِلادةً ؛ يَلِد

To beget, give birth.

Walada ولد *(prf. 3rd. p. m. sing.)*: He has begotten. ***Waladna*** ولدن

(*prf. 3rd. p. f. plu.*): They (*f.*) gave birth. ***Wulida*** وُلِدَ (*pp. 3rd. p.m. sing.*): He was born. ***Wulidtu*** وُلِدتُ (*pp. 1st. p. sing.*): I was born. ***Yalid*** يلد (*imp. 3rd. p. sing. juss.*): He begets. ***Yalidû*** يلدوا (*imp. 3rd. p. m. plu. acc.*): They will beget. ***Alidu*** ألدو (*imp. 1st. sing.*): I will give birth, will bear a child. ***Yûlad*** يولد (*pip. 3rd. p. m. sing. juss.*): He is begotten. ***Waladun*** ولَد (*n.*): Child; Offspring. ***Aulâd*** أولاد (*n. plu.*): Children. ***Wâlidun*** والد (*act. pic. m. sing.*): Begotten, Real father. ***Wâlidatun*** والدة (*act. pic. f. sing.*): Mother. ***Wâlidân/Wâlidain*** والدين / والدأن (*act. pic. dual*): Parents. ***Wâlidai*** والدي (*act. pic. duel. f. d.*): Parents. ***Wildân*** ولدان (*n. plu.*): Youths; Children. ***Walîdun*** وليد (*act. 2nd. pic. m. sing.*): Child. ***Maulûdun*** مؤلود (*pis. pic. m. sing.*): Begotten one; One who is born. (L; R; T; LL)

The root with its above forms has been used in the Holy Qur'ân about 102 times.

Waliya وَلِيَ

وليا ، ولايَة ؛ يَلي

To be close, near, follow, be up to

Yalûna يَلون (*imp. 3rd. p. m. plu.*): They are near. ***Wallâ*** ولّى (*prf. 3rd. p. m. sing. II.* from *Walla* ولّ *Yuwallî* يولّي): Turned. ***Wallaita*** (*prf. 2nd. p. m. sing. II.*): Thou hast turned. ***Wallan*** ولّ (*prf. 3rd. p. m. plu. II.*): They turned. ***Wallaitum*** ولّيتم (*prf. 2nd. p. m. plu. II.*): You turned. ***Yuwalli*** يولّي (*imp. 3rd. p. m. sing. II.*): He turns. ***Yuwallauna*** يولّؤن (*imp. 3rd. p. m. II. emp.*): They would turn. ***Yuwallûna*** يولّون (*imp. 3rd. p. m. plu. II.*): They will turn. ***Yuwallû*** يولّوا (*imp. 3rd. p. m. plu. II.* final *nûn* dropped): They shall turn. ***Tuwallûna*** تولّون (*imp. 2nd. p. m. plu. II.*): Ye turn. ***Tuwallû*** تولّوا (*imp. 2nd. p. m. plu.*): Ye will turn. ***Muwallî*** مولّي (*imp. 1st. p. plu. II.*): Do we let them have power; We shall keep close; We cause to turn. ***Muwalliyanna*** مولّينّ (*imp. 1st. p. plu. II. emp.*): We surely cause to turn, We will let (him) pursue the way. ***Walli*** ولّ (*prt. m. sing. II.*): Turn thou. ***Wallû*** ولّوا (*prt. m. plu. II.*): Turn ye. ***Tawalla*** تولّى (*prf. 3rd. p. m. sing. V.*): Turneth away; He undertook, is in authority, took as friend. ***Tawallau*** تولّوْ (*prf. 3rd. p. m. plu. V.*): They turned away, took for friend. ***Tawallaitum*** تولّيتم (*prf. 2nd. p. m. plu. V.*): Ye turned away, went back. ***Yatawalla*** يتولّ (*imp. 3rd. p. m. plu. V.*): He turns away; protects, defends, deals friendly. ***Yutawallû*** يتولّوا (*imp. 3rd.p. m. plu.* final *nûn* dropped): They make friend; They turn back. ***Yatawallauna*** يتولّون (*imp. 3rd. p. m. plu. V.*): They turn away, make friends. ***Yatawallû*** يتولّوا (*imp. 2nd. p. m. plu.* final *nûn* dropped): They turn away, make friends. ***Tatawallau*** تتولّوْ (*imp. 2nd. p. m. plu.*): Ye turn away, make friends. ***Tawalla*** تولّ (*prt. m. sing. V.*): Turn away. ***Wâlin*** وال (*act. pic. m. sing.*): Defender; Protector friend; Helping friend. ***Walî*** ولي (*ap-der. m. sing.*): Protecting benefactor; Helper; Ally; Successor; Heir; Guardian. ***Auliyâ'u*** أولياء (*n. plu.* of *Walî*): Defenders etc. ***Walâyat*** ولاية (*v. n.*): Protection; Inheritance. ***Aulâ*** أولىٰ (*elative*): Nearest; Closer; Better claim; Woe. ***Auliyân*** أوليان (*elative dual*): Two nearest ones. ***Maulâ*** مؤلىٰ (*ap-der. m. sing. IV.*): Patron; Friend; Owner; Master; Protector; Benefactor. ***Mawâli*** موالي (*n. plu.*): Inheritors; Kinsfolk; Clients; Friends; Wards. ***Muwallîhâ*** مولّيها (*ap-der. m. sing. II.*): Bears up; One who turns to; One to whom one turns his attention; Which one makes dominant over him; Focal point. (L; T; R; LL)

The root with its above forms has been used in the Holy Qur'ân as many as 233 times

Wana وَنَى
وَنيا ؛ يَنِي

To be slack, negligent, remiss, tire.

Lâ Taniyâ لا تَنيا (*prt. neg. dual.*): Slaken not ye twain (20:42). (L; R; T; LL)

Wahaba وَهَبَ
وَهبا ؛ يَهب

To grant, give as a gift, dedicate, offer as a present, bestow.

Wahaba وَهَبَ (*prf. 3rd. p. m. sing.*): Has granted etc. ***Wahabat*** وهبت (*prf. 3rd. p. f. sing.*): She dedicated, offered. ***Wahabnâ*** وهبنا (*prf. 1st. p. plu.*): We granted. ***Yahabu*** يهب (*imp. 3rd. p. m. sing.*): He grants. ***Ahabu*** أهب (*imp. 1st. sing.*): I give. ***Hab*** هب (*prt. m. sing.*): Bestow. ***Al-Wahhâb*** الوهّاب (*n. ints.*): The most liberal bestower. One of the excellent names of Allâh. (L; T; R; LL)

The root with its above forms has been used in the Holy Qur'ân about 25 times.

Wahaja وَهَجَ
وَهجا ؛ يَهج

To blaze, burn, glow, dazzle, heat, kindle.

Wahhâjan وهاجاً (*n. ints. acc.*): Dazzling; Glowing; providing immense light and heat from a long distance; Full of blazing splendor (78:13). (L; T; R; Ibn Fâris; LL)

Wahana وَهَن

وَهنا ؛ يَهن

To be weak, feeble, faint, infirm, remiss, languid

Wahana وَهَن (*prf. 3rd. p. m. sing.*): Waxed; Feeble. ***Wahanû***:وهنوا (*prf. 3rd. p. m. plu.*): Nerved; Slackened, Lose hearted. ***LâTahinû*** لا تهنوا(*prt. neg. n. plu.*): Slacken not O ye men! ***Wahnun/Wahnan*** وهنا/ وهْن (*acc/ v.n.*): Weakness. ***Auhana*** أوهن (*n. elative*): Weakest, Frailest. ***Mûhinu*** موهن (*ap-der. m. sing. IV.*): One who makes weak. (L; T; R; LL)

The root with its above forms has been used in the Holy Qur'ân about 9 times.

Waha وَهَى

وَهيا ؛ يهي

To be weak, frail, torn, burst.

Wâhiyatun واهية (*ap-der. f. sing.*): Frail; Torn (69:16). (L; T; R; LL)

Waika'anna وَيكأن

Ruin seize you! This word is composed of the interjection *Wai* وَي and *Ka'anna* كأن. It is regarded by some commentators such as Baidzâwî, as an abbreviation of *Wail* ويل (woe to) and *Ka'anna* كأن (to thee). According to some *Waika* is equivalent to *I'lam* (L; T; R; LL)

Waika'anna وَيكأن: (28:82).

Wailun وَيلٌ

Word of interjection, dispraise or threat. Woe! Commonly used with (*lâm*لام) as *Wailun laka*وَيلك: Woe to thee! or affixed to a pronoun directly without a proposition as *Wailakum* ويلكم: Alas for thee! Sometimes a pronoun precedes this word to emphasize the misfortune as *lakum al-Wailu*: Yours will be woe.

Wailaka وَيلك (*comp.* of *Waila* ويل and *ka* ك= thee). Woe to thee. ***Wailanâ*** ويلنا (*comp.* of *Waila* and *nâ*= us) Woe to us. ***Wailakum*** ويلكم (*comp.* of *Waila* and *kum=you): Woe* for you. ***Waila-nî*** وَيلني (*comp.* of *Waila* and *nî*= me): Woe to me! ***Wailun laka*** ويل لك: Woe to thee! ***Wailun*** ويل : Woe! (L; T; R; LL)

The root with its above forms has been used in the Holy Qur'ân about 40 times

Yâ
ي Y

The 28th letter of the Arabic alphabet called *ya* ي. It is one of the letter termed soft or weak. The other times are *Alif* الف *Wâw* و. When a postfix it is a pronoun of the *1st. p. m.* and *f.* as *Kitâbî* كتابي (*my* book). When preceded by *Alif* الف *Wâw* و and *Yâ* ي it takes *Fat<u>h</u>a* as in Baniyya بنيّ (*my* son) to become a pronoun of 1st. p. m. and fem. It is also a sign of the *f.* in the imperative as *Uktubî* أكتبي (write thou *f.*). *Ya* ي is one of the letters termed *Mahmûsah* مهموسه (soft or weak letter). If the original trilateral root has one or more than one of the weak letter *Alif* الف *Wâw* و and *Ya* ي, this will effect the derived forms in their shapes. The *ya* ي is omitted when the proceeding *nûn* occurs at the end of a word, as in *Yahdîni* يهَدين (will guide me) instead of *Yahdînî* يهديني . Its numerical value is 10.

Yâ يا

Common of vocative particles used in calling one who is near (like O!) and who is far in place or high degree to him who is between near and distant, thereby governing the nominative and accusative cases.

Ya' isa يَئسَ
يأسا ؛ ييَئس

To despair, give up hope, know, be acquainted with, realize. *Ya' s* يأس: To despair of a thing. It is a synonym of *Qana<u>t</u>a* قنط (To cut of the hope). *Ya' isat* يئست: To pass the age of fertility, be barren (woman). There is no word in the Arabic language commencing with *ya* ى followed by hamzah except *Ya' isa* يئس and its derivatives and *Ya'ya'* يأيأ and its derivatives.

Ya' isa يئس (*prf. 3rd. p. sing.*): He despaired, realized. ***Ya'isû*** يئسوا (*prf. 3rd. p. m. plu.*): They have despaired. ***Ya'isna*** يئسن (*prf. 3rd. p. f. plu.*): They (f.) despaired of menstruation. ***Ya'asu*** يَايئَسُ (*imp. 3rd. p. m. sing.*): Despairers. ***LâTa'iasû*** لا تئسوا (*prt. neg. m. plu.*): Despair not. ***Ista'isa*** إستئس (*prf. 3rd. p. m. sing. X.*): Despaired. ***Ista'isû*** إستئسوا (*prf. 3rd. p. m. plu. X.*): They despaired. ***Ya'ûsun*** يئوسٌ (*n. ints.*): Totally despaired person. (<u>S</u>i<u>h</u>â<u>h</u>; Asâs; L; T; R;

LL)
The root with its above form has been used in the Holy Qur'ân about 13 times.

Yabisa يَبِسَ / Yabasa يَبَسَ
يَبسًا ؛ يَيبَس

To become dry, wither.

Yabasa/Yabasan يَبَسَ/ يَبسًا *(acc./v. n.)*: Dry. ***Yâbisun*** يَابِس (*act. pic.m. sing.*): Dry one. ***Yâbisât*** يَابسات (*act. pic. f. plu.*): Dryness. (20:77; 6:59; 12:43,46). (L; T; R; LL)

Yatama يَتَمَ
يُتمًا ؛ يَيتَم

To be become an orphan, become without father before puberty or maturity, become isolated, lonely, solitary, weary, jaded, become motherless (beast), become orphan, become widow .

Yatîmum/ Yatîman يَتِيم / يَتيمًا (*acc./act. 2pic. m sing.*): Orphan ***Yatîmain*** يتيمَين (*act. pic m. dual.*): Two orphans. ***Yatâmâ*** يتامىٰ (*n. plu.*): Orphans. ***Yatâm al-Nisâ'*** يتامىٰ النسأ: Women without husband (widows, divorced or yet to be married). (L; T; R, LL)
The root with its above four forms has been used in the Holy Qur'ân 23 times.

Yâjûj يأجوج

Gog. Name of the tribes of barbarians near the Caspian sea
Yâjûj يأجوج: Gog (18:94; 21:96).

Yada يَدَى
يَديًا ؛ يَدي

To touch, aid, do good, be beneficent, show power and superiority. *Yadun* يد for *Yadyun* يدين): A hand; dual *Yadâni* يدان; oblique *Yadaini* يدين. When in connection with a complement *Yadâ* and *Yadai* يَدي ; plu. *Aidin* أيد (for *Aiduyun*أيَدي). *'An- Yadin* عن يدٍ: With a willing hand; Out of hand; Having financial ability; In acknowledgment of the superior power; In ready money and not in the form of deferred payment; Considering it as a fovour; On account of help; (payment should be made by the hand of the parties themselves without the intervention of a third party and without reluctance. *Baina Yadaihi*بين يَد يه: Before him; In his presence hit; Between his two hands. Ulill Aidî: Men of power; (lit. gifted with hands). *Suqaiṯa fî Aidîhim* في ايديهم سقيط: (idiomatic expression): They repented. The idea seems to be that they hit their fingers in grief and contrition).

Yadd يد: Handy; Might; Power; Superiority; Benefit Possession; Favour; Generosity. The idea behind these expressions is that the use of the hand is the real source of the superiority and power. Upper hand; Arm. Foreleg of a beast; Handle of a tool; Wing of a bird. *Mâ qaddamatYadâ* ما قدّمت يدٰى: That is what thou hast deserved.

Yadâ يدا (*n. dual* the final *Nûn* of dual is omitted): Two hands ***Yadai*** يَدي (*n. dual.*): Two hands; Before. In front of. ***Aidî*** ايد (*n. plu.*): Hands. (L; T; R; LL)

The root with its above three forms has been used in the Holy Qur'ân about 120 times.

YâSîn يٰس

Combination of the alphabets *Yâ* يا and *Sîn* سين.

YâSîn يٰس : (36:1) O perfect man! O perfect leader! (A reference to the Holy Prophet Mu<u>h</u>ammad in the Holy Qur'ân). It is the title of the thirty sixth chapter of the Holy Qur'ân. (Ibn Jarîr; Kashshâf; Ba<u>dz</u>awi; Ibn 'Abâs; Ikramah; <u>Dz</u>ahhâq; <u>H</u>asan; Bai<u>dz</u>âwî; Ibn Ka<u>th</u>îr .

Yasara يَسرِ

يسرا ؛ يَيسِر

To become gentle, easy, multiply, prosper, facilitate, play at dice.

Yassara يسّر (*prf. 3rd. p. m. sing. II.*): Made easy. ***Yassarnâ*** يسّرنا (*prf. 1st. p. plu II.*): We made easy. ***Noyassiru*** نيسّر (*imp.1st. p. plu. II.*): We shall ease. ***Tayassara*** تيسّر (*prf. 3rd. p. m. sing V.*): Became easy. ***Istaisara*** أستيسر (X.) Got easily. ***Yusr*** يسر (*n.v.*): Ease. ***Yasîrun/ Yasîran*** يسير / يسيرا (*acc./act. pic. 2nd. m. sing.*): Easy to bear; Light; Small. ***Yusrâ*** يسرٰى (*elative*, but used as *adj.*): Ease ***Maisûran*** ميسورا (*pact. pic. m. sing. acc.*): Gentle; Easy. ***Maisaratun*** ميسرة (*n.* place and time): Easiness. ***Maisir*** مَيسر (*n.*): Gambling. (L; R; T; LL)

The root with in above forms has been used in the Holy Qur'ân about 44 times.

Al-Yasa'a اليَسَعَ

Elisha. He was the disciple and successor of Elijah (Ilyâs) and lived from 938 B.C to 828 B.C. in the northern Israel during the reign of Ahzîah

Al-Yasa'a اليَسَعَ: Elisha (6:86; 38:48).

Ya'qûb يَعقوب

Jacob; Israel, the son of Isaac, the son of Abraham. The twelve tribes of Israel were named after his twelve sons - Ruben, Simeon, Levi, Judah, Issachar, Zehulum, Joseph,

Benjamin; Dan, Naphtali, Gad and Ashar (Gen.18:19; 35:23-26; 49:28).

Ya'qûb يعقوب (*proper name*) Jacob. (L; T; R; LL)
The name has been used in the Holy Qur'ân about 16 times.

Ya'ûq يَعوق

Name of an idol worshiped before the Flood, and then by the pagan Arabs. It was in the shape of a horse. Banû Hamadân were its worshippers.

Ya'ûq يَعوق (*proper name*): Name of an idol (71:23). (L; T; R; LL)

Yaghûth يَغوث

Name an idol of the pagan Arabs. The tribe Mûrad was its worshiper. It was in the shape a lion.

Yaghût يغوث (*proper name*): An idol (71:23).(L; T; R; LL)

Yâqût ياقوت

Rubies

Yâqût ياقوت (collective *n.*): (55:58). (L; T; R; LL)

Yaqtîn يَقطين

Probably derived from *Qatana*: To be bent, settle in a place.

Yaqtîn يقطين (*n.*): Creeping plant. (L; T; R; LL)

Yaqina يَقِنَ
يقينا ؛ ييقن

To be certain, obvious.

Yûqinûna يوقنون (*imp. 3rd. p. m. plu IV.*): They are certain, sure of. ***Tûqinûna*** توقنون (*imp 3rd.p.m.plu. VI*): Ye are certain. ***Istaiqana*** إستَيقن (*imp. 3rd. m. sing. X.*): He has firm belief. ***Yastaiqinu*** يَستيقن (*imp. 3rd.p. m. sing. X*): He has firm belief. ***LiYastaiqinu*** ليستيقَن: In order to be certain. ***Yaqînun*** يقين: Sure. ***Yaqînan*** يقينا (*acc.*): Surely. ***Yaqîn*** يقين : Certainty; Death; Inevitable. ***Mûqinûn*** مؤقنون (*nom.*) ***Mûqinîn*** مؤقنين (*acc. ap-der. m. plu. IV.*): Those who are certain, convinced. ***Mustaiqinîna*** مستيقنين (*ap-der. m. plu. X. acc.*): Convinced. (L; R; T; LL)
The root with its above forms has been used in the Holy Qur'ân about 28 times.

Yumma يُمّ
يمّا ؛ يُيَمّ

To be thrown in the river, purpose a thing, clean the face and hands with dust (for prayer), aim at, intend, go towards. *Tayammum* تيمّم : Process of ablution with clean dust, by clapping palms of hands on it and then passing them over the hands up to elbows and face as if they were washed by water. It should be dust, on earth, land, ground, surface. The earth on any thing containing pure dust.

Tayammum تيمّم (4:43; 5:6).
Yamm يمّ (*n.*): River; Sea; Flood. (L; T; R; LL)
The root with its above two forms has been used in the Holy Qur'ân about 11 times

Yamana يَمَنَ/Yamina يَمِنَ
يمنا ؛ ييمَن

To meet on the right side, bless, lead to the right, be a cause of blessing.

Yamînun يمين (*n.*): Right hand.
Aimânun أيمان (*n. plu.*): Right hands; Oaths. ***Aimana*** أيمن (*adj.*): Right, Blessed. ***Maimanah*** ميمنة: Peoples of the right hand, that are blessed. (L; T; R; LL)
The root with it above four forms has been used in the Holy Qur'ân as may as 53 times

Yana'a يَنَعِ
يُنعا ؛ يَينَع

To be ripe, reach maturity.

Yana'a ينَع (*v. n.*): Ripening (6:99). (L; T; R; LL)

Yûsuf يوسف

Joseph. A prophet, the eleventh son of the prophet Jacob, and the elder of the two sons of Rachel. The meaning given to the name is 'shall add' or the Lord shall add to me another son (Gen. 30:24). Though Joseph was buried in Egypt, his remains were later removed to Palestine when the Israelites were commanded by God to leave Egypt.

Yûsuf يوسف: Joseph (Proper name).
The name has been used in the Holy Qur'ân about 27 times

Yauima يَوِم
يَوما ؛ يويَم

To be one, exist for a day, spend, last a day. *Yaum* يوم: Day; Time; Day of a battle, Thousand years (22:47); Fifty thousand years (70:4); Time; Aeon; Day and night; Moment. *Al-Yaum* اليوم: Today.

Yauman يوماً (*n.*):Day.
Yaumain يومين (*dual. acc.*): Two days ***Ayyâmun*** أيام (*n. plu.*): Days. *Ayyâm Allâh* أيام الله: The favours and punishments of God. ***Youma'idhin*** يومئذ (comp. *youm* يوم + *dhin* - then): Then on that day. (L; R; T; LL)
The root with its above four forms has been used in the Holy Qur'ân as may as 485 times .

Yûnus يونس

Man of the fish, Jonah

Yûnus يونس: Jonah (4:162; 6:86; 10:98; 37:139)

APPENDIX I

SYSTEM OF PUNCTUATION

The Pause (*Waqf*)

Every language has certain rules of punctuation, of making or not making a pause in writing or speech. These rules make descriptions more accurate and statements more intelligible for the addressees.

Early Muslim scholars took great pains to put up signals and lighthouses at every rock in the way of the students, readers, and listeners of the Holy Book. They kept in view the rules of making a pause - sometimes a very short one, sometimes a little longer, sometimes not at all - and accordingly fixed certain marks to be followed. These scholars invented signs such as periods, colons, semicolons, commas etc. and assigned them visual forms which were abbreviations of the words whose meanings stood for various types of pauses.

1. O: A small circle O at the end of a word means that the verse has come to an end. The circle stands for an abbreviated ة of the word *waqf-tâm* which conveys that the statement is complete to the extent. A reader encountering O at the end of a verse can always stop for a complete pause. A similar pause is possible when a small ط, a small ج, or a small م occur at the end of a word.

If one of the following signs: *fathah*َ-, *kasrah* ِ-, *dzammah* ُ-, *tanwîn* ً- or - *shadd* ّ- are present at the last alphabet, they should be disregarded in pronunciation and the last letter should be read as if it contained the sign *sukun*ْ-. Note the change of pronunciation of the following word: نَسْتَعِينُ Oط *(Nastaînu)* should be pronounced as نَسْتَعِينْ O and اَحَدٌ *(Ahadun)* as اَحَدْ O *(Ahad)*. However a *sukun* on the last letter leaves the pronunciation unchanged if the reader decides to stop, e.g., يُولَدْ Oلا

2. While pronouncing ً- form of *tanwîn* at the end of a verse; if ا *alif* or ى *Yâ* (ى without dots) occur after the letter with ً- (i.e., 'an') the last letter at the time of a waqf (pause) should be

pronounced with the sound of alif (i.e. 'a') and not the usual sound 'an', for example, as if followed by *Alif* at the time of *waqf* or pause. This is illustrated in the following example: ضُحًى ○ (7:98) would be pronounced ضُحَى Dzu<u>h</u>a and not Dzu<u>h</u>an.

3. If the last letter of a verse is *tâ marbûta* ة, it should be pronounced as if it were *hâ* ه if the reader chooses to make a stop, e.g. قُوَّةٌ ○ should be pronounced *as Quwwah* قُوَّه. However, when the last letter is *tâ* ت it will not be changed into *hâ* ه.
Tâ marbûta ة will be pronounced as *tâ* ت when no pause is to be made at the end of a verse e.g., as in نَاصِبَةٌ ○ تَصْلَى. Here the words will be pronounced as *Nâ<u>s</u>ibatuntas<u>l</u>â* and not *Nâ<u>s</u>ibah-ta<u>s</u>lâ*.

4. If a letter with a *fat<u>h</u>ah tanwîn* ً is followed by *alif* without any vowel sign, this *alif* will be pronounced with the َ sound (a single *fat<u>h</u>ah*). If a letter with a *fat<u>h</u>ah tanwîn* precedes the letter *Yâ* (ى without dots) without any vowel sign, the last *Yâ* (ى without dots) will be pronounced as *alif* with a *fat<u>h</u>ah* on the preceding letter e.g.: ضُحًى will be read ضُحَا.

ع: A small *'ain* ع on the top of a circle or one standing alone within a line indicates the end of a verse along with the end of a *Sûrah*.

م: A small *mîm* م on the top of a circle or one standing alone within a line indicates a mandatory pause. Not pausing at one of these signs can alter the meaning understood by the addressees.

ط: A small *<u>t</u>â* ط on top of a circle or standing alone is called *waqf-mutlaq* and indicates a pause when a sentence comes to an end but the argument continues in the next sentence.

ج: A small *jîm* ج on top of a circle or standing alone is called *waqf-jaiz*. It indicates that a pause is preferred but continuation is also allowed.

ر: A small *râ* ر on top of a circle or standing alone indicates that it is better not make a pause at this point while reading.

ص: A small *<u>s</u>âd* ص on top of a circle or standing alone indicates that a reader should preferably continue without a pause, however there exists leave to make a pause. The difference between the signs *râ* and *<u>s</u>âd* is that in the former case it is better and preferable not to make a pause, rather go on reading by joining the words whereas in the later preference is given to making a pause while reading.

ق: A small *qâf* ق on top of a circle or standing alone indicates that a reader should not make a pause.

صل: The marks صل or صلى on top of a circle or standing alone indicates that a reader may or may not stop, however it is better to join the words before and after the sign and avoid a pause.

قف: A sign of *qaff* قف or وقفة indicates that the reader need not stop.

س: A sign of *sîn* س or *saktah* سكتة indicates that the reader should make a short pause but not long enough to take a breath. The difference between *qaff* and *saktah* is that one should stop longer at *qaff* قف as compared to *saktah* سكتة*,* but in neither case not long enough to take a breath.

لا: A *lâ* لا alone within a verse strictly prohibits a pause. A *lâ* لا on the top of a circle a pause is optional. The reader can either stop or continue the reading by joining the last word before this sign and the first word of the next verse. Difficulty may arise for a beginner if their is a *tashdîd* on the first letter after the sign. The verse will then start with a vowel-less letter or with a *nûn-qutnî* (small *nûn* نْ below a letter). Thus there are three ways of making a *waqf* if *lâ* لا is on the top of a circle:

a. If the word of the verse following the above sign starts with a *tashdîd*, ـّـ then either:
   i. Pause at the end of the preceding verse, disregard the *tashdîd* and start the new verse in a normal way.
   ii. Disregard the sign *lâ* لا above the circle and read by joining the two words on either side of this sign.

b. If the second verse begins with *Alif* ا and *lâm* ل and the third letter contains a *fat<u>h</u>ah*, then again there are two possibilities:
   i. Pause at circle containing *lâ* لا, continue as if the *fat<u>h</u>ah* was on the leading *alif.*
   ii. Join the two words without pausing. How-

ever if *nûn-qutnî* is found at the beginning of the second verse, followed by a letter with a *fat_hah*, the *nûn-qutnî* should be ignored and the verse commenced as if the leading *alif* had a *fat_hah*.

c. If the second verse begins with *alif* but the other conditions of the case under ii) are not fulfilled, one of the following would apply:

i. If the word before la on a circle ends with sukun, and the word after this sign has alif followed by *dzammah*, read as if *dzammah* is present on the leading *alif.*

ii. In case above if there is *kasrah* or *fat_hah* in place of *dzammah*, read as if *kasrah* was under the leading *alif.*

ك: A sign of *kâ* ك means that the last encountered punctuation should again be followed. This stresses the continuity of the subject matter.

∴ A sign of three dots (∴) is called *muânqah.* It is sometimes written as مع . Any word or expression marked with it can be read in continuation with the preceding or the following word.

APPENDIX II
SYSTEM OF TRANSLITERATION OF ARABIC WORDS
(Pronunciation Key)

For non-Arab readers trying to understand the correct pronunciation of Arabic words it is necessary to resort to some phonetic system of representing Arabic sounds. Changing letters into corresponding characters of another alphabet is called transliteration.

Unfortunately, there appears to be no consistent or in general use for anglicizing names and words written in Arabic. Furthermore, there is considerable confusion in the systems currently practised. A normally authoritative and careful encyclopedia employs, within the space of a dozen pages, three different versions of a common name like Quraish. At least three more spellings of the word are commonly used by other authors, and another twelve spellings are theoretically justifiable according to the various principles of transliteration of Arabic.

We have adopted the most recent rules of transliteration recognized by Western Orientalists, with very slight variation. However, no transliteration can exactly express the vocal difference between two languages. Besides, the inability of the characters of one language representing the exact pronunciations and sounds of another, there are specific difficulties in Romanizing Arabic words. Compared to English, Arabic speech requires that the muscles of the vocal organs be kept tout which results in clearer speech, lips are much more mobile, stress is placed on producing the full sound of every word, transition from one sound to another is very rapid and vowels do not glide off into diphthong and voiced consonants.

There are some characters in Arabic alphabet such as: ث, ح, خ, ذ, غ, ع, ظ, ط, ض, ص, which have no equivalent in English. In English, the same sounds are sometimes spelt in more than one way and the same letter may be used to represent more than one sound, e.g. C represent S in face but K in cloth. Arabic spellings are much more regular and one letter or symbol represents just one sound.

In certain combinations of words, Arabic pronunciation does not follow the written characters. To this category belong all the letters known by the name of Hurûf al-Shamsiyyah and are as follows: ت tâ (t), ث thâ (th), د dâl (d), ذ dhâl (dh); ر râ (r), ز zâ (z), س sîn (s), ش shîn (sh), ص sâd (s), ض dzâd (dz), ط tâ (t), ظ zâ (z), ل lâm (l), ن nûn (n). These are of three types:

1. Dental: Letters pronounced by applying the tongue to the teeth.
2. Sibilant: Letters having a hissing consonant sound;
3. Liquids: Letters having a flowing consonant sound.

Whenever a word beginning with one of these letters has the prefix *al* ال (representing the article 'the') the (*lâm* ل is passed over in pronunciation and assimilated in the following consonant, as '*al-shams*' الشمس is pronounced '*ash-shams*' (hence the name '*Harûf ash-Shamsiyyah*', instead of '*Hârûf al-Shamsiyyah*'). In case of remaining letters of the Arabic alphabet, which are known by the names of '*Harûf al-Qamariyyah*', '*al* is pronounced fully. This merging of one letter in another ('*al*' in '*sh*' is called *idghâm* (contraction of one letter into another).

This also occurs in a few other cases for which a book on Arabic grammar should be consulted. In this transliteration we have followed the written form for the facility of lay-reader, writing الرحمن *Al-Rahmân* instead of *Ar-Rahmân*.

The system of transliteration adopted in this book is as follows:

ALPHABET	REPRESENTATION		SOUND
ا	alif	A, a	Same as a (A) in English
ء	hamzah	'	Like *h* in honour preceded by a very slight aspira tion and a soft catch in voice.
ب	bâ	b, B	Same as *b* (B) in 'but'
ت	tâ	t, T	Softer than *t*, the Italian dental
ث	thâ	th, Th	Between *s* and *th* as in

ALPHABET	REPRESENTATION		SOUND
			'thing'
ج	jîm	j, J	Like the 'J' in Jack
ح	hâ, Hâ	H, h	Very sharp but smooth guttural aspiration
خ	khâ	kh, Kh	Like *ch* in scotch word 'loch' or as in German *ch* in 'loch' by bringing the tongue into the position of *k* as in key while pro nouncing a strong rasping *h*
د	dâl	d, D,	Softer than *d*, the Italian dental
ذ	dhâl	dh, Dh	Sound between *z* and th in 'that'
ر	râ	r, R	Same as *r* in 'rain'
ز	zâ	z, Z	Same as *z* in 'zeal'
س	sîn	s, S	Same as *s* in 'sound'
ش	shîn	sh, Sh	Same as *sh* in 'she'
ص	sâd	s, S	Strongly articulated as *s* in 'kiss'
ض	dzâd	dz, Dz	Aspirated d between *d* and *z*
ط	tâ	t, T	Strongly articulated palatal *t*
ظ	zâ	z, Z	Strongly articulated palatal *z*
ع	‘ain	‘	Somewhat like a strong guttural *hamzah*
غ	ghain	gh, Gh	Guttural *g* but soft. Requires that the throat muscles be in gargling position
ف	fâ	f, F	Same as *f* in 'father'
ق	qâf	q, Q	Strongly articulated gut tural *k* as in 'quail'

ALPHABET		REPRESENTATION	SOUND
ك	kâf	k, K	Same a *k* in 'king'
ل	lâm	l, L	Same as *l* in 'lamp'
م	mîm	m, M	Same as *m* in 'man'
ن	nûn	n, N	Same as *n* in 'nose'
ه	hâ	h, H	Same as *h* in 'house'
و	wâw	w, W	Same as *w* in 'wheel'
ي	yâ	y, Y	Same as *y* in 'yacht'

VOWELS IN ARABIC

There are three short and three long vowels in Arabic. They are represented by diagonal or straight lines above or below an alphabet.

SHORT VOWELS

Fat<u>h</u>ah — A small diagonal stroke or oblique line over a letter. The alphabet which carries this sign is pronounced like short *a* as in 'butt' or 'cut'.

Kasrah — A small diagonal stroke or oblique line below a letter. The alphabet which carries this sign is pronounced like *i* as in 'sin' or 'him'

<u>Dz</u>ammah — A small *wâw* over an alphabet. The alphabet which carries this sign is pronounced like *o* as in 'bull' or 'so'

LONG VOWELS

Long Fat<u>h</u>ah — A *fat<u>h</u>ah* in standing or upright position. The alphabet which carries this sign is pronounced like long *a* as in 'bath' or 'father'. It will be written as â as in Allâh الله.

Long Kasrah — A *kasrah* in standing upright position. The alphabet which carries this sign is pronounced like a long *e* as in 'keep'. It will be written as î as in *Injîl*

Long <u>Dz</u>ammah ‘ An inverted *<u>dz</u>ammah* above the alphabet. The alphabet which carries this sign is pronounced like *'oo'* as in 'booth' or *u* as in 'ruby'. It is written as û as in *Hûd* or *nûn*.

The long *fat*h*ah* have three stages of which the remaining two are written as long wavy horizontal lines above the alphabet *alif.* We admit that we are unable to explain the differences between them. There are other pronunciations which are regulated by *fat*h*ah*, *kasrah* and *dzammah*. They are as follows:

Fathah before *wâw* makes a diphthong like sound as *ou* in 'shout'
Fathah before *yâ* makes a diphthong like sound *ai* as i in 'file'
Silent *alif* after *fathah* makes a long vowel â.
Silent *yâ* after *kasrah* makes a long vowel î
Silent *wâw* after *dzammah* makes the long vowel û
Silent *wâw* after *fathah* makes a diphthong like sound as *ou* in 'shout'
Silent *yâ* after *fathah* makes a diphthong like sound *ai* as i in 'file'

SUKUN OR JAZM ْ :

The signs of *sukun* over a letter indicates the absence of vowel sound.

TANWÎN

When the signs of short vowels *fathah, kasrah* and *dzammah* are doubled, they are pronounced with the addition of a sound 'ann', 'inn' or 'onn' respectively.

ً	*fathah tanwîn*	e.g.	بً	*bann*
ٍ	*kasrah tanwîn*	e.g.	بٍ	*binn*
ٌ	*dzammah tanwîn*	e.g.	بٌ	*bonn*

SHADD ّ

This sign over an alphabet indicates the doubling of that letter, e.g. ابّ is اب ب where ب is doubled and assimilated with the following ب and the sign of *shadd* is added below the *fathah*.

SYSTEM OF TRANSLITERATION OF ARABIC LETTERS

أ	A(a)	ذ	Dh(dh)
أَ	a-	ذَ	Dha-
إِ	i-	ذِ	Dhi-
أُ	u-	ذُ	Dhu-
ب	B(b)	ر	R (r)
بَ	Ba-	رَ	Ra-
بِ	Bi-	رِ	Ri-
بُ	Bu-	رُ	Ru-
ت	T(t)	ز	Z (z)
تَ	Ta-	زَ	Za-
تِ	Ti-	زِ	Zi-
تُ	Tu-	زُ	Zu-
ث	Th (th)	س	S (s)
ثَ	Tha-	سَ	Sa-
ثِ	Thi-	سِ	Si-
ثُ	Thu	سُ	Su
ج	J(j)	ش	Sh (sh)
جَ	Ja-	شَ	Sha-
جِ	Ji-	شِ	Shi-
جُ	Ju-	شُ	Shu-
ح	H (h)	ص	S (s)
حَ	Ha-	صَ	Sa-
حِ	Hi-	صِ	Si-
حُ	Hu-	صُ	Su-
خ	Kh (kh)	ض	Dz (dz)
خَ	Kha-	ضَ	Dza-
خِ	Khi-	ضِ	Dzi-
خُ	Khu-	ضُ	Dzu-
د	D (d)	ط	T (t)
دَ	Da-	طَ	Ta-
دِ	Di-	طِ	Ti-
دُ	Du	طُ	Tu-

ظ	Z̲ (z̲)
ظَ	Za-
ظِ	Zi-
ظُ	Zu-
ع	‘
عَ	‘a-
عِ	‘i-
عُ	‘u-
غ	Gh (gh)
غَ	Gha-
غِ	Ghi-
غُ	Ghu-
ف	F (f)
فَ	Fa-
فِ	Fi-
فُ	Fu
ق	Q (q)
قَ	Qa-
قِ	Qi-
قُ	Qu-
ك	K (k)
كَ	Ka-
كِ	Ki-
كُ	Ku-
ل	L (l)
لَ	La-
لِ	Li-
لُ	Lu-
م	M (m)
مَ	Ma-
مِ	Mi-
مُ	Mu-
ن	N (n)
نَ	Na-
نِ	Ni-
نُ	Nu-
ه	H (h)
هَ	Ha-
هِ؛هِ	Hi-
هُ	Hu-
و	W (w)
وَ	Wa-
وِ	Wi-
وُ	Wu-
ي	Y (y)
يَ	Ya-
يِ	Yi-
يُ	Yu-

وَلَوْ جَعَلْنٰهُ قُرْءَانًا أَعْجَمِيًّا لَّقَالُوا لَوْلَا
فُصِّلَتْ ءَايٰتُهُ ۖ ءَاَعْجَمِيٌّ وَّعَرَبِيٌّ ۗ قُلْ هُوَ
لِلَّذِينَ ءَامَنُوا هُدًى وَّ شِفَآءٌ ۖ وَالَّذِينَ
لَا يُؤْمِنُونَ فِيٓ ءَاذَانِهِمْ وَقْرٌ وَّ هُوَ
عَلَيْهِمْ عَمًى ۚ أُولٰٓئِكَ يُنَادَوْنَ مِن
مَّكَانٍ بَعِيدٍ ٤٤

Had We made it a Qur'ân in indistinct and inexpressive language, these *(faultfinders)* would have surely said, 'Why has not *(the subject matter of)* its verses been made clear in exposition?' What! Can indistinct and inexpressive language and an eloquently clear language *(be one and the same thing)*. Say, 'It is a wonderful guidance and healing to those who believe.' But *(as to those)* who do not believe, there is deafness in their ears and this *(Qur'ân)* is obscure to them *(with regard to its factual truth)*. And they are *(as if to say)* being called to from a place afar. *(41:44)*